IBM

CATALOGHI MOSTRE L'ERMA

La mostra è stata ospitata nelle seguenti sedi:

Die Ausstellung wurde in folgenden Städten präsentiert:

New York City, IBM Gallery of Science and Art 1990

Houston, The Museum of Fine Arts 1991

Malmö, Rooseum 1991-1992

London, Accademia Italiana 1992

Amsterdam, Nieuwe Kerk 1992-1993

Stuttgart, Galerie der Stadt 1993

Hamburg, Museum für Kunst und Gewerbe 1993

Roma, Musei Capitolini, Palazzo dei Conservatori 1993-1994

MINISTERO PER I BENI CULTURALI E AMBIENTALI
SOPRINTENDENZA ARCHEOLOGICA DI POMPEI
IBM

POMPEJI WIEDERENTDECKT

Antikenmuseum Basel und Sammlung Ludwig
19. März - 26. Juni 1994

«L'ERMA» di BRETSCHNEIDER

POMPEJI WIEDERENTDECKT

Via Cassiodoro, 19 - Rom, Italien
7. Ausgabe

Graphische Gestaltung
Riccardo Franchi

Photolitho
Marchesi Grafiche Editoriali S.p.A. - Rom

Photosatz
Grafica Cristal - Rom
Marchesi Grafiche Editoriali S.p.A. - Rom

Druck
EBS - Editoriale Bortolazzi Stei - S. Giovanni Lupatoto (Verona)

KATALOG

Herausgeber
Luisa Franchi dell'Orto
Antonio Varone

Zeichnungen
Riccardo Franchi

Photographien
Alfredo Foglia

Übersetzung
Gabriela Füsslin
Ivo Zanoni
Ella van der Meijden
Margot Schmidt
abacus Lausanne

Redaktion
Andrea Bignasca
Jochen von Grumbkow

DANKSAGUNGEN

Das Antikenmuseum Basel und Sammlung Ludwig und die IBM Schweiz danken folgenden Institutionen:

Dem Deutschen Archäologischen Institut in Rom für die Ausleihe der originalen Aquarelle von Pompeji.

Dem Museo di Storia della Fotografia Fratelli Alinari in Florenz für die Ausleihe der historischen Aufnahmen der Ausgrabungen in Pompeji.

ISBN 88-7062-856-6

WISSENSCHAFTLICHE ORGANISATION

Ausstellungsleiter
Baldassare Conticello

Wissenschaftliche Planung
Baldassare Conticello
Luisa Franchi dell'Orto
Antonio Varone

Wissenschaftliches Kommittee
Maxwell L. Anderson
Ferdinando Bologna
Baldassare Conticello
Antonio De Simone
Marcello Gigante
Eugenio La Rocca
Giovanni Pugliese Carratelli
Attilio Stazio

Exekutivausschuß
Antonio d'Ambrosio
Ernesto De Carolis
Antonio De Simone
Luisa Franchi dell'Orto
Antonio Varone

Anordnung, Kommunikationskonzept und Beschriftungen
Luisa Franchi dell'Orto
Antonio Varone

Koordination der Computer-Programme
Stefano Bruschini
Luciano Frittelli

Mathematische Methoden und Bearbeitung der Fresken
Carlo Jacob

TECHNISCHE ORGANISATION

Organisations-Koordination
Gina Carla Ascione

Administrative Direktion
Carmela Piemontino

Administrative Assistenz
Santino D'Antonio
Maria De Conte
Pietro Oliva
Fiorella Ricco

Technische Koordination
Antonio d'Ambrosio

Technische Assistenz
Vincenzo Matrone
Vincenzo Serrapica

Restaurierungsleiter
Ernesto De Carolis

Ausstellungsvorbereitung
Luigi Matrone
Ciro Sicignano
Francesco Staiano

Restaurierung der Fresken und Mosaiken
Aniello Arpaia
Ciro Buondonno
Pasquale Della Monica
Andrea Esposito
Michele Iuzzino
Mario La Mura
Michele Messina
Giuseppe Rosellino
Vincenzo Serrapica
Gioacchino Sicignano

Malerische Ergänzung der Wände
Università Internazionale dell'Arte, Florenz
Syremont-Sistemi per la conservazione ed il restauro, Mailand
Umberto Baldini
Ornella Casazza
Fabrizio Bandini
Guido Botticelli
Lidia Cenelli
Gioia Germani
Sabino Giovannoni

Elektronische Wandrestaurierung
Angela Massaro
Antonio Varone

Restaurierung von Marmor, Bronze, Glas und Keramik
Michele Pellí
Antonio Sartore
Giovanni Raffone
Francesco Sartore
Vincenzo Sorrentino
Giuseppe Vangone

Restaurierung des Mühlsteins
Salvatore Casciello
Giuseppe Pagano
Antonio Rinaldi

Zeichnungen des Mühlsteins
Maria Oliva

Verschiebung der archäologischen Ausstellungsstücke
Giuseppe Bottiglieri
Giulio Carotenuto
Giuseppe Concilio
Antonio Di Giovanni
Isidoro Falanga
Franco Guida
Giuseppe Santarpia
Antonio Santonicola
Raffaele Sartore
Domenico Scala
Raffaele Tortora

Aufbewahrung der archäologischen Ausstellungsstücke
Alle ausgestellten archäologischen Gegenstände stammen aus den Magazinen der Ausgrabungen von Pompeji, Herkulaneum, Stabiae, Boscoreale und Terzigno.

IBM AUSSTELLUNGSORGANISATION

Für IBM SEMEA
Ausstellungsleiter
Piero Corsini
Roberto De Prà
Vincenzo Bianchini

Ausstellungskonzepte
Paolo Ferrari
Franco Minissi

Kommunikationskonzept und Grafik
Stefano Bruschini
Luciano Frittelli
Tiziana Tonelli

Logistische Koordination
Cleis Milano, Enzo Miele

Mathematische Methode und Bearbeitung der Fresken
Carlo Jakob

Datenverarbeitung für die Ausstellung
Vincenzo Amato
Silvia Cesarano
Fiammetta Chiurazzi
Massimo Colorio
Monica Di Brino
Amedeo Gianmarco
Adolfo Gianni
Adolfo Guarnieri
Mario Imperato
Angela Massaro
Floriana Miele
Maria Teresa Pareschi
Antonello Piancastelli
Rosa Pierno
Fabio Poggi
Fabrizio Ruffo
Amedeo Travaglione

Die wissenschaftlichen Programme für Pompeji und die Vesuvregion und die Luftansichten der archäologischen Zone sind Teil der für das Neapolis Projekt durchgeführten Forschungen.

Lehrfilme
Giancarlo Bignardi
Marianna Viscardi

Audiovisuelle Photographien, "Die bezaubernde Stadt, Ansichten des heutigen Pompeji", von Gianni Berengo Gardin.

Für IBM Schweiz
Projektverantwortung
Jürg R. Schmid

Projektleitung
Josef H. Horber

Organisation
Susan Orozco

Öffentlichkeitsarbeit
Beat Dietschy
Zeno Schmid

Übersetzungen
Michel M. Joray

ANTIKENMUSEUM BASEL UND SAMMLUNG LUDWIG - AUSSTELLUNGSORGANISATION

Direktion
Peter Blome
Margot Schmidt

Organisation und wissenschaftliche Betreuung
Andrea Bignasca

Technische Betreuung und graphische Gestaltung
Markus Zimmer

Technische Mitarbeit
Niklaus Deschler
Theo Meyer
Christian Schaffner

Konservatorische Betreuung
Karl Faltermeier
Corinna Faltermeier
Tomas Lochman

Saal mit dem Garten
Annamaria Ciarallo
Ennio Gallo
Vincenzo Loffredo

Photo-Atelier
Claire Niggli

Aufsicht
Willy Kummli
Robert Baumgartner

Öffentlichkeitsarbeit
Andrea Bignasca
Vera Slehoferova

Koordination der Führungen
Ella van der Meijden

Museumspädagogik
Anne-Käthi Wildberger
Ruedi Jaberg

Ausstellungssekretariat
Ursula Hügin
Irène Zimmer

Augusta Raurica
Karin Kob
Alex Furger

Transporte und Verzollung
Borghi, Milano

Versicherungen
Assitalia Gruppo INA

Il mondo archeologico continua a suscitare interesse ben al di là della poetica piranesiana delle «rovine» e della suggestione delle rappresentazioni romantiche del passato secolo.

Ma in tale magico mondo, Pompei aggiunge commozione ad emozione, avendo qualcosa in piú da comunicare, assieme al segreto suggellato nell'attimo tragico e sublime, in cui la vicenda di una gente e di una città si è fermata per sempre.

Le case e le vie, i fori e i teatri, i templi e gli ambienti ovunque e comunque destinati alla umana attività, si rianimano quasi per incanto, attualizzando un passato tanto remoto, datato, come è al lontano 79 d.C., nella mente e nel cuore dell'assorto e assetato viandante.

Rivivere il quotidiano di Pompei, immergendosi ed immedesimandosi in una città portuale, mercantile e culturale particolarmente attiva, quasi lacerando la coltre di lava e di oblìo, che la cela, oppure preserva, è reso possibile – come per prodigio – dalla tecnologia avanzata, cui oggi gli Organi di tutela fanno ricorso e di cui si avvale anche questa mostra.

Il Ministero è perciò grato alla IBM SEMEA, che ha collaborato all'attuazione dell'importante iniziativa, immaginata e voluta dal Soprintendente Conticello e dai collaboratori dello stesso, cui va il merito di tanto impegno.

FRANCESCO SISINNI
Direttore Generale
Ministero Beni Culturali e Ambientali

Poche città antiche hanno riscontrato un intramontabile interesse in tutto il mondo come Pompei. Il tragico destino di questa città, la catastrofe e la fine apocalittica continuano ad affascinare l'uomo. Le ore terribili che seguirono l'eruzione vesuviana del 24 agosto dell'anno 79 d.C. sono infatti documentate in maniera orrenda ed affascinante insieme: come se fosse successo ieri i calchi delle vittime stramazzate al suolo ed immobilizzate nella loro crudele agonia ci danno una testimonianza delle loro sofferenze.

Possiamo ampiamente soddisfare la nostra curiosità – ammettiamolo pure – in un certo senso «voyeuristica»: sappiamo cosa mangiavano gli antichi abitanti di Pompei; conosciamo i loro oggetti di uso quotidiano; delle iscrizioni ci rendono partecipi delle ultime campagne elettorali precedenti la fine; altri graffiti raccontano di dispiaceri amorosi o annunciano ludi gliadiatori; siamo in grado di ricomporre l'arredo di uno studio medico ed ammiriamo valvole idrauliche; dadi e pedine da gioco documentano la passione lusoria e forse un banchiere intingeva la sua penna nel calamaio. L'ultima ora giunta in maniera cosí improvvisa ed assoluta avvolge nel mistero non solo la gente, ma anche le cose effimere della quotidianità.

Il fascino di Pompei va molto al di là dei momenti casualmente conservati. Vi sono le case e le ville fiorenti per piú generazioni che il visitatore può far rivivere grazie al sofisticato apparato informatico. Statue e statuette di bronzo e di marmo, che spesso ornavano i giardini e presentate anche a Basilea in uno spazio verde appositamente allestito, testimoniano della sontuosità di queste dimore e della ricchezza dei loro abitanti. Nella mostra fanno parte di questa scenografia anche un ninfeo decorato in mosaico di pasta vitrea e, soprattutto, l'ambiente con pitture di giardino. Ed è proprio qui che si manifesta ciò che la cultura occidentale deve all'eruzione del Vesuvio: pitture antiche, affreschi policromi, spesso di altissima qualità, tra cui spiccano brani di natura sapientemente composti. Vanno ammirati questi cespugli con i loro frutti, le piante con i loro fiori, gli uccelli svolazzanti tra il fitto fogliame. Lo stretto vano si trasforma in un idillio paradisiaco che, pur essendo mera illusione, è oggetto di desideri che la natura stessa non riuscirebbe ad appagare.

La mostra «RISCOPRIRE POMPEI» a Basilea si arricchisce di un'ulteriore attrattiva grazie alla vicinanza di Augusta Raurica. Augst non subí la stessa tragica sorte di Pompei: la città ebbe modo di svilupparsi durante diversi secoli e cessò di esistere a causa delle vicissitudini della storia e non per un tragico intervento della natura. Ciò comporta il vantaggio di una continuità culturale, ma è però meno spettacolare. Rivivendo nella mostra la realtà quotidiana di Pompei, le rovine di Augst acquistano per noi piú vitalità e colore.

Oltre agli oggetti esposti si propongono al visitatore numerose altre possibilità per scoprire aspetti della vita quotidiana di Pompei e romana in genere. È sufficiente toccare uno degli schermi e subito si scatena un flusso di informazioni che permettono di collocare i reperti esposti in un piú ampio contesto urbanistico, economico, artistico, storico e culturale. La Soprintendenza Archeologica di Pompei diretta dal prof. Baldassare Conticello e la IBM Italia sono riusciti a sviluppare una collaborazione in cui archeologia ed informatica si completano in maniera ideale. A tutti i collaboratori scientifici e tecnici esprimiamo qui la nostra profonda gratitudine e riconoscenza. Un vivo ringraziamento va rivolto anche alla IBM Svizzera, senza il cui impegno non sarebbe stato possibile realizzare questa esposizione a Basilea.

PETER BLOME
Direttore, Antikenmuseum Basel
und Sammlung Ludwig

Die Welt der Archäologie zieht auch weiterhin ein Interesse auf sich, das über Piranesis Poesie der Ruinen und den Zauber der romantischen Darstellungen des vergangenen Jahrhunderts hinausgeht.

In solch einer magischen Welt aber wird im Falle Pompejis die Emotion noch durch Ergriffenheit ergänzt. Es hat uns mehr mitzuteilen. Sein Geheimnis wurde in jenem tragischen und sublimen Augenblick versiegelt, in dem das Leben eines Volkes und einer Stadt für immer angehalten wurde.

Die Häuser und Straßen, die Plätze und Theater, die Tempel und überall befindlichen, für das menschliche Treiben bestimmten Stätten werden wie durch einen Zauber wiederbelebt. Im Geist und Herzen des vertieften und wißbegierigen Wanderers rufen sie die weit zurückliegende Zeit des Jahres 79 n.Chr. wach.

Wie durch ein Wunder ermöglicht die moderne Technologie, auf welche die Denkmalschutzbehörden heute zurückgreifen und der sich auch diese Ausstellung bedient, die Wiederbelebung des pompejanischen Alltags. Man taucht in eine äußerst lebendige Hafen-, Handels- und Kulturstadt ein, denkt sich in sie hinein, indem man sozusagen die Decke von Lava und Vergessenheit wegreißt, die sie verbarg, aber auch bewahrte.

Das Ministerium dankt IBM SEMEA für seinen den Beitrag zur Verwirklung dieses wichtigen Vorhabens, das aus der Idee und dem Willen von Direktor Conticello und seinen Mitarbeitern hervorging. Ihnen gebührt das Verdienst für solch großes Engagement.

FRANCESCO SISINNI
Generaldirektor
Ministerium für Umwelt und Kultur

Wenige antike Städte erfreuen sich wie Pompeji einer so ungebrochenen weltweiten Beliebtheit. Was die Menschen immer von neuem fasziniert, ist das Schicksal dieser Stadt, die Katastrophe, der apokalyptische Untergang. Das grauenvolle Ende in den Stunden nach dem Vesuvausbruch am 24. August 79 nach Christus ist ja so schaurig-schön dokumentiert: Als sei es gestern passiert, verharren die in Gips ausgegossenen Leichen in der letzten Verrenkung ihres Erstickungstodes.

Unsere – geben wir es zu – voyeuristische Neugier wird ziemlich umfassend gestillt: So wissen wir, was die Pompejaner assen, kennen ihr Geschirr und ihre Toilettengeräte; wir nehmen teil an den letzten Wahlkämpfen vor dem Untergang; andere Graffiti künden von schmachtendem Liebesleid oder laden zum Gladiatorenkampf, wir können uns die Einrichtung einer Arztpraxis zusammenstellen und bewundern hydraulische Ventile; von der Spielleidenschaft zeugen Würfel, und in das Tintenfass tauchte die Feder vielleicht eines Bankiers, kurz: Die Endgültigkeit der jäh hereingebrochenen letzten Stunde bannt nicht nur die Menschen, sondern alle Dinge des flüchtigen Alltags.

Doch die Faszination Pompejis geht über die Zufälligkeiten des Lebens weit hinaus. Da sind die über mehrere Generationen blühenden Häuser und Villen, die sich der Ausstellungsbesucher vor allem an Hand der vorzüglichen Computer-Anwendungen vergegenwärtigen kann. Vom Reichtum dieser Bauten und ihrer Besitzer zeugen Statuen und Statuetten aus Bronze und Marmor, häufig als Gartenplastik verwendet und in Basel auch in einem Garten-Ambiente ausgestellt. Zu dieser Inszenierung gehört auch ein Nymphaeum mit farbigen Mosaiken und vor allem der Raum mit den originalen Gartenmalereien. Hier wird vollends manifest, was das Abendland dem Vesuvausbruch verdankt: antike Malerei oft erster Qualität in Form bunter Fresken, unter denen die sorgfältig arrangierten Naturstücke herausragen. Man muss sie gesehen haben, die Sträucher und ihre Früchte, die Ranken mit ihren Blüten, die Vögel im Gezweig. Der schmale Raum verwandelt sich in ein paradiesisches Idyll, das als reine Illusion die Sehnsucht nach solchen Gärten mehr stillt als die Natur es je vermöchte.

Die Pompeji-Austellung in Basel gewinnt einen zusätzlichen Reiz durch die Nachbarschaft von Augusta Raurica. Was Pompeji traf, ist Augst erspart geblieben: Die Stadt konnte sich über lange Jahrhunderte entwickeln und starb eines geschichtlichen, nicht eines naturgeschichtlichen Todes. Das hat den Vorteil der kulturellen Kontinuität, ist aber natürlich weniger spektakulär. Deshalb können die in der Ausstellung gewonnenen pompejanischen Einsichten helfen, die Ruinen von Augst geistig mit mehr Leben und Farbe zu erfüllen.

Über die ausgestellten Objekte hinaus werden dem Besucher viele weitere Möglichkeiten geboten, pompejanische oder allgemeiner römische Lebensweise zu entdecken. Er braucht nur die Bildschirme zu berühren, und sofort entfalten sich lehrreiche Programme, die den grösseren urbanistischen, ökonomischen, kunsthistorischen und allgemein kulturgeschichtlichen Zusammenhang der ausgestellten Werke erkennen lassen. Hier haben die von Prof. Baldassare Conticello geleitete Soprintendenza Archeologica di Pompei und IBM Italien zu einer Synthese gefunden, bei der sich Archäologie und Informatik in idealer Weise ergänzen. Allen wissenschaftlichen und technischen Mitarbeitern gebührt jedesmal neu Dank und Anerkennung. Darin eingeschlossen ist vor allem auch die IBM Schweiz, ohne deren Engagement die Ausstellung in Basel nicht möglich gewesen wäre.

PETER BLOME
Direktor, Antikenmuseum Basel
und Sammlung Ludwig

Da tempo il computer è uno strumento importante per la crescita e la diffusione della conoscenza. Oggi però questa funzione assume maggiore evidenza: l'attuale potenza dei sistemi e i progressi compiuti in campi come le banche dati territoriali, l'elaborazione delle immagini, la multimedialità, le reti telematiche hanno aperto possibilità nuove a chi opera nel settore dei beni culturali.

In questi anni, la IBM ha avviato numerosi progetti volti a sperimentare tecniche avanzate in campo culturale. Questa attività ha assunto un rilievo particolare in Italia, dove esiste il piú vasto patrimonio storico e artistico mondiale: poiché il recupero e la conservazione di questa ricchezza si pone oggi come un obiettivo prioritario del paese, si guarda con crescente interesse all'impiego delle tecnologie informatiche, che costituiscono da un lato un potente strumento di catalogazione e di gestione, dall'altro la base per nuove realizzazioni (si pensi al restauro elettronico) e per progetti che stimolino la fruizione dei beni storico artistici.

POMPEJI WIEDERENTDECKT, che rappresenta uno degli ultimi e piú significativi prodotti di questa integrazione tecnologia-cultura, si basa sull'esperienza di «Neapolis», un ampio progetto per la valorizzazione di un patrimonio archeologico di rilevanza mondiale, quello di Pompei e dell'area Vesuviana.

L'obiettivo del progetto, svolto dal consorzio «Neapolis» tra il 1987 e il 1989 con finanziamenti statali e sotto la supervisione della Soprintendenza Archeologica di Pompei, era creare una banca dati che comprendesse e collegasse tra loro tutti i diversi tipi di informazione (mappe, immagini, dati, testi) relativi all'area archeologica vesuviana. Il sistema doveva rendere possibile interventi di vario tipo nel campo della conservazione, della catalogazione, della ricerca scientifica, delle iniziative culturali. Il consorzio «Neapolis» ha dato corpo a questa struttura e ne ha realizzato una parte significativa.

Con la mostra POMPEJI WIEDERENTDECKT, che la IBM ha realizzato in collaborazione con la Soprintendenza Archeologica di Pompei, l'idea alla base di «Neapolis» è stata ulteriormente sviluppata. Si è cercato di mostrare in concreto come da un avanzato progetto informatico possano nascere occasioni culturali a vari livelli, che contribuiscono in modi diversi alla conoscenza e alla valorizzazione di un patrimonio culturale.

POMPEJI WIEDERENTDECKT è innanzitutto una rassegna archeologica unica nel suo genere. Essa raccoglie in un percorso scientifico rigoroso e affascinante circa 200 reperti nella quasi totalità inediti. Alla novità dell'impianto e al rilievo dei reperti esposti si aggiunge la particolare funzione assunta dall'elaboratore in tutto il percorso espositivo. È stato infatti realizzato un apparato informatico estremamente ampio, di facile e spesso suggestiva consultazione.

A differenza di altri interventi in mostre e musei, qui l'informatica non è solo un elemento accessorio, per quanto importante, dell'esposizione, ma ne costituisce il filo conduttore. L'elaboratore «racconta» Pompei a un grande pubblico, proponendo gli stessi avanzati strumenti di lettura oggi a disposizione di archeologi e studiosi: per esempio, il restauro elettronico, la ricostruzione computerizzata di antichi complessi monumentali, la decifrazione di papiri attraverso tecniche di elaborazione delle immagini.

Il notevole successo della mostra a partire dalla sua prima edizione a New York, nel 1990, testimonia quanto rimanga inalterato il fascino di Pompei, esempio unico al mondo di città antica venuta alla luce esattamente com'era duemila anni fa; ma che indica anche le possibilità sempre nuove e tutte da esplorare che la tecnologia apre alla diffusione della cultura.

LUCIO STANCA
Presidente Amministratore delegato
IBM SEMEA

Archeologia ed informatica, cultura e tecnologia, non potrebbero esservi discipline piú lontane. Proprio l'approccio tra due scienze apparentemente cosí distinte e diverse ha scatenato forze creative i cui risultati sono raccolti in questa straordinaria mostra itinerante ora presentata a Basilea.

L'avvio, nel 1987, del progetto scientifico «Neapolis» costituisce un caso estremamente fortunato per l'archeologia. L'obiettivo era molto ambizioso: lo studio cartografico e archivistico di tutta l'area interessata dalla spaventosa eruzione del Vesuvio nel 79 d.C. ricorrendo ad avanzate tecnologie informatiche. Si è infatti riusciti a gettare un ponte tra l'archeologia ed una scienza moderna quale l'informatica.

Malgrado ogni anno circa 2 milioni di persone visitino Pompei, gran parte dell'importante lavoro scientifico svolto resta loro inaccessibile. È anche per questo che nacque l'idea di mostrare ad un vasto pubblico una scelta dei reperti piú interessanti in una mostra itinerante. Per questa occasione sono stati raccolti tutti i dati interessanti su questa fiorente cittadina sepolta 2000 anni fa dall'eruzione vesuviana in modo che anche il visitatore profano possa immergersi nella vita quotidiana di Pompei. L'elaboratore fornisce informazioni non solo sulla casa, l'artigianato, gli svaghi e l'economia, ma anche sulla situazione politica e sociale. Piú di 230 preziosi reperti provenienti da scavi recenti illustrano la bellezza e la ricchezza degli oggetti d'arte di allora e delle dimore con i loro affreschi e con i loro giardini. Per la prima volta a Basilea verrà inoltre ricostituito un giardino pompeiano.

A nome di tutto il personale, collaboratrici e collaboratori, della IBM Svizzera, auguro a tutte le persone che hanno contribuito alla realizzazione di questa esposizione il meritato successo di pubblico.

HANS ULRICH MÄRKI
Presidente della direzione
IBM Svizzera

Seit einiger Zeit ist der Computer ein wichtiges Hilfsmittel für das Wachstum und die Verbreitung des Wissens. Heute jedoch erhält diese Aufgabe größere Bedeutung: die heutige Leistung der Systeme und die erlangten Fortschritte auf Feldern wie denen der Datenbanken, der Verarbeitung der Bilder, der Multimedien-Landschaft, der telematischen Netzwerke haben für denjenigen, der auf dem Gebiet der Kulturgüter arbeitet, neue Möglichkeiten eröffnet.

In diesen Jahren hat IBM zahlreiche Projekte eingeleitet, um hochentwickelte Technik auf kulturellem Gebiet auszuprobieren. Diese Aktivität hat ein hervorgehobenes Interesse in Italien erlangt, wo sich das größte historische und künstlerische Vermögen der Welt befindet. Daher hält man die Wiedererlangung und die Bewahrung dieses Reichtums heute für ein vorrangiges Ziel des Landes, man betrachtet mit wachsendem Interesse die Verwendung der Informationstechnologien, die einerseits ein durchschlagendes Mittel zur Katalogisierung und Verwaltung, andererseits die Grundlage darstellen für neue Unternehmungen, man denke an die elektronische Restaurierung, sowie für solche Projekte, die die Freude an den historischen und künstlerischen Gütern erhöhen.

POMPEJI WIEDERENTDECKT, *eines der jüngsten und bedeutendsten Erzeugnisse dieser technologisch-kulturellen Gemeinschaft, gründet sich auf die Erfahrungen des umfassenden Projekts «Neapolis», die Verwertung einer archäologischen Kostbarkeit von weltweiter Bedeutung, nämlich derjenigen von Pompeji und des Gebietes um den Vesuv.*

Das Ziel des Projektes, das mit staatlicher Finanzierung und unter der Aufsicht der archäologischen Soprintendenza von Pompeji zwischen 1987 und 1989 entwickelt wurde, bestand darin, eine Datenbank zu schaffen. Sie sollte alle verschiedenen Typen von Information, Karten, Bilder, Daten und Texte auch hinsichtlich des archäologischen Geländes um den Vesuv erfassen und miteinander verbinden. Das System sollte verschiedene Eingriffe auf dem Gebiet des Konservierens, des Katalogisierens, der wissenschaftlichen Nachforschung und der kulturellen Unternehmungen ermöglichen. Das Projekt «Neapolis» hat Gestalt angenommen und von seinen Aufgaben einen beträchtlichen Teil verwirklicht.

Mit der Ausstellung POMPEJI WIEDERENTDECKT, *die IBM in Zusammenarbeit mit der archäologischen Soprintendenza von Pompeji verwirklicht hat, wird die auf dem Projekt «Neapolis» gründende Idee weiterentwickelt. Es wird versucht, konkret zu zeigen, wie durch ein hochentwickeltes Informationssystem verschiedene kulturelle Möglichkeiten auf mehreren Ebenen entstehen können, die auf verschiedene Art und Weise zum Wissen und zur Verwertung eines kulturellen Vermögens beitragen.*

POMPEJI WIEDERENTDECKT *ist vor allem eine in ihrer Art einzigartige archäologische Ausstellung. Sie stellt in streng wissenschaftlichem und faszinierendem Sinn ungefähr 200 Objekte vor, die fast alle unveröffentlicht sind. Zur Neuheit des Vorhabens und zur Betonung der ausgestellten Objekte wird die besondere Funktion des Computers in der gesamten Ausstellung hinzugefügt. In der Tat wurde ein äußerst umfangreiches Informationssystem verwirklicht, von leichter und wirkungsvoller Handhabung.*

Im Unterschied zu anderen Konzeptionen in Ausstellungen und Museen bildet hier die Information nicht nur ein, wenn auch wichtiges, Beiwerk der Ausstellung, sondern sie ist der Leitfaden. Der Computer "erzählt" einem großen Publikum von Pompeji, indem er dieselben hochentwickelten Hilfsmittel der Auswertung benutzt, die den Archäologen und Forschern heute zur Verfügung stehen, z.B. das elektronische Restaurieren, die computergesteuerte Rekonstruktion monumentaler antiker Bauten, die Entzifferung von Papyri durch Bildentwicklungstechniken.

Der bemerkenswerte Erfolg der Ausstellung, ausgehend von ihrer Eröffnung in New York im Jahre 1990, ist ein Beweis dafür, welch großer Teil der Faszination von Pompeji unverändert weiterbesteht, eines weltweit einzigartigen Beispiels einer antiken Stadt, die ans Licht trat genauso wie sie vor beinahe 2000 Jahren war. Aber er zeigt auch die immer wieder neuen und in ihrer Gesamtheit zu erforschenden Möglichkeiten auf, die die Technologie der Verbreitung der Kultur eröffnet.

LUCIO STANCA
Vorsitzender der Geschäftsleitung - IBM SEMEA

Was könnte weiter auseinander liegen als Altertumsforschung und Computerwissenschaft, Archäologie und Informatik? Gerade die Vereinigung so entfernter Sparten hat jedoch eine hohe Kreativität entfacht, deren Ergebnis nun in der Form einer aufsehenerregenden Wanderaustellung nach Basel kommt.

Für die Archäologie war es wohl ein Glücksfall, dass 1987 das wissenschaftliche Projekt 'Neapolis' gegründet wurde und sich damals eine ehrgeizige Aufgabe stellte: die kartographische und archivarische Bearbeitung mittels Informationstechnik des gesamten Gebietes, welches 79 n.Chr. vom gewaltigen Vesuvausbruch verschüttet worden war. Der Brückenschlag zwischen einer Altertums- und einer modernen Wissenschaft gelang.

Obwohl jährlich ca. 2 Mio. Besucher Pompeji besichtigen, bleibt ihnen viel von der grossen wissenschaftlichen Arbeit verborgen. Diese Tatsache war denn auch der Ursprung der Idee, einen Teil der interessantesten Funde in einer Wanderausstellung einer breiten Öffentlichkeit zu zeigen. Dabei wird alles, was Wissenswertes über die verschüttete Kleinstadt bisher zusammengetragen wurde, so präsentiert, dass sich auch für den Laien daraus ein Bild des Lebens und Treibens vor 2000 Jahren erschliesst. Die Computer geben Auskunft sowohl über Wohnen, Handwerk, Freizeit und Wirtschaft als auch über die politischen und sozialen Verhältnisse. Die über 230 Originalexponate aus den letzten Grabungsperioden vermitteln einen unmittelbaren Eindruck von der Schönheit der damaligen Kunstgegenstände und der Villen mit ihren Gärten und Wandmalereien. Erstmals wird in Basel auch ein pompejanischer Garten originalgetreu nachgebaut. Die Ausstellung verdient einem grossen Publikum aus der Schweiz und dem angrenzenden Ausland gezeigt zu werden.

Im Namen aller Mitarbeiterinnen und Mitarbeiter der IBM Schweiz wünsche ich allen Beteiligten den verdienten Erfolg.

HANS ULRICH MÄRKI
Vorsitzender der Geschäftsleitung - IBM Schweiz

Sommario

Inhalt

Abbreviazioni
Abkürzungen

ANRW	*Aufstieg und Niedergang der römischen Welt*
ASAtene	*Annuario della Scuola Archeologica di Atene e delle Missioni Italiane in Oriente*
BABesch	*Bulletin van de Vereeniging tot Bevordering der Kennis van de Antieke Beschaving*
Bailey 1980	D.M. Bailey, *A Catalogue of the Lamps in the British Museum,* II. *Roman Lamps Made in Italy,* London 1980
Boll. d'Arte	*Bollettino d'Arte del Ministero della Pubblica Istruzione*
BonnJahrb	*Bonner Jahrbücher des Rheinischen Landesmuseums in Bonn und des Vereins von Altertumsfreunden im Rheinlande*
Boube Piccot 1975	C. Boube Piccot, *Les Bronzes antiques du Maroc,* II. *Le Mobilier,* Rabat 1975.
Boucher, Perdu, Feugère 1980	S. Boucher, G. Perdu, M. Feugère, *Bronzes antiques du Musée de la civilisation gallo-romaine à Lyon,* II. *Instrumentum-Aegyptiaca,* Paris 1980
Bove 1984	L. Bove, *Documenti di operazioni finanziarie dall'archivio dei Sulpici,* Napoli 1984
Breglia 1941	L. Breglia, *Catalogo delle oreficerie del Museo Nazionale di Napoli,* Napoli 1941
BullCom	*Bullettino della Commissione Archeologica Comunale di Roma*
BullCorrHell	*Bulletin de Correspondance Hellénique*
Castrén 1975	P. Castrén, *Ordo populusque Pompeianus,* Roma 1975
CIL	*Corpus Inscriptionum Latinarum*
CLE	*Carmina Latina Epigraphica*
Collezioni Napoli 1986	AA.VV., *Le Collezioni del Museo Nazionale di Napoli,* Roma 1986
Collezioni Napoli 1989	AA.VV., *Le Collezioni del Museo Nazionale di Napoli,* Roma-Milano 1989
Conticello 1987	B. Conticello, *La collezione del Museo Profano della Biblioteca Apostolica Vaticana,* in AA.VV., *Pio IX a Pompei. Memorie e testimonianze di un viaggio,* Napoli 1987
Conticello de' Spagnolis, De Carolis 1988	M. Conticello de' Spagnolis, E. De Carolis, *Le lucerne di bronzo di Ercolano e Pompei,* Roma 1988
CronErcolanesi	*Cronache Ercolanesi*
CronPompeiane	*Cronache Pompeiane*
d'Ambrosio 1994^{3}	A. d'Ambrosio, *Gli ori di Oplontis. Gioielli romani dal suburbio pompeiano,* Napoli 1994^{3}
Diehl	E. Diehl, *Pompeianischen Wandinschriften und Verwandtes,* Berlin 1930^{2}
Dörig 1975	J. Dörig, *Art antique. Collections privées de Suisse romande,* Mainz 1975
Dwyer 1982	E.J. Dwyer, *Pompeian Domestic Sculpture. A Study of five Pompeian Houses and their Contents,* Roma 1982
EAA	*Enciclopedia dell'Arte Antica classica e orientale*
EAAAtl	*Enciclopedia dell'Arte Antica classica e orientale, Atlante delle forme ceramiche*
Gigante 1979	M. Gigante, *Civiltà delle forme letterarie nell'antica Pompei,* Napoli 1979
Goudineau 1968	Ch. Goudineau, *La céramique arétine lisse,* in *MélEcFrRome,* suppl. 6, 1968
Helbig	W. Helbig, *Die Wandgemälde der vom Vesuv verschütteten Städte Campaniens,* Leipzig 1869
Il bronzo 1990	AA.VV., *Il bronzo dei Romani,* Roma 1990
ILS	*Inscriptiones Latinae Selectae*
Isings 1956	C. Isings, *Roman Glass from dated Finds,* Groningen-Djakarta 1956
JdI	*Jahrbuch des Deutschen Archäologischen Instituts*

JRS	*Journal of Roman Studies*
L'instrumentum domesticum 1977	AA.VV., *L'instrumentum domesticum di Ercolano e Pompei,* Roma 1977
MededRome	*Mededelingen van het Nederlandsch historisch Institut te Rome*
MélEcFrRome	*Mélanges d'Archéologie et d'Histoire de l'Ecole Française de Rome. Antiquitées*
MemAccNapoli	*Memorie dell'Accademia di Archeologia, Lettere e Belle Arti di Napoli*
MemAmAc	*Memoirs of the American Academy in Rome*
MemLincei	*Memorie della Classe di Scienze morali, storiche e filologiche dell'Accademia Nazionale dei Lincei*
MILNE 1907	J.S. MILNE, *Surgical Instruments in Greek and Roman Times,* Oxford 1907
MINIERO FORTE 1989	P. MINIERO FORTE, *Stabiae. Pitture e stucchi delle ville romane,* Catalogo della mostra, Roma 1989
Not. Scavi	*Notizie degli Scavi di Antichità*
ONORATO 1957	G.O. ONORATO, *Iscrizioni pompeiane. La vita pubblica,* Firenze 1957
OpArch	*Opuscula Archaeologica*
Petit Palais 1973	AA.VV., *Pompéi,* Catalogo della mostra, Parigi, Petit Palais, gennaio-marzo 1973, Paris 1973
Pompeii A.D. 79 1976	J. WARD PERKINS, A. CLARIDGE, *Pompeii A.D. 79,* London 1976
Pompeii A.D. 79 1978	J. WARD PERKINS, A. CLARIDGE, *Pompeii A.D. 79,* Catalogo della mostra, Boston 1978
Pompei 79	AA.VV., *Pompei 79,* Napoli 1979
Pompeiana 1950	AA.VV., *Pompeiana. Raccolta di studi per il secondo centenario degli scavi di Pompei,* Napoli 1950
Porta Nocera 1983	A. D'AMBROSIO, S. DE CARO, *Fotopiano e documentazione della necropoli di Porta Nocera,* in AA.VV., *Un impegno per Pompei,* Milano 1983
RendAccNapoli	*Rendiconti dell'Accademia di Archeologia, Lettere e Belle Arti di Napoli*
RendLincei	*Rendiconti della Classe di Scienze morali, storiche e filologiche dell'Accademia Nazionale dei Lincei*
RevArch	*Revue Archéologique*
RIC	H. MATTINGLY, E.A. SYDENHAM, *The Roman Imperial Coinage,* London 1923 ss.
RivStPompeiani	*Rivista di Studi Pompeiani*
RömMitt	*Mitteilungen des Deutschen Archäologischen Instituts. Römische Abteilung*
RomQuartalschr	*Römische Quartalschrift für christliche Altertumskunde und Kirchengeschichte*
SIVIERO 1954	R. SIVIERO, *Gli ori e le ambre del Museo Nazionale di Napoli,* Firenze 1954
TABANELLI 1958	U.M. TABANELLI, *Lo strumento chirurgico e la sua storia,* Forlí 1958
VULPES 1847	B. VULPES, *Illustrazione di tutti gli strumenti chirurgici scavati in Ercolano e in Pompei,* Napoli 1847
ZPE	*Zeitschrift für Papyrologie und Epigraphik*

Riscoprire Pompei

Pompeji wiederentdeckt

Riscoprire Pompei

Non è la prima volta che una *Mostra* di materiali archeologici vesuviani intraprende un lungo viaggio attraverso il mondo per offrire all'interesse di studiosi e di non specialisti l'occasione di ammirare – riunite in una sequenza logica – le molteplici testimonianze di vita quotidiana e di arte che questi siti ci hanno consegnato. L'ultima di queste mostre, che ha raccolto un largo consenso ed interesse, è stata quella che ha viaggiato – anche negli Stati Uniti d'America – nel 1979, allorché si celebrò il bimillenario del subitaneo seppellimento di Ercolano, di Pompei, di Oplontis, di Stabiae e degli altri insediamenti vesuviani, a causa della violentissima eruzione del Vesuvio verificatasi il 24-25 agosto del 79 d.C., che cancellò, in poche ore, fiorentissime città e villaggi della Campania romana a sud di Napoli.

Le città vesuviane che abbiamo ricordato, non erano, per la verità, particolarmente famose od importanti nell'antichità, essendo per lo piú abitate da ricche comunità piccolo-medio borghesi di commercianti e di proprietari terrieri, con la sola eccezione di Ercolano che, alla periferia di Napoli, rappresentava forse l'ultima propaggine di un *continuum* di nuclei residenziali collegati e costituiti in relazione col complesso di insediamenti imperiali di Baiae, in quella che possiamo giustamente definire la *Côte d'Azur* dell'antichità romana nel primo secolo dell'impero.

La felice circostanza (ovviamente per noi e non per gli sventurati abitanti dei siti), che la vita si sia arrestata in queste città, non come solitamente avviene per lento degrado, per abbandono, per interramento, bensí subitaneamente e per un cataclisma che spense la vita dei cittadini e fissò nell'immobilità senza tempo strutture murarie, case, giardini ed ogni altra opera dell'uomo o della natura, ha fatto sí che, in nessun luogo come in questi nostri centri vesuviani, si sia conservata intatta l'intera sequenza delle testimonianze che formavano, al momento dell'eruzione, la vita pulsante delle comunità locali.

Il fatto, poi, che l'interro sia stato di almeno cinque/sei metri a Pompei e fino a dieci metri (divenuti ventisette per le eruzioni successive, segnatamente per quella del 1631) ad Ercolano, ha limitato, nelle città piú lontane dal vulcano ed escluso in quelle piú vicine, l'incursione di *sciacalli* dell'epoca e posteriori e di ricercatori di tesori. A tal punto s'era perduta, nel trascorrere dei secoli, la memoria stessa dell'esatta localizzazione delle antiche città romane, che, allorché si rinvennero sulla collina della *Civita,* poi rivelatasi il cuore della romana Pompei, i primi resti archeologici, si ritenne d'aver localizzato l'antica Stabiae e, solo quando dagli scavi venne alla luce un cippo inciso che recava le parole *civitas Pompeianorum,* ci si rese conto d'aver scoperto l'antica Pompei.

I primi rinvenimenti nei territori vesuviani ebbero luogo ad Ercolano, la città col massimo interro, nei primi anni del secolo XVIII, ed il primo monumento parzialmente esplorato nel 1738 fu il teatro romano di quella città.

L'esplorazione degli insediamenti vesuviani fu, inoltre, la prima che sia stata condotta *sistematicamente ed a spese di un pubblico erario,* quello del Regno di Napoli, per la munificenza del Re Carlo III di Borbone, che troppo presto lasciò Napoli per trasferirsi, da sovrano, in Spagna.

Crediamo di poter affermare che il grande impatto che ebbero, sull'opinione pubblica e sugli ambienti intellettuali d'Europa (della quale Napoli era, allora, una delle grandi metropoli cosmopolite), le scoperte di Ercolano (soprattutto nella c.d. Villa dei Papiri) e di Pompei, sia stato certamente fra i principali stimoli intellettuali per la formazione di quell'interesse per l'antichità che porterà alla diffusione di *Società Antiquarie*, all'organizzazione di spedizioni per il rilevamento ed il disegno

Pompei, casa di Romolo e Remo, peristilio.
Acquarello, 1880.

Pompeji, Haus des Romulus und Remus, Peristyl.
Aquarell, 1880.
316 × 234 mm. DAIR Archiv 83, 145.

Die Wiederentdeckung Pompejis

Nicht zum ersten Mal geht mit dieser Ausstellung archäologisches Material aus der Vesuvregion auf eine lange Reise um die Welt, damit Gelehrte und Laien in logischer Abfolge die mannigfaltigen Zeugnisse alltäglichen Lebens und der Kunst, die uns diese Orte überlieferten, bewundern können. Zuletzt erinnerte 1979 eine von großem Interesse und Zustimmung begleitete Ausstellung an das jähe Begräbnis von Herkulaneum, Pompeji, Oplontis, Stabiae sowie weiterer Siedlungen am Vesuv. Infolge des gewaltigen Vulkanausbruchs vom 24. und 25. August 79 n.Chr. wurden in nur wenigen Stunden blühende Städte und Dörfer des römischen Kampanien im Süden Neapels ausgelöscht.

Diese Städte waren in der Antike nicht sonderlich bedeutend, wohnten hier doch zumeist mittelständische und kleinbürgerliche Händler und Landbesitzer. Einzig Herkulaneum, an der Peripherie Neapels, bildete wohl den letzten Ausläufer einer Reihe von Siedlungszellen, die mit den kaiserlichen Anlagen von Baiae in Zusammenhang stehen; denn am Golf befand sich sozusagen die Côte d'Azur der römischen Antike im 1. Jahrhundert n.Chr.

Für uns, wenn auch natürlich nicht für die unglücklichen Bewohner, erwies es sich als günstiger Umstand, daß das Leben in diesen Städten nicht allmählich zum Stillstand kam, sondern die Naturkatastrophe ein sehr plötzliches Ende herbeiführte. Der Aschenregen bannte Häuser und Gärten sowie alle anderen Werke von Mensch und Natur in zeitloser Erstarrung. Nirgendwo sonst wurde das pulsierende Leben in so ganzheitlichem Spektrum festgehalten wie in den Vesuvstädten im Moment der Eruption.

Die Verschüttungstiefe von mindestens 5-6 m in Pompeji und bis zu 10 m in Herkulaneum (nach weiteren Eruptionen dort sogar 27 m) begrenzte in den weiter vom Vulkan entfernten Städten und verhinderte in den näherliegenden gänzlich das Eindringen von Plünderern und Schatzsuchern. Die genaue Lage der antiken Städte geriet im Laufe der Jahrhunderte so gründlich in Vergessenheit, daß, als man auf dem Hügel *Civita* im Herzen des römischen Pompeji auf erste archäologische Spuren stieß, man das antike Stabiae entdeckt zu haben meinte. Erst als die Ausgrabungen einen Grenzstein mit der Inschrift *civitas Pompeianorum* zutage brachten, identifizierte man die Stadt.

Die ersten Funde im Gebiet um den Vesuv machte man bereits zu Beginn des 18. Jahrhunderts im tief verschütteten Herkulaneum. Das erste 1738 teilweise ans Licht gebrachte Monument war das dortige Theater.

Auf Veranlassung Karls III. von Bourbon, des späteren Herrschers von Spanien, und auf Kosten des Königreichs Neapel wurden die Siedlungen am Vesuv erstmals systematisch erforscht.

Wir dürfen wohl behaupten, daß der große Eindruck, den die Entdeckungen von Herkulaneum (v.a. die Villa dei Papiri) auf die öffentliche Meinung und die intellektuellen Kreise Europas machten, eine der wichtigsten Anregungen für das sich entwickelnde Interesse an der Antike darstellte. In der Folge entstanden Antikengesellschaften, wurden Expeditionen zur Aufdeckung und zeichnerischen Dokumentation antiker Denkmäler entsandt. Es etablierte sich ein Geist, ein *Kunstwollen*, das zur neuklassischen Bewegung und schließlich zur Geburt der als *Altertumswissenschaft* verstandenen Archäologie führte. In Rom veröffentlichte in den 60er Jahren des Jahrhunderts Johann Joachim Winckelmann seine Anmerkungen über die *Geschichte der Kunst des Alterthums*, die noch heute die Grundlage jeglichen Studiums klassischer Kunst und der relativen wie absoluten chronologischen Periodisierung in unserer Wissenschaft ist.

Pompei, casa di Meleagro, peristilio.
Acquarello, 1880.

Pompeji, Haus des Meleager, Peristyl.
Aquarell, 1880.
265 × 185 mm. DAIR Archiv 83, 84.

Meleager.
11. 5. 80.

dei monumenti antichi, all'affermazione di uno spirito e di un *Kunstwollen*, di un gusto, da cui trarrà origine il movimento *neoclassico*, alla nascita della scienza archeologica intesa come *Altertumswissenschaft*, mentre in Roma, negli anni sessanta del secolo, J.J. Winckelmann pubblicava la sua *Storia delle Arti del Disegno nell'Antichità*, che è, ancor oggi, l'archetipo di riferimento per ogni studio di storia dell'arte classica.

Non intendiamo, certamente, sostenere sciovinisticamente che senza i rinvenimenti di Ercolano e di Pompei non ci sarebbe stata la diffusione della scienza archeologica, ma ci sembra che i rinvenimenti di queste località, per la qualità e la ricchezza, abbiano grandemente contribuito alla sua formazione ed affermazione contribuendo al formarsi della cultura antiquaria e neoclassica in Europa.

Gli scavi di Ercolano e di Pompei (e, in anni recenti, di Stabiae, di Oplontis, di Terzigno) sono stati condotti quasi ininterrottamente, sia pure con periodi piú o meno lunghi di abbandono e di sospensione, nei duecentocinquant'anni dalla prima scoperta ufficiale del 1738.

Se l'obiettivo prioritario dei ricercatori borbonici era il reperimento di *opere d'arte* e di *testimonianze eccezionali* di vita quotidiana, con l'unico fine di adornare i palazzi nobiliari (e, solo successivamente, i Musei), primo fra tutti la Reggia di Portici (nella quale custodiamo il sogno ed abbiamo l'ambizione di riportare il nuovo, grande, Museo Ercolanese, che intendiamo costituire), in una gara continua di emulazione, perseguita con la costanza e l'impegno di una *caccia al tesoro*, gli archeologi che li seguirono, fin quasi ai giorni nostri (condizionati, probabilmente, dall'imponenza dei resti delle Ercolano e Pompei prima dell'eruzione che andavano scoprendo), puntarono tutta la loro attenzione sulla liberazione – la piú ampia possibile consentita dai finanziamenti – di tratti sempre piú vasti di queste città *nel loro stato finale post-sisma e pre-eruzione*, cioè fra il 62 ed il 79 d.C.

Fra gli archeologi – tutti altamente qualificati – che hanno contribuito all'incremento della nostra conoscenza delle città antiche di Ercolano e Pompei, ci piace ricordarne soprattutto due: Vittorio Spinazzola, al quale dobbiamo la felice intuizione che fosse prioritariamente necessario liberare l'intera griglia stradale pompeiana per meglio orientare le successive esplorazioni degli edifici, *Regio* per *Regio* ed *insula* per *insula*, ed Amedeo Maiuri, al quale dobbiamo il piú ricco ventaglio di conoscenze di queste città, gli scavi piú vasti, ed anche – fatto inconsueto per il tempo in cui egli visse – un interesse particolare per la conduzione di saggi stratigrafici intesi ad indagare, al di sotto dei livelli *finali* della città di Pompei, gli oltre seicento anni di occupazione del sito, anteriori a quelli arrivati fino a noi sigillati dall'eruzione del 79 d.C., e fino ad oggi assai poco conosciuti, se si prescinde dai saggi condotti dall'Università di Milano sotto la guida della prof. Maria Bonghi Jovino nella Regio VI, dai dott.ri Stefano De Caro e Cristina Chiaromonte Treré presso Porta Nocera e dal dott. Paul Arthur nella parte centrale della città, in occasione della conduzione del tracciato per i cavi dell'illuminazione.

Le città vesuviane hanno conosciuto, dopo gli anni cinquanta, un progressivo contrarsi delle ricerche archeologiche, nonché dei restauri e delle stesse opere di manutenzione dei monumenti e dei siti in generale, a causa della limitatezza delle somme a disposizione dell'Amministrazione. Questa circostanza ha determinato una situazione di grave degrado e fatiscenza delle strutture murarie, nonché la progressiva corrosione delle pitture parietali. Fra i fattori di degrado dobbiamo, fra l'altro, annoverare l'estendersi incontrollato di erbe ed arbusti infestanti (arrivati alla consistenza di tronchi d'albero), sopra tutto *rovi* ed *ailanti*, che hanno aggredito e disgregato le murature, e l'uso di tecnologie di restauro, un tempo ritenute idonee, che si sono poi rivelate inadeguate, inadatte ed anche dannose per i monumenti, primo fra tutti l'uso estensivo di cemento armato e di iniezioni di cemento.

Un'inversione di tendenza si è avuta a partire da un altro cataclisma che si è abbattuto sulle aree vesuviane, il terremoto del 1980, che ha gravemente danneggiato le nostre città, già fatiscenti per le anzidette ragioni.

Un cataclisma, l'eruzione del 79 d.C., aveva ricoperto gli insediamenti vesuviani, offrendoci un terreno ricco e fecondo di ricerca archeologica; un altro cataclisma, il terremoto del 1980, ci ha aperto insperate possibilità di recupero di queste aree archeologiche in accentuato, sovente irreversibile, degrado.

Nel 1981 veniva istituita la Soprintendenza Archeologica di Pompei, distaccandola dal grande corpo di quella di Napoli e Caserta per rendere piú incisiva l'opera di restauro delle aree vesuviane erigendole in Istituto autonomo; nel 1982, la nuova Soprintendenza diveniva operativa; nel 1984, una *legge speciale* convogliava nell'Istituto appena avviato un cospicuo, anche se largamente insufficiente, finanziamento. A pochi mesi dall'arrivo di questo finanziamento, nel novembre 1984, noi

Natürlich wollen wir nicht behaupten, daß ohne die Entdeckungen von Herkulaneum und Pompeji die Entstehung der archäologischen Wissenschaft unterblieben wäre, doch scheint es, als hätten Qualität und Quantität der Funde maßgeblich dazu beigetragen. Wir stimmen mit Hegel überein, daß das glückliche Zusammentreffen verschiedener Faktoren, darunter nicht zuletzt die große emotionale Bewegung, ausgelöst durch die Entdeckungen am Vesuv, die antiquarische und neuklassische Bewegung in Europa begründete.

Die Ausgrabungen von Herkulaneum und Pompeji (sowie in jüngeren Jahren in Stabiae, Oplontis und Terzigno) wurden, von einigen Unterbrechungen abgesehen, seit dem ersten offiziellen Fund 1738 über 250 Jahre hinweg kontinuierlich fortgeführt. 1988 feierte man dieses Jubiläum mit einem internationalen Kongreß.

Das vorrangige Ziel der bourbonischen Forscher war das Auffinden von Kunstwerken und außergewöhnlichen Zeugnissen aus dem Alltagsleben, um damit die Adelspaläste (und dann später die Museen) zu schmücken. Unter diesen befand sich an erster Stelle der Palast von Portici, worin nach unserem Wunsch das neue Museum von Herkulaneum eingerichtet werden soll. Die später nachfolgenden Archäologen dagegen wandten, fasziniert von der Großartigkeit der Überreste von Herkulaneum und Pompeji, bis in heutige Tage ihre ganze Aufmerksamkeit der Freilegung immer weiterer Teile der Stadtgebiete zu, vor allem aus der letzten Phase nach dem Erdbeben und vor der Eruption, also zwischen den Jahren 62 und 79 n.Chr.

Unter all den hochqualifizierten Archäologen, die zu unserer wachsenden Kenntnis der antiken Städte von Herkulaneum und Pompeji beigetragen haben, sei besonders an zwei erinnert: Vittorio Spinazzola, dem wir die Freilegung des gesamten pompejanischen Straßennetzes verdanken. So konnten die Bauten anschließend *regio* per *regio* und *insula* per *insula* ergraben werden. Des weiteren Amedeo Maiuri, auf dessen Initiative die umfassendsten Ausgrabungen zurückgehen. Ihn bewegte ein für seine Zeit ungewöhnliches Interesse an der Ausführung stratigraphischer Sondierungen zur Erforschung der unter dem Niveau des späten Pompeji liegenden Schichten der 600jährigen Siedlungsgeschichte der Stadt, die durch die Eruption 79 n.Chr. versiegelt und uns so überliefert wurde. Abgesehen von Sondierungen, die anläßlich der Verlegung von Lichtkabeln von der Universität Mailand unter Prof. Maria Bonghi Jovino in Regio VI, Dres. Stefano De Caro und Cristina Chiaromonte Treré bei der Porta Nocera sowie Dr. Paul Arthur im Stadtzentrum durchgeführt wurden, sind diese Schichten noch kaum bekannt.

Seit den 50er Jahren erfuhren die Städte am Vesuv einen starken Rückgang der archäologischen Forschungsarbeit, aber leider auch bezüglich der Restaurierungen und Erhaltungsmaßnahmen, da die Behörden nur begrenzt Gelder zur Verfügung stellten. Diese Situation führte zu erheblichen Schäden an den Mauern sowie zur Korrosion der Wandmalereien. Mit unter die Zerstörungsfaktoren fällt die unkontrollierte Ausbreitung von schädlichem Unkraut- und Strauchbewuchs. Besonders Brombeere und Ailanthus befallen und zersetzen die Mauern, indem sie den Mörtel auflösen. Auch einst als zweckmäßig erachtete Restaurierungstechnologien erweisen sich nun als unzulänglich, ungeeignet und sogar abträglich für die Denkmäler. Dazu gehört vor allem der extensive Gebrauch von Stahlbeton und Zementeinspritzungen.

Ein Umdenken trat durch eine weitere Naturkatastrophe im Vesuvgebiet ein, das Erdbeben von 1980, das unsere schon aus obengenannten Gründen geschwächte Stadt schwer beschädigte.

Eine Naturkatastrophe, die Eruption des Jahres 79 n.Chr., verschüttete die Siedlungen am Vesuv und schuf uns ein reiches und fruchtbares Gebiet archäologischer Forschung. Eine andere Naturkatastrophe, das Erdbeben von 1980, eröffnete uns nun die unverhoffte Möglichkeit, diese in schwerem, oft irreversiblem Verfall begriffenen Zonen wiederzugewinnen.

1981 gründete man die Soprintendenza Archeologica von Pompeji, indem man sie aus der Soprintendenza von Neapel und Caserta als autonomes Institut der Vesuvregion herauslöste, um dort die Restaurierung gezielt voranzutreiben. 1982 wurde die neue Soprintendenza aktiv. 1984 verhalf ein spezielles Gesetz dem jungen Institut zu beachtlichen, wenn auch weithin unzureichenden finanziellen Mitteln. Wenige Monate nach dem Erhalt dieses Kapitals, im November 1984, erhielten wir die Institutsdirektion und begannen ein schweres, oft entmutigendes, aber auch sehr begeisterndes Vorhaben: Im Rahmen eines systematischen Programms und unter Anwendung eines interdisziplinären Ansatzes wurde die Gesamtheit der bestehenden Probleme neu überdacht. Die jeweiligen Erfordernisse von Ausgrabung, Restaurierung, Erhaltung, Auswertung, Kennenlernen und Genießen der archäologischen Stätten mußten berücksichtigt werden. Die Größe und Vollständigkeit gesammelter und noch zu sammelnder Zeugnisse erlaubte Pilotprojekte zur Erforschung archäologischer Denkmäler von erheblichem Umfang, schließlich handelte es sich nicht ein-

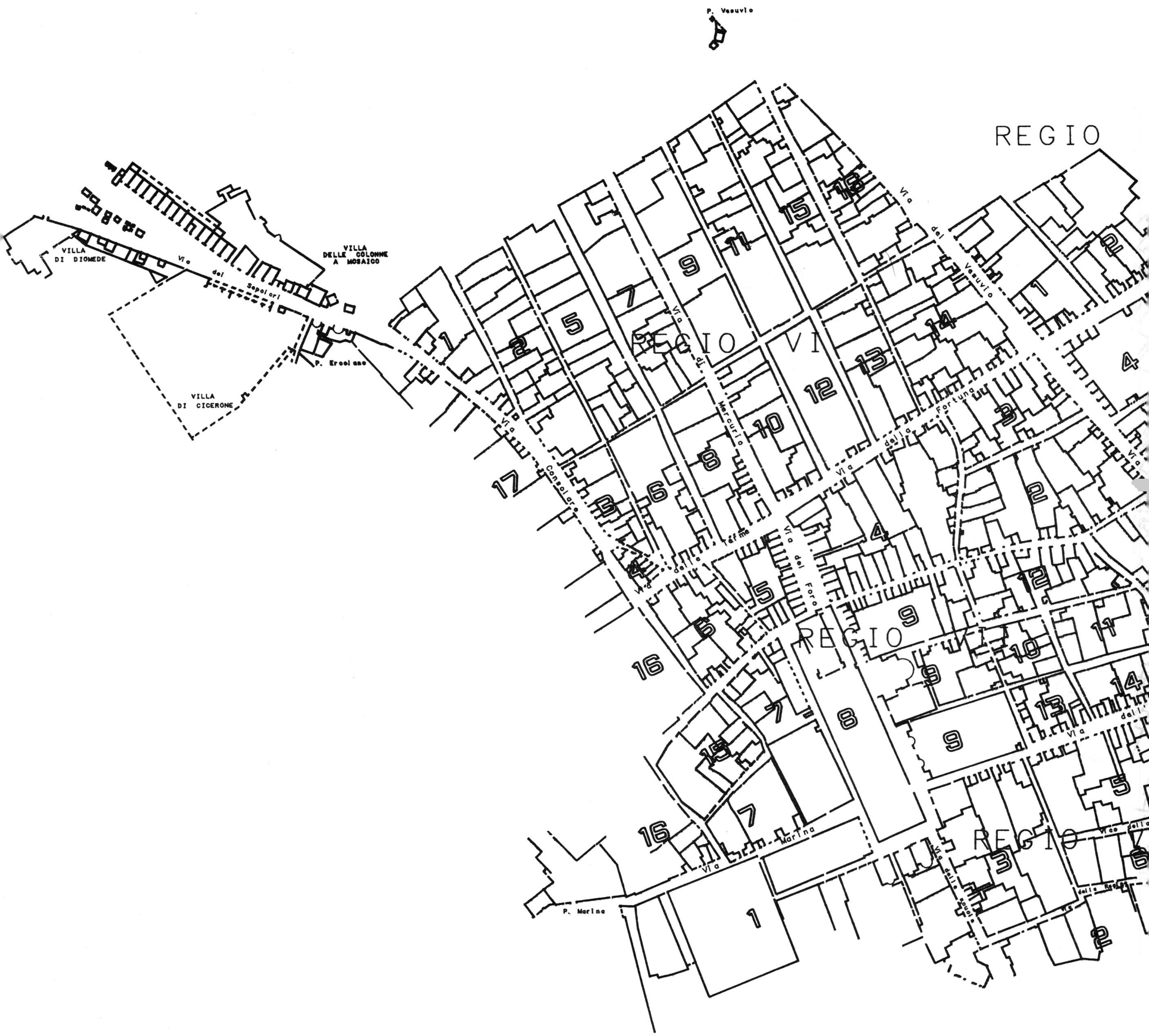

Pompei, pianta.

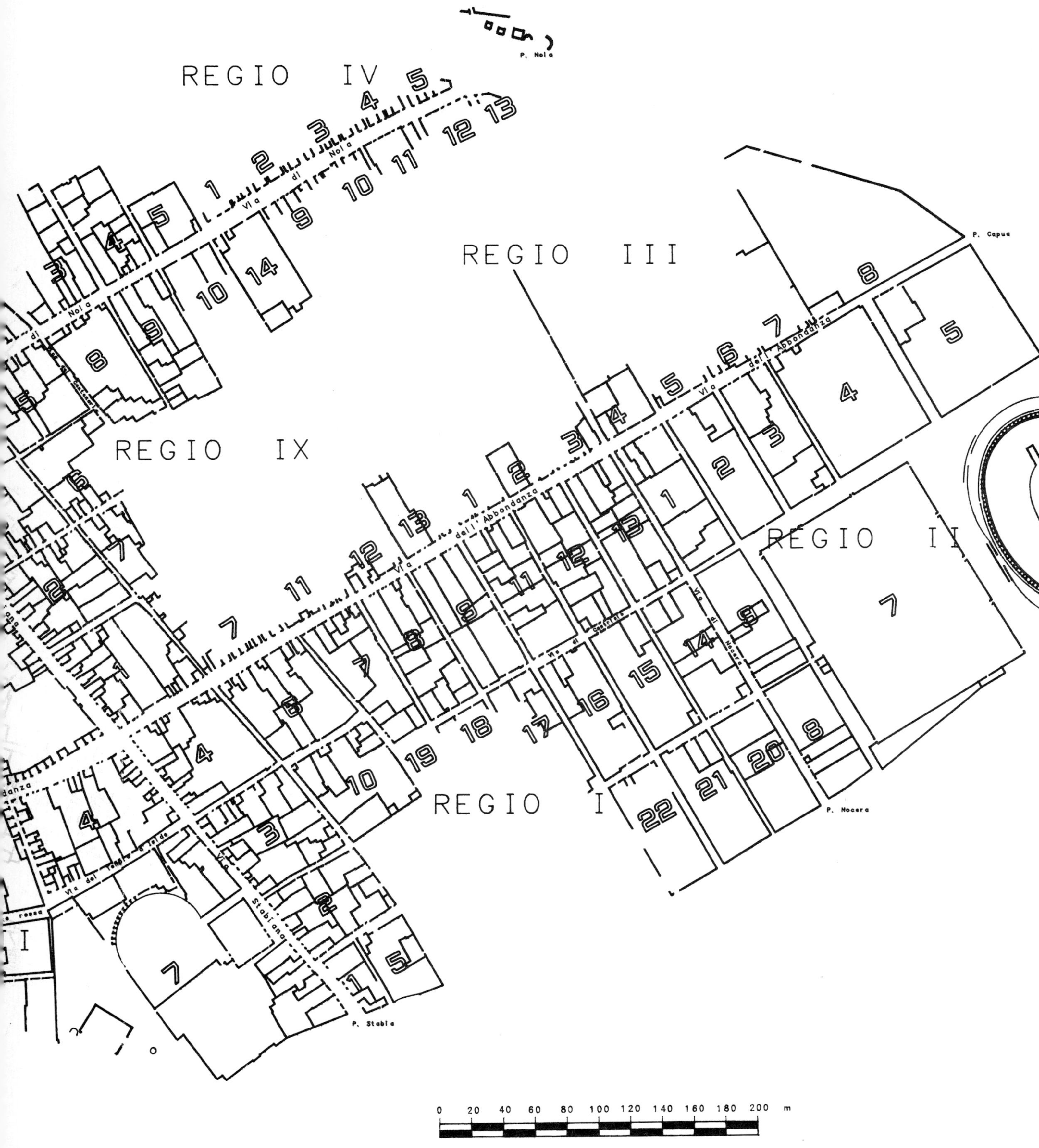

Pompeji, Stadtplan.

Pompei, casa del Granduca di Toscana, paesaggio marino.
Acquarello.

Pompeji, Haus des Großherzogs der Toskana, Meereslandschaft.
Aquarell.
69 × 185 mm. DAIR Archiv 83, 220.

accedevamo alla direzione dell'Istituto ed intraprendevamo un lavoro duro, sovente scoraggiante, ma anche altamente entusiasmante: il *ripensare,* all'interno di *una programmazione sistematica,* in maniera organica ed uniforme, impiegando un *approccio interdisciplinare, la globalità delle problematiche* poste dallo scavo, dal restauro, dalla tutela, dalla valorizzazione, dall'informazione e dalla fruizione di una serie di siti archeologici che, per vastità e completezza di testimonianze raccolte e da raccogliere, permettevano finalmente di operare per *progetti-pilota d'intervento* su beni archeologici di cospicua estensione, *vere e proprie città,* e non semplici, anche se importanti, insediamenti urbani, gruppi di monumenti o singoli complessi architettonici.

Questo nuovo approccio interdisciplinare e globale alle problematiche poste da siti archeologici *di vastità calcolabili ad ettari* e conservati, a parte il progressivo degrado, quasi integralmente, ha permesso di esprimere una nostra particolare *filosofia dell'antico e del suo recupero,* che non può prescindere dall'identificazione del fruitore ultimo di essa, il visitatore.

Ci si è posti, prima di tutto, il problema della *profondità* e della *intensità* dei restauri da farsi nella considerazione che *scavare è comunque distruggere, ma per far rivivere,* e che *restaurare è comunque danneggiare, alterare, ma per far continuare a vivere.* Alla luce di questo incontrovertibile dato, ci dobbiamo interrogare su un problema importante, se riteniamo che i monumenti, come gli esseri viventi, debbano avere una vita biologica che va dalla nascita alla morte in un numero prevedibile di anni, o se i monumenti debbano essere tenuti in vita quanto piú possibile, in teoria *ad infinitum.* Nell'ipotesi che l'ovvia risposta sia la seconda, dobbiamo tener conto che il succedersi di restauri molto frequenti determina danni e perdite ai monumenti, quale che sia la cura e la sofisticatezza dei materiali e delle tecnologie impiegate. Col moltiplicarsi dei restauri del medesimo monumento, cresce esponenzialmente il suo decadimento, la perdita delle superfici e delle malte, degli intonaci, dei pigmenti, anche se la struttura apparirà sempre nel suo complesso solida e ben ordinata. Alla luce di queste osservazioni, noi abbiamo privilegiato un tipo di restauro piú approfondito e, quindi, piú evidente, cosí da allontanare nel tempo l'esigenza di un ulteriore restauro del medesimo monumento. Abbiamo, per esempio, adottato un sistematico innalzamento dei colmi dei muri, laddove abbiamo operato (la c.d. *superficie di sacrificio*), cosí da offrire all'azione eolica e degli agenti atmosferici delle murature moderne da aggredire (che possono essere rifatte senza scrupoli appena vengono degradate), e non i colmi delle murature antiche. Se, poi, consideriamo che, parallelamente, si è attuata un'opera sistematica di diserbo con prodotti ad azione biologica (blocco della fotosintesi) e non chimica, quindi ecologici, ne consegue che la leggibilità generale delle strutture antiche è grandemente aumentata e, con essa, la fruibilità senza pericoli del monumento. L'opera di diserbo è stata condotta con l'occhio attento alla corretta lettura dell'architettura e dell'urbanistica antiche, perché si è lasciata crescere l'erba spontanea delle nostre aree laddove in antico erano giardini, e se ne è impedita la comparsa, diserbando e ricoprendo il suolo di una coltre di *spuma di lava* laddove erano pavimenti. Con il che si è ripristinata l'alternanza di chiaro e scuro, di grigio e di verde che, unito alla ripresa, ove possibile, delle coperture, ha restituito al visitatore una visione urbanisticamente ed architettonicamente comprensibile (e corretta, ripetiamo) del susseguirsi delle abitazioni, delle botteghe, degli edifici pubblici, in quanto *spazi contenuti,* e non vuoti *containers,*

Pompei, Tempio di Iside, naumachia. Acquarello.

Pompeji, Isis-Tempel, Seeschlacht. Aquarell. 145 × 250 mm. DAIR Archiv 83, 205.

fach um irgendwelche städtische Siedlungen, Denkmälergruppen oder einzelne architektonische Anlagen, sondern um komplette Städte.

Diese neue interdisziplinäre Annäherung an Probleme, welche archäologische Stätten mit in Hektar zu berechnender Größe und quasi vollständiger Erhaltung mit sich bringen, erlaubt uns, daß wir eine besondere *Philosophie der Antike und ihrer Wiederentdeckung* hier artikulieren, eine Philosophie, die den Besucher auf keinen Fall vernachlässigen darf.

Das vorrangige Problem war das der Tiefe und der Intensität der anstehenden Restaurierungen. Denn Ausgraben bedeutet Zerstören, allerdings zwecks Wiederbelebung; und Restaurieren bedeutet Beschädigen, wenn auch um der Erhaltung willen. Angesichts dieser unumstößlichen Tatsache müssen wir uns die wichtige Frage stellen, ob wir die Denkmäler als Lebewesen ansehen wollen mit einer bestimmten, festgesetzten Lebensspanne, die von der Geburt in einer absehbaren Zeit zum Tode führt, oder ob wir die Denkmäler theoretisch *ad infinitum*, d.h. so lange wie irgend möglich in ihrem Zustand erhalten sollten. Letzteres als selbstverständlich vorausgesetzt, müssen wir uns bewußt sein, daß eine dichte Folge von Restaurierungen den Gebäuden stets Schäden und Verluste zufügt, wie groß auch immer die Sorgfalt sein mag, mit welcher man zu Werke geht. Die mehrfache Restaurierung desselben Bauwerks beschleunigt exponentiell seinen Verfall, den Verlust von Oberfläche und Mörtel, von Putz und Pigmenten, auch wenn das Gebäude in seiner Gesamtheit immer solide und in guter Verfassung schien.

Angesichts dieser Beobachtungen haben wir eine sehr gründliche Restaurierungsweise bevorzugt, um somit das Erfordernis jeder weiteren Restaurierung hinauszuzögern. So haben wir z.B. die Mauern erhöht (die sogenannte *zu opfernde Oberfläche*), damit Wind und Witterung nicht das antike, sondern das moderne Mauerwerk angreifen. Denn dieses kann bedenkenlos nach einsetzendem Verfall erneuert werden. Gleichzeitig wurde eine systematische Unkrautvertilgung mit biologisch-ökologischen Mitteln durchgeführt (Blockierung der Photosynthese). Die Ablesbarkeit der antiken Baustrukturen und der gefahrlose Genuß des Monuments konnte auf diese Weise erheblich verbessert werden. Bei der Unkrautbeseitigung achtete man auf die korrekte Wiedergabe der antiken Architektur und Stadtplanung. Man hatte nämlich anstelle der alten Gärten von selbst sprießendes Unkraut gedeihen lassen. Seine Ausbreitung wurde verhindert, indem dort, wo sich einst Fußboden befand, der Boden ausgejätet und mit einer Schicht aus Lavaschaum bedeckt wurde. So entstand wieder der Wechsel zwischen hell und dunkel, grau und grün, der, womöglich zusammen mit der Wiederherstellung der Dächer, dem Besucher eine verständliche und korrekte architektonische und städtebauliche Vorstellung von der Abfolge der Wohnhäuser, Läden und öffentlichen Bauten als umschlossene Räume und nicht als leere *Container* bzw. Aneinanderreihung undifferenzierter Höfe zu geben vermag. Die Anwesenheit einer Biologin in unserem Stab veranlaßte uns, ein Forschungsprojekt über die bei der Ausgrabung und Restaurierung entdeckten antiken Pflanzen, Pollen, Samen und Wurzeln durchzuführen, um so die Gärten nicht, wie in der Vergangenheit geschehen, mit irgendeiner beliebigen Flora auszustatten, sondern sie gemäß der Disposition der gefundenen Proben quasi in ihren ursprünglichen Zustand zurückzuversetzen. Die besonderen Umstände der Ausgrabungen im Vesuvgebiet erlauben also die Wiederbepflanzung mit

Pompei, casa di Arianna, decorazioni parietali di IV stile.
Acquarello.

Pompeji, Haus der Ariadne, Wanddekorationen des Vierten Stils.
Aquarell.
338 × 248 mm. DAIR Archiv 83, 140.

successione di cortili indifferenziati. La presenza di una biologa, nel nostro staff, ci ha fatto intraprendere un programma di ricerca e di riconoscimento delle essenze antiche rinvenute nello scavo e nel restauro, di pollini, semi, radici, cosí da restituire ai giardini in cui sia stato possibile eseguire la raccolta delle campionature vegetali non una generica flora spontanea, né alberature di fantasia, come per il passato, bensí le essenze riconosciute, secondo la disposizione che il rinvenimento dei campioni ha rivelato essere stata *in antico*. Nella grande palestra di Pompei, adiacente all'anfiteatro, sono stati ripiantati, con una sponsorizzazione della *Monsanto Agricultural Company*, i filari di platani che adornavano l'edificio, e dei quali, decenni or sono, furono rinvenute le radici carbonizzate ed eseguiti i calchi. Un accordo fra la Soprintendenza ed il C.N.R. farà sorgere, fra pochi mesi, un

Pompei, casa di Sulpicio Rufo, decorazione parietale di III stile.
Acquarello, 1888.

Pompeji, Haus des Sulpicius Rufus, Wanddekoration des Dritten Stils.
Aquarell, 1888.
265 × 180 mm. DAIR Archiv 83, 378.

eben jenen Pflanzenarten, wie sie sich im Moment des Vulkanausbruchs in jenem Garten befanden. In der großen, neben dem Amphitheater liegenden Palästra von Pompeji wurden vor kurzem unter Förderung der Monsanto Agricultural Company Wiederbepflanzungen vorgenommen. Schon vor zehn Jahren waren die karbonisierten Wurzeln von jenen Platanen gefunden worden, die bis zum Vulkanausbruch dort wuchsen. Gemäß einer Vereinbarung zwischen der Soprintendenza und dem C.N.R. wird in Kürze ein Analyselaboratorium in Pompeji entstehen, damit das Institut seine Analysen nicht nach außerhalb geben muß.

Wer die Straßen des antiken Pompeji mit aufmerksamem Auge für die Restaurierungen durchschreitet, wird bemerken, daß die Gebäude den Stempel der vorgenommenen Eingriffe tragen.

Pompei, casa dei Pigmei, paesaggio nilotico.
Acquarello.

Pompeji, Haus der Pygmäen, Nillandschaft.
Aquarell.
411 × 282 mm. DAIR Archiv 83, 239.

Pompei, casa IX, 5, 14, Venere con Amorini pescatori.
Acquarello, 1880.

Pompeji, Haus IX, 5, 14, Venus mit fischenden Amoretten.
Aquarell, 1880.
240 × 170 mm. DAIR Archiv 83, 274.

laboratorio di analisi a Pompei, cosí da liberare l'Istituto dall'onere di ricorrere all'esterno per le proprie analisi.

Chi percorra le strade dell'antica Pompei con l'occhio attento ai restauri, vedrà che gli edifici portano il segno di interventi eseguiti, per il frequente mutare dei Soprintendenti, in maniera sempre diversa, e sovente contrastanti con quelli adiacenti, con un effetto generale piuttosto sgradevole. In particolare, si segnalano gli interventi eseguiti impiegando *cemento armato* (il principe dei materiali fino ad anni or sono). È oggi evidente, e lo ha segnalato recentemente J.P. Adam in un suo saggio, che il cemento non solo per la sua irreversibilità, ma anche per la sua igroscopicità, conduce a morte, al massimo entro un ventennio, le pitture, ma deteriora anche gli elementi architettonici nei quali è inserito, perché l'umidità atmosferica penetra attraverso il cemento, raggiunge i ferri, li ossida facendoli espandere, cosí da spaccare le travature realizzate in tale materiale. Una passeggiata lungo via dell'Abbondanza a Pompei mostra ancora numerosi esempi di questo decadere del cemento, e noi stessi dovemmo intervenire energicamente, al momento del nostro arrivo alla testa dell'Istituto, per convincere tecnici e maestranze ad abbandonare quella che era considerata la *panacea* del restauro architettonico, il *cemento,* sostituendogli, quando possibile, la *calce Lafarge.*

Oggi, nelle aree vesuviane, abbiamo deciso di tornare ad impiegare (ovviamente quando il dissesto statico non rendesse indispensabile il ricorso ad iniezioni di resine o all'inserimento di micropali) *materiali naturali* nel restauro, quali *legno* (lamellare, per maggiore resistenza, nelle piattabande), *mattoni, tegole di terracotta* e, nella ripresa di murature, le tradizionali tecniche edilizie romane, con le relative *malte.*

Pompei, casa del Centenario, decorazioni parietali di IV stile.
Acquarello.

Pompeji, Haus der Hundertjahrfeier, Wanddekorationen des Vierten Stils.
Aquarell.
355 × 473 mm. DAIR Archiv 83, 353.

Der häufige Wechsel der Soprintendenti sowie der immer unterschiedliche und oft konträre Stil der veranlaßten Restaurierungsarbeiten bewirkten ein eher bedenkliches Ergebnis. Besonders fallen die Eingriffe mittels Stahlbeton auf (das Hauptmaterial der Restaurierungen bis vor einigen Jahren). Wie J.P. Adam kürzlich in einem seiner Aufsätze festgestellt hat, ist heute klar, daß der Beton nicht nur wegen seiner Irreversibilität, sondern auch aufgrund seiner Hygroskopizität in höchstens 20 Jahren die Malereien zerstört und die Architekturteile, in die er eingesetzt ist, schwer beschädigt haben wird. Feuchtigkeit kann durch den Beton eindringen, das Eisen erreichen und durch Oxidation zum Ausdehnen bringen, so daß schließlich die in diesem Material ausgeführten Balken zerbrechen. Ein Spaziergang entlang der Via dell'Abbondanza in Pompeji zeigt zahlreiche Beispiele für diesen Betonzerfall. Als wir die Führung des Instituts übernahmen, mußten wir energisch eingreifen, um die Techniker und Arbeiter zur Abkehr von dem als Allheilmittel architektonischer Restaurierung erachteten Beton zu bewegen und baldmöglichst durch *Lafarge-Kalk* zu ersetzen.

Heute sind wir im Vesuvgebiet zu natürlichen Materialien für die Restaurierung zurückgekehrt (natürlich nur dort, wo die statischen Schäden Harzinjektionen und das Einsetzen von kleinsten Stützelementen erforderten): Holz (im Sturzbogen zur größeren Widerstandskraft lamellenförmig), Backsteine und Terrakotta-Dachziegel. Auch entschlossen wir uns, traditionelle römische Bautechniken mit dazugehörigem Mörtel für das Mauerwerk wiederaufzunehmen.

Wir sind nicht der Meinung, daß die restaurierten von den unversehrten Teilen durch dissonante Gegenüberstellung gegensätzlicher Materialien schon von weitem zu unterscheiden sein müssen. Wir sind dagegen der Auffassung, daß die Harmonisierung der Materialien, die Aufnahme

Noi non crediamo che il *restaurato* debba essere distinto dall'*antico per la dissona contrapposizione di materiali contrastanti* al fine di una sua riconoscibilità *da lontano*. Siamo, invece, convinti che l'armonizzazione dei materiali, la ripresa di tecniche antiche, la riscrittura di modi di costruire romani, siano delle importanti acquisizioni e riconquiste, filologicamente significative, alla condizione, naturalmente, che si introducano i consueti elementi di sicuro ed evidente (ma, *da vicino*) riconoscimento della distinzione fra antico e ricostruito (arretramento della superficie esterna dei muri, inserimento del *cartiglio* datato ecc.).

In questa medesima ottica dello studio *dall'interno* dell'architettura antica, ci siamo posti il problema di studiare gli effetti e le modalità di azione del sisma del 62 d.C., prima di procedere al restauro statico delle strutture. Abbiamo anche cercato di indagare sulle tecniche struttive romane nelle città vesuviane per individuare eventuali soluzioni date dai costruttori antichi al problema della sismicità di queste nostre aree. Lo studio è ancora in corso, ma i primi risultati sembrano assai promettenti e pare dimostrino che questi problemi di sismica gli architetti romani se li siano posti.

Sul piano degli interventi di restauro, fatti esperti delle difficoltà incontrate in passato, si sono cominciate ad adottare nuove tecnologie (studiate ed esperimentate in laboratorio) per la statica di colonne e pilastri, al cui interno andiamo sostituendo le rigide *anime* di metallo e sabbia, con una sottile corda di resina, la cui elasticità permette di sopportare vibrazioni e movimenti trasversali considerevoli.

Abbiamo anche pensato di intervenire sui piani pavimentali dei marciapiedi (un esperimento è stato attuato in via di Mercurio a Pompei), ripristinando il *cocciopesto* romano, laddove esso era del tutto scomparso insieme al massetto sottostante, cosí da restituire a dei piani di calpestìo trasformati ormai in indecorosi *canyons,* una sicura agibilità a tutela di custodi e visitatori, ma anche, e soprattutto, a protezione delle parti ancora conservate dei cocciopesti antichi, dei cigli in pietra in via di consunzione, delle murature, sulle quali l'umidità di risalita, determinata dal permanere delle acque piovane nei marciapiedi avvallati, imbibiva gli intonaci e le relative pitture parietali con effetti estremamente dannosi. Naturalmente, i nuovi marciapiedi recano, a tratti, l'indicazione della modernità dell'intervento con l'apposito *cartiglio.*

Come ben si comprende, il problema dei drenaggi e della captazione delle acque piovane per il loro avvio a smaltimento, in una città che, *tutt'altro che morta,* quasi in nulla si differenzia da una moderna città (della quale ha tutti i problemi di polizia, pulizia, sicurezza, manutenzione, illuminazione), è quanto mai grave. La quasi totale assenza di coperture degli edifici antichi, che appaiono piú simili a cortili continui che ad abitazioni, con perdita dell'essenza stessa dell'architettura, che è spazio incluso e concluso, aggrava il problema della diffusione delle acque piovane non piú dirette, dalle falde dei tetti, unicamente sulle strade o negli impluvi degli atri, o nei *viridaria.* Questa preoccupazione ci ha indotti ad intraprendere un progetto di ripresa delle coperture, usufruendo, secondo la *nostra filosofia del restauro,* sempre di materiali naturali, quali legno e tegole di terracotta. Le scelte operative sono state distinte in tre diversi approcci: *filologico* con l'esatta riproposizione delle strutture antiche, laddove disponevamo di tutti gli elementi di giudizio per realizzare dei tetti sicuramente corrispondenti a quelli antichi; *propositivo* con la costruzione di un tetto analogo a quello antico, ma sufficientemente differenziato per il caso in cui non si avessero elementi assolutamente certi, ma solo probabili; *ad ombrello* quando si proponeva di coprire spazi non sufficientemente definiti nella loro scansione architettonica. Tutti gli interventi sono stati eseguiti mantenendo fissa la possibile reversibilità di essi.

Per esigenze di legge, ma anche per dotare la città di un'ulteriore protezione, è stato condotto, intorno alla città antica, un anello di tubature interrate a costituire l'impianto idrico-antincendio.

Pompei, come s'è detto, è una *città viva,* percorsa ogni anno da due milioni circa di visitatori; essa abbisogna, quindi, di illuminazione per la fruizione e per la tutela delle persone, e di sicurezza passiva anti intrusione. Si è sperimentato un palo retrattile che reca alla cima, quando è innalzato fino a sei metri, quattro lampade che coprono un'area di quattrocento metri, ed una telecamera collegata ad una centralina esterna allo scavo, nella quale convergono tutte le informazioni provenienti anche dalle altre aree archeologiche dell'Istituto. Due esemplari del palo e la centralina sono già stati impiantati; l'intero sistema è ora in corso di realizzazione grazie ad un finanziamento che è stato concesso proprio per questo scopo.

La posa dei cavi per l'alimentazione delle lampade e delle telecamere, che prevede, naturalmente, la conduzione di cavi per l'interramento dei tubi lungo i marciapiedi della città antica, ci ha offerto l'occasione per realizzare anche un'altra delle nostre aspirazioni, cui abbiamo fatto cenno all'inizio di questo breve scritto: la conduzione di una serie di saggi stratigrafici lungo gli ingressi degli edifici al fine di indagare i livelli sottostanti a quelli *finali* della città fra il terremoto del 62 e

alter Techniken und das Aufleben römischer Bauweisen wichtige und philologisch signifikante Errungenschaften und Rückeroberungen darstellen. Voraussetzung ist natürlich, daß die gewohnten Sicherheitsaspekte sowie die Möglichkeit, Alt und Neu aus der Nähe zu differenzieren (Zurücksetzen der äußeren Mauerfläche, eingesetzte Datierungstafeln), gewährleistet bleiben.

Unter demselben Blickwinkel des vertieften Studiums der antiken Architektur untersuchten wir, bevor wir die statische Sicherung der Bauten begannen, auch die Auswirkungen des Erdbebens von 62 n.Chr. Wir bemühten uns sogar darum, die Konstruktionstechniken zu erkunden, um den Lösungen auf die Spur zu kommen, die antike Konstrukteure möglicherweise für das Problem der Seismizität des Gebietes gefunden hatten. Dieses Studium ist noch in Gang, doch scheinen die ersten Ergebnisse äußerst vielversprechend. Sie beweisen, daß die römischen Architekten sich mit dem Problem der Seismizität befaßten.

Angesichts der in der Vergangenheit aufgetretenen Probleme bei Restaurierungseingriffen setzen wir nun auch schon neue, im Labor entwickelte und erprobte Technologien zur statischen Sicherung der Säulen und Pilaster ein. So wird das Innere solcher tragenden Elemente mit einem Metallkern und Sand gefüllt, zusammen mit einem feinem Strang Harz, dessen Elastizität beträchtlichen Vibrationen und transversalen Bewegungen standzuhalten vermag.

Ferner arbeiten wir daran, den Belag der Bürgersteige mit römischem *Cocciopesto* (eine Probe wurde in der Via di Mercurio in Pompeji ausgeführt) wiederherzustellen, dort wo dieser zusammen mit dem darunterliegenden Erdbett völlig verschwunden war. Auf diese Weise werden die heute so unschönen «Canyons» wieder zu sicher benutzbaren Gehwegen für Besucher und Kustoden. Doch geschieht dies auch und vor allem zum Schutz der noch erhaltenen Teile von antikem *Cocciopesto*, der in Abnutzung befindlichen Steinränder sowie der Mauern, an denen die aufsteigende Feuchtigkeit den Putz und die Wandmalereien auflöste. Natürlich geben sich die neuen Bürgersteige in Abständen durch entsprechende Schrifttafeln als moderne Rekonstruktionen zu erkennen.

Verständlicherweise wiegt das Problem der Entsorgung des Regenwassers aufgrund seiner zersetzenden Wirkung äußerst schwer in einer Stadt, die alles andere als tot ist und sich quasi durch nichts von einer modernen Stadt unterscheidet (Polizei, Reinigung, Sicherheit, Instandhaltung, Beleuchtung treffen auf fast dieselben Probleme). Das weitgehende Fehlen von Dächern auf den antiken Bauten, die darin eher Gärten als Wohnhäusern gleichen, und der Verlust von Bausubstanz erschwert die kontrollierte Ableitung des Regenwassers, das heute nicht mehr von den Dachflächen auf die Straßen oder in die Impluvien der Atrien oder Viridarien abfließt. Diese Sorge hat uns dazu veranlaßt, die Wiederbedachung vorzunehmen. Gemäß unserer Restaurierungsphilosophie wurden nur natürliche Materialien wie Holz und Terrakotta-Ziegel eingesetzt. Wir gingen dieses Vorhaben mit drei verschiedenen Ansätzen an: philologisch mit exakter Rekonstruktion der antiken Strukturen, dort wo wir über alle Beurteilungselemente verfügten, die die sichere Ausführung der Dächer nach antikem Vorbild erlaubten; hypothetisch mit der Konstruktion eines dem antiken analogen Daches, aber dort genügend differenziert, wo statt sicherer nur wahrscheinliche Elemente bekannt waren; als "Schirm", wenn in ihrem architektonischem Ausmaß nicht sicher erfaßte Räumlichkeiten zu überdecken waren. Alle vorgenommenen Eingriffe sind reversibel.

Um dem Gesetz zu genügen, aber auch um der Stadt weitere Sicherheit zu bieten, wurde zur Wasserversorgung bei der Brandbekämpfung ein Ring von Leitungsrohren im Boden verlegt.

Wie bereits erwähnt, ist Pompeji eine durchaus lebendige Stadt, durch die sich alljährlich etwa zwei Millionen Besucher bewegen. Erlebnisfreude, aber auch Personenschutz und passiver Schutz vor Einbruch erfordern daher eine Beleuchtung. Wir erprobten einen bis zu der Höhe von 6 m ausfahrbaren Mast mit vier Lampen, die ein Areal von 400 qm abdecken, sowie einer Kamera, die mit einer Zentrale außerhalb der Grabung verbunden ist, wo alle Informationen der dem Institut unterstehenden Ausgrabungen zusammenlaufen. Zwei solche Masten sowie die Zentrale sind bereits errichtet. Die gesamte Anlage wird realisiert, sobald die Finanzierung gesichert ist.

Zur elektrischen Versorgung der Lampen und Fernsehkameras war es vonnöten, Leitungen in langen Kanälen entlang der Gehwege zu verlegen. Dies gab uns die Chance zur Realisierung eines weiteren Vorhabens, wovon wir einen Abriß bereits zu Beginn dieser kurzen Abhandlung gaben: Die Durchführung einer Reihe stratigraphischer Sondierungen an den Eingängen der Gebäude mit dem Ziel, die Schichten unter jenen letzten der Jahre zwischen dem Erdbeben von 62 und der Eruption von 79 n.Chr. zu erforschen. Mit den wenigen, oben erwähnten Ausnahmen sind sie bis jetzt als einzige hinlänglich bekannt und erforscht. Es ist tatsächlich unglaublich, daß nach 250 Jahren Forschungsarbeit, ausgenommen die letzten beiden Jahrzehnte, praktisch nichts von der

l'eruzione del 79 d.C., gli unici che ci siano largamente noti e che sono stati finora ricercati, con le sole eccezioni cui abbiamo fatto cenno.

Si è anche istituita una *dorsale dei servizi* che possa permettere altri futuri interventi tecnologici senza dover riaprire i marciapiedi, ed, infine, di ricollocare i marciapiedi secondo le metodologie che abbiamo appena sperimentato in una sola strada.

Questo, in breve, il progetto globale, interdisciplinare, che è stato avviato a Pompei grazie al primo finanziamento speciale e che si sta proseguendo ed estendendo con le medesime tecnologie e secondo la medesima *filosofia* qui illustrata, anche alle altre aree vesuviane. Esso costituisce un progetto-pilota suscettibile di ulteriori applicazioni anche fuori del nostro Istituto, in analoghe condizioni. A questo *Progetto Pompei* hanno collaborato, in un felice *team work* inconsueto nella nostra disciplina, accanto agli archeologi, i geologi, i biologi delle varie discipline, i geotecnici, i fisici, i climatologi e, ultimi perché ne tratteremo a parte in seguito, gli informatici, operando in una feconda sinergia ed interazione fra le varie scienze. A testimonianza di ciò, si è aperto a Boscoreale, accanto al *Centro Elaborazione Dati* di cui diremo, un *Antiquarium* particolare (*Uomo ed Ambiente nel Territorio Vesuviano*), nel quale sono raccolte, accanto alle testimonianze archeologiche consuete, quelle relative all'evoluzione dell'ambiente ed alle tecnologie umane applicate all'ambiente, sia esso naturale che coltivato o altrimenti fruito. Sarà possibile, pertanto, al visitatore di studiare, in una disposizione didatticamente precisa ma accattivante, l'intero svolgersi della vita vegetale, animale ed umana, nell'antichità.

Questo per sommi capi, quanto è stato progettato, e parzialmente eseguito, nelle aree vesuviane, negli ultimi anni; a ciò s'aggiunga la ristrutturazione della *Biblioteca*, che è passata da 1500 a circa 10.000 volumi (purtroppo, ancora troppo pochi, ma disponiamo dei testi fondamentali, dei classici, delle maggiori riviste), e l'organizzazione di quindici *Mostre*, parte a Pompei, nella sede (è stata restaurata appositamente all'interno degli scavi la c.d. Casina dell'Aquila), parte fuori sede, a Roma in Castel S. Angelo, altrove in Italia ed all'estero. La Soprintendenza ha anche avviato la pubblicazione di una *Collana di Cataloghi* scientifici dei nostri materiali, d'una *Collana di Monografie* scientifiche di argomento prevalentemente vesuviano, di alcuni *Cataloghi di Mostre*, nonché, per il tramite dell'*Associazione Internazionale Amici di Pompei*, di una nuova e prestigiosa pubblicazione annuale, la *Rivista di Studi Pompeiani*, arrivata al suo quinto numero, ora in stampa.

Abbiamo, finora, tralasciato, di proposito, di far cenno, in questa interdisciplinarità dell'attività scientifica dell'Istituto, all'*informatica*, perché desideriamo darne conto a parte, essendo strettamente legata ad essa l'originalità di questa nostra Mostra.

L'aver posto dinanzi a noi il traguardo di raggiungere una gestione globale delle aree archeologiche, con un processo di concreta *musealizzazione*, attraverso l'interazione delle varie scienze, operanti, ovviamente, tutte, sotto l'*input* dell'archeologo ed in funzione del raggiungimento di una conoscenza piú profonda e piú qualificata dell'insieme dell'arte e della vita degli antichi, doveva, prima o poi, porci di fronte alle grandi possibilità offerte dall'informatica applicata all'archeologia, per raggiungere tali obbiettivi non solo con risparmio di sforzi ed in tempi sovente reali, ma anche con arricchimento delle possibilità e delle metodologie di studio.

In tal senso avevamo già cominciato a svolgere una serie di ricerche preliminari nel settore (simulando, per esempio, al *computer* il rifacimento delle coperture delle abitazioni antiche, prima di scegliere le tipologie definitive da mettere in opera), a testimonianza del fatto che non erano state sottovalutate, nella visione interdisciplinare impressa all'attività dell'Istituto, le potenzialità offerte alla nostra scienza dall'uso del *computer*. Non esistevano, purtroppo, nelle pieghe del finanziamento del *Progetto Pompei,* somme sufficienti per un impegno rilevante in questo settore, né avevamo a disposizione specialisti di informatica idonei per interagire con i colleghi archeologi alla ricerca di concreti obiettivi d'indagine e d'applicazione dell'informatica all'archeologia, e di un comune, idoneo, linguaggio.

L'avvio dei progetti ex art. 15 della legge finanziaria 1986 (i cc.dd. *giacimenti culturali)* e la fortunata circostanza che Società dell'affidabilità di *IBM Italia* e *FIAT Engineering,* si siano associate nel *Consorzio Neapolis* per gestire insieme un *Progetto Pompei* nell'informatica, ci ha permesso di colmare questa che restava per noi un'avvertita lacuna.

La *Soprintendenza* ed il *Consorzio,* in perfetta concordia d'intenti e d'azione, hanno stabilito una feconda collaborazione che ha trasformato quella che, inizialmente, doveva essere una semplice catalogazione elettronica dei materiali del nostro Istituto, la realizzazione di una cartografia dell'antica Pompei e la conduzione di alcuni studi diretti alla formulazione di proposte di gestione

600jährigen Vorgeschichte der Vesuvstädte bekannt ist. So hatten wir nun also die Gelegenheit, sowohl unsere stratigraphischen Untersuchungen durchzuführen, als auch die erforderlichen Leitungen zu verlegen. Dieses Versorgungsnetz gestattet sogar zukünftige technische Eingriffe, ohne dafür die Bürgersteige erneut öffnen zu müssen.

Dies ist in Kürze das interdisziplinäre Pilotprojekt, das in Pompeji dank einer ersten speziellen Finanzierung gestartet wurde und das mit den hier dargestellten Technologien gemäß jener erwähnten Philosophie weitergeführt werden soll, sobald die kürzlich genehmigten Gelder zur Verfügung stehen. Dieselbe Vorgehensweise soll dann auf die anderen Vesuvgebiete ausgedehnt werden. In für unser Fachgebiet ungewohnt erfolgreichem Teamwork arbeiteten in diesem Pompeji-Projekt neben Archäologen Geologen, Biologen der verschiedenen Disziplinen, Geotechniker, Physiker, Klimatologen und, da wir nachfolgend noch von ihnen berichten, schließlich Informatiker in fruchtbarer Synergie und Interaktion zusammen. Als Zeugnis davon wird in wenigen Monaten in Boscoreale neben dem noch zu besprechenden Datenverarbeitungszentrum ein spezielles Antiquarium (*Mensch und Umwelt in der Vesuvregion*) eröffnet. Dort bekommt der Besucher neben den üblichen archäologischen Zeugnissen auch solche zu sehen, die mit der Entwicklung der Umwelt, sei sie natürlich oder kultiviert, und den sich auf sie auswirkenden menschlichen Technologien zusammenhängen. Der Besucher kann in streng didaktischer, aber gefälliger Anordnung die gesamte Entwicklung des pflanzlichen, tierischen und menschlichen Lebens in der Antike studieren.

Dies ist in Grundzügen, was in den letzten fünf Jahren im Vesuvgebiet geplant und teilweise ausgeführt wurde. Hierzu gehören darüber hinaus der Umbau der Bibliothek, da sie von 1500 auf ungefähr 10000 Bände angewachsen ist, und die Organisation von neun Ausstellungen, die teilweise am Hauptsitz Pompeji (im Rahmen der Ausgrabungen wurde die Casina dell'Aquila eigens dafür restauriert), teilweise in Rom im Castel S.Angelo sowie an anderen Orten Italiens und des Auslands gezeigt wurden. Die Soprintendenza hat ferner die Publikation einer Reihe wissenschaftlicher Kataloge, Monographien und einiger Zeitschriften initiiert sowie durch die Vermittlung der Internationalen Vereinigung der Freunde Pompejis eine neue eindrucksvolle Jahrespublikation ins Leben gerufen, die *Rivista di Studi Pompeiani*, von der nun schon vier Bände erschienen sind.

Mit Absicht blieb im Rahmen der interdisziplinären wissenschaftlichen Aktivitäten des Instituts bis jetzt die Informatik unerwähnt, da wir ihr einen eigenen Beitrag widmen möchten, steht sie doch in direkter Verbindung mit dem besonderen Charakter dieser Ausstellung.

Wir haben uns das Ziel gesetzt, mit Hilfe der verschiedenen Wissenschaften, alle selbstverständlich unter dem *Input* des Archäologen, durch einen Prozeß konkreter *Musealisierung* die umfassende Handhabung aller archäologischen Gebiete zu erreichen, zur Erlangung einer vertieften und qualifizierten Kenntnis der Gesamtheit von Kunst sowie politischem, sozialem, wirtschaftlichem, geistigem und technologischem Leben der Antike. Dies mußte uns früher oder später den Möglichkeiten zuführen, welche die angewandte Informatik bietet, um unsere Ziele nicht nur mit geringerem Kraft- und Zeitaufwand, sondern auch mit größerer Methodenvielfalt zu erreichen.

In diesem Sinn hatten wir bereits eine Reihe vorbereitender Untersuchungen auf dem Sektor begonnen (z.B. die Dachrekonstruktion antiker Wohnhäuser mittels Computersimulation vor der Entscheidung über den endgültig auszuführenden Typ), um zu beweisen, daß die durch den Computer gebotenen Kapazitäten nicht überschätzt worden waren. Leider waren aus der Finanzierung des Pompeji-Projekts keine ausreichenden Mittel für einen größeren Einsatz auf diesem Gebiet vorhanden. Auch verfügten wir nicht über solche Informatikspezialisten, die sich mit den Kollegen der Archäologie sowohl über konkrete Forschungsobjekte, als auch über die allgemeinen Anwendungsmöglichkeiten der Informatik auf die Archäologie, als auch über eine gemeinsame, zweckmäßige Sprache hätten austauschen können.

Der Start dieser Projekte aufgrund Artikel 15 des Finanzierungsgesetzes von 1986 (Bewahrung der *Kulturhinterlassenschaften*) verbunden mit dem glücklichen Umstand, daß solide Gesellschaften wie IBM Italia und FIAT Engineering sich mit dem *Consorzio Neapolis* zusammenschlossen, um gemeinsam ein *Informatik-Projekt Pompeji* zu leiten, erlaubte, diese für uns so schmerzlich spürbare Lücke zu füllen.

Die Soprintendenza und das Konsortium begründeten in vollkommener Übereinstimmung der Absichten und des Vorgehens eine fruchtbare Zusammenarbeit, die aus der anfangs geplanten simplen elektronischen Katalogisierung des Materials, der Realisierung einer Kartographie des antiken Pompeji und der Durchführung einiger Direktstudien zur Gebietsverwaltung entstand. Daraus wurde schließlich ein originelles und kreatives Programm, das zum Ziel hat, die vielfältigen Anwen-

del territorio, in un programma originale e creativo, diretto a scandagliare le molteplici, possibili utilizzazioni dell'informatica per semplificare, qualificare ed incrementare le nostre conoscenze nel campo della scienza archeologica.

Per quanto attiene alla catalogazione, non potendosi con le somme a disposizione pervenire alla totale informatizzazione dell'intero nostro patrimonio di oggetti d'arte mobile, abbiamo dato la precedenza a quelli che ritenevamo i materiali *a maggior rischio: dipinti* e *mosaici,* che sono stati, tutti, integralmente fotografati, misurati, esaminati nel loro stato di conservazione ed immessi nel *computer.*

Veniva eseguito, parallelamente e per la prima volta, *un fotopiano* dell'antica Pompei, su base fotogrammetrica e con correzione della curvatura dell'orizzonte. Da esso veniva derivato *un piano quotato,* con curve di livello ravvicinate (una ogni 0,50 metri con 2,50 metri tra ogni direttrice) e, mediante *plotter*, venivano costruite una serie di piante, che venivano messe in relazione con i dati immessi nel *computer,* cosí da rendere a tutti possibile la localizzazione delle pitture e dei mosaici informatizzati nelle singole *Regiones* ed *insulae,* ma anche *civici, vani e pareti,* attraverso il *computer.*

La possibilità di disporre d'un fotopiano di questa qualità e precisione ha costituito per il nostro Istituto un vantaggio accessorio, permettendoci di seguire, attraverso *il piano quotato* e le *curve di livello,* l'andamento e la direzione delle acque meteoriche, cosí da poter studiare agevolmente il loro convogliamento, una volta decisa la rimessa in opera delle coperture e dei marciapiedi.

Tale *fotopiano,* inoltre, ci permette di studiare adeguatamente l'intero sistema viario d'accesso alla città murata e di formulare proposte per l'assetto generale del territorio, alcune delle quali ci sono state suggerite dal *Consorzio Neapolis* stesso, come parte del progetto.

Abbiamo ritenuto della massima importanza trasferire nel *computer* tutti i *giornali di scavo* esistenti presso l'*Ufficio Scavi* di Pompei (di fatto a partire dal 1862), e ci proponiamo di aggiungere anche quelli anteriori, conservati presso il *Museo Nazionale di Napoli,* in un prossimo futuro. Questa informatizzazione dei *registri d'accesso del materiale mobile* non serve solo a renderci piú agevole la loro lettura (cessando di ricorrere agli originali, esposti ad un progressivo deterioramento per vecchiaia ed uso), ma ci permette, anche, di leggere i dati *selettivamente,* avendo collocato i singoli elementi desunti dalla lettura cursoria dell'intero complesso di 9593 pagine, sotto i piú vari esponenti (soggetto, data, materiale, sito specifico, ambiente), nonché di ottenere ingrandimenti di parti di pagina, cosí da interpretare meglio la grafia dell'amanuense, laddove questa si presenta di difficile lettura.

Come abbiamo detto nella prima parte di questa introduzione, la nostra Pompei è una *città viva,* nella quale si muovono annualmente milioni di visitatori, motivati dal suo essere, di fatto, una città fermata dall'eruzione in un attimo pulsante di vita di un preciso giorno e mantenutasi, quasi intatta, con tutto ciò che in essa viveva ed esisteva in quell'attimo. Un'esperienza del tutto inconsueta che fa di Pompei un'occasione unica di entrare in colloquio con la vita politica, sociale ed economica, artistica e delle professioni e dei mestieri di una comunità attiva e produttiva. Per fare affiorare, in modo fruibile e chiaramente percepibile, questa peculiarità pompeiana, e piú vastamente delle intere comunità vesuviane, abbiamo realizzato con il *computer* una serie di statistiche intese ad offrire, attraverso grafici chiari ed accattivanti, una catena di informazioni sulla distribuzione degli edifici per *Regio* ed in rapporto con le peculiarità urbanistiche e sociologiche di ciascuna *insula* o *Regio.* Abbiamo contato, per esempio, i singoli edifici di culto dell'intera città e di ciascuna *insula* per determinare l'intensità e la frequenza, nonché la dislocazione di essi nel contesto dell'intera città. Altrettanto abbiamo fatto per gli edifici pubblici, cosí che ci è stato possibile stabilire l'esatto rapporto fra architettura pubblica civile ed architettura pubblica sacra, con possibilità di fare interessanti comparazioni con le successive epoche, ove si applichino i medesimi criteri d'indagine a città di analogo carattere per l'età medievale, rinascimentale o barocca. Lo stesso abbiamo fatto per gli edifici commerciali e, all'interno di essi, distinguendo *cauponae* da *thermopolia* da altre attività di vendita al minuto. Ed abbiamo ricercato la dislocazione dei postriboli ed il loro rapporto col quartiere e con l'intera città. È cosí per gli stabilimenti industriali, fossero essi *lanifici* o laboratori di preparazione del *garum.* Ne è conseguito uno spaccato interessantissimo della distribuzione di questi singoli tipi di edificio, che ci permetterà di astrarre elementi di carattere generale sull'urbanistica e sulla vita sociale, economica e politica di Pompei ed anche di rapportare le indicazioni assunte a Pompei con altre realtà sociali, economiche e politiche di altri siti antichi, ma, soprattutto, medievali e moderni, ed anche eventualmente contemporanei, identificando linee di continuità, lati o contrapposizioni di indubbio interesse per dare profondità alla nostra conoscenza del mondo antico, ma anche del suo rapporto con quello moderno.

Esaurita la parte fondamentale e *contrattuale* del progetto del *Consorzio Neapolis,* allorché i nostri giovani archeologi e gli informatici hanno raggiunto un perfetto stato di reciproca correlazio-

dungsmöglichkeiten der Informatik zur Vereinfachung, Verbesserung und Qualifikation unserer Kenntnisse auszuloten.

Da mit den für die Katalogisierung zur Verfügung gestellten Summen eine vollständige Erfassung unserer beweglichen Kunstobjekte nicht möglich war, gaben wir den am meisten gefährdeten, wie den Malereien und Mosaiken, den Vorrang. Sie wurden alle vollständig photographiert, vermessen, auf ihren Erhaltungszustand untersucht und ihre Daten in den Computer eingegeben.

Gleichzeitig erstellten wir erstmals einen *photographischen Plan* des antiken Pompeji auf photogrammetrischer Basis und mit Korrektur der Horizontkrümmung. Davon wurde ein *Reliefplan* mit dicht gesetzten Höhenlinien (alle 0,5 m sowie alle 2,5 m eine Hauptlinie) angefertigt. Mittels Plotter entstand ferner eine Reihe von Plänen, die, mit den im Computer vorhandenen Daten korreliert, die Lokalisierung der erfaßten Malereien und Mosaiken in den einzelnen *regiones* und *insulae*, Häusern und Räumen durch den Computer ermöglichen.

Ein *photographischer Plan* von dieser Qualität und Genauigkeit erbrachte den zusätzlichen Vorteil, mit Hilfe des Reliefplans und der Höhenlinien Richtung und Verlauf des Regenwassers verfolgen zu können. Ist die Rekonstruktion von Dächern oder Gehwegen erst einmal beschlossen, kann so der Wasserablauf mühelos abgelesen werden. Weiterhin gestattet ein solcher Plan, das gesamte zur ummauerten Stadt hinführende Straßennetz zu erforschen und Vorschläge zur Gesamtorganisation des Gebietes auszuarbeiten.

Wir hielten es für äußerst wichtig, alle im Grabungsbüro in Pompeji existierenden *Grabungstagebücher* (ab 1862) in den Computer einzugeben, und wir schlagen vor, bald auch die früheren, im Nationalmuseum von Neapel aufbewahrten aufzunehmen. Diese Bestandsaufnahme der *Inventarbücher des beweglichen Mobiliars* dient nicht nur dem leichteren Literaturzugang und beendet die Konsultation der durch Alter und Gebrauch stark dem Verfall ausgesetzten Originale, sondern erlaubt uns zudem den selektiven Datenzugriff. Die einzelnen, der kursorischen Lektüre des Gesamtwerks von 9593 Seiten entnommenen Begriffe sind unter verschiedenen Aspekten (Gegenstand, Datum, Material, spezifischer Ort) gesammelt; außerdem können die Seiten ausschnittweise zur leichteren Entzifferung der Handschrift vergrößert werden.

Wie schon zu Beginn dieser Einleitung erwähnt, ist Pompeji eine lebendige Stadt. Die Tatsache, daß sie quasi intakt an einem bestimmten Tag ihres pulsierenden Lebens durch die Eruption festgehalten wurde und mit allem Sein und Bestand erhalten blieb, zieht jährlich Millionen von Besuchern an. Pompeji bietet die ungewöhnliche und einzigartige Gelegenheit, mit dem politischen, sozialen, wirtschaftlichen und künstlerischen, mit dem beruflichen und handwerklichen Leben einer lebendigen und produktiven Gemeinschaft in Zwiesprache zu treten.

Um diese Besonderheit Pompejis wie auch aller anderen Gemeinden am Vesuv deutlich herauszustellen, haben wir mit Hilfe von Computern ansehnliche und klare Graphiken und Statistiken erarbeitet, um über die Verteilung der Gebäude in den *Regiones* und ihr Verhältnis zur städtebaulichen und soziologischen Besonderheit jeder *Regio* und jeder *Insula* zu informieren. So haben wir z.B. die einzelnen Kultbauten der gesamten Stadt und jeder *Insula* gezählt, um Konzentration und Verteilung im städtebaulichen Gesamtkontext zu ermitteln.

Ebenso verfuhren wir mit den öffentlichen Gebäuden, und so konnten wir schließlich das Verhältnis zwischen öffentlich-ziviler und öffentlich-sakraler Architektur feststellen. Interessante Vergleiche mit nachfolgenden Epochen ergaben sich aus der Anwendung der Forschungskriterien auf Städte gleichen Charakters aus dem Mittelalter, der Renaissance oder dem Barock. Auch die kommerziell genutzten Gebäude bearbeiteten wir in gleicher Weise, wobei wir im einzelnen zwischen *cauponae* und *thermopolia* wie auch zwischen anderen Geschäftszweigen unterschieden. Es wurde die Verteilung der Freudenhäuser und ihr Verhältnis zum Stadtviertel und der ganzen Stadt untersucht, ebenso gewerbliche Bauten, seien es Wollspinnereien oder Zubereitungsstätten von Fischtunke. So ergab sich ein äußerst interessanter Blick auf den allgemeinen Charakter der Stadtplanung und das soziale, wirtschaftliche und politische Leben des Ortes. Diese in Pompeji erhaltenen Hinweise ließen sich mit den Eigenschaften anderer antiker, v.a. aber auch mittelalterlicher und moderner, eventuell sogar zeitgenössischer Orte vergleichen. So stellen sich Kontinuitäten, Klüfte und Gegensätze heraus, die unzweifelhaft zur Vertiefung unserer Kenntnis von der antiken Welt, aber auch ihrer Beziehung zu der heutigen beitragen.

Nachdem der grundlegende und vertragliche Teil des Projekts des *Consorzio Neapolis* abgeschlossen war und unsere jungen Archäologen und Informatiker ein ausgezeichnetes Verhältnis zueinander gefunden hatten, durch das die Archäologen den Umgang mit dem Computer und die Informatiker die archäologischen Anforderungen kennenlernten, kam der Wunsch auf, als Ausdruck der wechselseitigen Synergien einer kreativen Zusammenarbeit ein neues *Know-how* zu

ne, che ha insegnato agli archeologi i modi di operare del *computer* ed agli informatici le effettive esigenze della ricerca archeologica, abbiamo avuto l'ambizione di tentare la produzione d'un nuovo *know how* come espressione dell'interazione delle sinergie reciproche in un creativo *team work*. Mi è gradito esprimere, in questa sede, il mio apprezzamento e la mia gratitudine a quanti, nel *Consorzio Neapolis*, hanno creduto in questa nostra impostazione della ricerca ed hanno accettato di cimentarsi nella stimolante esperienza. Per la nostra parte, la mia stima e la mia gratitudine vanno, nell'Istituto, soprattutto al dott. Antonio Varone, allora Direttore dell'Ufficio Scavi di Pompei, e, fuori di esso, al prof. Antonio De Simone, ricercatore dell'Università di Napoli, che mi ha affiancato in questi nove anni di mia presenza nella Soprintendenza, con tenacia, capacità e affetto.

Le possibilità di *simulazione al computer* offerte dal mezzo informativo ci hanno indotti ad usare tale mezzo per prefigurare soluzioni di ripresa delle *coperture*, di posa in opera di nuove pavimentazioni, di sperimentazione di *superfici di sacrificio*, di restauro pittorico, non operando *in corpore vili*, con impiego di energie e di materiali da disperdere, ove le soluzioni, *testate* direttamente sul monumento, non apparissero idonee o ove l'impatto ambientale, quando ripetute su larga scala, suggerisse di modificarle. Il passaggio all'esecuzione materiale delle opere ipotizzate avviene oggi solo quando le soluzioni prefigurate sul *computer* siano ritenute valide, con risparmio di fondi e senza impegnare fisicamente il monumento con le sperimentazioni.

Particolarmente vantaggioso è stato l'impiego della simulazione nel campo del restauro pittorico, laddove il supporto ed i pigmenti sono cosí delicati da non sopportare un'eccessiva sperimentazione materiale delle varie tecniche di restauro, eventuale distacco e controdistacco, ripresa degli intonaci, analisi delle malte ed integrazioni pittoriche. L'intera catena delle analisi e delle proposte di intervento è stata affidata alla simulazione computerizzata, passando all'intervento diretto solo quando l'intera gamma delle sperimentazioni era stata testata al *computer*.

Non meno interessante lo studio delle possibilità offerte dal mezzo informatico nel campo dell'architettura. Abbiamo sperimentato tutta una serie di interventi sulle *Terme Stabiane*, riuscendo ad *entrare* nell'edificio, a farne ruotare le strutture, ad aprire a ventaglio gli interni, a integrare le parti mancanti, a sottoporre a verifica le integrazioni in passato apportate dai restauri all'edificio. Studiare l'architettura antica dall'interno, nella sua essenza di spazio incluso, per mezzo del *computer* è stata una delle esperienze piú gratificanti che ci sia occorso di fare nell'ambito dei nostri lavori con il *Consorzio Neapolis*.

Un problema che ci siamo posti quasi per gioco è stato quello di esaminare la possibilità di miglior lettura dei papiri ercolanesi esistenti nella *Officina dei Papiri* della Biblioteca Nazionale di Napoli. Estremizzando i contrasti fra il sottofondo annerito del papiro, mineralizzato dal calore dell'eruzione e del fango che subitaneamente coprí questa località, e l'inchiostro con cui erano stati vergati gli scritti, ci è stato possibile trasferire le scritte dal nero al rosso porpora, o al violetto, cosí da farlo nitidamente rilevare sul fondo mantenuto nero del papiro. La possibilità, inoltre, di ingrandire anche parti piccolissime del foglio ha permesso finalmente a tutti noi di leggere quanto era stato finora geloso ed esclusivo campo di lettura dei colleghi papirologi. Applicando estensivamente questa metodologia di intervento simulato, si viene a offrire, anche agli specialisti, una possibilità di verificare con esattezza quelle che sono per loro stessi delle letture dubbie.

Questi, per sommi capi, alcuni dei campi d'applicazione dell'informatica nei quali ci siamo esercitati al fine di individuare i modi di operare di questo nuovo strumento al servizio dell'uomo e della sua migliore conoscenza della realtà che lo circonda, nella prospettiva del fluire dei tempi dall'antichità ai nostri giorni.

Altri e piú significativi impieghi potranno essere trovati se i nostri giovani archeologi ed informatici apprenderanno ad interagire ed a lavorare in sinergia.

Alla luce delle osservazioni fin qui presentate, ci sembra di aver offerto una visione complessiva del nostro modo di operare nella realtà archeologica vesuviana e specificamente pompeiana, applicando una *filosofia* nuova che vede affiancarsi all'archeologo gli specialisti delle varie discipline (soprattutto, e per la prima volta, delle scienze applicate), in una visione globale del bene archeologico. Questa è, riteniamo, l'essenza di questo nuovo modo di operare, della *filosofia di progetto*, che si sperimenta da circa cinque anni nel nostro Istituto.

La nuova Mostra, che questo *Catalogo* accompagna, è stata presentata per la prima volta a New York, nella *IBM Gallery of Science and Art*, nel luglio 1990, undici anni dopo quella che abbiamo or ora citata, ove ha avuto un notevolissimo successo di pubblico e di critica e con oltre 150.000 visitatori.

Subito dopo essa è divenuta itinerante passando ad Houston nel *Museum of Fine Arts*, ove i visitatori sono stati ben 385.000, il maggior numero finora realizzato e la partecipazione cittadina

entwickeln. Es ist mir eine Freude, an dieser Stelle meine Hochachtung und Dankbarkeit all jenen aus dem *Consorzio Neapolis* auszusprechen, die an unseren Forschungsansatz glaubten und dem reizvollen Experiment zuzustimmen wagten. Von unserer Seite gelten meine Achtung und mein Dank besonders Dr. Antonio Varone, Direktor des Ufficio Scavi di Pompei, und Prof. Antonio De Simone, Wissenschaftler der Universität Neapel, der mich während der fünf Jahre in der Soprintendenza mit Ausdauer, Wissen und Freundschaft begleitete.

Die Informatik ermöglichte uns, Dachrekonstruktionen, Verlegungen neuer Bodenbeläge, Experimente mit Maueraufsätzen sowie Restaurierung von Malereien mittels Computersimulation vorwegzunehmen. So wurde weder Energie noch Material für Lösungen verschwendet, die letztlich am Bau selbst nicht angemessen gewesen wären. Da der Schritt zur Umsetzung der Arbeitshypothesen heute nur erfolgt, wenn die Computersimulation ein befriedigendes Ergebnis in Aussicht stellt, kann Geld gespart und das Monument mit physisch belastenden Experimenten verschont werden.

Als besonders vorteilhaft erwies sich die Simulation bei der Restaurierung von Malereien. Verschiedene Restaurierungstechniken wie eventuelle Ablösung und Wiederanbringung, Putzausbesserungen, Mörtelanalysen und malerische Ergänzungen konnten aufgrund der Empfindlichkeit von Untergrund und Pigmenten nicht am Original erprobt werden. Die gesamte Kette von Analysen und Vorgehensvorschlägen wurde der Computersimulation anvertraut, und erst nach Überprüfung der vollständigen Skala erfolgte die Ausführung.

Nicht weniger interessant sind die Möglichkeiten der Informatik auf dem Gebiet der Architektur. Wir haben Versuche an den Stabianer Thermen durchgeführt. Man kann nun per Computer in das Gebäude gelangen, die Strukturen umdrehen, das Innere fächerartig öffnen, die fehlenden Teile ergänzen und die Ergänzungen früherer Restaurierungen ausmachen. Das vertiefte Studium der Architektur und ihres Wesens als umschlossener Raum mit Hilfe des Computers war eine der wertvollsten Erfahrungen im Rahmen unserer Arbeit mit dem *Consorzio Neapolis*.

Ein Problem, mit dem wir uns quasi zum Spaß befaßten, war die Überprüfung der in der *Officina dei Papiri* in der Nationalbibliothek von Neapel aufbewahrten herkulaneischen Papyri auf bessere Lesbarkeit hin. Durch äußerste Kontrastierung des geschwärzten Papyrusuntergrundes, der durch die Hitze der Eruption und den die Gegend anschließend überdeckenden Schlamm mineralisiert worden war, und der verwendeten Tinte, war es uns möglich, die Schrift von Schwarz in Purpurrot oder Violett zu übertragen und sie so vom schwarz gebliebenen Untergrund des Papyrus deutlich abzuheben. Daß darüber hinaus auch kleinste Teile des Blattes vergrößert werden können, erlaubte es uns allen schließlich, das zu lesen, was bisher exklusives Fachgebiet der Papyrologen war. Mit der breiten Anwendung der Simulationsmethode wird man auch den Spezialisten eine Möglichkeit an die Hand geben, selbst für sie noch zweifelhafte Textstellen zu entziffern.

Dies sind in Grundzügen einige der von uns betriebenen Anwendungsgebiete der Informatik, um so die Funktionsweisen dieses neuen Instruments im Dienst des Menschen und seiner besseren Kenntnis der ihn umgebenden Wirklichkeit im Hinblick auf die Zusammenhänge zwischen antiker und heutiger Zeit aufzuzeigen.

Andere, bedeutsamere Einsatzgebiete könnten noch durch die Zusammenarbeit unserer jungen Archäologen und Informatiker entdeckt werden. Sogar auf dem weiten Gebiet der Kunstgeschichte übernimmt die Informatik eine bedeutende Rolle. Der Scanner ermöglicht, aus einer unendlichen Skala von Farbnuancen auszuwählen und durch die Pigmente hindurch den ersten Zeichnungs- und Farbentwurf abzulesen und so Veränderungen und Korrekturen an der figürlichen Komposition sowie andere, mit dem Werden künstlerischer Inspiration verbundene Elemente zu erkennen.

Angesichts der hier dargelegten Beobachtung glauben wir, eine komplexe Übersicht über unsere Arbeitsweise in der archäologischen Welt am Vesuv und besonders in Pompeji gegeben zu haben. Die Anwendung einer neuen *Philosophie* läßt Spezialisten anderer Disziplinen (besonders und erstmals auch der angewandten Wissenschaften) an der Seite des Archäologen arbeiten. In einer umfassenden Vision wird das grundlegende und traditionelle Ziel, möglichst vollständiges Wissen von der klassischen Gesellschaft in ihren verschiedenen Aspekten zu erlangen, bewahrt. Doch wird vorgeschlagen, neben den philologischen Forschungsmethoden auch die neuen Möglichkeiten der angewandten Wissenschaften, insbesondere der Informatik heranzuziehen. Dies halten wir für die Essenz der neuen, seit fünf Jahren an unserem Institut erprobten Arbeitsweise.

Die erstmals in der IBM Gallery in New York präsentierte Ausstellung und die aktuelle im Antikenmuseum Basel und Sammlung Ludwig möchten eine anschauliche Erläuterung unserer Methode der archäologischen Forschung sein.

assolutamente commovente. La Mostra è poi passata a Malmö in Svezia, quindi a Londra, e successivamente ad Amsterdam nella *Nieuwe Kerk*, ove il successo s'è avvicinato, con 277.000 visitatori, a quello di Houston. Nella primavera 1993, essa è stata esposta a Stoccarda e, fra luglio e settembre, ad Amburgo. Successivamente la Mostra è approdata a Roma, nel Palazzo dei Conservatori dei Musei Capitolini, dove è stata, per l'occasione, integrata la rappresentanza dei materiali archeologici e sono stati sostanzialmente ridisegnati e accresciuti i programmi informatici, a corredo e ad integrazione didattica dell'esposizione. Ora essa raggiunge Basilea, dove è ospitata nell'Antikenmuseum und Sammlung Ludwig.

Abbiamo voluto che questa Mostra viaggiasse il piú largamente possibile perché, al momento, la nuova Soprintendenza Archeologica di Pompei non dispone d'un Museo di adeguata importanza nel quale accogliere i materiali, che sono oggi ancora esclusi dalla vista del pubblico e conservati in vari Depositi di Sicurezza e Magazzini.

Questa Mostra sarà, pertanto, la migliore possibile ambasciatrice della cultura vesuviana, presentando uno spaccato dell'arte, dell'artigianato, della vita quotidiana, dell'*instrumentum domesticum*, dei mestieri, nelle città vesuviane, nel terzo quarto del I secolo d.C.

Allorché sarà stato ultimato il restauro dell'Antiquarium di Pompei ed il suo allestimento, i materiali pompeiani, di gran lunga i piú numerosi, dovranno essere trasferiti in tale contenitore museale e dovranno, quindi, tornare nel nostro Istituto, non potendo, se non in piccolissima parte, lasciare piú Pompei.

Il lungo viaggio attraverso il mondo intero dei nostri oggetti, avrà, nel frattempo, prodotto i risultati che ci siamo prefissi allorché la Mostra lasciò nel 1990 il nostro Istituto: determinare una corrente d'interesse e suscitare un'onda di emozione e di seduzione, che dirigessero verso le aree archeologiche vesuviane l'attenzione sempre crescente del pubblico delle persone colte e dei cittadini.

Non è forse già oggi senza significato, che la caduta delle presenze di visitatori del nostro Paese, che sembra essere stata l'anno passato mediamente del 20%, non si sia manifestata a Pompei, Ercolano ed Oplontis, ove abbiamo registrato, al contrario, risultati *in controtendenza*, che han visto crescere, di circa il 10%, i visitatori.

Una Mostra del tutto nuova, nel panorama delle esposizioni di materiali archeologici finora presente, che vuole costituire un momento di presa di coscienza, soprattutto da parte dei colleghi archeologi (per loro natura, ed io fra questi, abituati a dedurre gli elementi di conoscenza quasi esclusivamente attraverso i meccanismi di riferimento della logica, dell'analogia, della contrapposizione, in una catena di interrelazioni fondate sul metodo deduttivo), delle enormi possibilità offerte, al progresso delle nostre conoscenze, dall'uso del complesso delle scienze esatte e, soprattutto, da un'accorta gestione del mezzo informatico.

BALDASSARE CONTICELLO

Neben der Ausstellung einer großen Auswahl von etwa 200 Objekten, die einen Querschnitt aus der Kunst, dem Alltagsleben, dem *instrumentum domesticum* und dem Handwerk in den Vesuvstädten im dritten Viertel des 1. Jahrhunderts n.Chr. darstellen, wird dem Besucher mit Hilfe von Computern unsere Arbeitsweise demonstriert. Im Spektrum bisheriger archäologischer Ausstellungen ist diese Präsentation ein Novum. Sie will besonders unter den Archäologen (die, wie auch ich, gewohnt sind, Wissensfragmente fast ausschließlich mittels logischer Rückschlüsse, Analogien und Gegensätze innerhalb eines auf Ableitung beruhenden Beziehungsgefüges zu erlangen) ein Bewußtsein für die enormen zur Verfügung stehenden Kapazitäten schaffen, die durch die Nutzung der Naturwissenschaften und v.a. durch umsichtigen Einsatz der Informatik zugunsten unseres Forschungsgebietes geboten werden.

BALDASSARE CONTICELLO

Riflessi di Roma a Pompei: alcuni aspetti della colonizzazione

Lo spazio civile delle colonie o dei *municipia* romani nasce, o si trasforma rapidamente, a immagine riflessa di Roma. Le strutture monumentali religiose e civili si adeguano al modello imposto dalla città egemone; ed i coloni o le classi dirigenti locali accettano la situazione, talora con cosciente partecipazione, talaltra per opportunità politica.

Su questo fenomeno, che assume rilevanza consistente a partire dall'età augustea, pur non mancandone significative premesse in età tardo-repubblicana, si innesta il problema, di gran lunga piú complesso, del rapporto conflittuale fra centro e periferia. Nel campo dell'architettura e delle arti figurative la definizione di centro, come area motore di autentico progresso artistico, assume contorni poco netti. È ben noto che centro artistico non sempre si identifica con centro politico; e difatti Roma non diventa immediatamente centro propulsore di nuove idee in ambito estetico. Anzi, per lungo tempo essa resta influenzata a sua volta dai molteplici linguaggi che si diramano dalle grandi aree urbane del Mediterraneo orientale senza raggiungere una sua reale autonomia. Roma, dopo le guerre Puniche, è come un crogiolo nel quale si riversano le maggiori tendenze culturali dell'epoca, senza che si compia un amalgama capace di produrre nuove forme artistiche. Echi della tradizione locale, abituata alle opere di coroplastica piú che alla pietra, si incontrano ancora per lungo tempo, ma con inflessioni sempre piú ellenizzanti, con un maggiore adeguamento delle forme in terracotta alle coeve produzioni greche in marmo od in bronzo. L'assimilazione del linguaggio figurativo greco è rapida; ma non altrettanto lo è la formazione di una cultura figurativa che in modo originale abbia un'impronta decisamente romana.

Malgrado tutto, le colonie romane si adeguano al gusto imperante a Roma; i maggiori monumenti pubblici delle nuove fondazioni sono in genere realizzati da maestranze itineranti che trasferiscono dalla Capitale in periferia modelli architettonici e partiti decorativi[1]. Ma, per almeno due secoli ancora, fino all'età augustea, il fenomeno imitativo non tocca realmente il tessuto urbano, né uniforma i centri civili secondo un programma figurativo ed ideologico unitario.

La situazione della Campania, in quest'ottica, mostra talune peculiarità. La presenza di un centro greco, quale *Neapolis*, ed i frequenti rapporti commerciali con l'ambiente ellenizzato d'Oriente, rende la maggioranza delle città campane, almeno quelle che gravitano lungo la costa, piú direttamente permeate dal codice figurativo e formale greco. Per quanto si possa giudicare, vista la scarsa conoscenza di *domus* a Roma in età tardo-repubblicana, case della magnificenza e della qualità formale della casa del Fauno dovevano essere scarse, se pure c'erano.

Le guerre sociali frantumano questa situazione di privilegio, togliendo in molti casi l'autonomia alle classi sociali autoctone cui si doveva il tentativo di adeguamento delle città al modello ellenistico, e depauperando i centri meridionali della loro linfa vitale. La «romanizzazione» delle città campane comporta variazioni che non sempre possono essere lette con la dovuta chiarezza; ed il caso di Pompei diventa naturalmente emblematico, non foss'altro che per la migliore conoscenza del suo tessuto urbano.

Cosa è avvenuto a Pompei in seguito alla municipalizzazione della città, e ancor piú, dopo la fondazione della colonia? Quali erano i rapporti tra le *gentes* locali di vecchia data ed i nuovi abitanti? L'innesto è stato traumatico, o è stato recepito senza grossi mutamenti sociali?

Che innovazioni anche profonde ci siano state, è stato piú volte adeguatamente rilevato, sulla

[1] M.J. STRAZZULLA, *Le terrecotte architettoniche della Venetia romana*, 1987, spec. p. 15 ss.

Rom als Vorbild für Pompeji: Aspekte der Kolonisierung

Der öffentliche Raum der römischen Kolonien und *municipia* entstand oder entwickelte sich rasch in spiegelbildlicher Abhängigkeit von Rom. Die monumentalen Strukturen religiöser oder bürgerlicher Bestimmung passen sich den Modellen an, die ihnen die führende Stadt liefert, und die Kolonisten oder die lokalen herrschenden Klassen akzeptieren diese Situation, in manchen Fällen mit bewusst aktiver Teilnahme, in anderen aus politischem Opportunismus.

Dieses Phänomen der Angleichung, das, nach bemerkenswerten Vorläufern in der spätrepublikanischen Zeit, seit der augusteischen Epoche bleibende Bedeutung annimmt, wird von einem weit komplexeren Problem überlagert - die nicht konfliktfreie Beziehung zwischen Zentrum und Peripherie. Auf dem Gebiet der Architektur und der bildenden Künste lässt sich hier zwar der Begriff des Zentrums - im Sinne eines Ausgangspunktes für Anregungen, die einen echten künstlerischen Fortschritt stimulieren könnten - nicht klar definieren. Bekanntlich stimmen künstlerisches und politisches Zentrum nicht immer überein, und in der Tat wird Rom nicht sofort das Antriebszentrum für neue Ideen im ästhetischen Bereich. Vielmehr bleibt es selbst für lange Zeit unter dem Einfluss der vielfältigen künstlerischen Anregungen, die von den grossen städtischen Siedlungen des östlichen Mittelmeerraums ausgingen, und es erreicht in diesem Sinne keine tatsächliche Autonomie. Das Rom der Zeit nach den Punischen Kriegen erscheint wie ein Schmelztiegel, in dem die wesentlichen kulturellen Tendenzen dieser Epoche zusammenfliessen, ohne dass ein lebendiges neues Ganzes mit der Fähigkeit, neue künstlerische Formen hervorzubringen, entstanden wäre. Noch lange findet man Nachklänge der lokalen Tradition, die mehr mit der Koroplastik als mit der Steinskulptur vertraut gewesen war, doch lassen sich in zunehmendem Masse hellenisierende Tendenzen beobachten, eine stärkere Anpassung der in Ton geschaffenen Werke an die gleichzeitige griechische Produktion in Marmor oder Bronze. Die Assimilation der griechischen Formensprache ging rasch vonstatten, doch gilt dies nicht für die Herausbildung einer entsprechenden künstlerischen Kultur von eigenständigem original-römischem Zuschnitt.

Trotz allem passten sich die römischen Kolonien dem herrschenden Geschmack der Hauptstadt an. Die wichtigsten öffentlichen Monumente der neuen Gründungen wurden in der Regel von wandernden Werkstätten ausgeführt, die architektonische Muster und Dekorationselemente aus der Hauptstadt an die Peripherie übertrugen[1]. Aber noch für wenigstens zwei Jahrhunderte, bis zur augusteischen Epoche, blieb die Nachahmung eher oberflächlich, ohne tiefgreifende Wirkung auf das städtische Gefüge, und es kam nicht zu einem einheitlichen künstlerischen und ideologischen Programm, das die Zentren mit den öffentlichen Gebäuden der einzelnen Städte zu vereinheitlichen vermocht hätte.

Die Situation Kampaniens zeigt in dieser Sicht einige Besonderheiten. Hier gab es mit Neapolis ein griechisches Zentrum, und es bestanden ausgedehnte Handelsbeziehungen zum hellenisierten Osten, was zur Folge hatte, dass die kampanischen Städte, zum mindesten diejenige im Küstengebiet, unmittelbarer durch die gestalterischen und formalen Regeln der griechischen Kunst beeinflusst wurden. Soweit es sich bei unserer spärlichen Kenntnis der *domus* im republikanischen Rom beurteilen lässt, müssen Häuser von der Grossartigkeit und formalen Qualität des Hauses des Fauns dort selten gewesen sein, wenn es sie immerhin auch gegeben hat.

Der Bundesgenossenkrieg bereitete der privilegierten Situation Kampaniens ein Ende und

[1] M.J. STRAZZULLA, *Le terrecotte architettoniche della Venetia romana*, 1987, bes. S. 15 ff.

base di quanto afferma Cicerone[2] circa le difficoltà incontrate dai coloni delle nuove fondazioni capeggiate da *P. Cornelius Sulla,* nei confronti delle popolazioni locali.

Si parte dal presupposto che Pompei, al contrario dei centri urbani dell'interno, non subí in alcun modo visibile i contraccolpi della guerra sociale che, agli inizi del I secolo a.C., devastò l'Italia intera; la città non mostra apparentemente una riduzione di popolazione, né una riduzione dei ritmi economici e commerciali. La sua posizione eccezionale, e la sua funzione portuale rendono l'ipotesi assai verosimile. L'emigrazione dai centri dell'Italia meridionale verso la Gallia Cisalpina e le provincie occidentali, causata dai nuovi assetti agrarii in Italia, non tocca in alcun modo Pompei e le città campane della costa. Anzi, l'espansione commerciale romana, con la creazione di nuovi sbocchi verso l'Egitto e l'Oriente favorí lo sviluppo di queste città.

Vuol dire che probabilmente i coloni romani che giunsero a Pompei nell'80 a.C. (la città fu chiamata *Colonia Cornelia Veneria Pompeianorum)* ereditarono la vocazione marittima della città e se ne avvantaggiarono fornendole non piú solo un sostegno esterno, di alleanze d'interessi, ma il potere stesso dell'affermata *Romanitas*. È certo, anzi, che molte famiglie osche si adeguarono molto bene alla nuova situazione e divisero il potere con i coloni avvantaggiandosene nei loro commerci. Eppure, in quei pochi casi testimoniati, esse conservarono, ancora per qualche tempo dopo la romanizzazione, i costumi atavici.

Un'interessante chiave di lettura è offerta dai costumi funerari. Gli Oschi a Pompei non avevano monumenti sepolcrali che potessero competere con quelli fastosi, ed architettonicamente emergenti, importati dai coloni romani. Il sistema di disporre le tombe lungo le vie principali fuori le mura cittadine era una forma di ostentazione che aveva la sua origine nell'importanza del tutto nuova, in campo sia politico che sociale, che la strada aveva assunto per merito dei Romani[3]. Nulla di tutto questo prima della colonia romana a Pompei. Le sepolture degli *Epidii*, dei *Popidii*, dei *Vibii* sono di un tipo assai semplice, come testimonia la sola necropoli osca di una certa consistenza finora rinvenuta, nel fondo Azzolini poco fuori la porta di Stabia[4]. Essa era recintata entro un'area di mq 400 circa, ed era composta da tombe sannitiche ad inumazione, e da tombe romane a cremazione. Un elemento contraddistingue tutte le tombe: la loro povertà. Anche quando, come in età romana, la deposizione era entro un sepolcro monumentale, in muratura, si tratta comunque di edifici di scarse pretese, lontane dai fastosi complessi di porta Ercolano e di porta Nocera. A mo' di segnacolo delle tombe erano le semplici stele imitanti schematicamente un busto umano, in pietre di varia qualità. Solo alcuni elementi della capigliatura, la crocchia o le trecce per le donne, permettono di distinguere il sesso dei defunti. Un semplice busto in tufo femminile, simile ad un'erma, ed una statua in tufo meno caratterizzata iconograficamente[5] sono gli elementi migliori di un complesso rigorosamente povero.

Eppure le tombe romane sono pertinenti tutte alla *gens Epidia* o a loro affiliati, pertinenti a *gentes* di un certo nome a Pompei, gli *Aemilii*, i *Cornelii*, i *Geganii*, i *Popidii* stessi, i *Naevii* ed altri. Non sembrano esserci dubbi che, data la limitatezza dello spazio occupato e la chiusura entro un peribolo, siamo di fronte ad uno spazio funerario destinato fin dall'origine agli *Epidii* che, malgrado il mutamento di costumi funerari ed il passaggio dall'inumazione all'incinerazione, sembra aver conservato il rigore di un tipo di sepoltura al di fuori delle usanze che si erano innestate a Pompei dietro la spinta delle nuove forme di rappresentazione della classe romana dominante.

Degli *Epidii* non abbiamo informazioni precise[6]. Il nome deriva da un dio del fiume Sarno, e quindi è locale. Solo in età augustea le informazioni diventano piú precise, quando un duoviro, *M. Herennius Epidianus*, denuncia nel suo cognome un'affinità con gli *Herennii*. In età flavia ve ne furono alcuni candidati al duovirato (ed anzi uno di essi è detto *defensor coloniae*). Traevano certamente la loro ricchezza dal commercio del vino[7]. Altrettanto significativo il collegamento con i *Vibii* di cui sappiamo che un membro, *T. Vibius Varus*, fu duoviro forse prima dell'età augustea[8].

V'è tuttavia un altro elemento del complesso sepolcrale che va tenuto nella dovuta attenzione. Un consistente numero di tombe conteneva il *naulon,* la moneta che accompagnava il defunto nel suo viaggio nell'aldilà, o in bocca, o nella mano destra. Ora, mentre nelle deposizioni sannitiche, tutte risalenti, secondo lo scavatore, al IV-III secolo a.C., le monete erano di città vicine, *Neapolis*, *Nuceria*, *Phistelia*, *Irnum*, e solo una da *Massalia,* invece quelle nelle deposizioni romane vengono, oltre che da città vicine, come *Paestum*, *Cales*, *Irnum,* anche da città dell'Oriente mediterraneo, da Atene, da Samo, da Corinto, da Tegea, da Cos, da *Oeniadae*, da Temno in Eolide, e poi dalla Bitinia (Prusia II) e dalla Giudea (Erode il Grande). Infine, assai di piú, trentadue monete da Roma: assi con Giano e prua di nave, semissi, trienti, quadranti, once[9]. Malgrado i limiti imposti dalla casualità dei rinvenimenti, si tratta comunque di una testimonianza esemplare dell'ampiezza di interessi commerciali della città, anche dopo la sua trasformazione in colonia romana.

[2] CIC., *pro Sulla*, 21, 60-62.
[3] P. ZANKER, in *Hellenismus in Mittelitalien*, Atti Conv. Göttingen 1974 (1976), p. 365; ID., *Pompei*, 1993, p. 87 ss.
[4] M. DELLA CORTE, in *Not. Scavi*, 1916, p. 287 ss.
[5] DELLA CORTE, *art. cit.*, figg. 12, 13.
[6] CASTRÉN 1975, p. 164 s., n. 158.
[7] J. ANDREAU, *Les affaires de Monsieur Jucundus*, 1974, p. 268.
[8] CASTRÉN 1975, p. 240 s., n. 457.
[9] DELLA CORTE, *art. cit.*, p. 307 s.

territoriale Gestaltung der *municipia* festgelegt waren[13]. Für das Apenningebiet stellte die Stadtwerdung ein politisches Problem dar. Hier herrschte eine Mischform von Ackerbau und Weidewirtschaft, in der die Familien kaum Kontakt zu den grossen städtischen Zentren unterhielten, während nun Verwaltungszentren geschaffen wurden, mit bedeutenderen öffentlichen Bauten und, im Vergleich dazu, spärlicher vertretenen privaten *domus*. In Pompeji dagegen behielt die private Bautätigkeit entsprechend dem Bedürfnis der neuen, führenden Klasse nach Selbstdarstellung, eine bedeutende, wenn auch nicht mehr ausschliessliche Stellung.

DAS FORUM DER RÖMISCHEN KOLONIE

Versuchen wir den Wandel zu charakterisieren, der sich im Zentrum des öffentlichen Lebens in Pompeji auf dem Forum feststellen lässt.

Als die Kolonisten um 80 v.Chr. eintrafen, fanden sie eine Stadt vor, die in ihren Hauptzügen schon gut organisiert und von *gentes* beträchtlichen Reichtums bewohnt war[14]. Auf dem Forum bestanden schon die wichtigsten Monumente: der Jupitertempel, der langsam, aber stetig den vorgegebenen Plan des Platzes bestimmt; der wenig später entstandene Apollotempel, wie sich aus der Form der Podiumsbasis mit attischem statt des weiter verbreiteten italischen Profils erschliessen lässt[15]; die Basilika; die Amtsgebäude an der Südseite; das *macellum* und schliesslich die Portikus des Quäestors *Vibius Popidius* mit der in lateinischer Sprache abgefassten Widmung durch einen oskischen Beamten.

Es lässt sich kaum mit Sicherheit aussagen, ob der Jupitertempel, wie H. Lauter annimmt, schon vor der Erhebung zum *municipium* im Sinne einer "Autoromanisierung" von seiten der Osker als Heiligtum der kapitolinischen Trias eingerichtet worden war, zu einem Zeitpunkt starker römischer Präsenz in Kampanien, als auch die Verwendung der lateinischen Sprache einen Versuch der Anpassung an das römische Modell bedeutete[16]. Ein Einzelfall wäre dies nicht: Schon die Inschrift HAVE auf einem Mosaik vor dem Haus des Fauns bezeugt eine lateinische Komponente im Pompeji der zweiten Hälfte des 2. Jhs.v.Chr.[17]. Leider scheint das Hauptargument für Lauters These nicht zwingend zu sein: die Gestaltung des Podiums der drei Kultstatuen mit Pilastern, deren Kompositkapitelle Blätter des *acanthus mollis* vom "italischen" Typus aufweisen. M. de Vos hat darauf hingewiesen, dass die Halbsäulen, die den Pilastern vorangingen, also einer früheren Bauphase des Podiums angehören, in *opus reticulatum*-Mauerwerk aus kleinen Blöcken und Ziegelschichten ausgeführt sind, in einer Technik, die man kaum vor der Zeit der Koloniegründung ansetzen kann[18]. Was die Fresken des Zweiten Stils an den Cellawänden betrifft, ist eine stilistische Entwicklung von einer nicht-illusionistischen zu einer illusionistischen Phase keineswegs gesichert. Beide Systeme treten oft nebeneinander auf[19]. Deshalb lässt sich die Dekoration des *Capitolium* in Pompeji nicht zwingend auf die Frühphase des Zweiten Stils zurückführen; vielmehr scheinen die Fresken der Casa dei Grifi auf dem Palatin älter zu sein[20].

Es fehlt auf dem Forum aus der Zeit vor der Koloniegründung die Manifestation eines politischen Willens zur planmässigen Anordnung der Monumente. Die Säulenhallen säumten nicht den ganzen Platz, sondern nahmen nur die Süd- und Westseite ein. Sie standen auch, wie bereits erwähnt, nicht in direktem Zusammenhang mit den dahinterliegenden Strukturen. Sie wirkten eher wie eine Bühnenfassade und erfüllten vielleicht nicht einmal zum Schutz vor dem Regen eine praktische Funktion, sofern keine Verbindung mit den dahinterliegenden Bauten bestand[21]. Die *tabernae*, die noch einige Bereiche des Platzes in Anspruch nahmen, verliehen ihm einen uneinheitlichen und unregelmässigen Charakter[22]. Das Interesse der lokalen Magistrate richtete sich mehr auf die öffentlichen Bauten, wie die Basilika und das *macellum*; dabei liessen sie das Bestreben vermissen, den Raum gemäss jenen vorgegebenen Prinzipien zu organisieren, an die wir uns durch die Analyse griechischer Stadtpläne gewöhnt haben. In Pompeji fehlte offenbar, wie schon gesagt, der starke demokratische Geist, der die Griechen zur Bevorzugung der öffentlichen Angelegenheiten antrieb und ihr Interesse damit auf einheitlich konzipierte städtische Anlagen im Dienste des bürgerlichen Lebens lenkte[23].

Trotz dieser Voraussetzungen waren auf dem Forum alle für die Stadt notwendigen öffentlichen Bauten versammelt. Für die Kolonisten bestand kein unmittelbarer Handlungsbedarf, und auch im Wohnsystem drängten sich keine Änderungen auf: die pompejanische *domus* zeigt keinen Wandel, der deutlich auf eine unterschiedliche *forma mentis* der neuen Bewohner hinweisen würde. Zwar ändert sich die Bautechnik mit der Übernahme des *opus quasi reticulatum*; die Epoche des Tuffsteines von Nocera geht zu Ende; die italisch-korinthischen Kapitelle werden durch den

[13] E. GABBA, in: *Hellenismus in Mittelitalien*, a.O., S. 319 ff.

[14] Kritische Übersicht über die Diskussion, die durch neuere Funde und Forschungen ausgelöst wurde: V. KOCKEL, in: *AA*, 1986, S. 454 ff.

[15] Das erste römische Beispiel, das mit einiger Sicherheit datiert werden kann, ist das Podium des Tempels der *Fortuna huiusce diei*, der ca. um 100 v.Chr. errichtet wurde: LAUTER, *op.cit.*, S. 422.

[16] Die These Lauters, *op.cit.*, S. 430 ff., wird von ZANKER, *op.cit.*, S. 67 ff., geteilt, jedoch von KOCKEL, *op.cit.*, S. 454 f., in Frage gestellt.

[17] M. DE VOS, in: KOCKEL, *op.cit.*, S. 455, Fussnote 34.

[18] DE VOS, *op.cit.*, S. 454 f., Fussnote 33.

[19] V.M. STROCKA, in: B. Andreae - H. Kyrieleis (Hrsg.), *Neue Forschungen in Pompeji*, 1975, S. 101 ff; KOCKEL, *op.cit.*, S. 554 ff.

[20] K. FITTSCHEN, in: *Hellenismus in Mittelitalien*, Kongressakten Göttingen 1974 (1976), S. 543.

[21] LAUTER, *op.cit.*, S. 417 f.; ZANKER, *op.cit.*, S. 64.

[22] A. MAIURI, in: *Not.Scavi*, 1941, S. 371 ff. = *Alla ricerca di Pompei preromana*, 1973, S. 53 ff.

[23] ZANKER, *op.cit.*, S. 65 f.

Veduta della piazza del Foro dall'angolo sud-orientale.

Ansicht des Forumsplatzes von der Südostecke aus.

na[18]. Riguardo poi agli affreschi di II stile che decoravano le pareti della cella, non sembra affatto certa l'evoluzione stilistica da una fase non illusionistica ad un'altra illusionistica. I sistemi sono assai spesso affiancati[19]; e pertanto non necessariamente la decorazione del *Capitolium* pompeiano deve essere ricondotta alle fasi iniziali del II stile; anzi, gli affreschi della casa dei Grifi sul Palatino sembrano piú antichi[20].

Manca tuttavia, nel Foro pre-coloniale, una volontà politica di aggregazione coerente dei monumenti. I porticati non coprivano l'intera area, ma solo i lati meridionale ed occidentale; né avevano, come ho già ricordato, un rapporto coerente con le strutture retrostanti, tanto da assumere piuttosto l'immagine di una facciata scenografica, forse priva anche di funzione in caso di pioggia, se, come sembra, mancava il rapporto con le strutture retrostanti[21]. Le *tabernae* che ancora occupavano alcuni settori della piazza le davano un aspetto eterogeneo ed irregolare[22]. L'interesse dei magistrati locali sembra gravitare piuttosto verso gli edifici di uso civile, quali la Basilica ed il *macellum*, ma senza un'effettiva volontà di organizzazione spaziale secondo quelle regole di precisione cui si è abituati dall'analisi dell'urbanistica delle città greche. A Pompei sembra mancare, come è stato osservato, quel forte sentimento democratico che, solo, spingeva i Greci a privilegiare la cosa pubblica, e quindi a volgere il loro interesse verso coerenti impianti urbanistici nei settori della vita civile[23].

Malgrado queste premesse, nel Foro erano ormai presenti tutti gli edifici pubblici di cui la città necessitava. Nell'immediato non v'era molto da fare per i coloni, cosí come non v'era da mutare nulla nel sistema abitativo: nelle *domus* non si riscontrano mutamenti di sorta che indichino con chiarezza una diversa *forma mentis* dei nuovi abitanti. Cambiano, è vero, i sistemi di costruzione, con l'uso dell'opera quasi reticolata; finisce l'epoca del tufo di Nocera; i capitelli corinzio-italici sono soppiantati dal tipo normale; anche i capitelli ionici a sofà scompaiono. Ma è anche vero che

[18] DE VOS, in KOCKEL, *art. cit.*, p. 454 s., nota 33.

[19] V.M. STROCKA, *Neue Forschungen in Pompeji*, edd. B. Andreae - H. Kyrieleis, 1975, p. 101 ss.; KOCKEL, *art. cit.*, p. 554 ss.

[20] Kl. FITTSCHEN, in *Hellenismus in Mittelitalien*, Atti Conv. Göttingen 1974 (1976), p. 543.

[21] LAUTER, *art. cit.*, p. 417 s.; ZANKER, *op. cit.*, p. 64.

[22] A. MAIURI, in *Not. Scavi*, 1941, p. 371 ss. = *Alla ricerca di Pompei preromana*, 1973, p. 53 ss.

[23] ZANKER, *op. cit.*, p. 65 s.

Veduta dell'arco presso il *macellum* da sud.

Ansicht des Bogens beim *macellum* von Süden.

Normaltypus abgelöst; auch die ionischen Kapitelle vom Sofatypus verschwinden. Aber zugleich muss festgehalten werden, dass sich im allgemeinen in der Gestaltung keine wesentlichen Veränderungen abspielen und dass die neuen Formtypen in den pompejanischen Werkstätten schnell dem lokalen Geschmack angepasst werden[24]. Die Veränderungen des Geschmacks machen sich nur zögernd bemerkbar, z.B. mit dem Aufschwung der Wanddekoration des Zweiten Stils, dessen Ursprünge immer noch unklar sind[25]. Ferner sind sie in der Entwicklung neuer Typen der *domus* oder in der Übertragung des Konzepts der *villa* in die Stadt zu fassen, womit eine bewusste Trennung vom städtischen Verband einhergeht[26], und zwar im Bestreben, innerhalb des Stadtbezirks einen der Musse, dem *otium* vorbehaltenen Freiraum zu schaffen. Vergleichbares, wenn auch in ungleich grossartigerem Stil, stellen dann die *horti*, die Gärten Roms, dar. Bald werden aber die schönsten Häuser, die oft die Grösse des Hauses des Fauns aufweisen, wenn sie auch in raffinierterer räumlicher Gliederung mehrere Niveaus umfassen, bewusst an der Peripherie, ausserhalb des Stadtzentrums weit weg vom Forum angelegt.

Die grossen Unternehmungen öffentlicher Bautätigkeit betreffen Bauten, die weit vom Forum entfernt liegen, wenn man vom Venustempel unmittelbar hinter der Basilika absieht. Die beiden bemerkenswertesten Projekte, das Amphitheater und das *theatrum tectum*, das gedeckte Theater, sind den beiden *quinquennales M. Porcius* und *C. Quinctius Valgus* zu verdanken. In Rom verhinderte damals die Opposition des Senats bekanntlich die Entstehung entsprechender Bauten. Die Sachlage in Pompeji ist ein interessantes Zeugnis für den Willen (oder die Notwendigkeit) zur Integration, den die Kolonisten in die Tat umsetzten, obwohl das Beispiel Roms die Vermeidung gerade solcher Bauten nahegelegt hätte, die durch ihre Funktion als Versammlungsräume für Volksmengen eine mögliche Gefahr für die öffentliche Ordnung darstellten. Das *theatrum tectum* orientiert sich an der Achse des Vorgängerbaus, und wahrscheinlich lieferte Neapolis das Modell.

[24] V. KOCKEL, *Die Grabbauten vor dem Herkulaner Tor in Pompeji*, 1983, S. 144 ff.

[25] Zur umstrittenen Chronologie des Beginns des Zweiten Stils: FITTSCHEN, *op.cit.*, S. 539 ff.

[26] ZANKER, *op.cit.*, S. 83 ff.

non mutano gli assetti generali, e che le nuove forme tipologiche sono rapidamente adeguate al gusto locale nell'ambito delle botteghe attive a Pompei[24]. I mutamenti di gusto si avvertono lentamente, con l'impulso dato alla decorazione pittorica di II stile, la cui controversa origine è ancora oggetto di discussione[25], e con lo sviluppo di nuovi tipi di *domus*, con il trasferimento in città del concetto della villa, e con un voluto distacco dal tessuto urbano[26], nel tentativo di recuperare uno spazio dedicato all'*otium* entro i confini della città stessa, come avverrà a Roma, con ben altra magnificenza, con il fenomeno degli *horti*. Ben presto le case piú belle, grandi spesso come la casa del Fauno, anche se disposte piú fantasiosamente su diversi livelli, si dispongono volutamente fuori del centro civile, in periferia, voltando le spalle al Foro.

I grandi interventi pubblici, ove si escluda il tempio dedicato a Venere a immediato ridosso della Basilica, sono lontano dal Foro. I due appalti piú significativi, l'Anfiteatro ed il *theatrum tectum*, sono opera dei quinquennali *M. Porcius* e *C. Quinctius Valgus*. Strutture analoghe ancora non esistevano a Roma, per la nota opposizione del senato. È un interessante indizio della volontà (forse della necessità) di integrazione dei coloni, perseguita malgrado i differenti costumi romani che suggerivano di evitare la costruzione di strutture edilizie che, per la loro funzione aggregatrice, fossero potenzialmente pericolose per l'ordine costituito. Il *theatrum tectum* si orienta secondo l'asse del preesistente teatro; ed è verosimile che *Neapolis* abbia offerto il modello. Che poi fosse un luogo di raccolta dei coloni non ancora integrati nella vita cittadina è un'ipotesi di grande interesse, anche se non dimostrabile[27]. Anche per quanto riguarda l'anfiteatro, dedicato *coloneis ... in perpetuom*, si è supposto che esso fosse esclusivamente destinato a *spectacula* per i coloni; ma l'iscrizione dedicatoria dichiara solo che gli *spectacula* erano *coloniai honoris caussa*[28], il che non impedirebbe la fruizione dell'edificio anche ai Campani, fatto non inverosimile vista la sua posizione decentrata, in una zona non ancora abitata.

L'ASSETTO DEL FORO IN ETÀ GIULIO-CLAUDIA

Se a nuove istituzioni sono necessari nuovi edifici pubblici, la situazione del Foro di Pompei diventa, da questo punto di vista, rilevante in età augustea, con un tentativo non troppo velato di realizzare una *summa* dell'ideologia augustea nello spazio ridotto di un centro campano.

L'intervento augusteo, come nella maggioranza dei *municipia* e delle colonie romani, denuncia, al contrario delle precedenti strutturazioni, una volontà di riforma secondo uno schema urbanistico unitario, di chiaro impianto ortogonale, che, nel privilegiare edifici pubblici a precisa valenza encomiastica nei confronti della dinastia giulio-claudia, denuncia nelle sue trasformazioni un effettivo mutamento ideologico. La monumentalizzazione dell'area avviene anch'essa in tempi relativamente lunghi; ma la novità è che gli edifici, anche quando eseguiti in età claudia avanzata, si innestano senza problemi in un tessuto spaziale preorganizzato, con assoluta precisione.

Il fenomeno piú sostanziale che interessa il Foro è il progressivo allontanamento delle *tabernae*, che ancora occupavano i bordi della piazza specie sul lato orientale, a favore di imponenti edifici pubblici o di sacelli destinati alla celebrazione o al culto dei principi giulio-claudii. È data cioè molto maggiore importanza all'apparato ideologico-monumentale, che agli usi pratici, che sono relegati in altre aree della città. In apparenza si tratta di una sorta di adeguamento ai modelli urbanistici delle città «democratiche» greche; ma la verità è che le forme di autorappresentazione del principe e di quanti sono strettamente legati al nuovo potere centralistico costringono a ripensare gli edifici pubblici della piazza come monumenti al nuovo ordine costituito. Il Foro perde la sua funzione originaria per assumere un ruolo di rappresentanza a favore della *gens Iulia* e degli amministratori locali fautori della dinastia.

Tale forma di sistemazione ha precisi confronti in *municipia* e colonie sia in Italia che nelle province dell'impero, e principalmente in quelle occidentali, dove gli interventi si inserivano entro un ambiente ancora poco permeato dalle grandi innovazioni urbanistiche dell'Oriente greco. Nei casi in cui è possibile seguire gli schemi di sviluppo dei fori, si assiste ad un analogo sistema di ristrutturazione a pianta regolare, spesso con impianto assai simile, e con un'avvertibile tendenza a dare maggior rilievo agli edifici sacri, o a quelli politicamente importanti[29]. Caso significativo è quello di *Clunia* nella *Hispania Citerior*, dove il tempio capitolino è posto di fronte alla basilica sul cui lato lungo nord-occidentale, al centro, è un vano oblungo destinato, secondo i dettami di Vitruvio, al culto della *domus Augusta*[30]. Al culto imperiale sono inoltre destinati spazi ad oriente già occupati da *tabernae*. Cosí a Sagunto la basilica si affianca per lungo al lato occidentale del foro, e due sacelli dalla funzione dubbia si affiancano al tempio principale sul lato breve settentrionale; uno di essi

[24] V. KOCKEL, *Die Grabbauten vor dem Herkulaner Tor in Pompeji*, 1983, p. 144 ss.
[25] Sulla controversa cronologia dell'inizio del II stile: FITTSCHEN, *Hellenismus in Mittelitalien*, cit., p. 539 ss.
[26] ZANKER, *op. cit.*, p. 83 ss.
[27] ZANKER, *op. cit.*, p. 80 s.
[28] ZANKER, *ibid.*
[29] M. PFANNER, in *Stadtbild und Ideologie. Die Monumentalisierung hispanischer Städte zwischen Republik und Kaiserzeit*, edd. W. Trillmich - P. Zanker, 1990, p. 90 ss.
[30] R. MAR *et al.*, in *Stadtbild und Ideologie*, cit., p. 161 ss.; PFANNER, *art. cit.*, p. 95.

Dass dieses Theater als Versammlungsort für die noch nicht in das städtische Leben integrierten Kolonisten diente, ist eine - zwar noch nicht beweisbare - sehr interessante Hypothese[27]. Auch für das Amphitheater, das den *coloneis... in perpetuom* gewidmet war, hat man eine ausschliessliche Verwendung für die *spectacula* der Kolonisten vermutet. Aber die Inschrift erklärt nur, dass die *spectacula... coloniai honoris caussa*[28] aufzufassen waren. Das würde nicht ausschliessen, dass auch die Kampanier an der Benutzung des Gebäudes teilhatten; die dezentrale Lage in einer noch unbewohnten Zone spricht für diese Annahme.

DIE ARCHITEKTONISCHE GESTALTUNG DES FORUMS IN JULISCH-CLAUDISCHER ZEIT

Wenn neue Institutionen den Bau neuer öffentlicher Gebäude nach sich ziehen, wird die Situation des Forums von Pompeji unter diesem Blickwinkel in augusteischer Zeit besonders bedeutend, und zwar durch den ziemlich offensichtlichen Versuch, eine *summa* der augusteischen Ideologie im begrenzten Raum dieser kampanischen Stadt zu verwirklichen.

Wie bei der Mehrzahl der *municipia* und der römischen Kolonien, zeichnet sich das augusteische Bauprogramm, im Gegensatz zu den früheren, durch einen klaren Reformwillen aus. Dieses ist von einem einheitlichen Grundplan mit sich rechtwinklig schneidenden Achsen geprägt. Das augusteische Bauprogramm lässt in seinen Anlagen tatsächlich eine ideologische Neuorientierung erkennen, indem öffentlichen Bauten, die zu Ehren der julisch-claudischen Dynastie errichtet wurden, eine bedeutendere Stellung zukommt. Die Umgestaltung des Forums mit Monumentalbauten nimmt relativ viel Zeit in Anspruch; die Neuerung besteht darin, dass sich die Gebäude, und zwar auch jene, die erst in spätclaudischer Zeit entstanden, problemlos und mit absoluter Präzision in ein bereits gegebenes, urbanistisches Raster einfügen lassen.

Den augenfälligsten Veränderungsprozess auf dem Forum bildet die allmähliche Verdrängung der *tabernae*, die noch die Seiten des Platzes, v.a. die Ostseite, säumten, zu Gunsten von monumentalen öffentlichen Gebäuden oder Heiligtümern, die der Verehrung oder dem Kult der julisch-claudischen Herrscher dienten. Aus diesem Grund kommt den ideologisch-monumentalen Aspekten hier mehr Bedeutung zu als den rein praktischen, die in andere Gebiete der Stadt abgedrängt werden. Auf den ersten Blick scheint dieses urbanistische System in gewisser Hinsicht eine Anpassung an jenes der "demokratischen" griechischen Städte darzustellen; in Wirklichkeit aber sind die Formen der Selbstdarstellung des Princeps und jener, die in enger Verbindung zur neuen, zentralistischen Macht stehen, vor dem Hintergrund der neuen Staatsideologie zu sehen und zwingen einen, die Gebäude des Platzes als Zeichen der neuen Ordnung zu sehen. Das Forum verliert so seine ursprüngliche Aufgabe und stellt in Funktion der *gens Iulia* und der lokalen Amtsträger, Anhänger der neuen Dynastie, einen lediglich repräsentativen Rahmen dar.

Diese Art der Umgestaltung findet genaue Parallelen in *municipia* und Kolonien in Italien und in den Provinzen des Imperium Romanum, und zwar v.a. in den Westprovinzen, wo solche Eingriffe sich in einem Umfeld vollzogen, das noch kaum von den grossen, urbanistischen Erneuerungen des griechischen Ostens berührt wurde. Bei jenen Fällen, in welchen es möglich ist, das Entwicklungsmodell der Fora nachzuvollziehen, ist ebenfalls eine ähnliche Umgestaltung zu einer rechtwinkligen Anlage zu beobachten, oft mit beträchtlichen Übereinstimmungen und einer merklichen Tendenz, Heiligtümer oder politisch wichtige Komplexe stärker zu betonen[29]. Ein aussagekräftiges Beispiel stellt *Clunia* in der *Hispania Citerior* dar: dort liegt der kapitolinische Tempel gegenüber der Basilika, an deren nordwestlichen Langseite sich in der Mitte ein länglicher Raum befindet, der gemäss Vitruvs Regeln für den Kult der *domus Augusta* bestimmt war[30]. Dem Kaiserkult dienen darüberhinaus Räume im Osten, die früher als *tabernae* genutzt wurden. So liegt auch in Sagunt die Langseite der Basilika an der Westseite des Forums. Der Haupttempel und zwei *sacella* unklarer Funktion säumen die nördliche Schmalseite; das eine wird von einigen Forschern - ausgehend von Inschriften ohne klaren Fundkontext - als Collegium der *cultores Dianae et Apollinis*[31] und von anderen als Sitz der Curia bezeichnet[32]. Obschon das Statuenprogramm nicht vollständig erhalten ist, kann es doch klar erkannt werden. In der Basilika fügen sich neben Statuen des Augustus, Tiberius, Drusus und des Germanicus auch noch solche von Angehörigen der *gens Aemilia* und *Licinia* ein, die mit der Stadtgeschichte verbunden sind. Auf dem Platz sind im weiteren 20 Basen, ein Kopf einer Tiberiusstatue und zwei Weihinschriften für Publius Scipio, vielleicht von einer oder zwei Reiterstatuen, zu nennen[33]. Die Basilika des Forums von Tarragona weist an der einen Langseite einen ungedeckten Raum auf, der wahrscheinlich für den Augustusaltar

27 ZANKER, *op.cit*, S. 80 f.

28 ZANKER, a.O.

29 M. PFANNER, in: *Stadtbild und Ideologie. Die Monumentalisierung hispanischer Städte zwischen Republik und Kaiserzeit*, W. Trillmich - P. Zanker (Hrsg.), 1990, S. 90 ff.

30 R. MAR et al., in: *Stadtbild und Ideologie*, a.O. 161 ff.; PFANNER, *op.cit.*, S. 95.

31 MAR, *op.cit.*, S. 158 ff.

32 C. ARANEGUI, in: *Stadtbild und Ideologie*, a.O., S. 245 ff.

33 ARANEGUI, a.O.

sarebbe, secondo alcuni, in base ad iscrizioni fuori contesto, collegio dei *cultores Dianae et Apollinis*[31], secondo altri, sede della curia[32]. Il programma decorativo, sebbene frammentario, propone brani di un sistema piuttosto limpido. Nella basilica, a statue di Augusto, Tiberio, Druso e Germanico, si affiancano quelle della *gens Aemilia* e *Licinia*, legate alla storia della città. Nella piazza sono venti basi, una testa di Tiberio e due iscrizioni di dedica a Publio Scipione, pertinenti a una, o forse due statue equestri[33]. La basilica del Foro di Tarragona mostra su un lato lungo un vano scoperto, probabilmente destinato ad ospitare l'ara di Augusto[34]. Trasformazioni analoghe sono documentate in Africa; e l'esempio del Foro Vecchio di Leptis Magna ne è un interessante quanto poco studiato esempio[35].

Il sistema imitativo delle grandi realizzazioni romane di età augustea assume talvolta un'impronta tale da risultare non piú esclusivamente un adeguamento generico a modelli urbani di grande prestigio, bensí un'imitazione precisa di piante o di programmi figurativi. A Cordova ed a Nîmes la pianta dei due piú importanti templi cittadini imita quella del Tempio di Apollo Sosiano[36]. A Merida, il riflesso del Foro di Augusto sia in alcuni partiti decorativi, sia nel programma statuario, assume proporzioni impressionanti[37]. Qualcosa di simile è avvertibile anche a Tarragona[38], ad Arles, ad Avenches ed a Vienne[39]. Ed è una grave iattura che in nessuno di questi casi si possa avviare un confronto preciso con la strutturazione urbanistica e con le forme architettoniche del Foro di Augusto, cosí come non si può parlare di un calco perfetto del modello urbano. È chiaro, comunque, che condizioni topografiche differenti e preesistenti edifici hanno condizionato i piani costruttivi. Ma questo non basta a respingere i dati ben evidenti che parlano della volontà di importare in periferia le nuove forme di rappresentazione del potere dinastico.

Ebbene, nel Foro di Pompei si leggono in trasparenza soluzioni analoghe. La piazza nella sua interezza diviene un monumento dedicato alla dinastia giulio-claudia attraverso una sapiente disposizione di edifici e statue onorarie destinate a celebrare i principi della famiglia di Augusto.

Il *Capitolium* fu ampliato con il rifacimento della gradinata di accesso al tempio e con la realizzazione di due guance laterali su cui erano poste due statue equestri[40]. Gli si affiancarono due archi in opera laterizia non in asse tra loro, dei quali l'occidentale è di misura piú piccola e di impianto meno monumentale; sembra plausibile che in origine due archi di uguale misura e simmetrici fossero affiancati alla gradinata del *Capitolium*, e che solo in seguito quello ad oriente fosse monumentalizzato e spostato piú a nord per inglobare nell'area vera e propria del Foro anche il *macellum*[41]. Uno dei rilievi del larario della casa di L. Cecilio Giocondo raffiguranti scene del terremoto del 62 d.C., mostra la situazione dei lati nord e forse ovest della piazza: l'arco occidentale, il *Capitolium* con le due statue equestri, il sacrificio, forse di espiazione, dinanzi ad un'ara alle cui spalle è un personaggio col capo velato sotto un'edicola, che sembra composta da due fiaccole reggenti un tendaggio[42]; nella rappresentazione non v'è traccia dell'arco orientale primitivo, né di quello retrostante. Va perciò scartata l'ipotesi di Nissen che l'arco fosse crollato a seguito del terremoto del 62[43]. Poiché l'arco a nord del *macellum* risale sicuramente, come vedremo, ad età claudia, fu avanzata in alternativa l'ipotesi che l'arco orientale fosse stato abbattuto per rendere visibile dalla piazza l'arco retrostante, senza dubbio piú grande e magnificente[44].

Elementi precisi per la datazione dei due archi primitivi, quelli simmetrici disposti ai lati della gradinata del *Capitolium*, non ve ne sono. Qualche dato sembrerebbe desumersi dalla pavimentazione a lastroni di calcare biancastro simile al travertino, che tappezza in modo non omogeneo la piazza, e che sembra potersi datare, anche se mancano elementi di scavo piú cogenti, tra l'età augustea e quella tiberiana[45]. Il lavoro è forse proseguito per ulteriori appalti, ma mai completato. Il settore settentrionale è stato eseguito con disposizione a file regolari, ma a connessione non particolarmente accurata, di lastroni di formato quadrangolare di differente misura. Mentre l'area centrale della piazza mostra le tracce di un sistema analogo, con i resti di un'iscrizione di dedica del lavoro[46], nel settore meridionale l'esecuzione è particolarmente accurata, con ricorsi di lastre di misura pressocché regolare secondo un perfetto reticolo ortogonale. La realizzazione di questa pavimentazione (i cui due sistemi di posa in opera sono pressocché coevi) è posteriore all'erezione dei due archi, ma anteriore alla distruzione di quello orientale[47].

L'intera piazza è inoltre interessata dalla presenza di numerose basi di statue, alcune di grande misura e certo destinate ad onorare i principi giulio-claudii[48], altre di piú piccolo formato, un tempo rivestite di marmo, per statue di magistrati locali, sia equestri (e sono tutte quelle rivolte verso la piazza del Foro), sia *pedestres*, cioè di personaggi stanti. Queste ultime sono per lo piú collocate entro i porticati, e rivolte verso la facciata degli edifici pubblici, quasi a definirne in tal modo

[31] MAR, *art. cit.*, p. 158 ss.
[32] C. ARANEGUI, in *Stadtbild und Ideologie*, cit., p. 245 ss.
[33] ARANEGUI, *loc. cit.*
[34] MAR, *art. cit.*, p. 155 ss.
[35] A. DI VITA, in *Orientalia*, XXXVII, 1968, p. 201 ss.; L. MUSSO, in *EAA* Suppl. 1992, s.v. (in stampa).
[36] PFANNER, *art. cit.*, fig. 27.
[37] Sono stati rinvenuti clipei marmorei con teste di Giove Ammone e di Medusa, Cariatidi replicate dai tipi dell'Eretteo, e statue che denunciano verosimilmente la volontà di ricostruire a Merida il programma statuario del Foro di Augusto: W. TRILLMICH, in *Stadtbild und Ideologie*, cit., p. 310 ss.
[38] E.M. KOPPEL, in *Stadtbild und Ideologie*, cit., p. 332 ss.
[39] M. VERZAR, *Aventicum II. Un temple du culte impérial*, 1978, pp. 14 ss., 38 ss. Si tratta, in tutti i casi, di clipei marmorei con testa di Giove Ammone.
[40] MAIURI, *Alla ricerca di Pompei*, cit., p. 105 s.
[41] ZANKER, *op. cit.*, p. 114.
[42] A. MAIURI, *L'ultima fase edilizia di Pompei*, 1942, p. 10 ss.; TH. KRAUS, L. V. MATT, *Pompei e Ercolano*, 1973, p. 19, fig. 9; H. ESCHEBACH, *Pompeji*, 1978, figg. 3, 33; J. ANDREAU, in *Pompei 79*, p. 40 s., fig. 10.
[43] H. NISSEN, *Pompeianische Studien*, 1877, p. 318. Le fondazioni furono viste già da W. Gell, in W. GELL, GANDY, *Pompeiana*, Londra 1852³, p. 143 ss.
[44] J. OVERBECK, A. MAU, *Pompeji in seinen Gebäuden, Alterthümern und Kunstwerken*, 1884⁴, p. 68; A. MAU, *Pompeii, its Life and Art*, 1899, p. 39; G. SPANO, in *Mem. Atti Acc. Pont.*, LIII 8, 1923, 3 ss.
[45] MAIURI, *L'ultima fase edilizia di Pompei*, cit., p. 27 ss.
[46] VAN BUREN, in *MemAmAc*, II, 1918, p. 70 s.; V, 1925, p. 104 s. La possibile esecuzione della nuova pavimentazione in due fasi è discussa. A favore si pone A. SOGLIANO, *Il Foro di Pompei*, in *MemLincei*, s. VI, I, 3, 1925, pp. 253 ss. , 263 ss. Ma vd. MAIURI, *L'ultima fase edilizia di Pompei*, cit., p. 27 s.
[47] L. RICHARDSON JR., *Pompeii. An Architectural History*, 1988, p. 209.
[48] ZANKER, *op. cit.*, p. 112 ss.

bestimmt war[34]. Ähnliche Umwandlungen sind auch aus Afrika bekannt; das Beispiel des älteren Forums von Leptis Magna wäre hier zu nennen, das leider noch zu wenig erforscht ist[35].

Die grossen römischen Bauvorhaben augusteischer Zeit weisen manchmal, was die Systematik im Nachbilden betrifft, eine solchermassen klare Formensprache auf, dass sie nicht mehr bloss als allgemeine Anpassung an ein anspruchsvolles urbanistisches Modell zu sehen sind, sondern vielmehr eine genaue Imitation von Grundrissen oder Bildprogrammen wiedergeben. In Cordoba und Nîmes ahmt der Grundriss der beiden städtischen Haupttempel jenen des Tempels des Apollo Sosianus nach[36]. In Mérida nimmt die Anlehnung an das Forum des Augustus sowohl in der Gestaltung des Bauschmucks wie auch im Statuenprogramm beeindruckende Dimensionen an[37]. Etwas Ähnliches lässt sich auch in Tarragona[38], Arles, Avenches und Vienne[39] feststellen. Es ist sehr schade, dass in keinem der genannten Fälle direkte Parallelen weder zur Gesamtstruktur noch zur architektonischen Gestaltung des Augustus-Forums hergestellt werden können, so wie auch nicht von einer getreuen Kopie des Stadtbildes gesprochen werden kann. Es ist klar, dass sich unterschiedliche topographische Gegebenheiten und schon existierende Gebäudekomplexe auf den Bauplan auswirkten. Dennoch zeugen die Fakten von einem klaren Willen, die neuen Formen der Repräsentation der dynastischen Macht auch in den Randgebieten des Imperium Romanum Fuss fassen zu lassen.

Auch in der Gestaltung des Forums von Pompeji sind ähnliche Lösungen deutlich zu beobachten. Der Platz wird nämlich in seiner Ganzheit ein der julisch-claudischen Dynastie gewidmetes Gesamtmonument, indem in geschickter Weise Gebäude für die kultische Verehrung des Kaiserhauses und Ehrenstatuen von Mitgliedern aus der Familie des Augustus errichtet werden.

Beim *Capitolium* wurde der Treppenaufgang erneuert und mit zwei Seitenwangen, auf der zwei Reiterstatuen aufgestellt wurden, versehen[40]. Daran schlossen zwei Bogen in Ziegelmauerwerk an. Diese besitzen keine gemeinsame Achse und der westliche ist kleiner und weniger monumental. Ursprünglich säumten wohl zwei symmetrisch angeordnete Bogen gleicher Grösse die Stufen des *Capitolium*; zu einem späteren Zeitpunkt wäre dann der östliche vergrössert und ein wenig nach Norden verschoben worden, damit auch das *macellum* in die eigentliche Platzanlage integriert werden konnte[41]. Ein Relief am Lararium des Hauses des L. Caecilius Iucundus, auf welchem Szenen des Erdbebens von 62 n.Chr. dargestellt sind, gibt die Situation der Nord- und vielleicht auch der Westseite des Forums wieder: man erkennt den westlichen Bogen, das *Capitolium* mit den beiden Reiterstatuen und eine Opferszene, vielleicht ein Sühneopfer an einem Altar, hinter dem eine Person mit verhülltem Haupt unter einer Aedikula steht. Die Aedikula scheint aus zwei Fackeln, an denen Vorhänge aufgehängt sind, zu bestehen[42]. Auf diesem Relief fehlt jegliche Angabe sowohl des älteren östlichen Bogens wie auch des hinteren. Aus diesem Grund muss die Hypothese von H. Nissen, dass nämlich der Bogen nach dem Erdbeben von 62 n.Chr. eingestürzt sei, zurückgewiesen werden[43]. Da der Bogen nördlich des *macellum*, wie wir später sehen werden, sicher in claudischer Zeit errichtet wurde, hat man vorgeschlagen, dass der östliche Bogen abgerissen worden sei, damit man vom Platz aus den weiter hinten liegenden zweiten Bogen, zweifelsohne grösser und prächtiger, sehen könne[44].

Es gibt keine Anhaltspunkte für eine genaue Datierung der beiden früheren Bogen, jener also, die sich symmetrisch angeordnet zu beiden Seiten der Stufen des *Capitolium* befanden. Möglicherweise liefert aber der mit weisslichen, travertinähnlichen Kalksteinplatten ungleichmässig gepflasterte Boden einen Hinweis. Diesen kann man anscheinend - obschon zwingende Argumente, die auf Ausgrabungen basieren, fehlen - in augusteische oder tiberische Zeit datieren[45]. Das Projekt wurde möglicherweise in verschiedenen Etappen fortgesetzt, ist jedoch nie vollendet worden. Der nördliche Abschnitt ist in regelmässig angeordneten Streifen angelegt, die jedoch aus nicht sehr sorgfältig verlegten, unterschiedlich grossen, rechteckigen Platten bestehen. Dasselbe gilt für den mittleren Teil des Platzes, wo sich im übrigen die Reste der Stifterinschrift erhalten haben[46], während im südlichen Teil die Ausführung besonders sorgfältig ist, wie die Platten beinahe gleicher Ausmasse, die einem perfekt rechtwinkligen Netz entsprechend verlegt wurden, erkennen lassen. Diese Pflasterung (deren zwei Verlegungssysteme beinahe gleichzeitig sind) erfolgte nach der Errichtung der beiden Bogen, aber vor der Zerstörung des östlichen[47].

Im weiteren weist die Platzanlage zahlreiche Statuenbasen auf, einige unter ihnen von beträchtlicher Grösse und sicher dazu bestimmt, das julisch-claudische Herrscherhaus[48] zu ehren. Andere von kleineren Ausmassen, einst mit Marmor verkleidet, gehörten zu Statuen von lokalen Magistraten. Hierbei handelt es sich einerseits um Reiterstatuen (jene, die zum Platz hin gewandt sind) und andrerseits um *statuae pedestres*, also um stehend dargestellte Personen. Diese sind hauptsächlich in

34 Mar, *op.cit.*, S. 155 ff.

35 A. Di Vita, in: *Orientalia*, xxxvii, 1968, S. 201 ff.; L. Musso, in: *EAA* Suppl. 1992, s.v.(im Druck).

36 Pfanner, *op.cit.*, Abb. 27.

37 Man hat Clipei aus Marmor mit Köpfen des Jupiter Ammon und der Medusa, Repliken von Karyatiden des Erechtheion-Typus sowie Statuen gefunden, die mit grösster Wahrscheinlichkeit das statuarische Programm des Augustus-Forums in Rom nachahmen wollen: W. Trillmich, in: *Stadtbild und Ideologie*, a.O., S. 310 ff.

38 E.M. Koppel, in: *Stadtbild und Ideologie*, a.O., 332 ff.

39 M. Verzar, *Aventicum II. Un temple du culte impérial*, 1978, S. 14 ff., 38 ff.. In allen Fällen handelt es sich hier um Clipei aus Marmor mit Köpfen des Jupiter Ammon.

40 Maiuri, *Alla ricerca di Pompei*, a.O., S. 105 f.

41 Zanker, *op.cit.*, S. 114.

42 A. Maiuri, *L'ultima fase edilizia di Pompei*, 1942, S. 10 ff.; Th. Kraus, L.v. Matt, *Pompei e Ercolano*, 1973, S. 19, Abb. 9; H. Eschebach, *Pompeji*, 1978, Abb. 3, 33; J. Andreau, in: *Pompei 79*, S. 40 f., Abb. 10.

43 H. Nissen, *Pompeianische Studien*, 1877, S. 318. Die Fundamente wurden bereits von W. Gell gesichtet. s. hierzu: W. Gell, Gandy, *Pompeiana*, London 1852³, S. 143 ff.

44 J. Overbeck, A. Mau, *Pompeii in seinen Gebäuden, Alterthümern und Kunstwerken*, 1884⁴, S. 68; A. Mau, *Pompeji, its Life and Art*, 1899, S. 39; G. Spano, in: *Mem Atti Acc Pont.*, liii 8, 1923, 3 ff.

45 Maiuri, *L'ultima fase edilizia di Pompei*, a.O., S. 27 ff.

46 Van Buren, in: *MemAmAc*, ii, 1918, S. 70 f.; V, 1925, S. 104 f. Eine mögliche Ausführung des Bodens in zwei Phasen wird in Erwägung gezogen. Dieser Meinung ist A. Sogliano, *Il Foro di Pompei*, in: *MemLincei*, s. vi, i, 3, 1925, S. 253 ff., 263 ff. Dagegen aber Maiuri, *L'ultima fase edilizia di Pompei*, a.O., S. 27 f.

47 L. Richardson Jr., *Pompeii. An Architectural History*, 1988, S. 209.

48 Zanker, *op.cit.*, S. 112 ff.

Veduta del lato sud del Foro.
Ansicht der Südseite des Forums.

Veduta del lato sud del Foro.
Ansicht der Südseite des Forums.

un ruolo rappresentativo secondario; alcune basi sono infine collocate sui gradini esterni del porticato occidentale, ma coperte quasi dalla serie di statue equestri.

Tutte le basi superstiti, ad esclusione di due sul lato meridionale, sono posizionate sulla pavimentazione a lastre di travertino. Sul fianco occidentale sono conservate le iscrizioni di dedica di quattro di esse: due a *M. Lucretius Decidianus Rufus*[49] e due a *C. Cuspius Pansa*, una al padre ed un'altra al figlio dello stesso nome[50]. Il celebre affresco dai *praedia* di Giulia Felice, eseguito dopo il terremoto del 62 d.C.[51], dona un'immagine molto efficace dei modi di disposizione regolare delle sculture ai lati della piazza. Le basi stesse erano adoperate per l'affissione dei piú importanti documenti riguardanti la vita civile della città. Ma parrebbe che tale sistemazione sia effettivamente posteriore al terremoto del 62 d.C., malgrado essa non fosse ultimata al momento dell'eruzione. *Lucretius Decidianus Rufus* è vissuto in età augustea[52], ma il gruppo a lui dedicato è stato rifatto dopo il terremoto del 62 ad opera di un suo parente, *M. Decidius Pilonius Rufus*[53]. I due *Cuspii Pansae* sono certamente di età neroniana[54]. Resta ancora una dedica da una statua equestre posta sul fianco orientale della piazza, poco discosto dal punto in cui la via dell'Abbondanza sbocca nel Foro: ricorda *Q. Sallustius P. f.* che era stato *duovir iure dicundo quinquennalis* e *patronus coloniae*[55]. Purtroppo questo personaggio non è altrimenti conosciuto[56]; forse si tratta di un magistrato della tarda Repubblica, e tuttavia la statua in suo onore è stata collocata certamente in età imperiale, in quanto poggia sul pavimento in travertino.

Nella fase anteriore a questa pavimentazione, lungo il lato meridionale del Foro erano collocate sei statue equestri e due statue *pedestres*[57]. Due statue equestri sono rimaste *in situ*; le altre quattro sono state spostate al momento in cui lungo il lato meridionale del Foro si dispongono tre basi colossali che occupano quasi l'intera area[58]. È possibile che due di esse siano state trasferite alle estremità di questo lato, mentre le restanti due, tra le quali si annovera la base con dedica a *Q. Sallustius*, sarebbero state collocate in modo simmetrico dinanzi alla Basilica ed al Comizio.

In base a queste osservazioni sembra desumersi che il Foro, all'epoca della pavimentazione in travertino, fosse privo di statue onorarie affacciate verso la piazza, ad esclusione del lato breve meridionale.

L'avvento della dinastia giulio-claudia comporta una trasformazione degli assetti del Foro. Il suo lato meridionale perde due delle sei basi per statue equestri ed ambedue le statue *pedestres*; al loro posto sono collocate tre basi colossali, eseguite con tecniche diverse tra loro, e comunque tutte disposte sopra la pavimentazione in travertino[59]. La centrale, la piú grande, è realizzata a forma di un arco con tecnica in opera incerta e rivestimento dei lati settentrionale e meridionale in laterizio. Fiorelli vi collegava il frammento di un'iscrizione di cronologia tardo-augustea[60] che ricorda un – supposto – ...[*arcum c*]*um suis orn*(*amentis*)... Naturalmente l'integrazione è ipotetica, e può essere risolta in altri modi senza costringere ad un collegamento dell'iscrizione alla base, ormai per lo piú esclusa[61]. La base situata ad occidente è in opera reticolata con rinforzi angolari in opera listata di laterizio e tufelli; quella ad oriente è simile, ma i rinforzi in opera listata la cingono regolarmente, a filari regolari, su tutti i lati. Dinanzi alla base ad arco, assiale al tempio della triade Capitolina ed all'altezza della via dell'Abbondanza, è posta una base colossale per statua equestre, di dimensioni considerevoli rispetto a quelle sui fianchi del Foro, comunque di misura piú piccola rispetto alle tre basi del lato meridionale. Un'altra base, anch'essa assiale al *Capitolium* e nelle sue immediate vicinanze, le corrisponde perfettamente. Essa è stata talvolta considerata un altare dedicato ad Augusto[62]; ma è poco probabile. Gli altari romani di grandi dimensioni in età imperiale sono per lo piú inseriti entro recinti, come nel caso dell'*Ara Pacis*, e raramente sono posti di fronte a templi. Nel caso del *Capitolium* è documentato, ad esempio, che l'altare di Giove, di piccolo formato, trovava posto sul podio inserito sulla gradinata d'accesso; lo mostra il rilievo del larario della casa di Cecilio Giocondo. Cosí era anche l'altare del tempio della Fortuna Augusta. A Roma, per ricordare casi analoghi nella Capitale, l'altare del tempio di Marte Ultore nel Foro di Augusto era anch'esso sulla gradinata d'accesso al tempio, su un podio. La stessa forma del basamento pompeiano non corrisponde esattamente a quella degli altari monumentali di età giulio-claudia, troppo stretta ed allungata per un altare a pulvini, non a ferro di cavallo per il tipo a guance laterali. La base, come mostra anche la sua disposizione assiale rispetto agli altri basamenti, e la sua analoga conformazione, era probabilmente destinata a reggere una statua equestre di un principe della famiglia giulio-claudia, come d'altronde avevano supposto Overbeck e Mau.

In quanto agli archi onorari, se i due posti ai lati della gradinata di accesso al *Capitolium* mancano di un attendibile supporto cronologico, quello piú grande presso il *macellum* può essere, sia pure con qualche flessibilità, datato. Esso è in opera laterizia ed ha sui due piloni di sostegno nic-

[49] *CIL*, X, 788-789.
[50] *CIL*, X, 790-791.
[51] S.C. NAPPO, in *RivStPompeiani*, III, 1989, p. 79 ss.
[52] CASTRÉN 1975, p. 185, n. 227, 7.
[53] CASTRÉN 1975, p. 162, n. 149, 5. Una seconda base per statua ha una dedica analoga: *CIL*, X, 851.
[54] CASTRÉN 1975, p. 161, n. 146, 7, 8.
[55] *CIL*, X, 792.
[56] CASTRÉN 1975, p. 216, n. 350, 3. Un'altra iscrizione che lo ricorda non offre ulteriori delucidazioni: *CIL*, X, 958.
[57] A. MAU, in *RM*, XI, 1896, p. 150 ss. ; A. SOGLIANO, in *MemLincei*, ser. VI, I, 3, 1925, p. 264 ss.; MAIURI, *L'ultima fase edilizia di Pompei*, cit., p. 29 s.
[58] SOGLIANO, *loc. cit.*
[59] Vd. MAU, *art. cit.*, fig. a p. 153; SOGLIANO, *art. cit.*, p. 264, fig. 11; MAIURI, *op. cit.*, p. 29, nota 3.
[60] *CIL*, X, 805. L'ipotesi di Fiorelli è accolta in OVERBECK, MAU, *art. cit.*, p. 74.
[61] MAU, *art. cit.*, p. 151 s.
[62] ZANKER, *op. cit.*, p. 116 s. S. De Caro propone di riconoscervi l'altare del sacrificio sul rilievo del Larario di Cecilio Giocondo: *Pompei*, a cura di F. Zevi, II, 1992, p. 15 s.

den Interkolumnien der Portiken, und den öffentlichen Gebäuden zugewandt, aufgestellt. Somit kommt ihnen beinahe ein sekundärer Rang innerhalb des gesamten Bildprogramms zu. Einige Basen schliesslich befinden sich auf den äusseren Stufen der westlichen Säulenhalle, wobei sie von der Reihe der Reiterstatuen praktisch verdeckt werden.

Alle noch erhaltenen Statuenbasen - mit Ausnahme zweier an der Südseite - stehen auf dem Travertinpflaster. An der Westseite haben sich auf vier Basen die entsprechenden Inschriften erhalten: zwei sind *M. Lucretius Decidianus Rufus*[49] und zwei *C. Cuspius Pansa*, eine dem Vater und die andere dem Sohn mit dem gleichen Namen gewidmet[50]. Das berühmte Fresko der *praedia* der Iulia Felix, das nach dem Erdbeben von 62 n.Chr. ausgeführt wurde[51], liefert ein sehr effektvolles Bild, was die Art und Weise der regelmässigen Anordnung der Skulpturen an den Seiten des Platzes betrifft. Die Basen selbst wurden dazu verwendet, die wichtigsten Dokumente, die das öffentliche Leben der Stadt betreffen, aufzuhängen. Es scheint, dass diese Aufstellung in der Tat erst nach dem Erdbeben von 62 n.Chr. erfolgte und sie im Moment des Vulkanausbruchs noch nicht vollendet war. *Lucretius Decidianus Rufus* lebte in augusteischer Zeit[52], aber die ihm gewidmete Statuengruppe ist nach dem Erdbeben von 62 n.Chr. von einem seiner Verwandten, und zwar von *M. Decidius Pilonius Rufus*[53], restauriert worden. Die beiden *Cuspii Pansae* sind mit Sicherheit in neronische Zeit zu datieren[54]. Es ist noch die Inschrift einer Reiterstatue am östlichen Rand des Forums, wenig von der Einmündung der Via dell'Abbondanza ins Forum entfernt aufgestellt, zu nennen. Sie erwähnt *Q. Sallustius P. f.*, der *duovir iure dicundo quinquennalis* und *patronus coloniae* gewesen ist[55]. Leider ist diese Persönlichkeit sonst nicht bekannt[56]; möglicherweise handelt es sich um einen spätrepublikanischen Magistraten. Seine Ehrenstatue ist jedoch erst in der Kaiserzeit aufgestellt worden, da sie auf dem Travertinpflaster steht.

In der diesem Pflaster vorangehenden Phase waren an der Südseite des Forums sechs Reiterstatuen und zwei *statuae pedestres* aufgestellt[57]. Zwei Reiterstatuen sind *in situ* erhalten geblieben; die anderen vier hingegen wurden entfernt, als an der Südseite des Forums drei riesige Basen, die beinahe den ganzen zur Verfügung stehenden Raum ausfüllen, aufgestellt wurden[58]. Es ist denkbar, dass zwei der (kleinen) Ehrenmonumente an die Enden dieser Platzseite verschoben wurden, während die übrigen zwei, darunter die Basis mit der Inschrift für *Q. Sallustius*, vielleicht symmetrisch vor der Basilika und dem *Comitium* aufgestellt wurden.

Aus diesen Beobachtungen scheint hervorzugehen, dass das Forum in der Zeit, bevor es das Travertinpflaster erhielt, mit Ausnahme der südlichen Schmalseite keine Ehrenstatuen aufwies, die zum Platz hin blickten.

Der Beginn der julisch-claudischen Dynastie bringt eine Umgestaltung des Forums mit sich. Seine Südseite verliert, wie oben gesagt, zwei der sechs Basen von Reiterstandbildern und beide *statuae pedestres*. In die Lücken treten drei grosse Basen, die zwar mit unterschiedlichen Techniken hergestellt wurden, jedoch alle auf dem Travertinpflaster stehen[59]. Die mittlere, welche die grösste ist, hat die Form eines Bogens und ist in *opus incertum* mit Ziegelverkleidung an der Nord- und Südseite ausgeführt. Fiorelli schrieb ihr ein Fragment einer spätaugusteischen Inschrift[60] zu, die einen angeblichen ...*[arcum c]um suis orn(amentis)*... erwähnen soll. Die Ergänzung ist natürlich hypothetisch - und weitgehend abgelehnt[61] - und könnte genausogut anders lauten, z.B. auch ohne zwingende Verbindung zwischen Inschrift und Basis. Die im Westen aufgestellte Basis ist in *opus reticulatum* mit Eckverstärkungen in *opus listatum* aus Ziegeln und kleinen Tuffsteinen ausgeführt. Jene im Osten ist ähnlich, aber die Verstärkungen in *opus listatum* umfassen sie in gleichmässigen Streifen auf allen vier Seiten in regelmässiger Weise. Vor der Basis in Bogenform, die in der Achse des Tempels der kapitolinischen Trias etwa auf der Höhe der Via dell'Abbondanza steht, befindet sich eine riesige Basis für ein Reiterstandbild, die im Vergleich zu jenen an den Seiten des Forums beträchtliche Dimensionen aufweist, dennoch aber kleiner ist als die drei an der Südseite. Eine weitere Basis, die ebenfalls in der Achse des *Capitolium* und in seiner unmittelbaren Nähe steht, entspricht ihr ganz genau. Man hat sie verschiedentlich schon als einen dem Augustus geweihten Altar gedeutet[62], was aber wenig plausibel ist. Die kaiserzeitlichen Altäre grosser Dimensionen werden meist, wie die *Ara Pacis*, von Umfassungsmauern umgeben und befinden sich nur selten einem Tempel gegenüber. Im Fall des *Capitolium* ist es z.B. bezeugt, dass der kleine Jupiteraltar auf dem Podium, das in die Zugangsstufen integriert war, seinen Standort hatte. Dies zeigt das Relief auf dem Lararium des Hauses von Caecilius Iucundus. Dasselbe gilt für den Altar des Tempels der Fortuna Augusta. In Rom, um einige ähnliche Fälle in der Hauptstadt zu nennen, stand auch der Altar des Mars-Ultor-Tempels im Augustus-Forum auf einem Podium auf den Zugangsstufen zum Tempel. Schon die Form des Sockels in Pompeji entspricht aber nicht genau jener der Monumentalaltäre julisch-claudischer Zeit: er ist zu schmal und stärker in die Länge gezogen für einen sich nach

[49] *CIL*, X, 788-789.

[50] *CIL*, X, 790-791.

[51] S.C. NAPPO, in: *RivStPompeiani*, III, 1989, S. 79 ff.

[52] CASTRÉN 1975, S. 185, Nr. 227,7.

[53] CASTRÉN 1975, S. 162, Nr. 149,5. Eine zweite Statuenbasis trägt eine analoge Weihinschrift: *CIL*, X, 851.

[54] CASTRÉN 1975, S. 161, Nr. 146, 7, 8.

[55] *CIL*, X, 792.

[56] CASTRÉN 1975, S. 216, Nr. 350, 3. Eine andere Inschrift, die ihn erwähnt, liefert keine weiteren Informationen: *CIL*, X, 958.

[57] A. MAU, in: *RM*, XI, 1896, S. 150 ff.; A. SOGLIANO, in: *MemLincei*, Serie VI, I, 3, 1925, S.264 ff.; MAIURI, *L'ultima fase edilizia di Pompei*, a.O., S. 29 f.

[58] SOGLIANO, a.O.

[59] s. MAU, *op.cit.*, Abb. S. 153; SOGLIANO, *op.cit.*, S. 264, Abb. 11; MAUIRI, *op.cit.*, S. 29, Fussnote 3.

[60] *CIL*, X, 805. Die von Fiorelli aufgestellte Hypothese wird von OVERBECK, MAU, *op.cit.*, S. 74 aufgenommen.

[61] MAU, *op.cit.*, S. 151 f.

[62] ZANKER, *op.cit.*, S. 116 f. S. De Caro schlägt vor, es handle sich um jenen Altar, der auf dem Lararium des Caecilius Iucundus dargestellt ist: F. Zevi (Hrsg.), *Pompei*, II, 1992, S. 15 f.

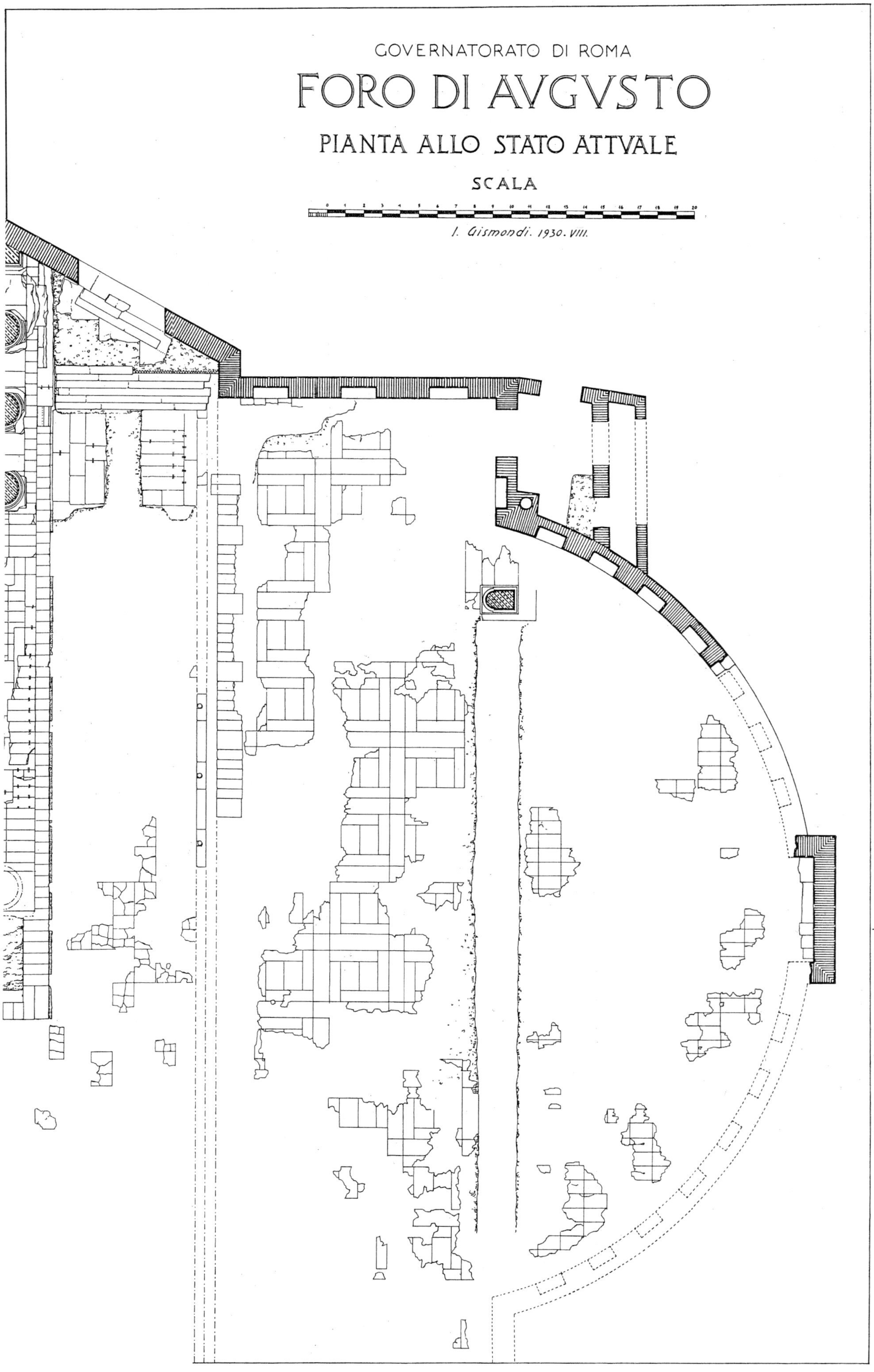

Foro di Augusto a Roma: dettaglio con l'abside laterale sul latc meridionale del Tempio di Marte Ultore.
Augustus-Forum in Rom: Detail mit der seitlichen Apsis an de: Südseite des Mars-Ultor-Tempels.

Die Stimmen der Alten: Ein Spaziergang durch das öffentliche und private Pompeji

Wer noch etwas von dem Herzschlag des antiken Pompeji wahrnehmen will, kann dies erstaunlich einfach tun: Er lasse die Pompejaner selbst sprechen. Streift man mit wachem Sinn durch die Stadt, lassen sich tatsächlich tausende, nun zeitlos gewordene Stimmen wahrnehmen. Grabsteine, auf die Wände gezeichnete Graffiti und gemalte Aufschriften an Fassaden erzählen unmittelbar von öffentlichen Belangen und privaten Passionen. Nachrichten und Gefühle bieten dichtgedrängt aus erster Hand einen Querschnitt des realen römischen Lebens[1].

Wir betreten Pompeji über die aus dem benachbarten Nocera kommende Straße, zu deren Seiten eine lange Reihe von Gräbern und Grabdenkmälern ein erstes Verbindungsglied zwischen kultiviertem Land und dem ummauerten Stadtgebiet mit seinem administrativen, ökonomischen und sozialen Leben darstellt. Allmählich tauchen erste Grabsteine öffentlicher Beamter auf. So das Grab des *Lucius Cellius*, eines Duumvirn der Stadt[2]; das Grabdenkmal der zwei Magister des *pagus Augustus Felix Suburbanus*, Verwalter eines Dorfes im pompejanischen Einzugsbereich[3]; dann das monumentale Grabmal der *Eumachia*, Priesterin der Venus[4], der die Errichtung des prächtigen Gebäudes auf dem Forum zu verdanken ist, das wahrscheinlich als Handelsbörse und Wollgroßmarkt diente; schließlich die Gräber der beiden Augustalen, meist vermögende Freigelassene, die durch die Ernennung zu Priestern des Kaiserkultes in der sozialen Hierarchie aufstiegen[5]. Das in der Nähe befindliche Grab eines weiteren Augustalen, des *Publius Vesonius Phileros*, fordert uns ausdrücklich auf, aus einer Erfahrung des Verstorbenen eine Lehre zu ziehen[6]: «Wanderer, wenn es Dir nicht Verdruß bereitet, so verweile hier ein wenig und lerne, wovor Du Dich hüten mußt [...]». Die Tücke eines falschen Freundes brachte Vesonius durch falsche Anklagen vor Gericht; es siegte hier zwar die Gerechtigkeit, doch ist der Treuebruch gegenüber jemandem, der Vertrauen in die Heiligkeit der Freundschaft gesetzt hatte, geblieben.

In der Nähe befindet sich das Grabmal eines Kriegers[7], worauf in Stuck ein Schild mit Waffen und ein Barbar zwischen Dattelpalmen und Palmzweigen dargestellt sind. So ersteht vor unserem inneren Auge plötzlich eine jener Schlachten, welche die Römer weit entfernt von ihrer Heimat bestritten. Doch Hände, die weder die Geschichte noch die Toten respektieren, haben Inschriften ganz anderen Tons darauf hinterlassen; neben «*Atimetus* hat mich geschwängert»[8] auch sehr obszöne[9]. Auf einem Grab in der Nähe hat eine Prostituierte unverblümt den für eine besondere Leistung verlangten, äußerst geringen Lohn von einem As vermerkt[10].

So wie die Liebe achtet auch die Politik den Tod gering. Die Wände der Grabmale weisen zahlreiche gemalte Aufforderungen auf, bestimmte Kandidaten in öffentliche Ämter des benachbarten Nocera zu wählen: «Wählt *Lucius Munatius Caeserninus* in Nocera in das Amt des *duovir quinquennalis*: Er ist ein redlicher Mann»[11]. Beachten wir die Gräber entlang der Straße nicht weiter, die Erfordernisse des Lebens wiegen weit schwerer als die des Todes. Und so finden sich Ankündigungen von Veranstaltungen des Amphitheaters in Nocera oder benachbarten Städten: «36 Gladiatorenpaare kämpfen in *Nuceria Constantia* am Tag vor Beginn des Monats [...], ebenso am ersten, zweiten und dritten Tag dieses Monats»[12]; «20 Gladiatorenpaare des *Aulus Suettius Parthenius* und des Freigelassenen *Niger* kämpfen in Puteoli vom 17. bis 20. März. Es werden wilde Tiere und Ringer da sein und das Sonnensegel wird gesetzt sein»[13]. Ferner gibt es eine ausdrückliche Huldigung an ein Mädchen aus Nocera, *Novellia Primigenia*, welche wohl die Träume nicht nur eines Pompejaners beunruhigte. Ein unbekannter Verehrer widmete ihr folgendes Distichon[14]: «Nur für eine Stunde

[1] Tatsächlich sind viele der zitierten Inschriften nicht mehr auf den Mauern Pompejis erhalten, weil sie mit der Zeit verfallen sind oder weil sie abgenommen wurden und im Museum von Neapel oder den archäologischen Magazinen von Pompeji aufbewahrt sind. Von allen besteht eine genaue wissenschaftliche Dokumentation.

[2] Vgl. *Porta Nocera*, Akte 4 EN (D'AMBROSIO).

[3] Vgl. *Porta Nocera*, Akte 17 ES (DE CARO). Für *pagus Augustus Felix Suburbanus* vgl. dagegen CASTRÉN, 81, 122.

[4] Vgl. *Porta Nocera*, Akte 11 OS (DE CARO). Für die Figur der *Eumachia* vgl. CASTRÉN, 71, 95.

[5] Vgl. *Porta Nocera,* Akte 11 ES (D'AMBROSIO) und 9 ES (DE CARO).

[6] Vgl. *Porta Nocera*, Akte 23 OS (DE CARO).

[7] *Porta Nocera*, Akte 13 ES (DE CARO).

[8] *CIL*, IV, 10231. Vgl. auch *CIL*, IV, 7024, 7080.

[9] Vgl. *CIL*, IV, 10233: *Hygino s(alutem)./Edone Piladi fellat*; *CIL*, IV, 10232a: *L(ucius) Habonius sauciat/irrumat Caesum/Felic<e>m.*

[10] *CIL*, IV, 5408. Tatsächlich erhielten junge und schöne Prostituierte, *moribus bellis*, bis zu 16 As Lohn.

[11] *CIL*, IV, 3875.

[12] *CIL*, IV, 9972 mit Korrekturen von H. SOLIN, in *Gnomon*, 45, 1973, 265 und P. SABBATINI TUMOLESI, *Gladiatorum paria*, Rom 1980, 64.

[13] *CIL*, IV, 9970 mit Ergänzungen von SOLIN, *loc. cit.*; SABBATINI TUMOLESI, *op. cit.*, 75.

[14] *CIL*, IV, 10241 und GIGANTE 1979, 89-99 sowie unten Kat. Nr. 212, *e*. Die Inschrift wurde auf das Grab 20 EN geschrieben. Bzgl. *Novellia Primigenia* vgl. M. DELLA CORTE, *Amori e amanti di Pompei antica*, Pompeji 1958, 92 ff.

Rev. George Wilson Bridge, «Pompei», 1848.
Stampa al sale da negativo calotipo.

Salzdruck von einem kalotypen Negativ.
mm. 168 × 218. Firenze, Museo di Storia della Fotografia Fratelli Alinari.

vorrei essere la gemma di questo anello per dare a te che la inumidisci con la bocca quando apponi il sigillo i baci che vi ho impresso». Il nome di questa fanciulla aveva fatto il giro di Pompei, cosí come volentieri ci si scambiava il suo indirizzo: «A Nocera, in prossimità di porta Romana, nel quartiere di Venere, cerca di *Novellia Primigenia*»[15]. Piú dimessamente, c'è chi invece ha trovato una cavalla e fissa appuntamenti per chi l'avesse smarrita e, non presentandosi nessuno, li rinnova puntualmente mese dopo mese :«Se a qualcuno è sfuggita una cavalla caricata con cesti, il 25 [agosto] novembre si rivolga a *Quintus Decius Hilarus,* liberto di *Quintus,* o a *Lucius Decius Amphio,* liberto di *Lucius,* al di qua del ponte sul Sarno, nel fondo dei *Mamii*»[16]. C'è poi l'attore *Petroselinus,* «Prezzemolino», che lascia il suo saluto alla città dove ha recitato con la sua compagnia di guitti[17], e c'è tutta una teoria anonima di persone che, senza vergare scritte, hanno lasciato segni altrettanto concreti del loro passaggio; contro la lordante invadenza di costoro che imbrattano le sepolture di escrementi ben poco può l'opera di dissuasione condotta – figuratamente – dallo stesso defunto[18].

Proprio di fronte alla porta di Nocera, a cento passi precisi dal perimetro esterno delle mura, un cippo posto con gran risalto al centro di un incrocio viario ci riporta nell'ufficialità piú completa ricordandoci l'intervento pesante del governo centrale di Roma, attuato per porre freno ai troppi abusi edilizi che l'autorità locale non riusciva piú a controllare[19].

Varcata la porta di Nocera ci immettiamo lungo la strada in salita all'interno della città, avvicinandoci alla Palestra e alla mole imponente dell'Anfiteatro, e vediamo farsi fitti i riferimenti agli spettacoli in esso celebrati: «Per la salute di Nerone Claudio Cesare Augusto Germanico ci sarà il

[13] *CIL,* IV, 9970 con integrazioni di SOLIN, *loc. cit.*; SABBATINI TUMOLESI, *op. cit.,* 75.
[14] *CIL*, IV, 10241 e v. pure GIGANTE 1979, pp. 89-99 e, qui, scheda n. 212, *e.* L'iscrizione è stata vergata sul sepolcro 20 EN. Per *Novellia Primigenia* cfr. M. DELLA CORTE, *Amori e amanti di Pompei antica,* Pompei 1958, p. 92 ss.
[15] *CIL,* IV, 8356, rinvenuta nel quartiere servile della casa del Menandro.
[16] *CIL,* IV, 3864. La parola *Decembres* è stata messa al di sopra di *Septembres* quasi a mo' di correzione, ma in effetti per rinnovare l'invito. Da un altro testo della stessa necropoli, poi, *CIL,* IV, 9948, vediamo che l'invito era stato rivolto anche per il mese di ottobre, sempre allo stesso giorno. Per annunci messi da chi aveva trovato la roba cfr. PLAUT., *Rud.*, V, 2, 7 ss. e APUL., *Metam.,* VII, 25.
[17] *CIL,* IV, 10246c, rinvenuta sul sepolcro 9 ES. Su altri sepolcri compaiono invece acclamazioni agli attori *Paris* e *Actius Anicetus,* due

wollte ich der Stein dieses Ringes sein, damit Du beim Anlegen mit den Lippen die Küsse, die ich ihm aufdrückte, empfangest». Der Name dieses Mädchens ging in ganz Pompeji um, so daß sie freiwillig den Wohnort wechselte: «Suche Novellia Primigenia in Nocera im Viertel der Venus bei der Porta Romana»[15]. Zurückhaltender war dagegen jemand, der eine Stute gefunden hatte und Verabredungen mit dem Besitzer traf, die er Monat für Monat erneuerte: «Wem ein mit Körben beladenes Pferd entlaufen ist, der wende sich am 25. November [August] an *Quintus Decius Hilarus*, Freigelassener des *Quintus*, oder an *Lucius Decius Amphius*, Freigelassener des *Lucius*, diesseits der Sarno-Brücke am Ende der *Mamii*»[16]. Dann ist da noch der Schauspieler *Petroselinus*, «kleine Petersilie», der die Stadt grüßt, in der er mit seiner Komödiantengruppe[17] spielte. Eine ganze Reihe unbekannter Personen hinterließ andere eindeutige Zeichen ihres Vorübergehens. Gegen die Zudringlichkeit jener, welche die Gräber mit Exkrementen beschmutzen, kann die Abschreckung durch die figürliche Anwesenheit des Verstorbenen nur wenig ausrichten[18].

Direkt gegenüber der Porta di Nocera, genau 100 Schritte von der äußeren Stadtmauer entfernt, zeugt ein deutlich hervorgehobener und in die Mitte einer Kreuzung plazierter Grenzstein von höherer Amtlichkeit. Er erinnert an den schweren Eingriff der römischen Zentralregierung gegen die häufigen Bauverstöße, da die Kontrolle durch die lokale Amtsgewalt versagte[19].

Hinter der Porta di Nocera treffen wir auf die ins Stadtzentrum führende Straße und nähern uns der Palästra und dem großen Amphitheater, wo wir dichtgedrängt Hinweise auf die darin stattgefundenen Veranstaltungen finden: «Zum Wohl des *Nero Claudius Caesar Augustus Germanicus* fand am 25. und 26. Februar in Pompeji eine Vorführung des *Tiberius Claudius Verus* mit Kämpfen gegen wilde Tiere, mit Ringern und Besprengungen mit parfürmiertem Wasser statt», «Viva *Claudius Verus*»[20]; «Alles Gute für *Gnaeus Alleius Maius*, Meister der Spieleausrichter»[21].

Man denkt sofort an Tacitus, der von einer riesigen, zwischen Pompejanern und Nocerianern 59 n.Chr. ausgebrochenen Schlägerei erzählt, die in einem furchtbaren Blutbad gipfelte. Die Menschen waren in Massen herbeigeströmt, um ihre Lieblinge unter den Gladiatoren anzufeuern. Die Begeisterung nahm überhand, die Stadttore wurden geschlossen und alle Nocerianer getötet. Die Zentralregierung schritt mit Macht in Pompeji ein. Unter anderem wurde durch Nero eine zehnjährige Sperre über das Amphitheater verhängt, die jedoch, vielleicht aufgrund des Erdbebens im Jahre 62 und dank Vermittlung der in der Stadt geborenen[23] Kaiserin Poppea, nach wenigen Jahren wieder aufgehoben wurde.

In der großen Palästra trainierte die pompejanische Jugend Körper und Geist, denn dort gaben die Lehrer ihre Stunden. Ihren Lohn erhielten sie jedoch oft nur mit Mühe: «Wer mir das Honorar für meine Stunden gegeben hat, bekomme von den Göttern, was er wünscht»[24], hat ein Meister in eine Säule geritzt. Wandelt man unter dem Schatten der Platanen über die weiten, von Portiken umgebenen Plätze, kann man Graffiti wahrnehmen, die nicht gerade erzieherische Interessen für Jugendliche enthüllen: «*Quintus Postumius* hat am neunten September *Aulus Attius* eingeladen, um mit mir homosexuell zu verkehren»[25].

Es gab auch eine Frau, die in der Palästra immer wieder Prachtexemplare von Gladiatoren als Sklaven kaufte. Man sollte jedoch keine falschen Schlüsse daraus ziehen, denn sie war die Ehefrau eines bekannten pompejanischen Beamten, der auch für die Spiele berühmt war, die er für die Bürger im Amphitheater veranstalten ließ[26]. Die Bewunderung der Frauen für die Athleten und besonders die Gladiatoren muß jedenfalls weit verbreitet gewesen sein, denn diese rühmten statt ihrer kämpferischen zuweilen lieber ihre amourösen Erfolge: «*Crescens*, Herr der Mädchen»[27], «*Crescens*, Netzfechter, Arzt der Schönen der Nacht, der Schönen des Tages und der anderen [...]»[28]; «Das Verlangen der Mädchen, *Celadus* der Thraker, von der Mannschaft des *Octavius*, hat bei drei ausgefochtenen Kämpfen drei Siege davongetragen»[29].

Manche Jugendliche in der Palästra erfreuten sich auch an Rätselspielen. So hat jemand ein Quadrat aus fünf Worten mit je fünf Buchstaben auf eine Säule gezeichnet, die von links nach rechts und von oben nach unten und je umgekehrt wie auch als ein Bustrophedon gelesen werden können, indem das eine das Palindrom des anderen und das mittlere sein eigenes Palindrom bildet[30]:

ROTAS
OPERA
TENET
AREPO
SATOR

Ein anderer hat dagegen eine Säule als Notizbuch für die Abrechnung seiner Ausgaben benutzt: «[...] ein Pfund Speck, 3 As; Wein, 1 As; Käse, 1 As; Öl, 1 As; Brot, 2,5 As; Schweinefleisch, 4 As»[31].

[15] *CIL*, IV, 8356, gefunden im Bedienstetenteil der Casa del Menandro.

[16] *CIL*, IV, 3864. Das Wort *Decembres* wurde wie eine Korrektur über *Septembres* gesetzt, doch sollte es die Einladung erneuern. Aus einem anderen Text vom selben Friedhof, *CIL*, IV, 9948, ersehen wir, daß die Einladung auch für den Monat Oktober, immer zum selben Tag, wiederholt worden war. Zu Personen, die Objekte gefunden haben, vgl. PLAUT., *Rud.*, V, 2, 7 ff. und APUL., *Metam.*, VII, 25.

[17] *CIL*, IV, 10246c, gefunden auf dem Grab 9 ES. Auf anderen Gräbern finden sich dagegen Ausrufe der Schauspieler *Paris* und *Actius Anicetus*, zwei Stars der Zeit. Vgl. z.B. *CIL*, IV, 3866s, 3877 und 5395, 5399, 5404.

[18] Vgl. z.B. die Inschrift *CIL*, IV, 8899; in der Stadt (III, 5, 4) entdeckt, will aber die Grabinschriften imitieren, die auf jene Themen zurückgriffen, um den Passanten zum Respekt gegenüber dem Grab zu bewegen. In dieser behauptet der Verstorbene, sich metaphorisch Brennessel genannt zu haben, um auszudrücken, daß sein Geist sich durch Stechen an jedem Beschmutzer zu rächen verstehe, der sich zur Verrichtung seiner Notdurft anschicke. Auf den Mauern Pompejis findet sich auch oft die Inschrift *Cacator, cave malum* (z.B. *CIL*, IV, 7714-7716), um den Schaden anzukündigen, den sofort jeder des Beschmutzens Überführte erfahre. Vgl. auch *CIL*, IV, 7038: *...si / presus fueris poena / patiare necesse / est. Cave.*

[19] Vgl. DE CARO, *Porta Nocera* (Studi e contributi), 25. Siehe hier Kat. Nr. 208.

[20] *CIL*, IV, 7989a, c, auf der Südwand der Großen Palästra. Die *sparsiones* müssen Austritte von Wasser in Form kleinster Tropfen gewesen sein (vgl. SEN., *N.Q.*, II, 9, 1) oder von Düften (vgl. SCRIPT. HIST. AUG., *Hadr.*, XIX, 2), aber manche denken auch an die Verteilung von Geld. Bzgl. *Claudius Verus*, pompejanischer Duumvir 61 n. Chr., der auch später in der Stadtverwaltung aktiv war, vgl. H. MOURITSEN, *Elections, Magistrates and Municipal Elite. Studies in Pompeian Epigraphy*, Rom 1988, 32, 34-6 und 132 (s.a. im Index).

[21] *CIL*, IV, 7990, schwarze Malerei auf der gleichen Südwand der Palästra. *Cn. Alleius Nigidius Maio, duovir quinquennalis* 55 n.Chr., blieb berühmt wegen der Pracht der von ihm organisierten Schauspiele im Amphitheater. Über ihn vgl. zuletzt MOURITSEN, *op. cit.*, 32, 34, 36, 126.

[22] TAC., *Ann.*, XIV, 17.

[23] Vgl. W.O. MOELLER, *The riot of A.D. 59 at Pompeii*, in: *Historia*, 19, 1970, 84-95; CASTRÉN, 111 ff. Zur Wiederaufnahme der Spiele vor der Vollendung des zehnjährigen Verbots s. MOURITSEN, *op. cit.*, Anm.148.

[24] *CIL*, IV, 8562, auf Säule XVIII.

[25] *CIL*, IV, 8805, auf Säule CXVII.

[26] Vgl. *CIL*, IV, 8590, auf Säule XXIII. Es handelt sich um die Frau des *Decimus Lucretius Valens*, Magistrat und Organisator von Spektakeln im Amphitheater; zu ihm vgl. CASTRÉN, 186; MOURITSEN, *op. cit.*, 35, mit Verweisen.

[27] *CIL*, IV, 4356, auf eine Säule der Gladiatorenkaserne geritzt (V, 5, 3).

[28] *CIL*, IV, 4353 mit Ergänzungen von A. VARONE, in: *RivStPompeiani*, II, 1988, 274, an gleicher Stelle eingeritzt.

[29] *CIL*, IV, 4342, an gleicher Stelle eingeritzt.

[30] *CIL*, IV, 8623, auf Säule LXI geritzt. Zu den verschiedenen Interpretationen bzgl. dem «quadrato magico» und zur heftigen Polemik um den vermuteten Charakter einer kryptochristlichen Botschaft als Kryptogramm des *Paternoster* vgl. A. VARONE, *Presenze giudaiche e cristiane a Pompei*, Neapel 1979, 53-71, 97-113.

[31] *CIL*, IV, 8561, auf Säule XVIII der Großen Palästra geritzt.

25 e il 26 febbraio a Pompei uno spettacolo di *Tiberius Claudius Verus* con combattimenti contro fiere, con lottatori e con sparsioni», «Viva *Claudius Verus*»[20]; «Ogni bene a *Gnaeus Alleius Maius,* principe degli allestitori di spettacoli»[21].

Al nostro ricordo si affaccia subito la pagina di Tacito nella quale è raccontata la colossale rissa in esso scoppiata nel 59 d.C. tra Pompeiani e Nocerini, accorsi in massa per sostenere i gladiatori loro beniamini[22]. Il tifo degenera, le porte della città vengono chiuse, uccisi tutti i Nocerini che s'incontrano. Il potere centrale interviene con forza su Pompei e, tra l'altro, è erogata da Nerone una squalifica di dieci anni all'anfiteatro, dopo pochi anni, però, revocata, forse a causa del terremoto patito dalla città nel 62 e grazie anche ai buoni uffici della moglie Poppea, originaria del luogo[23].

Passiamo ora per la Grande Palestra, il luogo dove la gioventú pompeiana esercita il proprio fisico, ma anche il proprio intelletto, se è pure là che i pedagoghi impartiscono le proprie lezioni, non senza qualche difficoltà a farsi remunerare: «Chi mi avrà dato l'onorario per le mie lezioni abbia ciò che desidera dagli dèi»[24], lascia graffito un maestro su una colonna. Passeggiando per gli ampi spazi porticati, all'ombra dei platani, leggiamo però anche vari graffiti che ci svelano interessi non proprio educativi per questi giovani da parte di alcuni pompeiani: «Il nove settembre *Quintus Postumius* ha invitato *Aulus Attius* ad avere un rapporto omosessuale con me»[25].

C'è anche qualche donna, per fortuna, che si aggira assiduamente per la palestra, e compra come schiavi splendidi esemplari di gladiatori. Non è lecito però piú di tanto fare brutte illazioni: la donna è moglie di un noto magistrato pompeiano, famoso anche per gli spettacoli anfiteatrali che offre alla cittadinanza[26]. L'ammirazione delle donne per gli atleti e, soprattutto, per i gladiatori, doveva essere, comunque, fatto abbastanza diffuso se talora questi, piú che enumerare i loro trionfi agonistici, celebravano di preferenza quelli amorosi: «*Crescens,* signore delle fanciulle»[27]; «*Crescens*, reziario, medico delle belle di notte, delle belle di giorno e delle altre...»[28]; «Il sospiro delle fanciulle, *Celadus* il trace, della squadra di *Octavius,* ha riportato tre vittorie su tre incontri sostenuti»[29].

Tra i giovani che frequentano la palestra c'è anche chi si diletta di giuochi enigmistici, come chi ha tracciato su una colonna un quadrato formato da cinque parole di cinque lettere ciascuna, che possono leggersi sia da sinistra verso destra che da destra verso sinistra, sia dall'alto verso il basso che dal basso verso l'alto, sia anche bustrofedicamente, essendo l'una il palindromo dell'altra e quella centrale palindromo di se stessa[30]:

R O T A S
O P E R A
T E N E T
A R E P O
S A T O R

Un altro ha invece utilizzato una diversa colonna come taccuino per fare i conti delle spese effettuate: «... una libbra di lardo, tre assi; vino, un asse; formaggio, un asse; olio, un asse; pane, due assi e mezzo; carne di maiale, quattro assi»[31].

Salendo ora per il vicoletto ci immettiamo lungo via dell'Abbondanza, una delle principali e piú animate arterie cittadine. Davanti alla vasta proprietà immobiliare di *Iulia Felix,* luogo d'incontro dei *pilicrepi,* i giocatori di pallone dell'epoca[32], leggiamo il seguente cartello di locazione: «Nella proprietà di *Iulia Felix,* figlia di *Spurius*, si locano il bagno dei Venerii e dei giudici, ambienti a piano terra, mezzanini, appartamenti al primo piano, a partire dal prossimo tredici agosto e fino al sesto 13 agosto, per cinque anni consecutivi. Allo scadere del quinto anno la locazione sarà rinnovata col semplice consenso»[33].

Non sono tuttavia solo personaggi rispettabili o di alto lignaggio a frequentare il complesso di *Iulia Felix.* Qua e là, sui muri, si leggono infatti scritte di tal genere: (*Litus,* sei un uomo da due soldi, anzi, o *Litus,* non vali un sol quattrino»[34]. Ancora, a piú riprese, compaiono disegni di falli, accompagnati da inviti o commenti osceni rivolti a questo e a quella[35] ed un *Phoebus* è chiamato decisamente «checca»[36]. D'altra parte, con spirito veramente caustico, è deriso uno strano faccendiere, che credé di potersi improvvisare uomo di mille mestieri. Per costui venne vergata la seguente iscrizione, estesa su uno spazio di due metri: «Sei fallito otto volte, ma saresti ben capace di fallire sedici. Hai fatto l'oste, hai avuto un negozio di vasi, hai fatto il salumiere, e poi il panettiere e quindi l'agricoltore, ti sei in seguito messo nel commercio degli oggettini

divi del momento. Cfr. ad es. rispettivamente *CIL,* IV, 3866s, 3877 e 5395, 5399, 5404.

[18] Cfr. ad es. l'iscrizione *CIL,* IV, 8899, rinvenuta all'interno della città (III, 5, 4), ma che vuole imitare le iscrizioni funerarie che facevano ricorso a tal sorta di argomenti per persuadere il viandante al rispetto della tomba. In essa infatti il defunto dice di chiamarsi metaforicamente Ortica, facendo intendere che il suo genio saprebbe ben vendicarsi degli imbrattatori, pungendoli, appena si accingessero a fare i propri bisogni. Frequente sui muri di Pompei sarà anche il trovare la scritta *Cacator, cave malum* (ad es., *CIL,* IV, 7714-7716), a significare il danno che avrebbe subito chi fosse stato sorpreso ad imbrattare. Cfr. anche *CIL,* IV, 7038: *..si / presus fueris poena / patiare necese / est. Cave.*

[19] Cfr. DE CARO, *Porta Nocera* (Studi e contributi), p. 25. V. al riguardo, qui, scheda n. 208.

[20] *CIL,* IV, 7989a, c, poste sulla parete settentrionale della Grande Palestra. Le *sparsiones* dovevano essere effusioni di acqua a minutissime gocce (cfr. SEN., *N.Q.*, II, 9, 1) o di profumi (cfr. SCRIPT. HIST. AUG., *Hadr.,* XIX, 2, ma c'è anche chi pensa a vere e proprie distribuzioni di denaro. Per *Claudius Verus*, duoviro pompeiano nel 61 d. C. e anche successivamente attivo nella vita amministrativa cittadina cfr. H. MOURITSEN, *Elections, Magistrates and Municipal Elite. Studies in Pompeian Epigraphy,* Roma 1988, pp. 32, 34-6 e 132 (v. anche l'indice, *s.v.*).

[21] *CIL,* IV, 7990, dipinta in nero sullo stesso muro settentrionale della Palestra. *Cn. Alleius Nigidius Maio,* duoviro quinquennale nel 55 d. C., era rimasto famoso per lo splendore degli spettacoli anfiteatrali da lui organizzati. Per lui cfr., da ultimo, MOURITSEN, *op. cit.,* pp. 32, 34, 36,126.

[22] TAC., *Ann,* XIV, 17

[23] Cfr. W. O. MOELLER, *The riot of A.D. 59 at Pompeii,* in *Historia*, 19, 1970, pp. 84-95; CASTRÉN, p. 111 ss. Per la ripresa dei giuochi prima del compimento dei dieci anni di proibizione cfr. MOURITSEN, *op. cit.,* n. 148.

[24] *CIL,* IV, 8562, sulla colonna XVIII.

[25] *CIL,* IV, 8805, sulla colonna CXVII.

[26] Cfr. *CIL,* IV, 8590, sulla colonna XXIII. Si tratta della moglie di *Decimus Lucretius Valens,* magistrato e organizzatore di spettacoli anfiteatrali, per il quale cfr. CASTRÉN, p. 186; MOURITSEN, *op. cit.*, p. 35, con rimandi.

[27] *CIL,* IV, 4356, graffita su una colonna della Caserma dei Gladiatori (V, 5, 3).

[28] *CIL,* IV, 4353 con integrazioni di A. VARONE, in *RivStPompeiani,* II, 1988, p. 274, graffita nello stesso luogo.

[29] *CIL,* IV, 4342, graffita nello stesso luogo.

[30] *CIL,* IV, 8623, graffita sulla colonna LXI. Per le varie interpretazioni date al «quadrato magico» e per la vivace polemica accesasi intorno alla sua presunta essenza di messaggio criptocristiano quale crittogramma del *Paternoster* cfr. A. VARONE, *Presenze giudaiche e cristiane a Pompei,* Napoli 1979, pp. 53-71, 97-113.

[31] *CIL,* IV, 8561, graffita sulla colonna XVIII della Grande Palestra.

[32] Cfr. *CIL,* IV, 1147.

[33] *CIL,* IV, 1136, con add. p. 204 e 461, dipinta in nero sul lato destro dell'ingresso monumentale della proprietà (II, 4, 6). L'espressione *Balneum Venerium et nongentum* è un'endiadi per indicare che si tratta di un bagno esclusivo e raffinato per gente a modo e di rango, quali appunto erano i *Venerii,* di fatto ricordati in alcune iscrizioni della stessa casa, o i giudici, chiamati volgarmente «i novecento» (cfr. PLIN., *N. H.,* XXXIII, 2, 31).

[34] *CIL,* IV, 10119.

[35] Cfr. *CIL,* IV, 8501b, 8512, 10129, 10132, 10143.

[36] *CIL,* IV, 10143: *Phoebus / cinedu[s].*

James Graham, «Pompeii». The Temple of Mercury», 1858-64.
Stampa all'albumina da negativo calotipo.

Albumen-Druck von einem kalotypen Negativ.
mm 220 × 280. Firenze, Museo di Storia della Fotografia Fratelli Alinari.

Geht man nun den kleinen Weg hinunter, begegnet uns mit der Via dell'Abbondanza eine der Lebensadern der Stadt. Vor dem ausgedehnten Besitz der *Iulia Felix*, Treffpunkt der *pilicrepi*, der Ballspieler dieser Zeit[32], liest man folgende Mietanzeige: «Im Anwesen der *Iulia Felix*, Tochter des *Spurius*, sind das Bad der Venerii und der Richter, Räume im Erdgeschoß, Mezzanine und Wohnungen im ersten Obergeschoß ab dem nächsten dreizehnten August bis zum sechsten dreizehnten August für fünf aufeinanderfolgende Jahre zu vermieten. Am Ende des fünften Jahres wird der Mietvertrag durch einfache Vereinbarung erneuert»[33].

Nicht nur respektable Persönlichkeiten oder Adlige besuchten die Anlage der Iulia Felix. Hier und da findet man auf den Mauern Inschriften folgender Art: «*Litus*, Du besitzt nicht einen Pfennig, vielmehr, o *Litus*, Du bist keinen Heller wert»[34]. Wiederholt erscheinen auch Zeichnungen von Phalli, die, von obszönen Kommentaren oder Einladungen begleitet, an diesen oder jenen[35] gerichtet sind; ein gewisser *Phoebus* wird entschieden als «schwul» bezeichnet[36]. An anderer Stelle wird in bissigem Ton ein sonderbarer Ränkeschmied verspottet, der glaubte, ein Mann der tausend Berufe sein zu können. Für diesen wurde über eine Länge von zwei Metern folgende Inschrift verfaßt: «Du bist achtmal gescheitert, aber Du könntest dies genausogut sechzehnmal. Du warst Wirt, hattest ein Vasengeschäft, Du warst Wurstwarenhändler, Bäcker und Bauer, dann hast Du mit kleinen Bronzen gehandelt und warst sogar Trödler; nun stellst Du Krüge her [...]» Der Schluß an dieser Stelle ist erstaunlich phantasievoll und äußerst mitleidslos: *[...] si cunnu linxeris consummaris omnia*[37].

Weiter Richtung Westen betreten wir rechts kurz ein Haus, wo der Besitzer in Form dekorativer Distichen einige Verhaltensmaßregeln für seine Gäste im Triklinium an die Wände hat malen lassen: «Mit Wasser wasche die Füße und danach trockne sie ein Sklave; ein Tischtuch bedecke die

[32] Vgl. *CIL*, IV, 1147.

[33] *CIL*, IV, 1136, mit Ergänzungen 204 und 461, in Schwarz auf die rechte Seite vom monumentalen Eingang des Anwesens gemalt (II, 4, 6). Der Ausdruck *Balneum Veneriûm et nongentûm* ist eine Hendiadys, um anzuzeigen, daß es sich um ein exklusives und feines Bad für Leute von Rang und Namen handelt, wie sie die Venerii waren, die in einigen Inschriften desselben Hauses erwähnt sind, oder die Richter, die gemeinhin «die Neunhundert» genannt wurden (vgl. PLIN., *N.H.*, XXXIII, 2: 31).

[34] *CIL*, IV, 10119.

[35] Vgl. *CIL*, IV, 8501b, 8512, 10129, 10132, 10143.

[36] *CIL*, IV, 10143: *Phoebus / cinedu[s]*.

[37] *CIL*, IV, 10150, mit Ergänzungen von A. BALDI, in: *Latomus*, XXIII, 1964, 794-797, entdeckt auf der äußeren Eingangswand von Nr.10 des Blockes.

di bronzo e facesti pure il rigattiere; ora sei dedito a fabbricare giare...». La chiusa a questo punto, di sorprendente inventiva, è quantomai impietosa: «.. *si cunnu linxeris consummaris omnia*»[37].

Procedendo ancora verso ovest, entriamo per un attimo in una casa posta alla nostra destra, dove, nel triclinio, il proprietario aveva ritenuto opportuno fare scrivere a pittura sui muri, sotto forma di distici con funzione anche decorativa, alcune massime di comportamento che era opportuno che i suoi commensali rispettassero: «L'acqua lavi i piedi e, lavati, uno schiavo li asciughi; una tovaglia ricopra il letto; non sporcare la nostra biancheria di lino»; «Evita di fare espressioni cupide e gli occhiuzzi languidi alla moglie altrui; la tua bocca conservi il pudore»; «Evita i contrasti e rinvia gli odiosi litigi, se puoi, altrimenti, esci e tornatene a casa tua»[38].

All'angolo dello stesso edificio, qualcuno, forse il vasaio *Zosimus* che lí aveva la sua bottega, ha segnato un efficace promemoria per i suoi commerci: «Il sabato c'è mercato a Pompei e a Nocera, la domenica ad Atella e a Nola, il lunedí a Cuma, il martedí a Pozzuoli, il mercoledí a Roma, il giovedí a Capua...»[39].

Inoltrandoci per via dell'Abbondanza, alcuni manifesti elettorali ci palesano un complicato sistema di alleanze politiche giocato nell'ambito piú ristretto delle persone piú direttamente interessate alla corsa per il potere, che si accordavano per spostare tutto il peso del proprio elettorato alternativamente a favore dell'uno o dell'altro, elezione dopo elezione. Cosí, sulla facciata completamente ricoperta di messaggi elettorali della casa di *Trebius Valens,* uno dei «grandi elettori» pompeiani, o su quella posta proprio dirimpetto, leggiamo messaggi del seguente tenore: «O *Valens,* porta *Popidius Ampliatus*, figlio di *Lucius* all'edilità. A suo tempo egli ugualmente ti sostenne. Ha scritto ciò *Infantio*»[40]; «O *Trebius Valens* vota all'edilità *Ovidius Veiento* ed egli poi a sua volta ti darà il suo appoggio»[41]. Su quella facciata, però, leggiamo anche scritte veramente sapide come quella dello *scriptor* che, nel dipingere un manifesto elettorale a favore di un candidato, sembra piuttosto preoccuparsi della sua precaria posizione e invita accoratamente colui che lo aiutava, rischiarandogli la notte con una lanterna, a reggere contemporaneamente anche la scala traballante: «Votate per *Caius Iulius Polybius* come edile addetto alle vie e agli edifici sacri e pubblici. E tu, o lanternaio, tien ferma la scala»[42].

Piú avanti un'iscrizione graffita accanto alla porta di una bottega, servendosi delle ali della poesia, sa esprimere l'equilibrio raggiunto da chi ha imparato a convivere con le alterne vicende dell'esistenza e a non smettere di sperare[43]: *Nihil durare potest tempore perpetuo. / Cum bene sol nituit redditur oceano; / decrescit Phoebe, quae modo plena fuit. / Ventorum feritas saepe fit aura l[evis]* («Niente può durare in eterno. Dopo aver fulgidamente brillato, il sole si rituffa nell'oceano; la luna che ora era piena ecco decresce. La furia dei venti sovente si muta in brezza leggera»). Vicende alterne dell'esistenza che subito ci si presentano su quella stessa parete, dove leggiamo: «*Gloerus* è morto il giorno seguente le none»[44], mentre, dal lato opposto della strada, sull'ingresso della casa del sacerdote *Amandus* ci colpisce l'annuncio di opposto tenore: «È nato *Cornelius Sabinus*»[45]. Annunci di nascita e di morte si trovano del resto qua e là sui muri di Pompei talora riferiti addirittura ad animali: «Sotto il consolato di *Lucius Nonius Asprenas* e di *Aulus Plotius,* il sei di luglio, è nato un asinello»[46]. L'annuncio però piú sofferto è forse quello lasciato da uno schiavo che, pur conscio del come la società romana non avesse pietà o tolleranza alcuna per i servi fuggitivi, decise ugualmente di tentare la strada della libertà: «*Officiosus* fugge il sei novembre nell'anno del consolato di Druso Cesare e *Marcus Iunius Silanus*»[47].

Prima di lasciare via dell'Abbondanza per immetterci, a sinistra, nel vicolo che porta alla via di Castricio, un'iscrizione ci parla di un'amicizia disposta ad ogni prova, che sembra voler sfidare addirittura la triste sorte di Pompei; maggiore ne è la suggestione in quanto s'interrompe bruscamente prima di rivelarci i nomi dei due amici per la pelle. «Noi due siamo stati qui, in armonia; noi, che saremo amici per sempre. Se (chiedi) i nomi...»[48]. Piú avanti, invece, un'iscrizione terribile: «Sodoma, Gomorra»[49]. Tracciata da persona certamente a conoscenza del racconto biblico *(Gen.* XIII, 13; XIX, 24) e verosimilmente proprio di spiritualità ebraica, essa sembra invocare sulla città dissoluta la collera del cielo, incredibilmente anticipandone la sorte.

Giunti lungo la via di Castricio, sono le insegne di un negozio di ferramenta ad attirare la nostra attenzione, in quanto ci ripropongono le leggi eterne del commercio: «Defraudato di attrezzi di ferro ben spesso non faccio credito a nessuno; sconfitto da *Annius Atimetus* non faccio ora credito a nessuno»[50]. Scoraggiati cosí quanti vorrebbero credito, il nostro commerciante punta allora i suoi strali su quelli che proprio non vorrebbero pagare: «Aborro i poveri. Chiunque chiede qualcosa gratis è un insensato; dia il denaro e riceverà la merce»[51]. È poi la volta di colpire quanti sono propensi a dilungarsi in estenuanti trattative. Non sappiamo però ad essi quali facezie avesse riservate il

[37] *CIL,* IV, 10150, con integrazioni di A. BALDI, in *Latomus,* XXIII, 1964, pp. 794-797, rinvenuta sulla parete all'esterno dell'ingresso n. 10 dell' isolato.

[38] *CIL,* IV, 7698a-c, dipinte nella casa del Moralista (III, 4, 2-3). Le integrazioni sono dovute a A. MAIURI, *La cena di Trimalchione,* Napoli 1945, p. 243.

[39] *CIL,* IV, 8863, graffita su una parete della *taberna vasaria* III, 4, 1. Cfr. anche *CIL,* IV, 8866 e 7678.

[40] *CIL,* IV, 7618, dipinta a sinistra della porta della casa III, 2, 1 (di Trebio Valente).

[41] *CIL,* IV, 7429, dipinta sulla parete opposta, a destra dell'andito della bottega I, 12, 3.

[42] *CIL,* IV, 7621, dipinta a destra della porta della casa III, 2, 1 (di Trebio Valente).

[43] *CIL,* IV, 9123, graffita a sinistra dell'ingresso della bottega IX, 13, 4. Il componimento è formato da quattro pentametri. Per il *ventorum* all'inizio dell'ultimo verso cfr. VARONE, in *RivStPompeiani* II, 1988, p. 274.

[44] *CIL,* IV, 9116, graffita allo stesso posto.

[45] *CIL,* IV, 8149, graffita all'ingresso della casa I, 7, 7.

[46] *CIL,* IV, 1555, con add. p. 463, graffita nell'atrio della casa VI, 14, 5. È del 29 d.C.

[47] *CIL,* IV, 5214, graffita nella casa del Centenario (IX, 8, 3). La data consolare è del 15 d.C.

[48] *CIL,* IV, 8162, graffita a sinistra dell'ingresso della casa I, 7, 8.

[49] *CIL,* IV, 4976, vergata su una parete della casa IX, 1, 26. Per le varie interpretazioni datele cfr. VARONE, *op. cit.,* pp. 15 s., 86 s.

[50] *CIL,* IV, 9839, a, dipinta a sinistra della finestra della bottega I, 18, 1-2.

[51] *CIL,* IV, 9839, b, ancora dipinta in rosso a destra della stessa finestra.

Liege; man beschmutze unsere Leinenwäsche nicht»; «Vermeide begehrliche Äußerungen und Blicke gegenüber Frauen anderer; Deine Zunge bewahre Zurückhaltung»; «Vermeide möglichst Streitigkeiten und verschiebe gehässige Auseinandersetzungen, andernfalls gehe nach Hause»[38].

An die Ecke desselben Hauses zeichnete jemand, vielleicht der Töpfer *Zosinus*, der hier seinen Laden hatte, eine geschäftsfördernde Erinnerung: «Am Samstag ist Markt in Pompeji und Nocera, am Sonntag in Atella und Nola, montags in Cumae, dienstags in Puteoli, mittwochs in Rom, donnerstags in Capua [...]»[39].

Gehen wir die Via dell'Abbondanza weiter, offenbaren einige Wahlplakate ein kompliziertes System politischer Beziehungen innerhalb eines begrenzten Kreises von Personen, die unmittelbares Interesse am Wettlauf um die Macht hatten und die sich, Wahl für Wahl, abwechselnd zugunsten des einen oder anderen die Stimmen des eigenen Elektorats zuschoben. So liest man auf der völlig mit Wahlaufrufen bedeckten Fassade des Hauses von *Trebius Valens*, einem der pompejanischen Wahlmänner, oder auf dem direkt gegenüberliegenden Haus Nachrichten folgender Art: «O *Valens*, führe *Popidius Ampliatus*, Sohn des *Lucius*, zum Amt des Ädilen. Zu seiner Zeit hat er Dich gleichermaßen unterstützt. Dies schrieb *Infantio*»[40]; «O *Trebius Valens*, stimme für *Ovidius Veiento* als Ädil und er wird Dir dann seine Unterstützung geben»[41]. Auf dieser Fassade lesen wir aber auch geistreiche Äußerungen wie die des *scriptor*, der sich beim Malen eines Wahlmottos besonders mit seiner prekären Lage zu befassen schien. Traurig fordert er denjenigen, der ihm geholfen und die Nacht mit einer Laterne erleuchtet hat, auf, auch die wackelnde Leiter zu halten: «Stimmt für *Caius Iulius Polybius* als verantwortlichen Ädil für Straßen sowie heilige und öffentliche Gebäude. Und Du, o Laternenträger, halte die Leiter fest»[42].

Etwas weiter versteht eine neben der Tür eines Ladens eingeritzte Inschrift, von der Poesie beschwingt, das Gleichgewicht zu beschreiben, das derjenige erreicht, der mit dem Auf und Ab des Daseins zu leben vermag und nicht aufgibt zu hoffen[43]: *Nihil durare potest tempore perpetuo. / Cum bene sol nituit redditur oceano; / decrescit Phoebe, quae modo plena fuit. / Ventorum feritas saepe fit aura l[evis]* («Nichts dauert ewig. Nach dem strahlenden Scheinen taucht die Sonne wieder ins Meer ein. Der Mond, der eben noch voll war, nimmt ab. Das Ungestüm der Winde wird oft zu einem leichten Lüftchen»). Solcher Wechsel zeigt sich uns sogleich auf derselben Wand: «*Gloerus* starb am Tag nach den Nonen»[44]. Aber auf der gegenüberliegenden Straßenseite über dem Eingang des Hauses des Priesters *Amandus* liest man schon wieder: «*Cornelius Sabinus* wurde geboren»[45]. Geburts- und Todesanzeigen finden sich übrigens hier und da auf den Mauern Pompejis, zuweilen auch Tiere betreffende: «Unter dem Konsulat des *Lucius Nonius Asprenas* und des *Aulus Plotius* wurde am sechsten Juli ein Esel geboren»[46]. Die kummervollste Ankündigung ist vielleicht aber diejenige eines Sklaven, der sich zwar bewußt war, daß die römische Gesellschaft nicht die geringste Rücksichtnahme oder Toleranz gegenüber entflohenen Sklaven besaß, den aber dennoch die Straße der Freiheit lockte: «*Officiosus* floh am sechsten November im Jahr des Konsulats von *Drusus Caesar* und *Marcus Iunius Silanus*»[47].

Bevor wir die Via dell'Abbondanza verlassen, um links auf die zur Via di Castricio führende Gasse zu stoßen, berichtet uns eine Inschrift von einer oft auf die Probe gestellten Freundschaft, die das traurige Ende Pompejis scheinbar geradezu herausfordern wollte. Sie ist um so beeindruckender, als sie abrupt abbricht, noch ehe uns die Namen der beiden Freunde offenbart werden. «Wir beide sind in Harmonie hier gewesen, wir, die wir für immer Freunde sein werden. [Fragst Du] nach den Namen [...]»[48]. Weiter vorne steht: «Sodom und Gommorrha»[49]. Dies wurde von Personen geschrieben, die sicher den biblischen Bezug (Genesis XIII, 13; XIX, 24) kannten und wohl jüdischen Glaubens waren. Der Hinweis auf das ausschweifende Leben in der Stadt und den himmlischen Zorn nimmt in unglaublicher Weise das Ende vorweg.

Auf der Via di Castricio lenken die ewigen Regeln des Handels unsere Aufmerksamkeit auf ein Eisenwarengeschäft: «Um mein Eisengerät betrogen, gebe ich meist keinen Kredit; von *Annius Atimetus* geschlagen, gebe ich nun niemandem mehr Kredit»[50]. Nachdem so diejenigen, die Kredit wollten, entmutigt waren, richtet unser Händler nun seine Pfeile gegen jene, die wirklich nicht zahlen wollten: «Ich verabscheue die Armen. Jeder, der etwas umsonst möchte, ist töricht; gib Geld und Du erhältst Ware»[51]. Welche Sticheleien unser Verkäufer, *Marcus Epidius*, jenen vorbehalten hat, die sich in zermürbende Verhandlungen stürzen wollten, wissen wir jedoch nicht: «Ware zu verkaufen. Man wende sich an *Marcus Epidius*. Wenn jemand über den Preis verhandeln will [...]»[52].

Fast gegenüber führt uns eine Inschrift den nicht immer siegreichen Kampf des Menschen gegen die Versuchung, über die eigenen Verhältnisse zu leben, vor Augen: «Am fünfzehnten Juli habe ich *Faustilla* Ohrringe für zwei Denar verpfändet. Sie hat davon ein Dreißigstel der Summe, ein bronzenes As, als Zins abgezogen»[53]. Einige Tage vorher, am 4. Juli, mußte schon ein Mantel mit Kapuze den traurigen Weg zu Faustilla nehmen. Sie war in Pompeji für ihre Zinsdarlehen gut

[38] *CIL*, IV, 7698a-c, in der Casa del Moralista (III, 4, 2-3). Die Ergänzungen stammen von A. MAIURI, *La cena di Trimalchione*, Neapel 1945, 243.

[39] *CIL*, IV, 8863, auf einer Wand der *taberna vasaria* III, 4, 1. Vgl. auch *CIL*, IV, 8866 und 7678.

[40] *CIL*, IV, 7618, links von der Tür zu Haus III, 2, 1 (von Trebius Valens).

[41] *CIL*, IV, 7429, auf der gegenüberliegenden Wand, rechts vom Korridor der Bottega I, 12, 3.

[42] *CIL*, IV, 7621, rechts von der Tür zu Haus III, 2, 1 (von Trebius Valens).

[43] *CIL*, IV, 9123, links vom Eingang zur Bottega IX, 13, 4 eingeritzt. Die Komposition besteht aus vier Pentametern. Zum *ventorum* am Beginn des letzten Verses vgl. VARONE, in: *RivStPompeiani.* II, 1988, 274.

[44] *CIL*, IV, 9116, an gleiche Stelle eingeritzt.

[45] *CIL*, IV, 8149, am Eingang zu Haus I, 7, 7 eingeritzt.

[46] *CIL*, IV, 1555, mit Ergänzungen 463, im Atrium von Haus VI, 14, 5 eingeritzt. Sie datiert von 29 n.Chr.

[47] *CIL*, IV, 5214, im Haus des Centenario (IX, 8, 3) eingeritzt. Das Konsulatsdatum ist von 15 n.Chr.

[48] *CIL*, IV, 8162, links vom Eingang zu Haus I, 7, 8 eingeritzt.

[49] *CIL*, IV, 4976, auf einer Wand des Hauses IX, 1, 26. Zu ihren verschiedenen Interpretationen vgl. VARONE, *op. cit.*, 15 f., 86 f.

[50] *CIL*, IV, 9839, a, links vom Fenster der Bottega I, 18, 1-2.

[51] *CIL*, IV, 9839, b, noch in Rot rechts vom selben Fenster zu sehen.

[52] *CIL*, IV, 9839, c, rechts von der vorigen Inschrift.

[53] *CIL*, IV, 8203, in Haus I, 8, 13.

nostro venditore, che si presenta come *Marcus Epidius*: «Materiali in vendita. Rivolgersi a *Marcus Epidius*. Se qualcuno vuole tirarla troppo sul prezzo...»[52].

Quasi di fronte, un'iscrizione ci riporta alla lotta che l'uomo da sempre combatte contro il bisogno e la necessità, non sempre uscendone come vincitore: «Il quindici luglio ho dato in pegno gli orecchini a *Faustilla,* per due denari. Ne ha dedotta l'usura di un asse di bronzo come trentesimo della somma»[53]. Qualche giorno prima, il 4 luglio, già un mantello con relativo cappuccio avevano dovuto prendere la triste via di *Faustilla,* donna ben nota a Pompei come praticante il prestito ad usura, ma con nomi e spoglie diverse conosciuta in ogni tempo e paese come la figura di chi, speculando sulle esigenze e sui bisogni altrui, riesce a lucrare iperbolici interessi[54].

Poco piú avanti un arguto e sornione pompeiano, non digiuno di conoscenze letterarie, non ha esitato a saccheggiare, variare e mescolare versi di Ovidio e Properzio per porgere un omaggio, fine e faceto, all'irresistibile attrazione offerta dall'eterno femminino[55]: *Candida me docuit nigras o[d]isse / puellas. || Odero si potero; si non, / invitus amabo* («Una fanciulla dalla carnagione chiara m'insegnò l'odio per le ragazze scure di pelle; le odierò, se potrò; se no, le amerò a malincuore»).

Procedendo ora verso ovest, entriamo nella casa c.d. dei *Ceii,* dove, nel peristilio, è graffita, a mo' di cronaca, l'immagine di un combattimento gladiatorio, che mostra uno dei due contendenti, lo scudo abbandonato, che fugge, inseguito dal suo avversario, che lo incalza in pieno assetto di battaglia. Al di sopra delle due figurine è riportato: «*Severus,* liberto, 13 combattimenti» e, a destra, «*Albanus,* liberto di *Scaurus*. 19 combattimenti. Ha vinto»[56].

Pieghiamo quindi per la via Stabiana, per avvicinarci alla zona dei teatri. Dal peristilio di un'anonima casa una chiara denuncia bolla per sempre un individuo, del quale mai altro si saprà, se non questo: «*Lucius Statius Philadelpus,* liberto di *Caia,* è un ladro»[57]. Piú in giú, da un'osteria equivoca posta in un vicolo secondario, si leva la protesta di un avventore ingannato da un oste: «Che tu possa scontare, o oste, questi tuoi imbrogli. Vendi a noi acqua, e riservi per te il vino buono»[58].

È un poeta pompeiano, *Tiburtinus,* fiorito tra l'età sillana e quella di Cicerone, ad attenderci al Teatro Piccolo con i suoi versi, graffiti sul muro esterno tra scena e proscenio. Ne leggiamo alcuni, frammenti di un piú vasto componimento, che anticipano lo schiudersi della grande stagione dei *poetae novi*[59]: *Sei quid amor valeiat nostei, sei te hominem scis / commiseresce mei, da veniam ut veniam. / Flos Veneris mihi de[...]* («Se sai cosa possa l'amore, se ti riconosci come un essere umano, abbi misericordia di me, dammi venia di venire. Il fiore di Venere a me...»). Piú in alto, invece, una severa lapide ricorda la costruzione stessa del teatro: «*Caius Quinctius Valgus*, figlio di *Caius,* e *Marcus Porcius,* figlio di *Marcus,* duoviri, per delibera dei decurioni appaltarono la costruzione del teatro coperto ed essi stessi ne eseguirono il collaudo»[60]. Nel vicino porticato cogliamo l'eco della paura che assale l'uomo prima di ogni dura prova e la speranza e il bisogno che egli nutre di poter contare sull'aiuto del soprannaturale: «*Mansuetus,* (gladiatore) *provocator,* se vincerà porterà in dono lo scudo a Venere»[61].

Saliti per la rampa di scale al Foro Triangolare ci dirigiamo verso nord, lasciando a destra l'iscrizione che ricorda la ricostruzione del Tempio d'Iside dopo il terremoto del 62, a sinistra il ricordo di un dispettuccio fatto ad un ospite imprevidente: «Abbiamo bagnato il letto; lo riconosco, o ospite, abbiamo sbagliato. Domandi il perché? Non c'era nessun orinale»[62]. All'ingresso di una bottega posta lungo la via dei Teatri scorgiamo un annuncio dipinto ancora in età repubblicana, del tutto simile alle nostre inserzioni del tipo «mancia competente...», che ci parla di un furto e dei rimedi già all'epoca adottati, confermandoci inoltre l'alto valore economico della suppellettile bronzea: «Un recipiente bronzeo è sparito dal locale: se qualcuno lo riporterà gli saranno dati 65 sesterzi; se poi indicherà il ladro, sí che sia possibile recuperare l'oggetto, avrà 20 sesterzi»[63].

Superato l'incrocio con la via di Olconio ci addentriamo ora nei tortuosi vicoli del centro storico di Pompei, vera Suburra della città. Subito una scritta ammonisce: «Questo non è luogo per i perdigiorno. Allontanati, tu che non hai nulla da fare»[64]. Era in tal modo che l'agiato *Vedius Siricus,* magistrato pompeiano, aveva inteso proteggere l'ingresso della propria avita dimora dagli sguardi degli sfaccendati che si aggiravano nel quartiere in cerca di altri divertimenti. Ingresso sul quale, peraltro, con tessere di mosaico era stato scritto *Salve, lucru*[65], benvenuto guadagno! Pochi metri piú avanti, sulla sinistra, un fallo in pietra sporgente dal muro funge da insegna ad una *cella meretricia,* mentre in un albergo vicino[66] iscrizioni di una cupa oscenità palesano l'equivocità dei frequentatori[67]. Eppure è proprio qui che un'iscrizione tracciata a carbone, di incerta lettura, ha permesso d'intravedere le prime deboli tracce che la penetrazione del messaggio cristiano stava forse lasciando anche a Pompei. Essa, se giusta ne è l'interpretazione, ha il sapore della denuncia ed è in linea con l'opinione corrente che il mondo romano aveva dei cristiani, cosí come essa trapela da una pagina di Tacito (XV, 44): «*Bovios* dà credito ai Cristiani, i crudeli odiatori»[68].

[52] *CIL,* IV, 9839, c, dipinta a destra della precedente.
[53] *CIL,* IV, 8203, graffita nella casa I, 8,13.
[54] *CIL,* IV, 8204, di lettura molto incerta. L'interesse applicato da *Faustilla,* pari al 3,3% mensile, pur essendo molto elevato, è tuttavia concorrenziale rispetto ad altri prestiti concessi dalla stessa *Faustilla* o da altri (cfr. ad. es. *CIL*, IV, 4528) ad un tasso mensile del 3,75%, pari al 45% annuo, calcolato sulla base di tre assi mensili d'interesse ogni 5 denarii prestati, essendo il denario equivalente a sedici assi. Nel nostro caso, invece, valutati gli orecchini dati in pegno 2 denarii (32 assi) sono stati concessi alla proprietaria degli stessi 31 assi, essendo stata trattenuta anticipatamente una quota d'interesse mensile arrotondata per difetto ad un asse, su una base di calcolo di saggio di un trentesimo della somma prestata.
[55] *CIL,* IV, 9847, dipinta in rosso su una parete della *taberna* I, 11, 10-11. Si tratta di due esametri, divisi dallo scrittore a suo arbitrio. Il primo è modulato sul verso di Properzio (I, 1, 5): *donec me docuit castas odisse puellas.* Il secondo è proprio un verso di Ovidio *(Am.,* III, 11, 35).
[56] *CIL,* IV, 8056.
[57] *CIL,* IV, 3990, graffita nel peristilio della casa I, 3, 3.
[58] *CIL,* IV, 3948, graffita nell'osteria I, 2, 24. È un distico elegiaco.
[59] *CIL,* IV, 4971, = *CIL,* I², 2540c. Per *Tiburtinus,* di cui si conoscono sette frammenti *(CIL*, IV, 4966-4973) forse pertinenti ad un'unica composizione, cfr. GIGANTE 1979, pp. 81-88.
[60] *CIL,* X, 844 = *ILS,* 5636. L'iscrizione si riporta all'età sillana.
[61] *CIL,* IV, 2483, con add. p. 466.
[62] *CIL,* IV, 4957, con add. p. 705, graffita all'ingresso della casa VIII, 6, 6. Secondo BÜCHELER (ad. *CLE*, 932) l'iscrizione, un distico con ascendenze elegiache, va cosí interpretata: «Abbiamo bagnato il letto, lo riconosco. Abbiamo però peccato, o ospite, solo se ci spieghi per quale ragione non c'era nessun orinale».
[63] *CIL,* IV, 64, con add. p. 191 = *CIL*, I², 1680, dipinta all'ingresso della bottega VIII, 5, 33. Simili promesse di ricompense per chi riportasse oggetti o persone smarrite, si rinvengono anche in letteratura. Cfr. PETRON., *Satyr.,* c. 97, APUL., *Metam.,* 6, 8; PROP., III, 23.
[64] *CIL,* IV, 813, dipinto di fronte all'ingresso della casa di *Siricus* (VII, 1, 25, 47), su due serpenti agathodemoni.
[65] *CIL,* X, 874.
[66] L'edificio si colloca in VII, 11, 11-14.
[67] Cfr. a solo esempio *CIL,* IV, 2021 con add. p. 214: *Dionysius / qua hora volt / [l]icet chalare*. Per questo ultimo termine cfr. *Thes. Ling. Lat.,* III, col. 985.
[68] *CIL,* IV, 679 con add. p. 461. La versione riportata è quella proposta da M. GUARDUCCI, in *RomQuartalschr,* LVII, 1962, p. 116 ss. Nel brano ricordato Tacito definisce i cristiani «odiatori del genere umano». Per un'analisi delle letture e delle posizioni ermeneutiche dei vari autori cfr. VARONE, *op.cit.,* 72-78, 113-118.

System der Osker übernommenen Hohlräume mußten vergrößert werden: «Die rechtsprechenden Duumvirn *Aulus Clodius Flaccus*, Sohn des *Aulus*, und *Numerius Arcaeus Arellianus Caledus*, Sohn des *Numerius*, [überwachten] auf Dekret der Dekurionen die Angleichung der Maße»[76].

In nächster Nähe des Apollo-Tempels gelangen wir nun an eine stets stark frequentierte Durchgangsstelle, die daher bei den fahrenden Händlern sehr begehrt war. Sie drängten sich dort so dicht zusammen, daß einige von ihnen, um Diskussionen mit Kollegen und eventuellen Konkurrenten zu vermeiden, in klaren Buchstaben schnell auf der Mauer ihren Platz markierten. So taten dies auch *Verecunnus* und *Pudens*, beide wohl lizenzlose Fladenhändler[77].

Mit der Basilika betreten wir das prächtigste städtische Gebäude. Sie war der Zusammenkunftsort par excellence. Wie das Geräusch Tausender verschiedener Stimmen, die den großen Raum einst erfüllten, springt uns eine fast unüberschaubare Menge von Inschriften ins Auge. Da spricht einer in Senaren, die vielleicht von einem Mimen oder einer atellanischen Posse entlehnt wurden, von den Freuden guten Essens, im besonderen von einem Rezept zur Schinkenzubereitung[78]: «Wenn der Schinken gekocht ist, serviere man ihn einem Gast; er wird sich nicht zurückhalten, ihn zu genießen und sogar den Teller oder die Pfanne auszulecken». Ein anderer dagegen betrachtet das Thema aus einem anderen Blickwinkel; er begehrt nichts anderes als eingeladen zu werden: «O *Lucius Istacidius*, wie ist er unhöflich, daß er mich nicht zum Essen einlädt»[79]. Und natürlich: «Wohl jenem, der mich zum Essen einlädt»[80]. Dann gibt es die, die es nach gutem Wein dürstet und die nicht zögern, Passanten dreist darum zu bitten: «*Suavis* möchte Krüge voller Wein trinken, ich bitte Euch, es verlangt ihn sehr danach»[81]. Zumindest vermag er einer *Calpurnia*, die der Charme dieses poetischen Taugenichts nicht unberührt ließ, einen freundlichen Gruß zu entringen.

Wie allgemein auf den Mauern Pompejis, ist die Liebe der wahre Triumphator der auf der Basilika zu lesenden Inschriften. *Mea vita, meae deliciae, ludamus parumper: / hunc lectum campum me tibi [...] equom esse putamus* («Mein Leben, meine Freude, geben wir uns für eine Weile diesem Spiel hin: Dieses Bett sei ein Feld und ich sei Dein Streitroß»)[82]. Feinfühligere Andeutungen, wie sie auch einem Dichter des *dolce stil nuovo* nicht mißfallen hätten, findet man dagegen ebenso[83]: *Scribenti mi dictat Amor mostratque Cupido: / [...] peream, sine te si deus esse velim* («Amor diktiert mir, wenn ich schreibe, und Cupido führt mir die Hand: Könnte ich sterben, ohne Dich, so wollte ich ein Gott sein»). Nicht für alle aber bedeutet die Liebe Heiterkeit und Vergnügen[84]: «Wenn Du kannst, aber nicht willst, warum weist Du die Freuden zurück, warum fachst Du die Hoffnung wieder an und vertröstest mich doch immer auf morgen? So zwingst Du mich zu sterben, Du, die Du mich ohne Dich zu leben zwingst. Die Beendigung meiner Qual wird eine gute Tat sein.» Die Meinungen der Pompejaner über die Liebe gingen sicher auseinander. So haben andere Hände am Rand der zuerst zitierten Inschrift einen wahren Wirbel an Zustimmung und Widerspruch ergänzt. In diesem Stimmenwirrwarr ist es kaum noch möglich, die Zusammenhänge eindeutig zu verstehen. In metrischer Weise versucht jemand, den unglücklichen Liebenden zu ermutigen: «Was die Hoffnung genommen hat, das gibt sie dem Liebenden zurück». Es folgen drei weitere Kommentare: «Wer dies liest, liest nie wieder etwas»; «Wer diesen Satz geschrieben hat, wird nicht unversehrt bleiben»; «Gut gesagt». Tatsächlich bringt Venus den Pompejanern manche Qual, so daß einer ihr gegenüber direkt tätlich werden will: «Jeder, der liebt, schere sich zum Teufel. Ich möchte Venus mit Stockschlägen die Rippen brechen und ihr die Hüfte verkrüppeln. Wenn sie mein zartfühlendes Herz peinigt, warum kann ich ihr nicht mit dem Knüppel den Schädel einschlagen»[85]? Obwohl die Göttin von den Pompejanern als Beschützerin angesehen und sehr geliebt wurde, hätte sie gut daran getan, nicht lebendigen Leibes in der Stadt umherzugehen. Einem anderen unglücklichen Verliebten hätte es genügt, nur ihren verhaßten Namen in einem Gebet geschrieben zu sehen, so hätte er mit zerstörerischer Wut geschrien: «Ich will, daß Du stirbst»[86]. Die Liebe spendet Freude und Schmerz von äußerster Intensität. So geschah es in Pompeji diesem Distichon-Schreiber[87]: *[Quis]quis amat valeat, pereat qui / nescit amare, bis tanto pereat, / quisquis amare vetat* («Wer liebt, möge leben, wer nicht zu lieben weiß, möge sterben, wer vermeidet zu lieben, möge zweimal sterben»). Sofort widerlegt ein anderer[88]: *Quisquis amat pereat [...]* («Wer liebt, schere sich zum Teufel»). Eines ist sicher: Die Liebe ist die stärkste Kraft der Natur und sich ihr zu widersetzen, ist ein gänzlich nutzloses Unterfangen: «Es sperre den Wind ein und halte den Lauf des ewigen Quellwassers an, wer die beklagt, die sich lieben»[89].

Doch auch der Haß spaßt nicht. In der Basilika ist er durch zwei, wohl von derselben Person stammende Graffiti bezeugt, aus denen eisige Mißgunst und tragischer Sarkasmus sprechen: «O *Chius*, ich wünsche mir, daß Deine geschwürigen Pusteln sich öffnen, so daß es Dich noch schlimmer als bisher versenge»[90]; «*Pyrrhus* grüßt seinen Kollegen *Chius*. Schweren Herzens habe ich erfahren, daß Du tot bist. Daher Lebewohl»[91].

[76] *CIL*, X, 793 = *ILS*, 5602. Die Inschrift auf der *mensa ponderaria* stammt ca. von 20 v. Chr. Vgl. ONORATO 1957, 141, 152 f. MOURITSEN, *op. cit.*, 99.

[77] Beziehungsweise *CIL*, IV, 1768 und 1769.

[78] *CIL*, IV, 1896. Die Inschrift besteht aus zwei Senaren.

[79] *CIL*, IV, 1880.

[80] *CIL*, IV, 1937.

[81] *CIL*, IV, 1819. Zitiert ist die Interpretation von H. GEIST, W. KRENKEL, *Pompeianische Wandinschriften*, München 1960, 70, *Nr.* 9.

[82] *CIL*, IV, 1781, mit Ergänzung 464. Die zweite Zeile ist zwischen *campum* und *esse* nicht sicher zu entziffern. Wahrscheinlich handelt es sich um zwei Daktylen.

[83] *CIL*, IV, 1928. Tatsächlich steht die Komposition, ein Distichon, in der poetischen Tradition der lateinischen Elegie. Vgl. GIGANTE 1979, 204 und Anmerkungen 4-6.

[84] *CIL*, IV, 1837, mit Ergänzungen 212, 464, 704: *Si potes et non vis cur gaudia / differs spemque foves et / cras usque redire iubes? [er]/ go coge mori, quem / sine te vivere cogis / munus erit certe non / cruciasse boni.* Eine andere Auslegung des vierten Verses gibt dagegen BÜCHELER, ad *CLE*, 949. Es handelt sich um ein Paar elegischer Distichen mit schlecht komponierten Hexametern. Der fünfte Vers, ein Hexameter, lautet folgendermaßen: *Quod spes / eripuit spes certe redd[i]t amanti.* Für weitere Verweise vgl. GIGANTE 1979, 211 f.

[85] *CIL*, IV, 1824, mit Ergänzungen 464, 704: *Quisquis amat, veniat. Veneri volo frangere costas / fustibus et lumbos debilitare deae. / Si potest illa mihi tenerum pertundere pectus / quit ego non possim caput i[ll]ae frangere fuste?* Ich halte es für angemessener, *veniat* statt *veneat* zu lesen (vgl. *periat* in *CIL*, IV, 1839, vielleicht sogar von derselben Hand geschrieben, s. a. *CIL*, IV, *Indices*, 780). In einem Graffito des Hauses der Silbernen Hochzeit (*CIL*, IV, 4200) erscheint der Angriff ebenfalls: *Quisquis amat, veniat. Veneri lumbos vo[lo fractos]*. Vgl. PLAUT., *Stich.*, 191: *lumbos defractos velim.*

[86] *CIL*, IV, 1839.

[87] *CIL*, IV, 4091. Elegisches Distichon im Haus des L. Caecilius Jucundus (V, 1, 23 und 26), das sich in Teilen oder in anderen Schreibarten auch anderswo in Pompeji fand.

[88] *CIL*, IV, 4659. Am Eingang des Hauses VI, 15, 9 eingeritzt. Siehe auch *CIL*, IV, 4663, 5186 und 1824 und Anm. 85.

[89] *CIL*, IV, 1469. Elegisches Distichon links vom Korridor VII, 6, 35.

[90] *CIL*, IV, 1820.

[91] *CIL*, IV, 1852.

siano bruciate sinora»[90]; «*Pyrrhus* saluta il suo collega *Chius.* Ho saputo a malincuore che sei morto. Pertanto addio»[91].

I Pompeiani, comunque, non mancano di buon senso e sanno perciò che valore dare in assoluto a tutte queste frasi, che considerano semplicemente *taedia scriptorum.* Anche le vuote parole, come si sa, hanno tuttavia un peso e cosí, lasciando rapidamente la Basilica per avviarci a larghi passi verso l'uscita, ci soffermiamo a meditare sulla metafora della parola inutile, scritta e parlata che sia, cosí come era riuscito a coglierla un penetrante graffito [92]: *Admiror, pariens, te non cecidisse ruinis* || *qui tot / scriptorum taedia sustineas* («Mi meraviglio, o parete, che tu non sia ancora crollata in macerie, tu che devi sopportare le ugge di tanti scrittori»).

È ormai quasi l'imbrunire quando oltrepassiamo porta Marina per accingerci a discendere per la ripida rampa, che ci conduce al mondo del nostro quotidiano. Per essa un tempo saliva, ansante o baldanzoso, chi giungeva alla città dal non distante porto. Per costui, su un sedile posto alla fine dell'erta a prestar ristoro alla fatica, è tracciato un messaggio che giunge a noi, già lontani, sussurrato come in un bisbiglio: «Chi qui si siede, legga ciò innanzi tutto: chi ha voglia di fare l'amore cerchi di *Atticé.* Costa sedici assi»[93].

ANTONIO VARONE

[90] *CIL,* IV, 1820.
[91] *CIL,* IV, 1852.
[92] *CIL,* IV, 1904 con add. a pp. 213, 465. Cfr. *CIL,* IV, 2461 e 2487. Distico elegiaco.
[93] *CIL,* IV, 1751 con add. a p. 464.

Den Pompejanern mangelt es jedoch nicht an Feingefühl und sie wissen, welchen wirklichen Wert sie all diesen Phrasen zuzumessen haben, die sie einfach als *taedia scriptorum* ansehen. Auch die leeren Worte haben ihre Bedeutung. So bleiben wir, nachdem wir schnell die Basilika mit großen Schritten Richtung Ausgang verlassen haben, noch einmal stehen, um über eine Metapher über das nutzlose Wort, geschrieben wie gesprochen, als sei es ein eindringliches Graffito, nachzudenken[92]: *Admiror, pariens, te non cecidisse ruinis qui tot / scriptorum taedia sustineas* («Es wundert mich, o Wand, daß Du noch nicht in Trümmer zusammengestürzt bist, Du, die Du den Überdruß so vieler Schreiber aushalten mußt»).

Es ist nun fast schon Dämmerung, wenn wir die Porta Marina durchschreiten, um über die steile Rampe hinab in unsere Alltagswelt zurückzukehren. Über diese kam einst atemlos und übermütig in die Stadt, wer sie vom Hafen her erreichte. Am Ende der Steigung war zur Erholung von der Anstrengung eine Sitzgelegenheit aufgestellt. Darauf befindet sich eine Botschaft, die uns wie ein Flüstern aus der Ferne erreicht: «Wer hier sitzt, der lese vor allem anderen dies: Wer Lust auf Liebe hat, der suche *Atticé*. Es kostet 16 As»[93].

ANTONIO VARONE

[92] *CIL*, IV, 1904 mit Ergänzungen auf 213, 465. Vgl. *CIL*, IV, 2461 und 2487. Elegisches Distichon.
[93] *CIL*, IV, 1751 mit Ergänzung 464.

Numismatica e computer

In un'èra, come è quella odierna, dominata dalla tecnologia, il computer è divenuto simbolo di acquisita efficienza e di aggiornata sensibilità anche in settori, che per tradizione, mentalità, impostazione amministrativa e gestionale appaiono ancora lontani da quei livelli di avanzata managerialità o di scientifica avanguardia, di cui il computer è espressione e strumento.

Fra questi ultimi non v'è dubbio che vi sia, almeno in Italia, quello dei beni culturali. Ma qui, mentre da una parte si conclama a gran voce l'esigenza dell'adozione di tecnologie avanzate come toccasana per la soluzione rapida dei problemi di tutela, gestione e ricerca, dall'altra si manifestano forti perplessità e ostinate resistenze a una loro diffusa e regolare utilizzazione.

Le cause di questa scarsa sensibilità per un cosí diffuso ed enfatizzato strumento di lavoro sono numerose e non tutte negative. Vi è certamente, alla base, una indisponibilità istintiva, da parte degli organi politici e delle strutture scientifico-amministrative preposti alla gestione del patrimonio culturale, a compiere lo sforzo di adeguare a nuovi obiettivi metodi e strumenti ormai consolidati dall'uso, anche se notoriamente poco efficienti e funzionali; di modificare, oltre che la mentalità e la preparazione dei diversi servizi, le strutture, gli organici, le qualifiche, le norme di reclutamento e i modi di addestramento e di aggiornamento del personale addetto, nonché di assicurare l'acquisizione, la gestione e l'aggiornamento delle attrezzature necessarie. Ma vi è anche, da parte dei gestori-fruitori, la diffidenza, non sempre ingiustificata, verso tecnologie, che nate e utilizzate normalmente in settori in cui la rapidità e la complessità delle operazioni di calcolo sono esigenza essenziale, non trovano analogia e convenienza di applicazione in settori, quali sono quelli di tradizione umanistica, in cui la scarsità, la vaghezza e l'incertezza dei dati non consentono elaborazioni matematiche in grado di garantire risultati nettamente definiti e stabilmente attendibili.

Tutto ciò è piú chiaramente avvertibile nell'ambito dei beni culturali relativi all'antichità, dove la documentazione è notoriamente tanto frammentaria e spesso di cosí controversa interpretazione da far apparire inefficace, per lo piú, l'uso dello strumento informatico. Piú che mai, quindi, in questo campo è necessario individuare con chiarezza obiettivi, natura e caratteristiche del materiale in esame, possibilità e limiti degli strumenti d'indagine utilizzabili, al fine di evitare sia precoci e troppo ottimistici entusiasmi, sia preconcette diffidenze e rifiuti ingiustificati.

Nell'intento, quindi, di affrontare il problema nella concreta realtà di situazioni circoscritte e operativamente verificate, ci limiteremo qui all'esame del solo settore numismatico, con specifica attenzione all'attività, che, in questo settore, è in corso di svolgimento a Pompei.

Quello offerto dalle monete può essere, infatti, un campione significativo dell'uso applicativo del computer, in quanto la massa considerevole del materiale a disposizione può giustificare il ricorso a tecnologie che trovano la loro ragion d'essere proprio nella necessità di elaborare un gran numero e una notevole varietà di dati.

Ed è su questo aspetto – numero e varietà dei dati – che occorre fare le prime, specifiche considerazioni.

È noto – anche se non sempre si pon mente con attenzione a questi fatti – che diversi sono i modi e le circostanze con cui sono pervenute a noi le varie categorie di oggetti che costituiscono la documentazione materiale dell'antichità: i testi letterari, ad esempio, – salvo i papiri, che solo condizioni eccezionali hanno conservato (soprattutto in Egitto o, da noi, ad Ercolano) – sono stati trasmessi grazie alla ininterrotta fatica degli amanuensi, operanti nei centri scrittorî dei conventi,

Numismatik und Computer

Heute, in einer von der Technik beherrschten Zeit, ist der Computer zum Symbol von Effizienz auch in solchen Bereichen geworden, die aufgrund von Tradition, Mentalität, Führungs- und Verwaltungswesen vom fortgeschrittenen Managertum und der wissenschaftlichen Avantgarde noch weit entfernt schienen.

Dazu gehören, zumindest in Italien, auch die Kulturgüter. Während einerseits laut die Notwendigkeit zur Aufnahme fortschrittlicher Technologien als rasch wirkendes Allheilmittel gegen die Probleme von Konservierung, Management und Forschung verkündet wird, geben sich andererseits große Ratlosigkeit und hartnäckiger Widerstand gegenüber ihrem umfassenden und regelmäßigen Einsatz zu erkennen.

Die Gründe dieser geringen Aufgeschlossenheit gegenüber einem solchen Arbeitsinstrument sind zahlreich und nicht alle negativ zu bewerten. Darunter findet sich in erster Linie ein instinktiver Widerstand von seiten der politischen Organe und des wissenschaftlich-verwaltungstechnischen Führungsstabes des kulturellen Erbes, die Kraft für die Anpassung gewohnter, aber wenig effizienter und kaum funktioneller Methoden an Neues aufzubringen, Mentalität und Ausbildung der verschiedenen Dienstleistungsbereiche ebenso zu modifizieren wie schließlich auch die Rekrutierungs-, Aus- und Fortbildungskriterien, den Erwerb, die Verwaltung und die Modernisierung der notwendigen Ausrüstung zu gewährleisten. Ferner besteht auf seiten der führenden Nutznießer das nicht immer unbegründete Mißtrauen gegenüber Technologien, die normalerweise in Bereichen entwickelt und eingesetzt werden, wo schnelle und komplexe Kalkulationen von Bedeutung sind. Auf dem Sektor der humanistischen Tradition, wo wenige, undeutliche und unsichere Fakten eine mathematische Datenverarbeitung im Sinne klar definierter und zuverlässiger Ergebnisse nicht zulassen, finden sich daher keine Entsprechungen und angemessene Anwendungen. Deutlich wird dies im Bereich der antiken Kulturgüter, wo die bekanntermaßen sehr fragmentarische und oft widersprüchliche Dokumentation den Einsatz der Informatik besonders nutzlos erscheinen lässt. Daher gilt es hier, Gegenstände, Natur und Charakteristik des zu prüfenden Materials sowie Möglichkeiten und Grenzen einsetzbarer Forschungsinstrumente deutlich zu unterscheiden und schließlich sowohl verfrühten und zu optimistischen Enthusiasmus wie voreiliges Mißtrauen und ungerechtfertigte Zurückweisung zu vermeiden.

Um dieses Problem in der Realität bestimmter, überprüfbarer Sachverhalte zu beleuchten, beschränken wir uns hier auf den Sektor der Numismatik, und zwar unter besonderer Berücksichtigung der diesbezüglich in Pompeji erfolgenden Entwicklung.

Die Münzen können insofern ein wichtiges Testgebiet für den Computereinsatz sein, als die beträchtliche Menge des zur Verfügung stehenden Materials den Gebrauch von Technologien rechtfertigen kann, die ihre Existenzberechtigung aus der Notwendigkeit beziehen, eine große und vielfältige Datenmenge zu verarbeiten. Im Hinblick auf die Datenmenge und -vielfalt erfolgen die ersten, speziellen Untersuchungen.

Es ist bekannt, wenn auch oft unberücksichtigt, daß die einzelnen Objektgruppen des dokumentierten antiken Materials über verschiedenste Wege und Umstände auf uns gekommen sind: literarische Zeugnisse – ausgenommen die nur durch außergewöhnliche Umstände erhaltenen Papyri (v.a. in Ägypten und hier, in Herkulaneum) - sind z.B. durch die unermüdliche Arbeit der in den mittelalterlichen Klöstern tätigen Schreiber tradiert worden; ihre Erhaltung ist daher

durante tutta l'età medievale; la loro conservazione è perciò effetto di scelte determinate da interessi di varia natura, che ne privilegiavano alcuni ed altri ne escludevano, per motivi che spesso non è difficile individuare; il vasellame ceramico, invece, ed altri oggetti di uso personale (gioielli, ad esempio, monili, armi, utensili ecc.) provengono in massima parte da corredi tombali e sono, quindi, legati a riti e costumi funerari; le terrecotte figurate, oltre che in tombe, sono state rinvenute in quantità spesso assai rilevanti in depositi votivi di templi o santuari e sono connesse, perciò, a esigenze religiose o sacrali; solo nel caso di città distrutte e non piú frequentate – tipico è il caso, per la sua eccezionalità, di Pompei e delle altre città vesuviane sepolte dall'eruzione del 79 d.C. – si possono ritrovare oggetti rimasti pressoché intatti dal momento dell'abbandono. Fra questi possono esservi anche monete; ma non è da questi contesti che proviene il maggior numero degli esemplari giunti fino a noi. La quasi totalità delle monete conservate nelle collezioni private e pubbliche (anche queste ultime, in molti casi, non sono altro che raccolte private confluite, poi, in musei o altre pubbliche istituzioni) proviene, invece, da «ripostigli», cioè da forme di occultamento di varia natura (tesori di santuari, casse militari, gruzzoli privati ecc.), che circostanze diverse, ma sempre drammatiche, (guerre, invasioni, rivoluzioni ecc.) hanno impedito ai proprietari o detentori di recuperare, assicurandone, perció, la conservazione fino ai nostri giorni.

La frequenza, in ogni tempo e in ogni luogo, di tali eventi tragici spiega il numero, la quantità e la ricchezza dei rispostigli monetali sinora rinvenuti (e molti, assai spesso, ancora se ne rinvengono): come è facilmente comprensibile, trattandosi di forme di tesaurizzazione operata per sfuggire al pericolo di furti, rapine e saccheggi, gli esemplari conservati in questi ripostigli sono generalmente di valore intrinseco concentrato e notevole – per lo piú in metallo prezioso (oro, argento) e di taglio elevato – mentre sono quasi assenti gli «spiccioli», i divisionali in metallo vile (bronzo, rame ecc.). Ma non soltanto dai rispostigli provengono le monete delle nostre raccolte.

Numerosi sono, infatti, anche gli esemplari che si ritrovano nel corso di regolari scavi o, sporadicamente, dispersi nel terreno in aree archeologiche. Sono, queste, monete di ben modesta entità, per lo piú in metallo vile, prive di valore reale, che, perciò, venivano gettate via allorché uscivano fuori corso o che potevano essere smarrite senza rimpianto. Non sono, queste, le monete piú preziose e appariscenti, né per conservazione, né per valore intrinseco e perciò non sono certamente fra quelle piú apprezzate dai collezionisti e quotate nelle aste pubbliche o nei cataloghi di vendita. Il loro interesse e la loro importanza, invece, derivano dai luoghi, dai contesti e dalle circostanze di ritrovamento, che conferiscono loro valore di testimonianza storica.

È chiaro, pertanto, che sia per i preziosi esemplari tesaurizzati nei ripostigli, sia per le modeste, umili monetine ritrovate sporadicamente o nel corso di scavi, sono le circostanze e i contesti di rinvenimento a conferire un plus-valore storico-documentario che sopravanza, spesso, di gran lunga il valore intrinseco del «pezzo» considerato nella sua singolarità.

Purtroppo, la sensibilità per tale plus-valore è conquista recente nel campo degli studi storico-archeologico-numismatici. Fino al secolo scorso – e in molti casi ancor oggi, non solo nel mondo antiquario e collezionistico privato – le monete sono state acquisite, raccolte e, nel caso di pubbliche collezioni, catalogate ed esposte esclusivamente per il loro valore di esemplari singoli, trascurando e perciò dimenticando i dati di provenienza e di contesto anche quando questi potevano essere noti o indagati. Le grandi collezioni pubbliche furono, infatti, costituite nell'intento di ricostruire ed esemplificare la struttura e lo sviluppo di produzione delle varie zecche ed è questo il criterio generalmente presente nei medaglieri dei musei, come nelle collezioni pubbliche e private di ogni parte del mondo.

È evidente che tutte le citate esigenze sono essenziali e devono essere tutelate: quella della struttura e organizzazione diacronica delle singole zecche; quella del parallelismo cronologico delle emissioni in ambienti diversi; quella della provenienza, delle circostanze e dei contesti di rinvenimento degli esemplari singoli o in varia maniera raggruppati.

La difficoltà di acquisire tutte le informazioni necessarie a garantire il rispetto di queste e di tutte le altre esigenze di conoscenza, senza privilegiarne alcune a discapito di altre, e la necessità di comporle e articolarle di volta in volta a seconda delle impostazioni e degli stimoli della ricerca, in un campo, qual è quello della numismatica, in cui il materiale da indagare è enormemente disperso e assai difficilmente acquisibile, rende estremamente utile ed efficace l'uso dello strumento informatico.

È a questo punto che nascono i veri problemi: di omogeneità o compatibilità di linguaggio, di collegamento, di accessibilità e di riservatezza delle informazioni.

Non è certamente la prima volta che di tali problemi si discute; in varie sedi e in varie occasioni sono stati avviati confronti e sono stati tentati – o auspicati – modi e forme di omogeneizzazione, o

Giorgio Sommer, «Panorama di Pompei», 1870 ca.
Stampa all'albumina da lastra al collodio umido.

Albumen-Druck von einer Photoplatte mit Kollodiumflüssigkeit.
mm 180 × 240. Firenze, Museo di Storia della Fotografia Fratelli Alinari.

Ausdruck einer aufgrund verschiedenster Interessen erfolgten Auswahl, welche die einen oder anderen Schriften aus oft leicht nachvollziehbaren Gründen bevorzugte oder ausschloß. Das Keramikgeschirr und andere persönliche Gebrauchsgegenstände (wie Schmuck, z.B. Halsketten, Waffen, Werkzeug) dagegen stammen überwiegend aus Grabfunden und sind daher an die Bestattungsbräuche gebunden. Figürliche Terrakotten in größerer Menge wurden außer in Gräbern oft im Zusammenhang mit den Votivkammern der Tempel oder Heiligtümer gefunden; sie unterliegen somit sakralen Erfordernissen. Nur in zerstörten und nicht wieder aufgebauten Städten - typisch sind für diesen Fall Pompeji und die anderen durch den Vesuvausbruch 79 n.Chr. verschütteten Ortschaften - lassen sich fast intakt gebliebene Gegenstände finden. Dazu können auch Münzen gehören, doch stammt die Mehrzahl der erhaltenen nicht aus diesem Fundzusammenhang. Fast alle Münzen in privaten und öffentlichen Sammlungen kommen dagegen aus «Verstecken» verschiedenster Natur (Schätze von Heiligtümern, Militärkassen, private Ersparnisse usw.), deren Kenntnis durch unterschiedliche, doch immer dramatische Ereignisse wie Kriege, Invasionen oder Revolutionen verloren ging. Das begünstigte die Erhaltung der Münzen bis in unsere Tage.

Immer und überall hängt die Häufigkeit solcher historischen Krisensituationen mit der Anzahl, der Menge und dem Reichtum der entdeckten Münzverstecke zusammen. Da es sich um Anhäufungen zum Schutz vor Dieben, Räubern und Plünderern handelt, ist es leicht verständlich, daß die in diesen Verstecken aufbewahrten Exemplare wertvoll und bemerkenswert sind. Meist bestehen sie aus Edelmetall (Gold, Silber) und sind von feinem Schnitt. Dagegen fehlt weitestgehend das

almeno di coordinamento, di criteri e di iniziative in questo settore. Per quanto riguarda l'Italia, un importante incontro a carattere internazionale ebbe luogo a Milano nel 1984, per iniziativa del Comune, a cura della direzione delle Civiche Raccolte archeologiche e numismatiche e sotto il patrocinio della Regione Lombardia e del Ministero per i Beni Culturali, che ne assicurò la tempestiva pubblicazione degli *Atti* nel *Bollettino di Numismatica,* suppl. al n° 1 (1984).

Considerato che le possibilità offerte dal computer sono quelle di potenziare e accelerare le capacità di memorizzazione e di calcolo, cioè di elaborazione dei dati, è chiaro che la sua applicazione può essere indirizzata sia nel campo della catalogazione, sia in quello della ricerca.

È ovvio che le due funzioni non possono non essere interconnesse, in quanto ogni ricerca parte necessariamente dall'acquisizione dei dati forniti dall'opera di catalogazione. Ma è utopistico e in ogni caso irrealizzabile il sogno – presente in molti modelli di schede di catalogo proposti in varie sedi e occasioni – di poter predisporre, già nella fase di catalogazione, una banca-dati universalmente fruibile per specifiche ricerche da parte degli studiosi interessati.

Infatti, ogni dato che non sia la semplice indicazione «inventariale» degli elementi essenziali di identificazione dell'oggetto è espressione della libera capacità interpretativa del catalogatore e, quindi, in certa misura, soggettivo e, perciò, bisognevole di verifica, per non parlare della necessità che esso, proprio per essere espressione di capacità interpretativa e, quindi, intellettiva, debba essere protetto e tutelato al pari di qualsiasi altra «opera dell'ingegno» valutabile in sede scientifico-amministrativa.

Per fare solo qualche esempio nell'ambito della monetazione antica, la semplice identificazione di un tipo («testa di Athena», ad esempio, in luogo di «testa femminile galeata») o l'indicazione di una data (quando non accertabile con assoluta sicurezza) rientrano in tale campo di incertezza e riservatezza e non sono, perciò, utilizzabili per elaborazioni comparative su larga scala.

Se, dunque, si vuole che l'informazione sia immediatamente e liberamente fruibile, senza verifiche o controlli, remore e condizionamenti, occorre che essa sia ridotta all'essenziale, cioè ai soli elementi di identificazione della moneta: tipo, legenda, peso e posizione dei coni, zecca e autorità emittente, provenienza e tipo di contesto; a questi vanno aggiunti il numero di inventario e di catalogo e la posizione nella collezione (quest'ultimo dato potrebbe, però, essere protetto per motivi di sicurezza).

Modello per un tal metodo di schedatura potrebbe essere quello della *Sylloge Nummorum Graecorum,* da tempo adottato a livello internazionale in questa fortunata collana di cataloghi, ormai diffusa in tutti i paesi.

Ma perché il sistema sia efficace occorre che ai dati descrittivi, o, per dirlo in gergo informatico, alfanumerici, sia affiancato organicamente un archivio di immagini.

In verità, la difficoltà, constatata fino a qualche tempo fa, di poter acquisire, con facilità e a costi ragionevoli, immagini chiare ed efficacemente fruibili delle monete descritte ha limitato fortemente l'uso del computer per lavori di catalogazione, sia ai fini scientifici, sia ai fini amministrativi.

Recentemente, però, è stato adottato con successo, nel campo specifico della numismatica, un procedimento che, a costi ragionevoli, utilizza dischi ottici da 800 K come supporti per la memorizzazione delle immagini. Tale sistema comprende, oltre all'unità centrale di processo, il «cervello» del computer, l'unità per la gestione dei dischi, la stampante per la riproduzione su scheda cartacea dell'immagine selezionata, il monitor per la visualizzazione. L'immagine cosí realizzata ha il vantaggio di poter essere altresí «manipolata» su video, consentendo ingrandimenti anche parziali, effetti di trasposizione dal positivo al negativo e persino, mediante l'applicazione di programmi applicativi *(software)* «pittorici», di sovrapporre sezioni di immagini diverse per verificarne la corrispondenza; quest'ultimo procedimento è particolarmente utile nella ricerca numismatica (sinora è stato ottenuto mediante l'adattamento di un «macroscopio di comparazione» originariamente realizzato per perizie balistiche a carattere prevalentemente giudiziario), per individuare le identità di coni e stabilire, attraverso la constatata successione di catene o «sequenze» di emissioni, la cronologia relativa di ciascuna di esse.

Come si vede, la semplice catalogazione di dati e di immagini, realizzata attraverso l'uso dello strumento informatico, oltre che a servire esigenze interne di natura amministrativa, conservativa e gestionale, può essere adoperata per fini di ricerca, anche sofisticata e complessa, pur utilizzando informazioni elementari e «obiettive».

Ma per far sí che queste pur semplici informazioni travalichino l'ambito amministrativo «interno» e divengano patrimonio comune, universalmente utilizzabile per la ricerca scientifica (o, se si vuole, per la divulgazione e la fruizione ai vari livelli), occorre poter disporre di banche-dati realiz-

«Kleingeld», die Scheidemünzen aus geringerwertigem Metall (Bronze, Kupfer). Doch stammen die Münzen unserer Sammlungen nicht nur aus solchen Hortfunden. Viele Stücke finden sich auch bei regulären Ausgrabungen oder sind sporadisch auf archäologischem Gebiet verstreut. Von bescheidener Qualität und in der Regel geringem Materialwert wurden sie, wenn sie ungültig waren, einfach weggeworfen oder konnten ohne Bedauern verloren werden. Weder aufgrund ihrer Erhaltung noch ihres Sachwerts finden sie Interesse bei Sammlern oder in Auktions- und Verkaufskatalogen. Ihre Bedeutung beruht auf Fundort, Fundzusammenhang und Fundumstand, denn sie machen deren Wert als historisches Zeugnis aus.

Sowohl für die wertvollen, gehorteten Exemplare aus den Verstecken wie auch für die bescheidenen zufällig oder bei Ausgrabungen aufgefundenen Stücke ist es der Kontext, der einen historisch-dokumentarischen Wert darstellt. Dieser übersteigt oft bei weitem den individuellen Sachwert des Stückes.

Leider ist das Bewußtsein für diesen Wert im Bereich der archäologisch-numismatischen Forschung erst kürzlich erwacht. Bis in das letzte Jahrhundert hinein, oft sogar noch heute und nicht nur im Kreis von Antiquaren und privaten Sammlern, wurden die Münzen ausschließlich aufgrund ihres Wertes als Einzelexemplar erworben, in öffentlichen Sammlungen katalogisiert und ausgestellt. Dabei blieben die Daten bezüglich der Herkunft und des Kontextes unbeachtet und gerieten in Vergessenheit, auch wenn sie zunächst noch leicht zu recherchieren gewesen wären. Die großen öffentlichen Sammlungen beabsichtigten stets, die Organisation und Entwicklung der Produktion in den verschiedenen Prägestätten exemplarisch darzustellen. Dies ist daher in den Medaillensammlungen der Museen wie auch in privaten Sammlungen in aller Welt das allgemein übliche Kriterium.

Sämtliche aufgeführten Fragen sind auch weiterhin grundlegend: Struktur und diachronische Organisation der einzelnen Prägestätten; die chronologische Parallelität der Ausgaben in verschiedenen Gebieten; Herkunft, Umstände und Kontext der Auffindung von Einzelstücken oder Gruppen verschiedener Art.

Zum einen ist es schwierig, all diese nötigen Informationen unter gleichrangiger Beachtung aller Wissensanforderungen zu erhalten, ohne einige auf Kosten anderer zu bevorzugen, zum anderen ist es notwendig, sie zusammenzutragen und gemäß den Forschungsansätzen und -interessen zu dokumentieren. Auf einem Gebiet wie der Numismatik, wo das zu erforschende Material weit verstreut und oft schwer zugänglich ist, erscheint der Einsatz der Informatik extrem nützlich und wirkungsvoll.

Dann jedoch tauchen die wahren Probleme auf: Einheitlichkeit und Vergleichbarkeit der Sprache, Zusammenhang und Zugänglichkeit der Informationen. Diese Probleme sind nicht neu; schon mehrfach wurden Wege und Formen der Homogenisierung, zumindest der Koordinierung von Kriterien und Initiativen erprobt oder angekündigt. In Mailand fand 1984 auf Anregung der Stadt ein wichtiges Treffen internationalen Charakters statt. Den Vorsitz führten die städtischen archäologischen und numismatischen Sammlungen; das Patronat hatten die Region Lombardei und das Ministerium für Kulturgüter inne, das uns die rechtzeitige Publikation der Akten im *Bollettino di Numismatica*, Suppl. zu Nr.1 (1984) ermöglichte.

In Anbetracht der Kapazitätssteigerung des Computers durch die Beschleunigung der Datenverarbeitung ist dieser sowohl für die Katalogisierung wie auch für die Forschung voll einsatzfähig. Beide Funktionen müssen, das ist offensichtlich, miteinander verknüpft sein, denn jede Forschung beruht auf dem katalogisierten Material. Der oft geäußerte Wunsch, schon in der Phase der Katalogisierung eine für Gelehrte mit spezifischen Forschungsfragen universell nutzbare Datenbank vorzubereiten, bleibt jedoch utopisch und nicht realisierbar.

Tatsächlich ist jede Angabe, die über die reinen «Inventarisierungsdaten» zur Identifizierung des Objekts hinausgeht, Ausdruck der Interpretation des Inventarisators, daher in gewissem Maß subjektiv und somit verifizierungsbedürftig. Nur einige Beispiele aus der antiken Münzprägung: Die einfache Identifizierung eines Typs («Kopf der Athena» statt z.B. «weiblicher behelmter Kopf») oder eine Datierung, falls nicht mit absoluter Sicherheit feststellbar, gehören in den Bereich der unsicheren Vermutung und sind daher für vergleichende Arbeiten größeren Umfanges nicht verwertbar.

Wünscht man aber den sofortigen und freien Zugriff zur Information, ohne Überprüfung oder Bedingung, so muß diese aufs Wesentliche, d.h. auf die reinen Erkennungsmerkmale der Münzen, reduziert sein: Typ, Legende, Gewicht und Position der Prägungen, Prägestätte und emittierende

Giorgio Sommer, «Strada delle Tombe. Pompei», 1870 ca.
Stampa all'albumina da lastra al collodio umido.

Albumen-Druck von einer Photoplatte mit Kollodiumflüssigkeit.
mm 180 × 240. Firenze, Museo di Storia della Fotografia Fratelli Alinari.

zate in ogni sede con criteri di omogeneità, o almeno di funzionale compatibilità. Ed è questo l'obiettivo piú difficile da conseguire. Per poter fruire universalmente delle informazioni raccolte occorre imporsi una rigida disciplina, imparando a gestire l'informazione secondo le esigenze della tecnica a cui si ricorre: occorre, pertanto, concordare a livello comune, sul piano internazionale, non solo il modello di scheda, ma il linguaggio, le modalità di compilazione delle singole voci e di individuazione dei diversi campi, per essere in grado, poi, di ottenere, dalle informazioni da piú parti raccolte e memorizzate, risposte coerenti, omogenee ed esaurienti.

Una volta acquisita la mentalità e ottenuta la realizzazione unitariamente omogenea delle banche-dati, sarà possibile lo scambio e l'utilizzazione comune delle informazioni con lo strumento della telematica, cioè della trasmissione a distanza dei dati. Sarà questo l'obiettivo piú ambìto e il risultato piú auspicabile: la possibilità di acquisire dati dispersi in luoghi lontani, operare confronti, verificare ipotesi in tempi rapidi, quasi in tempo reale, evitando attese assai lunghe, difficoltà e dispendio di energie e di risorse.

La costituzione di banche-dati omogenee (se pur limitate ai soli elementi di identificazione delle monete) e la libera circolazione delle informazioni costituiscono, però, solo la base preliminare ad ogni tipo di ricerca. Ben piú complesse sono, invece, le procedure per l'applicazione dello strumento informatico a veri e propri programmi di indagine. Qui le possibilità di utilizzare dati già elaborati autonomamente nelle varie sedi di conservazione e catalogazione appaiono assai scarse, per non dire nulle. Occorre, invece, che ciascun ricercatore, o gruppo di ricerca, elabori uno specifico e ben studiato programma, con la collaborazione di esperti informatici, e, dopo aver individuato e localizzato, attraverso la rete telematica di cui si è già fatto cenno, il materiale necessario per l'indagine in

Institution, Herkunft und Typ des Kontextes; dazu kommen die Inventar- und Katalognummer sowie die Anordnung innerhalb der Sammlung (letzteres könnte aus Sicherheitsgründen dem Datenzugriff entzogen werden).

Als Modell für eine solche Erfassungsmethode könnte die *Sylloge Nummorum Graecorum* dienen, eine Serie von Katalogen, in der diese Methode auf internationaler Ebene schon lange eingesetzt wird.

Für die Effizienz des Systems ist es vonnöten, den deskriptiven bzw. alphanumerischen Daten ein zugeordnetes Abbildungsarchiv an die Seite zu stellen. In realiter war es bis vor einiger Zeit jedoch außerordentlich schwierig, deutliche und verwertbare Abbildungen zu akzeptablen Kosten anzufertigen. Dies schränkte den Computereinsatz bei der wissenschaftlichen oder administrativen Katalogisierung stark ein.

Vor kurzem wurde jedoch in der Numismatik ein Verfahren eingeführt, mit dessen Hilfe sich Abbildungen kostengünstig auf optische 800 K-Disketten speichern lassen. Dieses System beinhaltet neben einer zentralen Prozessoreinheit, dem «Gehirn» des Computers, eine Einheit zur Verwaltung der Disketten, einen Drucker zur Reproduktion ausgewählter Abbildungen sowie einen Monitor. Die so wiedergegebene Abbildung hat den Vorteil, daß an ihr auch Video-Manipulationen vorgenommen werden können: Vergrößerungen, Positiv-Negativ-Umkehrungen und mittels zusätzlicher zeichnerischer Programme die Überlagerung verschiedener Abbildungsausschnitte zu Vergleichszwecken. Letzteres ist in der numismatischen Forschung von besonderer Bedeutung, da so die Identität von Münzen leicht festzustellen und mittels schon bekannter Emissionsserien die relative chronologische Einordnung vorzunehmen ist. Bisher wurde diese Aufgabe mit Hilfe eines «Vergleichsmakroskops» durchgeführt, das eigentlich der gerichtlich-ballistischen Untersuchung dient.

Wie man sieht, kann die einfache Katalogisierung von Daten und Abbildungen mit Unterstützung der Informatik außer für interne verwaltungstechnische und konservierende Belange auch für spezifische und komplexe Forschungszwecke eingesetzt werden, indem man grundlegende «objektive» Informationen der elektronischen Bearbeitung zuführt.

Aber damit auch die einfache Information den «internen» administrativen Kreis verlassen und zum Allgemeingut werden kann, braucht man Datenbanken, die überall nach gleichen Kriterien oder zumindest nach funktionaler Kompatibilität aufgebaut sind. Dies ist das schwieriger zu verfolgende Ziel. Zum allgemeinen Nutzen der gesammelten Information ist ein diszipliniertes Erlernen der Datenverwaltung gemäß den sie bestimmenden technischen Erfordernissen vonnöten. Nicht nur das Inventarisierungsschema, sondern auch die Ausdrucksweise und die Modalitäten bei der Abfassung einzelner Stichworte und der Bestimmung verschiedener Gebiete müssen auf lokaler und internationaler Ebene übereinstimmen, damit aus Informationen, die an verschiedenen Orten gesammelt und gespeichert wurden, folgerichtige, homogene und erschöpfende Auskünfte zu erhalten sein werden.

Sind in diesem Bewußtsein einheitliche Datenbanken erst einmal realisiert, dann wird die Datenfernübertragung einen regen Informationsaustausch ermöglichen. Zu den größten Wünschen gehören der Zugriff auf weitverstreute Daten, vergleichendes Arbeiten sowie schnelle Überprüfung von Hypothesen, wodurch lange Wartezeiten und unnötiger Energie- und Geldaufwand vermieden werden könnten.

Der Aufbau homogener Datenbanken (auch wenn sie auf einzelne Identifikationsmerkmale von Münzen beschränkt sind) und der freie Informationsumlauf stellen jedoch nur die Grundvoraussetzungen jeglicher Forschungsarbeit dar. Komplizierter sind dagegen die Verfahren, den Computer im Rahmen eigentlicher Forschungsprogramme nutzbar zu machen. Hier erweisen sich die Möglichkeiten zur Nutzung der an verschiedenen Konservierungs- und Katalogisierungszentren autonom erhobenen Daten als sehr spärlich. Jeder Wissenschaftler müßte zusammen mit Informatikfachleuten ein spezielles und gut ausgearbeitetes Programm entwickeln. Nachdem er das für das Projekt nötige Material mittels oben beschriebener Datenfernübertragung bestimmt und lokalisiert hat, müßten die Daten systematisch, exakt und wohlüberlegt katalogisiert und gespeichert werden. Mittels Computer lassen sie sich dann gemäß den Vorgaben und im Hinblick auf die vom Programm geforderten Zwecke bearbeiten. Da dies ein eigenes Forschungsgebiet ist, wird es in angemessener Weise gewahrt und geschützt.

Mit geschickten Kunstgriffen könnten die Forschungsergebnisse, besonders soweit es Tabellen, Katalogisierungen, Abbildungen und Graphiken betrifft, auch für verlegerische Zwecke genutzt

progetto, avvii un sistematico, puntuale e ben mirato lavoro di catalogazione e di immagazzinamento dei dati, che con l'ausilio del computer saranno elaborati sulle linee, le direttive e per gli scopi indicati dal programma all'uopo creato. Questo, essendo un vero e proprio campo di ricerca, va anche adeguatamente tutelato e protetto.

Ma può essere utile ricordare che con opportuni accorgimenti i risultati della ricerca, soprattutto per quanto riguarda tabulati, catalogazioni, nonché immagini e grafici, potrebbero essere anche utilizzati a fini editoriali, evitando, almeno in parte, la rielaborazione tipografica e il relativo onere lavorativo e finanziario.

Se dalle considerazioni generali e dalle impostazioni teoriche si vuol passare alla valutazione delle realizzazioni concrete operate nel settore della numismatica, occorre riconoscere che, mentre nel campo della ricerca lo strumento informatico ha avuto numerose e soddisfacenti applicazioni, in ogni paese, nel campo della catalogazione l'obiettivo della uniformità dei criteri, al fine di una possibilità di libera circolazione delle informazioni, è ancor lungi dall'essere conseguito. I tentativi esperiti in varie forme e occasioni – abbiamo citato l'incontro internazionale di Milano del 1984 e i relativi *Atti* – non hanno apportato altro risultato che una conoscenza piú diffusa dei diversi modelli di scheda, criteri e metodi di classificazione, programmi e linguaggi. Ma nemmeno nell'ambito dei singoli paesi sono stati adottati criteri e modelli rigorosamente comuni.

Un esempio per tutti, che riguarda l'Italia: nel 1986 un ambizioso progetto denominato «giacimenti culturali», convenientemente finanziato con fondi statali, ma affidato all'iniziativa e alla gestione di consorzi di società private, ha avviato una vasta opera di catalogazione di monumenti e documenti di ogni tipo e natura nell'ampia e variegata area dei c.d. beni culturali, sia pubblici, sia privati.

Fra questi sono state incluse anche monete da collezione, da scavo o da rinvenimento sporadico. I risultati di tale opera di catalogazione non sono ancora noti e non si può prevedere se, ed eventualmente quando, essi saranno resi di pubblico dominio. Non sembra, però, che in questo campo, come del resto in tutti quelli interessati dal progetto, vi sia stata uniformità di metodi, di criteri, di programmi. Sicché appare assai difficile che i risultati di tali ricerche, peraltro spesso assai accurate, condotte con l'ausilio di sofisticate tecnologie e perciò realizzate con costi non esigui, possano essere, anche per quanto riguarda soltanto l'opera di catalogazione, integrati fra loro o con i risultati da tempo acquisiti o in corso di elaborazione da parte degli organi ufficiali dello Stato (Soprintendenze, uffici ministeriali ecc.), operanti parallelamente.

Uno sforzo unitario deve essere fatto ed è auspicabile che gli organi centrali del Ministero lo promuovano finalmente, almeno a livello nazionale, in attesa che il traguardo della unificazione europea del 1992 induca a realizzare una piú ampia ed efficace unità di metodi e di obiettivi. L'occasione potrebbe essere la legge, in corso di esame al Parlamento, che stanzia per il prossimo anno una somma considerevole per una sistematica e massiccia opera di catalogazione dei beni culturali, pubblici, o soggetti al pubblico controllo.

In attesa, sarebbe utile applicare i metodi già sperimentati ad ambiti piú limitati, ma culturalmente omogenei. In quest'ottica un test significativo potrebbe essere quello offerto da Pompei.

Qui uno dei progetti pertinenti all'ambito dei citati «giacimenti culturali» ha realizzato, con l'ausilio di un noto e abbastanza diffuso programma applicativo di Data-Base, il «d Base III», la schedatura sistematica delle informazioni contenute nei giornali di scavo di Pompei, dal 1860 ad oggi. La massa di notizie cosí raccolta e classificata potrebbe essere messa in relazione, per rimanere soltanto in campo numismatico, con le numerosissime monete provenienti dalla stessa Pompei e in massima parte conservate nel Museo Archeologico di Napoli, al fine di compiere, con l'ausilio di analoghi sistemi informatici, un'indagine ricostruttiva dei contesti di provenienza e contribuire con dati concreti, compiutamente reperiti e opportunamente elaborati, a una ricostruzione il piú possibile corretta della vita e dell'attività economica della cittadinanza vesuviana nella fase finale della sua esistenza.

Le apparecchiature e le strutture che il consorzio operante in Pompei ha all'uopo acquisite e le professionalità che ha creato addestrando un gruppo di giovani all'uso intelligente di moderne tecnologie indirizzate alla ricerca storico-archeologica offrono garanzia di buon successo dell'iniziativa.

Rimane ancora un altro modo di utilizzazione dello strumento informatico, che per essere elencato per ultimo non è, però, il meno importante, ed è quello destinato non agli amministratori e tutori del patrimonio, né al mondo dei ricercatori e degli studiosi, bensí al pubblico piú vasto e piú vario degli allievi delle scuole, degli appassionati, degli amatori, che al mondo del passato si avvicinano con interesse e curiosità e devono essere anche essi adeguatamente soddisfatti e correttamente informati secondo i principi e i metodi dell'educazione permanente.

werden. Die drucktechnische Überarbeitung sowie der Arbeits- und Finanzaufwand wären zumindest teilweise einzusparen.

Kommt man von den allgemeinen Überlegungen und theoretischen Ansätzen zur Bewertung der auf dem Gebiet der Numismatik tatsächlich durchgeführten Realisierungen, so ist festzustellen, daß die Informatik in der Forschung zwar eine international verbreitete und zufriedenstellende Anwendung gefunden hat, daß man aber im Bereich der Katalogisierung vom Ziel einheitlicher Kriterien zwecks freier Informationszirkulation noch weit entfernt ist. Die angestellten Versuche - die internationale Zusammenkunft in Mailand 1984 wurde erwähnt - haben lediglich zu einer breiteren Kenntnis verschiedener Katalogisierungsmodelle, Klassifikationskriterien sowie Programme und Sprachen geführt. Aber nicht einmal innerhalb der einzelnen Länder waren bisher solche gemeinsamen Modelle durchzusetzen.

Stellvertretend sei ein Beispiel aus Italien genannt: 1986 leitete das ehrgeizige Projekt der «Kulturellen Hinterlassenschaften», das aus staatlichen Fonds finanziert und der Initiative und Leitung privater Gesellschaften anvertraut war, eine umfassende Katalogisierung von Denkmälern und Dokumenten jeden Typs aus dem weiten, bunten Feld der öffentlichen und privaten Kulturgüter ein. Darunter befanden sich auch Münzen aus Sammlungen, Ausgrabungen und Gelegenheitsfunden. Die Ergebnisse dieser Katalogisierung sind noch nicht bekannt. Auch ist nicht vorauszusehen, ob und wann sie der Öffentlichkeit zugänglich gemacht werden. Anscheinend wurde weder hier noch bei anderen Projektteilnehmern die Einheitlichkeit in Methoden, Kriterien und Programmen erreicht. Es bleibt also außerordentlich schwierig, in die Ergebnisse solcher Untersuchungen, die mittels verfeinerter Technologien und daher mit nicht geringem Kostenaufwand durchgeführt wurden, andere schon bestehende Ergebnisse oder gerade von staatlichen Institutionen (Soprintendenze, Ministerien usw.) parallel erarbeitete Resultate zu integrieren. Eine vereinheitlichende Kraft müßte geschaffen werden. Und es ist wünschenswert, daß das Ministerium sie wenigstens auf nationaler Ebene fördert, in der Erwartung, daß der Zusammenschluß Europas eine umfassendere und effizientere Vereinheitlichung der Methoden und Ziele herbeiführt.

Inzwischen wäre es sicher nützlich, die schon erprobten Methoden auf begrenzte, aber kulturell homogene Bereiche anzuwenden. Unter diesem Blickwinkel könnte Pompeji zu einem wichtigen Experiment werden.

Hier hat eines der Projekte aus dem Kreis der erwähnten «Kulturellen Hinterlassenschaften» mit Hilfe eines bekannten und sehr weit verbreiteten Anwendungsprogrammes von Data-Base, dem «d Base III», die systematische Katalogisierung der Ausgrabungsbücher von Pompeji von 1860 bis heute realisiert. Die Menge der so gesammelten und klassifizierten Informationen könnte, um im Bereich der Numismatik zu bleiben, mit den äußerst zahlreichen Münzen verglichen werden, die ebenfalls aus Pompeji stammen und sich überwiegend im Archäologischen Museum von Neapel befinden. So kann durch analoge Informatiksysteme mittels konkreter, gründlich erarbeiteter Daten eine Untersuchung der Zusammenhänge von Herkunft und Verteilung durchgeführt und eine möglichst genaue Rekonstruktion des Lebens und der wirtschaftlichen Aktivität der Bevölkerung am Vesuv erstellt werden. Die Geräte und Strukturen, die das in Pompeji tätige Konsortium zu diesem Zweck eingebracht hat, und die Professionalität, für die es durch die Ausbildung junger Forscher zu intelligentem Einsatz moderner Technologien die Vorraussetzung geschaffen hat, geben die Garantie zum Erfolg der Initiative.

Zu guter Letzt bleibt eine weitere Einsatzmöglichkeit der Informatik zu erwähnen. Sie betrifft weder die Verwalter und Hüter des Bestandes noch die Forscher und Gelehrten, sondern vielmehr die breitere und mannigfaltigere Öffentlichkeit der Schüler, der Begeisterten und Amateure, die der Welt der Vergangenheit Interesse und Neugier entgegenbringen. Gerade die Informatik eignet sich hervorragend dazu, die Information auch dem Laien zugänglich zu machen, da sie eine aktive Nutzung durch vielseitige Programme und durch Systeme mit direkter Fragestellung (z.B. *touchscreen*) und andere nicht-standardisierte Arbeitsweisen ermöglicht.

Ebenso könnten die verschiedenartigen Abbildungsarchive bei der Gestaltung von Ausstellungen Verwendung finden, wenn man sie durch beschreibende und interpretierende Daten sowie eventuell durch Manipulationen ergänzt. Simulations- und Layout-Programme führen auch hier zu beträchtlicher Zeit- und Kostenersparnis.

Doch das vielleicht nützlichste Ergebnis des Computereinsatzes in humanistischen, traditionellen Fächern ist der Zwang zur genauen Formulierung des Ansatzes, zu präziser Ausdrucksweise und zur Wachsamkeit in allen Phasen der Forschungsarbeit. Mit anderen Worten, gestattet die

Per questa funzione di informazione divulgativa lo strumento informatico è particolarmente adatto, in quanto esso consente possibilità di utilizzazione attiva, con programmi versatili, articolati su varie fasce di utenza, con sistemi di interrogazione diretta, mediante *touch-screen* o altre forme e modi di fruizione non rigidamente standardizzati.

Agli stessi fini l'archivio di immagini, nella sua varia articolazione, può essere utilizzato per allestimenti espositivi, integrato opportunamente con i dati descrittivi e interpretativi e con le loro eventuali elaborazioni.

Ed anche questo, mediante programmi di simulazione o impaginazione adeguati, con notevole risparmio di tempo e di spesa.

Ma, forse, il risultato piú utile dell'applicazione dello strumento informatico a discipline di origine e tradizione umanistica è quello di costringere al rigore della impostazione, alla precisione del linguaggio, alla attenzione vigile per tutte le fasi della elaborazione della ricerca. In altre parole, l'informatica, che della matematica è figlia, consente di recuperare, sia pure in maniera strumentale, quella unità tra cultura cosí detta scientifica e cultura cosí detta umanistica, che fu patrimonio dell'educazione classica e che il mondo moderno ha inconsultamente perduto. Recuperarla e ripristinarla, questa unità, in maniera organica ed equilibrata sarebbe oggi di grande utilità per ambedue.

ATTILIO STAZIO

Informatik als Tochter der Mathematik die instrumentale Wiedererlangung jener Einheit zwischen der sog. wissenschaftlichen und der sog. humanistischen Kultur, die ein Erbe der klassischen Erziehung und in der modernen Welt aus Unbesonnenheit verloren gegangen war. Die organische und ausgeglichene Wiederherstellung dieser Einheit könnte heute für beide Seiten von großem Nutzen sein.

ATTILIO STAZIO

Papirologia e computer

A partire dal 1970 l'Officina dei Papiri Ercolanesi cominciò finalmente ad utilizzare la moderna tecnologia grazie alla collaborazione internazionale. Dal dono di Eric G. Turner di un microscopio binoculare all'Officina partiva una riorganizzazione degli strumenti al servizio della trascrizione, decifrazione e disegni dei nostri papiri. A questo primo rinnovamento, incrementato successivamente dai microscopi venuti in dotazione dell'Officina, seguí un'altra utilizzazione della tecnica moderna, vale a dire la fotografia dei papiri, attraverso la quale, dopo timidi esperimenti piuttosto artigianali, l'*équipe* osloense di Knut Kleve in collaborazione con il Centro Internazionale per lo Studio dei Papiri Ercolanesi iniziava dal 1980 la sperimentazione dell'utilizzazione del computer al servizio dei papiri: venivano cosí gettate le basi dell'informatica papirologica.

Nel 1980 il Kleve espose al XVI Congresso Internazionale di Papirologia di New York i due programmi che sono alla base delle sue ricerche: lacunologia e letteralogia. Lo studioso è partito dai papiri ercolanesi, ma i risultati da lui conseguiti possono essere applicati a papiri di ogni altra provenienza e caratteristica.

La lacunologia consiste nel restaurare, attraverso il computer, una lacuna con l'aiuto delle lettere leggibili prima e dopo di essa. Innanzitutto è necessario disporre di un computer centrale, che può essere quello di una Università, collegato a diversi terminali: questi possono essere forniti di video o di apparecchio stampatore oppure di entrambi. La fase preliminare, piuttosto lunga e laboriosa, è rappresentata dalla trasmissione dei dati, greci e latini a seconda del tipo di testo che si studia e si vuole ricostruire, al computer centrale: viene immagazzinato nella memoria della macchina un archivio-base, costituito da testi variamente affini a quello su cui si lavora. Ad esempio, se si studia il testo di un papiro ercolanese di Filodemo, è opportuno disporre di un archivio-base formato dai testi di tutte le altre opere filodemee, ovviamente secondo le edizioni piú moderne ed attendibili; d'altra parte, dal momento che Filodemo nei suoi scritti fa polemica contro le altre filosofie del mondo antico, riportando talvolta il pensiero degli avversari, è opportuno inserire in memoria anche altri testi filosofici: dai presocratici a Platone, da Aristotele agli stoici ecc. Inoltre, poiché non di rado egli riporta versi o testimonianze poetiche, per motivi di stile o di polemica, l'archivio cosí costituito andrebbe arricchito di una scelta, ovviamente la piú ampia possibile, di testi poetici antichi. Naturalmente le opere di altri filosofi epicurei, anche se conservate frammentariamente, non dovrebbero essere lasciate fuori della memoria.

Fino a qualche anno fa l'inserimento di questi dati nel computer centrale si configurava come un lavoro estremamente lento; tuttavia da qualche tempo con l'apparizione dei cosí detti lettori ottici risulta molto piú rapido e sicuro: non è l'uomo che digitando sulla tastiera fa, per cosí dire, da tramite tra il testo da inserire e il computer, con tutte le conseguenze negative che una tale circostanza può comportare, per esempio errori di lettura o di battitura; ma è la macchina che legge e trasferisce direttamente e senza errori il testo dalla pagina stampata alla memoria centrale.

Il computer cosí programmato può dunque essere utilizzato in 3 modi fondamentali:

1. Se leggiamo nel papiro alcune lettere prima e dopo una determinata lacuna (ad es. ε[...]ν), possiamo ordinare alla macchina di elencare una serie di progressioni di lettere, prese dallo stesso testo o da altri variamente affini, che possano adattarsi a quella lacuna (ad es. ἐ̱πιμν̱ησθησόμεθα, ὀφε̱ῖλον̱ ecc).

Papyrologie und Computer

1970 begann die Officina dei Papiri Ercolanesi dank internationaler Zusammenarbeit mit dem Einsatz moderner Technologie. Das von Eric G. Turner geschenkte binokulare Mikroskop führte zu einer Reorganisation der Geräte für die Transkription, Entschlüsselung und Zeichnung unserer Papyri. Diesem ersten folgten andere dem Institut geschenkte Mikroskope. Als weitere moderne Untersuchungsmethode trat bald die Photographie hinzu. Seit 1980 hat dann die Osloer Gruppe um Knut Kleve in Zusammenarbeit mit dem Centro Internazionale per lo Studio dei Papiri Ercolanesi nach ersten zaghaften, überwiegend handwerklichen Versuchen die Einsatzerprobung des Computers in Bezug auf Papyri begonnen. So wurde der Grundstein zur papyrologischen Informatik gelegt.

1980 stellte Kleve auf dem XVI. Internationalen Kongreß für Papyrologie in New York die beiden Programme vor, auf denen seine Untersuchungen beruhten, die Erforschung der Textlücken (Lakunologie) und der Textzeichen (Literalogie). Er ging dabei von herkulaneischen Papyri aus, doch sind seine Ergebnisse problemlos auch auf Papyri anderer Herkunft oder Charakteristik übertragbar.

Die Lakunologie besteht in der computergesteuerten Restaurierung einer Textlücke mit Hilfe der davor und danach lesbaren Buchstaben. Zunächst benötigt man einen zentralen Computer, gegebenenfalls auch den einer Universität, der mit Monitoren, diese eventuell mit Video oder Drucker, verbunden ist. Die lange und arbeitsintensive Vorbereitungsphase besteht in der Übertragung des griechischen oder lateinischen Textes in den Computer. Dann werden verschiedene Vergleichstexte als Basisarchiv eingegeben. Untersucht man beispielsweise den Text eines herkulaneischen Papyrus von Philodemus, so ist es sinnvoll, ein Basisarchiv mit den anderen Werken dieses Autors in ihrer modernsten verfügbaren Ausgabe zu erstellen. Wenn Philodemus allerdings gegen andere antike Philosophen polemisiert und auf diese Weise deren Gedankengut wiedergibt, dann sollten auch diese anderen philosophischen Schriften, von den Vorsokratikern bis zu Plato, von Aristoteles bis zu den Stoikern, archiviert werden. Darüberhinaus zitiert er aus stilistischen oder polemischen Gründen oft poetische Zeilen, so daß das Archiv dann durch die größtmögliche Auswahl an antiken poetischen Texten zu erweitern ist. Natürlich dürfen auch die Werke anderer epikureischer Philosophen, wenn auch nur fragmentarisch erhalten, nicht außer Acht gelassen werden.

Bis vor wenigen Jahren erwies sich die Eingabe dieser Daten in den Computer als extrem langwierig. Doch ist dies durch das Aufkommen optischer Lesegeräte seit einiger Zeit bedeutend schneller und sicherer geworden: Nicht der Mensch vermittelt durch die Tastatur - mit all den Konsequenzen, die dieser Umstand mit sich bringt - zwischen Text und Computer, sondern die Maschine liest und überträgt den Text direkt und fehlerlos von der beschriebenen Seite in das Zentralgehirn.

Der so programmierte Computer kann demzufolge in drei Hauptmodi angewendet werden:

1) Lesen wir auf dem Papyrus die Buchstaben vor und hinter einer bestimmten Lücke (z.B. ε[...]ν), so können wir der Maschine befehlen, eine Reihe von Buchstabensequenzen aus diesem oder ähnlichen Texten aufzulisten, die in diese Lücke passen könnten (z.B. ἐ̲πιμν̲ησθησόμεθα, ὀφε̲ῖλον̲ usw.).

2) Lesen wir eine Buchstabengruppe, lassen wir den Rechner gleiche Kombinationen suchen (z.B. πλεῖστο̲ν ἔ̲χουσιν, μόνο̲ν ε̲ἰς usw.).

2. Se leggiamo un gruppo di lettere (ad es. [ονε]), chiediamo al computer esempi della stessa successione (ad es. πλεῖστο̱ν ἔ̱χουσιν, μόν̱ον̱ ε̱ἰς ecc.).

3. Data una determinata sequela di singole lettere (ad es. μ[..]π[..]ι), è possibile cercare esempi di successione tali da aiutarci ad integrare (ad es. μ̱ὲν π̱ερί̱, συμ̱πίπ̱τει̱ ecc.). La successione può essere invece che di singole lettere, di combinazioni di lettere (ad es. αβ..γδ...εζ), oppure di singole lettere piú combinazioni (ad es. α...β...γδ ecc.).

La letteralogia consiste nell'utilizzare grafici elaborati dal computer per ricostruire lettere parzialmente conservate nei papiri, una volta che sia stato immagazzinato nella memoria della macchina un archivio-base organizzato attraverso la tecnica fotografica. Anche in questo caso il Kleve è partito dai papiri ercolanesi, ma il metodo può essere applicato in generale, alla paleografia e alla epigrafia, nel senso che può rappresentare valido strumento di lavoro per la ricostruzione di qualunque tipo di scritture frammentariamente conservate; il Kleve è persuaso che esso possa tornare utile anche agli archeologi, impegnati nello studio di antichi manufatti pervenuti in frammenti.

Come è noto, nel leggere un testo papiraceo, tanto ercolanese quanto egiziano, ci si imbatte in tracce residue di inchiostro che non sempre si riesce a stabilire a quali lettere appartengano; in questo caso, in sede di edizione del testo, si segnala la circostanza con dei punti: tanti quanti sono originariamente le lettere quasi completamente scomparse. Tuttavia le pur minime tracce di inchiostro residue contengono una serie di informazioni che è possibile sfruttare, attraverso un confronto con lettere interamente conservate nello stesso papiro. È perciò necessario inserire nel computer sia il complesso delle tracce minime di inchiostro sia la forma di tutte le lettere dell'alfabeto quale di volta in volta lo scriba ha realizzato sul rotolo (la cosiddetta *mano di scrittura*): in questo modo, infatti, sarà possibile procedere in maniera rapida a qualsiasi tipo di confronto tra frammenti di lettere e lettere conservate, per cercare di stabilire a quali lettere quei frammenti appartengano.

La fase preliminare consiste dunque nel disegnare l'alfabeto del papiro e tutte le tracce residue. Tale operazione può essere eseguita in due modi: direttamente dal papiro oppure da fotografie del papiro. Il Kleve preferisce lavorare per lo piú su fotografie sia per il fatto che naturalmente non sempre si hanno a disposizione gli originali, conservati nella Biblioteca Nazionale di Napoli, sia per la loro particolare fragilità. Tuttavia almeno nel caso dei papiri ercolanesi, per potere operare tranquillamente con fotografie, bisogna accertarsi attraverso un attento confronto con l'originale che le lettere o le tracce di inchiostro riprodotte nell'immagine fotografica appartengano ad uno stesso strato e non siano il risultato di una sovrapposizione di piú strati: non sempre, infatti, nella fotografia, per quanto sofisticata essa possa essere, si riesce ad individuare la regolare stratigrafia e dunque la normale successione dei testi ercolanesi: il fatto, insomma, che la fotografia non possegga la profondità ma presenti necessariamente i vari elementi riprodotti tutti su un medesimo piano può impedire, talvolta, una corretta lettura.

Un altro inconveniente è rappresentato dalle pieghe e dagli avvallamenti che spesso increspano la superficie del rotolo nascondendo lettere o parti di lettere all'obiettivo fotografico: oggi come oggi non pare che lo studio dei papiri ercolanesi possa prescindere dall'autopsia degli originali.

Il Kleve parte da diapositive a colori dei testi ercolanesi. Applicando la camera al microscopio ed utilizzando una speciale pellicola infrarossa ed ultravioletta, egli ha cercato di riprodurre nell'immagine fotografica eventuali tracce di inchiostro non visibili ad occhio nudo, puntando su particolari residui lasciati dall'inchiostro stesso sulla superficie papiracea; i risultati tuttavia sono stati nulli. Lo studioso preferisce il colore al bianco e nero perché in esso è piú facile distinguere la scrittura da altri elementi sul papiro. Egli utilizza una camera reflex (Nikon FG 55 mm, tubo Vivitar ad estensione automatica AT-3/A1 36 mm e 20 mm, Filtro Hoya NDx4) dotata di un flash ad anello (Hama 6101). Il flash ad anello consente di dare luce uniforme all'intera superficie fotografata; un comune flash, invece, tende ad illuminare in misura eccessiva parti della fotografia. Tuttavia una camera reflex non riesce a riprodurre tutti i residui di inchiostro: in qualche caso bisogna fotografare con una camera applicata al microscopio ed utilizzando un'illuminazione artificiale, fredda e priva di ombre. Di norma il Kleve si serve di uno stereomicroscopio Wild M8 zoom, di una camera Leica M 4-P e di un apparecchio per illuminazione a fibre ottiche Intralux 5000.

Secondo lo studioso non è ancora possibile, allo stato attuale delle nostre conoscenze, immettere nel computer direttamente le fotografie dei frammenti e delle lettere, questo perché non si riesce a distinguere l'inchiostro da altri segni sul papiro. Il Kleve è comunque persuaso che col tempo le tecniche computerizzate di miglioramento della fotografia, analoghe a quelle che vengono applicate

3) Ist eine Kette lückenhafter Buchstaben vorhanden (z.B. μ[...]π[...]ι), können Entsprechungen gefunden werden und zur Rekonstruktion beitragen (z.B. μ̱ὲν π̱ερί̱, συμ̱πίπ̱τει usw.). Eine solche Kette kann aus Einzelbuchstaben, Buchstabengruppen (z.B. αβ...γδ...εζ) oder beidem (z.B. α...β...γδ usw.) bestehen.

Die Literalogie besteht in der Anwendung graphischer Computermodelle zur Rekonstruktion von Buchstaben, die nur teilweise auf den Papyri erhalten sind, nachdem im Computer mittels photographischer Techniken ein Basisarchiv angelegt worden ist. Wiederum ging Kleve von herkulaneischen Papyri aus, doch ist die Anwendung dieser Methode auch allgemein in der Paläographie und Epigraphik möglich, kann sie doch ein wirksames Instrument zur Rekonstruktion jeden Typs von fragmentarisch erhaltener Schrift sein. Kleve äußerte die Überzeugung, daß sich dies auch für die Archäologen, die sich dem Studium andersartiger antiker Fragmente widmen, als nützlich erweisen könnte.

Bekanntermaßen stoßen wir beim Lesen eines Textes auf Papyrus, sei er herkulaneisch oder ägyptisch, auf Restspuren von Tinte, die sich nicht immer als bestimmte Buchstaben erkennen lassen. Bei der Edition eines solchen Textes wird dieser Sachverhalt mit so vielen Punkten gekennzeichnet wie originale, fast völlig verschwundene Buchstaben fehlen. Doch auch die geringsten Tintenspuren enthalten eine Reihe verwertbarer Informationen. Sie werden den komplett erhaltenen Buchstaben desselben Papyrus gegenüberstellt. Daher müssen sowohl die minimalen Tintenspuren wie auch die Form aller Buchstaben des jeweils vom Schreiber benutzten Alphabets (Schriftstil) in den Computer eingegeben werden. So kann man tatsächlich auf schnelle Weise zu einem Vergleich zwischen fragmentarischen und vollständigen Buchstaben gelangen, um diese identifizieren zu können.

In der Vorbereitungsphase sind also das Alphabet des Papyrus sowie alle Restspuren zeichnerisch festzuhalten. Dies kann auf zwei Arten geschehen: direkt vom Papyrus oder aber von Photographien. Kleve zieht die Arbeit mit Photographien vor, zum einen, weil die in der Nationalbibliothek von Neapel aufbewahrten Originale nicht immer greifbar, zum anderen, weil sie äußerst zerbrechlich sind.

Im Fall der herkulaneischen Papyri muß man, um unbesorgt mit den Photographien arbeiten zu können, diese zunächst mit den Originalen dahingehend vergleichen, ob die reproduzierten Buchstaben oder Tintenreste zu derselben Schicht gehören und nicht das Resultat mehrerer übereinandergelagerter Schichten sind. Wie verfeinert die photographische Technik nämlich auch sein mag, so kann sie doch nicht immer die regelmäßige Schichtung und damit die tatsächliche Abfolge der herkulaneischen Texte unterscheiden. Da die Photographie die verschiedenen Teile notwendigerweise auf dieselbe Ebene reproduziert wiedergibt, ist eine korrekte Lektüre manchmal unmöglich. Eine andere Unannehmlichkeit stellen die Auffaltungen und Einsenkungen der oft gewellten Oberfläche dar, die Buchstaben oder Teile davon vor dem Objektiv verbergen. Wie es heute scheint, kann das Studium der herkulaneischen Papyri nicht auf die Autopsie des Originals verzichten.

Kleve begann mit Farbdiapositiven. Indem er die Kamera auf dem Mikroskop installierte und einen speziellen Infrarot- oder Ultraviolettfilm benutzte, versuchte er, eventuell für das Auge unsichtbare Tintenspuren auf die Photographie zu bannen. Dabei zielte er auf besondere, von der Tinte hinterlassene Reste auf der Papyrusoberfläche. Die Methode erbrachte jedoch keine Ergebnisse.

Für weitere Untersuchungen zieht Kleve die Farbabbildung der Schwarzweißwiedergabe vor, weil er darauf die Schrift leichter von anderen Elementen auf dem Papyrus unterscheiden kann. Er benutzt eine Spiegelreflexkamera (Nikon FG 55 mm, automatisches Vivitar-Vergrößerungsrohr AT-3/A1 36 mm und 20 mm, Filter Hoya NDx4) mit ringförmigem Blitz (Hama 6101), der die Oberfläche gleichmäßig ausleuchtet. Ein normaler Blitz dagegen neigt zur punktuellen Beleuchtung einzelner Teile. Eine Spiegelreflexkamera kann jedoch nicht alle Tintenreste reproduzieren. Manchmal muß man mit der auf ein Mikroskop installierten Kamera mit künstlichem, kaltem und schattenlosem Licht photographieren. Normalerweise benutzt Kleve dazu ein Stereomikroskop Wild M8 Zoom, eine Leica M 4-P und ein Blitzgerät Intralux 5000 mit optischen Fibern.

Laut Kleve ist es bei unserem jetzigen Kenntnisstand noch nicht möglich, die Photographien der Fragmente direkt in den Computer einzuspeisen, da die Tinte nicht von anderen Resten auf dem Papyrus unterschieden werden kann. Doch vertritt er die Ansicht, daß in nicht allzu ferner Zukunft die fortschreitende Technik, analog zur computerunterstützten Bearbeitung von Satellitenaufnahmen, die Direktübernahme photographischer Daten in den Computer möglich sein wird. Bis dahin jedoch müssen die auf Dias reproduzierten Fragmente noch gezeichnet werden. Dies ist in zweierlei Weisen möglich: mit Hilfe eines Spezialgerätes zum mikroskopischen Zeichnen oder mittels einer Leuchtplatte, wodurch die Zeichnung im Gegenlicht festgehalten wird.

nelle fotografie scattate dai satelliti, possano consentire l'immagazzinamento diretto dei dati fotografici. Attualmente è perciò necessario disegnare frammenti e lettere riprodotti nelle diapositive. L'operazione può essere eseguita in due modi: con una speciale apparecchiatura per disegno al microscopio oppure mediante un tavolo luminoso; in quest'ultimo caso il disegno viene realizzato in controluce.

Naturalmente nell'inserire le lettere del papiro nel computer bisogna tenere presente l'intera gamma di forme con le quali ciascuna lettera si presenta; va considerato, per esempio, il fatto che di solito lo scriba in prossimità della fine della colonna tende a comprimere la scrittura, per motivi di spazio, mentre, viceversa, la prima lettera della linea è tracciata in maniera piuttosto ariosa e comunque senza preoccupazioni di spazio. Insomma l'idea che è alla base della letteralogia è la stessa che E.G. Turner pone a fondamento del corretto studio di un papiro: la necessità che il papirologo si impadronisca dell'alfabeto adoperato nel rotolo, col riprodurre per proprio conto «la forma delle lettere facendo fare alla penna esattamente lo stesso percorso che dovette fare nelle mani dello scriba antico» (E.G. TURNER, *Papiri Greci,* ed. it. a cura di M. Manfredi, Roma 1984, p. 77).

A questo punto con un plotter o un cursore si eseguono gli stessi disegni, precedentemente delineati su carta millimetrata, sullo schermo di un computer e quindi li si inserisce nella memoria. Con questa operazione la formazione dell'archivio-base può dirsi compiuta: da questo momento è possibile richiamare e confrontare sullo schermo qualsiasi frammento e qualsiasi lettera. Il procedimento è facilitato dal fatto che possiamo ridurre o ingrandire a piacimento le immagini, far ruotare le une sulle altre, sovrapporle reciprocamente. Facciamo un esempio. Dobbiamo ricostruire una lettera le cui tracce residue possono ricondursi ad un *sigma* o ad un *kappa* dello stesso papiro; la lettera sulla quale i residui appaiono sovrapporsi in maniera piú o meno compiuta è verosimilmente quella originaria.

Anche in altri modi il computer può aiutare lo studioso nella ricostruzione di testi papiracei parzialmente conservati. Esso infatti può costituire determinate liste di parole ordinate alfabeticamente e all'inverso; elenchi di termini che spesso ricorrono insieme; statistiche di qualsiasi tipo. Il computer può anche indicare le probabilità che certe lettere o parole hanno di riempire esattamente una lacuna. Esso si rivela particolarmente prezioso quando consente di stabilire a quale opera appartengono frustuli anche minimi di testo. Ricordiamo il caso di William H. Willis della Duke University, da lui reso noto al XVII Congresso Internazionale di Papirologia (Napoli 1983). Egli si era a lungo applicato allo studio dei miseri resti di un centinaio di piccoli frammenti di papiri, senza mai riuscire a individuare a quale opera appartenessero: nel migliore dei casi essi presentavano mezze parole e i lessici tradizionali non offrivano alcun aiuto. Nel frattempo la Duke University aveva acquistato un computer Ibycus, particolarmente attrezzato per immagazzinamento, lettura, pubblicazione e ricerca di testi greci e latini; successivamente essa è venuta in possesso di nastri magnetici contenenti circa dieci milioni di parole da testi dei piú importanti autori greci, in una forma leggibile attraverso il computer. I nastri furono messi a disposizione dalla University of California, Irvine, che lavora da molti anni ad un *Thesaurus Linguae Graecae* (ora in connessione con la Scuola Normale Superiore di Pisa). Willis trasferí il contenuto di questi nastri su un disco di grande memoria leggibile attraverso il sistema Ibycus. Successivamente, egli digitò sulla tastiera le poche lettere di uno di quei cento misteriosi frammenti. In meno di tre minuti il computer localizzò il frammento all'interno dell'opera *Leucippo e Clitofonte* di Achille Tazio; subito dopo in essa furono localizzati anche gli altri frammenti.

Il medesimo procedimento ha portato nel 1989 il Kleve all'importantissima individuazione di resti dei libri I, III, IV e V del *De rerum natura* di Lucrezio in piccoli pezzi di un papiro ercolanese.

Da qualche anno, dunque, tra gli strumenti di lavoro del papirologo è anche il computer. Grandi progetti sono stati annunciati. Lo stesso Willis lavora in una banca-dati comprendente tutti i papiri e gli *ostraka* documentari greci e latini pubblicati: al XVIII Congresso Internazionale di Papirologia (Atene 1986) egli annunciò che l'*équipe* della Duke University da lui diretta aveva memorizzato un totale di 143 volumi di documenti, corrispondenti a circa il 40% dei materiali fino a quel momento pubblicati. Per il papirologo che lavora su testi documentari la banca-dati della Duke University è di fondamentale importanza perché può metterlo in condizione di cercare, in pochi minuti, tutti i passi paralleli al testo che studia.

Un'altra studiosa americana, Kathleen McNamee, della Wayne State University, da anni lavora alla creazione di una banca-dati relativa a tutti quei papiri letterari che presentano note marginali o interlineari, glosse, sigle ecc.: si tratta di piú di 500 rotoli che in precedenza non erano mai stati messi insieme per un organico confronto.

Bei Eingabe der Schriftzeichen in den Computer muß man natürlich alle Formen präsent haben, in denen ein Buchstabe sich zeigen kann. So ist zu bedenken, daß der Schreiber am Ende einer Zeile den Schriftzug aus Platzgründen üblicherweise komprimiert, während dagegen der erste Buchstabe in einer Zeile noch sehr viel Raum in Anspruch nimmt. Schließlich bleibt die der Literalogie zugrunde liegende Idee die gleiche, die E.G. Turner an den Beginn jeder korrekten Untersuchung eines Papyrus stellt: Die Notwendigkeit für den Papyrologen, sich des in der Rolle ausgeführten Alphabets zu bemächtigen, indem er selbst, wie der antike Schreiber auch, die genaue Form der Buchstaben mit der Feder nachfährt (E.G. TURNER, *Papiri Greci*, Rom 1984, 77).

Mit einem Plotter oder einem Cursor lassen sich auf dem Computerbildschirm die gleichen, vorher auf Millimeterpapier übertragenen Zeichnungen ausführen und abspeichern. Damit kann man die Erstellung des Basisarchivs für abgeschlossen bezeichnen. Nun können beliebige Fragmente und Buchstaben auf dem Monitor abgerufen und verglichen werden. Dieser Vorgang wird dadurch erleichtert, daß die Abbildungen beliebig verkleinert oder vergrößert, gedreht oder übereinandergelegt werden können. Hier ein Beispiel: Es gilt einen Buchstaben zu rekonstruieren, dessen Reste auf ein *sigma* oder *kappa* im selben Papyrus hinweisen; der Buchstabe, der mit den Fragmenten mehr oder weniger deckungsgleich erscheint, ist wahrscheinlich der ursprüngliche.

Auch in anderer Weise kann der Computer dem Forscher bei der Rekonstruktion von teilweise erhaltenen Texten helfen. So kann er eine alphabetische Wörterliste, ein Verzeichnis von häufig zusammen auftretenden Begriffen und Statistiken jeder Art aufstellen. Ferner kann er die Wahrscheinlichkeit errechnen, mit der eine Kette von Buchstaben oder Wörtern einer bestimmten Lücke zugehörig ist. Dies erweist sich als besonders wertvoll, da es die Zuordnung auch kleinster Textstücke zu bestimmten Werken erlaubt. Wir erinnern hier an einen Fall von William H. Willis von der Duke University, den er auf dem XVII. Internationalen Kongreß für Papyrologie 1983 in Neapel bekanntgab. Er hatte sich schon lange mit dem Studium der kärglichen Reste von etwa hundert kleinen Textfragmenten auf Papyrus befaßt, ohne daß ihm je die Identifizierung des Ursprungstextes gelang. Die meisten Stücke wiesen halbe Worte auf, und die üblichen Lexika boten keine Hilfe. Inzwischen hatte die Duke University einen Ibycus Computer erworben, der auf die Katalogisierung, Lektüre und Veröffentlichung griechischer und lateinischer Texte spezialisiert war. Mit der Zeit verfügte man über Magnetbänder, die etwa 10 Millionen Wörter aus Texten der wichtigsten griechischen Autoren umfaßten. Diese Bänder wurden der University of California in Irvine zur Verfügung gestellt, wo man nun schon seit Jahren an einem *Thesaurus Linguae Graecae* (heute zusammen mit der Scuola Normale Superiore di Pisa) arbeitet. Willis übertrug den Inhalt dieser Bänder auf eine durch das System Ibycus lesbare Diskette von großer Speicherkapazität. Dann tippte er die wenigen Buchstaben eines dieser hundert rätselhaften Fragmente in die Tastatur. In weniger als drei Minuten hatte der Computer das Fragment dem Stück *Leukippe und Kleitophon* von Achilleus Tatios als zugehörig erkannt. Auch die anderen Fragmente waren schnell lokalisiert.

Derselbe Vorgang führte 1989 zu der äußerst bedeutenden Identifizierung von Resten der Bücher I, III, IV und V von Lucretius' *De rerum natura* aus kleinen, herkulaneischen Papyrusstücken.

Seit einigen Jahren gehört also auch der Computer zum Arbeitsgerät des Papyrologen. Große Projekte wurden in Angriff genommen. Willis arbeitet an einer Datenbank, die alle veröffentlichten dokumentarischen Papyri und Ostraka umfaßt. Auf dem XVIII. Internationalen Kongreß für Papyrologie 1986 in Athen gab er bekannt, daß die von ihm geleitete Forschungsgruppe der Duke University 143 Bände von Dokumenten, also etwa 40% des bis heute veröffentlichten Materials, katalogisiert hat. Für den über Dokumentationstexte arbeitenden Papyrologen ist diese Datenbank der Duke University von grundlegender Bedeutung, weil er innerhalb weniger Minuten alle Parallelstellen zu seinem untersuchten Text finden kann.

Die amerikanische Forscherin Kathleen McNamee von der Wayne State University arbeitet seit Jahren an der Erstellung einer Datenbank jener literarischen Papyri, die Rand- oder Interlinearkommentare, Glossen, Kennzeichnungen usw. enthalten. Es handelt sich hierbei um 500 Rollen, die bisher nie zu einem planmäßigen Vergleich herangezogen worden sind.

Die Computerisierung der «Bibliografia metodica» und der «Testi recentemente pubblicati», die seit 1920 in der Zeitschrift *Aegyptus* erscheinen, ist 1986 vom Papyrologischen Institut der Katholischen Universität Mailand angekündigt worden.

In Neapel konnten sich die Forscher des Centro Internazionale per lo Studio dei Papiri Ercolanesi 1988 an den von der Soprintendenza Archeologica di Pompei und dem Consorzio Neapolis installierten Computer anschließen. Es wurde ein Programm entwickelt, das eine genauere Lektüre der Papyrus-Photographien erlaubt und unter anderem die Abbildungen sowie einzelne Buchsta-

Bibliographie

K. KLEVE, I. FONNES, *Lancunology: On the Use of Computer Methods in Papyrology*, in: *Symbolae Osloenses*, 56, 1981, 157-170.

M. CAPASSO, *Lancunologia*, in: *CronErcolanesi*, 11, 1981. 171.

K. KLEVE, E.S. ORE, *A Computer Aid of Restoring Letters in Papyri*, in: *Atti del XVII Congresso Internazionale di Papirologia*, Neapel 1984, I, 155 f.

K. MCNAMEE, *Computerization of Data on Marginal Additions in Papyri, ebd.*, 157-162.

Un progetto di computerizzazione della «Bibliografia metodica» e dei «Testi recentemente pubblicati» che sin dal 1920 appaiono sulla rivista *Aegyptus* è stato annunciato dalla scuola papirologica dell'Università Cattolica di Milano nel 1986.

A Napoli il Centro Internazionale per lo Studio dei Papiri Ercolanesi attraverso i suoi ricercatori, nel 1988, ha potuto accostarsi con grande emozione al computer realizzato dalla Soprintendenza Archeologica di Pompei in collaborazione con il Consorzio Neapolis. È stato realizzato un programma che consente una lettura molto sofisticata della fotografia dei papiri: è possibile, tra l'altro, ingrandire l'immagine, isolare le singole lettere ed evidenziarle cromaticamente rispetto al fondo. Gli esperimenti sono stati condotti sulle splendide fotografie dei papiri ercolanesi eseguite negli anni 1971-1972 dal Gabinetto Fotografico Nazionale di Roma; i risultati sono stati interessanti. Tuttavia nemmeno questo particolare tipo di lettura può sostituire il controllo degli originali: prospettive di eccezionale importanza potrebbe aprire l'utilizzazione da parte del computer non della fotografia, bensí dei papiri.

Attualmente l'intero impianto della Soprintendenza e del Progetto Neapolis è stato trasferito nell'ambito pompeiano di Boscoreale e si apre la possibilità di avere un terminale nella Officina dei Papiri Ercolanesi. Comunque, se non si dovesse disporre di un terminale, i papirologi ercolanesi possono utilizzare l'impianto nella sede della Soprintendenza Archeologica. La lettura computerizzata delle fotografie dei rotoli ercolanesi e, auspicabilmente, in futuro quella diretta degli stessi originali costituiscono uno dei traguardi piú prestigiosi della cooperazione fra papirologia, archeologia ed informatica. Quei primi esperimenti di lettura articolata di un testo papiraceo rimangono indimenticabili e confidiamo che l'ulteriore sviluppo di tale cooperazione possa dare risultati di rilevante significato nella decifrazione di testi frammentari.

Non ci soffermiamo sul valore papirologico, filologico ed antiquario delle nostre ricerche né sulle acquisizioni che ne derivano per la conoscenza della storia del pensiero e della civiltà antica, ma è evidente che tutto ciò che potrà essere ancora tratto dalla lettura dei nostri testi aumenterà considerevolmente con la piena utilizzazione degli strumenti informatici. Va comunque ribadito che il computer rimane uno strumento di lavoro, che può aiutare lo studioso a motivare piú saldamente le sue scelte, ma in nessun caso può rimpiazzare la sua intelligenza.

MARCELLO GIGANTE, MARIO CAPASSO

Bibliografia

K. KLEVE, I. FONNES, *Lacunology: On the Use of Computer Methods in Papyrology,* in *Symbolae Osloenses,* 56, 1981, pp. 157-170.

M. CAPASSO, *Lacunologia,* in *CronErcolanesi,* 11, 1981, p. 171.

K. KLEVE, E.S. ORE, *A Computer Aid of Restoring Letters in Papyri,* in *Atti del XVII Congresso Internazionale di Papirologia,* Napoli 1984, I, p. 155 s.

K. MCNAMEE, *Computerization of Data on Marginal Additions in Papyri, ibid.,* pp. 157-162.

W.H. WILLIS, *The Duke Data of Documentary Papyri, ibid.,* pp. 167-173.

K. KLEVE, E.S. ORE, R. JENSEN, *Literalogy: on the Use of Computer Graphics in Papyrology,* in *Symbolae Osloenses,* 62, 1987, trad. it. con aggiunte a cura di M. CAPASSO, in *CronErcolanesi,* 17, 1987, pp. 141-150.

W.H. WILLIS, *The Duke Data Bank of Documentary Papyri,* in *Proceedings of the XVIII International Congress of Papyrology,* Athens 1988, II, pp. 15-20.

G. TIBILETTI, *La computerizzaztone della «Bibliografia metodica» e dei «Testi recentemente pubblicati» di «Aegyptus», ibid.,* pp. 21-25.

E.S. ORE, *Information, Technology and Papyrology, ibid.,* pp. 27-39.

K. KLEVE, *Lucretius in Herculaneum,* in *CronErcolanesi,* 19, 1989, pp. 5-27.

K. KLEVE, E.S. ORE, I. FONNES, M. CAPASSO, R. JENSEN, K. BERGERSEN, *Informatica papyrologica (with a Summary in Italian),* in *La Charta Borgiana. Miscellanea papirologica per il bicentenario dell'edizione di Niels Schow,* a cura di M. CAPASSO, R. PINTAUDI, Firenze 1990.

Fotografo non identificato, «Scavi nuovi. Pompei», 1870 ca.
Stampa all'albumina da lastra al collodio umido.

Anonyme Photographie, «Die neuen Ausgrabungen. Pompeji», ca. 1870.
Albumen-Druck von einer Photoplatte mit Kollodiumflüssigkeit.
mm 200 × 250. Firenze, Museo di Storia della Fotografia Fratelli Alinari.

tet eine sorgfältig durchgeführte Untersuchung, die Herstellungsschritte der einzelnen Objekte zu unterscheiden und so, nach Winckelmann, «den Geschmack der Alten zu rekonstruieren»[20]. Die methodologische Neuerung durch Caylus kam sicher nicht unvermittelt. Sie fügt sich in das lebhafte kulturelle Klima im Europa des 18. Jahrhunderts, das optimistisch und vertrauensvoll auf die Naturwissenschaften blickt und in sachlichen Erfordernissen wie historischen Geschehnissen bemerkenswerter Tragweite weitere Anstöße findet[21]. Bernard de Montfaucon publizierte 1719 *L'antiquité expliquée et représentée* in zehn Bänden, denen bald ein fünfbändiges Supplement folgte[22]. Die Wissenschaftler erachteten ein als sofortiges Nachschlagewerk verfügbares Corpus von allem, was aus der Antike überliefert ist, für immer notwendiger. Das Ziel war also - im Sinne Montfaucons - mittels Selektion und Klassifikation die enorme, in unzählbaren Sammlungen verstreute Hinterlassenschaft zusammenzufassen. Die Arbeit des Antiquars drohte, wie die des Sisyphus zu werden, dazu verdammt, niemals zu einem faßbaren Ergebnis zu gelangen. Im Hinblick auf das gesteckte Ziel muß ergänzt werden, daß Montfaucon dies, wie ich glaube, nicht nur mangels geeigneter Methodologien verfehlte.

Während die *L'antiquité expliquée* in hohen Auflagen in ganz Europa erschien, genügten die Entdeckungen von Herkulaneum 1738 und Pompeji 1748, um den bisher für gewiß erachteten Wissensschatz endgültig in Frage zu stellen. Das durch die Ausgrabung der beiden kleinen kampanischen Städte, die in dramatischer Weise im 1. Jahrhundert n.Chr. begraben worden waren, zutage gekommene Material übertraf quantitativ in wenigen Jahren berühmte und über Jahrzehnte oder Jahrhunderte geduldiger Sammeltätigkeit gewachsene Kollektionen. Die Lebendigkeit der Funde ließ die Antike erstmals nicht nur als Welt der Götter, Heroen und Kaiser erscheinen, die in den

[20] Zitiert in: L. BESCHI, *La scoperta dell'arte greca*, in: S. SETTIS (Hg.), *Memoria dell'antico ..., zit.*, 345, Nr. 6.
[21] Zum kulturellen Klima der Zeit s. A. EMILIANI, *Musei e Museografia*, in: *Storia d'Italia*, 5, Turin 1973, 1613-1655.
[22] SÉNÉCHAL, *Originale e copia ..., zit.*, 164-166.

calcolo matematico e dell'esperimento in laboratorio mostra quanto consolidato sia anche nei presupposti teorici il processo conoscitivo appena delineato. Piú complessa è l'applicazione di un modello teorico della conoscenza, perché si abbia la certezza della scienza, ad una disciplina quale l'*Archeologia* che ha per oggetto l'uomo, il cui variegato ed apparentemente libero configurarsi non è immediatamente riconducibile alle necessitanti leggi che danno ai fenomeni della natura forma di conoscenza. La necessità di un metodo della ricerca appare tanto piú avvertita quanto maggiore è la coscienza di procedere sulla base di dati parziali e frammentari a ricostruzioni spesso ipotetiche e prevalentemente orientate nel processo di verifica ad un criterio di verisimiglianza piuttosto che di verità. Da ciò discende, io credo, l'esigenza di garantire l'obbiettività del dato raccolto o prelevato, che della ricerca è elemento indispensabile, anche registrando il lavoro nel metodo e nelle procedure, attraverso rilevamenti grafici, relazioni, diari di scavo e, negli anni piú recenti, la compilazione di schede idonee a descrivere nella caratterizzazione fisica gli individuati elementi che nel loro insieme costituiscono la complessa realtà di uno scavo archeologico.

È opportuno inoltre ribadire, ed è questa la seconda osservazione, quanto duraturi e consolidati siano i rapporti tra *Geologia* ed *Archeologia.* La *Geologia* si consolida come scienza quando riesce a porre in una prospettiva temporale verificata da prove certe la successione di mutamenti geomorfologici. Nel 1669, nel periodo in cui il lungo soggiorno italiano gli consentiva di completare una serie di osservazioni di fondamentale importanza, Niels Steensen pubblicava il *De solido intra solidum naturaliter contento Dissertationis prodromus.* La fondazione della *Geologia* e della *Paleontologia,* scientificamente intese, procede nell'opera di Steensen da un corretto esame dei processi di stratificazione e dalla definizione delle stratigrafie come rilevamento, lettura ed interpretazione di tali processi[33].

L'esperienza del La Vega è nel solco tracciato da Steensen, con un approccio dell'archeologia alla geologia nella sua immediatezza ancora primordiale ma suscettibile di notevoli sviluppi. L'incontro tra le due discipline mi sembra pienamente compiuto e realizzato in anni recenti nelle attività e negli studi di Harris[34] con la definizione della stratigrafia archeologica a superamento di una visione di archeologia stratigrafica. Il cammino, lungo ben tre secoli, è stato percorso da numerosi studiosi: le loro ricerche, attraverso un processo di assimilazione lento e graduale, e proprio per questo piú profondo ed efficace, hanno consentito di definire le norme della stratigrafia geologica, di applicare tali norme allo scavo di siti archeologici caratterizzati da stratificazioni geologiche ed infine di tradurle nel linguaggio storico della frequentazione umana.

Lo scavo stratigrafico[35] consente una visione chiara, e quindi con piú ampia garanzia di obbiettività, dei processi di interramento e della caratteristica della frequentazione in termini spaziali e temporali, assegnando manufatti e segni a fasi che sono materialmente definite e cronologicamente ordinate. È chiaro, anche in questo caso, di quanto, a fronte dell'esigenza di sistematizzare in dati della conoscenza gli elementi restituiti dalla terra, l'*Archeologia* si sia consolidata come scienza nel momento in cui l'incontro con una scienza della natura non ha determinato semplicemente acquisizione di tecniche o acritiche trasposizioni di modelli e visioni di ricerca. Va inoltre rilevato che l'elaborazione del metodo dell'indagine stratigrafica implica complessivamente una visione ben ampia dell'*Archeologia* nel campo delle scienze dell'*Antichistica.* Il processo di ricostruzione al quale si tende appare sempre piú totale e comprensivo di tutte le manifestazioni che caratterizzano la presenza dell'uomo come realtà individuale e come fenomeno sociale; in questo senso «l'archeologia manifesta sempre di piú l'ambizione a trasformarsi in una antropologia del mondo antico»[36].

Molteplici sono i legami istituiti negli ultimi decenni tra l'*Archeologia* e le discipline di carattere scientifico per quanto attiene l'uso di tecniche e di tecnologie piú complesse e sofisticate. Se l'obbiettivo è la ricostruzione per ambiti sempre piú vasti del mondo antico, risulta determinante l'apporto che può essere offerto da studiosi di singole discipline per conoscere con maggior aderenza alla realtà le tracce dell'uomo del passato nelle attività svolte in ambienti naturali o urbanizzati ormai profondamente mutati. L'ormai classica datazione al C14, l'analisi microscopica dei pollini, le indagini osteologiche, la nascita di scienze nuove quale l'archeometria, mostrano l'importanza delle scienze esatte nella ricerca storica e dettagliano la conoscenza attraverso

[33] Si vedano a tal proposito: CH. LYELL, *Principles of Geology,* London 1830; J. LUBBOCK, *Prehistoric Times,* London 1865.
[34] E.C. HARRIS, *Principles of Archaeological Stratigraphy,* London 1979.
[35] CARANDINI, *Storie della terra,* cit., pp. 31-52; D. MANACORDA, *Introduzione a E.C. Harris, Principi di stratigrafia archeologica,* Roma 1989, pp. 9-36.
[36] D'AGOSTINO, in BARKER, *Tecniche...,* cit., p. 20.

sen[37]. Die Masse der zu verwaltenden Daten wächst so mit beeindruckender Geschwindigkeit. Dem Wissenschaftler bereitet sie, wenn auch in gänzlich anderem historischem Zusammenhang, die gleiche Angst vor einer endlosen Forschungsarbeit, die schon zu Beginn des 18. Jahrhunderts den Abt Montfaucon beunruhigte.

Der Rechner erscheint zur Bearbeitung und Verwaltung der Informationen unerläßlich. Seit etwa dreißig Jahren wird er zunehmend für diese Funktionen genutzt.

Obgleich der Einsatz des Computers, zumindest auf den ersten Blick, nur Vorteile zu bringen scheint, werden dennoch auch die Risiken gesehen. Denn die Klarheit mathematischer Verfahren und die Objektivität chemisch-physischer Proben führen zu einer Mechanisierung des Erkenntnisvorganges, der die historische Rekonstruktion eher zu einer automatischen und notwendigen Folge als zu einer kritischen Interpretation durch Datenselektion werden läßt. Auch für die exakten Wissenschaften erweist sich ein solches Verfahren als beschämend, da es sie in die Rolle von Hilfswissenschaften im Dienste der Archäologie verweist. Auf der anderen Seite zeigen die ausgereiften Erfahrungen der Archäologiegeschichte, wie produktiv eine angemessene interdisziplinäre Zusammenarbeit sein kann.

Bezüglich der in der Archäologie angewandten Informatik hat man oft auf der Nützlichkeit des Computers zur Optimierung mittels schnelleren Zugriffs auf alle verfügbaren Daten beharrt. In Erwägung der Besonderheit einer Disziplin wie der Informatik konfrontierten einige das Problem der Erstellung von Datenbanken nicht so sehr mit der einfachen Dokumentenverwaltung als mit der Datenbearbeitung. Das hat eine komplexe Organisation der Information gemäß bestimmter Vorgaben, quasi als Projektion der Objekte, zur Folge. Serge Cleuziou und Jean-Paul Demoule geben eine geradlinige und ausführliche Darstellung des Vorgehens[38]. Eine Konstante stellt das Bemühen um eine äußerst strikte Architektur mittels einfacher Elemente, sogenannter Dokumentationseinheiten, dar. Die Annahme einer informatischen Methode zur Definition und Systematisierung von Wissen kann, wie ich glaube, nicht unerheblich zu einer Konsolidierung der Archäologie als Wissenschaft beitragen. Wir alle befinden uns mehr oder weniger bewußt in diesem Prozeß. Die Durchführungsmodi und die Vollendung hängen größtenteils von unserem Maß der Beteiligung ab. Oft begegnen wir bei Klassifikationen, die in der Vergangenheit nach uneinheitlichen Maßstäben vorgenommen wurden, erheblichen Ungenauigkeiten. Dies führt dazu, daß wir für unsere Untersuchungen widersprüchliche Typologien heranziehen oder undifferenziert mit Objekten arbeiten, die im Hinblick auf Morphologie, Funktion, geographische Herkunft oder Produktionswerkstatt analysiert sind. In anderen Fällen werden, ausgehend von konventionellen Klassifikationen, wissenschaftliche Hypothesen mit faktengebundenen Beurteilungen vermischt. Zur Absicherung unserer Erkenntnisse bemühen wir uns oft um die Rekonstruktion des Kontextes und verlieren uns dabei in der Datenfülle.

In den letzten Jahren erfolgte die Arbeit in Pompeji im Rahmen einer fruchtbaren interdisziplinären Zusammenarbeit mit der Motivation, zu einem umfassenden Fortschritt der Altertumswissenschaften beizutragen. Das nun nahezu vollständig realisierte Projekt bezweckte das Kennenlernen der durch den Vulkanausbruch von 79 n.Chr.[39] geprägten Vesuvregion durch die Erarbeitung eines kompletten Gerüsts, in das sich die während der letzten 250 Jahre gesammelten Informationen von Ausgrabungen, Studien und Untersuchungen einfügen lassen. Am logischen Anfang dieses Prozesses stand das heutige Gebiet, dessen Umweltbedingungen durch starke Verstädterung tiefgreifend verändert sind. Die heutigen Komponenten (Infrastruktur, geltende Planungsvorgaben, sozio-ökonomische Konditionen der Bevölkerung usw.) wurden analysiert und mittels Luftaufnahmen dokumentiert. Infolge sukzessiver Vertiefungen fanden sich vielfältige und typische Gegenstände aus der Vergangenheit. Nach der Rekonstruktion des territorialen Gefüges beschäftigte man sich mit der Analyse der städtischen Phänomene der Antike, so z.B. mit der Gestalt Pompejis zum Zeitpunkt der Eruption. Ein folgerichtiges Zusammenfügen der Siedlungsstruktur Pompejis verlangte nach der Bindung an eine einheitliche Basisdokumentation.

Die Städte waren durch ihre Bewohner und deren Tätigkeiten geprägt. Hinweise darauf finden sich in den Wohnvierteln. Durch Mauern umgrenzte Räume öffnen sich durch einen oder mehrere Zugänge zur Stadt. Ihren jeweiligen Charakter bestimmt eher die Funktion als das morphologische Faktum[40]. So wurde die städtische Struktur durch die Identifikation der Wohnbezirke entziffert, indem das Grundmuster abgelesen und auf diesem Weg Bestimmung und Funktion der einzelnen Räumlichkeiten festgestellt werden konnte. Ebenso verhielt es sich mit der Dekoration und mit der

[37] S.R. Bindford, L.R. Bindford, *New Perspectives in Archaeology*, Chicago 1968; D.L. Clarke, *Analytical Archaeology*, London 1968; *The Impact of Natural Sciences on Archaeology*, London 1970; *Science in Archaeology*, London 1970; T. Berthoud, *De la fouille au laboratoire*, in: Schnapp (Hg.), *zit.*, 135-146, und Bibliographie.

[38] S. Cleuziou, J.P. Demoule, *Enregistrer, gérer, traiter les données archéologiques*, in: Schnapp (Hg.), *zit.*, 87-132. Zur ausführlichen Information über jüngste Realisierungen und aktuelle Ziele: F. D'Andria (Hg.), *Informatica e Archeologia classica. Atti del Convegno Internazionale, Lecce 12.-13. Mai 1986*, Galatina 1987. P. Moscati, *Archeologia e Calcolatori*, Florenz 1987; *Archeologia e Informatica, Atti del Convegno, Rom 3.-5. März 1988*, Rom 1989.

[39] *Pompei-L'Informatica al servizio di una città antica*, Rom 1988. Eine Darstellung der zukünftigen Forschungen im Rahmen des Projektes vgl. im o.g. Band die Arbeit von A. Varone, *La struttura insediativa di Pompei: l'avvio di una indagine computerizzata per la conoscenza della realtà economica e sociale di una città campana della prima età imperiale*, 25-48.

[40] E. De Lellis, F. Miele, M.S. Pisapia, *Elaborazioni informatiche dei dati di ricognizione*, in: *Pompei-L'Informatica ..., zit.*, 49-71.

L'approccio tra due scienze apparentemente cosí distinte e diverse nel modo in cui è stato fin qui realizzato non tende, quindi, ad asservire l'*Informatica* all'*Archeologia* e, certamente, non vuole meccanizzare una disciplina profondamente storica quale è l'*Archeologia*. Il fine, e ciò sembra nei fatti conseguibile, è di consentire all'*Archeologia* di ricostruire un'approfondita visione del *Passato*, attraverso un metodo sempre piú pertinente.

Antonio De Simone

Ausstattung, sei diese fest oder beweglich. Die Berücksichtigung des noch Verbliebenen und besonders das Studium der Publikationen und der in Archiven verwahrten Forschungsdokumentationen tragen zur weiteren Kenntniserlangung über diese so vielfältige Welt bei. Die Konsultation des Bestandes findet jedoch in der kaum übersehbaren Zahl der Quellen ihre Grenze. Die Eingabe der Daten in den Computer erfolgt nach einheitlichem Schema: topographische Lage, in der Vergangenheit durchgeführte Maßnahmen (Ausgrabung, Restaurierung, Konservierung), Material. Computerisierte Abbildungen des Dokuments erleichtern nicht nur sein Studium, sondern tragen auch zu seinem Schutz bei, da die allzu häufige Heranziehung der Originale abnimmt. Diese vereinheitlichte Datenverwaltung ermöglicht im Rahmen der verfügbaren Daten und durch die Überprüfung früherer Ausgrabungen und Restaurierungen eine optimale Rekonstruktion der antiken Stadt und ihrer Monumente.

Die archäologische Situation der Vesuvregion hat die Wahl der Malereien zum Gegenstand des wissenschaftlichen Beschreibungsvorhabens nicht unwesentlich beeinflußt. Die relativ spärliche Dokumentation dieser Kunstgattung in anderen Orten führte sogar zu einer Überbewertung der pompejanischen Werke innerhalb der antiken Malerei[41]. Das Außergewöhnliche dieser Dokumentation drängte eine gewissermaßen alltägliche, doch nicht unwichtige Tatsache in den Hintergrund: Die Malereien sind eine Verschönerung des Verputzes, der die Wände schützt[42]. Bis zur Mitte des 19. Jahrhunderts wurden die Malereien von den Wänden abgenommen und in unangemessener Weise Tafelbildern gleich in Museen ausgestellt. Das Fehlen des Kontextes schränkte ihre Wahrnehmbarkeit ein oder verfälschte sie. Durch die Vereinheitlichung der computerisierten Bestandsaufnahme wurde die ursprüngliche Bezugshierarchie zu Wand, Haus, Wohnbezirk und in Insulae und Regiones untergliedertes Stadtgefüge wiederhergestellt.

Die computerunterstützte Katalogisierung bedarf zur Definition und Identifikation des erfaßten Gegenstandes einfacher und klarer Parameter. Die Einordnung ist in der Analyse der dinglichen Strukturen des Objektes verankert. Hier findet sich eine Beziehung zwischen Archäologie und Philologie. Einen Beweis liefert die Entwicklung eines kontrollierten Vokabulars infolge logischer, syntaktischer Analyse der im Gegenstand enthaltenen Informationen. Die Einstimmigkeit der Definitionen gestattete die Genauigkeit bei der Erstellung der Datenbank und garantiert folglich mittels spezifischer Zugangsschlüssel Systematik und Endgültigkeit zukünftiger Forschungen.

Die Realisierung des Projektes führte zu verschiedenen Ergebnissen. Da ist zunächst die Entwicklung eines «integrierten Wissensmodells». Die einzelnen Datenbanken (Kulturgüter auf dem Gelände, Urbanistik Pompejis, Malereien und Fußböden, Archivdokumente usw.) wurden nach den logischen Gesetzen der Informatik zueinander in Beziehung gesetzt. Ein anderes Resultat ist die Wissenserweiterung in Bezug auf Methoden und Inhalte, indem das Objekt vielschichtig befragt, mit allen Gegenständen gleicher Kategorie verglichen und in einen größeren Kontext eingeordnet wird.

Die Möglichkeit, vorhandene Kenntnisse weiter auszubauen und zu ergänzen, resultiert aus der Bestandsaufnahme, die in der Klarheit ihrer Bezüge unersetzlich ist. Letztere lassen nötige Vergleichsbeispiele ermitteln und ermöglichen das Verständnis der Phänomene der antiken Welt, obwohl sie in ihrer Komplexität und ihrem fragmentarischen Zustand nicht immer einfach definierbar sind. Die Fallbeispiele sprechen grundverschiedene Aspekte an, wie Arbeitsmethoden, architektonisch-strukturelle Verhältnisse, formale Fragen und Sonderlösungen. Ebenso beschäftigen sie sich mit viel behandelten Themen, wie stilistische Einordnung, chronologische Bestimmungen, technische Ausführungsprobleme und ikonographische Fragen.

Diese Annäherung zweier scheinbar so weit entfernter Wissenschaften trachtet nicht nach der Versklavung der Informatik durch die Archäologie. Sicher will sie eine zutiefst historische Disziplin, wie es die Archäologie ist, auch nicht mechanisieren. Das tatsächlich erreichbare Ziel besteht darin, der Archäologie mittels einer immer mehr ihr zugehörigen Methode eine weitreichende Rekonstruktion der Vergangenheit zu ermöglichen.

ANTONIO DE SIMONE

[41] Von den jüngeren Arbeiten scheint mir folgende erwähnenswert: A. BARBET, *La peinture murale romaine*, Paris 1985.

[42] Vgl. J.P. ADAM, *La construction romaine*, Paris 1984, 235-246.

La riscoperta di Ercolano e Pompei nella cultura artistica del Settecento europeo

Nell'inoltrato 1767, a Bernardo Tanucci presso il quale insisteva affinché appoggiasse il progetto di far tradurre in francese e in inglese i primi tomi delle *Antichità di Ercolano esposte,* l'abate Ferdinando Galiani cosí scriveva da Parigi:

«[...] veggo che Ella non è ben al fatto. Certamente, se si vogliono cercare duemila antiquari e letterati ricchi per lo mondo non si trovano; ma l'*Ercolano* ha un altro uso qui. Tutti gli orefici, bigiuttieri, pittori di carrozze, di soprapporte, tappezzieri, ornamentisti hanno bisogno di questo libro. Sa V.E. che tutto si ha da fare oggi *à la grecque,* che è lo stesso che *à Erculanum.* [...] Non si fanno piú bronzi, intagli, pitture, che non si copino dall'*Ercolano.* Quella pittura d'una donna che vende amoretti come polli, io l'ho vista ricopiata qui in piú di dieci case. Or, ciò posto, vede benissimo V.E. l'uso e il consumo che si farebbe dell'*Ercolano* ristampato, e i poveri artisti, quando non possono aver l'opera intera, piglierebbero rami sciolti e staccati»[1].

In effetti, il contenuto dei primi volumi delle *Antichità di Ercolano* si limitava ad aver carattere strettamente antiquariale, e dal punto di vista estetico s'improntava a una concezione accademica, che a parte uno scrupolo filologico di tipo nuovo meritevole di essere studiato meglio dagli specialisti, non vedeva che il monumento: l'opera singola, estratta addirittura a forza dal contesto di appartenenza. Di contro Galiani, il quale per altro trattava dell'argomento con un distacco da cui già traspare l'ironia con cui taluni ambienti della Parigi colta avevano incominciato a parlare di «anticomania», non solo forniva l'informazione che nella Parigi di quegli anni l'espressione «à la grecque» suonava lo stesso che «à Erculanum», ma ne aggiungeva un'altra piú rara: che, a interessarsi davvero ai nuovi repertori artistici non era il mondo degli eruditi e dei «letterati», bensí una classe di artefici che la tradizione accademica non includeva fra i portatori di grandi e nuovi ideali dell'arte. Per intendere l'importanza di ciò, conviene riprendersi dall'altro capo della storia della questione.

Nel 1818, concludendo la sua *Storia della scultura,* Leopoldo Cicognara fu tra i primi a dare un quadro complessivo, nell'ampiezza come negli eccessi, della fortuna toccata alle scoperte campane, e fu il primo a rendersi conto che esse avevano avuto un gran peso specialmente nell'ambito delle cosiddette «arti minori». Ma egli si espresse con queste precise parole: «influirono molto piú queste scoperte su ciò che si chiama *oggetti minori* delle arti, come le suppellettili, le mobilie, le decorazioni domestiche ed interne degli edifici [...]; li candelabri, le lucerne ed i bronzi servirono di modello ad ogni costruzione piú moderna d'ornamenti e di utensili». E il tutto era visto alla luce del fatto che Ercolano aveva restituito «piú conservati i monumenti non solo delle arti, ma anche degli usi della vita, rimasti sepolti dall'anno 79 dell'era nostra»[2].

Ognuna di queste parole ha un peso specifico; il quale, valutato alla luce della dottrina sulla parità e unità delle arti – quale s'era venuta definendo anche prima che Francesco Milizia la riproponesse nel 1781 in nome del «disegno», che è di «vantaggio universale» perché «dà valore alle cose piú frivole e fino ai nienti della moda»[3] –, fornisce la chiave per una rilettura del fenomeno nel quadro dei problemi fondamentali del XVIII secolo. L'esigenza di tener conto degli «usi della vita», l'attitudine a vedere negli oggetti antichi recuperati i «modelli» per la costruzione di ornamenti e utensili moderni, e il tutto sulla base della capacità progettuale e insieme operativa del «disegno» teso al «vantaggio universale», sono istanze che riconducono nel cuore del progetto di trasformazione sociale elaborato dal movimento illuministico: del quale è stato sottolineato

[1] Il presente scritto presuppone i due del medesimo autore cosí intitolati: *Le scoperte di Ercolano e Pompei nella cultura europea del XVIII secolo,* in *La parola del passato,* CLXXXVIII – CLXXXIX *(Studi su Ercolano e Pompei),* Settembre-Dicembre 1979, pp. 377-404; *La riscoperta di Ercolano e la cultura artistica del Settecento europeo,* in *Le antichità di Ercolano,* Banco di Napoli 1988, pp. 81-105. Al primo dei due e al paragrafo introduttivo del secondo rinvio per tutti i dati bibliografici e tecnici che non si troveranno richiamati espressamente nelle note seguenti.

[2] L. CICOGNARA, *Storia della cultura dal risorgimento delle belle Arti in Italia fino al secolo di Napoleone,* Venezia 1813-18; ediz. ampliata, Prato 1823-24, volume VII (tolgo la citazione dall'antologia di P. Barocchi, *Testimonianze e polemiche figurative in Italia,* I, *Ottocento, Dal Bello Ideale al Preraffaellismo,* Messina-Firenze 1972, pp. 34-36.

[3] Cfr. F. MILIZIA, *Principi di architettura civile,* Finale 1781, Milano 1853[3], p. 3. Per la discussione e la valorizzazione di questo punto cfr. F. BOLOGNA, *Dalle arti minori all'industrial design. Storia di una ideologia,* Bari 1972, pp. 142-148.

Die Wiederentdeckung von Herkulaneum und Pompeji in der künstlerischen Kultur im Europa des 18. Jahrhunderts

Gegen Ende des Jahres 1767 schrieb Abt Ferdinando Galiani den folgenden Brief an Bernardo Tanucci in Paris, den er zu überzeugen versuchte, die Übersetzung der ersten Bände der *Antichità di Ercolano esposte* in Englisch und Französisch zu unterstützen:

«[...] Ich sehe, Sie sind nicht gut informiert. Natürlich werden Sie keine zweitausend reichen Antiquitätenhändler und Literaten auf der Welt finden; doch *Ercolano* spielt hierbei eine andere Rolle. Alle Goldschmiede, Schmuckwarenhändler, Maler von Kutschen und Sopraporten, Tapezierer und Ornamentkünstler brauchen dieses Buch. Weiß Eure Excellenz, daß heute alles *à la grecque* gemacht werden muß; dies ist das gleiche wie *à Erculanum*. [...] Es gibt keine Bronzen, Schnitzereien und Malereien ohne Kopien aus *Ercolano* mehr. Das Bild einer Frau, die Amoretten als Hühner verkauft, sah ich in mehr als zehn Kopien. So können Sie, Eure Excellenz, den Nutzen eines Nachdrucks von *Ercolano* erkennen. Und die armen Künstler erwischen, wenn sie nicht das ganze Werk haben, nur lose, einzelne Blätter»[1].

Tatsächlich hatten die ersten beiden Bände der *Antichità di Ercolano* ausschließlich antiquarischen Wert. In ästhetischer Hinsicht folgten sie einem akademischen Grundgedanken, der, neben einer neuen philologischen Sorgfalt durch genaueres Studium, allein eine solche Art der Betrachtung nach sich zog, die nur das Monument selbst kannte, das aus seinem Kontext herausgelöste Einzelwerk. Galiani dagegen, der aus einer damals im gebildeten Paris gegenüber der «Antikomanie» aufkommenden ironischen Distanz heraus sprach, teilte nicht nur mit, daß im Paris jener Jahre der Ausdruck *à la grecque* das gleiche bedeutete wie *à Ercolanum*, sondern er fügte auch folgendes hinzu: Nicht die Gebildeten und Literaten waren die wirklich Interessenten am neuen künstlerischen Repertoire, sondern Kunsthandwerker, die von der akademischen Tradition nicht zu den Trägern großer, neuer Kunstideale gezählt wurden. Um die Bedeutung dessen zu verstehen, müssen wir uns der anderen Seite dieser Geschichte zuwenden.

Als Leopoldo Cicognara 1818 seine *Storia della scultura* abschloß, gehörte er zu den ersten, die eine ausführliche, komplexe Darstellung von den erfreulichen Entdeckungen in Kampanien gaben. Als erster erfaßte er mit klaren Worten deren Bedeutung für die weniger hoch bewerteten Künste: «Diese Entdeckungen beeinflußten die sogenannten *niederen Gegenstände* der Kunst, wie Gerätschaften, Möbel oder Dekorationen für Haus und Innenräume viel mehr [...]; Kandelaber, Laternen und Bronzen dienten allen modernen Utensilien und Dekorationen als Modell». Dies sah man alles unter dem Aspekt, daß in Herkulaneum «seit der Verschüttung des Jahres 79 nicht nur die Kunstdenkmale, sondern auch die Alltagsgegenstände» besser überliefert sind[2].

Mit jedem dieser gewichtigen Worte rief Cigognara im Lichte der Lehre über die Gleichheit und Einheit der Künste - diese war schon begründet, ehe Francesco Milizia sie 1781 im Namen der «allgemein vorteilhaften Zeichnung» erneut vertrat, da «diese den Nichtigkeiten der Mode Wert und Feinheit verlieh»[3] - eine erneute Erörterung dieses Phänomens im Rahmen der grundlegenden Probleme des 18. Jahrhunderts hervor.

Das Erfordernis, den Lebensgewohnheiten Rechnung zu tragen, und das Bestreben, in den antiken Gegenständen «Modelle» für moderne Ornamente und Utensilien zu suchen, sind Ansprüche, die direkt auf die von der Aufklärung geforderte soziale Umbildung zielen. Planung und Ausführung durch die «allgemein vorteilhafte Zeichnung» bilden die Grundlage. Der utopische Charakter der Aufklärung wurde mehrfach betont, doch führte sie zu den sozialpolitischen Revolu-

[1] Dieser Aufsatz beruht auf folgenden zwei Schriften desselben Autors: *Le scoperte di Ercolano e Pompei nella cultura europea del XVIII secolo*, in: *La parola del passato*, CLXXXVIII-CLXXXIX (*Studi su Ercolano e Pompei*), September-Dezember 1979, 377-404; *La riscoperta di Ercolano e la cultura artistica del Settecento europeo*, in: *Le antichità di Ercolano*, Banco di Napoli 1988, 81-105. Alle technischen und bibliographischen Hinweise, die nicht hier in den Anmerkungen erwähnt sind, finden sich in der ersten Schrift und im Einleitungskapitel der zweiten.

[2] L. CICOGNARA, *Storia della cultura dal risorgimento delle belle Arti in Italia fino al secolo di Napoleone*, Venedig 1813-18; erweiterte Ausgabe Prato 1823-24, Bd. II (Zitat aus der Anthologie von P. BAROCCHI, *Testimonianze e polemiche figurative in Italia*, I, *Ottocento, Dal Bello Ideale al Preraffaellismo*, Messina/Florenz 1972, 34ff.

[3] Vgl. F. MILIZIA, *Principi di architettura civile*, Finale 1781, Mailand 1853, 3. Diskussion und Beurteilung bei F. BOLOGNA, *Dalle arti minori all'industrial design. Storia di una ideologia*, Bari 1972, 142-148.

Giacomo Brogi, «Pompei. Porta di Ercolano», 1880 ca.
Stampa all'albumina da lastra al collodio umido.

Albumen-Druck von einer Photoplatte mit Kollodiumflüssigkeit.
mm 198 × 250. Firenze, Museo di Storia della Fotografia Fratelli Alinari.

piú volte il carattere utopico, ma che portò alle rivoluzioni socio-politiche degli Stati Uniti d'America e di Francia, a conferma della funzione positiva che occorre riconoscere anche alle utopie.

Lo *starter point* s'identifica con la rinascita, nell'Europa di primo Settecento, dell'attitudine a cercare il fondamento delle conoscenze nell'esperienza e nella funzione conoscitiva dei sensi, e ciò con il fine di trasformare le conoscenze acquisite nel patrimonio di sapienza pratica necessario a guidar il lavoro produttivo. In sede estetica, la tendenza prese forma nella dottrina che chiamiamo «funzionalismo», ossia nella definizione e nel riconoscimento della componente pratica dell'opera d'arte. Per altro, sotto un duplice aspetto: della sua «utilità» globale, in quanto è un prodotto destinato comunque agli «usi della vita», alias della società; e quello del debito che lo stesso «stile» contrae a un tempo, da una parte nei confronti dei materiali con cui l'opera è realizzata, da un'altra del «bisogno» che la medesima opera è chiamata a soddisfare. Sintomaticamente, il campo di esperienze riguardo a cui la dottrina fu messa a punto fu l'architettura, arte «pratica» per eccellenza. Tuttavia, già nel veneziano Carlo Lodoli il principio funzionalistico appare applicato, oltre che all'architettura, ad altri àmbiti della produzione artistica. Per esempio alla «gondola», che Lodoli indicava come il massimo modello di sintesi fra rispondenza allo scopo e bellezza estetica, nonché alla mobilia e alle seggiole. In tempi leggermente posteriori a quelli di Lodoli, Thomas Chippendale applicava alle sedie prodotte dalla sua ditta i progetti del veneziano, e William Hogarth non solo riprendeva la dottrina funzionalistica della gondola («di una imbarcazione che tiene bene il mare i marinai dicono che è 'una bella nave', tanto i due concetti sono strettamente legati»), ma l'estendeva a tutta

Giacomo Brogi, «Pompei. Casa di Cornelio Rufo», 1880 ca.
Stampa all'albumina da lastra al collodio umido.

Albumen-Druck von einer Photoplatte mit Kollodiumflüssigkeit.
mm 198 × 250. Firenze, Museo di Storia della Fotografia Fratelli Alinari.

tionen in den Vereinigten Staaten und Frankreich und bestätigte so auch die positive Funktion von Utopien.

Der Ausgangspunkt war im Europa des frühen 18. Jahrhunderts das Wiederaufleben der Suche nach der Wissensgrundlage in der Erfahrung und den wahrnehmenden Funktionen der Sinne. Ziel war die Umwandlung der Erkenntnis in einen für die Produktion nötigen, praktischen Wissensschatz. In ästhetischer Hinsicht formierte sich diese Tendenz zur Doktrin des «Funktionalismus», d.h. die Definition und das Erkennen des praktischen Aspekts eines Kunstwerks. Zu einem anderen, zweifachen Aspekt gehört einerseits die allgemeine «Nützlichkeit» als für das Leben bzw. die Gesellschaft bestimmtes Produkt, andererseits die Verpflichtung, der Stil müsse sowohl die gegensätzlichen Materialien eines Werkes, als auch den durch dasselbe zu befriedigenden Zweck in sich vereinigen. Es ist symptomatisch, daß die Architektur als «praktische» Kunst par excellence zum Versuchsfeld für die neue Doktrin ernannt wurde. Schon bei dem Venezianer Carlo Lodoli scheint das funktionalistische Prinzip auch auf andere Bereiche künstlerischer Produktion angewendet: Neben Möbeln und Stühlen gilt z.B. die «gondola» als maximale Synthese zwischen Zweck und Ästhetik. Wenig später übernahm Thomas Chippendale für seine Werkstätten die Entwürfe des Venezianers. William Hogarth nahm nicht nur das funktionalistische Prinzip der gondola auf («Ein Schiff, das gut fährt, nennen die Seefahrer 'ein schönes Schiff', so sehr sind die beiden Gedanken verbunden»), er übertrug es als essentielles Element der «Schönheit» auf die gesamte Kunst und Malerei[4]. Grundsätzlich wurde im übrigen seit einiger Zeit beobachtet, daß «das funktionelle Architekturprinzip nichts anderes als ein Element des allgemeinen Aufklärungsgedankens» ist[5]. Hier trafen sich kritische und experimentelle Gedanken, die im Widerspruch zum traditionellen

[4] Vgl. W. HOGARTH, *The Analysis of Beauty*, London 1753, hrsg. von J. BURKE («with the rejected passage from the manuscript drafts and 'Autobiographical Notes'»), Oxford 1955, Kap. I.

[5] Vgl. M. PETROCCHI, *Razionalismo architettonico e razionalismo storiografico*, Rom 1947, 17.

l'arte e alla pittura, considerando l'«adattamento» come momento essenziale della «bellezza»[4]. In linea di massima, del resto, è stato osservato da tempo che il «pensiero architettonico funzionale non è che un momento del piú generale pensiero illuministico»[5]; e occorre aggiungere che in esso si collegavano sia le istanze critiche e sperimentali opposte al dogmatismo idealistico della tradizione, sia le istanze volte alla rivalutazione sociale della pratica contro le svalutazioni aristocratiche e anch'esse idealistiche in vigore almeno dalla seconda metà del Cinquecento, sia quelle tese alla rivalutazione dei particolari aspetti dell'attività estetica che con la «pratica» hanno attinenza maggiore: dalla componente strumentale dell'architettura alle tecniche artistiche, alle «arti minori» vere e proprie, che tutte inerivano in vario modo agli «usi della vita» e all'aspetto piú corposamente sociale dell'estetico.

Ma il punto da valorizzare meglio è che la dottrina funzionalistica nacque in simbiosi con l'appello alla «ragione», elevata a giudice supremo delle cose dell'arte in quanto equivalente della «verità» e della «naturalezza», e con l'identificazione della *bienséance,* cioè della bellezza dell'opera in quanto derivante dalla sua rispondenza allo scopo e dalla ragionevole chiarezza del suo aspetto, con un programma di razionalizzazione delle forme, che pose per tempo un'antitesi al gusto barocco. Quel che nella cultura artistica francese degli anni 1730 è stato descritto come «un movimento di stanchezza per la linea curva e per l'ornamentazione rococo»[6], cioè come un movimento di pura natura estetica riguardante solo una saturazione del gusto, nasceva in realtà dal convergere di tutte le ben piú ricche istanze riassunte e aveva questi precedenti.

Ebbene, anche il reiterato interesse per l'antico, che venne volgendosi ben presto alle scoperte di Ercolano e Pompei, si delineò contestualmente a tutto questo, e in rapporto a tutto questo chiede di essere valutato in prima istanza. Giacché all'opinione non rara nella storiografia prossima passata, che un interesse del genere non fosse una novità, avesse precedenti lontani, e il pubblico non fosse impreparato a riceverlo[7], occorre opporre la constatazione che, pur non potendo essere l'antico una novità in senso assoluto, in quei decenni si delineò un modo radicalmente nuovo di riceverlo e di utilizzarlo.

Per tutto il XVII secolo, dopo la liquidazione dell'individualismo umanistico-rinascimentale operata nell'Europa cattolica dalla Controriforma e dal rassodamento della feudalità, il mondo artistico classico era stato riguardato prevalentemente come un deposito di modelli non già operativi, ma «ideali», nonché di «norme» d'ordine quasi dogmatico e metafisico, ed era stato usato strumentalmente piuttosto come freno intellettuale che come stimolo creativo. Nella prospettiva della «nobilità» e del «decoro», e nel risvolto socialmente conservatore che tale prospettiva sottendeva quando faceva battere l'accento sull'aspetto formale delle «regole», l'antico era stato impiegato anche come principio pedagogico di disciplina.

La nuova cultura settecentesca, invece, non tardò ad affrontare il problema nel quadro dell'appello illuministico agli ideali di «ragione» e di «natura» che il programma di verifica delle conoscenze come strumento di liberazione da ogni tipo d'autorità aveva portato alla ribalta. Sostenendo che gli antichi (ora piú greci che romani) avevano potuto conoscere la razionalità di una natura non ancora corrotta, le opere dell'età classica furono indotte a combaciare con la «natura» coincidente con «la verità di ragione», e furono apprezzate per il *lucidus ordo* che, sia sotto il rispetto dell'assetto razionale, non già ideale delle forme, sia della rispondenza altrettanto razionale delle forme allo scopo, si ritenne fosse il fondamento dell'intera classicità. Il principio fu proiettato su tutti gli aspetti del mondo antico, anche socio-politici e civili, e l'antico finí con l'essere considerato in un complesso nodo di punti di vista convergenti, in cui le sue forme erano ritenute le piú idonee al processo di razionalizzazione funzionale dell'estetico che si intendeva promuovere, e i suoi contenuti furono proposti al presente come esempi di vita, anzi come modelli per la trasformazione dell'assetto sociale. Non v'è certo bisogno di ricordare come Winckelmann delineasse un rapporto necessario fra il culmine dell'arte greca di età periclea e le strutture etico-politiche della società che l'aveva prodotta, e indicasse nelle istituzioni pubbliche della Grecia antica, ritenute capaci di esprimere «bellezza» perché libere e democratiche, il modello su cui esemplare l'opposizione moderna alla tirannide e il suo personale «odio [...] contro i despoti»; oppure come, mentre l'apprezzamento del nesso semplicità-razionalità-praticità dell'architettura greca è presente fin dal 1714 in un giudizio di Fénelon («a Grecian structure has nothing in it that is merely ornamental. The parts that are necessary to support or to cover it, as the columns and the cornice, become ornaments only by their beautiful proportion. Everything is simple, exact and usefull»)[8], negli ultimi tre decenni del secolo un Louis David e un Francesco

[4] Cfr. W. HOGARTH, *The Analysis of Beauty,* Londra 1753, ediz. a cura di J. BURKE («with the rejected passage from the manuscript drafts and 'Autobiographical Notes'»), Oxford 1955, cap. I

[5] Cfr. M. PETROCCHI, *Razionalismo architettonico e razionalismo storiografico,* Roma 1947, p. 17.

[6] Cfr. M. PRAZ, *Herculaneum and European Taste,* 1939, ristampato col titolo *Le antichità di Ercolano* in ID., *Gusto neoclassico,* Napoli 1959², p. 35.

[7] Cfr. recentemente N. DACOS, *Arte italiana e arte antica,* in *Storia dell'arte italiana,* III, Torino 1979, p. 60; ma si veda anche il classico saggio di J. SEZNEC, *Herculaneum and Pompeii in French Literature of the Eighteenth Century,* in *Archaeology*, settembre 1949, pp. 150-158.

[8] Cfr. FÉNELON, *Lettre sur les occupations à l'Académie Française,* 1714: la traduzione è tratta dall'edizione di Glasgow, 1750, p. 103, citata da W. HERMANN, *Laugier and 18th Century French Theory*, Londra 1962, p. 25.

idealistischen Dogma standen. Dazu gehörten Forderungen nach der sozialen Aufwertung des Praktischen im Gegensatz zu den aristokratischen und auch idealistischen, seit der zweiten Hälfte des 16. Jahrhunderts wirksamen Abwertungen, sowie auch die Aufwertung einzelner ästhetischer Aspekte, die mit der «Praxis» in engerem Zusammenhang stehen: Die zweckdienliche Komponente der Architektur für die technischen und «niederen» Künste, die alle auf verschiedene Weise, doch eher in sozialer als ästhetischer Hinsicht, mit dem praktischen Leben verknüpft sind.

Aufschlußreicher ist jedoch, daß die funktionalistische Lehre zusammen mit dem Ruf nach der «Vernunft» aufkam, die als Äquivalent zur «Wahrheit» und «Schönheit» zum höchsten Richter über die Kunst erhoben wurde. Damit einhergehend führte die neue «Schicklichkeit», d.h. die von der Zweckentsprechung und vernünftigen Klarheit des Anblicks herrührende Schönheit des Kunstwerks, zu einer bald anti-barocken Formenrationalisierung. Was in der französischen Kunst der 1730er Jahre als «Ermüdung der geschwungenen Linie und der Rokoko-Ornamentik» bezeichnet wurde[6], also als reine Ästhetik zur Geschmacksbefriedigung, entstand in Wirklichkeit aus dem Zusammenwirken der vielen vorausgegangenen Entwicklungen.

Auch das erneute Antikeninteresse, das sich bald den Entdeckungen von Herkulaneum und Pompeji zuwenden würde, reiht sich in diesen Gesamtkontext ein. Laut der jüngsten Geschichtsschreibung war die Öffentlichkeit nicht unvorbereitet, da ein allgemeines Interesse an der Antike keine Neuheit war[7]. Dem ist jedoch gegenüberzustellen, daß sich in diesen Jahrzehnten eine völlig neue Weise der Entdeckung und Auswertung vollzog. Nachdem sich der humanistische Individualismus der Renaissance im katholischen Europa der Gegenreformation aufgelöst und der Feudalismus Fuß gefaßt hatte, wurde die klassische Kunst im 17. Jahrhundert vorwiegend als nicht ausführbarer, sondern idealer Modellvorrat angesehen, der nahezu dogmatische und metaphysische Regeln vermittelte. So diente die Kunst der klassischen Antike eher als intellektueller Zügel denn als kreative Stimulanz. Im Hinblick auf die «Erhabenheit» und den «Dekor» ebenso wie für die gesellschaftlich konservative Umkehr, die in der Akzentuierung der formalen Regeln enthalten war, wurde die Antike zum pädagogischen und disziplinierenden Prinzip.

Die neue Kultur des 18. Jahrhunderts dagegen zögerte nicht, dieses Problem im Rahmen der Aufklärung den Idealen der «Vernunft» und «Natur» gegenüberzustellen. Die angestrebte Wissensüberprüfung hatte sie gegenüber jeglicher Autorität als Instrument der Befreiung auf die Bühne gerufen. Behauptet man, daß die Alten (eher die Griechen als die Römer) die Rationalität einer noch nicht zerstörten Natur gekannt haben, dann waren die Werke der klassischen Zeit dazu bestimmt, mit der «Natur» und damit der «Wahrheit der Vernunft» übereinzustimmen. Sie wurden wegen des *lucidus ordo* geschätzt, der sowohl hinsichtlich der rationalen, nicht mehr idealen Ordnung der Formen als auch ihrer Entsprechung zum Zweck für die Grundlage des gesamten Klassizismus gehalten wurde. Dieses Prinzip wurde auf alle, auch sozialpolitischen und bürgerlichen Bereiche der antiken Welt übertragen. Die Antike wurde nicht mehr als Komplex konvergierender Blickpunkte gesehen, dessen Formen für den sich ausbreitenden funktionellen Rationalisierungsprozeß der Ästhetik am geeignetsten waren. Ihre Themen wurden für die Gegenwart Beispiele aus dem Leben, Modelle für die Übertragung aus dem sozialen Bereich. Sicher ist bekannt, wie Winckelmann den Bezug zwischen dem Höhepunkt der griechischen Kunst des perikleischen Zeitalters und den ethisch-politischen Strukturen der Gesellschaft, die sie hervorgebracht hatte, herstellte. Die öffentlichen Institutionen des antiken Griechenland, die aufgrund ihrer freiheitlichen Demokratie für «schön» gehalten wurden, führte er als Modell für die moderne Opposition gegenüber der Tyrannei und für seinen persönlichen «Haß [...] gegenüber Despoten» an. Nachdem 1714 ein Urteil Fénélons («*A Grecian structure has nothing in it that is merely ornamental. The parts that are necessary to support or to cover it, as the columns and the cornice, become ornaments only by their beautiful proportion. Everything is simple, exact and useful*»)[8] die Verknüpfung der Einfachheit mit Rationalität und Zweckmäßigkeit aufgezeigt hatte, führten Louis David und Francesco Milizia in den letzten drei Jahrzehnten des Jahrhunderts die Bewunderung für die griechisch-römische Kunst und den antiken Republikanismus zusammen.

Natürlich bestreitet niemand, daß auch diese Rezeption nur einen Auszug der Antike betrachtet, der mit ihrem tatsächlichen Wesen nicht viel zu tun hat. Schon zu thermidorianischer Zeit wurde die geringe historische Auswirkung des Mythos der spartanischen Demokratie diskutiert, wobei sich aus der Existenz der Sklaverei Hinweise gegen eine «demokratische» Realität ergaben[9]. Aber auch ungeachtet aller Fortschritte, welche die Altertumswissenschaft im 18. Jahrhundert trotz allem machte, bleibt zu berücksichtigen, daß sich die neue Rezeption zunehmend in liberal-rationalem Geist und im Gegensatz zur vorigen aristokratischen Ordnung als Ausdruck eines kritischen Bürgertums vollzog. Außerdem verehrte auch das 18. Jahrhundert im Rahmen der «konstanten

[6] Vgl. M. PRAZ, *Herculaneum and European Taste*, 1939, Neuausgabe unter dem Titel «*Le antichità di Ercolano*», in: DERS., *Gusto neoclassico*, Neapel 1959[2], 35.

[7] Vgl. N. DACOS, *Arte italiana e arte antica*, in: *Storia dell'arte italiana*, III, Turin 1979, 60; aber siehe auch den klassischen Aufsatz von J. SEZNEC, *Herculaneum and Pompeii in French Literature of the Eighteenth Century*, in: *Archaeology*, II, September 1949, 150-158.

[8] Vgl. FÉNÉLON, *Lettre sur les occupations à l'Académie Française*, 1714: die Übersetzung stammt aus der Glasgower Ausgabe von 1750, 103, zitiert von W. HERMANN, *Laugier and 18th Century French Theory*, London 1962, 25.

[9] Vgl. L. CANFORA, *Ideologie del classicismo*, Turin 1980, 11-19.

Milizia facessero coincidere l'ammirazione per l'arte greco-romana con l'ammirazione per il repubblicanesimo degli antichi.

Naturalmente, non si nega che anche ora si trattò di strumentalizzazione, e che la strumentalizzazione riguardò anche ora un estratto dell'antico che aveva poco, comunque non molto, a che fare con ciò che l'antichità era stata effettivamente. È stato mostrato di recente che già in epoca termidoriana s'incominciò a discutere sulla scarsa rispondenza storica del mito democratico di Sparta, aprendo un dibattito che dall'esistenza della schiavitú ricavava argomenti avversi alla realtà di quella «democrazia»[9]. Ma anche a non far conto dei progressi che il Settecento compí a onta di tutto nella scienza antiquariale, occorre riconoscere che la nuova strumentalizzazione venne crescendo in senso liberal-razionale, e fu un evento criticamente «civile», opposto a quello aristocratico-disciplinare dell'età precedente. Per altro, anche il XVIII secolo, nel quadro di ciò che è stata definita una sua « costante inclinazione a esprimere un progetto politico in termini morali», esaltò degli antichi la «virtú»; ma, restituita al significato originale di *virtus,* la «virtú» dei nuovi «moralisti» ora comportava referenti di puro ordine civile, e aveva implicazioni innanzitutto operative, che la rendevano funzionale alla probità attiva con cui s'intendeva realizzare le trasformazioni in progetto.

Consisté in questo il nuovo modo con cui la nuova età ricevé l'antichità classica, che pure non era una novità. E il ricevimento delle scoperte campane avvenne nel momento cruciale del processo riassunto. Senza esserne la causa, certamente; ma assumendone i connotati distintivi e contribuendo a chiarirne, nell'ambito che poteva essergli proprio, le finalità.

Nella lettera del 28 novembre 1739 al presidente Bouhier, il presidente De Brosses si soffermò sulle pitture ritrovate a Ercolano esprimendo giudizi e anche riserve di non piccola portata, ma tenne a segnalare l'importanza dei trovamenti di «medaglie, pietre incise, mobili ed altre specie di utensili». Aveva potuto vederli «solo in parte ed in fretta e furia»; tuttavia, a giudicare dai «molti mobili da camera e da cucina», dal «gran numero di lampade, di vasi, di strumenti per sacrifici, per la guerra, o per i bagni, di urne, ecc.», da «una tavola di marmo [...] a piedi di leone, tutt'intorno alla quale corre un'iscrizione in lingua osca o etrusca», da «uno specchio di metallo quasi bianco», e persino da «un pezzo di pane, alcune noci ed olive che conservano ancora il loro aspetto, benché carbonizzate», egli ritenne che, proseguendo con miglior metodo le ricerche, «sistemando in buon ordine tutto quanto si estrarrà dalla terra, si formerà certamente la piú singolare raccolta di antichità che sia possibile mettere insieme». Due giorni dopo, indirizzando al naturalista Leclerc de Buffon la *Memoria sul Vesuvio,* De Brosses ribadí che «non vi è niente al mondo di piú singolare, che aver ritrovato un'intera città sotto terra»[10].

Il referto delinea fin dal primo momento un'alternativa alla valutazione puramente estetica delle scoperte, mettendo a fuoco, accanto all'interesse delle opere d'arte in quanto tali, la testimonianza degli strumenti per vivere e dello spazio organizzato ove si svolge la vita associata, la «città». Era questo, in definitiva, l'aspetto nuovo per le conoscenze sull'antichità che stava emergendo dagli scavi; ed era questo aspetto che dové colpire i piú attenti, al di là della tendenza degli stessi scavatori.

Che nelle parole di De Brosses sia necessario dare un peso particolare all'attenzione per la «città», e che occorra individuarvi un legame già profondo, per un verso con un'istanza «storica» in senso proprio, per un altro con un orientamento giusto allora emergente nella discussione sulla riforma dei criteri urbanistici in rapporto con la vita della società in trasformazione, stanno a provarlo varie circostanze.

La prima può essere riconosciuta nel fatto che, sia pure otto anni piú tardi, anche il veronese Scipione Maffei, centrando la seconda delle sue *Tre lettere* di antichistica «sopra le nuove scoperte di Ercolano», scriveva: «o qual grande ventura de' nostri giorni è che si discopra non uno o altro antico monumento, ma una città»; né è poco notevole che, qualche riga piú avanti, non esitasse ad aggiungere: «sgombrando, e lasciando tutto a suo luogo, la Città sarebbe incomparabile museo»[11]. È stato osservato giustamente che questa idea di una città-museo, con «tutto a suo luogo», è, alla data del 1747, un'idea «sconcertante per la sua modernità»[12]. Parte infatti di lí una linea interpretativa, che pur costeggiando soprattutto i ritrovamenti effettuati poco piú tardi a Pompei, riemerge dapprima in un'osservazione di François de Paule Latapie (1776), similissima a quella del presidente De Brosses («le spectacle le plus singulier et le plus intéressant [...] a été celui d'une ville romaine sortant du tombeau, presque avec la même fraîcheur et la même beauté qu'elle avait sous les Césars»)[13], quindi mette capo alle valutazioni celeberrime di Chateaubriand (1804), troppo note per essere ripetute[14].

[9] Cfr. L. CANFORA, *Ideologie del classicismo,* Torino 1980, pp. 11-19.

[10] Per tutto, cfr. CH. DE BROSSES, *Lettres familières sur l'Italie en 1739 et 1740,* traduz. it. a cura di B. Schacher, Bari 1973, pp. 276-285.

[11] Cfr. S. MAFFEI, *Tre lettere del Signor Marchese Scipione Maffei,* Verona 1748, pp. 33, 36.

[12] Cfr. F. ZEVI, *Gli scavi di Ercolano,* in *Civiltà del '700 a Napoli 1734 – 1799,* Catalogo della mostra, Firenze 1980, p. 61.

[13] Cfr. F.-P. LATAPIE, *Description des fouilles de Pompéi,* 1776, edita con introduzione di P. Barrière e note di A. Maiuri, in *RendAccNapoli,* n. s., XXVIII, 1953, p. 225 (derivo la citazione da AA.VV., *Pompéi ou «L'Antiquité face a face». Architectes, antiquaires et voyageurs français a Pompéi, milieu XVIIIe – fin XIXe,* in *Pompéi Travaux et envois des architectes français au XIXe siècle,* Catalogo della mostra, Napoli 1981, p. 6).

[14] Cfr. comunque in ZEVI, *Gli scavi di Ercolano,* cit., p. 62.

Tendenz, ein politisches Projekt durch moralische Termini auszudrücken» die *virtus* der Alten. Doch anstelle der ursprünglichen Bedeutung der *virtus* drückte sich die «Tugend» der neuen «Moralisten» in rein bürgerlichen Zusammenhängen aus. Ihre praktische Orientierung diente einer aktiven Redlichkeit, mit der die angestrebten Veränderungen realisiert werden sollten.

Dazu gehörte die Art und Weise, in der die neue Zeit die klassische Antike aufnahm, die eigentlich keine Neuheit war. Die kampanischen Entdeckungen wurden im entscheidenden Moment des skizzierten Prozesses bekannt. Zwar war dies sicher nicht der Auslöser, doch waren die verschiedenen Aspekte impliziert und trugen in ihrem Bereich zur Klärung der Zielsetzungen bei.

Präsident De Brosses nimmt in einem Brief vom 28. November 1739 an Präsident Bouhier zu den in Herkulaneum entdeckten Malereien Stellung und äußerte beträchtliche Vorbehalte. Doch betonte er die Bedeutung der Funde an «Medaillen, Gemmen, Möbeln und anderen Gebrauchsgegenständen». Er hatte sie nur «teilweise und in größter Eile» besichtigen können. In Anbetracht der «vielen Zimmer- und Küchenmöbel», «der zahlreichen Lampen, Vasen und Gegenstände für Opfergaben, Krieg und Bad sowie Urnen usw.», «eines Marmortisches [...] mit Beinen in Löwengestalt und umlaufender oskischer oder etruskischer Inschrift», «eines Spiegels aus fast weißem Metall» und «eines Stückes Brot, einiger Nüsse und Oliven in zwar verkohltem, aber noch gut erkennbarem Zustand» nahm er an, daß mit einer besseren Forschungsmethode, «indem alles der Erde Entnommene systematisch geordnet wird, eine einzigartige Sammlung der Antike zusammengestellt werden kann». Als De Brosses zwei Tage später die *Memoria sul Vesuvio* an den Naturgelehrten Leclerc de Buffon schickte, bekräftigte er, daß «es nichts Einzigartigeres auf der Welt gäbe, als eine ganze, unter der Erde begrabene Stadt wiederzuentdecken»[10].

Vom ersten Moment an gab es zu der rein ästhetischen Bewertung der Entdeckungen, welche gleich neben die Kunstwerke die Zeugnisse des alltäglichen und städtischen Lebens in den Mittelpunkt stellte, eine Alternative. Es war dies das neue Bild der aus den Grabungen auferstehenden Antike; mehr noch als die Neigungen der Ausgräber selbst beeindruckte es die aufmerksameren Beobachter.

Laut De Brosses sei der «Stadt» besondere Beachtung zu schenken. Dichte Bande einerseits zur Geschichte, andererseits zu der entsprechenden, nun aufkommenden Diskussion neuer städtebaulicher Kriterien in Zusammenhang mit dem Leben einer sich wandelnden Gesellschaft seien festzustellen.

Zum ersten schrieb der Veroneser Scipione Maffei, wenn auch acht Jahre später, als er die zweite seiner *Tre lettere* über Antiquitäten verfaßte, «über die neuen Entdeckungen von Herkulaneum»: «O welch großes Abenteuer der heutigen Zeit ist es, nicht nur das eine oder andere antike Denkmal, sondern eine vollständige Stadt aufzudecken». Wenige Zeilen später zögerte er nicht anzufügen: «Läßt man alles Ausgegrabene an seinem Platz, wird die Stadt ein beispielloses Museum sein»[11]. Diese Idee von der Stadt als Museum, in dem alles vor Ort belassen wird, ist 1747 ein «bestürzend moderner» Gedanke[12]. Tatsächlich nimmt hier eine Interpretation ihren Anfang, die besonders auch die bald darauf gemachten Funde in Pompeji begleitete und die erstmals wieder in einer Beobachtung des François de Paule Latapie von 1776 auftaucht. Sie ist der Aussage De Brosses' sehr ähnlich (*«le spectacle le plus singulier et le plus intéressant [...] a été celui d'une ville romaine sortant du tombeau, presque avec la même fraîcheur et la même beauté qu'elle avait sous les Césars»*)[13] und wird in den berühmten Bemerkungen Chateaubriands (1804) wieder aufgenommen[14].

Die zweite Bestätigung für De Brosses' Voraussage über die Entdeckung «einer vollständigen Stadt unter der Erde» ist diesmal nicht nur von historischem Wert, sondern auf ein Projekt bezogen: Als sich zehn Jahre nach seinem Brief die Planung des neuen Pariser Stadtbildes endgültig vom feierlich-triumphalen Stil abwandte, wurde Herkulaneum als städtebauliches, den modernen Ansprüchen gerecht werdendes Modell angeführt. Bei der Rekonstruktion der ursprünglichen stadtplanerischen Ideen Laugiers stellte Wolfgang Hermann fest, daß die Diskussion um die «Verschönerung von Paris» zwischen 1748 und 1749 darum kreiste, aus Paris eine Stadt «*not only beautiful to look at, but also convenient and decent to live in*» zu machen. Schwerwiegender war der Eingriff Voltaires, der in *Des embellissements de Paris* die Meinung vertrat, daß die Stadt nicht einen neuen Platz für eine neue Statue des Königs bräuchte, sondern die enge, verwinkelte Stadtmitte korrigiert werden müßte, Plätze für Märkte und Brunnen sowie breite und regelmäßige Straßen anzulegen seien. Andere schlugen einen streng regulierenden Stadtplan vor. Als die Debatte auf die Schönheit und Vielfalt der Bauten abzuschweifen drohte, so daß man die Projekte schon der Akademie unterbreiten wollte, zog ein unbekannter Korrespondent des *Mercure de France* die Aufmerksamkeit auf die Tatsache, daß der Eindruck einer Stadt unabhängig von der Schönheit auf

[10] Vgl. Ch. De Brosses, *Lettres familières sur l'Italie en 1739 und 1740*, ital. Übersetzung B. Schacher, Bari 1973, 276-285.

[11] Vgl. S. Maffei, *Tre lettere del Signor Marchese Scipione Maffei*, Verona 1748, 33. 36.

[12] Vgl. F. Zevi, *Gli scavi di Ercolano*, in: *Civiltà del '700 a Napoli. 1734-1799*, Katalog zur Ausstellung, Florenz 1980, 61.

[13] Vgl. F.-P. Latapie, *Description des fouilles de Pompéi*, 1776, Einführung von P. Barrière und Anmerkungen von A. Maiuri, in: *RendAccNapoli*, n.s., XXVIII, 1953, 225 (Zitat aus *Pompéi ou «L'Antiquité face a face». Architectes, antiquaires et voyageurs francais a Pompéi, milieu XVIIIe-fin XIXe*, in: *Pompéi. Travaux et envois des architectes francais au XIXe siècle*, Katalog zur Ausstellung, Neapel 1981, 6).

[14] Vgl. jedoch Zevi, *Gli scavi di Ercolano*, *zit.*, 62.

La seconda circostanza adducibile a prova – e questa volta in termini progettuali, non solo di valutazioni storiche – che De Brosses vedesse lontano in fatto di ritrovamento d'«un'intera città sotto terra», è che dieci anni dopo la data della lettera del presidente, quando il dibattito sulla ripianificazione di Parigi svoltò in una direzione divergente da quella trionfalistica o celebrativa, e da ciò prese il connotato di attualità, Ercolano fu portata ad esempio di un'urbanistica perfettamente in grado di soddisfare alle esigenze della vita moderna. Ricostruendo le origini delle idee di Laugier sulla pianificazione delle città, Wolfgang Hermann mise bene in chiaro che fra il 1748 e il '49 la discussione intorno all'«embellissement de Paris» si concentrò sull'opportunità di far di Parigi una città «not only beautiful to look at, but also convenient and decent to live in»; l'intervento di maggior rilievo fu quello di Voltaire, il quale appunto nel *Des embellissements de Paris* sostenne che la città non aveva bisogno di una nuova piazza per una nuova statua del re, ma di essere bonificata nel suo centro tortuoso e angusto, di esser dotata di piazze per i mercati, di fontane, di strade ampie e regolari; altri propose che si dovesse provvedere a un piano regolatore vincolante e, mentre il dibattito sembrò deviare sulla bellezza e varietà degli edifici, per cui si pensò di sottoporne i progetti all'Accademia, un anonimo corrispondente del *Mercure de France* non solo richiamò l'attenzione sul fatto che il buon assetto di una città è determinato dall'equilibrio e dalla razionalità con cui le singole costruzioni sono accordate fra loro indipendentemente dalla loro bellezza, ma addusse le rovine di Ercolano a prova della sapienza antica nel pianificare le città secondo tale principio: con strade perfettamente dritte e colleganti i diversi edifici pubblici.

L'ultima circostanza a favore della lettura di Ercolano come città prospettata da De Brosses s'identifica con un aspetto poco considerato delle due lettere ercolanesi del Winckelmann, indirizzate rispettivamente al Conte di Brühl nel 1762 e al Füssli due anni dopo[15]. Qui si discute di topografia storica, ci s'impegna nell'esame tecnico-architettonico degli edifici maggiori, si fanno rilievi di ordine pratico, e soprattutto si elogiano – quasi esclusivamente, di fronte alle molte deplorazioni riservate a tutto il rimanente – «i savi ornamenti» disposti dall'ingegnere svizzero Carlo Weber; il quale a Ercolano «fece levare una pianta esatta delle gallerie sotterranee, e delle fabbriche scoperte in tutte le specie di misure [...]. Rendette chiara ed intelligibile questa pianta col mezzo di altri disegni che dimostrano l'alzato di tutte le fabbriche che si deve immaginare di vedere se tutta la terra che le copre venisse tolta, e fanno vedere dall'alto, e scoperto l'interno di queste fabbriche, le loro stanze, ed i loro giardini, al luogo preciso in cui ognuna di queste cose si è ritrovata». Quanto a «Pompeja», è «impossibile andare con maggiore sicurezza [...], perché si sa di certo che si va da passo a passo per una grande città, e si è ritrovata la strada principale che è una linea retta».

Malauguratamente, l'interesse per l'urbanistica e per l'architettura delle città dissepolte, soprattutto di Pompei, e con riguardo particolare all'edilizia di destinazione domestica la cui importanza s'era ormai venuta imponendo, non risorgerà che in un'epoca murattiana, ma anche questa volta fu a opera della cultura transalpina improntata agli ultimi lampi dei principî illuministici. Nel settembre 1812, Carolina Murat scriverà al ministro degli interni conte Zurlo una lettera in cui si trova raccomandato questo programma: «On ne peut guère se flatter de trouver à Pompéia de ces choses très précieuses pour les arts; le point le plus essentiel est d'avoir le tour de la ville et d'en connaître au juste la grandeur [...]. Il serait bon de donner des noms à chaque quartier de la ville et aux rues et de numéroter les maisons [...]. Il faudrait avoir un jour un état de toutes les maisons de la ville». Ed è importante che mentre i nuovi lavori di scavo vennero prendendo giusto questa piega, un altro francese di cultura moderna, François Mazois, scrivesse e dedicasse alla regina Carolina i primi due fascicoli de *Les Ruines de Pompéi,* le quali nel loro complesso, almeno per le parti che Mazois fece in tempo a completare, sono state giudicate meritatamente «le premier grand ouvrage consacré à l'architecture et à l'urbanisme de Pompéi»[16].

Tornando di qui agli anni cruciali di metà Settecento, il quadro apparirà completo se includeremo in esso gli apporti metodologico-scientifici del conte di Caylus[17]. Interessato per primo in Europa a una storia dell'arte antica ordinata secondo idee generali attendibili (particolarità di gusto dei vari àmbiti nazionali; relazioni fra tali àmbiti sul filo degli scambi commerciali; scrutinio delle opere in base alla conoscenza sperimentale della loro fattura tecnicostilistica), Caylus si fece promotore di una serie di iniziative bibliografiche-editoriali volte ad acquisire l'acquisibile sulle scoperte napoletane, e ne immise l'essenziale nel suo *Recueil d'antiquités égyptiennes, étrusques, grecques, romaines et gauloises,* pubblicato in sette volumi dal 1752 al 1767. Dal nostro punto di vista, è notevole soprattutto che fin dal primo tomo, e poi di nuovo nel terzo, il *Recueil* prestasse attenzione anche agli oggetti ritrovati, contribuendo a stabilire un ordine di preferenze non dissimile da quello annunciato da De Brosses e ora condiviso dai nuovi urbanisti nella traiettoria in via di definizione dell'unità pragmatico-funzionale delle arti.

[15] Per il testo delle due lettere, nella versione italiana, rinvio all'edizione curatane da F. Strazzullo, Napoli 1981.

[16] Su tutto, cfr. quanto è documentato nel saggio *Architectes, antiquaires et voyageurs français a Pompei,* cit. a nota 13.

[17] Un apprezzamento recente di questa fondamentale figura dell'antiquaria e della storia artistica settecentesca è in ZEVI, *Gli scavi di Ercolano,* cit.

dem Gleichgewicht und der Rationalität der einzelnen, einander zugeordneten Bauten beruhe. Im Anschluß daran wies er auf die Ruinen von Herkulaneum hin als Vorbild für eine kluge Stadtplanung nach einem Muster gerader, die einzelnen öffentlichen Gebäude miteinander verbindender Straßen.

Der letzte Umstand zugunsten Herkulaneums als Stadt, wie De Brosses sie vorhersagte, betrifft einen wenig beachteten Aspekt der beiden herkulaneischen Briefe Winckelmanns 1762 an den Grafen von Brühl und zwei Jahre später an Füssli[15]. Er diskutiert die historische Topographie, widmet sich der technisch-architektonischen Prüfung der bedeutenderen Bauten, nimmt praktisch orientierte Vermessungen vor und lobt vor allem - fast ausschließlich, im Gegensatz zu den zahlreichen Mißbilligungen gegenüber dem Verbleibenden - «die weisen Ornamente» des schweizerischen Ingenieurs Karl Weber. Dieser «fertigte einen genauen Plan der unterirdischen Galerien und der in Herkulaneum entdeckten Gebäude in verschiedenen Maßstäben an [...]. Mittels weiterer Zeichnungen ließ dieser Plan erkennen, wie hoch man sich die Bauten nach ihrer Freilegung vorzustellen hat. Er gewährte von oben Einblick in das Innere der unbedachten Häuser, in ihre Räume und Gärten. Alles befand sich genau an der Stelle seiner Auffindung». Soweit es «Pompeja» betrifft, ist es «unmöglich, mit größerer Sicherheit vorzugehen [...], denn man weiß gewiß, daß man sich Schritt für Schritt einer großen Stadt nähert; ihre geradlinige Hauptstraße ist gefunden worden».

Unglücklicherweise lebte das Interesse für die Urbanistik und Architektur der ausgegrabenen Städte, vor allem Pompejis, besonders auch im Hinblick auf die inzwischen so eindrucksvollen

Carlo Brogi, «Scavi nuovi del 1895. Pompei», 1895.
Stampa all'albumina da lastra al bromuro d'argento.

Albumen-Druck von einer Bromsilberplatte.
mm 192 × 248. Firenze, Museo di Storia della Fotografia Fratelli Alinari.

[15] Zum Text der beiden Briefe in italienischer Fassung s. die Ausgabe von F. Strazzullo, Neapel 1981.

«Pare che i greci ideassero le bellezze come il vasaio fa i vasi, poiché quasi tutte le monete delle loro repubbliche mostrano teste che formalmente hanno una perfezione maggiore di quella che si possa trovare in natura, e tale bellezza è dovuta alla linea che segue il profilo [...]. Raffaello, che si doleva di non trovare nella natura bellezza degna della sua 'Galatea', avrebbe potuto prenderne le forme dalle migliori monete di Siracusa». Sono parole di Winckelmann[18], le quali, a una data ancora abbastanza antica come il 1759, ricapitolano le piú importanti conquiste critico-ideologiche dei decenni precedenti: dalla ragione stilistico-figurativa che rende oggettiva la forma e permette di identificarla («tale bellezza è dovuta alla linea che segue il profilo»), alla concezione operativa e non puramente ideale dell'arte («pare che i greci ideassero le bellezze come il vasaio fa i vasi»), al convincimento che la bellezza artistica può convivere con la funzione pratica e non è impedita da essa (le monete, genere «pratico» quant'altri mai, sono considerate portatrici di perfezione estetica, al punto che «Raffaello avrebbe potuto prenderne le forme»). A questo Winckelmann schiettamente illuminista, che occorre tener separato dall'altro plotinizzante o platonizzante accreditato dalla tradizione proto-romantica e poi da Croce, da Cassirer e da quant'altri non cessano tutt'oggi di rimettersi sulle loro orme[19], dobbiamo non solo molte altre osservazioni sulla portata storica delle «arti minori» antiche, ma, dopo le prime due visite agli scavi campani, anche giudizi senza remore sulle nuove scoperte, che tornano ad accordare uno spazio preferenziale agli oggetti d'uso, per giunta distinti con attenzione nient'affatto discriminante in «due specie»: la prima, di «quelli che furono introdotti dalla necessità», la seconda, di «quelli che lo furono dal lusso». E segue in primo luogo una trattazione sul pane, nei due esemplari «perfettamente conservati», dei quali sono anche date le misure e descritti i tipi di taglio. Al pane si accompagnano i contenitori del vino, le «padelle da fuoco», i tripodi, le lampade, le «candelabra», le «bilance ossia stadere», i «pezzi di una ruota di vettura», «una specie di scarpe che erano fatte di corda intrecciata». In altro luogo si analizzano lungamente, dal punto di vista della struttura come del funzionamento, i «serrami delle porte»; non manca l'attenzione per gli strumenti chirurgici. Quanto a «gli utensili e vasi di bronzo», essi «sono lavorati con finezza ed eleganza»; i due tripodi famosi, a cui solo dopo toccò grande fama, sono «delle cose piú belle che si siano scoperte»; «la maggiore attenzione in materia di antichi utensili, e particolarmente dei vasi, dovrebbe essere diretta sui loro ornamenti, nei quali tutti i nostri artisti sono molto inferiori agli antichi [...]. L'imitazione loro potrebbe introdurre un gusto affatto nuovo, e guidarci dal caricato al naturale, in cui in seguito può farsi mostra d'arte».

Questi, e molti altri giudizi come questi si leggono sia nella relazione del 1758 inviata a G.L. Bianconi, sia e specialmente nelle lettere al Conte di Brühl e al Füssli, la prima delle quali fu tradotta ben presto in francese, a cura di Caylus, e perciò dovette fungere da punto di raccordo con le opinioni già maturate nei circoli parigini. Certo è che, mentre uno dei tripodi elogiati da Winckelmann era stato riprodotto alla bell'e meglio da Cochin nel 1751, Caylus li riprodusse entrambi nel 1759, nel terzo tomo del *Recueil.* Per altro, nelle *Recherches sur les ruines d'Herculanum* che Monsieur Fougeroux de Bondaroy pubblicò a Parigi nel 1770, figurano tre tavole con la riproduzione esclusiva di strumenti di lavoro e oggetti d'uso, appartenenti appunto al genere «introdotto dalla necessità». Ed è vero che le *Recherches* di Fougeroux parvero a Diderot «un très mauvais livre», anche perché – incrudeliva il «philosophe» – «M. Fougeroux s'intéresse au fait que les anciens connoissaient la fourchette et la cuiller»; ma proprio questo punto non era parso poco interessante al Winckelmann in persona. Ponendosi con meritorio anticipo in una posizione antropologica, nell'atto stesso in cui giudicava costruttivo affiancare l'interesse per l'«arte» a quello per la «cultura materiale» dell'antichità, Winckelmann aveva commentato che, in materia di utensili ritrovati a Ercolano, «molte delle scoperte qui fatte [...] ci convincono che poche sono le cose che si fanno, le quali prima non siano state fatte». Il che costituiva esattamente il punto in questione: riconoscere nell'antico non già o non solo i monumenti di una superiore intellettualità o di una esemplare bellezza, bensí gli strumenti e i modi del vivere riutilizzabili nella vita presente, e che anzi potessero divenire il punto di riferimento progettuale per rifondare con la vita la società, richiamando entrambe, come Winckelmann aveva scritto del «gusto», «dal caricato al naturale».

Il successo europeo toccato ai trovamenti campani, che nel numero di pubblicazioni d'ogni tipo da cui fu accompagnato si può dire scandito dall'uscita dei nove volumi delle *Antichità d'Ercolano esposte* (1757-1792), cade quasi per intero dopo questa congiuntura; e consisté nella traduzione pratica di ciò che fino a quel momento era stata soltanto una valutazione critico-ideologica. Assumere le scoperte quali «modelli ad ogni costruzione piú moderna d'ornamenti e di utensili», è esattamente ciò che Winckelmann aveva auspicato, Ferdinando Galiani vide messo in pratica già nel 1767, e Leopoldo Cicognara, a cose ormai in via d'espletamento, testimoniò essere stato il risultato predominante del movimento.

[18] Cfr. J.J. WINCKELMANN, *Il bello nell'arte. Scritti sull'arte antica,* antologia a cura di F. Pfister, Torino 1943, p. 53 (di questa antologia è poi stata pubblicata una nuova edizione, Torino 1983, includente la versione italiana dell'introduzione di D. IRWIN a Winckelmann, *Writings on Art* selected and edited by D. Irwin, Oxford 1972).

[19] Per la discussione del problema fino al 1972, cfr. BOLOGNA, *Dalle arti minori all'industrial design,* cit., pp. 124-139, che tuttavia, su questo punto specifico, è stato ignorato quasi totalmente dalla letteratura successiva, sia italiana che forestiera.

Wohnhäuser erst zur Zeit Murats wieder auf. Doch auch diesmal war es das Werk einer transalpinen Kultur, die vom letzten Aufflackern der Aufklärung geprägt war. Im September 1812 schrieb Carolina Murat an den Innenminister Graf Zurlo folgende Empfehlung: «*On ne peut guère se flatter de trouver à Pompéia de ces choses très précieuses pour les arts; le point le plus essentiel est d'avoir le tour de la ville et d'en connaître au juste la grandeur [...]. Il serait bon de donner des noms à chaque quartier de la ville et aux rues et de numéroter les maisons [...]. Il faudrait avoir un jour un état de toutes les maisons de la ville*». Während die neuen Ausgrabungen dem nachkamen, verfaßte ein anderer modern gesinnter Franzose, François Mazois, die ersten zwei Bände der *Les Ruines de Pompéi* und widmete sie Königin Carolina. In ihrer Gesamtheit wurden sie bzw. die davon fertiggestellten Teile verdientermaßen als «*le premier grand ouvrage consacré à l'architecture et à l'urbanisme de Pompéi*» bezeichnet[16].

Wenden wir uns nun den entscheidenden Jahren des mittleren 18. Jahrhunderts zu, so vervollständigt sich das Bild durch die wissenschaftlich-methodologischen Beiträge des Grafen Caylus[17]. Zum ersten Mal in Europa war hier ein Gelehrter an einer nach verständlichen Leitgedanken geordneten antiken Kunstgeschichte interessiert (der spezielle Stil der einzelnen Nationen; Handelsbeziehungen zwischen diesen; Bewertung der Werke aufgrund von experimenteller Erkenntnis ihrer technisch-stilistischen Ausführung). Caylus förderte eine Reihe von bibliograpisch-verlegerischen Initiativen, damit alles Fassbare aus den neapolitanischen Ausgrabungen zusammengetragen werden konnte. Das Wesentliche davon nahm er in seinem *Receuil d'antiquités égyptiennes, étrusques, grecques, romaines et gauloises* auf, die 1752-1767 in sieben Bänden veröffentlicht wurde. Von unserem Standpunkt aus ist es besonders bemerkenswert, daß der erste wie auch der dritte Band den entdeckten Objekten Aufmerksamkeit schenkte. Sie trugen somit zur Stabilisierung eines Systems von Präferenzen bei, das dem von De Brosses geäußerten nicht unähnlich war und das die neuen Stadtplaner heute im Hinblick auf die Definition einer praktisch-funktionellen Einheit der Künste teilen.

«Es scheint, daß die Griechen die Schönheit ersannen wie der Töpfer seine Vasen, denn alle Münzen ihrer Republiken zeigen Köpfe, deren formale Perfektion alles Natürliche übersteigt, und diese Schönheit ist der Linie des Profiles zu verdanken [...]. Raffael, der bedauerte, in der Natur keine seiner 'Galatea' würdige Schönheit zu finden, hätte die Formen der besten Münzen von Syrakus nehmen können». Diese Worte Winckelmanns[18] stammen schon von 1759 und fassen die wichtigsten kritisch-ideologischen Errungenschaften der vergangenen Jahrzehnte zusammen: von der figürlich-stilistischen Argumentation, die die Form objektiv wiedergibt und ihre Identifikation erlaubt («solche Schönheit ist der Linie des Profiles zu verdanken»), zur praktischen und nicht nur idealen Auffassung der Kunst («es scheint, daß die Griechen die Schönheit ersannen wie der Töpfer seine Vasen») und zur Überzeugung, daß die künstlerische Schönheit mit der praktischen Funktion zusammen bestehen kann und durch letztere nicht eingeschränkt wird (die äußerst «praktischen» Münzen galten als Träger ästhetischer Perfektion, so daß «Raffael sie für seine Formen hätte verwenden können»). Dieser aufgeklärte Winckelmann hält sich vom Plotinismus oder Platonismus fern, wie er sich in der proto-romantischen Tradition und bei Croce, Cassirer und vielen anderen manifestiert[19]. Wir verdanken ihm nicht nur zahlreiche Beobachtungen über den historischen Gehalt der «niederen Künste», sondern auch, nach den ersten beiden Besuchen der kampanischen Ausgrabungen, spontane Äußerungen über die neuen Entdeckungen, die den Gebrauchsgegenständen Vorzug gewähren. Sorgfältig und keinesfalls diskriminierend wurden sie in zwei Gruppen eingeteilt: Zum einen die «durch die Notwendigkeit bedingten», zum anderen «die aus dem Luxus heraus entstandenen» Gegenstände. Zunächst folgt eine Abhandlung über die «vollständig erhaltenen» zwei Brote, deren Maße und Form sogar beschrieben werden. Es folgen die Weinbehältnisse, «Feuerpfannen», Tripoden, Lampen, Kandelaber, Waagen oder Schnellwaagen, die Stücke eines Wagenrades sowie «Schuhe aus geflochtenem Faden». An anderer Stelle werden die «Türschlösser» hinsichtlich Struktur und Funktion genau untersucht und selbst die chirurgischen Instrumente finden Beachtung. Die «Gegenstände und Vasen aus Bronze» sind «mit Feinheit und Eleganz» gearbeitet. Die zwei erst später berühmt gewordenen Dreifüsse gehörten «zu den schönsten unter den gefundenen Dingen». «Die größte Aufmerksamkeit muß bei den antiken Utensilien und vor allem den Vasen ihren Ornamenten gelten; diesbezüglich sind unsere Künstler den Antiken weit unterlegen. [...] Ihre Imitation könnte einen völlig neuen Geschmack hervorrufen und uns vom Gekünstelten zum Natürlichen führen, womit schließlich Kunstausstellungen gemacht werden könnten».

Diese und viele andere solcher Äußerungen liest man sowohl in einem Bericht von 1758 an G. L. Bianconi wie auch besonders in den Briefen an den Grafen Brühl und an Füssli. Ersterer wurde

[16] Vgl. Dokumentation zum Aufsatz *Architectes, antiquaires et voyageurs français a Pompéi*, *zit.* in Anmerkung 13.

[17] Eine neuere Würdigung dieser wesentlichen antiquarischen und kunstgeschichtlichen Figur des 18. Jhs. findet sich bei ZEVI, *Gli scavi di Ercolano*, *zit.*

[18] Vgl. J.J. WINCKELMANN, *Il bello nell'arte. Scritti sull'arte antica*, Anthologie hrsg. von F. PFISTER, Turin 1943, 53 (Von dieser Anthologie erschien 1983 eine Neuausgabe, welche die italienische Fassung der Einleitung von D. IRWING zu Winckelmann, *Writings on Art*, selected and edited by D. IRWING, Oxford 1972, umfasste).

[19] Für die bis 1972 geführte Diskussion über dieses Problem vgl. BOLOGNA, *Dalle arti minori all'industrial design*, zit., 124-139, dessen Beitrag jedoch in dieser Frage sowohl in der italienischen wie auch nicht-italienischen Fachliteratur kaum berücksichtigt wurde.

La storia dell'influenza esercitata dai trovamenti in discorso non tanto sulla pittura e sulla scultura (dove pure è rintracciabile, però in termini meno incisivi, nonostante la portata di maestri quali Vien, Mengs e Thorvaldsen), quanto soprattutto sulle mobilia, sulle suppellettili e sui sistemi decorativi dell'architettura tardo-settecentesca, è stata ormai fatta. Quel che preme sottolineare con maggiore forza è che tale influenza penetrò nell'intimo delle applicazioni proto-neoclassiche delle tesi funzionalistiche, contribuí in termini di operatività all'incremento e alla razionalizzazione d'ogni forma di artigianato, giovò alla produzione in serie degli oggetti d'uso nelle fabbriche della prima rivoluzione industriale, e si accompagnò alla fioritura di una notevole trattatistica riguardante le arti applicate. Nella quale, dopo la scomparsa dal panorama editoriale degli scritti pratico-operativi sulle arti, verificatasi sintomaticamente nell'età post-vasariana a favore di scritti di puro intento teorico-dottrinario, occorre individuare anche il risorgere in termini moderni dell'esigenza appunto pratico-operativa che aveva caratterizzato i trattati artistici dell'umanesimo e del primo rinascimento.

FERDINANDO BOLOGNA

auf Veranlassung Caylus' bald in Französisch übersetzt und diente mit den bereits gereiften Stellungnahmen in den Pariser Zirkeln als Bezugspunkt. Schon 1751 reproduzierte Cochin einen der beiden von Winckelmann gepriesenen Dreifüsse, beide zusammen veröffentlichte Caylus 1759 im dritten Band des *Receuil.* Außerdem finden sich in den *Recherches sur les ruines d'Herculanum*, die Monsieur Fougeroux de Bondaroy 1770 in Paris publizierte, drei Tafeln mit Abbildungen ausschließlich von Arbeitsgeräten und Gebrauchsgegenständen, die unter die Kategorie «durch die Notwendigkeit bedingt» fallen. Die *Recherches* von Fougeroux schienen Diderot «ein sehr schlechtes Buch», auch weil, wie der Philosoph kritisierte, «M. Fougeroux sich dafür interessierte, daß die Alten Gabel und Löffel kannten». Doch gerade dieser Punkt war Winckelmann nicht wenig interessant erschienen. Mit Vorschußlorbeeren bezog Winckelmann eine anthropologische Position, als er ein nebeneinander einhergehendes Interesse an der «Kunst» und der «materiellen Welt» der Antike für konstruktiv erachtete. In Bezug auf die in Herkulaneum gefundenen Utensilien kommentierte er: «Viele der dort gemachten Funde [...] überzeugen uns, wie wenig Dinge es gibt, die es früher noch nicht gab». Er traf genau den Kern der Sache: In der Antike nicht nur Monumente höheren Intellekts oder exemplarischer Schönheit zu entdecken, sondern auch heute wiederverwendbare Geräte und Lebensweisen, die vielmehr unter der Berufung auf Winckelmanns «Geschmack» und «vom Gekünstelten zum Natürlichen» ein Bezugspunkt für die Neugründung des sozialen Lebens werden könnten.

Der Erfolg der kampanischen Entdeckungen in Europa, dessen große Anzahl begleitender Publikationen jeder Art in dem neunbändigen Werk der *Antichità di Ercolano esposte* (1757-1792) ihren Ausdruck findet, verfällt nach dieser Welle fast völlig. In der praktischen Übersetzung beruhte er auf dem, was bislang nur eine kritisch-ideologische Wertung gewesen war. Die Entdeckungen als «Modelle für jedes neuere Ornament oder Objekt» aufzunehmen, ist genau das, was Winckelmann gewünscht hatte. Ferdinando Galiani sah es bereits 1767 in die Praxis umgesetzt und, als alles weitgehend realisiert war, bezeichnete Leopoldo Cicognara es als das bedeutendste Ergebnis dieser Bewegung.

Die Geschichte der Auswirkung der Entdeckungen nicht so sehr auf die Malerei und die Skulptur (hier trotz des Einflusses solcher Meister wie Vien, Mengs und Thorvaldsen weniger deutlich zurückverfolgbar) als vielmehr auf Möbel, Geräte und Dekorationssysteme der Architektur des späten 18. Jahrhunderts ist nun umrissen. Was wir hervorgehoben wissen möchten, ist, daß dieser Einfluß ins Innerste der proto-neuklassischen Anwendung und der funktionalistischen Lehre eindrang und in praktischer Hinsicht die Rationalisierung jeglichen Kunsthandwerks und die Serienanfertigung in den Fabriken der ersten Industriellen Revolution förderte. Dies wurde von einem beachtlichen Aufblühen von Veröffentlichungen über die angewandten Künste begleitet. Dabei muß, nachdem die praktischen Anleitungen in für die Zeit nach Vasari typischer Weise zugunsten rein theoretisch-doktrinärer Schriften aus der Kunstliteratur verschwunden waren, auch das Wiederaufleben eines im modernen Sinn praktisch-operativen Bedürfnisses wahrgenommen werden, das die Künstlertraktate des Humanismus und der Frührenaissance bestimmt hatte.

FERDINANDO BOLOGNA

Pompei e l'America

«Dalle targhette di pietra incise che figuravano sulle porte è possibile sapere chi viveva in molte delle case di Pompei; nello stesso modo siamo in grado di dire chi erano gli uomini sepolti nelle sue tombe. Dovunque, un po' dappertutto ci sono cose che vi rivelano i costumi e la storia di questo popolo dimenticato. Ma che cosa lascerebbe sopravvivere di una città americana l'eruzione di un vulcano che la coprisse con le sue ceneri? Ben difficilmente resterebbe un segno o un simbolo a narrarci la sua storia».

MARK TWAIN
The Innocents Abroad
agosto 1867

L'esperienza che Mark Twain provò a contatto con la «città sepolta di Pompei» era quella tipica di un turista del passato, ma anche di un turista del giorno d'oggi. L'ingenuità degli americani che visitano il sito non è probabilmente diminuita, pur se da quel lontano itinerario twainiano è trascorso piú di un secolo; il fascino esercitato da Pompei sulle folle ha sempre tratto alimento dalle tragiche circostanze in cui la città venne sepolta, piuttosto che in primo luogo dall'apprezzamento del valore di quanto con essa fu sepolto. Le catastrofi naturali verificatesi nel corso del tempo fino alla nostra epoca, ci inducono a riflettere sulla caducità delle nostre fortune, ma il paradosso di Pompei è stato quello per cui proprio la distruzione perentoria di uno scenario umano cosí simile al nostro ne ha assicurato l'immortalità.

Sebbene l'immaginazione americana si sia concentrata soprattutto sul cataclisma del 24 agosto del 79 d.C., si è pur sempre manifestata negli Stati Uniti una forte inclinazione a possedere testimonianze materiali dell'eredità artistica lasciataci dalla città, e non solamente per trarre tristi profitti dalle disgrazie di quella gente. La scoperta della città ebbe inizio nel 1748; solo una generazione prima della firma della Dichiarazione di Indipendenza americana. Carlo III, re delle Due Sicilie, patrocinò nel 1755 la pubblicazione di una serie di otto volumi di disegni sui luoghi attorno al Vesuvio, che i suoi ingegneri avevano iniziato ad esplorare preliminarmente verso la metà del secolo. Johann Winckelmann tentò di evitare la completa distruzione del sito ad opera dei cacciatori di tesori sepolti e si fece paladino di un procedimento di scavo scientifico, una totale assurdità per coloro i quali cercavano cose preziose piú che utili elementi di informazione. Le guerre napoleoniche della fine del XVIII secolo e il conseguente passaggio del potere dai Borboni all'esercito francese produssero scompiglio anche sul fronte archeologico. L'occupazione francese vide un rifiorire delle esplorazioni sul luogo dell'antica città; tali esplorazioni, avvenute in epoca di importanza cruciale per la formazione dell'America, stimolarono senza dubbio l'interesse del Nuovo Mondo per Pompei. Gli inglesi giunsero a frotte sul sito, seguendo i Borboni che nel 1815 avevano soppiantato i francesi e gli scavi «in loco» continuarono su vasta scala.

La moda tardo-settecentesca legata all'arte pompeiana giunse per la prima volta alla ribalta in un'Europa stanca del sentimentalismo rococò, ma in un periodo in cui l'America non era in grado di procurarsi collezioni di grandi dimensioni. Mentre i materiali provenienti da Roma giunsero abbastanza facilmente oltre l'Atlantico per tutto il XIX e agli inizi del XX secolo, le pitture e le sculture pompeiane presero di solito la via di Napoli, del palazzo dei Borboni, che ancora oggi

Pompeji und Amerika

«Mit Hilfe der eingeritzten Türschilder kann man herausfinden, wer in den zahlreichen Häusern Pompejis lebte: und in gleicher Weise kann man sagen, wer diejenigen waren, die in den Gräbern bestattet sind. Überall sind Dinge, welche die Sitten und Geschichte dieser vergessenen Menschen enthüllen. Doch was würde ein Vulkan von einer amerikanischen Stadt hinterlassen, wenn er je seine Asche auf sie niederregnen ließe? Kaum ein Zeichen oder Symbol, das ihre Geschichte erzählte.»

MARK TWAIN
The Innocents Abroad
August 1867

Mark Twains Erlebnis der «begrabenen Stadt Pompeji» war typisch für den damaligen wie für den heutigen Touristen. Die Arglosigkeit der amerikanischen Besucher wurde wahrscheinlich in den über hundert Jahren, die seit Twains Reise vergangen sind, nicht geringer. Statt daß vor allem die verschütteten Dinge Wertschätzung gefunden hätten, hat die von Pompeji weithin ausgehende Faszination immer aus den tragischen Umständen des Untergangs Nahrung gewonnen. Die bis heute eingetretenen Naturkatastrophen zwingen uns, über die Vergänglichkeit unserer Existenz nachzudenken, doch das Paradoxon Pompejis liegt darin, daß die endgültige Zerstörung eines dem unserem so ähnlichen, menschlichen Szenariums ihm auf der anderen Seite zur Unsterblichkeit verholfen hat.

Obwohl sich die amerikanische Vorstellung auf die Katastrophe vom 24. August 79 n.Chr. konzentriert hat, so war in den Vereinigten Staaten doch immer eine starke Neigung erkennbar, materielle Zeugnisse aus der künstlerischen Hinterlassenschaft dieser Stadt zu besitzen, und das durchaus nicht nur, um schnöden Profit aus dem Unglück dieser Menschen zu ziehen. Die Wiederentdeckung der Stadt setzte 1748, nur eine Generation vor der amerikanischen Unabhängigkeitserklärung, ein. Karl III., König beider Sizilien, unterstützte 1755 die Veröffentlichung einer achtbändigen Reihe mit Zeichnungen von den Orten am Vesuv, die seine Ingenieure seit der Mitte des Jahrhunderts erkundeten. Johann Joachim Winckelmann versuchte die vollständige Zerstörung des Ortes durch Grabräuber zu verhindern und förderte eine Form der wissenschaftlichen Ausgrabung, die für jene, welche nicht nach informativen, sondern nach wertvollen Gegenständen suchten, eine Absurdität darstellten. Die napoleonischen Kriege am Ende des 18. Jahrhunderts und die anschließende Machtübergabe von den Bourbonen an die französische Streitmacht versetzten auch die archäologische Front in Verwirrung. Während der französischen Besatzungszeit blühten die Forschungen in der antiken Stadt, was zu diesem, für Amerikas Formierung so wichtigen Zeitpunkt zweifellos das Interesse an Pompeji in der Neuen Welt stimulierte. Nachdem die Bourbonen die Franzosen 1815 vertrieben hatten, strömte das britische Publikum nach Pompeji und die Ausgrabungen wurden in großem Umfang fortgesetzt.

Der pompejanische Stil des späten 18. Jahrhunderts trat erstmals in Erscheinung, als Europa der Sentimentalität des Rokoko müde war und Amerika sich noch keine großen Sammlungen leisten konnte. Während Material aus Rom im gesamten 19. und zu Beginn des 20. Jahrhunderts recht einfach über den Atlantik gelangte, nahmen Malereien und Skulpturen üblicherweise den Weg in

Il J. Paul Getty Museo di Malibu. Facciata principale.

Das J. Paul Getty Museum in Malibu. Hauptfassade.
Photo J. Shulman.

resta la sede del Museo Archeologico Nazionale. Sebbene per tutta la prima metà del XIX secolo gli scavi procedessero in modo alterno, il trionfale ingresso a Napoli di Garibaldi nel 1860 condusse ad un periodo di relativa stabilità e di rinato interesse, il che consentí alle esplorazioni archeologiche di progredire come mai era accaduto prima; un'attenzione tutta particolare prestò al sito Giuseppe Fiorelli, il direttore degli scavi, il quale fece cessare quelle ricerche nel sottosuolo pompeiano condotte da dilettanti appassionati, che avevano devastato la città per oltre cento anni.

Durante l'ultimo quarto del XIX secolo, l'America raggiunse finalmente una posizione che le consentiva di raccogliere su vasta scala opere d'arte provenienti dall'Europa; si erano infatti accumulate grandi fortune private ed erano stati fondati musei pubblici, ma, ironia del destino, le porte della città sepolta continuavano a restare chiuse per gli archeologi amatori. Le navi di linea che rifornivano non solo i campi di battaglia, le fabbriche e le cucine, ma anche i salotti, non trasportavano dunque fuori d'Italia molti lavori artistici pompeiani. Cosí, un paese nato ad imitazione in chiave ottimistica della repubblica romana e che aveva abbracciato gli antichi sistemi di governo e giurisprudenziali, non poteva procurarsi qualche testimonianza fra le piú significative della società che tanta importanza aveva avuto nella sua creazione.

Ciò nondimeno, anche se l'arte di Pompei fosse stata ampiamente fruibile da parte dei Padri Fondatori, non sarebbe comunque servita meglio ai loro scopi di quanto non abbia fatto quella di Roma. Le reliquie pompeiane sono state sempre sentite dall'immaginazione popolare come adatte a dare volto ad una cultura bizzarramente chiusa al mondo moderno e di conseguenza si rivelarono di scarsa utilità per coloro i quali veneravano il passato attraverso il prisma deformante del neoclassici-

Boscoreale, villa di P. Fannius Synistor, cubiculum.
Boscoreale, Villa des P. Fannius Synistor, Cubiculum.

New York, the Metropolitan Museum of Art, Roger Fund, 1903.

den Bourbonenpalast nach Neapel, der noch heute Sitz des Archäologischen Nationalmuseums ist. In der ersten Hälfte des 19. Jahrhunderts gingen die Ausgrabungen nur mit Unterbrechungen voran, wohingegen 1860 der triumphale Einzug Garibaldis in Neapel zu einer relativ stabilen Phase und wiedererwachendem Interesse führte. Die archäologische Forschung schritt in zuvor nie gekanntem Ausmaß voran. Besondere Sorgfalt ließ der Grabungsdirektor Giuseppe Fiorelli walten, der die von passionierten Dilettanten vorgenommene Durchsuchung des pompejanischen Bodens nach hundert Jahren endlich einstellen ließ.

Im letzten Viertel des 19. Jahrhunderts war Amerika schließlich in der Lage, europäische Kunstwerke in großem Umfang zu sammeln. So wurden große private Vermögen angehäuft wie auch öffentliche Museen eingerichtet, doch - Ironie des Schicksals - die Tore der begrabenen Stadt blieben für Amateurarchäologen geschlossen. Die Linienschiffe, die nicht nur Kriegsschauplätze, Fabriken und Küchen, sondern auch die Salons versorgten, führten folglich kaum Kunstgegenstände aus Pompeji mit sich. So konnte also ein Land, das voll Optimismus die römische Republik imitierte und das antike Regierungs- und Rechtsprechungssystem übernommen hatte, sich keinerlei aussagekräftigen Zeugnisse jener Gesellschaft beschaffen, die für seine Schöpfung so wichtig war.

Auch wenn die Kunst Pompejis den Gründungsvätern zur Verfügung gestanden hätte, so hätte sie deren Zwecken nicht besser dienen können als diejenige Roms. Die pompejanischen Hinterlassenschaften wurden in der populären Vorstellung immer als Ausdruck einer Kultur empfunden, die der modernen Welt in bizarrer Weise verschlossen war. Denjenigen, welche die Vergangenheit durch ein klassizistisches Prisma hindurch verehrten, boten sie daher wenig Nutzen. Weite Kreise meinten, die pompejanische Kunst auf die frivole Seite im Menschen beschränken zu können:

smo. Per vasti strati di persone l'arte pompeiana era soprattutto volta a solleticare il lato frivolo dell'uomo: *phalloi,* dipinti pornografici, graffiti e bronzi erotici erano i simboli di questa città incredibilmente terrena. Una tale eredità creativa venne perciò confinata nella decorazione del boudoir; né una nuova nazione ben decisa a farsi accettare dagli altri stati poteva permettersi di riempire i propri saloni se non con quanto di piú nobile esisteva nella tradizione occidentale. Roma, con la maestà dei suoi monumenti pubblici e con le sue grandiose tradizioni, serviva molto meglio allo scopo. Le forme dell'arte classica accettate in America furono naturalmente quelle che piú si confacevano alla sua politica: ad essere favorite erano le interpretazioni neoclassiche degli stilemi architettonici greci e in particolar modo romani, i quali facevano da complemento alla missione di ordine e di equilibrio intrapresa nel Nuovo Mondo.

Tuttavia i collezionisti privati e i musei pubblici americani potevano spingersi anche al di là della costruzione di bianche facciate di marmo per campidogli e banche e quando, alla fine del secondo secolo americano, il loro entusiasmo si accrebbe, i resti di Pompei vennero ricercati con vivissimo desiderio. Sebbene Pompei in quanto tale fosse in larga misura fuori portata per merito della ringhiosa difesa del sito archeologico praticata da Fiorelli, l'esplorazione dei dintorni dell'antica città aveva proceduto per vie diverse da quelle degli scavi pompeiani, promossi prima dal re, poi dai nobili e infine finanziati dallo stato. Nell'ultimo decennio del XIX secolo, gli sforzi compiuti dagli intermediari ampliarono sempre piú il loro raggio d'azione per cui fu possibile ai musei stranieri, ivi compresi il Metropolitan Museum e il Museum of Fine Arts di Boston, di acquisire reperti provenienti dalle ville del circondario vesuviano e dai siti che si trovavano in proprietà privata. Gli affreschi e i pezzi di scultura e di arte decorativa che ornavano queste ville furono esportati in America con il permesso del governo italiano.

I musei americani impiegarono molto tempo a costituirsi, poiché l'impulso alla filantropia si fece strada con gradualità. Del resto anche all'estero i precedenti erano pochi, poiché le collezioni reali e quelle delle famiglie nobili furono aperte al pubblico anch'esse molto tardi. Quando, alla fine del XIX secolo, la crescita delle fortune private americane si accelerò e diventò d'obbligo soggiornare per qualche tempo sul «Vecchio Continente», i musei stranieri furono meglio conosciuti e per alcune famiglie piú in vista degli Stati Uniti diventò della massima importanza circondarsi del fascino che emanava dal possesso di qualche reliquia del mondo classico. Con l'accumularsi di imponenti collezioni, alcuni singoli privati come J.P. Morgan compresero finalmente che, al di là del piacere di possedere delle antichità, il riconoscimento pubblico della loro cultura, del loro gusto e della loro generosità non era privo di soddisfazione. La grande collezione di Morgan venne acquistata soprattutto mediante agenti compratori operanti in Roma. L'evidente attrattiva che esercitava su di lui l'arte classica venne in seguito condivisa da altri industriali, tra i quali William Randolph Hearst, per cui la moda di collezionare antichità si diffuse ampiamente anche tra ceti e persone meno celebri. Agli inizi del XIX secolo queste raccolte cominciarono ad essere donate ai vari musei sparsi in tutto il paese; in particolare, la donazione cospicua fatta da Morgan al Metropolitan Museum nel 1917 includeva diversi esemplari di arte decorativa pompeiana. Sono molte le sezioni di arte classica dei musei americani ad essere debitrici soprattutto di collezionisti privati, ivi compreso J. Paul Getty.

Le tre principali raccolte di arte romana negli Stati Uniti – quella del Metropolitan Museum, quella del Museum of Fine Arts e quella del J. Paul Getty Museum – si può dire presentino l'intero spettro della produzione artistica della regione vesuviana, dagli affreschi alle sculture, agli elementi decorativi, mentre i numerosi altri piccoli musei americani, con solo pochi pezzi di provenienza pompeiana, non sono in grado di far comprendere in modo esauriente lo splendore artistico della città, i suoi diversi culti, la vita che si svolgeva regolarmente nelle sue strade oppure la mescolanza di tradizioni locali e importate.

Il primo impulso a riunire una significativa raccolta pubblica di antichità classiche in America venne impresso dagli sforzi di un italiano, il professor Rodolfo Lanciani. Già nel 1872 il Museum of Fine Arts di Boston aveva comprato una significativa collezione di antichità cipriote da Luigi Palma di Cesnola, il generale della guerra civile americana che, durante il suo servizio di emissario in quell'area, aveva acquistato un'enorme quantità di oggetti d'arte antica di Cipro; costui sarebbe poi diventato il primo direttore del Metropolitan Museum of Art. La collezione classica anticipò il completamento del nuovo museo di Boston, che venne inaugurato il 3 luglio del 1876.

Nel 1885 lo stesso museo di Boston conferí a Edward Robinson l'incarico di curatore del settore di archeologia classica; due anni dopo si giunse alla costituzione ufficiale di un dipartimento apposito. In quello stesso anno il professor Lanciani venne invitato a varcare l'Atlantico per tenere

Phalli, pornographische Malereien, erotische Graffiti und Bronzen waren die Symbole dieser so irdischen Stadt. Doch war ein solchermaßen kreatives Erbe ins Boudoir verbannt. Eine junge Nation, die von den anderen Staaten anerkannt werden wollte, konnte zur Dekoration seiner Salons nur Vornehmeres aus der westlichen Tradition gestatten. Roms erhabene öffentliche Monumente und seine großen Traditionen dienten diesem Zweck wesentlich besser. Die in Amerika übernommenen Formen der klassischen Kunst waren natürlich solche, die seiner Politik entsprachen: Man bevorzugte neuklassische Interpretationen griechischer und besonders römischer Stilelemente aus der Architektur, die zu der selbst gestellten Aufgabe paßten, eine stabile und gleichgewichtige Ordnung zu etablieren.

Dennoch konnten die amerikanischen Privatsammler und öffentlichen Museen über die Errichtung weißer Marmorfassaden für das Kapitol oder Banken hinauskommen, als im ausgehenden zweiten Jahrhundert der Geschichte der Vereinigten Staaten die Begeisterung wuchs und Überreste aus Pompeji begierig gesucht wurden. Obgleich aufgrund der hartnäckigen Verteidigung der archäologischen Stätte durch Fiorelli Pompeji weit außerhalb jeder Reichweite war, ist die Erkundung der Umgebung auf Anregung zuerst des Königs, dann der Adligen und schließlich durch staatliche Finanzierung anders als bei den pompejanischen Ausgrabungen vorangegangen. Im letzten Jahrzehnt des 19. Jahrhunderts gelang es den Agenten, ihren Aktionsradius mehr und mehr auszuweiten, so daß ausländische Museen, darunter das Metropolitan Museum und das Museum of Fine Arts in Boston, Fundstücke von Villen aus dem Vesuvgebiet und von privaten Fundstätten erstehen konnten. Diese Fresken, Plastiken und Dekorationsstücke wurden mit Genehmigung der italienischen Regierung nach Amerika exportiert.

Die Gründung der amerikanischen Museen zog sich über lange Zeit hin, da sich der philanthropische Impuls nur allmählich durchsetzte. Doch auch im Ausland gab es wenige Beispiele, da die königlichen und adligen Sammlungen ebenfalls erst spät der Öffentlichkeit zugänglich gemacht wurden. Als im späten 19. Jahrhundert das amerikanische Privatvermögen ein rasches Wachstum erlebte, verhalf der obligatorische Aufenthalt auf dem «Alten Kontinent» den ausländischen Museen zu größerer Bekanntheit. Führende amerikanische Familien bemühten sich darum, sich mit dem Zauber der Altehrwürdigkeit zu umgeben, den der Besitz von Relikten aus der klassischen Welt ausstrahlte. Einige Privatsammler mit beeindruckenden Kollektionen, wie J.P. Morgan, stellten schließlich fest, daß neben dem Besitz von Antiquitäten auch die öffentliche Anerkennung ihrer Kultur, ihres Geschmacks und ihrer Großzügigkeit Genugtuung bereitete. Morgans große Sammlung war vor allem durch in Rom tätige Verkaufsagenten zustande gekommen. Die Anziehungskraft, wie sie die klassische Kunst auf ihn ausübte, erfaßte bald auch andere Industrielle. Dazu gehörte William Randolph Hearst, durch den sich die Mode des Sammelns von Antiquitäten auch auf weitere Personenkreise ausdehnte. Seit dem Beginn des 20. Jahrhunderts wurden diese Sammlungen zunehmend den verschiedenen Museen des Landes gestiftet. Die bemerkenswerte Schenkung Morgans an das Metropolitan Museum 1917 schloß einige Stücke pompejanischer Dekorationskunst mit ein. Viele Abteilungen klassischer Kunst in amerikanischen Museen sind Privatsammlern wie J. Paul Getty zu verdanken.

Von den drei Hauptsammlungen römischer Kunst in den Vereinigten Staaten - im Metropolitan Museum, im Museum of Fine Arts, im J. Paul Getty Museum - darf man behaupten, daß sie das gesamte Spektrum künstlerischer Produktion in der Vesuvregion umfassen, von Fresken über Skulpturen bis zu Dekorationsstücken. Die vielen kleinen Museen Amerikas dagegen besitzen nur wenige Objekte aus Pompeji und können den künstlerischen Glanz dieser Stadt, seine verschiedenen Kulte, das alltägliche Leben auf den Straßen oder die Mischung lokaler und importierter Traditionen nicht erschöpfend darstellen.

Der italienische Professor Rodolfo Lanciani gab den ersten Anstoß, eine aussagekräftige öffentliche Sammlung klassischer Antiken in Amerika zusammenzutragen. Bereits 1872 hatte das Museum of Fine Arts in Boston eine bedeutende Kollektion zyprischer Antiken von Luigi Palma di Cesnola erworben. Dieser General des amerikanischen Bürgerkriegs hatte während seiner Gesandtentätigkeit in jener Region eine enorme Anzahl antiker Kunstobjekte Zyperns erstanden. Später sollte er zum ersten Direktor des Metropolitan Museum of Art werden. Die klassische Sammlung ging der Fertigstellung des neuen Museums von Boston voraus, dessen Einweihung am 3. Juli 1876 stattfand. 1885 ernannte dieses Bostoner Museum Edward Robinson zum Kurator für den Bereich der Klassischen Archäologie. Zwei Jahre später folgte die offizielle Einrichtung einer eigenen Abteilung. Im selben Jahr wurde Professor Lanciani eingeladen, um in Boston Vorträge zu halten. Während seines Aufenthaltes half er Robinson, die Anzahl seiner griechischen und römischen Stücke zu vermehren. Viele der in Boston von Professor Lanciani gekauften Objekte stammen aus der Villa

Pompei, villa del Fondo Bottaro, parete affrescata di IV stile iniziale.

Pompeji, Villa Fondo Bottaro, Wandfresko des frühen Vierten Stils.
Boston, Museum of Fine Arts.

Boscotrecase, villa imperiale, parete affrescata di III stile.

Boscotrecase, kaiserliche Villa, Wand des Dritten Stils.
New York, The Metropolitan Museum of Art, Rogers Fund, 1920.

delle conferenze a Boston; egli poi si trattenne in America e aiutò Robinson ad incrementare gli acquisti di antichità greche e romane. Molti pezzi antichi venduti a Boston dallo stesso Lanciani provenivano da Villa Ludovisi, oggi sede dell'ambasciata statunitense a Roma. Edward Perry Warren, che arricchí le collezioni mediante donazioni e prestiti, si dette ad acquistare opere per il museo con l'aiuto del suo amico John Marshall. Verso il 1904 ammontavano a piú di quattrocento le opere d'arte entrate a far parte delle collezioni, e in appena dieci anni. Le dimissioni di Robinson l'anno seguente condussero al successivo duplice incarico di curatore e direttore del museo affidato a Arthur Fairbanks. Nel 1912, le sue responsabilità di curatore furono assunte dal Dr. Lacey D. Caskey, che restò alla testa del dipartimento fino al 1944.

Il Metropolitan Museum of Art fu rapido a seguire le orme del suo omologo bostoniano. Le strade di queste due grandi istituzioni si intersecarono per parecchi degli anni successivi. John Marshall, agente compratore a Roma, iniziò ad acquistare attivamente oggetti per entrambi i musei e nel 1903 comprò la notevole collezione di affreschi provenienti dalla Villa di *Publius Fannius Synistor* a Boscoreale. Boscoreale, che si trova a meno di due chilometri a nord di Pompei, era nell'antichità un luogo in cui esistevano numerose ville rustiche. Quella di cui abbiamo detto sopra fu scoperta alla fine del 1900 nella proprietà di Francesco Vona e fu scavata da Vincenzo De Prisco. Le sue pitture furono rimosse dal sito, sistemate entro una struttura lignea di supporto e vendute all'asta. In maggior parte andarono al Metropolitan Museum, ma alcuni pezzi importanti restarono a Napoli, mentre altri ancora trovarono la via del Louvre e dei musei del Belgio e dell'Olanda.

Le pitture provenienti da Boscoreale e collocate al Metropolitan Museum restano probabilmente fino ad oggi l'acquisto piú significativo di arte pompeiana che sia avvenuto al di fuori di Napoli (fig. 2). Questi dipinti si sono dimostrati di importanza fondamentale non solo perché hanno contribuito a definire il giusto posto che spetta all'arte romana accanto ai capolavori dell'Ellade, ma perché hanno altresí influenzato generazioni di artisti americani, i quali non avevano nessun altro esempio di pittura classica da ammirare e da studiare.

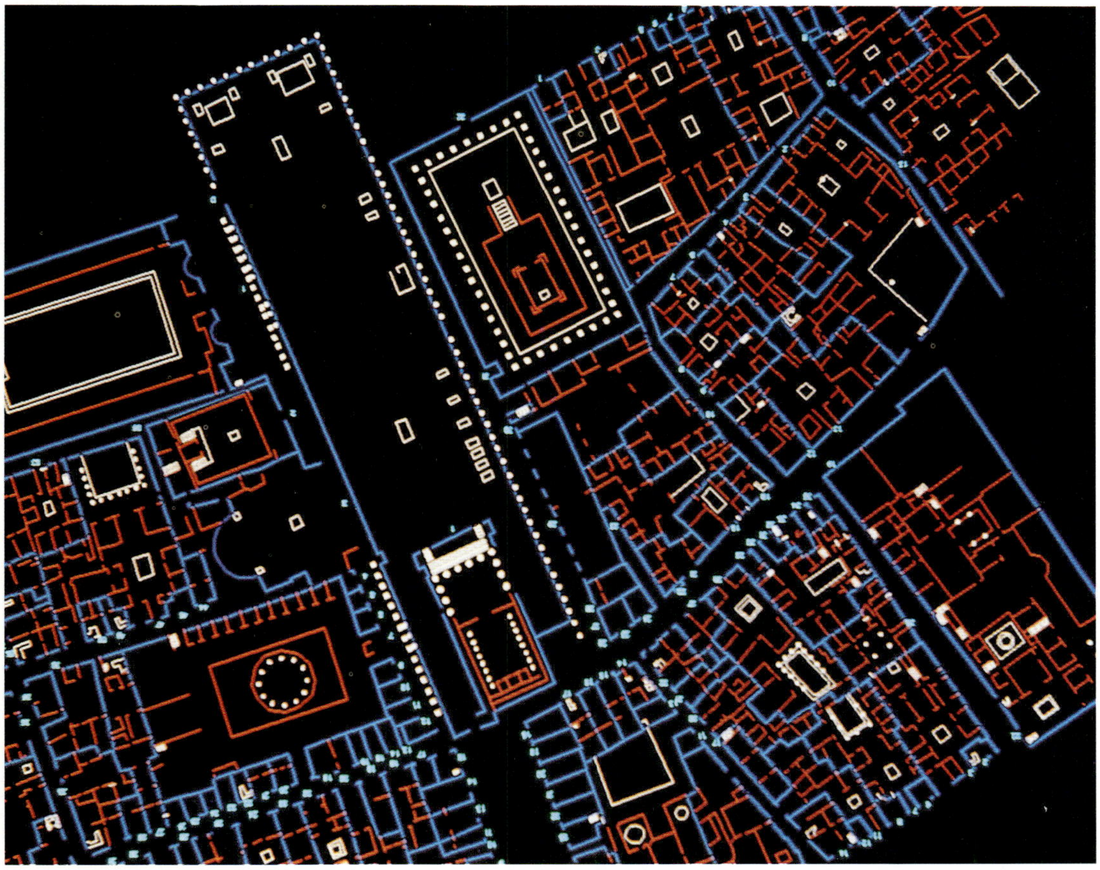

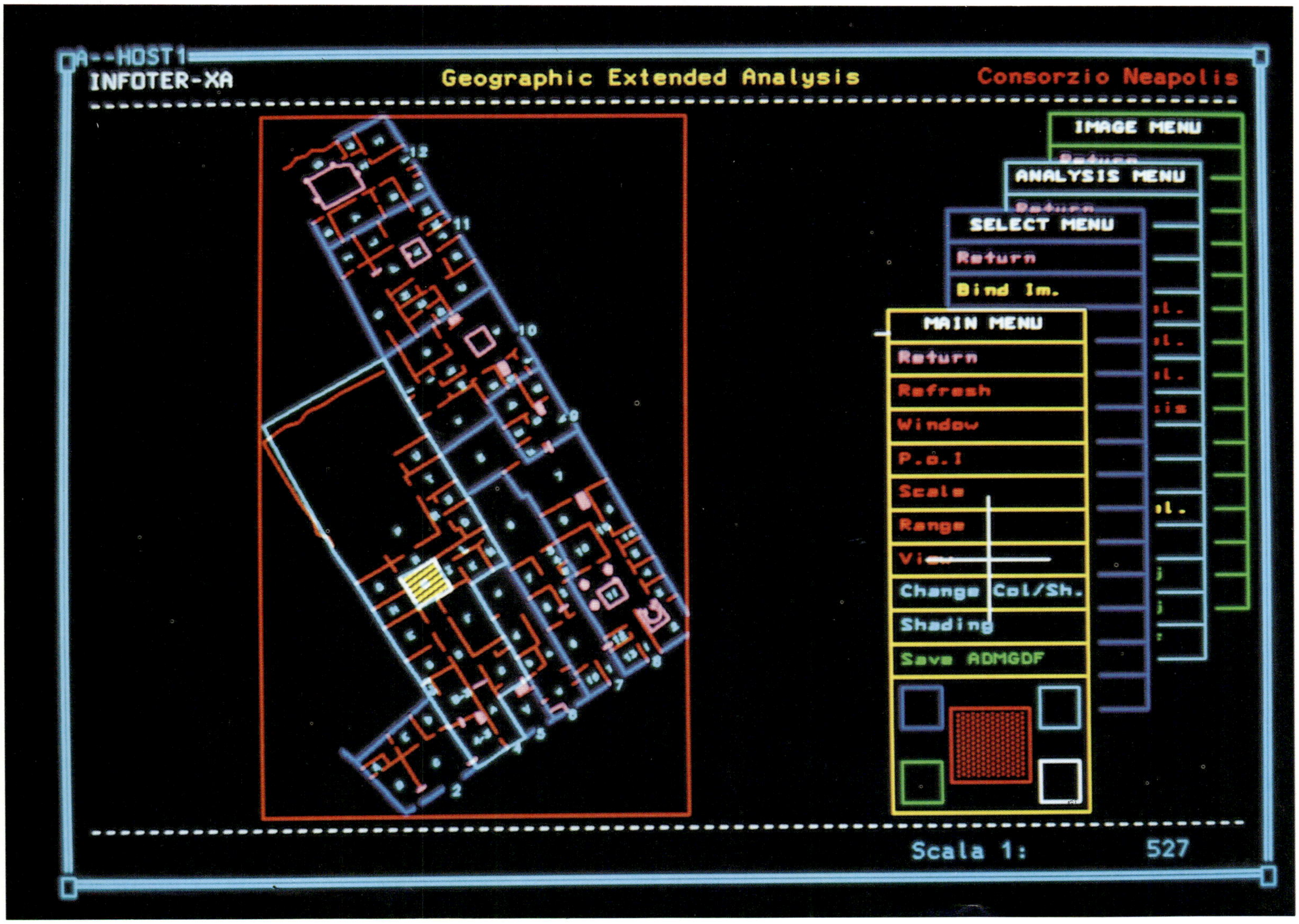

Elaborazione numerica della mappa archeologica del Foro di Pompei.

Numerische Darstellung des archäologischen Plans des Forums von Pompeji.

Mappa della casa del Centenario: sono evidenziati i riferimenti topografici per la catalogazione archeologica.

Plan des Hauses der Hundertjahrfeier: Hervorgehoben sind topographische Anhaltspunkte zur archäologischen Katalogisierung.

La logica del computer in qualche modo esclude la realtà esterna e pone l'uomo di fronte ai propri processi mentali, anche se il flusso elettronico fornisce il bene inestimabile della velocità smisurata. E in un simile ambito non c'è piú un'immagine mentale da restituire – la realtà –, esiste solo un'immagine d'arrivo – o meglio, una concretizzazione del calcolo di arrivo. L'incontro tra cultura tradizionale e nuovi mezzi tecnologici diviene, quindi, tanto stringente e inevitabile che se ne può trarre quasi una specie di riprova: è attuale, rispondente alle nostre esigenze, ogni tipo di immagine che ammette – almeno in senso virtuale – una traducibilità in linguaggio elettronico.

Problemi riguardanti l'immagine, il testo, la superficie, la struttura, il contesto vengono esaminati all'interno di nuove ipotesi sul tempo, sullo spazio, sulla memoria che sono stati sopravanzati dai nuovi mezzi telematici. Vi sono fusioni, congiunzioni, interazioni di mezzi di comunicazione e conoscenza che coesistono con nuovi rapporti di contenuto, di materiale originale e idee.

La *macchina della conoscenza* che si verrà a definire in tal modo consisterà essenzialmente proprio in questo modo di considerare la cultura. Il reticolo dei centri interagenti, facenti capo alle diverse branche del sapere, in cui è ancora divisa la nostra cultura, sarà simile ad una enorme volta geodetica in cui ciascun centro è collegato con parecchi altri. L'organizzazione sarà orizzontale fra centri di egual calibro – interdipendenza indipendente (il sistema di catalogazione, l'ipertesto, la cartografia numerica). Gli orizzonti si moltiplicheranno, l'informazione a misura individuale coinvolgerà il singolo in un ruolo attivo, le immagini sintetiche creeranno oggetti completamente nuovi. Il sistema che ne risulterà sarà caratterizzato da una serie di molteplici realtà; aggiungenti tutte nuove dimensioni a ciascuna delle realtà conoscitive individuali. Il *viaggio a ritroso nel tempo* consisterà infatti nel trovarsi di fronte ad un oggetto che ci viene dal passato e che risulta simbolo di una conoscenza che va riorganizzata.

IL PROGETTO

Avviato nel marzo del 1987, il Consorzio Neapolis, costituito in forma paritetica da FIAT Engineering e IBM Italia, si è proposto di valorizzare il patrimonio ambientale ed artistico dell'area vesuviana. La componente informatica di questa impresa si è concretizzata in un articolato progetto di sofisticato sistema informativo del patrimonio storico e ambientale.

La necessità di un quadro sufficientemente affidabile della realtà, e per contro la coscienza delle difficoltà di apprendere lo stato del patrimonio, la complessità degli insiemi delle tracce degli uomini e la molteplicità degli spazi geografici e storici del territorio sono altrettanti elementi che hanno indirizzato genesi ed analisi del progetto; ma se ad un principio primo si deve ricondurre lo spirito del sistema questo è identificabile nella «conoscenza». Conoscenza per comprendere una fenomenologia articolata e complessa, ma coerente ed eccezionale, conoscenza per intervenire promuovendo efficaci programmazioni di tutela del patrimonio e soprattutto conoscenza innovativa che nasce da un'azione combinata di diverse dinamiche evolutive.

Il paradigma «della conoscenza dei beni culturali allargati come atto fondativo per la tutela e valorizzante dei beni stessi» evidenzia, nel contesto progettuale, le metodologie della *rappresentazione della conoscenza*; metodologie che devono applicarsi all'intero processo conoscitivo sia nella fase di riconoscimento, sia nella fase della documentazione e nei successivi momenti di analisi.

Se, da un lato, è vero che per determinate discipline è ben assestata una metodologia della memoria (la scheda, il catalogo ecc.), quali sono le regole di analisi di tale informazione? Quale è la strategia critica quando la molteplicità dei fenomeni si confronta con la scala del territorio? E ancora, quali sono le regole di indagine in un dominio pluridisciplinare che siano in grado di ripristinare la percezione complessiva e sintetica della realtà?

È esattamente questo insieme di tematiche che ha guidato l'ingegnerizzazione del sistema informativo del progetto, dando concretezza metodologica e strumentale alla matrice aggregante i singoli aspetti disciplinari.

Nell'attuazione del progetto, la conoscenza del patrimonio culturale, Pompei, ha costituito il punto di partenza per l'analisi di dettaglio che si è dispiegata attraverso la catalogazione scientifica degli affreschi e dei mosaici, attraverso la ricostruzione del contesto dello scavo con recupero della documentazione storica esistente – giornali degli scavi e fonti iconografiche –, attraverso il censimento delle emergenze archeologiche dell'area vesuviana allargata alla Valle del Sarno.

Giova, a questo punto, sottolineare gli obiettivi del disegno del sistema informativo, evidenziando l'approccio globale e lo studio dei vari sottosistemi, che garantiscono sia la necessaria gradualità di realizzazione, sia l'integrazione successiva di componenti realizzate separatamente.

Die Logik des Computers schließt in gewisser Weise eine äußere Realität aus und konfrontiert den Menschen mit seinen eigenen Geistesvorgängen, auch wenn die Elektronik uns den unschätzbaren Vorteil enormer Schnelligkeit bietet. In ähnlicher Weise ist nicht mehr ein geistiges Bild, die Realität, zu ersetzen, sondern es gibt nur eine Zielvorstellung, oder besser, eine Verwirklichung dieses Zieles. Zur Beweisführung wird das Aufeinandertreffen von traditioneller Kultur und neuen Technologien daher dringend und unvermeidbar: Entsprechend unseren Anforderungen wird gegenwärtig jede Art von Bild, zumindest im übertragenen Sinn, in die elektronische Sprache übersetzt.

Probleme bezüglich Abbildung, Text, Oberfläche, Struktur oder Kontext werden im Rahmen neuer Hypothesen hinsichtlich Zeit, Raum und Eingabe, die sich gegenüber den neuen Techniken behaupteten, geprüft. Es gibt Verschmelzungen, Verbindungen und Wechselwirkungen zwischen Kommunikationsmitteln und Wissen, die mit neuen Beziehungen zu Inhalt, originalem Material und Idee nebeneinander bestehen.

Die derart sich abzeichnende *Wissensmaschine* wird vor allem der Kulturbetrachtung dienen. Das Netz der kommunizierenden Zentren verschiedenster Wissensgebiete, in die unsere Kultur noch immer unterteilt ist, wird einer riesigen geodätischen Kuppel gleichen, in der jedes Zentrum mit entsprechenden anderen verbunden ist. Gleichartige Zentren werden einander zugeordnet sein - unabhängige Interdependenz (Katalogisierungssystem, Hypertext, numerische Kartographie). Die Horizonte werden sich vervielfachen, die individuelle Information wird den Einzelnen in eine aktive Rolle verwickeln, synthetische Bilder werden völlig neue Objekte erschaffen. Das resultierende System wird von vielfachen Eigenschaften gekennzeichnet sein, die jedem einzelnen Kenntnisfaktum neue Dimensionen eröffnen werden. Die *Reise in die Vergangenheit* führt tatsächlich zu einer Konfrontation mit einem Gegenstand aus dieser Vergangenheit, der sich als Symbol für ein rezuorganisierendes Wissen erweist.

DAS PROJEKT

Seit März 1987 begann das paritätisch von FIAT Engineering und IBM Italia gegründete Consorzio Neapolis im Rahmen eines staatlichen, durch das Gesetz Nr.41 vom 28. Februar 1986 finanzierten Programmes mit der Auswertung des lokalen und künstlerischen Erbes der Vesuvregion. Die datenverarbeitende Komponente dieses Unternehmens bestand in einem unterteilten Projekt für ein verfeinertes Informationssystem bezüglich des lokalen und historischen Erbes.

Da ein zuverlässiges Bild der Realität erfordert war und man sich der schwierigen Erfassung des Zustandes dieses Erbes bewußt war, bildeten die Gesamtheit aller menschlichen Spuren und die Vielfalt der geographischen und historischen Stätten dieses Gebietes weitere Elemente, die die Genese und Analyse des Projektes beeinflußten. Wollte man jedoch den Geist dieses Systems auf ein Grundprinzip zurückführen, so wäre dies das «Wissen». Wissen, um eine zergliederte und komplexe, doch auch kohärente und außergewöhnliche Phänomenologie zu verstehen; Wissen, um wirksame Programme zum Schutz des Erbes zu fördern und einzusetzen sowie vor allem innovatives Wissen, das aus dem Zusammenwirken verschiedener evolutionärer Energien entsteht.

Das Paradigma der «Kenntnis der erweiterten Kulturgüter als Gründungsakt zur Bewahrung und Auswertung der Güter selbst» unterstreicht im Rahmen des Projekts die Methodologien zur *Wissensrepräsentation*; sie sind während des gesamten Erkenntnisprozesses, sei es bei der Identifikation und der Dokumentation, sei es bei den nachfolgenden Analysen, anzuwenden.

Ist einerseits bei bestimmten Disziplinen die Methodologie der Dokumentation (Karteien, Katalog usw.) gut entwickelt, wie lauten dann die Regeln zur Analyse solcher Information? Welche kritische Strategie ist anzuwenden, wenn die Vielfalt der Phänomene dem Maßstab der Gegend gegenüber gestellt wird? Und welche Forschungsvorgaben wären darüber hinaus in einem interdisziplinären Bereich in der Lage, die komplexe und synthetische Wirklichkeitswahrnehmung wiederherzustellen?

Genau diese Themen führten zur Entwicklung des Informationssystems des Projekts, welches der Matrix, die die einzelnen, disziplinären Aspekte vereinte, methodologische und instrumentale Konkretheit gab.

Bei der Verwirklichung des Projekts war das Wissen um das kulturelle Erbe Pompejis der Ausgangspunkt für eine detaillierte Analyse. Sie beinhaltet die wissenschaftliche Katalogisierung der Fresken und Mosaiken ebenso wie die Rekonstruktion des Ausgrabungskontextes, auch mittels bestehender historischer Dokumente wie Grabungsbücher und ikonographischer Quellen, und die Bestandsaufnahme archäologischer Fundstätten in der erweiterten Vesuvregion bis zum Sarno-Tal.

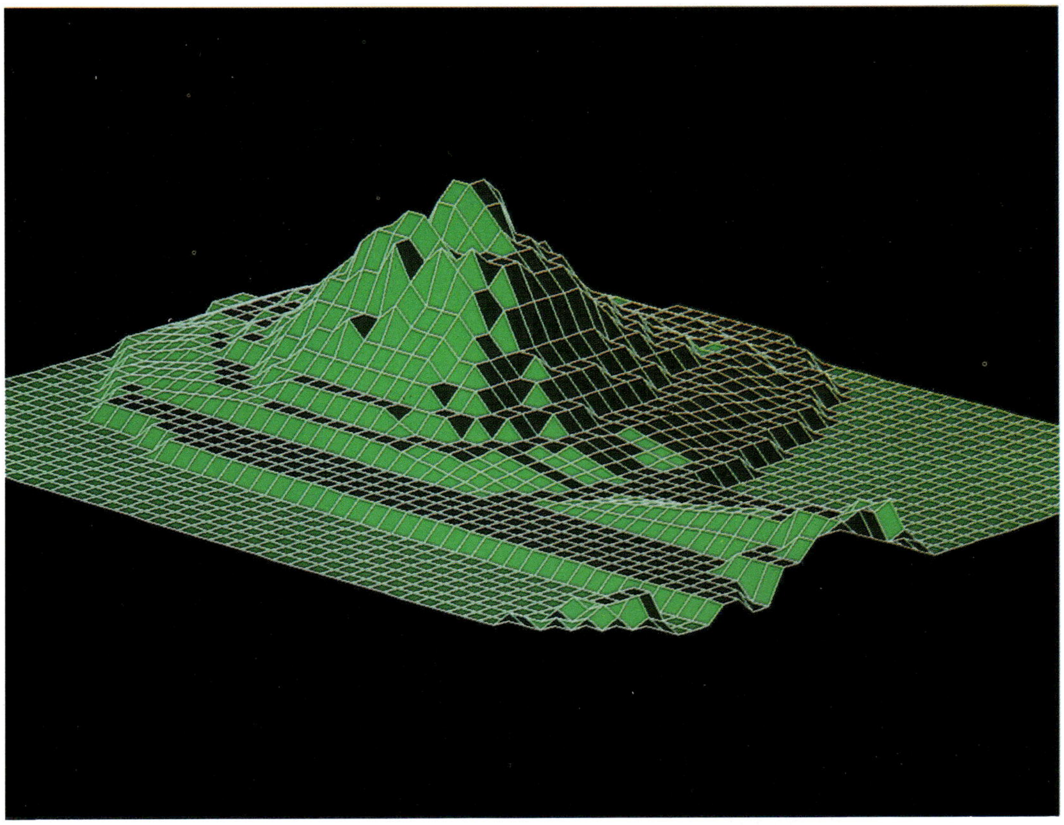

Modello tridimensionale del cono del Vesuvio.

Dreidimensionales Modell des Vesuvkegels.

Elaborazione digitale della fotogrammetria aerea dell'Anfiteatro di Pompei.

Digitale Darstellung der Luftphotogrammetrie vom Amphitheater in Pompeji.

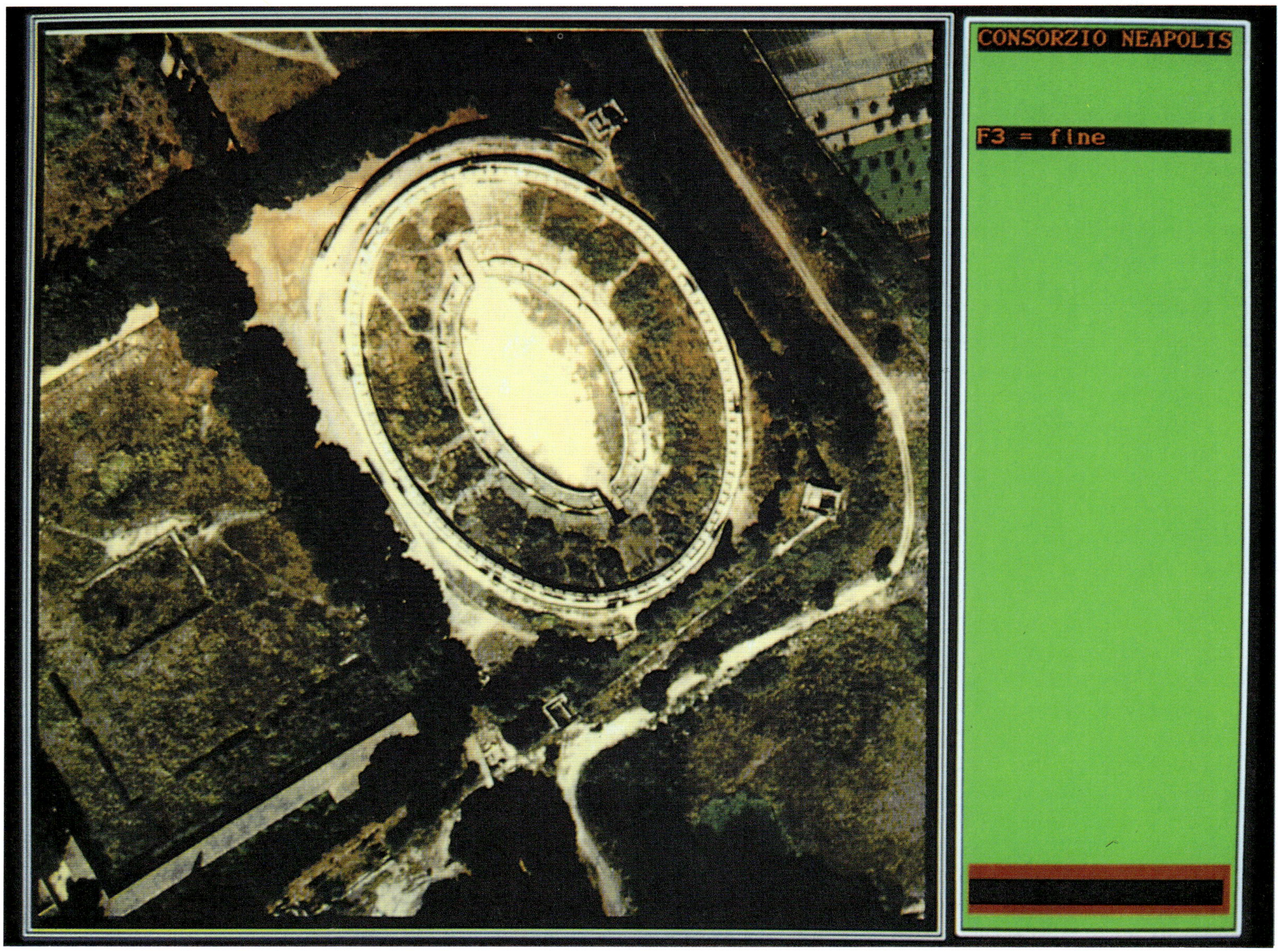

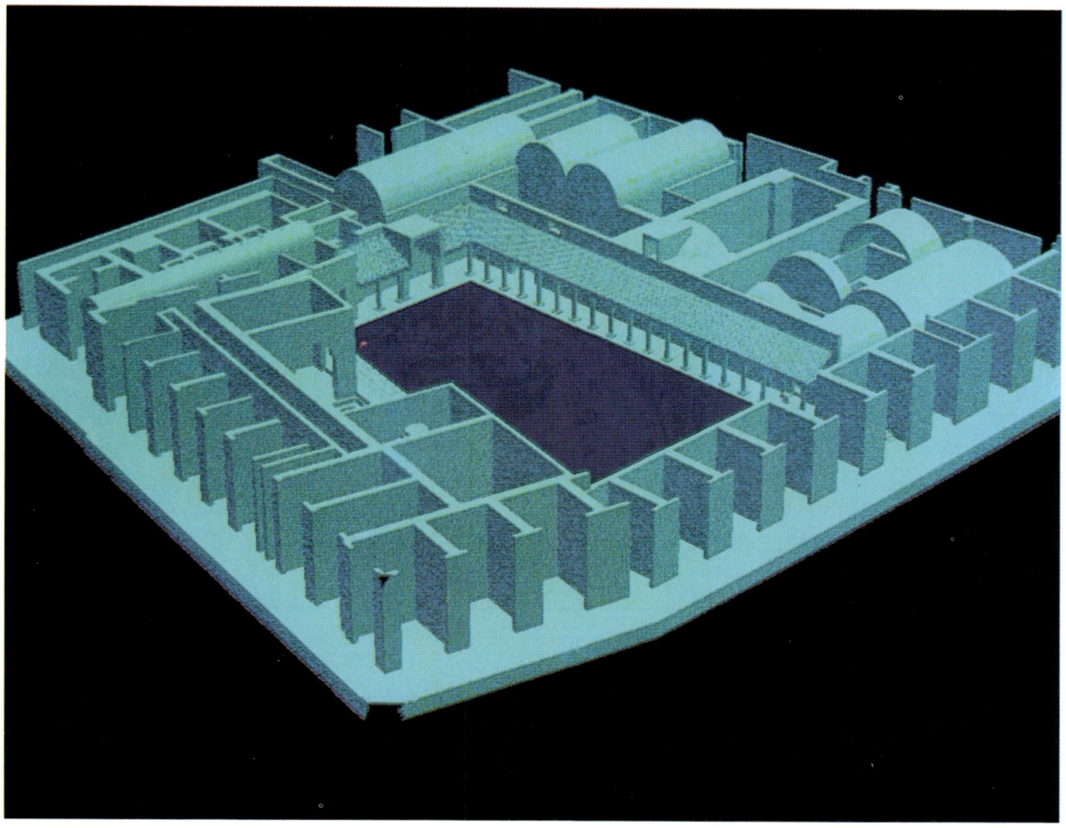

Modello tridimensionale del complesso delle Terme Stabiane a Pompei.

Dreidimensionales Modell der Anlage der Stabianer Thermen in Pompeji.

Rappresentazione tridimensionale di un affresco di soggetto architettonico della Villa dei Misteri di Pompei.

Dreidimensionale Darstellung eines architektonischen Freskos aus der Villa der Mysterien in Pompeji.

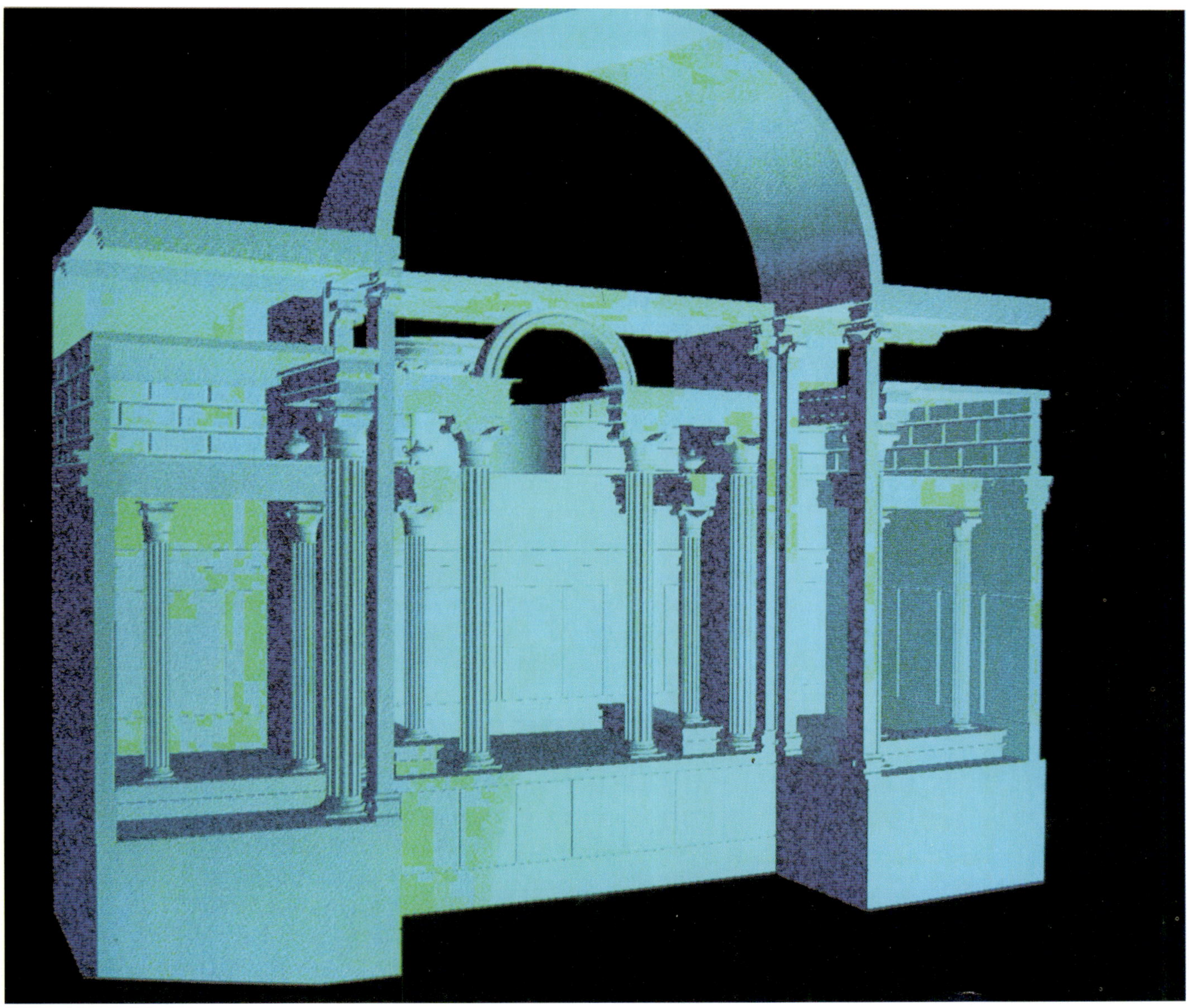

Realizzazione di una banca dati unica e centralizzata basata su precisi presupposti teorici:

a) Conoscenza del patrimonio ambientale e culturale dell'area vesuviana nei suoi aspetti territoriali, culturali, economici e naturali in relazione sia alle emergenze architettoniche che archeologiche.

La conoscenza si estrinseca in informazioni complete omogenee e esaustive, in altri termini «coerenti», pur applicandosi ad un dominio ampio e difforme, quale è l'insieme dei testi delle schede di catalogo, delle informazioni cartografiche, delle immagini e dei modelli tridimensionali.

b) Metodologia con cui strutturare la conoscenza, sia nel suo lavoro disciplinare, sia nell'ambito di nuove ipotesi di conoscenza.

Può sembrare curioso che l'informatico si avventuri in un contesto gnoseologico parlando di strutture di conoscenza; l'orizzonte è piú semplice e pragmatico, i termini si riferiscono alle informazioni oggettive – codici, attributi, testi, dati generalizzanti e loro semantica – ed i legami logici che generano la molteplicità delle coppie «informazione-relazione». È proprio in questo contesto che l'informatica, come disciplina assestata, ma in evoluzione, gioca un ruolo che travalica il mero fatto meccanico di archiviare un'informazione, ma diventa condizione essenziale alla fruizione ed alla costruzione della conoscenza.

c) Modello relazionale tra le diverse discipline alla base della conoscenza, che concretizza la matrice generalizzata delle informazioni acquisite.

Realizzazione di un sistema di consultazione della conoscenza acquisita che possa permettere sia analisi disciplinari coerenti, sia, se è consentito l'uso del termine «suggerire», associazioni pluridisciplinari inedite. L'operatore ha sia i necessari requisiti di affidabilità dell'informazione, sia, e questo è innovativo, un ambiente creativo di indagine. Lo schermo dell'elaboratore diviene una finestra su testi, codici, mappe archeologiche e tecniche, immagini di documenti, affreschi e fonti iconografiche.

Che cosa significa usare l'elaboratore nella catalogazione del patrimonio? Alcune risposte sono banali, come la memoria delle attività o la sostituzione e la replica dei supporti – non uso piú la macchina da scrivere ma un *word processing* –, ma non sono altrettanto banali gli aspetti innovativi di gestione di un gruppo di lavoro e della traccia del fluire delle attività, come, anche, i sistemi di supporto alla documentazione presente sul sistema informativo, agli automatismi di controllo semantico oppure interdisciplinare. È proprio questo il punto piú significativo, nei termini di una catalogazione «scientifica», poiché contribuisce a standardizzare le operazioni di descrizione del patrimonio; è la necessaria ripetibilità dell'esperimento che rinforza la base teorica.

«La mente umana opera per associazioni. La ricerca delle informazioni per associazione, piuttosto che per indice, può essere automatizzata. Se non è possibile uguagliare la velocità e la flessibilità con cui la mente percorre un percorso associativo è certamente possibile battere la mente umana per quanto concerne permanenza e chiarezza degli oggetti della memoria» (V. BUSH, *As we may think*, in *Atlantic Monthly,* 176, 1, July 1945, p. 101).

Lo schema del veicolo di accesso alla conoscenza diventa un sistema in cui le informazioni risiedono in una rete di nodi – la volta geodetica – collegati da rami (una matrice sparsa rappresenta in maniera coerente questa struttura) in cui un nodo, ad esempio, racchiude il sottosistema cartografico, oppure il sottosistema delle schede RA: tra un nodo e l'altro scorrono molteplici rami di collegamento che pongono in relazione logica informazioni che sono patrimonio delle singole discipline. L'operatore può percorrere questi rami ed in ogni nodo riceve le informazioni pertinenti all'ambito disciplinare attivato e, in piú, opera in un ambiente virtuale che integra ergonomicamente oggetti diversi e tiene traccia, istante per istante, del percorso logico effettuato; si è quindi ben lontani dall'oracolo tecnologico che fornisce in gergo prevedibili risposte, ma si è di fronte ad un sistema informativo sofisticato ed innovativo, che opera da moltiplicatore di conoscenza.

Un ulteriore aspetto del concetto di moltiplicatore di conoscenza nasce nel momento in cui il sistema informativo agisce non piú da passivo gestore di un patrimonio informativo, ma da operatore metodologico, rispondendo non solo per informazioni o suggerimenti, ma proponendo precisazioni di intervento e indagine, replicando, su scala piú vasta, il *modus operandi* appreso da uno specialista della disciplina. È il caso del sottosistema sviluppato per la guida all'intervento di restauro dell'affresco; la conoscenza storico-scientifica proviene dai sottosistemi di catalogazione (schede dei Reperti Archeologici e schede della documentazione iconografica d'epoca) automatica e costituisce la base per un secondo sottosistema che individui la generalità dei fattori fisici che descrivono

An dieser Stelle ist es angebracht, die Ziele dieses Informationssystems sowie die allgemeine Annäherung und das Studium der verschiedenen Untersysteme zu betonen, die sowohl die notwendige Staffelung der Realisierung wie auch die sukzessive Integration separat verwirklichter Komponenten gewährleisten.

Erstellung einer einzelnen, zentralen Datenbank auf der Basis exakter theoretischer Vorgaben:

a) Kenntnis des lokalen und kulturellen Erbes der Vesuvregion hinsichtlich territorialer, kultureller, ökonomischer und naturbezogener Aspekte in Beziehung zu den architektonischen wie archäologischen Gegebenheiten. Diese Kenntnis äußert sich in vollständigen, vergleichbaren und erschöpfenden, mit anderen Worten, in zusammenhängenden Informationen, die aber einer breiten und verschiedenartigen Gesamtheit von Texten, Katalogeinträgen und kartographischen Informationen, von Abbildungen und dreidimensionalen Modellen angehören.

b) Methodologien zur Wissensstrukturierung innerhalb des Fachbereichs wie auch im Rahmen neuer Wissenshypothesen.

Es mag merkwürdig erscheinen, daß ein Informatiker sich auf einen erkenntnistheoretischen Komplex einläßt und von Wissensstrukturen spricht. Die Lage ist einfacher und praktischer, denn die Begriffe beziehen sich auf sachliche Informationen - Codices, Attribute, Texte, generalisierende Daten und ihre Semantik - und logische Verbindungen, welche die vielen «Information-Beziehung»-Kombinationen hervorrufen. Die Informatik als ordnende, aber in Entwicklung befindliche Disziplin spielt in diesem Zusammenhang tatsächlich eine Rolle, die den rein mechanischen Tatbestand der Informationsarchivierung überschreitet und sie zur grundlegenden Bedingung für die Nutzung und Bildung von Wissen macht.

c) Verbindendes Modell für die verschiedenen Basiswissenschaften, das die generalisierte Matrix der erworbenen Informationen konkretisiert.

Verwirklichung eines Systems zur Konsultierung des gesammelten Wissens, das fachspezifische Analysen erlaubt und, wenn diese Formulierung erlaubt ist, neue interdisziplinäre Zusammenschlüsse anregt. Der Forscher kann über zuverlässige Information und, was innovativ ist, über eine kreative Arbeitsumgebung verfügen. Der Monitor wird zum Fenster in Texte, Codices, archäologische und technische Karten, in Abbildungen von Dokumenten, Fresken und ikonographische Quellen.

Was bedeutet der Computereinsatz zur Katalogisierung der Hinterlassenschaft? Einige Antworten sind banal, so die Dokumentation von Aktivitäten und das Ersetzen oder Kopieren von Unterlagen (ich benutze keine Schreibmaschine mehr, sondern einen Wortprozessor). Ganz und gar nicht banal aber sind die innovativen Aspekte der Leitung einer Arbeitsgruppe oder eines Ausführungskonzepts wie auch innerhalb des Informationssystems die Programme zur Dokumentationsunterstützung bis hin zu den Automatismen der semantischen oder interdisziplinären Kontrolle. Im Rahmen einer «wissenschaftlichen» Katalogisierung ist dies der wichtigste Punkt, weil er zur Dokumentationsstandardisierung beiträgt. Es ist die notwendige Wiederholbarkeit des Experiments, welche die theoretische Basis stärkt.

«Der menschliche Geist arbeitet mit Assoziationen. Selektion durch Assoziation kann eher automatisiert werden als Katalogisierung. Man darf nicht hoffen, [...] der Schnelligkeit und Flexibilität, mit der der Geist einer assoziativen Spur folgt, gleichzukommen, doch sollte es möglich sein, den Geist hinsichtlich Ausdauer und Klarheit der aus dem Gedächtnis wiederbelebten Punkte entscheidend zu schlagen». (V. Bush, *As We May Think*, in: *Atlantic Monthly*, 176, 1. Juli 1945, 101).

Zum Schlüssel für den Wissenszugang wird ein System, in dem die Informationen in einem Knotengeflecht aufgehoben - die geodätische Kuppel - und durch Zweige verbunden sind (eine verstreute Matrix gibt diese Struktur kohärent wieder). In einem Knoten befindet sich z.B. das untergeordnete System der Kartographie oder der Kartei archäologischer Funde. Die einzelnen Knoten sind durch zahlreiche Linien verbunden, die ein logisches Verhältnis zwischen den Informationen der einzelnen Disziplinen herstellen. Der Anwender kann diesen Linien folgen und erhält in jedem Knoten Information aus dem jeweilig aktivierten Fachbereich. Er arbeitet in einem potentiellen Umfeld, das verschiedene Objekte ergonomisch vereint und jederzeit den logisch vorgegebenen Ablauf einhält. Man ist also vom technischen Orakel noch weit entfernt, das laut Jargon vorhersehbare Antworten liefert; doch steht man einem verfeinerten und innovativen System gegenüber, das als Wissensmultiplikator fungiert.

Ein anderer Aspekt innerhalb des Konzeptes als Wissensmultiplikator wird deutlich, wenn das System nicht nur als passiver Verwalter von Information verstanden wird, sondern als methodologi-

l'oggetto affresco – rilevamenti chimici, fisici e grafici –, lo classifichi in base a struttura muraria, intonaco e superficie pittorica e distingua i danni meccanici, fisico-chimici e biologici. L'insieme di queste informazioni muove un ulteriore sottosistema che elabora secondo un criterio conservativo e fornisce la diagnosi di primo intervento manutentivo dell'affresco.

Fluisce direttamente dal disegno generale di questo sistema informativo la possibilità di graduare l'intensità dell'informazione, passando dal massimo dettaglio disciplinare alla visione sintetica di una carta tematica; i sottosistemi didattici si innestano fortemente su questa linea principale, mediando l'informazione scientifica su una struttura didattico-informativa di sintesi. Ed è in questo contesto che risultati di modellazioni tridimensionali numeriche, elaborate per un attento studio delle emergenze archeologiche, si inseriscono nei programmi divulgativi con il loro elevato potenziale di comunicazione.

È il momento di chiedersi quanto il sistema informativo descritto sia un sistema informativo archeologico; in prima battuta la risposta è fortemente affermativa ed è confermata non tanto dalle sensazioni emotive ed entusiaste dei neofiti, quanto dalle risposte di chi lo utilizza come strumento di lavoro ed indagine, proprio perché è importante che il sistema informatico sia studiato in relazione alle esigenze, capace di rispondere alle *richieste* attuali e evolversi con l'avanzare delle domande. Ma è ancor piú vero che la fruizione di questo sistema non è circoscrivibile ad un ambito archeologico, poiché chiare sono le valenze legate alla conoscenza ed alla gestione del patrimonio culturale ed ambientale.

Note tecniche

I programmi informatici, presenti nella mostra, operano su vari modelli di personal computer IBM PS/2, con architettura Micro Channel e sistemi operativi OS/2 o DOS.

Ogni personal dispone di uno spazio di memoria da 80 a 220 Megabyte, secondo il modello. Particolarmente curata è la presentazione delle informazioni e delle immagini: a tale scopo sono impiegati schermi di grandi dimensioni IBM 9517, già coerenti con la normativa ISO.

Lo standard grafico XGA fornisce una risoluzione di 1.024 per 768 punti e una «tavolozza» di circa 65.000 colori per ciascuna immagine.

Nel caso delle sequenze di immagini viene impiegata la tecnica di tipo DVI, mentre un particolare adattatore, già inserito nel personal computer, effettua la conversione dei dati numerici al segnale video.

Per rendere intuitivo e semplice l'uso dei programmi si è scelta un'interfaccia grafica che opera mediante video «touch screen», cioé sensibile al tatto. I programmi applicativi e le interfacce grafiche sono stati sviluppati appositamente per l'esposizione.

La maggior parte dei contenuti (supporti cartografici, iconografici e le strutture delle informazioni) provengono dal sistema informativo del progetto Neapolis; tuttavia, la strumentazione informatica della mostra ne consente la fruizione da parte del grande pubblico.

Il sistema del progetto Neapolis è basato su un grande elaboratore IBM 3090 – 150E, in ambiente VM/SP. Al sistema, che dispone di uno spazio di memoria «in linea» di 50 Gigabyte, gestito con tecniche relazionali, sono collegati reti di stazioni di lavoro in grado di governare congiuntamente, e in maniera integrata, le operazioni di accesso e analisi alle basi dati cartografiche, testuali e iconografiche.

STEFANO BRUSCHINI

Bibliografia

R.A. BENFER, *A Design for the Study of Archaeological Characteristics,* in *American Anthropologist,* 69, n. 6, Dic. 67.

scher Operator, der nicht nur Informationen und Anregungen liefert, sondern auch Präzisierungen von Forschungsmaßnahmen vorschlägt und den *modus operandi* eines Fachspezialisten auf breiter Basis wiederholt. Dies gilt auch für das entwickelte Spezialprogramm zur Restaurierung von Fresken. Die historisch-wissenschaftliche Kenntnis stammt aus automatischen Katalogisierungsprogrammen (Datei archäologischer Funde und Datei der Bilddokumentation der Zeit) und bildet die Grundlage für ein weiteres Spezialprogramm, das die allgemeinen physikalischen Merkmale des Freskos durch chemische, physikalische und graphische Untersuchungen beschreibt, sie in Hinblick auf Mauerwerksstruktur, Putz und malerische Oberfläche klassifiziert und die mechanischen, physikalisch-chemischen sowie biologischen Beschädigungen unterscheidet. Die Gesamtheit dieser Informationen treibt ein weiteres Spezialprogramm an, das gemäß konservierenden Kriterien arbeitet und erste Instandhaltungsmaßnahmen für das Fresko diagnostiziert.

Aus dem allgemeinen Entwurf dieses Informationssystems ergibt sich die Möglichkeit, das Informationsmaß zwischen maximaler fachspezifischer Detailliertheit und synthetischer Vision einer Thematik abzustufen. Die didaktischen Spezialprogramme ordnen sich stark dieser Hauptlinie unter, indem sie die wissenschaftliche Information durch eine didaktisch-informative Struktur der Synthese vermitteln. In diesem Zusammenhang fügen sich Resultate numerischer, dreidimensionaler Modellierungen, die durch aufmerksames Studium archäologischer Vorgaben ausgearbeitet wurden, aufgrund ihres erhöhten Kommunikationspotentials in allgemeinverständliche Programme ein.

Man muß sich nun fragen, ob das beschriebene Informationssystem als ein archäologisch informatives Programm gelten kann. Die Frage muß deutlich bejaht werden und diese Antwort wird weniger durch emotionale und begeisterte Empfindungen der Neulinge bestärkt, als durch Reaktionen derer, die es als Arbeits- und Forschungsinstrument einsetzen. Es ist nämlich wichtig, die Informatik in Hinblick auf die Ansprüche zu erproben, damit sie aktuellen Fragestellungen antworten und sich zusammen mit ihnen fortentwickeln kann. Die Nutzung dieses Systems kann wahrhaftig nicht auf den archäologischen Bereich beschränkt bleiben. Der Wert für die Kenntnis und die Verwaltung des kulturellen und lokalen Erbes ist damit klar.

Technische Anmerkungen

Das Informationssystem arbeitet mit einem Zentralrechner mittlerer Stärke, einem IBM 3090-150E, der die einzelnen, untergeordneten Programme für verschiedene Benutzer simultan betreibt und die notwendige Rechnerkapazität für die Vorgänge von Informationszugang und -integration gewährleistet. Die Datengrundlagen - Dateien, kartographische und geometrische Daten, Schwarzweiß- und Farbabbildungen - werden in einem Zentralspeicher von ca. 50 GB gesammelt und mittels entsprechender Geräte - SQL/DS - und speziellen Textverarbeitungsprogrammen verwaltet. Verschiedene leistungsfähige Unterprogramme sind an den Zentralrechner angeschlossen, seien es IBM PS/2-Arbeitsplätze, die verschiedene Arbeitsphasen wie die Bearbeitung von Darstellungen unabhängig voneinander und synchron mit dem Zentralrechner entwickeln, seien es Terminals, graphische Spezialprogramme für technische und wissenschaftliche Kartographien oder Spezialprogramme zur Herstellung und Bearbeitung von Abbildungen.

Der Informationsbestand umfaßt über 12000 wissenschaftliche Katalogisierungseinträge archäologischer Funde, die sowohl nach dem Standard des Zentralinstituts für Katalogisierung und Dokumentation wie auch nach projektinternen Kriterien kodifiziert sind. Zu ihnen gehören 8700 digitalisierte, dokumentierende Abbildungen und eine historisch-ikonographische Reihe. Weitere 22000 Katalogbeiträge von Ausgrabungsaktivitäten von 1862 bis heute werden von 7000 digitalisierten, ikonographischen Seiten aus den Grabungsbüchern begleitet. Ferner gibt es ca. 600 Einträge der archäologischen Territorialerhebung; numerisch technische Basiskartographien, die mittels Digitalisierung von archäologischen Karten oder von Aerophotogrammetrien im Maßstab 1:5000, 1:1000 für die Karte Pompejis ausgeführt sind, im Maßstab 1:5000 für das bis zum Sarno-Tal erweiterte Vesuvgebiet sowie im Maßstab 1:25000 für die Vesuvregion, das Sarno-Tal und die sorrentische Halbinsel; Karten für die Morphologie, das Wegenetz, Rechtsverhältnisse, Gebrauchszwecke usw.

STEFANO BRUSCHINI

Bibliographie

R.A. BENFER, *A Design for the Study of Archaological Characteristics,* in: *American Anthropologist,* 69, 6, Dezember 1967.

I programmi informatici

PERICOLOSITÀ VULCANICA: UN AIUTO DALLA MODELLISTICA MATEMATICA

Come testimoniano i resti delle città romane di Pompei e Ercolano, distrutte in una delle piú famose eruzioni vulcaniche della storia – quella del 79 d.C. del Vesuvio – i vulcani rappresentano un pericolo per le popolazioni limitrofe. Il Vesuvio però non è un caso isolato. Molti vulcani attivi sono situati in zone densamente popolate come certe regioni del Giappone, dell'Indonesia, dei Caraibi o dell'America Latina. Il processo storico di popolamento in zone vulcaniche non deve stupire, perché sono proprio le ceneri e i frantumi di rocce laviche ad aver reso particolarmente fertile il suolo.

È di primaria importanza quindi poter valutare la pericolosità di un vulcano, sia per una pianificazione dello sviluppo urbanistico in aree vulcaniche, sia per valutare l'effettivo pericolo a cui gli insediamenti già esistenti sono esposti.

Uno strumento utile a questo scopo è la modellistica matematico-numerica. Si tratta di un approccio quantitativo ai fenomeni, da realizzarsi con strumenti informatici, che si affianca al metodo piú tradizionale, e di natura piú qualitativa, consistente a grandi linee nella ricostruzione della storia di un vulcano attraverso l'analisi dei prodotti emessi.

Un modello è definito come l'insieme di informazioni riguardanti un certo sistema, il vulcano nel nostro caso, raggruppate al fine di capire il funzionamento del sistema stesso. Le fasi in cui si articola la creazione di un modello sono il disegno della struttura – cioè la definizione delle frontiere del sistema e l'identificazione delle entità, degli attributi e delle attività che lo caratterizzano – e la definizione e la ricerca dei dati, cioè dei valori che gli attributi possono assumere. Nel caso di modelli matematici le entità di un sistema e i suoi attributi sono rappresentati da variabili matematiche e le attività sono descritte da funzioni matematiche che legano fra loro le diverse variabili. In genere queste funzioni sono una trascrizione formale di leggi fisiche: per esempio la conservazione della massa, o della quantità di moto o ancora dell'energia. Se la forma di queste equazioni è molto complessa, non è possibile trovare una soluzione analitica con carta e penna. Si deve ricorrere a opportuni strumenti di calcolo, da cui il termine di modellistica matematico-numerica. Applicando un modello a un certo sistema è possibile per esempio, noti i valori degli attributi (i cosidetti «dati di input») a un tempo iniziale, conoscere l'evoluzione di questi nello spazio e nel tempo («dati di output»).

La metodologia matematico-numerica si è rivelata cosí proficua in generale in tutte le discipline scientifiche, che Kenneth Wilson, premio Nobel per la fisica 1982, ha sentito la necessità di varare ufficialmente la nascita del termine «Fisica Computazionale», in riferimento a una terza metodologia di indagine scientifica affiancata agli studi analitici con carta e matita e alle ricerche sperimentali.

A Pisa, nell'ambito di una collaborazione fra il Centro Ricerca IBM di Pisa e il Gruppo Nazionale di Vulcanologia del CNR, si sono sviluppati dei modelli matematico-numerici atti a simulare la dinamica di un'eruzione vulcanica. Si può cosí evidenziare, cosa che attualmente non è possibile fare attraverso osservazioni dirette, come la forma del condotto di un vulcano, la pressione della camera magmatica, le proprietà reologiche del magma ecc. influenzino la fuoriuscita dei prodotti

Die Computerprogramme

DIE VULKANISCHE GEFAHR:
MATHEMATISCHE MODELLE ALS HILFESTELLUNG

Die Überreste der römischen Städte Pompeji und Herkulaneum, die durch einen der berühmtesten Vulkanausbrüche der Geschichte, den des Vesuv im Jahr 79 n.Chr., zerstört wurden, bezeugen die von Vulkanen für die umliegende Bevölkerung ausgehende Gefahr. Doch ist der Vesuv kein Einzelfall. Viele Vulkane liegen in dicht besiedelten Gebieten, so z.B. in Japan, Indonesien, in der Karibik oder in Lateinamerika. Der historische Besiedlungsprozeß in vulkanischen Regionen darf nicht verwundern, da Asche und Bruchstücke des Lavagesteins den Boden besonders fruchtbar machen.

Es ist daher äußerst wichtig, die Gefährlichkeit eines Vulkans einschätzen zu können, sei es für die stadtplanerische Entwicklung in solchen Vulkanregionen oder zur Beurteilung der tatsächlichen Gefahr für bereits bestehende Ansiedlungen.

Ein hierfür zweckdienliches Instrument stellen mathematisch-numerische Modelle dar. Es handelt sich um eine quantitative Phänomen-Annäherung auf dem Wege der Informatik. Sie stellt sich der traditionellen und qualitativ vorgehenden Methode an die Seite und besteht hauptsächlich in der Rekonstruktion der Geschichte eines Vulkans durch die Analyse seines Eruptionsmaterials.

Als Modell versteht man die Gesamtheit aller ein bestimmtes System - in unserem Fall ein Vulkan - betreffenden Informationen, die schließlich vereint werden, um die Prozesse innerhalb dieses Systems zu begreifen. Die Vorbereitungsphase eines Modells besteht zum einen im Entwurf der Struktur, d.h. der Definition der Systemgrenzen und die Feststellung seiner kennzeichnenden Anforderungen, Attribute und Aktivitäten, sowie zum anderen in der Bestimmung und Untersuchung der Daten, d.h. eben jener Bedeutung, die die Attribute annehmen können. Im Fall mathematischer Modelle wird die Einheit eines Systems und seiner Attribute durch mathematische Variablen dargestellt; die Aktivitäten werden als Funktionen beschrieben, welche die verschiedenen Variablen untereinander verbinden. Im allgemeinen stellen diese Funktionen eine formale Übertragung physikalischer Gesetze dar, z.B. die Erhaltung der Masse oder die Quantität von Bewegung und Energie. Ist die Form dieser Gleichungen sehr komplex, kann eine analytische Lösung nicht einfach mit Feder und Papier gefunden werden. Man muß auf entsprechende Computer zurückgreifen, woher der Begriff der mathematisch-numerischen Modelle stammt. Wendet man ein Modell auf ein bestimmtes System an, kann beispielsweise, wenn die Werte der Attribute (die "input-Daten") zu einer Ausgangszeit bekannt sind, deren Entwicklung bezüglich Zeit und Raum (die "output-Daten") festgestellt werden.

Die mathematisch-numerische Methode erwies sich im allgemeinen in allen Disziplinen als so nützlich, daß Kenneth Wilson, Nobelpreisträger für Physik 1982, im Hinblick auf eine dritte wissenschaftliche Forschungsmethode, die den analytischen Forschungen mit Papier und Bleistift und den experimentellen Untersuchungen an die Seite gestellt wurde, die offizielle Prägung des Begriffs «kalkulierende Physik» für notwendig erachtete.

Im Umkreis einer Zusammenarbeit zwischen dem IBM-Forschungszentrum in Pisa und der Nationalen Gruppe für Vulkanologie des C.N.R. wurden mathematisch-numerische Modelle zur Simulation der Dynamik von Vulkaneruptionen entwickelt. Ohne sich real ereignenden Vulkanaus-

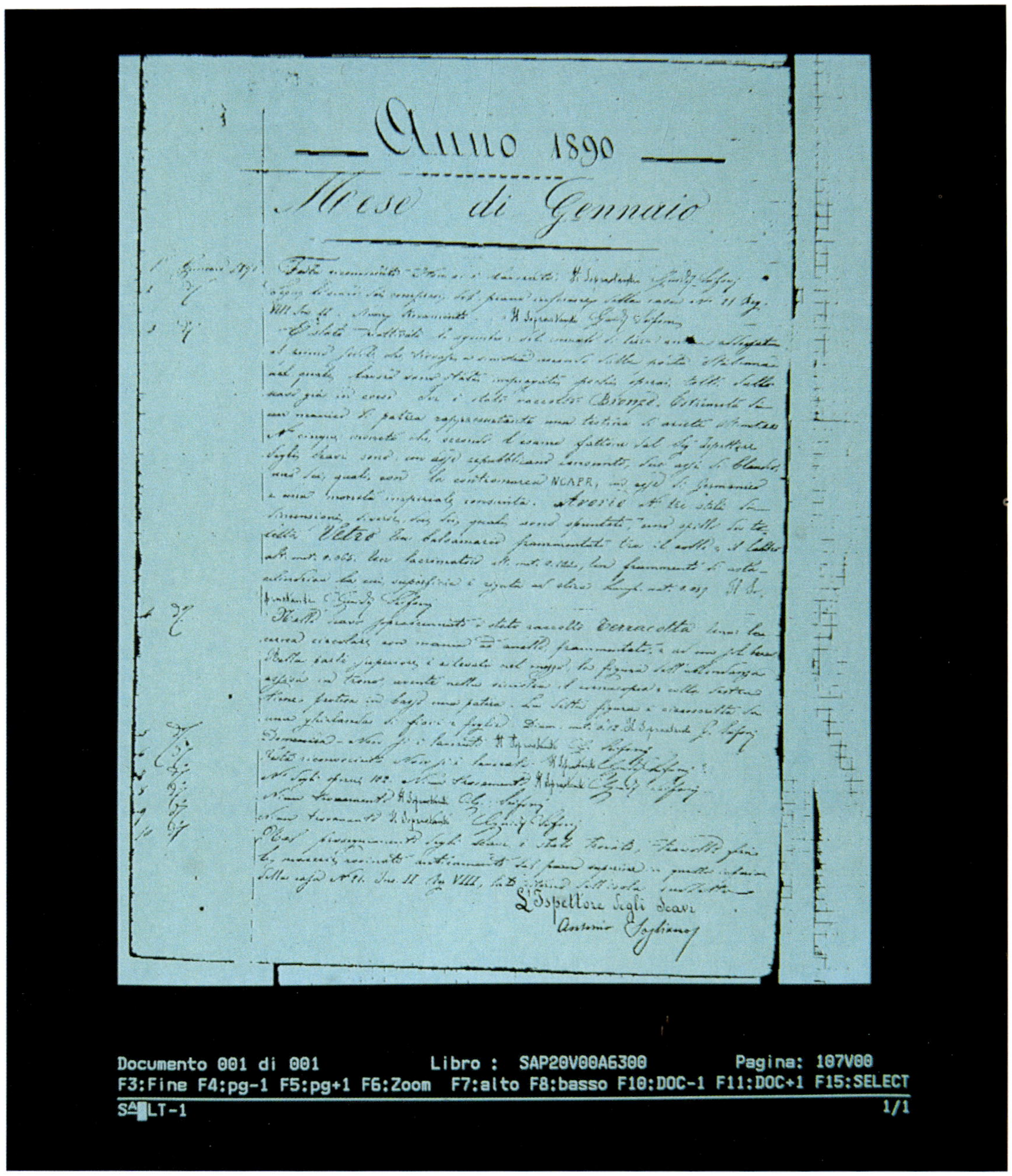

Immagine digitale di una pagina dei giornali di scavo.

Digitale Abbildung einer Seite der Ausgrabungstagebücher.

eruttati e quindi, pensando a una applicazione di rischio vulcanico, come esse condizionino la pericolosità di un'eruzione, in termini di estensione e spessore dei depositi lasciati sul terreno.

Un'applicazione ottenuta con le tecniche ora accennate è stata realizzata per il Vesuvio. Si tratta della valutazione della pericolosità legata alla ricaduta di particelle e ceneri in una nuova possibile eruzione di questo vulcano. Il punto di partenza è stato la constatazione che la «taglia» e l'esplosività di un'eruzione del Vesuvio crescono al crescere del tempo di riposo del vulcano. L'eruzione attesa, dato l'attuale periodo di riposo di una cinquantina d'anni, sarebbe quindi di media magnitudo, la piú violenta comunque dopo quella del 1631. Fra le varie tipologie eruttive da aspettarsi, una potrebbe essere la ricaduta a terra di cenere e particelle a partire dalla colonna, simile spesso a un fungo, che si forma sopra il vulcano in seguito all'eruzione. In questo caso le particelle, una volta abbandonato il fungo, vengono trasportate dal vento, si disperdono a causa dei moti turbolenti dell'atmosfera e ricadono per effetto della gravità. Grazie a un opportuno modello matematico, già utilizzato per simulare la ricaduta di materiale vulcanico in due famose eruzioni del passato – quella del 79 d.C. del Vesuvio e quella del 1980 del St. Helens (USA) –, è stato possibile calcolare la distribuzione a terra di ceneri e particelle al variare dei dati di input del modello: primo fra tutti il profilo del vento in quota. La figura mostra i risultati ottenuti utilizzando una statistica dei venti di 10 anni nella regione in esame. Si tratta del calcolo delle probabilità di avere a terra una concentrazione superiore a una soglia fissata a 200 kg al metro quadro (carico orientativo legato al crollo dei solai).

bruch kann so gezeigt werden, wie u.a. die Form des Vulkanschlotes, der Druck der Magmakammer und die Fließeigenschaften des Magmas den Ausstoß des Eruptionsmaterials beeinflussen. Da sie die Gefährlichkeit einer Eruption bezüglich Ausdehnung und Stärke der zurückbleibenden Ablagerungen bestimmen, ist auch die Erwägung des vulkanischen Risikos möglich.

Die hier beschriebenen Techniken wurden auch auf den Vesuv angewendet. Es handelt sich um die Beurteilung der Gefahr, die der Niederfall von Partikeln und Asche bei einer erneuten Eruption dieses Vulkans mit sich brächte. Ausgangspunkt war die Feststellung, daß die «Gestalt» und Explosivität einer Vesuveruption mit der Länge seiner Ruhezeit zusammenhängen. Nach der jetzigen Ruhephase von etwa fünfzig Jahren wäre ein mittelstarker Ausbruch zu erwarten, doch immerhin der heftigste seit 1631. Unter den verschiedenen zu erwartenden Eruptionsarten könnte die oft pilzähnliche Rauchsäule sein, die sich nach der Eruption über dem Vulkan zusammenzieht und aus der Asche und Partikel herabregnen. In diesem Fall werden die Partikel, sobald sie den Pilz verlassen haben, vom Wind erfaßt, verteilen sich infolge atmosphärischer Turbulenzen und fallen schließlich durch die Schwerkraft nieder. Dank eines entsprechenden mathematischen Modells, das bereits zur Simulation des vulkanischen Niederschlags zweier bekannter Eruptionen der Vergangenheit, nämlich die des Vesuv 79 n.Chr. und des Mount St. Helens in den USA 1980, eingesetzt wurde, konnte berechnet werden, wie sich je nach Eingabe von input-Daten des Modells Asche und Partikel über die Erde verteilen würden. An erster Stelle stand das nach Höhe differenzierte Windprofil. Die Abbildung zeigt die erzielten Resultate, indem sie eine über zehn Jahre hinweg aufgestellte Windstatistik der untersuchten Region verwertet. Dabei wurde die Wahrscheinlichkeit berechnet, auf der Erde eine über dem Schwellenwert von 200 kg/qm liegende Konzentration vorzufinden (an den Einsturz von Decken gebundene Orientierungslast).

Die Quantifizierung einer derartigen Gefahr ist nicht nur ein für den Vesuv neues Resultat, sondern stellt auch in methodischer Hinsicht eine interessante Annäherung dar.

Abschließend sei betont, daß die in Pisa entwickelten Modelle auch den Verlauf einer bestimmten, real stattfindenden Eruption hinsichtlich Zeit und Raum simulieren können, um so einen Gefahrenplan eines solchen Ereignisses aufstellen zu können.

MARIA TERESA PARESCHI

DIE INFORMATIK UND DIE POPULARISIERUNG VON KULTURGÜTERN: DIE ERFAHRUNG DES NEAPOLIS-PROJEKTS

Das zunehmende Kulturinteresse hat den grundlegenden Mangel an geeigneten Informationsmitteln zutage treten lassen, die den Erkenntnisanforderungen eines immer größeren Publikums zu genügen vermögen. Die gebräuchlichsten populären Kommunikationsweisen sehen systematische und organische Hilfen zum Verständnis der vielfältigen kulturellen Wertigkeiten, die jedes archäologische, architektonische oder kunsthistorische Zeugnis ausmachen, nicht vor.

Daher stellt sich die Frage nach der Definition einer Strategie zur Erschließung der Kulturgüter in ihrem Kontext, die eine wirkliche «Aneignung» in Form einer aktiven und bewußten Aufnahme der Erkenntniswege erlaubt. Als ähnlich schwierig erweist sich die Verwirklichung: Einerseits dieselbe «multidimensionale» Struktur der historischen Phänomene, die unter verschiedenen, fachspezifischen Blickpunkten zu analysieren und interpretieren sind, andererseits die vielfältigen Differenzierungen (nach kulturellem Niveau, Interessen, Alter, verfügbarer Zeit usw.) im Hinblick auf die potentiellen Adressaten der populären Botschaft.

Dieser letzte Aspekt ist für die Entwicklung didaktischer Apparaturen, die den Informationsanspruch eines äußerst heterogenen Publikums mittels traditioneller Mittel befriedigen sollen, ein wirkliches Hindernis. Es erscheint schwierig, den typischen Benutzer zu definieren und Struktur, Ausdrucksweise und Inhalte der darzustellenden Objekte auf seine Bedürfnisse abzustimmen.

In dieser Hinsicht vermag die kommunikative Leistungsfähigkeit von Informatiksystemen eine positive Antwort zu geben und ein wirkungsvolles Vehikel für die Wissensübermittlung von Kulturphänomenen in der Begegnung mit dem großen Publikum darzustellen. Der integrierte und differenzierte Umgang mit Texten, Abbildungen, Graphiken, Animationen, Klängen und Simulationen ermöglicht tatsächlich, äußerst flexible und für verschiedene populäre Einsatzbereiche (Ausstellungen, Museen, archäologische Zonen, Besucherzentren usw.) geeignete Mittel zu erarbeiten.

Una quantificazione della pericolosità di questo tipo è non solo un risultato nuovo per il Vesuvio, ma costituisce un approccio originale anche dal punto di vista metodologico.

Va infine sottolineato che i modelli sviluppati a Pisa possono essere usati per simulare anche, nel tempo e nello spazio, l'evoluzione di una particolare eruzione reale in atto, consentendo di ottenere la mappa di pericolosità relativa a quell'evento.

MARIA TERESA PARESCHI

INFORMATICA E DIVULGAZIONE DEI BENI CULTURALI: L'ESPERIENZA DEL «PROGETTO NEAPOLIS»

La crescita di interesse nei confronti dei beni culturali ha messo in evidenza la sostanziale carenza di adeguati supporti informativi che riescano a soddisfare le esigenze conoscitive di un pubblico sempre piú vasto. Di fatto, nella maggior parte dei casi, le modalità correnti di comunicazione divulgativa non prevedono in maniera sistematizzata ed organica forme di ausilio alla comprensione delle molteplici valenze culturali che caratterizzano ogni testimonianza archeologica, architettonica e storico-artistica.

Si pone, pertanto, il problema di definire una strategia di valorizzazione dei beni culturali nel loro complesso, che ne consenta una reale «appropriazione», intesa come attiva e consapevole acquisizione delle modalità e dei processi di conoscenza. Un simile obiettivo si presenta, tuttavia, di difficile realizzazione: da un lato per la stessa struttura «multidimensionale» dei fenomeni storici, che possono essere analizzati da diverse prospettive disciplinari ed interpretative, dall'altro per la eccessiva differenziazione (per livelli di cultura, per tipi di interessi, per età, per tempo disponibile ecc.) dei potenziali destinatari del messaggio divulgativo.

Quest'ultimo aspetto costituisce un reale ostacolo alla creazione di apparati didattici che, utilizzando i media tradizionali, soddisfino le richieste d'informazione di un pubblico estremamente eterogeneo. Riesce, infatti, difficile definire una figura di utente-tipo in rapporto ai cui bisogni adeguare strutture, linguaggi e contenuti dei prodotti di divulgazione.

A tale riguardo le potenzialità comunicative dei sistemi informatici possono costituire una risposta in positivo e rappresentare un efficace veicolo di trasmissione delle conoscenze dei fenomeni culturali nei confronti del grande pubblico. Il trattamento integrato e diversificato di testi, immagini, grafici, animazioni, suoni, simulazioni, consente, infatti, di elaborare strumenti estremamente flessibili ed adatti ai piú vari contesti divulgativi (mostre, musei, aree e parchi archeologici, visitor centers ecc.).

A tali possibilità si aggiungono, inoltre, gli evidenti vantaggi offerti dall'elettronica di un accesso ai dati di tipo dinamico e interattivo. In particolare, quest'ultimo principio, cioè l'opportunità per ogni individuo di personalizzare il proprio «cammino» attraverso l'informazione nell'ambito di una vasta gamma di scelte proposte, è alla base delle piú innovative e qualificate forme di comunicazione. L'approccio interattivo ha, di conseguenza, costituito l'elemento caratterizzante di gran parte delle applicazioni didattico-divulgative presentate nell'ambito della mostra e realizzate nel corso del «Progetto Neapolis».

I prodotti di tipo «ipermediale», in tal senso, sono stati preferiti ad altri sistemi per il completo sviluppo di tutte le potenzialità comunicative dello strumento informatico e per la piena rispondenza alle esigenze del particolare contesto espositivo. Caratteristica peculiare dei cosiddetti «ipermedia» è quella di generare un flusso di informazioni, sia sotto forma di testi che di immagini, che non segue una successione lineare di passaggi ma al contrario si dirama, a diversi livelli, in una complessa rete di interrelazioni logiche. Ciò permette all'interlocutore di effettuare collegamenti trasversali e multidirezionali secondo le capacità proprie del pensiero umano, con il vantaggio di un rapido accesso a grandi quantità di dati diversificati nella forma e nei contenuti.

IL SISTEMA DEDALUS: «IL LABIRINTO SOTTO LA CENERE». POMPEI E LA VITA QUOTIDIANA NELL'IPERMEDIA

La sezione che, all'interno della mostra, illustra i diversi aspetti della realtà pompeiana «cristallizzata» dall'eruzione del 79 d.C., prevede due applicazioni informatiche: *Introducing Pompeii* e

Solchen Möglichkeiten fügen sich darüber hinaus die offensichtlichen Vorteile der Elektronik mit dynamischem und interaktivem Datenzugriff an. Besonders dieses letzte Prinzip, daß jedes Individuum innerhalb einer breiten, vorgegebenen Auswahl seinen eigenen «Weg» durch die Information verfolgen kann, ist grundlegend für die innovativsten und qualifiziertesten Kommunikationsformen. Demzufolge hat die interaktive Annäherungsweise ein Element geschaffen, das die im Rahmen der Ausstellung vorgestellten und im Verlauf des Neapolis-Projektes verwirklichten populär-didaktischen Lösungen größtenteils kennzeichnet.

Diese «hypermedialen» Erzeugnisse wurden gegenüber anderen Systemen bevorzugt, da ihre Entwicklung alle kommunikativen Leistungsmöglichkeiten der Informatik einschlossen und da sie den Anforderungen des besonderen Ausstellungskontextes auf breiter Ebene entsprachen. Eine Besonderheit der «Hypermedia» ist die Erzeugung eines Informationsflusses in Form von Texten und Abbildungen, der nicht einer linearen Abfolge gehorcht, sondern sich im Gegenteil auf verschiedenen Ebenen zu einem komplexen Netz logischer Verbindungen verzweigt. Dies gestattet dem Kommunikationspartner, gemäß der dem menschlichen Denken eigenen Kapazität transversale und vielstrahlige Zusammenhänge herzustellen. Dabei hat er den Vorteil eines schnellen Zugriffs auf eine große Menge nach Form und Inhalt differenzierter Daten.

MARIA TERESA PARESCHI

DAS DÄDALUS-SYSTEM: «DAS LABYRINTH UNTER DER ASCHE». POMPEJI UND DAS ALLTAGSLEBEN IN HYPERMEDIA

Die Abteilung, die innerhalb der Ausstellung die verschiedenen, durch die Eruption von 79 n.Chr. «kristallisierten» Aspekte der pompejanischen Realität illustriert, sieht zwei Informatikanwendungen vor: *Einführung in Pompeji* und *Sprechende Funde*. Von einer normalen «hypermedialen» Anlage ausgehend, weisen beide Programme erhebliche Unterschiede bezüglich Struktur und spezieller Kommunikationsweisen auf.

Während *Einführung in Pompeji* dem Besucher einen allgemeinen Überblick über die Zusammenhänge in einem komplexen sozio-kulturellen System wie dem einer römischen Stadt des 1. Jahrhunderts n.Chr. gibt, ordnet *Sprechende Funde* die ausgestellten Gegenstände punktuell in Zusammenhänge ein. So kann die Zusammenschau beider Systeme durch einen subjektiven und nicht an festgelegte Schemata gebundenen Erkenntnisweg zum Verständnis mancher antiker Phänomene führen.

Die *Einführung in Pompeji* zugrunde liegende Informationsstruktur ist die eines «Einführungsbuches» über Pompeji. Acht Kapitel geben über umfassende Themen Auskunft (allgemeiner historischer Abriß, Pompeji und die Vesuvregion, die städtebauliche Stadtstruktur, die sozio-ökonomischen Verhältnisse, die politisch-administrative und religiöse Verwaltung, das Alltagsleben, die Kunst, die Ausgrabungsgeschichte). Diese Kapitel sind in insgesamt fünfzig sehr ähnlich abgefaßte Abschnitte unterteilt, die in synthetischer Weise je ein Thema behandeln. Ihre Abfolge entspricht einer traditionellen, linearen Lektüre und ist einem «elektronischen Buch» vergleichbar.

Eine solche Lektüre stellt eine mögliche Alternative zum Aufbau eines «hypertextlichen Weges» dar. Letzterer erweist sich als die für den Gebrauch besser qualifizierte populär-didaktische Form und vollzieht sich, indem er durch die Themen der jeweils wachgerufenen Verbindungen führt.

Das *Einführung in Pompeji*-Programm kann einleuchtend als «Diagramm» beschrieben werden, dessen «Punkte» die minimalen Informationseinheiten darstellen (Texte und Abbildungen) und dessen «Bögen» deren logische Verbindungen, die in einem wahren «Labyrinth» möglicher Erkenntnispfade transversal die Themenbereiche durchqueren (z.B. von sozialen Klassen zu öffentlichen Monumenten, zu Konstruktionstechniken oder von der Geschichte der Urbanistik zur Wohnarchitektur, zu malerischen Themen, zu religiösen Riten).

Von ganz anderer Natur ist *Sprechende Funde*. Dieses Programm möchte die Besucher über die in der Ausstellung gezeigten Objekte informieren, indem zu jedem einzelnen Stück Antworten auf grundlegende Erkenntnisfragen gegeben werden: «Was ist das?», «Wozu diente es?», «Wo benutzte man das?», «Wie wurde es gemacht?» Gleichzeitig hat man versucht, das strukturierte System, dem diese Objekte angehörten, zumindest teilweise in ihrem ursprünglichen Kontext zu rekonstruieren. Die der Anwendung zugrunde liegenden Prinzipien waren also ausschlaggebend für die

Artifacts in action. Pur partendo da una comune impostazione «ipermediale», i due programmi evidenziano differenze sostanziali di struttura e specifiche modalità comunicative.

Se *Introducing Pompeii,* infatti, propone al visitatore un quadro di riferimento generale in relazione ad un sistema socio-culturale complesso, quale una città romana del I secolo d.C., *Artifacts in action* risponde alla esigenza di contestualizzare in maniera puntuale i manufatti esposti. La lettura incrociata dei due ipermedia può consentire in tal modo la comprensione di alcuni fenomeni della realtà antica attraverso la costruzione di un «percorso conoscitivo» non vincolato da schemi preordinati, ma determinato in maniera soggettiva.

La struttura informativa di base di *Introducing Pompeii* è quella di un «libro» su Pompei a carattere introduttivo, articolato in otto capitoli relativi a vaste aree tematiche (quadro storico generale, Pompei e il territorio vesuviano, la struttura urbanistica della città, la realtà socio-economica, l'organizzazione politico-amministrativa e religiosa, la vita quotidiana, le espressioni artistiche, la storia degli scavi). Queste sezioni sono suddivise in complessivi 50 paragrafi, concepiti come testi di stesura pressoché uniforme, ognuno dei quali esaurisce in modo sintetico un singolo argomento; la loro successione, quindi, consente una lettura di tipo tradizionale e lineare, assimilabile a quella di un «libro elettronico».

Tale lettura costituisce una possibile alternativa alla costruzione del «percorso ipertestuale», che si configura come l'aspetto didattico-divulgativo maggiormente qualificante dell'applicazione e si attua «navigando» attraverso gli argomenti, in base alle connessioni di volta in volta suggerite.

Il sistema *Introducing Pompeii* può efficacemente essere schematizzato come un «grafico», in cui i «nodi» rappresentano le unità minime di informazione (testi e immagini) e gli «archi» i legami logici intercorrenti, che attraversano trasversalmente le aree tematiche in un vero e proprio «labirinto» di tracciati conoscitivi possibili (ad esempio: dalle classi sociali ai monumenti pubblici, alle tecniche costruttive, oppure dalla storia urbanistica all'architettura residenziale, ai temi pittorici, ai riti religiosi).

Di natura sostanzialmente diversa è *Artifacts in action.* Obiettivo di questo programma è quello di offrire ai visitatori informazioni sugli oggetti presenti in mostra, concepite come risposte immediate alle esigenze conoscitive di base su ogni singolo manufatto: «che cos'è?», «a che cosa serviva?», «dove si usava?», «come è stato realizzato?». Si è tentato parallelamente di evidenziare l'articolato sistema di relazioni di cui gli oggetti erano parte, proponendo una ricostruzione, seppure parziale, del loro contesto originario. I principi ispiratori dell'applicazione hanno, di conseguenza, determinato la costruzione di un modello informativo articolato in piú livelli logici gerarchicamente individuati. Una differenza significativa rispetto a *Introducing Pompeii* si registra anche nel ricorso ad una sintassi compositiva maggiormente segmentata, che si esprime nell'uso di testi di varia lunghezza ed impostazione.

Il «percorso ipermediale» ha origine da una interfaccia di ingresso costituita dalle immagini rappresentative delle diverse classi di oggetti esposti, suddivise in sei aree tematiche (la casa e l'arredo, l'alimentazione, il lavoro e la tecnologia, la società, la religione, la decorazione). Dal primo livello della catena informativa, che consiste sempre in una breve spiegazione del manufatto «selezionato», si snodano molteplici ramificazioni di argomenti. Questi, illustrando diversi aspetti della realtà antica suggeriti dall'oggetto prescelto, con riferimento prioritario all'area tematica di «ingresso», hanno lo scopo di soddisfare in progressione il piú ampio spettro di interrogativi possibili.

L'opportunità di effettuare continue scelte personali (mediante la presentazione di liste, icone, schemi) permette di regolare e variare soggettivamente il grado di approfondimento dell'informazione, di cogliere uno spunto, di inseguire un tema particolare. Nel suo procedere per associazioni logiche, il visitatore sembra quindi «accompagnato» dagli stessi oggetti esposti in mostra che «agiscono», su sua indicazione, come autentici testimoni del passato. Una brocca di bronzo, ad esempio, introduce alla conoscenza del vasellame da mensa romano, delle modalità di svolgimento di un banchetto, del tipo di alimentazione, della preparazione di pietanze particolari; allo stesso modo, una valvola idraulica offre lo spunto per trattare sinteticamente della distribuzione idrica, delle fontane pubbliche e dei ninfei, dei giardini, della scultura ornamentale.

Entrambe le applicazioni, come del resto gli altri prodotti a carattere ipermediale presentati in questa sede, operano da una workstation PS/2 con due video a colori 8514 modificati in versione *touch screen.* Le schermate sono variamente costruite in relazione alla forma, al numero, alla disposizione di testi e immagini. La presenza di legami tra i vari nodi informativi è evidenziata all'interno delle schermate attraverso parole, stringhe o immagini che, una volta attivate, consentono di effettuare i collegamenti ipertestuali.

Tecnica elettronica di ripristino dell'immagine applicata al restauro di una parete affrescata della casa VI, 17 (Ins. Occid.), 42.

Elektronische Technik zur Wiederherstellung von Darstellungen, hier eingesetzt bei der Restaurierung einer bemalten Wand in Haus VI, 17 (Ins. Occid.), 42.

Entwicklung von Informationsmodellen, die hierarchisch in verschiedene logische Ebenen unterteilt wurden. Ein bedeutender Unterschied zu *Einführung in Pompeji* zeigt sich durch den Einsatz von Texten verschiedener Länge und Art auch im Rückgriff auf eine stärker unterteilte Syntax.

Am Anfang des «hypermedialen Weges» zeigt eine Maske Bilder, welche die verschiedenen Gattungen der ausgestellten Werke, in sechs Themenbereiche unterteilt, repräsentieren (Haus und Ausstattung, Ernährung, Arbeit und Technik, Gesellschaft, Religion, Dekoration). Von der ersten Ebene der Informationshierarchie, die immer in einer kurzen Erklärung des ausgewählten Stückes steht, entwickeln sich vielfältige Themenverzweigungen. Diese illustrieren unter vorrangiger Bezugnahme auf die Einführungsthematik verschiedene, vom jeweiligen Objekt angeregte Aspekte des antiken Lebens und wollen fortschreitend das breitere Spektrum möglicher Fragestellungen abdecken.

LA RISCOPERTA DELLA CITTÀ ANTICA: «DIGGING IN PROGRESS»

Due secoli e mezzo di scavo archeologico pressoché ininterrotto, teso all'integrale riscoperta di una città antica, rappresentano una vicenda storica ed umana complessa e ricca di molteplici valenze. Al di là della progressiva acquisizione di conoscenze sulla realtà materiale di un contesto vivente di 2000 anni fa, un insieme di fenomeni culturali ha, infatti, costantemente interagito con il procedere della ricerca archeologica. In particolare, un riflesso evidente delle reazioni suscitate dai rinvenimenti effettuati nei centri vesuviani, si coglie nel costume e nella cultura artistica europea del Settecento e dell'Ottocento.

Fornire al visitatore della mostra uno schema essenziale di riferimenti per la comprensione di questo articolato fenomeno è obiettivo specifico dell'applicazione *Digging in progress*. La struttura interna del programma, funzionale alle esigenze proprie di un contesto divulgativo, è impostata su una griglia cronologica articolata in sei periodi (dal 1748 ad oggi), a loro volta suddivisi in quattro sezioni tematiche. All'interno della periodizzazione proposta, che riflette i mutamenti del quadro storico-politico e l'avvicendarsi di emergenti personalità di archeologi, vengono in tal modo evidenziate molteplici prospettive di approccio all'articolata esperienza dello scavo nei centri vesuviani: le scoperte principali, l'attività dei vari «addetti ai lavori», le metodologie di indagine, le tecniche della documentazione.

Il modello di rappresentazione applicato alla storia degli scavi può essere pertanto efficacemente sintetizzato in uno schema «a scacchiera» su cui procedere – con possibilità di soggettive variazioni del percorso – in base alle due direzioni indicate: quella che riflette la sequenza cronologica e quella che sviluppa i singoli aspetti evidenziati in relazione a ciascun periodo. Per alcuni argomenti esiste, inoltre, la possibilità di accedere ad approfondimenti monografici di particolare valore esemplificativo (biografie, liste, flash back ecc.).

Una delle interfacce d'ingresso al programma permette di offrire di volta in volta l'immediata visualizzazione cartografica del settore di Pompei interessato all'attività di scavo relativa al periodo «selezionato». Per quanto riguarda le immagini di corredo ai testi, si è preferito presentare, in riferimento ai singoli ambiti cronologici, la documentazione iconografica coeva, cosí da rendere visibilmente percepibile l'evoluzione – dall'incisione alla fotogrammetria delle tecniche di rappresentazione e rilievo delle evidenze archeologiche.

LA CONCHIGLIA, LA MASCHERA E LA DIVINITÀ NELLA STANZA POMPEIANA: «IMAGES ON WALLS»

Fin dai primi momenti della riscoperta di Pompei ed Ercolano, la pittura parietale, testimonianza pressoché esclusiva per quantità e qualità dello stato di conservazione di tutta la produzione romana, ha focalizzato l'interesse degli studiosi e del grande pubblico. Le problematiche ad essa relative, dagli aspetti iconografici a quelli storico-artistici, a quelli tecnico-compositivi, a quelli funzionali, sono stati i temi piú trattati all'interno della vasta bibliografia scientifica sviluppata in due secoli e mezzo di studi e ricerche. L'apporto considerevole dei piú vari strumenti divulgativi ha addirittura determinato una sorta di identificazione, nell'immaginario collettivo, delle città vesuviane con le immagini dipinte sulle pareti delle loro case. Nell'ambito della mostra, di conseguenza, la ricostruzione fisica ed integrale di un ambiente decorato rappresenta senza dubbio uno dei momenti di maggiore rilevanza comunicativa.

L'applicazione *Images on walls* ha l'intento di illustrare un fenomeno cosí complesso, oggetto tra l'altro dell'attività di catalogazione informatizzata del Progetto Neapolis, mediante l'esemplificazione di alcuni elementi «guida», che ne offrano una sintetica panoramica. Tale obiettivo è perseguito suggerendo al visitatore alcune chiavi di lettura della pittura pompeiana: la tecnica, l'aspetto formale, la comunicazione sociale. L'ipermedia *Images on walls* si articola quindi in diversi percorsi tematici, finalizzati alla comprensione degli elementi compositivi di una parete dipinta, sia per quanto riguarda gli schemi e la sintassi della decorazione che rispetto ai temi iconografici veri e propri. Si cerca, in sostanza, di fornire al pubblico della mostra alcuni strumenti primari di decodifica della decorazione parietale pompeiana, che favoriscano una percezione del fenomeno basata sull'esperienza diretta, non mediata quindi da un filtro preliminare di nozioni storico-stilistiche. La ricostruzione di questi ultimi aspetti si attua piuttosto come risultante del percorso informativo ipermediale. In questa ottica la dinamica visualizzazione di immagini assume una particolare valenza didattica e comunicativa. Frequenti interfacce iconografiche consentono, inoltre, di elevare il grado di interesse degli utenti, rendendo piú coinvolgente il dialogo interattivo.

Die Möglichkeit, ständig eine persönliche Auswahl vorzunehmen (mittels Listen, Symbolen, Schemata) erlaubt die subjektive Steuerung und Variation des Informationsgrades, des Aufgreifens einer Anregung und des Weiterverfolgens eines speziellen Themas. Auf seinem Weg durch die logischen Verknüpfungen scheint der Besucher bald von den ausgestellten Objekten begleitet zu werden, die auf seine Anweisung als authentische Vergangenheitszeugnisse agieren. Ein Bronzekrug führt beispielsweise in die Kenntnis des römischen Tischgeschirrs ein, wie ein Bankett vor sich geht, in die Art der Ernährung und wie bestimmte Speisen zubereitet wurden. Ebenso gibt ein hydraulisches Ventil den Anstoß, sich zusammenfassend mit der Wasserverteilung, öffentlichen Brunnen und Nymphäen, Gärten und dekorativer Skulptur zu befassen.

Wie die anderen hier vorgestellten hypermedialen Systeme arbeiten auch diese beiden Programme mit einer PS/2-Workstation mit zwei als *touch-screen* modifizierten Farbmonitoren 8514. Die Bildschirme sind je nach Form, Anzahl und Art der Texte und Abbildungen verschieden aufgebaut. Die Verbindungen zwischen den verschiedenen Informationskernen werden auf jedem Bildschirm durch Worte, Zeichenfolgen oder Abbildungen angezeigt. Ihre Aktivierung ermöglicht das Nachvollziehen der hypertextlichen Zusammenhänge.

DIE WIEDERENTDECKUNG DER ANTIKEN STADT: «AUSGRABUNGEN UND ENTDECKUNGEN»

Zweieinhalb Jahrhunderte fast ununterbrochener Ausgrabungstätigkeit mit dem Ziel der umfassenden Wiederentdeckung einer antiken Stadt stellen lebendig und aussagekräftig Geschichte und Menschenschicksale dar. Außer dem fortschreitenden Kenntniserwerb über die materielle Realität eines vor 2000 Jahren bestehenden Kontextes stand die Gesamtheit der kulturellen Erscheinungen ständig in Wechselwirkung mit dem Voranschreiten der archäologischen Ausgrabungen. Eine besonders deutliche Auswirkung riefen die Entdeckungen in den Vesuvstädten bei den Sitten und in der europäischen Kunstwelt des 18. und 19. Jahrhunderts hervor.

Das besondere Ziel von *Ausgrabungen und Entdeckungen* ist es, dem Besucher zum Verständnis dieses Phänomens einen grundlegenden Abriß über die Zusammenhänge zu bieten. Das Programm, das den Anforderungen eines allgemeinverständlichen Kontextes gerecht wird, ist in ein Raster von sechs chronologischen Perioden (von 1748 bis heute) unterteilt. Diese wiederum sind in vier Themenbereiche gegliedert. So werden innerhalb dieser Periodisierung, welche die historisch-politischen Veränderungen und das wechselnde Auftreten archäologischer Persönlichkeiten wiederspiegelt, vielfältige Annäherungswege an die komplexe Ausgrabungsgeschichte in den Vesuvstädten aufgezeigt: Die Hauptentdeckungen, die Aktivitäten der einzelnen Beauftragten, die Forschungsmethoden und die Dokumentationstechniken.

Das Modell zur Darstellung der Ausgrabungsgeschichte kann daher einfach als «Schachbrettmuster» beschrieben werden, auf dem – mit subjektiven Variationsmöglichkeiten – in zwei Hauptrichtungen vorgegangen wird: Die eine reflektiert die chronologische Abfolge, die andere entwickelt die einzelnen, mit der jeweiligen Periode zusammenhängenden Aspekte. Darüber hinaus besteht für einige Themen die Möglichkeit, auf weiterführende Untersuchungen von besonders exemplarischer Bedeutung (Biographien, Listen, Rückblenden usw.) zurückzugreifen.

Eine der Anfangsmasken des Programms ermöglicht die unmittelbare kartographische Darstellung des Sektors von Pompeji, der zur «gewählten» Ausgrabungsperiode im Mittelpunkt stand. Im Hinblick auf Illustrationsabbildungen zu den Texten zog man eine Dokumentation der jeweiligen Zeit in Zusammenhang mit den einzelnen chronologischen Bereichen vor, um so die Entwicklung der Darstellungstechniken – von Stichen zur Photogrammetrie – und das Maß archäologischer Klarheit sichtbar zu machen.

DIE MUSCHEL, DIE MASKE UND DIE GÖTTLICHKEIT IM POMPEJANISCHEN RAUM: «BILDER AUF DER WAND»

Seit dem ersten Moment der Wiederentdeckung Pompejis und Herkulaneums hat die Wandmalerei, ein fast einmaliges Zeugnis der gesamten römischen Produktion hinsichtlich Anzahl und

LA VISITA ELETTRONICA ALLA CASA DEL MENANDRO ED ALLA CASA DEI VETTII: «WALKING ON VIDEO»

Una delle applicazioni presenti all'interno della mostra, *Walking on Video,* dà l'opportunità al visitatore di compiere una sorta di «visita elettronica» a due importanti abitazioni pompeiane: la casa del Menandro e la casa dei Vettii.

Questo prodotto si caratterizza per l'elevato grado di interattività, determinato dall'interfaccia cartografica iniziale che rappresenta la pianta della casa prescelta, al cui interno è possibile spostarsi agendo direttamente sul video. La costruzione del percorso conoscitivo può cosí assumere per il visitatore il carattere di una progressiva «scoperta» personale. In ogni ambiente è infatti consentito, selezionando le singole pareti, visualizzare eventuali raffigurazioni pittoriche o particolari vedute architettoniche. Ulteriori informazioni possono essere richieste sugli elementi dell'arredo o sugli oggetti rinvenuti al momento dello scavo.

I contenuti dei testi variano in rapporto al livello di approfondimento di volta in volta prescelto: da un cenno introduttivo sulla casa, alla trattazione delle caratteristiche dei singoli ambienti (tipologiche, strutturali, funzionali), ai dettagli della decorazione pittorica.

Walking on Video risponde, in sostanza, ad una duplice finalità: da un lato quella di offrire una «guida interattiva» per la conoscenza del monumento; dall'altro quella di trasmettere dati in forma sintetica su aspetti piú generali della realtà pompeiana (ad esempio, l'architettura residenziale, la decorazione parietale, l'arredo domestico). La possibilità di operare sulla base cartografica con ingrandimenti successivi e con l'interrogazione diretta di pareti e simboli grafici, visualizzando immagini e testi, rappresenta una ricaduta applicativa, in campo didattico, delle elaborazioni metodologiche sviluppate nell'ambito del Sistema Integrato Neapolis.

FIAMMETTA CHIURAZZI, ADOLFO GIANNI,
FLORIANA MIELE, FABRIZIO RUFFO

Erhaltungszustand, das Interesse der Gelehrten und des breiten Publikums auf sich gezogen. Die damit verbundenen Probleme, ikonographische und kunsthistorische Fragen, wie solche der Komposition, der Technik und Funktion, waren die Hauptthemen der großen wissenschaftlichen Bibliographie aus zweieinhalb Forschungsjahrhunderten. Der Beitrag der verschiedensten populärwissenschaftlichen Medien führte in der kollektiven Vorstellungswelt geradewegs zu einer Identifikation der Vesuvstädte mit den Malereien auf den Wänden ihrer Häuser. Daher stellte die materielle und umfassende Rekonstruktion eines dekorierten Raumes im Rahmen der Ausstellung zweifellos einen kommunikativen Höhepunkt dar.

Bilder auf der Wand verfolgt die Illustration eines so komplexen Phänomens, das unter anderem Objekt der Computerkatalogisierung durch das Neapolis-Projekt ist, mittels exemplarischer Darstellung einiger Hauptelemente, die wiederum ein synthetisches Panorama bilden. Dazu werden dem Besucher einige Hauptfragen der pompejanischen Malerei vorgestellt: Technik, formale Aspekte, soziale Kommunikation. Das Hypermedium *Bilder auf der Wand* besteht also aus verschiedenen thematischen Strängen, die das Verständnis der einzelnen Elemente einer bemalten Wand zum Ziel haben, sei es im Hinblick auf die Dekorationsschemata oder auf die Ikonographie. Vor allem möchte man dem Publikum einige wesentliche Instrumente zur Dekodifizierung der pompejanischen Wanddekoration an die Hand geben, die die Wahrnehmung derselben mittels eigener Erfahrung statt durch einen Filter historisch-stilistischer Wertungen unterstützen sollen. Die Verwirklichung dieser Aspekte erfolgt als Resultat der hypermedialen Informationsweise. In dieser Optik kommt der dynamischen Visualisierung von Bildern ein besonderer didaktischer und kommunikativer Stellenwert zu. Immer wiederkehrende Masken, die den interaktiven Dialog spannender gestalten, sollen das Interesse des Benutzers wachhalten.

EIN ELEKTRONISCHER BESUCH IN DER CASA DEL MENANDRO UND DER CASA DEI VETTII: «VIDEO-SPAZIERGANG»

Eines der in der Ausstellung eingesetzten Programme, *Video-Spaziergang*, gibt dem Besucher Gelegenheit zu einer Art elektronischen Besuchs in zwei bedeutenden pompejanischen Wohnhäusern, der Casa del Menandro und der Casa dei Vettii.

Es zeichnet sich durch einen hohen Interaktionsgrad aus. So zeigt anfangs eine kartographische Maske den Grundriß des gewählten Hauses, in dessen Inneren man sich via Video bewegen kann. Die Zusammenstellung des Besichtigungsweges kann daher für den Besucher zu einer interessanten persönlichen «Entdeckung» werden. In jedem Raum kann man die einzelnen Wände auswählen und die malerischen Darstellungen oder besondere architektonische Details sichtbar machen. Über Einrichtungsgegenstände oder während der Ausgrabung gefundene Objekte sind weitere Informationen abrufbar.

Die Inhalte der Texte variieren je nach gewählter Informationstiefe zwischen einem einführenden Abriß über das Haus, der Erläuterung der Merkmale der einzelnen Räume (typologisch, strukturell, funktionell) und Details über die Dekoration.

Video-Spaziergang erfüllt im wesentlichen zwei Ziele: Zum einen bietet es sich als «interaktiver Führer» zum Kennenlernen des Monuments an; zum anderen übermittelt es in synthetischer Weise Informationen über allgemeine Aspekte des pompejanischen Lebens (z.B. Wohnarchitektur, Wanddekoration, Haushaltsgeräte). Die Möglichkeit, mittels sukzessiver Vergrößerungen und direkter Befragung der Wände und graphischer Symbole auf kartographischer Grundlage zu arbeiten, bedeutet bezüglich der Didaktik einen Rückgriff auf die methodologischen Entwicklungen des Arbeitskreises des Integrierten Neapolis-Systems.

FIAMMETTA CHIURAZZI, ADOLFO GIANNI,
FLORIANA MIELE, FABRIZIO RUFFO

Catalogo

Katalog

L'eruzione del 79 d.C.

La mattina del 24 agosto del 79 d.C. un tremendo boato squassò la regione vesuviana. Dalla bocca del vulcano, rimasta silenziosa per moltissimi anni, una colonna di gas e materiali eruttivi si proiettò in alto con incredibile violenza per migliaia di metri oscurando in breve tempo tutto il cielo circostante. Un rovescio terribile di lapilli si abbatté dopo poco su Pompei e sull'area limitrofa sommergendola, a seguito delle ripetute esplosioni del Vesuvio, sotto una coltre mediamente spessa due metri e mezzo, ma che in alcuni punti, a seconda della conformazione del suolo, ebbe anche dimensioni notevolmente superiori.
Violenti scosse di terremoto agitavano al contempo il suolo, mentre una gigantesca nube, piú leggera e inconsistente, ma esiziale, si riversò nel volgere di poco sulla città, sospinta dal vento, con il suo carico di cenere e di gas venefici, cingendola in un abbraccio mortale. Esaurita la sua dirompente forza esplosiva, il cono del Vesuvio collassò su se stesso, e dagli squarci prodottisi colate di magma e lava incandescente si rivolsero in precipite discesa in direzione di Ercolano, che fu sommersa da una massa di fango e di detriti eruttivi di enorme spessore, che raggiunse, in prossimità del litorale, persino i ventidue metri.

Sgomenti di fronte allo spettacolo sconvolgente che drammaticamente e inaspettatamente si presentava ai loro occhi, i Pompeiani si risolsero in due diversi atteggiamenti: chi preferí rifugiarsi nel chiuso delle case, nelle cantine, nei criptoportici, attendendo che terminasse la pioggia di lapilli; chi cercò invece scampo nella fuga. I piú cercarono pure di salvare i propri beni, ammassando e nascondendo gli oggetti di valore e prendendo addosso denari e preziosi. La maggior parte non riuscí però ad eludere il proprio destino. Molti morirono nel crollo dei tetti delle proprie case, schiacciati dalle macerie. Tantissimi rimasero asfissiati in una crudele agonia dai gas tossici sprigionatisi dal vulcano, che si infiltrarono ovunque, rendendo vana ogni difesa. Quanti si erano volti tardivamente alla fuga e furono sorpresi ugualmente dalla nube tossica mentre procedevano sul letto di lapilli nel frattempo formatosi, stramazzarono al suolo e vennero ricoperti dalla pioggia di cenere finissima e impalpabile, ma ugualmente fittissima, e perciò stesso depositatasi in consistente spessore, che aderí intimamente alle forme del corpo e alle pieghe delle vesti.

Ad Ercolano, invece, quanti non si erano risolti immediatamente alla fuga, ed erano quindi ora preda dell'avanzare incombente della spaventosa colata di materiali provocata dallo squarcio del vulcano, si diressero verso il litorale ed il mare, al quale unico, e forse a ragione, credevano di poter ormai affidare la speranza di vita. Qui però un violento maremoto, che faceva paurosamente sollevare la terra e ritirare l'acqua per poi all'improvviso farla riavanzare con tumultuose ondate, impedí alle navi di prendere il largo cosí come ai soccorsi di approdare, decretando in tal modo per i malcapitati una fine di inaudita e tragica crudezza, presi tra la massa di fango precipitata dal monte e l'abisso liquido del mare.

Nel giro di due giorni e di due notti si compí cosí ad opera della forza cieca della natura il tragico destino di una regione già celebre nel mondo antico per la salubrità del clima, la bellezza del paesaggio, la fertilità dei campi e l'industriosità degli abitanti. La brutalità della sorte da essa patita lasciò attoniti e raccapricciati gli stessi contemporanei e fu il poeta Marziale a farsi interprete del sentimento comune, levando per le città distrutte un commosso lamento che suona quasi ad epicedio: «Ecco il Vesuvio, un tempo verdeggiante di folti vigneti, un tempo elargitore di vini saporosi: questo è il monte che Bacco predilesse piú degli stessi colli di Nysa e sul quale i Satiri intrecciarono le loro danze. E questa fu Pompei, città sacra a Venere e a lei piú cara della stessa Sparta, e qui sorse Ercolano, che illustrava il nome dello stesso Ercole. Tutto giace sommerso dalle fiamme e dalla livida cenere. Gli stessi dèi ora vorrebbero che ciò non fosse mai stato in loro potere compiere»[1].

Sono molti gli scrittori antichi che ci hanno tramandato il ricordo della terribile eruzione vesuviana che nel 79 d.C. sconvolse la Campania[2], ma, in particolare, dei momenti che la caratterizzarono, accompagnandola e seguendola, abbiamo conoscenze precise e circostanziate grazie alla testimonianza d'un cronista d'eccezione, Plinio il Giovane, che assistette a quegli avvenimenti trovandosi a Miseno, dove lo zio, Plinio il Vecchio, era comandante della flotta romana del Tirreno. In due lunghe lettere da lui inviate allo storico Tacito[3], egli ha raccontato con amore del dettaglio le varie fasi dell'evento eruttivo, dei fenomeni fisici che si manifestarono in connessione, del panico degli abitanti che cercavano disperatamente di sottrarsi alla furia degli elementi, della morte dello zio che, approntata la flotta, cercò invano di portare loro soccorso, rimanendo egli pure vittima delle esalazioni di gas sul litorale di Stabia dove era riparato.

Quando la furia degli elementi si fu placata, l'intero assetto della regione appariva completamente modificato. Seppellite le città, scomparse le strade, ricoperti i campi, uno spettacolo desolante dové presentarsi ai superstiti della catastrofe.

A Pompei si cercò di recuperare quanto possibile penetrando negli edifici dalla parte alta rimasta in vista, ma tale impresa si rivelò spesso non commisurabile ai rischi che comportava. Ad Ercolano, sommersa sotto la spessa coltre fangosa, che, raffreddandosi, aveva assunto consistenza simile a roccia, tali tentativi non poterono nemmeno essere intrapresi. Anche gli sforzi dell'imperatore Tito di riportare a vita le città sepolte non sortirono esito felice[4] e la presenza umana, nell'area devastata dall'eruzione, rimase per lunghissimo tempo sporadica e marginale. Solo ai tempi dell'imperatore Adriano, nel 120/1 d.C., fu possibile ripristinare almeno l'assetto viario della regione. Stabia invece, che al momento dell'eruzione era frazionata in molteplici e lussuose ville[5], riuscí nuovamente ad organizzarsi in forme associative di tipo urbano, se pure in un nuovo sito, e del fenomeno ci dà conoscenza già alla fine del I secolo il poeta Stazio, che parla espressamente di *Stabias renatas,* di Stabia cioè che rinasce[6], divenendo in seguito e per tutta la durata dell'età antica e medioevale il punto piú importante di riferimento sul territorio. Di essa infatti viene fatta sovente menzione in fonti tarde[7], soprattutto grazie alla riconosciuta utilità terapeutica delle sue famose acque minerali, già decantate prima dell'eruzione[8] e nell'anno 499 essa è già attestata come sede vescovile[9].

Solo pochi anni dopo l'eruzione il poeta Stazio si poneva già la seguente domanda, sorprendentemente anticipando le emozioni che avremmo provato noi moderni con la discoperta delle città vesuviane: «Crederà la generazione ventura degli uomini, quando rinasceranno le messi e rifioriranno questi deserti, che al di sotto dei loro piedi giacciono sotto il peso della terra città e popolazioni e che gli aviti campi cosí si inabissarono?»[10].

In effetti all'archeologo che esplora ormai da oltre duecentocinquanta anni i siti vesuviani si palesa uno scenario assolutamente unico, anche se a volte di agghiacciante tragicità. Quella cenere, infatti, caduta come polvere impalpabile sulle vittime dell'eruzione, raffreddandosi e consolidandosi, ha assunto la forma stessa dei corpi inglobati, sí che la naturale consunzione della carne nel tempo ha lasciato in essa una cavità. Quando, al momento dello scavo, si avverte sotto i colpi del piccone un vuoto del genere, è possibile, iniettandovi gesso liquido, secondo il metodo del Fiorelli, o resine particolari, come attualmente praticato (cfr. Cat. n. 2), recuperare, con le forme originarie, il senso stesso della terribile e talora straziante agonia dei Pompeiani.

Penetrando però noi moderni negli strati di cenere e lapillo percorriamo, al contempo, come in un tunnel, un viaggio all'indietro nel tempo, che ci permette di riscoprire, immutati e nel loro contesto, non solo gli edifici, le case, gli oggetti, ma anche il gusto stesso e il modo di essere di un'epoca. È l'Antichità, infatti, che si disvela ai nostri occhi in tutte le sue forme del vivere quotidiano.

A.V.

---

[1] MART. *Epigr.,* IV, 44.

[2] Cfr. CASS. DIO., LXVI, 21-23 e la relativa epitome di ZONARA (XI, 18); EUSEB., *Chronic.*, a. 5280; FLAV. IOSEPH., *Ant. Iud.*, XX, 7, 2; M. AUR., IV, 48; MART., *loc. cit.*; *Sibyllina Oracula*, V, 130-136 (e v. PLUT., *De Pyth. orac.*, 9 e *De sera numinum vindicta,* 22); STAT., *Silv.*, II, 6, 62; III, 5, 72 ss.; IV, 4, 81 ss.; IV, 8, 5; V, 3, 205; TAC., *Hist.*, I, 2; TERTULL., *.Apolog.*, XI, 8; *De pall.*, II, 4.

[3] PLIN., *Ep.*, VI, 16 e 20.

[4] Cfr. SUET., *Tit.*, 8.

[5] Cfr. PLIN., *N.H.,* III, 70.

[6] STAT., *Silv.*, III, 5, 104.

[7] Cfr. GALEN., *Meth. meden.*, V, 12; SYMMACH., *Ep.*, VI, 17; CASSIOD., *Var.*, XI, 10.

[8] Cfr. PLIN., *N.H.*, XXXI, 9; COLUM., *Re rust.*, X, 133.

[9] Cfr. *Italia Pontificia*, VIII, p. 412.

[10] STAT., *Silv.*, IV, 4, 81-84.

Die Eruption des Jahres 79 n.Chr.

Am Morgen des 24. August 79 n.Chr. erschütterte eine gewaltige Explosion die Vesuvregion. Aus dem Krater des für viele Jahre verstummten Vulkans wurden eine Gassäule und Eruptionsmaterial mit unglaublicher Macht emporgeschleudert. Binnen kurzem war der Himmel verdunkelt. Ein schrecklicher Niederschlag von Lapilli fiel bald auf Pompeji und die Umgebung herab und begrub sie infolge wiederholter Explosionen unter einer durchschnittlich zweieinhalb Meter dicken, je nach Bodenbeschaffenheit an manchen Stellen sogar beträchtlich höheren Decke. Heftige Erdbebenstöße erschütterten gleichzeitig die Erde, während eine riesige und leichte, aber verhängnisvolle Wolke vom Wind nach Pompeji getrieben wurde und ihre tödliche Last an Asche und giftigem Gas über der Stadt entlud. Nachdem seine explosive Sprengkraft erschöpft war, fiel der Vesuvkegel in sich zusammen. Aus den entstandenen Rissen ergossen sich Magmaströme und glühende Lava in Richtung Herkulaneum, das von einer enormen Masse an Schlamm und Eruptivgeröll überdeckt wurde, die in Küstennähe sogar 22 m Höhe erreichte.
Bestürzt von dem unerwarteten und erschütternden Schauspiel vor ihren Augen, spalteten sich die Pompejaner in zwei Gruppen: Die einen wollten sich in den Schutz der Häuser, Keller und Kryptoportiken zurückziehen und dort das Ende des Lapilliregens abwarten; die anderen dagegen suchten ihr Heil in der Flucht. Die meisten versuchten, ihr Eigentum zu retten, sammelten und versteckten Wertgegenstände und nahmen Geld und Preziosen an sich. Der Großteil aber konnte dem Schicksal nicht entrinnen. Viele starben, als die Trümmer der einstürzenden Dächer ihrer Häuser sie unter sich begruben. Andere erstickten an den überall eindringenden und jeden Widerstand zunichte machenden vulkanischen Giftgasen. Spätentschlossene Flüchtlinge wurden gleichfalls von der Giftwolke überrascht. Sie stürzten auf der inzwischen entstandenen Lapillischicht zu Boden und wurden von äußerst feinem und dichtem Ascheregen bedeckt, der sich in großer Menge auf sie legte und tief in alle Körperformen und Kleiderfalten eindrang.
In Herkulaneum entschlossen sich dagegen viele nicht sogleich zur Flucht und wurden daher Opfer des schrecklichen und drohend aus dem klaffenden Vulkan vorrückenden Lavastromes. Er wandte sich geradewegs der Küste und dem Meer zu, wo viele vielleicht ihre einzige Überlebenschance sahen. Doch nun setzte ein heftiges Seebeben ein, das die Erde furchterregend anhob und das Wasser zurückweichen ließ, um es dann in unerwarteten, aufgewühlten Wellen wieder vorzuwerfen. Dies verhinderte, daß die Boote in See stechen und die Rettungsschiffe anlegen konnten. Für die zwischen den vom Berg herabströmenden Schlammassen und dem flüssigen Abgrund des Meeres Gefangenen bedeutete dies ein Ende von unglaublicher Tragik.
Binnen zweier Tage und Nächte erfüllte blinde Naturgewalt das tragische Schicksal einer Region, die schon in der antiken Welt wegen ihres gesunden Klimas, der schönen Landschaft, fruchtbaren Felder und der emsigen Bewohner berühmt war. Ihr grausames Ende versetzte die Zeitgenossen in Bestürzung und Erschauern. Der Dichter Martial entsprach dem allgemeinen Empfinden, als er für die zerstörten Städte ein bewegtes Klagelied erhob: «Hier liegt der Vesuv, einst von dichten Weinbergen begrünt, einst Spender wohlschmeckender Weine: Dies ist der Berg, den Bacchus noch den Bergen von Nysa vorzog und auf dem die Satyrn ihre Tänze vollführten. Und dies war Pompeji, der Venus geweihte Stadt, die ihr lieber war als selbst Sparta. Und dort erhob sich Herkulaneum, das der Name des Hercules zierte. Alles liegt unter Flammen und fahler Asche versunken. Selbst die Götter wünschten jetzt, daß es nie in ihrer Macht gelegen hätte, dies zu vollenden».[1]
Viele antike Autoren haben uns einen Bericht von dem schrecklichen Vesuvausbruch des Jahres 79 n.Chr. überliefert, der Kampanien verwüstete[2]. Eine genaue und ausführliche Kenntnis von den Geschehnissen verdanken wir der Beschreibung des außergewöhnlichen Chronisten Plinius d.J. Er hielt sich während jener Vorgänge in Misenum auf, wo sein Onkel, Plinius d.Ä., römischer Flottenkommandant des Tyrrhenischen Meeres war. In zwei ausführlichen Briefen an den Historiker Tacitus[3] berichtete er detailliert von den verschiedenen Phasen des Ausbruchs, von den physikalischen Phänomenen, von der Panik der Bewohner, die verzweifelt versuchten, sich der Gewalt der Elemente zu entziehen, von dem Tod seines Onkels, der mit der bereitgestellten Flotte vergeblich zu helfen versuchte, doch dem über der windgeschützten Küste von Stabiae ausströmenden Gas zum Opfer fiel. Als sich die tobenden Elemente beruhigt hatten, war das Aussehen der gesamten Region völlig verändert. Die Städte waren verschüttet, die Straßen verschwunden, die Felder überdeckt; den Überlebenden muß sich ein trostloser Anblick geboten haben.
Pompeji versuchte man so weit wie möglich zu befreien, indem man in die noch sichtbaren, stehenden Gebäudeteile eindrang. Doch stellte sich das Risiko schnell als zu hoch heraus. In Herkulaneum, das unter der dichten Schlammdecke versunken war, die nach dem Erkalten eine steingleiche Konsistenz angenommen hatte, waren solche Versuche nicht einmal möglich. Auch die Anstrengungen von Kaiser Titus, das Leben in die begrabenen Städte zurückzubringen, fruchteten nichts[4], und so blieb menschliches Leben in der durch den Ausbruch verwüsteten Region für lange Zeit sporadisch und bedeutungslos. Erst zu Zeiten Kaiser Hadrians, 120/121 n.Chr., konnte wenigstens das Straßennetz der Region instandgesetzt werden. Stabiae dagegen, das zur Zeit der Eruption in viele, luxuriöse Villen aufgeteilt war[5], konnte sich, wenn auch an anderer Stelle, in stadtähnlichen Verbindungsformen reorganisieren. Der Dichter Statius berichtet davon schon gegen Ende des 1. Jhs., als er ausdrücklich von *Stabias renatas* spricht, also von einem wiedergeborenen Stabiae[6], das anschließend durch die gesamte Antike und das Mittelalter hindurch der wichtigste Bezugspunkt der Gegend war. In späteren Quellen[7] wird es vor allem dank der anerkannten Heilkraft seiner schon vor dem Ausbruch[8] berühmten Mineralquellen oft erwähnt. Im Jahr 499 ist die Stadt bereits als Bischofssitz bezeugt[9].
Nur wenige Jahre nach dem Ausbruch stellte der Dichter Statius schon eine Frage, die die heute bei uns durch die Aufdeckung der Vesuvstädte hervorgerufenen Emotionen vorwegnimmt: «Wird, wenn die Ernten wieder wachsen und das Ödland wieder blüht, die zukünftige Menschengeneration glauben, daß unter ihren Füßen, unter dem Gewicht der Erde, Städte und Bewohner liegen und daß die ererbten Felder so versanken?»[10].
Dem Archäologen, der seit nun mehr als 250 Jahren die Vesuvstätten erforscht, enthüllt sich ein absolut einzigartiges, wenn auch von Tragik berührtes Panorama. Die Asche, die als hauchfeines Pulver auf die Opfer der Eruption herabfiel, erkaltete, festigte sich und nahm die Form der umhüllten Körper an, so daß die natürliche Verwesung mit der Zeit einen Hohlraum darin zurückließ. Wenn während der Ausgrabung ein derartiger Hohlraum aufgefunden wird, können nach einer Methode Fiorellis durch das Einfüllen flüssigen Gipses oder, wie zur Zeit praktiziert, besonderer Harze (vgl. Kat. Nr. 2) die Körper der Toten abgegossen werden, und man erhält einen Begriff vom Ausmaß des Leidens der Pompejaner.
Durchdringen wir heute die Schichten aus Asche und Lapilli, machen wir wie durch einen Tunnel eine Reise in die Vergangenheit. Sie ermöglicht uns, nicht nur Gebäude und Gegenstände in ihrem Kontext wiederzuentdecken, sondern auch den Lebensstil einer Epoche.

A.V.

[1] MART., *Epigr.*, IV, 44.

[2] Vgl. CASS. DIO, LXVI, 21-23 und die zugehörige Zusammenfassung von ZONARA, (XI, 18); EUSEB., *Chronic.*, 5280; FLAV. JOSEPH., *Ant. Iud.*, XX, 7, 2; M. AUR., IV, 48; MART., *loc. cit.*; *Sibyllina Oracula*, V, 130-136 (s.a. PLUT., *De Pyth. orac.*, 9 und *De sera numinum vindicta*, 22); STAT., *Silv.*, II, 6, 62; III, 5, 72 ff.; IV, 4, 81 ff.; IV, 8, 5; V, 3, 205; TAC., *Hist.*, I, 2; TERTULL., *Apolog.*, XL, 8; *De pall.*, II, 4.

[3] PLIN., *Ep.*, VI, 16 und 20.

[4] Vgl. SUET., *Tit.*, 8.

[5] Vgl. PLIN., *N.H.*, III; 70.

[6] STAT., *Silv.*, III, 5, 104.

[7] Vgl. GALEN., *Meth. meden.*, V, 12; SYMMACH., *Ep.*, VI, 17; CASSIOD., *Var.*, XI, 10.

[8] Vgl. PLIN., *N.H.*, XXXI, 9; COLUM., *De re rust.*, X, 133.

[9] Vgl. *Italia Pontificia*, VIII, S. 412.

[10] STAT., *Silv.*, IV, 4, 81-84.

1

1. Macina per olive (trapetum)

Inv. 40684.
Pompei, provenienza non precisabile.
Alt. m 0,57 circa; Ø *catillus* m 1,06 circa.
Pietra lavica.

La macina è costituita da un elemento circolare fisso, di forma troncoconica, detto *catillus,* scavato all'interno e recante, in origine, al centro, un rialzo cilindrico (*miliarium*), successivamente scalpellato. L'elemento mobile è composto da due ruote (*orbes*), a forma di calotta, che giravano, nello spazio compreso tra la parete interna del *catillus* ed il *miliarium,* contrapposte ed imperniate ad un palo di legno (*cupa*), a sua volta fissato al *miliarium* mediante un perno in ferro (*columella ferrea*). Databile al I secolo d.C.
Questo tipo di macina, conforme a quello descrittoci da Catone *(De agr.,* XX-XXII), era impiegato, nel processo di produzione dell'olio, per la prima spremitura delle olive che, schiacciate nel *catillus* e trasformate cosí in sostanza pastosa (*sampsa*), venivano successivamente sottoposte alla pressione del torchio, affinché ne fuoriuscisse l'olio (COL., *De re rust.,* 12, 52). La macina era azionata da schiavi o da asini, che giravano le ruote mediante il palo di legno.

Bibl.: Inedito.

L.F.

2. Fanciulla da Oplontis

È il calco di una giovane donna trovata, insieme ad altre vittime dell'eruzione del 79 d.C., in uno degli ambienti della villa detta B, ma probabilmente di L. Crassius Tertius, ad Oplontis (moderna Torre Annunziata in provincia di Napoli), lo stesso ambiente dove, accanto ad alcune di tali vittime, furono trovati numerosi gioielli (cfr. D'AMBROSIO 1994[3]).
Si tratta di un calco eseguito con una tecnica, ideata dal restauratore Amedeo Cicchitti e sperimentata per la prima volta ad Oplontis nel 1984, che al gesso, materiale tradizionalmente usato fin dal 1863 quando il Fiorelli introdusse il sistema dei calchi, sostituisce una resina epossidica. Il procedimento, alquanto complesso, consiste nel realizzare prima un calco in cera, intorno al quale si costruisce una matrice in gesso; quindi, con una tecnica simile a quella della «cera perduta», si sostituisce alla cera la resina epossidica.
Si ottiene, in tal modo, un calco piú resistente di quello in gesso agli urti ed alle variazioni climatiche, piú facile da trasportare e che, grazie alla sua semitrasparenza, consente di vedere i piccoli oggetti che, eventualmente, la persona indossava.
Cosí, in questo caso, si è potuto recuperare, sostituendoli con copie, il bracciale che la fanciulla aveva al braccio e il borsellino con monete, anelli e gemme, che era accanto alla mano.
All'interno, ricoperte e fermate dalla resina, restano, in tutta la loro tragica testimonianza, le ossa ed il teschio.

Bibl.: Inedito.

A.D.A.

2

1. Ölmühle (trapetum)

Inv. 40684.
Pompeji, genauer Fundort unbekannt.
Höhe 0,57 m, Durchm. des *catillus* ca. 1,06 m.
Lavastein.

Die Ölmühle besteht aus einem festen, rund-konischen Element, dem sog. *catillus*, das innen hohl ist und ursprünglich in der Mitte eine zylindrische Erhebung (*miliarium*) besaß, die allmählich abgemeißelt wurde. Den beweglichen Teil bildeten zwei kalottenförmige Räder (*orbes*), die sich zwischen der *catillus*-Wand und dem *miliarium* drehten. Sie waren einander gegenüber auf einem Holzbolzen (*cupa*) befestigt, der seinerseits durch einen Eisenstift (*columella ferrea*) am *miliarium* befestigt war. Ins 1. Jh. n.Chr. zu datieren.
Diese Geräteart, wie sie auch Cato beschreibt (*De agr.*, XX-XXII), wurde bei der Ölproduktion zum Zerquetschen der Oliven verwendet. Sie wurden im *catillus* zu einer pastösen Substanz (*sampsa*) zerdrückt und kamen anschließend unter die Presse (COL., *De re rust.*, 12, 52). Das Gerät wurde von Sklaven oder Eseln betrieben, die mit Hilfe des Holzpfahls die Räder drehten.

Bibl.: Unveröffentlicht.

L.F.

2. Tote von Oplontis

Es handelt sich um den Gipsabguß einer jungen Frau, die zusammen mit anderen Opfern der Eruption von 79 n.Chr. in einem Raum der sog. Villa B in Oplontis (das heutige Torre Annunziata in der Provinz Neapel) gefunden wurde, die wahrscheinlich L. Crassius Tertius gehörte.
Der Gipsabguß wurde in einer Technik ausgeführt, die der Restaurator Amedeo Cicchitti entwickelt und 1984 erstmals in Oplontis erprobt hatte. Er ersetzte den seit 1863 gebräuchlichen und von Fiorelli benutzten Gips für den Abguß durch Epoxharze. Für den ziemlich komplizierten Vorgang fertigt man zunächst einen Wachsabguß an und legt darüber eine Gipsschicht. In einer dem «cire perdu» ähnlichen Technik wird das Wachs durch Epoxharz ersetzt.
Im Vergleich zu den gipsernen sind die so hergestellten Abgüsse gegenüber Stößen und Klimaveränderungen widerstandsfähiger; sie sind leichter zu transportieren und ihre teilweise Durchsichtigkeit gestattet das Erkennen kleiner Gegenstände, die die Person eventuell bei sich trug.
In diesem Fall konnten das Armband sowie der neben der Hand liegende Beutel mit Münzen, Ringen und Gemmen sichtbar gemacht und durch Kopien ersetzt werden.
Im Inneren verbleiben Knochen und Schädel, durch das Harz zugleich aufgedeckt und eingeschlossen.

Bibl.: Unveröffentlicht.

A.D.A.

Religione e superstizione

Il nucleo essenziale ed originario della religione romana è intimamente connesso con i caratteri tipici di una società agricola e pastorale che attribuiva, alle origini, sfera di potenza divina, ben determinata e circoscritta, alle varie singole forze che regolavano dall'esterno il divenire delle vicende degli uomini e dei campi, o che interferivano con esso, alle quali si potevano perciò rivolgere sollecitazioni a vantaggio del proprio raccolto, del bestiame o delle stesse fasi della propria vita. Ci è rimasto cosí il ricordo di numerosissime divinità primitive il cui stesso nome fa da specchio alle prerogative: Levana, ad esempio, si preoccupava del parto, Rumina dell'allattamento, Fabulinus del dono della parola, e cosí via fino alla morte; del pari Redarator tutelava l'aratura, Sarritor la sarchiatura, Sterculinus la concimazione dei campi ecc.

In tale visione il rapporto col divino, lungi dall'aver carattere intimistico, era regolato da precise, reciproche obbligazioni, e si estrinsecava pertanto in una serie di riti, di formule stabilite ed immutabili, di azioni da compiere in modo puntuale, che rimasero tali anche nei successivi sviluppi che la religione ebbe a Roma, in relazione col procedere della sua stessa storia civile e culturale.

Il contatto con gli Etruschi, infatti, spinse Roma all'adozione del culto della triade capitolina, ossia di Giove, Giunone e Minerva; quello col mondo greco, mediato attraverso le colonie magnogreche e gli Etruschi stessi, portò alla città dapprima il culto di Apollo, e via via quello degli altri dèi dell'Olimpo. La superiore visione offerta dalla civiltà greca anche in questo campo indusse Roma ad assimilare e fondere le caratteristiche di alcune divinità proprie con quelle degli dèi del pantheon greco, relegando in posizione del tutto secondaria quelle che invece con essi non si amalgamavano. Alla fine si ebbe un consesso di divinità maggiori (*di consentes*) formato da sei coppie di dèi: Giove e Giunone, Nettuno e Minerva, Marte e Venere, Apollo e Diana, Vulcano e Vesta, Mercurio e Cerere. Per tutte queste divinità e per altre minori, come quelle impersonanti quei concetti astratti cosí cari alla mentalità romana (Concordia, Pietas, Fortuna) vennero edificati templi, dedicati altari, riservati luoghi di culto.

Il culto rimase tuttavia sempre un fatto formale ed esteriore «atto dovuto in cambio di», che non andò mai ad interessare la sfera piú intima del sentimento individuale, ma ebbe ripercussioni piuttosto nella sfera del sociale e quindi del politico. I sacerdoti, cosí, piú che essere votati alla divinità o esserne i portavoce, erano i «tecnici» che assicuravano il compimento perfetto del rito secondo la maniera prescritta, pena la nullità; la preghiera, piú che altro, era un voto, ossia la promessa di compiere una azione ben determinata e circostanziata (offerta in sacrificio di tot animali, di tali cose ecc.) in cambio del favore divino in una ugualmente precisa circostanza; il rito stesso assunse sovente connotati squisitamente politici nel provvedere a favorire interessi collettivi in momenti particolari (guerre, calamità, pestilenze), o nel tendere, mediante l'*etrusca disciplina,* l'arte di trarre auspici, ad interpretare il favore che gli dèi accordavano ad una data azione intrapresa dallo stato o dal singolo magistrato.

Si comprende allora perché le cariche sacerdotali maggiori (il pontificato, l'augurato ecc.) vennero sempre intese come funzioni stesse dell'apparato statale e riservate pertanto ai maggiorenti e, con Augusto, ai membri dell'aristocrazia senatoria, quella stessa che forniva allo stato i magistrati.

Augusto, d'altra parte, nella sua opera di riorganizzazione totale dello stato romano, attribuí notevole valore alla religione per l'aiuto che poteva dare ad essa, rivestendo egli stesso il pontificato massimo, ossia la guida del collegio dei pontefici (e quindi degli altri collegi sacerdotali), favorendo il ripristino delle antiche tradizioni, promuovendo il culto stesso dell'imperatore quale divinità come momento di coesione spirituale tra le province dell'impero.

Il *Capitolium* e poi il culto imperiale assunsero cosí un valore squisitamente politico, differenziato a seconda della cultura delle singole province, e reso, in altre forme, anche nei centri italici come Pompei, mediante il collegio sacerdotale degli Augustali.

Non va però dimenticato che, già in età repubblicana, la spinta delle culture orientali aveva gradatamente trasformato il bisogno religioso dei Romani. Da un lato la riflessione filosofica aveva fatto le classi colte avvertite dell'inganno dell'apparato mitologico greco, che pur era conservato in quanto ritenuto socialmente necessario. Cicerone cosí, ad esempio, che come magistrato e senatore, nonché sacerdote, mostrava nella vita pubblica grande deferenza per gli dèi e per le pratiche ad essi connesse, non nasconde invece nei suoi scritti, anche specifici, il suo imbarazzo circa la loro natura e strapazza la scienza aruspicina. D'altra parte le masse popolari, bisognose di dare uno sbocco diverso e un senso ultraterreno a una vita altrimenti ben avara di soddisfazioni, andavano rivolgendosi gradatamente ai culti iniziatici importati dall'Oriente, che promettevano ai loro adepti un rinnovamento di vita e una sempiterna felicità dopo la morte. Tra questi, talora con contenuto anche sessuale o addirittura orgiastico, vanno ricordati i misteri di Sabazio (Cat. n. 18, 19), di Dioniso, della Magna Mater, di Iside, di Mitra. Ostacolati tenacemente in età repubblicana, in età imperiale essi divennero i culti piú praticati e intimamente sentiti.

Cosí a Pompei, accanto al culto per le divinità maggiori, in particolare per Venere, che, assimilata alla divinità locale della fecondità della natura, era stata da Silla resa protettrice della città, o per Mercurio, protettore dei commerci, che compare spesso raffigurato con in mano la borsa del denaro, risalto particolare è dato anche ad Ercole, il semidio che grazie alle sue imprese poté ascendere al consesso degli dèi, e a Bacco, al quale era dedicato un santuario suburbano. Questi, nel larario della casa del Centenario, è raffigurato come un tutt'uno con le vigne stesse del Vesuvio, fonti di cospicua ricchezza per la città, cosí come nella casa del Larario del Sarno è la divinità indigena del fiume omonimo a vegliare sui traffici e sui trasporti che avvenivano lungo esso.

Dei riti bacchici, sotto la specie dionisiaca, è la megalografia della villa dei Misteri a narrarci, cosí come il restauro del tempio d'Iside dopo il terremoto del 62, già ultimato quando ancora non si era nemmeno intrapreso quello di altri templi ufficiali, è chiara spia del favore concesso dai Pompeiani a tale divinità.

La religiosità romana si esplicava però anche nel culto privato di tipo domestico, amministrato dal capofamiglia in quanto depositario della tradizione liturgica propria della sua gente. Essa interessava i momenti particolari della vita familiare, quali la nascita, il matrimonio, la morte ed era, nel quotidiano, essenzialmente rivolto a onorare i Lari, gli spiriti degli antenati, e i Penati, custodi del buon andamento della vita nella casa. Alle loro immagini (Cat. n. 12), conservate nei larari, al momento del desinare un servo offriva dapi e libagioni, versandoli sul focolare. Riguardo cultuale era anche tributato al Genius della casa, ossia alla forza vitale generatrice del capofamiglia, raffigurato come un serpente.

Al di là della religione, pur se cosí intesa, anche la superstizione (letteralmente: ciò che va al di là di quanto stabilito) poteva vantare larghissima presa nel mondo romano, soprattutto presso gli strati popolari della società. La diffusa credenza nelle arti magiche e nel *fascinum*, la malìa, induceva a ricorrere a rimedi profilattici e apotropaici, quali *oscilla, bullae* ecc., amuleti ritenuti in grado di neutralizzare gli effetti delle influenze malefiche. Troviamo cosí a Pompei alcune case messe sotto la protezione del «dio buono»[1], talora identificato con Ercole[2], o della Felicità[3], o del fallo, visto come forza primordiale e positiva della natura, e in grado perciò di contrastare e allontanare le forze negative (Cat. n. 17).

D'altro canto il ricorso agli incantesimi, pur se vietato già nelle leggi delle Dodici Tavole, il piú antico codice romano risalente alla metà del v secolo a.C., era largamente praticato, soprattutto a danno delle coltivazioni del vicino, con *defixiones*, laminette che venivano sepolte sotto terra, tenute ferme da un chiodo di ferro, dopo che vi si era inciso il nome della persona che si voleva votare agli dèi inferi[4].

Teocrito, in uno dei suoi *Idilli* piú belli, il secondo, è riuscito a cantare con accenti di commossa poesia la disperazione di una donna abbandonata che tenta, preparando un filtro magico, di affatturare il suo uomo per ricondurlo a sé. Lucrezio ci è presentato dalla tradizione antica come vittima di un sortilegio amoroso che lo condusse alla follia. Vasi come quello descritto in Cat. n. 20 o iscrizioni come quella che ricorda due venefici mandati a segno[5] ci palesano come la pratica magica fosse effettivamente diffusa nel quotidiano del mondo antico.

A.V.

---

[1] Cfr. *CIL*, IV, 8417 s.
[2] Cfr. *CIL*, IV, 733 con add. pp. 196, 461.
[3] Cfr. *CIL*, IV, 1454 con add. pp. 196, 207; 2320.
[4] Cfr. *CIL*, IV, 9251 s.
[5] *CIL*, IV, 10027.

Religion und Aberglauben

Der ursprüngliche und wesentliche Kern der römischen Religion ist eng mit den typischen Merkmalen einer Agrar- und Hirtengesellschaft verbunden, die anfangs jenen Kräften eine Sphäre göttlicher Macht zuschrieb, die von außen das wechselnde Werden von Mensch und Feld regelten und von denen man sich Besserungen für die eigene Ernte, das Vieh oder die eigenen Lebensphasen erbitten konnte. Uns ist die Erinnerung an zahlreiche primitive Gottheiten geblieben, deren Namen ihre Eigenschaften widerspiegeln: Levana widmete sich beispielsweise der Geburt, Rumina dem Stillen, Fabulinus dem Geschenk der Sprache, und so geht es weiter bis zum Tod; Redarator beschützt das Pflügen, Sarritor das Hacken, Sterculinus das Düngen der Felder usw.
Weit von intimistischem Charakter entfernt, war die Beziehung zum Göttlichen durch genaue, wechselseitige Verpflichtungen geregelt und äußerte sich vor allem in einer Reihe von Riten, festgesetzten und unveränderlichen Formeln und gewissenhaft auszuführenden Handlungen. Diese hatten auch in der späteren Entwicklung Bestand, die die Religion in Zusammenhang mit dem bürgerlichen und kulturellen Geschichtsprozeß Roms durchmachte.
Der Kontakt mit den Etruskern führte Rom zur Aufnahme des Kultes der kapitolinischen Trias Jupiter, Juno und Minerva; derjenige zur griechischen Welt, vermittelt durch die großgriechischen Kolonien und die Etrusker, brachte der Stadt zunächst den Kult des Apollo, später nach und nach auch den der anderen olympischen Götter. Die erhabene Vorstellung von der griechischen Zivilisation veranlaßte Rom, Eigenschaften eigener Gottheiten mit denen der Götter des griechischen Pantheons zu verschmelzen. Unliebsame Eigenschaften wurden dabei in den Hintergrund verbannt. Schließlich gab es eine aus sechs Paaren bestehende Versammlung höherer Gottheiten (*di consentes*): Jupiter und Juno, Neptun und Minerva, Mars und Venus, Apollo und Diana, Vulkan und Vesta, Mercur und Ceres. Für all diese und die kleineren Gottheiten, welche die der römischen Mentalität so wertvollen abstrakten Ideen verkörperten (Concordia, Pietas, Fortuna), wurden Tempel errichtet, Altäre geweiht und Kultstätten angelegt.
Der Kult blieb immer eine formale Angelegenheit und ein äußerer, «durch Tausch für etwas hervorgerufener Akt», der nie die intimere Sphäre individuellen Empfindens zu interessieren vermochte, sondern eher Widerhall im sozialen, also politischen Umfeld fand. Eher, als sich den Gottheiten zu widmen und ihr Sprachrohr zu sein, waren die Priester «Techniker», die in Sorge um Nichtigkeiten die vorschriftsgemäße Durchführung des Ritus gewährleisteten. Mehr als alles andere war das Gebet ein Gelöbnis, eine wohlbeschriebene Handlung (eine Opfergabe soundso vieler Tiere oder Gegenstände) im Tausch gegen eine gleichermaßen genau definierte göttliche Gunst auszuführen. Der Ritus nahm oft sehr politische Eigenschaften an, indem er in bestimmten Momenten kollektive Interessen (Kriege, Unglücke, Seuchen) unterstützte; oder er verführte die Kunst des Wahrsagens durch die *etrusca disciplina* dazu, den Willen der Götter hinsichtlich einer bestimmten Maßnahme des Staates oder eines einzelnen Beamten als Zustimmung auszulegen.
Es ist daher verständlich, warum die höheren priesterlichen Aufgaben (das Pontifikat, die Weissagung usw.) immer als dem Staatsapparat eigene Funktionen galten, die vor allem Honoratioren und, seit Augustus, Mitgliedern des Senatsadels vorbehalten waren, der auch die Staatsbeamten stellte.
Andererseits schrieb Augustus der Religion aufgrund der Hilfe, die sie bei seiner vollständigen Neuorganisation des römischen Staates leisten konnte, beachtlichen Wert zu. Er verlieh sich selbst das Amt des Pontifex Maximus bzw. die Führung des Kollegiums der Pontifices (und damit auch aller anderen Priesterkollegien) und unterstützte die Wiederaufnahme alter Traditionen, indem er die Verehrung des Kaisers als Gottheit zu einem Moment des geistigen Zusammenhalts zwischen den Reichsprovinzen erhob.
Das *Capitolium* und später der Kaiserkult nahmen auf diese Weise überaus politischen Gehalt an, der sich je nach der Kultur der einzelnen Provinzen unterschied und, in anderer Form, durch das Priesterkolleg der Augustalen auch in italischen Zentren wie Pompeji zum Ausdruck kam.
Man sollte aber nicht vergessen, daß der Einfluß der östlichen Kulturen schon in republikanischer Zeit allmählich das religiöse Bedürfnis der Römer verändert hatte. Einerseits hatte die philosophische Reflektion die gebildeten Schichten auf den Betrug durch den griechischen mythologischen Apparat aufmerksam gemacht. Soweit es sozial notwendig schien, wurde er jedoch beibehalten. Cicero beispielsweise ließ als Beamter, Senator und auch Priester im öffentlichen Leben eine große Achtung gegenüber den Göttern und den zugehörigen Praktiken erkennen. In seinen Schriften verbarg er dagegen nicht seine Verwunderung über ihre Natur und verurteilte die Lehre des Opferschauens. Andererseits wandten sich die Volksmassen, die einen anderen Ausgang und einen überirdischen Sinn für ein sonst karges Leben suchten, allmählich aus dem Osten importierten Initiationsriten zu. Diese versprachen ihren Anhängern eine Erneuerung des Lebens und ewige Seligkeit nach dem Tod. Dazu gehörten die Mysterien des Sabazios (Kat. Nr. 18, 19), des Dionysos, der Magna Mater, der Isis und des Mithras. Manchmal nahmen sie sexuellen oder orgiastischen Charakter an. In republikanischer Zeit hartnäckig unterdrückt, wurden sie in der Kaiserzeit zu den meistpraktizierten und tiefstempfundenen Kulten.
Neben den Kulten für die Hauptgottheiten wie Venus, die sich der lokalen Göttin für die Fruchtbarkeit der Natur assimiliert hatte und die von Sulla zur Beschützerin der Stadt ernannt worden war, und Mercur, den Beschützer des Handels, der oft mit einer Geldbörse in der Hand dargestellt ist, wurde in Pompeji besondere Beachtung auch Hercules, dem Halbgott, der dank seiner Abenteuer in die Götterversammlung aufgenommen wurde, und Bacchus beigemessen. Letzterem war ein suburbanes Heiligtum geweiht. Im Lararium des Hauses der Hundertjahrfeier ist er wie immer mit Weinreben vom Vesuv, der Quelle des beachtlichen Reichtums der Stadt, dargestellt. Im Haus des Larariums des Sarno wacht die einheimische Gottheit des gleichnamigen Flusses über Verkehr und Transporte auf diesem.
Von bacchischen Riten im dionysischen Kult erzählt der Freskenzyklus in der Villa der Mysterien. Ebenso ist die Restaurierung des Isis-Tempels nach dem Erdbeben von 62, die schon vollendet war, ehe man mit anderen öffentlichen Tempeln überhaupt begonnen hatte, ein klares Anzeichen für die Gunst der Pompejaner für diese Gottheit.
Die römische Religiosität drückt sich aber auch im häuslich privaten Kult aus, den das Familienoberhaupt als Bewahrer der liturgischen Tradition seiner Sippe verwaltete. Hierfür waren besondere Ereignisse aus dem Familienleben wie Geburt, Heirat und Tod von Interesse. Im Alltag bestand der Kult vor allem in der Verehrung der Laren, der Geister der Vorfahren, und der Penaten, der Wächter des guten Verlaufs des häuslichen Lebens. Während des Mittagessens brachte ein Diener ihren in den Lararien aufbewahrten Bildnissen (Kat. Nr. 12) Speise- und Trankopfer dar, indem er sie auf den Herd schüttete. Auch dem Hausgenius wurde kultische Ehrerbietung gezollt; als zeugende Lebenskraft des Familienoberhaupts wurde er als Schlange dargestellt.
Neben der als solcher verstandenen Religion war in der römischen Welt, besonders in den volkstümlichen Gesellschaftsschichten, der Aberglauben weit verbreitet. Der Glaube an magische Kunst und das *fascinum*, den Zauber, führte zum Rückgriff auf vorbeugende und apotropäische Mittel wie *oscilla*, *bullae* und Amulette, von denen man glaubte, sie könnten böse Einflüsse neutralisieren. So finden wir in Pompeji einige Häuser, die unter dem Schutz des «guten Gottes»[1] stehen. Manchmal wird er mit Hercules[2], Felicitas[3] oder einem Phallus identifiziert. Letzterer galt als positive Ursprungskraft der Natur und konnte daher negative Kräfte ausgleichen und vertreiben (Kat. Nr. 17).
Obwohl schon auf den zwölf Gesetzestafeln, dem ältesten römischen Codex aus der Mitte des 5. Jhs. v.Chr., untersagt, waren die Praktiken der Zauberei weit verbreitet. So wollte man mit *defixiones* der Ernte des Nachbarn schaden: Blättchen wurden mit einem Eisennagel, auf dem man den Namen des in die Unterwelt Verwünschten schrieb, zusammengehalten und unter der Erde vergraben[4].
Theokrit besang in einer seiner schönsten *Idyllen*, der zweiten, in Tönen bewegter Poesie die Verzweiflung einer verlassenen Frau, die durch einen magischen Filter versucht, ihren Mann zur Rückkehr zu bewegen. Die antike Traditon beschreibt uns Lucretius als Opfer eines Liebeszaubers, der ihn zum Wahnsinn trieb. Vasen wie Kat. Nr. 20 oder Inschriften, wie jene, die von zwei von Zeichen befohlenen Giftmorden berichtet[5], zeigen, wie weitverbreitet die Magie im antiken Alltagsleben tatsächlich war.

A.V.

---

[1] Vgl. *CIL*, IV, 8417 f.
[2] Vgl. *CIL*, IV, 733 mit Ergänzungen 196, 461.
[3] Vgl. *CIL*, IV, 1454 mit Ergänzungen 196, 207; 2320.
[4] Vgl. *CIL*, IV, 9251 f.
[5] *CIL*, IV, 10027.

3. Testina femminile

Inv. 20380.
Pompei, provenienza non precisabile.
Alt. cm 22,3, largh. cm 17,3.
Marmo.
Naso e attaccatura centrale dei capelli scheggiati.

La piccola testa femminile dai delicati lineamenti presenta una complessa acconciatura sulla fronte e sulle tempie, separata con una treccia dalla parte posteriore della chioma, ondulata e divisa nel mezzo. Il retro è lavorato, ma piatto, destinato ad una collocazione chiusa. La testina era pensata probabilmente per una visione frontale. Il volto ovale dai tratti regolari è leggermente sfinato verso il mento. Le labbra, dalla carnosità sfumata sono appena socchiuse e si distendono in un impercettibile sorriso. Lo sguardo, ben orientato frontalmente, è incorniciato dal taglio regolare e simmetrico degli occhi. L'incarnato luminoso del volto, dalla bassa fronte, contrasta con l'elaborata cornice della folta chioma ondulata con ciocche pendule e cordone che scende fin dietro la nuca. I tratti idealizzati e la frontalità del viso, col contorno simmetrico dell'acconciatura dai boccoli libici riportano ad un modello della fine del III secolo a.C. (cfr. G. MANSUELLI, *Catalogo delle sculture della Galleria degli* Uffizi, II, Roma 1961, p. 32; J. CHARBONNEAUX, R. MARTIN, F. VILLARD, *La Grecia ellenistica*, p. 310, fig. 337), tuttavia con una freschezza rappresentativa, sottolineata anche dal particolare anatomico della fossetta sul mento, che presuppone l'esperienza del naturalismo.
Si tratta con ogni probabilità della testa di una statua raffigurante una giovane inserviente del culto di Iside, opera romana del I secolo d.C.

Bibl.: Inedito.

M.M.

4. Testina di atleta

Inv. 7117.
Pompei, Tempio di Venere.
Alt. cm 22, largh. cm 16.
Marmo.
Naso scheggiato, abrasioni sulla fronte.

La bella testa virile di modulo terzino fu rinvenuta nel dicembre del 1939 nell'area meridionale del Tempio di Venere. Spezzata alla base del collo da taglio irregolare, rappresenta un giovane atleta dalla chioma a corti ricci, piccoli ma voluminosi, realizzati in modo impressionistico. La massa serrata della capigliatura è cinta da una corona di alloro intrecciato ad una *vitta,* le cui estremità ricadono ondeggianti lungo la nuca. La luminosità del volto sfinato verso il mento e dai caratteri delicati contrasta con il trattamento della chioma. La leggera tensione del collo, probabilmente rivolto verso il basso a destra, i tratti del viso, fortemente idealizzati, la linea raffinata dell'arcata orbitaria, gli occhi dal taglio leggermente allungato, il modo in cui sono trattate le palpebre e il globo oculare che precisa la direzione dello sguardo, lo sguardo stesso velato d'ombra tra le palpebre socchiuse, il disegno morbido della bocca dalle labbra appena dischiuse, lo sfumato prezioso e pittorico del modellato, l'espressione caratterizzata da una pateticità velata sono elementi che riecheggiano la complessità dell'arte del IV secolo a.C. (simile nelle dimensioni e nella concezione è la testa giovanile del tipo dell'Efebo Westmacott del Museo Nuovo dei Conservatori di Roma, cfr. D. MUSTILLI, *Il Museo Mussolini,* Roma 1938). La testa viene dallo scavo stratigrafico del tempio; potrebbe trattarsi di un originale ellenistico della metà del II secolo a.C. di evidente ispirazione prassitelica.

Bibl.: Inedito.

M.M.

5. Cembali

Inv. 10159.
Pompei, II, 4,3.
Ø cm 13,4.
Bronzo, patina verde oliva con qualche incrostazione.
Mancano gli anelli di presa.

Strumento musicale di origine orientale, attestato presso i Greci ed i Romani. È stato rinvenuto il 9.5.1953. È costituito da due cuppelle circondate da un bordo incavato, con piccolo foro centrale per l'inserimento di una presa ad anello, ora mancante. La superficie esterna presenta sottili incisioni parallele (cfr. E. POTTIER, in C. DAREMBERG, E. SAGLIO, *Dictionnaire des antiquités grecques et romains*, Paris 1877-1919, I, 2, 1887, pp. 1697-1698, figg. 2264-2267 s.v. *Cymbalum*; H. HICKMANN, *Annales du service des Antiquités de l'Égypte* 49, 1949, pp. 451-545). Un esemplare molto simile al nostro, anch'esso proveniente da Pompei, è conservato al Museo Nazionale di Napoli, inv. n. 76943 (cfr. *Collezioni Napoli* 1986, n. 127, p. 192).
L'uso di quest'oggetto era legato prevalentemente a cerimonie cultuali di carattere orgiastico, proprie di divinità misteriche quali Bacco e Cibele. Questi culti, insieme con quelli di altre divinità orientali quali

3

Iside, Sabazio, penetrati a Roma e nel resto dell'Impero a partire dal II secolo a.C., seguendo le correnti degli scambi, facilitati dalla vicina *Puteoli*, erano penetrati anche nelle città vesuviane, facendo presa soprattutto sulle classi sociali inferiori, attratte dal miraggio di una vita futura migliore (cfr. V. TRAN TAM TINH, *La vita religiosa*, in *Pompei 79*, pp. 56-64). Numerose pitture da Ercolano e da Pompei riproducono questo strumento musicale nelle mani di personaggi del corteo di Bacco (cfr. *Antichità di Ercolano*, t. I, tav. XXI, t. II, tav. XX) o di Cibele (cfr. la pittura che rappresenta la processione dei *metroaci* sulla via dell'Abbondanza, a destra della bottega IX, 7, 1) o semplicemente di Eroti e *Psychai* (cfr. *Museo Borbonico*, XV, tav. 47) in contesti in cui spesso troviamo anche musici, timpanisti e tibicini.
Il rinvenimento nelle case pompeiane ed ercolanesi di numerosi bronzetti di larario, o semplicemente di oggetti di culto, come i nostri cembali, pertinenti a Bacco, Cibele, Attis, Iside, Sabazio, divinità spesso rappresentate in un sincretismo figurativo che è espressione del sincretismo religioso diffuso in epoca imperiale (cfr. Cat. nn. 13, 18, 19, 20), attesta che queste divinità orientali erano state accolte, insieme con quelle tradizionali, anche nel culto domestico delle cittadine vesuviane (cfr. G.K. BOYCE, *Corpus of the Lararia of Pompeii*, in *MemAmAc*, XIV, 1937, *passim*; D.G. ORR, *Roman Domestic Religion: The Evidence of the Household Shrines*, in *ANRW*, II, 16.2, Berlin-New York 1978, pp. 1557-1591).

Bibl.: Inediti.

C.C.

6-7. Due patere

Inv. 5018.
Pompei, I, 10,4 casa del Menandro.
Alt. cm 5,2; lungh. cm 36,6; Ø cm 23.
Bronzo.

Inv. 4735.
Pompei, I, 10,4 casa del Menandro.
Alt. cm 4,2; lungh. cm 32; Ø cm 20,4.
Bronzo. Lesione presso l'orlo.

Rinvenute entrambe nella casa del Menandro, la prima nel *cubiculum* del procurator e la seconda in un ambiente sotterraneo, le due patere presentano una bassa vasca emisferica con labbro poco sporgente sottolineato all'esterno da una fascetta tortile. Sul fondo interno è un grande anello rilevato con *omphalos* centrale. Il manico è di forma cilindrica, scanalato, desinente con protome d'ariete; l'attacco è costituito da una placchetta con corti bracci superiori e chele di granchio inferiori, decorata con volute, fiore terminale e boccioli di loto. Piede ad anello decorato da linee incise con cerchi concentrici rilevati: bottone centrale e punto di centratura.
Si tratta di un oggetto replicato in parecchi esemplari nel contesto pompeiano ed ercolanese, di probabile produzione campana, databile tra la fine del I secolo a.C. ed il I secolo d.C. (*Collezioni Napoli* 1986, p. 178, n. 47; *Il bronzo* 1990, p. 282, n. 114, figg. 203-204). La raffinata decorazione del manico esclude che si tratti di vasellame da cucina. È stato ipotizzato un uso termale, anche se la presenza dell'*omphalos* sembrerebbe indicare un uso sacrificale.

Bibl.: A. MAIURI, *La casa del Menandro e il suo tesoro di argenteria*, Roma 1933, p. 445 s., figg. 173-174; G. STEFANI, in AA.VV., *Le immagini della memoria*, Roma 1993, p. 77-78, n. 73.

A.M.S.

8. Mercurio egittizzante

Inv. 13987.
Pompei, Ins. occid., casa di Fabio Rufo.
Alt. max. cm 12,5; alt. base cm 2; Ø base cm 5.
Bronzo, patina verde tendente a toni scuri.
Manca il caduceo.

La statuetta, rinvenuta il 5.4.1967, poggia su una base circolare a rocchetto modanata. Rappresenta Mercurio in forme giovanili, ignudo, stante sulla gamba destra portante, con la sinistra leggermente flessa ed arretrata, appoggiata al suolo con le sole dita del piede. Il braccio destro, piegato all'ingiú è scostato dal corpo, solleva in avanti il relativo avambraccio e stringe con la mano il sacchetto del danaro (*marsupium*). Il braccio sinistro, in posizione quasi simmetrica, doveva reggere nella mano il caduceo, ora mancante, l'immancabile e il piú costante degli attributi del dio. Sul petto e sul dorso si dispone trasversalmente la clamide, dal bordo raccolto in un grosso

3. Kopf einer Frau

Inv. 20380.
Pompeji, genaue Fundstelle unbekannt.
Höhe 22,3 cm, Breite 17,3 cm.
Marmor.
Nase und mittlerer Haaransatz abgeschlagen.

Kleiner weiblicher Kopf mit zarten Gesichtszügen und komplizierter Frisur; ein Zopf trennt Stirn- und Schläfenhaar vom gewellten, gescheitelten Hinterhaar. Die flach bearbeitete Rückseite deutet auf eine Aufstellung an Wand oder Nische hin. Das regelmäßige ovale Gesicht ist zum Kinn hin etwas abgegriffen. Die verschwommenen, kräftigen Lippen sind kaum geöffnet und zeigen ein angedeutetes Lächeln. Der Blick aus den regelmäßig geschnittenen, symmetrischen Augen ist geradeaus gerichtet. Die Fülle der zu einer Rahmung arrangierten Locken kontrastiert mit dem hellen, glatten Gesicht. Die Idealisierung und die Frontalität des Gesichts mit den symmetrisch angeordneten «libyschen» Locken greifen auf ein Vorbild vom Ende des 3. Jhs. v.Chr. zurück (vgl. G. Mansuelli, *Catalogo delle sculture della Galleria degli Uffizi*, II, Rom 1961, 32; J. Charbonneaux, R. Martin, F. Villard, *La Grecia ellenistica*, 310, Abb. 337). Die darstellerische Frische, die auch durch ein anatomisches Detail wie das Kinngrübchen verdeutlicht wird, setzt allerdings die Erfahrung des Naturalismus voraus.
Mit aller Wahrscheinlichkeit handelt es sich um das Köpfchen der Statue einer jungen Dienerin des Isis-Kultes; es ist ein römisches Werk des 1. Jhs. n.Chr.

Bibl.: Unveröffentlicht.

M.M.

4

4. Kopf eines Athleten

Inv. 7117.
Pompeji, Venustempel.
Höhe 22 cm; Breite 16 cm.
Marmor.
Nase abgeschlagen, Abschürfungen auf der Stirn.

Der schöne, männliche, am Hals abgebrochene Kopf wurde im Dezember 1939 im südlichen Bereich des Venustempels gefunden. Die kurzen Locken des jungen Athleten sind in impressionistischer Weise ausgeführt. Eine Lorbeerkrone mit eingeflochtener *vitta,* deren Enden in den Nacken fallen, umfaßt das dichte Haar. Die Leuchtkraft des Gesichtes und seine zarten Züge kontrastieren mit der Haargestaltung. Die leichte Anspannung des Halses zeigt eine leichte Neigung nach rechts unten. Die Gesichtszüge sind stark idealisiert: die feine Linie des Orbitalbogens, die etwas schmalen Augen, die Art, wie Lid und Augapfel den Blick bestimmen, der von den halbgeschlossenen Lidern verschleierte Blick selbst, die weiche Zeichnung des leicht geöffneten Mundes, das reiche und malerische Helldunkel der Modellierung geben dem Gesicht einen leicht pathetischen Ausdruck. Dies läßt an die Kunst des 4. Jhs. v.Chr denken (in Größe und Auffassung ähnlich ist ein jugendlicher Kopf vom Typ des Epheben Westmacott im Konservatorenpalast [Museo Nuovo] in Rom, vgl. D. Mustilli, *Il Museo Mussolini*, Rom 1938). Der Kopf wurde bei einer stratigraphischen Grabung des Tempels entdeckt und könnte ein, offensichtlich praxitelisch beeinflußtes, hellenistisches Original aus der Mitte des 2. Jhs. v.Chr. sein.

Bibl.: Unveröffentlicht.

M.M.

5. Schallbecken (cymbala)

Inv. 10159.
Pompei, II, 4,3.
Durchm. cm 13,4.
Bronze, olivgrüne Patina mit einigen Verkrustungen.
Die Ringe fehlen.

Musikinstrument östlicher Herkunft, bei Griechen und Römern bezeugt. Funddatum 9.5.1953. Das Instrument besteht aus zwei Schalen mit eingetieftem Rand und kleinem, zentral angebrachtem Loch zur Einfügung eines ringförmigen Griffs, der jedoch fehlt. Die äussere Oberfläche zeigt schmale, parallele Einritzungen (s. E. Pottier, in: C. Daremberg, E. Saglio, *Dictionnaire des antiquités grecques et romaines*, Paris 1877-1919, I, 2, 1887, SS. 1697-1698, Abb. 2264-2267 s.v. *Cymbalum*; H. Hickmann, *Annales du service des Antiquités de l'Egypte* 49, 1949, S. 451-545). Ein unserem Stück sehr änliches, ebenfalls aus Pompeji stammendes Exemplar, befindet sich im Nationalmuseum in Neapel, Inv. Nr. 76943 (vgl. *Collezioni Napoli* 1986, Nr. 127, S. 192).
Objekte dieser Art wurden v.a. in Zusammenhang mit Kulthandlungen orgiastischen Charakters verwendet, wie sie z.B. den Kulten des Bacchus oder der Kybele eigen sind. Diese Kulte, die zusammen mit anderen östlichen Gottheiten wie Isis und Sabazios seit dem 2. Jh. v. Chr. nach Rom und ins übrige römische Reich drangen, indem sie den Handelswegen folgten (das nahe Puteoli spielte in diesem Zusammenhang eine wichtige Rolle), verbreiteten sich auch in den Vesuvstädten v.a. in den unteren Gesellschaftsschichten, die sich durch die Verkündung eines besseren Lebens in der Zukunft blenden liessen (vgl. V. Tran Tam Tinh, *La vita religiosa*, in: *Pompei 79*, S. 56-64). In zahlreichen Wandmalereien in Pompeji und Herkula-

5

rotolo di pieghe avvitate, un lembo della quale è portato dal petto sulla spalla e sul braccio sinistro, con drappeggio a larghe pieghe piatte, e si avvolge attorno all'avambraccio da cui ricade all'esterno con largo svolazzo formato da due lembi simmetrici. (Su questa divinità e sul significato dei suoi attributi, cfr. B. COMBET FARNOUX, in *EAA*, IV, 1961, pp. 1031-1035, s.v. *Mercurio*).
La figurina presenta un trattamento anatomico molto curato; sono infatti chiaramente indicati i muscoli pettorali e addominali, evidenziati mediante l'approfondimento del solco della linea alba e l'ispessimento della cresta iliaca e mediante un leggero pronunciamento dell'arcata epigastrica. Altrettanto curato il trattamento del dorso in cui sono sottolineati il solco che corre lungo la spina dorsale e i glutei arrotondati. I muscoli degli arti appaiono solidi e tesi. La testa è girata sulla destra. Il volto, dall'ovale regolare, ha bocca piccola con labbra sinuose ben profilate, naso sottile, occhi piuttosto grandi, a bulbo liscio con palpebre lamellari ben definite. La capigliatura presenta ciocche corte e lisce ben aderenti alla calotta cranica, che si dipartono dal vortice occipitale e, disponendosi per piani successivi, scendono sulla fronte in una corta frangia, fermati da una *taenia*. I padiglioni auricolari lasciati scoperti sono grandi e ben evidenziati. Dal centro della fronte si eleva un apice dalla punta arrotondata, avente ai lati due minuscole protuberanze. Il bronzetto si distingue per il ritmo policleteo della ponderazione, che ricerca una sorta di equilibrio tra condizione statica e condizione dinamica.
Il dio molto amato dal popolo greco e romano è un soggetto iconografico particolarmente diffuso nella piccola plastica romana, dove si trova riprodotto secondo uno schema classico di tradizione policletea, con la clamide variamente drappeggiata e con gli attributi tipici: la borsa, il caduceo e il petaso. I numerosi esemplari rinvenuti ad Ercolano (cfr. *Antichità di Ercolano*, t. VII, tavv. XXXIII-IV; T. BUDETTA, M. PAGANO, *Legni e bronzi di Ercolano*, Catalogo della mostra, Roma 1988, n. 10, pp. 38-40, n. 25, pp. 68-69) ed a Pompei (Museo Nazionale di Napoli, inv. nn. 113260, 133326) attestano l'ampia diffusione anche nelle cittadine vesuviane del culto domestico di Mercurio, venerato sotto l'aspetto del *ploutodotes* (cfr. G.K. BOYCE, *Corpus of the Lararia of Pompeii*, in *MemAmAc*, XIV, 1937, *passim*; D.G. ORR, *Roman Domestic Religion: The Evidence of the Household Shrines*, in *ANRW*, II, 16.2, Berlin-New York 1978, pp. 1557-1591), raffigurazioni dipinte del quale erano apposte come insegna di bottega lungo via dell'Abbondanza (cfr. *infra*, Cat. n. 211; *Collezioni Napoli* 1986, n. 326, p. 168).
Il tipo egittizzante, riprodotto nel nostro bronzetto, è uno dei piú discussi nell'iconografia di Mercurio e ciò per la presenza dell'apice sulla fronte, che è stato variamente interpretato come «penna di Thot» (A. FURTWÄNGLER, in *BJb*, 114-115, 1906, p. 139), «foglia di loto» (R. FOERSTER, in *RM*, XXIX, 1914, p. 168 ss.) o «petalo di loto» (P. PERDRIZET, *Bronzes grecs d'Égypte de la collection Fouquet*, Paris 1911, p. 29), elemento che può presentarsi inquadrato da due alette, emergere da una corona di alloro o accompagnarsi al piú comune petaso alato (S. BOUCHER, *Recherches sur les bronzes figurés de la Gaule préromaine et romaine*, Rome 1976, pp. 110-112). Tale iconografia, con molta probabilità originaria di ambiente alessandrino, è stata ricollegata alle rappresentazioni sincretistiche di Hermes-Thoth (P. BOYLAN, *Thot the Hermes of Egypt*, Oxford 1922) e Hermes Parammon (F. CHAMOUX, *Hermés Parammon*, in *Études d'archéologie classique à la mémoire de M. Launay*, II, Paris 1959, pp. 34-36). Sulla base, quindi, dell'interpretazione del nuovo attributo sulla fronte, a Mercurio è stato attribuito ora il significato di dio della saggezza e della scienza, ora di divinità protettrice della vegetazione e, quindi, fautrice di una ricchezza d'origine agricola, alla quale richiamerebbe il montone, spesso rappresentato accanto alla gamba portante (Cfr. L. FRANZONI, *Bronzetti romani del Museo*

neum ist dieses Musikinstrument in den Händen von Personen dargestellt, die zur Gefolgschaft des Bacchus (vgl. *Antichità di Ercolano*, Bd. I, Taf. XXI, Bd. II, Taf. XX) oder der Kybele (vgl. die Malerei mit der Darstellung der Prozession der *metroaci* an der Via dell'Abbondanza, rechts vom Laden IX, 7, 1) gehören, oder in jenen von Eroten und Psychai (vgl. *Museo Borbonico*, XV, Taf. 47), wo oft neben den Beckenspielern auch Tympanon- und Flötenspieler (*tibicines*) vorkommen.
Die Funde von zahlreichen Bronzelaren oder allgemein von Kultgegenständen wie beispielsweise Becken, die zu Bacchus, Kybele, Attis, Isis oder Sabazios gehören – Gottheiten, die oft zusammen dargestellt werden, was als Ausdruck des religiösen Synkretismus in der Kaiserzeit zu betrachten ist (vgl. unten, Kat. Nr. 13, 18, 19, 20) –, belegen, dass diese orientalischen Gottheiten, neben jenen traditionellen, auch in den Hauskulten der Vesuvstädte Aufnahme fanden (vgl. G.K. BOYCE, *Corpus of the Lararia of Pompeii*, in: *MemAmAc*, XIV, 1937, passim; D.G. ORR, *Roman Domestic Religion: The Evidence of the Household Shrines*, in: *ANRW*, II, 16.2, Berlin-New York 1978, S. 1557-1591).

Bibl.: Unpubliziert.

C.C.

6

6-7. Zwei Opferschalen (paterae)

Inv. 5018.
Pompeji, I, 10,4 Haus des Menander.
Höhe 5,2 cm; Länge 36,6 cm; Durchm. 23 cm.
Bronze.

Inv. 4735.
Pompeji, I, 10,4 Haus des Menander.
Höhe 4,2 cm; Länge 32 cm; Durchm. 20,4 cm.
Bronze. Beschädigung am Rand.

Beide wurden im Haus des Menander gefunden: die erste im Cubiculum des Statthalters und die zweite in einem unterirdischen Raum. Beiden Schalen sind halbkugelförmig und weisen einen ausladenden Rand auf, der auf der Aussenseite des Gefässes durch ein schmales Band akzentuiert wird. Auf dem Boden (Innenseite) befindet sich ein grosser Ring in leichtem Relief mit einem Omphalos in der Mitte. Der Griff ist zylinderförmig, profiliert und endet in einer Widderprotome; der Ansatz besteht aus einem kleinen Plättchen, das oben kurze, ausladende Arme und unten Krebszangen aufweist und mit Voluten, einer Blüte und Lotosknospen verziert ist. Der ringförmige Fuss weist konzentrische, reliefierte Kreise und einen Knopf in der Mitte sowie einen Zentrierungspunkt auf.
Es handelt sich um ein Objekt, das uns in mehreren Exemplaren aus Pompeji und Herkulaneum bekannt ist, wahrscheinlich aus kampanischer Produktion stammt und in das spätere 1. Jh. v.Chr. oder in das frühe 1. Jh. n.Chr. zu datieren ist (*Collezioni Napoli* 1986, S. 178, Nr. 47; *Il bronzo* 1990, S. 282, Nr. 114, Abb. 203-204). Der raffinierte Dekor des Griffs schliesst eine Verwendung als gewöhnliches Küchengeschirr aus. Es wurde auch eine Anwendung im Bereich der Thermen vorgeschlagen, obschon der Omphalos eher an den Gebrauch bei Kulthandlungen denken lässt.

Bibl.: A. MAIURI, *La casa del Menandro e il suo tesoro di argenteria*, Rom 1933, S. 445 f., Abb. 173-174; G. STEFANI, in: *Le immagini della memoria*, Rom 1993, S. 77-78, Nr. 73.

A.M.S.

8. Ägyptisierender Mercur

Inv. 13987.
Pompeji, Insula Occidentalis, Haus des Fabius Rufus.
Max. Höhe 12,5 cm; Höhe Basis 2 cm; Durchm. Basis 5 cm.
Bronze, grüne Patina, teilweise dunkel verfleckt.
Der Heroldsstab fehlt.

Die Bronzestatuette – am 5.4. 1967 ans Licht gekommen – steht auf einer runden, spulenförmigen, profilierten Basis. Sie gibt Mercur in jugendlichen Zügen wieder, nackt, mit rechtem Standbein; das linke (Spielbein), leicht angewinkelt und nach hinten versetzt, berührt lediglich mit den Zehen den Boden. Der rechte Arm ist vorgestreckt und leicht gesenkt, die Hand umfasst den Geldbeutel (*marsupium*). Die linke Hand, in beinahe symmetrischer Haltung, hielt wohl den – nicht erhaltenen – Heroldsstab (*caduceus*), das häufigste Attribut des Gottes. Über Brust und Rücken verläuft schräg die Chlamys, die einen Wulst, der aus gerollten Gewandfalten besteht, bildet. Ein Mantelzipfel fällt in breiten, flachen Falten von der Achsel über die Brust und v.a. über den linken Arm und umwickelt den Vorderarm, so dass zwei breite, flatternde (symmetrische) Zipfel herabhängen (zu dieser Gottheit und zur Bedeutung ihrer Attribute vgl. B. COMBET FARNOUX, in: *EAA*, IV, 1961, S. 1031-1035, s.v. *Mercurio*; *LIMC*, V, 1990, S. 285 ff., s.v. *Hermes*; *LIMC*, VI, 1992, S. 500 ff., s.v. *Mercurius*).
Die Statuette weist eine sehr genaue Wiedergabe anatomischer Details auf; die Brust- und Bauchmuskulatur ist sehr deutlich angegeben, hervorgehoben durch die Vertiefung der *linea alba*, durch die Hüfthöcker und durch eine leichte Akzentuierung des bogenförmigen Brustkorbrandes. Ebenso präzise ist die Ausführung des Rückens, wo speziell die Eintiefung der Wirbelsäule und die Rundungen des Gesässes betont sind. Arm- und Beinmuskulatur sind kompakt und angespannt. Der Kopf ist nach rechts gewandt. Das ovale Gesicht weist einen kleinen Mund mit geschwungenen, klar hervortretenden Lippen, eine schmale Nase und ziemlich grosse Augen mit glattem Augapfel und sehr feinen Augenlidern auf. Das Haar besteht aus kurzen, glatten Büscheln, die eng auf der Schädeldecke liegen. Die Locken gehen vom Wirbel am Hinterkopf aus und reichen in einzelnen, sich überlagernden Schichten bis auf die Stirn, wo sie von einer Binde (*taenia*) zusammengehalten werden. Die grossen Ohrmuscheln werden von den Haaren nicht bedeckt und sind klar modelliert. Über der Mitte der Stirn befindet sich eine kleine, abgerundete Erhebung mit zwei seitlichen, winzigen Buckeln. Die Bronzestatuette sticht durch den Rhythmus der Ponderation, der an Werke Polyklets denken lässt, hervor: es wird versucht, ein Gleichgewicht zwischen dem statischen Standmotiv und den bewegten Gewandteilen zu erreichen.
Der bei Griechen und Römern gleichermassen sehr beliebte Gott ist ein besonders in der römischen Kleinplastik weit verbreitetes Motiv; meist wird er hier im klassischen polykletischen Schema dargestellt, mit der in verschiedener Weise getragenen Chlamys und den typischen Attributen: die Geldbörse, der Heroldsstab und der Petasos. Die zahlreichen Exemplare, die in Herkulaneum (vgl. *Antichità di Ercolano*, Bd. VII, Taf. XXXIII-IV; T. BUDETTA, M. PAGANO, *Legni e bronzi di Ercolano*, Katalog zur Ausstellung,

8

Archeologico di Verona, Venezia 1973, n. 32, pp. 51-52; M. TOMBOLANI, *Bronzi figurati etruschi, italici, paleoveneti e romani del Museo Provinciale di Torcello*, Roma 1981, n. 58, p. 86).

Il nuovo tipo dall'Egitto si diffuse in età imperiale un po' dovunque nel mondo romano e il nostro bronzetto è, con altri esemplari simili (inv. n. 115554 conservato presso il Museo Nazionale di Napoli, inv. n. 2276 conservato presso l'Antiquarium di Pompei) espressione diffusa di quel sincretismo religioso e figurativo che dall'Egitto e dal vicino Oriente, seguendo le vie del commercio, penetrò nella sfera cultuale anche delle cittadine vesuviane (cfr. *infra* Cat. nn. 13, 19).

Il bronzetto trova confronti con tutto un gruppo di statuette che si ispirano ad un modello della prima età ellenistica, prodotto in ambiente alessandrino (C.A. DI STEFANO, *Bronzetti figurati del Museo Nazionale di Palermo*, Roma 1975, n. 26, tav. VII; F. D'ANDRIA, *I bronzi di Veleia, Parma e del territorio parmense*, 1970, n. 3, tav. II; G. LIBERTINI, *Il Museo Biscari*, I, Milano-Roma 1930, n. 258, tav. XLIV; FRANZONI, *op. cit.*, nn. 32, 33; H. ROLLAND, *Bronzes antiques de Haute Provence*, XVIII Suppl. à *Gallia*, Paris 1965, nn. 34, 38; S. BOUCHER, *Bronzes romains figurés du Musée des Beaux-Arts de Lyon*, Lyon 1971, n. 136; C.C. EDGAR, *Catalogue général des antiquités ègyptiennes du Musée du Caire*, Le Caire 1904, n. 27638; G. GRIMM, *Die Zeugnisse ägyptischer Religion und Kunstelemente im römischen Deutschland*, Leiden 1969, nn. 1, 2, tav. 59; A. LEIBUNDGUT, *Die römischen Bronzen der Schweiz, 2. Avenches*, Mainz am Rhein 1976, n. 10).

L'esemplare pompeiano, permeato di gusto classicistico espresso nella particolare cura del modellato anatomico a masse muscolari finemente differenziate e nell'impostazione generale un po' accademica, rientra in una corrente classicistica d'età giulio-claudia.

Bibl.: Inedito.

C.C.

9. Ercole

Inv. 11132.
Pompei, I, 13, 11.
Alt. max. cm 16,5; alt. base cm 6; Ø base cm 6.
Bronzo, patina tendente a toni scuri, con diffuse corrosioni al busto. La clava è d'argento.
Integro.

La statuetta fu rinvenuta il 10.5.1955. Essa faceva parte di un larario nel quale trovava posto anche un bronzetto di Minerva (cfr. Cat. n. 10). L'eroe, del tipo vecchio e barbato, poggia su una base circolare a rocchetto sagomata. È raffigurato nudo, stante sulla gamba destra portante, mentre la sinistra, lievemente flessa al ginocchio, è scartata all'infuori e portata impercettibilmente all'indietro. I piedi posano a terra con tutta la pianta. Gli arti superiori sono variamente disposti: il braccio destro è portato verso il basso e sostiene con la mano la clava d'argento a corpo tronco conico, la cui nodosità è resa con incisioni a goccia, il sinistro piegato all'ingiú, solleva in avanti il relativo avambraccio, dal quale pende la pelle del leone nemeo, e regge nel palmo della mano i pomi delle Esperidi. (Su questo eroe e sul significato dei suoi attributi cfr. H. SICHTERMANN, in *EAA*, III, 1960, pp. 378-390 s.v. *Eracle*; J. BAYET, *Les origines de l'Hercule romain*, Paris 1926).

La figura, nel complesso salda e possente, è resa nella sua naturalezza anatomica in modo accurato e preciso. Le gambe asciutte e muscolose si articolano senza soluzione di continuità con i fianchi vigorosi, scanditi sul davanti dal solco inguinale ben definito, concluso inferiormente dall'apparato genitale che è descritto con disegno chiaro e preciso. Sull'imponente cassa toracica, con clavicole salienti verso un collo grosso e taurino, si notano le rilevatezze dei muscoli pettorali, l'accenno dell'arcata epigastrica, l'emergere dei muscoli addominali con l'affossarsi dell'ombelico. Anche sul dorso sono espresse con inconsueta bravura le masse muscolari. Vediamo infatti i poderosi muscoli dorsali raggiungere l'attacco del grande obliquo dell'addome e questo emergere quasi dai limiti superiori dei glutei ben rilevati, mentre tutto il tronco acquista movimento dall'affossarsi della linea della spina dorsale che s'incurva notevolmente sul quadrato dei lombi. La testa, di struttura massiccia è leggermente rivolta a sinistra e presenta una capigliatura a calotta a fitti e corti riccioli. Il volto, dal quale traspare una sottile nota di severa malinconia, che rende l'espressione pensosa e un po' stanca, è incorniciato ad ovale da un'imponente e folta barba a corte ciocche, ha un naso pronunciato, occhi piccoli con la pupilla risaltante in rilievo per la linea di contorno incisa, bocca grande dalle labbra carnose leggermente dischiuse. La pelle leonina è trattata con fine ricerca di particolari.

La tipologia d'insieme del presente bronzetto è quella dell'Ercole con i pomi delle Esperidi, illustrata anche dalla pittura pompeiana (G. RIZZO, *La pittura ellenistico-romana*, Milano 1929, tav. 95) ed avente il suo esempio piú illustre nell'Ercole in bronzo dorato del Vaticano (W. HELBIG, *Führer durch die öffentlichen Sammlungen klassischer Altertümer in Rom*, I, Tübingen 1963, n. 38) nel quale però l'eroe è rappresentato imberbe, in sembianze giovanili, appoggiato alla clava puntata per terra. Si tratta di una delle raffigurazioni dell'eroe piú familiare dell'arte antica, i cui caratteri iconografici sono già saldamente stabiliti in Grecia intorno alla metà del V secolo a.C., come mostra il

Rom 1988, Nr. 10, S. 38-40, Nr. 25, S. 68-69) und in Pompeji (Neapel, Nationalmuseum, Inv. Nr. 113260, 133326) gefunden wurden, belegen, dass der Hauskult des Mercur, der unter dem Aspekt des *ploutodotes* (vgl. G.K. BOYCE, *Corpus of the Lararia of Pompeii*, in: *MemAmAc*, XIV, 1937, *passim*; D.G. ORR, *Roman Domestic Religion: The evidence of the Household Shrines*, in: *ANRW*, II, 16.2, Berlin-New York 1978, S. 1557-1591) verehrt wurde, auch in den Vesuvstädten weit verbreitet war. Gemalte Darstellungen des Mercur *ploutodotes* wurden entlang der Via dell'Abbondanza als Geschäftsschilder angebracht (vgl. unten, Kat. Nr. 211; *Collezioni Napoli* 1986, Nr. 326, S. 168).

Der ägyptisierende Typus, dem das hier vorgestellte Exemplar angehört, stellt innerhalb der Mercurikonographie einen der meistdiskutierten dar, und zwar wegen der Erhebung auf der Stirn, die in verschiedener Weise gedeutet wurde: als "Feder des Thot" (A. FURTWÄNGLER, in: *BJb*, 114-115, 1906, S. 139), als "Lotosblatt" (R. FOERSTER, in: *RM*, XXIX, 1914, 168 ff.) oder als "Blatt der Lotosblüte" (P. PERDRIZET, *Bronzes grecs d'Egypte de la collection Fouquet*, Paris 1911, S. 29), ein Motiv, das entweder von zwei kleinen Flügeln gerahmt werden, aus einem Lorbeerkranz wachsen oder zusammen mit dem üblichen Flügelpetasos auftreten kann (S. BOUCHER, *Recherches sur les bronzes figurés de la Gaule préromaine et romaine*, Rom 1976, S. 110-112). Diese mit grosser Wahrscheinlichkeit auf alexandrinische Vorbilder zurückzuführende Ikonographie wurde mit synkretistischen Darstellungen von Hermes-Thoth (P. BOYLAN, *Thot the Hermes of Egypt*, Oxford 1922) und Hermes Parammon (F. CHAMOUX, *Hermès Parammon*, in: *Etudes d'archéologie classique à la mémoire de M. Launay*, II, Paris 1959, S. 34-36) in Zusammenhang gebracht. Ausgehend von der Deutung des neuen Attributs auf der Stirn hat man also Mercur bald als Gott der Weisheit und der Wissenschaft, bald als Schutzgottheit der Vegetation und folglich Förderer eines ländlich-bäuerlichen Reichtums – dieser Aspekt wäre zusätzlich durch einen Widder unterstrichen, der häufig neben dem Standbein des Gottes dargestellt wird – betrachtet (vgl. L. FRANZONI, *Bronzetti romani del Museo Archeologico di Verona*, Venedig 1973, Nr. 32, S. 51-52; M. TOMBOLANI, *Bronzi figurati etruschi, italici, paleoveneti e romani del Museo Provinciale di Torcello*, Rom 1981, Nr. 58, S. 86).

Der neue Typus aus Ägypten verbreitete sich in der Kaiserzeit fast in der gesamten römischen Welt, und unsere Bronzestatuette ist, zusammen mit anderen, ähnlichen Exemplaren (Inv. Nr. 115554 im Nationalmuseum von Neapel, Inv. Nr. 2276 im Antiquarium von Pompeji), der Ausdruck jenes religiösen und bildlichen Synkretismus, der von Ägypten und dem Vorderen Orient über die Handelsstrassen kommend, sich auch in den Sitten und Kultgewohnheiten der Vesuvstädte verankern konnte (vgl. unten Kat. Nr. 13, 19).

Die Bronzestatuette kann mit einer ganzen Gruppe von Exemplaren verglichen werden, die sich an ein frühhellenistisches Vorbild, das in alexandrinischem Ambiente entstand, anlehnen (C.A. DI STEFANO, *Bronzetti figurati del Museo Nazionale di Palermo*, Rom 1975, Nr. 26, Taf. VII; F. D'ANDRIA, *I bronzi di Veleia, Parma e del territorio parmense*, 1970, Nr. 3, Taf. II; G. LIBERTINI, *Il Museo Biscari*, I, Mailand-Rom 1930, Nr. 258, Taf. XLIV; L. FRANZONI, *op. cit.*, Nr. 32, 33; H. ROLLAND, *Bronzes antiques de Haute Provence*, XVIII Suppl. *Gallia*, Paris 1965, Nr. 34, 38; S. BOUCHER, *Bronzes romains figurés du Musée des Beaux-Arts de Lyon*, Lyon 1971, Nr. 136; C.C. EDGAR, *Catalogue général des antiquités égyptiennes du Musée du Caire*, Kairo 1904, Nr. 27638; G. GRIMM, *Die Zeugnisse ägyptischer Religion und Kunstelemente im römischen Deutschland*, Leiden 1969, Nr. 1, 2, Taf. 59; A. LEIBUNDGUT, *Die römischen Bronzen der Schweiz 2. Avenches*, Mainz am Rhein 1976, Nr. 10).

Das von klassizistischem Geschmack geprägte Exemplar aus Pompeji ist aufgrund der sorgfältigen Modellierung mit den fein unterschiedenen Muskelpartien und des akademisch wirkenden Aufbaus einer klassizistischen Strömung julisch-claudischer Zeit zuzuweisen.

Bibl.: Unveröffentlicht.

C.C.

9

9. Hercules

Inv. 11132.
Pompeji, I, 13, 11.
Max. Höhe 16,5 cm; Höhe Basis 6 cm; Durchm. Basis 6 cm.
Bronze, Patina teilweise dunkel verfleckt, mit etlichen Korrosionsspuren am Oberkörper. Die Keule ist aus Silber.
Vollständig erhalten.

Die Statuette wurde am 10.5.1955 gefunden. Sie war Bestandteil eines Larariums, zu welchem auch eine Bronzestatuette der Minerva (vgl. Kat. Nr. 10) gehörte. Der Heros, hier im Typus des Alten und Bärtigen dargestellt, steht auf einem runden, spulenförmigen, profilierten Sockel. Er ist nackt, steht auf dem rechten Standbein, während das linke (Spielbein) mit leicht angewinkeltem Knie nach aussen zeigt und unmerklich zurückgestellt ist. Die Füsse stehen ganz auf dem Boden. Die Arme sind in verschiedenen Positionen wiedergegeben: der rechte ist gesenkt und hält mit der Hand die silberne Keule, welche die Form eines Kegelstumpfes, dessen Knoten durch tropfenartige Einkerbungen angegeben werden, aufweist. Über den angewinkelten linken Arm hängt das Fell des nemeischen Löwen herunter; in der Hand hält er die Äpfel der Hesperiden. (Zu Hercules und zur Bedeutung seiner Attribute vgl. H. SICHTER-

rilievo di una metopa dell'*Hephaisteion*, dove la posizione delle braccia è però invertita rispetto a quella del nostro esemplare (H.A. THOMPSON, in *Hesperia*, 18, 1949, p. 245 ss., tav. 64, 2). Il tipo iconografico, vicino per impostazione a quello del cosiddetto Ercole *Dexioumenos*, colto cioè nell'atto di invitare ed accogliere ospitalmente qualcuno, portando lievemente innanzi la mano destra (R.A. STACCIOLI, *Un bronzetto di Ercole dal territorio ferrarese e il tipo dell'«Heracles Dexioumenos»*, in *ArchCl*, IX, 1957, pp. 26-43) ha avuto un gran numero di rielaborazioni nella grande e piccola plastica. I particolari che appaiono piú soggetti a variazioni sono: la posizione della mano destra, protesa lateralmente senza la clava, talvolta con una coppa o una patera (donde l'epiteto di Ercole *bibax* o di Ercole sacrificante), il modo di disporre la pelle di leone, talvolta posta sulla testa e passata sul petto a formarvi un grosso nodo d'Ercole, le sembianze talvolta giovanili, con volto imberbe, la presenza della corona di alloro. Tale varietà di atteggiamenti e di attributi ha contribuito a rendere molto difficile l'identificazione del modello cui sembrano ispirarsi siffatte riproduzioni, modello che viene fatto risalire ad un tipo statuario del V secolo a.C. o piuttosto del IV, legato alla tradizione policletea, ma certamente non ignaro delle conquiste e delle forme della statuaria lisippea (sul problema dell'archetipo e sulla relativa bibliografia si veda V. GALIAZZO, *Bronzi romani del Museo Civico di Treviso*, Roma 1979, nn. 3, 4, pp. 47-53). Il tipo iconografico, fruito con particolare frequenza nel tardo ellenismo, incontrò grande favore in età imperiale, soprattutto dal principato di Traiano ed Adriano in poi (cfr. Z. KADAR, in *FolArch*, XVIII, 1965, pp. 112-114, ivi prec. bibl.; la grande diffusione del tipo è confermata da SUDA s.v.). Esso è presente a Pompei accanto ad altri tipi di Ercole, attestati del pari da bronzetti e pitture ivi rinvenuti (cfr. i nn. 113260, 109357 conservati presso il Museo Nazionale di Napoli, il n. 2276 bis conservato presso l'*Antiquarium* di Pompei). Tali rappresentazioni sono l'espressione della continuità del culto di Ercole a livello privato anche quando tale culto, ospitato nel santuario di Atena al Foro Triangolare fin dalla sua fase arcaica, fu coinvolto nella fase di decadenza attraversata dal santuario, per la probabile concorrenza esercitata dal vicino tempio di Venere innalzato in tale epoca.
I confronti tipologici con il nostro bronzetto sono assai numerosi. A parte quelli con la grande plastica quale l'Ercole marmoreo dei Musei Capitolini (H. STUART JONES, *The Sculptures of the Museo Capitolino*, Oxford 1912, tav. 80: 25, pp. 328-329) e la citata colossale statua di bronzo dorato dell'Ercole Mastai al Vaticano (HELBIG, *op. cit.*, n. 38), l'esemplare pompeiano trova interessanti riscontri in molti bronzetti, pur con le varianti sopra citate (E. CONTU, *Ercole e le Esperidi in un bronzetto da Ossi*, in *ArchCl*, XII, 1960, pp. 96-99; P. CASSOLA GUIDA, *Ercole coi pomi delle Esperidi*, in *Aquileia Nostra*, XL, 1969, coll. 47-56, figg. 1-3; L. FRANZONI, *Bronzetti romani del Museo Archeologico di Verona*, Venezia 1973, n. 120, p. 124; C.A. DI STEFANO, *Bronzetti figurati del Museo Nazionale di Palermo*, Roma 1975, n. 51, p. 32, tav. XIII; R. FLEISCHER, *Die römischen Bronzen aus Österreich*, Mainz am Rhein 1967, n. 155; ID., *Antike Bronzestatuetten aus Carnuntum*, Graz-Köln 1966, n. 52; H. ROLLAND, *Bronzes antiques de Haute-Provence*, XVIII Suppl. à *Gallia*, Paris 1965, n. 452; D. KENT HILL, *Catalogue of Classical Bronze Sculpture in the Walters Art Gallery*, Baltimore, Maryland 1949, n. 95 tav. 22).
Il gusto classicistico di cui è permeato il nostro esemplare, espresso nella sapiente costruzione della figura e nella cura del modellato, fa propendere per una sua datazione alla prima metà del I secolo d.C.

Bibl.: Inedito.

C.C.

10. Minerva

Inv. 11133.
Pompei, I, 13, 11.
Alt. max. cm 18,5; alt. base cm 4,5; Ø base cm 7.
Bronzo, patina verde chiaro con lievi incrostazioni.
Manca la lancia.

La statuetta, riproducente Minerva armata, impostata su una base circolare modanata a rocchetto, fu rinvenuta il 10.5.1955. Faceva parte di un larario nel quale trovava posto anche un bronzetto di Ercole (cfr. Cat. n. 9). La dea è rappresentata stante sulla gamba destra, con la sinistra flessa ed arretrata (su questa divinità e sul suo significato, cfr. A. DE FRANCISCIS, in *EAA*, I, 1958, s.v. *Atena*, pp. 758-765; F. COARELLI, in *EAA*, V, 1963, s.v. *Minerva*, pp. 37-38). Indossa un lungo peplo con ricasco (*apóptygma*) stretto sotto il seno da una sottile cintura e ricadente con morbido drappeggio che lascia scoperta l'estremità del piede destro e la gamba sinistra, sulla cui coscia si apre una cascata di pieghe costituite da due lembi divergenti i cui bordi ripetono un motivo a zig-zag. Anche il panneggio dell'*apóptygma* è caratterizzato da un movimento di fitte pieghe verticali, interrotto sul davanti da due ornamentali ricaschi di pieghe, simmetrici, con i bordi sinuosi. Sul petto buona parte del chitone è coperto da un'egida a squame, bilobata, del tipo cosiddetto a «farfalla», privo di serpenti, con grossi bordi rilevati e un indistinto *gorgoneion* centrale, dal chiaro significato profilattico ed apotropaico (cfr. A. GIULIANO, in *EAA*, III, 1960, s.v. *Gorgone*, pp. 982-985). Le braccia sono impegnate nel trattenere i caratteristici simboli della dea: il destro è sollevato in fuori e piegato quasi ad angolo retto nell'atto di impugnare con la mano serrata una lancia, ora mancante, il sinistro è abbassato e tiene la mano sullo scudo circolare, poggiato al suolo. Completa la figura una testa piccola, impostata su largo collo, girata di tre quarti verso destra e coperta da un elmo di tipo corinzio con alto *lophos* serpentiforme. (Su questo tipo di elmo si cfr. L. GUERRINI, G.A. MANSUELLI, in *EAA*, III, 1960, s.v. *Elmo*, pp. 317-319). Il volto, dall'ovale regolare, ha guance carnose e piene, mento poco pronunciato, labbra tumide serrate, naso sottile, occhi ad amigdala incisa, lievemente asimmetrici. La capigliatura, parzialmente coperta dall'elmo, appare costituita da due bande di capelli a grosse ciocche ondulate, scriminati sulla fronte, che incorniciano il volto e ricadono sulle spalle, raccolti in due sottili trecce accostate. L'elmo con paraguance sollevate mostra una calotta, ornata da un motivo vegetale inciso fortemente stilizzato, sulla quale è accovacciata una sfinge alata sorreggente un imponente pennacchio a spazzola che scende fin giú alle spalle della dea. La sua imponenza accresce senz'altro alla figura un'aura di potenza e di maestà.
La statuina riproduce un tipo iconografico di Minerva di lontana ascendenza dall'*Athena Parthenos* fidiaca, molto diffuso nella grande e piccola plastica di età romana e noto attraverso un gran numero di repliche e varianti. I confronti piú prossimi si hanno con alcuni esemplari segnalati dal Reinach (S. REINACH, *Répertoire de la statuaire grecque et romaine*, Paris 1898-1906, IV, p. 168, n. 2; VI, p. 121, nn. 3, 6) e con un pezzo presente al Metropolitan Museum di New York (G.M.A. RICHTER, *Metropolitan Museum of Art, Greek Etruscan and Roman Bronzes*, New York 1915, p. 116, n. 215). Si possono altresí citare molti altri bronzetti che, pur costituendo variante del tipo per ciò che attiene la ponderazione o la disposizione delle braccia invertite, l'elmo attico anziché corinzio, lo scudo imbracciato anziché poggiato a terra, il diverso drappeggio del chitone e l'uso dell'*himation*, ne richiamano tuttavia l'impostazione generale. (F. D'ANDRIA, *I bronzi di Veleia, Parma e del territorio parmense*, Milano 1970, p. 105, n. 164, tav. XXXIII; A. KAUFMANN-HEINIMANN, *Die römischen Bronzen der Schweiz, 1. Augst*, Mainz am Rhein 1977, n. 59, tav. 59; D. KENT HILL, *Catalogue of classical Bronze Sculpture in the Walters Art Gallery*, Baltimore, Maryland 1949, n. 189, tav. 39; R. FLEISCHER, *Die römischen Bronzen aus Österreich*, Mainz am Rhein 1967, nn. 23, 24; RICHTER, *op. cit.*, p. 115, n. 214; H. ROLLAND, *Bronzes antiques de Haute-Provence*, XVIII suppl. à *Gallia*, Paris 1965, p. 57, n. 69; A. LEIBUNDGUT, *Die römischen Bronzen der Schweiz, 2. Avenches*, Mainz 1976, n. 23). Il tipo sembra avere trovato particolare fortuna nella piccola plastica dell'Italia settentrionale sicché, tenuto conto della provenienza della maggior parte degli esemplari se n'è proposta la denominazione di Minerva tipo Verona-Parma (L. FRANZONI, *Bronzetti romani del Museo Archeologico di Verona*, Venezia 1973, pp. 35-39, nn. 16-19). Per tutti questi bronzetti vale la definizione di opere eclettiche nelle quali sono presenti suggestioni e motivi dell'arte greca classica ed ellenistica, secondo schemi d'interpretazione corretti o integrati, miranti a privilegiare gli aspetti comunicativi e simbolici delle immagini cultuali a discapito talvolta, come accade per certe produzioni provinciali, del loro valore plastico-formale.
Nel bronzetto pompeiano l'interpretazione del tipo è passata attraverso esperienze tardo-ellenistiche che sono evidenti soprattutto nelle decorative cascate di pieghe che caratterizzano il chitone della dea, abbellite dal disporsi a zig-zag della stoffa, che sembrano discendere da una lettura del panneggiamento proprio del tardo ellenismo, nesiotico, microasiatico, per lo piú rodio. (G. LIPPOLD, *Griechische Plastik*, München 1950, pp. 333-335; M. BIEBER, *The Sculpture of the Hellenistic Age*, New York 1955, p. 130 ss.). La commistione di stilemi diversi ha certamente favorito la fruizione in ambito familiare dell'immagine di culto, il cui atteggiamento spiccatamente femminile conferiva una nota di simpatica umanità alla possente figura della dea armata, della quale è attestata a Pompei ed a Ercolano anche la variante con patera umbelicata nella mano destra (cfr. *Pompei A.D. 79* 1976, p. 224, n. 222; *Collezioni Napoli* 1986, p. 188, n. 115; *Antichità di Ercolano*, t. VI, tav. V), iconografia nota anche attraverso la piccola coroplastica pompeiana (cfr. A. D'AMBROSIO, M. BORRIELLO, *Le terrecotte figurate di Pompei*, Roma 1990, pp. 31-31, nn. 32-36).
Il presente bronzetto per la sua fattura d'intonazione classicistica generale, in cui spicca il virtuosismo tecnico e il saldo vigore plastico dell'insieme, animato da effetti coloristici, è da considerarsi espressione del linguaggio figurativo di età giulio-claudia.

Bibl.: Inedito.

C.C.

11. Statuetta di Bacco

Inv. 40170.
Pompei, II, 9, 2.
Alt. tot. cm 14,7; base alt. cm 1,9; Ø base cm 6,4.
Bronzo con agemine in argento.
Integra.

Il dio, fanciullo, poggia su una base circolare, sagomata. È raffigurato stante, con il piede sinistro, d'appoggio, avanzato, mentre il destro, arretrato, poggia solo con la punta. Il volto paffuto è ornato da lunghi boccoli fermati da una coroncina ornata da bacche e foglie di edera. Il corpo, dalle forme piene, è coperto da una pelle di cerbiatto (*nebris*) che, fermata sulla spalla sinistra, attraversa diagonalmente il torso. Il braccio destro è abbassato lungo il corpo, probabilmente a reggere una coppa (*cantharus*) per dar da bere alla pantera semisdraiata ai suoi piedi; il braccio sinistro, sollevato, regge nella mano un lungo tirso d'argento. I piedi sono calzati. La maculatura della pantera e della *nebris* sono in agemina d'argento.

MANN, in: *EAA*, III, 1960, S. 378-390 s.v. *Eracle*; J. BAYET, *Les origines de l'Hercule romain*, Paris 1926; *LIMC*, IV, 1988, S. 728 ff., s.v. *Herakles*; *LIMC*, V, 1990, S. 1 ff., s.v. *Herakles*).

Die im ganzen mächtig und stark wirkende Figur entspricht sehr genau den anatomischen Vorgaben. Die muskulösen, aber dennoch schlanken Beine entwickeln sich aus den kräftigen Hüften, die auf der Vorderseite durch die klar erkennbare Linie des Leistenkanals abgegrenzt werden. Der Genitalbereich wird mit klarer und präziser Linie wiedergegeben. Auf dem mächtigen Oberkörper mit den Schlüsselbeinen, die zum dicken "Stieren"-Nacken führen, sind die leichten Erhebungen der Brustmuskulatur, die Angabe der halbkreisförmigen Brustkorblinie und die Modellierung der Bauchmuskulatur mit der Eintiefung des Bauchnabels deutlich zu erkennen. Auch auf dem Rücken werden die Muskelmassen mit ungewöhnlicher Geschicktheit dargestellt. Die kräftigen Rückenmuskeln reichen bis zur Ansatzstelle des schräg verlaufenden Leistenkanals, der am oberen Abschluss der klar hervortretenden Gesässrundungen einsetzt. Der ganze Oberkörper wird von einer Bewegung erfasst, die von der eingetieften und v.a. bezüglich der Mittelachse sich etwas krümmenden Wirbelsäule betont wird. Der kräftige Kopf ist leicht nach links gedreht; die Haartracht besteht aus kurzen, dichten Locken. Ein üppiger, dichter Bart mit kurzen Strähnen rahmt ovalförmig das Gesicht ein. Die Nase ist stark hervortretend; die Augen sind klein und durch die eingetiefte Umrisslinie erscheinen die Pupillen erhaben; der grosse Mund weist fleischige Lippen, die ein wenig geöffnet sind, auf. Der leicht melancholische Zug, der dem Gesicht abzulesen ist, unterstreicht den etwas nachdenklichen und müden Ausdruck des Heros. Das Löwenfell ist äusserst detailliert wiedergegeben.

Was den Typus dieser Bronzestatuette betrifft, haben wir hier den Hercules mit den Äpfeln der Hesperiden vor uns, wie er auch in der pompejanischen Wandmalerei vorkommt (G. RIZZO, *La pittura ellenistico-romana*, Mailand 1929, Taf. 95); das berühmteste Beispiel dieses Typus stellt die vergoldete Bronzestatue des Hercules im Vatikan dar (W. HELBIG, *Führer durch die öffentlichen Sammlungen klassischer Altertümer in Rom* I, Tübingen 1963, Nr. 38), die ihn allerdings ohne Bart und mit jugendlichen Zügen, auf die Keule gestützt, zeigt. Es handelt sich um eine der häufigsten Darstellungen des Heros innerhalb der antiken Kunst, dessen Ikonographie schon um die Mitte des 5. Jhs. v.Chr. in Griechenland klar definiert war, wie dies eine Metope des Hephaisteion zeigt, wo jedoch die Position der Arme genau umgekehrt ist (H.A. THOMPSON, in: *Hesperia*, 18, 1949, S. 245 ff., Taf. 64,2). Dieses ikonographische Vorbild, das jenem des sogenannten Herakles *Dexioumenos* sehr nahe steht – dieser wird im Augenblick, als er jemanden mit der vorgestreckten rechten Hand einladend empfängt, gezeigt (R.A. STACCIOLI, *Un bronzetto di Ercole dal territorio francese e il tipo dell'"Heracles Dexioumenos"* in: *ArchCl*, IX, 1957, S. 26-43) –, hat sowohl in der Gross- wie auch in der Kleinplastik eine grosse Anzahl von Umbildungen erfahren. Am häufigsten treten folgende Abweichungen auf: die Position der rechten Hand, die zur Seite abgedreht, ohne Keule nach vorne zeigt, manchmal mit einer Trink- oder Opferschale (danach *Hercules bibax* oder opfernder Hercules genannt); die Tragart des Löwenfelles, manchmal über den Kopf gezogen und mit einem grossen Heraklesknoten über der Brust; die manchmal jugendlichen Züge; mit oder ohne Lorbeerkranz. Diese Vielfalt von Körperhaltungen und Attributen hat dazu geführt, dass es sehr schwierig ist, das den verschiedenen Umbildungen zugrunde liegende Vorbild zu erschliessen. Dieses Vorbild wird wohl auf einen Statuentypus des 5. Jhs. oder wahrscheinlicher des 4. Jhs. v.Chr. zurückzuführen sein,

10

der zwar die polykletische Tradition voraussetzt, aber gewiss auch die Errungenschaften und Erfahrungen der lysippischen Plastik kannte (was das Problem des Archetypus und die entsprechende Bibliographie betrifft, vgl. V. GALIAZZO, *Bronzi romani del Museo Civico di Treviso*, Rom 1979, Nr. 3, 4, S. 47-53). Dieses Motiv, das v.a. in späthellenistischer Zeit sehr häufig war, erfreute sich auch in der Kaiserzeit, und hier besonders in trajanischer und hadrianischer Zeit und auch noch danach, grosser Beliebtheit (vgl. Z. KADAR, in: *FolArch*, XVIII, 1965, S. 112-114, mit ausführlicher Bibl.; die grosse Verbreitung des Typus wird von SUDA s.v. bekräftigt).

Der Typus, wie wir ihn in Kat. Nr. 9 fassen, kommt in Pompeji neben anderen Typen sowohl als Bronzestatuette wie auch in Wandmalereien vor (vgl. Inv. Nr. 113260, 109357: beide im Nationalmuseum von Neapel; Inv. Nr. 2276 bis, im Antiquarium von Pompeji). Solche Darstellungen sind als Ausdruck der Kontinuität des Herculeskultes im privaten Bereich aufzufassen, obschon dieser Kult, der seit archaischer Zeit im Heiligtum der Athena am Forum Triangolare beherbergt war, zusammen mit jenem in eine Phase des Zerfalls geriet, was wohl damit in Verbindung gebracht werden muss, dass der in dieser Zeit in der Nähe errichtete Tempel der Venus eine spürbare Konkurrenz darstellte.

Zahlreiche typologische Vergleichsstücke zur Herculesstatuette Kat. Nr. 9 können genannt werden. Abgesehen von Vergleichen mit der Grossplastik wie z.B. die Marmorstatue der Kapitolinischen Museen (H. STUART JONES, *The Sculptures of the Museo Capitolino*, Oxford 1912, Taf. 80: 25, S. 328-329) und die bereits erwähnte, vergoldete Bronzestatue des Hercules Mastai im Vatikan (HELBIG, *op. cit.*, Nr. 38), findet man unter den Bronzestatuetten viele, interessante Parallelen, wenn auch mit den oben aufgezählten Varianten (E. CONTU, *Ercole e le Esperidi in un bronzetto da Ossi*, in: *ArchCl*, XII, 1960, S. 96-99; P. CASSOLA GUIDA, *Ercole coi pomi delle Esperidi*, in: *Aquileia Nostra*, XL, 1969, Sp. 47-56, Abb. 1-3; L. FRANZONI, *Bronzetti romani del Museo Archeologico di Verona*, Venedig 1973, Nr. 120, S. 124; C.A. DI STEFANO, *Bronzetti figurati del Museo Nazionale di Palermo*, Rom 1975, Nr. 51, S. 32, Taf. XIII; R. FLEISCHER, *Die römischen Bronzen aus Österreich*, Mainz am Rhein 1967, Nr. 155; ders., *Antike Bronzestatuetten aus Carnuntum*, Graz-Köln 1966, Nr. 52; H. ROLLAND, *Bronzes antiques de Haute-Provence*, XVIII Suppl. *Gallia*, Paris 1965, Nr. 452; D. KENT HILL, *Catalogue of Classical Bronze Sculpture in the Walters Art Gallery*, Baltimore, Maryland 1949, Nr. 95, Taf. 22).

Die von klassizistischem Geschmack und Kunstverständnis zeugende Bronzestatuette – was z.B. im geschickten Aufbau der Figur und in der sorgfältigen Modellierung der Körpervolumina zum Ausdruck kommt – ist wohl in die erste Hälfte des 1. Jhs. n.Chr. zu datieren.

Bibl.: Unveröffentlicht.

C.C.

10. Minerva

Inv. 11133.
Pompeji, I, 13, 11.
Max. Höhe 18,5 cm; Höhe Basis 4,5 cm; Durchm. Basis 7 cm.
Bronze, hellgrüne Patina mit leichten Verkrustungen.
Die Lanze fehlt.

Die Statuette, die die bewaffnete Minerva wiedergibt, steht auf einem spulenförmigen, profilierten Sockel. Sie wurde am 10.5.1955 gefunden. Sie war Bestandteil eines Larariums, zu welchem auch eine Bronzestatuette des Hercules (s. oben, Kat. Nr. 9) gehörte. Das rechte Bein der Göttin ist belastet, das linke entlastet und leicht nach hinten angewinkelt (zu dieser Göttin und ihrer Bedeutung, vgl. A. DE FRANCISCIS, in *EAA*, I, 1958, s.v. *Atena*, S. 758-765; F. COARELLI, in *EAA*, V, 1963, s.v. *Minerva*, S. 37-38; *LIMC*, II, 1984, S. 955 ff., s.v. *Athena*). Die Göttin trägt einen unter der Brust von einem schmalen Gürtel zusammengehaltenen Peplos mit einem Überfall (*apoptygma*), der in weichen Falten über die Beinpartie fällt, so dass nur die Spitze des rechten Fusses sowie das linke Bein frei bleiben. Über die linke Hüfte gleitet eine Kaskade von Falten, die aus zwei Stoffbahnen, deren Säume ein Zickzack-Motiv aufweisen, besteht. Auch der Überschlag fällt in breiten, vertikalen, stark bewegten Falten hinab, die vorne durch zwei beinahe ornamental wirkende, symmetrisch angelegte und einen Halbkreis beschreibende Falten aufgelockert werden. Auf der Brust bedeckt eine schuppenförmige, zweigeteilte Ägis des sogenannten "Schmetterlingstypus" einen Teil des Gewandes. Diese hebt sich durch die wulstartigen Ränder deutlich ab, hat jedoch keine Schlangenköpfe und das Gorgoneion in der Mitte ist nur knapp angedeutet. Es weist allerdings klar auf die beschützenden und apotropäischen Eigenschaften der Göttin hin (vgl. A. GIULIANO, in: *EAA*, III, 1960, s.v. *Gorgone*, S. 982-985). Die Armhaltung der Göttin ist durch die typischen Attribute bedingt: der rechte Arm ist erhoben und angewinkelt; die zur Faust geballte Hand umfasste eine Lanze, die nicht mehr erhalten ist. Der linke Arm ist gesenkt, und die Hand berührt den Rundschild, der auf dem Boden ruht. Der nach rechts gewandte Kopf geht in einen breiten Hals über. Im weiteren trägt die Göttin einen korinthischen Helm mit einem hohen schlangenförmigen *lophos* (zu diesem Helmtypus vgl. L. GUERRINI, G.A. MANSUELLI, in: *EAA*, III, 1960, s.v. *Elmo*, S. 317-319). Das ovale Gesicht weist volle, voluminöse Wangen, ein wenig betontes Kinn, geschlossene, wulstige Lippen, eine dünne Nase und leicht asymmetrische Augen mit eingeritzter Pupille auf. Das über der Stirn gescheitelte Haar, das teilweise vom Helm bedeckt wird, teilt sich

11

Il bronzetto è stato rinvenuto nel 1986; esso faceva parte di un larario nel quale trovavano posto un'erma fittile raffigurante Apollo ed un'altra statuetta bronzea raffigurante la Fortuna (per notizie sul rinvenimento, cfr. A.M. SODO, in *RivStPompeiani,* II, 1988, p. 200).
Seguendo la recente tipologia delineata dal lavoro di I. Manfrini-Aragno (*Bacchus dans les bronzes hellénistiques et romains,* Lausanne 1987) il Dioniso rientra nel gruppo AIa che riunisce quattro esemplari risalenti ad un unico modello di origine ellenistica. Maggiore fedeltà al prototipo è ipotizzata per la statuina del British Museum (inv. 1327, MANFRINI-ARAGNO, fig. 234), di incerta provenienza pompeiana, e per l'esemplare di Vertault (MANFRINI-ARAGNO, fig. 232) che trova molti punti di contatto con quella in esame. Quest'ultima, presentando il maggior numero di dettagli in comune con le quattro statuine del tipo AIa (braccio sinistro alzato, testa a destra, corona d'edera, pelle a sinistra, sandali) parrebbe essere quella piú vicina al modello originario.
Il tema del dio che versa da bere alla pantera, molto diffuso nell'iconografia dionisiaca, non trova molti confronti tra le statuine raffiguranti il dio fanciullo.
Nonostante la scarsità delle statuine di Bacco, notata nella composizione dei larari pompeiani (S. ADAMO MUSCETTOLA, *Osservazioni sulla composizione dei larari con statuette in bronzo di Pompei ed Ercolano,* in *Toreutik und figürliche Bronzen römischer Zeit,* Berlin 1980), un'altra statuina di Bacco giovinetto proviene da una casa della zona sud-orientale di Pompei (O. ELIA, *Bacco fanciullo e Dioniso chtonio,* in *Boll. d'Arte,* 46, 1961, p. 1 ss.) ed altre raffigurazioni del dio trovano riscontro in ambito ercolanense (M. PAGANO, in *Legni e bronzi di Ercolano,* Catalogo della mostra, Roma 1988, pp. 78-80).
L'inquadramento stilistico del bronzetto in esame, opera di un copista romano, anche se di fattura accurata, è da ricercare in una corrente artistica influenzata da elementi ellenizzanti rivissuti con spirito locale.
Riservando un approfondimento dello studio del bronzetto, contestuale all'analisi dei dati di scavo della casa, in corso di valutazione, si propone una datazione ai primi anni del I secolo d.C.

Bibl.: Inedito.

A.M.S.

12. Lare danzante

Inv.12840.
Pompei, I, 11, 5.
Alt. max. cm 29; alt. base cm 5,7; Ø base cm 9,2.
Bronzo, patina verde oliva.
Integro.

La statuetta raffigura un Lare che incede frontalmente sulle punte dei piedi a passo di danza, con la gamba sinistra in avanti e la destra arretrata. Indossa una larga e corta tunica stretta in vita da un *cinctus,* che forma un ampio ricasco (*apóptygma*), al quale sono annodate anteriormente due *mappae* che «a vela», gonfiate dal vento, svolazzano disponendosi sui fianchi e rimanendo ben distinte dai lembi laterali della tunica, con un suggestivo e coloristico effetto decorativo.
Una seconda cintura è sotto i fianchi ed appare nascosta da un imponente ricasco (*kólpos*) creato dalla veste tirata fin sopra le ginocchia. La tunica è manicata fino al gomito ed ornata con quattro bottoncini disposti verticalmente a partire dalla punta della spalla. Ai piedi porta calzari alti ed aperti con lunghi risvolti al polpaccio (*endromídes*). La testa è girata verso sinistra e presenta un volto giovanile oblungo, ben modellato, con le orbite profondamente incavate, che dovevano contenere il bulbo in altra materia, naso regolare e bocca carnosa appena dischiusa. I capelli fanno da cornice al volto in doppia fila di ciocche a grossi riccioli che creano sopra la fronte triangolare un leggero ciuffo (*anastolé*), mentre si fanno basse, piatte e divise in due bande da una scriminatura, nel resto della calotta cranica. Il braccio destro, alzato, regge un corno potorio (*rhytón*) desinente all'invaso superiore in un alto orlo espanso, ornato con ovoli e perlinatura, mentre la parte inferiore termina con l'avancorpo di un ariete dalle zampe protese in avanti. Il braccio sinistro è piegato in avanti e regge una patera ombelicata per la libagione sacrificale con un ornato inciso a fiore ad otto petali puntinati. Il Lare poggia su una base cilindrica a rocchetto con cornici modanate.
Il bronzetto pompeiano ripete un tipo assai diffuso di Lare danzante facilmente identificabile per il particolare disporsi degli arti, per l'abbigliamento e per i caratteristici attributi (sostituiti a volte da una situla oppure, eccezionalmente, da una cornucopia). Il tipo iconografico del giovanetto danzante, formatosi probabilmente ai tempi della seconda guerra punica per influsso di alcune raffigurazioni di Artemide e Dioniso (A. MINTO, in *Not. Scavi* 1934, pp. 56-58; D.G. MITTEN, S.F. DOERINGER, *Master Bronzes from the Classical World,* Mainz am Rhein 1968, n. 264; C.A. DI STEFANO, *Bronzetti figurati del Museo Nazionale di Palermo,* Roma 1975, p. 24, n. 38; V. GALLIAZZO *Bronzi romani del Museo Civico di Treviso,* Venezia 1979, pp. 77-82) è stato messo in relazione con i *Lares compitales,* divinità originariamente tutelari delle pro-

in zwei Partien, die aus grossen, gewellten Locken bestehen. Diese rahmen das Gesicht ein und fallen schliesslich in zwei dünnen, eng beieinanderliegenden Zöpfen auf die Schultern herunter. Der Helm mit hochgestellten Wangenklappen hat eine Kalotte, die mit einem stark stilisierten, eingeritzten vegetabilen Motiv verziert ist. Darauf kauert eine geflügelte Sphinx mit einem gewaltigen Helmbusch, der bis auf die Schultern der Göttin hinabreicht. Seine Stattlichkeit verleiht der Figur noch mehr Stärke und Ausdruckskraft.

Der dieser Statuette zugrunde liegende ikonographische Typus ist indirekt auf die *Athena Parthenos* des Phidias zurückzuführen und war sowohl in der römischen Gross- wie auch Kleinplastik sehr verbreitet und ist folglich in einer grossen Anzahl von Repliken und Varianten überliefert. Die nächsten Parallelen sind einzelne von Reinach genannte Exemplare (S. REINACH, *Répertoire de la statuaire grecque et romaine*, Paris 1898-1906, IV, S. 168, Nr. 2; VI, S. 121, Nr. 3, 6) und ein weiteres im Metropolitan Museum in New York (G.M.A. RICHTER, *Metropolitan Museum of Art, Greek Etruscan and Roman Bronzes*, New York 1915, S. 116, Nr. 215). Ebenso kann man viele weitere Statuetten nennen, die – obschon sie zwar als Varianten einzustufen sind, indem sie z.B. eine andere Gewichtung, die umgekehrte Armhaltung, einen attischen anstelle des korinthischen Helmes zeigen, der Schild auf dem Arm getragen und nicht auf dem Boden abgestüzt wird oder der Faltenwurf des Gewandes nicht unserem Exemplar entspricht und zusätzlich noch ein Mantel erscheint – im allgemeinen dasselbe Bildmotiv zeigen (F. D'ANDRIA, *I bronzi di Veleia, Parma e del territorio parmense*, Milano 1970, S. 105, Nr. 164, Taf. XXXIII; A. KAUFMANN-HEINIMANN, *Die römischen Bronzen der Schweiz 1. Augst*, Mainz am Rhein 1977, Nr. 59, Taf. 59; D. KENT-HILL, *Catalogue of classical Bronze Sculpture in the Walters Art Gallery*, Baltimore, Maryland 1949, Nr. 189, Taf. 39; R. FLEISCHER, *Die römischen Bronzen aus Österreich*, Mainz am Rhein 1967, Nr. 23, 24; RICHTER, *op. cit.*, S. 115, Nr. 214; H. ROLLAND, *Bronzes antiques de Haute Provence*, XVIII Suppl. *Gallia*, Paris 1965, S. 57, Nr. 69; A. LEIBUNDGUT, *Die römischen Bronzen der Schweiz 2. Avenches*, Mainz 1976, Nr. 23). Dieser Typus scheint im Bereich Norditalien besonderes Gefallen gefunden zu haben, so dass – ausgehend von der Herkunft der Mehrheit dieser Statuetten – die Bezeichnung Minerva Typus Verona-Parma (L. FRANZONI, *Bronzetti romani del Museo Archeologico di Verona*, Venedig 1973, S. 35-39, Nr. 16-19) vorgeschlagen wurde. In all diesen Werken sind ein gewisser Eklektizismus und eine Anknüpfung an Motive aus der klassischen und hellenistischen griechischen Kunst fassbar. Diese werden im Gesamtmotiv zwar korrekt und präzise aufgegriffen; gewisse in die Sphäre der Symbolik gehörende Teilaspekte der Kultbilder jedoch werden auf Kosten eines ausgewogenen Verhältnisses im plastisch-formalen Bereich besonders betont, wie dies z.B. bei einigen Exemplaren aus dem provinzialrömischen Bereich der Fall ist.

In dieser Statuette aus Pompeji wird späthellenistisches Formengut manifest, was z.B. bei den dekorativen, durch Zickzack-Linien belebten Faltenkaskaden, die das Gewand der Göttin kennzeichnen, gut zu beobachten ist. Diese Art der Stoffbehandlung scheint auf späthellenistische Vorbilder zurückzugehen, die wohl in Kleinasien oder auf den vorgelagerten Inseln, v.a. auf Rhodos, entstanden (G. LIPPOLD, *Griechische Plastik*, München 1950, S. 333-335; M. BIEBER, *The Sculpture of the Hellenistic Age*, New York 1955, S. 130 ff.). Die Vermischung verschiedener Stilelemente hat wahrscheinlich im familiären Bereich die Beliebtheit des Kultbildes begünstigt, dessen ausgesprochen weibliche Haltung der mächtigen, bewaffneten Göttin einen Hauch von Menschlichkeit verlieh.

12

In Pompeji und Herkulaneum ist auch die Variante mit einer Omphalosschale in der rechten Hand bezeugt (vgl. *Pompei A.D. 79* 1976, S. 224, Nr. 222; *Collezioni Napoli* 1986, S. 188, Nr. 115; *Antichità di Ercolano*, Bd. VI, Taf. V); dieses ikonographische Schema ist auch in der pompejanischen Koroplastik belegt (vgl. A. D'AMBROSIO, M. BORRIELLO, *Le terrecotte figurate di Pompei*, Rom 1990, S. 31, Nr. 32-36). Die Minervastatuette aus Pompeji ist aufgrund ihres klassizistischen Grundtones, der durch eine grosse technische Geschicktheit und eine klare, plastische Ausdruckskraft noch weiter akzentuiert wird, als Schöpfung der julisch-claudischen Zeit zu betrachten.

Bibl.: Unveröffentlicht.

C.C.

11. Bacchus-Statuette

Inv. 40170.
Pompeji, II, 9, 2.
Gesamthöhe 14,7 cm; Sockelhöhe 1,9 cm; Sockeldurchm. 6,4 cm.
Bronze mit Silbertauschierungen.
Vollständig.

Der knabenhafte Gott steht auf einer runden, profilierten Basis. Das linke Standbein ist vorgesetzt, das zurückgesetzte rechte berührt den Boden nur mit der Fußspitze. Das pausbäckige Gesicht zieren lange Locken, die von einem mit Beeren und Efeublättern geschmückten Kranz gehalten werden. Ein über der linken Schulter befestigtes Hirschkalbfell (*nebris*) liegt

prietà agricole e venerate all'aperto, soprattutto nei crocicchi (*compita*) dai proprietari delle terre attigue oltre che da coloro che formavano una corporazione o un *collegium,* nonché da gruppi omogenei, quali alcuni reparti dell'esercito o alcuni settori della città (M. FLORIANI SQUARCIAPINO, in *EAA,* IV, 1961, s.v. *Lares,* pp. 479-482, fig. 566; B.M. FELLETTI MAJ, *La tradizione italica nell'arte romana,* I, Archaeologica n. 3, Roma 1977, pp. 257-264, 316-317, 333 ss.). Il loro culto fu poi introdotto anche nelle abitazioni, cosicché il Lare fu considerato piú tardi il nume tutelare della casa e della famiglia a lui affidata, di cui curava il benessere. Con la riforma introdotta da Augusto tra il 14/13 e il 7 a.C. i *Lares compitales* divennero i *Lares Augusti* che nelle edicole, nelle nicchie e nei tempietti accompagnavano, per lo piú in coppia, l'immagine del *Genius Augusti,* cosí come il *Lar familiaris,* identificato comunemente con il Lare in riposo, per un processo analogico finí per affiancare solo o in coppia il *Genius* del *pater familias* nel larario privato, piú personale, specchio della religiosità e della cultura del proprietario della casa (H. KUNCKEL, *Der römische Genius, RömMitt,* 20. Ergheft, 1974, pp. 22-26, con precedente bibl.).

I larari pompeiani, la piú eloquente testimonianza della religione domestica, ci hanno fornito rappresentazioni pittoriche di questi numi, affiancate da bronzetti che li raffiguravano e dalle altre divinità particolarmente venerate dalla famiglia (S. ADAMO MUSCETTOLA, *Osservazioni sulla composizione dei larari con statuette in bronzo di Pompei ed Ercolano,* in *Toreutik und figürliche Bronzen römischer Zeit,* Berlin 1980, pp. 9-32).

Quanto alla tipologia dei bronzetti di Lari provenienti da Pompei ed Ercolano è stato già notato che non esistono coppie uguali, ma ciascuna si differenzia dalle altre per il variare degli attributi (cfr. le numerose varianti dei *rhytá*), delle acconciature, del disporsi delle tuniche (ADAMO MUSCETTOLA, *op. cit.*, p. 26; T. BUDETTA, M. PAGANO, *Legni e bronzi di Ercolano,* Catalogo della mostra, Roma 1988, pp. 46, 47, n. 14, pp. 90-91, n. 35).

Il pezzo in esame, per il tipo di tunica con *cinctus* e *mappae* svolazzanti non aderenti, trova un confronto abbastanza stringente con una figurina di Lare del Museo di Lione (S. BOUCHER, *Bronzes romains figurés du Musée des Beaux-Arts de Lyon,* Lyon 1973, p. 56, n. 90). Il forte gioco chiaroscurale della tunica, la torsione della testa, l'espressionismo del volto, il disporsi delle ciocche dei capelli fanno collocare il bronzetto in epoca neroniana o flavia.

Bibl.: Inedito.

C.C.

13. Iside-Fortuna

Inv. 20274.
Boscoreale, contrada Civita Giuliana
Alt. max. cm 12,5, alt. base cm 2, Ø base cm 3,5.
Bronzo, patina verde chiara con incrostazioni.
Manca l'attributo stretto nella mano destra.

La dea stante sulla gamba sinistra, con la destra leggermente flessa in riposo, s'imposta su una basetta circolare a rocchetto articolata da cornici modanate. Indossa un lungo chitone che dalla spalla destra, dove è fermato da una fibula a borchia circolare, ricade trasversalmente, lasciando scoperta la spalla sinistra. Sotto il seno è stretto da una cintura completamente nascosta da un lieve ricasco (*apóptygma*) creato dalla veste sui seni alquanto prominenti, dove una seconda fibbia circolare regola l'increspatura del chitone che ricade in fitte pieghe verticali fino ai piedi visibili nelle punte. Sopra questo indumento è drappeggiato un ampio e corto mantello (*himation*) che dall'avambraccio sinistro, avvolto in un grosso rotolo di pieghe, scivola diagonalmente sul fianco destro e viene raccolto sull'avambraccio sinistro da dove cade creando una cascata di pieghe. L'avambraccio sinistro è proteso in avanti a reggere una cornucopia traboccante di frutti, mentre il braccio destro è disteso con la mano stretta nel gesto di reggere l'attributo, ora mancante, consistente molto probabilmente in un timone. La testa, leggermente girata verso destra, ha i capelli ondulati con scriminatura centrale raccolti a crocchia sulla nuca, da dove si dipartono due lunghe ciocche ondulate che si adagiano sul culmine delle spalle. Il volto giovanile definito nei particolari è di un pieno e grazioso ovale, con mento, bocca e naso regolari ed occhi relativamente piccoli e profondi. Sulla capigliatura s'eleva un diadema lunato, sormontato da un fiore di loto.

13

Il bronzetto è l'espressione diffusa in età imperiale del sincretismo figurativo di Iside con la dea Fortuna che, quale personificazione dell'influenza capricciosa e variabile che si manifesta nelle vicende umane, godeva grandissima venerazione presso i Romani fin dai tempi piú antichi ed era rappresentata con due attributi tipici: il timone e la cornucopia, cui si accompagnavano talvolta anche altri simboli quali il globo, il modio, le spighe, la prua e la ruota.

Il culto di Iside, divinità egizia di origine molto antica, ebbe in epoca greco-romana un rinnovato rifiorire, diffondendosi rapidamente al di fuori dell'Egitto, favorito dalla nota di intimità che il culto introduceva nella vita religiosa del paganesimo. L'iniziazione dava agli Isiaci la certezza di essere degli eletti cui la dea rivelava i segreti della vita e la felicità nell'al di là. La dea fu spesso assimilata alle divinità locali e il suo culto, dopo aver incontrato consensi e contrasti a Roma durante l'ultimo secolo della repubblica e il principio dell'impero, fu favorito per la prima volta da Claudio e Nerone, avendo la maggiore fortuna sotto i Severi, per fiorire ancora nel IV secolo d.C., finché la distruzione del *Serapeum* di Alessandria (391 d.C.) non ne segnò la decadenza e la fine (R.E. WITT, *Isis in the Graeco-Roman World,* London 1971, con ampia bibl. precedente).

Il culto isiaco fu particolarmente vivo a Pompei dove, nella cerchia dei culti stranieri, esso occupava il primo posto. In suo onore fu eretto un santuario verso la fine del II secolo a.C., nel momento in cui i culti delle divinità egizie fiorivano a Pozzuoli e cominciavano ad installarsi nella Roma repubblicana (V. TRAN TAM TINH, *Essai sur le culte d'Isis à Pompéi,* Paris 1964; ID., *Le culte des divinités orientales à Herculanum,* Leiden 1971; ID., *Le culte des divinités orientales en Campanie,* Leiden 1972). Le statuette di bronzo di Iside-Fortuna e Panthea, nonché oggetti del suo culto rinvenuti *in situ* nelle case pompeiane ed ercolanesi attestano che questa divinità orientale era stata accolta, insieme con i culti tradizionali, anche nei culti domestici delle cittadine vesuviane (D.G. ORR, *Roman Domestic Religion: The Evidence of the Household Shrines,* in *ANRW,* II, 16.2, Berlin-New York 1978, pp. 1557-1591).

Nel sincretismo di Iside-Fortuna la dea ricopre il ruolo di dominatrice del fato, come simboleggia il timone che essa regge. La cornucopia è segno di abbondanza e ricchezza, di cui la dea sarebbe dispensatrice. Il motivo del timone sembra essere l'elemento attorno a cui si è realizzata la fusione tra Fortuna ed Iside, protettrice dei naviganti (*Isis Pharia*).

Il nostro bronzetto ripete pur con qualche variante il tipo della Iside-Fortuna, raffigurata con il simbolo isiaco sulla testa, consistente in un disco lunare fra due corna o fra piume, il timone nella destra (piú raro il sinistro) e la cornucopia nella sinistra, il cui prototipo viene collocato fra il 130 e il principio del I secolo a.C., in base al carattere del panneggio tardo ellenistico (B.M. FELLETTI MAJ, in *EAA,* IV, Roma 1961, s.v. *Iside,* pp. 235-240). Il tema è molto frequente nella piccola plastica di età romana con numerose varianti che interessano l'abbigliamento e il simbolo isiaco (AA.VV., *Roman Bronze Statuettes from the Netherlands,* II, Groningen 1969, p. 60, n. 20; L. FRANZONI, *Bronzetti romani del Museo Archeologico di Verona,* Venezia 1973, pp. 93-94, nn. 72-73; C.A. DI STEFANO, *Bronzetti figurati del Museo Nazionale di Palermo,* Roma 1975, p. 22, n. 34; *Pompeii A.D. 79,* 1976, n. 190; E. WALDE PSENNER, I *bronzetti figurati antichi del Trentino,* Trento 1983, pp. 63-64, n. 36). Un'Iside-Fortuna vestita come quella pompeiana si trova al museo di Lione (S. BOUCHER, S. TASSINARI, *Bronzes Antiques. Musée de la civilization Gallo-Romaine à Lyon,* Lyon 1976, n. 21).

Il generico, ma corretto ed equilibrato tono classicheggiante del nostro bronzetto fa propendere per una sua datazione alla prima metà del I secolo d.C.

Bibl.: Inedito.

C.C.

14-15. Piccoli altari (arulae)

a) Inv. 19870.
Provenienza non precisabile.
Alt. max. cm 28; alt. pilastrino cm 13; base cm 20×19; coronamento cm 20×21.
Argilla di colore rossastro non depurata, con molti inclusi e con ingubbiatura piú chiara. La superficie è ruvida e presenta tracce di scialbatura.
Integra con lievi abrasioni sulle cornici.

diagonal über dem vollen Körper. Der rechte Arm führt am Körper herab und hielt wohl einen Becher (*cantharus*), aus dem Bacchus den Panther zu seinen Füßen trinken ließ. In der erhobenen Linken hält er einen silbernen Thyrsos. An den Füßen trägt er Schuhe. Die Flecken von Panther und *nebris* sind silbertauschiert.

Die Bronze wurde 1986 gefunden und gehörte zu einem Lararium mit einer tönernen Apollo-Büste und einer weiteren Bronzestatuette, Venus darstellend (zur Entdeckung vgl. A.M. SODO, in: *RivStPompeiani*, II, 1988, 200).

Nach der jüngst von I. Manfrini-Aragno erarbeiteten Typologie (*Bacchus dans les bronzes hellénistiques et romains*, Lausanne 1987) gehört der Dionysos zur Gruppe AIa, deren vier Exemplare auf ein gemeinsames hellenistisches Modell zurückzuführen sind. Eine größere Anlehnung an das Original nimmt man für die Statuette unbestimmter pompejanischer Herkunft im British Museum (Inv. 1327, MANFRINI-ARAGNO, Abb. 234) und für das Stück von Vertault (MANFRINI-ARAGNO, Abb. 232) an, das mit unserer Bronze viele Gemeinsamkeiten hat. Letztere verfügt über die meisten Detailübereinstimmungen mit den vier Werken der Gruppe AIa (erhobener linker Arm, nach rechts gewandter Kopf, Efeukrone, links sitzendes Fell, Sandalen) und scheint dem Original am nächsten.

Das Thema der Panthertränkung ist in der dionysischen Ikonographie weit verbreitet, findet aber unter den jugendlichen Darstellungen des Gottes nicht viele Vergleiche.

Trotz der wenigen Bacchus-Statuetten in pompejanischen Lararien (S. ADAMO MUSCETTOLA, *Osservazioni sulla composizione dei larari con statuette in bronzo di Pompei ed Ercolano*, in: *Toreutik und figürliche Bronzen römischer Zeit*, Berlin 1980) fand sich eine andere jugendliche Bacchus-Statue in einem Haus im südöstlichen Pompeji (O. ELIA, *Bacco fanciullo e Dioniso chtonio*, in: *Boll. d'Arte*, 46, 1961, 1 ff.). Andere Vergleichsdarstellungen bietet Herkulaneum (M. PAGANO, in: *Legni e bronzi di Ercolano*, Katalog zur Ausstellung, Rom 1988, 78-80).

Stilistisch gehört diese Bronze eines römischen Kopisten in eine künstlerische Strömung, die von hellenistischen, mit lokaler Einfärbung wiederbelebten Elementen beeinflußt wurde.

Vorbehaltlich weiterer Untersuchungen der Ausgrabungsdaten des Hauses schlagen wir eine Datierung in die ersten Jahre des 1. Jhs. n.Chr. vor.

Bibl.: Unveröffentlicht.

A.M.S.

12. Tanzender Lar

Inv. 12840.
Pompeji, I, 11, 5.
Max. Höhe 29 cm; Sockelhöhe 5,7 cm; Sockeldurchm. 9,2 cm.
Bronze, olivgrüne Patina.
Vollständig.

Die Statuette zeigt in Frontalansicht einen auf Zehenspitzen tanzend daherschreitenden Lar, das linke Bein vor-, das rechte zurückgesetzt. Er trägt eine weite, kurze Tunika, die in der Hüfte von einem *cinctus* mit breitem Faltenwurf (*apoptygma*) zusammengehalten wird. Zwei eingeknotete *mappae*, die im Wind flattern und den Seitenrändern der Tunika dabei fernbleiben, bewirken bezaubernde koloristische und dekorative Effekte.

Ein zweiter Gürtel ist unterhalb der Hüften unter einem eindrucksvollen Faltenwurf (*kolpos*) des bis über die Knie hochgezogenen Gewandes verborgen. Die Tunika hat Ärmel bis zum Ellbogen und wird von vier Knöpfchen geschmückt, die senkrecht von der Schulter herab angeordnet sind. Der Lar trägt hohe Schuhe mit langen Aufschlägen bis zur Wade (*endromides*). Das längliche, jugendliche Gesicht des nach links geneigten Kopfes ist gut geformt, hat tiefliegende Augen, deren Pupillen aus anderem Material waren, eine regelmäßige Nase und einen leicht geöffneten Mund. Das Gesicht wird zweireihig von dicken Locken umrahmt, die sich über der dreieckigen Stirn zu einem leichten Schopf (*anastole*) aufstellen. Sonst bedecken die Haare flach, breit und in zwei Hälften geteilt den Kopf. Der rechte erhobene Arm hält ein Trinkhorn (*rhyton*) empor, dessen hoher, vorkragender Einfüllrand mit Eier- und Perlstabmuster verziert ist. Unter- und Vorderteil sind in Form eines Widders mit vorgestreckten Beinen gestaltet. In der linken vorgestreckten Hand hält der Lar eine runde Opferschale für das heilige Trankopfer, die mit einem Ritzmuster aus Blüten und acht spitzen Blättern verziert ist. Der Lar steht auf einer profilierten, zylindrischen Basis.

Die pompejanische Bronze folgt dem verbreiteten Typus des tanzenden Laren, der an der Haltung der Glieder, an der Kleidung und den charakteristischen Attributen (manchmal durch eine *situla*, selten durch ein Füllhorn ersetzt) leicht zu erkennen ist. Der ikonographische Typus des tanzenden Jünglings entstand wahrscheinlich zur Zeit des Zweiten Punischen Krieges durch den Einfluß einiger Artemis- und Dionysos-Darstellungen (A. MINTO, in: *Not. Scavi*, 1934, 56-58; D.G. MITTEN, S.F. DOERINGER, *Master Bronzes from the Classical World*, Mainz 1968, Nr. 264; C.A. DI STEFANO, *Bronzetti figurati del Museo Nazionale di Palermo*, Rom 1975, 24, Nr. 38; V. GALLIAZZO, *Bronzi romani del Museo Civico di Treviso*, Venedig 1979, 77-82). Er wurde mit den *Lares compitales* in Verbindung gebracht, die ursprünglich Schutzgötter des Agrarbesitzes waren. Sie wurden von Besitzern benachbarter Ländereien an Kreuzwegen (*compita*) im Freien verehrt, von Mitgliedern einer Genossenschaft oder eines *collegiums* oder von Gruppen aus dem Heer oder bestimmten Stadtbezirken (M. FLORIANI SQUARCIAPINO, in: *EAA*, IV, 1961, s.v. *Lares*, 479-482, Abb. 566; B.M. FELLETTI MAJ, *La tradizione italica nell'arte romana*, I, Archaeologica 3, Rom 1977, 257-264, 316-317, 333 ff.). Ihr Kult wurde in den Wohnhäusern aufgenommen, so daß der Lar schließlich zum Schutzgott des Hauses und der Familie wurde und für ihr Wohlergehen sorgte. Mit der augusteischen Reform zwischen 14/13 und 7 v.Chr. wurden die *Lares compitales* zu den *Lares Augusti*, die meist paarweise in Gebäuden, Nischen und Tempelchen die Bildnisse des *Genius Augusti* begleiteten. Analog wurde der allgemein mit dem ruhenden Lar identifizierte *Lar familiaris* dem *Genius* des *pater familias* im privaten Lararium zur Seite gestellt, der die Religiosität und die Kultur des Hausbesitzers wiederspiegelte (H. KUNCKEL, *Der römische Genius, RömMitt*, 20. Ergh., 1974, 22-26, mit Bibliographie).

Die pompejanischen Lararien sind die eloquentesten Zeugnisse der häuslichen Religion und hinterließen uns Darstellungen dieser und anderer Familiengötter in Malerei und Bronze (S. ADAMO MUSCETTOLA, *Osservazioni sulla composizione dei larari con statuette in bronzo di Pompei ed Ercolano*, in: *Toreutik und figürliche Bronzen römischer Zeit*, Berlin 1980, 9-32).

In der Typologie der Bronzestatuetten von Laren aus Pompeji und Herkulaneum finden sich keine gleichen Exemplare; alle unterscheiden sich in der Variation der Attribute (vgl. die zahlreichen Arten der *rhyta*), der Frisur und Drapierung der Tunika (ADAMO MUSCETTOLA, *op. cit.*, 26; T. BUDETTA, M. PAGANO, *Legni e bronzi di Ercolano*, Katalog zur Ausstellung, Rom 1988, 46, 47, Nr. 14; 90-91, Nr. 35).

Die Tunika dieses Stücks mit *cinctus* und frei flatternden *mappae* findet einen schlagenden Vergleich im Figürchen eines Laren im Museum von Lyon (S. BOUCHER, *Bronzes romains figurés du Musée des Beaux-Arts de Lyon*, Lyon 1973, 56, Nr. 90). Das kräftige Chiaroscuro der Tunika, die Drehung des Kopfes, der Gesichtsausdruck und die Anordnung der Haarlocken rücken die Bronzefigur in neronische oder flavische Zeit.

Bibl.: Unveröffentlicht.

C.C.

13. Isis-Fortuna

Inv. 20274.
Boscoreale, Civita Giuliana.
Max. Höhe 12,5 cm, Sockelhöhe 2 cm, Sockeldurchm. 3,5 cm.
Bronze, hellgrüne Patina mit Inkrustationen.
Das Attribut in der rechten Hand fehlt.

Die Göttin steht auf einem spulenförmigen Sockel mit ausgekehlten Randprofilen; das linke Bein ist belastet, das rechte entspannt angewinkelt. Ein langer, quer herabfallender Chiton wird über der rechten Schulter von einer rosettenförmigen Fibel zusammengehalten und läßt die linke Schulter frei. Ein Gürtel unterhalb der wenig vortretenden Brust wird von einem leichten Faltenüberwurf (*apoptygma*) des Gewandes vollständig verdeckt. Eine weitere runde Fibel reguliert die Plissierung des in dichten Falten senkrecht herabfallenden Chitons, der nur die Fußspitzen frei läßt. Darüber liegt ein weiter, kurzer Mantel (*himation*), der zu einem dicken Faltenwulst aufgerollt ist und vom linken Unterarm, von dem eine Faltenkaskade herabfällt, diagonal auf die rechte Seite gleitet. Links hält sie ein von Früchten überquellendes Füllhorn; das fehlende Attribut rechts war wahrscheinlich ein Ruder. Die gewellten Haare des leicht nach rechts gebeugten Kopfes sind gescheitelt und im Nacken zu einem Knoten zusammengefaßt. Von dort fallen zwei wellige Strähnen auf die Schultern hinab. Das detailliert durchgestaltete, jugendliche Gesicht bildet ein volles, anmutiges Oval mit regelmäßigem Kinn, Mund und Nase sowie mit kleinen, tiefliegenden Augen. Das Haar wird von einem mondförmigen Diadem und einer Lotosblüte darüber bekrönt.

Die Bronzefigur ist Ausdruck des in der römischen Kaiserzeit weitverbreiteten figürlichen Synkretismus zwischen Isis und der Göttin Fortuna. Als Personifikation des veränderlichen und launischen Einflusses auf den Menschen genoß letztere seit ältester Zeit bei den Römern größte Verehrung und wurde mit den zwei typischen Attributen Ruder und Füllhorn dargestellt. Gelegentlich kamen andere Symbole - Weltkugel, Scheffel, Ähren, Schiffsbug und Rad - dazu.

Der Kult der alten ägyptischen Gottheit Isis erlebte in griechisch-römischer Zeit eine erneute Blüte. Er verbreitete sich schnell außerhalb Ägyptens, da sein intimer Charakter im religiösen Leben der Heiden Anklang fand. Die Initiation gab seinen Anhängern die Gewißheit, zu den Auserwählten zu gehören, denen die Göttin die Geheimnisse des Lebens und der Glückseligkeit im Jenseits offenbaren würde. Sie wurde oft mit einheimischen Gottheiten verschmolzen. Nachdem ihr Kult in Rom im letzten Jahrhundert der Republik und in der beginnenden Kaiserzeit Zustimmung wie Ablehnung erfahren hatte, wurde er erstmals von Claudius und Nero unterstützt und erreichte unter den Severern seinen Höhepunkt. Die Blüte fand durch die Zerstörung des *Serapeums* von Alexandria 391 n.Chr. ihr Ende (R.E. WITT, *Isis in the Graeco-Roman World*, London 1971, mit ausführlicher Bibliographie).

Der in Pompeji besonders lebendige Isiskult nahm unter den fremden Kulten die erste Stelle ein. Gegen Ende des 2. Jhs. v.Chr., als die ägyptischen Kulte in Pozzuoli florierten und langsam im republikanischen Rom Fuß faßten, wurde ihr zu Ehren ein Heiligtum errichtet (V. TRAN TAM TINH, *Essai sur le culte d'Isis à Pompéi*, Paris 1964; DERS., *Le culte des*

b) Inv. 11669.
Pompei, I, 13,3.
Alt max. cm 26; alt. pilastrino cm 12; base cm 21,3×18, coronamento cm 19×15.
Argilla di colore nocciola non depurata, con inclusi e con ingubbiatura piú chiara.
Parzialmente restaurata su un angolo delle cornici, presenta lievi scheggiature su di esse.

a) Arula a forma di parallelepipedo a base rettangolare con cornici di base e di coronamento aggettanti e sagomate a *kyma* reverso. Il corpo centrale è decorato con un piccolo fregio dorico a metope e triglifi, che corre sotto la cornice di coronamento lungo le quattro facce. Il campo delle due metope della faccia anteriore e posteriore è occupato da due bucrani sommariamente modellati. La cornice di coronamento è sormontata da un pulvino a volute e *kymation* ionico.
Il modello di cui la nostra arula costituisce una copia miniaturistica è l'altare pompeiano del tempio di Giove Meilichio; si possono altresí cogliere confronti con altari di minori dimensioni, come quello proveniente dalla casa VIII, 2, 25, dalla casa del Fauno (VI, 12, 2), dalla casa di Apolline (VI, 7, 23). L'analogia, infine, con gli elementi decorativi di una bocca di cisterna proveniente dalla casa del Fauno fa risalire la tipologia del nostro pezzo ad una tradizione artistica dell'età del tufo (inizio II-fine I secolo a.C.).

14

b) Arula a pilastrino centrale a pianta rettangolare con cornice di base aggettante e sagomata a gradini irregolari e cornice di coronamento similmente modanata con dentellatura ionica. La cimasa del corpo centrale presenta un fregio dorico con metope e triglifi e nel campo delle metope si trovano bucrani alternati a patere sacrificali. La cornice di coronamento è sormontata da un pulvino a volute semplici.
L'arula presenta al suo interno un foro circolare, sul piano di essa restano tracce di bruciato. Quest'ultimo particolare suggerisce di ipotizzare che nell'ambito dei culti domestici questo tipo di suppellettile fosse utilizzata come ara turicrema, cioè come piccolo altare portatile per bruciare profumi ed incenso (P. WUILLEUMIER, *Brûle-parfums en terre-cuite*, in *MélEcFrRome,* 1929, p. 48; C.G. YAVIS, *Greek Altars,* Saint-Louis-Missouri 1949, pp. 171-172).

Con il termine di arula viene correntemente designata una specifica classe di materiali caratterizzati dalla forma a piccolo altare e dalla materia impiegata che comunemente è l'argilla, piú raramente la pietra o il tufo. Tali materiali sono ritenuti, secondo l'opinione piú diffusa, piccoli altari portatili a scopo sia rituale, come supporti di offerte votive e per libagioni (E. JASTROW, *Abformung und Typenwandel in der antiken Tonplastik,* in *OpArch,* 2, 1938, p. 68), che simbolico, come semplice ex voto (P. ORLANDINI, *Arule arcaiche a rilievo del Museo Nazionale di Gela,* in *RömMitt,* 66, 1959, p. 102), connessi con riti sacri, domestici o funebri.
L'uso delle arule è attestato in Grecia e nella Magna Grecia fin dal VI secolo a.C., ma il maggior numero di esse è dato dagli esemplari ellenistici e romani provenienti dalla Sicilia e dall'Italia Meridionale di forma cilindrica, rettangolare o cubica dal profilo verticale, con cornici piú o meno modanate, con o senza fregi figurati (YAVIS, cit., pp. 171-175), o di forma «a clessidra» a Roma e nell'area laziale (D. RICCIOTTI, *Terrecotte votive dell'Antiquarium comunale di Roma,* Roma 1978).
La tipologia delle nostre arule richiama un abbondante materiale fittile raccolto a Pompei, la cui presenza è attestata anche ad Ercolano e Stabia. Si tratta di una suppellettile domestica la cui funzione, nonostante le varianti morfologiche e decorative, è chiaramente connessa con i sacrifici e le operazioni dei riti domestici (O. ELIA, *Culti familiari e privati della Campania.*

15

Arule fittili pompeiane, in *Hommage à A. Grenier,* Coll. Latomus, LVII, 1962, pp. 559-566) e trova confronto con una serie di piccole arule di tufo di forme piú o meno architettoniche, rinvenute in alcuni larari pompeiani (casa dei Quattro Stili).
La lastra di coronamento richiama un tipo di arula cosiddetta «pulvinata», che si riallaccia a modelli greci (W. DEONNA, *Le mobilier délien,* in *Exploration de Delos,* XVIII, Paris 1938, pp. 387-389, tav. CXI, 974-975, 977) ed è attestata soprattutto nel medio e tardo ellenismo in diversi centri della Sicilia e della Magna Grecia (ELIA, *op. cit.,* p. 562, tav. CXXI, 2; W. JOHANNOWSKY, *Modelli di edifici da Teano,* in *Boll. d'Arte,* 47, 1962, pp. 63-69, figg. 7-9; F.G. LO PORTO, in *Not. Scavi,* 1966, p. 153, fig. 14; C. LETTA, *Piccola coroplastica metapontina,* Napoli 1971, pp. 150-151, tav. XXXII, 3). Tale lastra spesso si accompagna, come nel nostro caso, a un fregio dorico con metope lisce (G.V. GENTILI, in *Not. Scavi,* 1954, pp. 307-308; A.M. FALLICO, in *Not. Scavi,* 1971, p. 616), oppure esibenti bucrani alternati a patere sacrificali.

Bibl.: a) E. PERNICE, *Hellenistische Tische,* Berlin Leipzig 1932, p. 67, tav. 40,4.
b) Inedito.

C.C.

16. Piccolo altare (arula) o braciere (foculus)

Inv. 19868.
Provenienza non precisabile.
Alt. max. cm 22; Ø max. cm 24,3.
Argilla di colore rossastro con inclusi.
Fratturate le anse agli innesti.

Arula cilindrica cava con rozzi ornati a rilievo, impressi ed incisi su tutta la sua superficie. La parte superiore leggermente aggettante è chiusa da un fondo concavo recante un ornato inciso a stecca, sormontato da un bordo dentellato cui segue esternamente una fascia espansa ad onde continue. La superficie presenta cordoni con motivo a cerchio, impresso con le dita e con incisioni trasversali rese a stecca, cui segue una fascia recante un motivo ad elementi concavi verticali, leggermente obliqui, alternati a spazi

16

riempiti da incisioni orizzontali e parallele. L'arula aveva due piccole anse orizzontali a bastoncello scanalate che ne facilitavano il trasporto.
La presenza di tracce di bruciato, nonché della depressione sulla sommità di questo oggetto ne suggerisce la funzione di ara turicrema. Il rozzo decorativismo richiama la rusticità di una suppellettile domestica di cui la Elia ha evidenziato il carattere cultuale e che ricorda per la grossolana fattura e il tipo di ornamento la ceramica d'impasto (O. ELIA, *Culti familiari e privati della Campania. Arule fittili pompeiane,* in *Hommage à A. Grenier,* Coll. Latomus LVII, 1962, pp. 559-566).
Non è escluso, tuttavia, che sulla base del tipo di decorazione priva di qualsiasi simbolismo cultuale, si possa attribuire a questo oggetto la comune funzione di braciere (*foculus*).

Bibl.: Inedito.

C.C.

divinités orientales à Herculanum, Leiden 1971; DERS., *Le culte des divinités orientales en Campanie*, Leiden 1972). Die Bronzestatuetten von Isis-Fortuna und Panthea sowie Kultobjekte, die sich in situ in pompejanischen und herkulaneischen Häusern fanden, zeigen, daß diese östliche Gottheit zusammen mit traditionellen Göttern auch im häuslichen Kult Aufnahme fand (D.G. ORR, *Roman Domestic Religion: The Evidence of the Household Shrines*, in: *ANRW*, II, 16.2, Berlin-New York 1978, 1557-1591). Wie das Ruder symbolisiert, übernimmt im Synkretismus von Isis und Fortuna die Göttin die Rolle der Herrscherin über das Schicksal. Das Füllhorn steht für den von der Göttin verteilten Reichtum. Das Ruder war scheinbar die Grundlage, auf der sich die Verschmelzung zwischen Fortuna und Isis, der Beschützerin der Seefahrer (*Isis Pharia*) vollzog.
Mit dem Isis-Symbol der Mondscheibe zwischen zwei Hörnern oder Federn auf dem Kopf, mit dem Ruder in der Rechten (seltener in der Linken) und dem Füllhorn in der Linken entspricht unsere Bronzefigur mit einigen Varianten einem Typus der Isis-Fortuna, dessen Ursprung aufgrund der Charakteristik der späthellenistischen Drapierung zwischen 130 und dem beginnenden 1. Jh. v.Chr. liegt (B.M. FELLETTI MAJ, in: *EAA*, IV, Rom 1961, s.v. *Isis*, 235-240). Das Thema findet sich in der römischen Kleinplastik häufig, wobei Bekleidung und Isis-Symbole vielfältig variieren (AA.VV., *Roman Bronze Statuettes from the Netherlands*, II, Groningen 1969, 60, Nr. 20; L. FRANZONI, *Bronzetti romani del Museo Archeologico di Verona*, Venedig 1973, 93-94, Nr. 72-73; C.A. DI STEFANO, *Bronzetti figurati del Museo Nazionale di Palermo*, Rom 1975, 22, Nr. 34; *Pompeii A.D. 79*, 1976, Nr. 190; E. WALDE PSENNER, *I bronzetti figurati antichi del Trentino*, Trient 1983, 63-64, Nr. 36). Eine ebenso wie die pompejanische gekleidete Isis-Fortuna befindet sich im Museum von Lyon (S. BOUCHER, S. TASSINARI, *Bronzes Antiques. Musée de la civilization Gallo-Romaine à Lyon*, Lyon 1976, Nr. 21). Der unbestimmte, aber korrekte und ausgeglichene klassizistische Grundzug der Bronzestatuette legt eine Datierung in die erste Hälfte des 1. Jhs. n.Chr. nahe.

Bibl.: Unveröffentlicht.

C.C.

14-15. Kleine Altäre (arulae)

a) Inv. 19870.
Unbestimmte Herkunft.
Max. Höhe 28 cm; Pfeilerhöhe 13 cm; Basis 20 × 19 cm; Bekrönung 20 × 21 cm.
Rötlicher, ungereinigter Ton mit vielen Einschlüssen und hellerem Überzug. Die Oberfläche ist rauh und zeigt Bleichungsspuren.
Bis auf leichte Abschürfungen an den Profilkanten unbeschädigt.

b) Inv. 11669.
Pompeji, I, 13, 3.
Max. Höhe 26 cm; Pfeilerhöhe 12 cm; Basis 21,3 × 18 cm, Bekrönung 19 × 15 cm.
Haselnußbrauner, ungereinigter Ton mit Einschlüssen und hellerem Überzug.
Eine Ecke der leicht abgesplitterten Gesimse ist teilweise restauriert.

a) Parallelflache Arula auf rechteckiger Basis mit vorkragenden Sockel- und Kranzgesimsen und reversen *kyma*-Profilen. Unter dem Kranzgesims umläuft ein kleiner dorischer Metopen-Triglyphen-Fries die vier Seiten des Mittelteils. Auf der Vorder- und Rückseite sind in den je zwei Metopenfeldern summarisch gearbeitete Bukranien. Das Kranzgesims trägt ein Kissen mit Voluten und ionischem *kymation*.
Unsere Arula ist eine Miniaturnachbildung des Altars aus dem pompejanischen Tempel des Jupiter Meilichios. Vergleichbar sind auch kleinere Altäre, wie z.B. derjenige aus Haus VIII, 2, 25, aus dem Haus des Fauns (VI, 12, 2) und dem Haus des Apollo (VI, 7, 23). Die Analogie zu Dekorationselementen einer Zisternenöffnung im Haus des Fauns führt die Typologie unseres Stückes in die künstlerische Tradition der Tuffzeit zurück (Anf. 2. bis Ende 1. Jh. v.Chr.).

b) Arula mit Mittelteil in Form eines Rechteckpfeilers mit vorkragendem, ungleichmäßig abgestuftem Basisprofil und ähnlich gearbeitetem Kranzgesims mit ionischem Zahnschnitt. Das Gesims des Hauptteils ist ein dorischer Metopen-Triglyphen-Fries, in dessen Metopenfeldern abwechselnd Bukranien und Opferschalen eingesetzt sind. Auf dem Kranzgesims liegt ein Kissen mit einfachen Voluten auf.
Im Inneren der Arula befindet sich ein rundes, zylindrisches Loch mit Brandspuren auf dem Boden. Dies läßt vermuten, daß diese Art von Gerät im Rahmen des häuslichen Kultes als *ara turicrema*, also als kleiner tragbarer Altar zum Verbrennen von Düften und Weihrauch, verwendet wurde (P. WUILLEUMIER, *Brûle-parfums en terre-cuite*, in: *MélEcFrRome*, 1929, 48; C.G. YAVIS, *Greek Altars*, Saint-Louis Missouri 1949, 171-172).

17

Arula bezeichnet im allgemeinen eine besondere Gattung kleiner Altäre, die meist aus Ton, seltener aus Stein oder Tuff bestehen. Nach vorherrschender Meinung handelt es sich dabei um kleine tragbare Ritualaltäre für Opfergaben oder Trankopfer (E. JASTROW, *Abformung und Typenwandel in der antiken Tonplastik*, in: *OpArch*, 2, 1938, 68) oder als symbolische, einfache Exvotos (P. ORLANDINI, *Arule arcaiche a rilievo del Museo Nazionale di Gela*, in: *RömMitt*, 66, 1959, 102). Sie standen mit religiösen Riten häuslicher wie sepulchraler Art in Zusammenhang.
Der Gebrauch solcher *arulae* ist in Griechenland und Magna Graecia seit dem 6. Jh. v.Chr. bezeugt, doch datiert die Mehrzahl in hellenistische und römische Zeit und stammt aus Sizilien und Süditalien. Ihre Form ist zylindrisch, rechteckig oder kubisch, in Rom und Latium auch sanduhrförmig (D. RICCIOTTI, *Terrecotte votive dell'Antiquarium comunale di Roma*, Rom 1978). Die Profile sind mehr oder weniger ausgearbeitet und mit oder ohne figürliche Friese (YAVIS, *zit.*, 171-175).
Die Typologie unserer Stücke erinnert an zahlreiche Tonobjekte aus Pompeji wie auch Herkulaneum und Stabiae. Es handelt sich um ein Hausgerät, dessen Funktion trotz seiner Form- und Dekorationsvarianten eindeutig mit den Opfern und Handlungen der häuslichen Riten zusammenhängt (O. ELIA, *Culti familiari e privati della Campania. Arule fittili pompeiane*, in: *Hommage à A. Grenier*, Coll. Latomus, LVII, 1962, 559-566). Ein Vergleich findet sich in einer Reihe kleiner Tuffaltäre in mehr oder weniger architektonischer Form, die man in einigen pompejanischen Lararien (Haus der Vier Stile) fand.
Die Bekrönung erinnert an den Typ der sog. «gepolsterten» Arula, der an griechische Modelle anschließt (W. DEONNA, *Le mobilier délien*, in: *Exploration de Délos*, XVIII, Paris 1938, 387-389, Taf. CXI, 974-975, 977) und in verschiedenen Städten Siziliens und der Magna Graecia vor allem im Mittel- und Späthellenismus bezeugt ist (ELIA, *op. cit.*, 562, Taf. CXXI, 2; W. JOHANNOWSKY, *Modelli di edifici da Teano*, in: *Boll. d'Arte*, 47, 1962, 63-69, Abb. 7-9; F.G. LO PORTO, in: *Not. Scavi*, 1966, 153, Abb. 14; C. LETTA, *Piccola coroplastica metapontina*, Neapel 1971, 150-151, Taf. XXXII, 3). Wie in unserem Fall wird diese Platte oft von einem dorischen Fries mit glatten Metopen (G.V. GENTILI, in: *Not. Scavi*, 1954, 307-308; A.M. FALLICO, in: *Not. Scavi*, 1971, 616) oder mit alternierenden Bukranien und Opferschalen begleitet.

Bibl.: *a*) E. PERNICE, *Hellenistische Tische*, Berlin-Leipzig 1932, 67, Taf. 40,4.
b) Unveröffentlicht.

C.C.

16. Kleiner Altar (arula) oder Kohlebecken (foculus)

Inv. 19868.
Unbestimmte Herkunft.
Max. Höhe 22 cm; max. Durchm. 24,3 cm.
Rötlicher Ton mit Einschlüssen.
Die Henkel sind an den Anschlußstellen abgebrochen.

Hohle, zylindrische Arula mit groben, eingeprägten und eingeritzten Reliefornamenten. Das leicht auskragende Oberteil endet in einem konkaven Boden, der mit einem mit Stab ausgeführten Ritzmuster versehen ist. Dem gezackten Rand folgt nach außen eine überhängende, umlaufend gewellte Faszie. Die Außenfläche wird von Bändern mit Kreismotiven umlaufen, die mit einem Finger eingetieft und mit einem Stab eingeritzt wurden. Darauf folgt ein Streifen mit konkaven, senkrechten und leicht schrägen Motiven, deren Zwischenfelder mit horizontalen und parallelen Ritzungen versehen sind. Zum Transport besaß die Arula zwei kleine, waagerechte, eingefurchte Henkel.
Die Brandspuren und die Eintiefung oben auf dem Stück legen eine Funktion als *ara turicrema* nahe. Die grobe Dekoration fügt sich in die Rustikalität eines Hausgerätes ein, dessen kultischen Charakter Elia bewies. Die grobe Machart und die Dekorationsweise erinnern an Impasto-Keramik (O. ELIA, *Culti familiari e privati della Campania. Arule fittili pompeiane*, in: *Hommage à A. Grenier*, Coll. Latomus LVII, 1962, 559-566).
Mangels jeglichen kultischen Symbolgehalts der Dekoration ist nicht auszuschließen, daß dieser Gegenstand nur ein einfaches Kohlebecken (*foculus*) war.

Bibl.: Unveröffentlicht.

C.C.

17. Phallus

Inv. 11940.
Pompeji, I, Gasse zwischen 14 und 15.
Max. Länge 40 cm; max. Höhe 27 cm.
Tuff mit roten Farbspuren.
Vollständig, restauriert.

Anatomisch detailliertes Relief eines großen männlichen Gliedes, das in eine Mauer eingesetzt war. Die-

17. Fallo

Inv. 11940.
Pompei, I, vicolo tra 14 e 15.
Lungh. max. cm 40; alt. max. cm 27.
Tufo, tracce di colore rosso.
Integro, restaurato.

Rilievo raffigurante un grosso membro virile reso nei dettagli anatomici, desinente superiormente a cuneo, per essere incastrato nel muro. Motivo molto frequente non solo nei rilievi in pietra (V. SANTA MARIA SCRINARI, *Scultura romana di Aquileia,* Roma 1972, p. 187, n. 575, fig. 574) e marmo (J. MARCADÉ, W. ZSCHIETZSCHMANN, *Eros Kalos,* Genf 1962, p. 55; J. MARCADÉ, in *BullCorrHell,* Suppl. I, 1973, pp. 329-334, figg. 1-5), ma anche in statuette, lucerne, lampade, pendagli, *tintinnabula,* di cui Pompei ed Ercolano ci hanno restituito molti esemplari (G.L. MARINI, *Il Gabinetto Segreto del Museo Nazionale di Napoli,* Torino 1971, *passim*). Il fallo appare uno dei simboli piú complessi ed onnipresenti nella vita dell'uomo antico. Legato all'origine della vita, il fallo era sentito come potenza generatrice, abbondanza, felicità e poiché era considerato una forza viva della natura, spesso venne rappresentato come essere autonomo con gambe, fallo e talvolta ali, attributo quest'ultimo di demonizzazione che suggerisce con immediatezza l'idea della sua potenza e dei suoi rapidi effetti moltiplicativi (J. BAYET, *Idéologie et plastique,* Coll. École Française de Rome, 21, Rome 1974, p. 709 ss.).
Il fallo ebbe, pertanto, un valore profilattico ed apotropaico e fu ritenuto scongiuro preventivo contro il malocchio. Sotto forma di pendaglio di collana veniva portato come amuleto (F. ECKSTEIN, J.H. WASZINK, in *Reallexikon*, I, 1950, s.v. *Amulett*, coll. 397-411 con ampia bibl. precedente) e, contro ogni insidia che potesse compromettere il benessere e la salute dell'individuo e della sua famiglia, era appeso o scolpito a rilievo in vari modi sulle facciate delle case, davanti alle botteghe, soprattutto presso le entrate, sui forni delle panetterie, perfino lungo i marciapiedi.
La semplice tipologia di questo pezzo trova confronti con una serie di rilievi pompeiani ed ercolanesi esibenti la stessa simbologia, sia pure in maniera, talvolta, piú complessa. Cito due falli molto simili per la naturalezza e l'essenzialità della rappresentazione scolpiti sul forno del *pistrinum* di Sextus Patulcus Felix ad Ercolano, un fallo alato scolpito in una nicchietta dalla casa IX, 7, 2, un fallo provvisto di due zampe e sormontato da un rosone dalla *regio* III, *ins.* 4, infine, l'insegna della bottega VI, 14, 28 consistente in quattro falli ai lati di un bossolo per dadi.
L'uso di grandi falli scolpiti a rilievo presso le porte delle case è attestato anche a Delo e a Leptis Magna.

Bibl.: Inedito.

C.C.

18

18. Busto di Dioniso Sabazio

Inv. 11471.
Pompei, I, 13,9.
Alt. max. cm 18,3; largh. max. cm 13,5.
Bronzo, patina verde-azzurra, agemine d'argento.
Integro.

Busto di statuetta virile barbata resa di prospetto con gli avambracci sporti in avanti. La mano sinistra stringe uno stelo di papavero con due foglie, la destra aperta e senza attributo alcuno mostra il palmo vuoto. La figura è staccata poco al di sopra della cintola ed è posta su una sottile piastra di bronzo ritagliata a forma di stella ad otto punte, attraversate ciascuna da un forellino che doveva servire, evidentemente, a fermare la statuina su un supporto ligneo. Il torso è modellato vigorosamente sicché vi risaltano i pettorali e il largo e possente collo. Dalla spalla sinistra scende una pelle caprina coprente la mammella sinistra e desinente sul ventre a guisa di frangia formata dalle zampe anteriori e dalla testa dell'animale. Su tutta la figura domina con la sua particolare iconografia la testa caratterizzata da una solenne acconciatura con capelli ondulati discriminati sulla fronte e raccolti sulla nuca in un nodo tra due riccioli spiraliformi, mentre due altri riccioli spiraliformi ricadono sulle tempie. I capelli sono stretti da un tralcio di edera che si annoda sulla nuca ed è fermato sulle tempie e sulla fronte da un fiore ageminato d'argento. Sul capo è poggiato un *kalathos* cauliforme delimitato da due cordoncini, entro il quale è posta una *cista* ornata da elementi disposti a guisa di ghirlande sospese e ricolma di frutta tra cui si distinguono due grappoli d'uva, una pigna, fichi, susine e, infine, piantata verticalmente tra due spighe di grano, una focaccia. Il volto, dalla

18

ses Motiv begegnet nicht nur häufig bei Reliefs aus Stein (V. SANTA MARIA SCRINARI, *Scultura romana di Aquileia*, Rom 1972, 187, Nr. 575, Abb. 574) und Marmor (J. MARCADÉ, W. ZSCHIETZSCHMANN, *Eros Kalos*, Genf 1962, 55; J. MARCADÉ, in: *BullCorrHell*, Suppl. I, 1973, 329-334, Abb. 1-5), sondern auch bei Statuetten, Öllampen, Lampen, Anhängern und Schellen; viele Beispiele aus Pompeji und Herkulaneum belegen dies (G.L. MARINI, *Il Gabinetto Segreto del Museo Nazionale di Napoli*, Turin 1971, passim). Der Phallus ist eines der komplexesten und allgegenwärtigsten Symbole im Leben des antiken Menschen. Mit dem Ursprung des Lebens verbunden, wurde er als zeugende Macht, als Zeichen von Überfluß und Wohlsein empfunden. Er galt als lebendige Naturkraft und wurde mit Beinen und manchmal Flügeln oft als autonomes Wesen dargestellt. Letztere stehen als Zeichen der Dämonisierung für seine unmittelbare Macht und schnelle Vervielfältigungswirkung (J. BAYET, *Idéologie et plastique*, Coll. École Française de Rome, 21, Rom 1974, 709 ff.).
Dem Phallus kam nicht nur als Beschwörungsmittel gegen den bösen Blick eine apotropäische Bedeutung zu; er wurde in Form von Kettenanhängern als Amulett getragen (F. ECKSTEIN, J.H. WASZINK, in: *Reallexikon*, I, 1950, s.v. *Amulett*, Spalten 397-411, mit ausführlicher Bibliographie). Gegen jegliche Gefahr für das Wohlergehen des Einzelnen und seiner Familie wurde er an Hauswänden aufgehängt oder reliefiert, vor allem bei Schenken, in der Nähe von Eingängen, an den Öfen der Bäckereien und sogar entlang der Bürgersteige.
Der einfachen Typologie dieses Stückes entspricht eine Reihe von pompejanischen und herkulaneischen Reliefs gleichen, wenn auch manchmal komplizierteren Symbolgehaltes. Zu erwähnen sind zwei aufgrund ihrer naturalistischen Darstellung einander sehr ähnliche Phalli am Ofen des *pistrinum* des Sextus Patulcus Felix in Herkulaneum; ein geflügelter, skulptierter Phallus in einer Nische des Hauses IX, 7, 2, ein Phallus mit zwei Füßen und einer Rosette aus Regio III, Ins. 4, und schließlich das Abzeichen der Bottega VI, 14, 28 mit vier Phalli zu Seiten eines Würfelbechers.
Die Verwendung großer, skulptierter Phalli nahe Hauseingängen ist auch für Delos und Leptis Magna bezeugt.

Bibl.: Unveröffentlicht.

C.C.

18. Büste des Dionysos-Sabazios

Inv. 11471.
Pompeji, I, 13, 9.
Max. Höhe 18,3 cm; max. Breite 13,5 cm.
Bronze, grün-blaue Patina, Silber-tauschiert.
Vollständig.

Büste einer männlichen, bärtigen Statuette in Frontalansicht mit erwartend vorgestreckten Unterarmen. Die linke Hand hält einen Mohnstengel mit zwei Blättern, die rechte ist geöffnet und zeigt ohne jegliches Attribut die leere Handfläche. Die Figur ist kurz über der Hüfte abgeschnitten und erhebt sich über einer feinen, sternförmig mit acht Zacken zugeschnittenen Bronzeplatte, deren kleine Löcher wohl der Befestigung auf einem Holzsockel dienten. Auch wenn sich die Brust und der starke Hals abzeichnen, ist der Torso grob bearbeitet. Ein Ziegenfell fällt von der linken Schulter, verdeckt die linke Brustwarze und endet vor dem Bauch in Fransen, die von den Vorderfüßen und dem Kopf des Tieres gebildet werden. Die Figur wird von dem Kopf mit seiner besonderen Ikonographie beherrscht. Die Haare der festlichen Frisur sind vorne in einzelne Wellen gelegt und im Nacken zwischen zwei spiralenförmigen Locken zusammengefaßt. An den Schläfen fallen zwei weitere Spirallocken herab. Ein im Nacken verknüpfter Efeuzweig, der die Haare zusammenhält, wird vorne und an den Schläfen von Silber-tauschierten Blüten unterbrochen. Über dem Kopf erhebt sich ein stengelförmiger, von zwei Kordeln gefaßter *kalathos* mit einer *cista* darin. Diese wird von Hängegirlanden geschmückt und ist mit Früchten gefüllt, u.a. zwei Trauben, ein Pinienzapfen, Feigen, Pflaumen und ein Fladen zwischen zwei aufrechtstehenden Ähren. Das Gesicht mit der gerunzelten Stirn hat einen wallenden, abgerundeten Bart und einen langen Schnurrbart mit eingerollten Enden, der einen Mund mit vollen Lippen umgibt. Die Augen, deren Pupillen aus anderem Material waren, blicken starr in die Ferne.
Für die komplizierte Ikonographie dieser Bronze gibt es keinen Vergleich.
Einige Attribute wie das Tierfell (*nebris*), der Efeuzweig und die Trauben lassen an eine Bacchusfi-

fronte corrugata, ha una barba fluente arrotondata, lunghi baffi dalle punte ricurve all'interno che inquadrano la bocca chiusa dalle labbra turgide. Gli occhi, le cui pupille erano in materia diversa, sono aperti in uno sguardo fisso lontano.
L'iconografia piuttosto complessa di questo bronzetto ha un carattere di originalità per l'assoluta mancanza di confronti.
La presenza di alcuni attributi quali la pelle di cerbiatto (*nebris*), il tralcio di edera, i grappoli d'uva, suggeriscono di identificare la figura con Bacco, sebbene nel comune repertorio iconografico il dio venga rappresentato nelle sembianze di un bambino, di un giovinetto o di un uomo imberbe (MANFRINI ARAGNO, cit. in bibl.). Appare barbato solo nel tipo cosiddetto «Dioniso indiano» nel quale, nell'ambito di un sincretismo religioso, troviamo uniti concetti religiosi occidentali e motivi orientali (S. REINACH, *Répertoire de la statuaire grecque et romaine,* I, Paris 1897, pp. 375, 382, 392; L. FOUCHER, *Le culte de Bacchus sous l'empire Romain,* in *ANRW,* II, 17.2, Berlin-New York, 1981, pp. 684-702 con ampia bibliografia precedente).
La Elia (cit. in bibl.), rifacendosi ad una *lekythos* a figure nere del Museo di Toronto dove è rappresentata una scena di *ánodos* di un busto barbato emergente dal suolo, identificato come Dioniso, suggerisce di riconoscere nel bronzetto pompeiano un Bacco ctonio, divinità della fecondità e fertilità agraria. Il Turcan (cit. in bibl.), invece, sulla base della somiglianza di questa figura con un personaggio rappresentato su un sarcofago del Museo Romano delle Terme, vestito di lungo chitone, con *tympanon* e *kalathos* e, fondandosi sui testi letterari, in particolare Diodoro (III, 63, 3-4; IV, 4, 1-2) dove Bacco *katapogon* viene presentato come l'inventore dell'agricoltura, riconosce nel busto in esame l'immagine di Dioniso-Sabazio, divinità legata alla vegetazione e alla feracità (cfr. FOUCHER, *op. cit.,* p. 695), espressione del sincretismo religioso e figurativo diffusissimo in epoca imperiale. La Manfrini Aragno, infine, non esclude la possibilità che il busto pompeiano venga identificato con Priapo per la presenza di attributi che comunemente accompagnano anche questa divinità.
Il nostro bronzetto che nell'acconciatura e nella rigida frontalità del volto, nel decorativismo di alcuni particolari e nel fresco naturalismo delle offerte mostra i caratteri dell'arte egizio-ellenistica, si rifà ad un prototipo assegnabile alla fase tarda di questa produzione, verso la fine del II secolo a.C. Esso è il prodotto di un'officina artistica orientale giunto a Pompei lungo le vie del commercio.

Bibl.: O. ELIA, *Bacco fanciullo e Dioniso chtonio a Pompei,* in *Boll. d'Arte,* 46, 1961, pp. 3-6; R. TURCAN, *Les sarcophages romains à représentations dionysiaques,* Paris 1966, p. 522; I. MANFRINI ARAGNO, *Bacchus dans les bronzes hellénistiques et romains,* Lausanne 1987, p. 49, fig. 3. Per l'aspetto e la diffusione del culto di Sabazio: cfr. Cat. n. 19).

C.C.

19

19. Mano pantea di Sabazio

Inv. 10486.
Pompei, II, 1, 12, casa di Sestilius Pyrricus o Complesso dei Riti magici.
Alt. max. cm 18; alt. base cm 2,7; Ø base cm 5,5.
Bronzo. Patina verde chiaro.
Integra.

Mano destra ritta e aperta, col palmo rivolto all'esterno, le prime tre dita tese, l'anulare e il mignolo piegati nel gesto della *benedictio latina.* Di proporzione naturale, modellata fino al polso, ha lunghe dita a spatola con unghie quadrate. È sovrimposta ad una base circolare di piombo delimitata da modanatura a cordoncino. Reca sul polso la figura ben delineata di una donna recubente e allattante un bimbo entro una specie di grotta individuata da un arco ellittico, con accanto a sé un corvo. Al di sopra dell'antro appare una tavola (*mensa*) con offerte. Nella palma si presenta seduto un personaggio maschile vestito di corta tunica cinta in vita, con calzoni (*anaxyrides*) ed alti calzari. Il capo è ricoperto da un berretto conico a falde pendenti sulle spalle, sormontato da un crescente lunare. La figura, identificata come Sabazio, tiene i piedi poggiati su una testa di montone, le braccia alzate e con la mano destra fa il segno della benedizione latina (per l'iconografia di Sabazio: E.N. LANE, *Towards a Definition of the Iconography of Sabazius,* in *Numen,* XXVII, 1980, pp. 9-33). Sul dorso troviamo raffigurati un'anfora, un paio di cembali, un ramo di pino avvolto dalle spire di un serpente, un *culter,* una *phiale,* un caduceo alato, un rospo, una bilancia, un lungo serpente barbato e crestato che s'allunga sull'anulare nel gesto di succhiare il liquido da un vaso poggiato sul mignolo, un festone e delle foglie, un *pileus,* una testuggine, un chicco di grano e, disposti su due file sovrapposte, quattro elementi astragaliformi e tre vasi ovoidali. Sulla punta del pollice, leggermente rovesciato in fuori, è poggiata una pigna.
La serie di attributi a rilievo di cui è dotata questa mano ne costituisce il particolare carattere votivo-sacro e ne giustifica il nome di *signum pantheum.* Era un simbolo di Sabazio, divinità traco-frigia della vege-

19

gur denken, auch wenn dieser Gott im allgemeinen als Kind, Jüngling oder Bartloser dargestellt wird (MANFRINI ARAGNO, s. Bibl.). Nur im Typ des sog. «indischen Dionysos» finden wir im Umkreis einer synkretistischen Religion östliche und westliche Religionsvorstellungen (S. REINACH, *Répertoire de la statuaire grecque et romaine*, I, Paris 1897, 375, 382, 392; L. FOUCHER, *Le culte de Bacchus sous l'empire Romain*, in: *ANRW*, II, 17.2, Berlin-New York 1981, 684-702, mit ausführlicher Bibliographie).

Elia (s. Bibl.) sieht unter Bezugnahme auf eine schwarzfigurige *lekythos* im Museum von Toronto, auf der in einer *ánodos*-Szene eine aus dem Boden hervorkommende bärtige, als Dionysos identifizierte Büste dargestellt ist, in der pompejanischen Bronzefigur einen chthonischen Bacchus als Gott der landwirtschaftlichen Fruchtbarkeit. Aufgrund der Ähnlichkeit der Bronze mit einer Figur auf einem Sarkophag im Römischen Thermenmuseum, die mit einem langen Chiton bekleidet ist und *tympanon* und *kalathos* trägt, erkennt Turcan (s. Bibl.) dagegen, gestützt auf literarische Texte, besonders von Diodorus (III, 63, 3-4; IV, 4, 1-2), in denen Bacchus *katapogon* als Erfinder der Landwirtschaft dargestellt wird, in der Büste Dionysos-Sabazios, eine mit dem Wachstum und der Fruchtbarkeit in Verbindung stehende Gottheit, die Ausdruck des sehr weit verbreiteten religiösen und figürlichen Synkretismus der Kaiserzeit ist. Manfrini Aragno schließlich schließt eine Identifikation als Priapus nicht aus, da die Büste auch für diesen gebräuchliche Attribute aufweist.

Unsere Bronzefigur, die im Hinblick auf Frisur, starre Frontalität des Gesichts, Dekorativität einiger Details und den frischen Naturalismus der Gaben Merkmale der ägyptisch-hellenistischen Kunst erkennen läßt, ist auf einen Prototyp aus der Spätzeit dieser Produktion gegen Ende des 2. Jhs. v.Chr. zurückzuführen. Sie ist das Produkt einer östlichen Künstlerwerkstatt und hat Pompeji über den Handelsweg erreicht.

Bibl.: O. ELIA, *Bacco fanciullo e Dioniso chtonio a Pompei*, in: *Boll. d'Arte*, 46, 1961, 3-6; R. TURCAN, *Les sarcophages romains à représentation dionysiaque*, Paris 1966, 522; I. MANFRINI ARAGNO, *Bacchus dans les bronzes hellénistiques et romains*, Lausanne 1987, 49, Abb. 3. Zum Sabazios-Kult und seiner Verbreitung vgl. Kat. Nr. 19).

C.C.

19. Votivhand des Sabazios

Inv. 10486.
Pompeji, II, 1, 12, Haus des Sestilius Pyrricus oder Komplex der magischen Riten.
Max. Höhe 18 cm; Sockelhöhe 2,7 cm; Sockeldurchm. 5,5 cm.
Bronze, hellgrüne Patina.
Vollständig.

Erhobene und geöffnete rechte Hand, deren Fläche nach außen gerichtet ist; die ersten drei Finger sind gestreckt, der kleine und der Ringfinger wie beim Zeichen der *benedictio latina* eingeknickt. Sie ist von natürlicher Größe, bis zum Handgelenk ausgebildet und hat lange, breite Finger mit eckigen Fingernägeln. Sie ist auf einem runden, bleiernen Sockel mit abschließendem, seilförmigem Wulst befestigt. Auf dem Handgelenk ist in einer von einem elliptischen Bogen beschriebenen Grotte eine liegende, stillende Frau mit einem Raben neben sich dargestellt. Über der Höhle befindet sich ein Tisch (*mensa*) mit Gaben. In der Handfläche ist eine männliche Figur in kurzer, in der Taille gegürteter Tunika, in Hosen (*anaxyrides*) und hohen Schuhen zu erkennen. Der Kopf wird von einer konischen Mütze bedeckt, deren Klappen auf die Schultern herabfallen und die von einem aufgehenden Mond überragt wird. Die als Sabazios identifizierte Figur steht mit den Füßen auf einem Widderkopf. Die Arme sind erhoben und die rechte Hand macht das Zeichen der Lateinischen Segnung (zur Ikonographie des Sabazios: E.N. LANE, *Towards a Definition of the Iconography of Sabazius*, in: *Numen*, XXVII, 1980, 9-33). Auf dem Handrücken finden wir eine Amphore, ein Paar Zimbeln, einen von den Windungen einer Schlange umhüllten Kiefernzweig, ein *culter*, eine *phiale*, einen geflügelten Caduceus, eine Kröte, eine Waage sowie eine lange Schlange mit Bart und Kamm, die sich auf den Ringfinger streckt, als ob sie die Flüssigkeit aus dem Gefäß auf dem kleinen Finger saugen wolle; ferner eine Girlande, Blätter, ein *pileus*, eine Schildkröte, ein Weizenkorn sowie vier astragalförmige Elemente und drei eiförmige Gefäße in zwei übereinanderliegenden Reihen. Auf der leicht nach außen gebogenen Daumenspitze steht ein Pinienzapfen.

Die Attribute von besonderem, votiv-sakralem Charakter rechtfertigen die Bezeichnung *signum pantheum*. Es war ein Symbol des thrakisch-phrygischen Wachstumsgottes Sabazios, dessen Kult in Griechenland seit dem 5. Jh. v.Chr. verbreitet war und erst im 2. Jh. v.Chr. die römische Welt erreichte. Nachdem er zunächst als brauchtumsschädlich zurückgewiesen worden war, entfaltete er sich in der Kaiserzeit in esoterischer Weise unter einem religiösen Synkretismus, der Sabazios mit anderen Göttern verband: Zeus-Sabazios und Dionysos-Sabazios (S.E. JOHNSON, *The Present State of Sabazios Research*, in: *ANRW*, II,

20

tazione, il cui culto, diffuso in Grecia fin dal v secolo a.C., penetrò nel mondo romano solo nel II secolo a.C. e, dopo esserne stato espulso come corruttore di costume, vi fu riammesso in età imperiale e svolto in forma esoterica in un sincretismo religioso che vide Sabazio associato con altre divinità tra cui, le piú comuni, Zeus Sabazio e Dioniso Sabazio (S.E. JOHNSON, *The Present State of Sabazios Research,* in *ANRW,* II, 17.3, Berlin-New York 1984, pp. 1583-1613 con ampia bibliografia precedente).
Grazie alla combinazione di tutti i simboli magici, questo oggetto possedeva uno straordinario potere apotropaico e si credeva che proteggesse efficacemente la madre e il bambino raffigurati nella sua palma. Il pezzo pompeiano, molto simile ad un'altra mano rinvenuta nella stessa casa, insieme ad un'altra mano votiva proveniente da Ercolano e conservata al Museo Nazionale di Napoli (inv. 5506), ed ad una quarta trovata nei pressi di Napoli e conservata alla Biblioteca Nazionale di Parigi (inv. 1064), costituisce un singolare documento dell'infiltrazione del culto orientale di Sabazio nella sfera religiosa del territorio vesuviano dove, secondo il Tran Tam Tinh, il dio era particolarmente venerato come protettore delle partorienti e a Pompei era a lui dedicata tutta un'area denominata «Complesso dei Riti magici», la cui destinazione cultuale è stata evidenziata dalle strutture stesse del complesso e dai rinvenimenti ivi effettuati, consistenti oltre alle due mani votive, anche di due vasi fittili cosiddetti «magici» (V. TRAN TAM TINH, *Le culte des divinités orientales en Campanie,* Leiden 1972, pp. 98, 126; B. AMADIO, *Regio II, insula I,* in *RivStPompeiani,* II, 1988, p. 194).
La nostra mano presenta confronti piú prossimi oltre che con le già citate mani, con una mano di Colonia datata al II-III secolo d.C., simile ad una mano di Avenches (G. RISTOW, *Zur Eschatologie auf Denkmälern synkretistisch-orientalischer Mysterienkulte in Köln,* in *Kölner Jahrbuch,* IX, 1967-68, pp. 107-111, tav. 31, nn. 5-6).
Il tipo di Sabazio in essa presente richiama una statuetta del Museum of Art and Archaeology di Columbia, raffigurante Sabazio vestito nel costume frigio, con entrambe le mani sollevate nel gesto della benedizione latina, con i piedi poggiati su una testa di montone e avente sulla testa un crescente lunare con globetti alle due estremità. Il bronzetto, secondo il Lane (cit. in bibl.), sarebbe un'evidenza dell'occasionale sincretismo del dio Sabazio e del dio Mên.

Bibl.: O. ELIA, *Vasi magici e mani pantee a Pompei,* in *RendAccNapoli,* XXXV, 1960, pp. 5-10; R. ÉTIENNE, *La vita quotidiana a Pompei,* Milano 1973, pp. 257-258; E.N. LANE, *A Syncretistic Statuette,* in *Muse,* VII, 1974, pp. 24-37

C.C.

20. Vaso «magico»

Inv. 10529.
Pompei, II, 1, 12, casa di Sestilius Pyrricus o Complesso dei Riti magici.
Alt. cm 35; Ø base cm 14,2; Ø bocca cm 30; Ø coppetta cm 6,8.
Argilla nocciola acroma.
Parzialmente lacunoso.

Grande vaso panciuto crateriforme a fondo piano e larga bocca con orlo sagomato leggermente estroflesso. Presenta due robuste anse a largo nastro bicostolato, sormontato da due coppette emisferiche. Una serie di oggetti piú o meno grossolanamente plasmati sono applicati sulla spalla del recipiente. Sulla faccia convenzionalmente chiamata A, a partire da sinistra, troviamo tre strumenti musicali: una doppia tibia, accanto ad essa una siringa e sotto un paio di cembali, seguono: una focaccia, una lucertola, una *phiale,* un bucranio, un oggetto cilindrico di non chiara identificazione, un grosso grappolo d'uva, un fiore, si ripetono i tre strumenti musicali, cui seguono: una scala, ancora un bucranio, una focaccia, una lucertola, una testuggine e sotto un lungo serpente. Sulla faccia B troviamo applicati gli stessi attributi, alcuni dei quali mancano, ma conservano la traccia della loro applicazione. A partire da sinistra ritroviamo i cembali, la siringa, la focaccia, la *phiale,* la lucertola, il grappolo d'uva, di cui restano solo pochi chicchi, la testuggine, di cui rimangono solo due zampine, al di sopra di essa la doppia tibia, il bucranio, i cembali, sotto la lucertola, la focaccia, la *phiale*, il serpente, di cui rimane solo la traccia della sua applicazione.
La tipologia del vaso non trova alcun confronto nella ceramica romana, richiama, invece, le olle ed i crateri d'impasto con le coppette sulle anse (raramente sulla spalla), oppure con le anse cosiddette «a piattello» piú o meno fondo, stilizzazione quest'ultimo dell'originaria ciotolina applicata su una sola o su entrambe le anse, che appartengono ad un repertorio formale antichissimo documentato a partire dal IX-VIII secolo a.C. fino al v secolo a.C. e attestato nelle necropoli della Daunia (E.M. DE JULIIS, *La ceramica geometrica della Daunia,* Firenze 1977, pp. 26, 82, tav. XCIII A), della Peucezia (F. ROSSI, *Ceramica geometrica apula nella collezione Chini del Museo Civico di Bassano del Grappa,* Roma 1981, pp. 66-71), di alcuni centri campani, come la Valle del Sarno (P. GASTALDI, *Le necropoli della Valle del Sarno,* in *AION Arch. St. Ant.,* I, 1979, pp. 42-43, fig. 32.1, nn. 2-3; si cfr. anche un'olla d'impasto inedita, inv. n. 30756, proveniente da Striano e conservata presso il Magazzino archeologico di Pompei), Cairano (G. BAILO MODESTI, *Cairano nell'età arcaica. L'abitato e la necropoli,* Napoli 1980, tavv. 20e, 101b), Capua (cfr. W. JOHANNOWSKY, *Materiali di età arcaica dalla Campania,* Napoli 1983, p. 143, tav. 12a, b), nonché nelle necropoli arcaiche del Lazio, della Sabina, del Piceno (cfr. L. FRANCHI DELL'ORTO, *Culture adriatiche antiche d'Abruzzo e di Molise,* Roma 1978, pp. 324-328, tavv. 1 14-119, con bibl.).
La sopravvivenza di una forma vascolare antichissima, scomparsa, tuttavia, dalla ceramica di uso quotidiano, vale a giustificare la funzione non domestica ma cultuale del nostro vaso. Esso, rinvenuto insieme ad un altro simile, per la sua forma globulare e per l'aspetto crateriforme della sua parte superiore, con le due coppette poggiate sulle anse, poté essere utilizzato quindi sia come urna per le sorti che come contenitore per offerte sacrificali al dio con cui erano ipostaticamente associate altre divinità, per lo piú agrarie, cui alludono i simboli rappresentati su di esso (ELIA, cit. in bibl.). Il vaso aveva perciò una funzione chiaramente apotropaica.
Esso, che con il suo *pendant* costituisce un documento unico, sulla base della simbologia degli oggetti raffigurati a rilievo, trova un confronto con una serie di piccoli dischi di terracotta di provenienza prevalentemente tarantina, databili fra il II e il I secolo a.C., che il Cumont interpretava come strumenti di magia popolare (F. CUMONT, *Disques ou miroirs magiques de Tarente,* in *RevArch,* I, 1917, p. 87; R. BARTOCCINI, *Arte e religione nella stipe votiva di Lucera,* Bari 1941, pp. 62-66). Un ulteriore confronto è possibile, infine, istituire con i vasi planetari e profilattici trovati nella zona renana e fabbricati, presumibilmente, a Colonia nel I secolo d.C. (M. AMAND, *Les planetaires rhenans,* in *Latomus,* XIV, 1955, p. 186; M. RENARD, *Poteries a masques prophilactiques,* in *Latomus,* XIV,

17.3, Berlin-New York 1984, 1583-1613, mit ausführlicher Bibliographie).
Aufgrund all dieser magischen Symbole besaß dieses Stück eine außergewöhnliche apotropäische Macht. Man glaubte, daß sie Mutter und Kind auf der Handinnenseite wirklich beschützen könne. Zusammen mit einem ähnlichen, im selben Haus gefundenen Stück, einer weiteren Votivhand aus Herkulaneum (Nationalmuseum Neapel, Inv. 5506) und einem vierten, nahe Neapel entdeckten Beispiel (Nationalbibliothek Paris, Inv. 1064) stellt das pompejanische Stück ein einzigartiges Dokument für das Eindringen des östlichen Sabazios-Kultes in die Religion im Vesuvgebiet dar, wo dieser Gott laut Tran Tam Tinh besonders als Beschützer der Gebärenden verehrt wurde. In Pompeji war ihm ein «Komplex der magischen Riten» geweiht, dessen kultische Bestimmung aus den Strukturen dieser Anlage und den dortigen Funden hervorgeht. Neben den zwei Votivhänden fanden sich zwei sog. «magische» Tonkrüge (V. TRAN TAM TINH, *Le culte des divinités orientales en Campanie*, Leiden 1972, 98, 126; B. AMADIO, *Regio II, Insula I*, in: *RivStPompeiani*, II, 1988, 194).
Ein noch besseres Vergleichsstück findet sich in einer Hand aus Köln aus dem 2.-3. Jh. n.Chr., die einer Hand aus Avenches gleicht (G. RISTOW, *Zur Eschatologie auf Denkmälern synkretistisch-orientalischer Mysterienkulte in Köln*, in: *Kölner Jahrbuch*, IX, 1967-68, 107-111, Taf. 31, Nr. 5-6).
Der Sabazios-Typus hier erinnert an eine Statuette im Museum of Art and Archaeology von Columbia: Sabazios, in phrygischem Gewand, die Füße auf einem Widderkopf, hat beide Hände zur Lateinischen Segnung erhoben; auf dem Kopf hat er einen aufgehenden Mond mit Kügelchen an den Enden. Nach Lane (s. Bibl.) ist die Bronze ein Ergebnis des gelegentlichen Synkretismus zwischen den Göttern Sabazios und Mên.

Bibl.: O. ELIA, *Vasi magici e mani pantee a Pompei*, in: *RendAccNapoli*, XXXV, 1960, 5-10; R. ÉTIENNE, *La vita quotidiana a Pompei*, Mailand 1973, 257-258; E.N. LANE, *A Syncretistic Statuette*, in: *Muse*, VII, 1974, 24-37.

C.C.

20. «Magisches» Gefäß

Inv. 10529.
Pompeji, II, 1, 12, Haus des Sestilius Pyrricus oder Komplex der magischen Riten.
Höhe 35 cm; Basisdurchm. 14,2 cm; Öffnungsdurchm. 30 cm; Durchm. der kleinen Schale 6,8 cm.
Haselnußbrauner Ton.
Teilweise Fehlstellen.

Großes, bauchiges Gefäß in Art eines Kraters mit ebenem Boden und weiter Öffnung mit profiliertem und leicht ausladendem Rand. Auf den kräftigen, zweirippigen Henkeln sitzt je ein halbkugelförmiges Schälchen. Auf der Gefäßwölbung befindet sich eine Reihe mehr oder weniger grob durchgeformter Gegenstände. Von links beginnend, findet man auf der üblicherweise mit A bezeichneten Schauseite drei Musikinstrumente: eine Doppelflöte, daneben eine Panflöte und darunter ein Paar Zimbeln. Es folgen ein Fladen, eine Eidechse, eine *phiale*, ein Bukranion, ein unklarer zylindrischer Gegenstand, eine große Weintraube, eine Blüte und nochmals die drei Musikinstrumente. Weiterhin eine Leiter, ein weiteres Bukranion, ein Fladen, eine Eidechse, eine Schildkröte und darunter eine Schlange. Auf Seite B befanden sich dieselben Objekte, doch sind von manchen nur noch die Applikationsspuren zu sehen. Von links beginnend, finden wir wieder Zimbeln, Panflöte, Fladen, *phiale*, Eidechse, wenige Reste einer Weintraube, zwei Füße der Schildkröte, über ihr Doppelflöte, Bukranion und Zimbeln, darunter Eidechse, Fladen, *phiale*, und lediglich die Applikationsspuren der Schlange.

In der römischen Keramik gibt es für diesen Gefäßtypus keinen Vergleich. Vielmehr erinnert er an Töpfe und Kratere aus Ton mit kleinen Bechern auf den Henkeln (selten auf der Gefäßwölbung) oder mit sog. «Tellerhenkeln». Letztere sind eine Stilisierung der ursprünglich auf einem oder beiden Henkeln angebrachten Schälchen. Sie gehören zu einem äußerst alten Formenschatz, der seit dem 9.-8. Jh. bis ins 5. Jh. v.Chr. bekannt ist. Sie sind bezeugt in den Nekropolen der Daunia (E.M. DE JULIIS, *La ceramica geometrica della Daunia*, Florenz 1977, 26, 82, Taf. XCIII A), der Peucezia (F. ROSSI, *Ceramica geometrica apula nella collezione Chini del Museo Civico di Bassano del Grappa*, Rom 1981, 66-71) und einiger kampanischer Orte wie Valle del Sarno (P. GASTALDI, *Le necropoli della Valle del Sarno*, in: *AION Arch. St. Ant.*, I, 1979, 42-43, Abb. 32.1, Nr. 2-3; s. a. den unpublizierten Tontopf Inv. 30756 aus Striano im archäologischen Magazin von Pompeji), Cairano (G. BAILO MODESTI, *Cairano nell'età arcaica. L'abitato e la necropoli*, Neapel 1980, Taf. 20e, 101b), Capua (vgl. W. JOHANNOWSKY, *Materiali di età arcaica dalla Campania*, Neapel 1983, 143, Taf. 12a, b) sowie in

20

archaischen Nekropolen Latiums, der Sabina und Picenums (vgl. L. FRANCHI DELL'ORTO, *Culture adriatiche antiche d'Abruzzo e di Molise*, Rom 1978, 324-328, Taf. 114-119, mit Bibliographie).
Das Weiterleben einer so alten, eigentlich verschwundenen keramischen Gefäßform des Alltagsgebrauchs legt für unser Stück statt der häuslichen eine kultische Funktion nahe. Es wurde zusammen mit einem ähnlichen Gefäß gefunden. Mit der kugeligen, im Oberteil einem Krater ähnelnden Form und mit den beiden auf den Henkeln angebrachten Schälchen könnte es sowohl als Losurne wie als Opfergabenbehältnis für einen Gott gedient haben. Nach den applizierten Symbolen waren diesem andere Gottheiten, zumeist der Landwirtschaft, verbunden (ELIA, s. Bibl.). Das Gefäß besaß daher eindeutig apotropäischen Charakter.
Mit seinem Gegenstück stellt das Gefäß aufgrund der symbolischen Reliefs ein einzigartiges Dokument dar. Eine nächste Parallele findet sich in einer Reihe kleiner, überwiegend tarentinischer Terrakotta-Scheiben aus dem 2. und 1. Jh. v.Chr., die Cumont als Instrumente der Volksmagie interpretiert (F. CUMONT, *Disques ou miroirs magiques de Tarente*, in: *RevArch*, I, 1917, 87; R. BARTOCCINI, *Arte e religione nella stipe votiva di Lucera*, Bari 1941, 62-66). Schließlich läßt sich ein weiterer Vergleich mit den planetarischen und apotropäischen Gefäßen des Rheingebietes anstellen, die vermutlich im 1. Jh. n.Chr. in Köln hergestellt wurden (M. AMAND, *Les planetaires rhenans*, in: *Latomus*, XIV, 1955, 186; M. RENARD, *Poteries à masques prophilactiques*, in: *Latomus*, XIV, 1955, 202).
Kontext und Fundort unseres Gefäßes (B. AMADIO, *Regio II, Insula I*, in: *RivStPompeiani*, II, 1988, 194), ein dem Kult des orientalischen Gottes Sabazios geweihtes Areal (Kat. Nr. 19), legen eine Verbindung mit dessen Riten nahe.
Das durch seine grobe plastische Ornamentik gekennzeichnete Gefäß ist in das 1. Jh. n.Chr. zu datieren.

Bibl.: O. ELIA, *Vasi magici e mani pantee a Pompei*, in: *RendAccNapoli*, XXXV, 1960, 5-10; E. ÉTIENNE, *La vita quotidiana a Pompei*, Mailand 1973, 257; V. TRAN TAM TINH, *La vita religiosa*, in: *Pompei 79*, 60, Abb. 23.

C.C.

21-22. Kleine Schalen mit Ägyptischblau

Inv. 2892.
Pompeji, VI, 16, 7.
$3NaO{\cdot}3AlO{\cdot}6SiO{\cdot}NaS$: mit Natrium aluminiumoxydiertes Silikat.
Gefäß: kleine, farblose Tonschale.
Höhe 4,7 cm; Durchm. 9,3 cm.

Inv. 18100.
Pompeji, genauer Fundort unbekannt.
$CaO{\cdot}CuO{\cdot}4SiO_2$: Kupfer-Calcium-Silikat.
Gefäß: kleine, farblose Tonschale.
Höhe 4,8 cm; Durchm. 9,7 cm.

Ägyptischblau, auch «Mischung aus Alessandria» oder Pompejanischblau genannt, ist ein Aggregat aus blauen (Kupfer- und Calciumsilikat) und untergemischten farblosen Kristallen (Calcit, Quarz). Das anorganische, künstliche Pigment erhält man durch Erhitzung zusammen mit Kieseln (eine Kupferverbindung, vielleicht Malachit), Carbonat und Sodiumcarbonat (VITR., *De arch.*, VII, 11; PLIN., *N.H.*, XXXIII, 13). Es wurde zu Pulver zerkleinert oder zu großen Kristallen agglomeriert.

A.C.

23-24. Kleine Schalen mit Ocker

Inv. 18102.
Pompeji, genauer Fundort unbekannt.
Ocker: $Fe_2O_3{\cdot}nH_2O$ (Limonit).
Gefäß: kleine, farblose Tonschale.
Höhe 4,2 cm; Durchm. 9,6 cm.

Inv. 9529.
Pompeji, I, 9, 9.
Ocker rubrica: $Fe_2O_3{\cdot}nH_2O{+}Fe_2O_3$ (Limonit und Hämatit).
Gefäß: kleine, farblose Tonschale.
Höhe 2,5 cm; Durchm. 5,6 cm.

Hydrierte (gelber Ocker) und wasserfreie (roter Ocker) Eisenoxyde mit Beimischungen. Die Ocker bestehen aus Eisenoxyd mit verschiedenen Beigaben (Silicium, Ton). Im Gegensatz zu der in der Natur häufig vorkommenden hydrierten Form wurde die wasserfreie (rubrica, Eisenocker) künstlich gewonnen, indem gelber Ocker in neuen, gut mit Schlamm eingeschmierten Gefäßen kalziniert wurde (PLIN., *N.H.*, XXXV, 6; VITR., *De arch.*, VII, 7).

A.C.

25-29. Kleine Schalen mit Farben

Inv. 9557.
Pompeji, I, 9, 9.
Caeruleum (Pompejanischblau).
Gefäß: kleine, farblose Tonschale.
Höhe 3,2 cm; Durchm. 3,9 cm.

21

23

1955, p. 202). Il contesto e il luogo di rinvenimento del nostro vaso, (B. AMADIO, *Regio II, insula I,* in *RivStPompeiani,* II, 1988, p. 194) identificato come un'area dedicata al culto del dio orientale Sabazio (Cat. 19), consente di associare il pezzo alle pratiche connesse con il suo culto.
Il vaso, caratterizzato dalla rozza ornamentazione plastica è databile al I secolo d.C.

Bibl.: O. ELIA, *Vasi magici e mani pantee a Pompei,* in *RendAccNapoli,* XXXV, 1960, pp. 5-10; R. ÉTIENNE, *La vita quotidiana a Pompei,* Milano 1973, p. 257; V. TRAN TAM TINH, *La vita religiosa,* in *Pompei 79*, p. 60, fig. 23.

C.C.

21-22. Coppette con blu egiziano

Inv. 2892.
Pompei, VI, 16, 7.
3Na O·3 A1 O·6 SiO· Na S: silico alluminato di sodio.
Contenitore: coppetta in ceramica acroma.
Alt. cm 4,7; Ø cm 9,3.

Inv. 18100.
Pompei, provenienza non precisabile.
Ca O'Cu O' 4 Si O_2: silicato di rame e calcio.
Contenitore: coppetta in ceramica acroma.
Alt. cm 4,8; 0 cm 9,7.

Il blu egiziano è detto anche fritta d'Alessandria o blu pompeiano. È un aggregato che al microscopio, a luce polarizzata, risulta costituito da cristalli azzurri (silicati di Cu e Ca) frammisti a cristalli incolori (calcite, quarzo). Pigmento inorganico artificiale ottenuto riscaldando insieme silice, un composto del rame (forse malachite), carbonato e carbonato di sodio (VITR., *De arch.,* VII, 11; PLIN., *N.H.,* XXXIII, 13). Veniva ridotto in polvere o aggregato agglomerando cristalli piú grossi.

A.C.

23-24. Coppette con ocre

Inv. 18102.
Pompei, provenienza non precisabile.
Ochra: $Fe_2 O_3 \cdot nH_2O$ (limonite).
Contenitore: coppetta in ceramica acroma.
Alt. cm 4,2; Ø cm 9,6.

Inv. 9529.
Pompei, I, 9, 9.
Ochra-rubrica: $Fe_2 O_3 \cdot nH_2O + Fe_2 O_3$: (limonite + ematite).
Contenitore: coppetta in ceramica acroma.
Alt. cm 2,5; Ø cm 5,6.

Ossidi di ferro nelle forme idrata (ocra gialla) ed anidra (ocra rossa) frammisti ad impurità. Le ocre sono costituite da ossido di ferro con impurità varie (silice, argille); la forma idrata è la piú comune in natura. La forma anidra (*rubrica, sinopia*) è poco diffusa in natura ed era ottenuta artificialmente calcinando l'ocra gialla in vasi nuovi e ben spalmati di fango (PLIN., *N.H.,* XXXV, 6; VITR., *De arch.,* VII, 7).

A.C.

25-29. Coppette con colori

Inv. 9557.
Pompei, I, 9, 9.
Caeruleum (azzurro pompeiano).
Contenitore: coppetta in ceramica acroma.
Alt. cm 3,2; Ø cm 3,9.

Inv. 9567.
Pompei, I, 9, 9.
Caeruleum (azzurro pompeiano).
Contenitore: coppetta in ceramica acroma.
Alt. cm 1,9; Ø cm 3,6.

Inv. 9560.
Pompei, I, 9, 9. Rubrica (ocra rossa).
Contenitore: coppetta in ceramica acroma.
Alt. cm 2,8; Ø cm 4,3.

Inv. 9573.
Pompei, I, 9, 9.
Grigio a base di ferro.
Contenitore: coppetta in ceramica acroma.
Alt. cm 2,2; Ø cm 3,4.

Inv. 9575.
Pompei, I, 9, 9.
Grigio a base di ferro.
Contenitore: coppetta in ceramica acroma.
Alt. cm 2,2; Ø cm 3,2.

I grigi sono ottenuti essenzialmente da ematiti ed ossidi di ferro ($Fe_2 O_3$) con presenza di silice (SiO_2) e calcio (Ca) e carbonati (CO_3--).

Bibl.: Per le schede Cat. 21-29, in generale si veda: *Tecniche di esecuzione. Materiali costitutivi.* Istituto Centrale del Restauro, Roma 1978, pp. 186-187; 198-199, 204; SELIM AUGUSTI, in *Pompeiana* 1950, p. 313 ss.; ID., *I colori pompeiani,* Roma 1967, pp. 62-72; 77-99.

A.C.

30. Balsamario a corpo globoso

Inv. 11906.
Pompei, I 18, 3.
Alt. cm 6,1; Ø orlo cm 2; Ø max. cm 5.
Vetro soffiato, di colore verdeazzurro, trasparente, con iridazioni e sottile pellicola di color smalto formatasi per deterioramento.
Integro.

Balsamario a corpo globoso, con collo cilindrico ed orlo espanso, appiattito e ripiegato verso la bocca. Collo distinto dal corpo da una linea incisa. Fondo leggermente appiattito.
Si tratta di un tipo di balsamario comunemente diffuso in area occidentale nel corso del I secolo d.C., corrispondente al tipo Calvi, tav. A, 18 I (M. CALVI, I *vetri romani del Museo di Aquileia,* Aquileia 1968, p. 37 ss.).

Bibl.: Inedito.

L.A.S.H.

31. Balsamari tubolari

Inv. 11907 A-G.
Pompei, I, 18, 3.
Alt. A: cm 11,7; alt. B: cm 12,6; alt. C: cm 12,1; alt. D: cm 12,5; alt. E: cm 7; alt. F: cm 9,6; alt. G: cm 9,6.

Sette balsamari con lungo collo cilindrico ed orlo espanso, semplicemente tagliato, e ventre tubolare, in qualche caso espanso verso il fondo.
Si tratta di un tipo di balsamario corrispondente alla forma ISINGS 8, largamente diffuso in tutte le regioni del mondo romano dall'inizio del I all'inizio del III secolo d.C. (cfr. L.A. SCATOZZA HÖRICHT, *I vetri romani di Ercolano,* Roma 1986, p. 58 ss.).
Questi piccoli contenitori, chiusi da tappi di materia deperibile (sughero, stoffa ecc.) erano destinati a contenere sostanze cosmetiche o medicamentose (si trovano infatti spesso associati a strumenti chirurgici).

Bibl.: Inediti.

L.A.S.H.

25-29

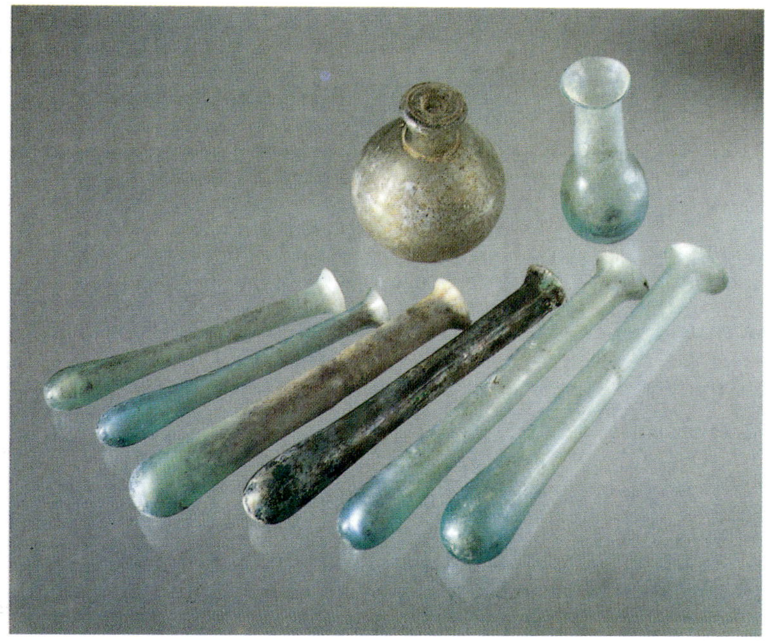

30-31

Inv. 9567.
Pompeji, I, 9, 9.
Caeruleum (Pompejanischblau).
Gefäß: kleine, farblose Tonschale.
Höhe 1,9 cm; Durchm. 3.6 cm.

Inv. 9560.
Pompeji, I, 9, 9.
Rubrica (roter Ocker).
Gefäß: kleine, farblose Tonschale.
Höhe 2,8 cm; Durchm. 4,3 cm.

Inv. 9573.
Pompeji, I, 9, 9.
Grau auf Eisenbasis.
Gefäß: kleine, farblose Tonschale.
Höhe 2,2 cm; Durchm. 3,4 cm.

Inv. 9575.
Pompeji, I, 9, 9.
Grau auf Eisenbasis.
Gefäß: kleine, farblose Tonschale.
Höhe 2,2 cm; Durchm. 3,2 cm.

Das Grau wird unter Beigabe von Silicium (SiO_2), Calcium (Ca) und Carbonaten (CO_3– –) hauptsächlich aus Hämatiten und Eisenoxyden (Fe_2O_3) gewonnen.

Bibl.: Allgemein zu Kat. Nr. 21-29: *Techniche di esecuzione. Materiali costitutivi*. Istituto Centrale del Restauro, Rom 1978, 186-187; 198-199, 204; SELIM AUGUSTI, in: *Pompeiana* 1950, 313 ff.; DERS., *I colori pompeiani*, Rom 1967, 62-72; 77-99.

A.C.

30. Salbfläschchen

Inv. 11906.
Pompeji, I, 18, 3.
Höhe 6,1 cm; Randdurchm. 2 cm; max. Durchm. 5 cm.
Grünblaues, durchscheinendes, geblasenes Glas mit Einfärbungen und feiner Emailschicht infolge Verfalls.
Vollständig.

Kugelförmiges Salbfläschchen mit zylindrischem Hals und ausladendem Rand, zur Öffnung hin abgeflacht und gefaltet. Trennungslinie zwischen Körper und Hals, Boden leicht abgeflacht.
Im Westen im 1. Jh. n.Chr. verbreiteter Typ des Salbfläschchens, der dem Typ Calvi, Taf. A, 18 I entspricht (M. CALVI, *I vetri romani del Museo di Aquileia*, Aquileia 1968, 37 ff.).

Bibl.: Unveröffentlicht.

L.A.S.H.

31. Salbfläschchen

Inv. 11907 A-G.
Pompeji, I, 18, 3.
Höhe A: 11,7 cm; B: 12,6 cm; C: 12,1 cm; D: 12,5 cm; E: 7 cm; F: 9,6 cm; G: 9,6 cm.

Sieben Salbfläschchen mit langem, zylindrischem Hals, ausladender, einfach geschnittener Öffnung und manchmal sich nach unten verbreiterndem Körper.
Dieser Typ von Salbfläschchen entspricht der Form ISINGS 8, die zwischen Anfang des 1. und Anfang des 3. Jhs. n.Chr. im ganzen Römischen Reich weitverbreitet war (vgl. L.A. SCATOZZA HÖRICHT, *I vetri romani di Ercolano*, Rom 1986, 58 ff.).
Diese kleinen Behälter, mit vergänglichen Pfropfen (Zucker, Stoff) verschlossen, waren zur Aufnahme medizinischer und kosmetischer Substanzen bestimmt (oft neben chirurgischem Gerät gefunden).

Bibl.: Unveröffentlicht.

L.A.S.H.

32. Nadel

Inv. 3489 B.
Pompeji, VII, 16, 15.
Länge 0,4 cm; Höhe 13,2 cm; Stärke 0,2 cm.
Bronze.

Nadel mit rechteckig geformtem Kopf mit abgerundeten Ecken, zum unteren und oberen abgeflachten Ende verjüngt, in Höhe des rechteckigen Nadelöhrs verbreitert. Für die zahllosen Vergleiche s. TABANELLI 1958, Taf. LIV; V. GALLIAZZO, *Bronzi Romani del Museo Civico di Treviso*, Venedig 1979, 170, Nr. 70; DÖRIG 1975, Nr. 366, 2, 14 und 16; BOUCHER, PERDU, FEUGÈRE 1980, 116 f.

Bibl.: Unveröffentlicht.

M.P.

33. Löffel (cochlear)

Inv. 34982.
Pompeji, I, 14, 15, Haus des Bacchus.
Länge 2,2 cm; Höhe 12,5 cm; Stärke 0,4 cm.
Bronze.

Löffel mit rundem Griff, verjüngtem Ober- und fast kugelförmigem Unterteil. Der *cochlear* diente verschiedenen Zwecken bei Tisch, besonders zum Essen von Meeresfrüchten, bei der Körperpflege, zum Mischen und Auftragen von Medizin oder im Kunsthandwerk (z.B. für Schreiber und Maler zum Mischen der Farben). Zahllose Vergleiche: DÖRIG 1975, Nr. 366, 6, 4 und 8; D. GORDON MITTEN, *Museum of Art, Rhode Island School of Design: Classical Bronzes*, Providence 1975, 172 Nr. 55; M. MOLINA, in: *Arch. Esp. de Arqueología*, 54, 1981, Abb. 2 (2), 3 und 6 (7-8); TABANELLI 1958, 103 f., Taf. LXIX.

Bibl.: Unveröffentlicht.

M.P.

34. Halterung mit medizinischen Instrumenten (theca vulneraria)

Inv. 11286 A-E.
Pompeji, I, 11, 15.
Halterung: Durchm. 1,4 cm; Höhe 10,6 cm.
a) Länge 0,5 cm; Höhe 13,5 cm; Stärke 0,5 cm.
b) Länge 0,5 cm; Höhe 14,6 cm; Stärke 0,4 cm.
c) Länge 0,6 cm; Höhe 15,2 cm; Stärke 0,3 cm.
d) Länge 0,6 cm; Höhe 15 cm; Stärke 0,3 cm.
e) Länge 0,4 cm; Höhe 10 cm; Stärke 0,3 cm.
Bronze.

Medizinische Instrumente in einer Halterung mit zylindrischem Ring als oberen Abschluß (Höhe 1,2 cm), 1 mm weit geöffnet, und halbkonischem Körper. Ähnliche Halterungen mit solchen Instrumenten wurden oft in Pompeji gefunden (vgl. VULPES 1847, Taf. VII-VIII; A. MAIURI, in: *Not. Scavi* 1939, 218 f.; TABANELLI 1958, 159 ff.).
Die Halterung enthielt folgende Instrumente:
a) *Specillum* (Sonde) aus Bronze. Runder Stab mit olivenförmig erweitertem Kopf. Das recht korrodierte

32. Ago

Inv. 3489 B.
Pompei,VII, 16, 15.
Lungh. cm 0,4; alt. cm 13,2; spess. cm 0,2.
Bronzo.

Ago con capo a sezione rettangolare, con angoli arrotondati, rastremato verso il basso e all'estremità superiore, che è appiattita; esso è inoltre ingrossato all'altezza della cruna, che è rettangolare. Tra i numerosissimi confronti v. TABANELLI 1958, tav. LIV; V. GALLIAZZO, *Bronzi romani del Museo Civico di Treviso,* Venezia 1979, p. 170, n. 70; DÖRIG 1975, n. 366, 2, 14 e 16; BOUCHER, PERDU, FEUGÈRE 1980, p. 116 s.

Bibl.: Inedito.

M.P.

32

33. Cucchiaino (cochlear)

Inv. 34982.
Pompei, I, 14, 15, casa di Bacco.
Lungh. cm 2,2; alt. cm 12,5; spess. cm 0,4.
Bronzo.

Cucchiaino (*cochlear*) con manico a sezione circolare, rastremato verso l'alto e coppetta inferiore quasi emisferica. Il *cochlear* veniva utilizzato per vari scopi sia nel corredo della mensa, in particolare per mangiare i frutti di mare, sia nella cosmesi del corpo, sia per mescolare e applicare medicamenti, sia per usi artigianali (ad es., dai tintori e dai pittori per mescolare e prelevare i colori). Numerosissimi sono i confronti: DÖRIG 1975, n. 366, 6, 4 e 8; D. GORDON MITTEN, *Museum of Art, Rhode Island School of Design: Classical Bronzes*, Providence 1975, p. 172, n. 55; M. MOLINA, in *Arch. Esp. de Arqueología,* 54, 1981, fig. 2 (2), 3 e 6 (7-8); TABANELLI 1958, p. 103 s., tav. LXIX.

Bibl.: Inedito.

M.P.

34. Astuccio con strumenti medici (theca vulneraria)

Inv. 11286A-E.
Pompei, I, 11, 15.
Fodero: Ø cm 1,4; alt. cm 10,6;
a) lungh. cm 0,5; alt. cm 13,5; spess. cm 0,5;
b) lungh. cm 0,5; alt. cm 14,6; spess. cm 0,4;
c) lungh. cm 0,6; alt. cm 15,2; spess. cm 0,3;
d) lungh. cm 0,6; alt. cm 15; spess. cm 0,3;
e) lungh. cm 0,4; alt. cm 10; spess. cm 0,3.
Bronzo.

Astuccio per contenere strumenti medici (*theca vulneraria*) costituito da un anello cilindrico alla sommità (alt. cm 1,2), aperto per uno spazio di mm 1, e da un corpo semi-conico.
Simili astucci con strumenti medici sono stati rinvenuti con frequenza a Pompei (cfr. VULPES 1847, tav. VII-VIII; A. MAIURI, in *Not. Scavi*, 1939 p. 218 s.; TABANELLI 1958, p. 159 ss.).
L'astuccio conteneva i seguenti strumenti:
a) *Specillum* (sonda) di bronzo. Corpo costituito da un bastoncello a sezione circolare, con estremità olivare ingrossata. L'estremità superiore, assai corrosa, è costituita da elementi a rotella sovrapposti e, alla sommità, da un elemento allungato troncopiramidale.
b) *Specillum oricularium* (sonda auricolare) costituito da un bastoncello a sezione circolare, spezzato da un lato e leggermente ingrossato al centro. All'altra estremità termina con un piccolo disco del diametro di soli cm 0,5. Simili strumenti erano usati sia in medicina, sia nella cosmetica, sia da alcune categorie di artigiani (ad esempio dai pittori e dai tintori per mescolare i colori). Numerosi sono i confronti (v. ad es. E. KÜNZL, in *BonnJahrb,* 182, 1982, p. 48, fig. 16 e p. 50, fig. 18, n. 9; DÖRIG 1975, n. 366, 1, 6; BOUCHER, PERDU, FEUGÈRE 1980, p. 119; TABANELLI 1958, p. 81, tavv. XXIV, da Pompei, XLI).
c) Ago con corpo e sezione quadrangolare leggermente ingrossato al centro e testa ingrandita arrotondata, cruna circolare (diam. cm 0,3). Assai comune (v. ad es. BOUCHER, PERDU, FEUGÈRE 1980, p. 116 s.; V. GALLIAZZO, *Bronzi Romani del Museo Civico di Treviso,* Venezia 1979, p. 170, n. 70; DÖRIG 1975, n. 366, 2, 14 e 16; TABANELLI 1958, p. 97 ss. e tavv. LIV-LVI).

34

d) Ago della stessa forma di *c*).
e) Frammento di punta di ago (?) a sezione ellittica. È spezzato alla sommità.

Bibl.: Inedito.

M.P.

35. Sonda (specillum)

Inv. 11168.
Pompei, I, 13, 5, *officina sutoria.*
Lungh. cm 0,7; alt. cm 15,7; spess. cm 0,4.
Bronzo.

Sonda (*specillum*) costituita da un bastoncino a sezione circolare, ingrossato leggermente ad una estremità. A un terzo della sua altezza presenta tre rotelle a rilievo.
L'altra estremità è lanceolata, con una leggera concavità su di un lato. Lo strumento serviva per molteplici usi: in farmacia era largamente utilizzato (con l'estremità ingrossata venivano mescolati i medicamenti, con l'altra, essi si spargevano). Esso era usato inoltre dagli artigiani, ad esempio dai tintori e dai pittori per mescolare i colori. Per i numerosi confronti v. VULPES 1847, p. 25 ss.; MILNE 1907, pl. XIV, n. 5; DÖRIG 1975, n. 366, 1, 23; G. LJUDMILA, *Severno Emonsko Grobisce* (*The Northern Necropolis of Emona*), Lubjana 1972, t. CXXI, n. 567, 13; TABANELLI 1958, p. 80 ss.

Bibl.: Inedito.

M.P.

36-37. Sonde (specilla)

Inv. 5394.
Pompei, I, 10, 7.
Lungh. cm 0,8; alt. cm 14,8; spess. cm 0,4.
Bronzo.

Inv. 7383A.
Pompei, I, 8, 14, casa di M. Epidius Primus.
Lungh. cm 1,4; alt. cm 19,2; spess. cm 0,5.
Bronzo.

Le due sonde (*specilla*) del medesimo tipo sono costituite da un bastoncello a sezione circolare, leggermente ingrossato verso il centro, e terminante in una estremità olivare. L'altra estremità, appiattita, è conformata a foglia lanceolata. Tale strumento era usato sia per mescolare ed applicare medicamenti, sia come articolo di toeletta, sia dagli artigiani, ad esempio dai tintori e dai pittori per mescolare i colori. Tra i numerosi confronti, v. TABANELLI 1958, p. 80 ss., tav. XXXIX-XL; VULPES 1847, p. 25 ss.; E. KÜNZL, in *BonnJahrb,* 182, 1982, p. 13, fig. 3 e p. 51, fig. 19, n. 19; R. INVERNIZZI, C. TOMASELLI, M.G. ZEZZA, *Museo dell'Istituto di Archeologia dell'Università di Pavia. Materiali,* 1, 1983, p. 100 s., 192 M 52; MILNE 1907, pl. XIV, n. I e 5 e pl. XV n. I; V. GALLIAZZO, *Bronzi Romani del Museo Civico di Treviso,* Venezia 1979, p. 159 s.; DÖRIG 1975, n. 366, 6, 13.

Bibl.: Inediti.

M.P.

38. Sonda (spatomele)

Inv. 11527.
Pompei, I, 13, 2.
Lungh. cm 0,9; alt. cm 18,3; spess. cm 0,6.
Bronzo.

Oberteil besteht aus übereinandergesetzten Scheibenelementen und einem verlängert pyramidalen Teil darüber.
b) *Specillum oricularium* (Hörsonde). Runder, an einer Seite geteilter Stab mit leichter Vergrößerung in der Mitte. Das andere Ende bildet eine kleine Scheibe von nur 0,5 cm Durchmesser. Solche Instrumente wurden in der Medizin, der Kosmetik und dem Kunsthandwerk (zum Mischen der Farben) verwendet. Zahllose Vergleiche (z.B. E. KÜNZL, in: *BonnJahrb*, 182, 1982, 48, Abb. 16 und 50, Abb. 18, Nr. 9; DÖRIG 1975, Nr. 366, 1, 6; BOUCHER, PERDU, FEUGÈRE 1980, 119; TABANELLI 1958, 81, Taf. XXIV, aus Pompeji XLI).
c) Allgemein gebräuchliche rechteckige, in der Mitte leicht vergrößerte Nadel mit rund erweitertem Kopf und rundem Nadelöhr von 0,3 cm Durchmesser (z.B. BOUCHER, PERDU, FEUGÈRE 1980, 116 f.; V. GALLIAZZO, *Bronzi Romani del Museo Civico di Treviso*, Venedig 1979, 170, Nr. 70; DÖRIG 1975, Nr. 366, 2, 14 und 16; TABANELLI 1958, 97 ff. und Taf. LIV-LVI).
d) Nadel von gleicher Form wie *c*).
e) Fragment einer Nadelspitze (?) von elliptischem Querschnitt; oben abgebrochen.

Bibl.: Unveröffentlicht.

M.P.

35. Sonde (specillum)

Inv. 11168.
Pompeji, I, 13, 5, *officina sutoria*.
Länge 0,7 cm; Höhe 15,7 cm; Stärke 0,4 cm.
Bronze.

Sonde aus rundem Stab mit leichter Verdickung an einem Ende. Auf einem Drittel der Höhe drei reliefierte Räder. Das andere Ende ist lanzettförmig und auf einer Seite leicht konkav. U.a. weitverbreitet in der Pharmazie (mit dem stärkeren Ende wurden die Medikamente gemischt, mit dem anderen verstrichen) und im Kunsthandwerk (zum Mischen der Farben). Zahllose Vergleiche, s. VULPES 1847, 25 ff.; MILNE 1907, Taf. XIV, Nr. 5; DÖRIG 1975, Nr. 366, 1, 23; G. LJUDMILA, *Severno Emonsko Grobisce (The Northern necropolis of Emona)*, Lubljana 1972, Taf. CXXI, Nr. 567, 13; TABANELLI 1958, 80 ff.

Bibl.: Unveröffentlicht.

M.P.

36-37. Sonden (specilla)

Inv. 5394.
Pompeji, I, 10, 7.
Länge 0,8 cm; Höhe 14,8 cm; Stärke 0,4 cm.
Bronze.

Inv. 7383 A.
Pompeji, I, 8, 14, Haus des M. Epidius Primus.
Länge 1,4 cm; Höhe 19,2 cm; Stärke 0,5 cm.
Bronze.

Die beiden Sonden gleichen Typs bestehen aus einem runden, in der Mitte leicht verstärkten Stab und einem olivenförmigen Ende. Das andere, flache Ende ist wie ein lanzettförmiges Blatt gestaltet. Das Instrument diente dem Mischen und Auftragen von Medikamenten, der Toilette und dem Mischen von Farben. Zahlreiche Vergleiche, s. TABANELLI 1958, 80 ff., Taf. XXXIX-XL; VULPES 1847, 25 ff.; E. KÜNZL, in: *BonnJahrb*, 182, 1982, 13, Abb. 3 und 51, Abb. 19, Nr. 19; R. INVERNIZZI, C. TOMASELLI, M.G. ZEZZA, *Museo dell'Istituto di Archeologia dell'Università di Pavia. Materiali*, 1, 1983, 100 f., 192 M 52; MILNE 1907, Taf. XIV, Nr. 1 und 5 und Taf. XV, Nr. 1; V. GALLIAZZO, *Bronzi*

39–40, 33

Romani del Museo Civico di Treviso, Venedig 1979, 159 f.; DÖRIG 1975, Nr. 366, 6, 13.

Bibl.: Unveröffentlicht.

M.P.

38. Sonde (spatomele)

Inv. 11527.
Pompeji, I, 13, 2.
Länge 0,9 cm; Höhe 18,3 cm; Stärke 0,6 cm.
Bronze.

Sonde aus rundem Stab mit olivenförmigem Ende an der einen Seite; das andere ist zu einem Spatel mit seitlichen Apophysen unten verbreitert und durch ein Kügelchen zwischen zwei Scheiben vom Körper getrennt. Die Form des *specillum* ist wahrscheinlich

35–38

mit der *spatomele* der Quellen identisch und in Pompeji und dem Römischen Reich weit verbreitet. Sie diente zum Mischen und Auflegen von Medikamenten, zur Toilette und zum Mischen von Farben (vgl. TABANELLI 1958, 78 ff.; MILNE 1907, Taf. XIII, Nr. 3; M. MOLINA, in: *Arch. Esp. de Arqueología*, 54, 1981, Abb. 6, Nr. 1-2; DÖRIG 1975, Nr. 366, 2, 7; E. KÜNZL, in: *BonnJahrb*, 182, 1982, 54, Abb. 23).

Bibl.: Unveröffentlicht.

M.P.

39-40. Instrumente

a) Inv. 546 A.
Pompeji, V, 1, 3.
Länge 2,5 cm; Höhe 13,5 cm; Stärke 0,2 cm.
Bronze.

b) Inv. 11104.
Pompeji, I, 13, 7.
Länge 1,7 cm; Höhe 12,5 cm; Stärke 0,3 cm.
Bronze.

a) Instrument mit rechteckigem, nach oben verjüngtem, spitz endendem Griff. Am anderen Ende ist ein flaches, elliptisches Element.
b) Instrument mit feinem, rundem, nach oben leicht verjüngtem und spitz endendem Griff. Das untere Ende weitet sich zu einem flachen Spatel aus, der trapezoid am Griff ansetzt und durch zwei Ritzlinien von diesem getrennt wird.
Es könnte sich um ein chirurgisches Instrument (Knochenheber) handeln (vgl. TABANELLI 1958, 125 f., Taf. XCVIII; MILNE 1907, 78, Taf. XIX, Nr. 4; MOLINA, in: *Arch. Esp. de Arqueología*, 54, 1984, Abb. 3-4). Ferner wurde es zum Öffnen von Weichtieren und wahrscheinlich zu kosmetischen und kunsthandwerklichen Zwecken (Mischen von Farben) benutzt (vgl. R. INVERNIZZI, C. TOMASELLI, M.G. ZEZZA, *Museo dell'Istituto di Archeologia dell'Università di Pavia, Materiali*, 1, 1983, 101 f., 192).

Bibl.: Unveröffentlicht.

M.P.

41-42. Pinzetten

Inv. 12452 A.
Pompeji, I, 18, 5.
Länge 1,5 cm; Höhe 8 cm; Stärke 1 cm.
Bronze.

Inv. 3139 A.
Pompeji, VI, 16, 11.
Länge 1 cm; Höhe 8,1 cm; Stärke 1,1 cm.
Bronze.

Ringförmige Spitze und rechteckige, sich verbreiternde Arme, deren Enden nach innen umbiegen.
Eine solche Pinzette konnte vielen Zwecken dienen, in der Chirurgie, zur Körperpflege, im Kunsthandwerk. Zahlreiche Beispiele, s. M. MOLINA, in: *Arch. Esp. de Arqueología*, 54, 1981, 258, Abb. 5, Nr. 4, 7; DÖRIG 1975, Abb. 366, 4, Nr. 4; TABANELLI 1958, Taf. XLVI; VULPES 1847, 49 ff.

Bibl.: Unveröffentlicht.

M.P.

43. Pinzette

Inv. 7030.
Pompeji, I, 8, 5, Haus der indischen Statuette.
Länge 1,6 cm; Höhe 10,8 cm; Stärke 0,5 cm.
Bronze.

Die rechteckigen Arme bestehen aus zwei in stumpfem Winkel aneinandergesetzten Segmenten. Halbrunde Spitze mit Feder, untere Enden umgebogen.

Sonda (*specillum*) costituita da un bastoncello a sezione circolare con terminazione olivare da un lato. L'estremità opposta è conformata a spatola appiattita con apofisi laterali in basso, separata dal corpo da una sferetta racchiusa fra due rotelle in rilievo. Questo tipo di *specillum,* probabilmente da identificare con quello che le fonti indicano come *spatomele,* è ampiamente attestato sia a Pompei che in tutto il mondo romano, e serviva sia per mescolare e applicare medicamenti, sia come articolo di toeletta, sia come strumento per alcune categorie di artigiani: ad es., esso era utilizzato dai tintori e dai pittori per mescolare i colori (cfr. Tabanelli 1958, p. 78 ss.; Milne 1907, pl. xiii, n. 3; M. Molina, in *Arch. Esp. de Arqueología,* 54,1981, fig. 6, n. 1-2; Dörig 1975, n. 366, 2, 7; E. Künzl, in *BonnJahrb,* 182, 1982, p. 54, fig. 23).

Bibl.: Inedito.

M.P.

39-40. Utensili

a) Inv. 546 A.
Pompei, v, 1, 3.
Lungh. cm 2,5; alt. cm 13,5; spess. cm 0,2.
Bronzo.

b) Inv. 11104.
Pompei, i, 13, 7.
Lungh. cm 1,7; alt. cm 12,5; spess. cm 0,3.
Bronzo.

a) Strumento costituito da un manico a sezione rettangolare rastremato verso l'alto dove termina a punta. All'altra estremità è un elemento ellittico appiattito.
b) Strumento costituito da un sottile manico a sezione circolare, leggermente rastremato verso l'alto dove termina a punta. Estremità inferiore allargata e appiattita a forma di spatola, obliqua rispetto al manico, trapezoidale, separata dal manico da due linee incise.
Potrebbe trattarsi di uno strumento chirurgico (leva per ossa) (cfr. Tabanelli 1958, p. 125 s., tav. xcviii; Milne 1907, p. 78, tav. xix, n. 4; Molina, in *Arch. Esp. de Arqueología,* 54, 1984, fig. 3-4). Esso però era anche utilizzato nei servizi da mensa come utensile per aprire i molluschi e, probabilmente, per usi cosmetici e anche artigianali (ad es., dai pittori e dai tintori per mescolare i colori) (cfr. R. Invernizzi, C. Tomaselli, M.G. Zezza, *Museo dell'Istituto di Archeologia dell'Università di Pavia, Materiali,* 1, 1983, pp. 101 s., 192).

Bibl.: Inediti.

M.P.

41-42. Pinzette

Inv. 12452 A.
Pompei, i, 18, 5.
Lungh. cm 1,5; alt. cm 8, spess. cm 1.
Bronzo.

Inv. 3139 A.
Pompei, vi, 16, 11.
Lungh. cm 1; alt. cm 8,1; spess. cm 1,1.
Bronzo.

Apice conformato ad anello, branche rettangolari, dilagate, con estremità rientranti a taglio trasversale rettilineo.
Tale tipo di pinzetta poteva avere molteplici usi, ad esempio chirurgici, per la cura del corpo o artigianali. Tra i numerosi confronti v. M. Molina, in *Arch. Esp. de Arqueología,* 54, 1981, p. 258, fig. 5, nn. 4 e 7; Dörig 1975, fig. 366, 4, n. 4; Tabanelli 1958, tav. xlvi; Vulpes 1847, p. 49 ss.

Bibl.: Inediti.

M.P.

41–42

43. Pinzetta

Inv. 7030.
Pompei, i, 8, 5, casa della Statuetta indiana.
Lungh. cm 1,6; alt. cm 10,8; spess. cm 0,5.
Bronzo.

Bracci costituiti da sbarrette rettangolari articolate in due segmenti ad angolo ottuso. Apice semicircolare a molla. Le estremità inferiori sono rientranti. Tale tipo di pinzetta poteva servire per molteplici usi, ad esempio chirurgici o per la cura del corpo. Tra i numerosi confronti v. Tabanelli 1958, p. 87 ss., tav. xlvi-xlvii; Dörig 1975, n. 366, 4, 6; Boucher, Perdu, Feugère 1980, p. 89, n. 431; D. Gordon Mitten, *Museum of Art. Rhode Island School of Design: Classical Bronzes,* Providence 1975, p. 168, n. 51; Vulpes 1847, p. 49 ss.

Bibl.: Inedito.

M.P.

44. Pinzetta

Inv. 12452 B.
Pompei, i, 18, 5.
Lungh. cm 1,2; alt. cm 14,5; spess. cm 2.
Bronzo.

Apice a sagomatura a molla, branche rettangolari ad angolo ottuso, ispessite nella zona inferiore rientranti alle estremità inferiori. Tale tipo di pinzetta poteva avere molteplici usi, ad esempio chirurgici o per la cura del corpo. Tra i numerosi confronti v. Boucher, Perdu, Feugère 1980, p. 89, n. 431; Tabanelli 1958, p. 87 ss., tavv. xlvi-lvii; Dörig 1975, n. 366, 1, 6; D. Gordon Mitten, *Museum of Art, Rhode Island. Classical Bronzes,* Providence 1975, p. 168, n. 51.

Bibl.: Inedito.

M.P.

45-46. Coltelli a mezzaluna

a) Inv. 6548.
Pompei, i, 8, 17, casa dei Quattro Stili.
Lungh. cm 19,5; largh. cm 5,5; spess. cm 2,4, lama: lungh. cm 12; largh. cm 5,3; spess. cm 0,5.
Manico in bronzo e lama semilunata in ferro.
Lama molto incrostata.

b) Inv. 6549.
Pompei, i, 8, 17, casa dei Quattro Stili.
Lungh. cm 19; alt. cm 6; spess. cm 10,5; lama: lungh. cm 12; largh. cm 5,8; spess. cm 0,2.
Manico in bronzo e lama semilunata in ferro.
Lama molto incrostata.

a) Coltello a mezzaluna con manico assai elaborato costituito da un elemento parallelepipedo articolato da modanature, sormontato da una sferetta racchiusa fra due rotelle modanate (di dimensioni piú piccole quella inferiore) e terminante infine in un elemento tronco-conico con punto in rilievo alla sommità. La lama è molto incrostata.

b) Coltello a mezzaluna con manico assai elaborato costituito da una statuetta di erote alato su una basetta parallelepipeda decorata sul davanti e sul retro da un motivo inciso a stella racchiusa fra due linee orizzontali. La gamba destra è leggermente flessa in avanti, la gamba sinistra è tesa. Il braccio destro è alzato e la mano tocca la chioma. Il braccio sinistro è leggermente piegato lungo il fianco. La piccola testa rotonda presenta occhi, naso e bocca appena accennati. La capigliatura è indicata da lievi incisioni.

Il coltello a mezzaluna era utilizzato per la lavorazione del cuoio, come dimostrano i ritrovamenti di Vindonissa e di Pompei (cfr. A. Gansser-Burckhardt, *Das Leder und seine Verarbeitung im römischen Legionlager von Vindonissa,* Basel 1942, p. 17 s.; R.J. Forbes, *Studies in Ancient Technology,* v, Leiden 1966^{2}, p. 62 s.; M. Della Corte, *Case ed abitanti di Pompei,* Napoli 1965^{3}, p. 185). Un coltello del tutto simile è raffigurato pure su un rilievo in terracotta, con la rappresentazione della bottega di un fabbro, da Ostia (cfr. Tabanelli 1958, tav. ii).
Notevole era l'utilizzo del cuoio in età romana sia per le calzature, sia per gli abiti, le cinture e le corazze, sia per le selle e i finimenti dei cavalli. A Pompei sono attestate alcune officine operanti nel settore, come quella celebre di *M. Vecilius Verecundus* (v. da ultimi R. Angelone, *L'officina coactiliaria di M. Vecilio Verecundo a Pompei,* Napoli 1986; G.F. La Torre, *Gli impianti commerciali ed artigianali,* in *Pompei. L'informatica al servizio di una città antica,* Roma 1988, p. 84).
I due coltelli, rinvenuti nel triclinio dell'abitazione il 15 aprile 1938, fanno parte di un gruppo di strumenti (inv. da 6545 a 6567) che comprende due scalpelli con manico di bronzo decorato con testa di cavallo, uno scalpello in ferro, il morsetto inv. 6559 (Cat. n. 47), un gruppo di cesoie, un coltello di altro tipo e un altro, identico a quelli qui presentati, con manico decorato da una testa di Ercole barbato (inv. 6552), che dovevano appunto costituire il corredo di un artigiano di un certo tono, vista l'eleganza della decorazione degli utensili di lavoro. Lo studio di questo ritrovamento nel suo complesso potrà fornire dati interessanti tenuto conto che si tratta dell'unica documentazione completa di uno strumentario di questo tipo. Esso fornisce inoltre una indicazione sugli interessi economici del proprietario della casa dei Quattro Stili (su di essa, ma senza una edizione degli oggetti rinvenuti, A. Gallo, *La casa dei Quattro Stili,* Napoli 1989).

Bibl.: Inediti.

M.P.

47. Morsetto

Inv. 6559.
Pompei, i, 8, 17, casa dei Quattro Stili.
Lungh. cm 3,5; alt. cm 21,5; spess. cm 0,5.
Bronzo.

Strumento costituito da due lunghe sbarre parallelepipede, arrotondate verso l'esterno e seghettate, con una linea ondulata anch'essa arrotondata, all'interno

U.a. in der Chirurgie und der Körperpflege verwendet. Zahllose Beispiele, s. TABANELLI 1958, 87 ff., Taf. XLVI-XLVII; DÖRIG 1975, Nr. 366, 4, 6; BOUCHER, PERDU, FEUGÈRE 1980, 89, Nr. 431; D. GORDON MITTEN, *Museum of Art. Rhode Island School of Design: Classical Bronzes*, Providence 1975, 168, Nr. 51; VULPES 1847, 49 ff.

Bibl.: Unveröffentlicht.

M.P.

44. Pinzette

Inv. 12452 B.
Pompeji, I, 18, 5.
Länge 1,2 cm; Höhe 14,5 cm; Stärke 2 cm.
Bronze.

Spitze mit Zangenprofil; Arme rechteckig, in stumpfem Winkel, unten verdickt und nach innen umknickend. Vielfältig verwendbar, z.B. in der Chirurgie und Körperpflege. Zahlreiche Beispiele, vgl. BOUCHER, PERDU, FEUGÈRE 1980, 89, Nr. 431; TABANELLI 1958, 87 ff., Taf. XLVI-XLVII; DÖRIG 1975, Nr. 366, 1, 6; D. GORDON MITTEN, *Museum of Art, Rhode Island School of Design: Classical Bronzes*, Providence 1975, 168, Nr. 51.

Bibl.: Unveröffentlicht.

M.P.

45-46. Halbmondförmige Messer

a) Inv. 6548.
Pompeji, I, 8, 17, Haus der Vier Stile.
Länge 19,5 cm; Breite 5,5 cm; Stärke 2,4 cm; Klinge: Länge 12 cm; Breite 5,3 cm; Stärke 0,5 cm.
Griff aus Bronze, Klinge aus Eisen.
Klinge sehr verkrustet.

b) Inv. 6549.
Pompeji, I, 8, 17, Haus der Vier Stile.
Länge 19 cm; Höhe 6 cm; Stärke 10,5 cm; Klinge: Länge 12 cm; Breite 5,8 cm; Stärke 0,2 cm.
Griff aus Bronze, Klinge aus Eisen.
Klinge sehr verkrustet.

a) Halbmondförmiges Messer mit aufwendig bearbeitetem Griff aus einem parallelflachen, profilierten Element, einer Kugel zwischen zwei Scheiben (die untere ist kleiner) und konischem Abschluß mit reliefierter Spitze. Klinge stark verkrustet.

45–46

43–44

b) Halbmondförmiges Messer, dessen Griff aufwendig in Form eines geflügelten Eroten auf einer parallelflachen Basis gearbeitet ist, die vorn und hinten mit einem geritzten Stern zwischen zwei Horizontallinien dekoriert ist. Das rechte Bein ist leicht vorgesetzt, das linke gestreckt. Die Hand des erhobenen rechten Arms berührt die Krone. Der linke Arm ist leicht über die Hüfte gelegt. Augen, Nase und Mund des kleinen, runden Kopfes kaum, die Frisur durch schwache Einritzungen angedeutet.

Gemäß den Funden von Vindonissa und Pompeji wurde das Messer zur Lederverarbeitung verwendet (vgl. A. GANSSER-BURCKHARDT, *Das Leder und seine Verarbeitung im römischen Legionlager von Vindonissa*, Basel 1942, 17 f.; R.J. FORBES, *Studies in Ancient Technology*, V, Leiden 1966^2, 62 f.; M. DELLA CORTE, *Case ed abitanti di Pompei*, Neapel 1965^3, 185). Ein ganz ähnliches Messer ist auf einem Terrakottarelief aus Ostia mit der Darstellung einer Schmiede abgebildet (vgl. TABANELLI 1958, Taf. II).
Die Römer benutzten Leder für Schuhe und Kleider, Gürtel und Rüstungen, Pferdesattel und -geschirr. In Pompeji sind einige Lederwerkstätten bezeugt, so die berühmte des *M. Vecilius Verecundus* (zuletzt R. ANGELONE, *L'officina coactiliaria di M. Vecilio Verecundo a Pompei*, Neapel 1986; G.F. LA TORRE, *Gli impianti commerciali ed artigianali*, in: *Pompei. L'informatica al servizio di una città antica*, Rom 1988, 84).
Die beiden Messer wurden am 15. April 1938 im Triklinium des Wohnhauses als Teil einer Gruppe von Instrumenten (Inv. 6545 bis 6567) gefunden, die zwei Meißel mit Pferdekopf auf dem Bronzegriff, ein Eisenmeißel, die Zwinge Inv. 6559 (Kat. Nr. 47), Scheren, ein Messer anderen Typs sowie ein den hier vorgestellten ähnliches, dessen Griff den Kopf eines bärtigen Hercules aufweist (Inv. 6552). Nach der eleganten Dekoration der Arbeitsinstrumente muß es sich um die Ausstattung eines gutsituierten Handwerkers gehandelt haben. Die Untersuchung dieser einzigartigen Fundgruppe könnte interessante Informationen liefern. Sie ist auch ein Hinweis auf die wirtschaftlichen Interessen des Besitzers des Hauses der Vier Stile (A. GALLO, *La casa dei Quattro Stili*, Neapel 1989, ohne Bearbeitung der Instrumente).

Bibl.: Unveröffentlicht.

M.P.

47. Zwinge

Inv. 6559.
Pompeji, I, 8, 17, Haus der Vier Stile.
Länge 3,5 cm; Höhe 21,5 cm; Stärke 0,5 cm.
Bronze.

Instrument aus zwei langen, parallelflachen Armen, die nach außen abgerundet und auf der oberen Innenseite in gerundeter Wellenlinie gezackt sind. Ein rechteckiges Scharnier hält sie mit zwei Stiften zusammen und macht sie beweglich.
Zwei runde Löcher (Durchm. 0,7 cm) sind auf gleicher Höhe in die unteren Enden eingearbeitet.
Zwei weitere, kleinere Löcherpaare befinden sich direkt in den kugelförmig verstärkten Enden. Die Löcher dienten für die Lederbänder, mit denen das Gerät geschlossen werden konnte.
Ein ganz ähnliches Exemplar, wohl irrtümlich für ein chirurgisches Instrument gehalten, publizierte E. KÜNZL, in: *BonnJahrb*, 182, 1982, 124. Das sicher als Zwinge benutzte Instrument wurde zusammen mit vielen anderen Bronze- und Eisengeräten zur Lederbearbeitung (Inv. 6545 bis 6567) gefunden, u.a. zwei Halbmondmesser (Kat. Nr. 45-46).

Bibl.: Unveröffentlicht.

M.P.

48. Instrument

Inv. 11104 B.
Pompeji, I, 13, 7.
Länge 0,8 cm; Höhe 12 cm; Stärke 0,4 cm.
Bronze.

Instrument von rechteckigem Querschnitt mit abgerundeten Ecken. Meißelartiger Kopf, unteres Ende spitz. Ähnliche Utensilien sind weit verbreitet (vgl. z.B. MILNE 1907, Taf. XIV, Nr. 5) und dienten vielfältigen, medizinischen, kosmetischen oder handwerklichen Zwecken.

Bibl.: Unveröffentlicht.

M.P.

49-50. Hacken (ligones)

a) Inv. 18228.
Pompeji, I, 10, 7, Haus des Schmieds.
Länge 26,5 cm; max. Breite 19 cm.
Eisen.

47

nella parte superiore. Esse sono collegate e rese mobili in alto da una cerniera, costituita da una sbarretta rettangolare, alla quale sono fissate attraverso due perni. Due fori circolari (diam. mm 7) sono praticati trasversalmente, alla stessa altezza, a breve distanza dalle estremità inferiori.
Altre due coppie di fori, piú piccoli, sono proprio alla base, che è ingrossata a forma sferica. I fori dovevano servire per sistemare dei legacci di cuoio per la chiusura dello strumento.
Un esemplare piuttosto simile, credo erroneamente ritenuto uno strumento chirurgico, è pubblicato da E. KÜNZL, in *BonnJahrb,* 182, 1982, p. 124. Lo strumento, che certo era utilizzato come morsetto, fu rinvenuto assieme a molti altri utensili di bronzo o di ferro (inv. da 6545 a 6567), destinati alla lavorazione del cuoio, tra i quali due coltelli a mezzaluna (Cat. nn. 45-46).

Bibl.: Inedito.

M.P.

48. Utensile

Inv. 11104 B.
Pompei, I, 13, 7.
Lungh. cm 0,8; alt. cm 12; spess. cm 0,4.
Bronzo.

Strumento a sezione quadrangolare con angoli arrotondati. All'estremità inferiore termina a punta, all'estremità superiore a scalpello. Simili strumenti, assai diffusi (cfr. ad es. MILNE 1907, pl. XIV, n. 5), erano utilizzati per molteplici usi, sia medici, che artigianali, che cosmetici.

Bibl.: Inedito.

M.P.

49-50. Zappe (ligones)

a) Inv. 18228.
Pompei, I, 10, 7, casa del Fabbro.
Lungh. cm 26,5; largh. max. cm 19.
Ferro.

b) Inv. 20756.
Pompei, I, 10, 4, casa del Menandro.
Lungh. cm 21; largh. cm 19.
Ferro.

Zappa (*ligo*) a lama trapezoidale, arrotondata sul davanti e sporgente all'esterno presso l'estremità della parte posteriore. Appendice di forma parallelepipeda con occhio per immanicatura. In *a*) residui del manico ligneo, a sezione circolare. Databile al I secolo d.C.
La zappa era, ed è anche oggi, uno strumento agricolo usato per la lavorazione a mano del terreno (cfr. K.D. WHITE, *Agricultural Implements of the Roman World,* Cambridge 1967, pp. 37-40; J. KOLENDO, *L'agricoltura nell'Italia romana,* Roma 1980, p. 85 ss.). In particolare essa veniva adoperata, nel corso della preparazione del terreno prima della semina, nella *occatio,* consistente nello sminuzzamento delle zolle dopo l'aratura o nella ricopertura del seminato. La zappa poteva essere usata anche nella *sartio,* effettuata dopo la semina, rimuovendo il terreno al fine di prevenire la crescita di erbacce e per assicurare ad esso un sufficiente grado di umidità.

Bibl.: Inediti.

L.F.

51. Roncola (falx arboraria)

Inv. 16593.
Pompei, VI, 17, 42.
Lungh. cm 26; largh. max. cm 14.
Ferro.

Lama piatta, prima rettilinea, poi incurvata ad angolo retto; residui del corto manico ligneo, a sezione circolare. Databile al I secolo d.C.
La roncola era uno strumento agricolo usato per la potatura. Tra i numerosi esemplari pompeiani sono comprese quelle piú grandi e pesanti, usate per alberi di alto fusto, e quelle piú piccole e leggere, adoperate nei giardini e nei frutteti per piante o alberi di minori dimensioni (cfr. K.D. WHITE, *Agricultural Implements of the Roman World,* Cambridge 1967, pp. 86-88).

Bibl.: Inedito.

L.F.

52. Accetta (securis)

Inv. 18227.
Pompei, I, 10, 7, casa del Fabbro.
Largh. cm 25; alt. max. cm 12.
Ferro.

Accetta di forma trapezoidale, stretta e allungata; taglio quasi rettilineo. Nell'occhio, destinato all'immanicatura, è inserita parte del manico ligneo, a sezione circolare. Databile al I secolo d.C.
L'accetta era uno strumento usato in carpenteria o, piú in generale, per il taglio o la spaccatura del legname.

Bibl.: Inedito.

L.F.

53. Ascia (ascia)

Inv. 23184.
Pompei, provenienza non precisabile.
Largh. cm 22; alt. max. cm 12.
Ferro.

L'attrezzo presenta, ai due lati del manico, il taglio orizzontale, ripiegato in basso; dalla parte opposta vi è una testa a martello cilindrica. Il manico, presumibilmente ligneo, era inserito in un cilindro cavo centrale. Databile al I secolo d.C.
L'ascia era uno strumento da taglio, usato nella lavorazione del legno: da Pompei provengono numerosi esemplari, di fogge e dimensioni varie.

Bibl.: Inedito.

L.F.

54. Scalpello (scalprum)

Inv. 3504.
Pompei, I, 7, 11, casa dell'Efebo.
Lungh. cm 25,7; largh. max. cm 8,2.
Ferro.

Scalpello di forma triangolare con taglio leggermente arrotondato. L'elemento che subiva la percussione è di forma cilindrica, schiacciata. Tra questo e il taglio vi è un breve tratto cilindrico destinato all'impugnatura. Databile al I secolo d.C.
Lo scalpello era uno strumento destinato alla lavorazione di materiali di vario tipo, mediante taglio e asportazione. Era piú frequentemente usato in carpenteria, ma anche per opere di muratura e per metalli.

Bibl.: Inedito.

L.F.

55. Stadera

Inv. 43469.
Pompei, I, 14-12, amb. 2.
Alt. cm 56,3; lungh. braccio cm 25,1; Ø piatto cm 13.
Bronzo.

Stadera con romano figurato; braccio con due fulcri ai quali corrispondono i rispettivi ganci per la sospensione; il braccio, a sezione romboidale, terminante con semisfera tanto grande da impedire lo sganciamento del romano, presenta su due facce contrapposte l'indicazione delle misure. Al fulcro piú interno, per la pesatura di oggetti di minor peso, corrispondono le cifre romane da I a VIIII, e sullo spigolo, lungo il quale scorre il romano, sono poste le tacche corrispondenti, compreso l'intervallo mediano. Al fulcro piú esterno, invece, sono pertinenti le misure cosí scandite VIIII, X, V, XX, V, XXX, V; in questo caso sullo spigolo superiore, le tacche corrispondono anche ai valori intermedi. Un articolato complesso di ganci, uno dei quali con le estremità a testa di cigno, congiungono il braccio alle quattro catenelle (lungh. cm 41) che hanno la possibilità di essere bloccate da un disco mobile a quattro fori. Le catenelle reggono il piattino, legate ad anelli saldati a quattro punte di freccia, puntate al centro, che decorano la parte inferiore dello stesso; questo, di forma circolare, presenta la faccia superiore decorata con cerchi concentrici e i bordi leggermente rilevati. Il romano, configurato a bustino virile, forse rappresenta un auriga: la testa, tranne le orecchie, è completamente coperta da una cuffia legata sotto il mento; sulla fronte, all'altezza delle tempie e sulla nuca fuoriescono le punte dei capelli; i tratti fisionomici del volto sono molto marcati e gli occhi, in argento, presentano la pupilla incavata.
L'oggetto, prodotto a metà del I secolo d.C., trova molti confronti in reperti analoghi provenienti dall'area vesuviana, ove l'unica differenza è la raffigurazione del romano. Di probabile produzione campana, era diffuso in tutta l'Italia Centrale. Le pesate sono probabilmente quelle stabilite dagli edili *M. Articuleius* e *Gn. Turrianus* nel 47 d.C., in base al confronto con una stadera molto simile del Museo Nazionale di

48

51

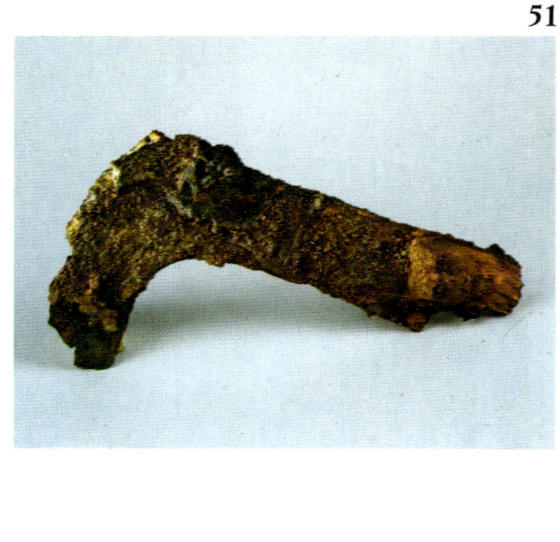

b) Inv. 20756.
Pompeji, I, 10, 4, Haus des Menander.
Länge 21 cm; Breite 19 cm.
Eisen.

Hacke mit trapezoider, vorne abgerundeter und hinten sich verbreiternder Schneide. Parallelflacher Fortsatz mit einer Öffnung für den Handgriff. In a) Reste des hölzernen, runden Griffs. 1. Jh. n.Chr.
Die Hacke war und ist ein landwirtschaftliches Gerät zur manuellen Bodenbearbeitung (vgl. K.D. WHITE, *Agricultural Implements of the Roman World*, Cambridge 1967, 37-40; J. KOLENDO, *L'agricoltura nell'Italia romana*, Rom 1980, 85 ff.). Vor allem wurde sie bei der Vorbereitung des Bodens zur Aussaat, bei der *occatio*, eingesetzt, der Zerkleinerung der Schollen nach dem Pflügen oder bei der Aussaat. Nach der Aussaat diente sie auch der *sartio*, der Räumung des Bodens, damit die Pflanzen wachsen und genug Feuchtigkeit aufnehmen konnten.

Bibl.: Unveröffentlicht.

L.F.

51. Hippe (falx arboraria)

Inv. 16593.
Pompeji, VI, 17, 42.
Länge 26 cm; max. Breite 14 cm.
Eisen.

Flache, erst gerade, dann rechtwinklig umgebogene Schneide. Reste des kurzen, runden Holzgriffs. 1. Jh. n.Chr.
Die Hippe ist ein landwirtschaftliches Gerät zur Baumbeschneidung. Unter den zahlreichen pompejanischen Exemplaren finden sich große, schwere für Bäume mit hohem Stamm sowie kleinere, leichte für kleinere Bäume und Pflanzen in Gärten und Obstgärten (vgl. K.D. WHITE, *Agricultural Implements of the Roman World*, Cambridge 1967, 86-88).

Bibl.: Unveröffentlicht.

L.F.

52. Axt (securis)

Inv. 18227.
Pompeji, I, 10, 7, Haus des Schmieds.
Breite 25 cm; max. Höhe 12 cm.
Eisen.

Schmale, lange, trapezoide Axt von fast geradliniger Form. In der Öffnung steckt ein Teil des runden Holzgriffs. 1. Jh. n.Chr.
Die Axt wurde im Zimmerhandwerk und allgemeiner zum Schneiden und Spalten von Holz verwendet.

Bibl.: Unveröffentlicht.

L.F.

49

53. Zimmermannsaxt (ascia)

Inv. 23184.
Pompeji, genauer Fundort unbekannt.
Breite 22 cm; max. Höhe 12 cm.
Eisen.

Eine horizontale Form beidseits des Griffs ist nach unten abgeknickt, während das Ende gegenüber einen zylindrischen Hammer bildet. Der wohl hölzerne Griff war in eine runde Öffnung in der Mitte eingelassen. 1. Jh. n.Chr.
Die Axt diente der Holzbearbeitung. Zahlreiche Exemplare in verschiedener Größe und Form fanden sich in Pompeji.

Bibl.: Unveröffentlicht.

L.F.

54. Meißel (scalprum)

Inv. 3504.
Pompeji, I, 7, 11, Haus des Epheben.
Länge 25,7 cm; max. Breite 8,2 cm.
Eisen.

Dreieckiger Meißel mit leicht abgerundetem Schnitt. Das zylindrische Schlagelement ist zerdrückt. Zwischen diesem und dem Schnitt ist ein kurzer, zylindrischer Handgriff. 1. Jh. n.Chr.
Der Meißel diente der Bearbeitung verschiedenster Materialien mittels Zuschneiden und Abarbeitung. Am häufigsten im Zimmerhandwerk, aber auch bei Mauer- und Metallarbeiten eingesetzt.

Bibl.: Unveröffentlicht.

L.F.

55. Schnellwaage mit Laufgewicht

Inv. 43469.
Pompeji, I, 14-12, Raum 2.
Höhe 56,3 cm; Armlänge 25,1 cm; Schalendurchm. 13 cm.
Bronze.

Schnellwaage mit figürlichem Laufgewicht; Arm mit zwei Drehpunkten, die den beiden Aufhängehaken entsprechen; der Arm weist einen rhombusförmigen Querschnitt auf und endet in einer Halbkugel, die das Aushaken des Gewichtes verhindert. Auf zwei entgegengesetzten Seiten des Armes befinden sich die Gewichtsangaben. Dem inneren Haken, hier werden leichtere Gegenstände gewogen, entsprechen die römischen Ziffern I bis VIIII, und entlang des Abschnittes, auf dem sich das Laufgewicht bewegt, befinden sich die entsprechenden Einkerbungen einschliesslich des Mittelwertes. Dem äusseren Gewichtshaken hingegen sind folgende Masse zugeordnet: VIIII, X, V, XX, V, XXX, V; in diesem Fall entsprechen die Markierungen auf der oberen Kante auch den Zwischenwerten. Ein ausgeklügeltes System von Haken, einer davon weist einen Schwanenkopf auf, verbindet den Gewichtsarm mit den vier Kettchen (Länge 41 cm), die mittels einer beweglichen Scheibe mit vier Löchern blockiert werden können. Die Kettchen, welche an Ringen befestigt sind, die ihrerseits an vier mit der Spitze zur Mitte hin orientierten Pfeilspitzen angelötet sind, tragen die kleine Schale. Die runde Schale hat einen aufstehenden Rand und ist auf der Oberseite mit konzentrischen Kreisen verziert. Das Laufgewicht, in Form einer männlichen Büste, stellt möglicherweise einen Wagenlenker dar. Der Kopf wird ganz von einer Mütze bedeckt, die unter dem Kinn zusammengeschnürt ist. Einige Haare schauen an den Schläfen und am Hals aus der Mütze hervor. Die Gesichtszüge sind sehr markant und die Augen aus Silber weisen eine leicht eingetiefte Pupille auf.
Für die um die Mitte des 1. Jhs. v.Chr. hergestellte Waage lassen sich viele Parallelstücke aus der Vesuvgegend nennen. Einzig die Form des Laufgewichts variiert. Dieser Typus stammt wahrscheinlich aus kampanischer Produktion und war in ganz Mittelitalien verbreitet. Bei den Gewichtsangaben dürfte es sich um jene von den Ädilen *M. Articuleius* und *Gn. Turrianus* im Jahre 47 n.Chr. festgesetzten handeln, wenn man ein sehr ähnliches Exemplar des Nationalmuseums in Neapel heranzieht: Inv. Nr. 74039 (vgl. *Collezioni Napoli* 1986, S. 192, Nr. 132).

52

53

54

Napoli n. inv. 74039 (cfr. *Collezioni Napoli* 1986, p. 192, n. 132).

Bibl.: Inedito; cfr. VITRUV., *De arch.*, X, 3-4; C. DAREMBERG, E. SAGLIO, *Dictionnaire des antiquités grecques et romaines*, Paris 1877-1919, s.v. *Libra*; *Pompei A.D. 79* 1978, n. 234, p. 195; A. DE SIMONE, *Pompei, gli ultimi rinvenimenti nella Regio I*, in *Bellezza e lusso*, Roma 1992, n. 4, p. 134.

S.C.N.

56. Compasso di spessore o calibro

Inv. 5547.
Pompei, I, 10, 7 casa del Fabbro.
Lungh. max. cm 11,2; spessore bracci cm 3.
Bronzo.
Mancante delle estremità.

Compasso di spessore (calibro) con bracci curvilinei provvisti di punte, uniti da un perno cilindrico ribattuto inserito in due occhielli.
Utilizzato per rilevare lo spessore degli oggetti trova confronti con altri esemplari provenienti da Pompei e dall'area vesuviana (cfr. M. LISTA in AA.VV., *Viae Publicae Romanae*, Roma 1991, p. 120, n. 6).
L'oggetto proviene da un'abitazione da cui provengono tra l'altro un altro compasso, scalpelli, martelli, lime, una sega, una tenaglia, un piede romano pieghevole, un filo a piombo, che hanno fatto ipotizzare che il proprietario fosse uno scultore o meglio un fabbro (cfr. D. MUSTILLI, *Botteghe di scultori, marmorarii, bronzieri e caelatores in Pompei*, in *Pompeiana* 1950, p. 219).

Bibl.: O. ELIA, *Pompei. Relazione sullo scavo dell'Insula X della Regio I*, in *Not. Scavi*, 1934, p. 305.

G.S.

57

55

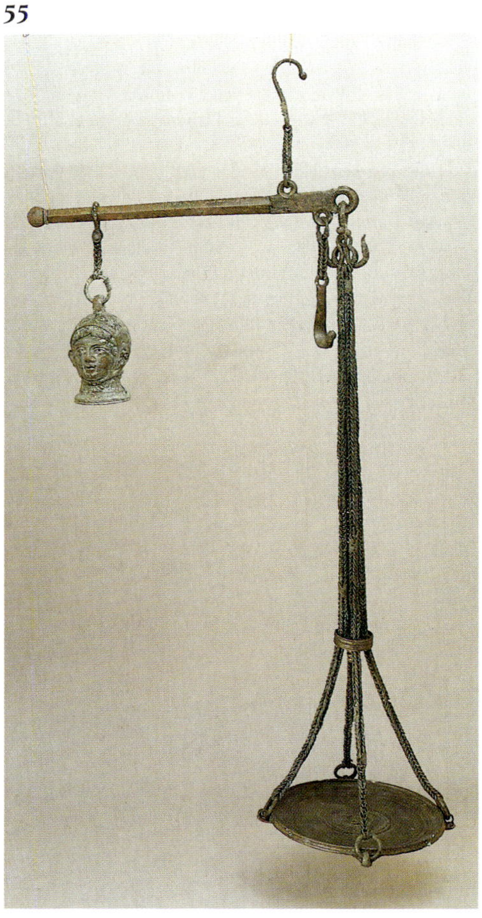

57. Compasso (circinus)

Inv. 10792.
Pompei, II, 1, 6.
Lungh. cm 17,6; spessore cm 0,3.
Bronzo.

Compasso a bracci piani, con sezione rettangolare, dall'estremità appuntita. Un perno con capocchie circolari, leggermente schiacciate, inserito in due occhielli, unisce i due bracci.
L'esemplare proviene dall'angolo sud-est dell'atrio della *domus* citata e trova confronti in altri esemplari rinvenuti a Pompei (cfr. per es. M. LISTA, in AA.VV., *Viae Publicae Romanae*, Roma 1991, p. 119, n. 2). Veniva utilizzato da numerosi artigiani quali tagliatori di pietre, muratori, decoratori parietali, carpentieri per tracciare circonferenze e per riportare dimensioni con precisione assoluta (J.P. ADAM, *La construction romaine. Matériaux et techniques*, Paris 1984, p. 44).

Bibl.: Inedito.

G.S.

58-59. Pesi di filo a piombo (perpendiculum)

Inv. 12306.
Pompei, I, 14, 5.
Alt. cm 4; Ø cm 4,7.
Bronzo.

Inv. 1736.
Pompei, V, 4, 9.
Alt. cm 4,5; Ø cm 6.
Bronzo. Incrostazioni in ferro sulla parete.

I due pesi di bronzo sono pertinenti a due esemplari di filo a piombo (*perpendiculum*). Entrambi di forma conica, con rocchetto di sospensione forato superiormente e lateralmente e base con solcature concentriche, presentano il primo il vertice arrotondato ed il rocchetto piatto, il secondo il vertice a bottone e il rocchetto con sommità emisferica. Attestati piuttosto frequentemente a Pompei e in area vesuviana (cfr. per es. J.P. ADAM, *La construction romaine. Matériaux et techniques*, Paris 1984, p. 44, fig. 84; M. LISTA, in AA.VV., *Viae Publicae Romanae*, Roma 1991, p. 120, n. 5) erano utilizzati da falegnami, muratori e agrimensori per tracciare linee verticali e per determinare piani orizzontali in associazione con piú complessi strumenti quali, per esempio, la groma.

Bibl.: Inediti.

G.S.

60. Rilievo con raffigurazione di groma

Inv. 11737.
Pompei, necropoli di Porta Nocera.
Lungh. cm 55,2; alt. cm 33,1; spessore cm 4,3.
Marmo bianco a grana grossa.
Ricomposto da quattro frammenti, mancante dell'angolo inferiore destro.

I frammenti di questa lastra marmorea sono stati rinvenuti il 13.12.1956, riutilizzati nella volta e nel pavimento, in una tomba a nicchia della necropoli di Porta Nocera; il retro della lastra, liscio ma non levigato, presenta una modanatura obliqua in un angolo, dovuta probabilmente ad una prima utilizzazione del marmo, successivamente rilavorato per ricavarne una lapide funeraria. Questa, fratturata già in antico, come dimostrano le quattro cavità per l'inserimento di perni di sostegno dell'angolo ora perduto, era applicata alla parete di una tomba con due chiodi in ferro di cui restano i fori, uno solo parzialmente conservato, e le tracce di ossido.
Il proprietario della tomba era un liberto il cui nome è riportato nell'iscrizione, su cinque righe, incisa nella parte centrale della lastra: *Nicostratus/ Popidius sibi et/ Popidiae Ecdoche/ con[cu] binae suae/ et suis.*
Le parole, separate da punti triangolari, sono caratte-

58-59

Bibl.: Unveröffentlicht; vgl. VITRUV., *De arch.*, X, 3-4; C. DAREMBERG, E. SAGLIO, *Dictionnaire des antiquités grecques et romaines*, Paris 1877-1919, s.v. *Libra; Pompei A.D. 79* 1978, Nr. 234, S. 195; A. DE SIMONE, *Pompei, gli ultimi rinvenimenti nella Regio* I, in: *Bellezza e lusso*, Rom 1992, Nr. 4, S. 134.

S.C.N.

56. Greifzirkel oder Schublehre

Inv. 5547.
Pompeji, I, 10, 7, Haus des Schmiedes.
Max. Länge 11,2 cm; Armdicke 3 cm.
Bronze.
Die Spitzen fehlen.

Greifzirkel oder Schublehre mit gerundeten, gepunkteten Armen, welche durch einen zylindrischen, getriebenen Stift – dieser greift in zwei Ösen – aneinander befestigt sind.
Zu diesem Gerät, das verwendet wurde, um die Dicke eines Gegenstandes zu messen, sind weitere Parallelen aus Pompeji und Umgebung bekannt (vgl. M. LISTA in: *Viae Publicae Romanae*, Rom 1991, S. 120, Nr. 6).
Dieser Greifzirkel stammt aus einem Haus, wo man ferner einen weiteren Zirkel, Meissel, Hammer, Feilen, eine Säge, eine Zange, ein zusammenklappbares römisches Fussmass und ein Senkblei fand. All diese Funde sprechen dafür, dass der Besitzer des Hauses ein Bildhauer oder eher ein Schmied war (vgl. D. MUSTILLI, *Botteghe di scultori, marmorarii, bronzieri e caelatores in Pompei,* in: *Pompeiana* 1950, S. 219).

Bibl.: O. ELIA, *Pompei, Relazione sullo scavo dell'Insula* X *della Regio* I, in: *Not. Scavi*, 1934, S. 305.

G.S.

57. Zirkel (circinus)

Inv. 10792.
Pompeji, II, 1, 6.
Länge 17,6 cm; Dicke 0,3 cm.
Bronze.

Zirkel mit geraden Armen, rechtwinkligem Querschnitt und sich verjüngenden Enden. Die beiden Arme werden durch einen Stift mit leicht abgeflachten, runden Kappen, der in zwei Ösen greift, untereinander verbunden.
Der Zirkel stammt aus der südöstlichen Ecke des Atriums der erwähnten *domus* und kann mit anderen Stücken aus Pompeji verglichen werden (vgl z.B. M. LISTA, in: *Viae Publicae Romanae*, Rom 1991, S. 119, Nr. 2). Solche Geräte wurden von zahlreichen Handwerkern wie z.B. Steinmetzen, Maurern, Wanddekorateuren und Zimmerleuten verwendet, um Kreise zu ziehen oder mit grösster Präzision Masse zu übertragen (J.P. ADAM, *La construction romaine. Matériaux et techniques*, Paris 1984, S. 44).

Bibl.: Unveröffentlicht.

G.S.

58-59. Senkbleigewichte (perpendiculum)

Inv. 12306.
Pompeji, I, 14, 5.
Höhe 4 cm; Durchm. 4,7 cm.
Bronze.

Inv. 1736.
Pompeji, V, 4, 9.
Höhe 4,5 cm; Durchm. 6 cm.
Bronze. Eisenverkrustungen auf der Oberfläche.

Die beiden Bronzegewichte stammen von zwei Senkbleien. Beide sind kegelförmig und weisen einen spulenförmigen Aufsatz auf, der oben und an den Seiten Öffnungen hat und eine Basis mit konzentrischen Kreisen. Das eine hat eine abgerundete Spitze und eine flache Spule, während das andere eine knopfartige Spitze und eine Spule mit halbkugeligem Abschluss aufweist. Solche Gewichte, relativ häufig in Pompeji und der Vesuvgegend bezeugt (vgl. z.B. J.P. ADAM, *La construction romaine. Matériaux et techniques*, Paris 1984, S. 44, Abb. 84; M. LISTA, in: *Viae Publicae Romanae*, Rom 1991, S. 120, Nr. 5), wurden zusammen mit komplexeren Geräten, wie z.B. der *groma*, von Schreinern, Maurern und Landvermessern verwendet, um vertikale Linien zu ziehen und horizontale Flächen auszuloten.

Bibl.: Unveröffentlicht.

G.S.

60. Relief mit Groma-Darstellung

Inv. 11737.
Pompeji, Nekropole bei der Porta Nocera.
Länge 55,2 cm; Höhe 33,1 cm; Dicke 4,3 cm.
Weisser, grobkörniger Marmor.
Aus vier Fragmenten zusammengesetzt; rechte untere Ecke fehlt.

Die Fragmente dieses Marmorreliefs wurden am 13.12.1956 gefunden, und zwar wiederverwendet im Gewölbe und im Fussboden eines Nischengrabes in der Nekropole bei der Porta Nocera. Die glatte, aber nicht polierte Rückseite der Platte zeigt in einer Ecke eine schräge Kannelur, die wahrscheinlich mit der Erstverwendung des Stückes, das später zu einem Grabstein umgearbeitet wurde, zusammenhängt. Das Grabrelief, das schon in antiker Zeit in verschiedene Stücke auseinanderbrach – die vier Dübellöcher zeugen von einer Reparatur –, war mit zwei Eisennägeln an der Wand eines Grabes befestigt. Davon zeugen nur noch zwei Löcher – eines ist nur teilweise erhalten – und Oxydationsspuren.
Der Grabherr war ein Freigelassener. Sein Name wird in der fünfzeiligen Grabinschrift, die im mittleren Teil der Platte angebracht ist, erwähnt: *Nicostratus / Popidius sibi et / Popidiae Ecdoche / con[cu]binae suae / et suis.*
Zwischen den einzelnen Wörtern befinden sich Punkte in Form von Dreiecken; die Buchstaben sind stark

56

rizzate dalle lettere molto allungate, incise su linee di rubricatura appena visibili.
Ai lati del testo sono due riquadri dal fondo ribassato dove sono raffigurati, a leggero rilievo, alcuni caratteristici oggetti, indicativi della professione esercitata da *Nicostratus*.
A sinistra è raffigurata una groma, costituita da un elemento a croce dai quattro bracci perpendicolari, sagomati, a sezione rettangolare nella parte centrale e rastremati alle estremità; la croce è unita, per mezzo di un braccio mobile di cui è visibile nel rilievo solo il cilindro inferiore di innesto, ad un'asta di sostegno dalla punta metallica ad alette. La groma, il principale strumento agrimensorio romano, utilizzata per tracciare sul terreno linee perpendicolari e calcolare aree e distanze, era indispensabile nelle operazioni di divisione programmata delle aree coltivabili e di creazione di nuovi centri urbani.
Nel riquadro di destra sono invece rappresentati una matassa di cordicella ritorta con un capo pendente cui era collegato probabilmente un peso e due aste, legate assieme, dalla sommità racchiusa in una capsula cilindrica, di cui non è conservata la terminazione inferiore; si tratta di altri due strumenti indispensabili nel corredo dell'agrimensore romano, il filo a piombo o *perpendiculum* e le paline per gli allineamenti (*metae, signa, cannae*) dalla punta acuminata di forma conica per poter essere infitte al suolo o le canne metriche per le misurazioni (*decempedae, perticae*) dalle estremità protette entrambe da capsule metalliche.
La rappresentazione della groma, molto corretta e precisa nei particolari, quali per esempio il rigonfiamento dell'asta nel punto di maggiore sforzo, la punta metallica ad alette, i bracci a croce massicci nella parte centrale, corrisponde in pieno alla ricostruzione di tale strumento proposta da Matteo Della Corte (M. DELLA CORTE, *Groma*, in *MonAntLincei*, XXVIII, 1922, cc. 5-100) sulla scorta dell'unico esemplare finora noto, quello conservato al Museo Archeologico Nazionale di Napoli e rinvenuto a Pompei in una bottega di via dell'Abbondanza (I, 6, 3), attribuita a Verus, probabilmente piú un fabbro o un commerciante che non un agrimensore, come fa supporre il rinvenimento di numerosi oggetti metallici.
Il personaggio ricordato nell'iscrizione, *Nicostratus*, era un liberto dei *Popidii*, una delle piú importanti *familiae* indigene di Pompei (CASTRÉN 1975, pp. 207-209). Liberta della stessa *familia* era anche la sua concubina *Ecdoche*, il cui nome, secondo il Castrén (CASTRÉN 1975, pp. 263-264), è stato probabilmente sbagliato dal lapicida; in realtà la chiarezza dei tratti e lo stato di conservazione non lasciano dubbi sulla lettura e, anche se finora non attestato come *cognomen* nel mondo romano, *Ecdoche* ha un suo preciso significato nella lingua greca, per cui nonostante la sua rarità, non si può escludere che tale fosse il nome della liberta. Entrambi i *cognomina* ci riportano ad un ambito greco, indicando forse il luogo d'origine dei due liberti.
Il riuso della lastra in un altro monumento funebre indica che la tomba di *Nicostratus*, probabilmente danneggiata nel terremoto del 62 d.C., non era piú in uso all'epoca dell'eruzione pliniana; egli aveva dunque svolto la sua attività di *mensor* nei primi decenni del I secolo d.C.

Bibl.: V. SAMPAOLO, *Gli oggetti*, in AA.VV., *Pompei 1748-1980. I tempi della documentazione*, Catalogo della mostra, Roma 1981, pp. 206-207; J.P. ADAM, *Groma et chorobate. Exercices de topographie antique*, in *MEFRA*, 94, 1982, 2, pp. 1009-1110, fig. 4; A. D'AMBROSIO, in *Porta Nocera* 1983, scheda 17bOS, n. 4; M.C. PANERAI, *Gli strumenti di un agrimensore a Pompei*, in AA.VV., *Misurare la terra: centuriazione e coloni nel mondo romano*, Catalogo della mostra, Modena 1983, pp. 116-117; J.P. ADAM, *La construction romaine. Matériaux et techniques*, Paris 1984, p. 11, fig. 4.

G.S.

60

61. Cista

Inv. 19884.
Pompei, provenienza non precisabile.
Alt. max. cm 59; Ø max. orlo cm 44.
Piombo.
Lieve lacuna nel fondo; orlo scheggiato; bordi in parte dissaldati; lievi ammaccature; incrostazioni calcaree.

Recipiente simile al seguente. Nel pannello che orna il corpo, i bordi, le partizioni e tutti i motivi decorativi lineari sono costituiti da «astragali a perline» stilizzati. Il pannello è suddiviso in tre fasce orizzontali, a loro volta suddivise, da segmenti verticali, in quattro campi rettangolari. Ciascuno dei campi, nella fascia superiore, reca un motivo ad onda tra due semicerchi; nella fascia mediana, una *X* tra due conchiglie (*pecten*), il tutto compreso tra due ellissi verticali. In ciascuno dei campi della fascia inferiore è un medaglione con figure a rilievo, che, nel primo dei campi, è fiancheggiato da due semicerchi, negli altri, da due maschere «comiche». Nei medaglioni si alternano, da sinistra a destra, due scene. La prima mostra un leone corrente a destra, con albero sullo sfondo; sotto il leone, lungo il bordo del medaglione, è la scritta L/CLODIHILARI, firma dell'incisore del medaglione. Nella seconda è raffigurata Minerva elmata, seduta su uno sgabello, di profilo a destra, che, con la sinistra sollevata, si appoggia alla lancia puntata al suolo, lungo la quale è la scritta HILARI; sulla destra, tesa in avanti, sostiene una Vittoria alata, con corona e palma nella destra tesa. Di fronte, di profilo a sinistra, siede una figura maschile, vestita con corta tunica, che nella destra sollevata tiene un utensile, forse un martello, con il quale sembra in atto di lavorare sulla Vittoria.
La scena nei medaglioni è stata interpretata come la raffigurazione di uno scultore in atto di dare gli ultimi tocchi ad una statua di Vittoria, alla presenza di Athena *Ergane*, patrona degli artigiani (J. OVERBECK, *Pompeji in seinen Gebäuden, Alterthümern und Kunstwerken*, IV, Leipzig 1884, p. 620 s., fig. 317). Piú recentemente, è stato ritenuto che la statuetta che Minerva tiene sulla mano sia un attributo della dea stessa: in tal caso, lo scultore starebbe lavorando ad una scultura di Minerva con Vittoria. In ogni caso la Minerva sarebbe da considerare una Athena *Ergane* (ADAMO MUSCETTOLA, cit. Cat. n. 62, p. 710 s., con ulteriori richiami).
Quanto all'incisore L. CLODIUS HILARIUS, potrebbe trattarsi di un liberto della gens *Clodia*, che appare a Pompei alla fine dell'età repubblicana (CASTRÉN 1975, pp. 94 e 154 s.).

Bibl.: Inedito.

A.D.A.

62. Cista

Inv. 19883.
Pompei, provenienza non precisabile.
Alt. max. cm 42,5; Ø max. orlo cm 39.
Piombo.
Lieve lacuna nella parte inferiore del corpo; fondo in parte dissaldato; abrasioni; lievi ammaccature nella parte inferiore; incrostazioni calcaree.

Recipiente cilindrico con parete verticale costituita da una lastra rettangolare incurvata, con estremi combacianti e saldati, saldata ad un fondo piano, sporgente; il bordo superiore è obliquo, svasato, con orlo piatto.
La parete, eseguita a stampo, è decorata a rilievo con un unico pannello rettangolare, suddiviso in tre fasce orizzontali, che occupa quasi tutta la lastra che forma la parete. Il bordo del pannello, cosí come tutte le partizioni ed i motivi decorativi lineari al suo interno, sono costituiti da «astragali», composti solo da «perline», stilizzati.
Nella fascia centrale è un motivo a rombi continui, con al centro dei campi una conchiglietta (*pecten jacoboeus*) a rilievo. La fascia superiore è suddivisa, da segmenti verticali, in quattro spazi metopali rettangolari, ciascuno dei quali è decorato con il seguente motivo: *X* fiancheggiata da medaglioni con figure a rilievo; in alto una conchiglia (*pecten*), in basso una coppia di delfini affrontati. Nel primo e nell'ultimo riquadro, in alto a sinistra della *X*, è ancora una conchiglia. Le figure nei medaglioni, variamente abbinate

61

62

gelängt und kaum sichtbare Hilfslinien entlang aneinandergereiht.
Zu beiden Seiten der Inschrift befinden sich leicht eingetiefte Felder, in denen in flachem Relief einige Geräte dargestellt werden, die auf den Beruf des *Nicostratus* hinweisen.
Links ist eine *groma*, die aus einem kreuzförmigen Mittelteil mit vier rechtwinkligen, profilierten Armen – mit rechteckigem Querschnitt im Mittelteil und nach aussen hin sich verjüngenden Armen – abgebildet. Das Kreuzelement wird mit Hilfe eines beweglichen Arms, von dem auf dem Relief nur der untere Einsatzzapfen sichtbar ist, mit dem Vertikalstab verbunden. Dieser weist eine geflügelte Spitze aus Metall auf. Die *groma* war das wichtigste römische Gerät für die Landvermessung und wurde dazu verwendet, um auf dem Gelände rechtwinklige Linien zu ziehen sowie Flächen und Abstände zu berechnen. Dieses Gerät war unerlässlich für die Landzuteilung wie auch für die Anlage von neuen Siedlungen.
Auf der rechten Seite sind ein aufgewickelter Schnurknaul mit gezwirntem, herabhängendem Ende und wahrscheinlich ein Gewicht sowie zwei aneinandergebundene Stäbe dargestellt. Die Stäbe werden oben von einer zylinderförmigen Hülle umfasst, deren unteres Ende nicht erhalten ist. Es handelt sich auch hier um zwei unerlässliche Geräte der Ausrüstung des römischen Landvermessers, nämlich um das Senkblei oder *perpendiculum* und die Latten für die Ausrichtung von Fluchtlinien (*metae, signa, cannae*), die scharfe, kegelförmige Spitzen aufweisen, damit sie in die Erde gesteckt werden können. Beide Messlatten (*decempedae, perticae*) sind mit einer Schutzhülle versehen.
Die sehr genaue und detailgetreue Wiedergabe der *groma*, wie z.B. die Verbreiterung des Stabes dort, wo das Material am stärksten beansprucht wird, die Flügel aufweisende Metallspitze und die in Kreuzform angeordneten, in der mittleren Partie massiven Arme, entspricht vollumfänglich der Rekonstruktion dieses Gerätes, wie sie von Matteo Della Corte (M. DELLA CORTE, *Groma*, in: *MonAntLincei*, XXVIII, 1922, Sp. 5-100) ausgehend vom einzigen, bisher bekannten Exemplar – es wurde in Pompeji in einer Werkstatt an der Via dell'Abbondanza [I, 6, 3] gefunden und befindet sich im Nationalmuseum von Neapel – vorgeschlagen wurde. Das Stück aus Pompeji wird einem gewissen *Verus* zugeschrieben, der wohl eher Schmied oder Händler als Landvermesser war, was aufgrund von anderen, mitgefundenen Metallgegenständen zu vermuten ist.
Die in der Inschrift gennante Person, *Nicostratus*, war ein Freigelassener der *Popidii*, eine der wichtigsten einheimischen *familiae* Pompejis (CASTRÉN 1975, S. 207-209). Von derselben Familie war auch seine Konkubine *Ecdoche* freigelassen worden, deren Name gemäss Castrén (CASTRÉN 1975, S. 263-264) ein Verschrieb des Steinmetzen sein soll. Die Klarheit der Buchstaben und der gute Erhaltungszustand lassen keine Zweifel an der Lesung aufkommen, obschon *Ecdoche* bis anhin in der römischen Welt als *cognomen* nicht belegt ist. *Ecdoche* stammt aus dem Griechischen und hat eine ganz bestimmte Bedeutung, weswegen man trotz seiner Seltenheit nicht ausschliessen kann, dass dies tatsächlich der Name der Freigelassenen war. Beide *cognomina* weisen auf ein griechisches Umfeld hin, was möglicherweise damit zusammenhängt, dass die beiden Freigelassenen ursprünglich aus Griechenland stammten.
Die Wiederverwendung der Platte in einem anderen Grabmonument weist darauf hin, dass das Grab des *Nicostratus*, das wahrscheinlich im Erdbeben von 62 n.Chr. beschädigt worden war, in der Zeit des von Plinius beschriebenen Vulkanausbruches nicht mehr in Gebrauch war. Daher hat *Nicostratus* wohl in den ersten Jahrzehnten des 1. Jhs. n.Chr. seine Tätigkeit als Landvermesser ausgeübt.

Bibl.: V. SAMPAOLO, *Gli oggetti*, in: *Pompei 1748-1980. I tempi della documentazione*, Katalog zur Ausstellung, Rom 1981, S. 206-207; J.P. ADAM, *Groma et chorobate. Exercices de topographie antique*, in: *MEFRA*, 94, 1982, 2, S. 1009-1110, Abb. 4; A. D'AMBROSIO, in: *Porta Nocera* 1983, Kat. Nr. 17bOS, Nr. 4; M.C. PANERAI, *Gli strumenti di un agrimensore a Pompei*, in: *Misurare la terra: centuriazione e coloni nel mondo romano*, Katalog zur Ausstellung, Modena 1983, S. 116-117; J.P. ADAM, *La construction romaine. Matériaux et techniques*, Paris 1984, S. 11, Abb. 4.

G.S.

61. Ciste

Inv. 19884.
Pompeji, genauer Fundort nicht näher bestimmbar.
Max. Höhe 59 cm; Max. Durchm. (Rand) 44 cm.
Blei.
Kleine Beschädigung am Boden; obere Zone abgesplittert; Ränder z.T. abgelöst; kleine Dellen; Kalkinkrustationen.

Zylindrischer Behälter mit Vertikalwänden, welche aus einer rechteckigen, zusammengebogenen Platte bestehen. Die Enden derselben passen genau aufeinander und sind in einem geraden, hervortretenden Streifen aneinander gelötet. Der obere Rand ist schräg, ausladend und mit flachem Abschluss.
Der gesamte lineare Dekor des Gefässes besteht aus stilisierten "Perlastragalen". Das Bildfeld ist in drei horizontale Streifen unterteilt, die ihrerseits wiederum durch vertikal verlaufende Linien in vier rechtwinklige Felder gegliedert werden. Die vier Felder des oberen Streifens sind alle mit demselben Motiv verziert, nämlich einer wellenförmigen Linie in der Mitte, die von zwei Halbkreisen gerahmt wird; im mittleren Streifen ein X-Motiv zwischen zwei Muscheln (*pecten*) und zwei vertikalen Ellipsen. Im unteren Bildstreifen befindet sich in allen vier Feldern in der Mitte ein Medaillon mit Reliefiguren, das im ersten Feld durch zwei Halbkreise, in den anderen durch "komische" Masken eingerahmt wird. In den Medaillons wechseln sich, von links nach rechts, zwei Szenen ab. Das erste zeigt einen nach rechts rennenden Löwen mit einem Baum im Hintergrund; unter dem Löwen befindet sich den Medaillonrand entlang die Inschrift L/CLODIHILARI, die als Künstlersignatur zu deuten ist. Im zweiten ist eine auf einem Hocker sitzende, nach rechts gerichtete Minerva im Profil dargestellt. Sie trägt einen Helm und stützt sich mit der erhobenen linken Hand auf eine Lanze, die zum Boden hin gerichtet ist und auf welcher HILARI zu lesen ist; auf der vorgestreckten rechten Hand hält sie eine geflügelte Victoria mit Kranz und Palmzweig. Gegenüber ebenfalls in Profilansicht, ihr zugewandt, sitzt eine männliche Gestalt, die eine kurze Tunika trägt und in der erhobenen rechten Hand ein Werkzeug, möglicherweise einen Hammer, hält. Es scheint, als sei die männliche Gestalt im Begriff, an der Victoria zu arbeiten.
Diese Szene ist als Darstellung eines Bildhauers, der einer Victoriastatue im Beisein der Athena *Ergane* (die Beschützerin der Handwerker) den letzten Schliff verleiht, gedeutet worden (J. OVERBECK, *Pompeji in seinen Gebäuden, Alterthümern und Kunstwerken*, IV, Leipzig 1884, S. 620 f. Abb. 317). In neuerer Zeit hat man die kleine Statue auf der Hand Athenas als eines ihrer Attribute interpretiert: in diesem Fall würde der Bildhauer also an einer Skulptur der Minerva mit Victoria arbeiten. In jedem Fall ist die Minerva als eine Athena *Ergane* zu betrachten (S. ADAMO MUSCETTOLA, *Le ciste di piombo decorate*, in: *La regione sotterrata dal Vesuvio. Studi e prospettive*, Atti del Convegno Internazionale 11.-15. November 1979, Neapel 1982, S. 710 f. mit weiteren Hinweisen).
Was den Graveur L. CLODIUS HILARIUS betrifft, könnte es sich um einen Freigelassenen der *gens Clodia*, die in Pompeji gegen Ende der Republik auftauchte, handeln (CASTRÉN, 1975, S. 94 und 154 f.).

Bibl.: Unveröffentlicht.

A.D.A.

62. Ciste

Inv. 19883.
Pompeji, genauer Fundort nicht näher bestimmbar.
Max. Höhe 42,5 cm; Max. Durchm. Rand 39 cm.
Blei.

nei diversi riquadri, sono: testa di Augusto, laureata, di profilo a sinistra, derivata da tipi monetali; toro con gualdrappa sacrificale (*dorsualia*), gradiente a destra e sormontato da un'aquila; Pegaso gradiente a sinistra. La fascia inferiore reca una serie continua di angoli, presso i cui vertici superiori è la solita conchiglia e la coppia di delfini affrontati; mentre nei campi si alternano medaglioni con le stesse figure già descritte: testa di Augusto, toro, Pegaso.

Questo tipo di recipiente, per il quale è stato convenzionalmente adottato il nome di *cista*, – presente nel lessico latino (derivato dal greco κίστη) ad indicare genericamente contenitori, casse in legno – è noto da un numero relativamente esiguo di esemplari (una sessantina), tutti provenienti dall'area vesuviana, tranne due, trovati ad Ostia ed a Fiesole, ma assai piú tardi.

Quest'ultima caratteristica, unitamente a considerazioni relative al peso ed alla relativa fragilità del materiale in cui sono realizzati, il piombo, con la conseguente difficoltà di trasporto, ha fatto giustamente pensare ad officine locali, nell'area vesuviana (S. ADAMO MUSCETTOLA, *Le ciste di piombo decorate*, in AA.VV., *La regione sotterrata dal Vesuvio. Studi e prospettive*, Atti del Convegno Internazionale, 11-15 novembre 1979, Napoli 1982, p. 701 ss.). Tuttavia, non credo che la mancanza di documentazione in altre località possa far concludere che la produzione e l'impiego di tali recipienti fossero concentrati in quest'area o, addirittura, esclusivi di essa. Altrove, il continuare della vita, non interrotta bruscamente nell'arco di poche ore, ha potuto far sí che essi, una volta deterioratisi e una volta caduti in disuso, fossero fusi per riutilizzare il metallo: da qui la loro quasi totale assenza nei rinvenimenti archeologici.

Le caratteristiche morfologiche (con dimensioni oscillanti tra i 37-70 cm di altezza ed i 28-58 cm di diametro) e la tecnica di fabbricazione sono sempre le stesse, già descritte sopra, quest'ultima forse introdotta, attraverso *Puteoli*, dall'Oriente, dove è ben attestata la lavorazione del piombo con tecniche analoghe (ADAMO MUSCETTOLA, cit., p. 734).

Quanto alla loro funzione, la presenza in alcuni degli esemplari di un rubinetto alla base del corpo o di un foro di «troppo pieno» alla sua sommità, cosí come lo stesso materiale usato, il cui impiego è caratteristico, in età romana, per gli oggetti connessi con l'acqua, sono elementi che fanno pensare a contenitori di acqua, piccole riserve cui attingere sul momento per le varie necessità della tavola, cosí da evitare il continuo e piú laborioso ricorso alle cisterne (ADAMO MUSCETTOLA, cit., p. 704).

La cronologia, ricavata essenzialmente dall'esame dei motivi figurati, appare concentrata intorno all'età augustea.

Per un piú ampio esame di questa interessante ed insolita classe di oggetti si rinvia allo studio, già piú volte citato, della Adamo Muscettola.

Bibl.: Inedito.

A.D.A.

63

63. Cassetta idrica di derivazione con valvole

Inv. 14333.
Pompei, probabilmente *Insula Occidentalis*.
Lungh. cm 28; diam. cm 18.
Piombo e bronzo.

La cassetta, che permetteva l'afflusso di acqua da un impianto idrico a tre distinte diramazioni, è di forma subcilindrica, realizzata in piombo con una lamina rettangolare curvata e saldata con il medesimo materiale, chiusa alle due basi da due dischi al cui centro erano inseriti due tubi: il primo, con sezione ad «ovella», ha un'altezza interna di cm 4 ed una larghezza interna di cm 2, 6 e il secondo, quasi circolare, misura invece cm 3,2 di diametro interno. I due tubi, pertinenti alla conduttura principale, erano dunque due *fistulae septenariae* (cfr. L. IACONO, *La misura delle antiche fistule plumbee*, in *Rivista Studi Pompeiani*, I, 1934-35, f. II; P. PACE, *Gli acquedotti di Roma*, Roma 1986, pp. 88-89).

Sulla parete laterale della cassetta sono inserite tre valvole di arresto/apertura in bronzo (cfr. Cat. n. 64), una su un lato (a) e due sull'altro (b-c). La valvola (a), aperta, presenta una serie di cerchietti alla base del corpo, al di sotto della piccola rientranza che blocca il maschio, la cui sommità è completamente occultata da una grossa saldatura in piombo; all'estremità della valvola resta una porzione del tubo in piombo.

Ben visibili sono invece i maschi delle altre due valvole, quello inferiore chiuso, quello superiore aperto, entrambi conservanti sulla testa del castello i solchi circolari di lavorazione. Anche a queste valvole erano collegate due fistule plumbee di cui resta solo parte della saldatura.

Le tre valvole presentano il tappo di tenuta sottostante il corpo centrale rinforzato in piombo.

Pur non potendosi individuare con esattezza il sito di provenienza, la cassetta, rinvenuta in data anteriore al 1972, può forse essere attribuita a qualche ambiente delle *domus* dell'*Insula Occidentalis*, in corso di scavo in quegli anni; queste, come altre residenze signorili di Pompei, nell'ultima fase di vita della città vennero dotate infatti di complessi impianti idrici.

Bibl.: E. FASSITELLI, *Tubi e valvole dell'antica Roma*, Milano 1972, p. 70.

G.S.

64. Valvola idraulica

Inv. 19342.
Pompei, provenienza non precisabile.
Alt. cm 14; lungh. cm 21; Ø tubo cm 3 circa.
Bronzo con saldature in piombo e stagno.

Valvola di arresto/apertura del flusso idraulico in una tubatura. Si tratta di oggetti prodotti su scala industriale da maestranze altamente specializzate (*collegia fabrorum*), secondo standards di modulo precisamente fissati, indicati da Frontino nel ventiseiesimo capitolo del suo *De aquae ductu urbis Romae*, analoghi a quelli dell'American Standards Association (norme ASA) e dipendenti dal diametro dei tubi di piombo (*fistulae aquariae plumbeae*) ai quali venivano collegati mediante saldatura. Erano realizzati in bronzo secondo una lega composta da rame al 73,70%, piombo al 18,53%, stagno al 7,72%, che ha rispondenza significativa nella lega di tipo ASTM B. 67 ancora oggi utilizzata («Bronze castings in the rough for locomotive wearing parts») e si ritrova pressoché identica in tutti gli esemplari esaminati (cfr. E. FASSITELLI, *Tubi e valvole dell'antica Roma,* Milano 1972, particolarmente pp. 17 ss., 27, 31).

La valvola è un rubinetto costituito da tre parti: il corpo, con due tronchetti laterali lunghi ognuno quanto l'altezza del corpo stesso, che venivano saldati ai tubi; il maschio, cilindretto con foro passante centrale di sezione perfettamente corrispondente a quella dei tronchetti laterali, che s'inseriva nel corpo dall'alto e, ruotando, determinava il passaggio o meno dell'acqua; il tappo, che sigillava ermeticamente alla base il corpo, dopo che esso era stato perfettamente tornito all'interno, cosí come tornito veniva ad essere anche il maschio. Alla base di questo, poi, era una scanalatura, in corrispondenza della quale si produceva mediante uno strumento acuminato una rientranza del corpo dopo il suo inserimento, in maniera tale che il maschio vi rimanesse incastrato, e tuttavia libero di ruotare. A questa azione si provvedeva inserendo una chiave quadrangolare nell'apposito foro di eguale sezione posto sul castello del maschio. Nell'esemplare qui mostrato, una valvola *senaria,* dal diametro teorico di cm 2,775, il maschio è in posizione tale da far defluire l'acqua, mentre alle estremità dei tronchetti laterali sono evidentissime le tracce della saldatura in piombo e stagno di collegamento con i tubi. Il colore azzurrino del bronzo è dovuto a normali fenomeni di ossidazione. I segni circolari sulla testa del castello del maschio sono tipi-

64

Kleine Beschädigung am unteren Teil des Körpers; Boden teilweise abgelöst; Kratzer; kleine Dellen im unteren Teil; Kalkverkrustungen.

Die Gefässform ist jener von Nr. 61 ähnlich.
Die mittels Matrize hergestellte Wandung weist ein einziges, mit Reliefdarstellungen versehenes, rechteckiges Bildfeld auf, welches in drei horizontale Streifen unterteilt ist. Das Bildfeld bedeckt beinahe die ganze Wandung. Der Rand des Bildfeldes, alle Trennlinlien innerhalb des Feldes sowie sämtliche linearen Bildmotive werden durch "Astragale" gebildet, die ihrerseits lediglich aus stilisierten, kleinen "Perlen" bestehen. Der mittlere Streifen weist ein Motiv mit aneinander gereihten Rhomben auf, in denen sich jeweils in der Mitte kleine, relieferte Muscheln (*pecten jacoboeus*) befinden. Vertikale Linien unterteilen den oberen Bildstreifen in vier rechteckige, metopenartige Felder, deren Dekor sich folgendermassen präsentiert: Medaillons mit Relieffiguren umrahmen X-Motive, zwischen deren oberen Armen eine Muschel (*pecten*), deren unteren zwei einander zugewandte Delphine erscheinen. Im ersten und letzten Feld befindet sich oben links vom X-Motiv eine zusätzliche Muschel. In den Medaillons sind zu erkennen: bekränztes Haupt des Augustus in Profilansicht nach links, das auf Münzbilder zurückzuführen ist; Stier mit einem Tuch (*dorsualia*), nach rechts gehend, über ihm ein Adler; nach links gehendes Flügelpferd (*Pegasos*). Auf dem unteren Bildstreifen befinden sich aneinandergereihte, winkelförmige Motive, an deren oberen Enden die üblichen Muscheln und einander zugewandte Delphine erscheinen, während unter den beiden schrägen Winkellinien Medaillons zu erkennen sind, die die bereits beschriebenen Figuren aufweisen: Kopf des Augustus, Stier, Pegasos.
Dieser Gefässtypus, den man im allgemeinen *Cista* nennt – im lateinischen Wortschatz (aus dem griechischen κίστη entstanden) wurde der Begriff dazu verwendet, um grundsätzlich Behälter und Kisten aus Holz zu bezeichnen –, ist in einer relativ kleinen Anzahl (ca. 60 Stück) überliefert, die alle aus der Gegend um den Vesuv stammen, ausser zwei aus Ostia und Fiesole, welche aber einiges später anzusetzen sind.
Dieser Sachverhalt sowie die Tatsache, dass Blei sehr schwer und relativ zerbrechlich ist – Faktoren, die allzulange Transporte erschweren –, sprechen dafür, dass diese Cisten wohl in lokalen Werkstätten in der Vesuvgegend hergestellt wurden (ADAMO MUSCETTOLA, zitiert unter Kat. Nr. 61, S. 701 ff.). Dennoch bin ich der Ansicht, dass das Fehlen dieses Gefässtypus an anderen Orten nicht unbedingt so ausgelegt werden darf, dass solche Gefässe sehr gehäuft in der Vesuvgegend auftraten oder ausschliesslich in ihr vorkamen. An anderen Orten, wo das Leben nicht wie in Pompeji innerhalb weniger Stunden zu einem plötzlichen Erliegen kam, wurden beschädigte Gefässe wohl eingeschmolzen, damit so das Metall wiederverwendet werden konnte. Ähnliches geschah wohl mit jenen Gefässformen, die aus der Mode gekommen waren. Das beinahe gänzliche Fehlen solcher Gefässe im archäologischen Fundgut muss wohl vor diesem Hintergrund gesehen werden.
Form (die Höhen variieren zwischen 37-70 cm, die Durchmesser zwischen 28-58 cm) und Herstellungstechnik sind immer die gleichen, bereits oben beschriebenen. Die Herstellungstechnik ist möglicherweise über *Puteoli* aus dem Osten, wo man die Bearbeitung des Bleies mit analogen Verfahren kennt, eingeführt worden (ADAMO MUSCETTOLA, *op. cit.*, S. 734).
Was ihre Funktion betrifft – bei einigen stellt man an der Basis des Körpers einen Hahn bzw. oben einen Ausguss fest –, weist das verwendete Material, das in römischer Zeit so charakteristisch ist für Gegenstände, die in Zusammenhang mit Wasser stehen, auf einen Gebrauch als Wasserbehälter hin. Ein solcher Wasservorrat wäre z.B. bei Tisch sehr nützlich gewesen, denn dadurch hätte man ein ständiges und mühsameres Gehen zu einer Zisterne vermeiden können (ADAMO MUSCETTOLA, *op. cit.*, S. 704).
Chronologisch scheinen diese Geräte v.a. aufgrund der Analyse der figürlichen Motive in augusteische Zeit zu gehören.
Für eine ausführlichere Beschäftigung mit dieser interessanten und ungewöhnlichen Objektgruppe sei auf die schon mehrfach erwähnte Studie von Adamo Muscettola hingewiesen.

Bibl.: Unveröffentlicht.

A.D.A.

63. Wasserverteiler mit Ventilen

Inv. 14333.
Pompeji, wahrscheinlich aus der Insula Occidentalis.
Länge 28 cm; Durchm. 18 cm.
Blei und Bronze.

Ungefähr zylindrischer Rohrabschnitt, der den Wasserfluss in drei verschiedene Leitungen regulierte. Er besteht aus einem rechteckigen, gebogenen Bleiblech, welches an zwei Enden zusammengelötet wurde. An Unter- und Oberseite ist er mit einer Scheibe verschlossen, in deren Mitte jeweils ein Rohr eingesetzt ist: das erste hat einen "olivenförmigen" Querschnitt, eine innere Höhe von 4 und eine innere Breite von 2,6 cm; das beinahe kreisrunde zweite weist hingegen einen inneren Durchmesser von 3,2 cm auf. Die beiden Rohre, die zur Hauptleitung gehören, waren also zwei *fistulae septenariae* (vgl. L. IACONO, *La misura delle antiche fistule plumbee*, in: *Rivista Studi Pompeiani*, I, 1934-35, f. II; P. PACE, *Gli acquedotti di Roma*, Rom 1986, S. 88-89).
An den Seitenwänden des Leitungsabschnittes sind drei Bronzeventile zum Aufhalten bzw. zur Öffnung des Wasserflusses (vgl. Kat. Nr. 64) angebracht, eines an der einen Seite (a), zwei an der anderen (b-c). Das offene Ventil (a) ist daran zu erkennen, dass es an der Körperbasis einige kleine Ringe aufweist, und zwar unterhalb der kleinen Eintiefung, die dazu dient, den Zapfen zu arretieren. Sein oberer Abschluss ist durch eine Lötung in Blei ganz verdeckt; am Ende des Ventils ist noch ein Abschnitt des Bleirohres erhalten.
Die beiden Zapfen der zwei anderen Ventile sind hingegen gut sichtbar, der untere geschlossen, der obere offen. Beide weisen auf dem Gewindeschloss kreisförmige Bearbeitungsspuren auf. Auch diese zwei Ventile waren mit zwei bleiernen Rohren verbunden, von denen nur ein Teil der Lötung erhalten ist.
Die drei Ventile haben alle einen Haltezapfen, der sich unterhalb der Mitte des Körpers befindet, welcher mit Blei verstärkt ist.
Obschon der Fundort nicht mit Sicherheit zu bestimmen ist, stammt dieser – vor 1972 gefundene – Leitungsabschnitt wahrscheinlich aus einem der Räume der *domus* in der *Insula Occidentalis*, die in jenen Jahren ausgegraben wurden. Wie andere herrschaftliche Häuser in Pompeji wurden nämlich auch jene in der *Insula Occidentalis* in den letzten Jahren vor dem Vulkanausbruch mit komplexen Wasserversorgungsanlagen ausgestattet.

Bibl.: E. FASSITELLI, *Tubi e valvole dell'antica Roma*, Mailand 1972, S. 70.

G.S.

64. Hydraulisches Ventil

Inv. 19342.
Pompeji, genauer Fundort unbekannt.
Höhe 14 cm; Länge 21 cm; Rohrdurchm. ca. 3 cm.
Bronze mit Blei- und Zinneinschweißungen.

Ventil zum Öffnen und Schließen einer hydraulischen Wasserleitung. Solche Stücke wurden von hochspezialisierten Fachkräften (*collegia fabrorum*) auf industriellem Niveau nach genauen Formvorgaben hergestellt, wie sie Frontinus im 20. Kapitel seines *De aquae ductu urbis Romae* analog zu denen der American Standards Association (ASA) darlegt. Sie hingen vom Durchmesser der Bleiröhren (*fistulae aquariae plumbeae*) ab, denen sie angeschweißt wurden. Sie wurden in einer Bronzelegierung aus 73,7% Kupfer, 18,53% Blei und 7,72% Zinn angefertigt, die der heute noch benutzten Legierung ASTM B.67 sehr nahekommt («Bronze castings in the rough for locomotive wearing parts») und die sich in fast allen untersuchten Stücken wiederfindet (vgl. E. FASSITELLI, *Tubi e valvole dell'antica Roma*, Mailand 1972, bes. 17 ff., 27, 31).

ci della centratura del pezzo sul tornio per la lavorazione.
I Pompeiani avevano nei tempi piú antichi provveduto a soddisfare il proprio fabbisogno idrico mediante pozzi scavati in profondità, che attraversavano lo spesso banco di origine vulcanica sul quale era posta la città fino a raggiungere la sottostante falda freatica, e mediante capaci cisterne, poste nelle case al di sotto dell'*impluvium* o del giardino, che raccoglievano l'acqua piovana. In età augustea, allorché venne costruito un acquedotto per portare l'acqua da Serino a Miseno, dove era di stanza la flotta romana del Tirreno, una diramazione collegò ad esso anche Pompei. Qui, a porta Vesuvio, punto di massima altezza, un apposito collettore, racchiuso in un edificio di circa m 7,5 di altezza, il *castellum aquae,* provvedeva a raccogliere, purificare e ripartire l'acqua in tre direzioni, incanalata in tubature plumbee. Ripartitori secondari erano poi posti in vari quadrivii, poggianti su archi o su appositi pilastri in muratura, alti circa sei metri, sui quali erano posti altri piú piccoli serbatoi di piombo, dai quali mediante tubi di minore sezione si alimentavano le numerose fontane pubbliche, o anche case private. Ignoto è per Pompei come fosse regolato il sistema di fornitura dell'acqua ai numerosi privati che ne usufruivano con evidente compiacimento, arricchendo le loro case di fontane, ninfei, terme private, euripi e *piscinae.* È da supporre, però, che, come altrove, anche qui la fornitura d'acqua a privati contemplasse norme rigide di utilizzo, fissando con precisione la portata dell'attacco e le ore in cui era possibile effettuare i prelievi. Certo è comunque che a Pompei detti impianti, oltre che effettivamente numerosi, sono anche oltremodo complessi, comprendendo diramazioni, sifoni, ripartitori vari, pozzetti di decantazione, saracinesche, bocche a zampillo, rubinetti, *calices* ecc., che mostrano l'altissimo livello di conoscenze tecniche raggiunto dai Romani nell'idraulica (cfr. essenzialmente H. ESCHEBACH, *Die Gebrauchswasserversorgung des antiken Pompeji,* in *Antike Welt,* 10.2, 1979, pp. 3-24, con ampia bibliografia; ID., *Probleme der Wasserversorgung Pompejis,* in *CronPompeiane,* V, 1979, pp. 24-60).
Lo smaltimento delle acque di rifiuto avveniva attraverso un sistema di fognature complesso, per quanto non capillare, che consentiva tuttavia di convogliare gran parte delle acque di scarico in grossi collettori (cloache) che tenevano anche costantemente pulite le latrine pubbliche.

Bibl.: Inedito.

A.V.

65. Tavoletta cerata

Inv 14360.
Pompei, villa suburbana di Murecine.
Alt cm 11,5; largh. cm 15,5.
Legno.

Le tavolette cerate che si illustrano qui e al numero successivo furono recuperate nel luglio 1959 insieme a numerosi altri analoghi documenti, nello scavo della villa suburbana rinvenuta in località Murecine, lungo l'antico corso del fiume Sarno (cfr. per essa M. PAGANO, *L'edificio dell'agro Murecine a Pompei* in *RendAccNapoli*, n.s., LVIII, 1983, p. 325 ss.). Esse sono pertinenti all'archivio privato dei *Sulpicii,* una famiglia di origine puteolana, e si riferiscono ad atti appunto redatti a Pozzuoli. La presente, datata al 18 giugno dell'anno 37, fa parte di un trittico (*Tab. Pomp.,* 15) del quale costituisce la pagina seconda, ossia parte della scrittura interna, quella che poi veniva sigillata, ed è vergata di proprio pugno dal contraente un mutuo. Essa riguarda infatti la costituzione in pegno, fatta da C. *Novius Eunus*, di un quantitativo di cereali e legumi, che egli aveva depositati presso i granai pubblici di Pozzuoli, a garanzia di un finanziamento ottenuto da parte di *Hesychus*, schiavo di *Euenus Primianus.* Ben evidenti, sul margine, i due fori attraverso i quali passavano i lacci che la tenevano unita alle altre tavole del documento.
Si trascrive la tavoletta con il solo scioglimento delle abbreviazioni:

Cn(ae)o Acceronio Proculo C(aio) Petronio Pontio
co(n)s(ulibus)
XIV K(alendas) Iulias
C(aius) Novius Eunus scripssi me accepisse ob
mutua ab Eueno Ti(beri) Cessaris Augusti
liberto Primiano apssente per
Hessucus ser(vum) eius et debere ei sesterta
decem milia nummu que ei redam
cum petiaerit et ea sesterta decem mi-
li[a] q(uae) s(upra) s(cripta) s(unt) p(robe) r(ecte)
d(ari) stipulatus est <est> Hessucus
Eueni Ti(beri) Cessaris Augusti l(iberti) Primiani
ser(vus), spepodi ego C(aius) Novius Eunus.
Pro quem iis sestertis decem milibus
nummu dedi pignoris araonis

«Sotto il consolato di *Cn. Acerronius Proculus* e di *C. Petronius Pontius* il diciotto di giugno. Io *C. Novius Eunus* ho scritto di aver ricevuto in prestito da parte di *Euenus Primianus* liberto dell'imperatore Tiberio, e per lui, assente, da parte di *Hessucus*, suo schiavo, e pertanto ne sono in debito, la somma di diecimila sesterzi, che restituirò a richiesta e a giusta ragione come stipulato tra *Hessucus* servo di *Euenus Primianus*, liberto dell'imperatore Tiberio, e me, *C. Novius Eunus* e a ciò mi obbligo formalmente. Per quei diecimila sesterzi gli ho dato in pegno...».

Il documento continuava, nella pagina successiva, elencando le merci che venivano date in pegno in cambio dei diecimila sesterzi, ossia settemila modi di grano alessandrino e quattromila modi tra ceci, lenticchie e farro, contenuti in duecento sacchi, merci depositate nei pubblici granai di Pozzuoli, delle quali il beneficiario del mutuo avrebbe comunque risposto anche in caso di perdita per cause di forza maggiore.
La quarta pagina, non cerata, oltre alla canaletta centrale sulla quale dopo la chiusura venivano apposti i sigilli, conteneva alcune firme, in testa e alla fine delle quali compariva quella di *C. Novius Eunus.* La quinta pagina, cerata, conteneva, quale scrittura esterna, la trascrizione in grafia regolare e in latino piú corretto, evidentemente operata da uno scrivano, dell'intero testo autografo redatto dal contraente il mutuo. Sulle costole delle tre tavolette era poi vergata in nero la seguente scritta, che faceva da indice e che permetteva, quale dorso di un libro, di identificare subito il documento tra gli altri dell'archivio:

Chirographum C(ai) Nov(ii)
Euni HS X mutuorum Put(eolis) XIV K(alendas)
Iul(ias)
Proculo et Nigrino co(n)s(ulibus)

«Scrittura olografa di *C. Novius Eunus* di un mutuo di diecimila sesterzi, redatta a Pozzuoli il 18 giugno, sotto il consolato di *Proculus* e *Nigrinus*».

In un successivo documento del 2 luglio dello stesso anno il beneficiario del mutuo trasferí, a fronte di un ulteriore prestito di tremila sesterzi, il possesso stesso delle merci, che già erano state offerte in garanzia ipotecaria, nelle mani del mutuante, che assunse perciò a suo nome la locazione degli spazi nei quali esse erano depositate, ferma restando a carico del mutuato la responsabilità sulle merci, laddove avessero subìto danni per cause di forza maggiore (cfr. *Tab. Pomp.,* 7 e *Tab. Pomp.,* 16).
Per quanto riguarda il latino dell'iscrizione, pur tralasciando altre cose, va fatto almeno notare che alla linea 11 *spepodi* sta per *spopondi* e alla linea 13 *araonis* sta per *arrabonis* con lo stesso significato di «pegno» (per il quale cfr. ad es. TER., *Heautont.,* 603; PLAUT., *Mil.,* 957). Per la comprensione del testo è opportuno citare inoltre anche l'inizio della pagina 3:

dedi pignoris araonis/v[e] nomine.

Bibl.: C. GIORDANO, *Nuove tavolette cerate pompeiane,* in *RendAccNapoli,* XLV, 1970, p. 213 s., tav. 3; BOVE 1984, p. 33 s. (di cui si è seguita la lettura). Ad una nuova lettura di tutte le varie tavolette di Murecine, con ulteriori miglioramenti anche per quella della presente, si è dedicato G. CAMODECA, di cui si attende ora un primo volume su *L'archivio puteolano dei Sulpicii.* Sulle connessioni della presente tavoletta con altre riferite agli stessi personaggi si veda l'ampio commento di BOVE 1984, pp. 11-57, mentre per aspetti particolari si vedano pure J. MACQUERON, *Un commerçant en difficulté au temps de Caligula,* in *Études Jauffret,* Aix-Marseille 1974, p. 497 ss., e G. BOULVERT, *Nouvelles «tabulae Pompeianae»: note sur un affranchi de Tibère et son esclave,* in *Rev. Hist. de Droit,* LI, 1973, p. 54 ss. Piú puntuale bibliografia in BOVE, 1984, pp. 167-174 e, in particolare, p. 172; dello stesso v. pure, in generale, *Documenti processuali dalle tabulae Pompeianae di Murcine,* Napoli 1979.

A.V.

66. Tavoletta cerata

Inv. 14356.
Pompei, villa suburbana di Murecine.
Alt. cm 11; largh. cm 15.
Legno.

La tavoletta qui presentata è la terza pagina di un trittico (*Tab. Pomp.,* 18) nel quale si incontrano nuovamente gli stessi attori della tavoletta illustrata al numero precedente. Qui, in particolare, il nostro *C. Novius Eunus,* il 15 settembre dell'anno 39 d.C., scrive di suo pugno, nella scrittura interna del trittico, di essere debitore nei confronti di *Hesychus* o, per lui, di *C. Sulpicius Faustus* di una somma di 1250 sesterzi già ricevuta in prestito, e comprensiva di ogni interesse, che si impegna a restituire il 1° novembre dello stesso anno, giurando ciò su Giove, sulle forze divine del defunto imperatore Augusto, già divinizzato, e su quelle di Caligola, allora regnante, cosí poi proseguendo nella pagina 3, laddove non avesse onorato il suo impegno:

me non < t > solum peiurio tene-
ri set etiam peone nomine
in die sigulos sestertios vigienos
nummo obligatum iri et
eos HS ĪCCL q(ui) s(upra) s(cripti) s(unt) probos
recte
[da]ri stipulatus e {s} t Hes[su] cus C(ai)
Cessaris Augusti ser(vus), spepodi C(aius) No-
vius Eunus. [segno di sugello]
Actum in colonia Iulia
Augusta Put {e} olis.

«[Se in quel giorno non adempierò al mio impegno] non solo debbo esser considerato spergiuro, ma a titolo di penale mi obbligherò a pagare venti sesterzi per ogni singolo giorno di ritardo. Quei 1250 sesterzi debbono essere dati in piena legittimità, come stipulato tra *Hessucus,* servo di Caligola, e me, C. *Novius Eunus,* che mi obbligai. Scritto nella colonia Giulia Augusta Pozzuoli».

La quarta pagina, ossia il verso della presente tavola, mostra la solita canaletta centrale per i sigilli. La quinta pagina del documento, esterna, anche stavolta è tracciata da uno scrivano professionista e riporta integralmente il testo interno.
Va notato che in un documento del 29 agosto del 38, anteriore al presente di poco piú di un anno (*Tab. Pomp., 17*), lo stesso *Eunus* risulta contrarre un debito di 1130 sesterzi nei confronti di quell'*Hesychus* (variamente nominato nelle tavolette dei cinque documenti che lo riguardano: i citati *Tab. Pomp.,* 7 e 15-18), nel frattempo divenuto schiavo dell'imperatore.

66

Das Ventil ist ein dreiteiliger Wasserhahn: der Körper mit zwei seitlichen Röhren, die an die Leitung angeschweißt wurden; der Gewindezylinder, dessen mittlere Öffnung genau den seitlichen Röhren entspricht, den man oben in den Körper einsetzt und der den Wasserfluß regelt; der Stöpsel, der den Körper unten hermetisch verschloß, nachdem er wie auch das Gewinde exakt hineingedreht wurde. Unten befand sich eine Nut, die zusammen mit einem spitzen Gegenstand das Gewinde so fixierte, daß es sich gleichzeitig drehen ließ. Dazu war ein Vierkantschlüssel in das zugehörige Schloß des Gewindes zu stecken. Bei dem hier vorgestellten sechsteiligen Ventil mit einem theoretischen Durchmesser von 2,775 cm ist das Gewinde auf Wasserablauf gestellt. An den Hähnen sind deutlich die Blei- und Zinnspuren der Anschweißungen an die Leitungen zu erkennen. Die bläuliche Farbe der Bronze stammt von normalen Oxydationsvorgängen. Die runden Markierungen auf dem Gewindeschloß sind typisch für die Zentrierung des Stückes auf der Drehbank.

Früher hatten die Pompejaner ihren Wasserbedarf durch tiefe Brunnen gedeckt, die durch die dichte vulkanische Schicht, auf der die Stadt errichtet war, bis ans Grundwasser durchdrangen; ferner durch große Zisternen unter dem Impluvium oder in den Gärten der Häuser, um Regenwasser zu sammeln. In augusteischer Zeit wurde ein Aquädukt erbaut, um Wasser von Sireno nach Misenum zu transportieren, wo die römische Flotte stationiert war; ein Seitenarm schloß Pompeji an. Dort wurde bei der Porta Vesuvio, dem höchsten Punkt, das etwa 7,5 m hohe *castellum aquae* mit einem großen Auffangbecken errichtet. Es sollte das Wasser sammeln, reinigen und mittels dreier Bleiröhren verteilen. Auf gemauerten, ca. 6 m hohen Bögen oder Pilastern wurden an Kreuzungen Unterverteiler errichtet. Die darunter aufgestellten Bleitanks versorgten mittels kleinerer Leitungen die vielen öffentlichen Brunnen wie auch Privathäuser. Unklar ist, wie die Versorgung der Privathaushalte geregelt war; für Springbrunnen, Nymphäen, private Thermen, *euripi* und *piscinae* war Wasser dort sehr beliebt. Doch wie anderswo folgte auch hier die private Wasserversorgung strikten Regeln. Wieviel und wann ein Anschluß Wasser entnehmen durfte, war genau festgelegt. Dieses System war nicht nur vielteilig, sondern auch kompliziert; es umfaßte Verzweigungen, Siphons, verschiedene Verteiler, Klärungsgruben, Schieber, Trinkbrunnen, Wasserhähne, *calices* usw. Dies belegt den hohen Wissensstand der Römer über Hydraulik (vgl. grundlegend H. ESCHEBACH, *Die Gebrauchswasserversorgung des antiken Pompeji*, in: *Antike Welt*, 10.2, 1979, 3-24, mit umfassender Bibliographie; DERS., *Probleme der Wasserversorgung Pompejis*, in: *CronPompeiane*, V, 1979, 24-60). Die Ableitung des gebrauchten Wassers erfolgte durch ein komplexes Kanalsystem. Der Großteil des entsorgten Wassers wurde in großen Becken (*cloacae*) gesammelt, um es zur Reinhaltung der öffentlichen Latrinen zu verwenden.

Bibl.: Unveröffentlicht.

A.V.

65. Wachstäfelchen

Inv. 14360.
Pompeji, Vorstadtvilla in Murecine.
Höhe 11,5 cm; Breite 15,5 cm.
Holz.

Die beiden Täfelchen mit Wachsschicht im vertieften Feld, dieses und Kat. Nr. 66, wurden im Juli 1959 zusammen mit vielen entsprechenden Dokumenten während der Ausgrabung der in Murecine entdeckten Vorstadtvilla am alten Flußbett des Sarno gefunden (vgl. zu dieser M. PAGANO, *L'edificio dell'agro Murecine a Pompei*, in: *RendAccNapoli*, N.S., LVIII, 1983, 325 ff.). Sie gehörten zum Archiv der *Sulpicii*, einer Familie aus Puteoli, und beziehen sich auf dort abgefaßte Akten. Das vorliegende Täfelchen datiert vom 18. Juni des Jahres 37, stellt die zweite Seite eines Triptychons dar (*Tab. Pomp.*, 15), das versiegelt wurde. Der Vertragspartner gestand eigenhändig ein Darlehen zu. Gegen die Gewährung einer Finanzierung durch *Hesychus*, Sklave des *Euenus Primianus*, verpfändet *C. Novius Eunus* Getreide und Gemüse in den öffentlichen Speichern von Puteoli. Am Rand sind die beiden Löcher für die Zusammenschnürung der Tafeln gut sichtbar.

Der Text wird unter Auflösung der Abkürzungen zitiert:

Cn(ae)o Acceronio Proculo C(aio) Petronio Pontio co(n)s(ulibus)
XIV K(alendas) Iulias
C(aius) Novius Eunus scripssi me accepisse ob
mutua ab Eueno Ti(beri) Cessaris Augusti
liberto Primiano apssente per
Hessucus ser(vum) eius et debere ei sesterta
decem milia nummu que ei redam
cum petiaerit et ea sesterta decem mi-
li[a] q(uae) s(upra) s(cripta) s(unt) p(robe) r(ecte)
d(ari) stipulatus est <est> Hessucus
Eueni Ti(beri) Cessaris Augusti l(iberti) Primiani
ser(vus), spepodi ego C(aius) Novius Eunus.
Pro quem iis sestertis decem milibus
nummu dedi pignoris araonis

«Unter dem Konsulat des Cn. Acerronius Proculus und des C. Petronius Pontius, 18. Juni. Ich, C. Novius Eunus, bestätige, von Euenus Primianus, Freigelassener von Kaiser Tiberius, in seiner Abwesenheit von Hessucus, seinem Sklaven, die Summe von zehntausend Sesterzen erhalten zu haben, die ich ihm daher schulde und die ich ihm auf Verlangen und mit gutem Recht zurückgeben werde, wie es zwischen Hessucus, Sklave des Euenus Primianus, Freigelassener von Kaiser Tiberius, und mir, C. Novius Eunus, ausgemacht wurde. Dazu verpflichte ich mich in aller Form. Für diese zehntausend Sesterzen verpfände ich ihm ...».

Das Dokument berichtet auf der nächsten Seite von den verpfändeten Waren: 200 Säcke mit 7000 Scheffeln alexandrinischen Korns, 4000 Scheffel Kichererbsen, Linsen und Zweikorn, die in den öffentlichen Speichern Puteolis deponiert wurden, für die der Darlehensempfänger zwecks größerer Wirksamkeit auch im Falle des Verlusts haftete.

Die vierte Seite, die außer im Mittelstreifen, auf den nach Verschluß das Siegel aufgedrückt wurde, nicht gewachst war, enthielt Unterschriften, zuoberst und zuunterst die des C. Novius Eunus. Auf der fünften, gewachsten Seite stand außen, wohl von einem Schreiber in regelmäßiger Schrift und besserem Latein ausgeführt, eine Transkription des autographisch verfaßten Darlehens. Die Rückseiten der drei Tafeln waren mit folgender Indexbeschriftung zur Kennzeichnung versehen:

Chirographum C(ai) Nov(ii)
Euni HS X mutuorum Put(eolis) XIV K(alendas) Iul(ias)
Proculo et Nigrino co(n)s(ulibus)

«Eigenhändiges Schreiben des C. Novius Eunus über ein Darlehen von 10000 Sesterzen, niedergelegt in Puteoli am 18. Juni, unter dem Konsulat des Proculus und Nigrinus».

In einem späteren Dokument vom 2. Juli desselben Jahres übertrug der Darlehensempfänger angesichts eines weiteren Darlehens von 3000 Sesterzen den Besitz der bereits als Garantie verpfändeten Waren auf den Leihgeber. Dieser übernahm die Vermietung der Räume, in denen sie deponiert war, auf seinen Namen. Er behielt die Verantwortung für die Waren im Falle plötzlicher Schäden (vgl. *Tab. Pomp.*, 7 und *Tab. Pomp.*, 16).

Im Hinblick auf das Latein der Inschrift sei zumindest erwähnt, daß in Zeile 11 *spepodi* für *spopondi* steht, in Zeile 13 *araonis* für *arrabonis* mit derselben Bedeutung wie «Pfand» (vgl. z.B. TER., *Heautont.*, 603; PLAUT., *Mil.*, 957). Zum Verständnis des Textes sei noch der Beginn von Seite 3 zitiert:

dedi pignoris araonis/v[e] nomine.

Bibl.: C. GIORDANO, *Nuove tavolette cerate pompeiane*, in: *RendAccNapoli*, XLV, 1970, 213 f., Taf. 3; BOVE 1984, 33 f. (ihm folgte die Lektüre). Neuere und verbesserte Lesarten aller Tafeln aus Murecine gibt G. CAMODECA, dessen erster Band über *L'archivio puteolano dei Sulpicii* nun erwartet wird. Für Beziehungen der vorliegenden Tafel zu Nachrichten über

Tale fatto viene spiegato verosimilmente ipotizzando che il suo precedente padrone, che abbiamo visto precedentemente essere a sua volta un liberto imperiale, sia morto senza eredi testamentari, ed i suoi beni erano pertanto confluiti, secondo le leggi vigenti, nella proprietà del manomissore o dei suoi eredi, in questo caso, appunto, la proprietà imperiale. La somma di 1250 sesterzi ora richiamata in obbligazione sembra allora appunto essere corrispondente alla somma obbligata l'anno prima, maggiorata di ulteriori interessi, pari a circa il 10% annuo. Detta somma di 1130 sesterzi, poi, è sembrata a sua volta essere un qualche corrispettivo, anch'esso a titolo d'interesse, della somma di tredicimila sesterzi che nel 37 era stata concessa in due riprese a fronte del pignoramento di beni materiali (v. Cat. n. 65) e che, forse, per cause giuridicamente ben ipotizzabili, non era stata interamente soddisfatta nelle varie componenti dai beni pignorati. In tal caso essa corrisponderebbe ad un saggio annuo di circa l'8% . Diversamente, invece, la penale che qui il nostro *Eunus,* evidentemente messo alle strette, deve dichiarare di esser disposto a pagare se insolvente, è quantomeno scoraggiante, corrispondendo essa ad un saggio sulla somma dovuta dell'1.75% giornaliero, pari al 630% annuo. Senza contare, in oltre, che lo spergiuro avrebbe comportato per il Nostro pene di ordine morale (cfr. CIC., *De leg.,* II, 9, 22) e materiale (cfr. *Dig.,* XII, 2, 13, 6). Da notare che la comparsa di C. *Sulpicius Faustus* nella questione si spiega, nella piú calzante delle ipotesi, come quella di un *adiectus solutionis causa,* ossia di un ausiliario incaricato di risolvere il credito nell'interesse dell'amministrazione imperiale, divenuta l'ultima beneficiaria delle somme da esigere.

Molto importante nella presente tavoletta è la denominazione di *Puteoli* come *colonia Iulia Augusta* nel 39 d.C. Ciò ci assicura incontestabilmente di una deduzione coloniale avvenuta già in età augustea, nonostante che le fonti al riguardo siano concordi nel ritenere la deduzione della colonia puteolana dovuta a Nerone (cfr. PLIN., *N.H.,* III, 5, 46 e 61; TAC., *Ann.,* XIV, 27).

Per quanto infine riguarda il latino del testo si tenga almeno presente che alla seconda linea *peone* sta per *poenae,* e alla settima *spepodi* per *spopondi.*

Bibl.: C. GIORDANO, *Nuove tavolette cerate pompeiane,* in *RendAccNapoli,* XLV, 1970, p. 218 ss., tav. 12. Cfr. F. SBORDONE, *Corollario a Giordano, ibid.,* p. 226 ss.; C. GIORDANO, *Nuove tavolette cerate pompeiane,* in *RendAccNapoli,* XLVI, 1971, *Appendice,* p. 196 s.; BOVE 1984, p. 45 ss. (lettura utilizzata). Da CAMODECA sarebbero state individuate, al verso della tavola presente, ossia a p. 4 del trittico, le firme di alcuni testatori. V. allora, e inoltre anche bibl. a Cat. n. 65.

A.V.

67. Calamaio (atramentarium)

Inv. 12348.
Pompei, I, 15, 3, casa della Nave Europa, tablino.
Alt cm 6,8; Ø piede cm 7; Ø orlo cm 9; foro centrale cm 3.
Terracotta.

Calamaio in terra sigillata sud-gallica con qualche scheggiatura e abrasioni sul corpo e sul piede. Argilla rosata e vernice dal caratteristico colore rosso mattone brillante. Un piccolo collarino interno scende obliquamente dalla bocca verso le pareti permettendo l'eliminazione dell'inchiostro superfluo formatosi intorno al *calamus.* Forma RITTERLING 13 (*Hofheim,* tav. XXXI, 13; cfr. F. OSWALD, T. DAVIES PRYCE, *An Introduction to the Study of Terra Sigillata,* London 1920 [ristampa 1966], tav. LXX, 3).

Oggetto tipico dell'*instrumentum scriptorium,* il calamaio è riprodotto in uno dei quadretti rinvenuti nella casa del banchiere *L. Caecilius Iucundus* (IX, 1, 16), insieme a *volumina, tabulae, codices calami* e *stili* (cfr. HELBIG, *Wandgemälde,* 1725-7) associati a borse piene di denaro, quali strumenti di lavoro che consentivano al proprietario della casa di condurre i propri affari e di bene amministrarli. Generalmente, però, oggetti dell'*instrumentum scriptorium* nelle raffigurazioni artistiche (le varie referenze sono in G. PUGLIESE CARRATELLI, in *Pompeiana* 1950, pp. 266-277) sono visti piuttosto come segni di piú raffinata cultura e, come tali, servono anche a «nobilitare», ad esempio, i soggetti di un ritratto, come accade per il c.d. *Paquius Proculus,* immortalato con nelle mani un *volumen,* mentre la moglie, con lo stilo nella destra, ha un *codex* davanti a sé (Museo Naz. di Napoli, inv. 9058; cfr. *Pompéi,* Catalogo della mostra, Paris 1973, copertina, cat. n. 211). Altre volte essi riescono ad essere evocativi di una situazione o di uno *status,* come nel dipinto della giovane «studentessa» con stilo e tavolette cerate, altrimenti noto come «ritratto di Saffo» (Museo Naz. di Napoli, inv. 9084; cfr. *Pompéi,* cit., tav. IV e n. 202). In ogni caso essi si pongono come oggetti di riguardo e vengono perciò realizzati sovente in materiali di un certo prestigio, come nel caso di questo calamaio d'importazione, dalla splendida vernice, o di altri esemplari eseguiti in bronzo (Museo Naz. di Napoli inv. n. 118806; cfr. *Pompéi,* cit., n. 72).

Complemento essenziale del calamaio, insieme all'inchiostro (*atramentum*), era il *calamus,* la penna, che si otteneva dallo stelo sottile della canna o dal giunco, che venivano appositamente appuntiti e quindi incisi con una minuscola fenditura al centro della punta. Non mancano però anche esemplari di penne realizzate in metallo (cfr. *Guida Ruesch del Museo Naz. di Napoli,* Napoli s.d. [ma 1911] n. 1707).

67

Della stretta connessione che legava indissolubilmente questi due oggetti dà significativo richiamo un'iscrizione pompeiana (*CIL,* IV, 9127) nella quale uno *scriptor* di programmi elettorali (cfr. *CIL,* IV, 7963), dicendo di chiamarsi *Calamus* trova logico farsi accompagnare da un *Atramentarius,* cosí come altrove un altro *scriptor,* dicendo di chiamarsi *Florus* si fa accompagnare da un *Fructus* (cfr. *CIL,* IV, 381; v. pure 230 e 387).

Bibl.: Inedito.

A.V.

68. Dadi (tesserae)

Inv. 4254.
Pompei, I, 10, 4 casa del Menandro.
Cubi di cm 1 di lato.
Osso.

Due dadi da giuoco in osso recanti sulle facce la numerazione progressiva da 1 a 6 ottenuta mediante cerchietti incisi con al centro un puntino (cfr. GELL., I, 20, 4). Come in quelli moderni i numeri sono posti in modo che la somma dei valori sulle due facce contrapposte sia sempre uguale a sette (1-6, 2-5, 3-4). Si tratta di oggetti rinvenuti in vari esemplari nella città vesuviana (cfr. anche M.R. BORRIELLO, in *Collezioni Napoli* 1986, pp. 111 s., 234, n. 29) come altrove. Insieme ad altri oggetti che costituiscono il corredo da giuoco (bossoli e tavole) erano fabbricati da artigiani specializzati. A Roma un'iscrizione (*CIL,* VI, 9927) ricorda uno di essi, *artifex artis tessalarie lusorie* (sic).

Il giuoco dei dadi, conosciuto sin dalla piú remota antichità (si ricordi il famosissimo vaso di Exekias del Museo Vaticano Etrusco con la scena di Achille e Aiace, armati, intenti a una partita) e trattato anche da vari autori latini (cfr. OVID., *Trist.,* II, 1, 471 ss.; SUET., *Claud.,* 33), fu oggetto piú volte di disposizioni legislative tendenti a frenarne gli abusi se non proprio a vietarlo: della *lex talaria* di età repubblicana ci parlano Plauto (*Mil.,* II, 2, 9), Cicerone (*Philip.,* II, 23) ed Orazio (*Od.,* 111, 24); Marziale (IV, 14; V, 85) lascia intendere che esso fosse consentito solo durante i Saturnali, la festa principale del mondo romano; altre e numerose disposizioni interdittive sono contenute nel *Digesto.* Ciò nonostante, esso godette sempre di diffusa popolarità.

Si giocava facendo cadere i dadi, in genere tre, ma dall'inizio dell'età imperiale sovente anche due (cfr. SEN., *Apocol.,* 15), da un bussolotto semiconico (*fritillus*), al fine di evitare manipolazioni. Per giuochi particolari, pure diffusi, come quello delle dodici linee (*duodecim scripta*), si ricorreva ad un apposito piano (*tabula lusoria*) sul quale si facevano muovere delle pedine (*latrunculi, calculi*), sui loro vari punti d'intersezione a seconda del numero uscito, conciliando l'alea con l'abilità e il calcolo. Nel giuoco di puro azzardo, invece, vinceva chi realizzava il punteggio piú alto o, giocando a *par et impar,* chi aveva puntato sul valore pari o dispari del numero sortito.

Non mancano a Pompei, in alcune *tabernae,* forse vere e proprie bische, scene con raffigurazioni di giocatori di dadi, quale quella che si vede dipinta nel locale VI, 10, 1 (cfr. HELBIG, *Wandgemälde,* 1504 in fine), che mostra una vivace partita condotta tra salsicciotti e boccali di vino. In un altro caso, poi, si mostrano gli effetti della degenerazione del giuoco. Nella *caupona* VI, 14, 36, infatti, su una serie di quadretti che presentano gustose scenette commentate da scritte, quasi come in una delle nostre «strisce» a fumetti, si vedono, nel terzo, due uomini seduti su sgabelli, che reggono sulle gambe la *tabula lusoria* con le pedine. Il primo ha appena finito di tirare i dadi e regge ancora nella mano destra il bussolotto, dal quale è uscito un colpo fortunato: «Sono uscito fuori», infatti egli esclama, cantando vittoria. L'antagonista, però, di rimando ribatte: «No, non è tre, è due». L'alterco presto s'inasprisce e, nel quarto quadretto, si vedono i due levati in piedi che fanno volar parole grosse e si accingono alla rissa. Il primo, alzando il pugno nell'atto di colpire, ribatte: «Imbroglio! È proprio tre. Ho vinto». L'antagonista, per nulla intimidito, a sua volta inveisce apostrofandolo con un turpe epiteto e ribadendogli che è lui ad aver vinto. A questo punto deve intervenire l'oste, che, spingendoli ai fianchi, li butta fuori a continuare la lite (cfr. *CIL,* IV, 3494 = DIEHL, 639; FIORELLI, in *MemLincei,* 1876/7, pp. 103-105 e tav. Sui quadretti esiste un'ampia bibliografia che ora si tralascia. Splendide illustrazioni [acquerelli di Discanno] in E. PRESUHN, *Pompeji. Die neuesten Ausgrabungen,* V, Leipzig 1882, p. 4, tavv. VL-VII. Foto piú recente in *Collezioni Napoli* 1986, p. 170 s., n. 343). D'altronde le poste in palio erano spesso notevoli. Se Nerone puntava come minimo 400 sesterzi ad ogni colpo di dadi (cfr. SUET.,

die gleichen Persönlichkeiten siehe den ausführlichen Kommentar von Bove 1984, 11-57. Besondere Aspekte behandelt dagegen J. Macqueron, *Un commerçant en difficulté au temps de Caligula*, in: *Études Jauffret*, Aix-Marseille 1974, 497 ff. und G. Boulvert, *Nouvelles «tabulae Pompeianae»: note sur un affranchi de Tibère et son esclave*, in: *Rev. Hist. de Droit*, LI, 1973, 54 ff. Genauere Bibliographie in Bove 1984, 167-174, bes. 172. Allgemein s. Ders., *Documenti processuali dalle Tabulae Pompeianae di Murecine*, Neapel 1979.

A.V.

66. Wachstäfelchen

Inv. 14356.
Pompeji, Vorstadtvilla in Murecine.
Höhe 11 cm; Breite 15 cm.
Holz.

Auf dieser dritten Seite eines Triptychons (*Tab. Pomp.*, 18) geht es um dieselben Personen wie auf voriger Tafel. Hier schreibt vor allem unser C. Novius Eunus am 15. September des Jahres 39 n.Chr., daß er Hesychus bzw. C. Sulpicius Faustus 1250 als Darlehen schon erhaltene Sesterzen schuldet, die er sich verpflichtet, am 1. November desselben Jahres einschließlich jeglichen Zinses zurückzugeben. Er beschwört Jupiter, die göttlichen Kräfte des verstorbenen, schon vergöttlichten Imperators Augustus und die des regierenden Caligula. So geht es bis auf Seite 3 weiter, falls er sein Versprechen nicht eingehalten haben sollte:

me non <t> solum peiurio tene-
ri set etiam peone nomine
in die sigulos sestertios vigienos
nummo obligatum iri et
eos HS ICCL q(ui) s(upra) s(cripti) s(unt) probos
recte
[da]ri stipulatus e[s]t Hes[su]cus C(ai)
Cessaris Augusti ser(vus), spepodi C(aius) Novius
Eunus.
[Siegelzeichen]
Actum in colonia Iulia
Augusta Put[e]olis.

«[Wenn ich an diesem Tag meine Pflicht nicht erfülle] soll ich nicht nur als Eidbrüchiger angesehen werden, sondern ich verpflichte mich, für jeden weiteren Tag Rückstand 20 Sesterzen zu zahlen. Die 1250 Sesterzen sind in voller Rechtsgültigkeit auszuzahlen, wie es zwischen Hessucus, Diener des Caligula, und mir, C. Novius Eunus, der ich mich verpflichte, vereinbart wurde. Verfaßt in der Colonia Iulia Augusta Puteolis».

Auf der vierten Seite bzw. der Rückseite dieser Tafel verläuft der übliche Mittelstreifen für das Siegel. Auf der fünften, äußeren Seite des Dokuments ist auch diesmal der innere Text von einem professionellen Schreiber zusammengefaßt.
Es wird mitgeteilt, daß in einem Dokument vom 29. August des Jahres 38, also etwa ein Jahr zuvor (*Tab. Pomp.* 17), derselbe Eunus sich bei jenem Hesychus (in den fünf betreffenden Dokumenten verschieden benannt, *Tab. Pomp.* 7 und 15-18) mit 1130 Sesterzen verschuldet. Daß er inzwischen kaiserlicher Sklave ist, wird wohl in der Annahme erwähnt, daß sein voriger Patron, seinerseits ein kaiserlicher Freigelassener, ohne testamentarische Erben verstarb und daß sein Vermögen nach geltendem Gesetz in den Besitz des Freilassers oder seiner Erben, in diesem Fall also in kaiserlichen Besitz, übergeht. Der Betrag von 1250 Sesterzen entspricht genau der um etwa 10% Zins erhöhten Vorjahressumme. Die genannte Summe von 1300 Sesterzen könnte einem Zinsbetrag für die im Jahr zuvor gegen Verpfändung von Wertgütern (Kat. Nr. 65) in zwei Raten geliehenen 1130 Sesterzen entsprechen. Eventuell genügten aus juristischen Gründen die dafür verpfändeten Waren nicht. Der Zinssatz betrüge somit 8%. Die entmutigende Strafe dagegen, die unser offensichtlich in die Enge getriebener Eunus bei Insolvenz zu zahlen gezwungen wird, beträgt 1,75% der Schuld täglich, d.h. 630% jährlich. Ganz abgesehen von dem moralischen (vgl. Cic., *De leg.*, II, 9, 22) und materiellen (vgl. *Dig.*, XII, 2, 13, 6) Schaden eines Eidbruchs. Das Auftreten des *C. Sulpicius Faustus* in dieser Angelegenheit läßt sich am wahrscheinlichsten mit seiner Funktion als *adiectus solutionis causa* erklären, der die Interessen der kaiserlichen Verwaltung bzw. des obersten Geldgebers vertritt.
Daß Puteoli 39 n.Chr. als *colonia Iulia Augusta* bezeichnet wird, zeigt, daß es schon zu augusteischer Zeit Kolonie war, obwohl die Quellen dies einheitlich in Neros Zeit verlegen (vgl. Plin., *N.H.*, III, 5, 46 und 61; Tac., *Ann.*, XIV, 27).
Schließlich zum Latein: in der zweiten Zeile steht *peone* statt *poenae*, in der siebten *spepodi* statt *spopondi*.

Bibl.: C. Giordano, *Nuove tavolette cerate pompeiane*, in: *RendAccNapoli*, XLV, 1970, 218 ff., Taf. 12. Vgl. F. Sbordone, *Corollario a Giordano*, ebd., 226 ff.; C. Giordano, *Nuove tavolette cerate pompeiane*, in: *RendAccNapoli*, XLVI, 1971, *Anhang*, 196 f.; Bove 1984, 45 ff. (benutzte Lektüre). Camodeca glaubt, auf der Rückseite dieser Tafel sowie auf Seite 4 des Triptychons die Unterschriften einiger Zeugen entziffert zu haben. S.a. Bibl. Kat. Nr. 65.

A.V.

67. Tintenfaß (atramentarium)

Inv. 12348.
Pompeji, I, 15, 3, Haus mit dem Schiff Europa, Tablinum.
Höhe 6,8 cm; Durchm. des Fußes 7 cm; Durchm. der Öffnung 9 cm; mittleres Loch 3 cm.
Terrakotta.

Tintenfaß aus südgallischer Terra sigillata mit einigen Absplitterungen und Abschürfungen. Rosaroter Ton und Firnis in glänzendem Ziegelrot. Ein kleiner Kragenrand, der unterhalb der Öffnung schräg zu den Gefäßwänden überleitet, erlaubt das Abstreifen der überflüssigen Tinte im *calamus*. Form Ritterling 13 (*Hofheim*, Taf. XXXI, 13; vgl. F. Oswald, T. Davies Pryce, *An Introduction to the Study of Terra Sigillata*, London 1920, Neudruck 1966, Taf. LXX, 3). Der für das *instrumentum scriptorium* typische Gegenstand ist auf einem Bild im Haus des Bankiers *L. Caecilius Iucundus* (IX, 1, 16), das seine Arbeitsgeräte zeigt, zusammen mit *volumina, tabulae, codices, calami* und *stili* (vgl. Helbig, *Wandgemälde*, 1725-7) sowie gefüllten Geldbörsen wiedergegeben. Meist gelten die Darstellungen der Objekte des *instrumentum scriptorium* (Verweise in G. Pugliese Carratelli, in: *Pompeiana* 1950, 266-277) aber als Zeichen verfeinerter Kultur und «adeln» ein Porträt. So ist der sog. *Paquius Proculus* mit einem *volumen* in den Händen verewigt, während seine Frau einen Griffel in der Rechten hält und einen *codex* vor sich hat (Nationalmus. Neapel, Inv. 9058; vgl. *Pompéi*, Kat. zur Ausstellung, Paris 1973, Einband, Kat. Nr. 211). Andere Male evozieren sie eine Situation oder einen *status*, so im Gemälde der jungen «Studentin» mit Griffel und Wachstäfelchen (auch «Bildnis der Sappho», Nationalmus. Neapel, Inv. 9084; vgl. *Pompéi, zit.*, Taf. IV und Nr. 202). Als Prestigeobjekte wurden sie oft in wertvollem Material hergestellt, z.B. unser Importstück mit dem leuchtenden Firnis oder bronzene Exemplare (Nationalmus. Neapel, Inv. 118806; vgl. *Pompéi, zit.*, Nr. 72).

Wesentliches Zubehör des Tintenfasses war neben der Tinte (*atramentum*) der *calamus*. Diese aus feinen Stengeln von Rohr oder Binsen angefertigte Feder spitzte man zu und schlitzte dann in die Spitze einen winzigen Spalt. Es gab auch Federn aus Metall (vgl. *Guida Ruesch del Museo Naz. di Napoli*, Neapel o.J. [aber 1911], Nr. 1707).

Die untrennbare Verbindung dieser zwei Gegenstände betont eine Inschrift aus Pompeji (*CIL*, IV, 9127). Ein angeblich *Calamus* heißender *scriptor* von Wahlprogrammen (vgl. *CIL*, IV, 7963) wird von einem *Atramentarius* begleitet, so wie ein angeblich *Florus*

68

69

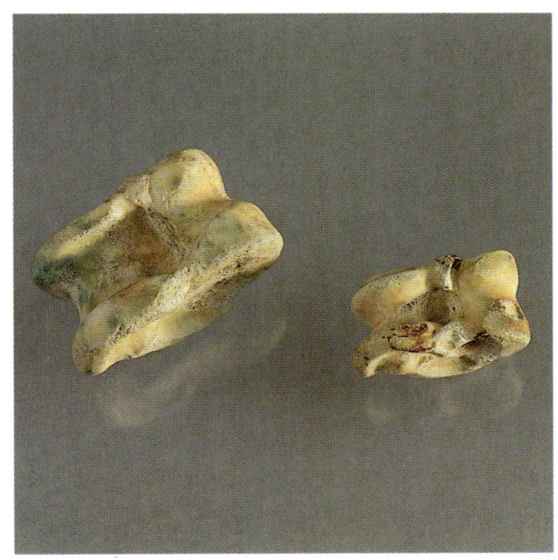

70

71

Ner., 30) e Augusto aveva perso una volta ventimila sesterzi (cfr. SUET., *Aug.*, 71), non erano pochi quelli che avevano distrutto irrimediabilmente la loro posizione economica (cfr. IUVEN., I, 87; VII, 9; XIV, 4). Piú fortunato, senz'altro, un pompeiano che, giocando a Nocera (e senza barare!) aveva vinto la somma veramente cospicua di 855 denarii e mezzo, pari a 13688 assi o 3422 sesterzi (cfr. *CIL*, IV, 2119: *Vici Nuceriae / in alea XDCCCLV S, / fide bona*).
Grande diffusione avevano infine anche altri giuochi sia piú propriamente d'azzardo, quali quelli effettuati con gli astragali (*tali*), sorta di dadi a quattro facce, sia anche di abilità e calcolo, quali quelli effettuati con i *latrunculi* su un'apposita scacchiera (cfr. *CIL*, IV, 7851 con la menzione di tali giocatori, i *latrunculari*).

Bibl.: Citazione in A. MAIURI, *La casa del Menandro*, Roma 1993, p. 461.

A.V.

69. Dadi

Inv. 7034 B.
Pompei, I, 8, 5, presso il tablino.
Lato cm 2,2 circa.
Osso.
Integri, eccetto lievi scheggiature ed abrasioni.

Coppia di dadi da gioco. I valori su ciascuna faccia sono segnati con cerchielli concentrici incisi. Entrambi gli esemplari sono percorsi da un ampio foro passante circolare, del diametro di circa cm 1,5; alle estremità il foro reca all'interno una risega che ne aumenta il diametro di circa 1 mm. Potrebbe essere l'alloggiamento di una sorta di coperchietto che chiudeva il foro e sul quale poteva essere inciso il cerchietto centrale, a completamento del valore 3, attualmente incompleto.

Bibl.: Inediti.

M.R.B.

70. Astragali

Inv 13284 A-B.
Pompei, I, 12, 6, ambiente a sinistra delle fauci.
A): cm 4,7 × 2,9 × 2,5; B): cm 3,5 × 2,1 × 1,9.
Osso.
Integri.

Il gioco degli astragali, costituiti da un osso del piede di un ovino, era molto diffuso nel mondo classico, sia greco che romano. Solitamente se ne impiegava un gruppo di quattro o cinque, attribuendo un valore convenzionale diverso a ciascuna delle facce, già diverse per conformazione: essi dovevano essere lanciati in aria e ripresi con il dorso della mano; il giocatore che non vi fosse riuscito doveva raccogliere quelli caduti, senza far cadere gli altri poggianti sul dorso della mano (J.P.V.D. BALSDON, *Life and Leisure in Ancient Rome*, New York 1969, p. 155). Si è supposto che il foro passante, talvolta presente negli astragali, poteva servire a tenerli assieme con una funicella che il proprietario legava alla cintola.
Che questo gioco fosse molto frequente anche nel mondo infantile nella prima età imperiale è attestato in questo periodo, dalla presenza di astragali in corredi di sepolture di bambini: cfr. A. COCCHIARO, in *Viae Publicae Romanae*, Catalogo della mostra, Roma 1991, p. 171 (necropoli di Brindisi); *Not. Scavi*, 1974, p. 286 (necropoli di Porto Recanati).

Bibl.: Inediti.

M.R.B.

71. Portamonete (locellus, loculi)

Inv. 3277; monete: inv. 3278, 3279.
Ercolano, area suburbana.
Lungh. cm 12,6; largh. cm 6,5; alt. cm 4.
Legno.
In parte carbonizzato.

Portamonete ricavato lavorando un unico pezzo di legno che, infatti, non presenta giunzioni negli angoli. Ha una forma parallelepipeda con spigoli smussati e bombati ad eccezione del lato ove è incastrata una placchetta circolare di bronzo sulla quale ruota una piccola barretta, anch'essa di bronzo, che aziona il meccanismo di arresto dell'apertura della scatola. La parte superiore scorre su binari tracciati sulle pareti interne dell'astuccio: essa è rinforzata all'estremità e lungo i bordi da lamine di bronzo e presenta al centro l'incasso per un'altra placchetta circolare di bronzo (attualmente mancante) sulla quale le dita potevano facilmente fare leva per una piú comoda apertura. La superficie è impreziosita da una decorazione a motivi floreali stilizzati realizzati in lamine d'argento. Su uno dei lati è presente una integrazione antica, mentre sul fondo manca gran parte della decorazione. L'interno è diviso in due scomparti: in esso furono rinvenute due monete, un sesterzio di Vespasiano ed una moneta d'argento completamente incrostata ed ossidata per cui al momento attuale è illeggibile. Il sesterzio di Vespasiano del 71 d.C. reca sul D/IMP CAES VESPASIAN AUG PM TR P COS III R testa laureata dell'imperatore rivolta a destra; sul R/PAX AUGUSTI R. La pace in piedi a sinistra con ramo nella mano destra e cornucopia nella sinistra, ai due lati SC; peso: gr 24,26; dimensioni: mm 32 max.; 31 min. (cfr. *RIC*, II, p. 69, n. 437).
Il portamonete trova confronti con altri due esemplari identici come tipologia e diversi per dimensioni provenienti del pari da Ercolano (inv. 786, 2014) ed un altro di cui abbiamo notizia da un disegno inedito del Maiuri.
L'uso di scatole a scomparti di varia grandezza per contenere monete è attestato in epoca romana da numerose fonti antiche: HOR., *Sat.*, I, 3, 17; II, 3, 146; SEN., *Q.N.*, II, 31, 1; MART., XIV, 12 e 13; IUV., *Sat.*, XI, 38; PETR., *Satyr.*, CXL. Che con i termini *loculi* e *locellus si* indichi anche una cassettina lignea a scomparti per contenere monete e da portare addosso fanno fede particolarmente i citati passi di Marziale e Giovenale. Questi contenitori si differenziano dunque dall'arca che è una cassaforte vera e propria e dagli altri portamonete da indossare quali il *sacculus* e il *marsupium*, borse di varia dimensione in materiale deperibile (stoffa, cuoio). Un'immagine del nostro tipo di portamonete è in una pittura pompeiana in cui si vedono due monete al lato di una scatola di legno rettangolare (cfr. *Antichità di Ercolano*, II. *Pitture di Ercolano*, Napoli 1760, p. 43). Tali contenitori erano realizzati anche in altri materiali, quali per esempio l'avorio, e impreziositi da particolari decorativi. L'eccezionalità dell'oggetto è data dalla rarità dei rinvenimenti lignei nei contesti antichi. Il legno si è invece conservato ad Ercolano grazie alla dinamica del suo seppellimento, rendendola un sito archeologico unico per lo studio delle suppellettili lignee di età romana.

Bibl.: Inedito.

T.B.

72-85

86-88

heißender *scriptor* von einem *Fructus* (vgl. *CIL*, IV, 381; s.a. 230, 387).

Bibl.: Unveröffentlicht.

A.V.

68. Würfel (tesserae)

Inv. 4254.
Pompeji, I, 10, 4, Haus des Menander.
Kuben von 1 cm Seitenlänge.
Bein.

Zwei Spielwürfel aus Bein zeigen auf den Seiten mittels eingeritzter Kreise mit mittlerem Punkt eine durchlaufende Numerierung von 1 bis 6 (vgl. GELL., I, 20, 4). Wie auf den modernen ergibt die Summe der beiden gegenüberliegenden Seiten immer sieben (1-6, 2-5, 3-4). Solche Exemplare fanden sich mehrfach in Pompeji (s.a. M.R. BORRIELLO, in: *Collezioni Napoli* 1986, 111 f., 234, Nr. 29) wie andernorts. Zusammen mit anderen Gegenständen zum Spiel (Becher, Bretter) wurden sie von spezialisierten Handwerkern hergestellt. Eine Inschrift in Rom erinnert an einen von ihnen (*CIL*, VI, 9927), *artifex artis tessalarie lusorie* (sic).
Das Würfelspiel ist seit ältester Zeit bekannt (man denke an die berühmte Vase des Exekias im Museo Vaticano Etrusco, auf der Achilles und Ajax, bewaffnet, in eine Partie vertieft sind) und wird auch von einigen lateinischen Autoren behandelt (vgl. OVID, *Trist.*, II, 1, 471 ff.; SUET., *Claud.*, 33). Es gab gesetzliche Anstrengungen, es einzuschränken, wenn nicht gar zu verbieten. Plautus (*Mil.*, II, 2, 9), Cicero (*Philip.*, II, 23) und Horaz (*Od.*, III, 24) erzählen uns von der *lex talaria* republikanischer Zeit; nach Martial (IV, 14; V, 85) war es wohl nur zu den Saturnalien, dem größten Fest der römischen Welt, erlaubt. Andere Restriktiven sind im *Digest* enthalten. Dennoch erfreute es sich immer größerer Beliebtheit.
Man ließ im allgemeinen drei, zu Beginn der Kaiserzeit oft auch nur zwei Würfel (vgl. SEN., *Apocol.*, 15) aus einem halbkonischen Becherchen (*fritillus*) fallen. Bei besonderen, aber üblichen Spielen wie dem der zwölf Linien *(duodecim scripta)* bewegte man Spielsteine (*latrunculi, calculi*) gemäß der gewürfelten Zahl mit Risiko, Geschick und Berechnung auf dem Raster eines Bretts (*tabula lusoria*). Bei reinem Risikospiel gewann die höchste Zahl; bei *par et impar* wurde auf Gerade und Ungerade gesetzt.
In Pompeji fehlt es in einigen *tabernae*, die vielleicht richtige Spielhöhlen waren, nicht an Darstellungen von Würfelspielern. Im Lokal VI, 10, 1 (vgl. HELBIG, *Wandgemälde*, 1504) wird zwischen Würsten und Weinkrügen eine lebendige Partie gezeigt. In der *caupona* VI, 14, 36 dagegen sind die Wirkungen der Spielverderbtheit zu erkennen. Das dritte aus einer Reihe amüsanter, beschrifteter Bildchen stellt zwei auf Hockern sitzende Männer mit der *tabula lusoria* auf den Knien dar. Am Ende eines geglückten Wurfs hält der eine noch den Becher in der Rechten und ruft siegverkündend «Sie sind gefallen». Der Gegner aber erwidert: «Nein, es ist nicht eine Drei, sondern eine Zwei». Der Streit verschärft sich schnell. Auf dem vierten Bild stehen sie sich brüllend und zur Rauferei anschickend gegenüber. Der erste hat die Faust zum Schlag erhoben: «Betrug! Es ist wirklich Drei, ich habe gewonnen.» Der keineswegs eingeschüchterte Gegner beschimpft ihn unflätig und bekräftigt, er habe gewonnen. Nun muß der Wirt eingreifen; er packt sie und wirft sie hinaus (vgl. *CIL*, IV, 3494 = DIEHL, 639; FIORELLI, in: *MemLincei*, 1876/7, 103-105 und Taf. Die umfassende Bibliographie zu diesen Bildern übergehen wir hier. Discannos Aquarelle illustrieren sie wunderbar in E. PRESUHN, *Pompeji. Die neuesten Ausgrabungen*, V, Leipzig 1882, 4, Taf. VI-VII. Jüngeres Photo *Collezioni Napoli* 1986, 170 f., Nr. 343). Im übrigen waren auch die Einsätze bemerkenswert. Setzte Nero mindestens 400 Sesterzen pro Wurf (vgl. SUET., *Ner.*, 30) und hatte Augustus auf einen Schlag 20000 Sesterzen verloren (vgl. SUET., *Aug.*, 71), so brachten sich viele um ihr Hab und Gut (vgl. IUVEN., I, 87; VII, 9; XIV, 4). Glücklicher war zweifellos ein junger Pompejaner, der in Nocera gespielt und ohne Mogelei die wirklich beachtliche Summe von 855 und einem halben Denar gewonnen hatte (= 13688 Assen = 3422 Sesterzen; vgl. *CIL*, IV, 2119: *Vici Nuceriae / in alea* X̶*DCCCLV S / fide bona*). Auch andere Spiele waren weitverbreitet, seien es Glücksspiele mit Astragalen (*tali*) oder vierseitigen Würfeln, seien es Geschicklichkeits- und Denkspiele wie solche mit *latrunculi* auf einem speziellen Brett (vgl. *CIL*, IV, 7851, wo solche Spieler, *latruncularі*, erwähnt sind).

Bibl.: Erwähnung in A. MAIURI, *La casa del Menandro*, Rom 1933, 461.

A.V.

69. Würfel

Inv. 7034 B.
Pompeji, I, 8, 5, beim Tablinum.
Seitenlänge ca. 2,2 cm.
Bein.
Vollständig erhalten; vereinzelte Absplitterungen und Kratzer.

Zwei Spielsteine. Auf den Seiten sind jeweils mit eingeritzten, konzentrischen Kreisen die Zahlenwerte angegeben. Beide Exemplare weisen eine zylindrische, durchgehende Öffnung auf, deren Durchmesser ca. 1,5 cm beträgt; an den Enden ist die Öffnung etwas – ca. 1 mm – breiter, so dass eine Auflagefläche für eine Art Deckelchen entsteht, auf dem der mittlere Kreis eingeritzt werden konnte, der die Zahl 3 – nun inkomplett – vervollständigen sollte.

Bibl.: Unveröffentlicht.

M.R.B.

70. Astragale

Inv. 13284 A-B.
Pompeji, I, 12, 6, Raum links neben den Fauces.
A): 4,7 × 2,9 × 2,5 cm. B): 3,5 × 2,1 × 1,9 cm.
Bein.
Vollständig erhalten.

Das Spielen mit Astragalen – Sprunggelenkknöchel von Schafen – war in der griechischen und römischen Welt sehr verbreitet. Meistens wurde mit vier oder fünf Stücken gespielt. Jeder der verschieden geformten Seiten eines Astragals wurde ein bestimmter Zahlenwert zugeordnet: die Steine wurden hochgeworfen und mussten mit dem Handrücken wieder aufgefangen werden. Jener Spieler, dem es nicht gelungen war, alle Astragale aufzufangen, musste die übrigen auflesen, ohne die auf dem Handrücken liegenden fallenzulassen (J.P.V.D. BALDSON, *Life and Leisure in Ancient Rome*, New York 1969, S. 155). Es wurde vorgeschlagen, dass das durchgehende Loch, welches die Astragale manchmal aufweisen, dazu gedient habe, sie aufgereiht an einem Schnürchen am Gürtel zu tragen.
Das Spielen mit Astragalen war bei den Kindern der frühen Kaiserzeit sehr beliebt, wie dies Funde von

72-84. Pedine

Inv. 11163 A.
Pompei, I, 13, 5.
Diam. cm 2,9; spes. cm 0,3-0,5.
Osso.
Integre. Superfici macchiate da ossido di ferro e ossido di bronzo.

Gruppo di 13 pedine in forma di borchiette circolari, con una faccia liscia e piana, l'altra decorata con modanature concentriche di spessore crescente verso il centro. Sulla faccia piana di ciascuna di esse sono incisi i seguenti numerali: II, III, IIII, V, VI, VII, VIII, VIIII, XI (oppure IX?), XII, XIII, XIIII, VX.
Pedine circolari di questo tipo, recanti valori numerici per lo piú da 1 a 15, sono conosciute attraverso corredi funerari soprattutto nell'Italia Meridionale. Dopo essere state ritenute a lungo tessere teatrali, assieme ad altri tipi analoghi figurati, la constatazione che esse costituivano sempre delle serie in cui i numerali incisi non superano mai il 15 ne ha fatto comprendere la vera funzione di pedine usate per un gioco, chiamato dagli antichi *duodecim scripta* (CH. HUELSEN, *Miscellanea Epigraphica*, in *RömMitt*, 1896, p. 250), uno dei piú famosi in epoca imperiale.
Frequente è l'associazione, riscontrabile essenzialmente in contesti funerari della prima metà del I secolo d.C., di pedine con astragali e dadi da gioco: G.A. MARUGGI, *La necropoli del Regio Arsenale*, in *Il Museo di Taranto: cento anni di Archeologia*, Taranto 1988, p. 211; A. COCCHIARO, in *Viae Publicae Romanae*, Catalogo della mostra, Roma 1991, pp. 171-172, da una sepoltura della necropoli di Brindisi, che conteneva anche un frammento di *tabula lusoria*; *Not. Scavi* 1887, p. 396 per il rinvenimento, presso Perugia, di tessere lusorie assieme a pedine ellittiche ed 816 pedine di pasta vitrea.

Bibl.: Inedite.

M.R.B.

85. Pedina

Inv. 11163 B.
Pompei, I, 13, 5.
Cm 2,2 × 1,9; spess. cm 0,6.
Osso.
Integra. Superficie macchiata da ossido di bronzo.

Pedina in forma di valva di conchiglia (*pecten jacoboeus*). Sulla faccia liscia e piana è inciso il numerale VII. Pedine morfologicamente uguali sono note, soprattutto, da corredi funerari di età romana della prima metà del I secolo d.C.: cfr., tra gli altri, A. COCCHIARO, in *Viae Publicae Romanae*, Catalogo della mostra, Roma 1991, p. 171 e fig. 101, dalla necropoli di Brindisi.

Bibl.: Inedito.

M.R.B.

86. Pedina

Inv. 4877.
Pompei, rinvenimento fortuito nel vicolo del Gallo, davanti alla casa del Marinaio.
Lungh. cm 5,2; largh. cm 0,9; spess. cm 0,5.
Osso.
Integra.

Ha forma di parallelepipedo allungato. Una delle estremità termina con un settore circolare attraversato da un foro passante e decorato sulle due facce da modanature concentriche.
Su una delle due facce maggiori è inciso HARPAX e su quella ad essa opposta il numerale V.

Bibl.: Inedito.

M.R.B.

87. Pedina

Inv. 11881 b.
Pompei, I, 18, 3, nel primo ambiente a sinistra entrando nell'atrio.
Lungh. cm 5,7; largh. cm 1; spess. cm 0,5.
Osso.
Integra.

In forma di parallelepipedo allungato, con, ad una delle estremità, settore circolare forato.
Su una delle facce maggiori è inciso FACETE, su quella opposta il numerale XXV.

Bibl.: Inedito.

M.R.B.

88. Pedina

Inv. 11393 A.
Pompei, I, 13, 9, nell'ala destra.
Lungh. cm 4,9; largh. cm 0,9; spess. cm 0,4.
Osso.
Integra; superfici consunte.

In forma di parallelepipedo allungato, desinente con un settore circolare liscio traversato, nel senso dello spessore, da un foro passante.
Su una delle facce maggiori, la scritta: YR PL (?); su quella opposta, il numerale XX.

I tre esemplari sopra esaminati rientrano in uno dei numerosi tipi di *tesserae lusoriae*, a bastoncello di osso o avorio con estremità forata (M. ROSTOWTZEV, in *RevArch*, IV, (s. V), 1905, p. 110 ss.). Queste tessere, conosciute in piú di un centinaio di esemplari, recano sempre un epiteto piú o meno ingiurioso su una delle facce maggiori e su quella opposta un numerale quasi mai superiore al 25 (rarissimi gli esemplari recanti il numero 30 ed il 60).
Dall'analisi delle associazioni tra numerale e tipo di epiteto non sembra del tutto condivisibile l'osservazione che ai numeri piú bassi corrisponderebbero epiteti ingiuriosi, che scomparirebbero, invece, in quelli piú alti (CH. HUELSEN, *Miscellanea Epigraphica*, in *RömMitt*, 1896, p. 236).
Non è del tutto chiarito a che gioco servissero le tessere: esse vengono comunemente riferite al *ludus latrunculorum*, che si giocava facendo uso di una tavoletta, la *tabula latruncularia* citata anche dagli autori latini (SEN., *Epist.*, 117, 30), recante linee intersecantisi a formare caselle (C. DAREMBERG, E. SAGLIO, *Dictionnaire des Antiquités*, III, 2, s.v. *Latrunculi*).
È interessante sottolineare la novità che sembra costituire la tessera pompeiana inv. 4877 recante il numerale V, che non sarebbe attestato in alcun altro degli esemplari conosciuti (HUELSEN, *art. cit.*, p. 236, nota 1).

Bibl.: Inedito.

M.R.B.

Astragalen in Kindergräbern dieser Epoche bezeugen: vgl. A. COCCHIARO, in: *Viae Publicae Romanae*, Katalog zur Ausstellung, Rom 1991, S. 171 (Nekropole in Brindisi); *Not. Scavi*, 1974, S. 286 (Nekropole in Porto Recanati).

Bibl.: Unveröffentlicht.

M.R.B.

71. Geldbörse (locellus, loculi)

Inv. 3277; Münzen: Inv. 3278, 3279.
Herkulaneum, Vorstadtgebiet.
Länge 12,6 cm; Breite 6,5 cm; Höhe 4 cm.
Holz.
Teilweise verkohlt.

Aus einem einzigen Holzstück gearbeitetes Geldkästchen, das an den Ecken tatsächlich keine Verbindungsstellen aufweist. Es ist von parallelflacher Form mit abgeschliffenen und gewölbten Seiten. Eine Ausnahme bildet jene Seite, wo eine runde Bronzeplakette eingesetzt ist. Durch Drehen mit einem ebenfalls bronzenen, kleinen Stift wird der Verschlußmechanismus betätigt. Das Oberteil, das an den Enden und Kanten mit Bronzeblechen verstärkt ist, läßt sich auf zwei Schienen an der Innenseite des Etuis hin- und herschieben. Für eine bequemere Öffnung durch die Finger ist in seiner Mitte eine weitere runde, jetzt fehlende, Bronzeplakette eingelassen. Die Außenseite ist mit stilisierten floralen Motiven aus Blattsilber verziert. An einer Seite befindet sich eine antike Ergänzung, während auf der Rückseite ein Großteil der Dekoration fehlt. Im zweigeteilten Inneren fanden sich zwei Münzen: ein Sesterz Vespasians und eine völlig verkrustete, oxydierte und daher unlesbare Silbermünze. Der Sesterz Vespasians datiert von 71 n.Chr. und zeigt auf der Vorderseite IMP CAES VESPASIAN AUG PM TR P COS III R sowie den lorbeerbekränzten, nach rechts gewendeten Kopf des Herrschers; auf der Rückseite PAX AUGUSTI R. Links steht eine Personifikation des Friedens mit einem Zweig in der Rechten und einem Füllhorn in der Linken; beidseits steht SC. Gewicht 24,26 gr.; Abmessungen: max. 32 mm, min. 31 mm. (vgl. *RIC*, II, 69, Nr. 437).
Zwei Vergleichsstücke gleichen Typs, aber anderer Größe stammen gleichfalls aus Herkulaneum (Inv. 786, 2014); ein weiteres ist in einer unveröffentlichten Zeichnung Maiuris überliefert.
Die Verwendung von unterteilten Kästchen verschiedener Größen zur Geldaufbewahrung ist in zahlreichen Quellen für römische Zeit dokumentiert: HOR., *Sat.*, I, 3, 17; II, 3, 146; SEN., *Q.N.*, II, 31, 1; MART., XIV, 12 und 13; JUV., *Sat.*, XI, 38; PETR., *Satyr.*, CXL. Die zitierten Stellen bei Martial und Juvenal lassen vermuten, daß mit den Begriffen *loculi* und *locellus* auch kleine, hölzerne Kassetten gemeint sind, in denen man Geld bei sich tragen kann. Diese Behälter unterscheiden sich also von der *arca*, einem richtigen Geldschrank, und dem *sacculus* und *marsupium*, tragbaren Geldbörsen aus vergänglichem Material (Stoff, Leder). Ein pompejanisches Gemälde gibt eine Vorstellung von unserem Typ der Geldbörse; man erkennt zwei Münzen neben einer rechteckigen Holzschachtel (vgl. *Antichità di Ercolano*, II. *Pitture di Ercolano*, Neapel 1760, 43). Solche Behälter wurden auch aus anderem Material, z.B. Elfenbein, hergestellt und verziert. Die Außergewöhnlichkeit dieses Stückes liegt in der Seltenheit antiker Holzfunde. Der Verschüttungsvorgang in Herkulaneum aber hinterließ eine einzigartige Stätte zur Erforschung römischer, hölzerner Ausstattungsgegenstände.

Bibl.: Unveröffentlicht.

T.B.

72-84. Spielsteine

Inv. 11163 A.
Pompeji, I, 13,5.
Durchm. 2,9 cm; Dicke 0,3-0,5 cm.
Bein.
Vollständig erhalten. Eisen- und Bronzeoxydflecken auf der Oberfläche.

Gruppe von 13 scheibenförmigen Spielsteinen mit einer unverzierten glatten und einer mit konzentrischen Rillen, die umso dicker sind, je näher sie beim Zentrum liegen, verzierten Seite. Auf den unverzierten Seiten kann man folgende Zahlen ablesen: II, III, IIII, V, VI, VII, VIII, VIIII, XI (oder IX?), XII, XIII, XIIII; XV.
Scheibenförmige Spielsteine dieser Art mit Zahlenwerten meist von 1 bis 15 kennt man dank Grabbeigaben v.a. aus Süditalien. Nachdem man lange Zeit davon ausging, es handle sich um Theatertesserae, wie dies z.B. bei anderen ähnlichen, aber figürlich verzierten Exemplaren der Fall ist, hat der Einwand, dass die eingravierten Numeralen nie über die Zahl 15 hinaus gehen, zu einer Neuinterpretation als Spielsteine geführt. Solche Steine wurden für ein Spiel verwendet, das in der Antike *duodecim scripta* (CH. HUELSEN, *Miscellanea Epigraphica*, in: *RömMitt*, 1896, S. 250) bezeichnet wurde und in der Kaiserzeit eines der bekanntesten Spiele war.
Häufig finden sich, v.a. in Grabkontexten der ersten Hälfte des 1. Jhs. n.Chr., Spielsteine in Fundvergesellschaftung mit Astragalen und Spielwürfeln: G.A. MARUGGI, *La necropoli del Regio Arsenale*, in: *Il Museo di Taranto; cento anni di Archeologia*, Tarent 1988, S. 211; A. COCCHIARO, in: *Viae Publicae Romanae*, Katalog zur Ausstellung, Rom 1991, S. 171-172, aus einer Bestattung der Nekropole von Brindisi, die auch ein Fragment einer *tabula lusoria* enthielt; *Not. Scavi* 1887, S. 396 für den in der Nähe von Perugia getätigten Fund von Spieltesserae, die mit einigen ellipsenförmigen sowie 816 Spielsteinen aus Glaspaste vergesellschaftet waren.

Bibl.: Unveröffentlicht.

M.R.B.

85. Spielstein

Inv. 11163 B.
Pompeji, I, 13, 5.
2.2 cm × 1,9 cm; Dicke 0,6 cm.
Bein.
Vollständig erhalten. Bronzeoxydflecken auf der Oberfläche.

Spielstein in Form einer Muschelschale (*pecten jacoboeus*).
Auf der unverzierten glatten Seite ist die Zahl VII eingraviert. Spielsteine derselben Form sind v.a. aus Grabensembles der ersten Hälfte des 1. Jhs. n.Chr. bekannt. Vgl. z.B. A. COCCHIARO, in: *Viae Publicae Romanae*, Katalog zur Ausstellung, Rom 1991, S. 171 und Abb. 101, aus der Nekropole von Brindisi.

Bibl.: Unveröffentlicht.

M.R.B.

86. Spielstein

Inv. 4877.
Pompeji, Zufallsfund im Vicolo del Gallo, vor der Casa del Marinaio.
Länge 5,2 cm; Breite 0,9 cm; Dicke 0,5 cm.
Bein.
Vollständig erhalten.

Blockförmiger Spielstein, der an einem Ende eine durchbohrte Scheibe aufweist, die auf beiden Seiten mit konzentrischen Kreisen verziert ist.
Auf den beiden gegenüberliegenden, grösseren Seiten liest man HARPAX bzw. die Zahl V.

Bibl.: Unveröffentlicht.

M.R.B.

87. Spielstein

Inv. 11881 b.
Pompeji, I, 18, 3, aus dem ersten Raum links, wenn man das Atrium betritt.
Länge 5,7 cm; Breite 1 cm; Dicke 0,5 cm.
Bein.
Vollständig erhalten.

Blockförmiger Spielstein mit einer durchbohrten Scheibe an einer Seite.
Auf den beiden gegenüberliegenden, grösseren Seiten liest man FACETE bzw. die Zahl XXV.

Bibl.: Unveröffentlicht.

M.R.B.

88. Spielstein

Inv. 11393 A.
Pompeji, I, 13, 9, in der rechten Ala.
Länge 4,9 cm; Breite 0,9 cm; Dicke 0,4 cm.
Bein.
Vollständig erhalten; Abnutzungspuren auf der Oberfläche.

Blockförmiger Spielstein, der an einem Ende einen scheibenförmigen, glatten Aufsatz zeigt, der durchbohrt ist. Auf den beiden gegenüberliegenden, grösseren Seiten liest man YR PL (?) bzw. die Zahl XX.

Die drei besprochenen Exemplare (Kat. Nr. 86-88) – aus kleinem Stab und durchbohrter Scheibe aus Bein oder Elfenbein bestehend – gehören zu einem der zahlreichen Typen von *tesserae lusoriae* (M. ROSTOWTZEV, in: *RevArch*, IV, [s.v.], 1905, S. 110 ff.). Solche Tesserae, von denen mehr als 100 Exemplare bekannt sind, weisen auf den einander gegenüberliegenden, grösseren Seiten immer ein Schimpfwort bzw. einen Zahlenwert auf. Beinahe nie übersteigt dieser die Zahl 25 (äusserst selten sind Beispiele mit den Werten 30 und 60).
Nach einer Überprüfung der Verbindung von Wörtern und Zahlen scheint die Vermutung wenig plausibel, dass den tieferen Zahlen auf der gegenüberliegenden Seite im allgemeinen ein Schimpfwort entspreche, während diese bei den höheren Werten fehlten (CH. HUELSEN, *Miscellanea Epigraphica*, in: *RömMitt*, 1896, S. 236).
Es ist nicht ganz klar, für welches Spiel diese Tesserae dienten: häufig werden sie mit dem *ludus latrunculorum* in Verbindung gebracht, welches man mit einem Brett, der *tabula latruncularia*, spielte. Dieses Spielbrett wird auch von den lateinischen Autoren (SEN., *Epist.*, 117,30) genannt und wies sich kreuzende Linien, die Felder bilden, auf (C. DAREMBERG, E. SAGLIO, *Dictionnaire des Antiquités*, III, 2, s.v. *Latrunculi*).
Es ist interessant hervorzuheben, dass die Tessera Inv. Nr. 4877 (Kat. Nr. 86) aus Pompeji den Zahlenwert V aufweist, der unter den anderen bekannten Exemplaren offensichtlich nicht belegt ist (HUELSEN, *op. cit.*, S. 236, Fussnote 1).

Bibl.: Unveröffentlicht.

M.R.B.

L'arredamento

L'arredamento delle case dell'area vesuviana, come in genere quello delle case romane dell'epoca compresa fra la fine del I secolo a.C. e il 79 d.C., era rappresentato per gran parte dalle strutture stesse degli ambienti: nicchie nelle pareti, mensole o piccoli ripostigli servono per riporre oggetti e provviste; a volte anche letti, tavole, panche sono costruiti in muratura come il triclinio estivo di Cat. n. 239 e quello invernale della casa del Moralista (III, 4, 2-3) o nella villa di Oplontis i banconi per sedersi che corrono lungo la parete dell'androne.
I mobili, in legno, ma anche in bronzo o marmo, hanno in realtà un carattere del tutto accessorio e poiché in genere le stanze sono piccole, anche nelle case signorili, sono ridotti all'essenziale.
Il mobile piú importante e piú sontuoso è il letto (*lectus*) che assolve svariate funzioni: serve per dormire (*lectus cubicularius, iugalis* o *adversus* se matrimoniale) e di conseguenza ha anche una valenza funeraria (*lectus funebris*); serve per starvi sdraiati a mensa (*lectus convivalis*) nel qual caso i letti compaiono in genere in numero di tre, disposti a ferro di cavallo nel *triclinium,* la sala da pranzo. Spesso sostituisce la sedia quando si scriva o legga. Normalmente eseguito in legno, a volte con ornamenti plastici in bronzo, in avorio o in osso, ha due spalliere alle estremità (*fulcra*) e gambe tornite. Nei letti per dormire, in genere piú semplici, come quello rinvenuto di recente in una villa rustica in località Santa Maria La Carità[1], si aggiunge a volte anche uno schienale che rende il mobile simile ad un moderno divano, cosí, ad esempio, sono i letti conservatisi ad Ercolano[2]. In questi letti il piano d'appoggio del materasso è costituito da una serie di traversine di legno ortogonali alla lunghezza o da fascioni in tessuto.
Nei piú ampi letti tricliniari prendono posto tre persone per volta disposte nel senso della larghezza. Dalla casa di Caius Vibius (VII, 2, 18) proviene uno splendido esemplare, lungo cm 233, largo cm 120[3]: le gambe tornite, i motivi decorativi del telaio e del campo dei *fulcra* eseguiti con intarsi d'argento e di rame, gli amorini a tutto tondo in bronzo sulle terminazioni e sul medaglione delle spalliere stesse ne fanno un oggetto di grande prestigio. Al posto degli amorini si trovano con frequenza teste di cavallo, di mulo o di felino e anche divinità legate alla cerchia dionisiaca. Gli esemplari piú ricchi e piú belli di questo tipo di letto sono prodotti in quest'epoca nell'Italia meridionale.
Dinanzi ai letti tricliniari sono collocati tavolinetti rotondi (*mensae*) con tre gambe arcuate desinenti a zampa di felino (o comunque animale) oppure con unico sostegno centrale (*monopodium*) che servono per poggiare la suppellettile usata dai convitati. Sono eseguiti in legno, come gli esemplari conservatisi ad Ercolano[4], oppure in bronzo, in marmo e persino in argento. Oltre che dagli esemplari giunti fino a noi sono ben noti dai dipinti: nella c.d. casa del Larario del Sarno (I, 47, 7) in una nicchia è raffigurato un personaggio su letto conviviale, con piccola *mensa* rotonda su cui poggia una coppa e attorno fiori e ghirlande con nastri; sulle pareti del triclinio della casa IX, 12, 6-7 sono quadretti con scene di banchetto particolarmente preziose per la raffigurazione di letti tricliniari, *mensae* e altra suppellettile.
Si trovano anche tavolinetti emisferici[5] da addossare alle pareti. Tavoli piú grandi, rettangolari, tondi o angolari servono per poggiare le stoviglie: nella tomba di Vestorius Priscus a Pompei è raffigurata una *mensa vinaria,* una tavola con tutto l'occorrente per bere. Ancora grandi tavoli di marmo (*cartibula*) decorano atri e giardini (Cat. n. 234): sono oggetti d'arte con i sostegni molto lavorati e provengono da botteghe ellenistiche.
Esistono sedie (*sellae*) anche pieghevoli, con e senza spalliera e con gambe a volte tornite e arcuate. Su una di esse è seduto il poeta della casa del Menandro (I, 10, 4) e certo pieghevole è il sedile della pittrice in un affresco del Museo Nazionale di Napoli[6]. Rilievi e pitture documentano poltrone (*cathedrae*) di legno o di vimini con schienale dalla forte curvatura che, avvolgendo anche i fianchi di chi vi siede, rende superflui i braccioli.
Numerosi gli sgabelli (*scamna, subsellia*) in legno, a volte con il piano impellicciato e lavorato a disegno[7], oppure in bronzo (Cat. nn. 93-94), anche molto bassi quando servono da poggiapiedi. Frequenti le panche in legno[8], in marmo o in pietra, semplici o con gambe arcuate e desinenti in zampa ferina.
Come contenitori si adoperano soprattutto cassepanche (*cistae*) o arche con coperchio, di legno con applicazioni di metallo: ben note le casseforti (*arcae*) dalla casa di Obellius Firmus (IX, 10, 1-4) e splendide, dalla casa di L. Caecilius Iucundus (V, 1, 26) ritrovate negli atrii; armadi (*armaria*) di legno con sportelli e ripiani interni, come erano nella casa di Iulius Polybius (IX, 13, 1-3) o come si vedono nel fregio con Amorini della casa dei Vettii (VI, 15, 1); armadietti o basse credenze con cassetto e doppio battente[9]. Frequenti su questi mobili le borchie, le maniglie e le decorazioni in bronzo.
Di legno è a volte anche il larario, il sacello dei Lari e delle altre divinità della famiglia e della casa: a Ercolano ne è conservato un esemplare con i capitelli delle colonnine in marmo[10]. Per solito il larario è in muratura, un'edicola a tempietto o una nicchia, e persino una semplice pittura sulla parete, ed è ubicato nell'atrio o nelle sue adiacenze, oppure nel peristilio, nel giardino e finanche nella cucina come nella villa dei Misteri.
Dell'arredamento fanno ancora parte lampadari ottenuti dalla combinazione di piú lucerne e sospesi con catenelle; candelabri di bronzo (Cat. nn. 101-105, tripodi, in genere di bronzo, per sostenere incensieri, grossi vasi, e lucerne; grandi e piccoli bracieri di bronzo (Cat. n. 96), scaldavivande portatili (Cat. n. 95). Grande importanza hanno cuscini, coperte, tappeti e tendaggi. Letti, scranni, sedie e poltrone scompaiono sotto le stoffe; si veda l'affresco con gli «Amori di Marte e Venere» nel triclinio della casa di M. Lucretius Fronto (V, 4, 11). L'eco di tappeti usati come arazzi è nei dipinti parietali di III stile; i tendaggi sono attestati, oltre che in rilievi[11] ed affreschi[12], dai buchi presenti a volte nei telai delle porte: servivano per l'attacco della corda che sorreggeva le tende.
Ma sono soprattutto le pitture parietali ad arredare le stanze e spesso con i loro giuochi prospettici illusionistici a dilatarne gli spazi; e con esse i mosaici pavimentali e le tarsie marmoree policrome[13].
Le case dei ricchi sono adorne anche d'oggetti d'arte: statue, tra le quali tipici gli efebi in bronzo adattati a sostegno di lumi (*lychnophoroi*) (Cat. n. 241); busti e statue ritratto (Cat. nn. 242-243), statuette bronzee e marmoree collocate ai bordi dell'*impluvium*, nei triclini estivi, nei giardini assieme ad erme, bacini e vasi marmorei, fontane, vasche e giuochi d'acqua (Cat. nn. 118-126, 233-239). Anche il collezionismo esiste già: nella casa del Menandro (I, 10, 4) era un tesoro di 118 pezzi di argenteria; nella villa dei Papiri di Ercolano una collezione di statue e busti[14].
Ma le case dei poveri non sono cosí ben fornite. Ecco il trasloco di uno sfrattato per morosità: «Passava un lettuccio a tre gambe e un tavolo a due e, con una lucerna e una secchia di legno di corniolo, un vaso da notte rotto orinava dal lato sbeccato; un collo d'anfora teneva dietro a un fornelletto coperto di verderame...» [15].

L.F.D.O.

[1] Cfr. *RivStPompeiani,* I, 1987, p. 189, fig. 72.
[2] Antiquarium, provenienti dalla casa di Argo e da Ins. orient., II, 10.
[3] *Il bronzo* 1990, p. 264, fig. 142.
[4] T. BUDETTA, M. PAGANO, *Ercolano: legni e piccoli bronzi,* Catalogo della mostra, Roma 1988, pp. 24-27, nn. 3-4.
[5] IID., cit., pp. 30-31, n. 6.
[6] *Il bronzo* 1990, p. 137, fig. 81.
[7] BUDETTA, PAGANO, cit., pp. 22-23, n. 2.
[8] IID, pp. 32-33, n 7.
[9] IID., pp. 28-29, n. 5.
[10] IID., pp. 36-37, n. 9.
[11] *Collezioni Napoli* 1989, p. 148, n. 263.
[12] Cfr. quelli già ricordati dalla casa IX, 12, 6-7.
[13] Uno straordinario esempio è il pavimento del triclinio della casa dell'Efebo (I, 7, 11).
[14] Cfr. PLIN., *Ep.,* III, 6-7; STAT., *Silv.,* IV, 6.
[15] MART., XII, 32, 11 ss.; cfr. IUV., *Sat.,* III, 10: «tutta la casa è caricata su un solo carro».

Die Einrichtung

Wie allgemein bei römischen Häusern der Zeit zwischen dem Ende des 1. Jhs. v.Chr. und 79 n.Chr. war auch die Einrichtung der Häuser in der Vesuvregion weitgehend eingebaut: Wandnischen, Konsolen oder Abstellkammern dienten der Ablage von Gegenständen oder Vorräten; manchmal waren sogar Betten, Tische und Bänke gemauert, so im Sommertriklinium von Kat. Nr. 239, im Wintertriklinium des Hauses des Moralisten (III, 4, 2-3) oder die Sitzbänke entlang der Flurwände in der Villa von Oplontis.
Die Möbel aus Holz, Bronze oder Marmor wurden auf das Wesentliche beschränkt, da auch in herrschaftlichen Häusern die Zimmer meist klein waren.
Das wichtigste und prunkvollste Möbel war das vielseitig genutzte Bett *(lectus)*. Da man darauf schlief (*lectus cubicularius*; *iugalis* oder, *ădversus,* falls ehelich), hatte es auch letztlich eine Bedeutung für das Grab (*lectus funebris*); lag man darauf zu Tisch (*lectus convivalis*), waren in diesem Fall meist drei Betten hufeisenförmig im *triclinium*, dem Speisesaal, aufgestellt. Oft diente es als Sitz zum Schreiben oder Lesen. Meist bestand es aus Holz und besaß manchmal plastische Ornamente aus Bronze, Elfenbein oder Knochen. An den Enden befand sich je eine Lehne (*fulcrum*), die Beine waren gedrechselt. An den im allgemeinen einfacheren Betten zum Schlafen, wie das jüngst in einer Landvilla in Santa Maria La Carità[1] gefundene Bett, war manchmal eine Rückenlehne angebracht, so daß es einem modernen Diwan glich (vgl. die in Herkulaneum erhaltenen Beispiele[2]). Quer verlegte Holzlatten oder Gurtbänder bildeten die Auflagefläche für die Matratze.
Die größeren Trikliniumsliegen boten Platz für drei Personen nebeneinander. Ein Prunkstück von 233 cm Länge und 120 cm Breite stammt aus dem Haus des Caius Vibius (VII, 2, 18)[3]: gedrechselte Beine, Silber- und Kupferintarsien auf dem Rahmen und der Fläche der *fulcra* sowie vollplastische Bronzeamoretten auf den Enden und im Medaillon der Lehnen machen es zu einem prunkvollen Stück. Oft kommen anstelle der Amoretten Köpfe von Pferden, Mauleseln oder Raubtieren sowie dionysische Gottheiten vor. Zu dieser Zeit wurden die reichsten und schönsten Exemplare dieses Typs in Süditalien hergestellt.
Für das Geschirr der Gäste waren vor den Trikliniumsliegen runde Tischchen (*mensae*) mit drei gekrümmten, in Tierpfoten endenden Beinen oder einer Mittelstütze (*monopodium*) aufgestellt. Sie waren aus Holz, wie die erhaltenen Beispiele in Herkulaneum[4], oder aus Bronze, Marmor und sogar Silber. Außer durch die erhaltenen Exemplare sind sie auch in Malereien gut dokumentiert: Im sog. Haus des Larariums des Sarno (I, 47, 7) ist eine Person auf einer Tafelkline dargestellt; auf einer kleinen, runden *mensa* steht ein Becher, darum herum sind Blumen und Girlanden mit Bändern. In den Bankettszenen auf den Wänden des Trikliniums von Haus IX, 12, 6-7 sind besonders prunkvolle Trikliniumsliegen zu sehen, daneben *mensae* und andere Ausstattungsobjekte.
Ferner gibt es halbrunde, an die Wand gelehnte Tischchen[5]. Größere Tische, eckig, rechteckig oder rund, trugen das Geschirr. Im Grabmal des Vestorius Priscus in Pompeji ist eine *mensa vinaria* wiedergegeben, eine Tafel mit allen Trinkgerätschaften. Große Marmortische (*cartibula*) zieren noch Atrien und Gärten (Kat. Nr. 234). Mit ihren durchgestalteten Stützen sind sie Kunstgegenstände aus hellenistischen Werkstätten. Es gibt Stühle (*sellae*), auch zusammenklappbare, solche mit oder ohne Lehne und mit manchmal gedrechselten und gekrümmten Beinen. Auf einem davon saß der Poet aus dem Haus des Menander (I, 10, 4). Sicher faltbar ist der Stuhl der Malerin in einem Fresko im Nationalmuseum Neapel[6]. Reliefs und Malereien bezeugen Sessel (*cathedrae*) aus Holz oder Korb, deren stark geschwungene Rückenlehne die Sitzfläche umfaßt und so Armstützen überflüssig macht.
Zahllos sind Hocker (*scamna, subsellia*) aus Holz, deren Sitzfläche manchmal furniert und gemustert ist[7], oder aus Bronze (Kat. Nr. 93-94); sehr niedrige dienten als Fußstützen. Auch hölzerne[8], marmorne oder steinerne Bänke sind häufig; sie waren einfach oder mit geschwungenen, in Raubtierpfoten endenden Beinen.
Als Behälter benutzte man vor allem Kisten (*cistae*) oder hölzerne Deckeltruhen mit Metallapplikationen. Bekannt sind die Tresore (*arcae*) aus dem Haus von Obellius Firmus (IX, 10, 1-4) sowie das wundervolle Stück aus dem Haus des L. Caecilius Iucundus (V, 1, 26), die in den Atrien gefunden wurden; die Holzschränke (*armaria*) mit Flügeltüren und Fächern aus dem Haus des Iulius Polybius (IX, 13, 1-3) oder wie im Amorettenfries des Vettier-Hauses (VI, 15, 1); Schränkchen oder niedrige Anrichten mit Schublade und Doppelflügel[9]. Oft besitzen diese Möbel Beschläge, Griffe und Bronzedekorationen.
Gelegentlich ist auch das Lararium, das Heiligtum der Laren und anderer Haus- und Familiengötter, aus Holz. In Herkulaneum blieb ein Exemplar mit den Kapitellen seiner Marmorsäulchen erhalten[10]. Üblicherweise ist das Lararium als Ädikula oder als Nische gemauert, besitzt oft ein einfaches Wandgemälde und befindet sich im oder nahe dem Atrium oder im Peristyl, Garten oder sogar in der Küche, wie in der Villa der Mysterien.
Zur Einrichtung gehören ferner Lampen, meist an Ketten aufgehängte Öllämpchen; Bronzekandelaber (Kat. Nr. 101-105); Dreifüße, die als Ständer für Räucherfässer meist aus Bronze waren; große Vasen und Lampen; große und kleine bronzene Kohlebecken (Kat. Nr. 96); tragbare Warmhaltegeräte (Kat. Nr. 95). Wichtig waren Kissen, Decken, Teppiche und Vorhänge. Liegen, Stühle und Sessel verschwanden unter Stoffen (vgl. das Fresko mit «Liebschaften von Mars und Venus» im Triklinium des Hauses von M. Lucretius Fronto, V, 4, 11). Die Wandteppiche finden ihr Echo in den Wandmalereien des Dritten Stils. Außer in und Reliefs[11] Fresken[12] sind die Vorhänge durch die manchmal in den Türrahmen befindlichen Löcher nachgewiesen, in denen die Schnüre zum Zuziehen der Gardinen befestigt waren.
Doch vor allem sind es die Wandmalereien, die die Zimmer schmückten und sie durch ihr illusionistisch-perspektivisches Spiel vergrößerten. Dazu kommen Fußbodenmosaiken und farbige Marmoreinlegearbeiten[13].
Die Häuser der Reichen wurden außerdem von Kunstwerken geschmückt: Statuen, unter denen bronzene Epheben als Lampenstützen (*lychnophoroi*, Kat. Nr. 241) typisch waren; Bildnisbüsten und -statuen (Kat. Nr. 242-243); Bronze- und Marmorstatuen entlang der Impluviumränder, in Sommertriklinien und Gärten zusammen mit Hermen, Bassins, Marmorvasen, Brunnen, Wasserspielen und -becken (Kat. Nr. 118-126, 233-239). Auch die Sammelleidenschaft gab es bereits. Im Haus des Menander (I, 10, 4) befand sich ein Tresor mit 118 Silberobjekten; in der Villa der Papyri in Herkulaneum gab es eine Sammlung von Statuen und Büsten[14]. Die Häuser der Armen dagegen sind nicht so gut ausgestattet. Hier der Umzug eines wegen Mietverzugs Ausquartierten: «Er nahm ein Bettchen mit drei Beinen und einen Tisch mit zwei Beinen mit, eine Lampe, einen Eimer aus Kornelkirschholz; aus der angeschlagenen Seite eines kaputten Nachttopfes tropfte Urin; der Hals einer Amphore folgte einem von Grünspan überzogenen Kocher ...»[15].

L.F.D.O.

---

[1] Vgl. *RivStPompeiani*, I, 1987, 189, Abb. 72.
[2] Antiquarium, aus dem Haus von Argo und Ins. orient., II, 10.
[3] *Il bronzo* 1990, 264, Abb. 142.
[4] T. BUDETTA, M. PAGANO, *Ercolano: legni e piccoli bronzi*, Katalog zur Ausstellung, Rom 1988, 24-27, Nr. 3-4.
[5] EBD., *zit.*, 30-31, Nr. 6.
[6] *Il bronzo* 1990, 137, Abb. 81.
[7] BUDETTA, PAGANO, *zit.*, 22-23, Nr. 2.
[8] EBD., 32-33, Nr. 7.
[9] EBD., 28-29, Nr. 5.
[10] EBD., 36-37, Nr. 9.
[11] *Collezioni Napoli* 1989, 148, Nr. 263.
[12] Vgl. die bereits erwähnten aus Haus IX, 12, 6-7.
[13] Ein außergewöhnliches Beispiel ist der Fußboden des Trikliniums aus dem Haus des Epheben (I, 7, 11).
[14] Vgl. PLIN., *Ep.*, III, 6-7; STAT., *Silv.*, IV, 6.
[15] MART., XII, 32, 11 ff.; vgl. JUV., *Sat.*, III, 10: «der ganze Haushalt wurde auf einen einzigen Wagen geladen».

89

90

89-90. Borchie figurate

Inv. 3211 A-B.
Pompei, IX, 14, 4 casa di M. Obellius Firmus, Tablino.
A: lungh. cm 18,1.
alt. cm 14,2.
B: lungh. cm 16.
alt. cm 15,5.
Bronzo.

Due borchie figurate in bronzo: prua di nave rostrata con protome taurina; la testa del toro è massiccia, il ciuffo di peli sul capo si distribuisce a ciocche tra le orecchie e gli occhi, questi ultimi presentano la pupilla forata; le zampe anteriori sono sollevate e lievemente divaricate, quasi a voler suggerire il movimento del nuoto. La prua della nave, che si addossa alla schiena ed alla testa del toro è decorata da aplustre mentre il rostro sottostante è a triplice punta.
Le borchie terminano, posteriormente con un perno passante in scudi circolari, sagomati, funzionale al fissaggio alla parete.
Le due *appliques* furono rinvenute nel tablino (amb. H) della casa di M. Obellius Firmus, insieme ad un'altra coppia di borchie, simili, (inv. 3212 A.B.), infisse a due a due su pilastri laterali dell'ingresso del tablino, rivolte verso l'atrio, e probabilmente fungevano da fermi dei tendaggi che chiudevano l'ampio vano di passaggio dall'atrio al tablino.
Le *appliques*, eseguite a fusione, in origine erano cave, quindi furono riempite di piombo per far sí che fungessero da contrappeso al disco, fuso separatamente, che le manteneva fisse alla parete.

Bibl.: A. SOGLIANO, in *Not. Scavi*, 1905, pp. 254-6, figg. 6-7; V. SPINAZZOLA, *Pompei alla luce degli Scavi Nuovi di Via dell'Abbondanza*, I-III, Roma 1953, p. 342, fig. 390; M. DELLA CORTE, *Case e abitanti*, Napoli 1965, p. 252. Nota n. 9. S. REINACH, *Répertoire de la statuaire grecque et romaine*, Roma 1969, IV, p. 490, n. 2.

A.M.S.

91

91-92. Borchie figurate

Inv. 3212 A-B.
Pompei, IX, 14, 4, casa di M. Obellius Firmus, Tablino.
A: Alt. cm 15,5.
Lungh. cm 8.
B: Alt. cm 16,6.
Lungh. cm 11.
Bronzo.

Due borchie figurate in bronzo (simili alle precedenti inv. 3211): aplustre di nave sovrastante una protome taurina con zampe anteriori divaricate. La fattura di queste due *appliques* mostra una maggiore attenzione nell'esecuzione dei dettagli, in particolare la resa della giogaia e del ciuffo di peli sul capo, che assumono quasi l'aspetto di una rosetta. La pupilla è forata per l'inserimento di pupille in argento o pasta vitrea. Il tronco termina, posteriormente, con un disco in bronzo funzionale al fissaggio alla parete. Il toro «marino», rappresentato quasi come se costituisse la forza motrice della nave, rimanda alle molteplici raffigurazioni mitiche di bovini associati alle acque del mare, come ad esempio i tori che trasportano le Nereidi o lo stesso Zeus che sotto sembianze taurine traghetta Europa per mare, o ancora i tori marini stilizzati frequentemente rappresentati a decorare la zona inferiore di pareti affrescate in IV stile.

Bibl.: A. SOGLIANO, in *Not. Scavi*, 1905; pp. 254-6, fig. 8; V. SPINAZZOLA, *Pompei alla luce degli Scavi Nuovi di Via dell'Abbondanza*, I-III, Roma 1953, p. 342, fig. 390; M. DELLA CORTE, *Case ed abitanti*, Napoli 1965, p. 252, nota n. 9; S. REINACH, *Répertorie de la statuaire grecque et romaine*, Roma 1969, IV, p. 489, n. 5.

A.M.S.

92

89-90. Figürliche Beschläge

Inv. 3211 A-B.
Pompeji, IX, 14, 4, Haus des M. Obellius Firmus, Tablinum.
A: Länge 18,1 cm; Höhe 14,2 cm.
B: Länge 16 cm; Höhe 15,5 cm.
Bronze.

Zwei figürliche Bronzebeschläge: Schiffsbug mit Rostrum und einer Stierprotome. Der Kopf des Stieres wirkt schwer; das Stirnhaar verteilt sich in einzelnen Locken zwischen Ohren und Augen; letztere weisen durchbohrte Pupillen auf. Die Vorderbeine sind angezogen und leicht gespreizt, als wäre der Stier im Begriff zu schwimmen. Der Schiffsbug, der auf dem Nacken und Kopf des Stieres ruht, ist schlicht verziert. Das Rostrum endet in drei Spitzen.
An der Rückseite weisen die Beschläge Stifte auf, die in runde, schildförmige Scheiben übergehen, welche zur Befestigung an einer Wand dienten.
Die beiden Beschläge wurden zusammen mit einem weiteren ähnlichen Paar (Inv. 3212 A-B, hier Kat. Nr. 91-92) im Tablinum (Raum H) des Hauses des M. Obellius Firmus gefunden; sie waren paarweise an seitlichen Pfeilern am Eingang des Tablinums zum Atrium blickend angebracht und dienten wahrscheinlich als Halterungen für Vorhänge, die den breiten Durchgang vom Atrium zum Tablinum abschliessen sollten.
Die gegossenen Beschläge waren ursprünglich hohl und wurden nachträglich mit Blei gefüllt, damit sie ein Gegengewicht zu den gesondert gegossenen Scheiben bildeten, mit denen sie an der Wand befestigt waren.

Bibl.: A. Sogliano, in: *Not. Scavi*, 1905, S. 254-256, Abb. 6-7; V. Spinazzola, *Pompei alla luce degli scavi nuovi di Via dell'Abbondanza*, I-III, Rom 1953, S. 342, Abb. 390; S. Reinach, *Répertoire de la statuaire grecque et romaine*, Rom 1969, IV, S. 490, Nr. 2; M. Della Corte, *Case ed abitanti*, Neapel 1965, S. 252, Fussnote 9.

A.M.S.

91-92. Figürliche Beschläge

Inv. 3212 A-B.
Pompeji, IX, 14, 4, Haus des M. Obellius Firmus, Tablinum.
A: Länge 8 cm; Höhe 15,5 cm.
B: Länge 11 cm; Höhe 16,6 cm.
Bronze.

Zwei figürliche Bronzebeschläge (den beiden vorangehenden Inv. 3211, Kat. Nr. 89-90 ähnlich): Schiffsbug auf einer Stierprotome mit gespreizten Vorderbeinen. Diese beiden Stücke sind in den Details sorgfältiger ausgeführt: besonders die Wamme und die Stirnhaare, die fast eine Rosette bilden. Die Pupillen sind durchbohrt und trugen ursprünglich Einlagen aus Silber oder Glaspaste. Die Büsten waren mittels einer Bronzescheibe an der Wand befestigt. Es entsteht der Eindruck, als wäre der "Seestier" die treibende Kraft des Schiffes. Er steht wohl den zahlreichen Darstellungen von Stieren des Mythos nahe, die eine Verbindung zum Meer haben, wie beispielsweise die Stiere, auf denen die Nereïden reiten, oder Zeus selbst, der – in ein Stier verwandelt – Europa über das Meer trägt oder die stilisierten Seestiere, welche häufig die untere Zone von Wänden des Vierten Stils zieren.

Bibl.: A. Sogliano, in: *Not. Scavi*, 1905, S. 254-256, Abb. 8; V. Spinazzola, *Pompei alla luce degli scavi nuovi di Via dell'Abbondanza*, I-III, Rom 1953, S. 342, Abb. 390; M. Della Corte, *Case ed abitanti,* Neapel 1965, S. 252, Fussnote 9; S. Reinach, *Répertoire de la statuaire grecque et romaine*, Rom 1969, IV, S. 489, Nr. 5.

A.M.S.

93-94. Hocker

a) Inv. 3753.
Pompeji, I, 7, 11, Haus des Epheben.
Höhe 28,7 cm; Länge 28,8 cm; Breite 25 cm.
Bronze.

b) Inv. 13355.
Pompeji, VII, 16 (Ins. occid.), 19, Haus des Fabius Rufus.
Höhe 27 cm, Länge 30,2 cm; Breite 26,5 cm.
Bronze.

Hocker mit vier Beinen aus Stangen von quadratischem Querschnitt mit kleinen, profilierten Basen. Zwei Reihen von Verstrebungsbändern halten die Beine zusammen: bei *a)* sind die oberen, seitlichen mit einer Reihe ausgeschnittener Schilder dekoriert, die unteren sind glatt; bei *b)* werden die oberen, frontalen von zwei lyraförmigen, gegenübergestellten Palmetten mit einer Lotosblüte im Inneren verziert; die seitlichen sind dreigeteilt; die unteren, frontalen zeigen stilisierte Ranken, die seitlichen sind dreigeteilt. Das Motiv wiederholt ursprünglich hellenistische Dekorationsschemata. Sitzfläche konkav.
Dieser Hockertyp war in der Gegend von Pompeji und Herkulaneum weit verbreitet (T. Budetta, *Legni e bronzi di Ercolano*, Katalog zur Ausstellung, Rom 1988, 51, Nr. 16; *Il bronzo* 1990, 259, Kat. Nr. 11-13) und findet sich auch an anderen Orten Italiens und der Provinzen; die Funde datieren zusammenhängend ins 1. Jh. n.Chr. Die geringe Größe, die Auflagefläche und das häufige Vorkommen in Malereien spricht für einen Gebrauch als Fußhocker (*subsellium*) für Sessel und Trikliniumsliegen. Er wurde auch schon als «kleiner Altar» oder kleiner Tisch bezeichnet (G.M.A. Richter, *The Furniture of the Greeks, Etruscans and Romans*, London 1966, 111).

Bibl.: A. Maiuri, in: *Not. Scavi*, 1929, 384, Abb. 17; *Pompeii A.D. 79*, 1978, I, 170, Nr. 142.

A.M.S.

95. Warmhaltegerät

Inv. 6798.
Pompeji, I, 8, 17, Haus der Vier Stile.

93

94

95

95

95

95

96

93-94. Sgabelli

a) Inv. 3753.
Pompei, I, 7, 11 casa dell'Efebo.
Alt. crn 28,7; lungh. cm 28,8; largh. cm 25.
Bronzo.

b) Inv. 13355.
Pompei, VII, 16 (Ins. Occid.), 19, casa di Fabio Rufo.
Alt. cm 27; lungh. cm 30,2; largh. cm 26,5.
Bronzo.

Sgabelli a quattro piedi formati da barrette a sezione quadrata terminanti con piccole basi modanate. Le barrette sono tenute insieme da due file di pannelli: nell'uno (*a*) i pannelli superiori, laterali, sono decorati da una serie continua di pelte a traforo ed i pannelli inferiori sono lisci; nell'altro (*b*) i pannelli superiori frontali sono decorati con due palmette a lira, affrontate, desinenti verso l'interno con un fiore di loto ed i pannelli laterali sono tripartiti; i pannelli inferiori sono decorati frontalmente da racemi vegetali stilizzati e lateralmente sono tripartiti. Il motivo ripete schemi decorativi di origine ellenistica. Piano d'appoggio concavo.
Questo tipo di sgabello, molto diffuso in ambito pompeiano ed ercolanese (T. BUDETTA, *Legni e bronzi di Ercolano,* Catalogo della mostra, Roma 1988, p. 51, n. 16; *Il bronzo* 1990, p. 259, cat. nn. 11-13), trova diversi confronti anche in altri siti dell'Italia e delle province, in contesti risalenti al I secolo d.C. Le dimensioni ridotte, la forma del piano d'appoggio e i frequenti riscontri in immagini pittoriche inducono a pensare che l'oggetto fosse utilizzato come poggiapiedi (*subsellium*) per poltrone o letti tricliniari. In passato è stato definito anche «aretta» o «piccolo tavolo» (G.M.A. RICHTER, *The Furniture of the Greeks, Etruscans and Romans,* London 1966, p. 111).

Bibl. A. MAIURI, in *Not. Scavi,* 1929, p. 384, fig. 17; *Pompeii A.D. 79* 1978, I, p. 170, n. 142.

A.M.S.

95. Scaldavivande

Inv. 6798.
Pompei, I, 8, 17, casa dei Quattro Stili.
Alt. totale cm 96; alt. del corpo cm 70; alt. base cm 17; Ø max. cm 44.
Bronzo, patina verde scura con numerose incrostazioni.
Integro.

Lo scaldavivande, dall'elegante forma cilindrica, fu rinvenuto in una nicchia di apposite dimensioni situata sotto la scala nella zona dei servizi. Esso presenta superiormente un coperchio circolare con presa formata da una statuetta di tritone.
Il tritone, dal corpo fortemente arcuato, ha la testa, incorniciata da una folta barba, rivolta in alto, con la mano sinistra impugna un corto timone poggiato sulla relativa spalla, mentre con la destra sorregge un piccolo delfino. Il coperchio ha inoltre un bordo decorato da un motivo ad ovuli. Al di sotto è una doppia modanatura decorata da un duplice motivo a palmette separato da una corona di ovuli. Sulla modanatura sono due prese a maniglia formate da una coppia di delfini uniti all'altezza della coda.
Il corpo dell'oggetto presenta lateralmente altre due prese, con manici strigilati, a forma di mani all'attacco sulla parete. Frontalmente ha uno sportellino a forma di doppio battente quadripartito, sormontato da un frontone triangolare con palmette acroteriali, decorato centralmente da una testa di Medusa. La testa, incorniciata da una folta chioma, presenta occhi fortemente spalancati, realizzati in argento, naso aquilino e labbra ben delineate.
Inferiormente è una modanatura, decorata da un motivo a palmette, dalla quale partono tre piedi a forma di zampa leonina che poggiano su tre pilastrini modanati collegati fra loro da una doppia sbarra in ferro.
Internamente è un corpo a campana che arriva quasi all'altezza della doppia modanatura superiore e che risulta collegato alla parete esterna da brevi elementi rettilinei.

Bibl.: Inedito. Cfr. per un oggetto simile, M. LISTA, in *Collezioni Napoli* 1986, pp. 182-183, n. 67.

E.D.C.

96. Braciere

Inv. 20315.
Pompei, I, 10,4, casa del Menandro.
Alt. cm 33,5; Ø cm 47.
Bronzo.

Il braciere, rinvenuto nell'area del peristilio, è di forma circolare. Esso è formato da un recipiente in ferro, interno, contenente ancora della cenere, e da una parte esterna, in bronzo, poggiante su un tripode leonino con tre piccole basi modanate di supporto, terminanti superiormente con due palmette traforate con al centro una protome leonina.
Il corpo del braciere è suddiviso in tre fasce di altezza decrescente dal basso verso l'alto. La fascia inferiore è decorata con protomi leonine con anelli di presa nelle fauci e la fascia mediana con tre patere umbilicate intercalate. Databile al I secolo d.C.

Bibl.: A. MAIURI, *La casa del Menandro e il suo tesoro di argenteria,* Roma 1933, p. 432, fig. 164.

A.M.S.

Gesamthöhe 96 cm; Körperhöhe 70 cm; Sockelhöhe 17 cm; max. Durchm. 44 cm.
Bronze, dunkelgrüne Patina mit zahlreichen Verkrustungen.
Vollständig.

Das Warmhaltegerät von elegant zylindrischer Form fand sich in einer entsprechend großen Nische unter der Treppe im Dienertrakt. Der runde Deckel hat einen Griff in Form einer Tritonstatuette.
Der Körper des Triton ist stark geschwungen und der Kopf mit dem dichten Bart nach oben gewandt; in der Linken hält der Triton ein kurzes, an die Schulter gelehntes Ruder, während er in der Rechten einen kleinen Delphin hat. Die Deckelkante ist mit einem Eierstab verziert. Darunter befindet sich ein Doppelprofil mit zweifachem Palmettenmotiv, das von einem Eierstabkranz getrennt wird. Auf dem Gesims sind zwei Handgriffe in Form eines Delphinpaares, das an den Schwanzenden verbunden ist, befestigt.
An den Seiten des Körpers lehnen sich zwei weitere Henkel mit gestriegelten Griffen in Form von Händen an die Seiten an. Auf der Vorderseite befindet sich ein kleine Tür mit zwei Flügeln, die von einem Dreieckgiebel mit Akroterpalmetten und einem Medusakopf in der Mitte überragt wird. Dieser wird von einem dichten Haarkranz gerahmt, besitzt weit aufgerissene Augen aus Silber, eine Adlernase und einen wohlgeformten Mund.
Das Sockelprofil mit Palmettenfries ruht auf drei Füßen in Form von Löwenpfoten, die auf drei profilierten und untereinander mit doppelten Eisenstangen verbundenen Stützen aufsetzen.
Der glockenförmige Innenkörper reicht fast bis an das obere Doppelgesims und ist durch kurze Rechteckelemente mit dem Außenkörper verbunden.

Bibl.: Unveröffentlicht. Vgl. ein ähnliches Stück M. LISTA, in: *Collezioni Napoli* 1986, 182-183, Nr. 67.

E.D.C.

96. Kohlebecken

Inv. 20315.
Pompeji, I, 10, 4, Haus des Menander.
Höhe 33.5 cm; Durchm. 47 cm.
Bronze.

Das runde Kohlebecken wurde im Peristylbereich gefunden. Es besteht aus einem inneren Eisenbehälter, in dem sich noch Asche fand, und einem bronzenen Außenteil. Dies ruht auf einem Dreifuß auf Löwenpfoten mit drei kleinen, profilierten Sockeln; die Füße enden oben in zwei durchbrochenen Palmetten mit einer Löwenprotome in der Mitte.
Der Körper des Kohlebeckens ist in drei nach oben schmaler werdende Streifen unterteilt. Den unteren Streifen zieren Löwenprotomen mit Tragringen durch das Maul, im mittleren sind drei Opferschalen mit *umbilicus* eingesetzt. 1. Jh. n.Chr.

Bibl.: A. MAIURI, *La casa del Menandro e il suo tesoro di argenteria*, Rom 1933, 432, Abb. 164.

A.M.S.

97. Öllampe mit zwei Schnauzen

Inv. 12631.
Pompeji, Insula Occid., genauerer Fundort unbekannt.
Länge 29 cm; Höhe 26 cm; Spiegeldurchm. 14,5 cm; Sockeldurchm. 9,5 cm.
Bronze.
Vollständig; oxydiert, hellgrüne Patina.

Öllampe mit zwei Halbvolutenschnauzen. Kugelförmiger Körper mit reliefiertem oberen Rand. Auf dem Deckel des Einfüllochs im Spiegel ist der Abdruck einer stehenden, fehlenden Figur zu erkennen sowie seitlich drei kleine Löcher zur Belüftung. Der Griff dient als Reflektor und wird von einer achtblättrigen Palmette mit einer Blüte in der Mitte überragt. Die Schnauzen haben ebenfalls je drei im Dreieck angeordnete Belüftungslöcher und sind halbmondförmig.
Der Sockel bildet einen hohen Fuß. 2. H. des 1. Jhs. n.Chr.

Bibl.: CONTICELLO DE' SPAGNOLIS, DE CAROLIS 1988, 73, Nr. 62; Abb. S. 116.

M.C.D.S.

98. Lampenständer

Inv. 12088.
Pompeji, I, 14, 9.
Höhe 20 cm; Gesamtbreite 35,5 cm; Sockellänge 16 cm; Breite 12 cm; Durchm. Lampenauflager 10 cm.
Bronze.
Dunkelgrüne Patina; vollständig, Lampen fehlen.

Bronzener Lampenständer mit Vierecksockel auf Löwenfüßen. Zwei seitlich ausschwingende Pflanzenstengel dienen als Stützen für die tellerförmigen Lampenauflager. Zwischen den Trieben steht eine dionysische Figur, ein auf den Hinterbeinen stehender bärtiger Kentaur. In der Rechten hält er eine Sichel, der Gegenstand, den er in der geschlossenen Linken hielt, fehlt. 1. Jh. n.Chr.

Bibl.: Unveröffentlicht. Vgl. *Il bronzo* 1990, 96, Abb. 186.

M.C.D.S.

99. Lampe mit Griff in Form eines Affen

Inv. 13958.
Pompeji, VII, 16 (Ins. Occid.), 19, Haus des Fabius Rufus.
Länge 15,5 cm; Höhe 4 cm; Spiegeldurchm. 5,8 cm; Sockeldurchm. 4,9 cm; Höhe der Statuette 11,9 cm.
Bronze.
Vollständig.

Bronzene Lampe mit geschlossenem Kanal. Kugelförmiger Körper, dessen geschwungener Rand durch eine Profilleiste vom Spiegel getrennt ist. Der Spiegel besitzt ein großes, mittleres Einfülloch mit einem Deckel mit Knaufgriff. In der Schnauze mit dem Kanal ist ein kleines, halbmondförmiges Belüftungsloch. Der Griff stellt einen Affen mit Gladiatorenwaffen dar, wie sie gegen Netzfechter benutzt wurden.

97

98

97. Lucerna a semivolute

Inv. 12631.
Pompei, Insula Occid., provenienza non meglio precisabile.
Lungh. cm 29; alt. cm 26; Ø disco cm 14,5; Ø base cm 9,5.
Bronzo.
Integra, ossidata, patina verde chiaro.

Lucerna di bronzo bilicne a semivolute. Il corpo è di forma globulare ed è delimitato superiormente da un bordino rilevato. Il disco presenta un foro di immissione con coperchietto sul quale è l'impronta dei piedi di una figura stante, assente, ed ai tre lati tre piccoli fori per l'aereazione. L'ansa è a riflettore sormontata da una palmetta ad otto petali con fiore centrale. I becchi, con canali presentanti tre fori per l'aereazione disposti triangolarmente sono di forma semilunata.
La base è ad alto piede. Seconda metà del I secolo d.C.

Bibl.: CONTICELLO DE' SPAGNOLIS, DE CAROLIS 1988, p. 73, n. 62; fig. a p. 116.

M.C.D.S.

98. Portalucerne

Inv. 12088.
Pompei, I, 14, 9.
Alt. cm 20; largh. tot. cm 35,5; base lungh. cm 16; largh. cm 12; Ø poggialucerne cm 10.
Bronzo.
Patina verde scuro; integro, privo delle lucerne.

Portalucerne di bronzo, costituito da una base quasi quadrangolare sorretta da zampe leonine, sulla quale si innestano due caulicoli che si allargano in direzione opposta, sostenenti due piattelli su cui dovevano essere poggiate due lucerne. Tra i due tralci è raffigurato un personaggio del mondo dionisiaco, un centauro barbato che poggia a terra le zampe posteriori mentre quelle anteriori sono sollevate. Il centauro tiene nella mano destra una falce mentre la mano sinistra è chiusa ad impugnare un oggetto che non ci è conservato. Databile al I secolo d.C.

Bibl.: Inedito. Cfr. Il *bronzo* 1990, p. 96, fig. 186.

M.C.D.S.

99. Lucerna di tipo Firmalampe

Inv. 13958.
Pompei, VII, 16 (Ins. Occid.), 19, casa di Fabio Rufo.
Lungh. cm 15,5; alt. cm 4; Ø disco cm 5,8; Ø base cm 4,9; alt. statuina cm 11,9.
Bronzo.
Integra.

Firmalampe in bronzo a canale chiuso. Il corpo è di forma globulare con la spalla arcuata separata dal disco da un bordino. Il disco presenta un ampio foro di immissione centrale con coperchietto con presa a pomello. Il becco, con canale, presenta un piccolo foro per l'aereazione; è di forma semilunata ben delineata. L'ansa è plastica e raffigura una scimmia con indosso armi gladiatorie del tipo usato dai gladiatori avversari del reziario.
La scimmia, stante, è raffigurata di prospetto con il capo coperto da un elmo crestato; con il braccio sinistro impugna uno scudo circolare a cui è agganciata una catenella che si collega con il coperchietto con presa a pomello che copre il foro di immissione. La mano destra è protesa in avanti ed impugna una

Der stehende Affe trägt einen Helm mit Helmbusch. In der Linken hat er einen runden Schild mit eingehängter Kette, die mit dem Knauf des Einfüllochdeckels verbunden ist, in der vorgestreckten Rechten ein Schwert, dessen Klinge fehlt. Ein Gürtel um die Hüften hält das *subligaculum* fest, das den Körper bis zu den Knien bedeckt. Diese sind leicht gebeugt; der lange und geschwungene Schwanz reicht bis unter die Füße. Die Gravur des Körpers gibt deutlich das Fell des Tieres wieder. Der Sockel ist ringförmig. 3. Viertel des 1. Jhs. n.Chr.

Bibl.: Conticello de' Spagnolis, De Carolis 1988, 203, Nr. 135, Abb. S. 209; Taf. 5. Vgl. *Il bronzo* 1990, Abb. 184.

M.C.d.S.

99

100. Birnenförmige Öllampe

Inv. 13373.
Pompeji, Ins. Occid., genauerer Fundort unbekannt.
Länge 25,7 cm; Höhe 5,4 cm; Sockeldurchm. 6,1 cm.
Bronze.
Vollständig; braune Patina.

Einschnauzige, bronzene, birnenförmige Öllampe, die oben von einer flachen Leiste abgeschlossen wird. Spiegel und Ausgußkanal sind verbunden und auf gleicher Höhe. Verlängert herzförmiges Einfülloch in der Spiegelmitte. Der gebogene Griff ragt sehr weit auf und endet in einem Frauenkopf, der von kleinen Locken unter einer scheinbar phrygischen Kopfbedeckung umrahmt wird. Im Gesicht erkennt man einen fleischigen Mund, eine gerade und breite Nase sowie wohlgeformte Augen. Unter dem Kinn ist eine fünfblättrige Palmette, wie man sie auch in einer Reihe von Henkelabschlüssen mit tragischer Maske und Volute darunter findet. Die Schnauze ist halbmondförmig und der Sockelring wird von konzentrischen Kreisen dekoriert. 2. H. des 1. Jhs. n.Chr.

Bibl.: Conticello de' Spagnolis, De Carolis 1988, 141, Nr. 83, Abb. S. 147. Vgl. *Il bronzo* 1990, 271, Nr. 61, Abb. 255.

M.C.d.S.

100

101. Kandelaber mit Öllampe

Inv. 6883.
Pompeji, I, 8, 5, Haus der indischen Statuette.
Höhe 1,30 m.
Bronze.
Dunkelgrüne Patina.

Bronzekandelaber mit hohem Ständer und bronzener Öllampe. Der Sockel ist von üblicher Dreifußform mit Löwenpfoten auf kleinen, runden Basen. Ein lanzettförmiges Blatt darüber fehlt. Zwischen den Beinen stark stilisierte Palmetten. Von einem kleinen, kugeligen Element mit Eierstabdekoration steigt der kannelierte Schaft auf.
Das Oberteil ist wie gewohnt glockenförmig und mit eingeritzten Dekorationsmotiven gearbeitet. Darauf sitzt die Lampe (Inv. 20306). 2. Hälfte des 1. Jhs. n.Chr.

Bibl.: Unveröffentlicht. Vgl. Conticello de' Spagnolis, De Carolis 1988, 142, Nr. 94. Zu Kandelabern vgl. E. Pernice, *Die hellenistische Kunst in Pompeji*, iv, *Gefäße und Geräte aus Bronze*, Berlin-Leipzig 1925, SS. 43-57; Boube Piccot 1975, 176-194 mit sehr ausführlicher Bibliographie.

M.C.d.S.

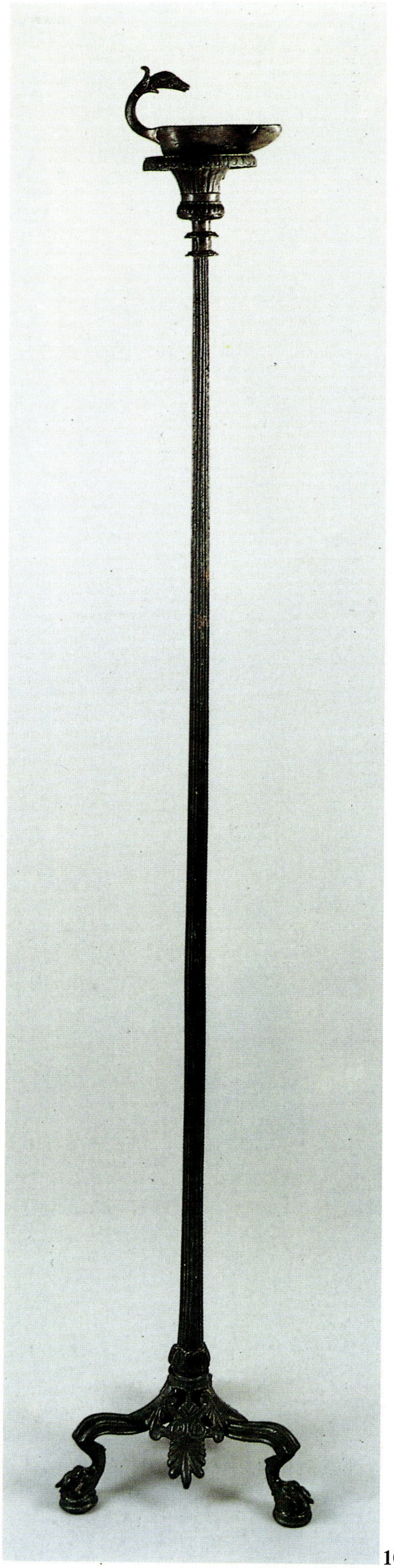

101

102

spada di cui manca la parte della lama. Il corpo all'altezza dei fianchi presenta una cintura che tiene fermo il *subligaculum* che copre il corpo fino ai ginocchi. Le gambe sono leggermente piegate, la coda, lunga ed arcuata, supera in lunghezza i piedi. Il corpo è trattato con segni incisi che rendono chiaramente la lunga peluria dell'animale. La base è ad anello. Terzo quarto del I secolo d.C.

Bibl.: CONTICELLO DE' SPAGNOLIS, DE CAROLIS 1988, p. 203, n. 135, fig. a p. 209; tav. 5. Cfr. *Il bronzo* 1990, fig. 184.

M.C.D.S.

100. Lucerna a corpo piriforme

Inv. 13373.
Pompei, Ins. Occid., provenienza non meglio precisabile.
Lungh. cm 25,7; alt. cm 5,4; Ø base cm 6,1.
Bronzo.
Integra; patina bruna.

Lucerna di bronzo monolicne con corpo a pera con la parte superiore delimitata da un listello piatto. Il disco e il canale del becco sono uniti e posti alla stessa altezza. Il disco presenta un foro di immissione centrale di forma cuoriforme molto allungata. L'ansa curvilinea e fortemente sopraelevata termina con una

101

104

102. Birnenförmige Öllampe

Inv. 20306.
Pompeji, I, 8, 5, Haus der indischen Statuette.
Länge 14,5 cm; Höhe 8 cm.
Bronze.
Vollständig; dunkelgrüne Patina.

Diese birnenförmige Öllampe ist auf dem Kandelaber Inv. 6883 angeschweißt. Rand als umlaufende flache Leiste gebildet. Spiegel und Ausgußkanal sind verbunden und befinden sich auf gleicher Höhe. Zum Einfüllen ist in der Spiegelmitte ein herzförmiges Loch eingelassen. Der geschwungene Griff ragt hoch auf und endet in einem einer Blüte entspringenden Schwanenkopf. Schnauze halbmondförmig. 2. Hälfte des 1. Jhs. n.Chr.

Bibl.: CONTICELLO DE' SPAGNOLIS, DE CAROLIS 1988, 142, Nr. 94.

M.C.D.S.

103. Kandelaber mit Öllampe

Inv. 3244 A.
Pompeji, I, 7, 1, Haus des Paquius Proculus.
Höhe 1,34 m.
Bronze.

104

103

testa femminile con pettinatura a piccoli boccoli che incorniciano il volto e sono raccolti sotto un copricapo che sembra essere di tipo frigio. Il viso presenta labbra carnose, un naso diritto e largo, occhi ben delineati. Sotto il mento è una palmetta a cinque petali del tipo presente su una serie di terminazioni di anse a maschera di attore tragico con volute alla base. Il becco è di forma semilunata. La base è ad anello decorata con cerchi concentrici. Seconda metà del I secolo d.C.

Bibl.: CONTICELLO DE' SPAGNOLIS, DE CAROLIS 1988, p. 141, n. 83, fig. a p. 147. Cfr. *Il bronzo* 1990, p. 271, n. 61, fig. 255.

M.C.D.S.

101. Candelabro con lucerna

Inv. 6883.
Pompei, I, 8, 5, casa della Statuetta indiana.
Alt. m 1,30.
Bronzo.
Patina verde scuro.

Candelabro di bronzo ad alto fusto su cui poggia una lucerna di bronzo. La base presenta la consueta forma di treppiedi a zampe leonine poggianti su una leggera base circolare, prive della soprastante foglia lanceolata. Tra le zampe si alternano delle palmette fortemente stilizzate. Al di sopra è un piccolo elemento globulare con decorazione baccellata da cui si diparte il fusto scanalato e rastremato verso l'alto.
La parte terminale è con il consueto elemento campaniforme con motivi decorativi incisi su cui poggia una lucerna (inv. 20306). Seconda metà del I secolo d.C.

Bibl.: Inedito. Cfr. CONTICELLO DE' SPAGNOLIS, DE CAROLIS 1988, p. 142, n. 94. Per i candelabri cfr. E. PERNICE, *Die hellenistische Kunst in Pompeji,* IV, *Gefässe und Geräte aus Bronze,* Berlin-Leipzig 1925, pp. 43-57; BOUBE PICCOT 1975, pp. 176-194 con ricchissima bibl.

M.C.D.S.

102. Lucerna a corpo piriforme

Inv. 20306.
Pompei, I, 8, 5, casa della Statuetta indiana.
Lungh. cm 14,5; alt. cm 8.
Bronzo.
Integra; patina verde scuro.

Lucerna monolicne con corpo «a pera», saldata sul candelabro inv. n. 6883. La spalla è formata da un piccolo listello piatto che delimita tutta la lucerna. Il disco e il canale del becco sono uniti e posti alla stessa altezza. Al centro del disco è un foro di immissione di forma cuoriforme. L'ansa curvilinea e sopraelevata termina con una testa di cigno uscente da una corolla. Il becco è di forma semilunata. Seconda metà del I secolo d.C.

Bibl.: CONTICELLO DE' SPAGNOLIS, DE CAROLIS 1988, p. 142, n. 94.

M.C.D.S.

103. Candelabro con lucerna

Inv. 3244 A.
Pompei, I, 7, 1, casa di Paquio Proculo.
Alt. m 1,34.
Bronzo.

Candelabro di bronzo con la base costituita da un treppiede formato da tre zampe leonine ciascuna posata su una piccola base circolare, su cui si dispongono altrettante foglie lanceolate. Nello spazio tra le

105

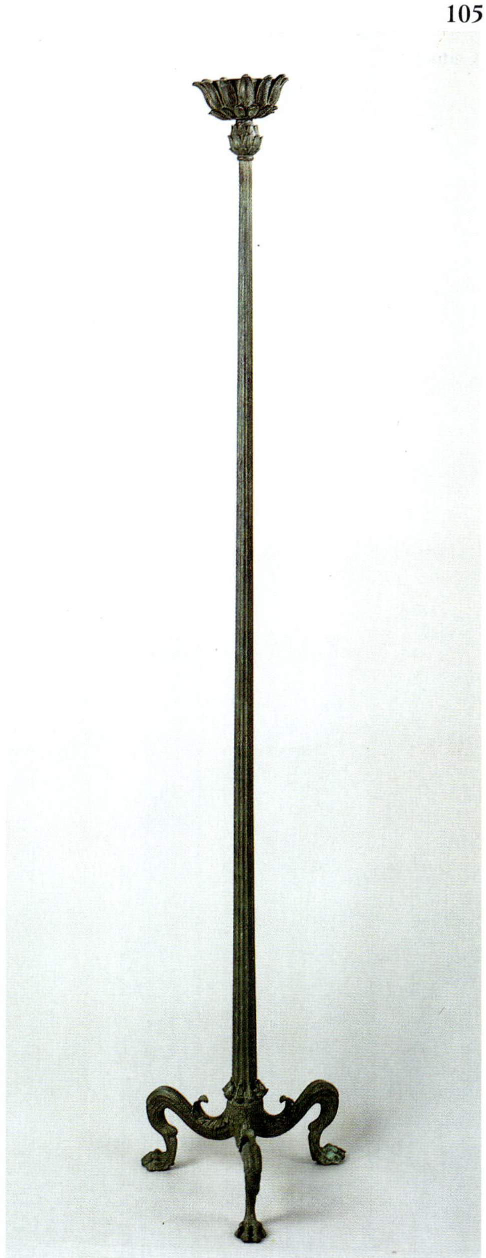

105

zampe si intervallano tre foglie larghe e dalle nervature ben rilevate, che servono a nascondere, unitamente a quelle differenti poste sulla zampa stessa, la saldatura della base con il fusto, che è liscio e rastremato verso l'alto. La parte finale del candelabro presenta un motivo a campana che sostiene il piano su cui poggia la lucerna n. 3244 completamente saldata. Esso si data, con la lucerna, alla seconda metà del I secolo d.C.

Bibl.: CONTICELLO DE' SPAGNOLIS, DE CAROLIS 1988, p. 141, n. 85. Per i candelabri cfr. E. PERNICE; cit. in Cat. 101, pp. 43-57; BOUBE PICCOT 1975, pp. 176-194, con ricchissima bibl.; *Il bronzo* 1990, p. 271, n. 62.

M.C.D.S.

104. Lucerna con corpo piriforme

Inv. 3244; inserita e saldata sopra il candelabro inv. 3244 A.
Pompei, I, 7, 1, casa di Paquio Proculo.
Lungh. cm 19,5; alt. cm 9.
Mancante di una piccola parte del corpo; patina verde chiaro.

Lucerna monolicne saldata su candelabro, con corpo «a pera». La spalla è formata da un piccolo listello piatto che contorna tutta la lucerna. Il disco ed il canale del becco sono uniti e posti alla stessa altezza. Al centro del disco è il foro di immissione a forma di goccia. L'ansa curvilinea e sopraelevata a doppio bastoncello termina con testa di Giove Ammone. Seconda metà del I secolo d.C.

Bibl.: CONTICELLO DE' SPAGNOLIS, DE CAROLIS 1988, p. 141, n. 85, fig. p. 149. Cfr. *Il bronzo* 1990, p. 271, n. 62, figg. 256-257.

M.C.D.S.

105. Candelabro

Inv. 11354.
Pompei, I, 13,1.
Alt. tot. m 1,27.
Bronzo
Patina verde scuro; integro.

Candelabro bronzeo ad alto fusto. La base presenta la consueta forma a treppiedi formata da tre zampe leonine che poggiano direttamente a terra con una foglia lanceolata sopra ciascuna di esse. Alla base del fusto è un anello aggettante da cui si diparte il fusto scanalato e rastremato verso l'alto. Esso termina con un elemento globulare con motivo fitomorfo, e successivamente con un elemento a coppa decorato da una duplice teoria di foglie aggettanti, presentante alla sommità il piano di sostegno della lucerna. Prima metà del I secolo d.C.

Bibl.: Inedito. Cfr. BOUBE PICCOT 1975, pp. 185-186, tav. 118.

M.C.D.S.

106. Lucerna trilicne

Inv. 14040.
Pompei, VII, 16 (Ins. Occid.), 19, casa di Fabio Rufo.
Alt. cm 3; largh. cm 13,5; prof. max. cm 8,5; ansa con aquila cm 9,5.
Argilla crema, vernice bruna.
Integra.

Lucerna fittile trilicne conformata a falce lunare e recante sul disco la raffigurazione di due stelle ai lati di una falce lunare. L'ansa è sormontata da un'aquila con le ali dispiegate. Databile al I secolo d.C.

Bibl.: *Pompeji,* Catalogo della mostra, Essen 1973, n. 58.

M.C.D.S.

Bronzekandelaber mit Dreifußständer auf Löwenpfoten mit je einer kleinen, runden Basis und drei lanzettförmigen Blättern. Die zwischen den Beinen angebrachten breiten Blätter mit gut erkennbaren Rippen verbergen zusammen mit denen auf den Beinen selbst die Schweißnaht zwischen Ständer und Schaft, der glatt nach oben gestreckt ist. Das Oberteil des Kandelabers weist ein glockenförmiges Auflager für die vollständig angeschweißte Öllampe Inv. 3244 auf. Kandelaber und Öllampe datieren in die 2. Hälfte des 1. Jhs. n.Chr.

Bibl.: CONTICELLO DE' SPAGNOLIS, DE CAROLIS 1988, 141, Nr. 85. Zu Kandelabern vgl. E. PERNICE; *zit.* in. Kat. Nr. 101, 43-57; BOUBE PICCOT 1975, 176-194 mit sehr ausführlicher Bibliographie; *Il bronzo* 1990, 271, Nr. 62.

M.C.D.S.

104. Birnenförmige Öllampe

Inv. 3244; auf Kandelaber Inv. 3244 A angeschweißt.
Pompeji, I, 7, 1, Haus des Paquius Proculus.
Länge 19,5 cm; Höhe 9 cm.
Ein kleiner Teil des Körpers fehlt; hellgrüne Patina.

Auf einem Kandelaber angeschweißte birnenförmige Öllampe. Eine umlaufende kleine, flache Leiste bildet den Rand der gesamten Lampe. Spiegel und Ausgußkanal sind verbunden und liegen auf gleicher Höhe. Tropfenförmiges Einfülloch in der Spiegelmitte. Der zweirippige Griff schwingt sich hoch auf und endet in einem Kopf des Jupiter Ammon. 2. H. d. 1. Jhs. n.Chr.

Bibl.: CONTICELLO DE' SPAGNOLIS, DE CAROLIS 1988, 141, Nr. 85, Abb. S. 149. Vgl. *Il bronzo* 1990, 271, Nr. 62, Abb. 256-257.

M.C.D.S.

105. Kandelaber

Inv. 11354.
Pompeji, I, 13, 1.
Gesamthöhe 1,27 m.
Bronze.
Dunkelgrüne Patina; vollständig.

Bronzekandelaber mit hohem Schaft. Gewohnter Dreifußständer, dessen Löwenfüße direkt auf dem Boden aufstehen und oberhalb von je einem lanzettförmigen Blatt geschmückt werden. Von einem vorkragenden Ring an seinem unteren Ende ragt der kannelierte Schaft empor und endet oben in einem kugeligen, pflanzenförmigen Element. Darüber bildet ein kelchförmiges Teil mit zwei Reihen ausgestellter Blätter das Auflager für die Öllampe. 1. H. des 1. Jhs. n.Chr.

Bibl.: Unveröffentlicht. Vgl. BOUBE PICCOT 1975, 185-186, Taf. 118.

M.C.D.S.

106. Öllampe mit drei Schnauzen

Inv. 14040.
Pompeji, VII, 16 (Ins. Occid.), 19, Haus des Fabius Rufus.
Höhe 3 cm; Breite 13,5 cm; max. Tiefe 8,5 cm; Henkel mit Adler 9,5 cm.
Cremefarbener Ton, brauner Firnis.
Vollständig.

Mondsichelförmige Tonlampe, auf deren Spiegel eine Mondsichel zwischen zwei Sternen dargestellt ist und deren Henkel ein Adler mit ausgebreiteten Schwingen überragt. 1. Jh. n.Chr.

Bibl.: Pompeji, Katalog zur Ausstellung, Essen 1973, Nr. 58.

M.C.D.S.

107. Tonlampe

Inv. 13961.
Pompeji, VII, 16 (Ins. Occid.), 19, Haus des Fabius Rufus.
Höhe 15,5 cm; Länge 31 cm; Breite 19,6 cm.
Cremefarbener Ton, rosaroter Überzug.
Vollständig.

Tonlampe von bemerkenswerten Abmessungen mit spitzbogiger Schnauze und Kanal, der mit dem Spiegel verbunden ist. Der Henkel ist in Form einer zunehmenden Mondsichel, in deren Mitte man den Kopf eines Jupiter Ammon sowie darunter einen Adler mit ausgebreiteten Schwingen und einem Blitzstrahl in den Krallen erkennt. An den Seiten der Lampe zwei Flügelchen als Handgriffe. In der Mitte des von Efeu umrankten Spiegels ist eine komplexe, sehr interessante Darstellung sichtbar. Eine behelmte Göttin (Minerva?) sitzt in Linksprofil auf einem Stuhl; in der Linken hält sie ein Füllhorn, in der Rechten eine gekippte Opferschale, deren Inhalt sie einer um eine Art Altar gewundenen Schlange anzubieten scheint.
Die freie Fläche ist mit Attributen verschiedener Götter gefüllt: oben in der Mitte ein Kopf in einem zunehmenden Mond und unter dem Stuhl ein Adler; neben der Göttin ein Delphin und hinter ihr ein Schlangenkopf. Auf der linken Hälfte befinden sich gegenüber der Göttin Kornähren; an einem von zwei Granatapfelbäumen hängen Zimbeln, und ein Vogel sitzt auf ihnen. Ferner gibt es einen Thyrsus, Zangen, einen Caduceus und eine Lyra.
Die Darstellung bezieht sich auf einen synkretistischen Kult, wahrscheinlich der Isis. Es gibt ein analoges Exemplar zu diesem Stück, dessen Darstellung als Isis Panthea identifiziert wurde (V. TRAN TAM TINH, *Le culte des divinités orientales en Campanie*, Leiden 1972, 69-70, IS 21, Abb. 40, wohl aus Neapel).
2. H. des 1. Jhs. n.Chr.

Bibl.: Unveröffentlicht.

M.C.D.S.

108. Figürliche Öllampe

Inv. 12283.
Pompeji, I, 14, 13.
Max. Höhe 8,5 cm; Länge 10 cm.
Cremefarbener Ton; rosa Firnis.
Vollständig.

Öllampe in Form einer menschlichen Büste mit riesigem Phallus. Die Kopfgestaltung wurde grob mit dem Stab eingekerbt. Die Frisur endet beiderseits des Gesichts in drei nicht eindeutig identifizierbaren Kugeln. Die unverhältnismäßig langen Arme liegen am phallusförmigen Körper der Lampe an. 1. Jh. n.Chr.

Bibl.: Unveröffentlicht.

M.C.D.S.

109. Lampe

Inv. 12836.
Pompeji, I, 11, 5.
Gesamthöhe 10,5 cm; Länge 18 cm; Höhe der Lampe mit runder Schnauze 5 cm; *Firmalampe*: Länge 2,5 cm; Breite 8 cm.
Cremefarbener Ton; rosa Firnis.
Vollständig.

Die Tonlampe mit runder Schnauze zeigt auf dem Spiegel einen Kranz von Eichenblättern. Auf der Schulter sind zwei kleine *Firmalampen* mit offenem Kanal befestigt und bilden mit ihr eine Einheit. Auf dem ringförmigen Griff steht ein Schälchen, das vielleicht als Räuchergefäß diente; es ist mit einer Reihe von Hähnen neben einem Palmblatt dekoriert. Unter deren Füßen und über ihren Köpfen sind Kreismotive eingeprägt.
Es handelt sich um eine Kombination von drei Lampen. 2. H. des 1. Jhs. n.Chr.

Bibl.: Unveröffentlicht. Zum Kompositionstyp vgl. BAILEY 1980, Typ O, Gruppe V Q 1233, Taf. 60 (statt der *Firmalampen* zwei stierkopfförmige Lämpchen). Zu den *Firmalampen* vgl. DERS., Nr. Q 1166, Taf. 51, Abb. 109. Zur runden Schnauze vgl. DERS., Q 1212, Taf. 57, Abb. 101.

M.C.D.S.

110. Lampe

Inv. 19076.
Unbestimmte Herkunft.
Körperhöhe 4,9 cm; Länge 14,5 cm, Spiegeldurchm. 6 cm.
Heller Ton; brauner Firnis.
Vollständig.

Tonlampe mit rundem Körper und kurzer, abgerundeter Schnauze. Der eingetiefte Spiegel weist auf jeder Seite einen typischen *lug-handle* bzw. ohrenförmige Handhaben auf. 2. H. des 1. Jhs. n.Chr.

Bibl.: Unveröffentlicht. Vgl. BAILEY 1980, 233-236, Typ G, Q. 1092.

M.C.D.S.

111. Lampe in Form eines Stierkopfes

Inv. 5149.
Pompeji, VII, 11, 11-14.
Länge 10,5 cm; Höhe 3,5 cm.
Cremefarbener Ton; rosa Firnis.
Vollständig.

Figürliche Tonlampe in Form eines Stierkopfes mit Einfülloch auf der Stirn und Nüstern als Brennlöcher; der Griff als Reflektor ist als zunehmender Mond gestaltet. 2. H. des 1. Jhs. n.Chr.

Bibl.: Unveröffentlicht. Vgl. BAILEY 1980, Typ L, Q. 1143, Taf. 47, mit ausführlicher Bibliographie.

M.C.D.S.

112. Lampe

Inv. 10872.
Pompeji, II, 11, 4.
Höhe 4,5 cm; max. Länge 18 cm; Spiegeldurchm. 10,5 cm.
Cremefarbener Ton; braun-rosa Firnis.
Vollständig.

Tonlampe mit runder Schnauze und ringförmigem Griff, flachem Boden und Eichenblättern auf der Schulter. Den eingetieften Spiegel umgrenzen reliefierte Rillen. Bogenförmige Linien markieren den Schnauzenansatz auf der Schulter. 2. H. des 1. Jhs. n.Chr.

Bibl.: Unveröffentlicht. Vgl. BISI, in: *L'instrumentum domesticum* 1977, Typ IX H, 94.

M.C.D.S.

113. Lampe

Inv. 12388.
Pompeji, I, 15, 3.
Länge 9,5 cm; Durchm. 7 cm.
Heller Ton; rosa Firnis.
Vollständig.

Tonlampe mit runder Schnauze, die auf halber Schulterbreite geradlinig abgesetzt ist. Der eingetiefte,

106

Accanto alla dea è un delfino e dietro di lei una testa di serpente.
Nella parte sinistra, di fronte alla dea sono delle spighe di grano, due melograni da uno dei quali pendono cimbali e sui quali poggia un uccello. Compaiono, inoltre, un tirso, delle tenaglie, un caduceo, una lira.
Si tratta di una rappresentazione che si richiama ad un culto sincretistico, probabilmente quello di Iside. Questa lucerna, infatti, trova confronto con un esemplare analogo, la cui rappresentazione è stata ritenuta quella di Iside Panthea (cfr. Tran Tam Tinh, *Le culte des divinités orientales en Campanie,* Leiden 1972, pp. 69-70, IS 21, fig. 40, proveniente probabilmente da Napoli).
Databile nella seconda metà del I secolo d.C.

Bibl.: Inedito.

M.C.D.S.

108. Lucerna plastica

Inv. 12283.
Pompei, I, 14,13.
Alt max. cm 8,5; lungh. cm 10.
Argilla crema; vernice rosata.
Integra.

Lucerna fittile monolicne configurata a forma di busto umano con gigantesco fallo. La testa è stata eseguita a stecca, assai rozzamente ed ha una acconciatura terminante con tre elementi circolari non facilmente identificabili ai lati del viso. Le braccia sproporzionatamente lunghe si dispongono lungo il corpo della lucerna conformata tutta a forma di fallo. Databile al I secolo d.C.

Bibl.: Inedito.

M.C.D.S.

109. Lucerna a becco tondo con due lucerne sul corpo

Inv. 12836.
Pompei, I, 11, 5.
Alt. tot. cm 10 5; lungh. cm 18; alt. lucerna a becco tondo cm 5; *Firmalampe*: lungh. cm 2,5; largh. cm 8.
Argilla crema; vernice rosata.
Integra.

Lucerna fittile a becco tondo con disco presentante una corona di foglie di quercia. Sopra, impostate sulla spalla e formanti un tutt'uno con essa sono due piccole *Firmalampe* a canale aperto. Sull'ansa ad anello della lucerna a becco tondo è posta una coppetta, che serviva forse come bruciaprofumi, decorata con una teoria di galli accanto ad una foglia di palma. Motivi impressi a cerchio sono posti alla base delle zampe dei galli ed all'altezza della testa.

107. Lucerna fittile monolicne

Inv. 13961.
Pompei, VII, 16 (Ins. Occid.), 19, casa di Fabio Rufo.
Alt. cm 15,5; lungh. cm 31; largh. cm 19,6.
Argilla crema, ingubbiatura rosata.
Integra.

Lucerna fittile monolicne di notevoli dimensioni con becco ad ogiva e canale comunicante con il disco. L'ansa è a crescente lunare con al centro della falce una testina di Giove Ammone e un'aquila sottostante, dalle ali dispiegate e reggente tra gli artigli un fulmine.

Ai lati della lucerna sono due alette a mo' di manici per la presa. Il disco, incavato, presenta tutt'intorno un tralcio di edera e, al centro, una rappresentazione complessa e di grande interesse. Vi è infatti raffigurata una dea elmata (Minerva?) seduta su una sedia, di profilo verso sinistra, reggente nella mano sinistra una cornucopia e nella destra una patera inclinata con cui sembra offrire il contenuto ad un serpente avvolto intorno ad una sorta di altare.
La superficie disponibile è riempita dagli attributi di numerose divinità. In alto al centro è una testina in un crescente lunare; al di sotto della sedia è un'aquila.

108

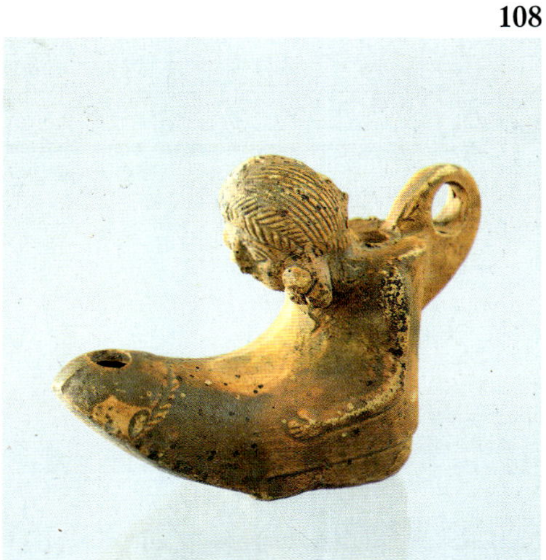

109

110

dekorlose Spiegel wird von konzentrischen Rillen umgrenzt. Mittiges Einfülloch, ringförmiger Griff, flacher Boden. 2. H. des 1. Jhs. n.Chr.

Bibl.: Unveröffentlicht. Vgl. BISI, in: *L'instrumentum domesticum* 1977, Typ IX G.

M.C.D.S.

114. Lampe

Inv. 6906 B.
Pompeji, I, 15, 3.
Höhe 3 cm; Länge 9,5 cm; Spiegeldurchm. 4,5 cm.
Cremefarbener Ton; brauner Firnis.
Vollständig.

Tonlampe mit einer Schnauze und eingeprägten Kreisen auf der ausladenden Schulter. Auf dem eingetieften Spiegel ist Selene dargestellt. Wegen des brüchigen Materials wurde das Relief mit dem Stab vollendet. 1. Jh. n.Chr.

Bibl.: Unveröffentlicht. Vgl. M.C. GUALANDI GENITO, *Le lucerne antiche del Trentino*, Trient 1986, 214, Nr. 58, mit ausführlicher Bibliographie.

M.C.D.S.

115. Lampe

Inv. 2903 B.
Pompeji, II, 4, 5.
Höhe 4,9 cm; Länge 8,7 cm; Durchm. 6,1 cm.
Beiger Ton; rosa Firnis.
Vollständig.

Tonlampe mit eingetieftem, randlosem Spiegel; dekorlose, abgerundete Schulter; quer angebrachter ringförmiger Griff; mittiges Einfülloch, runde Schnauze, flacher Boden. 1. Jh. n.Chr.

Bibl.: Unveröffentlicht.

M.C.D.S.

116. Lampe

Inv. 10181B.
Pompeji, II, 4, 3.
Höhe 4,5 cm; Länge 7,3 cm; Breite 4,3 cm.
Heller Ton.
Vollständig.

Dreieckiges Tonlämpchen mit transversalem Griff zum Aufhängen.

Bibl.: Unveröffentlicht. Vgl. BAILEY 1980, Q 1119, mit Bibl.

M.C.D.S.

107

111

112

114

118. Bocca di fontana a testa di Oceano

Inv. 20362.
Pompei, provenienza non precisabile.
Lungh. cm 21; alt. cm 22; spess. cm 11.
Marmo bianco, probabilmente greco (pentelico).

Bocca di fontana a testa di Oceano o di altra divinità fluviale o marina. Il volto è tondeggiante, la fronte è alta e corrugata. Presenta occhi a mandorla profondamente incavati con sopracciglia marcate, naso largo, zigomi sporgenti, bocca aperta nella quale è inserita una *fistula* di piombo per la fuoriuscita dell'acqua (che ha una sezione di cm 3,2×4), grandi baffi e barba indicata con una serie di riccioli a fiamma, rigonfi al centro. La capigliatura presenta una scriminatura all'angolo della fronte ed è costituita da lunghe ciocche ondulate che ricadono sui lati. Ricomposta da tre pezzi, presenta incrostazioni ferrose in alto a sinistra e in basso a destra. Retro grezzo, concavo.
Le caratteristiche tipologiche della nostra testina si ravvisano, negli elementi fondamentali, in molte altre teste marmoree analoghe, nelle quali è stato identificato Oceano. La tipologia è varia (cfr. R. POLACCO, G. TRAVERSARI, *Sculture romane e avori tardo-antichi e medioevali del Museo Archeologico di Venezia,* Roma 1988, p. 36 s.; V. GALLIAZZO, *Sculture greche e romane del Museo Civico di Vicenza,* Venezia 1976, p. 160 ss.). È presumibile che i vari esemplari di età romana derivino da uno stesso archetipo, creato appunto nel periodo ellenistico: tuttavia essi si presentavano in versioni diverse, anzi si può dire che nessuno sia perfettamente copia di un altro o del tutto simile. Piú che rincorrere un eventuale originale greco, nelle diverse opere è da vedere, in genere, la mano «inventiva» dello scultore romano, che interpreta lo stesso soggetto secondo il gusto artistico sia personale sia della propria epoca.
Dal punto di vista stilistico la bocca di fontana di Pompei manifesta un notevole gusto per la ricchezza plastica del modellato ed è da riferire a una corrente classico-barocchegiante particolarmente presente nella scultura di età claudia e neroniana.

Bibl.: Inedito.

M.P.

119. Bocca di fontana con busto di satiro

Inv. 12681.
Pompei, Terme Suburbane.
Lungh. cm 16; alt. cm 17; spess. cm 7,5.
Bronzo con agemine di rame e di argento.

La bocca di fontana è costituita da un clipeo con una fascia esterna racchiusa da perlinature a rilievo, decorata con un giro di foglie di acanto alternate ad ovoli spartiti da una linea verticale. Al centro campeggia il busto di un satiro, raffigurato fino al bacino, vestito della pelle di pantera, con ricca frangia, poggiata sulla spalla sinistra, che scende obliquamente sul fianco destro lasciando scoperta la spalla destra; dall'altro lato, essa ricade verticalmente sul davanti lungo il fianco sinistro. Il capezzolo è individuato con un cerchietto inciso con punto centrale. Le braccia, protese in avanti e, leggermente, verso l'alto, reggono una stoffa ricolma di frutta e di spighe. La stoffa è forata sul davanti, con andamento semicircolare, per la fuoriuscita dell'acqua; al centro del retro, che presenta una zona centrale liscia circondata da una larga solcatura e da bordo obliquo leggermente rilevato, è un foro circolare (diam. cm 3,2) che si adatta perfettamente ad un innesto sul tubo di bronzo che sbocca, a metà altezza, sulla parete nord dell'ambiente 1 delle Terme Suburbane di Porta Marina (cfr. L. JACOBELLI, in *RivStPompeiani,* I, 1987, p. 151 ss. e II, 1988, p. 202 ss.), ambiente in cui l'oggetto è stato rinvenuto il 22 giugno 1960, secondo le indicazioni topografiche fornite dall'inventario. La testa presenta un volto rotondo con occhi a mandorla e pupilla incisa, decorati con agemina di argento, naso largo, bocca socchiusa sottolineata da agemina di rame, mento piccolo. È coronata di foglie. La capigliatura è schiacciata a girandola sul cranio mentre sul bordo presenta una fila di ciocche a virgola, che sono legate dietro la nuca.
Non mancano confronti con altre *appliques* di questo tipo, utilizzate principalmente come decorazione di mobili e in particolare di casseforti (cfr. E. PERNICE, *Die hellenistische Kunst in Pompeji,* V, Berlin 1932, p. 88 ss.; G.M.A. RICHTER, *The Furniture of the Greeks, Etruscans and Romans,* London 1966, p. 107 ss. e p. 114, figg. 538, 548-549, 581; H. MENZEL, *Die römischen Bronzen aus Deutschland,* II: *Trier,* 1966, p. 53 ss., tavv. 48-49).
La datazione del pezzo è ovviamente legata a quella del complesso termale dove esso fu rinvenuto, che è da porre alla prima metà del I secolo d.C. Anche l'accentuato colorismo e i vivaci contrasti della figura del satiro impongono una cronologia ad età neroniana o flavia.

Bibl.: Inedito.

M.P.

118

120. Ermetta di Bacco

Inv. 2914.
Pompei, II, 2, 2, casa c.d. di Octavius Quartio.
Lungh. cm 22; alt. cm 27,5; spess. cm 16.
Marmo bianco lunense.
Mancano alcune delle estremità delle foglie di vite e l'angolo inferiore destro.

Il volto, dall'ovale pieno, presenta ampia fronte, occhi a mandorla con ciglia marcate a rilievo, naso piccolo, bocca con labbra carnose, lunghi baffi ondulati terminanti in un ricciolo. La barba è costituita da una fila di ciocche a gancio appena rilevate sul davanti e ondulate ai lati e, in basso, da una superficie rettangolare articolata da rigide ciocche spiraliformi verticali. La capigliatura è costituita da tre file di boccoli circolari intorno alla fronte, e da due spesse e lunghe ciocche verticali attorcigliate, che ricadono lateralmente sul davanti. La testa è coronata, anzi quasi sommersa, da larghe foglie di vite, poggianti sul colmo e con le estremità ricurve sul davanti, sorrette in basso da puntelli. Il retro è liscio, con andamento triangolare, incavo semicircolare e foro.
L'ermetta è stata rinvenuta sul bordo della vasca del peristilio. Tali ermette arcaistiche di Bacco sono assai diffuse ovunque in epoca romana e in particolare a Pompei e ad Ercolano ed erano utilizzate sia come immagini di culto domestico, sia come elementi ornamentali, sia come decorazione dei trapezofori in marmo. Erano prodotti di serie, talvolta con alcune varianti: cfr. ad es. DWYER 1982, tav. X, 36-38 e tav. XI, 39 e 41; S. SEILER, *Beobachtungen an Doppelhermen,* Hamburg 1969, *passim.*

Bibl.: Inedito

M.P.

121. Bambino con delfino. Statua di fontana

Inv. 41462.
Pompei, IX, 12, casa in corso di scavo a nord del n. 6. Giardino.
Alt. cm 40,5; largh. cm 35,3; spess. cm 24,5; alt. base cm 4.
Marmo bianco con venature grigie.

La composizione, una fontana ornamentale, raffigura un fanciullo accovacciato su di una piccola base, la gamba destra piegata sul piano verticale, quella sinistra flessa sul piano orizzontale. Il bimbo pone la mano destra sulla testa di un delfino, dalla cui bocca fuoriusciva l'acqua; la mano sinistra ne afferra invece la coda, mentre il resto del corpo si avvolge sinuosamente alle sue spalle. Il bimbo, paffuto e simpaticamente pingue, piega leggermente la testa verso destra, in basso, quasi ad osservare il fiotto d'acqua sgorgante dalla bocca del delfino. La base, che sul lato posteriore presenta un'interruzione della sagomatura, è per tutta la sua altezza ricoperta da una striscia continua di materiale nerastro, simile a nerofumo, che fu osservata anche in un'altra statua marmorea pompeiana di fontana raffigurante un bimbo seduto con rana (Museo Nazionale di Napoli, inv. n. 6537. Cfr. G. FIORELLI, *Gli scavi di Pompei dal 1861 al 1872,* Napoli 1873, p. 165, n. 161; L. CURTIUS, in *Archäol-Zeit,* n.s., 11, 1879, p. 20, tav. 1, 1; B. KAPOSSY, *Brunnenfiguren der hellenistischen und römischen Zeit,* Zürich 1969, p. 43 e fig. 27). Si tratta probabilmente del residuo della pece usata come collante per ancorare la statuina al suo sostegno. La scultura, in ogni caso, è stata rinvenuta poggiata sul pluteo del portico settentrionale del giardino di una casa in corso di scavo, momentaneamente scalzata, cioè, dalla sua posizione originaria – attualmente non ancora precisabile –, e quindi pure dalle tubazioni per l'adduzione dell'acqua, a causa dei grossi lavori di risistemazione che si stavano effettuando nella casa al momento dell'eruzione vesuviana.
La statuina, che non manca di una certa soffusa grazia, vive coloristicamente grazie ad una sovradipintura, che mostra chiarissime, anche se a volte flebili, le sue tracce. Innanzitutto in giallo, che, animando le corte e vivacissime ciocche della capigliatura incisa a bulino, le fa accendere di un vivido color oro, e che si riscontra pure all'attaccatura dei piedi con la gamba. Poi in nero, che delinea le ciglia e le sopracciglia del bambino, nonché l'arcata dell'occhio del delfino. Poi ancora in rosso, usato per rimarcare il disegno delle labbra, abbastanza carnose ed atteggiate a sorriso, e che si ritrova in tracce anche sulla mano e sull'avambraccio sinistro, cosa che farebbe pensare a un tentativo di resa del colore roseo dell'incarnato mediante diluizione del colore sull'intero corpo.
La statuina può agevolmente datarsi al I secolo d.C., anche se è prudenzialmente preferibile evitare ulteriori precisazioni cronologiche, che pur sembrerebbero possibili. Essa si inserisce, infatti, nel filone fortunato delle statue da giardino decorazioni di fontane, trovate in gran numero soprattutto a Pompei (cfr. l'elenco dato da KAPOSSY, *op. cit.*, p. 94), che generalmente si riportano a motivi di tipica derivazione ellenistica, e vanno considerate in molti casi come prodotti seriali

119

aus Marmor beobachtet, die einen Knaben mit einem Frosch darstellt (Neapel, Nationalmuseum Inv. Nr. 6537; vgl. G. FIORELLI, *Gli scavi di Pompei dal 1861 al 1872*, Neapel 1873, S. 165, Nr. 161; L. CURTIUS, in: *ArchäolZeit*, N.S., 11, 1879, S. 20, Taf. 1,1; B. KAPOSSY, *Brunnenfiguren der hellenistischen und römischen Zeit*, Zürich 1969, S. 43, Abb. 27). Wahrscheinlich handelt es sich dabei um Überreste des Teeres, der verwendet wurde, um die Statuette auf ihrem Sockel zu befestigen. Die Figur wurde auf der Brüstung der nördlichen Portikus des Gartens eines Hauses gefunden, welches zur Zeit ausgegraben wird. Sie war wohl von ihrer ursprünglichen Plazierung – zur Zeit noch nicht näher auszumachen – und folglich auch von der zubringenden Wasserleitung entfernt worden, weil im Haus zum Zeitpunkt des Vesuvausbruches grosse Wiederherstellungsarbeiten im Gang waren.

Die Statuette, die durchaus eine gewisse verhaltene Anmut ausstrahlt, war ursprünglich mit aufgemalten Farben zusätzlich belebt, deren Spuren – wenn auch teilweise sehr schwach – noch deutlich zu erkennen sind. Besonders das Gelb, das die kurzen und stark bewegten Haarlocken – diese sind mit dem Stichel eingeritzt – bedeckt und sie golden schimmern lässt, ist gut erhalten und kehrt an der Ansatzstelle zwischen Fuss und Bein wieder. Ebenso das Schwarz, mit dem Wimpern und Augenbrauen des Kindes sowie das Auge des Delphins gezeichnet sind, ist noch gut zu erkennen. Ferner ist auch noch das Rot sichtbar, das die ziemlich fleischigen Lippen, welche zu einem Lächeln geformt sind, betonte. Leichte Farbspuren sind auch an der linken Hand und am linken Unterarm erhalten, was vermuten lässt, dass verdünnte rote Farbe auf den ganzen Körper aufgetragen wurde, um das Rosa des Inkarnats wiederzugeben.

Die Figur kann problemlos in das 1. Jh. n.Chr. datiert werden, von einer präziseren Datierung, die zwar möglich scheint, wird jedoch aus Vorsicht abgesehen. Sie fügt sich in die äusserst variationsreiche Reihe von Gartenskulpturen ein, die Brunnen zierten. Gartenskulpturen dieser Art wurden v.a. in Pompeji in gros-

120

di officine che replicavano i piú fortunati esemplari del genere.

Nel presente caso, ad esempio, è possibile richiamare, a stringente confronto, un esemplare del tutto simile, solo di dimensioni leggermente maggiori, che venne rinvenuto a Pompei nel peristilio della casa IX, 2, 27 e che si conserva attualmente nel Museo Nazionale di Napoli, inv. n. 6112 (cfr. FIORELLI, *Gli scavi di Pompei*, cit., p. 165, n. 159; KAPOSSY, *op. cit.*, p. 42; *Pompeii A.D. 79* 1976, n. 85; AA.VV., *Pompeji. Leben und Kunst in der Vesuvstädten*, Recklinghausen 1973, p. 139 s., n. 188). Al tema del bimbo con delfino si riportano anche due statuette bronzee che, affrontate, decoravano il giardino della villa ercolanese dei Papiri, ora ugualmente a Napoli, inv. nn. 5021 e 5032 (cfr. D. COMPARETTI, G. DE PETRA, *La villa ercolanese dei Pisoni, i suoi monumenti e la sua biblioteca*, Torino 1883, ristampa, Napoli 1972, p. 59 s., tav. 16, 3).

Tra i temi piú ricorrenti del genere statua-fontana appare, comunque, appunto quello del bambino, raffigurato sia stante che accovacciato, con attributi vari, quali il vaso, la maschera, l'otre, la conchiglia, il mantello pieno di frutta, o animali vari, quali appunto il delfino, la rana, la colomba, la lepre e l'anatra (catalogo in KAPOSSY, *op. cit.*, pp. 41-45). La sovradipintura di tali esemplari era fatto del tutto ricorrente e, si può dire, tipico.

Bibl.: A. VARONE, in *Viae Publicae Romanae*, Roma 1991, p. 102 ss.; ID., in *Cronache dal 79 d.C. Frammenti di vita quotidiana alle pendici del Vesuvio*, Roma 1991, p. 21 s.; ID., in *RivStPompeiani*, V, 1991, p. 195 ss. (in corso di stampa).

A.V.

122. Fontana con amorino e maschera comica

Inv. 20513.
Pompei, II, 2, 2, casa c.d. di Octavius Quartio.
Alt. cm 29,6; base cm 28,3 × 18,9 × 3.
Marmo.
Mancano l'ala sinistra, la mano e il braccio destro, il piede destro.

L'amorino con maschera decorava i gradini di una cascatella lungo l'euripo della casa c.d. di Octavius Quartio. Seduto sopra una bassa roccia allungata diagonalmente sulla base, la piccola figura presenta le gambe piegate e rivolte a destra mentre il busto esercita una impercettibile rotazione verso sinistra. Il capo leggermente chinato accompagna verso il basso lo sguardo che, dal bordo del canale su cui era sistemato nella collocazione originaria, seguiva il movimento dell'acqua sottostante. Il braccio destro, lacunoso, tiene fermo il vincastro (*pedum*), poggiato tra la coscia e la spalla. Il braccio sinistro è piegato e la mano regge per i capelli una maschera comica. In questa la chioma incornicia il volto con una massa uniforme e compatta, la barba e i baffi formano intorno alla bocca aperta una corona quasi circolare solo lievemente scolpita con evidenti tracce di colore rosso, cosí come sui capelli, a testimonianza della spiccata policromia degli arredi marmorei. Una pelle annodata sulla spalla sinistra copre solo parte del busto, e rappresenta un elemento caratterizzante, insieme al *pedum*, del ruolo di piccolo genio campestre che la statuetta rivestiva nella scenografia dell'euripo. La chioma è resa a piccole ciocche appuntite con corta frangia sull'ampia fronte. L'intera composizione è corretta e naturalistica, di chiara ispirazione ellenistica. Il contenuto del soggetto riflette, come in genere nelle figure minori della scultura da giardino, satiri, putti, animali, la sistemazione naturale nella quale era inserito ed in cui tale genere di scultura era considerata non soltanto arte puramente decorativa, per il concetto di natura deificata di cui era permeata. La statuetta di buona fattura, era destinata specificamente a fontana, funzione che ha avuto un'influenza determinante nella scelta del tipo stesso. È databile al I secolo d.C. Il tipo è presente nella scultura romana in numerose varianti.

Bibl.: V. SPINAZZOLA, *Pompei alla luce degli Scavi Nuovi di via dell'Abbondanza (anni 1910-1923)*, I-III, a cura di S. Aurigemma, Roma 1953, pp. 367-421, 971-1008; DWYER 1982, p. 170 (con bibl. precedente).

M.M.

123. Fontana con amorino, delfino, onda marina e polipo

Inv. 8126.
Pompei, I, 9, 13, casa di Cerere.
Alt. cm 40,8; lungh. cm 24,6.
Marmo.
Mancano le ali dell'amorino e quattro tentacoli del polipo. Tracce di colore.

Il gruppo marmoreo costituisce una composizione il cui asse principale è rappresentato da un delfino disposto verticalmente. Il corpo elicoidale si sviluppa verso l'alto, con la testa in basso, poggiata su una base rappresentata da onde marine scolpite coloristicamente, tra cui guizzano pesci. Al dorso del delfino è aggrappato un amorino, con la gamba sinistra distesa lungo il fianco del cetaceo e la gamba destra piegata. Il torso della figurina è ruotato leggermente verso sinistra e proteso in avanti a destra. Il braccio destro è del pari proteso in avanti e la mano è afferrata dal tentacolo di un polipo che emerge da basso, tra le onde. Il braccio sinistro è portato all'indietro per la presa sul corpo del delfino. Tracce di colore giallo sui capelli dell'amorino, resi a piccole ciocche plastiche, e di colore rosso sulla base, conservano memoria dell'uso della policromia sulla piccola scultura. Il foro per la fistula nella bocca del delfino, ne indica la funzione di fontana.

Provenienti dalle suppellettili della casa di Cerere sono altri tre esemplari simili alla composizione qui presentata, tuttavia varianti, nella elaborazione del tema, di uno stesso modello di chiara derivazione ellenistica. L'insieme delle sculture costituiva un armonico sistema di

ser Anzahl gefunden (vgl. die Liste bei KAPOSSY, *op. cit.*, S. 94). Solche Figuren gehen im allgemeinen auf Motive hellenistischer Tradition zurück und sind in vielen Fällen als Produkte von Werkstätten zu betrachten, in denen die erfolgreichsten Typen dieser Gattung serienweise hergestellt wurden.
Beim vorliegenden Stück kann beispielsweise ein sehr ähnliches, jedoch ein wenig grösseres Exemplar als Vergleich herangezogen werden. Es wurde ebenfalls in Pompeji, und zwar im Peristyl des Hauses IX, 2, 27 gefunden und wird heute im Nationalmuseum von Neapel aufbewahrt (Inv. Nr. 6212; vgl. FIORELLI, *op. cit.*, S. 165, Nr. 159; KAPOSSY, *op. cit.*, S. 42; *Pompeii A.D. 79*, 1976, Nr. 85; *Pompeji. Leben und Kunst in den Vesuvstädten*, Recklinghausen 1973, S. 139 f., Nr. 188). Das Motiv des Knaben mit einem Delphin wird auch von zwei Bronzestatuetten aufgegriffen, die einst – einander gegenüberstehend – den Garten der Villa der Papyri in Herkulaneum schmückten und sich heute ebenfalls in Neapel befinden (Inv. Nr. 5021 und 5032; vgl. D. COMPARETTI, G. DE PETRA, *La villa ercolanese dei Pisoni, i suoi monumenti e la sua biblioteca*, Turin 1883, Nachdruck, Neapel 1972, S. 59 f., Taf. 16,3).
In der Gattung der Brunnenfiguren kommt das Motiv des sowohl stehend wie auch sitzend wiedergegebenen Kindes sehr häufig vor. Es wird mit verschiedenen Attributen wie einem Gefäss, einer Maske, einem Weinschlauch, einer Muschel, einem geschürzten Mäntelchen voll Früchten oder mit verschiedenen Tieren wie Delphin, Frosch, Taube, Hase und Ente dargestellt (vgl. den Katalog bei KAPOSSY, *op. cit.*, S. 41-45). Polychrome Bemalung war bei diesen Stücken allgemein üblich und kann sogar als Charakteristikum der Brunnenfiguren bezeichnet werden.

Bibl.: A. VARONE, in: *Viae Publicae Romanae*, Rom 1991, S. 102 ff.; ders., in: *Cronache dal 79 d.C. Frammenti di vita quotidiana alle pendici del Vesuvio*, Rom 1991, S. 21 f.; ders., in: *RivStPompeiani*, V, 1991, S. 195 ff. (im Druck).

A.V.

121

122. Amor mit komischer Maske als Schmuck einer Brunnenanlage

Inv. 20513.
Pompeji, II, 2, 2, sog. Haus des Octavius Quartio.
Höhe 29,6 cm; Sockel 28,3 x 18,9 x 3 cm.
Marmor.
Es fehlen der linke Flügel, der rechte Unterarm sowie der rechte Fuß.

Diese Amorstatuette mit Maske zierte eine Kaskadenstufe am Wasserkanal (*Euripus*) des sog. Hauses des Octavius Quartius. Die kleine Figur sitzt auf einem flachen, schräg auf dem Sockel liegenden Fels; ihre Beine sind nach rechts gewinkelt, während der Oberkörper kaum merklich nach links gedreht ist. Der Blick des leicht geneigten Kopfes verfolgte ursprünglich die Bewegung des Wassers unter ihm. Mit dem rechten, fragmentarisch erhaltenen Arm hält er zwischen Oberschenkel und Schulter eine Weidenrute (*pedum*). Im angewinkelten linken Arm hält er eine komische Maske, deren Gesicht von einer kompakten, gleichförmigen Haarmasse gerahmt wird. Schnurrbart und Bart bilden einen fast runden und nur flach reliefierten Kranz um den offenen Mund. Rote Farbspuren hier und auf den Haaren belegen die ausgeprägte Farbigkeit dieses marmornen Dekorationsstückes. Ein auf der linken Schulter geknüpftes Fell bedeckt teilweise den Oberkörper des Amor. Zusammen mit dem *pedum* kennzeichnet es die Rolle des kleinen ländlichen Genius innerhalb der Gestaltung des Wassersystems. Die kleinlockige Frisur ragt in kurzen Spitzen auf die breite Stirn. Die Komposition ist geschlossen, naturalistisch und sicher hellenistisch beeinflußt. Wie alle kleineren Gartenskulpturen von Satyrn, Amoretten und Tieren spiegelt auch dieses Thema die Ordnung wieder, in die es eingefügt war. Aufgrund der Naturverherrlichung besaßen diese Skulpturen nicht nur rein dekorativen Charakter. Die qualitätvoll gearbeitete Statuette war speziell als Brunnenfigur vorgesehen, diese Funktion bestimmte entscheidend die Typenwahl. Der Typus ist in der römischen Plastik in zahlreichen Varianten bekannt. 1. Jh. n.Chr.

Bibl.: V. SPINAZZOLA, *Pompei alla luce degli Scavi Nuovi di via dell'Abbondanza (anni 1910-1923)*, I-III, Hg. S. Aurigemma, Rom 1953, 367-421, 971-1008; DWYER 1982, 170 (mit Bibl.).

M.M.

123. Wasserspeier in Form eines Delphins mit Amor und Oktopus

Inv. 8126.
Pompeji, I, 9, 13, Haus der Ceres.
Höhe 40,8 cm; Länge 24,6 cm.
Marmor.
Die Flügel des Amor und vier Tentakeln des Polypen fehlen. Farbspuren.

Die Hauptachse der Marmorgruppe bildet ein vertikal dargestellter Delphin. Sein Körper schraubt sich spiralförmig nach oben, während der Kopf auf einem Sockel aus Meereswellen und Fischen ruht. An seinem Rücken klammert sich ein Amor, das linke Bein entlang der Tierflanke, das rechte angewinkelt. Der Oberkörper ist leicht nach links gedreht und nach rechts gebeugt. Mit der ausgestreckten Rechten ergreift er eine Tentakel eines aus den Wellen auftauchenden Polypen. Der linke Arm umklammert den Schwanz des Delphins. Auf den kleinen, plastischen Locken des Amor zeugen gelbe, auf der Basis rote Farbspuren von der Polychromie des Stückes. Das Rohr im Maul des Delphins deutet auf die Funktion der Figur als Wasserspeier hin.
Aus dem Haus der Ceres stammen drei weitere Exemplare mit ähnlicher Komposition, die auf dasselbe, eindeutig hellenistische Vorbild zurückgehen. Diese Skulpturen bilden ein harmonisches System von Wasserstrahlen. Drei weitere Gruppen, darunter zwei ähnlich gestaltete aus Marmor, stammen aus dem Haus des Lucretius Fronto (V, 4, a), eine bronzene aus dem Haus der Wissenschaftler (VI,

122

123

zampilli d'acqua, con l'immagine costante di un delfino che salva uno o piú amorini dai tentacoli di un polipo. Tre gruppi, di cui due marmorei, tra loro simili e simmetrici provenienti dalla casa di Lucrezio Frontone (V, 4, a), uno in bronzo dalla casa degli Scienziati (VI, 14, 43), indicano che il numero e la posizione degli amorini era suscettibile di variare secondo le esigenze della committenza ed il gusto e la capacità compositiva del copista. La datazione è collocabile alla metà del I secolo d.C.

Bibl.: M. De Vos, *Scavi Nuovi sconosciuti* (*I, 9, 13*)*: pitture e pavimenti della casa di Cerere,* in *MededRome,* 38, 1976, pp. 37-75; Dwyer 1982, pp. 42-43 (con bibl. precedente).

M.M.

124. Statuetta di Bacco

Inv. 11864.
Pompei, I, 18, 2.
Alt. m 0,96; largh. m 0,37.
Bronzo.
Integra; patina uniforme verde oliva.

La statuetta, rinvenuta il 26 settembre 1957, raffigura Bacco giovane, stante, di prospetto, con il corpo lievemente volto a destra, mentre il peso della figura grava sulla gamba destra, con la sinistra flessa, di scarico. Accanto al piede destro è un frammento della base originaria, pure di bronzo, con tracce di piombo della saldatura. La testa è leggermente piegata verso il basso, e volta a destra; il viso è arrotondato, con grandi occhi, dalla cornea in avorio e bulbo in pasta vitrea di color marrone. Sul viso s'imposta la complessa capigliatura fermata da un tralcio d'edera, legato ad un lungo nastro (*lemniscus*), le cui punte ricadono sul petto; i capelli sono prevalentemente raccolti sull'occipite, con una parte legati in un ciuffo che a codino ricadono sul collo. Il personaggio stringe, nella mano destra, protesa in avanti, un'anforetta dal corpo conico, con la larga bocca rivolta verso il basso. Il braccio sinistro è piegato all'altezza del gomito, col pugno semichiuso a stringere, probabilmente, un tirso. La scultura ripete vagamente degli schemi post-prassitelici con la disposizione chiastica del corpo, ma la tettonica appare allentata e gonfia, anatomicamente incoerente, e declamatoria. Lo schema ripete il c.d. tipo B1 e della Manfrini Aragno. La Elia attribuisce l'opera ad officina italiota o asiatica della metà del I secolo a.C.
A noi, sembra, invece, che l'insolita acconciatura dei capelli, piuttosto rara, ci conduca in ambiente grecoegizio, ove essa è attestata, particolarmente in ambito isiaco, ed in numerose teste del tardo ellenismo. Quanto all'officina, ci sembra ci si possa limitare all'ambiente italico, tralasciando quello asiatico, in considerazione dell'incoerenza tettonica dell'opera, che ricorda molte espressioni della pittura parietale pompeiana, nelle quali è manifestato il medesimo allentamento della plastica. Databile al I secolo d.C.

Bibl.: O. Elia, *Bacco fanciullo e Dioniso ctonio* a *Pompei,* in *Boll. d'Arte,* 46, 1961, p. 1 ss.; I. Manfrini Aragno, *Bacchus dans les bronzes hellénistiques et romains,* Lausanne 1987, p. 79 ss., fig. 100.

B.C.

125. Eracle ebbro

Inv. 525.
Ercolano, casa dei Cervi.
Alt. con base cm 56; senza base cm 51,5; base: alt. cm 6; prof. cm 19; largh. cm 35.
Marmo.
Ricomposto di vari frammenti combacianti.

Il dio nudo, ebbro, ha le gambe divaricate e piegate in avanti, il corpo è inarcato e piegato, i pettorali molto ben evidenziati, il ventre gonfio e proteso nell'atto della minzione. La figura si appoggia su un sostegno a forma di tronco d'albero. La testa è leggermente reclinata sulla destra, il braccio sinistro è sollevato e la mano impugna la clava che si appoggia sulla spalla sinistra, sul braccio ricade la pelle di leone (*leonté*) che scende a coprire il sostegno. La protome dell'animale, estremamente appiattita, presenta una lavorazione «a penna» ed è incorniciata dalla folta criniera tracciata con piccole ciocche disordinate. La mano destra è portata al sesso nell'atto della minzione. Il volto ha l'espressione sonnolenta dell'ebbrezza ed è incorniciato da una folta e riccioluta barba; sulle labbra semiaperte ricadono lunghi baffi. Il naso è dritto e al centro della fronte è il solco di una ruga. Sui capelli resi a raggiera di ciocche contrapposte poggia una corona di alloro intrecciata con bende che si annodano sul retro con i lembi ricadenti sulla nuca.
Il tipo dell'Eracle mingente si ricollega, anzi sembra essere insieme all'Eracle *bibax,* una delle due varianti, nate in ambito ellenistico, dell'Eracle Epitrapezios di Lisippo.
Questa considerazione è scaturita dall'osservazione della resa della testa, piuttosto piccola rispetto al corpo, e dalla accentuazione della tensione muscolare, elementi che sicuramente riportano ai canoni lisippei. La statua, infatti, trova confronti, per la disposizione delle gambe divaricate, per il corpo fortemente inarcato e spostato all'indietro e il ventre rigonfio, con un bronzo da Veleia che raffigura Eracle ebbro con un masso e clava (cfr. F. D'Andria, I *bronzi romani di Veleia, Parma e del territorio parmense,* in *Contributi dell'Istituto di Archeologia,* III, 1970, p. 34 ss., tav. V, fig. 11), anche se quest'ultimo presenta una maggiore libertà spaziale; a questo si aggiunge un bronzo scoperto a Ljublen, inv. 120, con-

124

124

14, 43). Sie zeigen, daß sich Anzahl und Darstellungen der Amoretten nach den Wünschen und dem Geschmack des Auftraggebers und nach den kompositorischen Fähigkeiten des Kopisten richteten. Diese Skulptur datiert in die Mitte des 1. Jhs. n.Chr.

Bibl.: M. DE VOS, *Scavi Nuovi sconosciuti (I 9, 13): pitture e pavimenti della casa di Cerere*, in: *MededRome*, 38, 1976, 37-75; DWYER 1982, 42-43 (mit Bibl.).

M.M.

124. Statuette des Bacchus

Inv. 11864.
Pompeji, I, 18, 2.
Höhe 96 cm; Breite 37 cm.
Bronze.
Unbeschädigt; einheitlich olivgrüne Patina.

Die Statue dieses frontal stehenden, jugendlichen Bacchus wurde am 26. September 1957 entdeckt. Sein Körper neigt sich leicht nach rechts, das Gewicht liegt auf dem Standbein, das entlastete linke ist angehoben. Neben dem rechten Fuß hat sich ein Fragment der originalen Bronzebasis mit bleiernen Lötspuren erhalten. Der Kopf ist leicht nach rechts gesenkt; die großen Augen zeigen Einlagen aus Elfenbein und brauner Glaspaste. Die aufwendige Frisur wird von einem Efeuzweig mit langem Band (*lemniscus*) gehalten, dessen Enden bis auf die Brust fallen. Die Haare sind auf den Hinterkopf gelegt und zu einem Zopf zusammengefaßt, der bis zum Nacken reicht. Die Figur hält in der rechten, vorgestreckten Hand eine kleine, konische Amphore mit weiter, umgelegter Öffnung. Im angewinkelten Arm mit der halbgeschlossenen Hand hielt der Gott vermutlich einen Thyrsosstab.

Die Körperhaltung der Statue greift die Ponderation praxitelischer Werke auf. Ihre Gestaltung läßt jedoch einen organischen Aufbau vermissen. Sie zitiert das Modell des sog. Typus B1 von Manfrini Aragno. Elia schreibt das Werk einer großgriechischen oder kleinasiatischen Werkstatt der Mitte des 1. Jhs. v.Chr. zu.
Unserer Meinung nach weist die eher seltene, ungewöhnliche Haartracht in den griechisch-ägyptischen Bereich; dort ist sie besonders im Isis-Umfeld an zahlreichen späthellenistischen Köpfen bezeugt. Die Werkstatt scheint im italischen Bereich angesiedelt zu sein; eine kleinasiatische schließen wir aufgrund der nicht ganz konsequenten Tektonik aus. Eine derartige Gestaltung findet sich vielfach in der pompejanischen Wandmalerei wie in der Plastik des 1. Jh. n.Chr.

Bibl.: O. ELIA, *Bacco fanciullo e Dioniso ctonio a Pompei*, in: *Boll. d'Arte*, 46, 1961, 1 ff.; I. MANFRINI ARAGNO, *Bacchus dans les bronzes hellénistiques et romains*, Lausanne 1987, 79 ff., Abb. 100.

B.C.

125. Trunkener Hercules

Inv. 525.
Herkulaneum, Haus der Hirsche.
Höhe mit Sockel 56 cm, ohne Sockel 51,5 cm; Sockelhöhe 6 cm; Tiefe 19 cm; Breite 35 cm.
Marmor.
Aus zusammenpassenden Fragmenten zusammengesetzt.

Der nackte, trunkene Gott steht mit gespreizten, leicht vorgebeugten Beinen und nach hinten geneigtem Oberkörper; die Brust ist hervorgehoben, der Bauch gebläht und zum Harnlassen vorgestreckt. Er stützt sich auf eine Art Baumstumpf. In der linken erhobenen Hand hält er die auf der Schulter aufliegende Keule. Über dem Arm liegt das Löwenfell und verdeckt teilweise die Stütze. Mit der rechten Hand hält er sein Glied zum Urinieren. Der Kopf ist leicht nach rechts geneigt. Das von der Trunkenheit schläfrige Gesicht wird von einem dichten, lockigen Bart gerahmt; um den halboffenen Mund liegt ein langer Schnurrbart. Über der geraden Nase bildet die Stirn eine Falte. Auf den strahlenkranzförmig angeordneten Locken liegt ein Lorbeerkranz, dessen Bänder im Nacken verknotet sind.
Der Typus des Hercules mingens scheint zusammen mit dem Hercules *bibax* eine von zwei hellenistischen Varianten des Hercules Epitrapezios von Lysipp zu sein.
Dies leitet sich aus Elementen des lysippischen Kanons ab, die sich in dieser Figur wiederfinden: dem im Verhältnis zum Körper eher kleinen Kopf und der betonten Muskelanspannung. Hinsichtlich der gespreizten Beinhaltung, des stark gebogenen und nach hinten geneigten Körpers und des aufgeblähten Bauches findet sich in einer Bronze des trunkenen Hercules mit Fels und Keule ein Vergleich aus Veleia (vgl. F. D'ANDRIA, *I bronzi romani di Veleia, Parma e del territorio parmense*, in: *Contributi dell'Istituto di Archeologia*, III, 1970, 34 ff., Taf. V, Abb. 11), auch wenn dieser eine größere räumliche Freiheit entwickelt. Ferner gibt es eine in Ljublen entdeckte Bronze (Museum Sofia Inv. 120; vgl. OGENOVA-MARINOVA, *Statuettes en bronze*, Sofia 1975, 91, Abb. 87). Ähnlicher ist die bronzene Darstellung eines Hercules mingens aus Thibar (Museum von Bardo, Inv. 2778; vgl. M. YACOUB, *Musée du Bardo*, Tunis 1969, 93, Abb. 104).
Die Darstellungen des Hercules mingens sind den dionysischen Themen und damit dem Personenkreis der Satyrn, Silenen und Hermaphroditen zuzuordnen, die in römischer Zeit als Gartenornamente und

servato al Museo di Sofia (cfr. OGENOVA-MARINOVA, *Statuettes en bronze*, Sofia 1975, p. 91, fig. 87). Piú vicino è un bronzo raffigurante un Eracle mingente proveniente da Thibar, conservato al Museo del Bardo, inv. 2778 (cfr. M. YACOUB, *Musée du Bardo,* Tunisi 1969, p. 93, fig. 104).
Le raffigurazioni dell'Eracle mingente sono da ricollegare alla utilizzazione dei temi dionisiaci e quindi, dei personaggi del ciclo quali satiri, sileni, ermafroditi, impiegati in epoca romana come ornamento di giardini e motivo di fontane. Eracle è, infatti, in stretta relazione con Dioniso e, pertanto, rappresentato ubriaco ed uretico come sono spesso raffigurati i satiri ed i sileni (cfr. a questo proposito, REINACH, *Rep. stat.*, II, 65, nn. 3-7; e nelle raffigurazioni su gemme, cfr. G. LIPPOLD, *Gemmen und Kameen des Altertums und der Neuzeit,* Stuttgart 1922, tav. XIII, n. 5). Bisogna, comunque osservare che rispetto ai confronti citati, l'esemplare di Ercolano se ne discosta per l'alto livello artistico, opera certo non di scultori locali ma, forse, greci o almeno di formazione greca che gia dall'età augustea servivano le committenze di nobili patrizi e di ricchi liberti che vivevano lungo tutto il litorale campano (cfr. H. DÖHL, P. ZANKER, in *Pompei 79,* p. 205 ss.). Il proprietario della casa dei Cervi, indubbiamente un personaggio ricco e colto, ordinò una serie omogenea di sculture di alto livello per abbellire il proprio giardino tenendo presente come modello i lussuosi programmi decorativi delle grandi ville (cfr. S. DE CARO, *The Sculptures of the villa of Poppaea at Oplontis,* in *Ancient Roman Garden,* II, Washington 1987, pp. 97-133). Questa statua, per il suo forte senso plastico e la sua accentuata tensione muscolare, rientra in quelle opere d'arte del tardo-ellenismo, alle quali si rivolgeva la sensibilità della committenza borghese e dei copisti della seconda metà del I secolo d.C.

Bibl.: A. MAIURI, *Ercolano. I Nuovi Scavi,* I, Roma 1958, p. 323; V. TRAN TAM TINH, *La casa dei Cervi ad Herculanum,* Roma 1988, con bibl. precedente.

T.B.

125

126. Satiro versante

Inv. 520.
Ercolano, casa dei Cervi.
Alt. con base cm 65; senza base cm 55,5.
Statua: marmo bianco, base: pavonazzetto.
Ricomposta da vari frammenti combacianti, qualche lacuna alla mano destra, all'alluce sinistro e all'imboccatura dell'otre.

Il satiro ha il corpo spostato leggermente indietro verso sinistra, le gambe divaricate e piegate in avanti. Esso è nudo ad eccezione della pelle di pantera (*pardalis*) che è annodata al collo e ricade sulle spalle avvolgendosi sull'avambraccio destro ricoprendo il puntello scolpito a tronco d'albero. I muscoli addominali, la linea inguinale, la tensione dei muscoli delle gambe sono molto ben evidenziati insieme alle ossa delle ginocchia e degli arti. Il braccio sinistro è sollevato per sostenere l'otre che si appoggia alla spalla sinistra. La spalla destra è leggermente abbassata e il busto in leggera torsione per controbilanciare il peso dell'otre. La mano sinistra ne stringe l'imboccatura che presenta un foro da cui sgorgava l'acqua. Il volto esprime una festosa allegria con le labbra atteggiate a sorriso e le gote leggermente rigonfie, il mento sottolineato da una fossetta, gli occhi con i contorni a rilievo al di sotto di ben marcate arcate sopraccigliari. Il naso è corto e camuso, la capigliatura è resa a ciocche che partono dal centro della testa, contornando il volto con dense ciocche e ciuffo irsuto sulla fronte tra le quali si intravedono le orecchie appuntite.
La statua fu scoperta il 21 giugno del 1930 nel giardino della casa dei Cervi assieme a quella dell'Eracle ebbro (Cat. n. 125), dei due gruppi dei cervi assaliti dai cani (Cat. nn. 237-238), di un cratere di marmo e di una trapeza di marmo con i piedi configurati a protomi di grifo, disposti orginariamente ad ornamento delle aiuole. Essa è opera di uno scultore esperto, come dimostra la resa del modellato che esprime appieno, attraverso la notazione della tensione muscolare, tutta la freschezza e la vitalità di un corpo di adolescente. Di eccezionale fattura, essa si inquadra nella tipologia delle statue decorative da giardino utilizzata, in questo caso, come fontana. Del vasto repertorio di statue di satiri, il confronto piú vicino è la statua di bronzo del Satiro con otre proveniente dalla casa del Centenario di Pompei (*Collezioni Napoli* 1989, p. 145, cat. 241), mentre di fattura piú scadente è il satiro proveniente dalla casa dei Vettii di Pompei (B. KAPOSSY, *Brunnenfiguren der hellenistischen und römischen Zeit,* Zürich 1969, p. 104, fig. 17).
Per la resa della capigliatura può trovare confronti con un esemplare proveniente dalle terme di Cirene, inv. 14250 (E. PARIBENI, *Le sculture di Cirene,* Roma 1959, n. 338, tav. 157) con una testa di satiro del Museo Archeologico di Venezia (G. TRAVERSARI, *La statuaria ellenistica del Museo Archeologico di Venezia, Le Collezioni e i Musei Archeologici del Veneto,* Roma 1986, cat. 51, p. 72), e con un satiro conservato nei magazzini archeologici di Pompei, inv. 20391, proveniente dalla casa di M. Lucrezio. Essa probabilmente è copia in marmo di un originale bronzeo del tardo ellenismo, che introduce nella composizione, cosí come per l'Eracle ebbro (Cat. n. 125), il puntello, indispensabile per la statica delle sculture in marmo, e qui rappresentato in forma di tronco d'albero. Rispetto ai confronti citati la nostra statua è piú vicina al modello e da ricollegare, in ambito pompeiano, alle statue ellenistiche di grande qualità destinate alle case piú ricche (cfr. H. DÖHL, P. ZANKER, in *Pompei 79,* pp. 201-208). In genere, infatti, la produzione delle statue decorative è piú standardizzata e scadente, soprattutto a Pompei, mentre ad Ercolano il livello medio è già piú alto.
L'utilizzo dei satiri come fontane si spiega nell'intima relazione tra questi e l'acqua di fonti e sorgenti cosí come gli altri personaggi del ciclo dionisiaco (cfr. W. DEONNA, in *Genava*, 6, 1958, pp. 239-296). A questo si aggiunge la predilezione per le fontane e i giochi d'acqua che si ebbe soprattutto nell'ultimo periodo della città e che ritroviamo nel progetto decorativo del giardino della casa dei Cervi. L'abbandono della fredda classicità e la presenza di un morbido colorismo fanno propendere per una datazione alla seconda metà del I secolo d.C.

Bibl.: A. MAIURI, *Ercolano. I Nuovi Scavi,* I, Roma 1958, p. 323; V. TRAN TAM TINH, *La casa dei Cervi ad Herculanum,* Roma 1988, con bibl. precedente.

T.B.

126

Brunnenfiguren dienten. Hercules steht tatsächlich in direkter Verbindung mit Dionysos und ist daher - wie oft auch die Satyrn und Silene - betrunken und urinierend dargestellt (vgl. REINACH, *Rep. stat.*, II, 65, Nr. 3-7; zu Gemmendarstellungen G. LIPPOLD, *Gemmen und Kameen des Altertums und der Neuzeit*, Stuttgart 1922, Taf. XIII, Nr. 5). Es bleibt festzustellen, daß sich die Figur aus Herkulaneum gegenüber den erwähnten Beispielen durch ihre hohe künstlerische Qualität auszeichnet. Sie ist sicher nicht das Werk lokaler, sondern griechischer oder zumindest griechisch ausgebildeter Künstler, die schon in augusteischer Zeit Auftraggeber aus dem vornehmen Patriziat oder reiche Freigelassene an der kampanischen Küsten belieferten (vgl. H. DÖHL, P. ZANKER, in: *Pompei 79*, 205 ff.). Der zweifellos reiche und kultivierte Besitzer des Hauses der Hirsche gab eine Reihe hochwertiger ähnlicher Figuren in Auftrag, um seinen Garten nach dem Vorbild luxuriöser Dekorationsprogramme der großen Villen zu verschönern (vgl. S. DE CARO, *The Sculptures of the villa of Poppaea at Oplontis*, in: *Ancient Roman Gardens*, II, Washington 1987, 97-133). Aufgrund der starken Plastizität und der betonten Muskelspannung gehört diese Statue zu jenen späthellenistischen Werken, die den Geschmack der bürgerlichen Auftraggeber und der Kopisten der 2. Hälfte des 1. Jhs. n.Chr. ansprachen.

Bibl.: A. MAIURI, *Ercolano. I Nuovi Scavi*, I, Rom 1958, 323; V. TRAN TAM TINH, *La casa dei Cervi ad Herculanum*, Rom 1988 (mit Bibl.).

T.B.

126. Wein ausschenkender Satyr

Inv. 520.
Herkulaneum, Haus der Hirsche.
Höhe mit Sockel 65 cm, ohne Sockel 55,5 cm.
Statue: weißer Marmor, Sockel: Pavonazzetto.
Aus passenden Fragmenten zusammengesetzt; einige Fehlstellen an der rechten Hand, der linken großen Zehe und der Schlauchöffnung.

Der nackte, nach links hinten geneigte Körper ruht auf gespreizten, nach vorne geneigten Beinen. Der Satyr ist lediglich mit einem um den Hals geknoteten Leopardenfell (*pardalis*) bekleidet, das über die Schultern und den rechten Unterarm fällt, so daß es die Stütze in Form eines Baumstumpfes verdeckt. Die Bauch- und Beinpartien, die Leistenlinie und die Spannung der Beinmuskulatur sind gut herausgearbeitet, die Anspannung des Körpers verdeutlichen die betonten Muskeln. Der linke erhobene Arm hält den auf der Schulter aufliegenden Schlauch. Die linke Hand umfaßt den Wasserauslaß. Die rechte Schulter ist leicht gesenkt und der Oberkörper etwas gedreht, um das Gewicht des Schlauches auszugleichen. Das Gesicht mit dem Ausdruck heiterer Fröhlichkeit weist einen lächelnden Mund, leicht aufgeblasene Backen und ein Kinn mit Grübchen auf. Die Augen mit reliefiertem Rand liegen unter markanten Augenbrauen. Die Nase ist kurz und stumpf. Vom Hinterkopf aus umgeben dichte Locken das Gesicht; ein widerspenstiger Schopf über der Stirn gibt die spitzen Ohren frei.
Die Statue wurde zusammen mit dem trunkenen Hercules (Kat. Nr. 125), den beiden Tierkampfgruppen (Kat. Nr. 237. 238), einem Marmorkrater und einem -tisch am 21. Juni 1930 im Garten des Hauses der Hirsche entdeckt. Die Modellierung, die durch die Beobachtung der Muskelspannung die ganze Frische und Lebenskraft eines Jünglingskörpers wiedergibt, macht die Figur zum Werk eines erfahrenen Bildhauers. Mit ihrer außergewöhnlichen Machart reiht sie sich typologisch in die dekorativen Gartenfiguren ein und diente hier als Brunnen. Aus dem großen Repertoire der Satyrnstatuen bietet ein Bronzeexemplar mit Schlauch aus dem Haus der Hundertjahrfeier in Pompeji den besten Vergleich (*Collezioni Napoli*, 1989, 145, Kat. 241). Von schlechterer Machart ist dagegen ein Satyr aus dem Vettier-Haus in Pompeji (B. KAPOSSY, *Brunnenfiguren der hellenistischen und römischen Zeit*, Zürich 1969, 104, Abb. 17). Zur Frisur finden sich Vergleiche in einem Stück aus den Thermen von Kyrene (Inv. 14250; E. PARIBENI, *Le sculture di Cirene*, Rom 1959, Nr. 338, Taf. 157), in einem Satyrkopf des Archäologischen Museums Venedig (G. TRAVERSARI, *La statuaria ellenistica del Museo Archeologico di Venezia, Le Collezioni e i Musei Archeologici del Veneto*, Rom 1986, Kat. 51, 72) und in einem Satyrn aus dem Haus des M. Lucretius (Archäologisches Magazin Pompeji, Inv. 20391). Diese Statue ist wahrscheinlich eine Marmorkopie eines späthellenistischen Bronzeoriginals. Sie hat wie auch der trunkene Hercules (Kat. Nr. 125) die für Marmorstatuen unerläßliche Stütze, hier in Form eines Baumstumpfes. Gegenüber den Vergleichsstücken steht unser Stück dem Original am nächsten. Es stellt eine Verbindung zwischen dem Original und den anderen pompejanischen Arbeiten her. Derartig qualitätvolle Statuen finden sich nur in den Häusern der Reichen (vgl. H. DÖHL, P. ZANKER, in: *Pompei 79*, 201-208). Im allgemeinen war die Herstellung von dekorativen Statuen besonders in Pompeji standardisierter und mittelmäßiger, während das künstlerische Niveau in Herkulaneum höher lag.
Die Verwendung von Satyrn als Brunnenfiguren spiegelt deren enge Verbindung wie auch die anderer dionysischer Figuren zu Quellwasser wieder (vgl. W. DEONNA, in: *Genava*, 6, 1958, 239-296). Hinzu kommt die Vorliebe für Brunnen und Wasserspiele, wie man sie vor allem in der Endphase der Stadt und in der Gartendekoration des Hauses der Hirsche findet. Die Überwindung des Klassizismus augusteischer Zeit zugunsten von weicheren Formen legen eine Datierung in die zweite Hälfte des 1. Jhs. n.Chr. nahe.

Bibl.: A. MAIURI, *Ercolano. I Nuovi Scavi*, I, Rom 1958, 323; V. TRAN TAM TINH, *La casa dei Cervi ad Herculanum*, Rom 1988 (mit Bibl.).

T.B.

127

127. Coppetta con olive

Inv. 18094 A-B.
Pompei, provenienza non precisabile.
Contenitore: piatto in terra sigillata italica.
Alt. cm 4,6; Ø cm 17,7.

Nella coppetta sono conservate olive probabile residuo di un pasto: alcune infatti hanno la polpa attaccata al nocciolo, altre sono già spolpate. Sono olive conservate per essere consumate durante l'anno. Tra i sistemi di conservazione, due assumono un particolare valore, perché giunti immutati fino a noi. Il primo, con il quale le olive venivano semplicemente seccate, è antichissimo e comune a tutte le culture mediterranee (VARR., *De re rust.,* I, 1; COL., *De re rust.,* XII, 50). L'altro conservava le olive, schiacciate o spaccate con una lama tagliente, in vasi di terracotta, alternate con semi di finocchietto (COL., *De re rust.,* XII, 49). È questa una pratica ancora oggi in uso nelle campagne dell'agro vesuviano. All'antica ricetta si è aggiunto oggi il solo peperoncino forte, introdotto in Europa con la scoperta dell'America.

Bibl.: Inedito. Cfr. E. SALZA PRINA RICOTTI, *L'arte del convito nella Roma antica,* Roma 1983, pp. 284-286.

A.C.

128. Coppetta con prugne

Inv. 18083 A-B.
Pompei, provenienza non precisabile.
Contenitore: piatto in terra sigillata italica.
Alt. cm 4,6; Ø cm 17,3.

128

Nella coppetta sono conservate prugne. Nelle raffigurazioni pittoriche e musive di Pompei compaiono due varietà di susine, l'una sferica di colore bianco verdastro assimilabile all'odierna Regina Claudia; l'altra amigdaliforme di colore violetto piú o meno scuro assimilabile alla Mirabella. Le prugne venivano consumate fresche o fatte asciugare per un giorno all'ombra e poi conservate in vasi, coperte di aceto misto a vin cotto (COL., *De re rust.,* XII, 10).

Bibl.: Inedito. Cfr. D. CASELLA, in *Pompeiana* 1950, pp. 355-386.

A.C.

129. Coppetta con orzo

Inv. 18091 A-B.
Pompei, provenienza non precisabile.
Contenitore: coppetta in terra sigillata italica.
Alt. cm 4,8; Ø cm 11.

Subito dopo il frumento era l'orzo la coltura cerealicola piú diffusa. Era utilizzato per focacce, gallette, zuppe e minestre.

Bibl.: Inedito.

A.C.

129

130. Coppa con fichi

Inv. 18092 A-B.
Pompei, provenienza non precisabile.
Contenitore: piatto in terra sigillata orientale.
Alt. cm 4,3; Ø cm 15.

130

Insieme al miele i fichi costituivano un importante dolcificante: essi venivano inoltre consumati freschi e secchi. Spaccati a metà, venivano uniti a due a due facendo aderire le superfici di taglio. Erano quindi fatti seccare al sole su graticci di canne, secondo una tecnica ancora oggi in uso nel Cilento.

Bibl.: Inedito.

A.C.

131. Stampo da pasticceria

Inv. 14007.
Pompei, VII, 16 (Ins. Occid.), 19, casa di Fabio Rufo.
Alt. cm 6,5; Ø max. cm 19,2.
Bronzo.

Stampo da pasticceria a forma di valva di conchiglia. Posteriormente la valva presenta una testina saldata, dalle caratteristiche sembianze dei sacerdoti di Iside: grosso naso aquilino, grandi orecchie a sventola, capo rasato con alla sommità una sola banda di capelli raccolti a coda e terminanti, sulla nuca, ad anello, in quest'ultimo scorre un gancio circolare, mobile.
Il recipiente appartiene ad una categoria di stampi molto diffusa e presente, con repliche di diverse forme e dimensioni, nei contesti vesuviani (*Il bronzo* 1990, p. 278, n. 90, fig. 201). Databile al I secolo d.C.
La fine fattura della testina decorativa invita a considerarlo piuttosto un oggetto da mensa che da cucina (S. TASSINARI, in *Pompei 79,* p. 231, fig. 147).

Bibl.: Inedito.

A.M.S.

132. Vassoio con anse mobili

Inv. 10063.
Pompei, II, 3.
Alt. cm 7,5; lungh. cm 35,5.
Bronzo.

Vassoio con labbro estroflesso sottolineato da una strozzatura con quattro linee incise, anteriormente orlo lievemente ingrossato. Fondo piano, piede ad anello decorato all'interno da tre cerchi concentrici rilevati (cfr. Cat. nn. 6-7). Anse a maniglia mobile scanalata, modellate superiormente a ferro di cavallo e terminanti posteriormente con attacco unico. Quest'ultimo è decorato, ai lati, da due busti di animali fantastici con teste di uccelli e zampe feline terminanti con due collarini uniti da una foglia d'acanto stilizzata con nervature rilevate, che nasconde i fori per l'inserimento dell'ansa. Gli attacchi laterali terminano con una protome di anitra chiusa da un collarino scanalato con bordi lisci e file di perline centrali.
Il vassoio, chiamato per il passato anche «fruttiera», ricorda, per il bacino a forma di valva di conchiglia ellittica e per i manici mobili, un paniere di vimini o un cesto per i frutti di mare, infatti esso sembrerebbe la replica in bronzo di un paniere da pescatore.
Per la sua frequenza nell'ambito dei contesti vesuviani è databile al I secolo d.C. (cfr. *Il bronzo* 1990, p. 280, n. 103, fig. 209).

Bibl.: Inedito.

A.M.S.

133. Vassoio a forma di conchiglia (askos)

Inv. 14114.
Pompei, VII, 16 (Ins. Occid.), 19, casa di Fabio Rufo.
Alt. cm 9,7; lungh. cm 22,4; largh. cm 14,4.
Bronzo.

127. Kleine Schale mit Oliven

Inv. 18094 A-B.
Pompeji, genauer Fundort unbekannt.
Gefäß: italische Terra sigillata.
Höhe 4,6 cm; Durchm. 17,7 cm.

Die in der Schale erhaltenen Oliven sind wahrscheinlich der Rest einer Mahlzeit, denn von einigen ist nur noch der Kern übrig. Die Oliven waren zum Gebrauch über das Jahr aufbewahrt worden. Unter den Konservierungsmethoden kommt zweien eine besondere Bedeutung zu, da sie bis heute unverändert sind. Die erste, bei der die Oliven einfach getrocknet werden, ist sehr alt und in allen mediterranen Kulturen bekannt (VARR., *De re rust.*, L, 1; COL., *De re rust.*, XII, 50). Bei der anderen werden die Oliven mit einer Klinge zerrieben oder zerhackt und zusammen mit Fenchelsamen (COL., *De re rust.*, XII, 49) konserviert. In der Gegend um den Vesuv wird diese Methode noch heute praktiziert. Die einzige Ergänzung zum antiken Rezept ist heute der scharfe Pfeffer, der mit der Entdeckung Amerikas in Europa eingeführt wurde.

Bibl.: Unveröffentlicht. Vgl. E. SALZA PRINA RICOTTI, *L'arte del convito nella Roma antica*, Rom 1983, 284-286.

A.C.

131

128. Kleine Schale mit Pflaumen

Inv. 18083 A-B.
Pompeji, genauer Fundort unbekannt.
Gefäß: italische Terra sigillata.
Höhe 4,6 cm; Durchm. 17,3 cm.

In dieser Schale blieben Pflaumen erhalten. In Malereien und Mosaiken aus Pompeji erscheinen zwei Arten von Pflaumen, die eine ist rund, grünlich weiß und der heutigen Regina Claudia vergleichbar; die andere mandelförmig, von mehr oder weniger dunklem Violett und der Mirabelle ähnlich. Sie wurden frisch gegessen oder einen Tag im Schatten getrocknet und dann in geschlossenen Krügen mit einem Gemisch aus Essig und gekochtem Wein konserviert (COL., *De re rust.*, XII, 10).

Bibl.: Unveröffentlicht. Vgl. D. CASELLA, in: *Pompeiana* 1950, 355-386.

A.C.

132

129. Kleine Schale mit Gerste

Inv. 18091 A-B.
Pompeji, genauer Fundort unbekannt.
Gefäß: italische Terra sigillata.
Höhe 4,8 cm; Durchm. 11 cm.

Gleich nach dem Weizen war die Gerste die verbreitetste Getreidekultur. Sie wurde für Fladen, Zwieback und Suppen verwendet.

Bibl.: Unveröffentlicht.

A.C.

130. Schale mit Feigen

Inv. 18092 A-B.
Pompeji, genauer Fundort unbekannt.
Gefäß: Terra sigillata aus östlicher Produktion.
Höhe 4,3 cm; Durchm. 15 cm.

Zusammen mit Honig bildeten die Feigen einen wichtigen Süßstoff; sie wurden frisch und getrocknet kon-

133

Corpo a conchiglia con labbro estroflesso ed orlo arrotondato. Ansa a struttura vegetale: due verghe desinenti anteriormente in due foglie di acanto poggiano sulla strozzatura del labbro e, unendosi al centro, terminano posteriormente con una foglia di vite rovescia, un viticcio e tre globetti che divergono all'attacco posteriore e terminano con due foglie stilizzate, con nervatura centrale incisa. Tra le due foglie è applicata una mascherina maschile con capelli divisi in due bande ricadenti ai lati del volto e cercine sul capo. Sulla sommità dell'ansa, poggiadito a forma di pappagallo con il capo piegato verso il basso e lunga coda aderente all'ansa, piumaggio inciso sulle ali e sulla coda, intorno alle zampe bacche rilevate.
Il recipiente risale al I secolo d.C.; un vassoio molto simile è al Museo Nazionale di Napoli (*Il bronzo* 1990, p. 280, n. 102, fig. 208).

Bibl.: Inedito.

A.M.S.

134. Colatoio

Inv. 18715.
Provenienza non precisabile.
Alt. cm 7,6; lungh. cm 31,5; Ø cm 13.
Bronzo.

Corpo a calotta emisferica, labbro lievemente espanso, orlo arrotondato; il fondo è decorato da forellini disposti a spirale a greche ed a festone. Manico a forma di remo con linea incisa sui bordi e parte terminale arrotondata con forellino centrale. Il forellino era con ogni probabilità destinato al passaggio di una cordicella per appendere l'oggetto.
Il colatoio presenta una forma nota (H.J. EGGERS *Der römische Import im freien Germanien,* Glückstadt 1951, 159), caratterizzata dalla forma del manico decorato con due volute, databile alla prima metà del I secolo d.C. (A. CARANDINI, in *L'instrumentum domesticum* 1977, p. 167, tav. LXXXVI, 48).

Bibl.: Inedito.

A.M.S.

134

135. Tegame

Inv. 16615.
Boscoreale, Villa della Pisanella.
Alt. all'orlo cm 6,7; Ø max. cm 24,7.
Bronzo.

Tegame a fondo piano e bassa parete verticale, con breve orlo obliquo e leggermente rientrante all'estremità. Anse a nastro, oblique, fissate all'orlo mediante perni a testa piatta. Databile al I secolo d.C. Questo tipo di recipiente era usato esclusivamente in cucina per la cottura di cibi.

Bibl.: AA.VV., *Il tesoro di Boscoreale,* Milano 1988, p. 70, n. 81.

L.F.

136. Padella

Inv. 18686.
Provenienza non precisabile.
Alt. cm 4; lungh. cm 51; Ø cm 30,4.
Bronzo.

Fondo piatto, bordo obliquo con orlo estroflesso che in un punto forma un beccuccio. Manico orizzontale, piano, restringentesi verso l'estremità di forma circolare con un foro per appendere l'oggetto. Appartiene alla categoria dei recipienti da cucina, com'è deducibile dalla mancanza di decorazioni e dalle tracce di bruciato sul fondo. Indispensabile nel corredo delle

136

137

135

141

sumiert. Nach einer noch heute im Cilento angewandten Methode wurden sie halbiert je zwei und zwei mit aneinandergesetzten Schnittflächen zusammengefügt und dann auf einem Rohrgitter in der Sonne getrocknet.

Bibl.: Unveröffentlicht.

A.C.

131. Servierschale

Inv. 14007.
Pompeji, VII, 16 (Ins. Occid.), 19, Haus des Fabius Rufus.
Höhe 6,5 cm; max. Durchm. 19,2 cm.
Bronze.

Schale in Form einer Muschel. Hinten ist ein Köpfchen angeschweißt, das Ähnlichkeiten mit Isis-Priestern aufweist: kräftige Adlernase und große, abstehende Ohren. Auf dem rasierten Schädel ist nur eine zu einem Schwanz zusammengefaßte Haarsträhne, die im Nacken in einem Ring endet. Darin hängt ein runder, beweglicher Ring.
Das Stück gehört zu einem sehr weit verbreiteten Typ, der im Vesuvgebiet in verschiedenen Größen und Formen bekannt ist (*Il bronzo* 1990, 278, Nr. 90, Abb. 201). 1. Jh. n.Chr.
Aufgrund der dekorativen Feinheit des Köpfchens möchte man es eher als Tafel- denn als Küchengerät ansehen (S. TASSINARI, in: *Pompei 79*, 231, Abb. 147).

Bibl.: Unveröffentlicht.

A.M.S.

132. Servierschale mit beweglichen Henkeln

Inv. 10063.
Pompeji, II, 3.
Höhe 7,5 cm; Länge 35,5 cm.
Bronze.

Servierschale, deren ausgestülpter Rand durch eine Einziehung und vier Ritzlinien betont wird; vorderer Rand leicht verstärkt, Boden flach, Fuß ringförmig und unten mit konzentrisch reliefierten Kreisen (vgl. Kat. Nr. 6-7). Gerippte, bewegliche Henkel, die nach oben hufeisenförmig ausschwingen und hinten an einen gemeinsamen Punkt zusammengeführt sind. Diesen dekorieren seitlich zwei phantastische Tierbüsten mit Vogelköpfen und Raubtierpfoten. An ihren kragenförmigen Enden verbindet sie ein stilisiertes, geripptes Akanthusblatt, das die Einsatzlöcher des Griffes verbirgt. Die seitlichen Ansatzstellen der Henkel bilden einen Entenkopf mit einem gerippten Halsstück, zwischen dessen glatten Kanten eine Perlchenreihe verläuft.
Die elliptische Muschelform und die beweglichen Griffe des auch als «Obstschale» identifizierten Stückes erinnern an einen Weidenrutenkorb oder einen Korb für Meeresfrüchte. Tatsächlich scheint es eine bronzene Replik eines Fischerkorbes zu sein.
Aufgrund ihrer Häufigkeit im Vesuvgebiet datiert die Schale ins 1. Jh. n.Chr. (vgl. *Il bronzo* 1990, 280, Nr. 103, Abb. 209).

Bibl.: Unveröffentlicht.

A.M.S.

133. Muschelförmige Servierschüssel (askos)

Inv. 14114.
Pompeji, VII, 16 (Ins. Occid.), 19, Haus des Fabius Rufus.
Höhe 9,7 cm; Länge 22,4 cm; Breite 14,4 cm.
Bronze.

Muschelförmiges Gefäß mit ausgestülpter Lippe und abgerundetem Rand. Der Griff besteht aus zwei Stengeln mit Akanthusblättern. Ihr Ansatz am Gefäßkörper wird von einem aufrechten Blatt einer Weinrebe und einer Ranke mit drei Kügelchen verdeckt; zwei

138

139

140

pentole, se ne trovano diverse repliche sia in bronzo che in terracotta (M. ANNECCHINO, in *L'instrumentum domesticum* 1977, p. 109, tav. LI, 6). È databile al I secolo d.C.

Bibl.: Inedito.

A.M.S.

137. Ramaiolo (simpulum)

Inv. 18719.
Provenienza non precisabile.
Alt. cm 4,8; lungh. cm 30,4; Ø cm 10,3.
Bronzo.

Corpo a calotta emisferica, manico orizzontale con attacco svasato, bordi decorati con lievi linee incise, parte terminale a forma semicircolare con ampio foro centrale per appendere l'oggetto. Il corpo è ornato sul fondo da un motivo vegetale inciso: una corolla, formata da foglie di acanto e foglie di loto, con pronunciate nervature, inframmezzate da puntini, linea punteggiata e fascia a spina di pesce, linea superiore con puntini di maggiori dimensioni.
Il ramaiolo (*simpulum*), fuso d'un sol blocco, probabilmente è attribuibile ad una fabbrica locale.
La frequenza dei ritrovamenti di utensili simili ne fanno un oggetto d'uso comune tra la suppellettile del I secolo d.C. (A. CARANDINI, in *L'instrumentum domesticum* 1977, p. 167, tav. LXXXVII, n. 56).

Bibl.: Inedito.

A.M.S.

138. Secchia (situla)

Inv. 2478.
Pompei, V, 3, 7.
Alt. all'orlo cm 24,7; Ø max. corpo cm 24,6.
Bronzo.

Recipiente a fondo piano, segnato all'esterno da linee incise concentriche, poggiante su pieducci in piombo di forma rettangolare. Il corpo è rastremato verso l'alto, la spalla arrotondata, il collo cilindrico, nettamente distinto. L'orlo è leggermente svasato e segnato, all'interno e all'esterno, da linee incise. Il manico semicircolare, a sezione poligonale, desinente alle estremità in protomi di cigno e decorato da due fascette tortili affiancate da perline, è sormontato da un piccolo anello per la sospensione ed è agganciato al collo del vaso mediante tondini ripiegati a occhiello e saldati. Databile al I secolo d.C.

Bibl.: Inedito.

L.F.

139. Caldaia (ahenum)

Inv. 18670.
Pompei, provenienza non precisabile.
Alt. cm 33; Ø corpo cm 28,2.
Bronzo.

Recipiente a fondo arrotondato, con corpo rastremato verso l'alto, spalla orizzontale nettamente distinta, collo cilindrico con linee incise. Anche il corpo è attraversato superiormente da linee parallele incise. Le anse sono costituite da due anelli mobili, a sezione poligonale, inseriti in un doppio occhiello, anche a sezione poligonale, saldato su un elemento sfaccettato, desinente alle estremità in globetti, saldato a sua volta sulla spalla. Il coperchio, mobile, di forma cilindrica, si innesta sul collo del vaso: la superficie superiore, depressa, è segnata da linee incise; la presa è costituita da due delfini contrapposti, uniti per la coda. Databile al I secolo d.C.
Questo tipo di vaso era usato in cucina per la bollitura: esso veniva poggiato su un treppiede, posto a sua volta sul fuoco.

Bibl.: Inedito.

L.F.

140. Olla

Inv. 14069.
Pompei, VII, 16 (Ins. Occid.), 19, casa di Fabio Rufo.
Alt. cm 31,3; Ø corpo cm 32,3.
Bronzo.

Olla a fondo piano, con grande corpo globulare e orlo svasato, prima obliquo, poi, dopo un'accentuata carenatura, verticale, terminante all'estremità con una tesa orizzontale. La parte superiore del corpo è segnata da linee incise parallele. Databile al I secolo d.C.

Bibl.: Inedito.

L.F.

141. Caldaia (ahenum)

Inv. 7538.
Pompei, I, 8, 14.
Alt. all'orlo cm 15,1; Ø corpo cm 30,7.
Bronzo.

Recipiente a corpo emisferico, con fondo indistinto, spalla orizzontale leggermente arrotondata, orlo svasato, prima obliquo, poi verticale. Il manico mobile semicircolare, terminante alle due estremità con teste di cigno stilizzate, è agganciato mediante elementi a sezione poligonale, ripiegati a occhiello e desinenti in teste di serpente stilizzate saldate all'orlo del vaso mediante piccole *bullae*. Il coperchio, asportabile, è costituito da una lamina circolare, lievemente rialzata verso il centro, segnata da solcature e incisioni concentriche: nel foro centrale è inserito un gancio per sospensione, costituito da un sottile tondino ripiegato al di sotto del coperchio e al di sopra chiuso con un occhiello di presa. Databile al I secolo d.C.
Presumibilmente questo tipo di recipiente, usato per la cottura di cibi o in genere per la bollitura, veniva

stilisierte Blätter mit gravierter Mittelrippe bilden den Abschluß. Zwischen den beiden Blättern ist eine männliche Maske mit gescheiteltem, beidseits herabfallendem Haar und einem Kissen auf dem Kopf eingesetzt. Auf der höchsten Stelle des Henkels sitzt ein Papagei mit gesenktem Kopf und langem, an den Henkel angelegtem Schwanz. Auf Flügeln und Schwanz ist das Gefieder eingeritzt; um die Füße herum befinden sich Beeren.
1. Jh. n.Chr. Sehr ähnliches Exemplar im Nationalmuseum Neapel (*Il bronzo* 1990, 280, Nr. 102, Abb. 208).

Bibl.: Unveröffentlicht.

A.M.S.

134. Sieb

Inv. 18715.
Genauer Fundort unbekannt.
Höhe 7,6 cm; Länge 31,5 cm; Durchm. 13 cm.
Bronze.

Halbkugeliger Körper mit leicht ausladender Kante und abgerundetem Rand. Die kleinen Löcher im Boden bilden ein Spiralen-, Mäander- und Girlandenmuster. Ruderförmiger Griff mit gravierter Randlinie und abgerundetem Ende mit mittlerem Loch, das wohl der Aufhängung an einer Schnur diente.
Die bekannte Form (H.J. EGGERS, *Der römische Import im freien Germanien*, Glückstadt 1951, 159) datiert aufgrund des mit zwei Voluten geschmückten Griffes in die 1. H. des 1. Jhs. n.Chr. (A. CARANDINI, in: *L'instrumentum domesticum* 1977, 167, Taf. LXXXVI, 48).

Bibl.: Unveröffentlicht.

A.M.S.

135. Kochtopf

Inv. 16615.
Boscoreale, Villa der Pisanella.
Höhe bis Rand 6,7 cm; max. Durchm. 24,7 cm.
Bronze.

Topf mit flachem Boden, hoher, gerader Seitenwand und schräger, außen leicht eingebogener Kante. Die schrägen, flachen Griffe sind mit flachköpfigen Nägeln am Rand befestigt. Ins 1. Jh. n.Chr. datierend, wurde dieser Gefäßtyp ausschließlich in der Küche zur Speisenzubereitung verwendet.

Bibl.: *Il tesoro di Boscoreale*, Mailand 1988, 70, Nr. 81.

L.F.

136. Pfanne

Inv. 18686.
Genauer Fundort unbekannt.
Höhe 4 cm; Länge 51 cm; Durchm. 30,4 cm.
Bronze.

Flacher Boden, schräger Rand mit ausgestülpter Kante mit Ausguß. Flacher, waagerechter Griff mit schmalerem Ende, das abgerundet ist und ein Loch zum Aufhängen hat. Aufgrund der fehlenden Dekoration und der Brandspuren am Boden handelt es sich um ein Küchengerät. Dieses unentbehrliche Kochgeschirr fand sich mehrfach auch in Bronze und Terrakotta (M. ANNECCHINO, in: *L'instrumentum domesticum* 1977, 109, Taf. LI, 6). 1. Jh. n.Chr.

Bibl.: Unveröffentlicht.

A.M.S.

142

137. Schöpfkelle (simpulum)

Inv. 18719.
Genauer Fundort unbekannt.
Höhe 4,8 cm; Länge 30,4 cm; Durchm. 10,3 cm.
Bronze.

Halbkugelförmiger Körper; waagerechter, am Anschluß breiterer Griff mit zarten Gravurlinien an den Rändern und großem Loch zum Aufhängen im gerundeten Ende. Den Boden des Gefäßes ziert ein eingraviertes Pflanzenmotiv, eine Blumenkrone aus Akanthus- und Lotosblättern mit hervorgehobenen Blattrippen. Die Zwischenräume sind gepunktet; es folgen eine gepunktete Linie, ein Fischgrätstreifen sowie eine obere Reihe mit größeren Punkten.
Die Schöpfkelle (*simpulum*) ist in einem Stück gegossen und stammt wahrscheinlich aus einer lokalen Werkstatt.

142

Die Anzahl ähnlicher Fundstücke macht aus diesem Stück ein gängiges Gerät des 1. Jhs. n.Chr. (A. CARANDINI, in: *L'instrumentum domesticum* 1977, 167, Taf. LXXXVII, Nr. 56).

Bibl.: Unveröffentlicht.

A.M.S.

138. Eimer (situla)

Inv. 2478.
Pompeji, V, 3, 7.
Höhe bis Kante 24,7 cm; max. Durchm. 24,6 cm.
Bronze.

Gefäß mit flachem Boden, außen konzentrisch eingravierten Kreisen und rechteckigen Bleifüßchen. Der Körper verjüngt sich nach unten, die Schulter ist abgerundet und der zylindrische Hals fein abgesetzt. Der leicht geweitete Rand zeigt innen wie außen gravierte Linien. Schwanenköpfe bilden den Abschluß des halbkreisförmigen, polygonal geschnittenen Henkels, der mit zwei Spiralbändern zwischen Perlchen geschmückt ist und dem ein kleiner Ring zum Aufhängen aufgesetzt ist. Er ist in ohrenförmig gebogene Ringe, die am Gefäßhals angeschweißt sind, eingehängt.

Bibl.: Unveröffentlicht.

L.F.

139. Kessel (ahenum)

Inv. 18670.
Pompeji, genauer Fundort unbekannt.
Höhe 33 cm; Durchm. 28,2 cm.
Bronze.

Gefäß mit gerundetem Boden, nach oben verjüngtem Körper, waagerecht sauber abgesetzten Schultern und zylindrischem Hals mit parallelen Gravurlinien, die sich auch auf dem oberen Körper finden. Henkel aus zwei beweglichen, polygonal geschnittenen Ringen, deren ebenfalls polygonal geschnittene Ösen an facettierte Elemente angeschweißt sind. Diese haben Kügelchen an ihren Enden und sind ihrerseits auf der Schulter angeschweißt. Die Oberseite des beweglichen, runden Deckels auf dem Gefäßhals ist eingetieft und graviert. Zwei gegenübergestellte, an den Schwänzen verbundene Delphine bilden den Griff. 1. Jh. n.Chr.
Dieser Gefäßtyp wurde auf einem Dreifuß über der Feuerstelle zum Kochen verwendet.

Bibl.: Unveröffentlicht.

L.F.

140. Topf (olla)

Inv. 14069.
Pompeji, VII, 16 (Ins. Occid.), 19, Haus des Fabius Rufus.
Höhe 31,3 cm; Durchm. 32,3 cm.
Bronze.

Topf mit flachem Boden, großem, kugeligem Körper und ausladendem, erst schrägem, dann senkrechtem Rand mit waagerechter Krempe. Im oberen Teil des Gefäßes parallele Gravurlinien. 1. Jh. n.Chr.

Bibl.: Unveröffentlicht.

L.F.

141. Kessel (ahenum)

Inv. 7538.
Pompeji, I, 8, 14.
Höhe bis Rand 15,1 cm; Durchm. 30,7 cm.
Bronze.

Halbkugelförmiges Gefäß ohne Fuß, waagerechter, leicht abgerundeter Schulter und ausladend, erst

sospeso sul fuoco mediante il manico o poggiato su un treppiede.

Bibl.: Inedito.

L.F.

142. Secchia (situla)

Inv. 18679 (già inventariata sotto il n. 753).
Pompei, provenienza non precisabile.
Alt. all'orlo cm 20,6; Ø corpo cm 26,8.
Bronzo.

Recipiente a fondo arrotondato, con corpo globulare e collo cilindrico rientrante, segnato alla base da una linea incisa. Il manico semicircolare, mobile, a sezione poligonale, è decorato alle estremità con teste di cigno e presenta, alla sommità, un anello per sospensione, affiancato da coppie di volute. Al di sotto di ciascuno dei due anelli ai quali è agganciato il manico vi sono maschere sileniche a rilievo con lunga barba e fluenti chiome ondulate. Databile al I secolo d.C.

Bibl.: Inedito.

L.F.

143

143. Puteale

Inv. 44908.
Pompei, I, 13, 8, amb. 2.
Alt. cm 65; Ø sup. cm 45; Ø inf. cm 53.
Argilla rossiccia con molti inclusi vulcanici.
In parte lacunoso.

Puteale fittile leggermente troncoconico a forma di *tholos* tetrastila. Sulla base di tipo attico, con scozia tra due tori, si ergono quattro agili colonne con base indefinibile, fusto profondamente scanalato, capitello figurato di tipo corinzio con protome femminile tra volute. L'epistilio è di tipo dorico con triglifi, non corrispondenti alle colonne, e tre *imagines clipeatae* nello spazio metopale. Di queste, purtroppo ne rimangono solo due, e comunque di difficile identificazione, mentre delle altre resta l'impronta. Nei quattro intercolumni si ripete sempre la stessa scena: al centro giganteggia una figura femminile coperta da pesante chitone; avanza verso sinistra in atto di danza con il piede sinistro alzato; anche il braccio sinistro è alzato e sembra agitare con la mano un oggetto non identificabile, mentre il braccio destro è steso lungo il fianco e con la mano regge un elemento circolare che sembra essere uno scudo. La danzatrice è preceduta e seguita da due satiri che suonano il doppio flauto, coperti solo da una leggera stola svolazzante alle spalle. In alto, sempre ai lati della figura centrale, come in secondo piano, si dispongono due figure femminili sedute, coperte solo nella parte inferiore del corpo e girate di 3/4 a sinistra con il braccio sinistro staccato dal corpo e con un *kantharos* nella mano.
La scena probabilmente rappresenta un simposio dionisiaco anche se l'insieme non è completamente coerente. Tutto l'oggetto presenta tracce di scialbatura.
I capitelli, le figure, le *imagines clipeatae* e gli oggetti sporgenti sono lavorati a parte e poi applicati prima della cottura. I diversi personaggi della scena dionisiaca sono rispettivamente realizzati con un'unica matrice. Questo puteale era stato volutamente obliterato prima dell'eruzione del 79 d.C. a causa dell'innalzamento della quota del piano di calpestìo antico, ed in effetti rappresentava la continuazione della canna della cisterna in quanto era stato quasi completamente inglobato nella pavimentazione. È probabilmente uno di quei prodotti artigianali che, a imitazione di composizioni su materiali piú nobili, erano molto in voga nella prima metà del I secolo d.C. e molto probabilmente erano prodotti nella stessa area pompeiana.

Bibl.: Inedito; il complesso dei materiali della casa è attualmente in corso di studio da parte di chi scrive e di A. DE SIMONE. Cfr. C. DAREMBERG, E. SAGLIO, *Dictionnaire des antiquités grecques et romains*, Paris 1877-1919, s.v. *Puteal.* Per i puteali fittili a Pompei: H. VON ROHDEN, *Die Terracotten von Pompeji*, Stuttgart 1880, pp. 40-41, tav. 27. Sui puteali in genere a Pompei: V. SPINAZZOLA, *Le arti decorative a Pompei*, Milano 1928, tavv. 45-46; E. PERNICE, *Hellenistische Tische*, Berlin 1932, pp. 12-37, tavv. 7-23.

S.C.N.

144

144. Scaldabevande («samovar»)

Inv. 8613.
Pompei, I, 9, 5, casa dei Cubicoli floreali.
Alt. cm 30; Ø cm 16,5.
Bronzo.

Recipiente a forma di tronco di cono rovescio. Labbro ingrossato, orlo verticale a cui è saldata una cerniera, desinente con foglia cuoriforme, che rende mobile un coperchio composto, con ampio foro centrale. Un piccolo rubinetto con leva antropomorfa e bocchetta di erogazione a protome leonina è applicato sulla parete mediana. Il recipiente poggia su un tripode formato da zampe leonine, con tasselli cilindrici di supporto, terminanti superiormente con anatre ad ali spiegate. Sotto l'orlo tre testine femminili presentano sulla sommità del capo un gancio da cui partono tre catenine snodate, congiunte superiormente da un anello funzionale alla sospensione. Al suo interno il recipiente contiene una sorta di sifone, a forma di imbuto rovescio, saldato al fondo, in corrispondenza di una serie di fori e combaciante, superiormente, con l'apertura del coperchio.
L'oggetto, di fattura elevata, può essere avvicinato al cosiddetto «samovar» del Museo Nazionale di Napoli (*Il bronzo* 1990, p. 278, n. 94, fig. 207; cfr. anche *ibid.*, p. 279, n. 98, fig. 218) per il congegno interno che consentiva il riscaldamento del liquido, versato attraverso un piccolo imbuto che era poggiato sulla spalla del coperchio, collocando del carbone rovente all'interno del sifone.
Le tracce di carbone trovate all'interno dello scaldabevande lasciano supporre che esso fosse in uso al momento dell'eruzione. Databile al I secolo d.C.

Bibl.: Inedito.

A.M.S.

145. Attingitoio (simpulum)

Inv. P 6120.
Pompei, piazzale antistante l'Anfiteatro.
Alt. max. cm 20,7; alt. vasca cm 4,4; Ø vasca cm 6; peso gr 75,1.
Argento. Ansa fusa.
Vasca lacunosa, integrata con stucco; manico fratturato all'estremità.

Vasca emisferica, con labbro verticale indistinto dal quale si diparte un lungo manico verticale, a nastro liscio, incurvato all'estremità, forse desinente con una testa di uccello; alla base del settore ricurvo sono due sporgenze simmetriche, arrotondate.
Per un mestolo di forma uguale, di età tardo repubblicana, cfr. A. OLIVER Jr., *Silver for the Gods. The Toledo Museum of Art,* Toledo-Ohio 1977, 100, n. 58, fig. 58.
I rinvenimenti di argenterie nelle città vesuviane sono di eccezionale importanza anche sotto l'aspetto «antiquario», in quanto sono gli unici ad averci conservato servizi da tavola realmente in uso, documentandone, quindi, la composizione. Tali oggetti sono genericamente databili al I secolo a.C.-I secolo d.C., tra Silla ed i Flavi, uno dei periodi di maggiore splendore nella produzione delle argenterie romane. Una datazione piú precisa è molto difficile, per essere la produzione accomunata in un costante richiamo a quella ellenistica.

Bibl.: Inedito.

A.D.A.

schrägem, dann senkrechtem Rand. Der bewegliche, halbrunde Henkel mit stilisierten Schwanenköpfen an den Enden ist in polygonale, ohrenförmig gebogene Ringe eingehängt, die in stilisierten Schlangenköpfen enden und mit kleinen *bullae* am Gefäßhals angeschweißt sind. Der abnehmbare Deckel steigt zur Mitte hin leicht an und weist Rillen und konzentrische Gravuren auf. Im mittleren Loch ist ein Haken zum Aufhängen eingelassen. 1. Jh. n.Chr.
Diesen Gefäßtyp, der für die Speisezubereitung oder allgemeiner zum Kochen verwendet wurde, hängte man wohl mittels seines Henkels über dem Feuer auf oder stellte ihn auf einen Dreifuß.

Bibl.: Unveröffentlicht.

L.F.

142. Eimer (situla)

Inv. 18679 (vorher unter Nr. 753 inventarisiert).
Pompeji, genauer Fundort unbekannt.
Höhe bis Kante 20,6 cm; Durchm. 26,8 cm.
Bronze.

Gefäß mit gerundetem Boden, kugeligem Körper und zylindrischem, eingezogenem Hals mit einer Gravurlinie an der Unterkante. Der bewegliche, halbrunde, polygonal zugeschnittene Henkel endet in Schwanenköpfen; den Ring zum Aufhängen flankieren Voluten. Unter den Befestigungsringen für den Henkel befinden sich reliefierte Silenenmasken mit langem Bart und fließend gewelltem Haar. 1. Jh. n.Chr.

Bibl.: Unveröffentlicht.

L.F.

143. Puteal

Inv. 44908.
Pompeji, I, 13, 8, Raum 2.
Höhe 65 cm; Durchm. oben 45 cm; Durchm. unten 53 cm.
Rötlicher Ton mit vielen vulkanischen Einschlüssen.
Einige Stellen fehlen.

Puteal aus Ton, in Form eines Kegelstumpfes bzw. einer *Tholos* mit vier Säulen. Über der attischen Basis, die aus einer Hohlkehle zwischen zwei *Tori* besteht, erheben sich vier schlanke Säulen auf nicht näher definierbaren Basen, deren Schäfte tiefe Kanneluren aufweisen und korinthische Kapitelle mit weiblichen Protomen zwischen den Voluten tragen. Das Gebälk mit Triglyphen – diese befinden sich nicht über den Säulen – und Metopenfeldern, in denen jeweils drei *imagines clipeatae* zu sehen sind, entspricht also der dorischen Ordnung. Was die *imagines clipeatae* betrifft, sind nur zwei so gut erhalten, dass sie zu identifizieren sind, während von den anderen – da sie abgefallen sind – nur noch der Abdruck vorhanden ist. In den vier Interkolumnien wiederholt sich stets dasselbe Motiv: in der Mitte eine mit einem schweren Chiton bekleidete, weibliche Figur, welche die anderen zu ihren Seiten überragt. Sie schreitet tanzend mit erhobenem rechten Fuss nach links; auch ihr rechter Arm ist nach oben gerichtet und die Hand scheint einen nicht näher identifizierbaren Gegenstand zu bewegen. Der rechte Arm hingegen ist am Körper entlang ausgestreckt und die Hand hält einen runden Gegenstand, möglicherweise einen Schild. Vor und hinter der Tänzerin befinden sich zwei Satyrn, die die Doppelflöte spielen. Bekleidet sind sie lediglich mit einem leichten, flatternden Schultermäntelchen. Über den Satyrn, als befänden sie sich im Hintergrund, sind zwei weibliche, sitzende Figuren dargestellt. Sie sind lediglich im unteren Teil des Körpers bekleidet und in Dreiviertelansicht wiedergegeben. Ihr rechter Arm ist jeweils leicht vom Körper weggestreckt und hält in der Hand einen Kantharos.
Die Szene stellt wahrscheinlich ein dionysisches Gelage dar, obschon sie nicht genau der üblichen Ikonographie entspricht.
Das ganze Puteal weist Spuren eines weissen Überzuges auf. Die Kapitelle, die Figuren, die *imagines clipeatae* und die vom Hintergrund hervortretenden Gegenstände sind separat gearbeitet und erst vor dem Brand an der Wand befestigt worden. Die verschiedenen Personen der dionysischen Szene sind jeweils mit derselben Matrize geformt worden. Dieses Puteal kam absichtlich vor dem Vulkanausbruch des Jahres 79 n.Chr. infolge einer Anhebung des Gehniveaus unter den Boden und stellte fortan die Verlängerung des Rohres, welches zur Zisterne führte, dar, indem es beinahe vollständig im Fussboden steckte. Es handelt sich wahrscheinlich um eines jener Stücke, die als Imitationen von solchen aus edleren Materialien v.a. in der ersten Hälfte des 1. Jhs. n.Chr. sehr in Mode waren und vermutlich in Pompeji selbst oder in der Umgebung gefertigt wurden.

145

146

Bibl.: Unveröffentlicht; die Funde aus dem Haus werden zur Zeit vom Schreibenden und von A. De Simone untersucht. Vgl. C. Daremberg, E. Saglio, *Dictionnaire des antiquités grecques et romaines*, Paris 1877-1919, s.v. *Puteal*. Was andere Tonputeale aus Pompeji betrifft, s. H. von Rohden, *Die Terracotten von Pompeji*, Stuttgart 1880, S. 40-41, Taf. 27. Allgemein zu Putealen aus Pompeji, s. V. Spinazzola, *Le arti decorative a Pompei*, Mailand 1928, Taf. 45-46; E. Pernice, *Hellenistische Tische*, Berlin 1932, S. 12-37, Taf. 7-23.

S.C.N.

144. Getränkeerhitzer (Samowar)

Inv. 8613.
Pompeji, I, 9, 5, Haus der geblümten Zimmer.
Höhe 30 cm; Durchm. 16,5 cm.
Bronze.

Behälter in Form eines umgekehrten Kegelstumpfes. Dem senkrechten Rand der verstärkten Kante ist ein Scharnier mit einem herzförmigen Blatt angeschweißt, das den Aufsatzdeckel mit großem, mittlerem Loch bewegt. Auf mittlerer Seitenhöhe ist ein kleiner Hahn mit anthropomorphem Hebel und löwenköpfigem Ausguß angebracht. Der Behälter steht auf drei Löwenfüßen mit kleinen zylindrischen Stützen darunter; die Füße enden an der Außenwand des Behälters als Enten mit ausgebreiteten Flügeln. Unter der Gefäßoberkante befinden sich drei Frauenköpfe mit je einer Öse für die geflochtenen Ketten, an deren gemeinsamem Ring das Stück aufgehängt werden kann. In Form eines umgekehrten Trichters ist innen in Entsprechung zu einer Reihe von Löchern, die sich der oberen Deckelöffnung anpaßt, eine Art Siphon am Boden festgeschweißt.
Durch einen kleinen Trichter auf der Schulter wurde das Gefäß gefüllt und im Siphon war glühende Kohle eingefüllt. Aufgrund dieser Innenstruktur zur Erwärmung von Flüssigkeiten kann dieses hochwertige Stück mit dem sog. «Samowar» des Nationalmuseums von Neapel (*Il bronzo* 1990, 278, Nr. 94, Abb. 207; vgl. *ebd.* 279, Nr. 98, Abb. 218) verglichen werden.
Da sich im Inneren noch Kohlespuren fanden, war das Gerät zum Zeitpunkt des Ausbruchs wohl in Benutzung. 1. Jh. n.Chr.

Bibl.: Unveröffentlicht.

A.M.S.

145. Schöpfkelle (simpulum)

Inv. P 6120.
Pompeji, Platz vor dem Amphitheater.
Max. Höhe 20,7 cm; Höhe ohne Griff 4,4 cm; Durchm. 6 cm; Gewicht 75,1 g.
Silber. Griff gegossen.
Löcher im Körper mit Stuck ausgefüllt; Griff am Ende gebrochen.

Halbkugelig mit senkrechtem, unbetontem Rand, von dem der glatte, oben abgerundete Griff ausgeht, der vielleicht einen Vogelkopf hatte. An der Krümmung setzen zwei symmetrische, gerundete Vorsprünge an.
Zu einer spätrepublikanischen Schöpfkelle gleicher Form vgl. A. Olivier, Jr., *Silver for the Gods. The Toledo Museum of Art*, Toledo/Ohio 1977, 100, Nr. 58, Abb. 58.
Die Silberfunde in den Vesuvstädten sind auch unter dem «antiquarischen» Aspekt von besonderer Bedeutung, da sie das einzig erhaltene, nachweisbar benutzte Tafelgeschirr sind und daher dessen Zusammensetzung dokumentieren. Diese Objekte stammen i.a. aus der Zeit zwischen Sulla und den Flaviern, die zwischen dem 1. Jh. v.Chr. und dem 1. Jh. n.Chr. die prunkvollste Phase römischer Silberproduktion dar-

147

146. Attingitoio (simpulum)

Inv. P 7483.
Pompei, I, 8, 14, casa di Marco Epidio Primo (vestibolo).
Alt. max. cm 10,4; alt. vasca cm 2,2; Ø vasca cm 6; peso gr 57,8.
Argento. Fuso. Decorazione incisa.
Orlo e manico lievemente lacunosi.

Vasca poco profonda, con pareti a profilo convesso e labbro ispessito all'esterno, distinto all'interno da un solco. Fondo piatto profilato, decorato all'esterno da solchi concentrici. L'ansa, fusa insieme alla vasca, si imposta sul labbro verticalmente; essa è a nastro sagomato, ricurvo all'estremità; alla base, alla punta della parte ricurva e a un terzo dell'altezza, sono piccole sporgenze simmetriche, arrotondate. Sul lato esterno, alla base ed all'estremità, l'ansa è ornata con corimbi e foglie di edera incisi e con due gruppi di tre linee oblique, alternati a due gruppi di tre puntini. Questi ultimi elementi, i puntini e le linee, corrispondono ad uno dei modi di indicare l'unità di peso del *quadrante* (pari a gr 81,86) che però non corrisponde al peso dell'oggetto in esame.
Il *simpulum,* piccolo mestolo per attingere liquidi, è tra i vasi piú comuni nei servizi da mensa, sia in bronzo che in argento. Per un altro esemplare uguale, da Pompei, cfr. A. MAIURI, *La casa del Menandro e il suo tesoro di argenteria,* Roma 1933, p. 369, n. 87, tav. LX B.
Il servizio da mensa (*ministerium*) comprendeva vasi per il cibo (*argentum escarium*) e vasi per i liquidi (*argentum potorium*). Tra questi ultimi le forme piú diffuse, oltre al *simpulum,* sono anfore e brocche di varia forma, casseruole con lungo manico orizzontale, calici e tazze biansate.

Bibl.: Inedito.

A.D.A.

147. Tazza biansata

Inv. P 7486.
Pompei, I, 8, 14, casa di Marco Epidio Primo (vestibolo).
Alt. cm 5,6; largh. max. cm 15,2; Ø orlo cm 9,9; Ø piede cm 4,9; peso gr 170,5.
Argento. Anse fuse separatamente. Decorazione incisa.

Vasca emisferica; piede ad anello; anse verticali a nastro sormontate da una linguetta orizzontale, piatta, con l'estremità rivolta in alto, da cui si dipartono due teste di uccello stilizzate, che si innestano sull'orlo.

149

Questo è liscio e distinto da un sottile solco. La vasca è decorata con una fitta serie di foglie, distribuite in due zone sovrapposte, separate da un largo solco epidermico, liscio. Le foglie superiori della zona in alto sono separate da gruppi di quattro punti, disposti a Y; le foglie superiori della zona in basso sono separate da un punto. Sul fondo, decorato da solchi concentrici, sono graffite le lettere *PR*(*imae*).

Bibl.: *Not. Scavi,* 1946, p. 112.

A.D.A.

148. Tazza biansata

Inv. P 7484.
Pompei, I, 8, 14, casa di Marco Epidio Primo (vestibolo).
Alt. cm 6,2; largh. max. cm 15,5; Ø orlo cm 10,5; Ø piede cm 4,8; peso gr 211,7.
Argento. Corpo fuso; anse fuse ed applicate.
Lacuna nella vasca.

Coppa con vasca emisferica; piede ad anello; anse verticali a nastro cui si sovrappone una linguetta rettangolare piatta, con l'estremità rivolta in alto, da cui si dipartono due teste di cigno stilizzate, che si innestano sull'orlo. Al di sotto di questo, tra due sottili costolature con tratti verticali (l'effetto è quello di una perlinatura), è una doppia fila di cerchielli, interrotta da due gruppi di tre linee oblique. La vasca è decorata da fitte baccellature. Sul fondo esterno sono solchi concentrici e la scritta a punti, con l'indicazione del nome della proprietaria e del peso dell'oggetto:

BLAESIAE - PRIMAE - P(ONDO) I:: Ɔ III.

Per la *gens Blaesia* a Pompei cfr. CASTRÉN 1975, p. 143, n. 74; A. D'AMBROSIO, S. DE CARO, *La necropoli di porta Nocera. La campagna di scavo 1983,* in AA.VV., *Römische Gräberstrassen,* München 1987, p. 213.

Bibl.: *Not. Scavi,* 1946, p. 111.

A.D.A.

149. Tazza biansata

Inv. P 7487.
Pompei, I, 8, 14 casa di Marco Epidio Primo (vestibolo).
Alt. cm 5,7; largh. cm 12,4; Ø orlo cm 9,7; Ø piede cm 5; peso gr 149,8.
Argento. Anse fuse separatamente. Decorazione incisa.
Manca un'ansa; vasca ampiamente lacunosa ed integrata con stucco.

In tutto uguale, anche per l'iscrizione sul fondo esterno, alla coppa inv. P 7486 (Cat. n. 147).
La tazza biansata (*scyphus*), già nota nell'ellenismo, si diffonde soprattutto in epoca romana, divenendo una delle forme piú tipiche.
Una delle caratteristiche del set di vasellame per bere di ambiente greco-romano è quella di essere composto, quasi sempre, da pezzi appaiati.

Bibl.: *Not. Scavi,* 1946, p. 112.

A.D.A.

150. Brocca

Inv. 7477.
Pompei, I, 8, 14, casa di Marco Epidio Primo (vestibolo).
Alt. max. cm 16,8; alt. all'orlo cm 16,3; Ø max. cm 11; Ø orlo cm 7,5; peso gr 359.
Argento. Corpo martellato; ansa fusa. Decorazione incisa.
Lacune sul corpo e sul piede parzialmente integrate con stucco.

Labbro a tesa orizzontale, decorato da un solco; collo tronco-conico a profilo concavo, continuo, con la spalla obliqua; corpo rastremato; piede ad anello; sul fondo esterno solchi concentrici. L'ansa, verticale e lievemente sormontante, si innesta all'orlo con due *chenisci* allungati, in forma di teste di gru, emergenti dalle volute laterali di un cespo di acanto stilizzato, che orna il setto superiore dell'ansa, sulla quale è incisa anche una foglia rivolta in basso. Sull'innesto inferiore dell'ansa sono elementi vegetali dai quali emerge una testa maschile, forse di satiro, di profilo a destra e con lunga chioma liscia.

148

stellte. Aufgrund der Anlehnung an hellenistische Vorbilder ist eine genauere Datierung schwierig.

Bibl.: Unveröffentlicht.

A.D.A.

146. Schöpfkelle (simpulum)

Inv. P 7483.
Pompeji, I, 8, 14, Haus des Marcus Epidius Primus (Vestibulum).
Max. Höhe 10,4 cm; Höhe ohne Griff 2,2 cm; Durchm. 6 cm; Gewicht 57,8 g.
Silber. Guß. Gravierte Dekoration.
Rand und Griff mit leichten Fehlstellen.

Flache, bauchige Kelle mit außen verstärktem Rand, der innen durch eine Furche abgesetzt ist. Den flachen, profilierten Boden zieren außen konzentrische Rillen. Der Griff ist mit dem Gefäß in einem gegossen und sitzt senkrecht auf dem Rand auf. Er ist gemäß einer Schablone zugeschnitten und oben zurückgebogen. Auf Spitze und Ansatz dieser Biegung sowie in einem Drittel Höhe befinden sich kleine, symmetrische, runde Vorsprünge. Außen sind auf dem Griff oben wie unten Doldentrauben und Blätter von Efeu sowie abwechselnd je zwei Gruppen dreier schräger Linien und Punkte eingraviert. Diese Punkte und Linien entsprechen einer Weise, das Einheitsgewicht des *quadrans* (= 81,86 g) anzugeben, doch ist dies nicht das Gewicht dieses Stückes.
Das *simpulum* in Bronze und Silber gehört als kleine Schöpfkelle für Flüssigkeiten zu den gebräuchlichsten Tischgeräten. Ein entsprechendes Exemplar aus Pompeji vgl. A. MAIURI, *La casa del Menandro e il suo tesoro di argenteria*, Rom 1933, 369, Nr. 87, Taf. LX B.
Das Tischgeschirr (*ministerium*) umfaßte Gefäße für Speisen (*argentum escarium*) und Getränke (*argentum potorium*). Unter letzteren waren neben dem *simpulum* verschiedene Amphoren und Krüge, Kasserolen mit langem, waagerechtem Griff, Kelche und zweihenklige Tassen am gebräuchlichsten.

Bibl.: Unveröffentlicht.

A.D.A.

147. Zweihenkliger Becher

Inv. P 7486.
Pompeji, I, 8, 14, Haus des Marcus Epidius Primus (Vestibulum).
Höhe 5,6 cm; max. Breite 15,2 cm; Randdurchm. 9,9 cm; Fußdurchm. 4,9 cm; Gewicht 170,5 g.
Silber. Henkel getrennt gegossen. Gravurdekoration.

Körper halbkugelförmig; Fuß ringförmig; senkrechte, bandförmige Henkel mit waagerecht aufgelegter, flacher und außen hochgebogener Zunge, von der aus sich zwei stilisierte Vogelköpfe an den schmalen und durch eine feine Rille abgesetzten Rand anlegen. Die Schale schmückt ein dichtes Blattmuster, das ein glattes, breites Profil in zwei Hälften unterteilt. Zwischen den Blättern der obersten Reihe sind in der oberen Hälfte je vier Punkte Y-förmig angeordnet, in der unteren Hälfte nur einer. In den Boden mit konzentrischen Rillen sind die Buchstaben *PR(imae)* eingraviert.

Bibl.: *Not. Scavi*, 1946, 112.

A.D.A.

148. Zweihenkliger Becher

Inv. P 7484.
Pompeji, I, 8, 14, Haus des Marcus Epidius Primus (Vestibulum).
Höhe 6,2 cm; max. Breite 15,5 cm; Randdurchm. 10,5 cm; Fußdurchm. 4,8 cm; Gewicht 211,7 g.
Silber. Körper gegossen; Henkel gegossen und angesetzt.
Loch im Boden.

Becher mit halbkugeligem Körper, ringförmigem Fuß und senkrechten, bandförmigen Henkeln mit einer flachen, rechteckigen Zunge darüber. Von ihrem hochgebogenen Ende aus legen sich zwei stilisierte Schwanenköpfe an den Rand an. Unter diesem verläuft zwischen zwei feinen, gekörnt wirkenden Profilen eine doppelte Reihe kleiner Kreise, die zwei Gruppen dreier schräger Striche unterbrechen. Den Körper zieren dichte Zungen. Auf dem äußeren Boden befinden sich konzentrische Rillen und eine gepunktete Schrift mit dem Namen des Besitzers und dem Gewicht des Stückes:

BLAESIAE – PRIMAE – P(ONDO) I : : III.

Zur *gens Blaesia* in Pompeji vgl. CASTRÉN 1975, 143, Nr. 74; A. D'AMBROSIO, S. DE CARO, *La necropoli di porta Nocera. La campagna di scavo 1983*, in: *Römische Gräberstraßen*, München 1987, 213.

Bibl.: *Not. Scavi*, 1946, 111.

A.D.A.

149. Zweihenkliger Becher

Inv. P 7487.
Pompeji, I, 8, 14, Haus des Marcus Epidius Primus (Vestibulum).
Höhe 5,7 cm; Breite 12,4 cm; Randdurchm. 9,7 cm; Fußdurchm. 5 cm; Gewicht 149,8 g.
Silber. Separat gegossene Henkel. Gravurdekoration.
Ein Henkel fehlt, Körper mit vielen Fehlstellen und Gipsergänzungen.

Vollständig der Tasse Inv. P 7486 entsprechend.
Die zweihenklige Tasse (*scyphus*) war schon im Hellenismus bekannt und wurde in römischer Zeit zu einer der gebräuchlichsten Formen.
Griechisch-römisches Trinkgeschirr setzte sich fast immer aus paarweise auftretenden Stücken zusammen.

Bibl.: *Not. Scavi*, 1946, 112.

A.D.A.

150. Kanne

Inv. 7477.
Pompeji, I, 8, 14, Haus des Marcus Epidius Primus (Vestibulum).
Max. Höhe 16,8 cm; Höhe bis Rand 16,3 cm; max. Durchm. 11 cm; Randdurchm. 7,5 cm; Gewicht 359 g.
Silber. Körper gehämmert; Henkel gegossen. Gravurdekoration.
Löcher im Körper, Fuß teilweise mit Gips ergänzt.

Horizontale Randkrempe mit Rille; der kegelstumpfförmige, konkave Hals geht in die schräge Schulter über. Körper verjüngt, Fuß ringförmig mit konzentrischen Rillen außen. Der senkrechte und leicht überstehende Henkel schließt in Form eines Kranichkopfes mit zwei gestreckten *chenisci* an den Rand an. Sie springen aus den seitlichen Voluten eines stilisierten Akanthusbüschels hervor, das den oberen Teil des Henkels ziert und von dem auch ein Blatt den Henkel entlang nach unten wächst. Aus den pflanzlichen Elementen am unteren Henkelansatz ragt ein männlicher Kopf mit langem, glattem Haar im Rechtsprofil hervor, vielleicht ein Satyr.
Die fast immer glatten Kannen gehören zu den Konstanten des *argentum potorium* und des bronzenen Tischgeschirrs. Zu einem ähnlichen, nur in der Henkeldekoration sich unterscheidenden Exemplar aus Pom-

150

151

151

Le brocche, quasi sempre lisce, sono costanti nell'*argentum potorium,* cosí come nei servizi da mensa in bronzo. Per un esemplare simile da Pompei, diverso solo nella decorazione dell'ansa, cfr. A. MAIURI, *La casa del Menandro e il suo tesoro di argenteria,* Roma 1933, p. 358, n. 20, tav. LII.
L'incremento dell'uso di vasellame d'argento inizia già in età ellenistica, ma una vera produzione di massa si ha solo in età romana, specialmente dopo l'assoggettamento della Spagna, ricca di miniere d'argento. In età imperiale una famiglia del ceto medio probabilmente possedeva un set completo di argenteria da tavola; il non avere neanche un vaso di argento era segno di povertà (D.E. STRONG, *Greek and Roman Silver Plate,* London 1966, pp. 15 ss., 124).

Bibl.: Inedito.

A.D.A.

151. Brocca (oinochoe)

Inv. P 14072.
Pompei, VII, 16 (Ins. Occid.), 19, casa di Fabio Rufo.
Alt. max. cm 15,9; alt. all'orlo cm 12,8; Ø max. cm 10,7; Ø fondo cm 5,5.
Bronzo. Ansa fusa.
Integra.

Ampia imboccatura trilobata su collo concavo; spalla obliqua; corpo rastremato; fondo piatto profilato; solchi concentrici ornano la spalla ed il fondo esterno. Ansa a nastro, verticale, sormontante, decorata lungo i lati ed al centro da costolature; quella centrale, nel setto superiore, acquista la forma di una *leonté* stilizzata, in cui le zampe costituiscono gli innesti sull'orlo. L'innesto inferiore reca una testina dionisiaca, dall'impianto largo e dai tratti resi in modo approssimativo, con la fronte cinta da una *taenia*; la chioma, disposta in bande ai lati del volto, è coperta da un velo, che pende in due lembi allungati fino all'altezza delle spalle. Ai lati della chioma sono due foglie di edera; due leggere prominenze sulla fronte sono, forse, la schematizzazione di corimbi.
Questo tipo di brocca, con medesima decorazione dell'ansa, è assai diffuso tra il I secolo a.C. ed il I d.C. Cfr., ad es., A. DE RIDDER, *Les bronzes antiques du Louvre,* Paris 1913-1915, II, p. 114, n. 2754, pl. 99 (da Ercolano); M. COMSTOCK, C. VERMEULE, *Greek Etruscan and Roman Bronzes in the Museum of Fine Arts Boston,* Boston 1971, p. 331, n. 466 (da una tomba di Meroë); simile, meno accurata nel modellato, in H. MENZEL, Die *römischen Bronzen aus Deutschland,* I, Mainz 1960, p. 35, n. 63, tav. 43, n. 63. Cfr. ancora, in ambito vesuviano, *Pompeii A.D. 79* 1978, p. 200, n. 250.

Bibl.: Inedito.

A.D.A.

152. Brocca

Inv. P 4685.
Pompei, I, 10, 4 casa del Menandro, sotterraneo B.
Alt. max. cm 32; alt. all'orlo cm 29,9; Ø max. cm 18,4; Ø orlo cm 9,2.
Bronzo. Corpo fuso e martellato, piede ed ansa fusi separatamente.
Particolari nella decorazione dell'ansa in argento.
Integra.

Labbro a tesa orizzontale decorato con tre costolature concentriche; collo tronco-conico a profilo curvilineo; corpo ovoide; fondo profilato, con faccia esterna concava e decorata da forti costolature concentriche.
Nell'ansa verticale, innestata all'orlo ed alla spalla, il setto superiore, orizzontale, è decorato con un cespo di acanto stilizzato, reso a rilievo molto basso, nel quale la foglia centrale, desinente con un globetto, è sollevata ed arcuata; dalle volute laterali emergono due teste di anatra, che costituiscono l'innesto all'orlo, in cui la pupilla è resa con un riporto in argento. Residui di argentatura sono anche sul cespo di acanto.
Il setto inferiore, verticale, separato da quello superiore con tre costolature trasversali, di cui quella centrale argentata, è decorato con un ramo, reso a basso rilievo, con fiori argentati, cosí come le costolature perlinate che delimitano i bordi dell'ansa. Il setto inferiore termina con tre foglie di acanto stilizzate, di cui quella centrale è sollevata.
L'innesto inferiore reca, a mezzo tondo, una figura di fanciullo, poggiante su un pianetto, che porta sulle spalle un cerbiatto riverso sul dorso. La figura, dal corpo grassoccio, nudo, plasmato con accuratezza, anche se lievemente tozzo, è di tre quarti, in atto di avanzare verso destra. Il capo, lievemente inclinato in basso, di tre quarti a sinistra, ha un volto regolare nell'impianto e nei singoli tratti, modellato correttamente; la chioma è ricciuta. Il fanciullo indossa solo

peji vgl. A. MAIURI, *La casa del Menandro e il suo tesoro di argenteria*, Rom 1933, 358, Nr. 20, Taf. LII.
Die Zunahme von Silbergeschirr begann schon in hellenistischer Zeit, doch eine richtige Massenproduktion gibt es erst unter den Römern, besonders nach der Unterwerfung Spaniens mit seinen reichen Silberminen. In der Kaiserzeit besaß eine mittelständische Familie wahrscheinlich ein komplettes Silbergeschirr. Nicht einmal einen Silberbecher zu besitzen, war ein Zeichen von Armut (D.E. STRONG, *Greek and Roman Silver Plate*, London 1966, 15 ff., 124).

Bibl.: Unveröffentlicht.

A.D.A.

151. Kanne (oinochoe)

Inv. P 14072.
Pompeji, VII, 16 (Ins. Occid.), 19, Haus des M. Fabius Rufus.
Max. Höhe 15,9 cm; Höhe bis Rand 12,8 cm; max. Durchm. 10,7 cm; Fußdurchm. 5,5 cm.
Bronze. Henkel gegossen.
Unbeschädigt.

Weite, dreilappige Öffnung auf konkavem Hals; schräge Schulter; verjüngter Körper; flacher, profilierter Boden; konzentrische Rillen auf Schulter und Fuß. Bandförmiger, senkrecht hochragender Henkel mit Schmuck an den Seiten und in der Mitte der Rippen. Die mittlere nimmt oben die Form eines stilisierten Löwenfells an, deren Pfoten die Anschlüsse zum Rand bilden. Der untere Henkelansatz trägt ein dionysisches Köpfchen. Über die Stirn des breiten, skizzierten Gesichts läuft eine *taenia*; auf dem seitlich zu Strähnen zusammengefaßten Haar fällt ein Tuch in Zipfeln auf die Schultern herab. Seitlich zwei Efeublätter. Auf der Vorderseite eventuell angedeutete Doldentrauben.
Dieser Kannentypus mit einer solchen Henkeldekoration ist zwischen dem 1. Jh. v.Chr. und dem 1. Jh. n.Chr. recht verbreitet. Vgl. z.B. A. DE RIDDER, *Les bronzes antiques du Louvre*, Paris 1913-1915, II, 114, Nr. 2754, Taf. 99 (aus Herkulaneum); M. COMSTOCK, C. VERMEULE, *Greek Etruscan and Roman Bronzes in the Museum of Fine Arts Boston*, Boston 1971, 331, Nr. 466 (aus einem Grab in Meroe); ähnlich, aber ungenauer modelliert, in: H. MENZEL, *Die römischen Bronzen aus Deutschland*, I, Mainz 1960, 35, Nr. 63, Taf. 43, Nr. 63. Vgl. noch im Vesuvgebiet *Pompeii A.D. 79*, 1978, 200, Nr. 250.

Bibl.: Unveröffentlicht.

A.D.A.

152. Kanne

Inv. P 4685.
Pompeji, I, 10, 4, Haus des Menander, Keller B.
Max. Höhe 32 cm; Höhe bis Rand 29,9 cm; max. Durchm. 18,4 cm; Randdurchm. 9,2 cm.
Bronze. Körper gegossen und gehämmert, Fuß und Henkel separat gegossen.
Einzelteile der Dekoration des Henkels in Silber.
Unbeschädigt.

Waagerechte Randkrempe mit drei konzentrischen Rippen. Kegelstumpfartiger Hals mit gebogenem Profil. Eiförmiger Körper; profilierter Boden mit konkaver Außenseite und kräftigen, konzentrischen Rippen. Das waagerechte Oberteil des senkrechten, auf Rand und Schulter gestützten Henkels schmückt ein stilisiertes, sehr flach reliefiertes Akanthusbüschel. Das in einem Kügelchen endende mittlere Blatt ist erhaben und geschwungen. Aus den seitlichen Voluten kommen Entenköpfe mit silberbesetzten Pupillen hervor und bilden die Randanschlüsse. Versilberungen finden sich auch auf dem Akanthusbüschel.
Drei Querrippen bilden den Übergang zum senkrechten Unterteil. Die mittlere ist wie die Perlchenbänder entlang den Henkelkanten versilbert und mit einem flach reliefierten Zweig und versilberten Blüten dekoriert. Das Unterteil zieren drei stilisierte Akanthusblätter, wovon das mittlere erhabener ist.
Der untere Henkelansatz zeigt in Halbrelief eine auf einem Untergrund stehende Knabenfigur mit einem Hirschkalb über den Schultern. Der feiste, nackte Körper ist genau, doch etwas grob durchgebildet und in einer Rechtsdrehung im Dreiviertelprofil wiedergegeben. Das Gesicht des leicht gesenkten Kopfes ist insgesamt wie in den Einzelteilen regelmäßig und genau gearbeitet. Das Haar ist lockig. Der Knabe trägt nur ein Mäntelchen, das versilbert ist und um den Hals geschlungen in weichen Falten über die Schultern auf den Rücken hinabfällt.
Wie die gesamte Dekoration des Henkels zeigt auch das Relief Formgefühl und handwerkliche Fertigkeit. Der Knabe mit Tier reiht sich in die hellenistisch-römische Themenwelt ein. Vgl. A. ADRIANI, *Divagazioni intorno ad una coppa paesistica del Museo di Alessandria*, Rom 1959, 25 f., Taf. XXXIX.
Derartige Gefäße mit entsprechendem Henkeldekor sind im Vesuvgebiet nicht selten und datieren in das 1. Jh. n.Chr. (vgl. V. SPINAZZOLA, *Le arti decorative in Pompei e nel Museo Nazionale di Napoli*, Neapel 1928, 280; H. MENZEL, *Die römischen Bronzen aus Deutschland*, III, Bonn-Mainz 1986, 195, Nr. 535, Taf. 167, Nr. 535). Ein auch stilistisch sehr ähnlicher Knabe findet sich auf einem Henkel augusteischer Zeit, der im Umkreis früher neuattischer Werkstätten entstanden ist (A.

152

152

153

154

155

un mantello, reso in argento, avvolto intorno al collo e poggiato sulle spalle, che gli ricade lungo la schiena in morbide pieghe.
Il rilievo, come l'intera decorazione dell'ansa, rivela sensibilità formale e perizia di esecuzione. Il fanciullo con animale rientra nei soggetti di genere di età ellenistico-romana. Cfr. A. ADRIANI, *Divagazioni intorno ad una coppa paesistica del Museo di Alessandria,* Roma 1959, p. 25 s., tav. XXXIX.
Vasi di questo tipo, con ansa decorata in modo analogo, non sono infrequenti nell'area vesuviana e sono databili al I secolo d.C. (cfr. V. SPINAZZOLA, *Le arti decorative in Pompei e nel Museo Nazionale di Napoli,* Napoli 1928, p. 280; H. MENZEL, *Die römische Bronzen aus Deutschland*, III, Bonn-Mainz 1986, p. 195, n. 535, tav. 167, n. 535). Per il motivo iconografico del puttino sull'innesto inferiore dell'ansa, cfr. quello molto simile, anche nella resa stilistica, su un'ansa datata in età augustea, nell'ambito del primo neoatticismo (A. LEIBUNDGUT, *Die römischen Bronzen der Schweiz*, II, Avenches Mainz 1976, p. 108, n. 132, tav. 60, n. 132).

Bibl.: A. MAIURI, *La casa del Menandro e il suo tesoro di argenteria,* Roma 1933, p. 442 ss., fig. 172.

A.D.A.

153. Brocca

Inv. P 5015.
Pompei, I, 10, 4, casa del Menandro.
Alt. max. cm 23,4; alt. all'orlo cm 20,5; Ø max. cm 20,9; Ø orlo cm 16,6.
Bronzo. L'ansa e gli innesti sono fusi in un sol pezzo.
Parte del corpo e del piede lacunosi, integrati con stucco; ansa riattaccata.

Ampia imboccatura circolare con orlo obliquo; labbro estroflesso, indistinto; breve collo a profilo concavo; corpo globoso; piede ad anello. Sull'orlo è un ornato ad ovoli. L'ansa, verticale e sormontante, è costituita da una figura femminile, in posizione frontale e rigidamente stante, il cui corpo è modellato solo nel lato anteriore del busto. Questo è nudo fino al ventre e le mani sono portate al petto, in atto di stringere i seni. Il volto, gonfio e dall'impianto largo, ha grandi occhi in cui sono indicate le palpebre e, con una lieve impressione, le pupille. La capigliatura, disposta in boccoli rigonfi sulla fronte e sulle tempie, ricade sulle spalle con due lunghe ciocche lisce; nella parte posteriore del capo è liscia e scriminata al centro, sulla nuca è raccolta in uno chignon. Le gambe sono coperte, fino alle ginocchia, con un lungo perizoma suddiviso in tre lembi triangolari; quello anteriore è panneggiato in una piega verticale larga e schiacciata ai cui lati sono pieghe oblique, epidermiche. La parte sottostante il perizoma, completamente stilizzata, reca inciso uno schematico ornato a girali. L'innesto dell'ansa all'orlo è costituito da due teste di anatre in cui sono indicati, sul lato in vista, gli occhi, l'apertura del becco, il piumaggio. L'innesto inferiore è un complesso rilievo, collegato alla figura con un ponticello a nastro. Nella parte superiore sono due corni di ariete, divergenti, dai quali si dipartono, verso il basso, due delfini. Al centro, parzialmente sovrapposta agli elementi suddetti, è una figura femminile su toro marino. Essa siede, vista di spalle, sul dorso dell'animale, cingendogli il collo col braccio sinistro per sostenersi. Il busto è nudo; il capo, di profilo a sinistra, è grossolano nell'impianto, ma reca con una certa accuratezza l'indicazione del naso, della bocca e degli occhi. La capigliatura, resa con tratti incisi, è acconciata in una banda rigonfia che circonda il volto. Il corpo del toro termina in una lunga coda di pistrice, avvolta in spirali; il pelame è reso con leggere incisioni.

LEIBUNDGUT, *Die römischen Bronzen der Schweiz*, II, Avenches-Mainz 1976, 108, Nr. 132, Taf. 60, Nr. 132).

Bibl.: A. MAIURI, *La casa del Menandro e il suo tesoro di argenteria*, Rom 1933, 442 ff., Abb. 172.

A.D.A.

153. Kanne

Inv. P 5015.
Pompeji, I, 10, 4, Haus des Menander.
Max. Höhe 23,4 cm; Höhe bis Rand 20,5 cm; max. Durchm. 20,9 cm; Randdurchm. 16,6 cm.
Bronze. Henkel und Anschlüsse in einem Stück gegossen. Fehlstellen an Körper und Fuß teilweise mit Gips ergänzt; Henkel wieder befestigt.

Weite, runde Öffnung mit schrägem Rand; übergangslose, ausgestülpte Kante; kurzer, konkaver Hals; bauchiger Körper; ringförmiger Fuß. Rand mit Eierstabornament. Senkrechter, hoch aufragender Henkel in Form einer frontal und steif stehenden weiblichen Figur. Nur ihre Vorderseite ist in Büstenhöhe bearbeitet. Sie ist nackt bis zum Bauch, hat die Hände an die Brüste gelegt. Das aufgeblasene, breite Gesicht zeigt große Augen mit angedeuteten Lidern und Pupillen. Die Haare fallen in zwei langen, glatten Strähnen auf die Schultern herab; am Hinterkopf ist es glatt gescheitelt und bildet einen Knoten im Nacken. Locken an Stirn und Schläfen. Ein Lendenschurz mit drei Zipfeln bedeckt die Beine bis zum Knie; der vordere besteht aus einer breiten Mittelfalte zwischen schrägen Seitenfalten. Das stilisierte Unterteil ziert ein graviertes Spiralmuster. Der Henkelansatz am Gefäßrand besteht aus zwei Entenköpfen mit angedeuteten Augen, Gefieder und geöffnetem Schnabel. Ein Steg verbindet die Figur mit dem komplexen Relief am unteren Henkelansatz. Zwei Delphine unter zwei Widderhörnern lassen die mittlere Frauenfigur auf einem Meeresstier nur teilweise erkennen. Sie sitzt auf seinem Rücken und hält sich mit der Linken am Hals fest. Der grobe Kopf der nackten Figur zeigt im Linksprofil eine gewisse Genauigkeit bei Details wie Nase, Mund, Ohren. Die geritzte Frisur umgibt das Gesicht als breites Band. Der Körper des Stieres endet in einem langen, gewundenen Fischschwanz; zarte Gravuren deuten das Fell an.
Gefäße mit figürlichem Henkelansatz sind in der frühen Kaiserzeit nicht selten; zu anderen Stücken aus dem Vesuvgebiet vgl. V. SPINAZZOLA, *Le arti decorative in Pompei e nel Museo Nazionale di Napoli*, Neapel 1928, 271 und 297. Hier ist an dieser Stelle eindeutig die orientalische Göttin Astarte dargestellt.
Frauenfiguren, meist Nereiden, auf phantastischen Meerestieren - in diesem Fall verstärken die Delphine den Hinweis auf das Meer - kommen seit dem 4. Jh. v.Chr. vermehrt vor und werden bis in römische Zeit in verschiedenen Kunstgattungen dargestellt (vgl. *EAA*, V, 1963, s.v. *Nereus* und *Nereiden*). Für Pompeji sei an die augusteisch-tiberischen Tonplatten erinnert, Inv. P 39985-39996 (A. D'AMBROSIO, M. BORRIELLO, *Le terrecotte figurate di Pompei*, Rom 1990, Nr. 226-237). In diesem Fall hat die Darstellung in Zusammenhang mit der Astarte-Figur am Henkel eine spezielle Bedeutung: in der hellenistischen Mythologie gibt es ein dem Raub der Europa vergleichbares Ereignis (vgl. A. BRELICH, in: *EAA*, I, 1958, s.v. *Astarte*), das hier in der gängigen hellenistischen Ikonographie der Nereide auf einem Meerungeheuer wiedergegeben wurde.
Auch wenn die Ausführung starr und manchmal nur skizzenhaft ist, besonders in den Gesichtern, so zeugt das Ensemble mit seiner komplexen Komposition und mühevollen Detailarbeit von einem bemerkenswerten Aufwand.
Das Gefäß datiert in das 1. Jh. n.Chr.

Bibl.: A. MAIURI, *La casa del Menandro e il suo tesoro di argenteria*, Rom 1933, 447 f., Abb. 175.

A.D.A.

156

158

157

Il vaso con ansa ed innesto figurato non è infrequente nella prima età imperiale romana; tra gli altri esemplari dall'area vesuviana cfr. V. Spinazzola, *Le arti decorative in Pompei e nel Museo Nazionale di Napoli,* Napoli 1928, pp. 271 e 297. In questo caso, la figura che costituisce l'ansa è chiaramente identificabile con la dea orientale Astarte.
Le figure femminili (generalmente sono Nereidi) su animali fantastici marini – il richiamo al mare, in questo caso, è sottolineato dai delfini che inquadrano la scena – divengono frequenti a partire dal IV secolo a.C. e sono impiegate frequentemente, in vari generi artistici, fino ad età romana (cfr. *EAA,* V, 1963, s.v. *Nereo* e *Nereidi*). Nell'ambito pompeiano, ad esempio, si possono ricordare le lastre fittili, di età augusteo-tiberiana, inv. P 39985-39996 (A. D'Ambrosio, M. Borriello, *Le terrecotte figurate di Pompei,* Roma 1990, nn. 226-237). In questo caso, tuttavia, la scena ha un significato specifico, che si ricollega alla figura di Astarte che costituisce l'ansa del vaso: infatti, la mitologia ellenistica conosce un rapimento di Astarte, simile a quello di Europa, da parte di Zeus trasformatosi in toro (cfr. A. Brelich, in *EAA,* I, 1958, s.v. *Astarte*); mito che è stato raffigurato, in questo rilievo, con la ricorrente iconografia ellenistica della Nereide su mostro marino.
Il rilievo, anche se di esecuzione rigida e talvolta approssimativa nella resa dell'anatomia, in particolare nei volti e nel busto della Nereide, rivela nell'insieme un notevole impegno per la complessità della composizione e per la cura con cui si è cercato di rendere i dettagli.
Il vaso è databile al I secolo d.C.

Bibl.: A. Maiuri, *La casa del Menandro* e *il suo tesoro di argenteria,* Roma 1933, p. 447 s., fig. 175.

A.D.A.

154. Coppetta

Inv. 10201.
Pompei, II, 1.
Alt. cm 7,6; Ø orlo cm 11,7.
Vetro soffiato, di colore celeste, opaco, con superficie leggermente iridata, nascosta in alcuni punti da una sottile pellicola di colore biancastro formatasi per deterioramento.
Integra.

Coppetta a vasca tronco-conica con orlo irregolarmente espanso, fondo leggermente introflesso e piccolo piede ad anello.
Corrisponde alla forma *41 b* della classificazione della Isings (p. 57 ss.). Tale forma è attestata anche in altre località dell'Italia e delle province, in contesti della seconda metà del I secolo d.C. (cfr. L.A. Scatozza Höricht, *I vetri romani di Ercolano,* Roma 1986, p. 35 s.).

Bibl.: Inedito.

L.A.S.H.

155. Bicchiere

Inv. 8389.
Pompei, I, 9, 1.
Alt. cm 11,6; Ø orlo cm 7; diam. piede cm 4,5.
Vetro soffiato, di colore celeste, alquanto sottile. Decorazione ad incisioni. Superficie esterna in alcuni punti biancastra per deterioramento. Superficie interna incrostata poco sopra il fondo.
Integro.

Bicchiere di forma ovoide allungata, con breve orlo concavo e svasato, a taglio netto; parete decorata poco sotto l'orlo con tre righe concentriche incise;

159

fondo fortemente introflesso, con piede espanso ad anello al bordo esterno.
Tale tipo di bicchiere, che corrisponde alla forma 34 della classificazione della Isings (p. 48 ss.), ricorre in tutte le località dell'Impero romano, sia orientali che occidentali, dove raggiunse l'apice della popolarità in epoca preflavia (cfr. J.W. Hayes, *Roman and Pre-Roman Glass in the Royal Ontario Museum. A Catalogue,* Toronto 1975, pp. 35 s., 56 ss., n. 136; S.M.E. Van Lith, *Glas aus Asciburgium,* Funde aus Asciburgium, Heft 10, Duisburg 1987, p. 48 s.).

Bibl.: Inedito.

L.A.S.H.

156. Brocca monoansata

Inv. 12490.
Pompei, I, 18, 5.
Alt. cm 16,5; Ø orlo cm 13,8; Ø max. cm 17,5; Ø fondo cm 8,8.
Vetro soffiato, di colore verdognolo, trasparente. Filamento di vetro dello stesso colore applicato sull'orlo ad arriccio.
Integra.

Ha una larga imboccatura circolare, con orlino ripiegato verso l'interno, un breve e largo collo imbutiforme a profilo concavo, il ventre globoso, decorato sulla

160

parte inferiore con sottili nervature verticali, irregolarmente distanziate e orientate, il fondo appiattito e lievemente introflesso. È provvista di una breve ansa a bastoncello, applicata ad arco sull'orlo con una piegatura, che forma una linguetta obliqua, e saldata sulla spalla con analoga piegatura; sull'orlo, ai lati dell'ansa, filetto arricciato.
Corrisponde alla forma 57 della classificazione della Isings (p. 76), che si rinviene nelle località occidentali nell'inoltrato I secolo d.C. (Van Lith, cit. in Cat. n. 155, p. 67, con bibliografia precedente).

Bibl.: Inedito.

L.A.S.H.

157. Brocca monoansata

Inv. 12491.
Pompei, I, 18, 5.
Alt. cm 14,5; Ø orlo cm 8,4; Ø max. ventre cm 12,5; Ø piede cm 7,1.
Vetro soffiato, di colore verdognolo, con piccole bolle d'aria e striature. Filetto arricciato, nello stesso tipo di vetro, applicato sull'orlo.
Scheggiature al bordo del piede.

Larga imboccatura circolare, con orlo ripiegato verso la bocca ed obliquo, breve collo a profilo concavo, corpo piriforme, ventre arrotondato, con piede a listello obliquo. Ansa sormontante a nastro, con depressione longitudinale, applicata con una doppia piegatura sotto l'orlo e saldata con due lingue sul ventre. Ai lati dell'attacco dell'ansa, orlo decorato con motivo ad arriccio.
Gli esemplari pompeiani precorrono analoghi esemplari corrispondenti alla forma *123* della Isings (p. 153 ss.), che sono diffusi nelle province occidentali nell'avanzata età imperiale (cfr. K. Goethert Polaschek, *Katalog der römischen Gläser des Römischen Landesmuseum Trier,* Trierer Grabungen und Forschungen, 9, Mainz 1977, forma 129 a).

Bibl.: Inedito.

L.A.S.H.

158. Brocca monoansata

Inv. 12492.
Pompei, I, 18, 5.
Alt. cm 15,5; Ø orlo cm 8; Ø max. cm 12,8; Ø piede cm 7,5.
Vetro soffiato, di colore verdognolo, con qualche sbavatura, impurità e piccole bolle d'aria, alquanto spesso. Filamento di vetro dello stesso colore applicato sull'orlo ad arriccio.
Scheggiature al bordo esterno del piede.

Ha larga bocca circolare con orlo ripiegato verso l'interno, breve collo ad imbuto, spalla obliqua, basso ventre espanso, con piede a listello al bordo esterno, ansa verticale ricurva a nastro, applicata con doppia piegatura sull'orlo e desinente con due lingue poco sopra la massima espansione del ventre. Ai due lati dell'attacco dell'ansa, sull'orlo, filetto arricciato.
Per la diffusione del tipo di brocca, vedi l'esemplare precedente, di forma analoga, rinvenuto insieme al nostro, all'esemplare Cat. n. 156 e ad altro vasellame di vetro nell'angolo SE dell'atrio della medesima casa. I pezzi componevano un servizio (cfr. L.A. Scatozza Höricht, *Die Verwendung der römischen Gläser im 1. Jh. n. Chr. und die Fundkomplexe der Vesuvstädte,* in «Annales du 11e Congrès de l'Association internationale pour l'histoire du verre», Basel 1988, in stampa).

Bibl.: Inedito.

L.A.S.H.

154. Kleiner Becher

Inv. 10201.
Pompeji, II, 1.
Höhe 7,6 cm; Randdurchm. 11,7 cm.
Milchig himmelblaues, geblasenes Glas; durch Verfall wird die leicht schillernde Oberfläche teilweise von einer feinen, weißlichen Farbschicht überdeckt.
Unbeschädigt.

Kegelstumpfförmiger Becher mit unregelmäßig ausladendem Rand; Boden leicht eingetieft; kleiner, ringförmiger Fuß.
Er entspricht der Form *41b* der Klassifizierung von ISINGS (57 ff.). Dieser Typ ist auch an anderen Fundorten Italiens und der Provinzen aus der 2. H. des 1. Jhs. n.Chr. nachgewiesen (vgl. L.A. SCATOZZA HÖRICHT, *I vetri romani di Ercolano*, Rom 1986, 35 f.).

Bibl.: Unveröffentlicht.

L.A.S.H.

155. Becher

Inv. 8389.
Pompeji, I, 9, 1.
Höhe 11,6 cm; Randdurchm. 7 cm; Fußdurchm. 4,5 cm.
Ziemlich dünnes, himmelblaues, geblasenes Glas. Gravierter Dekor. Durch Verfall einige weißliche Stellen. Auf dem Innenboden etwas verkrustet.
Unbeschädigt.

Gestreckt eiförmiges Glas mit kurzem, konkavem und ausladendem Rand mit glatter Kante. Spärliche Dekoration durch drei konzentrische Ritzlinien. Stark eingezogener Boden mit breiterem, außen ringförmigem Rand.
Dieser Bechertypus, Nr. *34* der ISINGS-Klassifikation (48 ff.), ist im ganzen Römischen Reich, im Osten wie im Westen verbreitet. In vorflavischer Zeit erreichte seine Popularität ihren Höhepunkt (vgl. J.W. HAYES, *Roman and Pre-Roman Glass in the Royal Ontario Museum. A Catalogue*, Toronto 1975, 35 f., 56 ff., Nr. 136; S.M.E. VAN LITH, *Glas aus Asciburgium*, Funde aus Asciburgium, Heft 10, Duisburg 1987, 48 f.).

Bibl.: Unveröffentlicht.

L.A.S.H.

156. Einhenklige Kanne

Inv. 12490.
Pompeji, I, 18, 5.
Höhe 16,5 cm; Randdurchm. 13,8 cm; max. Durchm. 17,5 cm; Bodendurchm. 8,8 cm.
Grünlich durchscheinendes, geblasenes Glas. Gleichfarbiger Glasfaden geringelt auf den Rand appliziert.
Unbeschädigt.

Breite, runde Öffnung mit schmalem, einwärts gebogenem Rand; kurzer, breiter, trichterförmiger Hals mit konkavem Profil. Auf dem gewölbten Bauch befinden sich unten feine senkrechte Rippen in unregelmäßiger Verteilung und Ausrichtung. Der abgeflachte Boden ist leicht eingezogen. Kurzer, gebogener Henkel, der mit je einer zungenförmigen, schrägen Aufbiegung auf Rand und Schulter befestigt ist. Seitlich des Henkels Ringelborte auf der Kante.
Diese Form, Nr. *57* der ISINGS-Klassifikation (76), wird an westlichen Orten im fortgeschrittenen 1. Jh. n.Chr. häufig gefunden (VAN LITH, zit. in Kat. Nr. 155, 67, mit Bibliographie).

Bibl.: Unveröffentlicht.

L.A.S.H.

161

157. Einhenklige Kanne

Inv. 12491.
Pompeji, I, 18, 5.
Max. Höhe 14,5 cm; Randdurchm. 8,4 cm; max. Bauchdurchm. 12,5 cm; Fußdurchm. 7,1 cm.
Grünliches, geblasenes Glas mit kleinen Luftblasen und Streifen. Spiralfaden aus gleichem Glas auf den Rand appliziert.
Absplitterungen an der Fußkante.

Breite, runde Öffnung mit schrägem, zur Öffnung hin umgestülptem Rand. Kurzer Hals mit konkavem Profil; birnenförmiger Körper; gerundeter Bauch; Fuß mit schräger Leiste. Bandförmiger Henkel mit länglicher Vertiefung, der mit doppelter Auffaltung unter dem Rand und mit zwei Zungen auf dem Bauch befestigt ist. Seitlich des Henkelansatzes Spiralbänder als Randdekor.
Die pompejanischen Exemplare nehmen analoge Stücke der ISINGS-Form *123* (153 ff.) vorweg, die in der vorgerückten Kaiserzeit in den westlichen Provinzen verbreitet waren (vgl. K. GOETHERT-POLASCHEK, *Katalog der römischen Gläser des Römischen Landesmuseums Trier*, Trierer Grabungen und Forschungen, 9, Mainz 1977, Form 129 a).

Bibl.: Unveröffentlicht.

L.A.S.H.

162

158. Einhenklige Kanne

Inv. 12492.
Pompeji, I, 18, 5.
Höhe 15,5 cm; Randdurchm. 8 cm; max. Durchm. 12,8 cm; Fußdurchm. 7,5 cm.
Grünliches, geblasenes Glas mit einigen Verwischungen, Unreinheiten und reichlich kleinen Luftblasen. Gleichfarbiger Glasspiralfaden auf den Rand appliziert.
Absplitterungen an der äußeren Fußkante.

Breite, runde Öffnung mit nach innen gestülptem Rand; kurzer, trichterförmiger Hals; schräge Schulter; flach ausladender Bauch; Fuß mit Außenleiste; senkrecht gebogener, bandartiger Henkel, der mit einer doppelten Auffaltung am Rand und mit zwei Zungen am Bauch aufsetzt. Spiralfaden seitlich des Henkelansatzes auf dem Rand.
Zur Verbreitung dieser Kannenform vgl. das vorige Exemplar. Diese beiden und Kat. Nr. 156 wurden zusammen mit anderen Glasgefäßen dieses Services in der südöstlichen Ecke im Atrium desselben Hauses gefunden. (vgl. L.A. SCATOZZA HÖRICHT, *Die Verwendung der römischen Gläser im 1. Jh. n.Chr. und die Fundkomplexe der Vesuvstädte*, in: «Annales du 11e Congrès de l'Association internationale pour l'histoire du verre», Basel 1988, im Druck).

Bibl.: Unveröffentlicht.

L.A.S.H.

159. Rippenschale

Inv. 5723.
Pompeji, III, 5, 5.
Höhe 7 cm; Randdurchm. 15,5 cm.
Blaugrünes Glas; an vielen Stellen schillernde Oberfläche infolge Verfalls. Mit Gußform hergestellt.
Aus zwei Bruchstücken zusammengesetzt. Einige Sprünge im Glas.

Tiefe, hemisphärische Schale mit hohem, senkrechtem Rand. Vom Boden strahlen zwölf Rippen mit abgerundetem Grat leicht spiralenförmig über den Bauch aus.
Die Schalen dieses Typs entsprechen Form *3b* von ISINGS (19 f.) und stammen wahrscheinlich aus syrisch-palästinensischem Gebiet, wo sie zuerst aufkamen. Im westlichen Reich, wo sie in großer Zahl hergestellt wurden, sind sie von augusteischer Zeit bis zum Ende des 1. Jhs. n.Chr. nachgewiesen (vgl. L.A. SCATOZZA HÖRICHT, *Sull'origine del vetro romano di Pompei alla luce di recenti saggi stratigrafici*, in: *RivStPompeiani*, I, 1987, 85 ff.).

Bibl.: Unveröffentlicht.

L.A.S.H.

160. Kanne

Inv. 7520.
Pompeji, I, 8, 14.
Höhe 11 cm; max. Durchm. 9 cm; Bodendurchm. 4 cm.
Blaues, geblasenes Glas mit kleinen Luftbläschen.
Unbeschädigt. Innen gelblicher Überzug infolge Verfalls.

Dreilappige Öffnung mit leicht nach innen gestülpter Kante, zylindrischer Hals, stark gewölbte Schulter, bauchiger Körper, leicht eingezogener Boden. Unter der Kante ist der bandförmige Griff direkt angesetzt, auf der Schulter endet er in zwei Zungen.
Das vorgestellte Stück entspricht der ISINGS-Form *56a* (74 f.) und ist der direkte Vorgänger eines Kannentypus', der in den westlichen Reichsprovinzen bis über flavische Zeit hinaus weiterlebte (vgl. B. CZURDA RUTH, *Die römischen Gläser vom Magdalensberg*, Klagenfurt 1979, 140 ff.).

Bibl.: Unveröffentlicht.

L.A.S.H.

159. Coppa costolata

Inv. 5723.
Pompei, III, 5, 5.
Alt. cm 7; Ø orlo cm 15,5.
Vetro di colore verde-azzurro, spesso, con superficie iridata in alcuni punti per deterioramento. Realizzata a stampo. Ricomposta da due frammenti. Qualche crepatura interna al vetro.

Coppa emisferica profonda, con alto orlo verticale e vasca decorata con diciotto costolature a dorso arrotondato che si irradiano dal fondo con andamento leggermente elicoidale. Fondo leggermente appiattito. Le coppe del tipo in esame, corrispondente alla forma *3b* della ISINGS (p. 19 s.), presumibilmente originarie dell'area siriaco-palestinese, dove tale tipo di coppa emerge nel momento iniziale, sono attestate nelle regioni occidentali dell'Impero, dove furono largamente fabbricate, a partire dall'epoca augustea e durano fino alla fine del I secolo d.C. (cfr. L.A. SCATOZZA HÖRICHT, *Sull'origine del vetro romano di Pompei alla luce di recenti saggi stratigrafici,* in *RivStPompeiani,* I, 1987, p. 85 ss.).

Bibl.: Inedito.

L.A.S.H.

160. Brocchetta trilobata

Inv. 7520.
Pompei, I, 8, 14.
Alt. cm 11; Ø max. cm 9; Ø fondo cm 4.
Vetro soffiato, di colore blu, con piccole bolle d'aria.
Integra. All'interno, pellicola di colore giallognolo, formatasi per deterioramento.

Bocca trilobata con orlino ripiegato verso l'interno, collo cilindrico, spalla fortemente arcuata, ventre globulare, con fondo lievemente introflesso. Ansa sormontante a nastro applicata immediatamente sotto l'orlo e desinente con due lingue sulla spalla.
L'esemplare in questione corrisponde alla forma *56 a* della classificazione della ISINGS (p. 74 s.) e rappresenta il diretto antecedente di un tipo di brocca, che perdura nelle province occidentali dell'Impero romano ben oltre l'epoca flavia (cfr. B. CZURDA RUTH, *Die römischen Gläser der Magdalensberg,* Klagenfurt 1979, p. 140 ss.).

Bibl.: Inedito.

L.A.S.H.

161. Coppa

Inv. 11434.
Pompei, I, 13, 9, casa di Lesbianus.
Alt. cm 12,9; Ø orlo cm 15,7.
Terracotta invetriata.

Impasto duro, ruvido al tatto, con frattura irregolare, di colore rosato (MUNSELL 7.5 YR 7/4). Inclusi rossastri di piccola e media grandezza, irregolarmente distribuiti, di forma pressoché arrotondata. Il vaso è interamente ricoperto da una vetrina di colore verde all'esterno, giallo all'interno.
Coppa con basso piede modanato, corpo emisferico e orlo verticale distinto dal corpo da una rientranza e delimitato in basso da una leggera costolatura. Il vaso presenta il corpo interamente decorato da file di piccole pigne entro ovoli, intervallate da rosette. Databile al I secolo d.C.
L'esemplare, per quanto riguarda la forma, è riferibile al tipo HOCHULI GYSEL, Kelche 3 (cit. in bibl., p. 40 ss.), attribuito a officine dell'Italia settentrionale e la cui produzione durerebbe dall'inizio alla fine del I secolo d.C. Questo esemplare in particolare è stato recentemente attribuito a fabbrica campana (cfr. SORICELLI, cit. in bibl.), in base ad una presunta somiglianza, nelle caratteristiche dell'argilla, con un'altra coppa frammentaria, i cui motivi decorativi sono riscontrabili in ceramica sigillata di produzione puteolana.

Bibl.: A. HOCHULI GYSEL, *Kleinasiatische glasierte Reliefkeramik,* Acta Bernensia VII, Bern 1977, p. 166, T 181; G. SORICELLI, *Osservazioni intorno ad un cratere in ceramica invetriata da Pompei,* in *RivStPompeiani,* II, 1988, p. 248.

L.F.

162. Coppa (skyphos)

Inv. 11792.
Pompei, I, 14, 8.
Alt. cm 8,1; Ø corpo cm 11.
Terracotta invetriata.

Impasto duro, ruvido al tatto, con frattura irregolare, di colore giallo rossastro (MUNSELL 5 YR 8/3). Piccoli e scarsi inclusi micacei irregolarmente distribuiti, di forma pressoché arrotondata. Il vaso è interamente ricoperto da una vetrina di colore verde all'esterno e giallo all'interno.

163–164

Coppa biansata di forma cilindrica, dalle pareti leggermente arrotondate, con basso piede ad anello. Anse verticali ad anello impostate immediatamente al di sotto dell'orlo e sormontate da un elemento a volute collegato all'orlo del vaso mediante un altro elemento semilunato, anch'esso decorato con volute. La parte esterna dell'ansa reca una linea incisa centrale ed una piccola appendice inferiore. Il vaso presenta una decorazione a fasce sovrapposte. L'orlo, liscio, reca una linea incisa in corrispondenza di un'accentuata rientranza, all'interno del vaso. Subito al di sotto dell'orlo vi è prima una fila di onde correnti, poi una serie di festoni, all'interno di ciascuno dei quali vi sono tre elementi vegetali circolari. Tra un festone e l'altro pendono elementi vegetali, ai quali sono attaccati ulteriori festoni, tra i quali sono visibili fiori a 8 petali. Chiude la decorazione, in basso, una fila di pantere correnti. Prima metà del I secolo d.C.
Questa forma rientra tra quelle piú consuete della ceramica invetriata, gli *skyphoi* decorati con motivi naturalistici, prodotti dapprima in Oriente, successivamente in Gallia ed in Italia settentrionale, tra il I secolo a.C. ed il I secolo d.C. (cfr. A. HOCHULI GYSEL, *Kleinasiatische glasierte Reliefkeramik,* Acta Bernesia VII, Bern 1977, p. 250 ss., forma *Ringelskyphos* 1a). La stessa forma si ritrova nel vasellame in argento (coppe della casa del Menandro a Pompei o della villa della Pisanella a Boscoreale), del quale costituisce la riproduzione in ceramica.

Bibl.: Inedito.

L.F.

163-164. Anforette

Inv. 14056.
Pompei, VII, 16 (Ins. Occid.), 19, casa di Fabio Rufo.
Alt. cm 15,7; Ø corpo cm 9,3.
Terracotta invetriata.

Inv. 7461.
Pompei, I, 8, 15, casa di Fufidius Successus.
Alt. cm 10; Ø corpo cm 6,5.
Terracotta invetriata.

Impasto duro, ruvido al tatto, con frattura irregolare, di colore rosso giallastro (MUNSELL 5 YR 5/6). Piccoli e scarsi inclusi micacei, irregolarmente distribuiti, di forma pressoché arrotondata. Il vaso è interamente ricoperto da una vetrina di colore marrone giallastro (MUNSELL 10 YR 5/8). Anforetta con corpo globulare, collo rastremato e orlo leggermente svasato. Anse costolate a sezione semicircolare, impostate sul corpo e al di sotto dell'orlo. Databile al I secolo d.C. Questo tipo di vaso, di probabile produzione orientale, è ispirato, per quanto riguarda la forma, a prototipi metallici.

Bibl.: Inediti.

L.F.

165. Coppa conica

Inv. 1246.
Pompei, VI, 15,6.
Alt. cm 6; Ø bocca cm 10,5; Ø fondo cm 4,5.
Integra.
Argilla arancione chiaro, vernice rosso arancione.

Coppa conica di terra sigillata orientale A di forma 50. La coppa presenta un orlo verticale terminante con un bordo sagomato. Un'altra sagomatura è nel punto di giunzione con il corpo che si presenta fortemente rastremato e terminante con un fondo ad anello.
Questo vasellame, rientrante nelle produzioni fini da mensa e prodotto con ogni probabilità in officine dell'area siro-palestinese, fu molto esportato nel Mediterraneo orientale, mentre in Occidente si ritrova essenzialmente in ambiente italico, in particolare a Pompei.
La coppa, che risulta molto attestata a Pompei, è tipologicamente frequente dal 60-70 al 100 d.C.

Bibl.: Inedita. Per la tipologia cfr. J.W. HAYES, in *EAAAtl,* pp. 36-37, tav. VI, n. 18; G. PUCCI, in *L'instrumentum domesticum* 1977, p. 19.

E.D.C.

166. Brocca

Inv. 8022.
Pompei, I, 9,1.
Alt. cm 16,5; Ø bocca cm 4,5; Ø fondo cm 7.
Argilla arancione chiaro, vernice rosso-arancione.
Integra.

Brocca in terra sigillata orientale A di forma similare alla 104b. Presenta un orlo a fascia estroflesso e piatto superiormente. Il collo è stretto e cilindrico con

161. Becher

Inv. 11434.
Pompeji, I, 13, 9, Haus des Lesbianus.
Höhe 12,9 cm; Randdurchm. 15,7 cm.
Glasierte Terrakotta.

Harte, rauhe Tonmasse mit unregelmäßiger Fraktur und rosa Farbe (MUNSELL 7.5 YR 7/4). Kleine und mittelgroße rötliche Einschlüsse in unregelmäßiger Verteilung und annähernd runder Form. Das Gefäß ist völlig mit Glasur überzogen, außen grün, innen gelb.
Flacher, gekehlter Fuß; hemisphärischer Körper mit senkrechtem Rand, der durch eine Einziehung vom Körper unterschieden und unten von einem kleinen Wulstring begrenzt ist. Der gesamte Körper des Gefäßes wird von Reihen mit Ovuli mit kleinen Pinienzapfen darauf und Rosetten dazwischen dekoriert. 1. Jh. n.Chr.
In Bezug auf die Form ist das Stück mit dem Typ HOCHULI GYSEL, Kelche 3 (zit. in Bibl., 40 ff.) vergleichbar. Er wird süditalischen Werkstätten zugeschrieben und wurde während des gesamten 1. Jhs. n.Chr. hergestellt. Unser spezielles Exemplar wurde aufgrund ähnlicher Tonqualitäten eines zerbrochenen Gefäßes jüngst einer kampanischen Werkstatt zugeschrieben (vgl. SORICELLI, zit. in Bibl.). Dessen Dekorationsmotive sind auf puteolischer *ceramica sigillata* anzutreffen.

Bibl.: A. HOCHULI GYSEL, *Kleinasiatische glasierte Reliefkeramik*, Acta Bernensia VII, Bern 1977, 166, T 181; G. SORICELLI, *Osservazioni intorno ad un cratere in ceramica invetriata da Pompei*, in: *RivStPompeiani*, II, 1988, 248.

L.F.

162. Becher (skyphos)

Inv. 11792.
Pompeji, I, 14, 8.
Höhe 8,1 cm; Körperdurchm. 11 cm.
Glasierte Terrakotta.

Harte, rauhe Tonmasse mit unregelmäßiger Fraktur, gelb-rötliche Farbe (MUNSELL 5 YR 8/3). Wenige, unregelmäßig verteilte, glimmerige Einschlüsse von annähernd runder Form. Das Gefäß ist vollständig glasiert, außen grün, innen gelb.
Zylindrischer Becher mit zwei Henkeln; Seiten leicht gerundet; flacher, ringförmiger Fuß. Auf den senkrechten, ringförmigen Henkeln, die direkt unter dem Rand befestigt sind, sitzt ein volutenförmiges Element. Dies ist durch ein Halbmondelement mit Volute mit dem Gefäßrand verbunden. Die Henkel besitzen außen eine gravierte Mittellinie und unten einen kleinen Anhang. Der Körper wird von übereinanderliegenden Streifen dekoriert. Entsprechend einer betonten Einziehung weist der glatte Rand eine Ritzlinie auf. Direkt unter dem Rand folgt ein Wellenband, dann eine Reihe Girlanden mit je drei runden Pflanzenteilen. Zwischen den einzelnen Girlanden hängen Pflanzenelemente, an denen weitere Girlanden mit achtblättrigen Blüten befestigt sind. Eine Reihe laufender Leoparden schließt die Dekoration unten ab. 1. H. 1. Jh. n.Chr.
Dieser Typ gehört zu den gebräuchlichsten glasierten Keramikformen. Die naturalistisch dekorierten *skyphoi* wurden erst im Orient, dann zwischen dem 1. Jh. v.Chr. und dem 1. Jh. n.Chr. in Gallien und Süditalien hergestellt (vgl. A. HOCHULI GYSEL, *Kleinasiatische glasierte Reliefkeramik*, Acta Bernensia VII, Bern 1977, 250 ff., Form *Ringelskyphos* 1a). Es handelt sich um eine keramische Nachbildung eines Typus, der auch in Silber (Gefäße aus dem Haus des Menander in Pompeji oder der Villa der Pisanella in Boscoreale) überliefert ist.

Bibl.: Unveröffentlicht.

L.F.

163-164. Kleine Doppelhenkelkrüge

Inv. 14056.
Pompeji, VII, 16 (Ins. Occid.), 19, Haus des Fabius Rufus.
Höhe 15,7 cm; Körperdurchm. 9,3 cm.
Glasierte Terrakotta.

Inv. 7461.
Pompeji, I, 8, 15, Haus des Fufidius Successus.
Höhe 10 cm; Körperdurchm. 6,5 cm.
Glasierte Terrakotta.
Harte, rauhe Tonmasse mit unregelmäßiger Fraktur, gelblich-rote Farbe (MUNSELL 5 YR 5/6). Wenige, unregelmäßig verteilte, glimmerige Einschlüsse von annähernd runder Form. Das Gefäß ist völlig von gelblich-brauner Glasur überzogen (MUNSELL 10 YR 5/8).
Doppelhenkelkrug mit bauchigem Körper, verjüngtem Hals und leicht ausladendem Rand. Gerippte Henkel von halbrundem Querschnitt, die auf dem Bauch und unter dem Rand ansetzen. 1. Jh. n.Chr.
Dieser wahrscheinlich im Orient hergestellte Gefäßtyp ist hinsichtlich der Form von metallenen Prototypen beeinflußt.

Bibl.: Unveröffentlicht.

L.F.

165. Konische Schale

Inv. 1246.
Pompeji, VI, 15, 6.
Höhe 6 cm; Randdurchm. 10,5 cm; Bodendurchm. 4,5 cm.
Unbeschädigt.
Helloranger Ton, rotoranger Firnis.

Konische Schale aus Terra sigillata A, Form 50, östliche Produktion. Senkrechter, profilierter Rand. Weiteres Profil am Ansatz des stark verjüngten Körpers. Ringförmiger Boden.
Dieses Gefäß feinen Tischgeschirrs wurde vermutlich in syrisch-palästinensischen Werkstätten hergestellt und in großer Anzahl ins östliche Mittelmeer exportiert. Im Westen dagegen findet man es überwiegend im italischen Raum, vor allem in Pompeji.
Die Schale gehört zu einem Typus, der in Pompeji häufig vorkommt und allgemein zwischen 60/70 und 100 n.Chr. verbreitet ist.

Bibl.: Unveröffentlicht. Zur Typologie vgl. J.W. HAYES, in: *EAAAtl*, 36-37, Taf. VI, Nr. 18; G. PUCCI, in: *L'instrumentum domesticum* 1977, 19.

E.D.C.

166. Einhenklige Flasche

Inv. 8022.
Pompeji, I, 9, 1.
Höhe 16,5 cm; Randdurchm. 4,5 cm; Bodendurchm. 7 cm.
Helloranger Ton, rotoranger Firnis.
Unbeschädigt.

Östliche Terra sigillata A, ähnlich wie Form 104b, ausladender Horizontalrand Schlanker, zylindrischer, geknickter Hals mit Stabhenkel, der senkrecht unter der Kante und auf der Schulter befestigt ist. Bauchiger Körper. Gravierter Kreis innen auf dem Boden. 1. Jh. n.Chr.

Bibl.: Unveröffentlicht. Zur Typologie vgl. G. PUCCI, in: *L'instrumentum domesticum* 1977, 19; J.W. HAYES, *Sigillate Orientali*, in: *EAAAtl*, 43, Taf. IX, Nr. 5.

E.D.C.

167. Flasche

Inv. 10156.
Pompeji, II, 1, 3.
Max. Länge 26 cm; max. Breite 8 cm.
Helloranger Ton, rotoranger Firnis.
Unbeschädigt.

Die Wasserflasche aus Terra sigillata A ist ein Einzelstück unter den Funden Pompejis. Besonders interessant und elegant ist die Halbmondform mit zylindrischem Hals und gerilltem, bandförmigem, senkrechtem Henkel mit kanneliertem, abgerundetem krempenförmigem Rand. 1. Jh. n.Chr, östliche Produktion.

Bibl.: Unveröffentlicht. Allgemein vgl. G. PUCCI, in: *L'instrumentum domesticum* 1977, 19; J.W. HAYES, *Sigillate Orientali*, in: *EAAAtl*, 3-96.

E.D.C.

168. Teller

Inv. 3573.
Pompeji, VI, 16, 12.
Höhe 5 cm; Schalendurchm. 17 cm; Bodendurchm. 8,5 cm.
Rosa Ton, korallenroter Firnis.
Unbeschädigt.

«Spätitalische» Terra sigillata, Form X, Sorte 31/33. Dieser Teller, der zum feinen Tischgeschirr der frühen Kaiserzeit gehört, hat einen senkrechten, abgerundeten Rand und einen hohen, ringförmigen Fuß. Außen kleine Applikationen, die abwechselnd florale Elemente und laufende Tiere zeigen. Die Schale ziert ein gerädeltes Motiv zwischen konzentrischen Kreisen. Der Stempel in ihrer Mitte, *in planta pedis: S(e)x(tus) M(urrius) F(estus?)*, findet sich auch auf 74 anderen Stücken aus Pompeji. Da die Namen *Sextus Murrius Pi(sanus)* und *Sextus Murrius Cladus* auch von anderen Stempeln auf ähnlichen Materialien bekannt sind, gehörten die drei *Murrii* wohl derselben Werkstatt an. Sie konnte bisher nicht lokalisiert werden. Bedeutende Werkstätten befanden sich mit Sicherheit in Pozzuoli, wo ca. zwischen 10 v.Chr. und claudischer Zeit der berühmte *Naevius Hilarus* arbeitete. Es ist daher sehr wahrscheinlich, daß ein Großteil der damals im Vesuvgebiet benutzten italischen Sigillatae von puteolischen Töpfern hergestellt war.
Im besonderen gehört unser Stück zu der sog. spätitalischen Produktion, die durch Formenreduktion und minderwertigere Fabrikation gekennzeichnet ist. Flavisch.

Bibl.: Unveröffentlicht. Ähnliche Beispiele s. in GOUDINEAU 1968, Typ 25b, 373; R. ETIENNE, *La vie quotidienne*, in: *Petit Palais* 1973, Nr. 4; M.P. LAVIZZARI PEDRAZZINI, in: *Scavi di Luni*, I, Rom 1973, 314, Taf. 63, 20; G. PUCCI, in: *L'instrumentum domesticum* 1977, 9-16; M. BERGAMINI SIMONI, *Terre Sigillate con bolli dal territorio di Budrio*, in: *Studi in onore di F. Magi*, Perugia 1979, 16, Abb. VII; G. PUCCI, *Terra Sigillata Italica*, in: *EAAAtl*, 383-385, Taf. CXXI, Nr. 8, 10.

E.D.C.

169. Schale

Inv. 1369a.
Pompeji, I, 6, 5-6.
Höhe 4 cm; Randdurchm. 13 cm; Bodendurchm. 4,5 cm.
Rosa Ton, korallenroter Firnis.
Unbeschädigt.

«Spätitalische» Terra sigillata, Form XIX, Sorte Nr. 5. Schale mit Wandknick und schräg aufsteigender Wandung sowie übergangsloser Kante. Im Inneren der Schale befinden sich zwei konzentrische Kreise und der Stempel *in planta pedis* in der Mitte. Ringförmiger Boden. Flavisch.

Bibl.: Unveröffentlicht. Zur Typologie vgl. GOUDINEAU 1968, Typen 5 und 43, 371, 375; G. MORACCHINI MAZEL, *La necropoli di Palazzetto-Murotondo*, in: *Fouilles de Mariana*, I, Bastia 1971, 48, Abb. 104; G. PUCCI, in: *L'instrumentum domesticum* 1977, 9-16; DERS., *Terra Sigillata Italica*, in: *EAAAtl*, 388, Taf. CXXIV, Nr. 12.

E.D.C.

un'ansa a bastoncello piegata a gomito ed impostata verticalmente al di sotto dell'orlo e poggiante sulla spalla della brocca. Il corpo è globulare mentre il fondo è piatto con internamente un cerchio inciso. Databile al I secolo d.C.

Bibl.: Inedito. Per la tipologia cfr. G. PUCCI, in *L'instrumentum domesticum* 1977, p. 19; J.W. HAYES, *Sigillate Orientali,* in *EAAAtl,* p. 43, tav. IX, n. 5.

E.D.C.

167. Borraccia

Inv. 10156.
Pompei, II, 3.
Lung. max. cm 26; largh. max cm 8.
Argilla arancione chiaro, vernice rosso arancione.
Integra.

Borraccia in sigillata orientale A, vero e proprio unicum nei rinvenimenti pompeiani. Di particolare pregio ed eleganza presenta un corpo di forma semilunata con collo cilindrico ed ansa a nastro verticale con profonde scanalature. L'orlo, estroflesso e tondeggiante, risulta decorato nella parte superiore da scanalature. Databile al I secolo d.C.

Bibl.: Inedito. In generale, cfr. G. PUCCI, in *L'instrumentum domesticum* 1977, p. 19; J.W. HAYES, *Sigillate Orientali,* in *EAAAtl,* pp. 3-96.

E.D.C.

168. Piatto

Inv. 3573.
Pompei, VI, 16, 12.
Alt. cm 5; Ø vasca cm 17; Ø fondo cm 8,5.
Argilla rosata, vernice rosso corallina.
Integro.

Piatto in terra sigillata «tardo-italica» di forma X, varietà 31/33. Il piatto, che si inquadra nelle produzioni fini da mensa dell'inizio dell'impero, presenta un basso orlo verticale con bordo tondeggiante ed un alto piede ad anello. All'esterno sono piccole decorazioni applicate raffiguranti in posizione alternata elementi floreali e animali in corsa. La vasca risulta decorata da un motivo a rotella fra cerchi concentrici con all'interno il bollo *in planta pedis: S(e)x(tus) M(urrius) F(estus?),* che risulta attestato in altri 74 esemplari rinvenuti nell'area archeologica di Pompei. Conoscendosi dai bolli su analoghi materiali anche i nomi di *Sextus Murrius Pi(sanus)* e *Sextus Murrius Cladus,* è molto probabile che tutti e tre i *Murrii* lavorassero in una stessa officina, anche se non è possibile attualmente ubicarne la località. Sappiamo tuttavia che importanti officine erano sicuramente a Pozzuoli, dove operò all'incirca tra il 10 a.C. e l'età claudia il famoso *Naevius Hilarus,* ed è molto probabile quindi che gran parte delle sigillate italiche provenienti dall'area vesuviana ed ancora in uso al momento dell'eruzione, siano state prodotte dai vasai puteolani. Piú in particolare il presente piatto appartiene alla produzione denominata tardo-italica, caratterizzata da una riduzione della varietà delle forme e da una piú scadente fabbricazione è databile all'età flavia.

Bibl.: Inedito. Per esemplari simili cfr. GOUDINEAU 1968, tipo 25b, p. 373; R. ETIENNE, *La vie quotidienne,* in *Petit Palais* 1973, n. 4; M.P. LAVIZZARI PEDRAZZINI in AA.VV., *Scavi di Luni,* I, Roma 1973, p. 314, tav. 63, 20; G. PUCCI, in *L'instrumentum domesticum* 1977, pp. 9-16; M. BERGAMINI SIMONI, *Terre Sigillate con bolli dal territorio di Budrio,* in *Studi in onore di F. Magi,* Perugia 1979, p. 16, fig. VII; G. PUCCI, *Terra Sigillata Italica,* in *EAAAtl,* pp. 383-385, tav. CXXI, nn. 8 e 10.

E.D.C.

165

166

169. Coppa carenata

Inv.1369a.
Pompei, I, 6, 5-6.
Alt. cm 4; Ø bocca cm 13; Ø fondo cm 4,5.
Argilla rosata, vernice rosso-corallina.
Integra.

Coppa carenata in terra sigillata «tardo-italica» di forma XIX, varietà n. 5. La coppa è carenata con parete inclinata verso l'esterno ed un orlo indistinto dal resto del corpo. La vasca presenta all'interno due cer-

167

168

169

170

170. Schale

Inv. 19636.
Pompeji, genauer Fundort unbekannt.
Höhe 5 cm; Randdurchm. 15,5 cm; Bodendurchm. 5 cm.
Rosa Ton, korallenroter Firnis.
Unbeschädigt.

«Spätitalische» Terra sigillata, Form XV, Sorte 2 und 3. Schale mit Wandknick und schräg aufsteigender Wandung sowie übergangsloser Kante. Im Inneren der Schale befindet sich ein konzentrischer Kreis mit dem Stempel *in planta pedis* in der Mitte. Ringförmiger Boden. Flavisch.

Bibl.: Unveröffentlicht. Zur Typologie vgl. GOUDINEAU 1968, Typ 2, 371; G. MORACCHINI MAZEL, *La necropoli di Palazzetto-Murotondo*, in: *Fouilles de Mariana*, I, Bastia 1971, 38, Abb. 84; G. PUCCI, in: *L'instrumentum domesticum* 1977, 9-16; DERS., in: *EAAAtl*, 387, Taf. CXXIII, Nr. 18, Taf. CXXIV, Nr. 1.

E.D.C.

171. Schüssel

Inv. 6465.
Pompeji, I, 8.
Höhe 9,5 cm; Randdurchm. 21 cm; Bodendurchm. 7 cm.
Rosa Ton, mattroter Firnis.
Vollständig, aber aus Fragmenten wieder zusammengesetzt.

Südgallische Terra sigillata vom Typ Dragendorff 29. Schüssel mit tiefem Wandknick und weit ausladendem Körper. Wohlgeformter, nach außen gebogener Rand. Auf dem Boden doppelter Kreis mit unlesbarem Stempel *in planta pedis*. Der hohe Dekorstreifen der Schale, der ein floral-geometrisches Motiv aus Wellenlinien und kurzen senkrechten Elementen zeigt, wird von Perlschnüren begrenzt. Der Teil zwischen Kiel und Boden weist dagegen doppelte Pflanzentriebe und ein Girlandenmotiv zwischen vertikalen Elementen auf. Fuß ringförmig.
Diese Schalen wurden im ganzen 1. Jh. in großer Zahl hergestellt und wurden dann zunehmend durch die halbkugelige Form Dragendorff 37 verdrängt, die im 2. Jh. vorherrschte und in Pompeji schon gut bezeugt ist.
Der berühmte Fund einer Kiste mit über 90 südgallischen Keramikgefäßen 1882 in Haus VIII, 5, 9 (vgl. SPINAZZOLA, in: *Not. Scavi*, 1881, 300, 322; EBD., 1882, 275 ff., D. ATKINSON, *A Hoard of Samian Ware from Pompeii*, in: *JRS*, IV, 1914, 27-64) zeigt, daß die große Vorliebe für solche Keramik der italischen Sigillata zunehmend zusetzte und sie in Bezug auf dekorierte Gefäße verdrängte.

Bibl.: Unveröffentlicht. Zu ähnlichen Exemplaren vgl. *Pompeii A.D. 79*, 1978, 201, Nr. 260; J.P. MOREL, *La ceramica e il vetro*, in: *Pompei 79*, bes. 250-252, Abb.. 166; *Collezioni Napoli* 1986, 194, Nr. 147.

E.D.C.

171

172. Becher

Inv. 10719.
Pompeji, II, 4.
Höhe 10 cm; Randdurchm. 6,5 cm; Bodendurchm. 3,5 cm.
Braun-oranger Ton.
Unbeschädigt.

Eiförmiger, zweihenkliger Becher mit dünnen Wänden, Typ 1/26. Kurzer, erst eingezogener, dann ausgestülpter Rand. Körper zum flachen Boden hin stark verjüngt; ringförmiger Fuß. Die vertikalen Henkel setzen unter dem Rand und auf mittlerer Körperhöhe an und bilden im Oberteil einen spitzen Zipfel. 1. Jh. n.Chr.
Mit dem Begriff der dünnwandigen Keramik ist Geschirr gemeint, dessen Wände so dünn wie Glas sein können. Sie stehen zwischen den vornehmeren Sigillatae und dem eigentlichen Küchengeschirr. Die in Kampanien gefundenen Stücke ließen aufgrund der Besonderheiten des Tons und der morphologischen Situation bedeutende Werkstätten in dieser Gegend vermuten, auch wenn es für ihre Lokalisierung bisher keine Anhaltspunkte gibt.

Bibl.: Unveröffentlicht. Zu ähnlichen Exemplaren vgl. A. CARANDINI, in: *L'instrumentum domesticum* 1977, 25-26, Taf. IX, Nr. 10; A. RICCI, *Ceramica a pareti sottili*, in: *EAAAtl*, 250, Typ 1/26, Taf. LXXIX, Nr. 13.

E.D.C.

173. Becher

Inv. 10676.
Pompeji, II, 4, 8.
Höhe 6,5 cm; Randdurchm. 6 cm; Bodendurchm. 2,5 cm.
Cremefarbener Ton.
Unbeschädigt.

172

chi concentrici con internamente un bollo *in planta pedis*. Il fondo è ad anello. Età flavia.

Bibl.: Inedito. Per la tipologia cfr. GOUDINEAU 1968, tipi 5 e 43; pp. 371, 375; G. MORACCHINI MAZEL, *La necropoli di Palazzetto-Murotondo*, in *Fouilles de Mariana*, I, Bastia 1971, p. 48, fig. 104; G. PUCCI, in *L'instrumentum domesticum* 1977, pp. 9-16; ID., *Terra Sigillata Italica*, in *EAAAtl*, p. 388, tav. CXXIV, n. 12.

E.D.C.

170. Coppa carenata

Inv.19636.
Pompei, provenienza non precisabile.
Alt. cm 5; Ø bocca cm 15,5; Ø fondo cm 5.
Argilla rosata, vernice rosso corallina.
Integra.

173

176

Coppa carenata di terra sigillata «tardo-italica» di forma XV, varietà 2 e 3. La coppa è carenata con parete inclinata verso l'esterno ed un orlo indistinto dal resto del corpo. La vasca presenta all'interno un cerchio concentrico con internamente un bollo *in planta pedis*. Il fondo è ad anello. Età flavia.

Bibl.: Inedito. Per la tipologia, cfr. GOUDINEAU 1968 tipo 2, p. 371; G. MORACCHINI MAZEL, *La necropoli di Palazzetto-Murotondo*, in *Fouilles de Mariana*, I, Bastia 1971, p. 38, fig. 84; G. PUCCI, in *L'instrumentum domesticum* 1977, pp. 9-16; ID., in *EAAAtl*, p. 387, tav. CXXIII, n. 18, tav. CXXLV, n. 1.

E.D.C.

174

175

171. Coppa carenata

Inv. 6465.
Pompei, I, 8.
Alt. cm 9,5; Ø bocca cm 21; Ø fondo cm 7.
Argilla rosata, vernice rosso-mattone.
Integra ma ricomposta da piú frammenti.

Coppa carenata in terra sigillata sud-gallica di tipo Dragendorff 29.
Si tratta di una coppa dal corpo fortemente svasato e dalla carena bassa. L'orlo, estroflesso e ben delineato rispetto al corpo, presenta sul fondo un doppio cerchio con bollo *in planta pedis* illeggibile. Il corpo della coppa risulta decorato da un'alta fascia delimitata da perline con un motivo geometrico floreale reso con linee ondulate e corti tratti verticali. La parte del corpo tra la carena ed il fondo presenta invece un doppio tralcio floreale ed un motivo a festone tra tratti verticali. Il fondo è ad anello.

Tale coppa, ampiamente prodotta in questa forma per tutto il I secolo, venne progressivamente soppiantata da quella emisferica di tipo Dragendorff 37 che sarà dominante nel II secolo e che appare già ben attestata a Pompei.
Il famoso rinvenimento di una cassa contenente ben 90 vasi di ceramica sud-gallica, avvenuto nel 1882 nello scavo della casa VIII, 5, 9 (cfr. SPINAZZOLA, in *Not. Scavi*, 1881, pp. 300, 322; *ibid.*, 1882, p. 275 ss.; D. ATKINSON, *A Hoard of Samian Ware from Pompeii*, in *JRS*, IV, 1914, pp. 27-64), mostra il largo favore che tale ceramica andava progressivamente incontrando anche a discapito della sigillata italica, che verrà soppiantata almeno per quanto riguarda la produzione di vasellame decorato.

Bibl.: Inedito. Per esemplari simili, cfr.: *Pompeii A.D. 79* 1978, p. 201, n. 260; J.P. MOREL, *La ceramica e il vetro*, in *Pompei 79*, in particolare pp. 250-252, fig. 166; *Collezioni Napoli* 1986, p. 194, n. 147.

E.D.C.

172. Bicchiere

Inv. 10719.
Pompei, II, 4.
Alt. cm 10; Ø bocca cm 6,5; Ø fondo cm 3,5.
Argilla bruno-arancio.
Integro.

Bicchiere ovoide biansato in ceramica a pareti sottili di tipo 1/26. L'orlo, breve e inclinato verso l'esterno, presenta inferiormente una solcatura orizzontale. Il corpo risulta fortemente rastremato verso il fondo che è piatto e poggia su un piede ad anello. Le anse verticali, impostate superiormente proprio al di sotto dell'orlo e inferiormente a metà del corpo, presentano la parte superiore «pizzicata». Databile al I secolo d.C.
Con il termine di ceramica a pareti sottili si identifica una produzione di ceramica da mensa dalle pareti a volte sottilissime quasi imitanti lo spessore del vetro. Essa si pone a metà strada fra le piú «nobili» sigillate ed il vasellame piú propriamente da cucina. Le pareti sottili rinvenute in Campania, per la particolarità delle argille e dell'aspetto morfologico, hanno fatto ipotizzare l'esistenza di alcune importanti officine in quest'area, anche se al momento non possediamo dati per una loro esatta collocazione.

Bibl.: Inedito. Per esemplari simili, cfr. A. CARANDINI, in *L'instrumentum domesticum* 1977, pp. 25-26, tav. IX, n. 10; A. RICCI, *Ceramica a pareti sottili*, in *EAAAtl*, p. 250, tipo 1/26, tav. LXXIX, n. 13.

E.D.C.

177

177

Dünnwandiger Miniaturbecher, ähnlich Typ 2/289. Aufrechter Rand mit zwei Rillen darunter. Sehr tiefer Körper auf hohem Fuß. Die flachen und oben zugespitzten Henkel sind unter dem Rand und auf mittlerer Körperhöhe angebracht. 1. Jh. n.Chr.

Bibl.: Unveröffentlicht. Zu ähnlichen Exemplaren vgl. J.W. HAYES, *Roman Pottery in the Royal Ontario Museum*, Toronto 1976, Abb. 9, Nr. 146; A. CARANDINI, in: *L'instrumentum domesticum* 1977, 25-26, Taf. IX, Nr. 10; A. RICCI, *Ceramica a pareti sottili*, in: *EAAAtl*, 296, Taf. XCV, Nr. 4.

E.D.C.

174. Becher

Inv. 13229.
Pompeji, I, 12, 6.
Höhe 9,5 cm; Randdurchm. 11,5 cm; Bodendurchm. 5,5 cm.
Orange-brauner Ton.
Unbeschädigt.

Zweihenkliger Becher in dünnwandiger Keramik, Typ 2/222. Verstärkter Randstreifen. Schale mit tiefem Wandknick und flachem Boden. Die ringförmigen, gerillten Henkel sind unter dem Rand und auf mittlerer Körperhöhe senkrecht angebracht. Bis zum Knick ist die ganze Schale mit zwei parallelen, waagerechten Reihen stark stilisierter Seerosen in Barbotine-Technik verziert. 1. Jh. n.Chr.

Bibl.: Unveröffentlicht. Zu ähnlichen Exemplaren vgl. A. CARANDINI, in: *L'instrumentum domesticum* 1977, 26-27, Taf. XII, Nr. 28; K.T. GREENE, *The Pre-Flavian Fine Wares. Reports on the Excavations at Usk 1965-1966*, Cardiff 1979, Abb. 34.3; A. RICCI, *Ceramica a pareti sottili*, in: *EAAAtl*, 300, Taf. XCVI, Nr. 10.

E.D.C.

175. Becher

Inv. 12269.
Pompeji, I, 14, 13.
Höhe 11,5 cm; Randdurchm. 16 cm; Bodendurchm. 6 cm.
Oranger Ton.
Unbeschädigt.

Dünnwandiger Becher mit Knick vom Typ 2/222. Leicht verstärkter Randstreifen. Tiefe Schale mit Wandknick und flachem Boden. Die ringförmigen, tief gerillten Henkel sind unter der Lippe und auf halber Körperhöhe befestigt. Die Dekoration aus gerädelten kleinen, diagonalen Strichgruppen läßt nur den Rand frei. 1. Jh. n.Chr.

177

Bibl.: Unveröffentlicht. Zu ähnlichen Exemplaren vgl. A. CARANDINI, in: *L'instrumentum domesticum* 1977, 25-26, Taf. IX, Nr. 25; K.T. GREENE, *The Pre-Flavian Fine Wares. Reports on the Excavations at Usk 1965-1966*, Cardiff 1979, Abb. 34.3; A. RICCI, *Ceramica a pareti sottili*, in: *EAAAtl*, 300, Taf. XCVI, Nr. 10, Dekor Nr. 5, 316, Taf. CII, Nr. 1.

E.D.C.

176. Trinkhorn (rhyton)

Inv. 11435.
Pompeji, I, 13, 9.
Länge 16 cm; Randdurchm. 15,5 cm.
Rosa-cremefarbener Ton.
Unbeschädigt.

Dünnwandiges *rhyton* mit zylindrischem Körper, das in einer schlanke Spitze endet. Leicht eingezogener Randstreifen.
Auf dem ohrenförmigen, senkrechten Henkel sitzt eine Volute auf. Flache, runde Einstanzungen zieren das *rhyton* um den Henkel und unter dem Rand, wo sie in Form von Girlanden angeordnet sind. Runde Tonknubben sind auf den Henkel appliziert. 1. Jh. n.Chr. Außer formalen Aspekten lassen die Schönheit und Eleganz dieses Stückes eine direkte Abhängigkeit von analogen Edelmetallstücken vermuten.

Bibl.: A. CARANDINI, in: *L'instrumentum domesticum* 1977, 28, Taf. XVII, Nr. 70-71.

E.D.C.

177. Kanne (oinochoe)

Inv. 10901.
Pompeji, II, 8, 2.

173. Bicchiere

Inv. 10676.
Pompei, II, 4, 8.
Alt. cm 6,5; Ø bocca cm 6; Ø fondo cm 2,5.
Argilla crema.
Integra.

Bicchiere miniaturistico in ceramica a pareti sottili, simile al tipo 2/289, dall'orlo dritto con al di sotto due solcature. La vasca è molto profonda e poggia su un alto piede. Le anse, impostate verticalmente al di sotto dell'orlo ed a metà del corpo, sono piatte e «pizzicate» superiormente. Databile al I secolo d.C.

Bibl.: Inedito. Per esemplari simili, cfr. J.W. HAYES, *Roman Pottery in the Royal Ontario Museum,* Toronto 1976, fig. 9, n. 146; A. CARANDINI, in *L'instrumentum domesticum* 1977, pp. 25-26, tav. IX, n. 10; A. RICCI, *Ceramica a pareti sottili,* in *EAAAtl,* p. 296, tav. XCV, n. 4.

E.D.C.

175. Coppa carenata

Inv. 12269.
Pompei, I, 14, 13.
Alt cm 11,5; Ø bocca cm 16; Ø fondo cm 6.
Argilla arancio.
Integra.

Coppa carenata in ceramica a pareti sottili di tipo 2/222, con orlo a fascia leggermente ingrossato. La vasca, profonda e con carena nella parte inferiore, poggia su un fondo piatto. Le anse verticali, ad anello con profonde scanalature, si impostano superiormente al di sotto dell'orlo ed inferiormente a metà del corpo. Tutto il corpo, salvo l'orlo, presenta una decorazione a rotella costituita da gruppi di piccoli tratti paralleli formanti brevi diagonali. Databile al I secolo d.C.

Bibl.: Inedito. Per esemplari simili cfr. A. CARANDINI, in *L'instrumentum domesticum* 1977, pp. 25-26, tav. IX, n. 25; K.T. GREENE, *The Pre-Flavian Fine Wares. Reports on the Excavations at Usk 1965-1966*, Cardiff 1979, fig. 34.3; A. RICCI, *Ceramica a pareti sottili,* in *EAAAtl*, p. 300, tav. XCVI, n. 10, decorazione n. 5, p. 316, tav. CII, n. 1.

E.D.C.

ganza di questo pezzo, oltre all'aspetto morfologico, ne fanno ipotizzare una stretta dipendenza da analoghi oggetti in metallo prezioso.

Bibl.: A. CARANDINI, in *L'instrumentum domesticum* 1977, p. 28, tav. XVII, nn. 70-71.

E.D.C.

177. Brocca (oinochoe)

Inv. 10901.
Pompei, II, 8, 2.
Alt. all'orlo cm 16,9; alt. all'ansa cm 20,3; Ø fondo cm 5,2.
Argilla arancio-scuro.
Integra, solo l'ansa è in parte di restauro.

Oinochoe a rotelle in ceramica di produzione locale con un alto collo cilindrico e spalla obliqua. Il corpo è ovoidale mentre il fondo è ad anello. Dalla bocca parte un'ansa a nastro che si eleva con un movimento sinuoso al di sopra dell'orlo per poi ripiegare in basso e saldarsi all'altezza della spalla. L'ansa, decorata da brevi tratti obliqui, presenta all'attacco con il corpo un'*applique* a maschera satiresca. Il collo e la spalla risultano decorati da tratti verticali e da fasce con motivi cuoriformi e ad onde. Il corpo presenta invece una teoria di figurine identificabili con l'iconografia legata al mito di Ifigenia, e poi applicate, che, a partire da sinistra, raffigurano:
a) figura maschile, stante, con il braccio destro teso in avanti nell'atto di appoggiarsi ad un bastone mentre il sinistro è ripiegato nell'atto di coprirsi la testa;
b) figura maschile, stante, con le braccia tese in avanti; con la mano destra impugna una spada, invece la sinistra è tesa verso la figura femminile successiva;
c) figura femminile, stante, con lunga veste e le braccia unite in grembo; la testa è piegata verso la spada del precedente personaggio;
d) figura maschile, stante, rappresentata nell'atto di sorreggere la fanciulla precedente passandole le mani sotto le braccia;
e) figura maschile avvolta in un lungo mantello che gli copre la testa e scende fino ai piedi; il braccio sinistro

178

179

180

174. Coppa carenata

Inv. 13229.
Pompei, I, 12, 6.
Alt. cm 9,5; Ø bocca cm 11,5; Ø fondo cm 5,5.
Argilla arancio-bruno.
Integra.

Coppa carenata biansata in ceramica a pareti sottili di tipo 2/222, con orlo a fascia ingrossato. La vasca, profonda e con carena nella parte inferiore, poggia su un fondo piatto. Le anse verticali, ad anello con profonde scanalature, si impostano superiormente al di sotto dell'orlo ed inferiormente a metà del corpo. Tutto il corpo fino all'altezza della carena, presenta una decorazione a barbotina con foglie d'acqua fortemente stilizzate in doppia fila orizzontale e parallela. Databile al I secolo d.C.

Bibl.: Inedito. Per esemplari simili cfr. A. CARANDINI, in *L'instrumentum domesticum* 1977, pp. 26-27, tav. XII, n. 28; K.T. GREENE, *The Pre-Flavian Fine Wares. Reports on the Excavations at Usk 1965-1966,* Cardiff 1979, fig. 34.3; A. RICCI, *Ceramica a pareti sottili,* in *EAAAtl,* p. 300, tav. XCVI, n. 10.

E.D.C.

176. Corno potorio (rhyton)

Inv. 11435.
Pompei, I, 13, 9.
Lungh. cm 16; Ø bocca cm 15,5.
Argilla crema-rosata.
Integro.

Il *rhyton* a pareti sottili presenta un corpo cilindrico terminante con un sottile puntale ed una bocca delimitata da una fascia leggermente incavata.
L'ansa, impostata verticalmente sul corpo, è a forma di orecchietta con al di sopra una voluta. Il corpo del *rhyton* è decorato da leggere impressioni circolari poste intorno all'ansa e delimitanti la bocca dove assumono la forma di un motivo a ghirlande. Altre decorazioni circolari applicate sono al di sopra dell'ansa. Databile al I secolo d.C. La bellezza e l'ele-

Höhe bis Rand 16,9 cm; Höhe bis Henkel 20,3 cm; Bodendurchm. 5,2 cm.
Dunkeloranger Ton.
Unbeschädigt, nur der Henkel ist teilweise restauriert.

Lokale, gerädelte *oinochoe* mit hohem, zylindrischem Hals und schräger Schulter. Eiförmiger Körper, ringförmiger Fuß. Von der Mündung über den Rand sich aufschwingender Henkel, der sich dann auf die Schulter herabbeugt. Er ist mit kurzen, schrägen Strichen dekoriert und weist am Schulteransatz eine Satyrmaske auf. Hals und Schulter zieren senkrechte Striche und Streifen mit herz- und wellenförmigen Motiven. Der Bauch stellt ein Programm applizierter Figuren vor, deren Ikonographie dem Iphigenie-Mythos verbunden ist. Von links:
a) Stehende, männliche Figur, die sich mit dem vorgestreckten rechten Arm auf einen Stock stützt, während die Linke das Gesicht bedeckt.
b) Stehende, männliche Figur, in der vorgestreckten Rechten ein Schwert, die Linke der folgenden, weiblichen Figur entgegengestreckt.
c) Stehende, weibliche Figur in langem Gewand, die Hände vor dem Schoß gefaltet. Der Kopf neigt sich zum Schwert von b).
d) Stehende, männliche Figur, die c) unter den Armen stützt.
e) Männliche Figur in langem Mantel, der den Kopf bedeckt und bis auf die Füße herabfällt. Mit dem linken Arm stützt er sich auf einen Stock, der rechte ist zum Kopf erhoben.
f) Stehende, männliche Figur, mit dem rechten Arm auf einen Stock gestützt, mit dem linken das Gesicht bedeckend.
Diese besonders bedeutende *oinochoe* hebt sich durch Raffinesse und Eleganz von anderen Objekten der selben Keramikgruppe ab und steht dem feinen Tischgeschirr näher. Sie zeugt vom hohen technischen Können des lokalen Kunsthandwerks. Der lokalen Keramikproduktion zählt man tatsächlich eher die einfacheren, alltäglichen Gegenstände für Küche und Tafel zu, die meist von Handwerkern vor Ort und ohne besonderen Anlaß hergestellt wurden. Dennoch imitieren manche Keramikstücke, so diese, feinere Arbeiten aus Glas oder Metall (vgl. M. ANNECHINO, in: *L'instrumentum domesticum* 1977, 105-120). 1. Jh. n.Chr.

Bibl.: S. DE CARO, *Ifigenia in Aulide su una brocca fittile da Pompei*, in: *Boll. d'Arte*, 1984, Nr. 23, 39-50.

E.D.C.

178. Kleiner Topf

Inv. 19556.
Pompeji, genauer Fundort unbekannt.
Höhe 13,5 cm; Öffnung 9,5 cm; Boden 5 cm.
Cremefarbener Ton.
Unbeschädigt.

Lokal hergestellter Tontopf mit bauchigem, stark zum Fuß hin verjüngtem Körper. Erst stark eingezogener, dann ausladender Rand. Die bandförmigen, senkrechten Henkel sind mittig eingemuldet und an der Kante und auf dem Bauch befestigt. Ringförmiger Fuß. 1. Jh. n.Chr.

Bibl.: Unveröffentlicht. Zum Typ vgl. *Pompei A.D. 79*, 1978, 205, Nr. 284, 286; J.P. MOREL, *La ceramica e il vetro*, in: *Pompei 79*, bes. 252-253, Abb. 168.

E.D.C.

179. Kleiner Topf

Inv. 9119.
Pompeji, II, Gasse zum sog. Haus des Töpfers.
Höhe 11,5 cm; Randdurchm. 7 cm; Bodendurchm. 4 cm.
Cremefarbener Ton.
Unbeschädigt.

Lokal hergestellter, eiförmiger Tontopf. Stark eingezogener und wieder ausladender Rand. Die senkrechten, doppelrippigen Henkel sind unter der Kante und auf halber Bauchhöhe befestigt. Der Boden ist flach. 1. Jh. n.Chr.

Bibl.: Unveröffentlicht.

E.D.C.

180. Kleiner Topf

Inv. 1320.
Pompeji, I, 6, 9.
Höhe 13 cm; Randdurchm. 5,5 cm; Bodendurchm. 2,5 cm.
Cremefarbener Ton.
Unbeschädigt.

Kleiner, eiförmiger Tontopf lokaler Produktion mit Rand in Form eines Blütenkelchs. Flacher Boden. 1. Jh. n.Chr.

Bibl.: Unveröffentlicht.

E.D.C.

181. Kanne (oinochoe)

Inv. 10748.
Pompeji, II, 13.
Höhe 13 cm; Bodendurchm. 4 cm.
Rosa-cremefarbener Ton.
Unbeschädigt.

Oinochoe aus lokaler Produktion mit senkrechtem, stabförmigem Henkel, der an der Gefäßlippe mit einer summarisch gestalteten Tierprotome abschließt. Den eiförmigen Körper zieren unregelmäßige, zu einem waagerechten Band angeordnete «Hundszähne». Flacher Boden. 1. Jh. n.Chr.

Bibl.: Unveröffentlicht.

E.D.C.

182. Kanne (olpe)

Inv. 19576.
Pompeji, genauer Fundort unbekannt.
Höhe 11 cm; Randdurchm. 5,5 cm; Bodendurchm. 4 cm.
Cremefarbener Ton.
Unbeschädigt.

Lokal hergestellte Miniaturolpe aus Ton. Bandförmiger, senkrechter Henkel, der direkt an der Kante und auf

181

182

183

184

185

186

è teso in avanti nell'atto di appoggiarsi ad un bastone mentre il destro è piegato e portato verso la testa;
f) figura maschile, stante, con il braccio destro teso in avanti nell'atto di appoggiarsi ad un bastone, mentre il sinistro è ripiegato nell'atto di coprirsi la testa.
Questa *oinochoe,* di particolare pregio e importanza, si distacca per raffinatezza ed eleganza dagli altri oggetti della stessa classe ceramica per avvicinarsi piuttosto alle produzioni fini della mensa, testimoniando l'alta capacità tecnica degli artigiani locali. Per ceramica di produzione locale si intende, infatti, generalmente tutto quel vasellame piú «ordinario» utilizzato in cucina o sulla mensa per uso quotidiano, prodotto da artigiani per lo piú del posto e senza particolari pretese, anche se compaiono a volte oggetti, come è appunto qui il caso, che imitano le forme di ceramiche piú raffinate o della produzione in vetro e in metallo (cfr. M. ANNECHINO, in *L'instrumentum domesticum* 1977, pp. 105-120). Databile al I secolo d.C.

Bibl.: S. DE CARO, *Ifigenia in Aulide su una brocca fittile da Pompei,* in *Boll. d'Arte,* 1984, n. 23, pp. 39-8.

E.D.C.

178. Olla

Inv. 19556.
Pompei, provenienza non precisabile.
Alt. cm 13,5; bocca cm 9,5; fondo cm 5.
Argilla crema.
Integra.

Olla in ceramica di produzione locale dal corpo globulare fortemente rastremato verso il fondo. L'orlo è svasato con una forte impressione all'interno Le anse sono a nastro verticale con insellatura centrale e risultano impostate all'altezza dell'orlo ed alla metà del corpo. Il fondo è ad anello. Databile al I secolo d.C.

Bibl.: Inedito. Per il tipo cfr. *Pompeii A.D. 79* 1978, p. 205, nn. 284, 286; J.P MOREL, *La ceramica e il vetro,* in *Pompei 79,* in particolare pp. 252-253, fig. 168.

E.D.C.

179. Olla

Inv. 9119.
Pompei, II, vicolo della c.d. casa del Vasaio.
Alt. cm 11,5; Ø bocca cm 7; Ø fondo cm 4.
Argilla crema.
Integra.

Olla in ceramica di produzione locale dal corpo ovoide. L'orlo è fortemente estroflesso con una forte impressione all'interno. Le anse a doppio bastoncello verticale sono impostate al di sotto dell'orlo ed a metà corpo. Il fondo è piatto. Databile al I secolo a.C.

Bibl.: Inedito.

E.D.C.

180. Olla

Inv. 1320.
Pompei, I, 6, 9.
Alt. cm 13; Ø bocca cm 5,5; Ø fondo cm 2,5.
Argilla crema.
Integra.

Olletta con corpo ovoide ed orlo a corolla in ceramica di produzione locale. Il fondo è piatto. Databile al I secolo d.C.

Bibl.: Inedito.

E.D.C.

181. Brocca (oinochoe)

Inv. 10748.
Pompei, II, 13.
Alt. cm 13; Ø fondo cm 4.
Argilla crema-rosata.
Integra.

Oinochoe in ceramica di produzione locale con ansa verticale a bastoncello terminante all'altezza dell'orlo con una protome animale sommariamente delineata. Il corpo ovoide risulta decorato da incisioni formanti una fascia orizzontale con all'interno denti di lupo di forma irregolare. Il fondo è piatto. Databile al I secolo d.C.

Bibl.: Inedito.

E.D.C.

182. Ampolla (olpe)

Inv. 19576.
Pompei, provenienza non precisabile.
Alt. cm 11; Ø bocca cm 5,5; Ø fondo cm 4.
Argilla crema.
Integra.

Olpe miniaturistica in ceramica di produzione locale con ansa a nastro verticale impostata direttamente sull'orlo e a metà del corpo. L'orlo risulta fortemente estroflesso, mentre il corpo è ovoide ed il fondo è piatto. Databile al I secolo d.C.

Bibl.: Inedito.

E.D.C.

183. Brocchetta

Inv. 10592.
Pompei, II, 11, 2.
Alt. cm 11; Ø bocca cm 3; Ø fondo cm 4,5.
Argilla rosa.
Integra.

Brocchetta in ceramica di produzione locale con ansa verticale a nastro leggermente insellata ed impostata al di sotto dell'orlo e all'altezza della spalla. Il collo è cilindrico e termina con un orlo a fascia. Il corpo, lenticolare, presenta una serie di fasce, rilevate e degradanti verso il fondo, decorate con una serie di piccoli tratti orizzontali e paralleli imitanti l'intreccio della paglia. Il fondo è piatto. Databile al I secolo d.C.

Bibl.: Inedito.

E.D.C.

184. Fiasca

Inv. 1433 D.
Pompei, I, 6, 3.
Alt. cm 23; Ø bocca cm 5.5; Ø fondo cm 9,5.
Argilla crema.
Integra.

Fiasca in ceramica di produzione locale con ansa verticale a nastro, presentante un'insellatura centra-

halber Körperhöhe ansetzt. Lippe stark ausschwingend, Körper eiförmig, Boden flach. 1. Jh. n.Chr.

Bibl.: Unveröffentlicht.

E.D.C.

183. Kleine Flasche

Inv. 10592.
Pompeji, II, 11, 2.
Höhe 11 cm; Randdurchm. 3 cm; Bodendurchm. 4,5 cm.
Rosa Ton.
Unbeschädigt.

Lokal hergestellte, kleine Flasche. Der senkrechte, bandförmige Henkel ist leicht eingemuldet sowie unter der Kante und auf der Schulter befestigt. Der zylindrische Hals endet in einem streifenförmigen Rand. Der linsenförmige Körper wird von einer Reihe akzentuierter, zum Boden hin schmaler werdender Streifen mit kleinen, waagerechten Strichen dekoriert, die Strohgeflecht imitieren. Flacher Boden. 1. Jh. n.Chr.

Bibl.: Unveröffentlicht.

E.D.C.

184. Flasche

Inv. 1433 D.
Pompeji, I, 6, 3.
Höhe 23 cm; Randdurchm. 5,5 cm; Bodendurchm. 9,5 cm.
Cremefarbener Ton.
Unbeschädigt.

Lokal produzierte Flasche mit senkrechtem, bandförmigem Henkel mit mittlerer Einmuldung, der unter dem Rand und auf der Schulter befestigt ist.
Kurzer, zylindrischer Hals mit streifenförmigem Rand. Bauchiger Körper, flacher Boden. 1. Jh. n.Chr.

Bibl.: Unveröffentlicht.

E.D.C.

185. Flasche

Inv. 1142.
Pompeji, nicht lokalisierbares Thermopolium.
Höhe 17,5 cm; Bodendurchm. 5,5 cm.
Rosa Ton.
Unbeschädigt.

Die lokal hergestellte Flasche besitzt eine dreilappige Öffnung und einen senkrechten, bandförmigen Griff mit tiefer Einmuldung, der an Hals und Schulter ansitzt. Die Kleeblattmündung nimmt nicht auf die Henkellinie Rücksicht, sondern ist seitlich dazu angeordnet. Der Hals ist schlank; der Rand bildet einen starken Vorsprung aus. Bauchiger Körper, flacher Boden. Dunkler Farbstreifen auf der dreilappigen Kante und mittig auf dem Körper. 1. Jh. n.Chr.

Bibl.: Unveröffentlicht. Zum Typ vgl. M. GIANNELLI, A. RICCI, *Ceramica Comune*, in: *Ostia II*, Studi Miscellanei 16, Rom 1970, Taf. XXII, Nr. 389-390.

E.D.C.

186. Flasche

Inv. 3412.
Pompeji I, 7, 5.
Höhe 12 cm; Randdurchm. 3,5 cm; Bodendurchm. 6 cm.
Cremefarbener Ton.
Unbeschädigt.

Lokal hergestellte Flasche mit senkrechtem, bandförmigem Griff mit mittlerer Einmuldung, der unter dem Rand und auf der Schulter befestigt ist. Zylindrischer Hals mit streifenförmigem Rand.
Bauchiger Körper, flacher Boden. 1. Jh. n.Chr.

Bibl.: Unveröffentlicht. Zum Typ vgl. M. ANNECCHINO, in: *L'instrumentum domesticum* 1977, 112, Nr. 41, Abb. 5; CONTICELLO 1987, Taf. 18, Nr. 30.

E.D.C.

187. Kleiner Doppelhenkelkrug

Inv. 40329.
Pompeji, Gebiet der Villa Rustica nördlich vom Friedhof.
Höhe 22 cm; Randdurchm. 7,5 cm; Bodendurchm. 6 cm.
Rosa Ton, brauner Firnis.
Unbeschädigt.

Lokal produzierter, kleiner Doppelhenkelkrug mit eiförmigem Körper, stark ausgeweitetem Hals und abgeflachter Kante. Deutliche Rillen trennen Hals und Körper. Die stabförmigen, senkrechten Henkel sitzen an Hals und Körper an. Flacher Boden. 1. Jh. n.Chr.

Bibl.: Unveröffentlicht.

E.D.C.

188. Kleine, einhenklige Flasche

Inv. 2241.
Pompeji, II, 3, 2.
Höhe 39 cm; Randdurchm. 4 cm; Bodendurchm. 7 cm.
Cremefarbener Ton.
Unbeschädigt.

Kleine, einhenklige Flasche aus lokaler Produktion. Körper stark gestreckt, Hals zylindrisch mit ausgestelltem Rand. Der senkrechte, bandförmige Griff mit Mittelfurche ist unter dem Rand und auf der Schulter befestigt. Ringförmiger Boden. 1. Jh. n.Chr.

Bibl.: Unveröffentlicht. Zum Typ vgl. M. ANNECCHINO, *L'instrumentum domesticum* 1977, 112, Nr. 30, Abb. 4; CONTICELLO 1987, 57-58, Taf. 18, Nr. 31.

E.D.C.

189. Flasche

Inv. 3393.
Pompeji, I, 7, 5.

187

188

189

190

le, impostata al di sotto dell'orlo ed all'altezza della spalla.
Il collo, basso e di forma cilindrica, termina con un orlo a fascia. Il corpo è globulare, mentre il fondo è piatto. Databile al I secolo d.C.

Bibl.: Inedito.

E.D.C.

185. Fiasca

Inv. 1142.
Pompei, Termopolio non meglio localizzabile.
Alt. cm 17,5; Ø fondo cm 5,5.
Argilla rosata.
Integra.

La fiasca, in ceramica di produzione locale, presenta una trilobatura ed un'ansa verticale a nastro con profonda insellatura, impostata a metà collo e sulla spalla. La trilobatura non risulta in linea rispetto all'ansa ma è stata realizzata lateralmente. Il collo è alto e presenta all'altezza dell'ansa una forte sagomatura. Il corpo è globulare mentre il fondo è piatto. Una fascia di colore scuro risulta dipinta sulla trilobatura ed a metà del corpo. Databile al I secolo d.C.

Bibl.: Inedito. Per il tipo cfr. M. GIANNELLI, A. RICCI, *Ceramica Comune,* in *Ostia II,* Studi Miscellanei 16, Roma 1970, tav. XXII, n. 389-390.

E.D.C.

186. Fiasca

Inv. 3412.
Pompei, I, 7, 5.
Alt. cm 12; Ø bocca cm 3,5; Ø fondo cm 6.
Argilla crema.
Integra.

La fiasca, in ceramica di produzione locale, presenta un'ansa verticale a nastro con insellatura centrale, impostata al di sotto dell'orlo ed all'altezza della spalla. Il collo è cilindrico e termina con un orlo a fascia.
Il corpo è globulare mentre il fondo è piatto. Databile al I secolo d.C.

Bibl.: Inedito. Per il tipo cfr. M. ANNECCHINO, in *L'instrumentum domesticum* 1977, p. 112, n. 41, fig. 5; CONTICELLO 1987, tav. 18, n. 30.

E.D.C.

187. Anforetta

Inv. 40329.
Pompei, area della villa rustica a nord del cimitero.
Alt. cm 22; Ø bocca cm 7,5; Ø fondo cm 6.
Argilla rosata, vernice bruna.
Integra.

L'anforetta, in ceramica di probabile produzione locale, presenta un corpo ovoide con collo fortemente svasato e terminante con un orlo appiattito. Una serie di scanalature ben rilevate dividono il corpo dal collo. Le anse a bastoncello verticale sono impostate a metà del collo e del corpo. Il fondo è piatto. Databile al III-IV secolo d.C.

Bibl.: Inedito.

E.D.C.

188. Anforetta monoansata

Inv. 2241.
Pompei, II, 3, 2.
Alt. cm 39; Ø bocca cm 4; Ø fondo cm 7.
Argilla crema.
Integra.

Anforetta monoansata in ceramica di produzione locale, dal corpo fortemente allungato e collo cilindrico terminante con un orlo a fascia estroflessa. L'ansa è a nastro verticale con scanalatura centrale e risulta impostata al di sotto dell'orlo e sulla spalla. Il fondo è ad anello. Databile al I secolo d.C.

Bibl.: Inedito. Per il tipo cfr. M. ANNECCHINO, *L'instrumentum domesticum* 1977, p. 112, n. 30, fig. 4; CONTICELLO 1987, pp. 57-58, tav. 18, n. 31.

E.D.C.

189. Balsamario

Inv. 3393.
Pompei, I, 7, 5.
Alt. cm 21; Ø bocca cm 3,5; Ø fondo cm 5,5.
Argilla crema, vernice grigiastra.
Integro.

Balsamario in ceramica di produzione locale dal corpo fortemente globulare terminante con un alto collo cilindrico. Il fondo è piatto. Databile al I secolo d.C.

Bibl.: Inedito.

E.D.C.

190. Oinochoe configurata a testa femminile

Inv. E2541.
Ercolano, Decumano Massimo.
Alt. cm 14.
Bronzo con agemina di argento e rame.
Integra.

L'*oinochoe* presenta un fondo ad anello svasato, alto collo cilindrico e becco trilobato con orlo decorato da una baccellatura e perlinatura. L'ansa a bastoncello a sezione circolare è sopraelevata e ripiegata a formare superiormente un occhiello, imitando un racemo vegetale. Il volto, di forma ovale, presenta una fronte bassa, naso dritto unito alle arcate sopraccigliari,

Höhe 21 cm; Randdurchm. 3,5 cm; Bodendurchm. 5,5 cm.
Cremefarbener und gräulicher Ton.
Unbeschädigt.

Flasche aus lokaler Produktion. Der Körper ist stark gewölbt, der Hals hoch und zylindrisch, der Boden flach. 1. Jh. n.Chr.

Bibl.: Unveröffentlicht.

E.D.C.

190. Kanne (Oinochoe) in Form eines weiblichen Kopfes

Inv. E2541.
Herkulaneum, Decumanus Maximus.
Höhe 14 cm.
Bronze mit Silber- und Kupfertauschierungen.
Vollständig erhalten.

Die Kanne hat einen ausladenden Standring, einen langen zylindrischen Hals und eine kleeblattförmige Mündung, deren Rand mit einem Eierstab und einem Perlstab verziert ist. Der wulstförmige Henkel überragt die Mündung des Gefässes und bildet eine rankenartige Schlaufe. Das ovale Gesicht weist eine niedrige Stirn, eine gerade und direkt mit den Brauenbogen verbundene Nase, weit geöffnete Augen und einen kleinen, fleischigen Mund auf. Die langen, gewellten, über der Stirn geteilten Haarlocken bilden am Hinterkopf einen Chignon, der von einem gekreuzten Band zusammengehalten wird. Grosse, luftige Locken schauen unter dem Band hervor und bedecken die Schläfen. Vier mit Perlstab verzierte Bogen trennen den Kopf vom Gefässhals.
Da die Kanne keinen Boden besitzt, gehörte sie ursprünglich wohl als Schmuckelement zu einem Möbelstück aus Holz.
Die hier vorgestellte Oinochoe wurde sehr sorgfältig mit Silber- und Kufpertauschierungen für Augen, Mund und Haarband gearbeitet.
Die Kanne, wahrscheinlich ein Produkt einer kampanischen Werkstatt des 1. Jhs. n.Chr., kann mit einem ähnlichen Exemplar aus der Sammlung Borgia, heute im Nationalmuseum von Neapel, und mit zwei weiteren Kannen aus Gabii bzw. aus Griechenland, die heute im Louvre aufbewahrt werden, verglichen werden.
Das Stück aus Herkulaneum steht eindeutig in der Tradition der Oinochoen in Form menschlicher Köpfe, die wir in verschiedenen Varianten aus der attischen und italischen Keramik kennen.

Bibl.: M. PAGANO, *Oinochoe configurata con testa femminile*, in: *Legni e Bronzi di Ercolano*, Katalog zur Ausstellung, Rom 1988, S. 86-87; L. PIRZIO BIROLI STEFANELLI, *Il bronzo dei Romani, arredo e suppellettile*, Rom 1990, S. 283, Nr. 117-118, Abb. 232-236.

E.D.C.

191

191. Dionysos mit Panther

Inv. E2292.
Herkulaneum, Decumanus Maximus, Insula VI, Laden Nr. 12 (12.7.1961).
Max. Höhe 68 cm; Höhe Basis 6 cm; Durchm. Basis 26 cm.
Bronze mit Silber-, Kupfer- und Messingtauschierungen.
Vollständig erhalten; aus drei Fragmenten zusammengesetzt.

Dionysos ist nackt, in Frontalansicht und mit leicht vorgestelltem, durchgebogenem linkem Bein dargestellt. Der linke Fuss ruht auf einem kleinen, auf dem Boden ausgestreckten Panther, der zur Gottheit emporschaut. Das ganze Körpergewicht ruht auf dem durchgestreckten rechten Bein, dessen Fuss fest auf der Basis steht. Beim Oberkörper zeichnen sich Brust- und Bauchmuskulatur sowie die Leiste deutlich ab. Ein breites Pantherfell liegt auf der linken Schulter, hüllt den linken Oberarm ein, fällt in Falten und flatternden Zipfeln hinab und bedeckt dabei teilweise den linken Oberschenkel und das Gesäss. Der linke Arm ist leicht vorgestreckt und bis auf Bauchhöhe gesenkt; der rechte Arm ist seitlich neben dem Körper erhoben. Beide Hände umfassten wohl einst heute verlorene Gegenstände, wahrscheinlich einen Thyrsosstab und einen Kantharos oder eine Oinochoe. Das Gesicht ist oval und weist weit geöffnete Augen auf; die gerade Nase setzt sich in den Brauenbogen fort; der Mund ist klein und fleischig, das Kinn klar modelliert. Ein Kranz aus Efeublättern mit Beeren ziert den Kopf; die über der Stirn geteilten Haare bilden gewellte Locken, die in zwei langen Strähnen bis auf die Schultern hinabfallen. Die Füsse stecken in eleganten Sandalen mit Bändern.
Die runde Basis ist profiliert und weist unten und oben Bänder mit geometrischen Motiven auf.
Die Dionysosstatue wurde am 12.7.1961 während der Ausgrabungen des Decumanus Maximus entdeckt: sie lag in drei Teilen auf der Werkbank des Ladens Nr. 12 der Insula VI, der als Werkstatt eines *plumbarius* identifiziert werden konnte. Dort wurden nämlich zusammen mit verschiedenen Geräten und Werkzeugen, die beim Giessen und Bearbeiten von Metallen verwendet werden, auch mehrere Bleibarren sowie Bleischrott gefunden.
Die Statue, die ihrem Besitzer entweder sehr ans Herz gewachsen war oder von ihm aufgrund ihres materiellen Wertes hoch geschätzt wurde, war offenbar kurz vor dem Vesuvausbruch den geschickten Händen des *plumbarius* anvertraut worden, der sie restaurieren sollte.

192

occhi ben aperti e bocca piccola e carnosa. La testa con capigliatura realizzata da lunghe ciocche ondulate, separate sulla fronte, presenta una benda che incrociata all'altezza della nuca forma uno «chignon». Altre ciocche ondulate di capelli fortemente rigonfi coprono le tempie. La testa superiormente presenta quattro semicerchi decorati da una fascia con perline che la separano dal collo del vaso.
L'*oinochoe*, essendo priva del fondo, si può considerare come un elemento decorativo probabilmente pertinente ad un arredo ligneo.
L'esecuzione è di notevole accuratezza con un largo uso dell'agemina in argento e rame per occhi, labbra e bende.
La nostra *oinochoe*, probabile opera di artigiani campani del I secolo d.C., trova confronti abbastanza pertinenti con un esemplare simile proveniente dalla Collezione Borgia ed attualmente al Museo Nazionale di Napoli e con altre due *oinochoai*, ora al Louvre, provenienti da Gabii e dalla Grecia.
Il reperto ercolanese deriva chiaramente dal tipo di *oinochoe* conformata a testa umana che ritroviamo in diverse varianti nella ceramica attica ed italiota.

Bibl.: M. PAGANO, *Oinochoe configurata con testa femminile*, in *Legni e Bronzi di Ercolano*, Roma 1988, pp. 86-87; L. PIRZIO BIROLI STEFANELLI, *Il bronzo dei Romani, arredo e suppellettile*, Roma 1990, p. 283, nn. 117-118, figg. 232-236.

E.D.C.

191. Dioniso con pantera

Inv. E2292.
Ercolano, Decumano Massimo, Insula VI, bottega n. 12 (12/7/1961).
Alt. max. cm 68; alt. base cm 6; Ø base cm 26.
Bronzo con agemina in argento, rame e ottone.
Integro, ricomposto da tre pezzi.

Dioniso è raffigurato nudo in posizione frontale, stante, con la gamba sinistra posta in avanti leggermente flessa e con il piede poggiato su una pantera distesa al suolo presentante il muso rivolto verso la divinità. Tutto il peso del corpo gravita sulla gamba destra, tesa, con il piede saldamente poggiato sulla base. Il torso presenta ben delineata la muscolatura dei pettorali, addome ed inguine. Sulla spalla sinistra, fino all'altezza dell'avambraccio, è poggiata una larga pelle di pantera che scende con pieghe e svolazzi coprendo parzialmente la coscia e la natica sinistra. Il braccio sinistro, posto leggermente in avanti, è reclinato verso il basso fino all'altezza dell'addome; il braccio destro è sollevato a squadra, lateralmente al corpo. Sia la mano sinistra che la destra sono quasi chiuse nell'atto di impugnare due oggetti ora perduti, il tirso e il *kantharos* o l'*oinochoe*. Il volto è ovale con occhi fortemente spalancati, il naso è dritto ed unito alle arcate sopracciliari, la bocca è piccola e carnosa, il mento è ben delineato. La testa, cinta da una coroncina di foglie d'edera e bacche, presenta i capelli divisi al centro in due chiome ondulate con due lunghe ciocche che scendono fino alle spalle. I piedi calzano due eleganti sandali con legacci. La base circolare è modanata con una doppia fascia decorata geometricamente.
La statua di Dioniso, scoperta il 12/7/1961 durante gli scavi del Decumano Massimo, fu rinvenuta in tre pezzi poggiata sul bancone della bottega n. 12 dell'Insula VI, identificata come sede dell'attività di un *plumbarius*. Nella bottega infatti furono rinvenuti in particolare numerosi lingotti e rottami di piombo con vari oggetti e strumenti relativi alla fusione e raffreddamento dei metalli.
La statua, evidentemente tenuta in gran conto dal proprietario per motivi affettivi o di valore, era stata affidata poco prima dell'eruzione alle esperte mani del *plumbarius* per tentarne un restauro.
Il Dioniso tecnicamente presenta una grande accuratezza in tutti i dettagli decorativi realizzati con un attento uso del cesello, in particolare per le ciocche dei capelli.
Di grande raffinatezza e di forte effetto cromatico è l'ampio uso dell'agemina realizzata in rame per le labbra e i capezzoli, in argento per gli occhi, i sandali e le bacche ed infine in rame, argento ed ottone per la maculatura della pelle di leopardo.
L'ignoto autore del Dioniso mostra invece tutti i suoi limiti in un rapporto non molto proporzionato e felice tra le varie parti del corpo, come nella realizzazione del braccio sinistro, ed in una generale freddezza che emana tutta l'opera.
Stilisticamente il nostro Dioniso si potrebbe considerare come una copia, realizzata nel I secolo d.C., forse in ambiente campano, di un piú importante bronzo di epoca tardo ellenistica.

Bibl.: M. PAGANO, *Statuetta di Bacco*, in *Legni e Bronzi di Ercolano*, Roma 1988, pp. 78-80; U. PANNUTI, *Dioniso e la Pardalide*, *ibid.*, p. 81; G. MORIGI, *Interventi di restauro*, in *La memoria ritrovata, recupero di un tesoro archeologico*, Torre del Greco 1993, pp. 15-16; U. PANNUTI, *Dioniso e la pardalide, gruppo bronzeo ercolanese*, in *Ercolano 1738-1988, 250 anni di ricerca archeologica*, Roma 1993, pp. 387-398.

E.D.C.

192. Specchio

Inv. P30796.
Terzigno, cava Ranieri, villa 2.
Alt. cm 20; Ø cm 12; peso gr 290.
Argento. Fuso. Manico fuso separatamente.
Integro.

Specchio circolare. La faccia riflettente, appena concava, ha il bordo ricurvo verso l'interno; quella posteriore, appena convessa, è liscia. Il manico è costituito da una clava nodosa, accuratamente modellata, terminante con una *leonté,* che forma l'innesto allo specchio.
Il tipo, molto diffuso nella prima età imperiale romana (cfr. F. BARATTE, *Le trésor d'orfèvrerie romaine de Boscoreale,* Paris 1986, p. 46), nella sua semplicità è di grande eleganza formale e concentra la sua bellezza nel manico. Questo, richiamando, con la presenza degli attributi di Ercole, il mito di Onfale, che sedusse l'eroe al punto da fargli deporre le armi, si carica di un significato allusivo alla potenza della bellezza femminile.

Bibl.: E.M. MENOTTI, *Le oreficerie della villa 2 di Terzigno*, in *Pompeiana. Scritti in onore di W. Jashemski,* New York 1988.

A.D.A.

193. Bracciale

Inv. P 30795.
Terzigno, cava Ranieri, villa 2.
Ø cm 7,5; peso gr 163.
Oro. Fuso. Decorazione incisa.
Mancano le pietre che costituivano gli occhi.

Armilla con verga piena, a sezione circolare, riproducente il corpo di un serpente, avvolto in poco piú di due spire, modellato con grande accuratezza. Minute incisioni ed un rilievo appena accennato rendono veristicamente le mandibole e le scaglie sulla testa; nella bocca, dischiusa, si intravedono i denti e la lingua. Gli occhi erano resi con piccole gemme, o pasta vitrea, fissate nell'incavo con del mastice di cui resta traccia. Il corpo è reso naturalisticamente solo nella parte terminale ed in quella presso la testa: precise incisioni, a losanga sul dorso ed ondulate sul ventre, rendono la pelle a piccole scaglie. Seguono motivi vegetali (in cui si può riconoscere un'infiorescenza di *ferula*) uniti ad ornati geometrici, che si ripetono, lievemente variati, nella parte centrale del corpo. Le zone intermedie sono lisce.
Il bracciale a corpo di serpente è già attestato, in varianti diverse, nell'oreficeria greca ed etrusca, con un originario significato religioso-apotropaico. Il tipo a spirale, già molto diffuso in età ellenistica, è alquanto comune anche nella prima età imperiale romana.

193

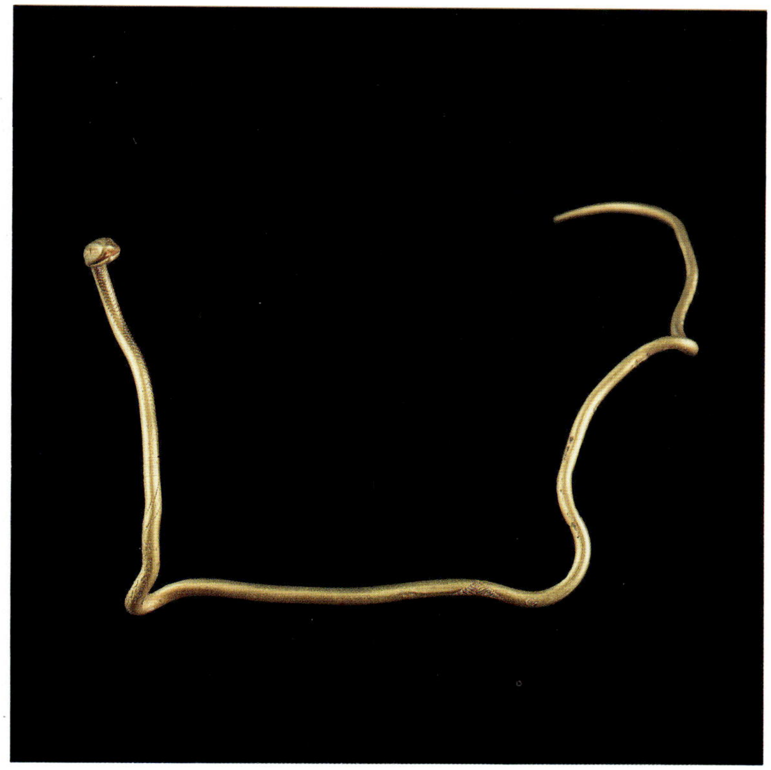

194

Die Figur ist in technischer Hinsicht in allen Details mit grösster Sorgfalt ausgeführt worden: z.B. die Haarlocken wurden mit dem Stichel sehr präzise wiedergegeben.
Besonders raffiniert sind die farblich sehr effektvollen Tauschierungen: für die Lippen und die Brustwarzen wurde Kupfer verwendet, für die Augen, Sandalen und Efeubeeren Silber und schliesslich für die Flecken des Leopardenfells Kupfer, Silber und Messing.
Der unbekannte Meister ist aber bei der Wiedergabe des Körpers an seine Grenzen gelangt, wie dies besonders in den nicht ganz glücklichen Proportionen der einzelnen Körperteile, beispielsweise beim linken Arm, und in der allgemein kühlen Ausstrahlung der ganzen Figur zum Ausdruck kommt.
Stilistisch könnte der hier vorgestellte Dionysos als eine Kopie einer bedeutenderen Bronzestatue späthellenistischer Zeit aufgefasst werden. Die Kopie ist wahrscheinlich im 1. Jh. n.Chr. in einer kampanischen Werkstatt entstanden.

Bibl.: M. PAGANO, *Statuetta di Bacco*, in: *Legni e Bronzi di Ercolano*, Katalog zur Ausstellung, Rom 1988, S. 78-80; U. PANNUTI, *Dioniso e la Pardalide, ibid.*, S. 81; G. MORIGI, *Interventi di restauro*, in: *La memoria ritrovata, recupero di un tesoro archeologico*, Torre del Greco 1993, S. 15-16; U. PANNUTI, *Dioniso e la Pardalide, gruppo bronzeo ercolanese*, in: *Ercolano 1738-1988, 250 anni di ricerca archeologica*, Rom 1993, S. 387-398.

E.D.C.

192. Spiegel

Inv. P 30796.
Terzigno, Ranieri-Grube, Villa 2.
Höhe 20 cm; Durchm. 12 cm; Gewicht 290 g.
Silber. Gegossen. Griff separat gegossen.
Unbeschädigt.

Runder Spiegel. Der Rand der kaum eingetieften Reflektionsfläche ist nach innen gewölbt; die wenig gewölbte Rückseite ist glatt. Der Griff besteht aus einer sorgfältig modellierten, knorrigen Keule. Ein Löwenfell vermittelt zwischen Keule und Spiegel.
Dieser Typ war in der frühen römischen Kaiserzeit weit verbreitet (vgl. F. BARATTE, *Le trésor d'orfèvrerie romaine de Boscoreale*, Paris 1986, 46). Mit seiner Schlichtheit und großen Formeleganz konzentriert sich seine Schönheit auf den Griff. Dieser erinnert durch die Attribute an den Mythos, nach welchem die Omphale Hercules dazu verführte, seine Waffen abzulegen. Es handelt sich also um eine Anspielung auf die Macht der weiblichen Schönheit.

Bibl.: E.M. MENOTTI, *Le oreficerie della villa 2 di Terzigno*, in: *Pompeiana. Scritti in onore di W. Jashemski*, New York 1988.

A.D.A.

193. Armreif

Inv. P 30795.
Terzigno, Ranieri-Grube, Villa 2.
Durchm. 7,5 cm; Gewicht 163 g.
Gold. Gegossen. Graviert.
Die Steine, die die Augen bildeten, fehlen.

Armspange aus massivem Reif mit rundem Querschnitt in Form eines sehr genau modellierten Schlangenkörpers in fast zwei Spiralen. Zierliche Gravuren und ein kaum wahrnehmbares Relief geben den Unterkiefer und die Kopfschuppen wieder. Im geöffneten Maul sind Zähne und Zunge zu sehen. Die Augen aus kleinen Gemmen aus Glaspaste waren in den Augenhöhlen mit Kitt befestigt (Reste). Nur an Kopf und Körperende naturalistische Gestaltung. Genaue Gravuren, Rauten auf dem Rücken und Wellen auf dem Bauch, geben die kleinschuppige Haut wieder. Es folgen Pflanzenmotive (man kann in ihnen einen Blütenstand der *ferula* erkennen) zusammen mit geometrischen Ornamenten, die sich ähnlich auf der Körpermitte wiederholen. Die Zwischenbereiche sind glatt.
Armreife in Form eines Schlangenkörpers sind schon aus der griechischen und etruskischen Goldschmiedekunst bekannt und besaßen ursprünglich wohl religiös-apotropäische Bedeutung. Der Spiralentyp war bereits zu hellenistischer Zeit sehr verbreitet und auch in der frühen Kaiserzeit üblich. Die zahlreichen Exemplare aus dem Vesuvgebiet teilen sich in massive oder hohle Reifen und unterscheiden sich durch eine mehr oder weniger präzise Verzierung.

Bibl.: E.M. MENOTTI, *Le oreficerie della villa 2 di Terzigno*, in: *Pompeiana. Scritti in onore di W. Jashemski*, New York 1988.

A.D.A.

194. Armreif

Inv. P 30794.
Terzigno, Ranieri-Grube, Villa 2.
Länge ca. 22,2 cm; Gewicht 162 g.
Gold. Gegossen. Graviert.
Offen und verdreht. Einer der Steine aus den Augen fehlt.

Armspange wie Kat. Nr. 193. Daß der Körper nicht spiralenförmig gewunden ist, liegt wahrscheinlich an der nicht vollendeten Bearbeitung.
Die *brachialia* oder *armillae* wurden zwar gelegentlich auch von Männern, meist aber von Frauen an Arm, Handgelenk und auch Fessel getragen (PLIN., *N.H.*, XXXIII, 38 f.).

Bibl.: E.M. MENOTTI, *Le oreficerie della villa 2 di Terzigno*, in: *Pompeiana. Scritti in onore di W. Jashemski*, New York 1988.

A.D.A.

195. Ohrringpaar

Inv. E 3077; E 3078.
Herkulaneum, Gebiet der «Suburbanen Thermen», Skelett Nr. 39.
Länge 2,6 cm; Breite 2,1 cm.
Gold.
Vollständig, leichte Risse und Beulen.

Die Ohrringe sind aus einem glatten Blech als kugelige Kappe gebildet.
Ein rundes Plättchen mit einem doppelt gebogenen Haken ist an den Körper angelötet.

195

196

Dal territorio vesuviano provengono numerosi esemplari che si differenziano per avere la verga cava o piena e per la lavorazione piú o meno accurata.

Bibl.: E.M. MENOTTI, *Le oreficerie della villa 2 di Terzigno*, in *Pompeiana. Scritti in onore di W. Jashemski*, New York.

A.D.A.

194. Bracciale

Inv. P 30794.
Terzigno, cava Ranieri, villa 2.
Lungh. cm 22,2 ca.; peso gr 162.
Oro. Fuso. Decorazione incisa.
Aperto e distorto. Manca una delle pietre che costituivano gli occhi.

Armilla uguale al n. precedente. La circostanza che il corpo del serpente non sia avvolto in spire è, probabilmente, dovuta al fatto che la lavorazione non era stata ultimata.
I *brachialia* o *armillae* indossati talvolta anche dagli uomini, erano usati prevalentemente dalle donne, che li portavano alle braccia o ai polsi, nonché alle caviglie (PLIN., *N.H.*, XXXIII, 38 s.).

Bibl.: E.M. MENOTTI, *Le oreficerie della villa 2 di Terzigno*, in *Pompeiana. Scritti in onore di W. Jashemski*, New York 1988.

A.D.A.

195. Coppia di orecchini

Inv. E 3077; E 3078.
Ercolano, area delle Terme Suburbane, scheletro n. 39.
Lungh. cm 2,6; largh. cm 2,1.
Oro.
Integri con lievi lesioni e ammaccature.

Gli orecchini presentano un corpo formato da una lamina liscia sagomata a spicchio di sfera.
Saldata al corpo è una piastrina circolare terminante con un gancio a doppia curva.
Si tratta di un tipo di orecchino, dal corpo chiuso o aperto, ampiamente diffuso nell'oreficeria romana del I sec. d.C.

Bibl.: L.A. SCATOZZA HÖRICHT, *I monili di Ercolano*, Roma 1989, p. 49, nn. 50-51.

E.D.C.

196. Coppia di orecchini con pendente

Inv. E 3094A; E 3094B.
Ercolano, area delle Terme Suburbane, scheletro n. 89.
Ø max. cm 1,3; lungh. pendente cm 0,7.
Mancante di una perla.

L'orecchino presenta un filo aureo ricurvo con gli estremi ritorti a formare un gancio. Il pendente, terminante con una perlina, è realizzato con un doppio filo aureo ritorto che si aggancia tramite un anello all'orecchino.
Questo tipo di orecchino, dalla forma molto semplice, era ampiamente diffuso in epoca romana, in particolare nelle città vesuviane.

Bibl.: SCATOZZA HÖRICHT, *op. cit.* (Cat. n. 195), p. 38, nn. 24-25.

E.D.C.

197. Coppia di orecchini a due pendenti

Inv. E 3089; E 3090.
Ercolano, area delle Terme Suburbane, fra gli scheletri 61 e 62.
Largh. max. cm 1,3; lungh. max. cm 3,1.
Integri.

L'orecchino presenta un piccolo gancio ricurvo terminante con un elemento circolare ed una lamina trapezoidale decorata da due scanalature orizzontali.
Alla lamina sono poi uniti due piccoli cerchi che sostengono due pendenti rigidi e godronati che dovevano, probabilmente, terminare con delle perline come in analoghi esemplari rinvenuti a Pompei ed Ercolano.

Bibl.: SCATOZZA HÖRICHT, *op. cit.* (Cat. n. 195), p. 41, nn. 30-31.

E.D.C.

198. Orecchini

Inv. E 3260.
Ercolano, antica marina, «area sacra», ambiente di sostruzione n. 5.
Lungh. cm 2,4; alt. cm 2,8; spess. cm 2,1.
Oro.
Integri.

Coppia di orecchini a rete di forma ellittica, con lungo gancio di sospensione con estremità ripiegata. Su tale impalcatura ellittica di filo di oro si innestano una serie di sottili fili paralleli distanziati che attraversano al centro un elemento semicircolare di lamina di oro, che spartisce l'ellissi, e sono legati alle due estremità all'ellissi stessa, formando dunque una sorta di calotta. Le due estremità dell'ellissi sono collegate da un altro elemento laminare. Si tratta di un tipo di orecchini finora non attestato nell'area vesuviana, anche se paragonabile ad esemplari già noti.

Bibl.: M. PAGANO, in *RivStPompeiani*, III, 1988, p. 275.

M.P.

199. Orecchini

Inv. E 3082.
Ercolano, antica marina, presso le Terme Suburbane, fra gli ambienti 10 e 11.
Ø castone superiore cm 0,7; Ø castone inferiore cm 0,9; lungh. gancio cm 1,8; Ø perle cm 0,2/0,1.
Oro con smeraldi e perle.
Integri, salvo un pendente al quale manca una perla.
Cementati con un gruppo di monete di bronzo molto corrose.

Orecchini formati da un gancio ricurvo di filo d'oro, al quale sono fissati anteriormente due castoni ovali di lamina sovrapposti, nei quali sono incassati due smeraldi, uno con superficie convessa, l'altro con superficie piatta. Intorno al castone inferiore, a raggio, sono saldati quattro anelletti triangolari con angoli smussati, in filo rigido, alternati a tre pendenti filiformi, che recano ciascuno una perla di diverse dimensioni.

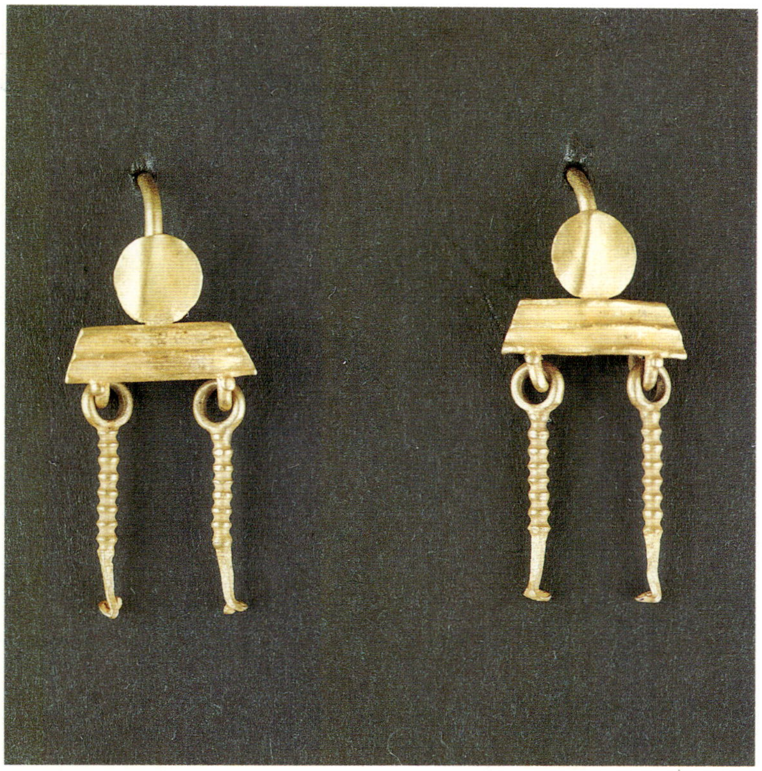

197

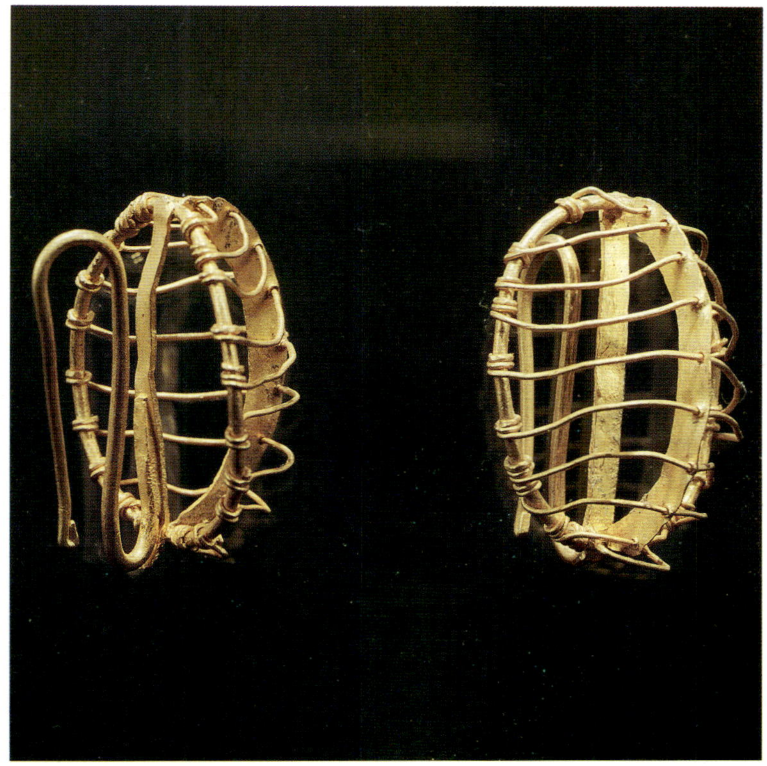

198

Dieser Ohrringtyp ist mit geschlossenem wie offenem Körper in der römischen Goldschmiedekunst des 1. Jhs. n.Chr. weit verbreitet.

Bibl.: L.A. SCATOZZA HÖRICHT, *I monili di Ercolano*, Rom 1989, 49, Nr. 50-51.

E.D.C.

196. Ohrringpaar mit Anhänger

Inv. E 3094A; E 3094B.
Herkulaneum, Gebiet der «Suburbanen Thermen», Skelett Nr. 89.
Max. Durchm. 1,3 cm; Länge Anhänger 0,7 cm.
Eine Perle fehlt.

Der Ohrring besteht aus einem gebogenen Golddraht mit hakenförmig gedrehten Enden, der Anhänger mit Perle aus einem doppelten, aufgedrehten Golddraht, der sich mittels Ring am Ohrring anfügt.
Dieser hinsichtlich der Form sehr einfache Typ war in römischer Zeit besonders in den Vesuvstädten sehr gebräuchlich.

Bibl.: SCATOZZA, *op. cit.* (s. Kat. Nr. 195), 38, Nr. 24-25.

E.D.C.

197. Ohrringpaar mit zwei Anhängern

Inv. E 3089; E 3090.
Herkulaneum, Gebiet der «Suburbanen Thermen», zwischen den Skeletten 61 und 62.
Max. Breite 1,3 cm; max. Länge 3,1 cm.
Unbeschädigt.

Der Ohrring besteht aus einem kleinen, gebogenen Haken, einem kreisrunden und einem trapezförmigen Blech mit zwei waagerechten Hohlkehlen.
In das Plättchen sind zwei Ringe mit starren, geriefelten Anhängern eingehängt, die wohl wie andere Fundstücke aus Pompeji und Herkulaneum mit einer Perle abschlossen.

Bibl.: SCATOZZA, *op. cit.* (s. Kat. Nr. 195), 41, Nr. 30-31.

E.D.C.

198. Ohrringe

Inv. E 3260.
Herkulaneum, Gebiet der antiken Küste, «area sacra», Substruktionsraum Nr. 5.
Länge 2,4 cm; Höhe 2,8 cm; Stärke 2,1 cm.
Gold.
Unbeschädigt.

Ohrringe in Form eines elliptischen Gitters mit langem, am Ende umgebogenem Haken zum Einhängen. Auf diesem elliptischen Goldgerüst sind feine Golddrähte parallel angebracht und laufen durch ein die Ellipse halbierendes, halbkreisförmiges Goldblatt. Die Drähte sind so auf den Außenseiten der Ellipse befestigt, daß sie eine Art Kalotte bilden. Die Enden der Ellipse sind durch ein blattartiges Teil verbunden. Dieser Ohrringtyp war bisher in der Vesuvgegend nicht bekannt, auch wenn es ähnliche Stücke gibt.

Bibl.: M. PAGANO, *Riv. di Studi Pompeiani* III, 1988, 275.

M.P.

199. Ohrringe

Inv. E 3082.
Herkulaneum, antike Küste, nahe den «Suburbanen Thermen», zwischen den Räumen 10 und 11.
Durchm. obere Einfassung 0,7 cm; Durchm. untere Einfassung 0,9 cm; Länge des Hakens 1,8 cm; Perlendurchm. 0,2/0,1 cm.
Gold mit Smaragden und Perlen.
Unbeschädigt, bis auf einen Anhänger mit fehlender Perle.
An einer Gruppe stark korrodierter Bronzemünzen festgebacken.

Ohrringe aus einem gebogenen Haken aus Golddraht, an dessen Vorderseite zwei übereinandergesetzte, ovale Blecheinfassungen befestigt sind. Darin sind zwei Smaragde, einer mit konvexer und einer mit glatter Oberfläche, eingesetzt. Um die untere Einfassung sind aus festem Draht strahlenförmig vier kleine, dreieckige Ösen mit abgerundeten Ecken angelötet. Jede trägt eine Perle verschiedener Größe.
Die Kombination von Smaragden und Perlen ist für die frühe Kaiserzeit aus Quellen überliefert und findet sich an vielen Schmuckstücken aus Pompeji und Herkulaneum. Die runde Einfassung, die mit Häkchen aus Golddraht und Perlen umgeben ist, erinnert an die Form einer Rose; die Häkchen und Perlen imitieren deren Blätter und Blüten. Zu ähnlichen edlen Schmuckstücken vgl. SIVIERO 1954, 77, Nr. 307, Taf. 196c.

Bibl.: SCATOZZA, *op. cit.* (s. Kat. Nr. 195), 38 f., Nr. 22-23.

M.P.

200. Halskette

Inv. E 3098.
Herkulaneum, antike Küste, nahe den «Suburbanen Thermen», vor dem Eingang zu Raum 12.
a) Höhe zw. 1,3 und 0,9 cm. *b)* Variable Höhe ab 1,3 cm; *c)* Durchm. zw. 2,1 und 1,4 cm; *d)* Durchm. 1,3 cm; *e)* Durchm. zw. 1,6 und 1,3 cm; *f)* Durchm. 1 cm; *g)* Höhe 1,3 cm.
Farbloser Bergkristall mit Unreinheiten und einigen Luftbläschen. Sieben Perlen sind abgesplittert und eine (*g*) fehlt etwa zur Hälfte.

Die sechsunddreißig erhaltenen Perlen, die wohl zu einer antiken Halskette gehörten, wurden zusammen mit vielen anderen Schmuckstücken unter den spärlichen Resten einer zerbrochenen Holzkiste gefunden. Nach Form und Merkmalen wurden sie in sieben Gruppen unterteilt:

a) Neun kegelstumpfförmige Körner mit konvexen Seiten.
b) Fünf parallelflach gestreckte Stücke von quadratischem Querschnitt.
c) Fünfzehn mittelgroße und große Kugeln, alle leicht abgesplittert.
d) Drei kleine Kugeln.
e) Zwei zylindrische Stücke.
f) Ein linsenförmiges Stück.
g) Ein kegelstumpfförmiges Stück mit abgerundeten Seiten.

Dieser Kettentyp war zu hellenistischer Zeit und zur frühen Kaiserzeit gebräuchlich (vgl. A. GREIFENHAGEN, *Schmuckarbeiten in Edelmetall*, II, Berlin 1975, 25 f. und Taf. 17-19).

Bibl.: SCATOZZA, *op. cit.* (s. Kat. Nr. 195), 71, Nr. 130.

M.P.

ti, in filo rigido, alternati a tre pendenti filiformi, che recano ciascuno una perla di diverse dimensioni.
L'abbinamento degli smeraldi con le perle nella prima età imperiale, ricordato dalle fonti, si trova in molti monili provenienti da Pompei e da Ercolano. La forma del castone circolare, circondato da anelletti in filo rigido e perline, ricorda la forma di una rosa, con le foglie e i petali imitati rispettivamente dagli anelletti e dalle perle. Per gioielli di gusto simile v. SIVIERO 1954, p. 77, n. 307, tav. 196 c.

Bibl.: SCATOZZA HÖRICHT, *op. cit.* (Cat. n. 195), p. 38 s., nn. 22-23.

M.P.

199

200. Collana

Inv. E 3098.
Ercolano, antica marina, presso le Terme Suburbane, davanti all'ingresso dell'ambiente 12.
a) Alt. variabile da cm 1,3 a cm 0,9; *b*) Alt. variabile da cm 1,3; *c*) Ø variabile da cm 2,1 a cm 1,4; *d*) Ø cm 1,3; *e*) Ø variabile da cm 1,6 a cm 1,3; *f*) Ø cm 1; *g*) Alt. cm 1,3.
Cristallo di roccia incolore, con impurità e qualche bolla d'aria. Sette vaghi sono scheggiati e uno (*g*) manca all'incirca della metà.

I trentasei vaghi conservati, appartenenti verisimilmente ad un'antica collana, furono rinvenuti, insieme a molti altri monili, negli scarsi resti di una cassetta di legno in frammenti. Per la forma e le caratteristiche vanno divisi in sette gruppi:
a) nove grani di forma tronco-conica con lati e fondo convessi;
b) cinque vaghi a forma di parallelepipedo allungato a sezione quadrata;
c) quindici vaghi di forma sferica di grandi e medie dimensioni, alcuni leggermente schiacciati;
d) tre vaghi di forma sferica e di piccole dimensioni;
e) due vaghi di forma cilindrica;
f) un vago di forma lenticolare;
g) un vago di forma tronco-conica con lati e fondo arrotondati.
Si tratta di un tipo di collana in uso in età ellenistica e nella prima età imperiale (cfr. A. GREIFENHAGEN, *Schmuckarbeiten in Edelmetall,* II, Berlin 1975, p. 25 s. e tavv. 17-19).

Bibl.: SCATOZZA HÖRICHT, *op. cit.* (Cat. n. 195), p. 71, n. 130.

M.P.

201. Coppia di bracciali

Inv. E 3061; 3062.
Ercolano, antica marina, presso le Terme Suburbane, sul

201

200

201. Ein Paar Armreife

Inv. E 3061; 3062.
Herkulaneum, antike Küste, nahe den «Suburbanen Thermen», an der Begrenzung zu Raum 9, auf dem Skelett einer 45jährigen Frau.
Durchm. Reif 9,3 und 9 cm; Breite 1,3 cm.
Gold, Augen mit Smaragden.
Unbeschädigt. Auf dem ersten fehlen drei, auf dem zweiten zwei Augen.

Armreife aus starkem Goldblech mit elliptischem Querschnitt und nach innen eingeschlagenen Kanten. An den Enden stehen sich zwei Schlangenköpfe mit aufgerissenen Mäulern gegenüber. Zwei geriefelte Reliefbänder trennen sie vom Reifkörper. Die Schuppen sind auf den Köpfen rautenförmig eingraviert, auf dem Körper mit kleinen V-förmigen Strichen. Die nach oben gebogenen Zungen sind durch eine kurzes, verknüpftes Kettchen aus Golddraht verbunden.
Schlangenförmige Armreifen sind in Griechenland und im Orient seit archaischer Zeit sehr verbreitet. Sie weisen eine bemerkenswerte Vielfalt und eine lange Laufzeit auf (in hellenistischer Zeit waren sie sehr beliebt). Dies ist durch ihren Amulettcharakter zu erklären, der sie mit dem Kult des Asklepios, mit ägyptischen und orientalischen Kulten sowie mit denen der persönlichen und familiären Genien verbindet (vgl. H. PHILIPP, *Bronzeschmuck aus Olympia, Olymp. Forsch.* XIII Berlin 1981, 201 ff.; M. PFROMMER, *Untersuchungen zur Chronologie früh- und hochhellenistischen Goldschmucks*, Tübingen 1990, 348 ff.; H. GUIRAUD, in: *Pallas*, 22, 1975, 79 ff.). Solche schlangenförmigen Armreifen sind unter den Goldschmiedearbeiten der Vesuvstädte häufig: s. R. HIGGINS, *Greek and Roman Jewellery*, 2. Auflage, London 1980, 168, 181 und Taf. 62 A; B. PFEILER, *Römischer Goldschmuck des ersten und zweiten Jahrhunderts n.Chr. nach datierten Funden*, Mainz 1970, 20 f.
Zwei silberne Exemplare brachten die jüngsten Ausgrabungen in Herkulaneum zutage (M. PAGANO, *Riv. di Studi Pompeiani* II, 1988, 274). Ein fast identisches Stück aus einer Privatsammlung befindet sich im Museum of Fine Arts in Houston. Ähnliche Arbeitstechnik und Dekorationsdetails (Wiedergabe der Backen, des oberen Kopfteiles und des die Augen umgebenden Rautenmusters) kehren an Beispielen im Nationalmuseum von Neapel wieder, der Reif ist allerdings bandförmig (BREGLIA 1941, 85, Nr. 827-828; SIVIERO 1954, 58, Nr. 202, Taf. 156-159).
Das Fehlen direkter Vergleichsstücke außerhalb

202

Oro con occhi in smeraldo.
Integri. Mancano tre occhi al primo e due al secondo.

Bracciali con verga in lamina aurea spessa, a sezione ellittica coi bordi ripiegati verso l'interno, che terminano alle estremità con due teste di serpente affrontate e con le fauci spalancate, separate dal corpo da un collarino godronato a rilievo. Le squame sono a rilievo e incise a reticolato sulle teste, indicate con piccole incisioni a V sul corpo. Lingue rivolte in alto, congiunte da una breve catenina in filo aureo intrecciato.
I bracciali serpentiformi sono assai diffusi fin dall'età arcaica in Grecia e in Oriente: presentano una varietà notevole e una lunghissima vita (sono di gran moda in età ellenistica), il che si spiega anche con il loro carattere di amuleto, legato al culto di Asklepio, e ai culti egizi e orientali, oltre a quelli dei geni personali e familiari (cfr. H. PHILIPP, *Bronzeschmuck aus Olympia, Olymp. Forsch,* XIII, Berlin 1981, p. 201 ss.; M. PFROMMER, *Untersuchungen zur Chronologie früh- und hochhellenistischen Goldschmucks*, Tübingen 1990, p. 348 ss.; H. GUIRAUD, in *Pallas,* 22, 1975, p. 79 ss.). Armille serpentiformi di questo tipo, anche se non identiche, sono diffuse nelle oreficerie delle città vesuviane: v. R. HIGGINS, *Greek and Roman Jewellery,* 2ª ed., London 1980, pp. 168, 181 e tab. 62 A; B. PFEILER, *Römischer Goldschmuck des ersten und zweiten Jahrhunderts n. Chr. nach datierten Funden,* Mainz 1970, p. 20 s.
Due esemplari in argento provengono dai recenti scavi di Ercolano (M. PAGANO, in *RivStPompeiani*, II, 1988, p. 274). Un esemplare quasi identico, da collezione privata, si conserva al Museum of Fine Arts di Houston. La tecnica di lavorazione ed i particolari della decorazione delle armille serpentiformi in questione ricorrono simili (stesso modo di rendere le ganasce, la parte superiore della testa, il reticolo di rombi che si incunea verso gli occhi), in esemplari del Museo di Napoli, a verga, però, nastriforme (BREGLIA 1941, p. 85, nn. 827-28; SIVIERO 1954, p. 58, n. 202, tavv. 156-159).
La mancanza di puntuali confronti al di fuori dell'ambiente campano fa pensare ad una produzione nell'ambito del golfo di Napoli, dove è ben documentata nel periodo che ci interessa l'attività di *aurifices* e di *caelatores* (cfr. A. LIPINSKY, *Aurifices universi caelatores Gemmarii Pompeiani*, in Atti del Convegno: *La regione sotterrata dal Vesuvio. Studi e prospettive,* Napoli 1982, p. 809 ss.; M. FREDERIKSEN, *Campania,* Hertford 1984, p. 299).

Bibl.: SCATOZZA HÖRICHT, *op. cit.* (Cat. n. 195), p. 36 s., nn. 20-21; *National Geographic,* 1984, p. 556 ss.; S.C. BISEL, *The Secrets of Vesuvius*, Toronto 1991, p. 50 S.

M.P.

204

205

202. Bracciali

Inv. E 3079; E 3080.
Ercolano, area delle Terme Suburbane, scheletro n. 42.
Ø max. cm 7,5; Ø max cm 7,4.
Oro.
Integri con lievi ossidazioni.

La coppia di bracciali presenta una verga in lamina liscia a sezione circolare, che si allarga su di un lato fino ad appiattirsi, imitando la forma di un castone liscio.
Si tratta di un tipo di bracciale dalla forma molto semplice, che in taluni esemplari è impreziosito da un castone con pietra.
Numerosi esemplari di questa tipologia, conosciuta fin dal IV-III sec. a.C., sono stati rinvenuti a Pompei ed Ercolano.

Bibl.: SCATOZZA, *op. cit.* (v. Cat. n. 195), p. 45, nn. 37-38.

E.D.C.

203. Anello con smeraldo

Inv. E 3057.
Ercolano, area delle Terme Suburbane, scheletro n. 65.
Ø verga cm 2,3; Ø smeraldo cm 0,8×0,6.
Oro e smeraldo.
Integro.

L'anello presenta una verga di lamina a sezione emisferica, convessa esternamente e piatta all'interno.
Nella parte superiore la verga si allarga fino a formare un castone rettangolare, con spigoli arrotondati, contenente uno smeraldo dalla superficie convessa.
La gemma risulta, inoltre, fissata al castone mediante un sottile listello piatto.
Si tratta di un tipo di anello largamente diffuso fin dalla prima età augustea, che trova numerosi confronti nelle oreficerie delle città vesuviane.

Bibl.: SCATOZZA HÖRICHT, *op. cit.* (Cat. n. 195), pp. 35-36, n. 16.

E.D.C.

204. Anello con volatili

Inv. E 3058.
Ercolano, area delle Terme Suburbane, scheletro n. 65.
Ø verga cm 2; Ø gemma cm 1×0,9.
Oro e granato inciso.
Integro.
La verga, a sezione circolare, è sottile e si allarga verso il castone nel quale è inserita una pietra ovale decorata con volatili su linea di esergo.
Al centro è raffigurato un volatile gradiente verso sinistra, con al di sopra del corpo ed ai lati tre pulcini, incisi molto schematicamente.
Il soggetto, che non trova altri confronti in gemme rinvenute nelle città vesuviane, si può datare nella prima età imperiale sulla base di analoghi esemplari presenti nel Museo Thorwaldsen di Copenaghen e nella Gliptoteca di Monaco.

Bibl.: SCATOZZA HÖRICHT, *op. cit.* (Cat. n. 195), p. 35, n. 14.

E.D.C.

206

207

Kampaniens läßt eine Herstellung im Gebiet des Golfes von Neapel vermuten, wo *aurifices* und *caelatores* in der fraglichen Zeit gut dokumentiert sind (vgl. A. LIPINSKY, «*Aurifices universi caelatores Gemmarii Pompeiani*», in: *Atti del Convegno: La regione sotterrata dal Vesuvio. Studi e prospettive*, Neapel 1982, 809 ff.; M. FREDERIKSEN, *Campania*, Hertford 1984, 299).

Bibl.: SCATOZZA, *op. cit.* (s. Kat. Nr. 195), 36 f., Nr. 20-21; *National Geographic*, 1984, 556 ff.; S.C. BISEL, *The Secrets of Vesuvius*, Toronto 1991, 50 f.

M.P.

202. Armringe

Inv. E 3079; E 3080.
Herkulaneum, Gebiet der «Suburbanen Thermen», Skelett Nr. 42.
Max. Durchm. 7,5 cm; max. Durchm. 7,4 cm.
Gold.
Unbeschädigt, leichte Oxydationen.

Das Armringpaar weist einen rund geschnittenen Ringkörper aus glattem Goldblech auf. Wie eine glatte Einfassung wird eine Seite breiter und flacher.
Diese sehr einfache Armringform wird manchmal durch einen eingefaßten Stein bereichert.
In Pompeji und Herkulaneum wurden zahlreiche Exemplare dieses seit dem 4./3. Jh. v.Chr. bekannten Typs gefunden.

Bibl.: SCATOZZA, *op. cit.* (s. Kat. Nr. 195), 45, Nr. 37-38.

E.D.C.

203. Ring mit Smaragd

Inv. E 3057.
Herkulaneum, Gebiet der «Suburbanen Thermen», Skelett Nr. 65.
Ringdurchm. 2,3 cm; Smaragddurchm. 0,8 x 0,6 cm.
Gold und Smaragd.
Unbeschädigt.

Der Ring ist von halbrundem Querschnitt, außen konvex, innen flach.
Oben verbreitert sich der Ring zu einer rechteckigen Einfassung mit abgerundeten Kanten; sie hält einen konvexen Smaragd.
Darüber hinaus wird der Stein durch eine zierliche, flache Leiste an der Einfassung befestigt.
Seit der frühen Kaiserzeit ist der Ringtypus weit verbreitet. Unter den Goldschmiedestücken aus den Vesuvstädten finden sich zahlreiche Vergleichsbeispiele.

Bibl.: SCATOZZA, *op. cit.* (s. Kat. Nr. 195), 35-36, Nr. 16.

E.D.C.

204. Ring

Inv. E 3058.
Herkulaneum, Gebiet der «Suburbanen Thermen», Skelett Nr. 65.
Ringdurchm. 2 cm; Steindurchm. 1 x 0,9 cm.
Gold und gravierter Granat.
Unbeschädigt.

Der rund geschnittene, fein gearbeitete Ring ist zu einer Fassung ausgeweitet, die einen ovalen Granat aufnimmt, der figürlich verziert ist.
In der Mitte ist ein nach links schreitender Vogel auf einer Standlinie dargestellt. Über ihm und zu seinen Seiten sind sehr schematisch drei Küken eingraviert.
Dieses Stück, das unter den Gemmen aus den Vesuvstädten keinen Vergleich findet, ist aufgrund entsprechender Beispiele im Thorwaldsen-Museum Kopenhagen und in der Glyptothek München in die frühe Kaiserzeit zu datieren.

Bibl.: SCATOZZA, *op. cit.* (s. Kat. Nr. 195), 35, Nr. 14.

E.D.C.

205. Ring

Inv. E 3083.
Herkulaneum, Gebiet der «Suburbanen Thermen», Skelett Nr. 59.
Ringdurchm. 1,8 cm.
Gold.
Unbeschädigt.

Kleiner Ring mit fein gearbeitetem, rundem Ringkörper, auf dessen flacher, ovaler Verbreiterung waagerecht ein Palmzweig eingraviert ist.
Dieser Ringtypus ist in den Vesuvstädten sehr verbreitet und im allgemeinen mit einem Palmzweig als Zeichen für Wohlstand und Frieden dekoriert.

Bibl.: SCATOZZA, *op. cit.* (s. Kat. Nr. 195), 42, Nr. 34.

E.D.C.

206. Kameo mit Nike-Büste

Inv. E 3114.
Herkulaneum, Gebiet der «Suburbanen Thermen», zwischen Skelett 61 und 62.
Länge 3 cm; Breite 2,5 cm.
Glaspaste als Sardonyx-Imitat. Geschnitten und graviert.
Oberteil fehlt.

Dreischichtiger Kameo mit ovaler Form und leicht konvexer Kante. In die zweite Schicht ist die Büste einer Nike in Linksprofil geschnitzt.

205. Anello con ramo di palma

Inv. E 3083.
Ercolano, area delle Terme Suburbane, scheletro n. 59.
Ø verga cm 1,8.
Oro.
Integro.

Anello di piccole dimensioni presentante una sottile verga rotonda che si allarga e si appiattisce fino a formare un castone ovale con inciso un ramo di palma in posizione orizzontale.
Si tratta di un tipo di anello ampiamente diffuso nelle città vesuviane, in genere decorato da un ramo di palma inciso dal chiaro significato di benessere e di pace.

Bibl.: SCATOZZA HÖRICHT, *op. cit.* (Cat. n. 195), p. 42, n. 34.

E.D.C.

206. Cammeo con busto di Nike

Inv. E 3114.
Ercolano, area delle Terme Suburbane, fra gli scheletri 61 e 62.
Lungh. cm 3; largh. cm 2,5.
Pasta vitrea imitante la sardonica. Intagliata ed incisa.
Manca la parte superiore.

Il cammeo, lavorato a tre strati, presenta una forma ovale con bordo leggermente convesso. Nel secondo strato è intagliato un busto di Nike di profilo rivolto verso sinistra con capelli raccolti in una crocchia.
Il volto presenta occhio e pupilla ben delineati, naso dritto e labbra carnose; dall'orecchio, la cui parte superiore è coperta dai capelli, pende un orecchino a forma di anforetta.
Intorno al collo è una collana mentre il busto è coperto da un peplo a larghe pieghe. Dalla spalla parte infine un'ala superiormente arrotondata.
Il busto di Nike, databile tra l'età augustea e la prima metà del I sec. d.C., trova un puntuale confronto con altri due esemplari rinvenuti a Pompei ed Ercolano.

Bibl.: SCATOZZA HÖRICHT, *op. cit.* (Cat. n. 195), p. 32, n. 12.

E.D.C.

207. Borchia

Inv. E 3249.
Ercolano, antica marina, «area sacra», ambiente di sostruzione n. 5.
Diam. cm 2,4; spess. cm 0,2.
Oro.
Integra.

Borchia circolare lavorata a sbalzo con cornice a rilievo che reca due punti alla sommità e uno alla base. Nel campo è il busto del sole radiato di prospetto. La figura, togata, presenta largo collo cilindrico, volto ovale con bocca socchiusa e occhi spalancati con pupilla incisa. La capigliatura, costituita da una fila di riccioli, è spartita al centro.

Bibl.: M. PAGANO, in *RivStPompeiani,* III, 1988, p. 275.

M.P.

Das Gesicht besitzt ein wohlgeformtes Auge mit Pupille, eine gerade Nase und fleischige Lippen. Die Haare sind zu einem Knoten zusammengefaßt. Am oben von Haaren bedeckten Ohr hängt ein Ohrring in Form einer kleinen Amphore herab.

Um den Hals ist eine Kette gelegt, sonst bedeckt ein Peplos in weiten Falten die Büste. Schließlich sitzt an der Schulter ein oben abgerundeter Flügel an.

Der Nike-Kameo ist in augusteische Zeit oder in die 1. Hälfte des 1. Jhs. n.Chr. zu datieren und findet in zwei anderen Stücken aus Pompeji und Herkulaneum genaue Entsprechung.

Bibl.: SCATOZZA, *op. cit.* (s. Kat. Nr. 195), 32, Nr. 12.

E.D.C.

207. Beschlag

Inv. E 3249.
Herkulaneum, antikes Küstengebiet, «area sacra», Substruktionsraum Nr. 5.
Durchm. 2,4 cm; Stärke 0,2 cm.
Gold.
Unbeschädigt.

Unregelmäßig kreisförmiger Beschlag, dessen profilierte Rahmung mit zwei Kügelchen oben und einem unten die frontale Büste eines strahlenbekrönten Sol umfaßt. Die Figur ist mit einer Toga bekleidet, hat einen kräftigen Hals, ein ovales Gesicht mit halboffenem Mund, aufgerissene Augen mit eingravierten Pupillen und in der Mitte gescheitelte Locken.

Bibl.: M. PAGANO, in: *Riv. di Studi Pompeiani*, III, 1988, 275.

M.P.

L'amministrazione pubblica

Gli organi essenziali della vita politica e amministrativa di Pompei erano tre: l'Assemblea popolare (*populus*), che aveva la funzione primaria di eleggere i magistrati e quella, di fatto, secondaria della ratifica formale delle delibere del Consiglio; il Consiglio dei Decurioni (*ordo decurionum*) con poteri deliberativi e di controllo su tutti i settori della vita pubblica; i magistrati (*duoviri iure dicundo* e *aediles*), che rappresentavano l'esecutivo, ma che assommavano al livello piú alto anche poteri giudiziari, soprattutto però di natura civile o amministrativa, in quanto, essendo Pompei colonia e avendo quindi i Pompeiani la cittadinanza romana, la materia penale riferita a reati che non comportassero semplici sanzioni, era competenza del pretore di Roma.
Centro della vita politica della città era il Foro, sul quale si aprivano gli edifici destinati agli organi amministrativi cittadini, la Basilica, sede dell'attività giudiziaria e il *comitium*, dove i magistrati convocavano il *populus* e dove esso assolveva alla funzione basilare dell'intero sistema: le elezioni.
Queste avvenivano ogni anno e permettevano ai Pompeiani di eleggere direttamente l'esecutivo, ossia due magistrati superiori, i *duoviri iure dicundo*, che avevano la rappresentanza suprema della città, convocavano e presiedevano le assemblee del popolo e del Consiglio, fungendo da intermediari tra detti organi, provvedevano alla promulgazione dei decreti decurionali e alla loro applicazione, custodivano la cassa e le entrate municipali, davano appalti e amministravano la giustizia; e due magistrati di rango inferiore, gli *aediles*, che si occupavano della manutenzione delle strade e degli edifici pubblici, dell'approvvigionamento idrico e delle derrate, dei servizi di polizia urbana e di quelli annonari, nonché delle altre necessità pratiche della vita cittadina. Entrambe le magistrature avevano il carattere della collegialità, potendo ogni magistrato esercitare il diritto di veto avverso le deliberazioni del collega o avverso quelle del collegio di grado inferiore, ossia i duoviri nei confronti degli edili.
Avevano diritto a votare solamente i cittadini di sesso maschile, liberi ed emancipati, con esclusione quindi delle donne, degli schiavi, degli stranieri non stabilmente residenti, di quanti ancora fossero sotto la patria potestà e degli interdetti. Ciò riduceva drasticamente il numero degli elettori rispetto alla popolazione residente e questi venivano raggruppati, a tal fine, in circoscrizioni, conosciute a Pompei almeno in numero di cinque, corrispondenti a quattro quartieri cittadini e a un villaggio del suburbio. I *Forenses*[1] erano cosí gli abitanti del quartiere intorno al Foro (regioni VII e VIII), i *Salinienses*[2] gli abitanti del quartiere prossimo alla porta del Sale (regione VI), i *Campanienses*[3] gli abitanti del quartiere prossimo alla porta di Capua (regione IV e V), gli *Urbulanenses*[4] gli abitanti del quartiere prossimo alla porta Urbulana (regioni III, IX, I, e II) e i *Pagani*[5], altrimenti detti *Augustiani*[6], gli abitanti del villaggio rurale chiamato *Pagus Augustus Felix Suburbanus*.
Risultavano vincitori non i candidati che avessero riportato la maggioranza dei voti in assoluto, bensí quelli che avessero riportato la vittoria nella maggioranza delle circoscrizioni elettorali. Era pertanto interesse dei candidati, cosí chiamati dalla toga candida che indossavano il giorno della *professio*, la pubblica dichiarazione di ambire ad una magistratura, di assicurarsi un elettorato ben distribuito. Ciò li portava sovente ad allearsi tra di loro a coppia[7], dovendo essere due gli eletti, in modo da sfruttare una piú larga base elettorale, mentre non è raro il caso di trovare veri e propri blocchi elettorali, ossia «liste di concentrazione» formate da due aspiranti alla carica di duoviro e due a quella di edile, che si presentavano congiuntamente all'elettorato[8], anche a riprova di una già formata coesione d'intenti e a garanzia di un programma amministrativo ben delineato che avrebbero congiuntamente portato a compimento nell'anno di carica.
A guadagnarsi il favore della cittadinanza i candidati provvedevano mediante un'accesa campagna elettorale nella quale cercavano di assicurarsi l'appoggio di «grandi elettori»[9], di corporazioni[10], di notabili influenti[11], ma anche di singoli e oscuri cittadini[12]. Non è raro il caso di alleanze giocate nel corso di piú anni, sí che i candidati potessero vicendevolmente scambiarsi alternativamente il peso della propria base elettorale[13]. Frequenti sono anche nei manifesti elettorali, che affollavano in maniera impressionante i muri di Pompei, i richiami alle qualità morali degli aspiranti alle magistrature o i ricordi di loro già acquisite benemerenze[14]. Tali manifesti, spesso fatti scrivere anche da singoli cittadini o da associazioni, e talora addirittura da chi nemmeno aveva diritto al voto[15], mostrano come la disputa elettorale interessasse l'intera cittadinanza.
Per poter accedere alla candidatura gli aspiranti dovevano essere in possesso di determinati requisiti, preventivamente vagliati dal Consiglio, che erano la libertà di nascita, la residenza nella città o nel suo immediato circondario, un reddito di almeno centomila sesterzi, la condotta irreprensibile e il non esercitare una professione infamante, quale quella del lenone, dell'usuraio ecc., ma anche quella dell'attore, del gladiatore, del banditore, dell'impresario di pompe funebri e altre di questo tipo. Sull'età minima di venticinque anni si facevano invece sovente deroghe[16], mentre per poter ambire al duovirato bisognava aver prima rivestito l'edilità.
Gli eletti dovevano finanziare a proprie spese un' opera pubblica o allestire giuochi[17], nonché pagare direttamente lo staff indispensabile a far funzionare l'apparato amministrativo cittadino (due *scribae*, segretari, e nove *apparitores*, assistenti, attendenti e collaboratori vari per ogni duoviro e uno *scriba* e tre *apparitores* per ogni edile). Al termine dell'anno di mandato essi andavano a far parte, a vita, dell'*ordo decurionum*, ossia del Consiglio civico, vero e proprio centro del potere deliberativo, che incarnava inoltre la continuità delle linee di tendenza dell'amministrazione. Ad esso erano pure demandate le funzioni di controllo sull'attività dei magistrati e sui beni economici pubblici. I membri del Consiglio, in numero variante tra ottanta e cento, godevano di particolari privilegi, di natura sia formale ed esteriore, quali la toga orlata da una fascia di porpora o i posti migliori riservati nelle cerimonie pubbliche o negli spettacoli teatrali, sia sostanziale ed economica, come il non poter essere sottoposti a pene infamanti, in caso di condanne, il diritto ad un alloggio gratuito, ad usufruire gratuitamente dell'acqua in casa e ad avere parti migliori o piú cospicue nel caso di pubbliche distribuzioni di generi alimentari, di donativi di altra natura, di pubblici banchetti, e ancora altre prerogative di questo genere.
Figure tuttavia veramente eminenti nella società cittadina erano i duoviri eletti alla fine di ogni quinquennio. Essi, chiamati *quinquennales*, pur essendo normali duoviri, avevano l'ulteriore ed enorme potere di controllare non solo le posizioni amministrative e fiscali di tutti i cittadini, ma anche di verificare se i requisiti dei singoli decurioni per esser parte del civico Consiglio (censo, moralità ecc.) ancora sussistessero, o se essi dovessero invece essere destituiti. Del pari provvedevano a inserire nell'*ordo* nuovi membri in caso di carenza di organico, finendo con ciò per indicare di fatto i futuri potenziali magistrati. Ben si capisce allora come essi fossero in effetti le vere eminenze grigie della politica pompeiana e non a caso risultano essere stati sempre personaggi appartenenti a un numero veramente ristretto di famiglie, quelle che poi effettivamente detenevano il potere nell'ambito cittadino, per via diretta o influenza indiretta.
Posto particolare e comunque di spicco era infine riservato ai *patroni*, personaggi, scelti dal Consiglio, che avevano di solito larghe aderenze presso il potere centrale o erano talora membri stessi della famiglia imperiale, come nel caso di Marcello, nipote ed erede designato di Augusto, poi prematuramente scomparso[18]. Costoro, solo raramente presenti nella città, avevano tuttavia il compito di rappresentarne a Roma le esigenze e tutelarne gli interessi.

A.V.

---

[1] Cfr. *CIL,* IV, 60, 783.

[2] Cfr. *CIL,* IV, 128, 1611 e v. pure 4106, 5181, 9159, *Porta Nocera* 7 OS ed E. VETTER, *Handbuch der italischen Dialekte,* Heidelberg 1953, nn. 23, 24.

[3] Cfr. *CIL,* IV, 371, 470, 480.

[4] Cfr. *CIL,* IV, 7447, 7676, 7706 e v. pure 7807 e VETTER, *op. cit.,* 28.

[5] Cfr. *Porta Nocera* I ES, n. 5; 9 ES; 11 OS, n. 10; 15 OS; *Not. Scavi,* 1894, p. 15; *CIL,* X, 1030.

[6] Cfr. *CIL,* IV, 148, 1379 s., 1382, 1384 s., 5275, 7077.

[7] V. ad es. *CIL,* IV, 177, 464, 660, 2940, 3474, 3556, 3558, 3639, 3851, 6616 (edili); 373, 420, 644, 973, 3548, 7488 (duoviri).

[8] V. ad es. *CIL,* IV, 122, 222, 359 s., 660, 7242.

[9] Cfr. ad es. *CIL,* IV, 7429, 7614, 7618 s., 7624, 7630.

[10] Cfr. ad es. *CIL,* IV, 710, 7164, 336, 1147.

[11] Cfr. ad es. *CIL,* IV, 768, 1059, 7203, 7579.

[12] Cfr ad es. *CIL,* IV, 3409, 7443.

[13] Cfr. ad es. *CIL,* IV, 635, 3402, 3760, 7316, 7429, 7539, 7618, 7733.

[14] Cfr. ad es. *CIL,* IV, 429, 597, 768, 3702, 6626, 7187, 7201, 7667.

[15] Cfr. ad es. *CIL,* IV, 3678, 7473, 7863 e v. anche Cat. n. 211.

[16] Cfr. *Not. Scavi* 1910, p. 402 e v. pure *CIL,* X, 1036 = *ILS* 6365.

[17] V. ad es. *CIL,* X, 829 = *ILS*, 5706; *CIL,* X, 1074d = *ILS,* 5053, 4; *CIL, X,* 857, d = *ILS,* 5653a.

[18] Cfr. *CIL,* X, 832 = *ILS,* 898.

Die öffentliche Verwaltung

Die pompejanische Politik und Verwaltung besaß drei Hauptorgane: die Volksversammlung (*populus*), der vor allem die Wahl der Magistrate oblag, aber auch die formelle Ratifizierung der Ratsbeschlüsse; den Dekurionenrat (*ordo decurionum*) mit Beschließungs- und Kontrollbefugnissen in allen Bereichen des öffentlichen Lebens; die Magistrate (*duoviri iure dicundo* und *aediles*) als Exekutive, die aber auf höchster Ebene auch juristische Befugnisse vor allem ziviler und administrativer Natur auf sich vereinigten. Da Pompeji Kolonie war und seine Bürger daher das römische Bürgerrecht besaßen, unterlag das Strafrecht schwererer Delikte einem Prätor aus Rom.
Zentrum des politischen Lebens war das Forum, wo sich die Gebäude für die bürgerlichen Verwaltungsorgane befanden: In der Basilika als Sitz für Gericht und *comitium* riefen die Magistrate das Volk zusammen. Dort kam es auch der Hauptfunktion des gesamten Systems, den Wahlen, nach.
Diese fanden jährlich statt und ermöglichten den Pompejanern die direkte Wahl der Exekutive bzw. zweier hoher Beamter, den *duoviri iure dicundo*, die die oberste Repräsentation der Stadt innehatten und die Volks- und Ratsversammlungen einberiefen und den Vorsitz führten. Sie fungierten als Vermittler zwischen diesen Organen, sorgten für die Verkündung der Dekurionendekrete und ihre Anwendung, überwachten die öffentliche Kasse und die Einnahmen, vergaben Pachten und sprachen Recht. Zwei untergeordnete Beamte, die *aediles*, waren mit der Instandhaltung der Straßen und öffentlichen Bauten, der Wasser- und Lebensmittelversorgung, den Dienstleistungen von Stadtpolizei und Getreideversorgung sowie mit anderen praktischen Erfordernissen des städtischen Lebens befaßt. Beide Ämter hatten Kollegialitätscharakter; jeder Beamte konnte gegenüber den Beschlüssen seines Kollegen oder eines untergeordneten Beamten, also die Duumvirn gegen die Ädilen, das Vetorecht ausüben.
Das Wahlrecht besaßen nur männliche Stadtbürger, Freie und Freigelassene. Frauen, Sklaven, Entmündigte und nicht fest ansässige Fremde, die noch ihrer Heimatregierung unterstanden, waren also ausgeschlossen. Dies reduzierte die Anzahl der Wähler im Verhältnis zur ansässigen Bevölkerung beträchtlich. Sie wurden in Wahlbezirke zusammengefaßt, von denen es in Pompeji mindestens fünf gab. Sie entsprachen vier Stadtvierteln und einem Vorort. Demzufolge wohnten die *Forenses*[1] im Viertel um das Forum (Regiones VII und VIII), die *Salinienses*[2] bei der Porta del Sale (Regio VI), die *Campanienses*[3] nahe der Porta di Capua (Regio IV und V), die *Urbulanenses*[4] im Viertel an der Porta Urbulana (Regiones III, IX, I und II) und die *Pagani*[5] oder *Augustiani*[6] im ländlichen Dorf *Pagus Augustus Felix Suburbanus*.
Als Sieger gingen nicht die Kandidaten hervor, die die absolute Stimmenmehrheit davongetragen hatten, sondern diejenigen, die die Mehrheit der Wahlkreise für sich gewonnen hatten. Es lag daher im Interesse der Kandidaten, die nach der weißen (*candida*) Toga benannt sind, die sie am Tag der *professio* trugen, das Bestreben nach einem Amt öffentlich zu erklären und sich einer gut verteilten Wählerschaft zu versichern. Um eine größere Wählerschaft anzusprechen, führte dies oft zu Doppelkandidaturen[7], da es ohnehin zwei Gewählte geben mußte. Nicht selten gab es richtige Wahlblöcke oder «Sammellisten» zweier gemeinsam zur Wahl stehender Duumvirn- oder Ädilskandidaten[8]. Dies war Beweis für eine bereits gegründete Interessensgemeinschaft und Garantie für ein klar skizziertes Verwaltungsprogramm, das sie gemeinsam im Amtsjahr zur Durchführung bringen wollten.
Um die Gunst und Unterstützung «großer Wählerschaften»[9], Körperschaften[10], einflußreicher Notabeln[11] oder auch einzelner und unbekannter Bürger[12] zu gewinnen, führten die Kandidaten eine hitzige Wahlkampagne durch. Nicht selten hatten diese Allianzen über mehrere Jahre Bestand, so daß die Kandidaten abwechselnd gegenseitig das Gewicht ihrer Wählerschaften austauschen konnten[13]. Oft finden sich auf den Wahlplakaten, die die Mauern Pompejis in beeindruckender Weise füllen, Hinweise auf die moralischen Qualitäten der Bewerber oder ihre bereits errungenen Verdienste[14]. Diese Plakate ließen Einzelbürger oder Vereine schreiben, manchmal auch Personen, die nicht einmal das Wahlrecht besaßen[15]. Sie belegen das Interesse der gesamten Bürgerschaft am Wahlkampf.
Um kandidieren zu können, mußte der Bewerber bestimmte Bedingungen erfüllen, die der Rat im vorhinein prüfte. Dazu gehörten die freie Geburt, die Ansässigkeit in der Stadt oder nächster Umgebung, ein Einkommen von mindestens 100.000 Sesterzen, tadelloses Benehmen sowie die Nichtausübung eines schändlichen Berufes wie z.B. Kuppler oder Wucherer, aber auch Schauspieler, Gladiator, Ausrufer, Bestattungsunternehmer und ähnliche. Im Hinblick auf das Mindestalter von 25 Jahren kam es oft zu Ausnahmen[16], während man für das Duumvirat zuvor das Ädilenamt bekleidet haben mußte.
Die Gewählten mußten auf eigene Kosten öffentliche Werke finanzieren oder Spiele ausrichten[17] sowie den zum Funktionieren des städtischen Verwaltungsapparates unerläßlichen Stab direkt bezahlen (zwei *scribae*, Sekretäre, neun *apparitores*, Assistenten, Diener und verschiedene Mitarbeiter für jeden Duumvirn sowie ein *scriba* und drei *apparitores* für jeden Ädilen). Am Ende des Amtsjahres wurden sie Mitglieder auf Lebenszeit im *ordo decurionum* bzw. Bürgerrat, dem eigentlichen Kern der Beschlußmacht, der die Kontinuität der Verwaltung verkörperte. Ihm war auch die Kontrolle über die Tätigkeit der Beamten und die öffentlichen Wirtschaftsgüter übertragen. Die Ratsmitglieder, deren Anzahl zwischen achtzig und hundert schwankte, genossen besondere, formelle wie auch sichtbare Privilegien - die mit einem Purpurstreifen gesäumte Toga, bessere Plätze bei öffentlichen Zeremonien oder Theaterschauspielen - und auch soziale und wirtschaftliche: sie konnten keinen entehrenden Strafen ausgesetzt werden, im Fall einer Verurteilung hatten sie das Recht auf kostenfreie Unterkunft, der Wasserverbrauch im Haus war gratis, bei öffentlichen Lebensmittelverteilungen erhielten sie bessere oder größere Anteile, ebenso bei allgemeinen Schenkungen anderer Natur. Zahlreiche weitere derartige Sonderrechte, wie Teilnahme an öffentlichen Banketten gehörten ebenfalls dazu.
Die wirklich hervorragenden Personen der Stadtgesellschaft waren die alle fünf Jahre gewählten Duumvirn. Zusätzlich zur normalen Duumvirnposition besaßen diese *quinquennales* darüber hinaus die außerordentliche Macht, nicht nur die administrative und steuerliche Lage eines jeden Bürgers zu überprüfen, sondern auch festzustellen, ob die einzelnen Dekurionen noch die Bedingungen der Mitgliedschaft im Bürgerrat (Vermögen, Moral etc.) erfüllten ober ob sie abgesetzt werden mußten. Desgleichen nahmen sie bei Personalmangel neue Mitglieder in den *ordo* auf und schlugen diese somit schließlich als potentielle zukünftige Magistrate vor. Es ist offensichtlich, in welcher Weise die *quinquennales* die wahren «grauen Eminenzen» der pompejanischen Politik waren. Nicht zufällig gehörten sie immer einer sehr beschränkten Anzahl von Familien an, die so die Macht in der Stadt direkt innehatten oder indirekt beeinflußten.
Eine besondere und daher hervorgehobene Stellung war den *patroni* vorbehalten. Sie wurden vom Rat ausgewählt und hatten gewöhnlich enge Verbindungen zur Zentralmacht oder waren sogar selbst Mitglied der kaiserlichen Familie; so z.B. Marcellus, Neffe und designierter Nachfolger des Augustus, der vorzeitig verstarb[18]. Obwohl sie sich nur selten in der Stadt aufhielten, war es ihre Aufgabe, deren Forderungen und Interessen in Rom zu vertreten.

A.V.

---

[1] Vgl. *CIL*, IV, 60, 783.
[2] Vgl. *CIL*, IV, 128, 1611, s.a. 4106, 5181, 9159, *Porta Nocera* 7 OS und E. VETTER, *Handbuch der italischen Dialekte*, Heidelberg 1953, Nr. 23, 24.
[3] Vgl. *CIL*, IV, 371, 470, 480.
[4] Vgl. *CIL*, IV, 7447, 7676, 7706, s.a. 7807 und VETTER, *op. cit.*, 28.
[5] Vgl. *Porta Nocera* 1 ES, Nr. 5; 9 ES; 11 OS, Nr. 10; 15 OS; *Not. Scavi*, 1894, 15; *CIL*, X, 1030.
[6] Vgl. *CIL*, IV, 148, 1379 f., 1382, 1384 f., 5275, 7077.
[7] S. z.B. *CIL*, IV, 177, 464, 660, 2940, 3474, 3556, 3558, 3639, 3851, 6616 (Ädilen); 373, 420, 644, 973, 3548, 7488 (Duumvirn).
[8] S. z.B. *CIL*, IV, 122, 222, 359 f., 660, 7242.
[9] Vgl. z.B. *CIL*, IV, 7429, 7614, 7618 f., 7624, 7630.
[10] Vgl. z.B. *CIL*, IV, 710, 7164; 336, 1147.
[11] Vgl. z.B. *CIL*, IV, 768, 1059, 7203, 7579.
[12] Vgl. z.B. *CIL*, IV, 3409, 7443.
[13] Vgl. z.B. *CIL*, IV, 635, 3402, 3760, 7316, 7429, 7539, 7618, 7733.
[14] Vgl. z.B. *CIL*, IV, 429, 597, 768, 3702, 6626, 7187, 7201, 7667.
[15] Vgl. z.B. *CIL*, IV, 3678, 7473, 7863; s.a. Kat. Nr. 211.
[16] Vgl. *Not. Scavi* 1910, 402; s.a. *CIL*, X, 1036 = ILS 6365.
[17] S. z.B. *CIL*, X, 829 = *ILS*, 5706; *CIL*, X, 1074d = *ILS*, 5053, 4; *CIL*, X, 857,d = *ILS*, 5653a.
[18] Vgl. *CIL*, X, 832 = *ILS*, 898.

Iscrizioni

Una quantità notevolissima di informazioni sulla vita di Pompei ci viene offerta dal numero veramente imponente d'iscrizioni di carattere pubblico e privato che ci sono pervenute, le quali lasciano cogliere aspetti della vita economica e sociale in altro modo ben difficilmente recuperabili. A Pompei, infatti, sono riapparse non solo le iscrizioni lapidarie che, data la consistenza del materiale sul quale furono vergate, è dato riscoprire nella piú parte dei siti del mondo romano antico; l'eccezionalità del modo di seppellimento ha invece permesso anche la conservazione di quelle scritte che, dipinte o graffite sui muri, o stilate su tavolette cosparse di cera, in genere non resistono all'ingiuria del tempo. Ad Ercolano, inoltre, è stata anche rinvenuta una messe considerevole di papiri, i libri dell'epoca. L'insieme di tutti questi documenti costituisce un patrimonio assolutamente unico di dati contestualizzati e quindi relazionabili ed offre un osservatorio privilegiato per le indagini sulla vita dell'epoca.

Le iscrizioni lapidarie, generalmente incise a scalpello dal lapicida su marmo o pietra, nella maggioranza dei casi illustrano situazioni quasi ovunque ricorrenti. Esse ricordano, infatti, personaggi benemeriti in onore dei quali vennero erette statue, come ad es. quella sulla base di statua onoraria di M. Holconius Rufus, posta al quadrivio oggi detto di Olconio[1], e quella sulla base per M. Lucretius Decidianus Rufus, eretta nel Foro civile[2] e ancora quella per M. Claudius Marcellus, il nipote di Augusto patrono della città, posta nel Foro Triangolare[3], o concessi funerali pubblici, come ad es. quella sita sul sepolcro dell'edile C. Vestorius Priscus fuori porta Vesuvio[4] o quella sul sepolcro fuori porta Ercolano del duoviro A. Umbricius Scaurus, al quale venne dedicata sinanche una statua equestre nel Foro[5].

Altre commemorano la realizzazione di opere pubbliche fatte eseguire dai magistrati locali sia con il pubblico denaro, come nel caso della costruzione del *theatrum tectum,* l'*Odeion*[6], sia a volte direttamente a proprie spese, come avvenuto per l'edificazione degli *spectacula,* l'Anfiteatro, a cura e costi dei duoviri quinquennali Caius Quinctius Valgus e Marcus Porcius[7], o per quella del tempio della Fortuna Augusta su suolo e con soldi del duoviro quinquennale Marcus Tullius[8], sia infine con la somma che essi erano obbligati a versare alla cassa comunale all'entrata in carica, proprio perché si realizzassero opere o si effettuassero giuochi[9]. Talora poi esse menzionano anche semplici privati, che con le loro elargizioni si aprivano la strada ad una scalata sociale, come è dato vedere per N. Popidius Celsinus, ammesso a soli sei anni nel senato cittadino, per aver ricostruito il tempio d'Iside distrutto dal terremoto del 62, opera in effetti chiaramente finanziata dal padre che, essendo verosimilmente liberto, non poteva aspirare per sé ad una tale investitura[10]. Altre ancora ricordano avvenimenti di particolare risalto, come la restituzione alla collettività ad opera di T. Suedius Clemens degli spazi pubblici usurpati dai privati (v. Cat. n. 208) o cerimonie religiose, quali le dediche dei donari da parte dei *ministri* nel tempio della Fortuna Augusta[11]. Tantissime infine riportano semplicemente il nome e i titoli dei defunti sulle tombe. Di alcuni è ricordato, per le benemerenze acquisite, l'onore concesso dalla cittadinanza di fregiarsi delle insegne decurionali con i connessi privilegi esteriori, non potendo essi, verosimilmente perché di nascita non libera, essere di fatto accolti nel Consiglio[12]. Di A. Clodius Flaccus si menzionano, invece, con dovizia di dettaglio, gli spettacoli e le elargizioni offerti alla cittadinanza in tutte e tre le occasioni nelle quali venne eletto al duovirato[13]. Si tratta, in ogni caso, di iscrizioni meditate e ufficiali, espressamente concepite per durare a futura memoria.

Le iscrizioni dipinte, veri e propri manifesti o messaggi che si volevano formalmente rendere di pubblico dominio, erano eseguite da *scriptores* professionisti che, nottetempo, da soli o con alcuni aiutanti, armati di pennello, di scala e di lanterna[14], riportavano su facciate e muri di edifici, a caratteri cubitali e in bella grafia, disegnando su un sottilissimo strato di latte di calce le lettere nei colori rosso e nero, annunci che venivano variati di volta in volta, pur nell'identità della sostanza, secondo l'estro del momento e il luogo. Anche se non mancano, infatti, insegne di bottega[15], avvisi di locazione[16] e di cose smarrite[17], reprimende[18] e altro[19], o annunci di ludi gladiatori che si effettuavano a Pompei[20] o in altre città vicine[21], la maggioranza di tali iscrizioni è frutto delle annuali e combattute campagne elettorali (cfr. *L'amministrazione pubblica*). I candidati in corsa per l'elezione alle magistrature cittadine puntavano moltissimo appunto su di esse per raggiungere incisivamente i potenziali elettori, indicati talora proprio singolarmente per nome e invitati, facendo leva su varie argomentazioni, ad aderire alla propria causa (v. Cat. n. 211).

I graffiti, vergati con lo stilo o altro strumento appuntito, o tracciati a carbone sui muri degli edifici o sulle pareti stesse delle case, hanno il contenuto piú vario ed estemporaneo che si possa immaginare. Affidati alla fantasia e all'estro di chi li tracciava, essi spaziano nei campi piú disparati senza regola e talora anche senza intendimento alcuno, a volte solo per fissare un'emozione, altre volte un appunto, altre ancora un semplice sberleffo. In un campionario nutritissimo, che conta oltre diecimila esemplari, è cosí possibile rinvenire, magari proprio in pochi centimetri quadrati di parete, un vero e proprio spaccato di varia umanità, dove la banale e sempre ricorrente firma si rincorre con il ricordo di una giornata trascorsa in dolce compagnia, e dove la frase arguta e mordace si tempera nella poesia d'amore dai delicati accenti lirici (Cat. n. 212). C'è anche poi chi, conscio delle proprie capacità grafiche, dà saggi della sua bravura disegnando navi, fiere che combattono nell'anfiteatro, bozzetti e caricature, o anche pugnaci gladiatori impegnati in un duello senza motivo e che non pertanto aveva lo stesso per posta la vita (Cat. n. 213). È la fantasia a regnare incontrastata sui muri di Pompei, che sembrano specchio fedele del terenziano[22] «homo sum: humani nil a me alienum puto» (sono un uomo, e tutto ciò che è umano mi appartiene).

Le tavolette cerate erano invece il sistema piú pratico e diffuso tra i Romani per prendere appunti, scrivere messaggi, stilare e conservare stabilmente atti. Di contenute dimensioni, facilmente portabili indosso, esse esplicavano la funzione dei nostri quaderni o dei nostri registri documentari. Si tratta di tavolette di legno, per lo piú d'abete, dello spessore di pochi millimetri e ben levigate, cosparse di un sottile strato di cera sul quale mediante uno strumento a punta sottilissima, lo stilo, veniva incisa fluidamente la scrittura. La parte superiore dello stilo, piatta e slargata, consentiva di riappianare la cera già incisa in caso di errori, cancellando lo scritto precedente. Le tavolette generalmente erano unite tra di loro con un cordoncino fatto passare attraverso fori sottilissimi, sí da formare *codices* (dittici, trittici, polittici), che in caso di atti ufficiali venivano resi immodificabili apponendo all'esterno la firma e il sigillo degli attori e dei testimoni. I sigilli venivano in parte messi su una fascia inserita in una canaletta posta al centro del dorso delle tavolette, e che talora passava anche in appositi fori ricavati sul loro margine inferiore e superiore, che ne assicurava la chiusura. Ancora sulle facce esterne erano riportate annotazioni tracciate con la penna (*calamus*) intinta nell'inchiostro (*atramentum*) del calamaio (Cat. n. 67), strumenti utilizzati anche per la scrittura su papiro, riservata in genere alla conservazione di testi letterari, come si ravvisa nella biblioteca di scritti epicurei della villa dei Papiri, ma usata talora anche per scritti documentari[23].

Le tavolette cerate, comparse in numero cospicuo ad Ercolano, ma soprattutto a Pompei nella casa del banchiere L. Caecilius Iucundus e nella villa dell'agro Murecine (Cat. nn. 65-66) danno informazioni preziosissime sul sistema degli appalti e su altri tipi di obbligazioni di natura giuridica ed economica.

A.V.

---

[1] *CIL,* X, 830 = *ILS,* 6361b.
[2] *CIL,* X, 789 = *ILS,* 6363c.
[3] *CIL,* X, 832 = *ILS,* 898.
[4] *Not. Scavi,* 1910, p. 402.
[5] *CIL,* X, 1024 = *ILS,* 6366.
[6] *CIL,* X, 844 = *ILS,* 5636.
[7] *CIL,* X, 852 = *ILS,* 5627.
[8] *CIL,* X, 820 = *ILS,* 5398.
[9] Cfr. *CIL,* X, 829 = *ILS,* 5706.
[10] *CIL,* X, 846 = *ILS,* 6367.
[11] *CIL,* X, 824-8.
[12] *CIL,* X, 1026 = *ILS,* 6372 e *CIL,* X, 1030 = *ILS,* 6373.
[13] *CIL,* X, 1074 d = *ILS,* 5053, 4.
[14] Cfr. ad es. *CIL,* IV, 1190, 3529, 3884, 7621.
[15] Cfr. ad es. *CIL,* IV, 806.
[16] Cfr. ad es. *CIL,* IV, 138, 807.
[17] Cfr. ad es. *CIL,* IV, 64, 3864.
[18] Cfr. ad es. *CIL,* IV, 7038.
[19] Cfr. ad es. *CIL,* IV, 7037.
[20] Cfr. ad es. *CIL,* IV, 1186.
[21] Cfr. ad es. *CIL,* IV, 7994
[22] TER., *Heaut.,* 77.
[23] Cfr. HELBIG, 1868, 1725 e *CIL,* IV, 1174.

Inschriften

Die wahrlich beeindruckende Anzahl auf uns gekommener öffentlicher und privater Inschriften bietet bemerkenswert reiche Information über das Leben in Pompeji. Sie gewähren sonst nur schwer erhältliche Einblicke in das wirtschaftliche und soziale Leben. In Pompeji kamen jedoch nicht nur in Stein gehauene Inschriften zum Vorschein, wie sie auch sonst an fast allen Stätten der römisch-antiken Welt zu finden sind. Vielmehr bewahrte die außergewöhnliche Verschüttungsweise auch solche Schriften, die, auf Mauern gemalt oder geritzt oder auf Wachstäfelchen verfaßt, im allgemeinen die Zeiten nicht überdauern. In Herkulaneum fand man sogar beträchtliche Mengen von Papyri, den Büchern jener Zeit. Die Gesamtheit all jener Dokumente bildet eine einzigartige Hinterlassenschaft von Daten, die in einen Kontext einzuordnen und daher aussagekräftig sind. Sie stellen eine bevorzugte Quelle für Forschungen über das damalige Leben dar.

Die steinernen Inschriften wurden meist von einem Steinschneider in Marmor oder Stein gearbeitet. Meist illustrieren sie allerorts wiederkehrende Situationen. Sie erinnern an verdiente Persönlichkeiten, zu deren Ehren Statuen aufgestellt wurden (z.B. diejenige auf der Basis der Ehrenstatue des M. Holconius Rufus auf der heute nach ihm benannten Straßenkreuzung[1], jene auf der Basis für M. Lucretius Decidianus Rufus auf dem Forum[2] und die für M. Claudius Marcellus, den Neffen des Stadtpatrons Augustus, auf dem Forum Triangolare[3]) oder öffentliche Begräbnisse abgehalten wurden (z.B. auf dem Grabmal für den Ädilen C. Vestorius Priscus vor der Porta Vesuvius[4] und auf dem Grab des Duumvirn A. Umbricius Scaurus vor der Porta Ercolano, dem auch eine Reiterstatue auf dem Forum gewidmet wurde[5]).

Andere erinnern an die Errichtung öffentlicher Gebäude durch lokale Magistrate, die entweder mit öffentlichen Geldern bestritten wurde, wie im Fall des *theatrum tectum*, dem *Odeion*[6]), oder mit eigenen Mitteln wie im Fall der *spectacula*, dem Amphitheater (entstanden im Auftrag und auf Kosten der Fünfjahres-Duumvirn Caius Quinctius Valgus und Marcus Porcius[7]), sowie im Fall des Tempels der Fortuna Augusta (gebaut auf dem Grund und mit dem Geld des Fünfjahres-Duumvirn Marcus Tullius[8]). Schließlich berichten Inschriften von Spielen, die Beamte von jenem Geld veranlaßten, das sie bei Amtsantritt eigens zu diesem Zweck an die öffentliche Kasse entrichten mußten[9]. Bisweilen nennen die Inschriften auch einfache Privatleute, die durch ihre Spenden eine Stufe auf der sozialen Leiter hinaufklettern wollten. N. Popidius Celsinus, der mit nur sechs Jahren zum städtischen Senat zugelassen wurde, weil er den durch das Erdbeben von 62 zerstörten Isis-Tempel wiederaufbauen ließ. Natürlich kam das Geld vom Vater, der, als ein vermutlicher Freigelassener, eine solche Stellung niemals erreichen konnte[10]. Wieder andere berichten von besonderen Ereignissen (z.B. der Rückgabe öffentlichen, von Privatleuten usurpierten Bodens an die Stadt durch T. Suedius Clemens; s. Kat. Nr. 208) oder von religiösen Zeremonien (Weihungen von Geschenken durch die *ministri* im Tempel der Fortuna Augusta[11]). Schließlich erwähnen sehr viele Inschriften einfach nur den Namen und die Titel der Verstorbenen auf den Gräbern. Bei vielen, die wohl aufgrund unfreier Abstammung nicht in das Concilium gewählt werden konnten, wird infolge ihrer Verdienste die von der Bürgerschaft gewährte Ehre der Dekurionenabzeichen und -privilegien vermerkt[12]. In aller Ausführlichkeit werden die Schauspiele und Spenden beschrieben, die A. Clodius Flaccus der Bürgerschaft anläßlich aller seiner drei Ernennungen zum Duumvirn anbot[13]. Immer aber handelt es sich um durchdachte, öffentliche Inschriften, die ausdrücklich für ein fortwährendes, zukünftiges Gedenken konzipiert waren.

Die gemalten Inschriften, die richtige Plakate oder Werbespots waren und sich an die Öffentlichkeit wandten, wurden von professionellen *scriptores* ausgeführt. Tag und Nacht, allein oder mit Helfern, übertrugen sie mit Pinsel, Leiter und Laterne bewaffnet[14] ellenlange Mitteilungen auf Hauswände. Auf eine sehr feine Schicht Kalkmilch malten sie in schöner Schrift rote oder schwarze Buchstaben. Je nach Inspirationsmoment und Ort waren die Inhalte von Fall zu Fall verschieden. Auch wenn Schilder für Schenken[15], Mietannoncen[16] und Verlustmeldungen[17], Rügen[18] und anderes[19] sowie Ankündigungen von Gladiatorenspielen in Pompeji[20] oder anderswo[21] nicht fehlen, resultiert die Mehrheit dieser Inschriften aus den jährlichen und hart ausgefochtenen Wahlkampagnen (vgl. *Die öffentliche Verwaltung*). Die Kandidaten für die öffentlichen Ämter maßen ihnen größte Bedeutung bei, um die potentiellen Wähler direkt zu erreichen. Einzelne von diesen wurden sogar namentlich genannt und aufgefordert, sich der Sache des Kandidaten anzuschließen (s. Kat. Nr. 211).

Die Graffiti wurden mit einem Stilett oder anderen spitzen Gegenständen geschrieben oder mit Kohle auf die Hauswände gemalt. Sie sind unterschiedlichsten Charakters und ganz improvisiert. Da sie der Phantasie und Eingebung des Urhebers entspringen, geistern sie ohne Regel und bisweilen auch ohne jeden Sinn durch die verschiedensten Orte, manchmal nur eine festgehaltene Emotion, ein andermal eine Notiz oder eine Stichelei. Die äußerst reichhaltige Kollektion von über zehntausend Beispielen läßt daher selbst auf nur wenigen Quadratzentimetern Wandfläche einen wahren Querschnitt mannigfaltigen Menschtums erkennen. So tritt neben den einfachen und immer wiederkehrenden Namenszug die Erinnerung an einen in süßer Gesellschaft verbrachten Tag, und neben eine scharfsinnige, bissige Bemerkung treten delikate, lyrische Akzente der Liebespoesie (Kat. Nr. 212). Dann gibt es noch jene, die sich ihrer graphischen Fähigkeit bewußt sind und Proben ihres Könnens abgeben, indem sie Schiffe zeichnen, Raubtiere, die im Amphitheater kämpfen, Skizzen und Karikaturen oder auch grundlos auf Leben und Tod sich duellierende Gladiatoren (Kat. Nr. 213). Unbestritten beherrscht die Phantasie die Mauern von Pompeji. Diese sind ein getreuer Spiegel von Terenzius'[22] *homo sum: humani nil a me alienum puto* («Ich bin ein Mensch, und alles Menschliche gehört zu mir»).

Die Wachstäfelchen dagegen waren das gebräuchlichste und verbreitetste System der Römer, um Notizen festzuhalten, Botschaften zu schreiben sowie Dokumente abzufassen und aufzubewahren. Da sie klein und leicht zu transportieren waren, besaßen sie die Funktion unserer Hefte oder Kladden. Die Holztäfelchen, meist aus Tannenholz, sind nur wenige Millimeter stark, gut geglättet und von einer feinen Wachsschicht überzogen. Mit einem Griffel mit äußerst feiner Spitze wurde die Schrift gezogen; und mit dem breiten, flachen Oberteil konnte man im Falle eines Fehlers das Geschriebene löschen, indem man das Wachs wieder glättete. Die Täfelchen wurden durch eine durch kleine Löcher geführte Kordel zusammengehalten, um so *codices* (Diptychen, Triptychen oder Polyptychen) zu bilden. Im Fall offizieller Akten wurden sie durch Unterschrift und Siegel der Mitwirkenden und Zeugen verschlossen. Das Siegel setzte man zum Teil auf ein Band, das in einen kleinen Kanal in der Mitte auf dem Rücken des Täfelchens eingelassen und als Verschluß auch durch die Löcher im oberen und unteren Rande gezogen war. Auf den Außenseiten wurde mit der Feder (*calamus*) noch Vermerke in Tinte (*atramentum*) geschrieben (Kat. Nr. 67). Mit diesem Schreibgerät beschriftete man auch die Papyri, die, wie die Bibliothek der epikureischen Schriften in der Villa der Papyri zeigt, im allgemeinen für literarische Texte, aber auch für Dokumente benutzt werden konnten[23].

Die Wachstäfelchen, die sich in beträchtlicher Anzahl in Herkulaneum, besonders jedoch in Pompeji im Haus des Bankiers L. Caecilius Iucundus und in der Villa bei Murecine (Kat. Nr. 65-66) fanden, geben genaueste Information über das Pachtsystem und über andere juristische und ökonomische Verbindlichkeiten.

A.V.

---

1 *CIL*, x, 830 = *ILS*, 6361b.
2 *CIL*, x, 789 = *ILS*, 6363c.
3 *CIL*, x, 832 = *ILS*, 898.
4 *Not. Scavi*, 1910, 402.
5 *CIL*, x, 1024 = *ILS*, 6366.
6 *CIL*, x, 844 = *ILS*, 5636.
7 *CIL*, x, 852 = *ILS*, 5627.
8 *CIL*, x, 820 = *ILS*, 5398.
9 Vgl. *CIL*, x, 829 = *ILS*, 5706.
10 *CIL*, x, 846 = *ILS*, 6367.
11 *CIL*, x, 824-8.
12 *CIL*, x, 1026 = *ILS*, 6372 und *CIL*, x, 1030 = ILS, 6373.
13 *CIL*, x, 1074d = *ILS*, 5053, 4.
14 Vgl. z.B. *CIL*, iv, 1190, 3529, 3884, 7621.
15 Vgl. z.B. *CIL*, iv, 806.
16 Vgl. z.B. *CIL*, iv, 138, 807.
17 Vgl. z.B. *CIL*, iv, 64, 3864.
18 Vgl. z.B. *CIL*, iv, 7038.
19 Vgl. z.B. *CIL*, iv, 7037.
20 Vgl. z.B. *CIL*, iv, 1186.
21 Vgl. z.B. *CIL*, iv, 7994.
22 Ter., *Heaut.*, 77.
23 Vgl. Helbig, 1868, 1725 und *CIL*, iv, 1174.

208. Cippo iscritto

Inv. 40686.
Pompei, area delle Terme Suburbane.
Alt. cm 146; largh. cm 49; spess. cm 28; alt. lettere, 1ª l.: cm 5; 2ª l.: cm 4; 3ª l.: cm 3,5; 4ª-6ª l.: cm 3; 7ª-8ª l.: cm 2,5.
Pietra calcarea.

Il cippo, sbozzato alquanto grossolanamente nella parte inferiore, piú spessa, destinata ad essere interrata, è meglio trattato in quella superiore, che presenta, tuttavia, notevoli irregolarità anche sulla superficie iscritta. Il testo è il seguente:

Ex auctoritate / imp(eratoris) Caesaris / Vespasiani Aug(usti), / loca publica a privatis / possessa / T(itus) Suedius Clemens / tribunus, causis cognitis et / mensuris factis, rei publicae / Pompeianorum restituit.

«Per autorità dell'imperatore Cesare Vespasiano Augusto, *Titus Suedius Clemens,* tribuno, svolte le indagini ed effettuate le misurazioni, restituí alla cittadinanza pompeiana i luoghi pubblici abusivamente occupati dai privati».

Punti di divisione triangolari; *ductus* fluido e regolare; caratteri eleganti. Al penultimo rigo un'incisione perfettamente circolare, riscontrabile anche in altri punti della pietra, ha in parte erasa la *E* di *publicae.*

Il cippo qui presentato, recentemente ricomparso nell'area delle Terme Suburbane, è copia quasi perfetta di altri cippi che, in varie riprese, si sono rinvenuti fuori porta Ercolano (cfr. G. Fiorelli, *Descrizione di Pompei,* Napoli 1875, p. 404), fuori porta Vesuvio (cfr. *Not. Scavi,* 1910, p. 399) e fuori porta Nocera (cfr. S. De Caro, in *Porta Nocera* 1983, p. 25) a ricordo dell'attività di *restitutio limitum* (cfr. M. Della Corte, *Il Pomerium di Pompei*, in *RendLincei,* 5ª, XXII, 1913, p. 261 ss.; Id., *Groma*, in *MemLincei,* XXVIII, 1922, p. 97 ss.; v. pure V. Kockel, *Die Grabbauten vor dem Herculaner Tor in Pompeji,* Mainz 1983, pp. 12-14) operata per comando dell'imperatore Vespasiano dal tribuno *T. Suedius Clemens* (cfr. *PIR,* III, p. 227, n. 687). La norma prevedeva infatti che la fascia di territorio fino a cento piedi dalle mura urbiche fosse pubblica (cfr. De Caro, *loc. cit.).* A Pompei, evidentemente, come l'archeologia ha mostrato, tale norma era stata di frequente disattesa e molti spazi pubblici erano stati abusivamente occupati da costruzioni private, come non è da escludere sia avvenuto non solo lungo il pomerio, fenomeno probabilmente acuitosi in conseguenza dello scompiglio anche amministrativo apportato dal terremoto del 62.
L'intervento imperiale dall'esterno va letto come incapacità delle autorità cittadine ad arginare e contrastare efficacemente il fenomeno, anche se non va dimenticato che Vespasiano fu promotore di un'opera di rivendicazione della proprietà pubblica di respiro piú generale (cfr. M. Rostovzev, *Storia economica e sociale dell'impero romano,* Firenze 1933, pp. 126 s., 234).
Va notato che solo con la scoperta dell'analoga iscrizione fuori porta Vesuvio, avvenuta nel 1763, recante l'inequivocabile menzione della *res publica Pompeianorum*, si poté appurare senza piú ombra di dubbio che quello che si stava scavando era il sito dell'antica Pompei. Fino ad allora infatti le opinioni degli studiosi erano state del tutto contrastanti. Anche se alcuni, come Lucas Holstein, Giulio Cesare Capaccio, Francesco Bianchini o Giuseppe Macrini avevano ben intuito che i rinvenimenti che si andavano operando sulla collina della «Civita» erano da riferire all'antica città di Pompei, ipotesi diverse non mancavano di certo. Ambrogio Nolano aveva infatti sostenuto che era Stabia ad esser situata sul luogo della Civita, laddove Pompei veniva ubicata lungo la fascia litoranea tra Castellammare e Torre Annunziata da Flavio Biondo, che la immaginava di forma molto allungata, o in prossimità di Scafati dal Cluverius, o sul sito di Torre del Greco da Raffaele Maffei. Sta di fatto che quando nel 1748 vennero intrapresi i primi scavi ufficiali, l'Alcubierre, che li dirigeva, palesò ripetutamente nei suoi taccuini la convinzione di disseppellire l'antica città di Stabia.

208

Bibl.: Per il testo dell'iscrizione v., essenzialmente, *CIL,* X 1018 = *ILS,* 5942 = Onorato 1957, n. 1.

A.V.

209. Statua femminile

Inv. 13932.
Pompei, Necropoli di porta Nocera.
Alt. m 2,7; alt. base cm 6; largh cm 33; lungh. cm 59,5.
Marmo.
Naso scheggiato.

Statua funeraria femminile su piccola base di forma rettangolare. La statua mostra una donna nel consueto tipo della Pudicitia, frequentemente utilizzato per la statuaria funeraria. Infatti anche nel corso dello scavo della necropoli di porta Ercolano, avvenuto tra il 1763 ed il 1838, tra le prime scoperte, si rinvenne una statua molto simile alla nostra (V. Kockel, *Die Grabbauten vor dem Herculaner Tor in Pompeji,* Mainz a. Rh. 1983, p. 172, tav. 62 a, b, c).
La statua è vestita di tunica e mantello che, coprendole il capo, viene fermato dalla mano sinistra, poggiata sul fianco destro, e avvolge del tutto il corpo lasciando sporgere appena le punte dei piedi calzati. Il braccio destro è ripiegato sul petto. Il panneggio è eseguito in modo stilizzato e presenta una serie di pieghe appiattite e semplificate.
Il volto mostra nei tratti ossuti ed induriti un'immagine di donna matura, resa in modo da ricordare l'intaglio ligneo. La capigliatura con nodo centrale sulla fronte e treccia con chignon posteriore, nascosto dal manto, rimanda ai ritratti di Ottavia di età tardo-repubblicana (R. Bianchi Bandinelli, *Roma. L'arte romana nel centro del potere,* Milano 1969, p. 198, fig. 213).
La superficie del marmo non è levigata. Il lato posteriore è soltanto sbozzato in quanto la statua era destinata ad una visione frontale. Databile alla seconda metà del I secolo a.C.

Bibl.: Mostra d'arte pompeiana, Pompei, 8 aprile - 28 maggio 1967, Museo Nazionale d'Arte Occidentale, Tokyo, n. 6, fig. 6; A. d'Ambrosio, *Fotopiano e documentazione della Necropoli di Porta Nocera,* Milano 1983, Tomba 4EN, fig. 3.

A.M.S.

210. Statua muliebre (Livia)

Inv. 4400.
Pompei, villa dei Misteri.
Alt. tot. m 1,925; alt. base m 0,65.
Marmo.
Testa e mano destra lavorate a parte, orlo del manto spezzato sul capo, mano destra priva di tre dita, fratturate in antico. Tracce di colore sulla capigliatura, sul bordo del manto e sulla mano destra.

La statua, stante ed insistente sulla gamba sinistra, è vestita di tunica talare che arriva fino a terra con rigide pieghe, disposte a forma di corolla rovescia, e lascia appena sporgere le punte dei piedi, calzati di *solae.* Il *pallium* che, avvolgendo il capo, inguaina del tutto il corpo con una serie di pieghe superficiali sulla stoffa della veste, è concepito come volume unico e lascia sporgere la mano destra, mentre con un lembo è raccolto sotto l'ascella del braccio sinistro, ricadente lungo il fianco. La testa, inserita nella cavità del manto ed incassata sul tronco con l'aggiunta di gesso e mastice intorno al collo, è adattata alla statua; essa si rivela essere un ritratto di Livia, moglie di Augusto, per le caratteristiche fisiche che la contraddistinguono: naso a ponte, occhi spalancati ed appiattiti, labbra sottili, mento prominente, guance larghe, capelli a ciocche ondulate intorno alla fronte.
Al momento del rinvenimento la statua presentava diffuse tracce di policromia, oggi in parte scomparse: capigliatura, sopracciglia e ciglia rossicce, pupille scure, labbra rosse e bordo inferiore del manto porpora. La capigliatura mostra un solco nel quale doveva inserirsi un diadema, quest'ultimo insieme all'attributo, mancante, che la statua stringeva nella mano destra, dimostrano che si tratta del ritratto di una donna di alto rango rappresentata in modo simbolico come un'immagine di culto. Il corpo, stilizzato, deriva da prototipi repubblicani che trovano riscontro nella statuaria funeraria. Il panneggio è proprio di personaggi sacerdotali la cui immagine è ricorrente nell'iconografia pittorica: in origine, probabilmente, la statua doveva raffigurare la *domina,* in un secondo momento rilavorando la testa, fu mutata in Livia, venerata dagli Istacidi, proprietari della villa dei Misteri, come oggetto di culto della *gens* imperiale. La testa è databile all'età tiberiana: formalmente composta, classicheggiante, con un ampio modellato plastico; l'espressione calma e austera caratterizza una Livia ormai matura.
L'acconciatura dei capelli a ripartizione ondulata segna il passaggio all'acconciatura del tipo del ritratto di Copenaghen, Glyptothek (L. Fabbrini, in *EAA,* IV, 1961, s.v. *Livia Drusilla,* p. 666, fig. 789) datato dallo Steininger al 17 d.C. e ricorrente nei ritratti realistici successivi alla morte di Augusto (R. Steininger, *Die weiblichen Haartrachten im ersten Jahrhundert der römischen Kaiserzeit,* Diss. München 1909, p. 10 ss.).

Bibl.: A. De Franciscis, *Il ritratto romano a Pompei,* Napoli 1951, p. 55; A. Maiuri, *La villa dei Misteri,* Roma 1967, pp. 107-110, figg. 67-68.

A.M.S.

208. Grenzstein mit Inschrift

Inv. 40686.
Pompeji, Gebiet der Suburbanen Thermen.
Höhe 146 cm; Breite 49 cm; Stärke 28 cm; Buchstabenhöhe, 1. Zeile: 5 cm; 2. Zeile: 4 cm; 3. Zeile: 3,5 cm; 4.-6. Zeile: 3 cm; 7.-8. Zeile: 2,5 cm.
Kalkstein.

Der Grenzstein, dessen dickeres, sehr grob zugehauenes Unterteil ursprünglich eingegraben war, weist auf dem besser, dennoch auffallend unregelmäßig gearbeiteten Oberteil folgende Inschrift auf:

Ex auctoritate / imp(eratoris) Caesaris / Vespasiani Aug(usti), / loca publica a privatis / possessa / T(itus) Suedius Clemens / tribunus, causis cognitis et / mensuris factis, rei publicae / Pompeianorum restituit.

«Nachdem Erkundigungen eingeholt und Vermessungen durchgeführt waren, gab der Tribun *Titus Suedius Clemens* auf Geheiß des Kaisers Caesar Vespasianus Augustus der pompejanischen Bürgerschaft die mißbräuchlich von Privatleuten okkupierten öffentlichen Plätze zurück».

Dreieckige Interpunktionszeichen; flüssiger, regelmäßiger Duktus mit eleganten Zügen. Eine auch an anderen Stellen auf dem Stein zu findende kreisrunde Eintiefung zerstörte in der vorletzten Zeile teilweise das E von *publicae*.
Dieser jüngst bei den Suburbanen Thermen entdeckte Grenzstein ist eine fast genaue Kopie der vor der Porta Ercolano (vgl. G. FIORELLI, *Descrizione di Pompei*, Neapel 1875, 404), der Porta Vesuvio (vgl. *Not. Scavi*, 1910, 399) und der Porta Nocera (vgl. S. DE CARO, in: *Porta Nocera* 1983, 25) gefundenen Exemplare. Sie erinnerten an die *restitutio limitum* (vgl. M. DELLA CORTE, *Il Pomerium di Pompei*, in: *RendLincei*, 5. XXII, 1913, 261 ff.; DERS., *Groma*, in: *MemLincei*, XXVIII, 1922, 97 ff.; s.a. V. KOCKEL, *Die Grabbauten vor dem Herculaner Tor in Pompeji*, Mainz 1983, 12-14), die der Tribun *T. Suedius Clemens* (vgl. PIR, III, 227, Nr. 687) auf Veranlassung Kaiser Vespasians durchführte. Gemäß Vorschrift gab es vor den Stadtmauern tatsächlich einen bis zu hundert Fuß breiten Streifen öffentlichen Geländes (vgl. DE CARO, *loc. cit.*). In offensichtlicher Mißachtung besetzten in Pompeji wohl nicht nur entlang des Zwingers private Bauten viele öffentliche Plätze. Dieses Phänomen hatte sich vermutlich infolge der auch administrativen Verwirrung durch das Erdbeben des Jahres 62 verstärkt. Auch wenn Vespasian auf breiterer Ebene den Anspruch auf öffentliches Eigentum vertrat, muß das kaiserliche Eingreifen als Unfähigkeit der städtischen Autoritäten verstanden werden, diesem Geschehen wirkungsvoll entgegenzutreten (vgl. M. ROSTOVZEV, *Storia economica e sociale dell'impero romano*, Florenz 1933, 126 f., 234).
Erst 1763 mit der Entdeckung der analogen Inschrift vor der Porta Vesuvio, die unmißverständlich die *res publica Pompeianorum* erwähnte, konnte eindeutig nachgewiesen werden, daß man das antike Pompeji ausgrub. Bis dahin waren die Meinungen der Gelehrten nämlich auseinandergegangen. Auch wenn manche, so Lucas Holstein, Giulio Cesare Capaccio, Francesco Bianchini oder Giuseppe Macrini, intuitiv glaubten, daß die Funde auf dem «Civita»-Hügel zum antiken Pompeji gehören könnten, fehlte es nicht an anderen Hypothesen. Ambrogio Nolano hatte die Stätte für Stabiae gehalten, während Pompeji von Flavio Biondo am Küstenstreifen zwischen Castellammare und Torre Annunziata lokalisiert wurde, von Cluverius nahe Scafati oder von Raffaele Maffei an der Stelle von Torre del Greco. Als 1748 die ersten offiziellen Ausgrabungen unter der Leitung von Alcubierre einsetzten, hielt dieser in seinen Notizbüchern wiederholt die Überzeugung fest, die antike Stadt Stabiae freizulegen.

Bibl.: Zum Text der Inschrift s. hauptsächlich *CIL*, X, 1018 = *ILS*, 5942 = ONORATO 1957, Nr. 1.

A.V.

209

209. Statue einer Frau

Inv. 13932.
Pompeji, Nekropole an der Porta Nocera.
Höhe 2,7 m; Sockelhöhe 6 cm; Breite 33 cm; Länge 59,5 cm.
Marmor.
Nase abgesplittert.

Weibliche Grabstatue auf kleinem Rechtecksockel im für die Grabplastik gebräuchlichen Typus der Pudicitia. Eine ganz ähnliche Figur war bei den Ausgrabungen der Nekropole am Herkulaner Tor zwischen 1763 und 1838 unter den ersten Funden (V. KOCKEL, *Die Grabbauten vor dem Herculaner Tor in Pompeji*, Mainz 1983, 172, Taf. 62 a, b, c).
Die Statue ist mit einer Tunika und einem Mantel bekleidet. Letzterer umhüllt ihren ganzen Körper, ist über den Kopf gezogen und wird mit der linken Hand auf der rechten Hüfte gehalten. Die beschuhten Füße schauen kaum heraus. Der rechte Arm ist an die Brust zurückgelegt. Stilisierter Faltenwurf mit flachen, vereinfachten Falten. Das Gesicht mit den knochigen, verhärmten Zügen zeichnet das Bild einer reifen Frau und erinnert in seiner Art an Holzschnitzerei. Die Frisur mit einem Knoten über der Stirn und einem Zopf mit Knoten auf der Rückseite, die vom Mantel verborgen wird, greift auf spätrepublikanische Bildnisse der Octavia zurück (R. BIANCHI BANDINELLI, *Roma. L'arte romana nel centro del potere*, Mailand 1969, 198, Abb. 213).
Die Marmoroberfläche ist nicht poliert und die Rückseite nur so weit behauen, wie es die für die Statue bestimmte Frontalansicht erforderte. 2. H. d. 1. Jhs. v.Chr.

Bibl.: *Mostra d'arte pompeiana*, Pompeji, 8. April - 28. Mai 1967, Nationalmuseum für Westliche Kunst, Tokio, Nr. 6, Abb. 6; A. D'AMBROSIO, *Fotopiano e documentazione della Necropoli di Porta Nocera*, Mailand 1983, Grab 4EN, Abb. 3.

A.M.S.

210. Statue einer Frau (Livia)

Inv. 4400.
Pompeji, Villa der Mysterien.
Gesamthöhe 1,925 m; Sockelhöhe 0,65 m.
Marmor.
Kopf und rechte Hand sind gesondert gearbeitet, Mantelsaum auf dem Kopf ausgebrochen, an der rechten Hand sind seit der Antike drei Finger abgebrochen. Farbspuren auf der Frisur, dem Mantelsaum und der rechten Hand.

Die Figur mit linkem Standbein ist in eine Tunika gekleidet, die in straffen Falten auf den Boden herabfällt und kaum die mit *solae* beschuhten Füße erkennen läßt. Der Kopf wird vom *pallium* bedeckt, das über dem Stoff des Gewandes in flachen Falten eng am ganzen Körper anliegt. Es ist als einheitliches Volumen konzipiert und gibt die rechte Hand frei, während es unter der linken Achsel mit einem Zipfel zusammengerafft ist und lang auf der Seite hinabfällt. Der Kopf ist in die Mantelhöhle eingesetzt und mittels Gips und Kitt auf dem Halsstumpf der Statue angebracht. Die physiognomischen Merkmale geben sie als Bildnis der Livia, Ehefrau des Augustus, zu erkennen: spitze Nase, flache, weit geöffnete Augen und schmale Lippen, vorstehendes Kinn, breite Wangen sowie über der Stirn in Wellen gelegte Haare.
Bei ihrer Auffindung trug die Statue noch verschiedene Farbspuren, die heute teilweise verschwunden sind: am Haar; Augenbrauen und Wimpern rötlich; Pupillen dunkel; Lippen rot; unterer Mantelsaum purpur. Wie die Vertiefung in der Frisur erkennen läßt, trug die Figur einst ein Diadem. Dieses kennzeichnete die Statue zusammen mit dem verlorenen Attribut in der rechten Hand als Bildnis einer Frau von hohem Rang, die als Kultbild wiedergegeben ist. Die Wiedergabe des Körpers ist von republikanischen Vorbildern aus der Grabplastik abzuleiten. Die Drapierung entspricht in der malerischen Ikonographie geläufigen Priesterfiguren. Eigentlich sollte die Statue wohl die *domina* darstellen, wurde dann aber im Gesicht zu einer Livia umgearbeitet und von der kaiserlichen *gens* der Istacidii, den Eigentümern der Mysterienvilla, als Kultobjekt verehrt.
Aufgrund der strengen Komposition, des Klassizismus und der summarischen Modellierung ist der Kopf in tiberische Zeit zu datieren. Der ruhige, ernste Ausdruck gibt eine gereifte Livia wieder.
Die Frisur mit den geteilten, gewellten Haaren kennzeichnet den Übergang zur Frisur des Bildnistyps in der Glyptothek von Kopenhagen (L. FABBRINI, in: *EAA*, IV, 1961, s.u. *Livia Drusilla*, 666, Abb. 789), den Steininger auf 17 n.Chr. datiert und der sich in den realistischen Porträts nach Augustus' Tod wiederholt (R. STEININGER, *Die weiblichen Haartrachten im ersten Jahrhundert der römischen Kaiserzeit*, Diss. München 1909, 10 ff.).

Bibl.: A. DE FRANCISCIS, *Il ritratto romano a Pompei*, Neapel 1951, 55; A. MAIURI, *La villa dei Misteri*, Rom 1967, 107-110, Abb. 67-68.

A.M.S.

210

211

211. Frammento di pittura parietale con iscrizioni elettorali

Inv. 40685.
Pompei, IX, 7, a sinistra dell'ingresso, al n. 7 dell'officina di *Verecundus*.
Alt. cm 214; largh. cm 88.
Intonaco affrescato con sovradipinture.

Il frammento qui presentato venne distaccato dalla facciata dell'officina *coactiliaria* (cfr. *CIL*, IV, 7838) di *Verecundus*, nella quale, oltre a prepararsi i feltri e a tessersi coperte e panni di lana, come illustra un dipinto posto alla destra dello stesso andito n. 7 (cfr. SPINAZZOLA, cit. in bibl., tav. agg. 2 a p. 192 e tav. XI) non è da escludere venissero approntati anche vestiti di un certo impegno (cfr. *CIL*, IV, 9083, con la menzione di una tela di lino ricamata in oro, e v. pure 3130, che ricorda un *M. Vecilius Verecundus*, definito *vestiarius*, che potrebbe identificarsi con il Nostro).
Il dipinto principale, di schietta tradizione popolare, mostra Mercurio con caduceo e petaso che, uscendo verso destra da un tempietto di tipo etrusco-italico su basso podio e ampio pronao distilo a colonne ioniche, mostra nella destra la borsa (*marsupium*) ricolma di denaro, in atto beneaugurante nei confronti della fortuna commerciale di *Verecundus*, nome, questo, tracciato a pennello proprio vicino alla figura di chi, nel dipinto precedente, è caratterizzato chiaramente come il conduttore dell'opificio (*CIL*, IV, 7839 e cfr. pure 9084 s.). A destra dell'andito, invece, sopra la scenetta ricordata, era Venere Pompeiana, su quadriga a prora di nave trascinata da elefanti (cfr. SPINAZZOLA, cit. in bibl., p. 189 ss., figg. 221 s., 228) ad assicurare protezione alle attività dell'officina (riferimento all'importazione del lino da Alessandria?).
Al di sotto del quadretto con Mercurio restano blande tracce di un'analoga scenetta popolare nella quale s'intravede una donna che, dietro un banco nella *taberna*, sta per vendere un paio di scarpe (*calcei*) ad un giovane seduto. In primo piano, sul marciapiede che precede la bottega (*taberna*), si scorge distintamente un cavalletto ligneo a doppio ordine di regoli, sul quale venivano posti i prodotti che venivano messi ad asciugare all'aperto (cfr. *Dig.*, XLIII, 10, 1, 4). In alto, al di sopra delle raffigurazioni, vennero tracciate due iscrizioni elettorali. La prima (*CIL*, IV, 7841), dipinta in nero, dice:

C(aium) Iulium Polibyum / IIvir(um) Cuculla rog(at)
«*Cuculla* chiede *C. Iulius Polybius* come duoviro».

Alla fine del primo rigo le lettere *IUM*, piú piccole delle restanti, sono disposte su due linee. Il nome di *Cuculla* è ricoperto da uno straterello di bianca calce.
La seconda iscrizione (*CIL*, IV, 7842), piú in basso ed egualmente in nero, recita:

Holconium Priscum / IIvir(um) i(ure) d(icundo) d(ignum) r(ei) p(ublicae) o(ro) v(os) f(aciatis).
«Vi chiedo di eleggere *Holconius Priscus* a duoviro giusdicente. È degno della pubblica amministrazione».

Attualmente, al primo rigo, non sono piú visibili la H e le due O di *Holconium* e la M di *Priscum;* al secondo rigo è invece visibile solo la parte finale dell'iscrizione: D R P O V F. Le ultime due lettere sono in nesso. Il costrutto di *dignus* con il genitivo è fenomeno usuale a Pompei.
All'interno del dipinto con la *taberna* e al di sotto di esso, comparivano altre iscrizioni elettorali (*CIL*, IV, 7843-7845), ora completamente evanide. Come ben si vede, gli *scriptores* nella loro affannosa ricerca di luoghi sui quali scrivere i loro messaggi elettorali, non trascuravano il benché minimo spazio disponibile, senza aver eccessivo riguardo neanche per gli dèi.
La candidatura al duovirato di *Polybius* si riporta all'età flavia; quella di *Priscus*, invece, proprio al 79 (cfr. H. MOURITSEN, *Elections, Magistrates and Municipal Elite. Studies in Pompeian Epigraphy*, Rome 1988, p. 42).
Marcus Holconius Priscus, membro di una famiglia attestata pressoché esclusivamente a Pompei e famosa per la coltivazione di un vitigno che da essa prese il nome (*vitis Holconia:* cfr. PLIN., *N.H.*, II, 6, 35; COLUM., *De re rust.*, III, 2, 27) nelle elezioni del 79 si presentò inserito in una «lista di concentrazione» che prevedeva come collega al duovirato *C. Gavius Rufus* (cfr. *CIL*, IV, 103, 155, 297, 644, 1007, 6685, 7202) e, nella carica di edili, *C. Cuspius Pansa* e *L. Popidius Secundus* (cfr. *CIL*, IV, 7242).
Caius Iulius Polybius, discendente da una famiglia di liberti imperiali, se non da uno dei veterani delle truppe ausiliarie di Ottaviano, che, inviati a Pompei nel 37 a.C., da lui ricevettero nome (*C. Iulius*) e cittadinanza, si presentò al duovirato in coppia con *M. Lucretius Fronto*, membro di una delle piú nobili *gentes* pompeiane (cfr. *CIL*, IV, 973). Fu verosimilmente lui a far ricoprire il nome di *Cuculla* (per il quale cfr. I. KAJANTO, *Cognomina Pompeiana*, in *Neuphilol. Mitteil.*, LXVI, 1965, p. 345), cosí come anche quello di *Zmyrina* su un'altra iscrizione (*CIL*, IV, 7863), forse perché preoccupato dalla cattiva fama che poteva derivarne, essendo esse donne – come almeno è certo per *Zmyrina* – di facili costumi. In altri casi vediamo infatti *Polybius* accettare tranquillamente il sostegno elettorale femminile (cfr. *CIL*, IV, 1053, 2497 s., 7167, 7189).

Bibl.: *Not. Scavi*, 1912, pp. 176 ss. (con fig. 2 a p. 179), 188 s., n. 31 s.; *CIL*, IV, 7841; DIEHL, 875; *CIL*, IV, 7842; V. SPINAZZOLA, *Pompei alla luce degli Scavi Nuovi di via dell'Abbondanza*, I, Roma 1953, p. 207 ss., figg. 237-239 e tav. XII. Cfr. M. DELLA CORTE, *Case ed abitanti di Pompei*, Pompei 1954^2, p. 232 ss.

A.V.

212

212. Frammento di parete con graffiti

Inv. 20564.
Pompei, VII, 16 (Ins. Occid.), 19, casa di Fabio Rufo.
Alt. cm 20; largh. cm 63; spess. cm 4 circa.
Intonaco signino.

Il presente frammento ben esemplifica l'estrema varietà dell'epigrafia parietale pompeiana. In concentrazione fittissima, su pochi centimetri quadrati di parete sono tracciati ben undici graffiti di intonazione diversa, dovuti a piú mani:

a) In alto sulla sinistra. Incisione alquanto larga e profonda, *ductus* posato e regolare:

Venimus h[oc c]upidi, multo magis ire cupimus / set retinet nostros illa puella pedes.
«Venimmo qui desiderosi, molto di piú desideriamo andar via; è quella fanciulla però a trattenere i nostri passi».

La prima parte della presente iscrizione, un distico elegiaco, fu letta anche altrove (*CIL*, IV, 1227 con add. pp. 205, 463, 704; 2995 con add. p. 704; 6697; 8114; 8231; 8891; 9849; 10065 a; 10640 e ancora nella casa di Fabio Rufo, n. 17). In *CIL*, IV, 1227 con add. p. 704, la chiusa è differente: *ut liceat nostros visere, Roma, lares* e palesa il desiderio di tornare a Roma di un «turista» venuto a Pompei. Qui, con piú fresca invenzione, è il sorriso di una fanciulla a distogliere i passi dalla via della pur desiderata casa.
Al primo rigo *hoc* sta per *huc*, al secondo *set* per *sed*.

Bibl.: C. GIORDANO, *Le iscrizioni della casa di M. Fabio Rufo*, in *RendAccNapoli*, n.s., XLI, 1966, p. 82, n. 38; H. SOLIN, *Die Wandinschriften im sog. Haus des M. Fabius Rufus*, in AA.VV., *Neue Forschungen in Pompeij*, Recklinghausen 1975, n. 57, con commento a p. 252 s. e fig. 241; GIGANTE 1979, p. 228 s. e tav. XI.

b) Al di sotto della precedente, in lettere capitali ben incise:

Epaphroditus cum Thalia hac.
«*Epaphroditus* e *Thalia* qui insieme».

Nei due amanti sono da riconoscere due schiavi, a giudicare dai *cognomina*.

Bibl.: GIORDANO, *cit.*, n. 39; SOLIN, *cit.*, n. 58 e fig. 241.

c) A destra della precedente. Incisione piccola e larga, molto profondamente marcata. *Ductus* ordinatissimo e regolare:

Felicem somnum qui tecum nocte quiescet? / Hoc ego si facere, multo felicior esse.
«Chi trascorre con te la notte in un sonno felice? Se fossi io, sarei molto piú felice».

Intendendo invece *felicem* come accusativo esclamativo è possibile anche la seguente interpretazione:

213

211. Fragment einer Wandmalerei mit Wahlinschriften

Inv. 40685.
Pompeji, IX, 7, links vom Eingang zu Nr. 7 (Werkstatt des Verecundus).
Höhe 214 cm; Breite 88 cm.
Fresko mit Übermalungen.

Das hier vorgestellte Fragment wurde von der Fassade der Werkstatt *coactiliaria* (vgl. *CIL*, IV, 7838) des *Verecundus* abgenommen. Wie eine Malerei rechts vom selben Eingang Nr. 7 zeigt, wurden dort Filz vorbereitet und Decken und Tücher aus Wolle gewebt (vgl. SPINAZZOLA, *zit.* in Bibl., Taf. 2 gegenüber 192 und Taf. XI). Eventuell stellte man hier auch bestimmte Kleidungsstücke her (vgl. *CIL*, IV, 9083, wo ein goldbesticktes Leinengewebe erwähnt wird; s.a. 3130: hier wird ein *M. Vecilius Verecundus* als *vestiarius* bezeichnet, der mit unserem identisch sein könnte).
Das in ganz volkstümlicher Tradition stehende Hauptgemälde stellt Mercur mit Caduceus und Petasus dar, wie er ein etruskisch-italisches Tempelchen - auf niedrigem Podium und mit weitem distylen Pronaos mit ionischen Säulen - nach rechts verläßt. Verheißungsvoll für das Kaufmannsglück des Verecundus, dessen Name genau neben die eindeutig als Werkstattleiter gekennzeichnete Figur geschrieben ist (*CIL*, IV, 7839, vgl. auch 9084 f.), hält er einen gefüllten Geldbeutel (*marsupium*) in der Rechten. Rechts vom Korridor befand sich über der erwähnten Darstellung eine Venus Pompeiana auf einer Quadriga in Form eines von Elefanten gezogenen Schiffsbugs (vgl. SPINAZZOLA, *zit.* in Bibl., 189 ff., Abb. 221 f., 228); sie sollte die Werkstatt beschützen (Hinweis auf den Import des Leinen aus Alexandria?).
Unter dem Mercurbildchen blieben schwache Spuren einer ähnlich volkstümlichen Szene erhalten. Man kann eine Frau erahnen, die hinter der Theke einer *taberna* steht und einem sitzenden Jüngling ein Paar Schuhe (*calcei*) verkauft. Im Vordergrund ist auf dem Bürgersteig vor dem Laden (*taberna*) ein zweistöckiges Holzgestell zu sehen, auf dem die Erzeugnisse im Freien zum Trocknen aufgehängt wurden (vgl. *Dig.*, XLIII, 10, 1, 4). Über diesen Darstellungen sind zwei Wahlinschriften festgehalten. Die erste (*CIL*, IV, 7841) ist in Schwarz gemalt und lautet:

C(aium) Iulium Polibyum / IIvir(um) Cucullа rog(at)
(«*Cuculla* will *C. Iulius Polybius* als Duumvir»).

Die Buchstaben *IUM* am Ende der ersten Zeile sind kleiner als die übrigen und in zwei Reihen angeordnet. Der Name *Cuculla* ist von einer dünnen weißen Kalkschicht überzogen.
Die zweite Inschrift (*CIL*, IV, 7842), ebenfalls in Schwarz, verläuft darunter:
Holconium Priscum / IIvir(um) i(ure) d(icundo) d(ignum) r(ei) p(ublicae) o(ro) v(os) f(aciatis).
(«Ich fordere Euch auf, *Holconius Priscus* zum rechtsprechenden Duumvirn zu wählen. Er ist der öffentlichen Verwaltung würdig»).

In der ersten Linie sind das H und die beiden O von *Holconium* und das M von *Priscum* nicht mehr zu erkennen. In der zweiten Zeile ist dagegen nur das Ende der Inschrift, D R P O V F, zu lesen. Die letzten beiden Buchstaben haben ein Verbindungszeichen. *Dignus* mit Genitiv ist eine in Pompeji übliche Satzkonstruktion.
Im und unter dem Gemälde mit der *taberna* befanden sich weitere, heute verschwundene Wahlinschriften (*CIL*, IV, 7843-7845). Ohne große Rücksichtnahme auf die Götter ließen die *scriptores* bei ihrer mühevollen Suche nach Stellen für ihre Wahlbotschaften auch nicht den geringsten Platz außer Acht.
Die Kandidatur des *Polybius* zum Duumvirat bezieht sich auf flavische Zeit, jene des *Priscus* dagegen direkt auf 79 (vgl. H. MOURITSEN, *Elections, Magistrates and Municipal Elite. Studies in Pompeian Epigraphy*, Rom 1988, 42).
Marcus Holconius Priscus war Mitglied einer fast nur in Pompeji bezeugten Familie und für den Anbau einer nach ihm benannten Weinrebe berühmt (*vitis Holconia*: vgl. PLIN., *N.H.*, II, 6, 35; COLUM., *De re rust.*, III, 2, 27). In den Wahlen von 79 erschien er mit *C. Gavius Rufus* als Kollege für das Duumvirat (vgl. *CIL*, IV, 103, 155, 297, 644, 1007, 6685, 7202) und mit *C. Cuspius Pansa* und *L. Popidius Secundus* für das Amt der Ädilen (vgl. *CIL*, IV, 7242) auf einer gemeinsamen Liste.
Caius Iulius Polybius stammte aus einer Familie kaiserlicher Freigelassener, wenn nicht von einem der Veteranen aus den Hilfstruppen Oktavians, die dieser 37 v.Chr. nach Pompeji geschickt und denen er Namen (*C. Iulius*) und Bürgerrecht gegeben hatte. Er bewarb sich zusammen mit *M. Lucretius Fronto*, Mitglied einer der vornehmsten pompejanischen *gentes* (vgl. *CIL*, IV, 973), für das Duumvirat. Wahrscheinlich war er es, der den Namen *Cucullas* (vgl. I. KAJANTO, *Cognomina Pompeiana*, in: *Neuphilol. Mitteil.*, LXVI, 1965, 345) und *Zmyrinas* (in einer anderen Inschrift; *CIL*, IV, 7863) überdecken ließ. Er war wohl besorgt, mit dem schlechten Ruf dieser Frauen, wie er zumindest für *Zmyrina* sicher ist, in Verbindung gebracht zu werden. *Polybius* dagegen nimmt die weibliche Wahlunterstützung getrost entgegen (vgl. *CIL*, IV, 1053, 2497 f., 7167, 7189).

Bibl.: *Not. Scavi*, 1912, 176 ff. (mit Abb. 2 auf S. 179), 188 f., Nr. 31 f.; *CIL*, IV, 7841; DIEHL, 875; *CIL*, IV, 7842; V. SPINAZZOLA, *Pompei alla luce degli Scavi Nuovi di via dell'Abbondanza*, I, Rom 1953, 207 ff., Abb. 237-239 und Taf. XII. Vgl. M. DELLA CORTE, *Case ed abitanti di Pompei*, Pompeji 1954[2], 232 ff.

A.V.

212. Wandfragment mit Graffiti

Inv. 20564.
Pompeji, VII, 16 (Ins. Occid.), 19, Haus des Fabius Rufus.
Höhe 20 cm; Breite 63 cm; Stärke ca. 4 cm.
Opus signinum.

Das vorliegende Stück macht die große Vielfalt der pompejanischen Wandepigraphik deutlich. Immerhin elf Graffiti sind in äußerst knapper Form von verschiedenen Händen auf nur wenige Quadratzentimeter gemalt.
a) Oben links. Ziemlich große und tiefe Gravur. Ruhiger, regelmäßiger Duktus.

Venimus h[oc c]upidi, multo magis ire cupimus / set retinet nostros illa puella pedes.
«Wir waren voller Begehren; viel mehr begehren wir zu gehen; doch dieses Mädchen hält unsere Schritte zurück».

Der erste Teil dieses elegischen Distichons ist auch anderswo zu lesen (*CIL*, IV, 1227 mit Ergänzungen 205, 463, 704; 2995 mit Erg. 704; 6697; 8114; 8231; 8891; 9849; 10065 a; 10640 und auch im Haus des Fabius Rufus, Nr. 17). *CIL*, IV, 1227 mit Ergänzung 704 endet anders: *ut liceat nostros visere, Roma, lares.* Ein «Tourist» in Pompeji möchte nach Rom zurückkehren, und das Lächeln eines Mädchens lenkt vom ersehnten Heimweg ab.
Hoc für *huc*, *set* für *sed*.

Bibl.: C. GIORDANO, *Le iscrizioni della casa di M. Fabio Rufo*, in: *RendAccNapoli*, N.S., XLI, 1966, 82 Nr. 38; H. SOLIN, *Die Wandinschriften im sog. Haus des M. Fabius Rufus*, in: *Neue Forschungen in Pompeji*, Recklinghausen 1975, Nr. 57, mit Kommentar 252 f. und Abb. 241; GIGANTE 1979, 228 f. und Taf. XI.

b) Unter *a*). Große, gut geschnittene Buchstaben.

Epaphroditus cum Thalia hac.
«*Epaphroditus* hier zusammen mit *Thalia*».

Die *cognomina* der beiden Liebenden deuten auf Sklaven hin.

Bibl.: GIORDANO, *zit.*, Nr. 39; SOLIN, *zit.*, Nr. 58 und Abb. 241.

c) Rechts von *b*). Kleine, breite und sehr tiefe Inzision. Sehr ordentlicher und regelmäßiger Duktus.

Felicem somnum qui tecum nocte quiescet? / Hoc ego si facere, multo felicior esse.
«Wer verbringt mit Dir die Nacht in glücklichem Traum? Wäre ich es, wäre ich viel glücklicher».

Versteht man *felicem* als ausrufenden Akkusativ, ist auch folgende Interpretation möglich:

«Glücklich ist, wer die Nacht an Deiner Seite verbringt. Wäre ich es, wäre ich viel glücklicher».

«Beato colui che dorme di notte al tuo fianco! Se fossi io, sarei molto piú beato».

L'epigramma, composto da due esametri, è di atmosfera catulliana. Al primo rigo *quiescet* sta per *quiescit*; al secondo *facere* ed *esse* stanno rispettivamente per *facerem* ed *essem*.

Bibl.: GIORDANO, *cit.*, n. 45; SOLIN, *cit.*, n. 59 e fig. 242; V. TANDOI, in *Atene e Roma*, n.s., XXII, 1977, p. 86; GIGANTE 1979, p. 218 s. e tav. XX.

d) Al di sotto di *a)*. Iscrizioni di mani diverse con tratti ben delineati e profondamente incisi. Piú sottili quelli della seconda. *Ductus* corsivo fluido, ma non regolare, soprattutto nella seconda iscrizione:

I: *Suabe mari magno*
I: «È dolce, nel gran mare»
II: *Byzantia*
II: «Byzantia»

Ritengo, a differenza di Solin, che si tratti di due iscrizioni separate, distinguibili per grafia, contenuto e posizione. La seconda è stata scritta precedentemente alla prima, che si è inserita, successivamente, nello spazio libero fin quasi a congiungersi con essa (si notino la G e la O che sembrano misuratamente non voler toccare la B). La prima è l'inizio del verso che apre il II libro dell'opera di Lucrezio (*suave mari magno turbantibus aequora ventis*), cosí come non è raro trovare citazioni a Pompei di versi famosi o di parti di essi (per quelle di Lucrezio cfr. GIGANTE 1979, p. 154 ss.). La seconda, un nome (cfr. SOLIN, *cit.*, p. 247 s. con nota 22).
Suabe sta per *suave* (per l'alternanza *b/v*, cfr. SOLIN, *cit.*, p. 248, nota 23).

Bibl.: GIORDANO, n. 41; SOLIN, n. 60 con fig. 241, GIGANTE 1979, *op. cit.*, p. 155.

e) Al di sotto del precedente. Caratteri dall'incisione netta, ma sottile, con *ductus* del tutto regolare:

Vellessem gemma hora non amplius una / ut tivi signanti oscula pressa dare.

«Mi basterebbe essere la gemma (dell'anello che ti porgo) per non piú di un'ora per dare a te che la inumidisci con la bocca quando apponi il sigillo i baci che vi ho impressi».

Si tratta del distico forse piú famoso che le pareti pompeiane ci abbiano fatto conoscere, già noto da un altro esemplare con alcune varianti di scrittura *(CIL*, IV, 10241) e, per il primo rigo, parzialmente, anche da *CIL*, IV, 1698 con add. p. 463, che esibisce la forma *gemma velim fieri,* della quale si discute la seriorità o l'originalità nel distico (cfr. rispettivamente LEBEK e SOLIN, *citt.* in bibl.). Di tali iscrizioni sono state date, nel tempo, sia letture che interpretazioni diverse (la bibliografia precedente è in GIGANTE 1979, *cit.* in bibl.). Il testo è ora fissato con certezza. L'ignoto autore del distico elegiaco è un attento conoscitore dei temi propri della poesia ellenistica. Si possono portare a confronto versi di Virgilio *(Aen.*, I, 683) e Ovidio *(Am.*, II, 15, 9; II, 15, 15-18), anche se è ancora dibattuta l'interdipendenza tra questi e quello. Si noti il raccordo concettuale e semantico tra l'*imprimere gemmam* e gli *oscula pressa* sulla gemma dei nostri versi. Come è noto sugli anelli venivano incastonate gemme con motivi figurati impressi, sí che esse potessero fungere da sigillo.
Al primo rigo *vellessem* è trascrizione fonetica della lettura metrica *vellem essem,* con elisione del gruppo *-em* della prima parola. Al secondo rigo *tivi* sta per *tibi* (cfr. SOLIN, *cit.*, p. 248, nota 23); *dare* per *darem.*

Bibl.: GIORDANO, *cit.*, n. 42; SOLIN, *cit.*, n. 61, con commento a p. 253 c. e fig. 241; W.D. LEBEK, in *ZPE,* XXIII 1976, pp. 21-40; GIGANTE 1979, pp. 88-99 e tav. XX.

f) Al di sotto del precedente, lettere incise nettamente e profondamente:

1) H; 2): K; 3) XV.

Bibl.: SOLIN, *cit.*, n. 62, con fig. 241.

g-h) Al di sotto di *e)*. Caratteri capitali ben incisi e stessa grafia di *b):*

g) Epaphroditus
h) Epaphroditus

Ricompare il nome già incontrato in *b).*

Bibl.: GIORDANO, *cit.*, n. 43 s.; SOLIN, *cit.*, n. 63 s. con fig. 241.

i) Al di sotto di *b)*. Incisione sottile e profonda. Stessa grafia di *l)*:

Quisquis
«Chiunque» (v. al graffito seguente).

Bibl.: GIORDANO, *cit.*, n. 40; SOLIN, *cit.*, n. 65, con fig. 242.

l) Al di sotto di *c)* e a destra della precedente. Corsivo a punta molto sottile. Stessa grafia di *i)* e, sembrerebbe, anche di *c)*, che però è tracciata con un'altra punta. Notevoli le analogie di grafia anche con *e)*. *Ductus* ordinato e fluido, anche se un po' ondeggiante:

Vasia quae rapui, quaeris formosa puella; / accipe quae rapui non ego solus; ama. /Quisquis amat valeat.

«Avvenente fanciulla, tu chiedi conto dei baci che io ti ho rapiti; accettali quei baci che non io solo ti ho rapiti: ama! Chi ama, prosperi».

Differenti possibilità interpretative sono analizzate da SOLIN, *cit.*, p. 255 s. Questa da me propugnata è sostanziata, credo, dall'*accipe* e dal ritornello finale. Alle proteste della fanciulla, baciata di sorpresa dal suo ammiratore, fa eco la risposta di questi che la invita a cedere, anche con lui, alle gioie dell'amore. Solin (*cit.*, p. 255 s.) dà inoltre ampi confronti sui motivi e sul formulario elegiaco alla base del componimento. Si tratta, infatti, di un distico elegiaco al quale è stato giustapposto, a mo' di clausola, l'inizio di un altro esametro (per il quale cfr. TIBULL., I, 2, 29; PROPERT., IV, 5, 77; OV., *Rem.*, 579 e 613, nonché il *Pervigilium Veneris*), che compare frequentemente a Pompei in piú di una variante grafica (cfr. *CIL*, IV, 1173 con add. pp. 204, 461 = DIEHL, 594 = *CLE,* 946; 3199; 3200d; 4091 = DIEHL, 593 = *CLE,* 945; 5272, 6782; GIORDANO, *cit.*, n. 24 = SOLIN, *cit.*, n. 18, oltre che nel graffito qui, *sub* i, riportato. Cfr. pure *CIL*, IV, 1824 = DIEHL, 27 = *CLE,* 947; 4200; 4659; 4663; 5186; 9202, per ironiche varianti). Al primo rigo *vasia* sta per *basia* (cfr. SOLIN, *cit.*, p. 248, nota 23).

Bibl.: GIORDANO, *cit.*, n. 46; SOLIN, *cit.*, n. 66 con commento p. 254 ss. e fig. 242; GIGANTE 1979, pp. 219, 210 s.

m) Al di sotto del precedente. Incisione alquanto superficiale tracciata a punta molto sottile. *Ductus* trasandato con lettere non proprio regolari:

Cast(a) arde nympha

È incerto se *casta nympha* sia vocativo o ablativo dipendente da *arde,* che è voce del vocabolario amoroso.

Bibl.: GIORDANO, *cit.*, n. 47; SOLIN, *cit.*, n. 67.

A.V.

213. Frammento parietario con gladiatori graffiti

Inv. 20562.
Pompei, IX, 1, 12, peristilio.
Alt. cm 32; larg. cm 37,8; spess. cm 3.
Intonaco graffito.

Su uno sbiadito fondo rosso è graffita, con rapidi e puntuali tratti, la scena di un veemente combattimento gladiatorio. La vignetta, quasi un flash fotografico, ferma un momento particolarmente esaltante dell'incontro, allorché i due contendenti, dopo una prima fase dalla quale sono usciti entrambi feriti, gettati via gli scudi, si affrontano in un furioso corpo a corpo. La vittoria dové arridere a quello di destra, come mostra la palma delineata sul suo capo. Si notino i tratti che evidenziano il flusso del sangue che sgorga dalla gamba destra del gladiatore sulla sinistra e dal fianco di quello di destra, particolari tipici di questo genere di raffigurazioni, a partire già da quelle che compaiono, nel IV secolo a.C. sulle tombe dipinte lucane, con scene cruente di duelli in onore del defunto, all'origine, per alcuni, dei combattimenti gladiatori (cfr. F. WEEGE, *Oskische Grabmalerei,* in *JdI,* XXIV, 1909, p. 99 ss). Sugli scudi gettati a terra il Nissen (ad *CIL,* IV, 2364a) lesse le seguenti lettere: CXXCVI (scudo di sinistra); XXX (scudo di destra). A me sembra si tratti invece solamente di tratti volti a rendere i motivi decorativi degli scudi. In numerosi schizzi e bozzetti di combattimenti gladiatori che compaiono a Pompei, tuttavia, non è raro incontrare accanto alle figurine il nome degli atleti, il numero di combattimenti sostenuti, quello delle vittorie riportate e l'esito dello scontro rappresentato, come a fedele cronaca dell'avvenimento stesso (cfr. ad es. *CIL,* IV, 8055 s., nella casa dei *Ceii*; 4870, nella casa VIII, 2, 20; 10236a, dalla necropoli di porta Nocera; 1182, sul monumento funerario detto di *A. Umbricius Scaurus* fuori porta Ercolano, a bassorilievo in stucco ecc.). Un'iscrizione su due colonne, poi, *CIL,* IV, 2508, riporta, a mo' di moderno gazzettino, il programma, combattimento per combattimento, degli incontri gladiatori effettuatisi in piú giornate di spettacoli, col resoconto degli esiti.
La passione per gli spettacoli gladiatori, del tutto assimilabile a quella che noi moderni nutriamo per giuochi quali il calcio, il *rugby* o il *baseball,* era sentitissima a Pompei, dove i magistrati si contendevano sovente con essi il favore popolare (cfr., ad es. *CIL,* IV, 1094; 1177 = *ILS,* 5144; 1185; 4999; 7989b; 7990). Vediamo cosí che un piú volte magistrato pompeiano, *Aulus Clodius Flaccus,* a ricordo delle sue benemerenze pubbliche, volle tramandare l'elenco dei magnifici spettacoli da lui offerti negli anni della magistratura *(CIL,* X, 1074d = *ILS,* 5053, 4 = ONORATO 1957, 91), mentre ad ogni pié sospinto si trovano elogi o biasimi per questo o quel gladiatore (cfr. ad es. *CIL,* IV, 1111, 2351).
Sugli spettacoli gladiatori a Pompei, sulle *familiae* nelle quali gli atleti erano organizzati, sugli *editores* dei giuochi e sui *lanistae,* sui vari tipi di gladiatori e sul loro armamento si veda P. SABBATINI TUMOLESI, *Gladiatorum paria,* Roma 1980.

Bibl.: *CIL,* IV 2364a.

A.V.

214. Frammento di affresco

Inv. 40688.
Pompei, provenienza non precisabile.
Dimensioni massime cm 21×24.
Intonaco dipinto.

Due figure umane frammentarie sono dipinte sul fondo azzurro: a sinistra è visibile parte di una testa femminile. Poggiato sulla spalla di questo personaggio è un bambino, nudo, trattenuto con la destra dalla figura. Presumibilmente nell'affresco sono raffigurati Afrodite ed Eros. La tecnica «a macchia», evidente nel trattamento delle figure, induce ad attribuire il frammento ad uno schema decorativo di IV stile. Databile tra il 45 e il 79 d.C.

Bibl.: Inedito.

L.F.

215. Frammento di affresco

Inv. 40687.
Pompei, provenienza non precisabile.
Dimensioni massime cm 30×19.
Intonaco dipinto.

Epigramm aus zwei Hexametern in catullinischer Stimmung. *Quiescet* für *quiescit*, *facere* und *esse* für *facerem* und *essem*.
Bibl.: GIORDANO, Nr. 45; SOLIN, Nr. 59 und Abb. 242; V. TANDOI, in: *Atene e Roma*, N.S., XXII, 1977, 86; GIGANTE 1979, 218 f. und Taf. XX.

d) Unter *a)*. Inschriften verschiedener Hände mit schönen, tiefen Schriftzügen; die zweite ist feiner. Duktus flüssig, aber unregelmäßig, besonders in der zweiten Inschrift:

I: *Suabe mari magno*
I: «Es ist süß auf dem großen Meer»
II: *Byzantia*
II: «Byzantia»

Im Gegensatz zu Solin glaube ich, daß es sich aufgrund der Unterschiede in Handschrift, Inhalt und Position um zwei separate Inschriften handelt. Erstere schob sich nachträglich in die Freiräume der zweiten hinein (G und O wollten das B wohl nicht berühren); sie ist der Beginn des Eröffnungsverses zum zweiten Buch *De rerum natura* des Lukrez (*suave mari magno turbantibus aequora ventis*). Nicht selten finden sich in Pompeji Zitate berühmter Verse (für jene des Lukrez vgl. GIGANTE 1979, 154 ff.). Die zweite Inschrift ist ein Name (vgl. SOLIN, *zit.*, 247 f. mit Anm. 22). *Suabe* steht für *suave* (für den Wechsel b/v vgl. SOLIN, *zit.*, 248, Anm. 23).

Bibl.: GIORDANO, Nr. 41; SOLIN, Nr. 60 mit Abb. 241; GIGANTE 1979, *op. cit.*, 155.

e) Unter *d)*. Klare, feine Zeichen in regelmäßigem Duktus:

Vellessem gemma hora non amplius una / ut tivi signanti oscula pressa dare.
«Für nicht länger als eine Stunde wollte ich der Stein (des Ringes, den ich Dir schenke) sein, damit Du beim Anlegen des Siegels mit den Lippen die Küsse, die ich ihm aufdrückte, benetzest».

Dies ist das vielleicht berühmteste Distichon von den Wänden Pompejis, das schon in anderer Ausführung bekannt ist (*CIL*, IV, 10241). Die erste Zeile kennt man teilweise aus CIL, IV, 1698 mit Erg. S. 463 mit der Formulierung *gemma velim fieri*, deren jüngeres Alter und Ursprünglichkeit innerhalb des Distichons umstritten ist (vgl. LEBEK und SOLIN, *zit.* in Bibl.) Es entstanden verschiedene Lesarten und Interpretationen dieser Inschriften (Bibl. in GIGANTE 1979, *zit.* in Bibl.), doch steht der Text nun fest. Der unbekannte Autor des elegischen Distichons kennt die Themen der hellenistischen Poesie gut. Zum Vergleich lassen sich Verse von Vergil (*Aen.*, I, 683) und Ovid (*Am.*, II, 15, 9; II, 15, 15-18) anführen, auch wenn ihre Interdependenz noch diskutiert wird. Man bemerke den gedanklichen und semantischen Zusammenhang zwischen *imprimere gemmam* und den *oscula pressa* auf der Gemme unserer Verse. Bekannterweise wurden für die Ringe Gemmen mit eingetieften figürlichen Motiven als Siegel gefaßt. *Vellessem* in der ersten Zeile ist eine phonetische Transkription der metrischen Lektüre von *vellem essem* unter Elision des *-em* des ersten Wortes. Es stehen *tivi* für *tibi* (vgl. SOLIN, *zit.*, 248, Anm. 23) und *dare* für *darem*.

Bibl.: GIORDANO, *zit.*, Nr. 42; SOLIN, *zit.*, Nr. 61, mit Kommentar 253 f. und Abb. 241; W.D. LEBEK, in: *ZPE*, XXIII, 1976, 21-40; GIGANTE 1979, 88-99 und Taf. XX.

f) Unter *e)*. Klar und tief ausgeführte Buchstaben.

1) *H* 2) *K* 3) *XV*.

Bibl.: SOLIN, *zit.*, Nr. 62, Abb. 241.

g-h) Unter *e)*. Gut geschnittene Großbuchstaben in der Handschrift von *b)*:

g) Epaphroditus *h) Epaphroditus*
Vergleiche den bereits in *b)* erwähnten Namen.

Bibl.: GIORDANO, *zit.*, Nr. 43 f.; SOLIN, *zit.*, Nr. 63 f. mit Abb. 241.

i) Unter *b)*. Feine und tiefe Inzision. Handschrift von *l)*:

Quisquis
«Jeder» (vgl. folgendes Graffito)

Bibl.: GIORDANO, *zit.*, Nr. 40; SOLIN, *zit.*, Nr. 65, mit Abb. 242.

l) Unter *c)* und rechts von *i)*. Sehr fein kursiv geschrieben. Die gleiche Schrift wie *i)* und scheinbar auch *c)*. Analogien auch zur Schrift von *e)*. Ordentlicher und flüssiger, wenngleich etwas schwankender Duktus:

Vasia quae rapui, quaeris formosa puella; / accipe quae rapui non ego solus; ama. / Quisquis amat valeat.
«Anmutiges Mädchen, Du fragst, wie viele Küsse ich Dir geraubt habe; nimm jene Küsse, die nicht nur ich Dir geraubt habe: liebe! Wer liebt, der möge etwas gelten».

SOLIN, *zit.*, 255 f., untersucht die verschiedenen Interpretationsmöglichkeiten. Für die von mir vorgeschlagene sprechen das *accipe* und der Endreim. Den Protesten des von einem Bewunderer überraschend geküßten Mädchens pflichtet die Antwort jener bei, die sie wie auch ihn zu den Freuden der Liebe einlud. Solin (*zit.*, 255 f.) führt darüber hinaus Vergleiche für die Motive und den elegischen Formenschatz der Komposition an. Es ist ein elegisches Distichon, dem der Beginn eines anderen Hexameters als Schlußsatz zur Seite gestellt wurde (zu diesem vgl. TIBULL., I, 2, 29; PROPERT., IV, 5, 77; OV., *Rem.*, 579 und 613 sowie das *Pervigilium Veneris*). Dieser Hexameter erscheint von mehr als einer Hand in Pompeji (vgl. *CIL*, IV, 1173 mit Erg. S. 204, 461 = DIEHL, 594 = *CLE*, 946; 3199; 3200d; 4091 = DIEHL, 593 = *CLE*, 945; 5272, 6782; GIORDANO, *zit.*, Nr.24 = SOLIN, *zit.*, Nr.18 sowie das hier unter *i)* aufgeführte Graffito. Vgl. ferner *CIL*, IV, 1824 = DIEHL, 27 = *CLE*, 947; 4200; 4659; 4663; 5186; 9202 als ironische Varianten). In der ersten Zeile steht *vasia* für *basia* (vgl. SOLIN, *zit.*, 248, Anm. 23).

Bibl.: GIORDANO, *zit.*, Nr. 46; SOLIN, *zit.*, Nr. 66 mit Kommentar 254 ff. und Abb. 242; GIGANTE 1979, 219, 210 f.

m) Unter *l)*. Oberflächliche Inzision mit sehr feiner Spitze. Nachlässiger Duktus mit eher unregelmäßigen Zeichen:

Cast(a) arde nympha.

Casta nympha ist fraglich ein Vokativ oder ein vom amourösen *arde* abhängiger Ablativ.

Bibl.: GIORDANO, *zit.*, Nr. 47; SOLIN, *zit.*, Nr. 67.

A.V.

213. Wandfragment mit Graffito eines Gladiatorenkampfes

Inv. 20562.
Pompeji, IX, 1, 12, Peristyl.
Höhe 32 cm; Breite 37,8 cm; Stärke 3 cm.
Putz mit Graffito.

Auf verblaßtem roten Hintergrund gibt ein Graffito in schnellen, genauen Strichen einen heftigen Gladiatorenkampf wieder. Wie in einer photographischen Momentaufnahme wird ein Höhepunkt der Begegnung festgehalten. Nachdem beide Kontrahenten in einer ersten Phase verletzt worden sind, warfen sie die Schilder weg, um wild Mann gegen Mann aufeinanderzutreffen. Wie der Palmzweig auf dem Kopf zeigt, winkte dem rechten der Sieg. Das aus dem rechten Bein des linken Gladiatoren und aus der Seite des rechten hervorsprudelnde, durch Striche verdeutlichte Blut ist ein typisches Detail dieser Bildgattung. Zu Ehren Verstorbener, die angeblich die Gladiatorenkämpfe ins Leben riefen (vgl. F. WEEGE, *Oskische Grabmalerei*, in: *JdI*, XXIV, 1909, 99 ff.) erscheinen schon in den lukanischen Grabmalereien des 4. Jhs. v.Chr. blutige Duellkämpfe. Auf den zu Boden geworfenen Schilden las Nissen folgende Buchstaben (CIL, IV, 2364a): CXXCVI (linker Schild) und XXX (rechter Schild). Mir erscheinen diese Striche jedoch als nur rein dekorativ. In den zahlreichen Zeichnungen von Gladiatorenkämpfen in Pompeji fanden sich neben den Figuren auch oft der Name des Athleten, die Anzahl der ausgetragenen Kämpfe und der errungenen Siege sowie der Ausgang der dargestellten Begegnung (vgl. z.B. *CIL*, IV, 8055 f. im Haus der *Ceii*; 4870, im Haus VIII, 2, 20; 10236a vom Friedhof vor der Porta Nocera; 1182, auf dem sog. Grabmonument des *A. Umbricius Scaurus* vor der Porta Ercolano als Flachrelief in Stuck). Ferner gibt eine Inschrift auf zwei Säulen, *CIL*, IV, 2508, in Art einer Zeitung Kampf für Kampf das Programm der über mehrere Veranstaltungstage hinweg ausgetragenen Gladiatorenschlachten mit dem jeweiligen Ergebnis wieder.
Die Begeisterung für solche Gladiatorenspektakel ist der heutigen für Fußball, Rugby oder Baseball völlig vergleichbar. In Pompeji, wo die Magistrate mit ihrer Hilfe oft um die Volksgunst wetteiferten, war sie besonders groß (vgl. z.B. *CIL*, IV, 1094; 1177 = *ILS*, 5144; 1185; 4999; 7989b; 7990). So wollte ein mehrfach gewählter pompejanischer Beamter, *Aulus Clodius Flaccus*, zur Erinnerung an seine öffentlichen Verdienste die Reihe der großartigen, von ihm während seiner Amtsjahre veranstalteten Spektakel festhalten (*CIL*, X, 1074, d = *ILS*, 5053, 4 = ONORATO 1957, 91). Dagegen finden sich auf Schritt und Tritt Lob und Tadel für diesen oder jenen Gladiator (vgl. z.B. *CIL*, IV, 1111, 2351).
Zu den Gladiatorenspielen in Pompeji, den *familiae*, in denen die Athleten organisiert waren, den *editores* der Spiele und ihrer *lanistae*, den verschiedenen Typen von Gladiatoren und ihrer Bewaffnung siehe P. SABBATINI TUMOLESI, *Gladiatorum paria*, Rom 1980.

Bibl.: *CIL*, IV, 2364a.

A.V.

214. Fragment einer Wandmalerei

Inv. 40688.
Pompeji, genauer Fundort unbekannt.
Max. Abmessungen 21 x 24 cm.
Fresko.

Fragment zweier menschlicher Figuren auf blauem Untergrund. Links ist ein Teil des Kopfes einer Frau zu erkennen, die mit der Rechten ein auf ihrer Schulter stehendes, nacktes Kind hält. Wahrscheinlich sind Aphrodite und Eros dargestellt. Die bei den Figuren deutlich werdende Tupfentechnik legt die Zuschreibung des Fragments zu einem Dekorationssystem des Vierten Stils nahe. Zwischen 45 und 79 n.Chr.

Bibl.: Unveröffentlicht.

L.F.

215. Fragment einer Wandmalerei

Inv. 40687.
Pompeji, genauer Fundort unbekannt.
Max. Abmessungen 30 x 19 cm.
Fresko.

Auf einer Blume vor blauem Grund sitzt ein Vogel. An den Rändern des Fragments sind Teile dreier anderer Blumen zu sehen. Das Stück stammt wohl, wie im Dritten und Vierten pompejanischen Stil sehr

Sul fondo azzurro è dipinto un fiore sul quale si è posato un uccello. Altri tre fiori frammentari sono visibili alle estremità. Il frammento doveva appartenere ad una parete decorata con pitture naturalistiche di giardino, molto frequenti nel III e nel IV stile pompeiano. Databile al I secolo d.C.

Bibl.: Inedito.

L.F.

214

215

216. Menade

Inv. 39513.
Pompei, Terme suburbane.
Alt. cm 35; base cm 27.
Stato di conservazione: ricomposto da due frammenti.
Intonaco dipinto.

La leggiadra figuretta femminile che avanza dal fondo nero dell'affresco veste un chitone viola a corte maniche, coperto in parte da un bianco mantello legato in vita e ricadente dalla spalla sinistra nell'onda sinuosa di un lembo svolazzante. Il braccio destro scende morbidamente lungo il fianco, col polso adorno di un monile, trattenendo un fiocco giallo; il sinistro, nascosto in parte dal busto, è ripiegato a sostenere un oggetto, forse un timpano, perduto nella lacuna corrispondente.
La figura snella della fanciulla si presenta di tre quarti e incede flettendo leggermente le ginocchia; con la gamba destra, sollevata appena, disegna nella parte inferiore il moto lieve di un passo morbido.
Il bel volto, dipinto con mano leggera, è reso di prospetto, luminoso nella carnagione rosea incorniciata dalla massa fluente della fulva capigliatura, cinta con corona di foglie d'edera e corimbi.
L'ampia scollatura della veste sottile si allarga asimmetricamente sulla spalla destra e lascia libero l'incarnato diafano del collo; scende con pieghe a V, disegnate da morbide pennellate ricadenti sui seni, illuminati da un delicato gioco di trasparenze mirate a dare un'impressione di nudità.
Soffusa dalla luce chiara proveniente dall'alto, da destra, la figura si iscrive plasticamente nello spazio e sembra inarcarsi appena all'indietro mentre incede con grazia e delicatezza nel campo monocromo.
Oltre agli attributi tipici, proprio l'incedere caratteristico la definisce come Menade. Tema frequente dell'arte figurativa greca, le Menadi vengono generalmente raffigurate come femmine invasate dal loro dio, con vesti trasparenti e fluttuanti, nello slancio sfrenato e nel sacro rapimento al suono del timpano, spesso battuto da loro stesse. Già l'arte ellenistica, piuttosto che in estasi, preferisce rappresentarle come ninfe, spiriti dei campi e della natura, di cui personificano la fecondità e la grazia. Per la raffigurazione del tema l'arte romana attinge ai molteplici tipi greci, da quelli dell'epoca classica a quelli ellenistici; come compagne dei sileni sono raffigurate in numerosi quadretti di IV stile, di chiara ispirazione ellenistica (cfr. *Collezioni Napoli* 1986, cat. nn. 213-216).
L'elegante raffigurazione pompeiana presenta una Menade dall'aspetto delicato, dalla grazia e dalla freschezza lontane dall'entusiasmo orgiastico delle raffigurazioni di baccanti in danza estatica. Presente nella decorazione pittorica pompeiana di III stile (cfr. F. BASTET, M. DE VOS, *Proposta per una classificazione del terzo stile pompeiano*, Archaeologische Studien van het Nederlands Institut te Rome, IV, 1979, p. 70), il ricco repertorio figurativo delle Menadi danzanti in aerei veli (cfr. *Collezioni Napoli* 1986, cat. nn. 126, 127, 129), librate sullo sfondo colorato della parete con la leggerezza e la trasparenza di libellule, si traduce in quest'affresco, assegnabile al III stile, in una immagine raffinata, piú vicina nello spirito e nella resa ad alcune celebri pitture stabiane dalla villa di Arianna (O. ELIA, *Pitture di Stabia*, Napoli 1957, p. 68; A. ALLROGGEN BEDEL, *Die Wandmalereien aus der Villa in Campo Varano*, in *RM*, 84, 1977, p. 45; *Collezioni Napoli* 1986, cat. nn. 110-113). La figura è modellata col colore, mediante un tocco delicato e preciso; i colori stessi sono trattati con pennellate dense e senza sbavature; i passaggi tonali ben calibrati, la precisione del disegno e la sicurezza della linea di contorno sembrano richiamare pitture alessandrine di genere (cfr. E. PFUHL, *Malerei und Zeichnung*, Monaco 1923, II, p. 805).

Bibl.: Inedito.

M.M.

217. Offerenti

Inv. 17736.
Pompei, Insula Occidentalis.
Alt. cm 56; base cm 76.
Stato di conservazione: numerose lesioni; alquanto evanido.
Intonaco dipinto.

Una fascia, rossa su due lati, su un terzo nera (è lacunosa l'estremità destra del pannello), incornicia una scena di culto su fondo bianco, separandola dal sistema decorativo nel quale originariamente era inserita.
Al centro è un offerente, stante, visto di tre quarti, coperto dal mantello che, poggiato sulla spalla sinistra, scende a coprire la figura dalla vita ai polpacci. Col braccio proteso in avanti verso l'alto, porge forse della frutta. La figura gravita sulla gamba sinistra di profilo, mentre la destra, leggermente flessa, è resa frontalmente, un po' avanzata, e crea con la retrostante uno scorcio, vagamente prospettico, sottolineato dal piano inclinato della bruna veste. Il volto, di profilo a destra, è incorniciato dalla calotta della corta capigliatura, che lascia libera la fronte spaziosa e i lineamenti ben caratterizzati da pochi tratti definiti.
Alle sue spalle, a distanza, seguono due donne, anch'esse stanti. La prima, con chitone viola e *himation* giallo ricadente sul braccio, sul quale pennellate di colore piú denso disegnano il panneggio, pare accennare un passo, come lascia intuire la resa leggermente instabile della figura e la lunga ombreggiatura obliqua sulla stoffa. La testa, quasi di prospetto, volge lo sguardo all'indietro, verso la donna che l'accompagna, e sembra indicare qualcosa col dito della mano destra, puntato in avanti verso il basso, forse il luogo stesso, destinazione del loro pellegrinaggio.
Di profilo è la figura a sinistra nella composizione, con chitone verde e *himation* viola, la cui macchia di colore forma una silhouette abbondante. Il braccio destro è piegato in avanti e pare porgere qualcosa posto sulla mano. Il colore, ombreggiato nei contorni, indica l'abbigliamento, appena segnato da sottili pennellate per definire le pieghe del panneggio. Sintetici tratti di pennello suggeriscono i lineamenti minuti del volto e la capigliatura fermata sulla nuca.
Dalla parte opposta della scena, simmetricamente al gruppo delle due donne, è una colonna, grigia, resa con poche e rapide pennellate diluite, sormontata da un'erma in parte evanida, verosimilmente di divinità, di cui si intravede il lato posteriore della testa, coronata dalla folta capigliatura a boccoli.
I gesti degli offerenti e la colonna, come indicazione del luogo sacro, danno alla scena chiaro significato cultuale. Raffigurata su un uniforme fondo bianco, è priva di qualsiasi notazione ambientale o paesistica; solo una venatura di colore grigio, una lunga ombra alla base delle figure, determina un vago e artificioso effetto spaziale. Il disegno di contorno delle figure è molto semplificato; i volumi, chiazzati di luci e ombre, sul fondo neutro dal chiarore quasi fantastico, sembrano muoversi in una scena lontana dalla realtà, in un'atmosfera rarefatta immersa nella luce notturna di un plenilunio.
Le rapide pennellate impressionistiche si traducono in macchie, tratti, punti di luce e colore in forte contrasto, che riflettono una tradizione pittorica fondata sul colore (cfr. R. BIANCHI BANDINELLI, in *EAA*, IV, 1961, s.v. *Impressionismo*, p. 123 s.). Tale tradizione ha radici in una tendenza manieristica che si sviluppa durante l'ultima fase della pittura ellenistica, soprattutto nei laboratori di Alessandria.
Il repertorio popolare ispirato alla vita quotidiana esprime nella cultura ellenistica uno spirito nuovo che, come nella letteratura, si allontana dai grandi temi eroici; in antitesi con un sistema di rappresentazione disegnativo, adotta modi pittorici pseudoimpressionistici, secondo i quali la resa formale è affidata ai diversi toni di colore e al forte contrasto fra macchie di luce e ombra, con l'uso minimo della linea di contorno (per alcuni spunti sull'interpretazione del fenomeno cfr. O.J. BRENDEL, *Introduzione all'arte romana*, Torino 1982, p. 144 ss.). L'illusionismo pittorico, inteso proprio come effetti coloristici e spaziali, originatosi nell'arte greca, rimane in vita nel corso dell'arte romana sviluppandosi in una produzione di opere di carattere squisitamente artigianale, con la rappresentazione di scene di vita.
Lo stile e la scelta del tema collegano il *pinax* pompeiano con un certo tipo di tradizione medio-italica, che produce scene legate ad avvenimenti storici locali e che si sviluppa come corrente pittorica con una sua specificità artistica, parallela all'altra, con funzione soprattutto ornamentale, legata all'eredità della grande pittura greca.

üblich, von einer mit naturalistischen Gartenmalereien dekorierten Wand. 1. Jh. n.Chr.

Bibl.: Unveröffentlicht.

L.F.

216. Mänade

Inv. 39513.
Pompeji, Suburbane Thermen.
Höhe 35 cm; Breite 27 cm.
Erhaltungszustand: aus zwei Fragmenten zusammengesetzt.
Bemalter Putz.

Die anmutige, weibliche Gestalt, die aus dem schwarzen Hintergrund hervortritt, trägt einen blassvioletten Chiton mit kurzen Ärmeln, der zum Teil von einem weissen Mantel bedeckt wird. Dieser ist um die Taille geschlungen und fällt von der linken Schulter in einem flatternden Zipfel herab. Der rechte Arm folgt sanft der Hüfte. Der Unterarm ist mit einem Armband verziert, und die Hand hält eine gelbe Schleife. Der linke, teilweise durch den Oberkörper verdeckte Arm ist angewinkelt und trägt einen Gegenstand, möglicherweise ein Tympanon, von dem aber nichts erhalten ist.
Die schlanke, jugendliche Gestalt ist in Dreiviertelansicht dargestellt und schreitet einher. Das rechte, soeben leicht angehobene Bein deutet im unteren Teil des Körpers eine sanfte Bewegung an.
Das schöne, mit geschickter Hand gemalte Gesicht ist in Frontalansicht wiedergegeben. Das Inkarnat ist hellrosa und wird von den rötlichblonden Haaren, die an den Seiten schwungvoll nach unten fallen, umrahmt. Im Haar befindet sich ein Kranz aus Efeublättern und -beeren.
Der tiefe Ausschnitt des dünnen Gewandes weitet sich symmetrisch über die rechte Schulter aus, so dass das zarte Inkarnat der Halsgegend gut sichtbar ist; der Stoff des Gewandes fällt in V-förmigen Falten, die durch feine Pinselstriche angegeben werden, über den Busen. Das sanfte Spiel mit dem Licht, welches das Gewand teilweise durchsichtig erscheinen lässt, erweckt den Eindruck von Nacktheit.
Das von rechts oben kommende Licht erhellt die Gestalt, die den Raum plastisch ausfüllt, sanft. Sie wölbt sich kaum merklich nach hinten und schreitet mit Anmut durch den monochromen Raum.
Abgesehen von den typischen Attributen kennzeichnet gerade die so graziöse Bewegung diese Gestalt als Mänade. Die Mänaden werden in der griechischen Bildkunst häufig dargestellt, und zwar im allgemeinen als von ihrem Gott besessene Wesen, mit durchsichtigen und wild bewegten Gewändern, in zügellosem Rasen und heftiger Entrücktheit, begleitet vom Klang des Tympanons, das sie häufig selbst spielen. In hellenistischer Zeit dann werden sie nicht mehr in Ekstase, sondern eher als Nymphen der Felder oder der Natur dargestellt, deren Fruchtbarkeit und Anmut sie personifizieren. Was Mänadendarstellungen in der römischen Kunst betrifft, stellt man fest, dass auf die verschiedensten Typen, aus klassischer bis in hellenistischer Zeit, zurückgegriffen wird. In zahlreichen Bildern des Vierten Stils erscheinen sie als Begleiterinnen der Silenen, was klar auf hellenistische Vorbilder zurückzuführen ist (vgl. *Collezioni Napoli* 1986, Kat. Nr. 213-216).
Die elegante Darstellung aus Pompeji zeigt eine schlanke, anmutige und beinahe ein wenig kühl wirkende Mänade, die weit entfernt ist von solchen Szenen, wo von einem hemmungslosen Entzücken ergriffene Bacchantinnen einen ekstatischen Tanz aufführen. Aufgrund des reichen figürlichen Repertoires tanzender Mänaden – wie es in den Malereien des Dritten pompejanischen Stils anzutreffen ist (vgl. F. BASTET, M. DE VOS, *Proposta per una classificazione del terzo stile pompeiano*, Archaeologische Studien van het Nederlands Institut te Rome, IV, 1979, S. 70) – mit leichten, luftigen Gewändern, die auf dem farbigen Hintergrund der Wand in ihrer Leichtigkeit und Transparenz wie Libellen schweben (vgl. *Collezioni Napoli* 1986, Kat. Nr. 126, 127, 129), können wir auch dieses raffinierte Bild dem Dritten Stil zuschreiben. Was Konzeption und Ausführung betreffen, steht es den berühmten Stabianer Malereien aus der Villa der Ariadne sehr nahe (O. ELIA, *Pitture di Stabia*, Neapel 1957, S. 68; A. ALLROGGEN BEDEL, *Die Wandmalereien aus der Villa in Campo Varano*, in: *RömMitt*, 84, 1977, S. 45; *Collezioni Napoli*, 1986, Kat. Nr. 110-113). Dieser Figur wird gewissermassen mit Hilfe der Farbe, die in präzisen und feinen Pinselstrichen aufgetragen ist, ihr Volumen verliehen. Die Farben selbst sind dicht und ohne Verschwommenheiten aufgemalt. Die fein abgestimmten Farbübergänge, die Klarheit der Zeichnung und die Sicherheit in den Umrisslinien erinnern an die alexandrinische Genremalerei (vgl. E. PFUHL, *Malerei und Zeichnung*, München 1923, II, S. 805).

Bibl.: Unveröffentlicht.

M.M.

216

217. Gruppe von Gabenbringenden

Inv. 17736.
Pompeji, Insula Occidentalis.
Höhe 56 cm; Breite 76 cm.
Erhaltungszustand: zahlreiche Beschädigungen; stark verblasst.
Bemalter Putz.

Das Bild – eine Kultszene auf weissem Grund – wurde ursprünglich durch einen Rahmen vom Dekorationssystem, zu dem es gehörte, abgetrennt. Die Rahmenleiste ist an zwei Seiten rot, an einer schwarz

La tecnica impressionistica, col tocco leggero e disfatto di poche e rapide pennellate; la cadenza calibrata e ritmata delle macchie di colore, dai toni soffusi, lontani dallo splendore solare delle magniloquenti composizioni epiche; il valore intimista della scena, con la gestualità semplice e consueta degli offerenti; il richiamo ad una religiosità popolare fatta di simboli (la frutta, la colonna) e di ritualità cicliche (l'assenza di qualsiasi riferimento spazio/temporale), con la «rappresentazione del mondo della vita quotidiana, dei costumi, delle credenze della piccola borghesia» (A. MAIURI, *La peinture romaine*, Ginevra 1953, p. 139 ss.); l'insieme di questi elementi segnano l'opera di un gusto e di un brio tutto popolare e consentono di collocare la pittura di IV stile in una produzione di età neroniana (54-68 d.C.).
È interessante notare al contempo l'anticipazione di alcuni aspetti della c.d. pittura «a macchia» che caratterizzerà la produzione pittorica tardo romana, e con la quale inizierà la distruzione del naturalismo di derivazione ellenistica, portando ad estreme conseguenze la tecnica impressionistica (cfr. R. BIANCHI BANDINELLI, *Roma. L'arte romana nel centro del potere*, Milano 1978, p. 141).

Bibl.: Inedito.

M.M.

218. Paesaggio con cantiere edile

Inv. 2532.
Stabiae, villa c.d. di S. Marco, *calidarium*.
Alt. cm 32; base cm 125,7.
Intonaco dipinto.

L'affresco, racchiuso entro una cornice dipinta, raffigura, su uno sfondo reso con toni scuri di verde e marrone, una serie di vignette, di cui quella piú importante che dà il titolo al quadro, occupa la seconda metà. In tutte le vignette si muovono numerosi personaggi rappresentati in piccola scala, simili a *silhouettes,* dipinti con veloci pennellate di colore bruno, ad eccezione delle due figure femminili della prima scena che indossano una veste chiara.
La prima vignetta, di non chiara interpretazione, a causa della cattiva conservazione dell'affresco, potrebbe raffigurare piuttosto che una generica processione di viandanti, una cerimonia religiosa. Si intravedono tre figure stanti, due femminili ed una maschile, nei pressi di un ponticello sul quale un quarto personaggio è inginocchiato e si protende in avanti nell'atto di gettare qualcosa nel corso d'acqua sottostante. Le due figure femminili, vestite di tunica celeste, reggono in mano rispettivamente una specie di *situla* ed un tamburello; l'altra, maschile, con lunga tunica ed alto copricapo, sembra agitare davanti a sé un sistro od un aspersorio mentre ai suoi piedi è un contenitore a forma di vaso.
In secondo piano, nell'ambito di questa stessa scena, è schizzata una figura maschile in veloce movimento verso sinistra, indossante una corta tunica ed un mantello mosso dal vento. Sulla testa ha un copricapo che potrebbe essere il petaso, in mano un bastone, simile ad un caduceo, ma non sembra portare i calzari pur dando l'impressione di volare (Mercurio?). Sullo sfondo sono raffigurati due edifici di scorcio, collegati da una struttura simile ad un ponte o ad un portale con arco ribassato.
La seconda vignetta mostra nuovamente quest' ultimo personaggio in atto di accedere ad un grande giardino, cinto sui lati da un alto muro in blocchi, dove conversano due o tre uomini vestiti di tunica lunga e svolazzante. Sul fondo è raffigurato il prospetto di un colonnato in cui si aprono due esedre, sorreggenti un'architrave, sulla cui sommità è una fila di antefisse. Alle spalle si intravede la sommità di altri ambienti.
La scena successiva introduce a quella piú importante con il cantiere in attività. Si apre con il solito personaggio diretto in velocità verso destra dove è in costruzione un muro in blocchi squadrati. Davanti al muro un uomo con corta tunica e mantello sta sollevando un grosso mattone che ha appena scaricato dal carro verso un operaio sito sulla sommità del muro.
Il resto del carico, coperto da un telo, si trova su un carro a due ruote piene (*plaustrum*) e cassa scoperta trainato da due buoi che sono in posizione di riposo. All'interno del muro in costruzione si intravede un reticolato che sembra essere un tavolato di impalcature piuttosto che un pergolato di viti. Sullo sfondo sporgono le cime di alberi ad alto fusto, presenti anche dietro l'edificio porticato.
La quarta scena è costituita dal cantiere edile vero e proprio. Un gruppo di operai sta costruendo un portico a quattro colonne ioniche, con il muro di fondo a pilastri. Gli operai, tutti vestiti di corta tunica marrone, sono occupati in diverse attività: sollevamento di carichi, scalpellature dei blocchi in opera, stuccatura della facciata, trasporto di materiali, sgrossatura dei blocchi a terra. Il sollevamento dei carichi avviene mediante una macchina simile ad un argano, costituita da due montanti lignei obliqui, assemblati superiormente mediante una corda e fissati a terra per mezzo di una trave orizzontale ancorata al suolo da due elementi lignei sagomati. La macchina è manovrata da tre operai, due a terra ed uno sulla sommità del muro. Quelli a terra tirano funi che, attraverso un sistema di carrucole, sollevano il cavo centrale al quale è appeso un grosso blocco di pietra imbracato per mezzo di cinghie di colore azzurro; l'altro operaio collabora al sollevamento.
Altri operai ancora si trovano sulla sommità del muro dove sono intenti ad alcune operazioni, di cui l'unica ben distinguibile è l'intaglio di un capitello già messo in opera. In basso si distingue uno stuccatore che sta applicando la malta sul muro con un'apposita spatola; davanti a lui, piuttosto che un altro stuccatore intento ad impastare la malta (ADAM, VARÈNE, citt. in bibl.), si intravede il personaggio ricorrente nelle scene precedenti in atto di indicare qualcosa puntando il braccio verso destra. A questo punto l'affresco è lacunoso e s'intravede appena un attrezzo simile ad un bastone, evidentemente manovrato da un operaio non piú distinguibile. Piú avanti vi sono due uomini, che servendosi di bastoni come appoggio, trasportano sulle spalle un asse da cui pende un blocco di pietra; davanti a loro giacciono in terra un fusto di colonna ed un blocco di pietra. Infine all'estremità destra altri due operai stanno chiaramente tagliando con le mazzuole grossi blocchi giacenti al suolo. Un altro operaio, in secondo piano, sembra correre verso sinistra portando sulla spalla un carico (cesto?), piuttosto che essere intento a tagliare un blocco.
Sullo sfondo si vede un pergolato; sulla destra un tempietto, davanti al quale è una figura interpretabile come statua (ADAM, VARÈNE, citt. in bibl.), soprattutto per la posa assunta, piuttosto che per il colore (rosa con tocchi di marrone, usato anche per gli ultimi due operai).
L'interessante quadretto rientra nella categoria delle vignette «di genere» che riproducono scene di vita quotidiana. Esso proviene dalla parte mediana della parete sud del *calidarium* della villa, la cui decorazione mostra segni di una fase precedente. Infatti la zoccolatura di questo ambiente era costituita, su questa e sulla parete ovest, da lastre di marmo cipollino non *in situ,* perché o staccate in epoca borbonica o ancora in corso d'applicazione nel 79 d.C., che si sovrapponeva ad una piú antica decorazione dipinta di cui restano tracce nello zoccolo sulle pareti nord-ovest e nord-est. La restante decorazione, che è in IV stile, presenta al centro un campo a fondo bianco nel quale la scena di cantiere era dipinta tangente il lato inferiore; ai lati, separati da fasce verticali rosse con bordi di tappeto, si aprono due ampi riquadri a fondo bianco con prospettive architettoniche, tra le quali, a destra, incede una figura femminile. Le prospettive sono viste come attraverso finestre dipinte davanti ad esse e delimitate da fasce rosse con bordi di tappeto. Si tratta di una decorazione che rivela un uso già abbastanza sviluppato dell'illusionismo architettonico di IV stile, per il quale si propone una datazione in età neroniana avanzata.
Il quadretto costituisce un *unicum* nel suo genere. Malgrado il cattivo stato di conservazione, le proporzioni ridottissime dei personaggi, lo stile rapido ed «impressionistico», che fa solo intuire i gesti, ci restituisce forse la piú completa scena di costruzione di un edificio antico dipinta su parete.
Un altro esempio del genere, in cui ricorre anche una simile macchina da sollevamento, è dipinto nell'esedra dell'atrio della casa di *Vedius Siricus* (Pompei, VII,

217

218

218

(die rechte Seite der Tafel fehlt). In der Mitte steht ein Mann in Dreiviertelansicht. Er ist ganz in einen Mantel gehüllt, der über der linken Schulter liegt und bis auf die Waden herabhängt. Mit dem emporgestreckten rechten Arm reicht er vielleicht Früchte dar. Das Gewicht ruht auf seinem linken, im Profil dargestellten Standbein, während das leicht durchgebogene und etwas vorgestellte rechte Bein in Vorderansicht wiedergegeben ist und so einen Eindruck perspektivischer Verkürzung erweckt. Dieser wird durch den schrägen Saum des braunen Gewandes noch zusätzlich unterstrichen. Kurzes Haar umrahmt das im Profil nach rechts gewandte Gesicht mit weiter Stirn und klar gezeichneten Zügen.

Es folgen ihm in kleinem Abstand zwei ebenfalls stehende Frauen. Die vordere trägt einen violetten Chiton und ein über den linken Arm drapiertes, gelbes Himation, dessen Falten durch Pinselstriche dickerer Farbe angedeutet sind. Aufgrund ihrer etwas unstabilen Haltung und des schrägen Schattens auf ihrem Gewand scheint sie gerade im Begriff, einen Schritt machen zu wollen. Sie wendet ihr fast in Vorderansicht dargestelltes Gesicht zurück und blickt zu ihrer Gefährtin; es scheint, als zeige sie mit der vorgestreckten rechten Hand nach unten, vielleicht auf das Ziel ihrer Wallfahrt.

Die ganz links stehende Figur ist im Profil dargestellt: sie trägt einen grünen Chiton und ein weites, violettes Himation. Der vorgestreckte rechte Arm scheint einen auf der Hand liegenden Gegenstand anzubieten. Das Gewand wird durch Farbflächen wiedergegeben, die an den Konturen schattiert und in feinen Pinselstrichen – diese geben die Falten an – aufgetragen sind. Knappe Pinselstriche deuten die feinen Gesichtszüge und die am Hinterkopf zusammengebundenen Haare an.

Auf der gegenüberliegenden Seite des Bildes, den beiden Frauen entsprechend, befindet sich eine graue Säule, die mit wenigen, flüchtigen Pinselstrichen wiedergegeben ist. Auf ihr steht eine teilweise verblasste Herme, die wahrscheinlich eine Gottheit darstellt. Von ihr ist gerade noch die hintere Partie des Kopfes mit üppigem, lockigem Haar zu erkennen.

Die Gesten der Figuren und die Säule, die einen heiligen Ort angibt, verleihen der Szene eine deutlich sakrale Bedeutung. Sie ist vor einem gleichmässigen, weissen Hintergrund ohne jeglichen Hinweis auf Landschafts- oder Naturelemente dargestellt. Lediglich ein langer, grauer Schatten vor den Figuren evoziert undefinierte und künstliche Räumlichkeit. Die Umrisslinien der Figuren sind sehr summarisch gezeichnet; die mit Licht und Schattenflecken belebten Körper scheinen sich vor dem neutralen, unnatürlichen Hintergrund wie in einer irrealen Szenerie zu bewegen, als spiele sich das Ganze im kühlen Licht einer Vollmondnacht ab.

Die flüchtigen, impressionistisch wirkenden Pinselstriche bilden Farbflecken, Umrisslinien und Glanzlichter, die in starkem Kontrast zueinander stehen und aus einer Maltradition, in der die Farbe eine sehr wichtige Rolle spielt, hervorgehen (vgl. R. BIANCHI BANDINELLI, in: *EAA* IV, 1961, S. 123 f. s.v. *Impressionismo*). Diese Richtung ist auf eine manieristische Tradition, die sich in der letzten Phase der hellenistischen Malerei v.a. in den Werkstätten Alexandrias entwickelte, zurückzuführen.

Die Genremalerei, die sich am täglichen Leben inspiriert, verkörpert in der hellenistischen Bildkunst eine neue Strömung, die sich – ähnlich wie in der Literatur – von den grossen epischen Themen entfernt. Im Gegensatz zu einem zeichnerisch-linearen System verwendet die Genremalerei eine pseudo-impressionistische Malweise, nach der verschiedene Farbtöne und Licht-Schattenkontraste den Bildaufbau bestimmen und in der Umrisslinien äusserst selten vorkommen (zu einzelnen Aspekten dieses Phänomens vgl. die Interpretation von O.J. BRENDEL, *Introduzione all'arte romana*, Turin 1982, S. 144 ff.). Der malerische Illusionismus, als Farb- und Raumeffekte aufgefasst, entstand in der griechischen Kunst und lebte in der römischen weiter: dort entwickelte er sich besonders in kunsthandwerklichen Erzeugnissen, insbesondere in der Genremalerei.

Aufgrund des Stils und der Motivwahl kann der hier vorgestellte Pinax aus Pompeji einer bestimmten mittelitalischen Tradition zugeordnet werden, in der lokale historische Ereignisse häufig dargestellt werden. Diese hatte sich als eigenständige, künstlerische Strömung parallel zur anderen, dem Erbe der griechischen Malerei stärker verpflichteten, entwickelt.

Die impressionistische Maltechnik mit der leichten, flüchtigen Pinselführung bestimmt den harmonischen Rhythmus der sanften Farben, die weit von der strahlenden und leuchtenden Farbgebung der grossformatigen epischen Kompositionen entfernt sind. Durch die einfachen, alltäglichen Gesten der Opferbringenden erhält die Szene fast etwas Intimes. Sie bringt eine volkstümliche Religiostität zum Ausdruck, die sich v.a. durch Symbole (die Früchte, die Säule) und sich wiederholende Rituale – es fehlen jegliche Hinweise auf einen bestimmten Augenblick – auszeichnet. Es ist "eine Darstellung aus der Welt des Alltags, der Sitten und des Glaubens des kleinen Mannes" (A. MAIURI, *La peinture romaine*, Genf 1953, S. 139 ff.). All diese Elemente verleihen der Szene eine ganz besondere Lebhaftigkeit und einen volkstümlichen Reiz, die es erlauben, das Bild dem Vierten Stil, und zwar einer Werkstatt neronischer Zeit, zuzuordnen (54-68 n.Chr.). Gleichzeitig ist es allerdings interessant festzustellen, dass gewisse Elemente der sog. "Fleckenmalerei" vorweggenommen werden. Diese wird dann kennzeichnend für die spätrömische Malerei, in der eine Auflösung des Naturalismus griechischen Ursprungs stattfindet und so die impressionistische Technik bis zum äussersten geführt wird (vgl. R. BIANCHI BANDINELLI, *Roma. L'arte romana nel centro del potere*, Mailand 1978, S. 141).

Bibl.: Unveröffentlicht.

M.M.

218. Landschaft mit Darstellung der Errichtung von Gebäuden

Inv. 2532.
Stabiae, sog. Villa di S. Marco, *calidarium*.
Höhe 32 cm, Sockel 125,7 cm.
Fresko.

1, 25), raffigurante la costruzione delle mura di Troia, dove però la comprensione dei dettagli è resa piú difficile dallo stato di conservazione della pittura (*in situ*) e dall'essere questa dipinta in secondo piano (ADAM, VARÉNE, citt. in bibl., fig. 8).
Purtroppo ci sfugge il filo narrativo che collega le varie vignette, il cui significato potrebbe essere piú allusivo di quanto non appaia a prima vista, soprattutto per la cattiva conservazione dell'affresco. È ipotizzabile che possa trattarsi della costruzione di una città o di un edificio importante (la scena di cantiere vera e propria) preceduta da tre episodi (le prime tre vignette) per i quali si può solo ipotizzare che possa essere Mercurio, divinità protettrice delle attività, il personaggio ricorrente, ma il cui ruolo in questa «storia» rimane sconosciuto.

Bibl.: J.P. ADAM, P. VARÉNE, *Une peinture romaine représentant une scène de chantier,* in *RevArch,* 1980, 2, pp. 213-238; MINIERO FORTE 1989, p. 61 ss., cat. n. 12.

P.M.F.

219. Paesaggio con villa marittima

Inv. 2518.
Stabiae, villa c.d. di S. Marco.
Alt. cm 30; base cm 50.
Intonaco dipinto.

L'affresco raffigura una grande *villa maritima,* che si protende direttamente sul mare sopra un alto basamento. L'edificio, reso di scorcio, con colore bruno per le zone in ombra e bianco per quelle esposte alla luce, si dispone intorno ad un giardino rettangolare cinto da una *porticus triplex,* aperta sulla vista del mare. La villa presenta un piano superiore costituito da un portico di dimensioni minori disposto su due lati, con tetto in tegole a doppia falda; il lato di fondo è racchiuso tra due corpi sopraelevati, l'uno rettangolare, l'altro circolare, entrambi con tetto a tegole e acroterio. Sul basamento davanti all'edificio, nel giardino e sullo sfondo sono schizzate sommariamente delle figure, alcune delle quali intente alla pesca. Dietro l'edificio sporgono le cime di alti alberi e, sullo sfondo, si intravedono i prospetti di altri edifici in riva al mare. Il quadro fu staccato in epoca moderna per ragioni di tutela da un ambiente secondario (n. 60) adiacente al tablino della villa, nel quartiere dell'atrio. La restante decorazione pittorica rimasta *in situ* mostra uno schema simmetrico con edicola centrale, che, pur presentando caratteristiche vigenti nel IV stile, risente ancora del III stile finale nel modo di concepire l'insieme della decorazione. L'edicola è resa prospetticamente con soffitto a cassettoni e colonne laterali, tra le quali sono appese *imagines clipeatae* (cfr. quelle della casa del Bell'impluvio, I, 9, 1 in F.L. BASTET, M. DE VOS, *Proposta per una classificazione del III stile pompeiano,* Arch. St. v. h. Nederl. Inst. te Rome, IV, s'Gravenhage 1979, p. 40, tav. XXXVI, 66). Essa è chiusa internamente da un tappeto a fondo bianco con bordi «a giorno» solo sui lati superiore ed inferiore, con motivo a palmette entro tre quarti di cerchio e fiori di loto alternati (cfr. A. BARBET, in *MélEcFrRome,* XCIII, 1981, fig. 28, tipo 123 n). Nel centro del tappeto era inserito il paesaggio. I campi laterali, anch'essi a fondo bianco, hanno bordi di tappeto in colore verde solo su tre lati, con motivo a rosette entro quadrati a lati alternati concavi e diritti (cfr. BARBET, *art. cit.,* fig. 17, tipo 60a) e sono decorati nel centro da un ippogrifo. Lo zoccolo, a scomparti geometrici (rettangoli orizzontali rossi e verticali gialli alternati), con inserimento di tralci diagonali in quelli laterali e orizzontali in quello centrale, riprende ancora la divisione della zona mediana ed è decorato con piante, bucrani e coppie di delfini. Al di sotto dello zoccolo è un plinto rosso bordeaux.
Soltanto la presenza dei bordi di tappeto, peraltro ancora leggeri e metallici, assegna la parete al IV stile, mentre le forme sottili dell'edicola con funzione architettonica, il carattere geometrico dello zoccolo perfettamente in asse con la scompartitura della zona mediana e la presenza del plinto (BASTET, DE VOS, *art. cit.,* p. 62 ss.; I. BRAGANTINI, in *Pompei 1748-1980. I tempi della documentazione,* Roma 1981, pp. 106-118) rimandano al III stile finale. Si propende pertanto ad inquadrare questa decorazione in una fase iniziale del IV stile (età claudia), con tutta la cautela suggerita dalla mancanza della zona superiore della decorazione (di solito piú innovativa) e dalla funzione secondaria dell'ambiente.
Anche la resa del nostro quadro risente dell'influenza di entrambi gli stili, presentando da un lato il gusto per la rapida pennellata «impressionista» propria del IV stile, e conservando del III la caratteristica che le cime degli alberi dietro l'edificio sono ben distinguibili e non rese «a macchia» (W.J.T. PETERS, in *Landscape in Romano-Campanian Mural Painting,* Groningen 1963, pp. 123-124). Da *Stabiae* provengono altri paesaggi con villa marittima staccati in epoca borbonica, ora al Museo Nazionale di Napoli, aventi simili caratteristiche (cfr. *Collezioni Napoli* 1986, n. 319, inv. 9480 e n. 311, inv. 9409 con bibliografia precedente). Inoltre dalla villa c.d. di Arianna, ambiente n. 7, proviene il paesaggio n. 9391 (A. ALLROGGEN-BEDEL, in *RömMitt,* LXXXIV, 1977, p. 55, tav. 21, 1).
Sia questo affresco che gli altri provenienti da *Stabiae* e presenti nel catalogo hanno subìto recentemente un delicato intervento di restauro, volto alla rimozione del vecchio supporto di cemento in cui erano stati inglobati all'epoca del distacco negli anni '60 ed alla sostituzione con pannello in alluminio a «nido d'ape», con caratteristiche di reversibilità, leggerezza ed indeformabilità (cfr. MINIERO FORTE 1989, p. 32).

Bibl.: MINIERO FORTE 1989, p. 59 ss., n. 11.

P.M.F.

220. Paesaggio marino con architetture

Inv. 4815.
Stabiae, villa c.d. di S. Marco.
Alt. cm 31,5; base cm 51,7.
Intonaco dipinto.

Su uno specchio d'acqua di colore verde, si apre l'imboccatura di un porto antistante il quale è un piccolo isolotto munito di attracchi per le barche. Su esso sono schizzate in colore bruno quattro figure, due intente alla pesca e due stanti davanti ad un edificio quadrangolare con tetto in tegole a doppia falda, frontone ed acroteri (tempietto?). Dietro questa costruzione è un portico che chiude su due lati l'isolotto, verso il quale si dirige una piccola imbarcazione a sinistra, mentre a destra, su uno scoglio, si intravede un pilastro bianco o una colonna. Sul fondo è raffigurata una nave a vela in atto di entrare nel porto, tra due rive porticate. L'ambiente (n. 4) da cui proviene il quadretto è una lunga e stretta rampa (m 15x4) con pavimento inclinato a mosaico di tessere bianche. Non si è conservata l'estremità settentrionale situata sul ciglio della collina e franata a valle già al momento dell'eruzione, come gli altri ambienti della villa disposti lungo questo fronte. La rampa, che costituiva l'accesso al peristilio superiore (il cui rinnovamento risale all'ultima fase della villa a partire dall'età neroniana), sostituí un precedente accesso con pavimento piano a mosaico di tessere nere, ritrovato in un saggio durante lo scavo del 19 ottobre 1954. La dimensione allungata del nuovo ambiente ne comportò la scansione, mediante stipiti lignei alle pareti ed architravi sul soffitto, in tre parti, l'ultima delle quali, non conservata *in situ*, è documentata dalla ricomposizione del soffitto. Anche la decorazione delle pareti e del soffitto si adegua a questa divisione dello spazio, svolgendosi per settori successivi.
La parte di decorazione da cui proviene l'affresco costituisce il primo tratto della parete nord-est. Esso presenta una zona mediana con tappeto centrale a fondo rosso, nel cui centro era dipinto il paesaggio, ai cui lati sono due pannelli minori chiusi in basso e, in alto, aperti su prospettive architettoniche sporgenti dietro una balaustra. Lo zoccolo, mal conservato, è a fondo nero, tripartito in scomparti geometrici, non bene in asse con le divisioni della parte mediana. Le aperture illusionistiche non compaiono nella decorazione dello scomparto successivo, costituito da tappeti a fondo rosso separati da un rettangolo nero. La parete opposta è perfettamente simmetrica e da essa proviene un altro paesaggio marino con architetture anch'esso all'Antiquarium Stabiano (inv. 2947), in cui ritorna il particolare di un molo in primo piano. Si tratta di una decorazione in IV stile.
L'esempio migliore di questo genere di paesaggio è al Museo Nazionale di Napoli (inv. 9514), proveniente anch'esso da *Stabiae* e raffigura un porto solitamente identificato con quello di Puteoli per la presenza dell'arco sul molo, anche se difficilmente questi paesaggi possono essere copia fedele di luoghi reali (cfr. W.J.T. PETERS, *Landscape in Romano-Campanian Mural Painting,* Groningen 1986, n. 137, p. 167). Altri quattro paesaggi di IV stile, sempre con il motivo del molo in primo piano, furono staccati durante l'esplorazione borbonica dalla *diaeta* E della villa c.d. di Arianna e sono al Museo Nazionale di Napoli (cfr. A.

219

Das Fresko zeigt als Teil eines bemalten Rahmens auf einem Grund in dunklen grünen und braunen Tönen eine Reihe von Vignetten, deren wichtigste das Bild betitelte und sich in der zweiten Hälfte befindet. Alle Vignetten zeigen in schnellen, braunen Pinselstrichen zahlreiche silhouettenartige, kleine Figuren in Bewegung. Nur zwei Frauen in der ersten Szene tragen ein helles Gewand.

Die erste Vignette ist infolge ihrer schlechten Erhaltung nicht genau zu deuten, doch handelt es sich wohl um eine religiöse Zeremonie. Man erkennt zwei weibliche und eine männliche stehende Figur. Auf einem nahen Brückchen wirft eine vierte, niedergekniete und vorgebeugte Person etwas in das darunter hindurchfließende Wasser. Die zwei Frauen sind in hellblaue Tuniken gekleidet und halten eine Art *situla* und ein Tamburin. Der Mann trägt eine lange Tunika mit hoher Kopfbedeckung und scheint ein *sistrum* oder ein Weihwedel zu schwenken. Zu seinen Füßen steht ein krugähnliches Gefäß.

Gleich dahinter ist eine schnell nach links laufende männliche Figur in kurzer Tunika und im Wind wehendem Mantel skizziert; bei ihrer Kopfbedeckung könnte es sich um einen Petasus handeln. In der Hand hält er möglicherweise einen Caduceus und obwohl er den Eindruck des Fliegens vermittelt, scheint er keine geflügelten Schuhe zu tragen (Mercur?). Zwei verkürzt wiedergegebene Gebäude im Hintergrund sind mit einer Brücke oder einem niedrigen Portal verbunden.

In der zweiten Vignette betritt obige Figur einen Garten, den eine hohe Quadermauer umgibt und in dem sich zwei oder drei Männer in langer, wehender Tunika unterhalten. Im Hintergrund befindet sich eine Kolonnade mit zwei Exedren und einem Architrav mit einer Reihe von Antefixen darauf. Dahinter sind Baumkronen zu erkennen.

Die folgende Szene führt in das Hauptbild mit der «Baustelle» ein. Die bekannte Figur läuft schnell nach rechts, wo eine Mauer aus rechteckigen Quadern errichtet wird. Hier reicht ein Mann in kurzer Tunika und Mantel einem anderen auf der Mauer einen großen Ziegel empor, den er gerade von einem Wagen geladen hat.

Die restliche Ladung liegt unter einem Tuch auf dem offenen Wagen mit zwei Scheibenrädern (*plaustrum*). Die zwei Zugochsen lagern davor. Die gitterähnliche Struktur innerhalb der gerade entstehenden Mauer ist wohl eher als Bauverschlag denn als Pergola für Reben zu deuten. Ebenso wie hinter dem Gebäude mit Portikus ragen im Hintergrund die Wipfel hochstämmiger Bäume auf.

Die vierte Szene wird von der «Baustelle» selbst eingenommen. Die Arbeiter, die eine Portikus mit vier ionischen Säulen und Rückwand mit Pilastern errichten, sind mit kurzen Tuniken bekleidet und mit verschiedenen Tätigkeiten beschäftigt: Lasten hochziehen, Steine meißeln, Stukkatur der Wände, Materialtransport, Zuhauen der Quader auf dem Boden. Das Heben der Lasten geschieht mittels einer Art Winde aus zwei schrägen Holzpfosten, die oben mit einem Seil und unten mit einer Querstrebe zusammengehalten sind. Letztere ist mittels zweier Holzständer auf dem Boden verankert. Drei Arbeiter bedienen die Maschine: zwei ziehen unten mittels seitlicher Seile einen Steinblock über ein Rollensystem hinauf; derjenige oben assistiert dabei.

Auf dem Bau sind weitere Arbeiter mit verschiedenen Beschäftigungen befaßt, erkennbar ist allein das Zuhauen eines bereits versetzten Kapitells. Darunter verteilt ein Stukkateur mit einem Spachtel Mörtel auf der Mauer. Vor ihm erkennt man, eher als einen Mörtel anrührenden Stukkateur (ADAM, VARÈNE, zit. in Bibl.), die Figur aus den vorigen Szenen, die mit dem rechten erhobenen Arm auf etwas hinweist. An dieser Stelle ist das Fresko leider lückenhaft. Kaum sichtbar ist ein Stock, der von einem nur noch erahnten Arbeiter betätigt wird. Davor tragen zwei Männer einen Steinblock an einer über die Schultern gelegten Stange; sie stützen sich auf Stöcke. Vor ihnen liegen ein Säulenschaft und ein Steinblock auf dem Boden. Rechts von dieser Szene hauen zwei andere Arbeiter mit dem Hammer Steinblöcke zu. Links dahinter ist ein weiterer wohl eher mit einer Last auf der Schulter (Korb?) als mit dem Zuhauen eines Quaders beschäftigt. Im Hintergrund ist eine Pergola sichtbar. Die Figur vor dem Tempelchen rechts dürfte aufgrund ihrer Pose, nicht wegen ihrer Farbgebung (Rosa mit braunen Tupfen, das auch für die letzten zwei Arbeiter verwendet wurde), als Statue interpretiert werden (ADAM, VARÈNE, zit. in Bibl.).

Das interessante Bildchen gehört zu den Genredarstellungen, die Szenen aus dem Alltagsleben wiedergeben. Es stammt aus der mittleren Südwand des *calidariums* der Villa, deren Dekoration Anzeichen einer früheren Ausmalung aufweist. So bestand der Sockel auf dieser und der Westwand aus Cipollino-Marmorplatten; sie waren nicht in situ, da man sie entweder in bourbonischer Zeit abgenommen hatte oder 79 n.Chr. noch nicht vollständig angebracht hatte. Von einer älteren, gemalten Dekoration darunter finden sich am Sockel der Nordwest- und Nordostwand noch Spuren. Im mittleren weißgrundigen Feld der erhaltenen Dekoration des Viertes Stils berührt die Baustellenszene die untere Zone. Auf den durch senkrechte, rote Streifen mit Teppichborten abgetrennten Seiten befinden sich zwei große Architekturdurchblicke auf weißem Grund, unter denen rechts eine weibliche Figur einherschreitet. Man erblickt diese Szenerie wie durch Fenster hindurch, die von roten Streifen mit Teppichborten gerahmt sind. Der schon entwickelte architektonische Illusionismus des Vierten Stils legt eine Datierung in die späte neronische Zeit nahe.

Das Bildchen ist ein Unikum seiner Art. Trotz seines schlechten Erhaltungszustands, der äußerst kleinen Figürchen und des knappen, «impressionistischen» Stiles, der Bewegungen nur erahnen läßt, ist es vermutlich das vollständigste Bild von der Erbauung eines antiken Gebäudes in der Wandmalerei.

Ein anderes Beispiel in der Exedra des Atriums im Haus von *Vedius Siricus* (Pompeji, VII, 1, 25) zeigt die Erbauung der Mauern von Troja und eine ähnliche Hebemaschine. Aufgrund des Erhaltungszustands (*in situ*) und der Plazierung im Hintergrund ist das Erfassen der Details schwieriger (ADAM, VARÈNE, zit. in Bibl., Abb. 8).

Leider ging der die Vignetten verbindende Erzählstrang verloren. Vor allem der schlechte Erhaltungszustand der Fresken verhindert es, die sich möglicherweise dem ersten Anschein verschließenden Anspielungen in der Szene zu erkennen. Es könnte sich um die Erbauung einer Stadt oder eines wichtigen Gebäudes (die eigentliche Baustellenszene) mit drei vorausgehenden Episoden handeln (die ersten drei Vignetten). Man kann nur vermuten, daß es sich bei der wiederholt vorkommenden Figur um Mercur, die Schutzgottheit der Aktivitäten, handelt. Seine Rolle in dieser «Geschichte» bleibt jedoch unbekannt.

Bibl.: J.P. ADAM, P. VARÈNE, *Une peinture romaine représentant une scène de chantier*, in: *RevArch*, 1980, 2, 213-238; MINIERO FORTE 1989, 61 ff., Kat. Nr. 12.

P.M.F.

219. Landschaft mit Villa am Meer

Inv. 2518.
Stabiae, sog. Villa von S. Marco.
Höhe 30 cm; Sockel 50 cm.
Fresko.

Das Fresko zeigt eine große *villa maritima*, die sich auf einem hohen Sockel direkt am Meer erstreckt. Das verkürzt wiedergegebene Gebäude, braun an schattigen Stellen und weiß an Stellen im Licht, gruppiert sich um einen rechteckigen Garten, der von einer zum Meer hin offenen *porticus triplex* umgeben ist.

Das Obergeschoß der Villa besteht aus einer kleineren, sich über zwei Flügel erstreckenden Portikus mit ziegelgedecktem Giebeldach. Der hintere Flügel ist zwischen zwei höhere Bauteile eingefügt, von denen der eine rechteckig, der andere rund ist; beide haben ein Ziegeldach mit Akroter. Auf dem Fundament vor dem Gebäude, im Garten und im Hintergrund sind summarisch Personen angedeutet, von denen einige fischen. Hinter dem Gebäude ragen Baumkronen auf und im Hintergrund sind entlang des Meeresufers weitere Bauten zu erkennen. Aus Gründen der Erhaltung wurde das Bild in moderner Zeit aus einem untergeordneten Raum (Nr.60) abgenommen, der im Atriumsbereich dem Tablinum der Villa angeschlossen war. Die in situ verbliebene Malerei weist ein Dekorationssystem mit zentraler Ädikula auf und gehört daher, trotz Anklängen an den Vierten Stil, wohl noch in den ausgehenden Dritten Stil. Die perspektivisch wiedergegebene Ädikula besitzt eine Kassettendecke und seitliche Säulen, zwischen denen

220

221

Allroggen-Bedel, in *RömMitt,* lxxxlv, 1977, pp. 74-75, tav. 45, 1-4 e 46, 1).

Bibl.: O. Elia, *Pitture di Stabia,* Napoli 1957, p. 52, tav. xxvi; Miniero Forte 1989, p. 13 ss., n. 13.

P.M.F.

221. Medaglione con Menade e giovane Satiro

Inv. 20555.
Pompei, vi, 17 (Ins. Occid.), 42.
Alt. cm 41,5; base cm 39,5, Ø tondo cm 37.
Intonaco dipinto.

Sul fondo nero della parete è dipinto un medaglione bordato da una doppia cornice di foglie verdi. Nel tondo, su uno sfondo reso con sfumature di grigio, sono raffigurati in primo piano una Menade a mezzo busto e, accanto ad essa, ma in secondo piano, un giovane Satiro, nell'atto di reggere ciascuno con una mano un *kantharos* d'argento per le anse. La Menade, rivolta verso la sua sinistra, ha la testa coronata con foglie di vite e bacche, i capelli bruni spartiti sulla fronte e ricadenti ai lati con corti riccioli, il volto carnoso illuminato con pennellate di colore bianco, due cerchi d'oro agli orecchi ed è coperta da un mantello verde da cui fuoriescono la spalla e la mano destra, con la quale sorregge la coppa. Alla sua sinistra è il Satiro, caratterizzato da un volto rozzo reso con colore bruno e tocchi di giallo, da orecchie caprine e da un lembo di pelle di animale sulla spalla sinistra. Ha anch'egli la testa coronata da fiori e foglie ed è raffigurato nell'atto di accostare le labbra alla coppa, che sorregge con la mano sinistra.
L'affresco proviene da un grande triclinio con soffitto a volta (amb. 20) situato al secondo piano della casa a nord di quella di *M. Fabius Rufus,* convenzionalmente conosciuta con il nome di «casa del Bracciale» e costruita su tre piani a cavallo delle mura urbane con vista sulla valle del Sarno e sul mare. Fu staccato dalla decorazione della parete nord, che costituisce uno dei lati lunghi di questo ambiente ed è la meglio conservata e la piú importante, trovandosi di fronte all'ingresso.
Si tratta di una bella decorazione degli inizi del iv stile, il cui sistema rispetta ancora le partizioni tra lo zoccolo e la zona mediana. Infatti lo zoccolo, a fondo nero, è costituito da pannelli rettangolari (in corrispondenza dei riquadri della zona mediana) alternati a scomparti quadrangolari (in asse con gli scorci architettonici della zona mediana), con ripetizione simmetrica dei singoli motivi decorativi (testa di Zeus Ammon, bordo di tappeto con *gorgoneion* e ghirlande ad arco, cigno in volo) ai lati del pannello centrale con *situla* appesa a ghirlande con pavone.
La zona mediana, separata dallo zoccolo da una predella e fondo rosso, presenta tre grandi riquadri a fondo nero alternati con scorci architettonici lignei in prospettiva con colonne *caelatae,* statue e vasi acroteriali. Nel riquadro centrale, bordato da una ghirlanda tesa, era inserito il quadro principale raffigurante Dioniso ebbro tra Menade e Sileno (staccato per restauro); in quelli laterali, delimitati da bordi di tappeto ad elementi cuoriformi, erano al centro i medaglioni: a sinistra quello con Menade e Satiro e a destra uno con fanciulla e donna anziana (staccato). Superiormente alla zona mediana corre un fregio rosso, con decorazione vegetale in corrispondenza dei riquadri laterali della zona mediana e motivo con grottesche in asse con il riquadro centrale sottostante. Infine la decorazione è completata da una cornice in stucco a boccioli di loto e trifogli.
La decorazione sulla parete S è simmetrica, ad eccezione del quadro centrale della zona mediana raffigurante, forse, Alessandro e la sua sposa persiana Rossane (in restauro). Meno impegnativa ed importante risulta invece la decorazione sui lati corti, peraltro interrotta da aperture (finestra sulla parete E, porta e finestra strombata su quella O). Nel complesso la decorazione di questo ambiente sembra inquadrabile in età claudia
L'uso di inserire medaglioni con busti di personaggi dionisiaci nei riquadri laterali della zona mediana è frequente nel iv stile. Si tratta generalmente di Menade e Satiro nello schema dell'abbraccio (*symplegma*), come nella decorazione del tablino della casa del Bicentenario di Ercolano (A. Maiuri, *Ercolano. I nuovi scavi (1927-1958),* i, Roma, p. 231 ss., fig. 181), oppure di Bacco e Menade, come in un affresco al Museo Nazionale di Napoli in cui Bacco regge il *kantharos* tra le mani (inv. 9284, *Collezioni Napoli* 1986, p. 160, n. 264 da Ercolano).

Bibl.: Pitture e Pavimenti di Pompei, iii, Roma 1986, p. 11 ss.

P.M.F.

222. Frammento di affresco con Vittoria

Inv. 25943.
Pompei, villa suburbana di Murecine.
Alt. cm 126,50; largh. cm 84,60.
Intonaco dipinto.
In alcuni punti distacchi del colore sovradipinto e piccole lesioni.

Sul fondo rosso, inquadrata da una cornice e da due colonne, compare una figura femminile alata librantesi nell'aria che reca sulla spalla un tripode.
La figura, interpretabile come Vittoria, leggermente voltata verso destra, indossa un chitone bianco quasi trasparente, che lascia scoperta la spalla destra, ed un manto giallo dal bordo inferiore grigiastro che copre la figura dalla vita in giú e lascia intravedere l'orlo bianco del chitone; alla vita i lembi svolazzanti del mantello o una fascia dello stesso colore. Le grandi ali aperte sono bianco grigiastre. Sul capo, dai capelli castani raccolti, reca una ghirlanda vegetale dorata, mentre una collana a *torque*, orecchini, bracciali ai polsi e alle caviglie sono i ricchi gioielli d'oro indossati; ricchi calzari gialli coprono i piedi.
Sorretto con il braccio destro sollevato e con il sinistro abbassato, sostiene, poggiato obliquamente sulla spalla sinistra, un grande tripode dorato con alti piedi a sezione rettangolare, bacino decorato da baccellature, reticella bronzea emisferica alla base.
Il fondo del dipinto, di uno splendido ed intenso colore rosso, è delimitato superiormente da una linea spezzata, cosí da definire una sorta di edicola pentagonale. La cornice è bianco rosacea al di sotto e grigioscura con bordo piú chiaro sui lati.
Il pannello è inquadrato a destra e a sinistra da due sottili colonne di cui sono visibili i fusti e, parzialmente, le basi sagomate.
Staccato il 20 dicembre 1959, il dipinto era collocato probabilmente nella parete est del 4° triclinio o ambiente D nel portico a triclini della c.d. «villa suburbana di Murecine» (Pagano, cit. in bibl., p.

imagines clipeatae aufgehängt sind (vgl. jene des Hauses des Schönen Impluviums, I, 9, 1, in: F.L. BASTET, M. DE VOS, *Proposta per una classificazione del III stile pompeiano*, «Arch. St. v.h. Nederl. Inst. te Rome», IV, Den Haag 1979, 40, Taf. XXXVI, 66). Sie ist innen mit einem weißen Teppich verschlossen, der nur an den oberen Seiten durchbrochene Borten und unten abwechselnd Palmetten in einem Dreiviertelkreis und Lotosblumen aufweist (vgl. A. BARBET, in: *MélEcFr-Rome*, XCIII, 1981, Abb. 28, Typ 123 n). In der Mitte des Teppichs war eine Landschaft dargestellt. Die ebenfalls weißgrundigen Seitenfelder besaßen an drei Seiten grüne Ornamentstreifen mit Rosetten in Quadraten, deren Seiten abwechselnd konkav und gerade waren (vgl. BARBET, *zit. Art.*, Abb. 17, Typ 60 a) und deren Mitte ein Pferdegreif zierte. In den seitlichen der geometrischen Sockelfelder (rote, querrechteckige und gelbe hochrechteckige im Wechsel) waren Weinranken diagonal, im mittleren Feld horizontal angeordnet. Der Sockel nimmt die Unterteilung der Mittelzone auf und ist mit Pflanzen, Bukranien und Delphinpaaren geschmückt. Darunter folgt eine weinrote Plinthe.
Nur die Teppichborten, obwohl noch leicht und metallisch, ordnen die Wand dem Vierten Stil zu, während die feine Form der Ädikula mit ihrer architektonischen Funktion, der geometrische und ganz axial zur Mittelzone unterteilte Sockel sowie die Plinthe (BASTET, DE VOS, *zit. Art.*, 62 ff.; I. BRAGANTINI, in: *Pompei 1748-1980. I tempi della documentazione*, Rom 1981, 106-118) auf den späten Dritten Stil verweisen. Mit aller geratenen Vorsicht - die obere Zone der Dekoration fehlt (üblicherweise ist sie die fortgeschrittenere) und der Raum besaß eine nur untergeordnete Funktion - möchte man doch diese Dekoration in die Anfangsphase des Vierten Stils (claudische Zeit) einordnen.
Das Bild zeigt den Einfluß beider Stile. Einerseits zeigt es mit seinem schnellen Pinselstrich den «impressionistischen» Geschmack des Vierten Stils, andererseits sind die gut zu unterscheidenden Baumwipfel hinter dem Gebäude nicht tupfenhaft dargestellt und führen so eine Eigenart des Dritten Stils fort (W.J.T. PETERS, in: *Landscape in Romano-Campanian Mural Painting*, Groningen 1963, 123-124).
Ähnliche Landschaften mit Villen am Meer wurden in bourbonischer Zeit abgenommen und befinden sich nun im Nationalmuseum Neapel (vgl. *Collezioni Napoli* 1986, Nr. 319, Inv. 9480; Nr. 311, Inv. 9409; mit Bibl.). Ferner stammt aus der sog. Villa der Ariadne, Raum Nr. 7, die Landschaft Nr. 9391 (A. ALLROGGEN-BEDEL, in: *RömMitt*, LXXXIV, 1977, 55, Taf. 21,1).
Dieses wie auch die anderen im Katalog vorgestellten Fresken aus Stabiae erfuhren jüngst eine einfühlsame Restaurierung. Die alte Zementunterlage, in die sie nach ihrer Abnahme in den 60er Jahren eingesetzt worden waren, wurde entfernt und durch wabenartige Aluminiumplatten ersetzt. Diese bieten Reversibilität, Leichtigkeit und Unverformbarkeit (vgl. MINIERO FORTE 1989, 32)

Bibl.: MINIERO FORTE 1989, 59 ff., Nr. 11.

P.M.F.

220. Architekturlandschaft am Meer

Inv. 4815.
Stabiae, sog. Villa von S. Marco
Höhe 31,5 cm; Sockel 51,7 cm.
Fresko.

Auf einem grünen Wasserspiegel öffnet sich eine Hafeneinfahrt, vor der eine kleine Insel mit Anlegestegen für Boote liegt.
Auf dieser Insel sind vier braune Figuren skizziert; zwei davon fischen und zwei stehen vor einem viereckigen Gebäude mit ziegelgedecktem Giebeldach, Giebel und Akroterien (Tempelchen?). Hinter diesem begrenzt eine Portikus zwei Seiten des Inselchens, das von links von einem kleinen Boot angesteuert wird. Rechts erkennt man einen Fels mit einem weißen Pfeiler oder einer Säule. Im Bildhintergrund läuft ein Segelschiff in den mit Portiken ausgestatteten Hafen ein.
Der Raum, aus dem das Bild stammt (Nr.4), bildete eine lange, enge Rampe (15 × 4 m), deren ansteigender Boden mit weißen Mosaiksteinen ausgelegt war. Das auf dem Rand eines Hügels gelegene Südende ist nicht erhalten, da es mit den anderen dortigen Räumen der Villa durch die Eruption abrutschte. Die Rampe diente als Zugang zum oberen Peristyl (seine Erneuerung gehörte der jüngsten, neronischen Phase der Villa an) und ersetzte den vorigen Zugang, der einen ebenen, schwarz mosaizierten Fußboden besessen hatte und der am 19. Oktober 1954 durch eine Sondage entdeckt worden war. Die gestreckte Form des neuen Raumes brachte eine dreiteilige Gliederung aus Holzpfosten und Architraven mit sich. Der letzte Teil ist zwar nicht in situ erhalten, aber durch die Komposition der Decke nachgewiesen. Auch die Dekoration an Wänden und Decke paßt sich durch sukzessive Entfaltung dieser Raumaufteilung an.
Das Fresko stammt aus dem ersten Dekorationsbereich der Nordostwand und war in die Mitte eines rotgrundigen Teppichs der Mittelzone gemalt. Seitlich folgten zwei kleinere Felder, die unten geschlossen waren und sich oben auf Architekturperspektiven hinter einer Balustrade öffneten. Der schlecht erhaltene Sockel ist schwarzgrundig und in drei geometrische Felder aufgeteilt, die nicht gut mit denen der Mittelzone abgestimmt sind. Die illusionistischen Ausblicke fehlen im folgenden Abschnitt, der aus rotgrundigen, durch schwarze Rechtecke abgetrennten Teppichen besteht. Von der gegenüberliegenden Wand, die völlig symmetrisch gestaltet ist, stammt eine andere Meereslandschaft mit Architekturdarstellungen (ebenfalls im Antiquarium Stabiano, Inv. 2947), in der das Pier im Vordergrund wiederkehrt. Es handelt sich um eine Dekoration des Vierten Stils.
Das beste Beispiel dieser Landschaftsbilder befindet sich im Nationalmuseum Neapel (Inv. 9514), stammt ebenfalls aus Stabiae und stellt einen Hafen dar. Auch wenn diese Landschaften nur schwer als genaue Abbilder realer Orte bezeichnet werden können, ist eine Identifikation des Hafens mit Puteoli aufgrund des Bogens auf der Mole sicher (vgl. W.J.T. PETERS, *Landscape in Romano-Campanian Mural Painting*, Groningen 1986, Nr. 137, 167). Vier weitere Landschaften des Vierten Stils mit ebensolchem Molenmotiv im Vordergrund wurden in der Bourbonenzeit von der *diaeta* E der sog. Villa der Ariadne entfernt und befinden sich im Nationalmuseum Neapel (vgl. A. ALLROGGEN-BEDEL, in: *Röm Mitt*, LXXXIV, 1977, 74-75, Taf. 45, 1-4 und 46, 1).

Bibl.: O. ELIA, *Pitture di Stabia*, Neapel 1957, 52, Taf. XXVI; MINIERO FORTE 1989, 13 ff., Nr. 13.

P.M.F.

221. Medaillon mit Mänade und jungem Satyr

Inv. 20555.
Pompeji, VI, 17 (Ins. Occid.), 42.
Höhe 41,5 cm; Sockel 39,5 cm; Kreisdurchm. 37 cm.
Bemalter Putz.

Auf einer schwarzgrundigen Wand ist ein Medaillon gemalt, das von einer doppelten Reihe grüner Blätter umgrenzt wird. Auf den grauen Hintergrundschattierungen des Tondos ist im Vordergrund die Halbbüste einer Mänade dargestellt sowie neben ihr im Hintergrund ein junger Satyr. Jeder hält mit einer Hand den Henkel eines silbernen *kantharos*. Die Mänade ist nach links gewandt, ihr Kopf ist mit Weinlaub und -trauben bekränzt; die braunen Haare sind in der Mitte gescheitelt und fallen in kurzen Locken auf die Seiten. Das fleischige Gesicht wird durch weiße Pinselstriche aufgehellt; sie trägt zwei goldene Ohrringe und ist in einen grünen Mantel gekleidet, der die rechte Schulter und Hand freiläßt. Mit dieser hält sie das Gefäß. Der Satyr zu ihrer Linken hat grobe Züge und Ziegenohren. Sein Inkarnat ist braun, mit gelben Pinselstrichen aufgehellt. Als Bekleidung erkennt man den Zipfel eines Tierfelles über der Schulter. Auch er trägt auf dem Kopf einen Kranz aus Blumen und Blättern. Er setzt gerade das Gefäß zum Trinken an.
Das Fresko stammt aus einem großen, überwölbten Triklinium (Raum 20) im Obergeschoß des Hauses nördlich von dem des M. Fabius Rufus. Es ist gewöhnlich als «Haus des Armreifs» bekannt und ist mit Blick auf das Sarnotal und das Meer in drei Stockwerken über der Stadtmauer errichtet. Das Fresko wurde aus der Dekoration der Nordwand, einer der Längsseiten, herausgelöst; sie ist die besterhaltene und, wie die Plazierung gegenüber dem Eingang bereits vermuten lässt, die wichtigste Malerei.
Es handelt sich um eine vorzügliche Dekoration des frühen Vierten Stils, der die Unterteilung zwischen Sockel und Mittelzone beibehält. Der schwarzgrundige Sockel besteht abwechselnd aus reckteckigen (entsprechend den Bildern der Mittelzone) und quadratischen Feldern (axial zu den Architekturperspektiven der Mittelzone) und wiederholt beiderseits des Mittelfeldes mit Girlande, Pfau und *situla* symmetrisch die einzelnen Dekorationsmotive (Kopf des Zeus Ammon, Teppichborte mit *gorgoneion* und bogenförmiger Girlande, fliegender Schwan).
Die Mittelzone ist vom Sockel durch eine Predella und roten Grund unterschieden und weist im Wechsel drei große schwarzgrundige Bilder und Perspektiven hölzerner Architekturen mit reliefierten Säulen (*caelatae*), Statuen und Akrotergefäßen auf. Das girlandengerahmte Mittelbild zeigt als Hauptbild einen trunkenen Dionysos zwischen Mänade und Silen (zur Restaurierung abgenommen). In den seitlichen, von Borten mit herzförmigen Elementen gerahmten Bildern befanden sich die Medaillons, links dasjenige mit Mänade und Satyr, rechts eines mit Mädchen und alter Frau (abgenommen). Über der Mittelzone verlief ein roter Fries mit pflanzlicher Dekoration, die mit den Seitenbildern der Mittelzone und mit einem Motiv mit Grotesken axial zum Mittelbild darunter korrespondierte. Schließlich wird die Dekoration durch einen Stuckrahmen mit Lotosknospen und Klee vervollständigt.
Die Dekoration der Südwand ist bis auf das Mittelbild der Mittelzone, das möglicherweise Alexander und seine persische Braut Roxana darstellt (in Restaurierung), symmetrisch. Als weniger anspruchsvoll erweist sich dagegen die Dekoration der Schmalseiten, die außerdem durch Fenster unterbrochen sind. In ihrer Gesamtheit ist die Dekoration wohl in claudische Zeit einzuordnen.
Das Einsetzen von Medaillons mit Büsten dionysischer Figuren in die Seitenbilder der Mittelzone ist im Vierten Stil häufig. Thema sind zumeist Paare sich umarmender Mänaden und Satyrn (*symplegma*), so in der Tablinum-Dekoration im Haus der Zweihundertjahrfeier in Herkulaneum (A. MAIURI, *Ercolano. I nuovi scavi (1927-1958)*, I, Rom, 231 ff., Abb. 181), oder um Bacchus und Mänade, wie in einem Fresko im Nationalmuseum Neapel, in dem Bacchus den *kantharos* in den Händen hält (Inv. 9284, *Collezioni Napoli* 1986, 160, Nr. 264, aus Herkulaneum).

Bibl.: *Pitture e Pavimenti di Pompei*, III, Rom 1986, 11 ff.

P.M.F.

359); dalla documentazione archivistica conservata non sempre è facile stabilire la provenienza esatta dei dipinti a causa del loro frettoloso distacco a seguito del pressante incombere dei lavori di costruzione dell'autostrada, che determinarono la scoperta del sito archeologico, e a causa dei gravi problemi suscitati dalla presenza di copiosa acqua di falda che rese molto difficile lo scavo. Dallo stesso triclinio D provengono probabilmente cinque pannelli a fondo nero con Vittorie alate che recano vari attributi oltre a due grandi pannelli con architetture e soffitto a cassettoni, ospitanti l'uno la raffigurazione di Minerva in trono e l'altro quella di una divinità maschile, forse Zeus (cfr. PAGANO, figg. 28-30 e 25-26). Nessuna indicazione rimane riguardo alla composizione generale delle pareti.

Figure femminili in volo dagli aerei panneggi sono presenti anche in pitture provenienti da altri ambienti dello stesso complesso (PAGANO, figg. 14, 16, 23-24), che non raggiungono però il livello artistico di questo dipinto. Analoga resa dei tessuti svolazzanti e di leggiadria di forme può notarsi in un dipinto della casa dei Dioscuri di Pompei, attribuita dalla critica al c.d. *Perseus Painter* (L. RICHARDSON, *The Casa dei Dioscuri and its Painters*, in *MemAmAc*, 23, 1955, p. 157, tav. LVIII, 1).

Le decorazioni pittoriche dell'ambiente D e degli altri triclini, strettamente connesse tra loro come iconografia e resa cromatica, sono attribuibili ad un'unica bottega e ascrivibili al maturo IV stile, forse a pochi anni prima dell'eruzione (ELIA, cit. in bibl., p. 210).

Bibl.: O. ELIA, *Il portico dei triclini del Pagus Maritimus di Pompei*, in *Boll. d'Arte*, 46, 1961, p. 209 e fig. 15 (dove il fondo del dipinto viene erroneamente indicato di colore nero); M. PAGANO, *L'edificio dell'agro Murecine a Pompei*, in *RendAccNapoli*, LVIII, 1983, pp. 359-361, fig. 27.

G.S.

223. Ippolito e Fedra

Inv. 20620.
Pompei, provenienza non precisabile.
Alt. cm 52; base cm 50.
Intonaco dipinto.

Sulla parete di color rosso, nella quale trovava originaria collocazione il *pinax* presentato, si stagliava la composizione dipinta, delimitata da una sottile cornice bianca.

La scena presenta quattro figure: una femminile, seduta, sulla sinistra; tre stanti, nel campo pittorico centrale; un cavallo e un cane sulla destra. Al centro è una figura maschile, stante e in posizione quasi frontale. È rappresentata nuda, con la sola clamide poggiata sulla spalla sinistra e ricadente lungo il fianco, mentre il corrispondente braccio trattiene una lancia. L'intera figura, in apparente atteggiamento di riposo, gravita sul lato sinistro, poiché la gamba opposta è leggermente flessa, appena poggiata sul piede, e pare sollevarsi e roteare in atto di avanzare.

Il moto destrorso che la figura intende suggerire prosegue e si accentua nella parte superiore del corpo: la lieve torsione del busto, segnata dal passaggio dei turgidi volumi dei pettorali, del volto, dell'omero, luminosi e piú evidenti nell'incarnato bruno, trova nel braccio destro piegato esplicita indicazione della direzione prescelta dal personaggio. Tuttavia il gesto della mano retratta e lo sguardo fulmineo e sospettoso frenano l'attenzione dello spettatore e la riportano sulla sinistra, dove è una raffinata figura femminile che siede su un elegante trono.

Ha il busto eretto, in posizione frontale. Il braccio destro finemente ornato da un'armilla poggia su un bracciolo sorretto da una sfinge alata; il sinistro è sollevato con la mano diafana portata al collo. Il volto è girato di tre quarti verso il centro della scena: lo sguardo tuttavia non è diretto al protagonista, ma si volge sfuggente allo spettatore, colto nell'attimo stesso di un tragico smascheramento.

Sul giallo chitone è un manto viola bordato di verde, la cui aderenza al profilo della figura lascia intravedere la posizione delle gambe: di lato la sinistra con l'esile piede fuoriuscente dalla veste e poggiato sullo sgabello; piegata e retratta la destra, la cui resa quasi frontale è data dal gioco radiale del panneggio; il colore viola si incupisce per suggerire profondità, per stemperarsi poi nella luce obliqua che disegna il ginocchio, fino a recuperare l'assialità del busto attraverso l'espediente delle pieghe, sgorganti e ricadenti lungo l'elegante piede modanato del trono.

L'insieme dei particolari rivela una differente reazione dei due personaggi in primo piano, fornendone una connotazione della personalità e suggerendo al contempo i tratti della vicenda. All'accenno di una rivelazione il giovane, in procinto di partire per la caccia, è quasi immobilizzato nella sua solarità statuaria; alla notizia appena comunicatagli reagisce con pochi cenni, contenuti e sintetici, dati da un puntuale gioco di sguardi e di impercettibili moti.

In contrasto è la raffigurazione della donna, che tradisce nell'atteggiamento una drammaticità piú manifesta: la posizione regale seduta, segnata da inquietudine; l'effetto fondato sul doppio registro delle mani, mollemente abbandonata la destra in quello inferiore, ritirata con apprensione alla gola la sinistra nel registro superiore; l'architettura della figura con la sequenza di piani frontali e scorci prospettici; il gioco rugoso e tormentato delle pieghe della veste, in evidente contrasto con la giovanile nudità atletica.

A creare una sorta di secondo piano, alle spalle sono due figure secondarie, leggermente arretrate: un'ancella dai tratti somatici non piú giovanili, con lungo chitone drappeggiato e copricapo rosso, e uno scudiero che regge per le redini un bianco cavallo scalpitante, gradiente a destra, dietro il quale, quasi disegnato con pochi eleganti tratti chiari, è un levriere.

Lo sfondo della scena è costituito da due colonne alle quali è collegato un velario bordato; sul retro appare un secondo edificio che si staglia sul chiarore di un cielo verde. La cornice architettonica, di taglio scenografico, predomina, mentre la natura, pressoché assente, è accennata sommessamente dal colore artificioso del cielo, piú simile alla cupezza di un mare in tempesta. Le ombre sono prodotte da un'unica sorgente luminosa, collocata a sinistra. La composizione figurata ricorda gli scenari e i soggetti delle tragedie greche che avevano ispirato, durante il IV secolo a.C., ceramisti italioti e pittori. Agli inizi del I secolo d.C. un pittore campano, denominato Maestro Ellenico, greco per il suo stile caratterizzato dalla disposizione semplice delle figure situate di tre quarti su piani che si intersecano, attivo a Pompei ed Ercolano, nelle sue opere sembra appunto conservare il riflesso di queste prime applicazioni delle scoperte ellenistiche sull'organizzazione di un gruppo nello spazio (cfr. F. VILLARD, in *La Grecia Ellenistica*, Milano 1978, p. 120 s., fig. 119).

Per dette caratteristiche la pittura presentata può essere collocata nella linea delle riproduzioni di opere greche. La raffigurazione, ispirata al teatro, costituisce la scena della confessione dell'amore di Fedra per il giovane Ippolito, in procinto di partire per la caccia. Invaghitasi del figliastro e respinta, Fedra, seconda moglie di Teseo, si uccide lasciando contro di lui una falsa accusa di seduzione (cfr. *EAA*, IV, 1961, p. 186, fig. 225, s.v. *Ippolito*).

Immediato è il raffronto della scena con l'impostazione iconografica di un affresco da Ercolano (Museo Nazionale di Napoli, inv. 9041, cfr. *Pompeii A.D. 79* 1978, p. 69, fig. 152); cfr. anche un frammento di affresco di età neroniana proveniente da Stabia (P. MINIERO, *Stabiae. Pitture e stucchi delle ville romane*, Napoli 1989, p. 36, fig. 13), raffigurante Ippolito colto nel gesto di rifiuto, secondo una composizione figurata, ora perduta, con la matrigna Fedra e la vecchia nutrice.

Il mito di Ippolito è ampiamente testimoniato nella pittura pompeiana (cfr. W. HELBIG, *Wandgemälde der vom Vesuv verschütteten Städte Campaniens*, Leipzig 1868, 1242-1247; K. SCHEFOLD, *Die Wände Pompejis*, Berlin 1957, s.v. *Hippolytos*, p. 369) con la rappresentazione dei momenti salienti del racconto: sia con scene che si limitano a poche figure (ad es. «Fedra e la nutrice», pittura proveniente da un cubicolo pompeiano: cfr. F. ZEVI, *La casa Regio IX 5, 18-21 e le sue pitture*, Stud.Misc. 5, Roma 1964, p. 39, tav. XX, I; *Collezioni Napoli* 1986, cat. n. 76), sia con quadri, come il nostro, piú articolati e ricchi di particolari, secondo un tipo di «narrazione continua», in cui eventi consecutivi di una azione progressiva sono riuniti in un solo pannello.

La fonte per l'iconografia delle diverse scene è il secondo Ippolito di Euripide, che ha ispirato nelle arti figurative una duplice versione del racconto, da una parte selezionando e accentuando, con gusto ellenistico, il dramma d'amore di Fedra (ad es. un coperchio di specchio a rilievo da Pompei al Museo Nazionale di Napoli, cfr. *EAA*, III, 1960, p. 612 s., fig. 740, s.v., *Fedra*) dall'altra raffigurando l'intero sviluppo della narrazione nella cornice scenica dei vari protagonisti della vicenda. Il racconto del mito troverà ampia documentazione nelle numerose raffigurazioni su sarcofagi (a partire dal II secolo), su mosaici, pitture e stucchi (per una panoramica della diffusione del mito nell'arte antica cfr. *EAA*, cit., s.v. *Ippolito*).

Limitatamente alla raffigurazione di Ippolito nel nostro affresco, è immediato il richiamo al Teseo vincitore del Minotauro, rappresentato in due celebri pitture di IV stile, una da Ercolano (Teseo liberatore, dalla c.d. Basilica, cfr. *Collezioni Napoli* 1986, cat. n. 174), l'altra da Pompei (casa di Gavio Rufo, VII, 2, 16; cfr. *Collezioni Napoli* 1986, cat. n. 173). Con quest'ultima in particolare la similitudine della posa stabilisce la dipendenza da un originale che ha ispirato piú di un modello figurativo del repertorio mitologico.

Nel quadro presentato, la composizione a registri, la frontalità della scena, le figure di tre quarti sullo stesso piano, disposte quasi in fila, rientrano ancora nello spirito classico. Tuttavia l'espressione psicologica che pervade l'atteggiamento dei personaggi e qualche tentativo di ricerca spaziale (la gamba arretrata di Fedra, il piede destro di Ippolito reso di scorcio), consentono di inserire il quadro figurato nella tradizione del III stile maturo.

Bibl.: Inedito.

M.M.

224. Bellerofonte, Pegaso e Atena

Inv. 20878.
Pompei, I, 8, 8, triclinio.
Dimensioni cm 40 × 46.
Intonaco dipinto.
Stato di conservazione: ricomposto da frammenti.

Lo spazio figurativo del dipinto è occupato pressoché totalmente dai personaggi della scena, una figura femminile armata e un giovane in atto di domare un cavallo alato. Sulla sinistra la figura maschile è rappresentata di tre quarti, nuda, con la rossa clamide svolazzante dietro le spalle. Le gambe divaricate sono saldate al terreno: la destra ben tesa per assicurare stabilità all'azione; la sinistra piegata e puntata sulla zampa posteriore dell'animale, per frenarne l'impeto ascendente. Il busto proiettato in avanti è carico di tensione; le braccia si dipartono in uno slancio deciso, atto ad assicurare la presa delle redini del cavallo imbiz-

222. Fragment einer Wandmalerei mit Victoria

Inv. 25943.
Pompeji, Suburbane Villa von Murecine.
Höhe 126,50 cm; Breite 84,60 cm.
Bemalter Putz.
An einigen Stellen löst sich die Farbe vom Putz; kleine Beschädigungen.

Auf einem roten Hintergrund, der von einem Rahmen und zwei Säulen eingefasst wird, erscheint eine weibliche, geflügelte Gestalt, die in der Luft schwebt und einen Dreifuss über der Schulter trägt.
Diese leicht nach rechts gewandte Gestalt, als Victoria zu interpretieren, trägt einen weissen, beinahe durchsichtigen Chiton, der die rechte Schulter frei lässt, und einen gelben, grau gesäumten Mantel, der den Körper von der Taille an einhüllt, aber dennoch die Bordüre des weissen Chitons erkennen lässt. Auf der Höhe der Taille flattert ein Zipfel des Mantels oder ein breiter Stoffgürtel derselben Farbe. Die grossen, geöffneten Flügel sind weiss-gräulich bemalt. Im kastanienbraunen, gekämmten Haar befindet sich ein vergoldeter Blattkranz, während ein Torques, Ohrringe und Reife an Armen und Fesseln den übrigen, reichen Goldschmuck darstellen. Die Füsse stecken in kostbaren, gelben Schuhen.
Die Victoria trägt mit der erhobenen rechten und der gesenkten linken Hand einen grossen, vergoldeten Dreifuss, der schräg über der linken Schulter liegt. Dieser Dreifuss weist lange Beine rechteckigen Querschnitts, ein geriefeltes Becken und ein kleines, halbkugeliges Bronzenetz an der Basis auf.
Der Hintergrund des Bildes besteht aus einem leuchtenden und intensiven Rot, oben wird es von einer giebelartigen Linie begrenzt, so dass gewissermassen der Eindruck einer fünfeckigen Ädikula entsteht. Der Rahmen ist unten weisslich-rosa und an den Seiten dunkelgrau mit einem helleren Streifen am äusseren Rand.
Das Bildfeld weist links und rechts je eine dünne Säule auf, von welchen die beiden Schäfte und Teile der profilierten Basen zu sehen sind.
Dieses Gemälde, das am 20. Dezember 1959 aus seinem ursprünglichen Zusammenhang entfernt wurde, stammt wahrscheinlich von der Ostwand des vierten Trikliniums (Raum D) innerhalb der Portikus mit Triklinien der sogenannten "Villa Suburbana di Murecine" (M. PAGANO, *L'edificio dell'agro Murecine a Pompei*, in: *RendAccNapoli*, LVIII, 1983, S. 359-361, Abb. 27); ausgehend von der archivierten Dokumentation ist es nicht immer einfach, die genaue Herkunft der einzelnen Wandmalereien festzustellen, da wegen Bauarbeiten für eine Autobahn, in deren Verlauf man überhaupt erst auf diese Villa aufmerksam wurde, die Abnahme der Malereien möglichst schnell vorangetrieben werden musste, was zu Unklarheiten führte. Auch das viele Grundwasser erschwerte die Arbeiten. Aus demselben Triklinium D stammen wahrscheinlich fünf weitere Paneele mit schwarzem Hintergrund und geflügelten Victorien, die verschiedene Attribute tragen. Im weiteren gehören wahrscheinlich zwei Bildfelder mit Architekturdarstellungen und Kassettendecke in denselben Zusammenhang. Auf dem einen ist eine thronende Minerva, auf dem anderen eine männliche Gottheit, vielleicht Zeus, zu sehen (vgl. PAGANO, *op. cit.*, Abb. 28-30 und 25-26). Aus der Dokumentation ist nicht ersichtlich, wie die verschiedenen Malereien ursprünglich an den Wänden angeordnet waren.
Schwebende weibliche Figuren mit luftigen Gewändern kennt man auch aus anderen Räumen desselben architektonischen Komplexes (PAGANO, *op. cit.*, Abb. 14, 16, 23-24); diese erreichen aber nicht die künstlerische Qualität von Kat. Nr. 222. Dieselbe Art der Darstellung von flatternden Gewändern und dieselbe Anmut in den Formen findet man z.B. in einem Gemälde aus dem Haus der Dioskuren in Pompeji, das in der Forschung dem sogenannten *Perseus Painter* (L. RICHARDSON, *The Casa dei Dioscuri and its Painters*, in: *MemAmAc*, 23, 1955, S. 157, Taf. LVIII, 1) zugeschrieben worden ist.
Die Wandmalereien des Raumes D wie auch jene der anderen Triklinien – sowohl in ikonographischer Hinsicht wie auch in der Farbwiedergabe eng miteinander verwandt – sind einer einzigen Werkstatt zuzuweisen und gehören in den reifen Vierten Stil, entstanden also vielleicht wenige Jahre vor dem Vulkanausbruch (O. ELIA, *Il portico dei triclini del Pagus Maritimus di Pompei*, in: *Boll. d'Arte* 46, 1961, 210).

222

Bibl.: O. ELIA, *Il portico dei triclini del Pagus Maritimus di Pompei*, in: *Boll. d'Arte*, 46, 1961, S. 209 und Abb. 15 (hier wird der Hintergrund der Malerei irrtümlicherweise als schwarz bezeichnet); M. PAGANO, *L'edificio dell'agro Murecine a Pompei*, in: *RendAccNapoli*, LVIII, 1983, S. 359-361, Abb. 27.

G.S.

223

zarrito. La testa, di profilo, irrigidita nello sforzo, completa la linea ascensionale della figura. La bruna capigliatura e lo sguardo, volitivo e determinato, rafforzano e caratterizzano l'eroicità dell'impresa e l'audacia del protagonista. L'incarnato scuro e la posa statuaria si stagliano sul bianco piumaggio del cavallo alato che nella tradizione figurata è Pegaso, il mitico figlio della Gorgone Medusa e di Poseidone.
Il giovane eroe rappresentato nell'atto di domarlo è Bellerofonte, la cui storia è legata ad una saga corinzia, che lo vuole conquistatore e poi alleato del prodigioso destriero alato, soprattutto nella celebre impresa contro il mostro Chimera (*Il.*, VI, 151-205).
Sulla destra è una figura femminile, con lunga veste bianca, elmo piumato, *gorgoneion* e asta. In relazione ai due personaggi citati e per gli attributi divini messi in evidenza, il personaggio si configura come Atena Kalinitis, o Hippia, cui si attribuiva l'invenzione delle redini (la forza di Pegaso che Atena sa imbrigliare e guidare) e che ebbe un culto particolare a Corinto (cfr. *EAA*, VI, 1965, p. 2 ss., s.v. *Pegaso*). L'*himation* della divinità, leggero e trasparente, lascia intravedere lo slancio delle gambe. Le due figure, rappresentate simmetricamente di tre quarti, sono poste su due piani obliqui che si intersecano dietro il cavallo, esattamente al centro del quadro. La figura della dea, giovanile e atletica, è imponente, pur risultando leggermente piú arretrata. Si volge a sinistra, il volto di profilo, mentre il busto è coperto dall'ingombro luminoso dello scudo d'oro. I tormentati drappeggi mossi dal vento non seguono la stessa direzione; la dea sembra esser or ora atterrata dall'alto, da destra, e non solo il movimento delle pieghe ne indica la provenienza: altri espedienti vogliono suggerirne il balzo repentino, come la direttrice segnata dall'asta e l'inclinazione dello scudo, la cui decorazione a sbalzo è intesa a indicare all'osservatore una visione della scena dal basso. Sul lato opposto la clamide rossa di Bellerofonte si allarga gonfiandosi al vento divino e disegna sulla sinistra il limite ideale della composizione. La dinamica compositiva vorrebbe l'eroe respinto verso il basso, mentre lo slancio tenace delle braccia protese in avanti, verso l'alto, rompe la spinta centrifuga della composizione. L'unità del gruppo è messa in rilievo dalla bianca sagoma di Pegaso, il mitico cavallo alato, colto in un momento del racconto che lo vuole ancora scalpitante, con carattere indomito, appena imbrigliato, per intervento divino, dalla ferma mano dell'eroe corinzio.
Dell'animale è raffigurata con dovizia di particolari solo la parte superiore, la testa, disegnata di profilo, funzionale alla individuazione dell'impresa (l'imbrigliamento) e alla formulazione della composizione piramidale del gruppo. Il piano obliquo del corpo, con l'ala tesa in uno slancio esasperato, è dato dal solo colore bianco (poche sfumature rosa rendono l'anatomia), elemento di sfondo per consentire la resa piú nitida del moto ascensionale del nudo antistante.
Delle zampe, la destra è puntata in avanti; la sinistra, scalpitante, è indicata col solo colore violaceo e si sovrappone come un'ombra alla figura di Atena.
La scena è ambientata in un'aura pressoché irreale, in cui la nota paesaggistica è data solo dalle rocce, in alto a sinistra, per richiamare l'idea dell'acqua, cara a Pegaso e alla natura di divinità marina del padre, o della fonte Pirene, presso cui il mitico cavallo si abbeverava al momento dell'incontro con Bellerofonte.
Generalmente raffigurati alleati, fin dal VI secolo a.C., mentre combattono contro la Chimera, soprattutto nella produzione vascolare attica a figure nere e rosse, piú raramente Pegaso e Bellerofonte sono rappresentati con Atena nella scena dell'imbrigliamento.
L'aspetto trascendente e allusivo del mito, legato ad una particolare concezione simbolica di Pegaso (cfr. E. PARIBENI, in *EAA*, cit.), quale configurazione del piú alto impulso poetico, è ripreso e rielaborato nella produzione di epoca romana in funzione della rappresentazione dell'idea di immortalità (cfr. S. REINACH, *Répertoire des peintures grecques et romaines*, Roma 1970, I ed. Paris 1922, p. 181, XXXVIII, 5; G. RODENWALDT, *Die Komposition der Pompejanischen Wandgemälde*, Berlino 1909, p. 32). Le due ali di Pegaso alludono all'anima liberata dal peso della materia e alla immortalità riservata allo spirito (cfr. J.J. BACHOFEN, *Il simbolismo funerario degli antichi*, Napoli 1989, p. 124). Per l'uso di Pegaso come motivo decorativo nella pittura pompeiana cfr. K. SCHEFOLD, *Die Wände Pompejis*, Berlin 1957, p. 108, ad es. casa della Fontana piccola, VI, 8, 23.
La composizione del *pinax* pompeiano si iscrive in uno spazio a tre dimensioni, e si traduce in un sapiente equilibrio di linee oblique incrociate, in cui compare un senso sviluppato del movimento. Concepito in funzione di valori essenzialmente spaziali (cfr. H.G. BEYEN, *Die antike Zentralperspective*, in *AA*, LIV, 1939, pp. 47-72), il gruppo è il riflesso della grande pittura greca della fine del IV secolo a.C., con la conquista dello spazio a tre dimensioni, formato dalla convergenza geometrica di figure e oggetti, mentre la cornice naturale è ancora inesistente.
La pittura si colloca in una produzione di III stile finale, con una ricerca di effetti nuovi, in cui la tensione drammatica, data dalla costruzione per linee diagonali del gruppo, tende a risultati piú vivaci.
La strutturazione spaziale, l'uso dello scorcio e i giochi di luce e ombra assumono un valore pittorico di primo piano; i contorni sono ispessiti da larghe ombre, i volumi modellati da ombreggiature: il quadro riflette un'arte pittorica che attraverso l'utilizzo della luce si incammina già verso l'espressionismo.
Il copista romano ha conservato gli effetti di scorcio e l'impiego delle ombre che corrispondono alle ricerche spaziali dell'epoca ellenistica e, malgrado alcune grossolanità (la resa anatomica della parte inferiore dell'animale, la piatta pennellata nerastra che indica il passaggio dalle rocce alla nube sacra), ha trasmesso tuttavia la qualità dell'originale nell'abile disposizione dei piani e nell'uso spinto del chiaroscuro.
Il dipinto, già oggetto dell'attenzione di numerosi studiosi (Brommer, Gericke, Hiller, Schefold e Jung), è stato ricondotto nella sua collocazione originaria grazie ad una recente indagine di F. TELLA (cit. in bibl.): la zona mediana nella parete ovest del triclinio della caupona I, 8, 8, della quale costituiva l'edicola centrale. La sua attribuzione al III stile maturo è confermata dallo schema decorativo delle pareti del vano.

Bibl.: F. TELLA, *Un quadro con Bellerofonte e Atena dalla caupona I, 8, 8*, in *RivStPompeiani*, III, 1989, p. 105 ss. (con bibl. precedente).

M.M.

225. Bambino con colomba

Inv. 41661.
Pompei, I, 9, 3 casa di *Successus*.
Alt. cm 55; largh. cm 50.
Intonaco dipinto.
Su supporto moderno, presenta alcune lesioni lungo il lato destro e presso l'angolo inferiore sinistro.

Il pannello conserva, su un tratto di parete intonacata gialla, un quadro dalla cornice di colore rosso-scuro e bianco; in esso, all'interno di un ambiente di cui sono indicate con diverse sfumature di beige due pareti ad angolo ed il pavimento, è raffigurato un bambino, dalle forme arrotondate, nudo, seduto sul suo corto mantello rosso dall'interno rosa-chiaro, allacciato al collo e ricadente sulla schiena. Il bambino, posto di tre quarti, con la gamba destra flessa e quella sinistra protesa, trattiene una colomba bianca che tenta di spiccare il volo, afferrandola per il petto

223. Hippolytos und Phädra

Inv. 20620.
Pompeji, nicht näher bestimmbare Herkunft.
Höhe 52 cm; Breite 50 cm.
Bemalter Putz.

Die gemalte Szenerie, die durch einen schmalen, weissen Rahmen begrenzt wird, hebt sich klar von der roten Wand, aus welcher der hier gezeigte Pinax gelöst wurde, ab.
Die Szene weist vier Personen auf: links eine weibliche sitzende und drei stehende im mittleren Teil des Bildes; ein Pferd und ein Hund füllen den rechten Teil. Im Zentrum der Komposition steht eine männliche Figur, die in fast vollständiger Frontalansicht wiedergegeben ist. Diese ist lediglich mit einer Chlamys, die die linke Schulter bedeckt und hinten den Oberkörper und die Hüften entlang bis zu den Knien fällt, bekleidet. In der linken Hand trägt sie eine Lanze. Das gesamte Gewicht der Gestalt, die ganz offensichtlich eine ruhende Stellung einnimmt, lastet auf der linken Körperhälfte, da ja das rechte Bein leicht angewinkelt ist, und der Fuss nur mit den Zehen den Boden berührt. Aufgrund dieser Körperhaltung entsteht der Eindruck, als sei die Figur im Begriff, sich leicht nach vorne zu drehen.
Die nach rechts gerichtete Bewegung, die die Figur andeuten möchte, setzt sich im Oberkörper klarer fort. Sie wird durch die prallen Brustmuskeln betont. Die Drehung des Gesichtes und des Oberarmes, die sich durch ihre hellere Farbgebung klar vom dunkleren Inkarnat abheben, findet im angewinkelten rechten Arm ihre Fortsetzung. Die Geste der leicht nach oben angehobenen Hand sowie der drohende, etwas argwöhnische Blick lenken jedoch die Aufmerksamkeit des Betrachters nach links zu einer weiblichen Gestalt auf einem eleganten Thron.
Diese sitzt mit geradem Oberkörper in Frontalansicht. Der rechte Arm, den ein feines Armband ziert, ruht auf einer Lehne, die von einer geflügelten Sphinx getragen wird. Der linke Arm ist angehoben und die blasse Hand berührt die Halsgegend. Der Kopf ist in Dreiviertelansicht dargestellt und zur Bildmitte gewandt: der Blick ist jedoch nicht auf die Hauptfigur gerichtet, sondern wendet sich ausweichend dem Bildbetrachter zu, im Augenblick einer tragischen Entdeckung eingefangen.
Über dem gelben Chiton trägt sie einen violetten Mantel mit grünen Bordüren, dessen Faltenwurf die Haltung der Beine erahnen lässt: das linke wird von der Seite gezeigt und so auch der schlanke Fuss, der unter dem Gewand hervorschaut und auf dem Fussschemel ruht; das rechte Bein ist stärker angewinkelt, leicht nach hinten geführt und wird in fast vollständiger Frontalansicht gegeben, was von den radial verlaufenden Falten des Mantels noch unterstrichen wird. Um Tiefe zu evozieren, ist der Bereich zwischen den Beinen in einem dunkleren Viola ausgeführt, das sich jedoch über den Knien, die durch schräg einfallendes Licht modelliert werden, wieder auflöst. Schliesslich wird die Farbe im Mantelzipfel, der in fliessenden Falten das elegante, profilierte Stuhlbein entlang nach unten fällt, wieder intensiver und nimmt so die Achsialität des Oberkörpers wieder auf.
All diese verschiedenen Details legen dar, wie die beiden Hauptpersonen in unterschiedlicher Weise reagieren, so dass sie dadurch für den Betrachter erkennbar werden und gleichzeitig die Grundzüge des Geschehens andeuten. Der junge Mann, der im Begriff war, auf die Jagd zu gehen, verharrt im Moment der Enthüllung in einer statuenhaften Pose. Auf die ihm soeben mitgeteilte Botschaft reagiert er mit wenigen, verhaltenen und klaren Gesten, die sich v.a. in einem Spiel von Blicken und beinahe unmerklichen Regungen offenbaren.
Von der Darstellung der weiblichen Person geht hingegen eine deutlichere Dramatik aus, die durch die

224

erhabene, sitzende Stellung, in welcher die Unruhe ebenso fassbar ist, unterstrichen wird. Denselben Aspekt betonen auch die auf verschiedenen Ebenen dargestellten Hände, die linke weich ruhend und die rechte sorgenvoll an den Hals geführt, der Aufbau der Figur mit der Wechselwirkung zwischen Flächen und perspektivischen Verkürzungen sowie das äusserst bewegte Spiel der tiefen Falten ihres Gewandes, die in heftigem Kontrast zur athletischen Nacktheit des jungen Mannes stehen.
Zwei weniger wichtige Personen, leicht nach hinten versetzt, dienen gewissermassen dazu, eine zweite Ebene zu bilden. Es handelt sich um eine Magd mit summarisch angegebenen, nicht mehr ganz jugendlichen Zügen, die einen langen Chiton und eine rote Kopfbedeckung trägt, und einen Stallknecht, der die Zügel eines weissen, stampfenden Pferdes hält, das nach rechts schreitet. Hinter dem Pferd befindet sich ein mit wenigen, hellen, eleganten Pinselstrichen dargestellter Windhund.
Den Hintergrund der Szene bilden zwei Säulen, an welchen Tücher mit breiten Bordüren hängen. Dahinter ist ein weiteres Gebäude zu erkennen, das sich durch seine weisse Farbe klar vom grünen Himmel abhebt. Der architektonische Rahmen bühnenbildnerischen Charakters weist der Natur eine sehr untergeordnete Rolle zu, indem nämlich die künstlich wirkende Farbe des Himmels – diese erinnert eher an ein stürmisches Meer – das einzige Naturelement der Szene darstellt. Der Schattenfall wird durch eine einzige Lichtquelle, die sich links befindet, bedingt. Die figürliche Gesamtkomposition erinnert an Szenen und Themen der griechischen Tragödien, die während des 4. Jhs. v.Chr. die italischen Vasen- und Wandmaler inspirierten. Am Anfang des 1. Jh. n.Chr. scheint ein kampanischer Maler – Griechischer Meister genannt, weil sich sein Stil dadurch auszeichnet, dass er die in Dreiviertelansicht wiedergegebenen Personen in Ebenen aneinanderreiht, die sich überschneiden –, der in Pompeji und Herkulaneum tätig war, tatsächlich die Umsetzungen dieser ersten, hellenistischen Erfahrungen, was die Anordnung von Figurengruppen im Raum betrifft, zu reflektieren (vgl. F. VILLARD, in: *La Grecia Ellenistica*, Mailand 1978, S. 120 f., Abb. 119).
Demzufolge kann dieses Bild in die Reihe von Malereien, die auf griechische Vorbilder zurückgehen, eingefügt werden. In ihr ist der von Theaterszenen inspirierte Moment dargestellt, in welchem Phädra dem jungen Hippolytos, der im Begriff ist, auf die Jagd zu gehen, ihre Liebe offenbart. Die Liebe Phädras, die zweite Gattin des Theseus, zu ihrem Stiefsohn Hippolytos bleibt unerwidert, weshalb sie sich aus Gram selbst richtet und Hippolytos beschuldigt, sie verführt zu haben (vgl. *EAA*, IV, 1961, S. 186, Abb. 225, s.v. *Ippolito*; *LIMC*, V, 1990, S. 445 ff., s.v. *Hippolytos*).
Der ikonographische Vergleich mit einem Fresko aus Herkulaneum (Nationalmuseum Neapel, Inv. Nr. 9041, vgl. *Pompeii A.D. 79*, 1978, S. 69, Abb. 152) liegt auf der Hand; ferner sei auch auf ein Fragment eines Freskos neronischer Zeit aus Stabiae hingewiesen (P. MINIERO, *Stabiae. Pitture e stucchi delle ville romane*, Neapel 1989, S. 36, Abb. 13): dort wird Hippolytos mit einer abweisenden Geste dargestellt, wohl im Beisein seiner Stiefmutter Phädra und seiner alten Amme, die jedoch nicht mehr erhalten sind.
Der Hippolytosmythos ist in der pompejanischen Wandmalerei mehrfach bezeugt (vgl. W. HELBIG, *Wandgemälde der vom Vesuv verschütteten Städte Campaniens*, Leipzig 1868, 1242-1247; K. SCHEFOLD, *Die Wände Pompejis*, Berlin 1957, s.v. *Hippolytos*, S. 369; *LIMC*, V, 1990, S. 445 ff. s.v. *Hippolytos*), und zwar werden stets die Hauptmomente der Erzählung dargestellt, sei es in Szenen mit wenigen Personen (z.B. "Phädra und die Amme", ein Gemälde, das aus einem Cubiculum in Pompeji stammt: vgl. F. ZEVI, *La casa Regio IX 5, 18-21 e le sue pitture*, in: *Stud.Misc.* 5, Rom 1964, S. 39, Taf. XX, I; *Collezioni Napoli* 1986, Kat. Nr. 76), sei es in Bildern wie das hier vorgestellte, die stärker belebt und reich an

225

e per la coda e volge il capo dai corti capelli scuri ricciuti a destra dove avanza un'anatra, dal piumaggio beige scuro, bianco maculato sul collo e sul petto; ai piedi del bambino, al centro, una grande melagrana rossastra.
Ai lati della figura sono due iscrizioni graffite in caratteri corsivi appena visibili: a sin., al di sopra della colomba, *puer Successus* e a destra, al lato del capo del bambino, *Successus*.
Il quadro, di buona fattura e in discreto stato di conservazione, già isolato da tempo dal resto della parete da una rozza scalpellatura forse per un tentativo di furto, è stato di recente asportato per motivi di sicurezza.
Il dipinto era al centro del lato nord del cubicolo a sinistra dell'atrio in una casa lungo via dell'Abbondanza (I, 9, 3), denominata la cd. casa di *Successus* in base alle due iscrizioni su ricordate. La parete di IV stile in cui era inserito presenta lo zoccolo rosso a pannelli decorati da piante, la zona mediana a tre pannelli gialli separati da pannelli a fondo rosso con scorci architettonici, un fregio bianco a fiori di loto e palmette, la zona superiore gialla con architetture e un'edicola centrale in cui è una figura dionisiaca, conclusa da una cornice di stucco a trifogli. La parete ha uno spessore maggiore nella parte mediana e superiore a causa di una serie di blocchi sagomati, sporgenti all'altezza dello zoccolo, e su cui si imposta la restante muratura; l'ambiente aveva dunque subìto alcune modifiche, confermate dalla presenza, al di sotto del quadretto in oggetto, di un'apertura murata, venuta alla luce con le operazioni di distacco, e della quale resta uno stipite con intonaco ancora parzialmente in sito.
In genere gli studiosi hanno interpretato il dipinto come la raffigurazione di un bambino di nome *Successus*, giudicandola un ritratto; il Maiuri aveva inoltre messo in relazione tale immagine con un trapezoforo marmoreo raffigurante un bambino con colomba, rinvenuto nella stessa casa ed ugualmente interpretato come ritratto di un inquilino.
Le iscrizioni dimostrano invece solo l'ingenuo tentativo di identificare il bambino del dipinto con il figlio del proprietario, ma si può invece suggerire un'interpretazione piú complessa del significato originario della pittura, dal momento che piuttosto caratteristici sono gli elementi che compaiono nel dipinto stesso e che non trovano giustificazione in un ritratto o in una scena di genere.
Il bambino raffigurato potrebbe essere infatti Adone fanciullo: Apollodoro narra una particolare versione del suo mito (III, 14, 4) ricordando che il piccolo Adone, di rara bellezza, dopo la sua miracolosa nascita da un albero (illustrata tra l'altro a Pompei nella casa dei Dioscuri, VI, 9, 6-7), sarebbe stato soccorso da Afrodite, nascosto in una cassa ed affidato in custodia a Persefone che, incantata dal suo aspetto, non voleva piú restituirlo; la controversia tra le due dee venne risolta da Zeus o, secondo altre fonti, da Calliope, per cui Adone venne affidato per un terzo dell'anno ad Afrodite, per un altro terzo a Persefone, lasciando a lui la scelta di disporre del restante terzo (cfr. G. GREVE, *De Adonide*, Lipsiae 1877, pp. 11 e 14; DÜMMLER, in *RE*, I, 1893, s.v. *Adonis*, cc. 392-393).
Nel quadro sarebbe dunque raffigurato Adone fanciullo ed i simboli dei tre periodi del suo anno, quello dedicato ad Afrodite rappresentato dalla colomba (cfr. J.M.C. TOYNBEE, *Animals in Roman Life and Art*, London 1973, p. 256), quello dedicato a Proserpina rappresentato dalla melagrana (cfr. F. MUTHMANN, *Der Granatapfel Symbol des Lebens in der alten Welt*, Bern 1982, p. 72), quello di sua scelta rappresentato dall'anatra, mascotte frequente nei giochi infantili come testimoniano le fonti antiche (TOYNBEE, *op. cit.*, p. 273 e nota 273). La corta clamide è inoltre uno degli elementi caratteristici nelle raffigurazioni di Adone, giovane cacciatore (W. ATALLAH, *Adonis dans la litterature et l'art grecs*, Paris 1966, p. 196).
Il dipinto non ha confronti iconografici precisi ma, sia pur raramente, compare nella pittura vascolare e su alcuni specchi etruschi la scena della disputa tra le due dee al cospetto di Zeus o quella del commiato di Adone da Afrodite per Proserpina (cfr. ATALLAH, *op. cit.*, p. 205; B. SERVAIS-SOYEZ, *Musique et Adonies. Apport archéologique a la connaissance du rituel adonidien*, in AA.VV., *Adonis*, Relazioni del Colloquio di Roma, 22-23 maggio 1981, Roma 1984, p. 64; B. SERVAIS-SOYEZ, in *LIMC*, s.v. *Adonis*, pp. 222-229); nel dipinto pompeiano l'episodio è narrato molto piú sinteticamente e le due dee sono indicate solo dai loro piú specifici attributi, la colomba e la melagrana.
In attesa che venga edito il corpus delle testimonianze sul culto di Adone (cfr. S. RIBICHINI, *Adonis tra ieri e domani: prospettive e metodi di ricerca*, in *Adonis*, cit., p. 15) e che altri casi confortino tale ipotesi, un ulteriore dato è il soggetto presente nel quadro della parete principale del cubicolo, quella di fondo, ora totalmente deteriorato ma fotografato al momento dello scavo: in esso era raffigurato Adone ferito (PARISE BADONI, cit. in bibl., AFS). Del tutto scomparso, già al momento dello scavo, era invece il quadro della terza parete del cubicolo, che avrebbe potuto confermare la presenza di un ciclo pittorico connesso con il mito di Adone, uno dei piú diffusi nella pittura parietale pompeiana (cfr. AA.VV., *Pitture e pavimenti di Pompei*, indici I-III, Roma 1992, s.v. *Adonis*).

Bibl.: K. SCHEFOLD, *Die Wände Pompejis. Topographisches Verzeichnis der Bildmotive*, Berlin 1957, p. 38; A. MAIURI, *Pompei. I nuovi scavi. La villa dei misteri. L'antiquarium*, Roma 1958, p. 82; M. DELLA CORTE, *Case ed abitanti di Pompei*, Napoli 1965, p. 339, n. 723a; AA.VV., *Pitture e pavimenti di Pompei*, I, Roma 1985 (ICCD), pp. 91-92; F. PARISE BADONI, in AA.VV., *Pompei. Pitture e mosaici*, I, Roma 1990, p. 942.

G.S.

226. Narciso

Inv. 17739.
Pompei, Insula Occidentalis.
Alt. cm 70; base cm 64.
Stato di conservazione: ricomposto da numerosi frammenti.
Intonaco dipinto.

Su un pannello staccato da una parete a fondo giallo è un *pinax* bordato di due liste, color verde-azzurro e rosso, divise da una filettatura bianca. La scena raffigura Narciso adagiato su una roccia, con la clamide che gli scende dietro le spalle e copre in parte la gamba destra, arretrata. Il busto, di tre quarti, è leggermente volto a sinistra, col braccio corrispondente poggiato a sostenere l'abbandono, e col destro lasciato mollemente lungo il fianco a trattenere due lance.

Details sind. Hier wird das Geschehen im Sinne einer "fortlaufenden Erzählung" wiedergegeben, d.h. aufeinanderfolgende Augenblicke einer Handlung werden zusammen in einem einzigen Bild gezeigt.

Die Quelle für die Ikonographie der verschiedenen Bildszenen stellt der zweite "Hippolytos" des Euripides dar. Diese Tragödie hat in der bildenden Kunst zu zwei verschiedenen Versionen der Erzählung geführt: die eine wählt in hellenistischer Manier das Drama der Liebe der Phädra aus (z.B. ein reliefierter Spiegeldeckel aus Pompeji im Nationalmuseum in Neapel, vgl. *EAA*, III, 1960, S. 612 f., Abb. 740, s.v. *Fedra*), während bei der anderen die Gesamtentwicklung des Stoffes mit allen Personen im Vordergrund steht. Dieser Mythos ist in verschiedenen Gattungen mit zahlreichen Beispielen dokumentiert, so etwa auf Sarkophagen (seit dem 2. Jh. n.Chr.), in der Mosaikkunst, in der Malerei und in Stuckreliefs (für einen Überblick über die Verbreitung des Mythos in der antiken Kunst vgl. *EAA*, IV, 1961, S. 186, Abb. 225).

Die Darstellung des Hippolytos auf dem hier besprochenen Bild erinnert an Theseus, den Bezwinger des Minotauros, wie wir ihn von zwei berühmten Malereien des Vierten Stils, die eine aus Herkulaneum (Theseus der Befreier, aus der sogenannten Basilika, vgl. *Collezioni Napoli* 1986, Kat. Nr. 174), die andere aus Pompeji (Haus des Gavius Rufus VII 2, 16, vgl. *Collezioni Napoli* 1986, Kat. Nr. 173), kennen. Besonders die Ähnlichkeit der Haltung zum letztgenannten lässt vermuten, dass die Figur auf ein Original zurückgeht, das als Vorbild mehrer mythologischer Heroen gedient hat.

Die aus verschiedenen Ebenen bestehende und stark frontal ausgerichtete Komposition sowie die in Dreiviertelansicht dargestellten, in derselben Ebene beinahe in einer Reihe stehenden Personen sind noch stark von klassischen Vorbildern geprägt. Die psychische Anspannung, die der Haltung der einzelnen Personen abzulesen ist, und einzelne Versuche, Tiefe zu evozieren (das zurückgestellte Bein Phädras, der rechte Fuss von Hippolytos in perspektivischer Verkürzung), sprechen dafür, dass diese Malerei dem reifen Dritten Stil zuzuweisen ist.

Bibl.: Unveröffentlicht.

M.M.

226

224. Bellerophon, Pegasos und Athena

Inv. 20878.
Pompeji, I, 8, 8, Triklinium.
Höhe 40 cm; Breite 46 cm.
Bemalter Putz.
Erhaltungszustand: aus Fragmenten zusammengesetzt.

Das Bildfeld wird beinahe vollständig von den dargestellten Personen ausgefüllt: eine weibliche, bewaffnete Gestalt und ein junger Mann, der ein geflügeltes Pferd zu zähmen versucht. Die männliche Figur ist in Dreiviertelansicht wiedergegeben. Sie ist nackt und trägt lediglich über den Schultern eine nach hinten flatternde Chlamys. Die Beine sind gespreizt, und beide Füsse berühren den Boden. Das rechte Bein ist ganz durchgestreckt und verleiht der agierenden Person so einen festen Halt, während das linke angewinkelt ist und den Fuss auf das Hinterbein des Tieres setzt, um dem sich nach oben aufbäumenden Flügelpferd Einhalt zu gebieten. Der Oberkörper ist angespannt nach vorne gerichtet. Die beiden Arme sind damit beschäftigt, nach den Zügeln des sich aufbäumenden Pferdes zu greifen. Der im Profil dargestellte Kopf, in der Anspannung erstarrt, vervollständigt die Diagonale des nach oben strebenden Körpers. Die braunen Haare und der starke und bestimmte Blick betonen die Heldenhaftigkeit der Tat und die Kühnheit der Hauptperson. Das dunkle Inkarnat und die statuenhaft wirkende Haltung heben sich vom weissen Gefieder des Flügelpferdes ab, das als Pegasos, im Mythos der Sohn von Gorgo Medusa und Poseidon, zu identifizieren ist.

Beim jugendlichen Helden, der im Begriff ist, das Flügelpferd zu zähmen, handelt es sich um Bellerophon, dessen Mythos auf eine korinthische Sage zurückgeht. In ihr ist er der Bezwinger und sodann Verbündeter des wunderbaren, geflügelten Pferdes, v.a. im berühmten Abenteuer mit der Chimära (*Il.*, VI, 151-205).

Auf der rechten Seite befindet sich eine weibliche Figur mit langem, weissem Gewand, Helm mit Federbusch, Gorgoneion und Lanze. Ausgehend von Bellerophon, Pegasos und den eindeutig identifizierbaren, göttlichen Attributen könnte es sich hier um Athena *Kalinitis* oder *Hippia* handeln, der man die Erfindung der Zügel zuschrieb (um die Kraft des Pegasos zu zügeln und lenken) und die einen speziellen Kult in Korinth besass (vgl. *EAA*, VI, 1965, S. 2 ff., s.v. *Pegaso*). Das leichte, durchsichtige Himation der Göttin lässt die Beine klar erkennen. Bellerophon und Athena, symmetrisch in Dreiviertelansicht dargestellt, befinden sich auf zwei schrägen Ebenen, deren Schnittpunkt hinter dem Flügelpferd liegt, und zwar genau in der Mitte des Bildes. Die Gestalt der jugendlich und athletisch wiedergegebenen Göttin überragt, obschon sie leicht nach hinten versetzt ist, das Geschehen. Das in Profilansicht gezeigte Gesicht ist nach links gewendet, während der Oberkörper vom leuchtenden Rund des goldenen Schildes verdeckt wird. Die vom Wind aufgeblähten Falten des Gewandes folgen nicht derselben Richtung. Es scheint, als sei die Göttin soeben von rechts oben kommend auf der Erde gelandet; nicht nur die Gewandfalten geben die Richtung, woher die Göttin kam, an, sondern auch andere Details deuten den unvermittelten Sprung an, so z.B. die Achse, die von der Lanze und der Neigung des Schildemblems gebildet wird. Der getriebene Dekor desselben soll bewirken, dass der Betrachter des Bildes meint, er sehe das Geschehen von unten. Auf der gegenüberliegenden Seite breitet sich die rote, vom göttlichen Wind aufgeblähte Chlamys des Bellerophon aus und bildet links den idealen Rahmen des Bildes. Aufgrund der Kompositionsdynamik möchte man annehmen, Bellerophon werde nach unten gedrückt, was aber durch den Schwung der Arme des Heros, die nach vorne und leicht nach oben gerichtet sind, ausgeglichen wird, wodurch er sich der zentrifugalen Bewegung entgegensetzt. Die Einheit der Figurengruppe wird durch die weisse Gestalt des Pegasos unterstrichen, der hier in jenem Moment des Mythos gezeigt wird, da er sich, obwohl schon durch die ruhige Hand des korinthischen Helden Bellerophon im Beisein einer Göttin an die Zügel genommen, entsprechend seiner wilden Natur aufbäumt.

Nur der obere Teil des Tieres ist detailliert dargestellt. Der Kopf wird in Profilansicht wiedergegeben und dient der raschen Erkennung der Szene (Anschirren) und fügt sich in die pyramidale Komposition der Gruppe ein. Die schräge Fläche des Körpers mit dem verzweifelt ausschlagenden Flügel ist einzig mittels weisser Farbe dargestellt (wenige rosafarbene Schattierungen geben anatomische Details wieder), was die nach oben gerichtete Bewegung des nackten Bellerophon umso wirkungsvoller erscheinen lässt.

227

La diagonale del corpo scende verso il basso, fermandosi sinuosamente sull'aggraziato piede sinistro, reso di prospetto. Alla caviglia destra, in penombra, è un gruppetto di piume variopinte, emergente dal bordo del mantello. La sinuosità che la figura disegna nello spazio pittorico si chiude in alto nel volto, ruotato leggermente a destra, appena inclinato a rifletterne l'immagine nello specchio d'acqua sottostante. La bruna capigliatura ondulata si riparte sulle spalle in lunghi ricci raccolti dietro la nuca; i tratti del viso efebico sono minuti, il mento piccolo e sfuggente. Solo i grandi occhi melanconici, sotto la palpebra pesante, segnano una nota piú marcata. Intorno al capo è un contorno anulare bianco azzurro, quasi un'aureola.
Sulla sinistra di Narciso è un amorino che avanza verso il giovane con aria al contempo impertinente e circospetta. Dalla ricciuta chioma rossiccia emergono gli occhi furbetti dal tenero sguardo partecipe. Con la mano destra tesa, tenta di avvicinarsi per toccare Narciso assorto, e distrarlo. La figurina dell'amorino, dal bel disegno rotondeggiante e sinuoso, spicca sul grigio delle piccole ali dispiegate; di queste il soffice piumaggio è accennato con tratti sfumati che suggeriscono il movimento repentino del battito alare, il cui soffio agita, gonfiandolo appena, il corto panneggio alle spalle.
La scena è ambientata in un giardino porticato, di cui si intravede una colonna (sacra) e, piú arretrata, una balaustra bianca. Lo sfondo è paesaggistico, con alti alberi dati dalle trasparenze degradanti del verde che si attenua sul roseo cielo di un tramonto.
L'intera composizione è giocata sulle tinte pastello sfumate; i colori sono usati con delicatezza: il verde della roccia muschiata, in basso l'azzurro dell'acqua, il cui tremolio è reso con bianche striature parallele, il chiarore degli elementi architettonici avvolti da una soffusa luce ambrata; su tutti si staglia il tenero colorito, roseo e luminoso, del bel giovane e del fanciullino alato al suo fianco.
Il tipo iconografico è quello del Narciso seduto su una roccia, mirante il proprio viso riflesso in una fonte. Accompagnato generalmente da piccoli eroti il mitico giovinetto è raffigurato seduto in posizione obliqua in «erotico abbandono». Probabile adattamento di un tipo usato per raffigurare Endimione, Ganimede e altri fanciulli del mito (cfr. S. REINACH, *Répertoire des peintures grecques et romaines*, Roma 1970, I ed. 1922, IV 8, XV 6), l'originale dal quale dipendono, con varianti, le copie di Narciso seduto è datato in epoca tardo ellenistica (cfr. D. LEVI, *Antioch Mosaic Pavements*, Princeton 1947, I, p. 60). La cura per le forme plastiche, modellate mediante sfumatissimi effetti luminosi, caratterizza in particolare la pittura ellenistica al suo apogeo (per l'argomento cfr. R. BIANCHI BANDINELLI, *Il problema della pittura antica*, Firenze 1953). Creazione poetica dell'ellenismo è il mito stesso di Narciso innamorato della propria immagine. La versione piú conosciuta della leggenda è quella di Ovidio (*Met.*, 3, 339-510). Oggetto della passione di fanciulle e ninfe non corrisposte, tra le quali l'infelice Eco, subí la punizione della dea della giustizia: in un giorno di grande caldo, dopo la caccia, Nemesi fece in modo che il giovane si sporgesse su una fonte per dissetarsi. Narciso scorse il proprio volto e, innamoratosene, lo seguí lasciandosi morire.
La raffigurazione di Narciso che si perde nella contemplazione del proprio corpo nasce come allegoria religiosa dell'inganno del mondo dei sensi e del suo superamento grazie all'iniziazione dei misteri dionisiaci (cfr. J.J. BACHOFEN, *Il simbolismo funerario degli antichi*, Napoli 1989, p. 145). Tratto distintivo dell'arte romana, l'immagine morale, attraverso l'uso dell'allegoria, mira in genere ad esprimere significati nascosti dietro i dati espliciti offerti dalla percezione (per tale aspetto dell'arte romana cfr. O.J. BRENDEL, *Introduzione all'arte romana*, Torino 1982, p. 150 s.).
Il mito di Narciso è raffigurato con molta frequenza nella pittura pompeiana (cfr. K. SCHEFOLD, *Die Wände Pompejis*, Berlin 1957, p. 362). L'affresco presentato, che va ad aggiungersi all'elenco, trova confronto diretto con una pittura da un cubicolo della casa di M. Lucrezio Frontone, V, 4, 11, in cui la figura giovanile è raffigurata secondo lo stesso modello iconografico (cfr. SCHEFOLD, cit., p. 86; W. PETERS, *Landscape in Romano-Campanian Painting*, Assen 1963, p. 145, f. 137). Simile è un affresco al Museo Nazionale di Napoli (cfr. *Collezioni Napoli* 1986, cat. n. 190). È rappresentato nella versione simmetricamente opposta in una pittura di IV stile, sempre da Pompei (cfr. *Collezioni Napoli* 1986, cat. n. 191), cosí come in due affreschi, dalla casa c.d. di Loreio Tiburtino, II 2, 2 (cfr. SCHEFOLD, cit., p. 53) e dalla casa dell'Ara Massima, VI, 16, 15 (cfr. A. BARBET, *La peinture murale romaine*, Paris 1985, p. 189, f. 129). Il tema di Narciso alla fonte ricorre anche in decorazioni non pittoriche, come in uno stucco a bassorilievo, che denota tuttavia un forte gusto pittorico, proveniente dalla villa rustica del Petraro, nell'*ager Stabianus* (cfr. P. MINIERO, *Stabiae. Pitture e stucchi delle ville romane*, Napoli 1989, cat. n. 24, p. 82).
La scena dell'affresco pompeiano rientra nel gusto tipico di IV stile.
L'ambiente naturale costituisce un elemento importante nella concezione della scena, collegandola idealmente ad un tema caro alla tradizione della pittura alessandrina, soprattutto nell'uso di luce e colore per rendere i riflessi dell'acqua in cui si specchia il volto di Narciso.

Bibl.: Inedito.

M.M.

227. Lacunare

Inv. 4180.
Stabiae, villa c.d. di Arianna, amb. 42.
Alt. cm 68; lungh. cm 142.
Intonaco dipinto-stucco.
54-60 d.C.

Fondo giallo riquadrato da cornice filettata nera: a destra pannello rettangolare delimitato da fascia rosso cinabro decorata da bordi di tappeto a giorno, azzurri, costituiti da palmette racchiuse in tre quarti di cerchi alternate a triangoli (cfr. A. BARBET, *Les Bordures ajourées dans le IV style de Pompéi*, in *MEFRA*, 93, 1981-2, gruppo VI, p. 921, p. 956, fig. 42b), motivo abbastanza frequente nel IV stile in Campania. Il campo del pannello centrale è occupato dalla figura di un vecchio Sileno, disteso, appoggiato al braccio destro, ripiegato a sorreggere un *kantharos* bronzeo (cfr. A.E. RIZ, *Bronzegefässe in der römisch-pompeianischen Wandmalerei*, Mainz am Rhein, 1990, cat. n. 12, taf. 14, 1), mentre il braccio sinistro è sollevato e

Das rechte Vorderbein des Pegasos ist nach vorne ausgestreckt; das sich aufbäumende linke ist in violetter Farbe gemalt und fällt wie ein dunkler Schatten über die Figur der Athena.
Die ganze Szene spielt sich in einer beinahe irrealen Umgebung ab, in der ein paar Felsen das einzige Landschaftselement darstellen. Diese sollen die Bedeutung des Wassers, das für Pegasos und seinen Vater Poseidon, Gott des Meeres, äusserst wichtig war, hervorheben oder an die Quelle der Peirene in Korinth erinnern, wo Pegasos gerade am Trinken war, als Bellerophon auftauchte.
Im allgemeinen werden Pegasos und Bellerophon seit dem 6. Jh. v.Chr. – v.a. in Bildern der attisch-schwarz- und rotfigurigen Vasenmalerei – dargestellt, wie sie gemeinsam gegen die Chimära kämpfen, während die hier besprochene Szene – das Anschirren des Pegasos im Beisein der Göttin Athena – seltener anzutreffen ist.
Der transzendente und evozierende Aspekt des Mythos, dem eine bestimmte symbolische Auffassung des Pegasos zugrunde liegt (vgl. E. PARIBENI, in: *EAA*, VI, 1965, S. 2 ff., s.v. *Pegaso*), und zwar als Verkörperung des höchsten poetischen Impulses, wird in römischer Zeit wiederaufgegriffen und in Funktion der Darstellung der Unsterblichkeit neu gedeutet (vgl. S. REINACH, *Répertoire des peintures grecques et romaines*, Rom 1970, I. Ausg. Paris 1922, S. 181, Taf. XXXVIII, 5; G. RODENWALDT, *Die Komposition der Pompejanischen Wandgemälde*, Berlin 1909, S. 32). Die beiden Flügel des Pegasos deuten die vom Gewicht der Materie befreite Seele und die dem Geist vorbehaltene Unsterblichkeit an (vgl. J.J. BACHOFEN, *Il simbolismo funerario degli antichi*, Neapel 1989, S. 124. Was die Verwendung von Pegasos als Motiv in der pompejanischen Wandmalerei betrifft, vgl. K. SCHEFOLD, *Die Wände Pompejis*, Berlin 1957, S. 108, z.B. Casa della Fontana Piccola, VI, 8, 23).
Die Komposition des hier vorgestellten Pinax aus Pompeji ist dreidimensional und weist sich durch ein ausgewogenes Spiel von schrägen, sich kreuzenden Linien aus, was den Sinn für die Bewegung noch weiter unterstreicht. Die v.a. auf Raumwirkung konzipierte Gruppe (vgl. H.G. BEYEN, *Die antike Zentralperspektive*, in: *AA*, LIV, 1939, S. 47-72) ist als Reflex der grossformatigen griechischen Malerei des ausgehenden 4. Jhs. v.Chr. zu betrachten. Charakteristisches Element ist die Eroberung des dreidimensionalen Raumes, der durch das Konvergieren von Personen oder Objekten gebildet wird, während die Natur noch nicht vorhanden ist.
Dieses Gemälde gehört in den ausgehenden Dritten Stil, der sich durch eine Suche nach neuen Effekten auszeichnet. So verleihen z.B. schräge Kompositionslinien der Gruppe eine dramatische Spannung.
Die Raumaufteilung, die Verwendung von perspektivischen Verkürzungen und der Wechsel zwischen Licht und Schatten spielen eine wichtige Rolle; die Umrisslinien werden mit breiten Schatten, die Körpervolumina durch den Schattenwurf hervorgehoben. Das Bild zeichnet sich durch eine Behandlung des Lichts aus, die bereits gewisse expressionistische Züge anklingen lässt.
Der römische Kopist hat die Effekte, die aus den perspektivischen Verkürzungen und der Anwendung von Schatten resultieren – beides entspricht dem hellenistischen Bestreben nach Raumdarstellung –, beibehalten und trotz einiger nicht so glücklicher Details (die anatomische Wiedergabe des unteren Körperteils vom Flügelpferd, der flache, schwärzliche Pinselstrich, der den Übergang zwischen dem Felsen und der göttlichen Wolke anzeigt) ist es ihm gelungen, die Qualität des Originals in eine geschickte Anlage der Bildebenen umzusetzen und in glücklicher Weise Licht-Schatten-Effekte zu verwenden.
Das Bild, das schon von verschiedener Seite untersucht wurde (Brommer, Gericke, Hiller, Schefold und Jung), konnte dank der jüngst durchgeführten Untersuchung von F. TELLA (s. Bibl.) wieder seinem ursprünglichen Kontext zugewiesen werden; es befand sich in der mittleren Zone der Westwand des Trikliniums der *caupona* I, 8, 8 und bildete deren Mitteládikula. Die Datierung in den reifen Dritten Stil wird durch das Dekorationsschema der Wände des Raumes weiter gestützt.

Bibl.: F. TELLA, *Un quadro con Bellerofonte e Atene dalla caupona I, 8, 8*, in: *RivStPompeiani*, III, 1989, S. 105 ff. (mit umfassender Bibliographie).

M.M.

225. Knabe mit Taube

Inv. 41661.
Pompeji, I, 9, 3, Haus des Successus.
Höhe 55 cm; Breite 50 cm.
Bemalter Putz.
Auf modernem Träger. Einige Beschädigungen an der rechten Seite und bei der unteren linken Bildecke.

Auf diesem Paneel, ein Abschnitt einer gelb bemalten Wand, sehen wir ein von einem dunkelroten und weissen Rahmen begrenztes Bildfeld. In diesem erkennt man zwei mit verschiedenen Beigetönen wiedergegebene Wände, die eine Ecke bilden, und den Boden, auf welchem ein nackter Knabe mit rundlichen Formen auf seinem kurzen, roten Mantel sitzt. Auf der Innenseite ist der Mantel hellrosa. Dieser ist um den Hals geschlungen und fällt über den Rücken. Das rechte Bein ist angewinkelt, das linke ausgestreckt. Der in Dreiviertelansicht dargestellte Knabe hält eine weisse Taube, die zum Flug ansetzen möchte, an der Brust und am Schwanz. Er wendet den mit kurzen, dunklen Locken bedeckten Kopf nach rechts, wo sich eine Ente mit dunkelbeigem, an Hals und Brust weiss geflecktem Gefieder befindet. Vor den Füssen des Knaben liegt in der Mitte des Bildes ein grosser, rötlicher Granatapfel.
Zu beiden Seiten des Knaben befinden sich zwei kaum sichtbare Inschriften in Kursivbuchstaben: links, oberhalb der Taube *puer Successus* und rechts, seitlich vom Kopf des Knaben *Successus*.
Das gut ausgeführte und ziemlich gut erhaltene Bild, das schon vor einiger Zeit durch grobe Meisselspuren – vielleicht von einem versuchten Diebstahl – vom übrigen Dekorationssystem der Wand abgetrennt wurde, ist erst kürzlich aus Sicherheitsgründen entfernt worden.
Das Bild befand sich in der Mitte der Nordmauer des Cubiculum, das links vom Atrium liegt, in einem Haus an der Via dell'Abbondanza (I, 9, 3), das aufgrund der beiden oben erwähnten Inschriften Haus des *Successus* genannt wird. Die Wand Vierten Stils, in welcher sich das Gemälde befand, weist einen roten Sockel auf mit von Pflanzen verzierten Paneelen, eine Mittelzone mit drei gelben Feldern, die von solchen roten Hintergrunds mit architektonischen Durchblicken getrennt werden, einen weissen Fries mit Lotosblüten und Palmetten sowie eine obere, gelbe Zone mit architektonischen Konstruktionen und einer Mitteládikula, in der eine dionysische Figur zu sehen ist. Darüber befindet sich ein abschliessender Kleeblattfries aus Stuck. Die Wand ist in der mittleren und oberen Zone dicker, da sich dort eine Reihe profilierter Blöcke befindet, die auf der Höhe des Sockels hervortreten und so die sich darüber befindliche Mauer tragen. Der Raum hat also im Laufe der Zeiten einige Umbauten erfahren, die auch dadurch bestätigt werden, dass es unterhalb des hier diskutierten Gemäldes eine gemauerte Öffnung gab, die als Folge der Abtrennungsarbeiten ans Licht kam und von der noch Reste der bemalten Seitenwand *in situ* zu sehen sind.
Im allgemeinen ist man in der Forschung davon ausgegangen, dass es sich bei diesem *Successus* genannten Knaben um ein Porträt handle. Maiuri hat ihn darüberhinaus mit einer marmornen Tischstütze, ebenfalls in Form eines Knaben mit einer Taube, der in demselben Haus gefunden wurde, in Verbindung gebracht. Auch dieser Knabe wurde als Porträt einer der Bewohner des Hauses gedeutet.
Die Inschriften belegen jedoch lediglich den Versuch, dem Knaben auf dem Gemälde, Züge des Sohnes des Besitzers zu verleihen. Man kann hingegen eine komplexere Interpretation des ursprünglichen Sinnes des Gemäldes versuchen, indem man von den dargestellten Elementen (Taube, Granatapfel, Ente) ausgeht, die so bedeutsam sind, dass es auf der Hand liegt, darin eher eine mythologische Szene als ein Porträt oder eine Genreszene zu sehen.
Beim dargestellten Knaben könnte es sich nämlich um Adonis im Knabenalter handeln. Apollodor überliefert eine spezielle Variante seines Mythos (III, 14, 4): der junge Adonis, von seltener Schönheit, habe unmittelbar nach seiner wundersamen Geburt aus einem Baum (im übrigen in Pompeji im Haus der Dioskuren, VI, 9, 6-7, dargestellt) von Aphrodite Hilfe empfangen. Danach sei er in einer Kiste versteckt der Persephone anvertraut worden. Von seiner Schönheit bezaubert, wollte sie ihn aber nicht mehr zurückgeben. Der Streit zwischen den beiden Göttinnen wurde von Zeus oder gemäss anderen Quellen von Kalliope so gelöst, dass Adonis ein Drittel des Jahres bei Aphrodite, das andere bei Persephone verbringen sollte. Über das verbleibende Drittel sollte er selbst bestimmen können (vgl. G. GREVE, *De Adonide*, Leipzig 1877, S. 11 und 14; DÜMMLER, in: *RE*, I, 1893, s.v. *Adonis*, Sp. 392-393; *Roscher*, s.v. *Adonis*, Sp. 69 ff.; *LIMC*, I, 1981, S. 222 ff. s.v. *Adonis*).
Auf diesem Bild wäre also der Knabe Adonis mit den Symbolen der drei Phasen seines Jahres dargestellt. Die Taube stellt jene dar, die Aphrodite gewidmet war (vgl. J.M.C. TOYNBEE, *Animals in Roman Life and Art*, London 1973, S. 256), der Granatapfel weist auf die mit Persephone verbrachte Zeit hin (vgl. F. MUTHMANN, *Der Granatapfel. Symbol des Lebens in der alten Welt*, Bern 1982, S. 72) und der Abschnitt seiner Wahl wird von der Ente symbolisiert. Dieses Tier tritt oft zusammen mit spielenden Kindern auf, wie die antiken Quellen es bezeugen (TOYNBEE, *op. cit.*, S. 273 und Fussn. 273). Die kurze Chlamys ist im weiteren eines der Elemente, das charakteristisch für den Adonis als jugendlichen Jäger ist (W. ATALLAH, *Adonis dans la littérature et l'art grecs*, Paris 1966, S. 196).
Für dieses Gemälde können keine genauen ikonographischen Parallelen genannt werden, aber – wenn auch selten – trifft man in der etruskischen Vasenmalerei und bei einigen etruskischen Spiegeln auf die Szene des Wortstreites zwischen Aphrodite und Persephone im Beisein von Zeus oder auf jene des Abschieds des Adonis von Aphrodite (vgl. ATALLAH, *op. cit.*, S. 205; B. SERVAIS-SOYEZ, *Musique et Adonies. Apport archéologique à la connaissance du rituel adonidien*, in: *Adonis*, Akten des Kongresses Rom, 22-23 Mai 1981, Rom 1984, S. 64; B. SERVAIS-SOYEZ, in: *LIMC*, I, 1981, s.v. *Adonis*, S. 222-229); im Bild aus Pompeji wird die Episode viel knapper dargestellt, indem die Göttinnen nicht selbst, sondern lediglich ihre kennzeichnendsten Attribute, die Taube und der Granatapfel, erscheinen.
In Erwartung der Publikation des Corpus über die Zeugnisse des Adoniskultes (vgl. S. RIBICHINI, *Adonis tra ieri e domani: prospettive e metodi di ricerca*, in: *Adonis*, *op. cit.*, S. 15), und dass weitere Beispiele diese Deutung stützen werden, ist noch auf ein weiteres Adonisbild auf der Hauptmauer des Cubiculum hinzuweisen – also auf der Rückwand, die heute vollständig zerstört ist, aber bei der Auffindung photographiert wurde –, und zwar ist hier der verletzte

228

229

la mano, probabilmente d'integrazione, ha l'indice puntato verso l'alto. Il volto, barbato, con naso camuso e sguardo severo, è rivolto a sinistra, il capo è cinto da una corona di edera, il corpo, coperto solo inferiormente da una clamide violacea, che dal braccio destro ricade sulle gambe, è raffigurato con forme piene, quasi femminee, ventripotente, com'è solito nella tradizione iconografica silenica. La posa del vecchio Sileno, invece non diffusissima, ricorda la raffigurazione di un quadretto in IV stile della casa di Meleagro a Pompei (*Reg.* VI, 9, 2, portico N, parete N, tratto E; W. HELBIG, *Die Wandegemälde der vom Vesuv Verschütteten Städte Campaniens*, Leipzig 1868, n. 419; S. REINACH, *Répertoire des peintures grecques et romaines*, Roma 1970, p. 121, n. 4) e due statuette in bronzo del Museo Nazionale di Napoli, da Ercolano (inv. 5006, *Collezioni Napoli* 1989, p. 132, cat. n. 181) con Sileno seduto con otre. A sinistra scomparto decorato da un piccolo quadretto a fondo scuro con figurina femminile (ninfa), rilevata in stucco bianco, elegantemente sdraiata, appoggiata sul fianco destro, con gambe ripiegate, capelli raccolti sulla nuca e con un tirso nella mano sinistra. Il quadretto è sorretto, inferiormente, da tre candelabri floreali, stilizzati, ed è compreso fra due ghirlande semicircolari.
Il lacunare, rinvenuto in crollo nel settembre 1968, nell'amb. 42 della villa c.d. di Arianna, faceva parte della volta centrale ribassata, della *diaeta* panoramica situata sul ciglio della collina ed in parte franato a valle. Dallo stesso ambiente, e quindi dello stesso soffitto, faceva parte un cassettone con coppia di personaggi (inv. 4179, cfr. P. MINIERO FORTE, *Stabiae. Pitture e stucchi delle ville romane*, Napoli 1989, p. 42) che decorava un tratto piano del soffitto. L'ipotetico schema di soffitto piatto con volta centrale ribassata, (cfr. A. BARBET, *La peinture murale romaine*, Paris 1985, p. 215 e s.), il fondo colorato, ed in particolare nero tipico di decorazioni ricche, in accordo anche con la presenza della piccola figura in stucco bianco rilevato, in forte e voluto contrasto con l'insieme della decorazione sono elementi tutti che si addicono ad ambienti di apparato, di notevoli dimensioni, risalenti ad età neroniana.

Bibl.: Inedito.

A.M.S.

228. Parte di volta di stucco

Inv. 40682.
Provenienza non precisabile.
Lungh. cm 128; largh. cm 80.
Stucco.

Parte di volta in stucco bianco. Il frammento è diviso in due registri separati da un *kymation* ionico doppio. Il pannello inferiore, molto lacunoso, presenta un *kyma* lesbio tra due listelli lisci, a sinistra restano pochi tratti di un motivo a racemi floreali. Il pannello superiore, delimitato da cornice lesbia, conserva un angolo, descritto da un listello liscio, decorato con un bocciolo di acanto, il campo centrale presenta una decorazione poco leggibile. All'esterno, un piccolo quadrato, delimitato da cornice a listello semplice, è decorato con motivo centrale a rosetta, ripetuto sul lato mediano del pannello.
La partizione dei campi decorativi, la ricchezza delle cornici ed i motivi vegetali, resi in modo naturalistico, sembrerebbero propri dell'ultima fase di vita della città.

Bibl.: G. ASCIONE, E. DE CAROLIS, *Pompei, Tesori nascosti,* in *Testimonianze dell'area vesuviana,* Catalogo della mostra, 1989, pp. 7-8, fig. 7.

A.M.S.

Adonis dargestellt (PARISE BADONI, vgl. Bibl.). Bereits im Moment der Freilegung war das Bild der dritten Wand des Cubiculum völlig verblasst. Dieses hätte das Vorhandensein eines Adoniszyklus untermauern können, zumal es sich um einen der beliebtesten Zyklen in der pompejanischen Wandmalerei handelt (vgl. *Pitture e pavimenti di Pompei*, Indices I-III, Rom 1992, s.v. *Adonis*).

Bibl.: K. SCHEFOLD, *Die Wände Pompejis. Topographisches Verzeichnis der Bildmotive*, Berlin 1957, S. 38; A. MAIURI, *Pompei. I nuovi scavi. La Villa dei Misteri. L'antiquarium*, Rom 1958, S. 82; M. DELLA CORTE, *Case ed abitanti di Pompei*, Neapel 1965, S. 339, Nr. 723a; *Pitture e pavimenti di Pompei*, I, Rom 1985 (ICDD), S. 91-92; F. PARISE BADONI, in: *Pompei. Pitture e mosaici*, I, Rom 1990, S. 942.

G.S.

226. Narziss

Inv. 17739.
Pompeji, Insula Occidentalis.
Höhe 70 cm; Breite 64 cm.
Erhaltungszustand: aus zahlreichen Fragmenten zusammengesetzt.
Bemalter Putz.

Auf diesem Paneel, das aus einer Wand mit gelbem Grund abgelöst wurde, befindet sich ein Bild mit rahmenden Streifen, der eine blau-grün, der andere rot, die von einem weissen, schmalen Streifen getrennt werden. Auf dem Bild erkennt man Narziss, der auf einem Stein sitzt. Er trägt eine Chlamys, die von den Schultern nach unten fällt und teilweise das nach hinten gestellte rechte Bein verhüllt. Der in Dreiviertelansicht dargestellte Oberkörper ist leicht nach links gewandt. Mit dem linken Arm stützt sich Narziss auf dem Felsen, während der rechte entspannt auf der Hüfte ruht. In der rechten Hand hält er zwei Lanzen. Die Diagonale des Körpers, die nach unten führt, findet ihren Endpunkt im linken Fuss, den man von vorne sieht. Auf der Höhe der rechten Fessel erkennt man im Halbschatten einige bunte Federn, die unter dem Mantelsaum hervorschauen. Die Kurve, welche die Figur im Raum bildet, findet ihren oberen Abschluss im Gesicht, das leicht nach rechts gedreht und so geneigt ist, dass es sein Spiegelbild im Wasser betrachten kann. Die braunen, gewellten, im Nacken zusammengebunden Haare fallen in langen Locken auf die Schultern. Die Züge des jugendlichen Gesichts sind fein, das Kinn ist klein und fliehend. Nur gerade die grossen, melancholisch wirkenden Augen mit grossen Brauen sind etwas markanter. Um den Kopf herum bemerkt man eine blau-weisse, runde Zone, die beinahe wie ein Heiligenschein wirkt.
Links von Narziss befindet sich ein Amor, der sich ihm mit frechem und gleichzeitig respektvollem Ausdruck nähert. Unter dem gelockten, rötlichen Haarschopf schauen die gewitzten Augen mit ihrem zarten, anteilnehmenden Blick hervor. Er versucht sich zu nähern und mit der ausgestreckten rechten Hand den in sich versunkenen Narziss zu berühren und abzulenken. Die Gestalt des geflügelten Amors, die sich durch eine weiche und Rundungen unterstreichende Linienführung auszeichnet, hebt sich vor dem Grau der ausgebreiteten Flügel klar ab. Von ihnen erkennt man knapp das weiche Gefieder, das mit verschiedenen Grautönen angedeutet wird; man kann gerade noch die Bewegung der schlagenden Flügel erahnen, die das kurze Gewand bei den Schultern leicht aufbläht.
Die Szene spielt sich in einem Garten mit Portikus ab, von welcher man eine Säule hinter Narziss und weiter hinten eine weisse Balustrade erkennt. In der Tiefe schweift der Blick in eine Landschaft mit Bäumen, die in verschiedenen Grüntönen gemalt sind und sanft in den rosafarbenen Himmel eines Sonnenunterganges übergehen.
Die ganze Komposition ist durch das Spiel ineinander verschmelzender Pastelltöne bestimmt. Die Farben werden umsichtig verwendet: so z.B. das Grün des mit Moos bewachsenen Felsens, am unteren Rand das Blau des Wassers, dessen Kräuseln durch weisse, parallel verlaufende Streifen angegeben ist, oder das Schimmern der Architekturelemente, die in ein gedämpftes, bernsteinfarbenes Licht gehüllt sind. Die weiche, leuchtendrosarote Farbgebung des Narziss' und des Amors hebt sich von allen anderen Farben deutlich ab.
Was das ikonographische Schema betrifft, haben wir hier den auf einem Felsen sitzenden Narziss, der das Spiegelbild seines Gesichtes im Wasser einer Quelle betrachtet, vor uns. Der meist von kleinen Eroten begleitete Narziss wird hier schräg sitzend in verzückter Hingabe dargestellt. Wahrscheinlich handelt es sich hierbei um eine Umgestaltung jenes Typus, der verwendet wird, um Endymion, Ganymed und andere junge Männer des Mythos darzustellen (vgl. S. REINACH, *Répertoire des peintures grecques et romaines*, Rom 1970, 1. Ausg. 1922, IV 8, XV 6). Das Original, auf das mit verschiedenen Varianten die Kopien des sitzenden Narziss' zurückgehen, ist in späthellenistische Zeit zu datieren (vgl. D. LEVI, *Antioch Mosaic Pavements*, Princeton 1947, I, S. 60). Das Bemühen um plastische Formgestaltung, die vor allem durch geschickte Lichteffekte und ineinander verschmelzende Farbtöne erzielt wird, bildet ein Charakteristikum der hellenistischen Malerei zum Zeitpunkt ihrer grössten Blüte (dazu vgl. R. BIANCHI BANDINELLI, *Il problema della pittura antica*, Florenz 1953). Die Geschichte des in sein Spiegelbild verliebten Narziss' selbst ist eine Schöpfung hellenistischer Zeit. Die bekannteste Version des Mythos ist jene Ovids (*Met.*, 3, 339-510). Narziss, der von Mädchen und Nymphen, unter ihnen die unglückliche Echo, begehrt wurde, deren Liebe er aber nicht erwiderte, wurde von der Göttin der Gerechtigkeit dafür bestraft. An einem sehr heissen Tag nach der Jagd veranlasste Nemesis, dass Narziss seinen Durst bei einer Quelle löschte. Daraufhin entdeckte er im Wasser sein Spiegelbild, verliebte sich sogleich in dieses, und er fand, indem er ihm zu folgen versuchte, seinen Tod.
Die Darstellung des Narziss', der sich völlig der Betrachtung seines eigenen Körpers hingibt, entstand als Allegorie der Täuschung der Sinneswelt und deren Überwindung dank der Initiation in die dionysischen Mysterien (vgl. J.J. BACHOFEN, *Il simbolismo funerario degli antichi*, Neapel 1989, S. 145). Solche allegorisch aufzufassenden Bilder, häufig in der römischen Kunst, trachten im allgemeinen danach, Botschaften in verschlüsselter Manier hinter dem explizit Dargestellten auszudrücken (für diesen Aspekt der römischen Kunst vgl. O.J. BRENDEL, *Introduzione all'arte romana*, Turin 1982, S. 150 f.). Der Mythos des Narziss' kommt in der pompejanischen Wandmalerei häufig vor (vgl. K. SCHEFOLD, *Die Wände Pompejis*, Berlin 1957, S. 362). Das hier vorgeführte Gemälde, ein weiteres Zeugnis für die Häufigkeit dieses mythologischen Stoffes, kann mit einem Bild aus dem Cubiculum des Hauses des M. Lucretius Fronto (V, 4, 11) verglichen werden, das den jugendlichen Helden im gleichen ikonographischen Schema wiedergibt (vgl. SCHEFOLD, *op. cit.*, S. 86; W. PETERS, *Landscape in Romano-Campanian Painting*, Assen 1963, S. 145, Abb. 137). Ähnlich ist ein Wandbild im Nationalmuseum von Neapel (vgl. *Collezioni Napoli* 1986, Kat. Nr. 190). Genau spiegelverkehrt sehen wir Narziss in einer Malerei des Vierten Stils, die ebenfalls aus Pompeji stammt (vgl. *Collezioni Napoli* 1986, Kat. Nr. 191); dasselbe gilt für zwei Fresken aus dem sogenannten Haus des Loreius Tiburtinus, II, 2, 2 (vgl. SCHEFOLD, *op. cit.*, S. 53) und aus der Casa dell'Ara Massima, VI, 16, 15 (vgl. A. BARBET, *La peinture murale romaine*, Paris 1985, S. 189, Abb. 129). Das Motiv des Narziss' an der Quelle kennen wir auch aufgrund von Darstellungen in anderen Gattungen, so z.B. von einem Stuckrelief, das jedoch von einem starken Hang zum Malerischen geprägt ist. Es stammt aus der Landvilla (Villa Rustica) von Petraro im *ager Stabianus* (vgl. P. MINIERO FORTE, *Stabiae. Pitture e stucchi delle ville romane*, Neapel 1989, Kat. Nr. 24, S. 82).
Die Szene von Kat. Nr. 226 entspricht dem typischen Geschmack Vierten Stils.
Das Naturelement spielt in der Gesamtkomposition dieses Bildes eine wichtige Rolle; es knüpft somit an eine Tradition der alexandrinischen Malerei an. Dies zeigt sich v.a. in der Anwendung von Licht und Farben, wodurch die Spiegelungen im Wasser, wo das Bild des Narziss zu sehen ist, entstehen.

Bibl.: Unveröffentlicht.

M.M.

227. Bild aus Decke

Inv. 4180.
Stabiae, sogenanntes Haus der Ariadne, Raum 42.
Höhe 68 cm; Länge 142 cm.
Bemalter Putz – Stuck.
54-60 n.Chr.

Gelbes Bildfeld mit schwarzem, rahmendem Streifen. Rechts rechteckiges Paneel mit zinnoberroter, breiter Umrandung mit durchbrochen gearbeiteten Randverzierungen. Diese sind blau und bestehen aus Palmetten, die alternierend von einem Kreis- und Dreieckmotiv eingefasst werden (vgl. A. BARBET, *Les Bordures ajourées dans le IV style de Pompéi*, in: *MEFRA*, 93, 1981-2, S. 921, S. 956, Abb. 42b), ein recht häufiges Motiv im Vierten Stil in Kampanien. Das Feld des mittleren Bildteiles wird von einem alten, lagernden Silen ausgefüllt, der sich auf den rechten Arm stützt. In der rechten Hand hält er einen bronzenen Kantharos (vgl. A.E. RIZ, *Bronzegefässe in der römisch-pompejanischen Wandmalerei*, Mainz am Rhein, 1990, Kat. Nr. 12, Taf. 14,1), während der linke Arm nach vorne zeigt. Die Hand, wahrscheinlich als spätere Zutat zu betrachten, weist einen nach oben gerichteten Zeigfinger auf. Das bärtige Gesicht mit Stumpfnase und ernstem Blick ist nach links gewandt. Ein Efeukranz ziert das Haupt. Der Körper, der nur gerade mit einer um den rechten Arm und um die Beine geschlungenen, violetten Chlamys bedeckt ist, zeichnet sich durch volle, beinahe weiblich wirkende Formen aus, wie man es in der Silenikonographie häufig sehen kann. Die Pose des Silens, die jedoch ziemlich ungewöhnlich ist, erinnert an die Darstellung in einem Bildfeld Vierten Stils aus dem Haus des Meleagers in Pompeji (VI, 9, 2, Portikus N, Wand N, Abschnitt E; W. HELBIG, *Die Wandgemälde der vom Vesuv verschütteten Städte Campaniens*, Leipzig 1868, Nr. 419; S. REINACH, *Répertoire des peintures grecques et romaines*, Rom 1970, S. 121, Nr. 4). Im weiteren kann man zwei Bronzestatuetten aus Herkulaneum, nun im Nationalmuseum in Neapel, heranziehen (Inv. Nr. 5006, *Collezioni Napoli* 1989, S. 132, Kat. Nr. 181), die einen sitzenden Silen mit Weinschlauch darstellen.
Links befindet sich ein kleines, hochrechteckiges Bildfeld mit schwarzem Hintergrund und einer weiblichen Figur (Nymphe), die in weissem Stuck reliefiert ist. Sie liegt in eleganter Pose, nämlich auf der rechten Seite abgestützt und mit angezogenen Beinen. Ihre Haare sind in Nackenhöhe zusammengebunden und sie hält einen Thyrsosstab in der linken Hand. Das kleine Bild wird von drei stilisierten Blumenkandelabern getragen und setilich von zwei bogenförmigen Girlanden eingefasst.
Das Deckenbild, das im September 1968 in Raum 42 der sogenannten Villa von Ariadne in Sturzlage ans

230

229. Frammento di volta con satiro e menade

Inv. 40681.
Provenienza non precisabile.
Alt. cm 107; lungh. cm 221.
Affresco e stucco.

Il frammento faceva parte di una volta decorata con tecnica mista, policroma: su fondo nero due medaglioni, delimitati da un motivo a conchiglia e decorati nel campo centrale da figure in stucco bianco rilevato, divisi da uno stretto scomparto centrale con girale continuo. Il medaglione di sinistra, meglio conservato, mostra una figura maschile di prospetto, con il capo rivolto verso sinistra e il braccio destro sollevato; alla sua sinistra, in secondo piano, una figura femminile, di profilo verso destra con ricco panneggio policromo svolazzante, ha il braccio destro sollevato a reggere un oggetto non ben leggibile.
Il gruppo rappresenta un satiro e una menade che protende la testa di Penteo, dopo aver liberato Bacco, o piú probabilmente un animale sbranato e ucciso, solitamente un cerbiatto (cfr. S. REINACH, *Répertoire des peintures grecques et romaines,* Paris 1922, p. 204, tav. XLII, n. 2).
Il medaglione di destra è poco leggibile. Databile in età claudio-neroniana.

Bibl.: G. ASCIONE, E. DE CAROLIS, *Pompei, Tesori nascosti,* in *Testimonianze dell'area vesuviana,* Catalogo della mostra, Pompei 1989, pp. 7-8, fig. 8.

A.M.S.

230. Scena di caccia al cinghiale

Inv. 6656.
Gragnano, villa rustica sulla S.S. 145, km 4,700.
Alt. max. cm 50; base cm 100.
Intonaco dipinto.

La scena si svolge in un paesaggio roccioso reso con sfumature di colore verde, marrone e grigio molto evanidi. In uno specchio d'acqua palustre, alimentato da una cascata che sgorga da una roccia, un uomo, visto di spalle, è impegnato a trascinare un cavallo che si è impuntato. L'uomo, che calza un copricapo bianco ed indossa solo un panno rosso ocra intorno ai fianchi, inarca la schiena e punta le gambe per lo sforzo; con la mano sinistra regge un bastone intorno al quale è avvolto un panno e con la destra tiene saldamente per il morso il cavallo magistralmente dipinto di scorcio, con le zampe anteriori sollevate in avanti. E visibile sul dorso del cavallo una sella su cui è appoggiato un drappo azzurro. In primo piano, sulla riva, si svolge l'azione principale, che raffigura un gruppo di quattro uomini vestiti di corta tunica, nell'atto di assalire con lance un grande cinghiale che irrompe da destra. Il primo degli armati, da sinistra, è in posizione leggermente arretrata, ha un elmo sulla testa, porta una corta tunica gialla, è scalzo e con la destra regge la lancia, puntata verso il cinghiale, con la sinistra uno scudo ovale giallo. Gli è accanto, in posizione avanzata ma perfettamente centrale rispetto all'intera composizione, una figura che si distingue dalle altre anche per le maggiori dimensioni. Ha un diadema bianco tra i capelli, indossa sulla corta tunica un mantello giallo, di cui un lembo cade sulla spalla destra, porta ai piedi calzari allacciati davanti. Ha il corpo proteso in posizione d'attacco, con la gamba destra in avanti puntata al suolo e la sinistra tenuta indietro; impugna con entrambe le mani la lancia, che sta per colpire il muso dell'animale e, a differenza dei due compagni ai suoi lati, non ha lo scudo. Davanti a lui è un cane in atto di lanciarsi verso il cinghiale, mentre un altro, appena visibile, ne azzanna le zampe anteriori. La terza figura del gruppo si trova prospetticamente piú in profondità, indossa sulla tunica un mantello ed è anch'essa in posizione d'attacco, con la gamba sinistra visibile tra quelle del personaggio precedente. È armato di scudo nella sinistra e con la destra impugna la lancia che quasi sfiora il muso dell'animale. Infine, dietro a quest'ultimo ma su un livello superiore, è appena visibile il quarto personaggio, di prospetto, con elmo e corta tunica rossa ricoperta di un manto svolazzante, mentre dall'alto cala la lancia sul cinghiale.
L'affresco costituiva il quadro centrale della parete sud del triclinio, la cui decorazione in III stile è molto mal conservata, soprattutto sulle pareti laterali est ed ovest dove non è piú leggibile. Sulle pareti nord e sud si conserva la decorazione dello zoccolo e della zona mediana, mentre manca completamente quella della zona superiore. Sulla parete nord, di minore importanza poiché in essa si apre l'ingresso al triclinio, è dipinto, al centro della zona mediana, un paesaggio mitologico raffigurante la scena di Diana al bagno spiata da Atteone. La parete sud, da cui proviene la scena di caccia, è quella piú importante, poiché è situata di fronte all'ingresso. La sua decorazione, a fondo nero, presenta sulla zona mediana un'edicola centrale entro due colonnine dipinte prospetticamente ed unite fino a metà altezza da un tramezzo giallo. Quelle piú esterne sono decorate con collarini orizzontali, nastri obliqui e fiori stilizzati. Nel centro dell'edicola era inserito il quadro con la scena di caccia ed al di sotto era una predella a fondo rosso la cui decorazione non si è conservata. Lateralmente all'edicola, su ciascun lato, sono due campi a fondo nero separati da una fascia verticale decorata con alternanza di triangoli e quadrati concentrici, ornati al centro con un elemento floreale stilizzato. In ciascun campo laterale è tesa una ghirlanda diagonale filiforme da cui pende un ramoscello di foglie verdi. La zona mediana è separata dallo zoccolo da due fascette orizzontali, superiormente verde ed inferiormente gialla, decorata con fiori stilizzati. Lo zoccolo, anch'esso a fondo nero, è suddiviso in cinque riquadri da linee «a croce», in corrispondenza delle partizioni della zona mediana. In ciascun riquadro è un quadretto raffigurante una natura morta con frutta, uno dei quali trafugato.
La decorazione presenta motivi ricorrenti nel III stile avanzato. Infatti le colonne dell'edicola sono rese architettonicamente, anche se in chiave fantastica (cfr. F.L. BASTET, M. DE VOS, *Proposta per una classificazione del III stile pompeiano,* «Arch. St. v. h. Nederl. Inst. te Rome», IV, s'Gravenhage 1979, tav. XXIV, 46, casa di *Epidius Sabinus),* le ghirlande diagonali filiformi nei campi laterali si manifestano nella fase II del III stile (cfr. BASTET, DE VOS, cit., tav. sinottica) ed anche le linee «a croce» al posto dei rettangoli verticali nello zoccolo (BASTET, DE VOS, cit., p. 120, nota 26); la cornice tra zona mediana e zoccolo non ha piú carattere architettonico ma solo ornamentale (cfr. BASTET, DE VOS, cit., p. 128). Infine le fasce ornamentali verticali che dividono i campi laterali sono affini ad alcune dipinte nella casa di *Lucretius Fronto* (Pompei, V, 4, 11) e nella villa in contrada Pisanella dell'ultima fase del III stile (BASTET, DE VOS, cit., tav. XXVII, 50 e XXXIII, 60). Non disponendo di altri elementi esterni, si propone per la nostra parete un inquadramento nella fase IIb del III stile (35-45 d.C.). Il quadretto raffigura una scena di caccia derivante dallo schema mitologico della caccia di Meleagro al cinghiale calidonio (cfr. *EAA,* IV, 1961, s.v. *Meleagro,* pp. 983-985). È questo un mito rappresentato, sia pure con schemi diversi, dall'epoca arcaica fino alla tarda antichità (cfr. A. GIULIANO, in *ASAtene,* 33-34, 1955-56, p.183 ss.) su vasi, urne etrusche, sarcofagi, mosaici e pitture (cfr. l'elenco in K. SCHEFOLD, *Die Wände Pompejis,* Berlin 1957, s.v. *Meleager,* p. 370). Nel nostro affresco tuttavia, ad eccezione della figura di Meleagro e dei compagni, non compaiono gli altri personaggi della caccia calidonia (Atalanta ed i Dioscuri). Inoltre alcune caratteristiche con cui è raffigurata la figura di Meleagro (diadema regale, tratti del volto) sembrano richiamare un personaggio reale piuttosto che l'eroe del mito.
Si ipotizza pertanto che l'episodio contenga l'eco di una *venatio* ellenistica, il cui protagonista regale sia stato rappresentato nelle sembianze dell'eroe Meleagro. Una conferma di questa interpretazione viene dal confronto con un mosaico algerino di Setif degli inizi del IV secolo d.C., considerato la trasposizione da un modello pittorico risalente all'originale ellenistico dipinto da Antiphilos e raffigurante «Tolemeo a caccia» (PLIN., *N.H.*, XXXV, 138), probabilmente portato da Alessandria a Roma in epoca augustea (M. DONDERER, *Dionysos und Ptolemaios Soter als Meleager – zwei Gemälde des Antiphilos,* in *Festschrift G. Wirth,* II, Amsterdam 1988, pp. 781-799). La somiglianza delle figure di «Meleagro» nel mosaico e nell'affresco rende verosimile anche per quest'ultimo la derivazione dal quadro di Antiphilos. È comunque innegabile, malgrado la sua cattiva conservazione, l'alta qualità pittorica dell'affresco per l'uso della prospettiva e la conoscenza dello scorcio, che confermano la derivazione da un cartone ellenistico di cui esso è replica abbastanza fedele.
Dalla villa c.d. II complesso a *Stabiae,* proviene un'altra replica in IV stile della stessa scena di caccia, in cui è aggiunto l'elemento del compagno ferito dal cinghiale (Antiquarium, inv. 4818). In quest'ultimo caso ci troviamo di fronte all'opera di una bottega completamente differente che, in uno stile rapido e corrente, schizza le figure come fossero *silhouettes* brune.

Bibl.: MINIERO FORTE 1989, p. 78 ss., cat. n. 21.

P.M.F.

Licht kam, war ein Teil des mittleren Gewölbes in der *diaeta* mit Ausblick, die sich am Abhang eines Hügels befand, der teilweise ins Tal herabrutschte. Aus demselben Raum, und folglich aus demselben Deckenverband, stammt eine Kassette mit einem Paar (Inv. Nr. 4179, vgl. P. MINIERO FORTE, *Stabiae. Pitture e stucchi delle ville romane*, Neapel 1989, S. 42), die zu einem flachen Abschnitt der Decke gehörte. Die hypothetische Rekonstruktion einer flachen Decke mit gewölbtem mittlerem Abschnitt (vgl. A. BARBET, *La peinture murale romaine*, Paris 1985, S. 215 f.), der farbige Hintergrund – v.a das Schwarz, das typisch für reiche Dekorationen ist – und die kleine, in weissem Stuck reliefierte Figur, die einen starken und bewussten Kontrast zur Gesamtkomposition bildet, sind Elemente, die für grosse Repräsentationsräume neronischer Zeit charakteristisch sind.

Bibl.: Unveröffentlicht.

A.M.S.

228. Fragment eines Stuckgewölbes

Inv. 40682.
Genauer Fundort unbekannt.
Länge 128 cm; Breite 80 cm.
Stuck.

Teil eines weißen Stuckgewölbes. Ein doppeltes ionisches *kymation* unterteilt das Fragment in zwei separate Register.
Das sehr lückenhafte untere Feld weist ein lesbisches *kyma* zwischen zwei glatten Leisten auf. Links befinden sich spärliche Reste von Pflanzenranken. Vom oberen Feld ist nur eine Ecke erhalten, die aus einer glatten Leiste mit Akanthusknospen besteht. Die Dekoration des Mittelfeldes ist kaum erkennbar. Außen ist ein kleines Quadrat von einer einfachen Leiste gerahmt und mit einem Rosettenmotiv verziert, das sich auf der mittleren Seite des Feldes wiederholt.
Die Aufteilung der Dekorationsfelder, der Reichtum an Rahmungen und naturalistisch wiedergegebenen Pflanzenmotiven gehören wohl der letzten Phase der Stadt an.

Bibl.: G. ASCIONE, E. DE CAROLIS, *Pompei, Tesori nascosti*, in: *Testimonianze dell'area vesuviana*, Katalog zur Ausstellung 1989, 7-8, Abb. 7.

A.M.S.

229. Gewölbefragment mit Satyr und Mänade

Inv. 40681.
Genauer Fundort unbekannt.
Höhe 107 cm; Länge 221 cm.
Fresko und Stuck.

Das Fragment war Teil eines in polychromer Mischtechnik dekorierten Gewölbes. Zwei Medaillons auf schwarzem Grund sind von einem Muschelmotiv umrahmt. In der Mitte zeigen sie weiße Stuckfiguren. Sie sind durch ein schmales Mittelfeld mit Spiralmotiv getrennt. Das besser erhaltene Medaillon links zeigt eine nackte männliche Figur, frontal dem Betrachter zugewandt, mit nach links gewandtem Kopf und hocherhobenem rechtem Arm. Daneben befindet sich eine weibliche Figur im Profil mit faltenreichem, buntem, flatterndem Mantel. In ihren erhobenen Händen hält sie einen nicht exakt identifizierbaren Gegenstand. Die Gruppe zeigt wohl einen Satyr und eine Mänade, die das Haupt des Pentheus, oder, wahrscheinlicher, ein getötetes Tier hochhält (vgl. S. REINACH, *Répertoire des Peintures Grecques et Romains*, Paris 1922, 204, Taf. XLII, Nr. 2).
Das rechte Medaillon ist kaum erkennbar. Claudisch-neronisch.

Bibl.: G. ASCIONE, E. DE CAROLIS, *Pompei, Tesori nascosti*, in: *Testimonianze dell'area vesuviana*, Katalog zur Ausstellung 1989, 7-8, Abb. 8.

A.M.S.

230. Szene mit Eberjagd

Inv. 6656.
Gragnano, *villa rustica* an der Staatsstraße 145, km 4,700.
Max. Höhe 50 cm; Sockel 100 cm.
Fresko.

Die in blassen grünen, braunen und grauen Tönen wiedergegebene Szene spielt in felsiger Landschaft. Ein von hinten gesehener Mann zieht ein störrisches Pferd durch Sumpfwasser, in das aus den Felsen ein Wasserfall hineinsprudelt. Der Mann, der eine weiße Kopfbedeckung trägt und nur ein ockerrotes Tuch um die Hüften geschlungen hat, hat vor Anstrengung Rücken und Knie gebeugt. In der Linken hat er einen mit einem Tuch umwickelten Stock, mit der Rechten zieht er das Pferd am Zaum. Es hat die Vorderbeine erhoben und ist stark verkürzt dargestellt. Über dem Sattel liegt ein blaues Tuch. Im Vordergrund, am Ufer, findet die Haupthandlung statt: vier Männer in kurzer Tunika greifen mit der Lanze ein von rechts heranstürmendes, großes Wildschwein an. Der erste von links ist etwas zurückgesetzt, behelmt, in eine kurze gelbe Tunika gekleidet und barfuß; in der Rechten hält er einen auf das Wildschwein gerichteten Speer, in der Linken einen ovalen, gelben Schild. Neben ihm, vorgerückt und genau in der Mitte der gesamten Komposition, befindet sich eine durch die Größe hervorgehobene männliche Figur. Er trägt ein weißes Diadem und über der kurzen Tunika einen gelben Mantel, dessen Zipfel über der rechten Schulter liegt, sowie Schnürschuhe. Sein Körper ist in Angriffshaltung nach vorne gebeugt, das rechte Bein vor-, das linke zurückgesetzt. Mit beiden Händen hält er die Lanze, um sie in das Maul des Tieres zu stoßen. Im Gegensatz zu den beiden seitlichen Gefährten trägt er keinen Schild. Vor ihm stürmt ein Hund auf den Eber zu, während ein zweiter, kaum erkennbar, ihn an den Vorderbeinen packt. Die dritte Figur der Gruppe ist perspektivisch in die Tiefe gerückt, trägt einen Mantel über der Tunika und ist ebenfalls in Angriffsposition. Sein linkes Bein ist zwischen denen der vorderen Figur sichtbar. In der Linken hält er einen Schild und in der Rechten einen Speer, der das Maul des Ebers fast streift. Eine vierte, kaum mehr erkennbare Figur schließlich steht frontal auf einer Anhöhe hinter der letztgenannten Figur. Er trägt einen Helm und eine kurze, rote Tunika unter wehendem Mantel, während er von oben die Lanze auf das Wildschwein senkt.
Das Fresko war das Mittelbild der Südwand des Trikliniums, dessen Dekoration des Dritten Stils sehr schlecht erhalten ist. Besonders auf der östlichen und westlichen Wand ist sie nicht mehr zu erkennen. Auf der Nord- und Südwand ist zumindest die Dekoration des Sockels und der Mittelzone erhalten; die Oberzone dagegen fehlt völlig. Auf der weniger bedeutenden Nordwand mit dem Eingang zum Triklinium ist im Zentrum der Mittelzone eine mythologische Landschaft dargestellt, in der Aktaion Diana beim Bade beobachtet. Die südliche Wand ist aufgrund ihrer Lage gegenüber dem Eingang die bedeutendste. Ihre Dekoration auf schwarzem Grund weist in der Mittelzone eine zentrale Ädikula mit zwei Säulchen auf, die perspektivisch gemalt und zur halben Höhe durch eine gelbe Zwischenwand verbunden sind. Die äußeren sind mit horizontalen Ringen, schrägen Bändern und stilisierten Blumen verziert. Die Mitte der Ädikula nahm die Jagdszene ein; die Dekoration der rotgrundigen Predella darunter ist nicht erhalten. Auf jeder Seite der Ädikula werden zwei schwarzgrundige Felder durch einen senkrechten Streifen getrennt, der abwechselnd mit Dreiecken und Quadraten und einem stilisierten, pflanzlichen Element verziert war. In jedem Seitenfeld war diagonal eine fadenförmige Girlande gespannt, von der ein Ästchen mit grünen Blättern herabhing. Der Sockel war durch zwei waagrechte Streifen mit stilisierten Blumen, der obere grün, der untere gelb, von der Mittelzone abgetrennt. Auch der Sockel war schwarzgrundig und wurde von gekreuzten Linien in Entsprechung zur Mittelzone in fünf Felder unterteilt. In jedem Feld zeigte ein kleines Bild ein Stilleben mit Früchten; eines von ihnen wurde entfernt.
Die Dekoration weist geläufige Motive des fortgeschrittenen Dritten Stils auf. Die Säulen der Ädikula sind, obwohl phantastisch, architektonisch korrekt wiedergegeben (vgl. F.L. BASTET, M. DE VOS, *Proposta per una classificazione del III stile pompeiano*, «Arch.St. v.h. Nederl. Inst. te Rome», IV, Den Haag 1979, Taf. XXIV, 46, Haus des *Epidius Sabinus*), die fadenförmigen, diagonalen Girlanden der Seitenfelder (vgl. BASTET, DE VOS, *zit.*, Übersichtstafel) wie auch die gekreuzten Linien anstelle von Hochrechtecken im Sockel (BASTET, DE VOS, *zit.*, 120, Anm. 26) treten im Zweiten und Dritten Stil auf; der Rahmen zwischen Mittelzone und Sockel hat keinen architektonischen, sondern nur noch ornamentalen Charakter (vgl. BASTET, DE VOS, *zit.*, 128). Schließlich sind die senkrechten Ornamentstreifen zwischen den Seitenfeldern jenen im Haus des *Lucretius Fronto* (Pompeji, V, 4, 11) und in der Villa im Viertel Pisanella aus der letzten Phase des Dritten Stils (BASTET, DE VOS, *zit.*, Taf. XXVII, 50 und XXXIII, 60) verwandt. Mangels anderer, äußerer Faktoren wird für unsere Wand eine Einordnung in die Phase IIb des Dritten Stils (35-45 n.Chr.) vorgeschlagen. Die Jagdszene des Bildchens ist vom mythologischen Vorbild der Jagd Meleagers nach dem kaledonischen Eber abgeleitet (vgl. *EAA*, IV, 1961, s.v. *Meleagro*, 983-985). Dieser Mythos wurde auf Vasen, etruskischen Urnen, Sarkophagen, Mosaiken und Malereien (vgl. die Aufstellung in K. SCHEFOLD, *Die Wände Pompejis*, Berlin 1957, s.v. *Meleager,* 370) von der Archaik bis in die Spätantike nach verschiedenen Mustern (vgl. A. GIULIANO, in: *ASAtene*, 33-34, 1955-56, 183 ff.) dargestellt. Mit Ausnahme Meleagers und seiner Gefährten fehlen der Darstellung wichtige Teilnehmer an der kaledonischen Jagd: Atalante und die Dioskuren. Einige Merkmale Meleagers (Königsdiadem, Gesichtszüge) weisen sogar eher auf eine reale Person als auf den mythischen Helden hin.
Vermutlich handelt es sich um einen Nachklang einer hellenistischen *venatio*, deren Hauptdarsteller in Anlehnung an den Held Meleager dargestellt wurde. Dies bestätigt der Vergleich mit einem Mosaik in Setif (Algerien) vom Beginn des 4. Jhs. n.Chr. Ein malerisches Modell, das auf Antiphilos' hellenistisches Originalgemälde von der Jagd des Ptolemaios zurückging (PLIN., *N.H.*, XXXV, 138), wurde vermutlich in augusteischer Zeit von Alexandria nach Rom gebracht (M. DONDERER, *Dionysos und Ptolemaios Soter als Meleager - zwei Gemälde des Antiphilos*, in: *Festschrift G. Wirth*, II, Amsterdam 1988, 781-799). Die Ähnlichkeit der «Meleagerfiguren» von Mosaik und Fresko machen auch für letzteres eine Ableitung vom Bild des Antiphilos wahrscheinlich. Trotz seiner schlechten Erhaltung ist die hohe malerische Qualität des Freskos unverkennbar. Die Beherrschung von Perspektive und Verkürzung bekräftigen die getreue Anlehnung des Freskos an das hellenistische Vorbild. Aus dem Komplex der sog. Villa II in Stabiae kommt eine andere Replik dieser Jagdszene im Vierten Stil; hinzugefügt wurde der vom Wildschwein verwundete Gefährte (Antiquarium Inv. 4818). Wir begegnen hier einer völlig anderen Werkstatt, die die Figuren als braune Silhouetten in schnellem, flüssigem Stil skizziert.

Bibl.: MINIERO FORTE 1989, 78 ff., Kat. Nr. 21.

P.M.F.

L'impianto a verde delle case pompeiane

Nell'antica Pompei, cosí come ad Ercolano, la presenza di nascosti spazi verdi all'interno delle case era tradita dallo svettare della chioma degli alberi piú grandi al di sopra degli alti muri di cinta. Spazi talvolta minuscoli, ma tuttavia coltivati con cura, perché considerati parte integrante della casa.
Il cosiddetto giardino dei Casti Amanti, ad esempio, occupava poco meno di 100 mq. Racchiuso tra alti muri, in pratica circondato dalla casa secondo i vecchi canoni, per permettere la raccolta delle piovane, era tanto parte integrante della casa che il geometrico disegno delle aiuole era in continuità prospettica con le stanze piú belle che sul giardino si aprivano. Aiuole recintate con una bassa ringhierina di incannucciata cosí come raffigurata in tanti affreschi, di cui è stato possibile ricostruire il motivo. Aiuole che ospitavano una vegetazione bassa, i cui elementi di simmetria erano affidati ai ginepri e ai cespugli di rosa, mentre artemisie dal fogliame grigio argenteo (assenzio o abrotano), cespugli di *Lychnis coronaria* e di *Cerastium* davano una nota di colore al tutto, né mancavano a ridosso delle canalette dell'acqua cespugli di felci (*Polypodium* sp.). La citazione del giardino dei Casti Amanti non è casuale: è il primo giardino pompeiano, infatti, il cui impianto vegetazionale è stato ricostruito con buona approssimazione. Infatti, nel momento in cui l'antico piano di calpestío era per venire alla luce 4 anni fa, lo scavo fu sospeso e l'intera area fu picchettata secondo maglie di 1 × 1 m. Successivamente, quadrato dopo quadrato, man mano che si asportava l'ultimo strato di lapillo, venivano raccolti legni, semi, campioni di terreno per le analisi palinologiche e rilevate le cavità lasciate dalle radici nel suolo: la coincidenza su un'unica specie di questi 4 dati ci ha dato la certezza delle piante effettivamente coltivate[1]. Piante, come si può notare, che erano sí decorative, ma anche utili, essendo usate in medicina o per comporre corone da offrire agli dei.
Lo schema dell'aiuola del giardino cosiddetto dei Casti Amanti ripete un po' quello della casa dei Vettii, ma se ci spostiamo alla periferia della città, verso l'anfiteatro, il quartiere, abitato essenzialmente da persone modeste e urbanisticamente in fase di trasformazione, ci permette di osservare un diverso sfruttamento degli spazi verdi: i piccoli giardini erano intensamente coltivati come orti, qualche proprietà piú vasta veniva sfruttata per attività agricole-artigianali, legate ad esempio alla produzione di profumi o ad attività vivaistiche, cosí che ad esempio, in un vivaio troviamo coltivati alberelli, soprattutto noccioli, che sarebbero poi stati acquistati e trapiantati nei piccoli orti urbani[2].
Non mancavano in questo quartiere vigneti e frutteti e i vasti parchi-giardini (Loreio Tiburtino, Giulia Felice) che alcuni ricchi proprietari realizzarono in periferia, utilizzando i piú ampi spazi disponibili ed aprendo il giardino all'ambiente esterno grazie anche alla disponibilità di acqua corrente fornita dall'acquedotto per alimentare fontane e giochi d'acqua[3].
Le considerazioni nate da queste indagini ci hanno spinto a rivedere tutto l'insieme del verde urbano a Pompei e i risultati non si sono fatti attendere, rimettendo in discussione le ipotesi finora formulate.
Infatti, facendo un'analisi statistica dei circa 150 giardini di Pompei, siamo ben lontani da quegli stereotipi che volevano il giardino pompeiano, e quello romano in senso lato, chiuso in rigide forme geometriche realizzate con l'*ars topiaria*. Le forme rinascimentali dell'architettura verde del giardino, che noi ci ostiniamo a volere derivate dal giardino romano, non sembrano essere altro che esaltazioni delle rielaborazioni umanistiche e rinascimentali dei testi classici: eppur vero che Plinio ci descrive le sue ville, ma esse riflettevano la moda diffusa tra i ceti piú abbienti della capitale, mentre nella quotidianità della gente comune il giardino di piccole dimensioni certo non si prestava a quelle colture che l'*ars topiaria* esigeva comunque togliendo le possibilità di avere un po' di verdura fresca o di offrire qualche fiore agli dei: l'assenza di pollini di piante topiarie e la disposizione delle cavità lasciate dalle radici non fanno altro che confermare quanto un minimo di conoscenza di giardinaggio suggerisce[4].
Cosí come, se è vero che negli affreschi a soggetto floristico, utili ad ampliare illusoriamente il giardino, troviamo raffigurati i grillages di canne, che abbiamo visto essere utilizzati nella realtà, è altrettanto vero che le piante raffigurate assumevano nella grande maggioranza dei casi un significato simbolico (ricordiamo per tutti gli affreschi della casa del Bracciale d'oro)[5], che anticipa quello delle allegorie delle nature morte che trionferanno nei dipinti del 1600, mentre le piante effettivamente coltivate rispondevano ad altre esigenze.
Purtroppo l'attenzione ai giardini pompeiani è conquista recente, né d'altra parte vi erano in passato sistemi di indagine tali da permettere la sicura identificazione delle specie effettivamente coltivate; tutto al piú venivano rilevate le cavità lasciate dalle radici nel terreno e comunque diventava di fatto impossibile eseguire indagini palinologiche a distanza di anni dalla data dallo scavo.
Ciò vale anche per il piccolo viridario che ornava la casa (I, 11, 12), di cui uno spaccato è presentato in mostra, quale tipico esempio del rapporto tra spazio a verde e parte abitata in una casa pompeiana del medio ceto.
Scavato negli anni '50, ne furono rilevate le cavità lasciate dalle radici: avevano un diametro medio di 3-4 cm e disegnavano un motivo teso a valorizzare l'affresco della parete di fondo del viridario. Tale motivo fece pensare all'impianto di un giardino formale, che, secondo una successiva ipotesi formulata dalla Jashemski, era costituito da sempreverdi, probabilmente bossi.
Proprio in occasione di questa mostra sono state messe a punto alcune tecniche sperimentali per verificare la validità di tale ipotesi fatta ormai 20 anni fa.
Con l'aiuto della dott.sa M. Mariotti dell'Università di Firenze, si è cercato di distinguere tra i pollini di diverse epoche, cosí da essere certi di non confondere pollini di 200, o 100, o 50 anni fa con pollini di 2000 anni fa e sono stati prelevati campioni in punti in cui i pollini del 79 d.C. avrebbero potuto conservarsi indisturbati, nonostante lo sconvolgimento operato sul piano di campagna con uno scavo non idoneo.
La tecnica, del tutto sperimentale e che necessita di ulteriori verifiche ed affinamenti, ha permesso di recuperare un unico granulo pollinico ascrivibile per caratteristiche al 79 d.C. e appartenente al nocciolo (*Corylus avellana* L.), il cui portamento arbustivo e la cui dimensione dei rami sarebbe compatibile con i fori ritrovati. Un unico granulo pollinico, tuttavia, non può dare certezza dell'effettiva coltivazione della pianta, soprattutto in assenza di legni e di semi. Pertanto, nell'incertezza della specie effettivamente coltivata e volendo optare per una soluzione che sia pure scenografica, nella ricostruzione del giardino la scelta è caduta sui viburni (*Viburnum tinus* L.), quale pianta sicuramente coltivata nei giardini pompeiani, tanto da essere ripetutamente rappresentata negli affreschi a soggetto naturalistico, cosí come si può ammirare nella parete di fondo dell'*oecus* della casa del Bracciale d'oro esposta in mostra e riproposta in vivo per permettere il confronto tra le piante dipinte e quelle in natura.

A.C.

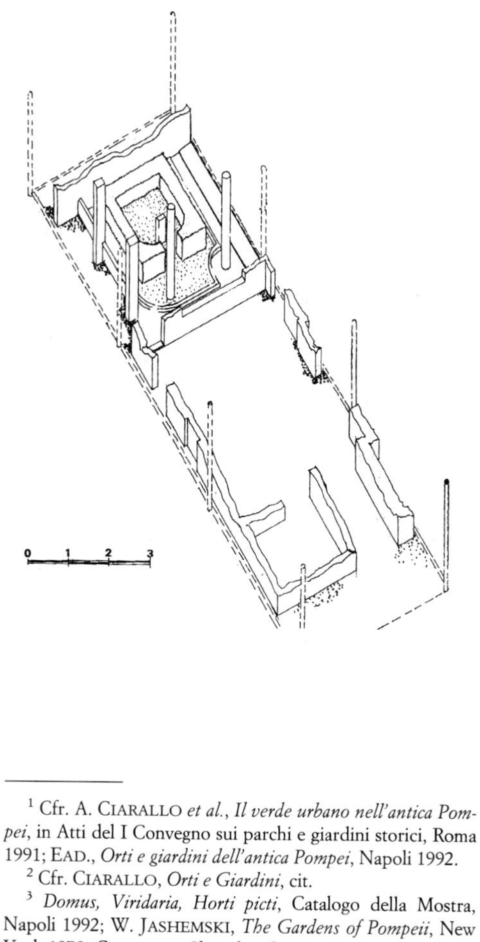

[1] Cfr. A. Ciarallo *et al.*, *Il verde urbano nell'antica Pompei*, in Atti del I Convegno sui parchi e giardini storici, Roma 1991; Ead., *Orti e giardini dell'antica Pompei*, Napoli 1992.
[2] Cfr. Ciarallo, *Orti e Giardini*, cit.
[3] *Domus, Viridaria, Horti picti*, Catalogo della Mostra, Napoli 1992; W. Jashemski, *The Gardens of Pompeii*, New York 1979; Ciarallo, *Il verde urbano*, cit.; Ciarallo, *Orti e Giardini*, cit.; P. Grimal, *I giardini di Roma antica*, Milano 1990.
[4] Ciarallo, *Orti e Giardini*, cit.
[5] In questo stesso catalogo, p. 336, nell'articolo «*Flora*» di A. Ciarallo.

Die Grünflächen in den pompejanischen Häusern

In der Vesuvgegend war die geschickte Nutzung der Natur nicht nur ein Privileg der grossen extraurbanen Landvillen. Sowohl in Pompeji wie auch in Herculaneum liessen hohe Baumkronen, die über die Umfassungsmauern der Häuser ragten, versteckte Grünflächen erkennen. Obschon diese manchmal sehr klein waren, wurden sie sorgfältig gepflegt, denn man betrachtete sie als integrierenden Bestandteil des Hauses.
Der sogenannte Garten der *Casti Amanti* z.B. umfasste weniger als 100 m^2. Er war von hohen Mauern umgeben, also gewissermassen vom Haus eingefasst, wie dies den üblichen Vorgaben zum Sammeln des Regenwassers entsprach, und durfte als wichtiger Bestandteil des Hauses nicht fehlen. Die geometrische Anlage der Gartenbeete setzte die Flucht der schönsten Räume, die sich auf den Garten öffneten, fort. Die Beete wurden von kleinen, nicht sehr hohen Rohrgeflechtzäunen umgeben, so wie es in vielen Bildern der pompejanischen Wandmalerei klar zu sehen ist. Für solche Gartenbeete eigneten sich, damit Symmetrien und Fluchten entstanden, Wacholder- und Rosensträuche, während Edelraute mit grau-silbrig schimmernden Blättern (*Artemisia absinthium* oder *Artemisia abrotanum*), Büsche von *Lychnis coronaria* oder von *Carastium* dem Ganzen einen Farbtupfer verliehen. Aber auch Farnsträucher (*Polypodium sp.*) entlang den kleinen Wasserkanälen durften nicht fehlen. Die Erwähnung des Gartens der *Casti Amanti* ist nicht zufällig, denn es handelt sich um den ersten Garten, bei dem die Anlage der Pflanzungen mit grosser Präzision rekonstruiert werden konnte. Als man vor vier Jahren bei den Ausgrabungen auf das antike Gehniveau stiess, wurden die Arbeiten unterbrochen, damit die gesamte Fläche in 1 × 1 m grosse Felder zur Abtragung abgesteckt werden konnte; nachdem die letzte mit Lapilli durchsetzte Schicht entfernt worden war, begann man, Holz und Samen zu sammeln, Bodenproben für die Pollenanalysen zu entnehmen und die Hohlräume der Wurzeln in der Erde festzuhalten. Die Resultate aus diesen vier verschiedenen Informationsquellen können ein Bild davon liefern, welche Pflanzen tatsächlich angepflanzt wurden[1]. Daraus wird ersichtlich, dass sowohl reine Zier- wie auch Nutzpflanzen, die man ihrer medizinischen Wirkung wegen anbaute oder für Opferkränze für die Götter verwendete, vorkamen.
Die Anlage der Beete des sogenannten Gartens der *Casti Amanti* ist jener des Vettierhauses verwandt. Betrachten wir aber die Situation an der Peripherie der Stadt beim Amphitheater, wo vor allem weniger begüterte Personen in einem Quartier, das urbanistischen Umwandlungsprozessen unterworfen war, lebten, kann man feststellen, dass hier die Grünflächen in anderer Weise, nämlich vor allem als Gemüsegärten, genutzt wurden. Vereinzelte grössere Flächen dienten dem Anbau von Blumen und Sträuchern, aus denen man Parfums herstellte, oder man nutzte sie als "Gärtnereien". In einer solchen wurden kleinere Bäume, vor allem Haselsträucher, gepflanzt, die dann an Gartenbesitzer in der Stadt verkauft und umgepflanzt wurden[2].
Zudem gab es im Quartier beim Amphitheater Wein- und Obstgärten sowie grosse parkähnliche Gartenanlagen (Loreius Tiburtinus, Iulia Felix), die einige reiche Bürger am Stadtrand anlegen liessen, weil sich dort die grössten, noch zur Verfügung stehenden Grundstücke der Stadt befanden. Solche Grünanlagen konnten dank einem Anschluss an das städtische Aquädukt, aus dem sie nämlich fliessendes Wasser zur Speisung von Brunnen und Wasserspielen bezogen, besonders reich ausgestattet werden[3].
Die Ergebnisse unserer Untersuchungen haben uns dazu veranlasst, das gesamte städtische Grün von Pompeji neu anzugehen. Die Resultate liessen nicht auf sich warten und stellen die bis anhin geäusserten Vermutungen in Frage.
Nach einer statistischen Untersuchung der circa 150 Gärten in Pompeji lässt sich feststellen, dass das stereotype Bild des pompejanischen Gartens, stellvertretend für den römische Garten schlechthin - gemäss diesem war er ganz den strengen geometrischen Formen der *ars topiaria* (Kunst der Gartengestaltung) untergeordnet -, überholt ist. Die Gartenarchitektur der Renaissance, von der wir glauben, dass sie letztendlich vom römischen Garten inspiriert wurde, scheint nichts anderes zu sein als eine verherrlichende Umbildung jener Gärten, die in der lateinischen Literatur beschrieben werden. Plinius schildert uns zwar seine Villen, die aber die Gepflogenheiten der wohlhabenden Schichten Roms widerspiegeln, während die kleinen Gärten der gewöhnlichen Leute bestimmt nicht jene Pflanzen aufwiesen, welche die *ars topiaria* vorschrieb, die den Anbau von Gemüse oder Blumen, zur Spende für die Götter, nicht vorsah. Das Fehlen von Pollen reiner Zierpflanzen und die Anordnung der von Wurzeln stammenden Hohlräume haben lediglich bestätigt, was ein Minimum an Gartenbaukenntnissen bereits vermuten liess[4].
Obschon man auf den Gartenmalereien, welche die Gärten illusionistisch erweitern sollten, die Rohrgeflechtzäune - wie sie ja tatsächlich verwendet wurden - erkennen kann, muss man ebenfalls in Rechnung stellen, dass die Pflanzen in den Malereien meist einen symbolischen Gehalt aufweisen (stellvertretend seien hier die Bilder der Casa del Bracciale d'Oro genannt[5]). Dies kann als Vorwegnahme der allegorischen Stilleben, die ihren Höhepunkt in der Malerei des 17. Jhs. haben, gesehen werden. Die tatsächlich angebauten Pflanzen aber entsprachen anderen Bedürfnissen.
Leider stellt die Erforschung der Gärten von Pompeji ein Novum dar, denn die heute angewandten Methoden zur Bestimmung der angepflanzten Spezies sind eine relativ neue Errungenschaft. Obschon zwar schon früher die Hohlräume, welche die Pflanzenwurzeln in der erstarrten Lavaschicht hinterliessen, dokumentiert wurden, ist es viele Jahre nach der eigentlichen Grabung nicht mehr möglich, Pollenanalysen durchzuführen.
Dies gilt auch für das kleine Viridarium, das ein Haus in Pompeji zierte (I, 11, 12), wovon ein Aufriss in der Ausstellung zu sehen ist. Es soll exemplarisch das Verhältnis zwischen Grünfläche und bebautem Raum im Haus einer pompejanischen Familie der Mittelschicht zeigen.
Es wurde in den 50er Jahren ausgegraben, und die Hohlräume der Wurzeln wurden ausgegossen: diese wiesen einen mittleren Durchmesser von 3-4 cm auf und waren so angeordnet, dass sie den Blick auf die Fresken der Rückwand des Viridariums lenkten. Diese Anlage erweckte den Eindruck einer planmässigen Gartenbepflanzung, die aufgrund einer später geäusserten Vermutung W.F. Jashemskis aus immergrünen Pflanzen, vermutlich Buchsbäumen, bestand.
Die Ausstellung "Pompeji wiederentdeckt" gab den Anlass, mit neuen Techniken zu experimentieren und somit die Gültigkeit dieser vor 20 Jahren aufgestellten Hypothese zu überprüfen.
Mit der Hilfe von M. Mariotti (Universität Florenz) hat man versucht, Pollen aus verschiedenen Epochen auseinanderzuhalten, um Verwechslungen zwischen den 50-, 100- oder 200-jährigen mit den 2000 Jahre alten zu vermeiden. Dazu hat man an verschiedenen Stellen, an welchen die Pollen des Jahres 79 n.Chr. mit grösster Wahrscheinlichkeit trotz der unzulänglichen Grabungstechniken der 50er Jahre ungestört blieben, Materialproben entnommen.
Ausgehend von dieser Methode, die noch einiger Überprüfungen und Verfeinerungen bedarf, konnte man ein einziges Pollenkorn eines Haselstrauches (*Corylus avellana* L.), dessen Wuchs und Grösse der Äste mit den erhaltenen Hohlräumen übereinstimmen würden, nachweisen. Ein einziges Pollenkorn kann jedoch keine Gewissheit über den effektiven Anbau einer Pflanze geben, vor allem weil Holz und Samen fehlen. Obschon keine Gewissheit bezüglich der tatsächlich kultivierten Pflanzen besteht – und im Bestreben, einen konkreten, wenn auch hypothetischen Vorschlag zu machen –, hat man den Schneeball (*Viburnum tinus* L.), der offenbar in Pompeji angepflanzt wurde, in Betracht gezogen. Dieser erscheint nämlich sehr häufig in Bildern mit Gartendarstellungen, so z.B. auf der linken Wand des *oecus* der Casa del Bracciale d'Oro, die in der Ausstellung zu sehen ist.

A.C.

---

[1] A. CIARALLO *et al.*, *Il verde urbano nell'antica Pompei*, in: Akten des ersten Kongresses über Pärke und Gärten in der Geschichte, Rom 1991 und A. CIARALLO, *Orti e giardini dell'antica Pompei*, Neapel 1992.

[2] CIARALLO, *op.cit.*, 1992.

[3] *Domus, Viridaria, Horti picti*, Ausstellungskatalog Neapel, 1992, 49 ff., 63 ff.; W. JASHEMSKI, *The Gardens of Pompeii*, New York, 1979; A. CIARALLO, *op.cit.*, 1991; A. CIARALLO, *op.cit.*, 1992; P. GRIMAL, *I giardini di Roma antica*, Mailand 1990.

[4] CIARALLO, *op.cit.*, 1992.

[5] CIARALLO, in diesem Katalog, unten S. 335, s.v. *Flora*.

231 a

231 b

231. Lastre di fregio architettonico con Eroti e motivi floreali

a) Inv. P 40626.
Pompei, VI, 17 (Ins. Occid.), 42.
Alt. cm 31,5; lungh. cm 59,7; spess. lastra cm 2,7; spess. max. cm 9.
Terracotta. Eseguito a mano ed a stecca. Argilla arancio a grana grossa, ricca di inclusi carboniosi, pochi inclusi biancastri e rari micacei. Resti di ingubbiatura biancastra.
Ricomposta da due parti; lievi lacune, scheggiature.

Lastra rettangolare con faccia posteriore e bordi laterali grezzi; bordi superiore ed inferiore lisciati ed ingubbiati. È decorata con un fregio vegetale a mezzo tondo – i fiori quasi a tutto tondo – dal modellato corposo e naturalistico.
Vi sono raffigurati, con un'esecuzione molto accurata, quattro fiori campanulati dall'ampia corolla (vi si possono riconoscere una campanula ed un fiore di borragine) i cui steli si avvolgono mollemente ad un ramo ondulato di acanto, che attraversa l'intera lastra. Tre fori circolari passanti dovevano consentire, mediante chiodi, il fissaggio alla struttura di un edificio, probabilmente la trabeazione, del quale questa e le lastre seguenti costituivano la decorazione.

b) Inv. P 40627.
Pompei, VI, 17 (Ins. Occid.), 42.
Alt. cm 31; lungh. lastra cm 59,2; spess. lastra cm 2,7; spess. max. cm 10,5.
Terracotta. Eseguito a mano e a stecca. Argilla uguale a quella della lastra inv. 40626. Resti di ingubbiatura biancastra. Tracce di colore rosso e verde-azzurro.
Ricomposta da frammenti, fiori lacunosi, lievi lacune alla lastra, scheggiature.

Uguale alla lastra inv. 40626, ma con fiori in parte diversi: vi si riconoscono, da destra a sinistra, una campanula, un papavero, un fiore di borragine. Tracce di colore verde-azzurro sui fiori, di rosso sull'acanto. Quattro fori per il fissaggio.

c) Inv. P 40628.
Pompei, VI, 17 (Ins. Occid.), 42.
Alt. cm 30,9; lungh. lastra cm 62; lungh. max. cm 65; spess. lastra cm 2,7; spess. max. cm 11,2.
Terracotta. Eseguito a mano ed a stecca. Argilla come nella lastra inv. 40626. Resti di ingubbiatura bianca e di colore giallo e verde.
Ricomposta da frammenti. Erote e colomba acefali; elementi vegetali lacunosi; scheggiature.

Lastra analoga alle precedenti anche nei caratteri stilistici. Sulla destra è un grande cespo di acanto, con accanto un fiore, da cui si sviluppa un ramo intorno al quale sono avvolti gli steli di due fiori campanulati, con corolla a quattro e cinque petali.
Sul ramo di acanto poggia un Erote con ali spiegate, nudo, raffigurato di tre quarti e incedente a sinistra con vivace movimento. Con la mano destra, portata in avanti, stringe per il dorso un uccello forse una colomba; intorno all'avambraccio sinistro, arretrato, sembra avvolto un mantello, un cui lembo ricade mosso verso il basso. Il modellato è attento alla resa dell'anatomia, tranne che nel braccio destro un po' inorganico, e del morbido incarnato.
Resti di colore azzurro verdognolo sono sull'acanto e sulle ali dell'Erote; resti di giallo su uno dei fiori. Cinque i fori per il fissaggio.

d) Inv. P 40629.
Pompei, VI, 17 (Ins. Occid.), 42.
Alt. cm 31,3; lungh. cm 60; spess. lastra cm 2,6; spess. max. cm 9,8.
Terracotta. Eseguito a mano ed a stecca. Argilla simile a quella delle lastre precedenti. Ingubbiatura biancastra; tracce di colore giallo.
Ricomposto da frammenti; lastra lacunosa; Erote acefalo e privo delle braccia; lacune minori; scheggiature.

Lastra simile alla precedente (inv. 40628), ma con Erote incedente a destra; la spalla ed il braccio sinistro sono coperti da un corto mantello pendente sul dorso. Nei fiori si riconoscono una borragine ed un vilucchio. Quattro i fori per il fissaggio.

Le lastre fittili di rivestimento con fregi vegetali o figurati si diffondono nell'Italia centrale e in Campania dall'Oriente ellenistico e dalla Magna Grecia, soprattutto dalla Puglia con un'evoluzione che, a partire dal III secolo a.C., tende verso raffigurazioni sempre piú plastiche e naturalistiche, tendenza che raggiunge l'apice nel II-I secolo a.C. (cfr. J.M.C. Toynbee, J.B. Ward Perkins, *Peopled Scrolls: a Hellenistic Motiv in Imperial Art,* in *AnnBrSchoolAthens,* V, 1950, p. 3 ss.; L. Byvanck Quarles Van Ufford, *Die Ranken der Ara Pacis: étude sur la décoration à rinceaux pendant l'époque hellénistique,* in *BABesch,* 30, 1955, p. 45; A.H. Borbein, *Campanareliefs. Typologische und stilkritische Untersuchungen, RömMitt* 14° Ergänzungshefte, Heidelberg 1968, p. 22 ss.; W. Johannowsky, *La situazione in Campania,* in *Hellenismus in Mittelitalien,* Göttingen 1976, p. 281; R. Bianchi Bandinelli, A. Giuliano, *Etruschi e Italici prima del dominio di Roma,* Milano 1976, p. 301, figg. 345-347). Per i nostri esemplari il confronto piú stretto è costituito dalle lastre al Museo Gregoriano Etrusco, dal modellato piú minuzioso ma piú rigido, datate alla seconda metà del II secolo a.C. (Borbein, cit., tav. 1; Bianchi Bandinelli, Giuliano, cit., fig. 346), forse leggermente piú tarde delle lastre in esame, per le quali si propone una datazione intorno alla metà del II secolo a.C.
Le quattro lastre con molte altre analoghe e vari frammenti sono state rinvenute nel 1983, reimpiegate in parte come materiale da costruzione, in parte come ornamento di una parete, nel giardino della casa VI, 17, 42 dell'Insula Occidentalis (S. De Caro, *Pompei. Indagini, scavi, rinvenimenti,* in *Pompeii Herculaneum Stabiae,* I, 1983, p. 317). Originariamente, assieme alle lastre Cat. 232, dovevano costituire la decorazione di un edificio sacro.

Bibl.: Inedite, ma in corso di edizione da parte di E.M. Menotti De Lucia, *Le terrecotte dell'«Insula Occidentalis». Nuovi elementi per la problematica relativa alla produzione artistica di Pompei nel II secolo a.C.,* in AA.VV., *Artigiani e botteghe dell'Italia preromana,* Roma 1990, p. 96 ss. (articolo del quale non ho preso visione).

A.D.A.

232. Lastre di fregio architettonico con mito di Apollo e Marsia

a) Inv. P. 40630.
Pompei, VI, 17 (Ins. Occid.), 42.
Alt. cm 59,8; lungh. cm 27; spess. lastra cm 2,7; spess. max. cm 17, 5.
Terracotta. Eseguita a stampo, rifinita a stecca. Argilla arancio, ricca di inclusi carboniosi e marrone, pochi inclusi chiari. Ingubbiatura biancastra, resti di colore azzurro, giallo e rosso scuro.
Lievi lacune alla mano sinistra; scheggiature.

Lastra rettangolare, liscia sui bordi inferiore e superiore, grezza su quelli laterali e sulla faccia posteriore. Il bordo inferiore sporge in un pianetto irregolare, sul quale poggia una figura femminile, stante, quasi a tutto tondo. Il corpo, volto di tre quarti a destra, grava sulla gamba sinistra, mentre la destra è lievemente flessa ed arretrata. Indossa un chitone, con scollatura a V il cui bordo è appena ispessito, affibbiato sulle spalle e ricadente lungo le gambe in rigide pieghe verticali; su queste sono resti di colore azzurro. Al di sopra del chitone, il corpo è fasciato da un mantello (*himation*), che lascia scoperta la parte anteriore del busto, panneggiato in lunghe pieghe oblique sulle gambe e disposto sull'avambraccio sinistro, per ricadere lungo il corpo; sull'*himation* sono resti di colore giallo e rosso scuro.
Con la sinistra la donna sostiene, aderente al busto, una cassetta rettangolare, provvista di piccoli piedi per l'appoggio, della quale, con la destra, solleva il coperchio. Il capo, in posizione frontale, ha il volto, dall'impianto ovale lievemente asimmetrico, con tratti regolari ben modellati. La capigliatura, non modellata sulla parte superiore e posteriore della testa, si dispone intorno al volto in due bande di ciocche lievemente ondulate, sormontate da un diadema appena accennato; questo, tuttavia, doveva essere completato ed arricchito da un elemento in materiale diverso, se per il suo fissaggio era predisposto il foro che si apre nella parte superiore della capigliatura. Il volto è ornato, ancora, da orecchini con pendente allungato. Il capo, che sarebbe risultato completamente staccato dalla lastra,

231 c

231 d

231. Platten eines Frieses mit Eroten und Blumenmotiven

a) Inv. P 40626.
Pompeji, VI, 17 (Ins. Occid.), 42.
Höhe 31,5 cm; Länge 59,7 cm; Stärke der Platte 2,7 cm; max. Stärke 9 cm.
Terrakotta. Mit Hand und Stab bearbeitet. Orangefarbener, grobkörniger Ton mit zahlreichen Kohle-, wenigen weißlichen und wenigen glimmerigen Einschlüssen. Reste weißlichen Überzugs.
Aus zwei Teilen zusammengesetzt; leichte Fehlstellen und Absplitterungen.

Rechteckige Platte mit unbearbeiteter Rückseite und Seitenkanten. Ober- und Unterkante geglättet und mit Überzug. Relieffries mit fast vollplastisch gegebenen Blumen in dicker, naturalistischer Modellierung. Vier glockenförmige Blumen einer großen Korolle sind detailliert ausgeführt, eine Glockenblume und eine Gurkenblüte sind erkennbar. Ihre Stengel sind sanft um eine Akanthusranke geschlungen, die über die ganze Platte hinwegläuft. Drei Löcher weisen auf die Befestigung dieser und der folgenden Platten mittels Nägel am Gebälk eines Gebäudes hin.

b) Inv. P 40627.
Pompeji, VI, 17 (Ins. Occid.), 42.
Höhe 31 cm; Länge 59,2 cm; Stärke der Platte 2,7 cm; max. Stärke 10,5 cm.
Terrakotta. Mit Hand und Stab bearbeitet. Ton wie bei Platte Inv. 40626. Reste von weißlichem Überzug. Spuren von roter und grün-blauer Farbe.
Aus Fragmenten zusammengesetzt, Blumen mit Fehlstellen, leichte Lücken und Absplitterungen in der Platte.

Wie Platte Inv. P 40626, doch teilweise andere Blumen. Von rechts nach links sind eine Glockenblume, eine Mohnblume und eine Gurkenblüte zu erkennen. Grün-blaue Farbspuren auf den Blumen, rote auf dem Akanthus. Vier Löcher zur Befestigung.

c) Inv. P 40628.
Pompeji, VI, 17 (Ins. Occid.), 42.
Höhe 30,9 cm; Plattenlänge 62 cm; max. Länge 65 cm; Plattenstärke 2,7 cm; max. Stärke 11,2 cm.
Terrakotta. Mit Hand und Stab bearbeitet. Ton wie bei Platte Inv. 40626. Reste weißen Überzugs sowie gelber und grüner Farbe.
Aus Fragmenten zusammengesetzt. Erot und Taube ohne Kopf; Pflanzen mit Fehlstellen; Absplitterungen.

Platte stilistisch analog zu den anderen. Rechts großes Akanthusbüschel mit einer Blume daneben. Daraus entwindet sich ein Sproß mit vier- und fünfblättriger Korolle; die Stengel zweier glockenförmiger Blüten schlingen sich darum. Auf dem Akanthussproß steht ein nackter Erot in Dreiviertelansicht mit ausgebreiteten Flügeln; er läuft rasch nach links. In der vorgestreckten Rechten hält er einen Vogel, vielleicht eine Taube. Über den zurückgenommenen linken Unterarm ist ein Mantel gelegt, dessen einer Zipfel bewegt nach unten fällt. Abgesehen von der etwas unorganischen Gestaltung des rechten Armes und dem weichen Inkarnat ist die Modellierung der Anatomie sorgfältig.
Reste grünlich-blauer Farbe auf dem Akanthus und den Flügeln des Eroten; eine Blume mit gelben Spuren. Fünf Befestigungslöcher.

d) Inv. P 40629.
Pompeji, VI, 17 (Ins. Occid.), 42.
Höhe 31,3 cm; Länge 60 cm; Plattenstärke 2,6 cm; max. Stärke 9,8 cm.
Terrakotta. Mit Hand und Stab bearbeitet. Gleicher Ton wie bei den vorigen Platten. Weißlicher Überzug; gelbe Farbspuren.
Aus Fragmenten zusammengesetzt; Platte mit Fehlstellen; Erot ohne Kopf und Arme; kleinere Fehlstellen; Absplitterungen.

Platte wie vorige (Inv. P 40628), doch nach rechts laufender Eros. Die Schulter und der linke Arm werden von einem über den Rücken herabhängenden kurzen Mantel bedeckt. Bei den Blumen sind eine Gurkenblüte und eine Winde zu erkennen. Vier Befestigungslöcher.

Tönerne Verkleidungsplatten mit Rankenfries und Figuren breiteten sich über den hellenistischen Osten und Großgriechenland, besonders Apulien, in Mittelitalien und Kampanien aus. Seit dem 3. Jh. v.Chr. werden die Darstellungen zunehmend plastischer und naturalistischer; diese Entwicklung erreicht ihren Höhepunkt im 2.-1. Jh. v.Chr. (vgl. J.M.C. TOYNBEE, J.B. WARD PERKINS, *Peopled Scrolls: a Hellenistic Motiv in Imperial Art*, in: *AnnBrSchoolAthens*, V, 1950, 3 ff.; L. BYVANCK QUARLES VAN UFFORD, *Die Ranken der Ara Pacis: étude sur la décoration à rinceaux pendant l'époque hellénistique*, in: *BABesch*, 30, 1955, 45; A.H. BORBEIN, *Campanareliefs. Typologische und stilkritische Untersuchungen*, *RömMitt* 14° Ergänzungshefte, Heidelberg 1968, 22 ff.; W. JOHANNOWSKY, *La situazione in Campania*, in: *Hellenismus in Mittelitalien*, Göttingen 1976, 281; R. BIANCHI BANDINELLI, A. GIULIANO, *Etruschi e Italici prima del dominio di Roma*, Mailand 1976, 301, Abb. 345-347). Für unsere Beispiele bieten die Platten im Museo Gregoriano Etrusco den besten Vergleich; sie sind zwar detaillierter gearbeitet, wirken jedoch wesentlich steifer. Sie stammen aus der 2. Hälfte des 2. Jhs. v.Chr. (BORBEIN, *zit.*, Taf. 1; BIANCHI BANDINELLI, GIULIANO, *zit.*, Abb. 346) und sind vielleicht etwas jünger als die unseren, die wohl um die Mitte des 2. Jhs. v.Chr. zu datieren sind.
Diese vier Platten wurden mit vielen anderen Fragmenten 1983 im Garten des Hauses VI, 17, 42 in der Insula Occidentalis gefunden, wo sie teilweise als Baumaterial oder Wanddekoration verwendet worden waren (S. DE CARO, *Pompei. Indagini, scavi, rinvenimenti*, in: *Pompeii Herkulaneum Stabiae*, I, 1983, 317). Zusammen mit den Platten Kat. Nr. 232 bildeten sie wohl die Dekoration eines Sakralbaus.

Bibl.: Unveröffentlicht, aber gerade in Publikation befindlich: E.M. MENOTTI DE LUCIA, *Le terrecotte dell'«Insula Occidentalis». Nuovi elementi per la problematica relativa alla produzione artistica di Pompei nel II secolo a.C.*, in: *Artigiani e botteghe dell'Italia preromana*, Rom 1990, 96 ff. (mir leider nicht zugänglich).

A.D.A.

232. Platten eines Frieses mit dem Mythos von Apollo und Marsyas

a) Inv. P 40630.
Pompeji, VI, 17 (Ins. Occid.), 42.
Höhe 59,8 cm; Länge 27 cm; Plattenstärke 2,7 cm; max. Stärke 17,5 cm.
Terrakotta. Mit einer Schablone ausgeführt und mit dem Stab verfeinert. Orangefarbener Ton, viele Kohle- und braune, wenige helle Einschlüsse. Weißlicher Überzug; blaue, gelbe und dunkelrote Farbreste.
Leichte Fehlstellen an der linken Hand; Absplitterungen.

Rechteckige Platte mit glatter Ober- und Unterkante sowie unbearbeiteter Rückseite und Seitenkanten. An der Unterkante eine unregelmäßige schmale Standfläche einer fast vollplastisch gearbeiteten Frauenfigur. Der in einer Dreivierteldrehung nach rechts gedrehte Körper ruht auf dem linken Bein, während das rechte leicht angewinkelt und zurückgesetzt ist. Sie trägt einen in senkrechten, starren Falten mit blauen Farbresten bis zu den Füßen herabfallenden Chiton, dessen V-förmiger Ausschnitt verstärkte Borten aufweist. Über dem Chiton umhüllt ein Mantel (*himation*) den Körper. Er läßt den Oberkörper vorne frei, ist in langen Falten schräg über die Beine und über den linken Unterarm gelegt und fällt entlang dem Körper herab. Auf dem *himation* hat es gelbe und dunkelrote Farbreste. In der an den Oberkörper angelegten Linken hält die Frau eine rechteckige Kassette mit kleinen Füßen; mit der Rechten hebt sie den Deckel an. Der frontal wiedergegebene Kopf weist ein ovales, etwas asymmetrisches Gesicht mit regelmäßigen, wohlgeformten Zügen auf. Die Frisur, die auf der Kopfober- und -rückseite nicht ausgeführt ist, legt sich in zwei leicht gewellten Strähnen um das Gesicht und wird von einem knapp angedeuteten Diadem bekrönt. Ferner zierten Ohrringe mit langen Anhängern das Gesicht. Auf dem Oberkopf befindet sich ein Loch zur Befestigung eines weiteren Gegenstandes. Da der Kopf beinahe freiplastisch war, wurde er zur Stabilisierung mit einem zusätzlichen Tonklumpen an der Platte befestigt. Im oberen Teil der Tafel sind drei Befestigungslöcher.
Die als «Spendende» zu interpretierende Figur wie-

232 a

232 b

è congiunto a questa, per motivi di maggiore solidità, con un grumo di argilla. Nella parte superiore della lastra sono tre fori per il fissaggio.
La figura, interpretabile come «offerente», ripete tipi della prima produzione «tanagrina»; si veda, ad es., un esemplare da Tanagra al Louvre, che, sebbene diverso nella posizione delle braccia, presenta un'analoga impostazione delle gambe e del corpo, con abbigliamento e modo di trattare il panneggio quasi uguale (F. WINTER, *Die Typen der figürlichen Terrakotten,* II, Berlin-Stuttgart 1903, p. 60, n. 6). Un tipo di «offerente» analogo per iconografia, ma stilisticamente diverso, è documentato anche nella coroplastica pompeiana (cfr. A. D'AMBROSIO, M. BORRIELLO, *Le terrecotte figurate di Pompei,* Roma 1990, n. 96).

b) Inv. P 40631.
Pompei, VI, 17 (Ins. Occid.), 42.
Alt. cm 60; lungh. cm 55,5; spess. lastra cm 2,7; spess. max. cm 14,9.
Terracotta. Eseguito a stampo e a stecca. Argilla arancio, ricca di inclusi carboniosi, pochi biancastri. Resti di ingubbiatura biancastra e di colore rosso e verde.
Nella figura seduta manca la testa, un piede, una parte del braccio e della cetra; nella figura stante manca la testa, il braccio destro e parte del sinistro; scheggiature ed abrasioni.

Lastra quadrangolare, grezza sul lato posteriore e sui bordi laterali, lisciata su quelli superiore ed inferiore. Quest'ultimo è lievemente sporgente in un pianetto irregolare, che raffigura il terreno su cui poggiano due figure, quasi a tutto tondo. A sinistra, seduta su una roccia colorata in verde, è una figura seminuda, dai tratti femminei; un mantello, panneggiato in ampie pieghe con resti di colore rosso scuro, le copre le gambe, il dorso e la spalla sinistra; da questa e dalle cosce pende con un fascio di pieghe. Il braccio destro è appena flesso e la mano poggia, aperta, sulla roccia; il sinistro, discosto dal corpo, tiene una cetra, su cui sono resti di colore giallo, poggiata sulla coscia. Accanto, appena volta a destra, è una figura femminile, stante sulla gamba sinistra e con la destra lievemente flessa. Indossa un chitone con ampia scollatura a V, affibbiato sulle spalle e cinto sotto il seno; sul busto è solcato da lievi pieghe verticali mentre nella parte inferiore è panneggiato in ampie pieghe verticali, tra le quali si dispongono pieghe oblique meno corpose. Sul chitone è indossato un *himation,* che copre le gambe, il bacino e parte del dorso, raccolto intorno alla vita in un fascio di pieghe, che poggia sull'avambraccio sinistro dal quale ricade con un panneggio aderente al corpo.
Nella figura con la cetra si può riconoscere Apollo, talvolta rappresentato con tratti femminei e del quale lo strumento a corde è uno degli attributi. La donna stante è, verosimilmente, una delle Muse. La figura di Apollo trova confronto, per la posizione, per l'abbigliamento e per il modo di trattare il panneggio, in figure del fregio del tempio di Ecate a Lagina (cfr. A. SCHOBER, *Der Fries des Hekateions von Lagina,* in *Istanbuler Forschungen,* II, 1933, cat. n. 213 A, pp. 32, 73, tav. V, con schema rovesciato; *ibid.,* cat. n. 204, pp. 49, 77, tav. XXX, con schema uguale).
L'iconografia della figura femminile richiama da vicino tipi della prima produzione tanagrina (cfr., ad es., S. BESQUES, *Catalogue raisonné des figurines et reliefs en terre cuite grecs, étrusques et romaines,* III, Paris 1972, p. 25 D 127 e D 128, pl. 28 d, 28 a, del primo quarto del III secolo) il cui modello è, forse, da riconoscere nella coeva Themis di Ramnunte (cfr. P.E. ARIAS, *L'arte della Grecia,* Torino 1967 p. 765 e fig. 939). Trova confronto, inoltre, con figure del fregio di Lagina (SCHOBER, cit., cat. n. 223, pp. 36, 73 ss., tav. XI) con diversa ponderazione del corpo e panneggio piú rigido.

c) Inv. P 40632.
Pompei, VI, 17 (Ins. Occid.), 42.
Alt. cm 60; lungh. lastra cm 54,5; lungh. max. cm 60,2; spess. lastra cm 2,7; spess. max. cm 14,5.
Terracotta. Eseguito a stampo ed a stecca. Argilla arancio-marrone, come nella lastra 40626. Resti di ingubbiatura biancastra e di colore giallo, rossiccio e verde/azzurro.
Ricomposto da frammenti, lacunoso. Nella figura stante mancano il volto e il braccio sinistro; in quella inginocchiata, parte delle braccia; lacune minori, scheggiature ed abrasioni.

Lastra quadrangolare, analoga alle precedenti, con rilievo figurato quasi a tutto tondo; il bordo inferiore è sporgente, cosí da consentire l'appoggio alle figure.
A sinistra è un giovane inginocchiato, rivolto a destra e con le braccia tese, in atto di supplica, verso una divinità in trono. È quasi interamente nudo: un mantello, affibbiato sulla spalla, gli copre solo parte della schiena ed il braccio sinistro, dal quale pende in rigide pieghe; i piedi sono calzati con scarpe chiuse. Sul capo porta un berretto frigio, dal quale sporge la capigliatura a grosse ciocche ondulate, rese impressionisticamente, ornata da una benda che scende sulla spalla destra. Il modellato è molto accurato, sia nella resa anatomica del corpo, dal morbido incarnato, sia nel volto, dall'impianto ovale e dai tratti regolari, ove si cerca di rendere, con lieve passaggio di piani, anche la sporgenza dell'arcata sopracciliare; l'asimmetria nell'impianto ovale del volto non disturba, per essere la figura vista di profilo. Il personaggio che gli sta di fronte, raffigurato di tre quarti, è mollemente seduto su un trono, sul quale è steso, panneggiato in morbide pieghe, un mantello che copre anche la gamba destra della figura, per il resto interamente nuda, tranne che ai piedi, calzati da sandali. Il mantello, sul quale restano tracce di colore rossiccio, risale poi su un pilastrino, posto accanto al trono, al quale il dio si appoggia, per meglio sostenere il busto inclinato all'indietro, con il braccio sinistro flesso; il braccio destro è abbandonato sulla coscia. Della testa rimane solo la giuntura con la lastra e parte di due lunghe ciocche ondulate dei capelli, che poggiano sulle spalle. Il pilastrino termina in alto con dentelli sporgenti, mentre il lato in vista è scompartito da sottili linee verticali, equidistanti, in giallo su fondo grigio-ceruleo, con le quali si vuole rendere le scanalature. Davanti e dietro il trono, a chiusura della scena, è accennata una pare-

232 c

232 d

derholt Typen der frühen Tanagra-Produktion. So zeigt ein Beispiel im Louvre eine entsprechende Körperhaltung und Gewanddrapierung (F. WINTER, *Die Typen der figürlichen Terrakotten*, II, Berlin-Stuttgart 1903, 60, Nr. 6). Ein ikonographisch, nicht aber stilistisch entsprechender Typus der «Spendenden» ist auch in der pompejanischen Plastik bekannt (vgl. A. D'AMBROSIO, M. BORRIELLO, *Le terrecotte figurate di Pompei*, Rom 1990, Nr. 96).

b) Inv. P 40631.
Pompeji, VI, 17 (Ins. Occid.), 42.
Höhe 60 cm; Länge 55,5 cm; Plattenstärke 2,7 cm; max. Stärke 14,9 cm.
Terrakotta. Mit Schablone und Stab ausgeführt. Orangefarbener Ton mit vielen Kohle-, wenigen weißlichen Einschlüssen. Reste weißlichen Überzugs sowie roter und grüner Farbe.
Der sitzenden Figur fehlen Kopf, ein Fuß, ein Teil des Armes und der Leier; der stehenden Figur fehlen Kopf, der rechte Arm und ein Teil des linken; Absplitterungen und Abschürfungen.

Quadratische Platte mit unbearbeiteter Rückseite und Seitenkanten sowie geglätteter Ober- und Unterkante. Die unregelmäßig vorgewölbte Unterkante bildet das Gelände, auf dem zwei annähernd vollplastische Figuren stehen. Auf einem ursprünglich wohl grünen Felsen sitzt links eine halbbekleidete Figur mit weiblichen Zügen. Der Kopf ist abgebrochen. Ein in weiten Falten liegender Mantel mit dunkelroten Farbspuren bedeckt die Beine, den Rücken und die linke Schulter. Von dort und den Oberschenkeln fällt er in einem Faltenbündel herab. Der rechte Arm ist kaum gebogen, die Hand offen auf den Fels gestützt. Mit dem linken, hinter dem Körper verborgenen Arm hält er eine auf den Oberschenkel gestützte Kithara fest; sie zeigt gelbe Farbspuren. Die ganz leicht nach rechts gewandte weibliche Figur daneben steht auf dem linken Bein, das rechte ist etwas angewinkelt. Sie trägt einen Chiton mit weitem, V-förmigem Ausschnitt, der auf den Schultern zusammengehalten und unter der Brust gegürtet ist. Auf dem Oberkörper ist er in sanfte, senkrechte Falten gelegt, während sich unten leichtere schräge unter schwere, senkrechte Falten mischen. Ein *hymation* über dem Chiton bedeckt die Beine, das Becken und einen Teil des Rückens. Er ist mit einem Faltenwurf um die Hüfte geschwungen und über den linken Unterarm gelegt, von wo er am Körper entlang herabfällt.

In der Figur mit Kithara ist Apollo zu erkennen, der hier stark weibliche Züge aufweist. Die Stehende ist vermutlich als eine der Musen zu deuten. Bezüglich Haltung, Kleidung und Drapierung ist der Apollo mit Figuren des Frieses vom Tempel der Hekate in Lagina zu vergleichen (vgl. A. SCHOBER, *Der Fries des Hekateions von Lagina*, in: *Istanbuler Forschungen*, II, 1933, Kat. Nr. 213 A, 32, 73, Taf. V, mit revidiertem Schema; *ebd.*, Kat. Nr. 204, 49, 77, Taf. XXX, mit gleichem Schema).

Die Ikonographie der weiblichen Figur erinnert an ähnliche Typen der frühen tanagrinischen Produktion (vgl. z.B. S. BESQUES, *Catalogue raisonné des figurines et reliefs en terre cuite grecs, étrusques et romaines*, III, Paris 1972, 25, D 127 und D 128, Abb. 28 d, 28 a, 1. Viertel des 3. Jhs.), deren Vorbild vielleicht in der gleichzeitigen Themis von Rhamnous zu finden ist (vgl. P.E. ARIAS, *L'arte della Grecia*, Turin 1967, 765 und Abb. 939). Einen weiteren Vergleich bieten Figuren des Frieses von Lagina (SCHOBER, *zit.*, Kat. Nr. 223, 36, 73 ff., Taf. XI), die jedoch eine andere Ponderation und straffere Gewanddrapierung aufweisen.

c) Inv. P 40632.
Pompeji, VI, 17 (Ins. Occid.), 42.
Höhe 60 cm; Plattenlänge 54,5 cm; max. Länge 60,2 cm; Plattenstärke 2,7 cm; max. Stärke 14,5 cm.
Terrakotta. Mit Hand und Stab bearbeitet. Orange-brauner Ton wie in Platte 40626. Reste weißlichen Überzugs sowie gelber, rötlicher und grün/blauer Farbe.
Aus Fragmenten zusammengesetzt, lückenhaft. Bei der stehenden Figur fehlen Gesicht und linker Arm, bei der knienden Teile der Arme; kleinere Fehlstellen, Absplitterungen und Abschürfungen.

Quadratische Platte, analog zu den vorigen mit fast vollplastischem figürlichem Relief; vorstehende Unterkante als Standfläche für die Figuren.

Der links kniende Jüngling ist einer thronenden Gottheit zugewandt und hat ihr die Arme flehend entgegengestreckt. Er ist fast völlig nackt. Ein auf der Schulter zusammengehaltener Mantel bedeckt gerade einen Teil des Rückens und den linken Arm, von dem er in starren Falten herabhängt. Die Füße stecken in geschlossenen Schuhen, den Kopf bedeckt eine phrygische Mütze. Von der impressionistisch gestalteten Frisur mit großen, welligen Strähnen fällt ein Band auf die rechte Schulter herab. Sowohl der Körperbau mit seinem weichen Inkarnat wie auch das ovale Gesicht mit den regelmäßigen Zügen sind sehr genau gearbeitet. Durch eine feine Abstufung der Ebenen versuchte man sogar, die Wölbung der Augenbrauen wiederzugeben. Da die Figur im Profil zu sehen ist, stört die leichte Asymmetrie im Gesicht nicht. Gegenüber sitzt in Dreiviertelansicht eine Figur in gelockerter Haltung auf einem Thron, über den der Mantel ausgebreitet ist. An den Füßen trägt sie Sandalen. Der Mantel mit rötlichen Farbspuren bedeckt das rechte Bein der ansonsten nackten Figur und ist bis auf einen Pfeiler neben dem Thron emporgezogen; die Gottheit stützt sich mit dem linken angewinkelten Arm auf den Pfeiler, während der rechte Arm auf den Oberschenkel herabfällt. Vom Kopf sind nur der Anschluß an die Platte sowie Teile zweier lang gewellter und auf den Schultern aufliegender Haarsträhnen erhalten. Der obere Abschluß des Pfeilers besteht aus vorkragenden Zacken. Zarte senkrechte, gelbe Linien auf graublauem Grund imitieren eine Kannelierung auf der Vorderseite. Vor und hinter dem Thron ist eine glatte Wand angedeutet. Auch diese Figur ist anatomisch genau gestaltet. Zwischen beiden Figuren steht im Hintergrund und vielleicht höher eine dritte männliche Person in Frontalsicht, die von dem knienden Jüngling zum Teil verdeckt wird. Sein nackter Oberkörper ist einfacher

te liscia. Anche in questa figura, il modellato è accurato ed attento alla resa dell'anatomia. Tra le due figure, su un piano arretrato e, forse, piú alto, è una terza figura maschile, stante in posizione frontale, parzialmente coperta dal giovane inginocchiato. Il busto, dal modellato piú sobrio ed asciutto che negli altri personaggi, è nudo; il bacino e le gambe sono coperti da un mantello, annodato sul fianco sinistro, con tracce di colore verde-azzurro. Il braccio sinistro (ne resta traccia sul fondo della lastra) era flesso, con la mano poggiata sul fianco; il destro è sollevato e teso verso destra. Da quello che resta, sembra che la testa fosse barbata e con capigliatura a ciocche lunghe.
I fori di fissaggio sono cinque nella parte superiore della lastra, due in quella inferiore.
Nel giovane inginocchiato può ravvisarsi il frigio Olympos, nella divinità seduta Apollo. La figura di Apollo trova stretto confronto iconografico e stilistico, per il morbido modellato, con l'Apollo seduto su una roccia nel fregio sud dell'Ekateion di Lagina (SCHOBER, *art. cit.*, n. 202, pp. 48, 78, tav. XXVIII).

233

d) Inv. P 40633.
Pompei, VI, 17 (Ins. Occid.), 42.
Alt. cm 60,3; lungh. cm 61,5; spess. lastra cm 2,7; spess. max. cm 12,4.
Terracotta. Eseguito a stampo e a stecca. Argilla marrone rossiccia, ricca di inclusi carboniosi. Resti di ingubbiatura biancastra e di colore giallo e verdognolo.
Lastra e figure lacunose: prive del volto, di parte della testa e del braccio; cane acefalo e lacunoso ad una zampa; lacune minori, scheggiature ed abrasioni.

Lastra quadrangolare, con lato posteriore e bordi laterali grezzi; bordo superiore ed inferiore lisciati. Quest'ultimo sporge in un pianetto sul quale poggiano, eseguite quasi a tutto tondo, due figure femminili stanti e, tra di loro, un cane. Quella di sinistra, con grandi ali, è in posizione frontale; insiste sulla gamba sinistra, mentre la destra è lievemente flessa; ha il braccio sinistro disteso lungo il fianco, il destro sollevato. Le gambe sono coperte da un mantello, fermato tra le cosce con un nodo dal quale pende una larga, rigida piega verticale; pieghe oblique segnano il panneggio sulle gambe; un lembo del mantello è avvolto all'avambraccio sinistro e ne pende, poi, lungo le gambe. Il busto, fino all'inguine, è completamente nudo. Della capigliatura restano, sulle spalle, due lunghe ciocche. Una ricca collana con pendenti le orna il petto; ad entrambe le braccia è un'armilla a fascetta, con un fermaglio (o castone?) quadrangolare. Resti di colore giallo sono sul mantello e sulle ali.
La figura che le sta accanto è stante sulla gamba destra, con la sinistra appena flessa; le braccia sono flesse, con i polsi poggiati sui fianchi. Indossa un

233

corto chitone, panneggiato in pieghe verticali, che lascia scoperta la parte superiore del busto e giunge fino alle ginocchia; è cinto sotto il seno con una fascia dalla quale pende l'*apoptygma.* Un mantello, raggruppato in uno stretto fascio di pieghe, cinge la vita e l'avambraccio sinistro, dal quale pende lungo le gambe. Su di esso sono resti di colore verdognolo. I piedi sono calzati da *endromides*; dietro la spalla destra resta parte di una faretra. Il busto è ornato da una lunga collana a due catenelle incrociate a bandoliera e ornate tra i seni con una borchia. Sul petto è una collana simile a quella della figura alata, cosí come i bracciali indossati ad entrambe le braccia. Al polso destro è un altro bracciale a spirale, del tipo a corpo di serpente, con le estremità (testa e coda) sinuose. La capigliatura, modellata sommariamente, sembra tirata in alto sulla testa e raccolta in una crocchia; due lunghe ciocche ondulate scendono sulle spalle.
Tra le due figure, rivolto verso quella alata e parzialmente coperto da quella a destra, è un cane, provvisto di collare, con la zampa anteriore destra sollevata.
Nella parte superiore della lastra sono sei fori per il fissaggio; in uno di essi resta parte di un chiodo di ferro.
La figura di destra, per gli attributi della faretra, delle *endromides,* del cane e per l'abbigliamento, è chiaramente identificabile con Artemide. Quella a sinistra è una Nike in un'iconografia (seminuda e col mantello panneggiato in modo analogo) che ricorre molto simile su un tetradramma siracusano del 310-304 a.C. (*Antike Kunst,* 29, 1986, tav. 7,2).
Le collane a nastro piatto con pendenti sono databili tra la fine del III e l'inizio del II secolo a.C. (cfr. A. D'AMICIS, in *Gli ori di Taranto in età ellenistica,* Milano 1985, p. 201 s. e p. 219, tipo IV, n. 152). Per la collana a bandoliera cfr. H. HOFFMANN, P.F. DAVIDSON, *Greek Gold Jewellery from the Time of Alexander,* Mainz 1965, p. 8. Il bracciale a corpo di serpente con due spire, indossato da Artemide, è di un tipo anch'esso databile tra la fine del III e l'inizio del II secolo a.C. (cfr. A. DELL 'AGLIO, in *Gli ori di Taranto,* cit., p. 239 e p. 247, nn. 172, 173). I gioielli, tuttavia, possono essere imitati e riprodotti anche in opere piú tarde, sicché non si ritiene che possano ostacolare la datazione proposta per le lastre precedenti.

Le quattro lastre furono trovate nel 1983, insieme a molti frammenti di altre lastre analoghe, reimpiegate in parte come materiale da costruzione, in parte come ornamento di una parete, nel giardino della casa VI, 17, 42 nell'Insula Occidentalis a Pompei (cfr. S. DE CARO, *Pompei. Indagini, scavi, rinvenimenti,* in *Pompeii Herculaneum Stabiae,* I, 1983, p. 317, figg. 5 e 6). Originariamente, dovevano costituire la decorazione di un edificio sacro. Esse assieme ad altre mancanti, componevano un fregio raffigurante il mito di Apollo e Marsia: Marsia osò sfidare il dio nel suonare il flauto, ne fu sconfitto e fu condannato ad essere scuoiato. Nella lastra *b* si può riconoscere il momento della gara (cfr. S. REINACH, *Répertoire des Peintures grecques et romaines,* Paris 1922, p. 30). Nella lastra *c* compare il frigio Olympos in atto di implorare da Apollo pietà per il suo maestro Marsia, nell'ultima (*d*) compaiono Artemide e Nike, divinità quasi sempre presenti nelle raffigurazioni del mito (K.W. SCHAUENBURG, *Marsyas,* in *RömMitt,* LXV, 1958, p. 64). A giudicare dalle tenui tracce rimaste, le lastre erano caratterizzate da una vivace ed estesa policromia, come le precedenti a motivi vegetali, cosí da apparire quasi una pittura tridimensionale.
Per il carattere stilistico del modellato, che appare piú morbido e plastico dei citati confronti con il fregio dell'Ekateion, le quattro lastre sembrerebbero piú antiche di quest'ultimo, generalmente datato tra il quarto finale del II e l'inizio del I secolo a.C. (cfr. anche A. GIULIANO, in *EAA,* IV, 1961, s.v. *Lagina*). Pertanto, per il fregio in esame, si propone una datazione intorno alla metà del II secolo a.C., in un momento ancora anteriore all'inizio della rinascita classicistica attica, che porterà al rifiuto dell'ellenismo barocco (su tale argomento si veda l'analisi di F. COARELLI, *Architettura* e *arti figurative in Roma: 150-50 a.C.,* in *Hellenismus in Mittelitalien,* Göttingen 1976, pp. 21-51).

Bibl.: Inediti, ma in corso di edizione da parte di E.M. MENOTTI DE LUCIA, *Le terrecotte dell'«Insula Occidentalis». Nuovi elementi per la problematica relativa alla produzione artistica di Pompei nel* II *secolo a.C,* in AA.VV., *Artigiani e botteghe dell'Italia preromana,* Roma 1990, p. 96 ss. (articolo del quale non ho preso visione). Si ringrazia il prof. Bernard Andreae per gli utili suggerimenti.

A.D.A.

233

und dürrer als bei den anderen Personen modelliert. Hüfte und Beine werden von einem links geknoteten Mantel mit grün-blauen Farbspuren bedeckt. Der in Spuren auf der Platte erhaltene linke Arm war angewinkelt und mit der Hand auf die Hüfte gestützt; der rechte ist zur Seite hin ausgestreckt. Die Reste lassen auf einen bärtigen Kopf mit langen Haarsträhnen schließen.
In der oberen Hälfte der Platte befinden sich fünf, in der unteren zwei Befestigungslöcher.
In dem knienden Jüngling kann man den Phrygier Olympos erkennen, in der thronenden Gottheit Apollo. Für letzteren findet sich ein ikonographischer und hinsichtlich der zarten Modellierung stilistischer Vergleich in dem auf einem Fels sitzenden Apollo im Südfries des Hekateions in Lagina (SCHOBER, *zit.*, Nr. 202, 48, 78, Taf. XXVIII).

d) Inv. P 40633.
Pompeji, VI, 17 (Ins. Occid.), 42.
Höhe 60,3 cm; Länge 61,5 cm; Plattenstärke 2,7 cm; max. Stärke 12,4 cm.
Terrakotta. Mit Hand und Stab bearbeitet. Braun-rötlicher Ton, zahlreiche Kohleeinschlüsse. Reste weißlichen Überzugs sowie gelber und grünlicher Farbe.
Platte und Figuren mit Fehlstellen: es fehlen Gesicht und Teile von Kopf und Arm; dem Hund fehlen Kopf und teilweise ein Bein; kleinere Fehlstellen, Absplitterungen und Abschürfungen.

Quadratische Platte mit unbearbeiteter Rückseite und Seitenkanten; Ober- und Unterkante geglättet. Zwei weibliche, annähernd vollplastische Figuren mit einem Hund dazwischen. Die linke, frontal dargestellte ist geflügelt, steht auf dem rechten Bein und hat das linke leicht angewinkelt; der linke Arm hängt am Körper herab, der rechte ist erhoben. Ein nur die Beine verdeckender Mantel ist zwischen den Oberschenkeln geknotet und fällt in einer schweren, straffen Falte senkrecht herab. Vor den Beinen wirft sich der Stoff in schrägen Falten auf. Ein über den linken Unterarm gelegter Mantelzipfel hängt bis zu den Beinen hinab. Der Oberkörper ist bis zur Leiste nackt. Von der Frisur sind auf den Schultern zwei lange Strähnen erhalten. Sie trägt eine prächtige Kette mit Anhängern sowie an beiden Armen ein Gliederarmband mit viereckiger Spange. Gelbe Farbreste auf Mantel und Flügeln.

Die Figur daneben steht auf dem rechten Bein, das linke ist kaum merklich angewinkelt. Die Arme sind in die Hüfte gestützt. Sie trägt einen knielangen Chiton, der die Brust frei läßt. An der Umgürtung unterhalb der Brust fällt das *apoptygma* herab. Ein zu einem dichten Faltenbündel zusammengeraffter Mantel mit grünlichen Farbspuren umschlingt die Hüfte und den linken Unterarm, von wo er die Beine entlang hinabfällt. An den Füßen trägt sie *endromides* und hinter der rechten Schulter ist der Rest eines Köchers erkennbar. Eine lange, zweistrangige Kette ist um den Oberkörper gelegt und zwischen den Brüsten überkreuzt. Sie trägt eine ähnliche Halskette und Armreifen wie die linke Figur. Ein weiterer, spiraliger Reif in Form einer Schlange befindet sich am rechten Handgelenk. Die summarisch gestaltete Frisur war wohl auf dem Hinterkopf zu einem Knoten zusammengefaßt. Zwei lange, gewellte Strähnen fallen auf die Schultern herab.
Zwischen beiden Figuren, der geflügelten zugewandt und von der rechten teilweise verdeckt, steht ein Hund mit Halsband und angehobenem rechten Vorderbein.
In einem der sechs Befestigungslöcher in der oberen Plattenhälfte steckt der Rest eines Eisennagels.
Köcher, *endromides* und Hund sowie die Kleidung identifizieren die rechte Figur eindeutig als Artemis. Die Ikonographie der Nike links schließt sich eng an die Darstellung eines syrakusanischen Tetradrachmons von 310-304 v.Chr. (*Antike Kunst*, 29, 1986, Taf. 7,2).
Die Ketten in Form eines flachen Bandes mit Anhängern datieren in die Zeit um das Ende des 3. und den Anfang des 2. Jhs. v.Chr. (vgl. A. D'AMICIS, in: *Gli ori di Taranto in età ellenistica*, Mailand 1985, 201 f. und 219, Typ IV, Nr. 152). Zur Bandelierkette vgl. H. HOFFMANN, P.F. DAVIDSON, *Greek Gold Jewellery from the Time of Alexander*, Mainz 1965, 8. Der Typ des Schlangenarmreifs ist in die gleiche Zeit zu datieren (vgl. A. DELL'AGLIO, in: *Gli ori di Taranto*, *zit.*, 239 und 247, Nr. 172, 173). Die Schmuckstücke können jedoch auch von späteren Werken kopiert worden sein, so daß sie der für unsere Platten vorgeschlagenen Datierung nicht entgegenstehen.
Die vier Platten wurden zusammen mit vielen Fragmenten entsprechender Stücke 1983 gefunden. Sie waren im Garten des Hauses VI, 17, 42 in der Insula Occidentalis in Pompeji teilweise als Baumaterial oder Wanddekoration wiederverwendet worden (vgl. S. DE CARO, *Pompei. Indagini, scavi, rinvenimenti*, in: *Pompeii Herculaneum Stabiae*, I, 1983, 317, Abb. 5 und 6). Ursprünglich dekorierten sie wohl ein Sakralgebäude und stellten mit anderen, heute fehlenden Stücken den Mythos von Apollo und Marsyas dar. Marsyas wagte es, den Gott beim Flötenspiel herauszufordern, wurde besiegt und zur Strafe gehäutet. Auf Tafel *b*) ist der Wettstreit zu erkennen (vgl. S. REINACH, *Répertoire de peintures grecques et romaines*, Paris 1922, 30). Auf Platte *c*) erscheint der Phrygier Olympos, um von Apollo Gnade für seinen Herrn Marsyas zu erflehen. Die letzte Platte (*d*) stellt Artemis und Nike dar, die in diesem Mythos fast immer anwesend sind (K.W. SCHAUENBURG, *Marsyas*, in: *RömMitt*, LXV, 1958, 64). Nach den schwachen Farbspuren zu urteilen, zeigten die Platten wie diejenigen mit Rankenmotiven eine lebendige Polychromie und wirkten daher wie dreidimensionale Malerei. Aufgrund des Stils und der weicheren und plastischeren Modellierung dürften die vier Platten älter als der Lagina-Fries sein. Sie werden allgemein zwischen das letzte Viertel des 2. und den Anfang des 1. Jhs. v.Chr. datiert (s.a. A. GIULIANO, in: *EAA*, IV, 1961, s.v. *Lagina*). Es ist daher für den hier vorgestellten Fries eine Entstehungszeit um die Mitte des 2. Jhs. v.Chr. vorzuschlagen, also noch vor den attischen Klassizismus, der den barocken Stil des Hellenismus ablöste (zu diesem Thema s. die Untersuchung von F. COARELLI, *Architettura e arti figurative in Roma: 150-50 v.Chr.*, in: *Hellenismus in Mittelitalien*, Göttingen 1976, 21-51).

Bibl.: Unveröffentlicht, aber gerade in Publikation befindlich: E.M. MENOTTI DE LUCIA, *Le terrecotte dell'«Insula Occidentalis». Nuovi elementi per la problematica relativa alla produzione artistica di Pompei nel II secolo a.C.*, in: *Artigiani e botteghe dell'Italia preromana*, Rom 1990, 96 ff. (mir leider nicht zugänglich). Ich danke Prof. Bernard Andreae für seine hilfreichen Anregungen.

A.D.A.

233. Reliefs mit Theatermasken

a) Inv. 20462.
Pompeji, VI, 16, 7, Haus der Vergoldeten Amoretten.
Höhe 30 cm, Länge 44,1 cm.
Marmor.
Aus drei Fragmenten zusammengesetzt.

Die Reihe rechteckiger, zweiansichtiger Marmorreliefs bildet einen Sonderfall der dekorativen Kleinpla-

233

234

234

come il nostro, in età augustea e costituivano un oggetto d'importazione di gran lusso. La presenza di un *cartibulum* di tal genere nella casa di Meleagro attesta, senza dubbio, l'agiatezza economica dei proprietari. Il nostro *cartibulum* trova numerosi confronti tipologici con esemplari a Pompei (V. SPINAZZOLA, *Arti decorative a Pompei e nel M.N. di Napoli,* Napoli 1928, p. 36 ss.) e con un esemplare della Ny Carlsberg Glyptotek di Copenaghen (F. POULSEN, *Catalogue of Ancient Sculpture in the Ny Carlsberg Glyptotek,* Copenhagen 1951, p. 111, n. 135, tav. X).

Bibl.: *BullInst,* 1829, p. 67.

M.C.D.S.

235. Colonnetta a decorazione vegetale con erma bifronte

Inv. 690.
Pompei, VI, 15, 1, casa dei Vettii.
Erma: alt. cm 15; largh. cm 10; spess. cm 10,50; colonnetta: alt. cm 168,50; diam. cm 14,50.
Marmo.
Integra.

La colonnetta, sulla cui sommità è posta un'erma bifronte, si sviluppa in altezza avvolta fin dalla base da una raffinata decorazione a racemi vegetali: un tralcio con foglie d'edera, di prospetto e di profilo, e con corimbi dai piccoli tocchi chiaroscurali, ottenuti con l'uso del trapano, lungo tutto il percorso della spirale. Il motivo richiama le decorazioni vegetali su colonne decorate e candelabri marmorei a pilastro, prodotti in officine neoattiche alla fine dell'ellenismo e molto diffusi a Roma dalla prima età imperiale (cfr. *Museo Nazionale Romano. Le sculture,* I, 2, Roma 1981, p. 132 s., n. 32, I, 3, Roma 1982, p. 47, n. II, 15).
L'erma bifronte raffigura su un lato la testa di un vecchio sileno, barbato, calvo e con corona di foglie d'edera e corimbi e due bande discendenti lungo le spalle. Fronte e sopracciglia sono corrugate; le labbra carnose appaiono leggermente dischiuse, mentre i lunghi baffi e la barba conica formata da otto boccoli ne incorniciano il disegno. Sull'altro lato è una testina muliebre identificabile come una menade. Una tenia ornata da foglie d'edera e bacche scende mollemente sulla fronte e si ferma simmetricamente sulle tempie. Sul capo l'acconciatura presenta due bande di capelli, rigonfie, mentre due ciocche ondulate scendono fin sulle spalle. L'uso del trapano è evidente per le narici e per gli angoli della bocca. Tracce di colore sull'erma ricordano l'uso della policromia su tutta la composizione. I tipi raffigurati nell'erma richiamano elementi simbolici e iconografici propri del culto dionisiaco, presenti in numerosi esemplari di arredo marmoreo proveniente dalla casa dei Vettii.
L'insieme della composizione riflette un'impostazione di derivazione classica, riscontrabile nel gusto decorativo e nella resa stilistica che si avverte in molti lavori degli inizi dell'età imperiale. Databile al I secolo d.C.

Bibl.: A. MAU, *Scavi di Pompei, 1894-95, Reg. VI, Isola ad E della 11,* in *RömMitt,* XI, 1896, pp. 3-97; DWYER 1982, p. 15 (con bibl. precedente).

M.M.

234

236. Colonnetta a decorazione con erma bifronte

Inv. 691.
Pompei, VI, 15, 1, casa dei Vettii.
Erma: alt. cm 21, largh. cm 12,80, spess. cm 12,80; colonnetta: alt. cm 168,70, diam. cm 14,50.
Marmo.
Integra, abrasioni sui nasi dell'erma bifronte.

Insieme all'altra (Cat. 235) proveniente anch'essa dalla casa dei Vettii, la colonnetta costituisce un gruppo omogeneo nell'arredo marmoreo del giardino. Simile nella decorazione che avvolge il fusto, alla sommità sostiene un'erma bifronte, di proporzioni leggermente maggiori, raffigurante su un lato una sontuosa testa di Dioniso maturo, con corona di pampini sul capo, dalla quale scendono simmetricamente due bande sulle spalle. La capigliatura è composta da una serie di corti riccioli di ispirazione arcaicizzante, tipici di molte erme di derivazione attica (cfr. E. PARIBENI, *Catalogo delle sculture di Cirene,* Roma 1959, p. 131, n. 368), che incorniciano il volto luminoso e solenne e ricadono con due boccoli per parte lungo le tempie. Intorno alla carnosa bocca dischiusa lunghi baffi arricciati verso l'esterno costituiscono la prima delle quattro file di ricci che formano la lunga barba troncoconica. Il tipo richiama quello conosciuto da molte teste di Zeus Ammon, presente in associazione con Dioniso in numerose doppie erme del I secolo d.C. (cfr. A.M. BRIZZOLARE, *Le Sculture del Museo Civico Archeologico di Bologna,* Bologna 1986, p. 97, figg. 90-91; *Museo Nazionale Romano. Le sculture,* I, 1, Roma 1979, p. 31 s., n. 30). Sull'altro lato una testa di Dioniso giovane richiama nel tipo l'Apollo «Ariadne» (cfr. C. GASPARRI, in *Studi in onore di G. Becatti,* Roma 1976, pp. 88-98), presente in alcune creazioni classicistiche di età romana provenienti da Ercolano (v. Apollo da Ercolano, Museo Nazionale di Napoli,

235. Doppelherme auf Säule mit pflanzlichem Dekor

Inv. 690.
Pompeji, VI, 15, 1, Haus der Vettier.
Büste: Höhe 15 cm, Breite 10 cm, Tiefe 10,5 cm; Säulchen: Höhe 168,5 cm, Durchm. 14,5 cm.
Marmor.
Unbeschädigt.

Die Säule mit der doppelgesichtigen Herme ziert eine feine Dekoration aus pflanzlichen Ranken. Zweige mit Efeublättern und Blüten, deren Bohrungen Licht- und Schatteneffekte bewirken, winden sich in ganzer Höhe um die Säule. Sie erinnern an pflanzliches Dekor auf Säulen und pilasterförmigen Marmorkandelabern, die am Ende des Hellenismus in neuattischen Werkstätten entstanden und im Rom der frühen Kaiserzeit weite Verbreitung fanden (vgl. *Museo Nazionale Romano. Le sculture*, I, 2, Rom 1981, 132 f., Nr. 32, I, 3, Rom 1982, 47, Nr. II, 15).
Die doppelgesichtige Büste gibt auf der einen Seite einen alten, bärtigen Silen wieder, dessen Kopf ein Efeukranz mit zwei auf die Schultern herabfallenden Bändern ziert. Stirn und Augenbrauen sind zusammengezogen und die fleischigen Lippen leicht geöffnet, während der lange Schnurrbart und der konisch zugeschnittene Bart aus acht Locken das Gesicht abrunden. Auf der anderen Seite erscheint der Kopf einer Mänade. Ein mit Efeublättern und -beeren geschmücktes Band läuft symmetrisch über die Stirn zu den Schläfen hin. Ihr Haar ist in zwei Strähnen gescheitelt, wellige Locken fallen auf die Schultern herab. Nasenlöcher und Mundwinkel sind mit dem Bohrer gearbeitet. Farbspuren auf der Büste verweisen auf die Farbigkeit der gesamten Komposition. Die dargestellten Hermentypen erinnern an symbolische und ikonographische Elemente des dionysischen Kultes, wie sie auf vielen der marmornen Einrichtungsgegenstände des Vettier-Hauses vorkommen. Die Gesamtkomposition spiegelt einen klassischen Einfluß wieder, wie er im dekorativen Geschmack und Stil vieler frühkaiserzeitlicher Arbeiten des 1. Jhs. n.Chr. festzustellen ist.

Bibl.: A. MAU, *Scavi di Pompei*, 1894-95, *Reg. VI, Isola ad E della 11*, in: *RömMitt*, XI, 1896, 3-97; DWYER 1982, 15 (mit Bibl.).

M.M.

236. Doppelherme auf Säule mit pflanzlichem Dekor

Inv. 691.
Pompeji, VI, 15, 1, Haus der Vettier.
Herme: Höhe 21 cm, Breite 12,8 cm, Tiefe 12,8 cm; Säule: Höhe 168,7 cm, Durchm. 14,5 cm.
Marmor.
Unbeschädigt, Abschürfungen auf den Nasen der beiden Gesichter.

Diese Säule bildet im Garten des Vettier-Hauses zusammen mit Kat. Nr. 235 eine einheitliche, aufeinander bezogene Ausstattungsgruppe. Die sich um den Schaft windende Dekoration ist ähnlich; die zweigesichtige Herme ist etwas größer und stellt auf der einen Seite einen prächtigen Dionysos-Kopf reifen Alters dar. Er trägt einen Kranz aus Weinlaub, von dem zwei symmetrische Bänder auf die Schultern herabfallen. Die Frisur besteht aus einer Reihe archaisierender, kurzer Locken, wie sie für viele attische Hermen typisch sind (vgl. E. PARIBENI, *Catalogo delle sculture di Cirene*, Rom 1959, 131, Nr. 368). Sie rahmen das ernste Gesicht und fallen in je zwei Strähnen an den Schläfen herunter. Um den kräftigen, geöffneten Mund bildet der an den Enden gekräuselte Schnurrbart die erste von vier Lockenreihen, die den langen, kegelstumpfförmigen Bart bilden. Diese Darstellung gehört zum bekannten Typus der vielen Zeus Ammon-Köpfe, die in dionysischem Kontext in vielen Doppelhermen des 1. Jhs. n.Chr. vorkommen (vgl. A.M. BRIZZOLARE, *Le Sculture del Museo Civico Archeologico di Bologna*, Bologna 1986, 97, Abb. 90-91; *Museo Nazionale Romano. Le sculture*, I, 1, Rom 1979, 31 f., Nr. 30). Auf der anderen Seite erscheint ein jugendlicher Dionysos-Kopf im Typus des Apollo «Ariadne» (vgl. C. GASPARRI, in: *Studi in onore di G. Becatti*, Rom 1976, 88-98), der in einigen klassizistischen Werken aus Herkulaneum auftritt (s. Apollo aus Herkulaneum, Nationalmuseum Neapel, Inv. 6357). In der Frisur sind die dionysischen Attribute versammelt: Die in der Mitte gescheitelten Haare fallen in zwei Strähnen in die Stirn und sind mit einem Weinlaubkranz geschmückt. Vier Locken bedecken die Schläfen, vier weitere reichen bis auf die Schulter herab, während zwei seitlich unter dem Kranz hervortreten. Der zurückhaltende Einsatz des Bohrers ist an vielen Details festzustellen, z.B. bei der Gestaltung der Mundwinkel und der Haartracht. Die genaue Ausführung weist auf eine Werkstatt des 1. Jhs. n.Chr. hin. Wahrscheinlich entstand das Säulenpaar in Zusammenhang mit dem Wiederaufbau bzw. Umbau des Hauses nach dem Ankauf durch die Vettier.

Bibl.: Vgl. Kat. Nr. 235.

M.M.

237. Skulpturengruppe mit Hunden, die einen Hirsch angreifen

Inv. 519.
Herkulaneum, Haus der Hirsche.
Höhe 60,5 cm; Breite 20 cm; Länge 54 cm.
Weißer lunensischer Marmor.
Sehr guter Erhaltungszustand; einige zusammengefügte Bruchstellen; leichte Patina.

Ein junger Hirsch wird von vier Windhunden angegriffen und versucht, sich zu verteidigen. Den Kopf hat er schützend erhoben; seine Läufe sind leicht gespreizt, um das Gewicht der Hunde abzufangen und das Gleichgewicht zu behalten. Die Hunde greifen von allen Seiten an und attackieren wild. Einer, auf dem Rücken des Hirsches, beißt ins linke Ohr; ein anderer versucht, von den Vorderbeinen aus die Schnauze zu packen; ein dritter zerrt am linken Vorderbein und ein daneben liegender faßt den rechten Vorderhuf.
Die Statuengruppe findet in der Gartenausstattung aus dem nach ihr benannten Haus der Hirsche ein Gegenstück (Kat. Nr. 238). Trotz gleichartiger Situationen ist die Reaktion der Hirsche unterschiedlich dargestellt. Anscheinend wollten die Künstler zwei verschiedene Momente in zeitlicher Abfolge festhalten. Die erste Gruppe zeigte somit den Beginn des Angriffs, als die Dramatik des Geschehens noch gering ist; die zweite den Höhepunkt.
Es handelt sich um eine bereits im Hellenismus beliebte Genredarstellung, die im Römischen Reich der frühen Kaiserzeit weite Verbreitung fand. Tiermotive als Genreszenen erfreuten sich im Hochhellenismus besonderer Beliebtheit. Diese Epoche hatte eine Vorliebe für psychologische Elemente und dramatische Situationen. Auch die römische Plastik der frühen Kaiserzeit war erfüllt von lebendigen und naturalistischen Formen, gepaart mit einem Interesse für Naturelemente. Ihre besondere Vorliebe galt Motiven und Ausdrucksweisen des Hochhellenismus, die sich für dekorative Kunst besonders eignen.

Bibl.: A. MAIURI, *Ercolano. I Nuovi Scavi*, Rom 1958, 304, Abb. 242; M. BIEBER, *The Sculpture of the Hellenistic Age*, New York 1961[2], 155 ff.; V. TRAN TAM TINH, *La casa dei Cervi ad Herculanum*, Rom 1988, 99, Abb. 150.

B.C.

238. Skulpturengruppe mit Hunden, die einen Hirsch angreifen

Inv. 524.
Herkulaneum, Haus der Hirsche.
Höhe 61,5 cm; Breite 20 cm; Länge 61 cm.
Weißer, wahrscheinlich lunensischer Marmor.
Sehr guter Erhaltungszustand, einige zusammengefügte Bruchstellen; leichte Patina.

Gegenstück zu Kat. Nr. 237 mit ganz ähnlicher Komposition eines von vier Hunden angegriffenen Hirsches. Das äußerst angespannte Tier ist hier dem Erliegen nahe, die Muskeln sind vor Kraft und Schmerz zusammengezogen und die Schnauze ist in großem Leiden aufgerissen. Ein unsicher auf dem Rücken des Hirsches stehender Hund mit Halsband beißt in dessen rechte Wange. Ein zweiter steht auf dem rechten Vorderlauf des Hirsches und packt die andere Wange. Beide Hunde sind in annähernd ähnlicher, doch weniger ausbalancierter Position wie ihre Gegenüber der anderen Gruppe dargestellt. Zwei weitere Hunde fallen von unten beide das rechte Bein an, einer von hinten, einer von vorne.
Die Komposition der zweiten Gruppe ist bewegter, dabei jedoch weniger durchdacht: die Hunde attackieren nur die rechte Körperhälfte und greifen paarweise dieselbe Stelle an. Die Position der beiden oberen scheint für einen solch heftigen Angriff unglücklich gewählt. Aus Gründen ausdrucksstarker Virtuosität und der vorgesehenen Aufstellung der Skulptur wollte man dem Betrachter wohl eine Schauseite anbieten. Die stilistische Ausführung gleicht der vorherigen Gruppe, doch ist zu ergänzen, daß jene deutlich dekorativeren Charakter aufweist. Trotz der Dramatik und des wilden Angriffs durch die Windhunde überwiegt der Eindruck von Eleganz und Grazie.

Bibl.: vgl. Kat. Nr. 237.

B.C.

239. Nymphäum mit Mosaikdekor

Inv. 40689 A-G.
Pompeji, VI, 17 (Ins.Occid.), 42.
Höhe 240 cm; Breite 200 cm; Tiefe 177 cm; mittlere Öffnung: Höhe 135 cm, Breite 72 cm; Rahmen: vordere Breite 24 cm, seitliche Breite 57 cm; Treppenstufen: Höhe variabel, durchschnittl. 20 cm, Breite 25 cm.
Polychrome Mosaikverkleidung aus Glaspaste und Muscheln (*Murex brandaris* und *Cardium*).
Zahlreiche Fehlstellen.

Das mit polychromem Mosaik ausgekleidete Nymphäum stammt aus dem sog. Haus des Goldenen Armreifs. Es wurde von der Apsis der Rückwand des Sommertrikliniums abgenommen, das sich auf Gartenniveau befand. Das dreigeschossige Haus war am Abhang der Insula Occidentalis über der Stadtmauer errichtet. Die Nische befand sich in der Mitte der Wand und nahm fast deren halbe Breite und Höhe ein. Den äußeren Abschluß der Nische bildete ein vorkragender Rahmen. Die Treppe in der Nischenmitte ist in situ. Sie war in den anstehenden Fels gehauen und mit dem Mittelgeschoß des Hauses verbunden. Dort war das Nymphäum an die Wasserleitung angeschlossen, die vom Haus an den städtischen Aquädukt

235

235

235

inv. 6357). Nell'acconciatura sono collocati gli attributi dionisiaci: i capelli a scriminatura centrale, che scendono con due bande sulla fronte, sono infatti ornati da una corona di pampini; quattro boccoli ai lati delle tempie richiamano i corrispondenti quattro ricadenti sulle spalle, mentre due ciocche arricciate fuoriescono lateralmente dalla corona. L'uso sobrio del trapano è riscontrabile in molti particolari, come ai lati della bocca e nell'acconciatura. L'accurata esecuzione del lavoro è opera di un'officina attiva nel I secolo d.C. L'erma su colonnetta fu probabilmente acquistata in coppia con l'altra in occasione della ristrutturazione e risistemazione della casa dopo l'acquisto da parte dei Vettii.

Bibl.: Cfr. Cat. 235.

M.M.

237. Gruppo scultoreo con cani che assalgono un cervo

Inv. 519.
Ercolano, casa dei Cervi.
Alt. cm 60,5; largh. cm 20; lungh. cm 54.
Marmo bianco lunense.
Ottima conservazione; qualche frattura ricomposta; leggera patina.

Il gruppo raffigura un giovane cervo assalito da quattro levrieri, in atto di tentare una difesa, la testa sollevata a proteggere il muso e le gambe divaricate leggermente a meglio reggere il peso dei cani e mantenere l'equilibrio. I levrieri attaccano il cervo da tutti i lati, mordendolo con ferocia, l'uno arrampicato sul dorso a mordere l'orecchio sinistro, un altro cercando di addentare il muso arrampicandosi sulle sue zampe anteriori, un terzo azzannandolo alla zampa sinistra ed il quarto accucciato presso di lui a mordergli lo zoccolo destro.
Il gruppo, realizzato in marmo *monolitico,* formava, con un altro gruppo (Cat. n. 238), un elemento simmetrico, posto ad arredare il giardino della casa, detta appunto, dei Cervi. Nonostante i due gruppi siano estremamente simili fra loro, esiste una differenza nell'intensità della manifestazione del dramma vissuto dai due animali, quasi che gli artisti abbiano voluto rappresentare, in una sequenza temporale, due distinti momenti: questo primo gruppo mostrerebbe l'inizio dell'attacco, in cui la drammaticità dell'evento è meno evidente, e l'altro il punto culminante di esso, quando il cervo è visibilmente vicino a soccombere.
Si tratta di un *motivo di genere* assai caro alla tradizione figurativa dell'ellenismo e che fu largamente rappresentato nel mondo romano della prima età imperiale. Questi soggetti animali, come tutti gli altri *di genere*, sono stati frequentemente rappresentati, in età ellenistica, nell'ambito della corrente, soprattutto, che si suole chiamare del *rococo,* e che ha manifestato predilezione per l'espressione dei piú minuti caratteri psicologici, in una ricerca di eleganza e di raffinateza certamente un po' leziose, estenuate, illanguidite, che succede al barocco, contrapponendosi alla sua violenza di contenuti spirituali e di espressioni fisiche, ma mantenendone in qualche modo le costruzioni elaborate e declamatorie, sia pure in forma attenuata.
La plastica romana della prima età imperiale, cosí impregnata di caratteri di viva raffinatezza formale, di gusto paesaggistico e naturalistico, ebbe una particolare predilezione per i motivi ed i modi di espressione della corrente *rococo* dell'ellenismo, congeniale ad una concezione *desengagée* e puramente ornamentale dell'arte.

Bibl.: A. MAIURI, *Ercolano. I Nuovi Scavi,* Roma 1958, p. 304, fig. 242; M. BIEBER, *The Sculpture of the Hellenistic Age*, New York 1961^2, p. 155 ss.; TRAN TAM TINH, *La casa dei Cervi ad Herculanum,* Roma 1988, p. 99, fig. 150.

B.C.

238. Gruppo scultoreo con cani che assalgono un cervo

Inv. 524.
Ercolano, casa dei Cervi.
Alt. cm 61,5; largh. cm 20; lungh. cm 61.
Marmo bianco, probabilmente lunense.
Ottima conservazione, qualche frattura ricomposta; patina leggera.

Questo secondo gruppo marmoreo, che faceva coppia con quello Cat. n. 237, presenta una composizione assai simile al precedente, raffigurando un cervo in atto di essere attaccato da quattro levrieri. L'animale è qui rappresentato sul punto quasi di soccombere,

236

236

236

führte. Das Wasser floß die Treppe hinab und sammelte sich in einem Becken im Boden der Nische. Von dort gelangte es in ein anderes Becken in der Mitte des Trikliniums und schließlich in einen großen mehrstrahligen Brunnen unter einer Laube vor dem Raum.
Nach der Abnahme der Mosaikdekoration fanden sich auf der oberen Wandhälfte der Nische und in der Apsiswölbung auf dem Putz einige mit dem Pinsel ausgeführte Vorzeichnungen in schwarz. Sie zeigen, daß bei der späteren Ausführung des Mosaiks Veränderungen vorgenommen (die Beckenmuschel) oder Elemente (Girlanden und *oscilla* in den beiden Mittelfeldern) weggelassen wurden.
Die Mosaikdekoration ist in geometrischer und symmetrischer Aufteilung im Nischeninneren und auf dem Rahmen angebracht. Auf dem Bogenrücken des Rahmens ist sie verloren; die erhaltenen Reste auf den Außenseiten der Pfeiler zeigen die dreiteilige Anordnung. Die Unterteilung besteht aus Muschelreihen, die entlang den Kanten vertikal und zur inneren Gliederung horizontal in den rot gefärbten Stuck eingesetzt sind. Ein erstes kleines Rechteck befindet sich gleich unter dem Bogenansatz und weist ein Muster aus konzentrischen Kreisen auf, um das stilisierte Pflanzenmotive auf blauem Grund in Gelb, Rot, Weiß und Schwarz strahlenförmig angeordnet sind; ein gleichgroßes Rechteck muß den Sockel am unteren Pfeilerende angedeutet haben. Dazwischen ist ein langes Rechteck, in dem sich auf ebenfalls blauem Grund in Grün, Hellbau und Gelb eine Reihe von Halbkreisen, Ovalen und Rauten erstreckt, deren Mitte stilisierte Pflanzenmotive zieren.
Auf der Rahmenleibung ist jegliche Dekoration verloren. Die Mosaikdekoration auf der Seite des Pfeilers ist ebenfalls von Muschelreihen gerahmt und zeigt in einem Feld auf blauem Grund oben und unten zwei weiße Tondi (*oscilla?*), die von hellblauen, rautenförmig angeordneten Bändern zusammengehalten werden. Da sich diese Bänder nach unten fortsetzen, war das entsprechende Motiv vielleicht anstelle der jetzigen Lücke dort auch vorhanden. Die zwei Tondi sind symmetrisch von hellblauen Bändern umgeben, die in stilisierten Blumen enden. Am oberen, vielleicht auch am unteren Rand des Feldes kommt ein drittes Band hinzu. In der Feldmitte befindet sich ein schwer interpretierbares weißes Dreiecksmotiv, das an einem doppelten Band am oberen Tondo aufgehängt ist.
In der Apsiswölbung erscheint ein Muschelmotiv, das aufgrund des Farbspiels der grünen, hellblauen und gelben Dekoration dreidimensional wirkt. Die weiße Muschelschale ist vorgebogen. Ein gelber Randstreifen und eine Reihe von stilisiert blumenförmig endenden Anhängseln bereichern das Muster. Der blaue Hintergrund wird oben von einem schwarzen Zickzackstreifen mit weißen, roten und grünen Spitzen gerahmt. Dieser wird seinerseits unten von einem weißen, oben von einem hellblauen Streifen umfaßt. Darüber erscheint ein schwarzer Streifen mit weißen Kreuzchen. Unten begrenzt ein gelber Streifen die Kalotte; es folgen ein weißer mit hellblauen und schwarzen sich überschneidenden Bögen, ein hellblaues und ein weißes Band sowie auf blauem Grund eine herrliche Girlande aus Lorbeerblättern, Margeritenblüten und Früchten (Äpfel, Quitten und Birnen). Sie ist von grüner, hellblauer und gelber Farbe und wird durch Verengungen eines linierten Streifens in drei Abschnitte unterteilt. Den Abschluß bildet eine doppelte Muschelreihe auf rotem Grund.
Auf der Apsiswand befinden sich zu Seiten der Öffnung für die Treppe zwei Felder mit identischen und fast symmetrischen Szenen. Diese Gartenbilder werden oben von einem Rahmen aus schwarzen Bögen auf weißem, gelbem und grünem Grund eingefaßt; die seitlichen Rahmen zeigen elegante pflanzenförmige und geometrische Motive, die alle in Hellblau, Gelb sowie Hell- und Dunkelgrün variieren.
In bemerkenswert illusionistischer Weise ist der Garten unten von einem Mäuerchen mit einer Schranke darauf umgrenzt. Aus dieser wachsen dichtbelaubte Zweige. Vor blauem Himmel drängen sich verschiedene Pflanzen, Sträucher und Blumen, um einen kleinen Brunnen. Auf dem Rand einer wassergefüllten Marmor- oder Stuckschale mit mittlerem Wasserstrahl und hohem Fuß posieren Tauben. Die großen und symmetrischen Lücken in beiden Feldern wurden in bourbonischer Zeit von Räubern hinterlassen, die zwei Brunnenspeier (wahrscheinlich marmorne Masken) aus der Mitte der Felder und die bleiernen Wasserhähne entfernten.
Schließlich ist in einem kleinen Feld unter der mittleren Öffnung in Grün und Hellblau ein kleiner See mit Enten und Lotosblüten dargestellt. Den Rahmen bilden ebenfalls Muschelreihen. Mit wenigen schwarzen Steinchen sind Schwanz und Augen der Vögel angedeutet. Auf wenigstens einer der in situ erhaltenen Treppenstufen ist dieselbe, leicht abgewandelte Komposition zu erkennen.
Das Becken ist mit wasserfestem Putz in dunkelgrüner Farbe ausgekleidet.

238

col corpo colto in condizioni di forte tensione, con i muscoli contratti dallo sforzo e dallo spasimo, con la bocca aperta in una stato di grande sofferenza e di notevole drammaticità. Uno dei cani si aggrappa instabilmente al dorso del cervo cercando di addentargli con la bocca la mascella destra, approfittando anche della forte torsione verso di lui del collo della fiera; esso reca un collare e con la zampa destra cerca di non scivolare via dalla sua posizione. Un secondo cane, arrampicato instabilmente sul treno anteriore del cervo, dalla parte frontale, cerca anch'esso di addentare la mascella inferiore. Entrambi i cani ripetono approssimativamente la posizione dei cani corrispondenti nell'altro gruppo esaminato, ma con minore equilibrio della posizione. Gli altri due cani, aggrediscono dal basso, l'uno dall'interno e l'altro dall'esterno, il cervo addentando in due punti differenti la medesima zampa destra.
Se compariamo le due sculture, non possiamo non osservare che, in questa seconda, la composizione è piú confusa e meno razionale, aggredendo i quattro cani la fiera, in coppia, nello stesso punto e sempre nel lato destro del corpo, i due in alto in una posizione alquanto infelice per l'attacco che cosí violentemente stanno portando al cervo. Sembra quasi che, per ragioni di virtuosismo espressivo e di prevista esposizione della scultura, si sia voluto offrire all'osservatore un punto di vista privilegiato, dal lato destro, dell'opera.
Quanto allo stile, valgono le osservazioni avanzate per la precedente scultura, con l'aggiunta che quest'ultima mostra chiaramente il carattere declamatorio enervato, che abbiamo segnalato come peculiare della fase rococo. Nonostante la drammaticità della rappresentazione e la ferocia dell'attacco dei levrieri alla fiera, il sentimento prevalente suscitato nell'osservatore è di raffinata eleganza e di grazia con prevalenza del decorativismo sulla forza d'espressione.

Bibl.: Cfr. Cat. n. 237.

B.C.

239

239. Ninfeo decorato in mosaico di pasta vitrea

Inv. 40689 A–G.
Pompei, VI, 17 (Ins. Occid.), 42.
Alt. m 2,40; largh. m 2,00; prof. m 1,77; apertura centrale: alt. m 1,35; largh. m 0,72; cornice: largh. fronte m 0,24; largh. fianco m 0,57; gradini della scaletta: alt. variabile, m 0,20 in media; largh. m 0,25.
Rivestimento in mosaico policromo di pasta vitrea e conchiglie (*Murex brandaris e Cardium*).
Numerose lacune.

Il ninfeo è stato staccato dall'abside della parete di fondo del triclinio estivo al livello del giardino della casa cosiddetta «del Bracciale d'oro», costruita su tre livelli lungo la pendice dell'*Insula Occidentalis* a cavallo delle mura urbiche. Si tratta del rivestimento in mosaico policromo di pasta vitrea di una grande nicchia absidata che occupa il centro della parete per una estensione pari alla metà della parete stessa e per una altezza di poco meno della metà di essa. La nicchia era bordata da una cornice in aggetto sia sulla fronte, rispetto al piano della parete del vano, che, lateralmente, rispetto al piano di fondo della nicchia stessa. Al centro di quest'ultima, un'apertura rettangolare rendeva visibile una scaletta, tuttora *in situ*, di 12 gradini in muratura ricavati nel muro di contenimento del terreno alle spalle della nicchia e poi nel terreno stesso fino a raggiungere il livello del piano mediano della casa. La scaletta, alla sua sommità, era in comunicazione con una canalizzazione che le adduceva l'acqua fornita alla casa da un collettore allacciato all'acquedotto urbano. L'acqua che scendeva dalla scaletta si raccoglieva nella vasca sul fondo della nicchia e da essa raggiungeva dapprima un bacino posto al centro dei letti tricliniari ed infine una grande fontana con piú zampilli collocata sotto un pergolato antistante all'ambiente.
Dopo il distacco della decorazione musiva, nella zona superiore delle pareti della nicchia e nel catino dell'abside sono rimaste visibili alcune sinopie tracciate sull'intonaco con un pennello intinto di colore nero. Queste sinopie raffigurano elementi che nell'esecuzione del mosaico sono stati modificati (come la conchiglia del catino) o addirittura obliterati (ghirlande ed *oscilla* nei due pannelli centrali).
La decorazione a mosaico è disposta all'interno della nicchia e sulla cornice secondo una ripartizione geometrica e simmetrica degli spazi. Perduta sull'estradosso della cornice, essa sopravvive sui montanti esterni dove è tripartita. La scansione è data da filari di conchiglie allettate su stucco colorato in rosso e disposte lungo gli spigoli in verticale e a segnare le partizioni interne in orizzontale. Un primo breve rettangolo, subito sotto l'imposta dell'arco, contiene un motivo a cerchi concentrici, dal quale si dipartono a raggiera elementi fitomorfi stilizzati, eseguito in giallo, rosso, bianco e nero su fondo azzurro; un rettangolo di medesime proporzioni doveva segnare la base del montante. Al centro è un lungo rettangolo in cui, sempre su fondo azzurro, si snodano una serie di semicerchi, di ovali e di rombi verdi, celesti e gialli decorati all'interno da motivi fitomorfi geometrizzati.
Anche sull'intradosso della cornice non resta traccia di decorazione. Sul fianco del montante, sempre incorniciato da filari di conchiglie, la decorazione musiva consiste in un unico pannello in cui, su fondo azzurro, compaiono in alto e in basso due tondi (*oscilla?*) di tessere bianche, collegati da bande celesti che formano un motivo a rombo. Queste bande si prolunga-

239

In Pompeji sind weitere elf mit polychromem Mosaik verkleidete Brunnen bekannt. Es handelt sich jedoch immer um gemauerte Ädikulen mit Nische, die den Lararien sehr ähneln. Sie sind *vor* der Mauer des Peristyls oder Sommertrikliniums errichtet, in dem sie sich befinden, und nicht, wie in unserem Fall, als apsidiale Nischen mit einer Öffnung direkt in die Wand eingetieft. Während man bei diesen von Brunnen sprechen kann (NEUERBURG, 61, bezeichnet sie als Ädikula-Nymphäen), in denen auch das gegebenenfalls vorhandene Treppenelement (Haus des Großen Brunnens, Haus des Brunnens) in das Nischeninnere integriert ist, scheint hier die einfache Bezeichnung Nymphäum treffender. Sie bezieht sich direkter und weniger auf das Häusliche reduziert auf das ursprüngliche Element der im Grünen befindlichen heiligen Grotte der Nymphen. Ein Vergleich für die Verbindung von Nymphäum und Sommertriklinium findet sich nicht in Pompeji, sondern in Herkulaneum im Haus des Neptun und der Amphitrite. Das großartigtste Beispiel eines solchen architektonischen Gefüges aber ist das Sommertriklinium mit Nymphäen und *stibadium* in der Hadriansvilla in Tivoli.

Auch die Dekoration unseres Nymphäums unterscheidet sich von den mosaizierten Brunnen in Pompeji, so vor allem hinsichtlich der Qualität der sehr wahrscheinlich auf malerischen Vorbildern beruhenden Vorlagen. Es genügt, die Wiedergabe der Muschel in der Apsiskalotte zu betrachten. Als venusbezogenes Fruchtbarkeitssymbol kommt sie oft in Brunnen mit apsidialer Ädikula vor, z.B. im Brunnen des Hauses der Wissenschaftler (VI, 14, 43) oder im Haus des Bären (VII, 2, 45). In ihren flachen Darstellungen wird die Muschelschale mit ihren Rippen lediglich durch senkrechte Linien mit Verbindungsbögen angedeutet. In unserem Nymphäum aber schuf der Mosaikkünstler ein dreidimensionales Schattenspiel. Ferner verleiht das durch farbliche Abstufung der Steinchen erzielte Helldunkel des Blattwerks in der Gartenszenerie dem marmornen Brunnenbecken Gestalt und verdunkelt mittels schwarzer Steinchen den Hintergrund des Sträucherdickichts.

Dieser mosaizierte Garten ist auch für Pompeji außergewöhnlich. Die anderen Brunnen geben zwar gelegentlich Hinweise auf Sumpf-, Meeres- oder Nillandschaften, doch meist quellen sie von jenen geometrischen und stilisierten pflanzlichen Motiven über, die in unserem Nymphäum auf die Kanten und die Außenstreben des Rahmens beschränkt bleiben. Die Mosaikkünstler entlehnten sie vermutlich orientalischen und alexandrinischen Stoffen und Teppichen, doch variierten sie sie auch frei nach Phantasie und gemäß der Vorliebe für leuchtende Farbkombinationen einer wohlhabenden bürgerlichen und nicht immer künstlerisch gebildeten Auftraggeberschaft.

Ein sehr guter Vergleich für die Gartenszenerie wurde jüngst in Rom entdeckt (S. VILUCCHI, in: *BullCom*, XCI, 1986, 353; vgl. *BullCom*, XC, 1985, 77, Abb. 5): unter den Ruinen der Konstantinsthermen, in den unterirdischen Gewölben des Palazzo Rospigliosi-Pallavicini, zeigen die zwei mittleren von vier Pilastern in einem Raum einer *domus* aus dem 1.-2. Jahrhundert n.Chr. eine polychrome Mosaikdekoration aus Glaspaste. Vor einem Hintergrund aus Blättern, Blüten (Rosen) und Früchten (Quitten) rahmen zwei Amphoren in Gelb und Rot ein Bildchen mit einem bunten Vogel auf blauem Grund. Die Pfeilerkanten werden durch die übliche Muschelreihe (*Cardium edule*) betont. Die geometrischen und nach oben gerichteten Blätter der Hintergrundsvegetation besitzen ein einfacheres und unwillkürlicheres Helldunkel als unser Nymphäum, doch wiederholen sie buchstäblich die Farbkombination einiger Kirschlorbeerblätter unserer Felder: die untere Hälfte grün, die obere in hellblauen Abstufungen.

Diese Dekoration aus farbigen Glassteinchen, die seit 58 v. Chr. aus den Quellen bekannt (Theater des M. Scaurus in Rom, PLIN., *N.H.*, XXXVI, App. 114) und in den Tiberiusgrotten auf Capri erstmals monumental bezeugt ist (NEUGEBAUER, 115 f.), hat sich in der

no anche in basso, forse a ripetere, nella zona lacunosa, il medesimo motivo. I due tondi sono incorniciati da nastri celesti desinenti in fiori stilizzati, simmetricamente disposti ai due lati; un terzo nastro li collega, in alto e forse anche in basso, al bordo del pannello. Al centro di esso è raffigurato in bianco un motivo triangolare di difficile interpretazione, che pende trattenuto da un doppio nastro celeste dall'elemento rotondo superiore.
Il catino dell'abside presenta un motivo a conchiglia reso tridimensionalmente grazie al gioco delle ombre che ne varia la colorazione dal verde al celeste, al giallino, mentre in alto, al centro, la valva, realizzata in bianco, si ripiega elegantemente su se stessa. Il motivo della conchiglia è impreziosito da una fascia gialla di bordura e da una serie di pendenti terminanti in fiori stilizzati. Anche il fondo del catino è azzurro ed è rinquadrato, in alto, da una fascia a zig-zag in nero con le cuspidi campite di bianco, rosso, verde, racchiusa a sua volta da un listello bianco sotto e da uno celeste sopra e sormontata da una banda a fondo nero con crocette bianche. In basso il catino è bordato da un listello giallo cui segue una fascia bianca con archetti celesti e neri sovrapponentisi, un listello celeste, uno bianco e, sul consueto fondo azzurro, una magnifica ghirlanda di foglie (lauro), fiori (margherite) e frutti (mele cotogne e pere) sulle tonalità del verde, del celeste e del giallo, divisa in tre segmenti dalle strozzature di una fascia a righe. In chiusura, un doppio filare di conchiglie su fondo rosso.
La parete dell'abside presenta, ai lati dell'apertura per la scaletta, due pannelli con scene di identico soggetto e pressoché simmetriche. Sono scene di giardino racchiuse, in alto, da una cornice ad archetti neri campiti di bianco, giallo, verde; ai lati, da cornici dal fondo bianco scandite, da una parte, da eleganti motivi fitomorfi, dall'altra, da motivi geometrici, tutti giuocati sui toni dell'azzurro, del giallo, di un verde piú scuro e di un verde piú tenero.
In basso, con notevole effetto illusionistico, il giardino è recinto da un bianco muretto sormontato da una balaustra a transenne dalle quali sfuggono rami fronzuti. Sullo sfondo azzurro del cielo si assiepano piante di varia essenza, arbusti, fiori e, al centro, una piccola fontana: una vasca marmorea (o di stucco) su alto piede, piena d'acqua, con zampillo centrale, sul bordo della quale posano colombi di una particolare specie dal collarino rosso. Le vistose e simmetriche lacune nei due pannelli sono dovute all'asportazione da parte di predatori di età borbonica delle due bocche di fontana (mascheroni di marmo, probabilmente) poste al centro dei pannelli, e della fistula plumbea che adduceva l'acqua fino ai getti.
Infine, sotto l'apertura centrale, sempre bordato da un filare di conchiglie, è un piccolo pannello nel quale, su fondo bianco, con tessere verdi e celesti è raffigurato un laghetto con anatre e fiori di loto. Poche tessere nere servono a profilare una coda e a segnare gli occhi dei volatili. Su almeno una delle alzate delle scalette in muratura rimaste *in situ* è visibile la stessa composizione, sia pure con leggere varianti, eseguita in pittura sull'intonaco e con i medesimi colori.
La vasca in basso era rivestita di intonaco idraulico di color verde scuro.

A Pompei sono note altre undici fontane rivestite di mosaico policromo; tuttavia si tratta sempre di edicole in muratura con nicchia, di forma assai vicina a quella dei larari, collocate *dinanzi* la parete del peristilio o del triclinio estivo in cui compaiono, non già, come nel nostro caso, *ricavate* nella parete stessa, nicchie absidate di un vano. Per questo, mentre per esse si può parlare di fontane (ninfei ad edicola le definisce NEUERBURG, p. 61), in cui anche l'elemento della scaletta, quando compare (casa della Fontana grande, casa della Fontana) si trova incorporato all'interno

239

della nicchia, si è qui ritenuta piú pertinente la definizione *tout court* di ninfeo, intendendo il richiamo all'originario elemento della grotta sacra alle Ninfe, immersa fra la vegetazione, piú immediato e meno casalingamente immiserito. Il confronto per questo tipo di ninfeo coniugato con un triclinio estivo non è quindi in Pompei, ma in Ercolano, nella casa di Nettuno e Anfitrite, mentre la realizzazione piú grandiosa di questa struttura architettonica è il triclinio estivo con ninfei e *stibadium* della villa di Adriano a Tivoli.
Anche per la decorazione il nostro ninfeo si differenzia dalle fontane a mosaico di Pompei: innanzi tutto per la qualità del cartone sotteso all'esecuzione e quasi certamente desunto da modelli pittorici. Basterà osservare come è reso il motivo della conchiglia nel catino dell'abside che è elemento ricorrente nelle fontane ad edicola absidata con il suo richiamo a Venere, e dunque simbolo di fertilità. Esso si incontra, ad esempio, nella fontana della casa degli Scienziati (VI, 14, 43) o in quella della casa dell'Orso (VII, 2, 45): raffigurazioni piane in cui solo le linee verticali che marcano le costolature della valva e la serie dei segmenti arcuati che li uniscono rendono l'idea della conchiglia. Nel nostro ninfeo il mosaicista realizza un giuoco d'ombre che creano la tridimensionalità. E chiaroscuri realizzati con tessere in gradazione di colore ricorrono nel fogliame della scena di giardino, danno corpo alla curva della fontanella marmorea, incupiscono con tessere nere lo sfondo nel fitto degli arbusti.
Questo tema di giardino realizzato a mosaico è anch'esso eccezionale a Pompei. Le altre fontane contengono alle volte riferimenti al mondo palustre, marino o nilotico, ma per lo piú sovrabbondano di quei motivi decorativi geometrici o fitomorfi stilizzati, che nel nostro ninfeo si limitano alle bordure o ai montanti esterni della cornice, e che i mosaicisti mutuano probabilmente in origine da tappeti e stoffe orientali e alessandrine, ma certamente anche variano e inventano con libera fantasia e con il gusto per gli accoppiamenti rutilanti di colore di una committenza di benestanti borghesi non sempre artisticamente educata.
Per la scena di giardino un confronto piú diretto viene da recenti trovamenti di Roma (S. VILUCCHI, in *BullCom,* XCI, 1986, p. 353; cfr. *BullCom,* XC, 1985, p. 77, fig. 5): sotto i resti delle Terme di Costantino, nei sotterranei di Palazzo Rospigliosi Pallavicini, in un ambiente di una *domus* di I-II secolo d.C. sono presenti quattro pilastri di cui i due centrali decorati in mosaico policromo di pasta vitrea: su uno sfondo di foglie, fiori (rose) e frutta (mele cotogne), compaiono due anfore, rese in giallo e rosso, e, al centro fra esse, un quadretto a sfondo azzurro in cui campeggia un uccellino colorato. Gli spigoli del pilastro sono scanditi dal consueto filare di conchiglie (*Cardium edule*). Le foglie della vegetazione sullo sfondo, tutte geometricamente allineate e orientate verso l'alto, sono rese con un chiaroscuro piú ingenuo e meccanico che nel nostro ninfeo, ma ripetono alla lettera lo stesso accoppiamento di tinte di alcune foglie del lauroceraso dei nostri pannelli: la metà inferiore in verde, la metà superiore in gradazioni di celeste.
Questa decorazione con tessere policrome vetrificate, della quale abbiamo notizia dalle fonti a partire dal 58 a.C. (teatro di M. Scaurus a Roma, PLIN., *N.H.,* XXXVI, App. 114) e le prime testimonianze monumentali nelle grotte tiberiane di Capri (NEUGEBAUER, p. 115 s.), si diffonde ampiamente nell'area vesuviana a partire dalla prima metà del I secolo d.C. e nell'arco del I secolo d.C. si collocano tutti i recenti trovamenti di Roma: ninfeo presso largo S. Susanna (F. COARELLI, *Roma sepolta,* Roma 1984, p. 147 ss.); ambiente con pareti e soffitto a mosaico sotto il convento di S. Carlo ai Catinari (*BullCom,* XC, 1985, p. 77, fig. 1); ninfeo sotto la Biblioteca Hertziana (PARLASCA, p. 159 ss.), per non parlare del grande ninfeo della *Domus Aurea* neroniana, con fontana a cascata, mosaici su pareti e volte, filari di conchiglie a scandire le cornici.
Le tessere di pasta vitrea adoperate in ninfei e fontane garantiscono, con la loro leggerezza che le rende piú aderenti allo stucco, una maggiore impermeabilizzazione ed essendo scabre sulla faccia in vista, rifrangono fratta la luce, creando riflessi che rimbalzano sull'acqua arricchendo gli effetti dei lucidi colori. Quasi sempre a queste fontane rutilanti sono accoppiate pitture di giardino (cfr. qui *I giardini,* p. 302).
Anche il nostro ninfeo costituiva il fulcro scenografico di uno straordinario triclinio estivo con letti tricliniari in muratura, ulteriori fontane e giochi d'acqua e pareti decorate da pitture di giardino, dalle quali mutuava il motivo della vasca con le colombe bibenti, creato da Sosos e cosí caro all'iconografia ellenistica.
Siamo nel clima del III stile pittorico di ispirazione alessandrina, dove l'amore per la natura, rivisitata idillicamente in questi «paradisi» recinti da balaustre o leggere incannucciate, si coniuga con i richiami egittizzanti delle sfingi e del faraone occhieggiante fra gli arbusti. Il triclinio (di prossima pubblicazione) e con esso il ninfeo a mosaico si data, come l'attiguo *oecus* (Cat. n. 240), al secondo venticinquennio del I secolo d.C.

Bibl.: Inedito. Su ninfei e fontane in generale si vedano: N. NEUERBURG, *L'architettura delle fontane e dei ninfei nell'Italia antica,* Napoli 1965; W.F. JASHEMSKI, *The Gardens of Pompeii,* New York 1979; *Corpus Topographicum Pompeianum,* pars II: *Toponimy,* ed. by The University of Texas at Austin, Roma 1983; K. PARLASCA, *Wandmosaik eines Nymphäums under der Biblioteca Hertziana in Rom,* in *RömMitt,* 95, 1988, p. 959 ss.; F. GLASER, *Brunnen und Nymphäen,* in *Die Wasserversorgung antiker Städte,* Mainz 1988, vol. I, pp. 118-131.

L.F.D.O.

Vesuvregion seit der 1. Hälfte des 1. Jahrhunderts n.Chr. weit verbreitet. In das 1. Jahrhundert n.Chr. datieren auch alle neuen Funde in Rom: das Nymphäum am Largo S. Susanna (F. COARELLI, *Roma sepolta*, Rom 1984, 147 ff.); ein Raum mit mosaizierten Wänden und Decke unter dem Konvent von S. Carlo ai Catinari (*BullCom*, XC, 1985, 77, Abb. 1); das Nymphäum unter der Biblioteca Hertziana (PARLASCA, 159 ff.); das große Nymphäum der neronischen Domus Aurea mit Kaskadenbrunnen, mosaizierten Wänden und Gewölben sowie Muschelreihen an den Kanten.

Die in Nymphäen und Brunnen verwendeten Glassteinchen gewährleisteten eine bessere Abdichtung, da sie aufgrund ihrer Leichtigkeit besser am Stuck hafteten. Ihre unebene Oberfläche läßt das Licht brechen und Reflexe erzeugen, die vom Wasser zurückgeworfen werden und die Wirkung der leuchtenden Farben bereichern. Diese funkelnden Brunnen sind fast immer mit Gartenmalereien verbunden (vgl. hier *Die Gärten,* S. 303).

Auch unser Nymphäum bildete den szenographischen Mittelpunkt eines außergewöhnlichen Sommertrikliniums mit aufgemauerten Liegen, weiteren Brunnen und Wasserspielen. Die Wände waren mit Gartenmalereien dekoriert, deren Motiv der Schale mit trinkenden Tauben von einem Bild des Sosos abgeleitet und in der hellenistischen Ikonographie sehr beliebt war.

Mit dem Dritten, alexandrinisch beeinflußten Stil befinden wir uns in einer Strömung, in der sich die Liebe zur Natur, die sich in diesen von Balustraden oder Rohrgeflecht umzäunten idyllischen «Paradiesen» offenbart, mit Ägyptizismen in Form von Sphingen und einem zwischen Sträuchern hervorschauenden Pharao verbindet. Das Triklinium (bald publiziert) datiert zusammen mit dem mosaizierten Nymphäum wie auch der angrenzende *oecus* (Kat. Nr. 240) in das zweite Viertel des 1. Jahrhunderts n. Chr.

Bibl.: Unveröffentlicht. Zu Nymphäen und Brunnen i.a. siehe N. NEUERBURG, *L'architettura delle fontane e dei ninfei nell'Italia antica*, Neapel 1965; W.F. JASHEMSKI, *The Gardens of Pompeii*, New York 1979; *Corpus Topographicum Pompeianum*, pars II: *Toponimy*, hg. durch die Universität von Texas in Austin, Rom 1983; K. PARLASCA, *Wandmosaik eines Nymphäums unter der Biblioteca Hertziana in Rom*, in: *RömMitt*, 95, 1988, 959 ff.; F. GLASER, *Brunnen und Nymphäen*, in: *Die Wasserversorgung antiker Städte*, Mainz 1988, Bd. I, 118-131.

L.F.D.O.

APPENDIX: FAUNA UND FLORA

Die Mosaikdekoration der großen Apsis ist von botanischen und zoologischen Motiven bestimmt. Der Anschluß zwischen Becken und Wand ist mit einer doppelten Muschelreihe auf einem rotgrundigen Streifen verkleidet. Deren obere Reihe besteht aus Gastropoden, *Murex brandaris* L., die gleichorientiert einander gegenübergestellt sind; mit ihren Schalen mit den bizarren Spitzen und dem langen Dorn bilden sie so einen fortlaufenden, belebten Rahmen. Die untere Reihe ist dagegen aus Muschelschalen eleganter Lamellenbranchiaten der gerippten Art *Cardium* sp. zusammengesetzt. In den z.T. lückenhaften Rahmen der Wandfelder wurden sie aufgrund der geeigneteren Größe durch Muscheln der Art *Glycymeris* sp. ersetzt.

Entlang dem Sockelstreifen des Beckens verläuft über dieser doppelten Muschelreihe ein Kranz, in dem Quitten (*Pyrus cydonia* L.), Birnen (*Pyrus malus* L.) in vermutlich Lorbeerblätter (*Laurus nobilis*) und gelbe Margeriten (*Chrysanthemum segetum* L.) eingeflochten sind.

239

Bemerkenswerterweise brachte die impressionistische Malweise Probleme bei der Erkennung der dargestellten Tiere mit sich. Zur Bestätigung braucht man nur die Enten in dem kleinen Feld unter dem mittleren Becken zu betrachten. Die Schwimmvögel weisen nur wenige Farben und differenzierende Details auf, doch sind die Gebärden von Entenvögeln gut wiedergegeben.

Eine letzte Bemerkung gebührt den Tauben, die einen auffälligen roten Streifen am unteren Halsrand aufweisen. Laut Varro (*R.R.*, 3, 7, 1-3) wurden in den Kolumbarien Kreuzungen mit Felsentauben von weniger weißer Färbung gezüchtet. Offensichtlich zeigten sich in diesem *tertium genus* die phänotypischen Merkmale der Elternteile zufällig und mehr oder weniger deutlich, darunter der schöne purpurrot schillernde Streifen am unteren Halsrand der wilden und der halbdomestizierten Art (*Columba livia* und Felsentaube). Bei Lukrez heißt es (*De rer. nat.*, II, vv. 801-805): *pluma columbarum quo pacto in sole videtur, / quae sita cervices circum collum coronat; / namque alias fit uti claro sit rubra pyropo [...].* Vermutlich wollte der Künstler bei den trinkenden Tieren gerade diese Eigenart darstellen, doch aufgrund der recht groben Technik, welche die unmittelbaren und auffälligen Eigenschaften aufgreift, machte er daraus einen einheitlich roten Streifen.

Hinsichtlich der Vegetation sind auf der mittleren Wand zusammen mit den Enten Lotosblüten (*Nelumbo nucifera* Gaertner) dargestellt, wie an den vollständig aus dem Wasser ragenden Blättern leicht zu erkennen ist. Die Arten auf den symmetrischen Seitenwänden sind nicht ohne weiteres identifizierbar. Drei Sträucher im Vordergrund sind mehr an ihrer Gesamtform als an spezifischen Merkmalen zu erkennen: von außen nach innen folgen Kirschlorbeer (*Prunus laurocerasus* L.), Lorbeer (*Laurus nobilis* L.) und Oleander (*Nerium oleander* L.). Unter den Gräsern kann man einige Korbblütler und eventuell Immergrün (*Vinca major* L., *Vinca minor* L.) ausmachen.

A.C., L.C.

240. Raum (oecus) mit Gartenmalereien

Inv. 40690-40693.
Pompeji, VI, 17 (Ins. Occid.), 42.
Linke Wand (40690): Sockelhöhe 0,85 m; Breite 3,57 m; Höhe der mittleren Zone 2,00 m; Breite 3,57 m; Höhe der oberen Zone 0,94 m; Breite 3,57 m.
Erhaltungszustand im wesentlichen gut, doch einige Fehlstellen.
Rechte Wand (40692): Maße entsprechend der linken Wand.
Erhaltungszustand im wesentlichen gut.
Rückwand (40691): Sockelhöhe 0,85 m; Breite 2,75 m; Höhe der mittleren Zone 2,00 m; Breite 2,75 m; Höhe der oberen Zone 0,94 m; Breite 2,75 m; Höhe der Lünette 1,00 m; Breite 2,75 m; Höhe der Nische (40694) 0,62 m; Breite 0,50 m; Tiefe 0,33 m.
Erhaltungszustand im wesentlichen gut, doch einige Fehlstellen.
Eingangswand (40693): Höhe 2,13 m; Breite 2,75 m.
Erhaltungszustand im wesentlichen gut, doch einige Fehlstellen.

Die hier vorgestellten bemalten Wände gehören zu einem Raum (Nr. 32) eines Wohnhauses in der Insula Occidentalis (VI, 17, 42), der 1979 bei der Erforschung der unteren Terrassen des Wohnhauses nördlich vom Haus des Fabius Rufus ans Licht gebracht wurde (S. DE CARO, in: *CronPompeiane*, V, 1979, 178). Gleichzeitig entdeckte man einen zweiten mit Malereien ausgestatteten Raum sowie ein mosaiziertes Nymphäum (Kat. Nr. 239).

Linke Wand: Die vollständig wiederzusammengesetzte malerische Dekoration ist in drei Zonen aufgeteilt: Sockel-, Mittel- und Oberzone. Letztere und der Sockel sind schwarzgrundig, während die mittlere Zone im unteren Teil einen schwarzen, oben aber einen himmelblauen Grund aufweist.

Über die ganze Sockelfläche verteilt sind Pflanzen dargestellt. Lediglich vertikale Zäsuren unterbrechen kulissenhaft die durchgehende Dekoration.

Im unteren Teil der Mittelzone verläuft ein schmaler Gitterstreifen, der die Darstellungen darüber geländerartig begrenzt. In dieser Zone zeigen sich fünf Bildfelder, zwei rautenförmige, zwei rechteckige und ein größeres fünfeckiges in der Mitte. Seitlich ist das dichte Laub eines üppigen Gartens zu erkennen, der direkt oberhalb der Umgrenzung erscheint.

Oberhalb dieses Gitterstreifens befinden sich zwei elegante Pilaster mit je einer Herme, links eine weibliche, rechts eine männliche. Die stark individuellen Züge dieser Figuren lassen in ihnen Porträts vermuten.

Die männliche Person besitzt rötliches Haar und Bart und Tierohren, die ihn mit der dionysischen Welt verbinden. Das ebenfalls rötliche Haar der Frauenfigur ist wie in julisch-claudischer Zeit typisch in der Mitte gescheitelt und mit einem Perlband geschmückt (F.L. BASTET, M. DE VOS, *Il Terzo Stile Pompeiano*, Den Haag 1979, 133, 135); ihr Gesicht ist jugendlich.

Über jedem dieser Köpfe ist in einem rechteckigen Bildfeld eine halbbekleidete Frauenfigur dargestellt. Im linken ist die Frau neben einem Pfeiler auf dem Boden ausgestreckt und hat den Kopf nach rechts gewandt; im rechten liegt die Frau mit nach links geneigtem, bekränztem Kopf auf einer Kline. Wahrscheinlich handelt es sich um Mänaden. Zwischen beiden Pilastern ist ein muschelförmiges Becken gemalt, in dessen Mitte Wasser hervorsprudelt.

Diese drei Elemente bilden eine Art perspektivische Kulisse für den Blick in den üppigen Garten dahinter. Blühende Pflanzen in der unteren Hälfte sowie Büsche und Bäume im oberen Teil erwecken den Eindruck eines offenbar absichtlich naturbelassenen Gartens. Man erkennt zahlreiche Pflanzen - Oleander, Schneeball, Zaunwinde, Palme, Rose, gescheck-

APPENDICE: FAUNA E FLORA

La grande nicchia absidata presenta una decorazione a mosaico ispirata a elementi botanici e zoologici. Il catino si raccorda alla parete con una fascia a fondo rosso ornata di una duplice fila di conchiglie: quella superiore composta da gasteropodi, *Murex brandaris* L., giustapposti e isoorientati che, coi loro estrosi nicchi provvisti di spine coniche, crea un fregio continuo e animato; la fila di sotto, invece, è formata da valve di eleganti lamellibranchi del genere *Cardium* sp., riconoscibili per le coste rilevate. Essi nelle cornici che riquadrano i pannelli sulla parete, in alcuni brevi tratti, lacunosi, sono stati sostituiti da valve di *Glycymeris* sp., scelte di opportuna grandezza.
Al di sopra della doppia fila di conchiglie, lungo la fascia di base del catino, corre un serto in cui sono identificabili mele cotogne (*Pyrus cydonia* L.), pere (*Pyrus malus* L.) intrecciate a foglie forse di lauro (*Laurus nobilis*), e margherite gialle (*Chrysanthemum segetum* L.).
Nei riquadri, a destra e a sinistra, è ripreso il tema, frequente, dei colombi all'abbeverata.
Da notare che il riconoscimento degli animali raffigurati, quando possibile, ha creato problemi poiché essi sono realizzati in maniera impressionistica. Per convincersene basta guardare le anatre del piccolo pannello sottoposto al vano centrale. I palmipedi sono tracciati solo con pochi colori, senza dettagli che consentano l'individuazione della specie, sebbene appaiano, ben riprodotti, gli atteggiamenti tipici degli anatidi.
Un ultimo accenno meritano i colombi che si presentano con una vistosa fascia rossa alla base del collo. Varrone (*R.R.*, 3, 7, 1-3) ci informa che nelle colombaie si allevavano colombi prodotti dall'incrocio del torraiolo con un discendente «colore albo». È evidente che in questo *tertium genus* si presentassero, a caso e piú o meno marcate, le caratteristiche fenotipiche dei genitori, tra le quali la bella fascia porporina cangiante che orna la base del collo nella specie selvatica e in quella semidomestica (*Columba livia* e colombo torraiolo). Si legge in Lucrezio (*De rer. nat.*, II, vv. 801-805): «pluma columbarum quo pacto in sole videtur, / quae sita cervices circum collum coronat; / namque alias fit uti claro sit rubra pyropo,...»: noi riteniamo che proprio questo carattere l'artista abbia voluto riprodurre negli esemplari che figurano all'abbeverata ma, servendosi di una tecnica apparentemente rozza, e che tuttavia coglie i valori piú immediati e suggestivi del modello, esso lo abbia reso con una uniforme fascia rossa.
Dal punto di vista della vegetazione, nella parete centrale insieme alle anatre sono raffigurati fiori di loto (*Nelumbo nucifera* Gaertner) identificati come tali per avere la lamina fogliare completamente fuori dall'acqua. Non sono facilmente identificabili le specie dei simmetrici pannelli laterali. Per tre arbusti di fondo il riconoscimento viene fatto piú per il portamento che per l'effettiva riconoscibilità dei caratteri: andando dall'esterno verso l'interno si distinguono il lauroceraso (*Prunus laurocerasus* L.), il lauro (*Lauro nobilis* L.), l'oleandro (*Nerium oleander* L.). Tra le erbacee sono identificabili alcune compositae e forse delle vinche (*Vinca major* L., *Vinca minor* L.).

A.C., L.C.

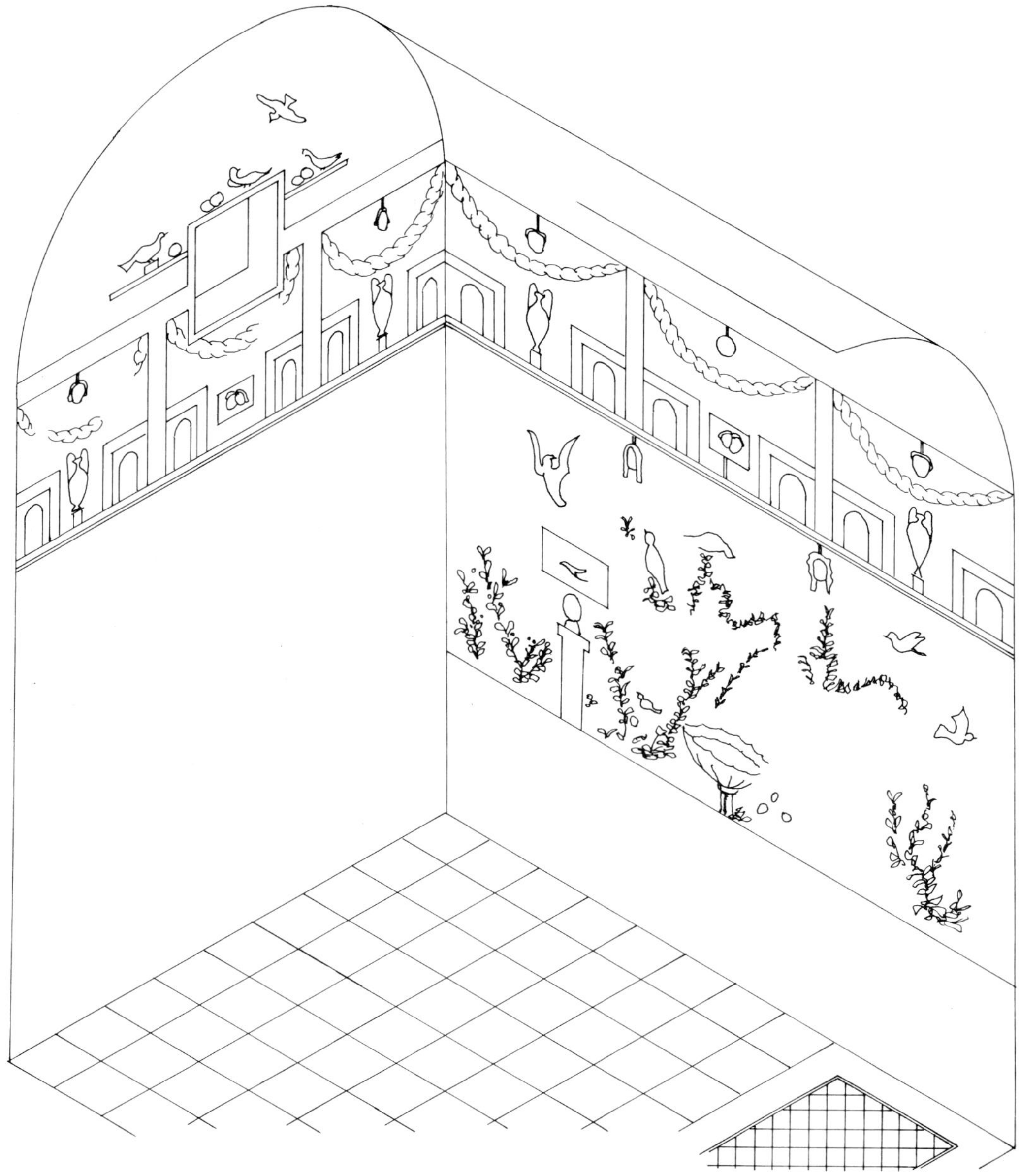

240

240. Ambiente (oecus) con pitture di giardino

Inv. 40690-40693.
Pompei, VI, 17 (Ins. Occid), 42.
Parete sinistra (40690): zoccolo, alt. m 0,85; largh. m 3,57; parte mediana, alt. m 2,00; largh. m 3,57; parte superiore, alt. m 0,94; largh. m 3,57.
Stato di conservazione sostanzialmente buono, ma con varie lacune.
Parete destra (40692): misure uguali alla parete sinistra. Stato di conservazione sostanzialmente buono.
Parete di fondo (40691): zoccolo, alt. m 0,85; largh. m 2,75; parte mediana, alt. m 2,00; largh. m 2,75; parte superiore, alt. m 0,94; largh. m. 2,75; lunetta, alt. m 1,00; largh. m 2,75; nicchia (40694), alt. m 0,62; largh. m 0,50; prof. m 0,33.
Stato di conservazione sostanzialmente buono ma con varie lacune.
Parete d'ingresso (40693): alt. m 2,13; largh. m 2,75.
Stato di conservazione sostanzialmente buono, ma con varie lacune.

Le pareti affrescate che qui si presentano, sono relative ad un unico ambiente (n. 32) dell'abitazione situata nell'*Insula Occidentalis* (VI, 17, 42), che fu portato alla luce nel 1979 (S. DE CARO, in *CronPompeiane,* V, 1979, p. 178), quando fu proseguita l'esplorazione delle terrazze inferiori dell'abitazione a nord della casa di Fabio Rufo. In quell'occasione, vennero rinvenuti, insieme a quest'ambiente, anche un secondo vano, anch'esso affrescato, ed un ninfeo con decorazione musiva (Cat. 239).
Parete sinistra: è stata ricomposta integralmente, e presenta una decorazione pittorica che si distribuisce su tre livelli: uno zoccolo, una parte mediana ed una zona superiore. Quest'ultima e lo zoccolo presentano un fondo nero, mentre la parte mediana ha un fondo nero nella parte inferiore e per il resto presenta un fondo celeste.
Lo zoccolo è decorato con rappresentazioni di essenze vegetali che ricoprono l'intera superficie, senza che elementi di cesura verticale interrompano la continuità della decorazione, con effetto di quinta.
La zona mediana presenta, nella parte inferiore, una bassa fascia a graticcio, che, a mo' di transenna, sembra delimitare in qualche modo la rappresentazione posta a livello superiore. In questa fascia, si aprono cinque riquadri, due di forma romboidale, due rettangolari ed uno, centrale, di proporzioni maggiori, anch'esso rettangolare, con un lato ripiegato, lasciando vedere, al di là di essi, il fitto fogliame di un lussureggiante giardino, che appare immediatamente al di sopra della recinzione.
Al di sopra della fascia a graticcio, si trovano due eleganti pilastrini terminanti con un'erma, femminile quella di sinistra, maschile quella di destra. I tratti del volto dei personaggi hanno caratteri fortemente personalizzati, da far supporre trattarsi di veri e propri ritratti.
Il personaggio maschile, dai capelli e dalla barba rossicci, ha orecchie ferine, che lo apparentano al mondo dionisiaco. Il personaggio femminile, anch'esso dalla capigliatura rossiccia, presenta un'acconciatura divisa in due, lungo la linea mediana, da una treccia di perli-

240

ten Efeu - und viele fliegende oder auf Zweigen sitzende Vögel wie Taube, Ringeltaube, Elster, Sperling und Schwalbe. Im klaren, heiteren Himmel zeichnen sich zwei Masken ab, die wie zwei *oscilla* von oben herabhängen.
Über einem schmalen, kassettierten Streifen und einem weiteren mit rein ornamentalen Motiven treffen wir auf die obere Zone. Diese wird von zwei roten, senkrechten Streifen, auf denen eine Amphore dargestellt ist, in drei Bildfelder unterteilt. Jedes zeigt eine Girlande mit einem Dekorationselement darüber, während darunter in den beiden seitlichen je eine menschliche Protome und im mittleren ein Löwe erscheint.
Rechte Wand: Sie ist das Gegenstück zu voriger. Sockel- und obere Zone sind entsprechend gestaltet. Wie gegenüber ist auch hier in der Mittelzone ein üppiger, unkultivierter Garten mit vielen Pflanzen (Schneeball, Immergrün, Platanen, Rosen, Veilchen) und flatternden Vögeln (Nachtigall, Krähe, kleiner Regenpfeifer) dargestellt.
Die beiden Pfeiler mit Hermen werden wiederholt. Erhalten ist der linke mit der Darstellung eines Mädchenkopfes, der die gleichen Merkmale wie auf der linken Wand aufweist. Das Bildchen mit einer Frauenfigur, die neben einem kleinen Pfeiler auf einer Kline ausgestreckt ist, ist ebenfalls vorhanden. Sie hat den rechten Arm erhoben, um das Gesicht zu verdecken.
Das rechte Pfeilerchen ist nur zu einem geringen Teil erhalten. Zwischen den Lücken erahnt man einen männlichen Kopf; das Bild zeigt in symmetrischer Entsprechung zur vorigen eine auf dem Rücken liegende Frauenfigur. Zwischen beiden Pilastern mit den Hermen ist das sprudelnde, muschelförmige Wasserbecken aus Stuck wiederholt.
Rückwand: Auch diese Wand zeigt auf ihrem Mittelteil einen entzückenden Garten, der reich an verschiedensten Pflanzen ist. Nur in ihrer unteren Hälfte zeigt die Mittelzone einige abweichende Darstellungen. Das Gitter weist nur vier Öffnungen auf. In diesem Bereich wurden offensichtlich Korrekturen in der Ausführung vorgenommen. Auch die obere Zone unterscheidet sich von den beiden anderen Wänden, da sie eine Dreiteilung mit einfachen roten Streifen zeigt. Jedes Bild enthält eine Girlande, über denen sich seitlich Masken befinden. Über der mittleren ist eine menschliche Protome dargestellt. Unter der Girlande erscheinen in den Seitenfeldern zwei Amphoren, im Mittelfeld ein Bildchen mit zwei dionysischen Masken. Die mittlere Zone, in deren Zentrum sich eine Nische befindet, besitzt eine himmelblaue Grundierung mit deutlich im Vordergrund sich abzeichnenden Bäumen sowie Blumen (Veilchen, Lilien, Mohn, Palmen, Oleander u.a.). Neben den zahlreichen auf Ästen sitzenden und umherflatternden Vögeln sind zwei (Eichelhäher, Purpurhuhn) auf dem Boden dargestellt; (unter den Vögeln befinden sich Pirol, Drossel, Amsel, Steinhuhn). Oben hängen anstelle der Masken in den anderen Wänden zwei weibliche menschliche Protomen herab.
Im Unterschied zu den anderen Wänden besitzt diese eine Lünette, die auf schwarzem Grund eine Konsole mit einem Becken in der Mitte sowie vier Tauben und fünf Äpfeln zeigt.
Eingangswand: Von ihr ist nur der obere Teil erhalten, der jenem der mittleren Wand entspricht, sowie eine ebenfalls schwarzgrundige Lünette, die von einer Stuckleiste umgrenzt wird. Zwischen dem Oberteil und der Lünette öffnete sich an der Stelle, an der sich in der anderen Lünette das Wasserbecken befand, ein Fensterchen. Der Maler war daher gezwungen, die Szene zu modifizieren. Seitlich der Öffnung verbleiben zwei Fragmente der Konsole mit je einer Taube und Äpfeln darauf; in der Mitte sind dagegen zwei Äpfel und eine Taube auf die helle Rahmenleiste plaziert, während eine vierte Taube von oben heranlgeitet. Die Darstellung ist gut erkennbar, da die wenigen Fehlstellen den schwarzen Lünettengrund betreffen.
Die malerische Dekoration des Raumes 32 von Haus VI, 17, 42 gehört mit ihren verschiedenen Gartenszenen zu den schönsten und charakteristischsten Beispielen dieser Art der Landschaftsmalerei. Das beste Vergleichsbeispiel findet sich in der Dekoration der Villa der Livia in Prima Porta bei Rom, heute im dortigen Nationalmuseum.
Die Gartenmalerei erreichte in der ersten Hälfte des 1. Jhs. n.Chr. eine besondere Blüte nicht zuletzt aufgrund ihrer Beziehungen zur hellenistischen Bühnenmalerei. Als einziger Teilbereich der Malerei des Dritten Stils führt sie die dem Zweiten Stil eigene illusionistische Richtung weiter. Diese erfuhr dann im Vierten Stil einen großen Aufschwung und wurde auch in späteren Epochen weitergeführt. So ist im Haus des Konsuls Attalos Paterchianus in Pergamon auch die Szene mit den aus einem Becken trinkenden Vögeln wiedergegeben; sie datiert ins frühe 3. Jh. n.Chr. (M. Borda, *La pittura romana*, Mailand 1958, 213).
Wie auch die Struktur des Wohnhauses selbst ist die Gartenmalerei Ausdruck der den Römern eigenen Naturliebe. Der Einsatz illusionistischer Techniken ließ die Gärten sehr realistisch erscheinen. Dazu trugen die Genauigkeit der Pflanzen- und Tierdarstellung, sowie die Kulissen, die den Rhythmus der Ebenen und die Tiefe der Felder festhielten, bei. Aufmerksameres Betrachten dieser Gärten und seiner Lebewesen läßt erkennen, daß in ein und demselben Kontext Pflanzen verschiedener Jahreszeiten vereint sind, die in einem tatsächlichen Garten niemals nebeneinander hätten wachsen können. Die Vögel trifft man nur in bestimmten Regionen zu verschiedenen Zeiten und oft nicht am gleichen Ort an.
Diese Malerei vermittelt zwar den Anschein eines sehr genau beschreibenden Realismus, enthüllt sich aber als Ausdruck einer irrealen, abstrakten, erdachten, sogar erträumten Landschaft. Auch wenn Bäume, Sträucher, Pflanzen und Vögel naturalistisch mit der Genauigkeit naturwissenschaftlicher Lehrbücher differenziert dargestellt sind, ist die Darstellung ganz unwirklich.
Die Problematik der Verbindung oder besser Gegenüberstellung von Realität und traumgleicher Realitätsdarstellung, von minutiös beschreibendem Realismus und grundlegender Abstraktion von der Wirklichkeit ist eine der noch wenig erforschten, aber interessantesten Fragen der römischen Kunst. Damit ließen sich auch Verwandtschaften und Gegensätze zu ähnlichen Darstellungen der hellenistischen Kunst herleiten, von der viele ihrer Aspekte eindeutig abzuleiten sind.
Die Darstellungen erinnern an die hellenistischen

240

ne tipica dell'epoca giulio-claudia (F.L. Bastet, M. De Vos, *Il Terzo Stile Pompeiano,* s'Gravenhage 1979, pp. 133, 135), ed un viso di bimba.
Al di sopra di ciascuna testa, è poggiato un quadretto rettangolare in cui è ritratta una figura femminile seminuda. In quello di sinistra, la donna è sdraiata a terra accanto ad un pilastrino ed ha la testa diretta a destra; in quello di destra, la figura femminile è sdraiata su una *kline* ed ha la testa in direzione sinistra, inghirlandata; si tratta, probabilmente, di menadi. Fra i due pilastrini è dipinto un catino absidato, plasmato in stucco ed a conchiglia, con al centro dell'acqua zampillante.
Questi tre elementi costituiscono una sorta di *quinta* prospettica al lussureggiante giardino retrostante, dove piante fiorite nella parte inferiore, cespugli ed alberi in quella superiore, danno una sensazione di giardino apparentemente e volutamente lasciato incolto. In esso compaiono numerose piante, quali l'oleandro, il viburno, il vilucchione, la palma, la rosa, l'edera variegata, e numerosi uccellini, volteggianti o posati sui rami degli alberi, quali il colombo, il colombaccio, la gazza ladra, il passero e la rondine. Nel cielo, limpido e sereno, si stagliano due maschere, che scendono dall'alto e pendono come due *oscilla.*
Dopo una sottile fascia a cassettonato ed una sovrastante fascia con motivo solamente ornamentale, incontriamo la fascia superiore, che presenta una divisione in tre riquadri, effettuata con due elementi verticali a fondo rosso, su cui si staglia la raffigurazione di un'anfora. Ogni riquadro presenta un festone, al di sopra del quale è un elemento decorativo che scende dall'alto, mentre, al di sotto di esso, nei due laterali, compare una protome umana ed, in quello centrale, un quadretto con la raffigurazione di un leone.
Parete destra: costituisce un *pendant* con la precedente. Analoga è la rappresentazione dello zoccolo e della zona superiore. La zona mediana presenta, anch'essa come la precedente, la rappresentazione di un lussureggiante giardino, lasciato incolto, ricco di fiori e di piante (viburno, pervinca, platano, rose, viole) e di uccellini svolazzanti (usignolo, cornacchia, corriere piccolo).
Anche su questa parete compaiono due pilastrini, terminanti con due ermette, di cui ci è conservata quella di sinistra con la raffigurazione della testina di una bambina, che presenta le medesime caratteristiche di quella esaminata, nella parete di sinistra. Al di sopra, è, anche in questo caso, un quadretto con una figura femminile presso un pilastrino, distesa su una *kline,* con il braccio destro sollevato a nascondere il viso.
Il pilastrino di destra ci è conservato in piccola parte, e si intravvede, fra le lacune, una testina virile ed il quadretto con la figura femminile, rappresentata di spalle, in posizione simmetrica ed opposta rispetto alla precedente. Tra i due pilastrini con le erme è dipinto un catino absidato in stucco, a conchiglia, da cui zampilla l'acqua.
Parete di fondo: questa parete, pur recando anch'essa nella zona centrale la rappresentazione d'un giardino incantato, ricco di piante le piú diverse, presenta alcune diversità nelle figurazioni che occupano la parte inferiore della zona mediana: la transenna presenta solo quattro aperture e segni di correzioni in corso d'opera. Anche la zona superiore si differenzia da quella delle altre due pareti, presentando una tripartizione eseguita con due sottili fasce rosse. Ogni riquadro contiene un festone, al di sopra del quale, nei due laterali, sono delle maschere, mentre, in quello centrale, è una protome umana. Al di sotto del festone, nei pannelli laterali, compaiono due anfore, in quello centrale, un quadretto con due maschere dionisiache.
La zona mediana, che presenta al centro una nicchia, ha il fondo di color celeste con alberi nettamente stagliati in primo piano e fiori (viole, gigli, papaveri, palma, oleandri ed altri); numerosi sono gli uccelli posati sui rami o svolazzanti, mentre due uccelli (una ghiandaia ed un pollo sultano), sono raffigurati sul terreno; tra gli uccelli, compaiono il rigogolo, il tordo, il merlo e la cotornice. Nella parte alta, pendono due protomi umane femminili, al posto delle consuete maschere che figurano sulle altre due pareti.
Questa parete, a differenza delle altre, presenta una lunetta con raffigurazione su fondo nero d'una mensola sulla quale sono poggiati quattro colombi e cin-

240

paradeisoi und stehen sicher in Zusammenhang mit ihnen, auch wenn Borda (*loc. cit.*) - zu unrecht, wie wir glauben - meint, daß diese Gärten vereinzelte Wiedergaben realer Aspekte aus zeitgenössischen Gärten seien. Nach unserer Überzeugung handelt es sich dagegen um eine phantastische, ideale Konstruktion erträumter Gärten, die mittels sehr realistischer Maltechniken geschaffen wurden (die oft in pompejanischen Fresken angewandte *pictura compendiaria* verhilft diesen Darstellungen zu Frischheit und außergewöhnlichem Realismus) und durch diese die Wirkung realer Abbilder erhielten.

Im Hinblick auf die Einordnung dieser Fresken glauben wir, sie den gemalten Gartendarstellungen des in Pompeji vielfach bezeugten Dritten Stils zurechnen zu können (Haus des Labyrinths, Haus des Montenegro, Haus des Großfürsten, Haus des Epidius Sabinius, Haus der Ceres, Malereien im Nationalmuseum Neapel, Nr. 9165, 8183).
Da die Frisur der Mädchenköpfe der Hermen auf den Seitenwänden auf dem Kopf das für claudische Zeit typische Zöpfchen aufweist (vgl. N. BONACASA, *Ritratti greci e romani della Sicilia*, Palermo 1964, 44, Nr. 50, Taf. XXIII, 1, 2; L.D. CASKEY, *Catalogue of Greek and Roman Sculpture, Museum of Fine Arts Boston*, Cambridge/Mass., 1925, Nr. 119), muß man wohl eine Datierung in das zweite Viertel des 1. Jhs. n.Chr. annehmen. Diese Malereien gingen also dem Erdbeben von 62 n.Chr. voraus und überdauerten es bis zur Eruption von 79 n.Chr, die bis zur Entdeckung in moderner Zeit alles verschüttete.

Bibl.: Unveröffentlicht.

APPENDIX: FAUNA UND FLORA

Die Wände des *oecus* von Haus VI, 17 (Ins. Occid.), 42 zeigen durch die veristische Darstellung der Wesen aus Fauna und Flora lebhaft naturalistisches Interesse. Allerdings lassen gelegentliche stilisierende Momente eine genaue Identifikation nur mit Vorbehalt zu. Stellt man die einzelnen Lebensräume der gemalten Vogel- und Blumenarten zusammen, kann man puzzleartig die Merkmale der Umwelt und Landschaft im damaligen Vesuvgebiet rekonstruieren. Die aufmerksame Lektüre der griechischen und lateinischen Autoren, die diese Materie behandelten, unterstreicht dies. Außerdem geben diese antiken Quellen Hinweise über den den einzelnen Arten zugeschriebenen Symbolgehalt.
Wir stellten unsere Malereien einerseits denen aus der Villa der Livia in Prima Porta und denen aus dem sog. Haus des Obstgartens in Pompeji (I, 9, 5) gegenüber sowie andererseits einigen Stilleben des 17. Jahrhunderts. (vgl. *Floralia. Florilegio delle collezioni fiorentino del Sei-Settecento*, Katalog zur Ausstellung, Florenz 1988), unter denen viele identische Arten aus dem pompejanischen Fresko eine Allegorie des Lebens und des Todes darstellen. Dies wies schließlich einen Schlüssel zur allegorischen Lektüre unserer Fresken auf, wobei es sich um eine Art Vorwegnahme der botanischen Allegorien des Mittelalters handelt.
Im Gartensaal der Villa der Livia ist der Ausschnitt eines Gartens dargestellt, der in Einklang mit dem Ambiente, das man erzeugen wollte, von Obstbäumen beherrscht und von Kräuter- und Straucharten belebt wird. Jedes Element ist gut erkennbar; keines deutet auf verborgene Bedeutungen hin. Die Fresken aus dem Haus des Obstgartens sind von so beeindruckender Wahrheitstreue, daß nicht nur die Art, sondern auch die Gattung zu erkennen ist. Unsere Fresken enthalten viele interessante Elemente: das Detailstreben, den Blickpunkt, die Pflanzenzusammenstellungen auf den Wänden, den Moment der Wiedergabe.
Die Suche nach dem Detail zeigt sich vor allem bei einigen Spezies: Zaunwinde, Lilie, Oleander, Schneeball, Palme, Rose, gescheckter Efeu und Mohn sind unter Vernachlässigung des impressionistischen Zugs der anderen Pflanzen sorgfältig gemalt.
Der Blickpunkt betont die Kräuter, da diese aus der

240

que mele; al centro è una vasca sulla quale si appoggia uno dei colombi.

Parete d'ingresso: di essa si conserva soltanto la zona superiore, identica a quella della parete centrale, ed una sovrastante lunetta, sempre su fondo nero, delimitata da un listello di stucco. Tra la fascia superiore e la lunetta si apriva una finestra che viene ad occupare quella parte in cui nella lunetta della parete di fondo era la rappresentazione della vaschetta con l'acqua. La sua presenza costringe il decoratore a modificare la scena: ai lati dell'apertura restano due tratti della mensola che sorregge un colombo per parte e delle mele; al centro due mele e un piccione poggiano invece sul listello chiaro che la incornicia, mentre dall'alto plana un quarto colombo. La raffigurazione è ben visibile giacché le poche lacune interessano il fondo nero della lunetta.

Le pitture che decorano l'ambiente 32 della casa VI, 17, 42, raffiguranti scene diverse di giardini, sono tra gli esempi migliori e piú significativi di questo particolare genere di pittura paesistica, che trova, nella decorazione della Villa di Livia a Prima Porta in Roma, oggi nel Museo Nazionale Romano, il capostipite piú qualificato.

240

Questa pittura di giardino, acquista, nella prima metà del I secolo d.C., una particolare importanza e trova molto successo per le sue attinenze con la scenografia ellenistica. Essa costituisce l'unico aspetto della pittura di III stile a conservare il filone illusionistico proprio del II stile, che avrà, poi, nel IV stile, un grande sviluppo, e che sarà un tema che sopravviverà anche in epoche piú tarde, come nella casa del Console Attalo Paterchiano a Pergamo, dove è presente anche la scena degli uccelli che bevono da una coppa e che si data agli inizi del III secolo d.C. (M. BORDA, *La pittura romana*, Milano 1958, p. 213).

La pittura di giardino esprime, come la struttura stessa dell'abitazione, il grande amore per la natura che è proprio del mondo romano, e l'uso delle tecniche illusionistiche permette di realizzare dei giardini apparentemente di grande effetto realistico, per la precisione ed il dettaglio dei riferimenti vegetali ed animali, nonché per la creazione di quinte che materializzano la scansione dei piani e la profondità di campo, laddove una piú attenta osservazione di tali giardini e delle essenze ivi raffigurate ci fa rendere conto che, in un medesimo contesto, si uniscono piante che crescono in diverse stagioni dell'anno e che mai avrebbero potuto fisicamente coesistere in un giardino autentico, ed uccelli che si incontrano in un determinato territorio in differenti periodi e, sovente, non nel medesimo luogo.

Questa pittura, che ha l'apparenza del realismo piú minuto e descrittivo, si rivela, dunque, espressione di paesaggi irreali, astratti, immaginati, sognati anche e desiderati, ma, in ultima analisi, del tutto inesistenti nella loro materialità, sebbene alberi, cespugli, piante ed uccelli svolazzanti siano individuati ed espressi con tecniche naturalistiche di una fedeltà da manuale di scienze naturali.

Questo problema dell'effettivo rapporto, ma diremmo piú giustamente contrapposizione, fra realtà ed onirica rappresentazione del reale, fra minuzioso realismo descrittivo e sostanziale astrazione del reale specifico ed individuale (riprodotto quale esso è nello specifico, e non quale esso si esprime nell'astrazione onirica della realtà immaginata), è uno degli elementi meno studiati, ma piú interessanti dell'arte romana, anche per valutare affinità e contrapposizioni con le espressioni affini dell'arte ellenistica, da cui molti suoi aspetti chiaramente derivano.

Queste raffigurazioni hanno certamente una relazione e ci richiamano ai *paradeisoi* ellenistici, anche se il Borda (*loc. cit.*), erroneamente a nostro parere, ritiene che questi giardini siano puntuali riproduzioni di aspetti reali di giardini del tempo, laddove noi siamo convinti che essi siano una costruzione fantastica, ideale di giardini sognati e desiderati, costruiti, tuttavia, servendosi di tecniche pittoriche assai realistiche (e la *pictura compendiaria*, soventemente impiegata nell'affresco pompeiano, attribuisce una carica di freschezza e di verisimiglianza straordinarie a queste rappresentazioni), che offrono effetti propri di immagini reali.

Quanto all'inquadramento da attribuire a queste nostre pitture dell'ambiente 32 della casa VI, 17, 42, ci sembra si possa affermare che questi affreschi possono essere annoverati fra le rappresentazioni della pittura di giardini di III stile, che trova a Pompei numerose attestazioni (casa del Labirinto, casa del Montenegro, casa del Granduca, casa di Epidius Sabinius, casa di Cerere, pitture del Museo Nazionale di Napoli, nn. 9165, 8183).

Per la datazione, sembra ci si debba necessariamente riferire al secondo venticinquennio del I secolo d.C., in ciò confortati dall'esame della pettinatura delle bambine rappresentate sulle ermette delle pareti di destra e di sinistra, che presentano la tipica treccina al sommo del cranio che è propria dell'età di Claudio (cfr. N. BONACASA, *Ritratti greci e romani della Sicilia,* Palermo 1964, p. 44, n. 50, tav. XXIII, 1, 2; L.D. CASKEY, *Catalogue of Greek and Roman Sculpture (Museum of Fine Arts, Boston),* Cambridge, Mass., 1925, n. 119). Queste pitture, allora, debbono essere considerate anteriori al terremoto del 62 d.C., al quale sopravvissero, fino all'eruzione del 79 d.C., che tutto coprí ed obliterò fino alle riscoperte dell'èra moderna.

Bibl.: Inedito.

APPENDICE: FAUNA E FLORA

Le pareti dell'*oecus* della casa VI, 17 (Ins. Occid.), 42, presentano vivo interesse naturalistico per il verismo con il quale sono rappresentati soggetti della fauna e della flora, anche se a volte compaiono note di stilizzazione che consentono il loro riconoscimento con le dovute riserve. Tuttavia, componendo assieme i vari habitat propri delle specie ornitiche e floristiche affrescate, si riescono a ricostruire, come un puzzle, le caratteristiche dell'ambiente e del paesaggio del territorio vesuviano dell'epoca.

Una attenta lettura degli autori greci e laini, che hanno trattato della materia, ha fornito alcune conferme. Inoltre, in piú casi, le fonti antiche hanno fornito indicazioni sul valore simbolico attribuito alle singole specie.

Il confronto delle nostre pitture, da un lato con quelle della villa di Livia a Prima Porta o con quella della c.d. casa del Frutteto a Pompei (I, 9, 5), dall'altro con alcune nature morte seicentesche (cfr. *Floralia. Florilegio delle collezioni fiorentine del Sei-Settecento,* Catalogo della mostra, Firenze 1988), in cui un gran numero di specie identiche a quelle che compaiono nell'affresco pompeiano rappresentano l'allegoria della vita e della morte, hanno infine suggerito la possibilità di una chiave di lettura allegorica dei nostri affreschi, quasi un'anticipazione delle allegorie di soggetto botanico che compaiono nel medioevo.

Nel vano della villa di Livia è raffigurato un angolo di giardino dominato da alberi da frutta e ravvivato da specie erbacee ed arbustive in sintonia con l'ambiente che si è voluto raffigurare. Ciascun elemento è ben leggibile e non allude ad alcun significato nascosto. Cosí gli affreschi della casa del Frutteto in cui gli alberi raffigurati sono di una impressionante veridicità che permette di identificarne non solo la specie, ma finanche la varietà. Nei nostri affreschi sono molti gli elementi che fanno riflettere: la ricerca del particolare, il punto di osservazione, la diversa composizione floristica delle pareti, il momento in cui la scena è stata colta.

La ricerca del particolare si manifesta soprattutto su alcune specie: il vilucchione, il giglio, l'oleandro, il viburno, la palma, le rose, l'edera variegata, il papavero sono raffigurati con cura. Per essi è stato messo da parte il tratto impressionistico utilizzato per le altre essenze.

Per quanto riguarda il punto di osservazione, esso mette in rilievo le componenti erbacee del giardino guardandole da vicino e quasi entrandoci in mezzo, lasciando come quinte gli alberi. È questo un fatto che non ha precedenti nelle raffigurazioni pittoriche dei giardini dell'epoca e giustifica la ricerca del particolare per le specie erbacee.

È sempre l'attenzione per il particolare a rendere poco credibile che possa essere dovuto ad un errore il rappresentare in fiore specie che, invece, nel corso dell'anno fioriscono in tempi molto diversi tra loro: esse, quindi, volutamente sono state messe insieme.

240

Nähe und fast aus ihrer Mitte heraus gesehen sind und die Bäume Kulisse bleiben. Da es dafür in zeitgenössischen Gartendarstellungen kein Vorbild gibt, ist eine genaue Untersuchung der Kräuterarten angebracht.

Die Aufmerksamkeit gegenüber den Details macht es unwahrscheinlich, daß die gemeinsame Darstellung von zu verschiedenen Jahreszeiten blühenden Pflanzen ein Irrtum ist. Sie wurden absichtlich so zusammengestellt.

Die letzte Betrachtung gilt der auf jeder Wand anderen Planzenzusammenstellung auf den Fresken. Es wurde vermutet, daß sie an die Präsenz der Hermen geknüpft ist, die durch ihre Attribute als Teilnehmer des Dionysischen *thiasos* gekennzeichnet sind: einem Paar auf der linken und einem Kind von ähnlicher Physiognomie auf der rechten Wand; es könnte sich hierbei um Porträts der Hauseigentümer handeln.

Einige Arten finden sich auf allen Wänden: der immergrüne Erdbeerbaum, der ein Symbol der Ewigkeit ist; der dem Apoll geweihte Lorbeer, der die mit dem Heldentum verbundene Weisheit darstellt; verschiedene Korbblütler, Blumen, aus denen man Kränze für die Götter flicht; der von Demeter geschätzte Schlafmohn.

Auf der linken Wand treten zu obigen folgende Spezies hinzu: die Dattelpalme, für Griechen wie Römer Symbol für Sieg und Unsterblichkeit; der prächtige, aber giftige Oleander als Todessymbol; der Schneeball als Pflanze des Triumphs und daher glückbringend; das Immergrün, das von den Römern als Zwerglorbeer angesehen wurde und daher die gleichen Tugenden besaß; als sehr zarte Pflanze das Ziströschen, Symbol für die menschliche Vergänglichkeit; die Rose als Symbol der Liebe, die Gattung *versicolor* als Zeichen der Vereinigung; die Platane als Emblem des Widerstands gegen die Widrigkeiten des Lebens; der von Dionysos geschätzte Efeu, der den Geist vom Weinrausch befreien kann.

Nicht alle diese Arten kommen auf der gegenüberliegenden Wand vor; stattdessen finden sich glückbringende Pflanzen: Schneeball, Immergrün und Platane; die stets anwesende Rose als Symbol der Liebe, diesmal rot; weitere Arten, die auf den anderen Wänden nicht auftreten, so Pinie und Salomonssiegel, beide Symbole der Fruchtbarkeit; ferner die der Aphrodite teuren Veilchen als Hochzeitsblumen par excellence.

Die Veilchen kehren auf der mittleren Wand wieder und verbinden in ideeller Weise die Seitenwände: die Rosen symbolisieren mit dem Weiß der Lilie die erhabene Liebe und sind den prächtigen, aber schrecklichen Blumen des Todes (Oleander, Zaunwinde) gegenübergestellt. In dieser allegorischen Darstellung von Leben und Tod symbolisiert die Palme die Unsterblichkeit. Wie in einem Bild von J. Walscapelle (1644-1727; Florenz, Museum Stibbert, Inv. 12017) sind Schneeball und Mohn, rote Rosen *verscicolor*, Gartenringelblumen und Lilien, Ringelblumen und Nelken zu einer raffinierten Allegorie der Eitelkeit und Vergänglichkeit vereint.

Fauna

In den folgenden Verzeichnissen geben die Majuskeln die jeweilige Wand an: C = Mitte, D = rechts, S = links. Die Zahlen und Minuskeln verweisen jeweils auf die ornithologischen und pflanzlichen Arten.

Columba domestica, sog. *Columba picta*, wegen ihres regelmäßigen und schönen Federkleides gezüchtet (vgl. FAELLI, zit. in Bibl.). Die Taube hat eine doppelte Bedeutung, symbolisch und antiquarisch. Der Venus geweiht, verweist sie auf Liebe und Treue. Sie dokumentiert aber auch das bisher unbekannte Aussehen der schönsten, in damaligen Zuchten aufgezogenen Tauben. C, 3.

Garrulus glandarius (Linnaeus). Lebensraum: Wälder und unbebautes Land. Lat. *glandaria*: dt. Eichelhäher. Unverkennbares Merkmal ist der dreifarbige Spiegel auf dem Flügel. C, 5.

Turdus philomelos (Brehm). Wahrscheinliche Identifizierung. Lebensraum: Sommer in den Bergen, Herbst in Hügeln und Ebenen, Winter in Küstenwäldern. Lat. *turdus*, und Verwandte; dt. Singdrossel. Impressionistische Malweise mit schnellen Pinselstrichen; gleichermaßen sind die benachbarten Erdbeerbäume *(Arbutus unedo)* ausgeführt. Bekannt für

L'ultima osservazione riguarda la composizione floristica degli affreschi che ha differenti caratteri per ciascuna parete. Si avanza l'ipotesi che essa sia legata alla presenza delle erme raffiguranti, sia pure con gli attributi dei personaggi del *thiasos* dionisiaco, una coppia sulla parete sinistra e, su quella destra, un bambino ad essi somigliante nella fisionomia, nei quali si possono forse ravvisare ritratti dei proprietari della casa.
Comuni a tutte le pareti sono alcune specie: il corbezzolo sempreverde e come tale simbolo di eternità; il lauro, sacro ad Apollo, rappresentante la saggeza unita all'eroismo; varie specie di composite, fiori da intrecciare per coronare gli dèi; il papavero sonnifero caro a Demetra.
Nella parete sinistra alle specie di cui sopra, vanno ad aggiungersene altre: la palma da datteri per i Greci, come per i Romani, simbolo di vittoria e di immortalità; l'oleandro splendido ma velenoso e quindi simbolo di morte; il viburno pianta dei trionfi e pertanto beneaugurale; le pervinche, considerate dai Romani lauri nani e quindi depositarie delle stesse virtú del lauro normale; i cisti dai fiori fragilissimi, simbolo della caducità umana; la rosa simbolo d'amore, nella varietà *versicolor* rappresentante l'unione; il platano emblema di resistenza alle traversie della vita; l'edera cara a Dioniso, capace di liberare la mente dall'ebbrezza del vino.
Non tutte queste specie compaiono invece nell'affresco della parete contrapposta a quella sopradescritta Vi sono invece piante benauguranti: il viburno, la pervinca, il platano e l'immancabile rosa simbolo d'amore, stavolta rossa e altre specie che non compaiono sulle altre pareti: il pino e il sigillo di Salomone, entrambi simboli di fecondità e prolificità. Ad essi si aggiungono le viole care ad Afrodite, fiori nuziali per eccellenza.
Ritornano le viole nella parete centrale ad unire idealmente le due pareti che si contrappongono: ritornano con entrambe le rose, con il candore del giglio simbolo dell'amore sublime, per contrapporsi agli splendidi e terribili fiori della morte (oleandro, vilucchione) in una allegorica rappresentazione di vita e di morte che con la palma trovano il superamento nell'immortalità. Sono insieme viburni e papaveri, rose rosse *versicolor,* fiorranci e gigli, calendule e garofani come nel quadro di J. Walscapelle (1644-1727) conservato nel museo Stibbert di Firenze (inv. 12017), raffinata allegoria della Vanità e dell'Effimero.

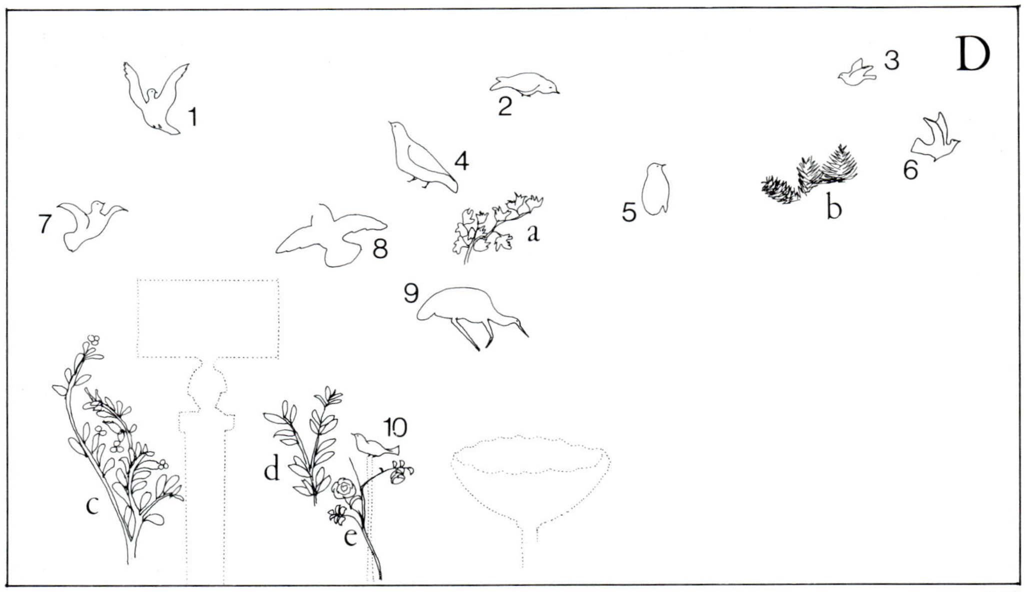

240

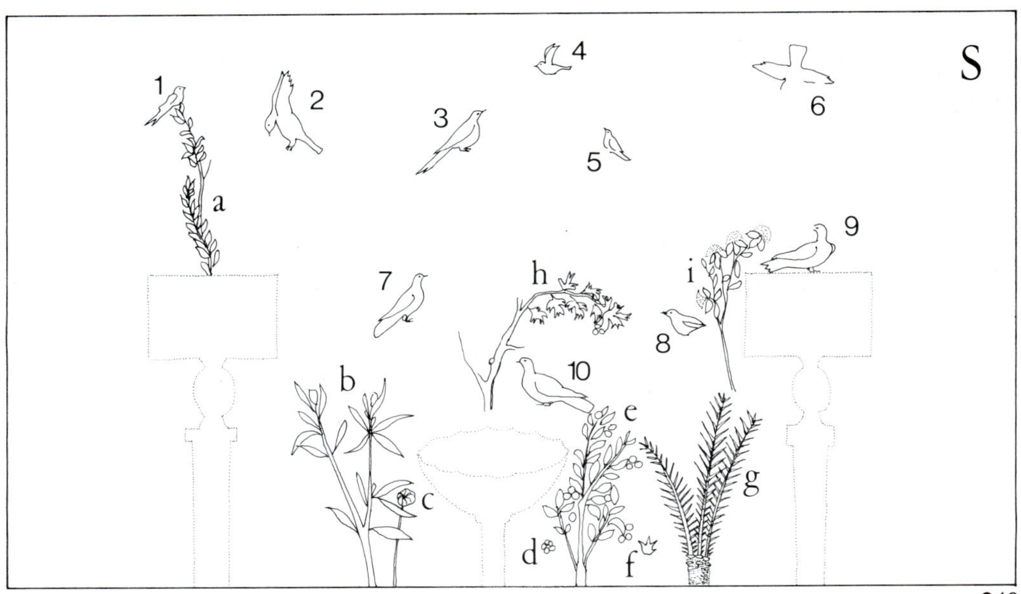

240

Fauna

Nei seguenti elenchi la lettera maiuscola indica la parete: C = centrale; D = destra; S = sinistra. I numeri e le lettere minuscoli indicano rispettivamente le specie ornitiche e vegetali.

240

Columba domestica, c.d. *Columba picta,* in quanto selezionata per la regolarità e per la bellezza della livrea (cfr. Faelli, cit. in bibl.). Duplice il significato di questo uccello: simbolico e documentario, Sacro a Venere, esso richiama idee d'amore e di fedeltà, ma documenta anche l'aspetto, finora ignoto, dei piú bei colombi selezionati negli allevamenti dell'epoca. C, 3.

Garrulus glandarius (Linneo). Habitat: boschi ed incolti. Lat. *glandaria*: ghiandaia. Lo «specchio» a tre colori sull'ala è la nota inconfondibile della specie. C, 5.

Turdus philomelos (Brehm). Identificazione verosimile. Habitat: estate nei monti, autunno in collina e nei piani; inverno nei boschi litoranei. Lat.: *turdus,* assieme ai congeneri; it.: tordo bottacio. Il soggetto è stato realizzato con rapidi tratti di pennello, in modo impressionistico. Allo stesso modo sono resi i vicini frutti di corbezzolo (*Arbutus unedo*). Assai noto per la dolcezza del suo canto, esso fu anche detto *Turdus musicus*. C, 7.

Turdus merula (Linneo). Habitat: macchia e giardini. Lat.: *merula*; it.: merlo. In questa specie il maschio ha livrea completamente nera, mentre femmine e giovani di colore bruno. Il soggetto in questione presenta una modesta anomalia cromatica (non rara nella specie) all'alula destra. Tracce di giallo sul becco confortano l'identificazione. C, 2; S, 6; D 2, 6.

Alectoris graeca (Meisner). Habitat: all'epoca presente dal piano al monte. Lat.: *perdix,* it.: coturnìce. Sedentaria in Grecia, penisola Balcanica e Italia, essa è oggi, da noi, rara per la caccia sistematica di cui è stata oggetto. Tollera le condizioni di cattività in cui è stata allevata fin da tempi remoti e dagli stessi romani negli *aviaria.* Vi era la credenza, accreditata da Aristotele, che essa fosse ardentissima nell'amore. C, 10.

Porphyrio porphyrio (Linneo). Habitat: ambienti umidi. Lat.: *porphyrio;* it.: pollo sultano. Il becco adunco è certo un errore dell'artista, ma la certezza dell'identificazione è data dal rapporto tibia/tarso, dal rosso (oggi in parte sbiadito) del

240

240

seinen lieblichen Gesang, wurde er auch *Turdus musicus* genannt. C, 7.
Turdus merula (Linnaeus). Lebensraum: Dickicht und Gärten. Lat. *merula*, dt. Amsel. Das Männchen dieser Spezies besitzt ein völlig schwarzes Gefieder, während Weibchen und Junge braun sind. Das fragliche Tier weist auf dem rechten Flügel eine leichte farbliche Anomalie auf (bei dieser Art nicht selten). Gelbe Spuren auf dem Schnabel unterstützen die Identifikation. C, 2; S, 6; D 2, 6.
Alectoris graeca (Meisner). Lebensraum: heutzutage von der Ebene bis ins Bergland verbreitet. Lat. *perdix*, dt. Steinhuhn. In Griechenland, der Balkanhalbinsel und Italien heimisch; als Opfer systematischer Bejagung heute selten. Es tolerierte die Bedingungen der Gefangenschaft, unter denen es seit uralter Zeit aufgezogen wurde, unter den Römern in *aviaria*. Aristoteles ist der Glaube zu verdanken, es sei liebestoll. C, 10.
Porphyrio porphyrio (Linnaeus). Lebensraum: Feuchtgebiete. Lat. *porphyrio*, dt. Purpurhuhn. Der krumme Schnabel ist sicher ein Fehler des Künstlers; die Gewißheit der Identifikation ergibt sich aus dem Tibia-Tarsus Verhältnis, dem heute teilweise verschwundenen Rot des Schnabels, der Vorderseite, den Beinen sowie der Farbe des Gefieders. Es kam in Kampanien häufig vor, ist heute aber völlig verschwunden. C, 9.
Anas crecca (Linnaeus). Lebensraum: Sumpfgebiete. Lat. evtl. *querquedula*, dt. Krickente. Typisch und in diesem Gemälde vor allem dargestellt ist der fast senkrechte Abflug dieser kleinen Ente vom Wasser. D, 1.
Egretta garzetta (Linnaeus). Lebensraum: Sumpfgebiete mit Niedrigwasser. Lat. *Ardiola leucon*, dt. Silberreiher. Kleiner, weißer Reiher, der damals im Küstengebiet des Vesuv sicher zahlreich vorkam. D, 9.
Oriolus oriolus (Linnaeus). Lebensraum: Wälder und dichter Niederwald. Lat. *galbus*, dt. Pirol. In der lateinischen Ornithologie tritt er auch unter anderen Namen auf: *chlorion, vireo* usw. C, 6 ♀; 8 ♀; S, 8 ♂.
Pica pica (Linnaeus). Lebensraum: Wälder, Weide- und Kulturland. Lat. *pica*, dt. Elster. Das schwarzweiße Federkleid und die elegante Gestalt mit dem langen, abgestuften Schwanz machen sie unverkennbar. S, 3.
Gemeine *Columba domestica*. Verschiedene Exemplare sind auch in der Lünette über der mittleren Wand wiedergegeben. Allgemeine Bewunderung zogen die gezüchteten weißen Tauben auf sich. C, 4; S, 2, 7; D, 5, 8.
Passer italiae (Vieillot). Lebensraum: in der Nähe bewohnter Gebiete. Lat. *passer*, dt. Sperling. Auf der ganzen Welt verbreitet, galt er bei den Ornithologen aller Zeiten als sehr erotisch. Es ist der Vogel, der in den berühmten Versen Catulls der jungen Lesbia graziös in den Finger hackt. C, 1; D, 3; S, 4-5.
Columba palumbus (Linnaeus). Lebensraum: Wälder und Arboreten. Lat. *palumbes*, einschl. Verwandten; dt. Ringeltaube. Als monogames Tier war sie Symbol der ehelichen Treue. S, 9-10.
Hirundo rustica (Linnaeus). Lebensraum: Weiden und bestelltes Land, Wiesen in Wassernähe. Lat. *hirundo*, dt. Schwalbe. Der unverkennbare braun-rötliche Fleck auf der Kehle, die weiße Brust und der weit gegabelte Schwanz machen die Identifikation wahrscheinlich. S, 1.
Nicht identifizierter Vogel, vielleicht einer von den vielen Kiebitzen, von denen es am Sarno-Ufer und in den Küstensümpfen wimmeln mußte. D, 7.
Corvus cornix (Linnaeus). Lebensraum: Weiden und bestelltes Land. Lat. *cornix*, dt. Nebelkrähe. Der im Süden Italiens verbreitete Vogel ist recht intelligent und hat deswegen und aufgrund seiner Fähigkeit, einige Worte zu erlernen und wiederzugeben, immer die Neugier des Menschen auf sich gezogen. D, 4.
Luscinia megarhyncha (C.L. Brehm). Lebensraum: Ufervegetation und schattige Plätze. Lat. *luscinia*, dt. Nachtigall. Eine unvoreingenommene Untersuchung des Gemäldes läßt zweifeln, ob der Vogel den Drosseln oder Silvidae angehört, doch macht der Kontext die Wahl wahrscheinlich. D, 10.

Flora

Schneeball, *Viburnum tinus* L. (PLIN., *N.H.*, XV, 128; CAT., *De agr.*, VIII, 2). In der Natur mit dem Erdbeerbaum verbunden; mit knospenden Blüten in rosa, geöffneten in weiß und metallisch blauen Früchten dargestellt. Den Triumphzügen geweiht, galt er in den Häusern als Glücksbringer. S, i.
Oleander, *Nerium Oleander* L. (PLIN., *N.H.*, XVI, 79; XXIV). Die giftige Pflanze wurde gegen Schlangenbisse verwendet (Prinzip der mitridatischen Medizin). C, a, d; S, b.
Palme, *Phoenix dactylifera* L. (PLIN., *N.H.*, XV, 37, XIII, 28-43). Plinius bezieht sich wahrscheinlich auf *P. canariensis*. Er und Columella erwähnen keine Kultivierung in Italien. Den Griechen war sie heilig und dem delischen Apollo als «Baum des Lichtes oder des Tages» geweiht. In der allgemeinen Ikonographie steht sie für Sieg, Himmelfahrt, Wiedergeburt und Unsterblichkeit. C, h; S, g.
Lorbeer. *Laurus nobilis* L. (PLIN., *N.H.*, XV, 127; *ebd.* 133-138). Fast so verehrt wie die Olive war sein Gebrauch zu profanen Zwecken untersagt. Er war Apollo geweiht und man beging mit ihm Triumphe. Wie alle Immergrünen stand er für die Macht des Unsterblichen. Da er von den Göttern geliebt wurde, war er ein Ruhmeszeichen. C, e; D, d; S, a.
Pinie, *Pinus pinea* L. Sie stand für das immerwährende Leben, verherrlichte Lebenskraft und Fruchtbarkeit. Der Fruchtbarkeitsgöttin Kybele geweiht. D, b.
Lilie, *Lilium candidum* L. (PLIN., *N.H.*, XXI, 22-26; 126-127; VERG., *Aen.*, VI, 883-884). Symbol der Zeugung, der Liebe und des Ruhmes. C, f.
Falsche Kamille, *Anthemis tinctoria* und *triumphetti* (PLIN., *N.H.*, XXI, 99). Der *Matricaria chamomilla* L. vergleichbar.
Sog. Strohblume, *Anacyclus radiatus* (PLIN., *N.H.*, XXVI, 87). Von den Römern mit der echten Strohblume verwechselt.
Märzveilchen, *Viola calcarata* L. (PLIN., *N.H.*, XXI, 67-70; 130-131). Symbol der Liebesgöttin Aphrodite. Hochzeitsblume.
Efeu, *Hedera helix* L. var. *chrysophylla* (PLIN., *N.H.*, XVI, 144-153). Er repräsentierte den ewigen Zyklus von Tod und Wiedergeburt; Mittel gegen Trunkenheit. S, f; C, m.
Erdbeerbaum, *Arbutus unedo* L. (VERG., *Aen.*, II, 63-65; PLIN., *N.H.*, XV, 57). Als immergrüne Pflanze mit Tod und Unsterblichkeit verbunden. C, b, e; D, c; S, e.
Rose, *rosa gallica* L. *Rosa gallica* Var. *versicolor*. Mit ihren naturalistischen Feinheiten erweitern die Fresken unsere Kenntnis über antike Kulturvarietäten der Rosen. Antike Rosen hielt man immer für einfarbige Varianten, während hier deutlich Rosen von weißer und rosafarbener Tönung in der ganzen Bandbreite ihrer Nuancierung dargestellt sind. C, l; D, e; S, c.
Platane, *Platanus orientalis* L. (PLIN., *N.H.*, XII, 6-13). Sie galt als Symbol der Widerstandskraft gegen die Widrigkeiten des Lebens. D, a; S, h.
Zistrose (?), *Tuberaria guttata* L. (PLIN., *N.H.*, XXIV, 165). Von den Römern mit der Zistrose verwechselt.
Immergrün, *Vinca major* L., *Vinca minor* L. (PLIN., *N.H.* XXI, 68 und 172). Für die Römer Zwerglorbeer. Unter den heiligen Pflanzen dem Lorbeer gleichgestellt; Verwendung in der Medizin.
Salomonssiegel, *Poligonatum multiflorum* L. (PLIN., *N.H.*, XXVII, 113 ff.; XXII, 40). Symbol der Fruchbarkeit und des Kindersegens.
Strohblume, *Chrysanthemum segetum* L. (PLIN., *N.H.*, XXVI, 87). Blume für Kränze, die Götterbildnisse schmückten.
Falsche Kamille, *Anthemis cotula* L. (PLIN., *N.H.*, XXI, 99). Der echten Kamille gleichgestellt (*Matricaria chamomilla* L.).
Mohn, *Papaver somniferum* L. (PLIN., *N.H.*, XXI, 198-209). Der Demeter geweiht; er steht für die Erde, die Kraft des Schlafs und des Vergessens. C, g, o.
Zaunwinde, *Calystegia sylvatica* L. (PLIN., *N.H.*, XXI, 23 und 105). Zeichen der Vergänglichkeit. C, i.

Bibl.: Zu den Untersuchungen bzgl. der Identifikation der Tier- und Pflanzenarten mittels gemalter und musivischer Darstellungen: O. COMES, *Enumerazione delle piante rappresentate nei dipinti pompeiani*, in: *Pompei e la regione sotterrata dal Vesuvio nell'anno LXXIX*, Neapel 1879, 177-238. Zur Erkennung der Tier- und Pflanzenarten und ihrer Klassifikation gemäß der aktuellen Nomenklatur S. PIGNATTI, *La flora d'Italia*, Bologna 1984; P.A. SACCARDO, *Cronologia della*

240

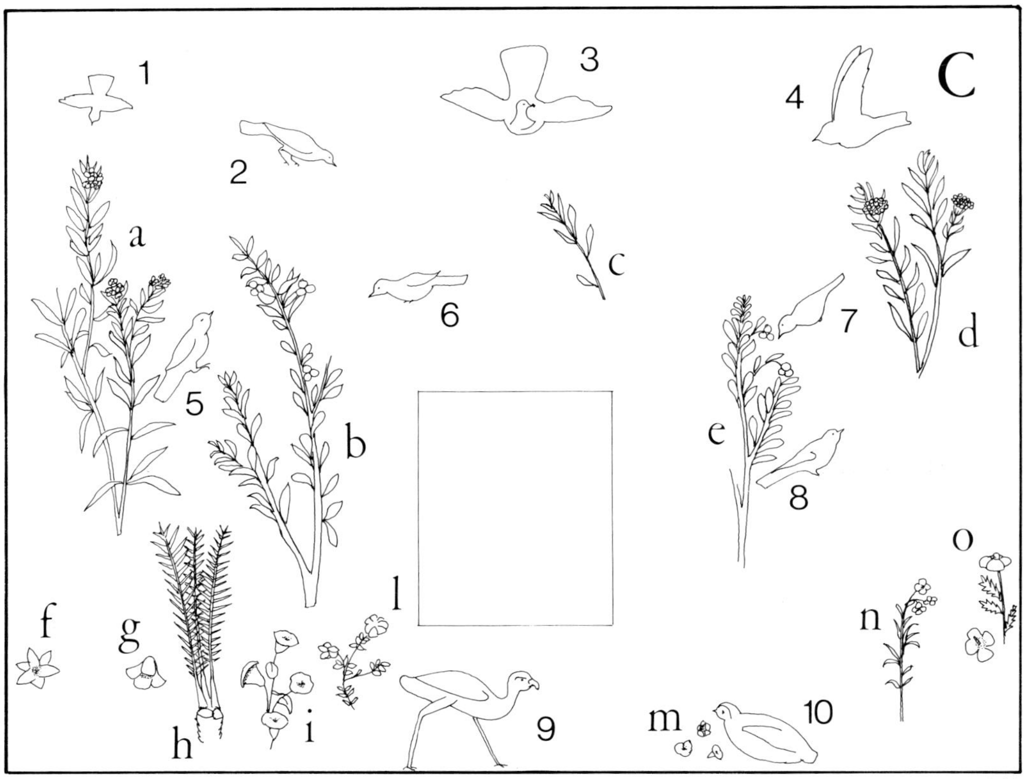

240

becco, della piastra frontale e delle zampe nonché dal colore della livrea. Esso era frequente nella zona, mentre oggi è completamente scomparso. C, 9.

Anas crecca (Linneo). Habitat: ambienti palustri. Lat.: forse *querquedula,* it.: alzavola. Caratteristico, e magistralmente riprodotto nella pittura, l'alzarsi di questa piccola anitra con volo quasi verticale sull'acqua. D, 1.

Egretta garzetta (Linneo). Habitat: ambienti palustri con acque basse, Lat.: *Ardiola leucon*; it.: garzetta. Piccolo, candido airone all'epoca certamente numeroso lungo il litorale vesuviano. D, 9.

Oriolus oriolus (Linneo). Habitat: boschi e macchie folte. Lat.: *galbus,* it.: rigogolo. Nella ornitologia latina esso compare anche con altri nomi come: *chlorion, vireo,* etc. C, 6 ♀; 8 ♀; S, 8 ♂.

Pica pica (Linneo). Habitat: boschi, pascoli e coltivi. Lat.: *pica,* it.: gazza ladra. La livrea bianco-nera e la sua elegante sagoma con la lunga coda graduata la rendono inconfondibile. S, 3.

Columba domestica comune. Vari soggetti sono raffigurati anche nella lunetta sovrastante la parete centrale. Indiscussa ammirazione suscitavano i colombi bianchi, selezionati in allevamento. C, 4; S, 2, 7; D, 5, 8.

Passer italiae (Vieillot). Habitat: in vicinanza dei luoghi abitati. Lat.: *passer,* it.: passero. Diffuso in tutto il mondo, esso è considerato fortemente erotico dagli ornitologi di tutti i tempi. È l'uccello che becca graziosamente il dito della giovane donna Lesbia nei celebri versi di Catullo. C, 1; D, 3; S, 4-5.

Columba palumbus (Linneo). Habitat: boschi e arboreti. Lat.: *palumbes,* insieme ai congeneri; it.: colombaccio. Per essere monogamo, esso era simbolo di fedeltà coniugale. S, 9-10.

Hirundo rustica (Linneo). Habitat: pascoli e coltivi, prati in vicinanza dell'acqua. Lat.: *hirundo*, it.: rondine. L'inconfondibile macchia bruno-rossiccia sulla gola, il candido petto e la coda profondamente forcuta hanno suggerito il riconoscimento. S, 1.

Soggetto non identificabile, forse un caradride dei tanti che dovevano pullulare lungo il fiume Sarno e le paludi costiere. D, 7.

Corvus cornix (Linneo). Habitat: pascoli e coltivi. Lat.: *Cornix*, it.: cornacchia grigia. Assai diffusa nel sud dell'Italia, la cornacchia è uccello assai intelligente ed ha sempre attirato la curiosità dell'uomo per questa sua dote e per la capacità di imparare a pronunziare qualche parola. D,4.

Luscinia megarhyncha (C.L. Brehm). Habitat: vegetazione ripariale, luoghi ombrosi. Lat.: *luscinia*, it.: usignolo. Lo studio obiettivo del dipinto lascia il dubbio che il soggetto possa appartenere ai turdidi o ai silvidi, ma è il contesto ad orientare la scelta. D, 10.

Flora

Viburno, *Viburnum tinus* L. (PLIN., *N.H.,* XV, 128, CAT., *De agr.,* VIII, 2). In natura legato al corbezzolo è raffigurato con fiori in boccio (rosa), aperti (bianchi) e frutti blu metallico. Consacrato ai trionfi, ma augurale nelle case. S, i.

Oleandro, *Nerium Oleander* L. (PLIN., *N.H.,* XVI, 79; XXIV). Pianta velenosa usata contro il morso dei serpenti (principio di medicina mitridatica). C, a, d; S, b.

Palma, *Phoenix dactylifera* L. (PLIN., *N.H.,* XV, 37, XIII, 28-43). Plinio si riferisce probabilmente a P. *canariensis.* Columella e Plinio non parlano della sua coltivazione in Italia. Pianta sacra per i Greci, consacrata ad Apollo Delio come «albero della luce o del giorno». Nell'iconografia universale sta per vittoria, ascensione, rigenerazione, immortalità. C, h; S, g.

Lauro, *Laurus nobilis* L. (PLIN., *N.H.,* XV, 127; *ibid.* 133-138). Venerato quasi come l'olivo, era proibito adoperarlo per usi profani. Consacrato ad Apollo, con esso si celebra il trionfo. Come tutti i sempreverdi rappresentava il potere della sopravvivenza. Amato dagli dèi, era segno di gloria. C, e; D, d; S, a.

Pino, *Pinus pinea* L. Indica il perdurare della vita. Rappresenta l'esaltazione della potenza vitale e la glorificazione della fecondità: è consacrato a Abele, dea della fertilità. D, b.

Giglio, *Lilium candidum* L. (PLIN., *N.H.,* XXI, 22-26; 126-127; VERG., *Aen.,* VI, 883-884). Simbolo della generazione, dell'amore e della gloria. C, f.

False camomille, *Anthemis tinctoria e triumphetti* (PLIN., *N.H.,* XXI, 99). Assimilabili a *Matricaria chamomilla* L.

Elicriso c.d., *Anacyclus radiatus* (PLIN., *N.H.,* XXVI 87). Confuso dai Romani con elicriso vero.

Viola odorata, *Viola calcarata* L. (PLIN., *N.H.,* XXI, 67-70; 130-131). Simbolo di Afrodite, dea dell'amore. Fiore nuziale.

Edera, *Hedera helix* L. var. *chrysophylla* (PLIN., *N.H.,* XVI, 144-153). Rappresentava il ciclo eterno della morte e della rinascita; antidoto contro l'ubriachezza. S, f; C, m.

Corbezzolo, *Arbutus unedo* L. (VERG., *Aen.* II, 63-65; PLIN., *N.H.,* XV, 57). Come sempreverde legato alla morte, alla immortalità. C, b, e; D, c; S, e.

Rosa, *Rosa gallica* L. *Rosa gallica* var. *versicolor.* Gli affreschi, con la loro raffinata puntualizzazione di particolari naturalistici, allargano la conoscenza sui cultivars delle rose in antico. Si è sempre pensato alle rose antiche come varietà monocolori, mentre chiaramente sono raffigurate rose in tonalità bianco e rosa con tutta la gamma di sfumature. C, l; D, e; S, c.

Platano, *Platanus orientalis* L. (PLIN., *N.H.,* XII, 6-13). Era considerato il simbolo della capacità di resistere alle traversie della vita. D, a; S, h.

Cisto (?), *Tuberaria guttata* L. (PLIN., *N.H.,* XXIV, 165). Confuso dai Romani con il cisto.

Vinca, *Vinca major* L., *Vinca Minor* L. (PLIN., *N.H.,* XXI, 68 e 172). Per i Romani: camedafne o alloro nano. Usato in medicina, tra le piante sacre era assimilato all'alloro.

Sigillo di Salomone, *Poligonatum multiflorum* L. (PLIN., *N.H.,* XXVII, 113 ss.; XXII, 40). Simbolo di prolificità e fecondità.

Elicriso, *Chrysanthemum segetum* L. (PLIN., *N.H.,* XXVI, 87). Pianta coronaria utilizzata per ornare le effigi degli dèi.

Falsa camomilla, *Anthemis cotula* L. (PLIN., *N.H.,* XXI, 99). Assimilata alla camomilla vera *(Matricaria chamomilla* L.)

Papavero, *Papaver somniferum* L. (PLIN., *N.H.,* XXI, 198-209). Consacrato a Demetra, rappresenta la terra e la forza del sonno e dell'oblio. C, g, o.

Vilucchione, *Calystegia sylvatica* L. (PLIN., *N.H.,* XXI, 23 e 105). Rappresenta l'effimero. C, i.

Bibl.: Per gli studi di identificazione delle specie animali e vegetali attraverso le rappresentazioni pittoriche e musive: O. COMES, *Enumerazione delle piante rappresentate nei dipinti pompeiani*, in *Pompei e la regione sotterrata dal Vesuvio nell'anno LXXIX*, Napoli 1879, pp. 177-238. Per il riconoscimento delle specie animali e vegetali e la loro classificazione secondo l'attuale nomenclatura, S. PIGNATTI, *La flora d'Italia*, Bologna 1984; P.A. SACCARDO, *Cronologia della flora italica*, Bologna 1971. Un confronto con gli autori classici è contenuto in un volume in lingua francese di una non meglio identificata collana di fine '800 dal titolo *Flora virgiliana seu catalogus plantarum*, di A. FEE e, per gli uccelli, in F. CAPPONI, *Ornithologia latina*, Genova 1979; D. ATTENBOROUGH, *Uccelli d'Italia e d'Europa*, Novara 1987; G. COVA, *Atlante degli uccelli italiani*, Milano 1969; E. ARRIGONI DEGLI ODDI, *Ornitologia italiana*, Milano 1929; F. FAELLI, *Animali da cortile*, Milano 1939; K. e A. HEINROTH, *Mitteleuropaeische Vogelwelt*, Frankfurt a. M. 1952; G. MARTORELLI, *Gli uccelli d'Italia*, Milano 1931.
Per la storia e l'allevamento del colombo domestico e per il riconoscimento delle razze: A. MCNEILLE, *Il colombo,* Bologna 1981 (con bibl. precedente).
Per la storia dei giardini: W. JASHEMSKI, *The Gardens of Pompeii, Herculaneum and the Villas Destroyed by Vesuvius*, New York 1979.
Per la simbologia e le credenze popolari: P. LIEUTAGHI, *Il libro degli alberi e degli arbusti,* Milano 1986; M. GIEVE, *A Modern Herbal*, Middlesex 1982; C.G. JUNG, *L'albero filosofico,* Torino 1978; J. CHEVALIER, A. GHEERBRANT, *Dizionario di simboli*, Milano 1986.

A.C., L.C.

241. Statua di efebo

Inv. 13112.
Pompei, VII, 16 (Ins. Occid.), 19, casa di Fabio Rufo.
Alt. tot. m 1,37; alt. figura m 1,22; alt. testa m 0,24; alt. viso m 0,18; dist. interpupill. m 0,05.
Bronzo.
Integra; patina verde scuro con lievi incrostazioni.

La statua rinvenuta il 20 dicembre 1960, nell'area antistante il cunicolo 1, a destra del grande salone della casa, rappresenta un giovane ignudo, stante, poggiante su una base rotonda, formata da due sottili tori (praticamente dei listelli), che includono un piú alto trochilo (o *scotia*), al di sotto del quale è un plinto quadrangolare, la cui faccia superiore reca, agli angoli, un motivo a margherita; la base poggia su quattro zampe di leone, disposte agli angoli, e desinenti, nella parte superiore, con un motivo a cigno; al di sotto delle zampe, il contatto col suolo è assicurato da dischi.

La figura è rappresentata in posizione chiastica, col busto inclinato verso destra, ed il peso del corpo dislocato sulla gamba sinistra, mentre la destra è di scarico, leggermente flessa e portata indietro. Il braccio destro, piegato, è sollevato fino all'altezza del viso, lievemente discosto dalla persona, e con la mano

flora italica, Bologna 1971. Ein Vergleich mit klassischen Autoren findet sich in einem französischen Band einer nicht genauer bekannten Reihe aus dem Ende des 18. Jhs. unter dem Titel *Flora virgiliana seu catalogus plantarum* von A. FEE, für Vögel: in F. CAPPONI, *Ornithologia latina*, Genua 1979; D. ATTENBOROUGH, *Uccelli d'Italia e d'Europa*, Novara 1987; G. COVA, *Atlante degli uccelli italiani*, Mailand 1969; E. ARRIGONI DEGLI ODDI, *Ornitologia italiana*, Mailand 1929; F. FAELLI, *Animali da cortile*, Mailand 1939; K. und A. HEINROTH, *Mitteleuropäische Vogelwelt*, Frankfurt a.M. 1952; G. MARTORELLI, *Gli uccelli d'Italia*, Mailand 1931. Zur Geschichte der Züchtung von Haustauben und zur Erkennung der Rassen: A. MCNEILLE, *Il colombo*, Bologna 1981 (mit Bibl.).
Zur Gartengeschichte: W. JASHEMSKI, *The Gardens of Pompeii, Herculaneum and the Villas Destroyed by Vesuvius*, New York 1979.
Zur Symbolik und zum Volksglauben: P. LIEUTAGHI, *Il libro degli alberi e degli arbusti*, Mailand 1986; M. GIEVE, *A Modern Herbal*, Middlesex 1982; C.G. JUNG, *L'albero filosofico*, Turin 1978; J. CHEVALIER, A. GHEERBRANT, *Dizionario dei simboli*, Mailand 1986.

A.C., L.C.

241. Statue eines Epheben

Inv. 13112.
Pompeji, VII, 16 (Ins. Occid.), 19, Haus des Fabius Rufus.
Max. Höhe 137 cm; Statuenhöhe 122 cm; Kopfhöhe 24 cm; Gesichtshöhe 18 cm; Pupillenabstand 5 cm.
Bronze.
Unbeschädigt; dunkelgrüne Patina mit leichten Verkrustungen.

Die Statue des stehenden, nackten Jünglings wurde am 20. Dezember 1960 vor Stollen Nr.1 rechts vom großen Saal des Hauses gefunden. Eine runde Basis mit einem Trochilus (oder *scotia*) zwischen zwei zierlichen Wulsten ruht auf einer quadratischen Plinthe mit Margeritenmotiven in den Ecken der Oberfläche. Die Löwenfüße enden oben in einer Schwanenfigur und stützen sich auf kleine runde Basen.
Die chiastische Körperhaltung der Figur zeigt einen nach rechts geneigten Oberkörper; das Gewicht ist auf das linke Bein verlagert, während das unbelastete rechte etwas angewinkelt und zurückgestellt ist. Der rechte erhobene Arm ist nach oben abgewinkelt und hielt einen heute verlorenen Gegenstand. Der linke Arm ist nach unten gestreckt, aber ebenfalls vom Körper gelöst; der Zeigefinger scheint auf etwas zu deuten. Die Gesichtszüge sind stark idealisiert; in die Augenhöhlen waren Augen aus anderem Material eingesetzt (evtl. Elfenbein oder Glaspaste); die Nase ist groß und gerade, der Mund wohlgeformt und fleischig. Die besonders komplizierte Frisur ist vorne mit einer *taenia* zu einem Knoten zusammengefaßt; die restlichen Haare fallen in einem zweiten Knoten am Hinterkopf hinab; von diesem fallen zwei lange Strähnen auf die Schultern und zwei kürzere symmetrisch hinter den Ohren herab.
Die Statue wurde als *lychnophoros* genutzt. Die linke Hand hielt ein Tablett mit Weinreben und drei Tauben, auf dem die Lampe gestanden haben muß. Bei Bedarf konnte das Tablett entfernt werden, um der Statue so ihre ursprüngliche Funktion als rein dekoratives Kunstwerk wiederzugeben.
Mit der chiastischen Körperhaltung (das linke Bein ist belastet, das rechte angehoben und zurückgesetzt, der Oberkörper nach rechts geneigt) und der wenig ausgeprägten Plastizität stellt die Statue einen in der Antike sehr bekannten und thematisch in Praxiteles' Tradition stehenden Typus dar.
Im Vergleich zu ähnlichen Stücken sind diese praxitelischen Merkmale bei unserer Figur weniger deutlich, da eine Nuancierung der Oberfläche in Bronze schwieriger zu erzielen ist. Die Verwandtschaft zu Werken des 4. Jhs. v.Chr. zeigt sich auch in den stark idealisierten, regelmäßigen Gesichtszügen mit kleinem Mund, hohen Wangen und aufwendiger Frisur.

241

Wie häufig bei klassizistischen Skulpturen aus römisch-kampanischem Gebiet wird der allgemeine Eindruck von Weichheit und tektonischer Lockerung geprägt, wobei Muskulatur und anatomische Details nur wenig herausgearbeitet werden. Trotz der korrekten Wiedergabe der Leistenmuskulatur und des Oberkörpers allgemein, zeigt die Figur einen erstaunlichen Mangel an Plastizität und wirkt ein wenig weich und ausdruckslos.

Bibl.: Unveröffentlicht.

B.C.

242. Porträt eines Mannes

Inv. 10942.
Pompeji, Nekropole an der Porta Nocera, würfelförmiges Grab Nr. 7.
Max. Höhe 30 cm; Gesichtshöhe 22 cm; Breite 21 cm; Pupillenabstand 7 cm.
Weißer Kalkstein.
Bis auf Absplitterungen an der Nase unbeschädigt.

Etwas unterlebensgroßer Porträtkopf eines reifen Mannes mit markanten, scharflinigen Gesichtszügen. Die Haare legen sich flach um den Schädel; an der Stirn zeichnen sich einzelne Lockenspitzen ab. Tiefe Furchen durchziehen die hohe Stirn. Die Augenbrauen treten klar hervor und auch die Konturen der großen Augen sind deutlich umgrenzt. Die Nase ist groß und unregelmäßig; der feine Mund wird seitlich von tiefen Falten gekennzeichnet. Die Ohren sind vorstehend.
Es handelt sich um ein gutes Porträt einer pompejanischen Persönlichkeit aus spätrepublikanischer Zeit und ist daher dem 1. Jh. v.Chr. zuzuschreiben.

Bibl.: A. D'AMBROSIO, S. DE CARO, *Un impegno per Pompei*, Mailand 1983, 1/ES, Abb. 4.

M.C.D.S.

atteggiata a sorreggere qualcosa che non ci è conservato; il braccio sinistro, disteso lungo il corpo, è anch'esso allontanato dalla figura, ed ha le dita appena contratte, mantenendo l'indice disteso, come per impugnare un oggetto. La testa presenta un volto dai tratti fortemente idealizzati, con le orbite degli occhi cave per ricevere una cornea ed una pupilla in materiali diversi (forse avorio e pasta vitrea rispettivamente); il naso è largo e diritto; ben disegnata la bocca, turgida e carnosa. La capigliatura, piuttosto complessa, è raccolta in un nodo, mantenuto da una *taenia,* alla sommità del cranio per una parte; il resto dei capelli ricadono sull'occipite, legati da un secondo nodo, dal quale scendono sugli omeri due lunghe ciocche, mentre due ciocche minori scendono dietro le orecchie e si dispongono in maniera simmetrica sul collo.
La statua era stata adattata, in un secondo momento, a funzione di *lychnophoros* e, alla mano sinistra, era stato applicato un tralcio di vite con tre grappoli d'uva ed alcune foglie, pure in bronzo, sorreggenti una tavola, un vassoio su cui dovevano poggiare le lucerne. L'insieme era stato concepito in modo da poter agevolmente sottrarre il tralcio con il suo piano-vassoio, cosí da restituire, all'occorrenza, la statua alla sua condizione originaria di opera d'arte decorativa, facendo venir meno quella funzionale d'oggetto d'uso, sia pure decorativamente gradevole.
La scultura rappresenta un tipo statuario assai noto nell'antichità, che ripete un tema compositivo di tradizione prassitelica, evidente sia nell'impostazione chiastica del corpo (con la gamba sinistra a sorreggere il peso della figura e la destra di riposo e portata indietro, mentre il busto è inclinato a destra), sia nel trattamento della plastica poco accentuato nell'indicazione dei muscoli e delle masse carnose.
Questa caratteristica, che è propria delle opere di derivazione prassitelica, appare meno accentuata nella nostra scultura, rispetto ad altre consimili, solo perché essa è eseguita in bronzo, un materiale nel quale la morbidezza delle superfici è difficile da rendere. Il riferimento ad opere del IV secolo a C. è evidente anche nell'impostazione del volto dai caratteri fortemente idealizzati e dai tratti regolari, con la bocca piccola, le guance allungate e la capigliatura elaborata. Come sovente per queste sculture di gusto classicheggiante in ambiente romano-campano, l'impressione generale è di mollezza e di allentamento tettonico, con una scarsa attenzione alla trattazione delle masse muscolari e del dettaglio anatomico. Se si esclude la corretta conduzione della cresta iliaca e generalmente del torso, la figura manifesta caratteri di enfiezza, di declamatoria vacuità e di scarsa organicità, che lasciano perplessi. Databile al I secolo d.C.

Bibl.: Inedito.

B.C.

242. Ritratto virile

Inv. 10942.
Pompei, necropoli di Porta Nocera, tomba a dado n. 7.
Alt. max. cm 30; alt. viso cm 22; largh. cm 21; distanza interpupillare cm 7.
Calcare bianco.
Integra con scheggiatura al naso.

Testa ritratto di un uomo maturo, di dimensioni poco piú grandi del vero. La testa ha lineamenti molto marcati e tratti fortemente incisi. I capelli formano una calotta compatta da cui si distaccano sulla fronte le punte delle singole ciocche. Profonde rughe solcano l'ampia fronte. Le sopracciglia sono segnate da una linea a netto rilievo ed anche i contorni degli occhi, grandi, sono nettamente delimitati. Il naso è grande ed irregolare, le labbra sottili e segnate ai lati da profonde rughe. Le orecchie sono ben evidenziate.
Si tratta di un buon ritratto di un personaggio pompeiano della fine dell'età repubblicana. Esso si ascrive pertanto al I secolo a.C.

Bibl.: A. D'AMBROSIO, S. DE CARO, *Un impegno per Pompei*, Milano 1983, 1/ES, fig. 4.

M.C.D.S.

243. Ritratto virile

Inv. 3015.
Pompei, VI, 16, 7, casa degli Amorini dorati o dei *Poppaei*.
Alt. tot. cm 31,5; alt. viso cm 20,5; largh. cm 17,5; distanza interpupillare cm 7.
Marmo bianco lunense.
Integro. La presenza di un perno al di sotto del collo mostra che la testa era innestata su un qualche pilastro.

Testa ritratto di un uomo di età matura, rivolta leggermente verso sinistra. Essa è impostata su un collo alto e segnato da due profonde pieghe a collare. La fronte, alta e spaziosa è leggermente corrugata; gli occhi grandi hanno arcate sopraccigliari molto accentuate e volgono lo sguardo in lontananza; il naso è pronunziato; la bocca ha labbra sottili e ben disegnate. La capigliatura ricopre a mo' di calotta il cranio ed aggetta sulla fronte, con una serie di ciocche terminanti a punta.
Siamo di fronte ad una testa ritratto, tra le migliori finora rinvenute a Pompei sia per la qualità di esecuzione, sia per la raffinatezza del modellato. I particolari realistici sono perseguiti con un mosso plasticismo a cui non è certamente estraneo l'insegnamento del virtuosismo anatomico ellenistico. Il ritratto esprime una sensazione di forza e fierezza del personaggio, che doveva essere certamente un uomo di spicco nella società pompeiana dell'età tardo repubblicana. Il Curtius (cit. in bibl.) ritenne di essere di fronte ad un ritratto di M. Livio Druso Claudiano, padre di Livia, basandosi sul fatto che una testa dello stesso personaggio nel Museo di Napoli (inv. 6201) era detta provenire dalla Collezione Farnese. La presenza a Roma, pertanto, di un ritratto del personaggio pompeiano sarebbe stata la prova dell'importanza dell'uomo. Il De Franciscis (1942, cit. in bibl.) ebbe modo di dimostrare successivamente che la testa ritenuta della Collezione Farnese proveniva in realtà da Ercolano. Questa scoperta ha ridimensionato la notorietà del personaggio restringendola ad un ambito geografico ristretto. Il De Franciscis (1951, cit. in bibl.) ha pubblicato questo ritratto, che data concordemente con il Curtius al 40 a.C., e ritiene che possa pensarsi per tale personaggio ad un *Poppaeus*.

Bibl.: A. SOGLIANO, in *Not. Scavi*, 1907, p. 593, fig. 41; L. CURTIUS, *Ikonographische Beiträge*, in *RömMitt*, LIV, 1939, p. 121 ss.; A. DE FRANCISCIS, *Ritratti romani del Museo Nazionale di Napoli*, in *MemAccNapoli*, VI, 1942, p. 203 ss.; ID., *Il ritratto romano a Pompei*, Napoli 1951, pp. 23-24, figg. 7-8; T. KRAUS, L. VON MATT, *Pompei*, Milano 1973, p. 42, n. 34; per il ritratto al Mus. Naz. di Napoli: *Collezioni Napoli* 1989, cat. n. 128.

M.C.D.S.

Fotografia e archeologia a Pompei. Note per la ricerca.

Sin dai suoi esordi il mezzo fotografico è stato scelto dall'archeologo come valido sussidio di studio e di ricerca. Dall'iniziale fase di sperimentazione, l'uso piú agevole di macchine calotipiche ha consentito già alla fine degli anni '40 del secolo scorso, di fissare le vedute degli scavi di Pompei. A queste immagini, veri incunaboli fotografici, opera per lo piú di viaggiatori inglesi, era affidato il compito di trasmettere la memoria iconografica del luogo ed infatti non si tratta di documentazioni strettamente archeologiche, ma di vedute d'insieme che esaltano la monumentalità di un mondo classico 'ritrovato'. Dopo il 1860 la nuova tecnica al collodio umido, che coincise con l'apertura dei primi studi fotografici professionisti, segna anche per Pompei l'avvio di importanti e sistematiche campagne di rilevazione. Con la codificazione della fotografia archeologica da parte di Henry Parker, al quale si deve il primo e piú importante catalogo di fotografia archeologica, del 1879, si conferma anche per Pompei l'utilizzazione del mezzo fotografico come strumento di studio. Tuttavia nell'insieme le campagne di documentazione continuarono a lungo a risentire di quel gusto per il vedutismo ereditato dagli artisti di *guaches,* sostituendo ora al pennello la macchina fotografica, ma pur sempre per offrire ai viaggiatori del *Grand Tour* le silenziose e suggestive immagini di una romantica monumentalità; ma piú dei pittori e dei vedutisti, il fotografo di allora ha prodotto anche reali documentazioni di ambienti e situazioni oggi totalmente scomparse.
Il Museo di Storia della Fotografia Fratelli Alinari conserva un considerevole *corpus* di antiche stampe fotografiche relative ad immagini di Pompei, realizzate da diversi autori sia italiani che stranieri. La piú antica e preziosa di esse è una stampa da calotipo del 1848, eseguita dall'inglese Rev. George Wilson Bridges (fig. a p. 54) durante il suo secondo viaggio nel Sud dell'Italia. Ad un poco conosciuto, ma raffinato fotografo scozzese, James Graham, appartengono 33 immagini degli scavi di Pompei (figg. a pp. 57-62), raccolte in un album di viaggio intitolato «Italy» e dedicato dall'autore nel 1864 alla sorella Elisabeth. Le fotografie sono databili tra il 1858 e il '64 e sono stampate all'albumina da negativi su carta, dimostrando un uso attardato della calotipia da parte di Graham. L'immagine di Pompei è interpretata dall'autore esaltando il carattere di monumentalità dei resti archeologici con una lettura ravvicinata dei frammenti architettonici e scultorei; un'aurea di romanticità e di nostalgico abbandono è sottolineata dalla presenza dell'uomo, assorto e meditativo di fronte alle manifestazioni della classicità.
Se Graham poté eseguire personalmente le immagini del suo 'tour' in Italia, la maggior parte dei viaggiatori poteva contare sulla produzione di appositi albums «Souvenir de Pompei», realizzati dai piú importanti fotografi professionisti che avevano sede nelle maggiori città italiane. Di questi albums, dai piú piccoli con le stampe nel formato 6×9 fino a quelli con formato 21×27, se ne conservano nel Museo numerosi esemplari, tra cui uno del fotografo napoletano Michele Amodio, contenente 48 immagini e datato 1873 (fig. a p. 63). Oltre agli albums si conserva una grande quantità di 'vintage prints' dei fotografi Giorgio Sommer (figg. a pp. 71, 74, 91) Robert Pive, entrambi attivi a Napoli, e di Giacomo e Carlo Brogi (figg. a pp. 106, 107, 113) oltre a circa duecento immagini di autori non identificati (fig. a p. 95).
L'iconografia pompeiana è ben documentata inoltre dalla lastroteca Alinari che raccoglie le immagini, non soltanto dei Fratelli Alinari, ma anche di altri importanti Archivi qui confluiti tra la fine degli anni '50 e gli inizi degli anni '60, e cioè Brogi, Chauffourier e

243. Porträt eines Mannes

Inv. 3015.
Pompeji, VI, 16, 7, Haus der Vergoldeten Amoretten oder der *Poppaei.*
Höhe 31,5 cm; Gesichtshöhe 20,5 cm; Breite 17,5 cm; Pupillenabstand 7 cm.
Weißer, lunensischer Marmor.
Unbeschädigt. Ein Zapfen an der Halsunterseite belegt, daß der Kopf auf einem Pfeiler aufgestellt war.

Bildnis eines reifen Mannes mit leichter Linksdrehung. Den langen Hals umziehen zwei tiefe Furchen. Die hohe, breite Stirn ist etwas zusammengezogen; die Brauen über den großen Augen sind sehr deutlich akzentuiert und lenken den Blick in die Ferne. Der Mund besitzt feine und wohlgeformte Lippen. Der Schädel wird kalottenförmig von der Frisur bedeckt, die an der Stirn in einer Reihe spitzer Locken endet.
Hinsichtlich Ausführungsqualität und Feinheit der Modellierung gehört dieses zu den besten bisher in Pompeji gefundenen Bildnissen. Die realistischen Details sind von einer bewegten Plastizität, die auf die anatomische Virtuosität des Hellenismus zurückgreift. Das Porträt vermittelt den Eindruck einer starken und stolzen Persönlichkeit, die in der spätrepublikanischen Gesellschaft Pompejis ein hervorragender Mann gewesen sein muß. Curtius (zit. in Bibl.) hält es für ein Bildnis des M. Livius Drusus Claudianus, Vater der Livia, da ein Kopf der selben Person im Museum von Neapel (Inv. 6201) aus der Sammlung Farnese stammen soll: Die Existenz des Porträts einer pompejanischen Persönlichkeit in Rom wäre Beweis für deren Bedeutung. De Franciscis (1942, zit. in Bibl.) konnte jedoch darlegen, daß der angeblich aus der Sammlung Farnese stammende Kopf tatsächlich aus Herkulaneum kam. Diese Entdeckung reduzierte die Bekanntheit der Person auf ein geographisch begrenztes Umfeld. De Franciscis publizierte das Bildnis (1951, zit. in Bibl.) und datierte es übereinstimmend mit Curtius auf 40 v.Chr. Er glaubt, daß es sich bei dem Dargestellten um einen *Poppaeus* handeln könnte.

Bibl.: S. SOGLIANO, in: *Not. Scavi*, 1907, 593, Abb. 41; L. CURTIUS, *Ikonographische Beiträge*, in: *RömMitt*, LIV, 1939, 121 ff.; A. DE FRANCISCIS, *Ritratti romani del Museo Nazionale di Napoli*, in: *MemAccNapoli*, VI, 1942, 203 ff.; DERS., *Il ritratto romano a Pompei*, Neapel 1951, 23-24, Abb. 7-8; T. KRAUS, L. VON MATT, *Pompei*, Mailand 1973, 42, Nr. 34; zum Porträt im Nationalmuseum Neapel: *Collezioni Napoli* 1989, Kat. Nr. 128.

M.C.D.S.

241

242

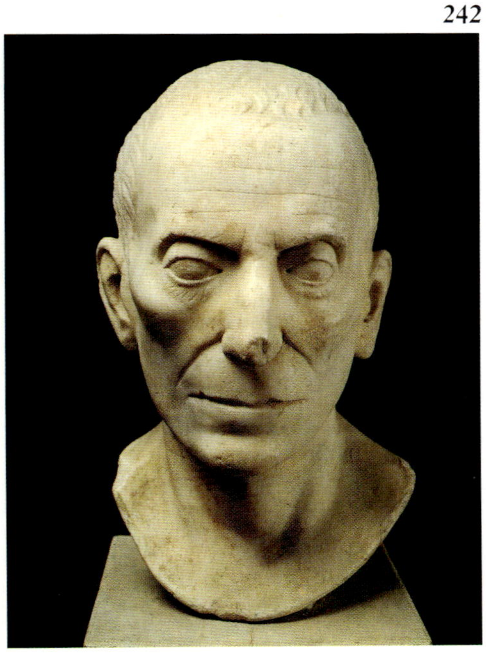

243

Photographie und Archäologie in Pompeji. Bemerkungen zur Forschung.

Von Anfang an erkor die Archäologie die Photographie zu einem wertvollen Forschungsmittel. Seit der anfänglichen Versuchsphase bis zum Ende der 40er Jahre des vergangenen Jahrhunderts erlaubte die einfache Anwendung der kalotypischen Geräte, Ausgrabungsansichten von Pompeji festzuhalten. Diese Abbildungen, wahre ikonographische Inkunabeln, wurden meist von englischen Reisenden gemacht und sollten Erinnerungen an den Ort festhalten. Es handelt sich nicht um tatsächliche archäologische Dokumentation, sondern um Gesamtansichten, die die Monumentalität einer «wiederentdeckten» klassischen Welt unterstreichen. Nach 1860 brachte die neue Technik mit flüssigem Kollodium, die mit den ersten professionellen Aufnahmen zusammenfiel, auch für Pompeji den Beginn bedeutender, systematischer Aufnahmekampagnen mit sich. Mit der Kodierung der archäologischen Photographie durch Henry Parker, dem der erste und wichtigste archäologische Photographiekatalog von 1879 zu verdanken ist, bestätigt sich auch in Pompeji die Photographie als Forschungsmedium. Insgesamt aber standen die Dokumentationskampagnen noch lange unter dem Einfluß des von den Guaches-Künstlern tradierten Vedutenstils. Die Photographie ersetzte nun den Pinsel; immer aber wollte sie den Reisenden der *Grand Tour* stille und eindrucksvolle Bilder romantischer Monumentalität bieten. Mehr als die Maler und Vedutisten schuf der Photograph nun sachliche Dokumentationen von heute vollständig verschwundenen Räumen und Zuständen.
Das Museum für Photographiegeschichte der Brüder Alinari besitzt einen ansehnlichen Bestand alter photographischer Drucke mit Abbildungen von Pompeji, die von italienischen wie auch fremden Urhebern stammen. Der älteste und wertvollste ist ein kalotypischer Druck, den der Engländer Rev. George Wilson Bridges (Abb. S. 54) 1848 auf seiner zweiten Süditalienreise machte. Von dem kaum bekannten, aber begabten schottischen Photographen James Graham stammen 33 Bilder der Ausgrabungen in Pompeji (Abb. S. 57, 62); sie sind in einem «Italy» betitelten Reisealbum gesammelt, das er 1864 seiner Schwester Elisabeth widmete; sie datieren in die Jahre zwischen 1858 und 1864. Von Albumin-Negativen auf Papier gedruckt, zeigen sie ein verspätetes Aufgreifen der Kalotypie durch Graham. Das Bild Pompejis interpretiert der Autor, indem er den monumentalen Charakter der archäologischen Überreste durch eine Lesart unterstreicht, die sich den architektonischen und skulpturalen Fragmenten annäherte. Eine Aura von Romantik und nostalgischer Verlassenheit wird durch die Anwesenheit des Menschen unterstrichen, der den Zeugnissen der Klassik in Meditation versunken gegenübersteht.
Während Graham die Bilder auf seiner «Tour» durch Italien selbst machte, konnte sich ein Großteil der Reisenden auf die Produktion entsprechender «Souvenir de Pompei»-Alben verlassen, die die bedeutenderen Berufsphotographen in den großen italienischen Städten zusammenstellten. Von diesen Alben mit Drucken in einem Format zwischen 6 x 9 und 21 x 27 verwahrt das Museum zahlreiche Exemplare. Eines davon stammt von dem neapolitanischen Photographen Michele Amodio, beinhaltet 48 Abbildungen und datiert von 1873 (Abb. S. 63). Neben diesen Alben ist eine große Anzahl von «vintage prints» der Photographen Giorgio Sommer (Abb. S. 71, 74, 91) und Robert Pive - beide arbeiteten in Neapel - sowie von Giacomo und Carlo Brogi (Abb. S. 106, 107, 113) erhalten, daneben ca. 200 Aufnahmen unbekannter Photographen (Abb. S. 95).
Das pompejanische Bildmaterial ist ferner im Alinari-Photoplattenarchiv gut dokumentiert; dort sind nicht

Anderson. Ognuno di questi fotografi ha ripreso Pompei nei suoi luoghi piú suggestivi, scegliendo spesso identici soggetti e identici punti di vista, variando però nello stile fotografico che talvolta risulta inconfondibile.

Le campagne degli Alinari a Pompei cominciarono tra gli anni '60 e '70 del secolo scorso con ben 50 immagini presenti nel catalogo del 1873, poi accresciute di altre 4 nel 1887, per giungere alla fine del secolo con le ulteriori campagne di Vittorio Alinari che completano o sostituiscono con nuovi negativi le precedenti raccolte. Le riprese continuano agli inizi del secolo con gli scavi del 1900, negli anni '20 e poi negli anni '30 (particolarmente ricca è la serie datata 1935), fino ad arrivare alle nuove fotografie del 1989 realizzate da George Tatge, in bianco e nero e a colori, per il progetto «Consorzio Neapolis».

Non di minore importanza sono inoltre i fondi Brogi e Anderson; il primo, fiorentino e concorrente di Alinari, ha realizzato intorno agli anni 1880, con la direzione del fondatore Giacomo, una campagna molto vicina a quella firmata Alinari, poi completata dal figlio Carlo negli anni '90, per i nuovi scavi del 1895, e agli inizi del Novecento. Di Brogi sono conservate negli Archivi Alinari 264 lastre relative a Pompei, nonché numerose stampe d'epoca. Il secondo fondo, dell'archivio Anderson, è invece degli anni '20 ed è ricco di 246 immagini. Contemporanea di Brogi è la campagna fotografica di Gustavo Eugenio Chauffourier, fotografo francese ma operante in Italia, che eseguí su Pompei 137 lastre intorno al 1890.

Tutti i negativi in vetro dei suddetti fotografi sono in parte al collodio, ma soprattutto alla gelatina di bromuro d'argento, nel formato 21x27, e sono conservati a Firenze presso la sede storica dello stabilimento fotografico Fratelli Alinari.

Nell'insieme, dunque, un *corpus* fotografico che testimonia la grande 'fortuna' che ebbe l'immagine di Pompei dai primi ricordi di viaggio alla vera e propria documentazione per la ricerca archeologica.

M.F.D.B., M.M., E.S.

Note sul restauro pittorico

Nell'intervento di restauro pittorico eseguito sulle pareti affrescate con scene di giardino, provenienti dalla casa VI, 17 (Ins. Occid.), 42 di Pompei, è stato applicato il metodo messo in atto e utilizzato per la prima volta nel restauro del Crocifisso di Cimabue della chiesa di S. Croce a Firenze, gravemente danneggiato dall'alluvione del 1966, e recentemente adoperato anche nel restauro degli affreschi della Cappella Brancacci di Firenze.

Il Crocifisso, dopo il restauro, fu presentato a New York, al Metropolitan Museum of Art, nel 1982. Nella pubblicazione che l'accompagnò fu già spiegato il metodo dell'intervento. Ne ripetiamo qui i dati essenziali.

Il colore con il quale si estrinseca la realtà pittorica di un dipinto (ma anche di una scultura o di qualsiasi altro manufatto artistico, non necessariamente policromo), si presenta alla nostra osservazione in una assai ampia varietà di aspetti dipendenti dalla sua natura e anche dalla sua applicazione (e non solo per il gesto o *ductus* della sua messa in opera, ma anche per il suo esistere in una o altra preparazione o mescolanza).

Sono questi due stati fisici (uno naturale e uno artificiale) a determinare anche la sua conservazione e pertanto a caratterizzare, in rapporto con agenti atmosferici o meccanici, il suo 'status', la sua natura, la sua patina intesa come suo esistere nel tempo.

Ogni lacuna occorsa per perdita o caduta anche della preparazione sottostante il colore, rappresenta una modifica a questo 'status'. Compito dell'intervento di restauro è espungere tali modifiche con esclusione assoluta di mezzi imitativi o competitivi, perché rimanga inalterato, a qualsiasi titolo e dimensione, l'intangibile «indice di potenziale espressivo» dell'opera.

Conseguire un tale obiettivo comporta l'adozione di volta in volta di un processo di «astrazione cromatica» o di «selezione cromatica». Per «astrazione cromatica» intendiamo la qualità dell'occhio di distinguere l'uno dall'altro i singoli colori di una policromia e di poterli mettere insieme ciascuno indipendentemente dagli altri, conferendo ad ognuno una propria esistenza; con «selezione cromatica» definiamo la scelta di colori fatta per conservare certi caratteri dell'opera sulla quale si interviene.

In ogni caso, sia quando si applichi un processo di «astrazione» o un processo dl «selezione» cromatica, il restauratore compie un intervento critico di lettura dell'opera, della quale modifica lo stato delle lacune, un atto di lettura personale equivalente all'esecuzione di uno spartito musicale da parte di un interprete.

Tuttavia, per dare non già una 'regola', ma una corretta impostazione ideologica a chi opera un restauro, diremo che si può adoperare la «selezione» solo laddove la lacuna è ricostruibile nella sua realtà cromatica e figurale senza che la ricostruzione porti con sé dubbi, arbitrarietà interpretative, plurime soluzioni formali o cromatiche; che si farà invece uso della «astrazione» ogni qualvolta si dovrà compiere di necessità nella lacuna (e perciò nel tessuto cromatico e figurale dell'opera) un 'neutro' se non essendovi possibilità alcuna di ricostruzione non affidandosi a invenzione o a una scelta fra plurime possibilità che i fatti formali e cromatici possono suggerire.

In ogni caso, qualsiasi intervento atto a 'chiudere' formalmente e cromaticamente una 'perdita', per non essere imitativo, competitivo o falsificante nei confronti dell'originale, deve essere innanzi tutto *differenziato* da questi. La differenziazione non può tuttavia formularsi nel semplice atto dell'essere differente; l'intervento, pur nella disuguaglianza con il modo con cui si definisce l'opera originale (sia pennellata o colpo di sgorbia, superficie materica ecc.), deve raggiungere assoluta identità d'effetto. Per ottenere questo risultato bisogna operare in modo opportuno e gestualmente differenziato all'interno del valore «colore-luce» che è il valore determinante e otticamente conclusivo dell'estrinsecarsi di ogni realtà artistica, il suo «cromatismo».

La giustezza del metodo può essere verificata scientificamente attraverso l'uso di un calcolatore elettronico. Mediante un sistema di acquisizione e conversione in forma numerica di immagini, è infatti possibile effettuare una valutazione quantitativa accurata dei livelli di grigio (misura del contrasto bianco-nero) da un'immagine in bianconero (una fotografia, ad esempio). Con filtri ottici, aventi risposta spettrale opportunamente stretta in frequenza, è possibile altresí estrarre da un'immagine a colori i diversi colori di interesse (giallo, rosso, verde, blu) ed avere di essi una accurata misura delle intensità (valutazione quantitativa del contrasto fra essi).

Tali esperienze possono assumere valore di verifica, ma possono essere ulteriormente indirizzate e utilizzate anche nella 'scelta' del tipo e dell'intensità delle varie stesure cromatiche con le quali si configura la nostra «astrazione cromatica». Una speculazione su un dipinto infatti, grazie alla messa a punto di particolari filtri ottici separatori dei vari colori, può dare la possibilità di estrarre il 'valore medio' che i colori hanno comparativamente all'interno dell'opera e che potrà essere utilizzato nelle stesure dell'«astrazione cromatica» in modo da corrispondere pienamente e senza errori all'esigenza di trasformare una 'lacuna-perdita' in una 'lacuna-collegamento', traendo in maniera inconfutabile dall'interno stesso del dipinto i dati necessari perché l'intervento di restauro nulla modifichi e nulla aggiunga al potenziale espressivo dell'originale.

UMBERTO BALDINI

nur Abbildungen der Brüder Alinari, sondern auch anderer bedeutender Archive versammelt, die am Ende der 50er und Anfang der 60er Jahre dazukamen, darunter Brogi, Chauffourier und Anderson. Jeder dieser Photographen hat die eindrucksvollsten Sehenswürdigkeiten Pompejis aufgenommen; oft wählten sie identische Motive und Blickpunkte, doch variiert der manchmal unverwechselbare photographische Stil.
Die Kampagnen der Alinari in Pompeji zwischen den 60er und 70er Jahren des vergangenen Jahrhunderts fanden mit gut 50 Bildern Aufnahme im Katalog von 1873. Dieser wurde 1887 um vier erweitert, bis nach weiteren Kampagnen durch Vittorio Alinari am Jahrhundertende neue Negative die alten Sammlungen vervollständigten und teilweise ersetzten. Erneute Aufnahmen setzten sich bis zum Jahrhundertanfang mit den Ausgrabungen des Jahres 1900, bis in die 20er und 30er Jahre fort (die Serie von 1935 war besonders umfassend). Den Abschluß bilden George Tatges neue Schwarzweiß- sowie Farbphotographien von 1989 für das «Consorzio Neapolis».
Die Sammlungen Brogi und Anderson sind ebenfalls von nicht geringer Bedeutung. Ersterer ist als Florentiner ein Konkurrent von Alinari. Um 1800 führte er unter Leitung des Gründers Giacomo eine Kampagne durch, die derjenigen der Alinari sehr ähnlich war und die dann durch seinen Sohn Carlo infolge der neuen Ausgrabungen von 1895 in den 90er Jahren und zu Beginn des 20. Jahrhunderts vervollständigt wurde. Im Alinari-Archiv werden 264 Photoplatten von Brogi aus Pompeji aufbewahrt sowie zahlreiche Drucke dieser Zeit. Die zweite Sammlung, die des Anderson-Archivs, stammt dagegen aus den 20er Jahren und umfaßt 246 Bilder. Gleichzeitig mit Brogi fand die photographische Kampagne des französischen, aber in Italien arbeitenden Photographen Gustavo Eugenio Chauffourier statt; um 1890 fertigte er 137 Druckplatten von Pompeji an.
Alle Glasnegative oben genannter Photographen sind teilweise in Kollodium, vor allem aber in Silberbromidgelatine, besitzen das Format 21 x 27 und werden in Florenz in der historischen Niederlassung der Brüder Alinari aufbewahrt.
Insgesamt also bezeugt der photographische *Corpus* den großen Erfolg, den die Abbildung Pompejis vom ersten Reiseandenken bis zur eigentlichen und speziellen Dokumentation für archälogische Forschung hatte.

M.F.D.B., M.M., E.S.

Bemerkungen zur malerischen Restaurierung

Bei der malerischen Restaurierung der Wandfresken mit Gartenszenen aus dem Haus VI, 17 (Ins. Occid.), 42 in Pompeji wurde jene Methode eingesetzt, die bei der Restaurierung des durch die Überschwemmung 1966 stark beschädigten Cimabue-Kruzifixes aus S. Croce in Florenz erstmals und bei der Restaurierung der Fresken der Brancacci-Kapelle in Florenz kürzlich Anwendung fand.
Nach der Restaurierung wurde das Kruzifix 1982 im Metropolitan Museum New York ausgestellt. In der begleitenden Publikation wurde die Vorgehensweise erläutert. Wir wiederholen an dieser Stelle die grundlegenden Fakten.
Die Farbe, in der sich die malerische Substanz eines Gemäldes offenbart (aber auch einer Skulptur oder jedes anderen Kunstwerks, das nicht notwendigerweise polychrom ist), zeigt sich uns in einer breiten Vielfalt von Aspekten, die von Natur und Anwendung der Farbe abhängen (und nicht nur von Stil oder Duktus ihres Einsatzes, sondern auch von ihrem Zustand in der jeweiligen Zubereitung oder Mischung).
Die beiden physischen Zustände, der natürliche und der künstliche, bestimmen ihre Erhaltung und kennzeichnen in Zusammenhang mit atmosphärischen und mechanischen Einwirkungen ihren «Status», ihre Natur, ihre beabsichtigte Patina wie auch ihr zeitliches Bestehen.
Jede aufgrund von Verlust oder Verfall des farblichen Untergrundes aufgetretene Lücke stellt eine Modifikation dieses Status dar. Ziel der Restaurierung ist es, solche Veränderungen unter absolutem Ausschluß imitierender oder konkurrierender Mittel zu bereinigen, damit das unantastbare expressive Aussagepotential des Werkes in jeder Hinsicht und Umfang unverändert bleibt. Die Verfolgung eines solchen Ziels bringt jeweils die Wahl eines Prozesses von chromatischer Abstraktion oder Selektion mit sich.
Unter farblicher Abstraktion verstehen wir die Fähigkeit des Auges, die einzelnen Farben einer Polychromie voneinander zu unterscheiden und jede unabhängig von den anderen zusammensetzen zu können, indem jede ihre eigene Existenz erhält. Farbliche Selektion bedeutet eine Farbauswahl, die bestimmte Eigenschaften des bearbeiteten Werks berücksichtigt.
In jedem Fall, ob man nun chromatische Abstraktion oder Selektion anwendet, unternimmt der Restaurator einen kritischen Eingriff in das Verständnis des Werkes, dessen Fehlstellen er modifiziert. Dieser Akt persönlichen Verständnisses entspricht der Interpretation einer musikalischen Partitur.
Um einem Restaurator statt einer «Regel» einen richtigen ideologischen Ansatz zu bieten, empfehlen wir die Selektion nur dort, wo die Fehlstelle in ihrer farblichen und figürlichen Realität rekonstruierbar ist, ohne daß Zweifel, interpretative Willkürlichkeiten und mehrdeutige formale oder farbliche Möglichkeiten bestehen. Dagegen bediene man sich jeweils dann der Abstraktion, wenn die Lücke (und damit das farbliche und figürliche Geflecht des Werks) ein «Neutrum» erfordert, da es keinerlei Rekonstruktionsmöglichkeit gibt, man sich nicht auf einen Entwurf oder eine Auswahl zwischen verschiedenen Möglichkeiten stützen kann, die auf die formalen und farblichen Gegebenheiten verweisen.
Wie auch immer eine solche formale und farbliche Fehlstelle ausgeglichen wird, muß sie vom Original unterschieden bleiben, damit sie gegenüber diesem nicht imitierend, konkurrierend oder verfälschend wirkt. Diese Unterscheidung kann sich jedoch nicht in einem einfachen Anderssein ausdrücken. Trotz der andersartigen Ausführung des Originals (bestehe es aus Pinselstrichen oder Farbklecksen) muß die Ergänzung eine völlig identische Wirkung erzielen. Eine dafür geeignete Methode muß sich durch die Farb- und Helligkeitswerte abheben, da dieser «Chromatismus» den entscheidenden und optisch bestimmenden Wert jeglicher Kunst darstellt.
Ein Elektronenrechner kann die Richtigkeit dieser Methode wissenschaftlich nachweisen. Mittels numerischer Eingabe und Konversion von Bildern kann eine genaue quantitative Wertung von Grautönen (Messung des Schwarz-Weiß-Kontrastes) einer Schwarzweißaufnahme (z.B. einer Photographie) vorgenommen werden. Mit optischen Filtern, die eine weitgehende spektrale Frequenzentsprechung besitzen, können die gewünschten Farben aus einem Farbbild herausgelöst und ihre Intensität (quantitative Kontrastmessung) genau festgestellt werden.
Solche Erfahrungen können nicht nur Verifizierungscharakter annehmen, sondern darüber hinaus der «Wahl» des Typs und der Intensität der verschiedenen Chromatismen dienen, aus denen unsere «chromatische Abstraktion» besteht. Dank der Einstellung verschiedener optischer Filter zur Trennung der einzelnen Farben kann die Untersuchung eines Gemäldes den farblichen «Mittelwert» im Vergleich zum Werkcharakter ermitteln. Dieser «Mittelwert» könnte der «chromatischen Abstraktion» insofern dienen, als er dem Erfordernis, eine Lücke durch eine verbindende Ergänzung zu ersetzen, vollständig und fehlerlos entspricht. So werden die nötigen Daten direkt und unwiderlegbar aus dem Gemälde gezogen, damit der Restaurierungseingriff das Wirkungspotential des Originals weder verändert noch erweitert.

UMBERTO BALDINI

Glossario

apoptygma	piega, voluta della veste.
argentum potorium	servizio di suppellettili per bere in argento.
armilla (pl. *armillae*)	bracciale.
calamus (pl. *calami*)	penna.
caelata (pl. *caelatae*)	(colonna) intagliata.
calidarium	ambiente fortemente riscaldato per il bagno caldo.
calix (pl. *calices*)	tubo d'innesto e di ripartizione dell'acqua negli acquedotti.
caupona	osteria.
cinctus	cintura.
cista	canestro.
coactiliaria (*officina*)	officina per la lavorazione del feltro.
codex (pl. *codices*)	tavolette cerate unite insieme a formare un unico scritto.
cognomen (pl. *cognomina*)	soprannome individuale o familiare che si aggiungeva al nome della *gens* (*v.*).
collegium (pl. *collegia*)	corporazione.
crotalia	orecchini di piú perle.
culter	coltello.
domina	padrona di casa.
ductus	andamento grafico della scrittura.
endromides	calzari alti da caccia.
ferula	pianta della famiglia delle ombrellifere.
genius	forza generatrice vitale protettiva, di natura divina, presente negli uomini, nei luoghi, nello Stato, nelle varie contingenze della vita.
gens (pl. *gentes*)	complesso di piú famiglie legate tra loro da comunanza di origini e quindi di nome, oltre che di tradizioni.
gorgoneion	raffigurazione della testa di Medusa.
imago clipeata	effigie scolpita nello scudo.
impluvium	vasca di raccolta delle acque piovane posta al centro dell'atrio nella casa romana, in corrispondenza di una correlata apertura del soffitto (*compluvium*).
instrumentum scriptorium	insieme degli oggetti (penne, calamai, tavolette cerate ecc.) utilizzati per la scrittura.
kalathos	copricapo a forma di cesto ripieno di frutti, connesso al germogliare e al fruttificare della natura.
kantharos	coppa per il vino con anse ad alte volute.
katapogon	dalla lunga barba.
kymation	cimasa.
Lar (pl. *Lares*)	divinità tutelare della casa (*Lar familiaris*) e dei crocicchi delle vie (*Lar compitalis*).
latrunculi	pedine di un giuoco, simile ai nostri scacchi.
lekythos	vasetto portaprofumi.
leonte	pelle di leone.
lychnophoros	portatore di lucerna.
mappa (pl. *mappae*)	drappo a forma di fazzoletto.
nebris	pelle di cerbiatto.
oecus	ambiente di soggiorno, solitamente grande.
onkos	acconciatura con capelli gonfi e sollevati in alto.
pater familias	padre di famiglia, padrone di casa.
phiale	tazza, patera per libagioni.
pileus	berretto di feltro di forma semiovale, ben aderente alle tempie, indossato di solito in occasione di feste.

Glossar

apoptygma	Falte, Überwurf des Gewandes.
argentum potorium	silbernes Trinkgeschirr.
armilla (pl. *armillae)*	Armreif.
calamus (pl. *calami)*	Feder.
caelata (pl. *caelatae)*	reliefierte (Säule).
calidarium	Heißraum eines Bades.
calix (pl. *calices)*	Verbindungs- und Verteilerrohr für das Wasser der Aquädukte.
caupona	Schenke.
cinctus	Gürtel.
cista	Korb.
coactiliaria (officina)	Werkstätte zur Filzverarbeitung.
codex (pl. *codices)*	zu einer Schrift zusammengefaßte Wachstäfelchen.
cognomen (pl. *cognomina)*	individueller oder familiärer Beiname in Ergänzung zum Namen der *gens* (s.u.).
collegium (pl. *collegia)*	Körperschaft.
crotalia	Ohrringe aus mehreren Perlen.
culter	Messer.
domina	Hausherrin.
ductus	graphischer Schriftzug.
endromides	hohe Jagdschuhe.
ferula	Pflanze aus der Familie der Doldengewächse.
genius	Schutzkraft göttlicher Natur, vergegenwärtigt sich in Menschen, Orten, Zuständen und in verschiedenen Ereignissen des Lebens.
gens (pl. *gentis*)	Gesamtheit mehrerer Familien, verbunden durch ihre gemeinsame Abstammung sowohl hinsichtlich des Namens, als auch hinsichtlich der Überlieferung.
gorgoneion	Darstellung des Hauptes der Medusa.
imago clipeata	Bildnis auf einem Schild.
impluvium	Auffangbecken für Regenwasser in der Mitte des Atriums im römischen Haus, direkt unterhalb einer Öffnung im Dach (*compluvium*).
instrumentum scriptorium	Gesamtheit der Schreibgeräte (Federn, Tintenfässer, Wachstäfelchen usw.).
kalathos	korbförmige, mit Früchten gefüllte Kopfbedeckung, die mit dem Wachstum und der Fruchtbarkeit der Natur in Zusammenhang steht.
kantharos	Weinbecher mit hoch aufgeschwungenen Henkeln.
katapogon	langbärtig.
kymation	Gesims.
Lar (pl. *Lares)*	Schutzgottheiten des Hauses (*Lar familiaris*) und der Wegkreuzungen (*Lar compitalis*).
latrunculi	Steine eines dem Schach ähnlichen Spiels.
lekythos	Parfumflasche.
leonte	Löwenfell.
lychnophoros	Lampenständer.
mappa (pl. *mappae)*	taschentuchförmiger Stoff.
nebris	Fell eines Hirschkalbes.
oecus	(meist großer) Aufenthaltsraum.
onkos	Frisur aus großen, aufgestellten Locken.
pater familias	Familienvater, Haushaltsvorstand.
phiale	Schale für Trankopfer.

piscina (pl. *piscinae*)	vasca per l'allevamento dei pesci.
pistrinum	panificio.
planta pedis	pianta del piede, riprodotta su vasi o altri oggetti per inserirvi marchi di fabbrica.
porticus triplex	porticato a tre bracci.
quadrantal	misura di capacità corrispondente all'incirca a venti litri.
rhyton	vaso a forma di corno bovino.
scotia	modanatura concava posta in genere tra due modanature convesse.
scriptor (pl. *scriptores*)	lo scrivano, il copista, chi tracciava messaggi sulle pareti.
scyphus	vedi *skyphos.*
senaria (*fistula*)	tubo di sei pollici di diametro.
Serapeum	tempio dedicato al dio egizio Serapide.
situla	secchiello.
skyphos	scodella ad anse orizzontali.
stilus	piccolo strumento acuminato ad una estremità e piatto dall'altra, utilizzato per incidere e cancellare la scrittura sulle tavolette cerate.
taberna	bottega, magazzino.
tabula lusoria	sorta di scacchiera sulla quale si facevano muovere le pedine secondo regole predeterminate.
taenia	nastro per i capelli.
tintinnabulum	campanello, sonaglio.
trochilo	vedi *scotia.*
tympanon	timpano, tamburino.
vestiarius	fabbricante o venditore di vestiti.
villa maritima	villa di lusso, posta in prossimità del mare.
vitta	benda, fascia.
volumen (pl. *volumina*)	rotolo di papiro, libro.

pileus	an den Schläfen eng anliegende, halbovale Filzmütze, die meist zu festlichen Gelegenheiten getragen wurde.
piscina (pl. *piscinae)*	Fischaufzuchtbecken
pistrinum	Bäckerei
planta pedis	Fußabdruck, auf Gefäßen oder anderen Gegenständen als Produktionszeichen.
porticus triplex	dreiflügeliger Portikus.
quadrantal	Hohlmaß von ca. 20 Litern.
rhyton	Gefäß in Form eines Rinderhornes.
scotia	konkaves Profil, das sich meist zwischen zwei konvexen befindet.
scriptor (pl. *scriptores)*	Schreiber, Kopist, jemand, der Mitteilungen auf Wände schreibt.
scyphus	s. *skyphos*.
senaria (fistula)	Rohr von sechs Zoll Durchmesser.
Serapeum	dem ägyptischen Gott Serapis geweihter Tempel.
situla	kleiner Eimer.
skyphos	Becher mit waagerechten Henkeln.
stilus	kleines Instrument, das an einem Ende spitz, am anderen flach ist; die Schrift der Wachstäfelchen wurde damit eingeritzt oder gelöscht.
taberna	Geschäft, Lagerhalle.
tabula lusoria	eine Art Schachbrett, auf dem die Spielsteine nach festgelegten Regeln bewegt wurden.
taenia	Haarband.
tintinnabulum	Glocke, Schelle.
trochilo	s. *scotia*.
tympanon	Pauke, Tamburin.
vestiarius	Hersteller oder Verkäufer von Kleidern.
villa maritima	luxuriöse Villa nahe dem Meer.
vitta	Binde, Schärpe.
volumen (pl. *volumina)*	Papyrusrolle, Buch.

La redécouverte de Pompéi

Ce n'est pas la première fois qu'une exposition de matériel archéologique en provenance de la région entourant le Vésuve parcourt le monde en vue d'inviter chercheurs et profanes à admirer les nombreux témoignages de la vie quotidienne et de l'art que ces sites nous ont offerts. La dernière exposition de 1979 remporta un succès exceptionnel; elle ramena à la mémoire de nos contemporains la disparition soudaine, les 24 et 25 août 79, de Herculanum, Pompéi, Oplontis, Stabiae et d'autres villes lors de la violente éruption du Vésuve, catastrophe qui anéantit en quelques heures de prospères cités et villages de la Campanie, au sud de Naples.

A vrai dire, ces villes n'étaient pas particulièrement réputées ou importantes pendant l'Antiquité. Elles étaient habitées en grande partie par des commerçants et des agriculteurs aisés de la classe moyenne. Herculanum, en dehors de Naples, constituait la seule exception; elle a peut-être été le dernier maillon d'une chaîne de colonies qui se constitua en rapport avec le complexe d'édifices impériaux de Baiae, dans ce qu'on pourrait appeler la Riviera romaine du premier siècle.

Notre chance (mais non celle des malheureux qui y habitaient) réside dans le fait que, dans ces villes, la vie cessa non pas, comme il se doit, à la suite d'une lente décadence ou d'un abandon progressif, mais tout à coup. La catastrophe naturelle, qui détruisit des vies et figea dans une immobilité intemporelle bâtiments, habitations, jardins et tout ce qu'avait créé l'être humain ou la nature, fit que nulle part ailleurs nous ne disposons de tant de preuves bien conservées de la gaieté et de l'animation qui régnaient dans les petites villes de l'Antiquité.

Le fait que Pompéi ait été ensevelie à une profondeur d'au moins six ou sept mètres, et Herculanum jusqu'à dix mètres, et même vingt-sept mètres après l'éruption de 1631, protégea ces villes des pillards et des chercheurs de trésors. Avec le temps, l'emplacement exact des villes romaines tomba dans l'oubli. Lorsque, sur la colline de Civita, on remit au jour ce que l'on crut être l'antique cité de Stabiae, c'est en fait le cœur de la Pompéi romaine qui fut réexhumé. C'est seulement après la découverte d'une pierre portant l'inscription *civitas Pompeianorum* que l'on identifia la ville en tant que Pompéi.

Les premières trouvailles dans la région autour du Vésuve eurent lieu au début du XVIIIe siècle à Herculanum, la ville la plus profondément ensevelie.

En 1738 fut découvert le premier monument, le théâtre romain. Les fouilles menées dans les villages autour du Vésuve furent les premières à avoir été systématiques et à être financées par des ressources publiques, en l'occurrence la caisse d'Etat du royaume de Naples, où régnait alors le roi Charles III de Bourbon.

L'énorme influence que les découvertes d'Herculanum (en particulier la villa dite des Papyrus) et de Pompéi exercèrent sur le public en général et sur l'intelligentsia européenne joua certainement un rôle important dans l'intérêt croissant que suscita l'Antiquité. Suivirent alors la fondation de sociétés archéologiques, l'organisation d'expéditions qui établirent les plans des sites antiques et en dessinèrent les monuments, et la montée d'une vague qui alimenta le mouvement néoclassique et la science archéologique considérée désormais comme l'*Altertumswissenschaft* (science de l'Antiquité). A Rome, Johann Joachim Winckelmann publia dès les années 1760 son *Histoire de l'art de l'Antiquité* (*Geschichte der Kunst des Altertums*), encore aujourd'hui un ouvrage de référence pour toute étude de l'art ancien et de la chronologie (relative et parfois absolue) de cette science.

Assurément, la découverte de Pompéi et d'Herculanum joua un rôle décisif dans le progrès de la science archéologique. Une heureuse interaction entre divers facteurs, parmi lesquels la réaction épidermique que suscitèrent ces découvertes "vésuviennes", contribua à la formation de la culture archéologique et néoclassique en Europe.

Les fouilles menées à Herculanum, à Pompéi et dans plusieurs autres localités de la région se sont poursuivies, avec de brèves interruptions, tout au long des 250 années qui se sont écoulées depuis la découverte officielle, en 1738. Cet anniversaire fut marqué en 1988 par une conférence internationale.

L'intérêt principal des chercheurs des Bourbons était de trouver des œuvres d'art et des témoignages exceptionnels de la vie quotidienne qui auraient pu enrichir les palais de la noblesse (devenus plus tard des musées). C'est avec un grand empressement que les archéologues qui suivirent s'appliquèrent, dans la mesure où les finances le permettaient, à dégager des surfaces de plus en plus grandes de villes qu'ils découvraient ainsi dans leur état final, celui qui suivit le grand tremblement de terre de l'année 62, mais précéda l'éruption volcanique de 79.

Parmi les nombreux éminents archéologues qui ont contribué à notre connaissance des cités antiques d'Herculanum et de Pompéi, on citera en particulier Vittorio Spinazzola et Amedeo Maiuri. Spinazzola fut le premier à comprendre qu'il convenait de dégager tout d'abord le réseau des rues de Pompéi, quartier après quartier (*regio*) et bloc après bloc (*insula*), afin de pouvoir ensuite s'orienter plus aisément lors de l'exploration des bâtiments. Quant à Maiuri, il nous a fourni des connaissances approfondies sur les villes, procédé aux fouilles les plus vastes et montré un intérêt tout particulier, alors encore insolite, pour un approfondissement ultérieur des creusements, afin de dépasser les niveaux finaux des villes et d'explorer la période précédente, plus de 600 ans durant lesquels les villes furent habitées. Nos connaissances sur ces périodes anciennes de Pompéi sont en fait très faibles, exception faite des recherches menées par l'Université de Milan sous la conduite de Maria Bonghi Jovino dans le quartier (*regio*) VI, de Stefano De Caro et Cristina Chiaromonte Trerè près de la porte de Nocera, et de Paul Arthur dans les parties centrales de la ville.

Après 1950, l'exploration archéologique des villes autour du Vésuve ralentit progressivement, tout comme l'entretien et les restaurations. L'administration n'avait tout simplement pas assez de fonds à disposition, ce qui mena au délabrement des murs et à la corrosion progressive des peintures murales. Parmi les facteurs qui contribuèrent à la dégradation, il faut également citer la prolifération incontrôlée des herbes et des broussailles (parfois épaisses comme des troncs d'arbre), dont les racines défont les assemblages et font éclater les murs, et l'utilisation de techniques de restauration qui, par la suite, se révélèrent inadéquates et, dans certains cas, nocives pour les monuments. Parmi celles-ci, on peut d'ailleurs rappeler le recours au béton armé et aux injections de ciment.

Cette tendance néfaste commença à s'inverser lors du tremblement de terre de 1980, nouvelle catastrophe qui endommagea gravement des cités déjà menacées de tomber en ruines.

L'éruption volcanique de 79 après J.-C. qui ensevelit les agglomérations autour du Vésuve fournit à la recherche archéologique un matériel riche et fertile. L'autre catastrophe naturelle, le tremblement de terre de 1980, ouvrit des possibilités jusque-là insoupçonnées de sauver des zones archéologiques vouées à une dégradation progressive et souvent irrémédiable.

En 1981 fut fondée la Soprintendenza Archeologica di Pompei, entité autonome dont le but était de faciliter la restauration de la région du Vésuve; on avait ainsi créé un institut indépendant des organes administratifs archéologiques chargés de veiller sur Naples et Caserte. Ce nouvel office des antiquités devint opérationnel en 1982, et 1984 vit la promulgation d'une loi spéciale garantissant le financement (toutefois encore insuffisant) du nouvel institut. Quelques mois plus tard, l'auteur de la présente introduction prit en charge la direction de l'institut et entama un travail difficile, souvent ingrat, mais malgré tout extrêmement passionnant. Sa tâche consistait à réévaluer l'ensemble des problèmes qu'engendrait la grandeur de ces sites, dans le cadre d'une planification systématique, orientée vers un esprit interdisciplinaire et apte à autoriser un projet-pilote dans le cadre duquel des efforts pourraient être déployés à grande échelle. Il ne s'agissait pas seulement ici d'agglomérations urbaines, de groupes de monuments ou d'ensembles archéologiques isolés (quelque importants qu'ils puissent être), mais de villes au sens le plus concret du mot.

Cette nouvelle approche interdisciplinaire et systématique des problèmes que nous posent les sites archéologiques vastes et bien conservés a donné naissance à nos idées spécifiques sur notre passé et sur sa préservation. Notre manière de voir fait que nous ne saurions oublier ici l'utilisateur final: le visiteur.

La profondeur et l'ampleur des restaurations nécessaires constituaient le premier problème. Creuser, c'est détruire pour pouvoir ensuite faire revivre; restaurer, c'est endommager, modifier, pour garantir la survie. Au vu de ces faits incontestables, nous devons nous poser une question essentielle: pensons-nous que les monuments, à l'instar des créatures vivantes, possèdent une sorte de vie biologique de leur naissance jusqu'à leur mort après un nombre prévisible d'années, ou bien y a-t-il lieu de maintenir les monuments en vie aussi longtemps que possible, théoriquement *ad infinitum*? Si la seconde réponse est la bonne, il faudra reconnaître que des restaurations fréquentes de monuments engendreront des dommages et des pertes, quelque sophistiqués que puissent être les matériaux et les techniques. Après avoir restauré à plusieurs reprises un seul et même monument, son délabrement augmente (perte des revêtements de surface et du mortier des murs, des enduits et des peintures), même si sa structure reste stable et en bon état. Pour cette raison, nous avons donné la priorité, afin d'éviter les restaurations successives, à un type de remise en état qui va plus en profondeur. Nous avons par exemple rehaussé systématiquement les crêtes des murs de façon à ce que les vents et d'autres facteurs atmosphériques attaquent la maçonnerie moderne (que l'on peut reconstruire après sa destruction) avant d'atteindre les sommets des murs anciens. Nous avons d'autre part commencé à éliminer systématiquement la végétation, en utilisant des substances non plus chimiques mais organiques (aptes à bloquer la photosynthèse). En conséquence, la "lisibilité" et l'accessibilité des structures antiques se sont énormément améliorées. Les plantes ont été arrachées en veillant à conserver l'architecture et les structures urbaines antiques. L'herbe a été laissée là où existaient jadis des jardins; les pavages ont été nettoyés et la terre a été recouverte d'une couche de revêtement lavique. De cette manière, l'alternance entre le sombre et le clair, le gris et le vert, a pu être rétablie. Cela, parallèlement à la restauration des toits (là où cela a été possible), donne au visiteur une image compréhensible (et correcte) du paysage urbain. Les maisons, les commerces et les bâtiments publics y sont perçus non comme des "conteneurs" ou comme une série d'enclos indifférenciés, mais comme des "espaces". Grâce à la collaboration d'une botaniste, nous avons étudié les pollens, les graines et les racines qui apparaissaient au cours des fouilles et des restaurations et nous avons ainsi pu reconstruire en détail l'aspect qu'avait la végétation dans l'Antiquité. Notre but était de replanter la flore, dans tel ou tel jardin, exactement selon les principes qui furent appliqués au cours de la période antérieure à l'éruption volcanique. Grâce au parrainage de la Monsanto Agricultural Company, nous avons pu planter à nouveau, dans le grand gymnase, près de l'amphithéâtre, les allées de platanes qui ornaient jadis la place. Bien des années auparavant, les racines carbonisées des antiques platanes avaient été retrouvées et des moulages avaient été confectionnés. A la suite d'un accord conclu entre le service des antiquités de la ville et le C.N.R. (Conseil National de la Recherche italien), un laboratoire d'analyse des échantillons s'ouvrit à Pompéi, ce qui nous a permis de cesser de dépendre des laboratoires extérieurs.

Le visiteur qui recherche, le long des rues de Pompéi, des indices de restauration découvrira que les bâtiments présentent les signes de toutes sortes d'interventions, conséquence de trop fréquents changements de direction et de personnel. Le contraste entre les diverses restaurations n'est pas toujours particulièrement réussi. L'emploi du béton armé (le matériau favori il y a encore quelques années) frappe tout particulièrement le visiteur. On sait aujourd'hui que le béton, non seulement en raison de son caractère définitif mais aussi à cause de ses réactions à l'humidité, mène en un maximum de vingt ans à la mort des peintures et des éléments architecturaux qui les supportent. L'humidité atmosphérique pénètre dans le béton, atteint les composants en fer, les oxyde, en provoque la dilatation et entraîne la rupture des entraits en béton. Une promenade le long de la Via dell'Abbondanza à Pompéi révèle à chaque instant d'innombrables exemples de béton voué à la désagrégation. Il a fallu une intervention particulièrement énergique de la part de la nouvelle direction pour persuader ouvriers et techniciens d'abandonner ce matériau considéré comme le remède universel de l'architecture, pour le remplacer par d'autres solutions.

Nous avons décidé de revenir autant que possible, dans la région du Vésuve, à l'emploi, pour les restaurations, de matériaux naturels tels que le bois, les briques, les tuiles de terre cuite et, pour les murs, aux techniques romaines traditionnelles basées sur l'emploi des briques.

Nous ne pensons pas qu'il faille mettre les restaurations en relief par rapport aux structures antiques en employant des matériaux contrastants afin de pouvoir discerner de loin les différences. Nous sommes convaincus que l'harmonisation des matériaux et l'emploi des techniques antiques et des méthodes de construction romaines constituent des mesures importantes et significatives. Certes, il est nécessaire de pouvoir distinguer clairement et précisément entre les éléments ordinaires et les structures anciennes (suppression des surfaces extérieures des murs, application de plaquettes datées, etc.)..

Avant de passer à la restauration statique des structures, nous avons examiné les effets du tremblement de terre de l'an 62 de notre ère. Nous avons également étudié les techniques de construction romaines afin de découvrir comment les entrepreneurs de l'Antiquité résolvaient les problèmes qui surgissaient dans cette région sismique. Les recherches se poursuivent et les premiers résultats paraissent très prometteurs. Il semblerait bien que les architectes romains aient été conscients de la menace des tremblements de terre.

En raison des difficultés rencontrées par les restaurateurs du passé, nous avons commencé à introduire (c.-à-d. à étudier et à tester en laboratoire) de nouvelles techniques de stabilisation des colonnes et des pilastres. Nous remplaçons les cordons rigides en métal par de fins cordons de résine dont l'élasticité permet d'absorber les fortes vibrations et les mouvements diagonaux. Nous travaillons également sur les trottoirs (une expérience a d'ailleurs eu lieu sur la Via di Mercurio à Pompéi). Ici, nous avons restauré le revêtement romain de *cocciopesto* aux endroits où il avait disparu, en même temps que la terre sous-jacente, afin de permettre aux gardiens et aux visiteurs de marcher sans danger; ce travail a été accompli avant tout pour protéger ce qui reste du *cocciopesto* antique, des bordures de trottoir en cours de désagrégation et des murs qui, à la suite des dégâts infligés par l'eau aux trottoirs, ont subi de tels dommages que leurs enduits et leurs peintures se sont progressivement dégradés. Bien entendu, nous avons signalé clairement que ces trottoirs étaient neufs.

L'évacuation et la collecte des eaux pluviales dans une ville morte ne diffèrent guère de celles d'une ville moderne (avec tous les problèmes de police, nettoyage, sécurité, entretien, éclairage). L'absence quasi totale de toits sur les constructions antiques – qui ressemblent plus à des jardins reliés les uns aux autres qu'à des maisons du fait qu'elles ont perdu leurs structures architecturales et leurs espaces – a aggravé les problèmes d'évacuation des eaux pluviales. Il n'y a plus de toits en pente pour mener les eaux vers les rues, les impluviums des atriums ou les jardins. Ce souci nous a incités à lancer un projet de construction de nouveaux toits où nous appliquerions notre philosophie en matière de restauration et utiliserions seulement des matériaux naturels tels que le bois et la terre cuite. La restauration des toits peut être divisée en trois groupes: des reproductions exactes des structures antiques là où nous avons estimé que cela était possible de construire des toits identiques aux anciens, des projets comportant la construction de toits semblables à ceux d'autrefois mais suffisamment différents là où nous ne sommes pas certains des composants, et des toits-parapluies là où il y a lieu de recouvrir des locaux non définissables avec précision d'un point de vue architectural. Toutes ces interventions sont effectuées de manière à pouvoir aisément intervenir à nouveau si nécessaire.

Conformément aux dispositions communales, mais aussi afin de protéger la ville en cas d'incendie, des conduites d'eau ont été creusées en cercle autour de la cité antique.

Pompéi est, comme on l'a dit plus haut, une ville vivante visitée chaque année par environ deux millions de personnes. Un éclairage est ainsi nécessaire pour les visiteurs, pour la sécurité et pour la protection contre les intrusions. Nous avons d'ailleurs testé l'éclairage d'un poteau métallique de six mètres de hauteur constitué de quatre lampes éclairant sur un rayon de quatre cents mètres. Nous avons également procédé à des essais avec une caméra vidéo reliée à une salle de contrôle extérieure à la zone des fouilles, nous permettant de contrôler toutes les informations en provenance des différentes zones archéologiques de l'institut. Deux de ces installations d'éclairage ont été mises en place, de même que la salle de contrôle; le système pourra ainsi fonctionner dès que les fonds nécessaires seront en notre possession.

La pose des câbles d'alimentation des lampes et des caméras doit bien entendu s'effectuer en dessous des trottoirs de la cité antique. Nous pourrons ainsi mener à bien un autre de nos projets, en l'occurrence une série de recherches stratigraphiques menées le long des entrées des bâtiments, afin d'étudier les niveaux inférieurs aux derniers, c.-à-d. ceux remontant à la période comprise entre le tremblement de terre de 62 et l'éruption de 79, qui sont jusqu'ici les seuls à avoir été étudiés en bonne et due forme (mises à part les rares exceptions mentionnées plus haut). Il est effectivement incroyable qu'après presque 250 années d'explorations nous ne sachions pratiquement rien de la vie menée dans les villes de la région entourant le Vésuve au cours des 600 années et plus qui ont précédé les deux dernières décennies de leur existence.

Tel est, en bref, le projet interdisciplinaire global qui a pu démarrer à Pompéi grâce à de nouvelles ressources économiques et qui sera réalisé selon les principes et au moyen des technologies décrits plus haut. Des interventions de ce genre auront également lieu dans d'autres parties de la région vésuvienne; elles pourront même être effectuées en dehors de notre institut, dans des conditions toutefois similaires. Dans le "projet Pompéi" dont il est question ici, archéologues,

géologues, biologistes de spécialisations diverses, géotechniciens, physiciens, climatologues et informaticiens ont collaboré d'une manière inhabituelle à la réalisation de notre projet, dans le cadre de fructueux échanges réciproques entre les diverses sciences. En témoignage de cette coopération, un Antiquarium consacré à l'homme et à l'environnement dans la région vésuvienne va bientôt ouvrir ses portes à Boscoreale, à côté du centre de traitement de données qui viendra s'y greffer ultérieurement. Outre les habituels objets archéologiques, l'évolution de l'environnement et les technologies appliquées par l'être humain à celui-ci y seront illustrées. Le visiteur aura également la possibilité d'étudier, dans le cadre d'une exposition aménagée de manière à la fois pédagogique et amusante, le développement de la vie végétale, animale et humaine durant toute la période de l'Antiquité.

Tel est dans ses grandes lignes le programme qui a été, en partie, réalisé dans la région vésuvienne au cours de ces cinq dernières années. Nous avons en outre rénové la bibliothèque, qui est passée de 1.500 à 10.000 volumes (bien que leur nombre continue à être insuffisant, nous possédons tout de même les ouvrages fondamentaux, les classiques et les revues les plus importantes). Nous avons également organisé neuf expositions à Pompéi (la Casina dell'Aquila, dans la zone des fouilles, a été restaurée à cet effet), à Rome (au Château Saint-Ange) et dans d'autres villes d'Italie et de l'étranger. La Soprintendenza a par ailleurs entamé la publication d'une série de catalogues scientifiques du matériel, d'une série de monographies scientifiques (surtout sur les matières en rapport avec la région vésuvienne), d'un bulletin (*Quaderni della Soprintendenza*), également avec l'aide de l'Association internationale des amis de Pompéi, et d'une nouvelle publication annuelle (*Rivista di Studi Pompeiani*) dont quatre numéros ont paru jusqu'ici.

Nous avons réservé pour la fin le rôle des technologies informatiques dans les activités interdisciplinaires de l'institut, car nous pensons qu'il convient d'aborder séparément ce sujet étant donné son lien étroit avec ce qui fait l'originalité de l'exposition.

Notre but est cependant de procéder à une intégration globale des zones archéologiques dans le cadre d'une opération de "muséification" impliquant des échanges réciproques entre les diverses disciplines scientifiques, le tout bien entendu centré sur l'archéologie. De cette manière, nous obtiendrons une meilleure connaissance de l'ensemble que l'art, la politique et les aspects sociaux, économiques, spirituels et technologiques constituèrent pendant l'Antiquité. Tôt ou tard nous allions nous retrouver en face des vastes possibilités inhérentes à l'application des technologies informatiques à l'archéologie. A l'aide d'ordinateurs, nous pouvons atteindre nos buts tout en épargnant de l'énergie et du temps et en enrichissant nos possibilités et nos méthodes de recherche.

Nous avions ainsi déjà entamé les investigations préliminaires dans ce domaine (p.e. en simulant sur ordinateur la reconstitution des toits des bâtiments antiques avant de décider quels types définitifs nous allions construire). Malheureusement, le financement du projet concernant Pompéi nous a empêchés d'approfondir ce secteur bien que nous disposions de plusieurs informaticiens qui, conjointement avec les archéologues, auraient pu formuler des objectifs concrets pour la recherche, utiliser les données archéologiques et créer un langage commun approprié.

Le projet put finalement être réalisé grâce à l'adoption, en 1986, d'une loi sur le financement (dont, p.e., l'art. 15 porte sur les biens culturels) et grâce à l'heureuse circonstance que constitua l'association d'entreprises aussi éminentes qu'IBM Italie et Fiat Engineering dans le cadre du Consorzio Neapolis en vue de donner une dimension informatique aux projets concernant Pompéi.

La Soprintendenza et le consortium ont entamé une fructueuse collaboration qui a transformé ce qui serait resté un simple catalogue électronique du matériel de l'institut, accompagné d'une carte de la Pompéi antique et de quelques études destinées à formuler des propositions pour préserver la région, en un programme original et créatif axé sur l'approfondissement des nombreuses manières dont les technologies informatiques peuvent contribuer à la rationalisation et à l'accroissement de nos connaissances dans le domaine de la science archéologique.

En ce qui concerne l'enregistrement dans le catalogue, le manque de fonds pour mettre tous les objets sur ordinateur nous a obligés à accorder la priorité à ceux qui sont les plus exposés aux risques, c'est-à-dire les peintures et les mosaïques, celles-ci ayant toutes été photographiées, mesurées, examinées et finalement enregistrées sur ordinateur.

Nous avons en outre tracé pour la première fois une carte photogrammétrique exacte de la Pompéi antique. Nous l'avons ensuite utilisée comme base pour dresser une carte en relief comportant des courbes de niveau très rapprochées et pour dessiner une série de plans que nous avons mis en relation avec les données stockées. Les peintures et les mosaïques ainsi enregistrées sur ordinateur ont finalement été placées dans leurs *regiones*, *insulae*, maisons et pièces respectives, et sur les murs appropriés.

Grâce à cette carte photographique de qualité et de grande précision, nous avons pu suivre, sur la carte en relief et les courbes de niveau, les mouvements et les directions des eaux pluviales, ce qui a joué un rôle important lorsque nous avons décidé de reconstituer toits et trottoirs. Cette carte nous a permis d'étudier d'une manière efficiente l'ensemble du réseau de chemins conduisant à la cité entourée de murs et de formuler des propositions en vue d'un système étendu à l'ensemble de la région.

Nous avons tenu à mettre sur ordinateur tous les comptes rendus de fouilles rassemblés au Bureau des fouilles (Ufficio Scavi) de Pompéi (à partir de 1862) et nous y ajouterons bientôt les journaux plus anciens conservés au Musée National de Naples. Cet enregistrement des registres des trouvailles ne se limite pas à en faciliter la lecture (et à protéger les originaux de l'usure), elle nous offre aussi la possibilité de lire sélectivement, de rechercher les informations parmi de nombreuses rubriques différentes (discipline, date, matériel, localisation exacte, salle) et d'agrandir certaines parties de pages afin de mieux lire les écritures manuscrites.

Comme déjà mentionné au début de la présente introduction, Pompéi est une ville vivante vers laquelle affluent chaque année des millions de visiteurs, motivés par le fait que la ville fut immobilisée à un instant où sa vie était gaie et animée, en un jour bien précis, et qu'elle a été préservée quasi intégralement avec tout ce qui y vivait et existait à ce moment. Pompéi nous fournit une possibilité unique, celle d'entrer en dialogue avec la vie politique, sociale et économique, artistique et professionnelle d'une collectivité antique active et productive. Afin de souligner l'unicité de Pompéi et des autres villes autour du Vésuve, nous avons dressé, par ordinateur, des statistiques qui, complétées par des illustrations graphiques, fournissent au visiteur des renseignements sur la distribution des bâtiments *regio* par *regio* ainsi que sur les conditions urbaines et sociales spécifiques qui prévalaient dans chaque *insula* et chaque *regio*. Nous avons par exemple dénombré les bâtiments culturels dans l'ensemble de la ville et dans chaque *insula* afin d'en calculer la fréquentation et la distribution dans l'ensemble du contexte urbain. Nous avons procédé de même avec les bâtiments publics, et avons ainsi réussi à déterminer la proportion exacte qui subsistait entre les bâtiments manifestement étrangers à la religion et ceux destinés selon toute évidence au culte, ce qui nous permet de faire d'intéressantes comparaisons avec des époques plus tardives, auxquelles nous pouvons appliquer les mêmes critères: le Moyen Age, la Renaissance et l'époque baroque. Nous avons agi de façon identique pour les bâtiments commerciaux, catégorie pour laquelle nous avons établi une distinction entre les *cauponae*, les *thermopolia* et les autres commerces de détail. Nous avons aussi étudié la distribution des maisons closes et leurs rapports avec les quartiers individuels et avec la ville dans son ensemble. Les établissements industriels ont fait l'objet d'enquêtes identiques. Les résultats ont fourni un intéressant aperçu de la distribution de ces divers types de bâtiments, dont nous avons pu tirer des conclusions d'ordre général sur la planification urbaine et sur la vie sociale, économique et politique de Pompéi. Il est ainsi possible de comparer les caractéristiques de Pompéi avec les conditions sociales, économiques et politiques d'autres cités antiques, moyenâgeuses ou modernes. Ainsi réussit-on à discerner des continuités, des interruptions et des différences qui revêtent indubitablement de l'intérêt pour quiconque désire approfondir sa connaissance du monde antique et de ses rapports avec les temps modernes...

La partie principale du projet du Consorzio Neapolis est actuellement terminée. Nos jeunes archéologues et informaticiens ont commencé à collaborer; les premiers ont appris à utiliser les ordinateurs et les seconds à connaître les besoins des archéologues. Dans ce contexte, je désire exprimer mon estime et ma gratitude à tous les membres du Consorzio Neapolis qui ont cru en cette institution de recherches et participé à son expérience stimulante. Au sein de l'institut, j'adresse tout particulièrement mes remerciements à M. Antonio Varone, chef du Bureau des fouilles de Pompéi. En dehors de l'institut, je désire tout spécialement remercier M. Antonio De Simone, chercheur à l'Université de Naples, qui est constamment resté à mes côtés, avec compétence et dévouement, tout au long de mes cinq années à la tête de la Soprintendenza.

La simulation sur ordinateur nous a aidés à tester des solutions possibles lorsque nous avons restauré des toits, mis en place un nouveau réseau de rues, testé des revêtements de protection sur les murs et remis en état des peintures. Nous avons ainsi pu économiser de l'énergie et des matériaux là où ces solutions se seraient révélées inadéquates en cas d'essai direct sur les monuments. Le passage de la simulation à l'exécution ne devient en effet actuel qu'en cas de réussite des solutions élaborées par voie informatique; on économise de la sorte de l'argent tout en évitant les expérimentations sur le monument lui-même.

La simulation s'est révélée particulièrement avantageuse dans la restauration des peintures,

dont les supports et les pigments sont si fragiles qu'ils ne résisteraient pas à un nombre exagéré d'essais de diverses techniques de restauration, aux éventuels enlèvements et remises en place, à la restauration des enduits, aux analyses du mortier et au remplissage ou à l'intégration des peintures. Les analyses et les propositions de solution ont été simulées sur ordinateur; quant aux interventions, elles n'ont été poursuivies que lorsque l'ensemble des expérimentations avaient été testées de cette manière.

Non moins intéressante est apparue l'exploration des possibilités offertes par la science informatique à l'architecture. Nous avons testé diverses modalités d'intervention sur les Thermes de Stabies. A l'aide d'ordinateurs, nous avons réussi à "pénétrer" dans le bâtiment, à en faire tourner l'ensemble de la structure, à en ouvrir l'intérieur comme un éventail, à y insérer les parties manquantes et à vérifier les restaurations antérieures du bâtiment. Cette manière d'étudier l'architecture antique depuis l'intérieur, au moyen de l'informatique, a été l'un des travaux les plus satisfaisants de notre collaboration avec le Consorzio Neapolis.

Un problème que nous nous étions posé, comme dans un jeu, était la recherche de possibilités d'améliorer la lisibilité des papyrus d'Herculanum conservés à la division spécialisée de la Biblioteca Nazionale, à Naples. En accentuant au maximum le contraste entre le fond noirci du papyrus, minéralisé par la chaleur et par la boue qui recouvrit la ville, et l'encre qui servit à l'écriture, il a été possible de transférer celle-ci du noir au rouge lilas ou au violet afin de la distinguer clairement du fond noir du papyrus. En outre, la possibilité d'agrandir même de minuscules fragments de page a fini par autoriser à d'autres spécialistes la lecture de ce qui était auparavant la prérogative exclusive des papyrologues. Grâce à la simulation, les spécialistes peuvent eux aussi vérifier les lectures incertaines.

Tels étaient quelques-uns des domaines où nous avons utilisé les technologies informatiques afin de définir dans quelle mesure cet outil nouveau peut servir à approfondir notre connaissance de la réalité des choses de l'Antiquité jusqu'à nos jours.

Si nos jeunes archéologues et informaticiens réussissent à collaborer de façon efficace et harmonieuse, ils pourront trouver d'autres domaines d'utilisation encore plus importants. Les technologies informatiques commencent en effet à jouer un grand rôle également dans l'histoire de l'art, car elles permettent de choisir, au moyen de scanners, dans une échelle pratiquement infinie de couleurs, et de lire, par l'intermédiaire des pigments, jusque dans les niveaux les plus profonds, dans les couches initiales des esquisses et des croquis. Nous obtenons ainsi des renseignements sur les changements intervenus dans les structures des figures, les corrections, les révisions et bien d'autres aspects encore qui ont trait à l'essence même de l'inspiration artistique.

J'espère avoir réussi à communiquer, dans un cadre général, notre manière de travailler dans la région vésuvienne et surtout à Pompéi. Nous avons en effet utilisé une nouvelle stratégie de recherche qui implique la collaboration entre spécialistes de diverses disciplines possédant une vision de la science archéologique qui continue à avoir comme but principal l'obtention d'une connaissance exhaustive de la société antique et de ses divers aspects. Notre but a été atteint non seulement par le biais des sciences traditionnelles mais aussi à l'aide des nouvelles possibilités d'enquête que nous offrent les sciences pratiques et les disciplines informatiques. C'est là l'essence même de la nouvelle technique de travail que nous expérimentons à l'institut depuis cinq ans.

Nous espérons que l'exposition qui a eu lieu pour la première fois à l'IBM Gallery de New York et celle qui se déroule actuellement au Musée des Antiquités de Bâle constitueront, avec le présent catalogue – comme l'exprime le titre même de celui-ci – des exemples concrets de la nouvelle manière de travailler dans le domaine de l'archéologie. Outre un vaste choix d'œuvres, environ deux cents, qui présentent l'art, la vie et les activités quotidiennes ainsi que les professions artisanales des cités autour du Vésuve au cours du dernier quart du premier siècle de notre ère, nous avons également exposé un certain nombre d'ordinateurs. Le visiteur pourra ainsi contempler lui-même notre manière d'approfondir notre connaissance du milieu de l'archéologie classique.

Une exposition tout à fait nouvelle et qui, je l'espère, saura rendre les êtres humains, et en particulier les archéologues (qui, moi-même y compris, sont habitués à tirer leurs connaissances de la logique, de l'analogie et du contraste dans un enchaînement de rapports réciproques fondés sur la méthode déductive), conscients des immenses possibilités qu'offrent le développement de nos connaissances, l'utilisation des sciences exactes et plus spécialement l'emploi intelligent des technologies informatiques.

Baldassare Conticello

L'ÉRUPTION DE L'AN 79 DE NOTRE ÈRE

Le matin du 24 août, une énorme explosion ébranla la zone entourant le volcan du Vésuve resté silencieux pendant de nombreuses années. Avec une violence inouïe, le cratère du volcan se mit à cracher des gaz et des lapilli jusqu'à plusieurs milliers de mètres de hauteur. En quelques instants, le ciel tout entier s'obscurcit. Une horrible pluie de lapilli se mit bientôt à tomber; après plusieurs explosions, elle recouvrit Pompéi et ses environs d'une couche d'une épaisseur moyenne de deux mètres et demi (beaucoup plus dans certains endroits, selon les reliefs du terrain). Le sol tressauta violemment tandis qu'un énorme nuage, plus léger mais mortel, fut propulsé dans une nouvelle direction, répandant son contenu de cendres et de gaz toxiques sur les villes qu'il immobilisa dans une étreinte fatale. Quand le Vésuve eut épuisé sa force explosive, le cône s'effondra sur lui-même. Du magma liquide et de la lave déferlèrent des bouches d'effusion vers le bas, en direction d'Herculanum, qui fut ainsi ensevelie sous une couche de boue et de lapilli volcaniques atteignant jusqu'à vingt-cinq mètres d'épaisseur sur la côte.

Atterrés par le sinistre spectacle qui se déroulait d'une manière si dramatique et inattendue devant leurs yeux, les Pompéiens se comportèrent de deux manières différentes: soit ils se réfugièrent dans leurs maisons, dans les caves ou les cryptoportiques, attendant la fin de la pluie de lapilli, soit ils tentèrent de fuir. La plupart s'efforcèrent de sauver leurs biens, dissimulant leurs objets de valeur et emportant argent et bijoux. Peu réussirent cependant à échapper à leur destin, beaucoup moururent sous leurs propres toits écroulés, écrasés sous les débris. D'autres connurent une fin douloureuse par étouffement dû aux gaz volcaniques toxiques qui se répandaient partout, rendant illusoire toute tentative de défense. D'autres encore tentèrent de fuir, mais il était trop tard. Surpris eux aussi par le nuage empoisonné qui s'étendait au-dessus de la couche de lave, ils s'écroulèrent au sol et furent recouverts par des cendres très fines qui, en dépit de leur légèreté, s'accumulèrent et formèrent une couche épaisse adhérant très étroitement aux formes des corps et aux plis des vêtements.

A Herculanum, par contre, les choses se passèrent différemment: ceux qui n'avaient pas fui immédiatement et étaient devenus la proie du sinistre et menaçant fleuve de lave déferlant du volcan s'élancèrent vers la plage et la mer qui, pensaient-ils peut-être à juste titre, représentait leur dernier espoir de survie. Mais un violent raz de marée souleva le sol et força l'eau à se retirer pour revenir ensuite dans un énorme déferlement de vagues. Les bateaux de sauvetage ne réussirent ni à gagner la haute mer ni à atteindre la plage pour sauver les victimes bloquées entre les masses de boue du volcan et la mer déchaînée.

Pendant deux jours et deux nuits, la région réputée pendant l'Antiquité pour son climat salutaire, la beauté de ses paysages, ses champs fertiles et son peuple travailleur, fut confrontée aux forces aveugles de la nature. Le poète Martial composa à ce sujet des vers semblables à un chant funèbre: "Regarde le Vésuve, autrefois couvert de vignobles, dispensateur de vins fruités: voilà la montagne que Bacchus aimait plus que les nichées de Nysa, et où les satyres s'enlaçaient dans leurs danses. Et là se trouvait Pompéi, ville sacrée pour Vénus et qui lui était plus chère que Sparte elle-même; et là était Herculanum, qui porte le nom d'Hercule. Toute chose est enfouie sous les flammes et la cendre ardente. Les dieux eux-mêmes n'auraient jamais voulu posséder le pouvoir de telles horreurs"[1].

De nombreux auteurs antiques nous rappellent l'épouvantable éruption du Vésuve qui bouleversa la Campanie en 79 de notre ère[2], mais aucun ne nous a fourni des renseignements aussi précis et détaillés que l'exceptionnel chroniqueur Pline le Jeune qui séjourna lui-même tout près de la scène du drame. Au début de l'éruption, Pline le Jeune se trouvait à Misène, où son oncle paternel Pline l'Ancien commandait la flotte romaine de la mer Tyrrhénienne. Dans deux longues lettres adressées à l'historien Tacite, Pline le Jeune narre en détail toutes les diverses phases de l'éruption, les phénomènes physiques qui se produisirent, la panique des habitants alors qu'ils tentaient désespérément de fuir, et la mort de son oncle paternel[3]. Pline l'Ancien avait tenté en vain de porter secours avec sa flotte, mais il tomba victime des gaz toxiques sur la plage proche de Stabies où il avait cherché refuge.

Une fois que la fureur des éléments naturels se fut calmée, l'ensemble de la région apparut totalement changé. Les villes étaient ensevelies, les jardins avaient disparu, les champs étaient recouverts. Un spectacle douloureux s'offrait aux survivants de la catastrophe.

A Pompéi, on tenta de sauver tout ce qui semblait pouvoir l'être, même si ce travail comportait des risques. A Herculanum, aucun effort de ce genre n'eut lieu car la cité était recouverte d'une épaisse couche boueuse qui, une fois refroidie, acquit une consistance pierreuse. Les ten-

[1] Pour les notes marginales et la bibliographie du présent chapitre, cf. le chapitre correspondant en allemand ou en italien, p. 156, 157.

tatives faites par l'empereur Titus pour ramener à la vie les cités ensevelies n'eurent pas plus de succès[4]. Pendant très longtemps, la présence humaine dans les villes détruites demeura sporadique et marginale. Sous Hadrien (120-121 de notre ère), il devint tout au moins possible de réparer les routes de la région. Stabies, par contre, qui regroupait, pendant la période précédant l'éruption, un grand nombre de luxueuses villas[5], réussit à se réorganiser en une nouvelle collectivité même si cela eut lieu à un autre emplacement. Déjà vers la fin du Ier siècle, le poète Statius parle de *Stabias renatas*, Stabies née à nouveau[6]; la ville demeura également pendant le reste de l'Antiquité et durant le Moyen Age la principale agglomération de la région. Elle est d'ailleurs souvent citée dans des sources ultérieures[7], au moins en raison des qualités thérapeutiques de son eau minérale déjà appréciée avant l'éruption volcanique[8].

Quelques années seulement après l'éruption, Statius se posa la question suivante[9], qui anticipe d'une manière surprenante les réactions de l'être humain moderne face à la découverte des cités vésuviennes: "Les générations futures arriveront-elles à croire, lorsque les récoltes recommenceront à croître et que ces déserts refleuriront, qu'ici, sous leurs pieds, sous le poids de la terre, s'étendent des villes et des êtres humains et que les champs de leurs ancêtres connaissaient une égale prospérité?"[10].

Les divers archéologues qui ont exploré le site depuis plus de deux cent cinquante ans ont rencontré en ces lieux un milieu absolument unique, souvent bouleversant et tragique. La cendre, qui fit l'effet d'une poudre légère lorsqu'elle tomba, durcit au fur et à mesure de son refroidissement et prit la forme du corps qui était resté prisonnier à l'intérieur. Lorsque, au fil du temps, celui-ci fut tombé en poussière, il subsista un espace vide. Quand, au cours des fouilles, on se mit à piocher, on découvrit ces coques et il fut possible de reconstituer les formes originales en y injectant du plâtre liquide (selon la méthode de Fiorelli) ou une résine spéciale (la solution employée aujourd'hui). A travers ces "corps", on réalise aujourd'hui l'ampleur de la lutte tragique et déchirante des Pompéiens contre la mort.

Nous qui parcourons ces champs de cendre et de lave, nous progressons comme dans un tunnel remontant le temps, afin de redécouvrir, inchangés dans leur contexte, non seulement des bâtiments, des maisons d'habitation et des objets, mais aussi les goûts et les mœurs de l'époque. Il s'agit là de l'Antiquité qui se révèle à nous dans toutes ses formes de la vie quotidienne.

A.V.

RELIGION ET SUPERSTITIONS

Le noyau de la religion romaine est intimement associé aux sociétés agraires et pastorales antérieures, qui attribuaient à des pouvoirs célestes les diverses forces réglant ou perturbant la vie des êtres humains et des champs. De cette manière, on pouvait faire appel à leur aide pour les moissons, le bétail ou plus en général pour les différentes étapes de la vie. Nous connaissons un bon nombre de ces divinités, dont le nom même reflète les compétences spécifiques: par exemple, *Levana* présidait aux naissances; *Rumina*, à l'allaitement; *Fabulinus*, aux serments; et ainsi de suite jusqu'à la mort. *Redatur* surveillait les labours; *Sarritor*, les cultures; *Sterculinus*, les fumures, etc.

Le rapport avec le divin, loin d'être intime, était gouverné par des obligations spécifiques et réciproques qui s'exprimaient à travers une série de rites, de formules établies et invariables ainsi que de gestes accomplis régulièrement. Ces rites subsistèrent tout au long du développement de la religion romaine, tout en se modifiant au rythme de l'évolution de la culture romaine et d'autres facteurs.

Par exemple, les contacts avec les Etrusques amenèrent Rome à adopter la triade capitoline, en l'occurrence Jupiter, Junon et Minerve, tandis que les rapports avec le monde grec, via les colonies de la Grande Grèce et à nouveau via les Etrusques, introduisirent à Rome d'abord le culte d'Apollon puis, plus tard, des autres divinités olympiennes. La supériorité des philosophies grecques (également dans ce domaine) amena les Romains à attribuer certains traits des dieux grecs à leurs propres divinités et à reléguer au second rang ceux qu'ils ne pouvaient pas associer à une divinité grecque. Ce processus entraîna la formation d'un groupe de dieux supérieurs (*di consentes*) constitué de six couples célestes: Jupiter et Junon, Neptune et Minerve, Mars et Vénus, Apollon et Diane, Vulcain et Vesta, Mercure et Cérès. On éleva des temples, on dédia des

autels et on réserva des lieux de cultes à toutes ces divinités, tant celles établies de longue date que celles qui personnifiaient les concepts abstraits si chers aux Romains (*Concordia*, *Pietas*, *Fortuna*).

Le culte demeura cependant à tout moment un phénomène formel et extérieur, "un geste obligatoire en échange de...", qui ne toucha jamais la sphère la plus intime de la vie sentimentale humaine mais se répercuta plutôt au niveau social et donc sur le plan politique. Les prêtres étaient des "techniciens" qui veillaient à ce que les rites fussent accomplis à la perfection, de la manière prescrite, plutôt que dédiés à la divinité ou à ses porte-parole. La prière constituait avant tout une promesse d'accomplir un geste spécifique et rigoureusement défini (par exemple, le sacrifice d'un certain nombre d'animaux) en échange des bonnes grâces divines, le tout dans des proportions tout aussi strictement établies. Le rite acquérait souvent des connotations politiques au bénéfice d'intérêts collectifs à des moments spécifiques (guerre, catastrophe, épidémie). On s'essayait aux prédictions et à l'interprétation des signes (à travers la *disciplina etrusca*), afin d'interpréter la réaction des dieux à telle ou telle mesure prise par l'Etat ou par tel ou tel fonctionnaire.

Il n'était donc nullement étrange que les dignités sacerdotales les plus importantes (pontificat, augurat, etc.) fussent considérées comme des fonctions d'Etat, raison pour laquelle elles étaient réservées à des personnages importants et, sous Auguste, à des membres de l'aristocratie sénatoriale qui fournissait à l'Etat ses cadres administratifs supérieurs.

Auguste estimait la religion dans la mesure où celle-ci pouvait jouer un rôle important dans la réorganisation totale de l'Etat romain. Il prit ainsi pour lui-même la fonction de *Pontifex Maximus*, la dignité sacerdotale suprême, dans l'intérêt de rétablir les anciennes traditions et l'institution du culte de l'empereur en tant qu'être divin, avec l'intention de créer une cohésion spirituelle entre les diverses provinces de l'empire.

Le Capitole, et plus tard le culte impérial, acquirent une signification politique qui varia en fonction des traditions régnant dans les différentes provinces et acquit une certaine réputation même dans les centres italiques tels que Pompéi, par exemple au Collège augustal.

On ne saurait oublier ici l'influence exercée par les cultures orientales au cours de la période républicaine. Celles-ci avaient peu à peu modifié les besoins religieux des Romains. D'une part, la réflexion philosophique avait rendu les classes cultivées conscientes de la fausseté du système mythologique grec, qui se maintint cependant, car considéré comme indispensable d'un point de vue social. Par exemple, Cicéron, qui dans sa vie publique en tant que fonctionnaire, sénateur et prêtre montrait une profonde vénération pour les dieux et les gestes qui leur étaient associés, ne put dissimuler dans ses écrits son embarras devant leur caractère, trouvant même grotesque l'art des auspices. Les masses, d'autre part, dans leur besoin d'introduire un élément surnaturel dans une vie quant au reste dépourvue de satisfactions, s'orientèrent progressivement vers les cultes initiatiques qui avaient été importés de l'Orient et qui promettaient à leurs adeptes un renouvellement de la vie et le bonheur éternel après la mort. Parmi ces cultes des Mystères qui présentaient quelquefois un contenu sexuel et orgiaque, il faut citer ceux de *Sabatius* (cat. no 18-19), de Dionysos, de la Magna Mater, d'Isis et de Mithras. Alors qu'ils étaient constamment réprimés sous la République, pendant la période des Césars ils devinrent par la suite les cultes les plus pratiqués et les plus intimement vécus.

Ainsi, à Pompéi, à côté du culte des divinités supérieures (en particulier Vénus, qui fut assimilée à la déesse locale de la fertilité et dont Sylla fit la divinité tutélaire de la cité, et Mercure, le protecteur des commerçants souvent représenté avec une escarcelle dans les mains), Hercule et Bacchus acquirent-ils une position particulièrement prédominante. Hercule était le demi-dieu qui fut accueilli parmi les divinités en raison de ses exploits. Quant à Bacchus, on lui dédia un sanctuaire en dehors de la ville, et il est représenté dans le laraire (autel des dieux domestiques) de la Maison du Centenaire sur un fond de vignobles vésuviens qui constituaient une source importante de revenus pour la cité. Dans la Maison du Laraire du Sarno le dieu fluvial homonyme est représenté, surveillant le trafic et les transports.

Le grand cycle de fresques de la Villa des Mystères illustre les rites du culte dionysiaque. Le fait que la restauration du temple d'Isis après le tremblement de terre de 62 de notre ère fut achevée avant que l'on entamât la reconstruction des autres temples officiels indique que les Pompéiens favorisaient manifestement cette divinité.

La religiosité romaine s'exprimait également dans le culte privé, au foyer, où elle était pratiquée par le chef de famille dans son rôle de gardien des traditions liturgiques de sa propre famille. Elle concernait des moments particuliers de la vie familiale, tels que naissances, mariages

[1] Pour les notes marginales et la bibliographie du présent chapitre, cf. le chapitre correspondant en allemand ou en italien, p. 160, 161.

et décès. Dans la vie quotidienne, le *pater familias* vaquait au culte des Lares (cat. no 12), des esprits des ancêtres et des Pénates, préposés au bien-être de la maisonnée. Au moment des repas, un esclave sacrifiait des aliments et des libations aux images de ces divinités (qui étaient conservées dans les laraires). Un autre objet du culte était le Génie de la maison, la force résidant dans le chef de famille, représentée sous la forme d'un serpent.

Parallèlement à la religion, la superstition était tout à fait usuelle dans le monde romain, en particulier dans les couches inférieures de la société. Les croyances très répandues dans les arts magiques et dans le *fascinum*, l'ensorcellement, incitaient à recourir à des remèdes prophylactiques et apotropéiques tels que *oscilla*, *bullae*, etc., des talismans qui, pensait-on, neutralisaient l'influence des mauvais esprits. On trouve ainsi à Pompéi un bon nombre de maisons qui étaient sous la protection du "dieu bon"[1], parfois identifié avec Hercule[2], ou *Felicitas*[3], ou *Phallos*, qui était considéré comme une force naturelle primordiale et positive, capable de tenir à l'écart les forces négatives (cat. no 17).

L'ensorcellement (déjà interdit par la Loi des douze tables, la plus ancienne des lois romaines, qui remonte au milieu du Ve siècle avant notre ère) était largement pratiqué, spécialement dans le but de détruire les cultures des voisins. On enterrait alors une plaque (*defixio*), que l'on fixait dans la terre au moyen d'un clou de fer, et sur laquelle était gravé le nom de la personne qu'on désirait exposer aux forces souterraines[4].

Théocrite décrit, dans l'une de ses plus belles Idylles (la deuxième), le désespoir d'une femme abandonnée qui cherche à faire revenir son époux au moyen d'un breuvage magique. Lucrèce est présentée dans la tradition antique comme une victime de la magie amoureuse qui l'a conduite à la folie. Les vases, tel que celui qui est décrit au no 20 du catalogue, et les inscriptions, comme celle qui parle de deux empoisonnements accomplis à l'aide de la magie[5], montrent à quel point les arts magiques étaient répandus dans la vie quotidienne du monde antique.

A.V.

INSCRIPTIONS

Une grande partie de nos renseignements sur la vie à Pompéi proviennent des innombrables inscriptions de caractère tant privé que public qui sont restées intactes. Elles éclaircissent divers aspects de la vie économique et sociale auxquels il aurait autrement été difficile d'accéder. A Pompéi, des inscriptions sur des matériaux autres que la pierre ont été trouvées. La pierre se conservant très bien, de très nombreuses inscriptions sur pierre ont pu être retrouvées dans l'ensemble du monde romain. En raison de la manière exceptionnelle dont la cité a été ensevelie, on a également trouvé des inscriptions peintes ou gravées sur des murs, ou même tracées au *stylus* sur des tablettes à la cire, matériau qui normalement ne résiste pas aux attaques du temps. A Herculanum, on a en outre retrouvé de grandes quantités de papyrus, les livres d'alors. La totalité de ces documents constitue un héritage culturel absolument unique de données utilisables dans ce contexte, et donc un matériel extrêmement fertile pour les spécialistes étudiant cette période.

La plupart des inscriptions, le plus souvent gravées par un tailleur de pierre professionnel dans le marbre ou une autre pierre, évoquent des situations ordinaires. Si une personne méritante était honorée officiellement par l'érection d'une statue, elle faisait l'objet d'une inscription, comme celle figurant sur la base de la statue de M. Holconius Rufus, qui se dresse au carrefour qui porte actuellement son nom[1], ou celle que l'on peut lire sur la base de la statue de M. Lucretius Decidianus Rufus, au *Forum civile*[2], ou encore celle apposée sur la base de la statue de M. Claudius Marcellus, cousin d'Auguste, au *Forum triangulare*[3]. Il en allait de même lorsqu'un citoyen éminent bénéficiait de funérailles officielles, comme on peut lire sur le tombeau de l'édile (haut fonctionnaire; cf. le chapitre "L'administration de la cité") C. Vestorius Priscus, en dehors de la Porte du Vésuve[4], ou sur celui du *duumvir* (président du tribunal) A. Umbricius Scaurus, en dehors de la Porte d'Herculanum; celui-ci fut en outre honoré d'une statue équestre sur le *Forum* de la ville[5].

D'autres inscriptions visent à rappeler que l'un ou l'autre fonctionnaire local fit ériger un bâtiment public, soit aux frais des finances publiques, comme ce fut le cas du *Theatrum tectum* et de l'*Odeion*[6], soit avec ses propres deniers, par exemple lors de l'érection des *spectacula* (amphithéâtre) par les deux *duumviri quinquennales* Caius Quinctius Valgus et Marcus Porcius[7], ou lors de la construction du temple de Fortuna Augusta sur le domaine et aux frais du *duumvir quinquennalis* Marcus Tullius[8] (lorsqu'un personnage accédait à une nouvelle fonction, il était con-

traint de déposer une certaine somme dans la caisse publique simplement pour l'érection de monuments ou de bâtiments ou pour l'organisation de jeux)[9].

Quelquefois, même des particuliers sont mentionnés sur les inscriptions. Ces personnes utilisaient leur propre argent pour acheter leur ascension sociale: ainsi de N. Popidius Celsianus, qui fut admis au Sénat à l'âge de six ans après avoir fait restaurer le temple d'Isis qui avait été détruit lors du tremblement de terre de 62 de notre ère. Ces travaux avaient certainement été financés par son père, qui n'aurait jamais pu accéder lui-même à de telles fonctions étant donné son statut d'esclave affranchi[10]. D'autres inscriptions citent des actes particuliers, comme par exemple la restitution à la collectivité, grâce aux efforts de T. Suedius Clemens, d'un terrain public qu'un particulier s'était approprié, ou des cérémonies religieuses telles que des donations de la part de *ministri* au temple de Fortuna Augusta[11]. On retrouve de nombreuses inscriptions sur des tombeaux qui, dans un tel cas, mentionnent tout simplement le nom et les titres du mort. On y a parfois signalé qu'un citoyen s'était vu accorder les emblèmes de service et les privilèges réservés aux décurions bien que n'ayant pas, en fait, le droit de siéger au sénat local (probablement à cause de son statut d'esclave affranchi)[12]. Dans le cas de A. Clodius Flaccus, on a documenté jusque dans les moindres détails tous les spectacles théâtraux et donations dont il a fait bénéficier ses concitoyens les trois fois qu'il fut élu *duumvir*[13]. Dans tous ces cas, il s'agit d'inscriptions officielles, soigneusement étudiées à l'avance et explicitement destinées à durer longtemps.

Quant aux inscriptions peintes, en fait des affiches ou des avis destinés au public, elles étaient exécutées par des *scriptores* professionnels qui, la nuit, seuls ou assistés par des aides et équipés de brosses, d'échelles et de lanternes[14], recouvraient façades et murs d'une très fine couche de peinture sur laquelle ils dessinaient de belles et hautes lettres en rouge et noir. Le contenu de ces communications variait énormément. On trouve ainsi des enseignes commerciales[15], des annonces de location[16], des avis de disparition de biens et d'objets[17], des admonestations[18] et bien d'autres choses[19], jusqu'aux avis annonçant que des jeux de gladiateurs devaient avoir lieu à Pompéi[20] ou dans des localités voisines[21]. La plupart des inscriptions avaient cependant trait aux campagnes électorales annuelles (cf. le chapitre "L'administration de la cité"). Les candidats qui se disputaient les offices publics de la cité utilisaient des affiches pour atteindre les électeurs qui étaient quelquefois appelés par leur propre nom et exhortés à appuyer la cause de leur candidat (cf. cat. no 211).

Les graffiti, tracés au *stylus* ou au moyen d'un autre instrument pointu, ou encore dessinés au charbon sur les façades des maisons, sont d'une spontanéité et d'une variété fantastiques. Laissés à l'imagination et à l'inspiration de leur auteur, ils couvrent les arguments les plus divers, sans règles et quelquefois sans intention évidente, parfois simplement pour exprimer un sentiment pouvant se réduire à une brève note ou à une raillerie. Dans une collection de plus de dix mille exemplaires, on peut trouver, regroupé parfois sur quelques centimètres carrés, un aperçu d'une humanité variée, où une signature banale et répétitive conserve le souvenir d'une journée en douce compagnie, et où le commentaire mordant et aigu est adouci par une lyrique poésie amoureuse (cat. no 212). On retrouve aussi ceux qui, bien conscients de leur talent, dessinèrent des bateaux, de sauvages mêlées d'animaux dans l'amphithéâtre, des esquisses ou des caricatures, et jusqu'à de belliqueux gladiateurs engagés dans un duel absurde (cf. cat. no 213). Telle est la fantaisie sans limite qui domine sur les murs de Pompéi et que reflète si fidèlement Térence: "*Homo sum: humani nil a me alienum puto*" (Je suis homme: rien de ce qui est humain ne m'est étranger)[22].

Les tablettes à la cire étaient cependant le moyen le plus pratique et le plus utilisé par les Romains pour écrire notes et avis ou encore copier des documents juridiques existants. Petites et légères, elles ressemblaient un peu à nos blocs-notes et à nos classeurs. Il s'agissait en fait de tablettes de bois (souvent du sapin) planes, épaisses de quelques millimètres, et recouvertes d'une couche de cire dans laquelle on gravait les caractères au moyen d'un instrument très fin et pointu, le *stylus*. La partie supérieure de celui-ci, large et plate, servait de "gomme à effacer", pour aplanir la cire et en faire disparaître les mentions écrites afin d'en préparer la surface pour un nouveau texte. On attachait en général les tablettes ensemble au moyen d'un cordon passant par de nombreux petits trous en vue de former des *codices* (diptyques, triptyques, polyptyques). Si le document était officiel, les signatures et les sceaux des parties et des témoins garantissaient que l'acte ne pouvait être altéré. Le sceau était apposé en partie sur un ruban que l'on glissait dans une petite entaille pratiquée dans le dos de la tablette; quelquefois, le ruban passait à travers des orifices spéciaux pratiqués dans les marges supérieure et inférieure afin de faciliter l'ouverture et la fermeture. On annotait également les pages de couverture des livres, en utilisant une plume (*calamus*), que l'on trempait dans de l'encre (*atramentum*) contenue dans un encrier (cf. cat. no 67). Les plumes et encres de ce type s'utilisaient également pour écrire sur le papyrus, matériau

[1] Pour les notes marginales et la bibliographie du présent chapitre, cf. le chapitre correspondant en allemand ou en italien, p. 272, 273.

qui était en général réservé aux textes littéraires, par exemple les écrits épicuriens retrouvés dans la villa des Papyrus, mais que l'on employait parfois aussi pour les actes écrits[23].

On a retrouvé un grand nombre de tablettes à la cire à Herculanum et surtout à Pompéi, dans la maison du banquier L. Caecilius Iucundus et dans la villa proche des Murecine (cat. no 65-66). Elles nous fournissent de précieuses informations sur les systèmes employés pour les contrats et les autres types d'obligations juridiques et économiques.

A.V.

LE MOBILIER

Le mobilier qui équipait les maisons de la région vésuvienne, tout comme en général les maisons de la période entre le premier siècle avant notre ère et l'an 79 après J.-C, était constitué en grande partie d'éléments faisant corps avec les murs: niches murales, étagères et petits espaces où l'on conservait objets et provisions. Quelquefois, on y incorporait des lits, des tables et des bancs, comme dans les salles à manger d'été (cf. cat. no 239) et d'hiver de la maison du Moraliste (III, 4,2-3) ou dans la villa d'Oplontis, où des bancs courent le long des murs du hall.

Les meubles en bois, en bronze ou en marbre avaient en fait le caractère d'accessoires. Comme les pièces étaient petites, même dans les maisons les plus aristocratiques, le mobilier était réduit à l'essentiel.

Le meuble le plus important et le plus somptueux était le lit (*lectus*), qui remplissait plusieurs fonctions. Certes, on y dormait (*lectus cubicularius*); mais s'il était à deux places juxtaposées (*iugalis* ou *adversus*) ou disposées en longueur, il revêtait également une signification funéraire (*lectus funebris*); si on le complétait d'une table, on avait trois lits disposés en fer à cheval dans le *triclinium*, la salle à manger. Fréquemment il remplaçait les chaises pour lire ou écrire. Le plus souvent construit en bois, il était quelquefois décoré d'ornements plastiques en bronze, en ivoire ou en os. Il était équipé de montants (*fulcra*) aux deux extrémités, ainsi que de pieds arrondis. Les lits destinés au sommeil, en général plus simples (comme, par exemple, celui qui vient d'être retrouvé dans une villa de Santa Maria La Carità[1]), possédaient parfois un dossier qui les rendait alors similaires aux sofas (comme les lits conservés à Herculanum[2]). Dans ce cas, le matelas reposait sur une série de lattes de bois ou de bandes de tissu.

Les plus grands lits pour *triclinium* pouvaient accueillir trois personnes. Un superbe exemplaire nous est parvenu de la maison de Caius Vibius (VII, 2, 18): long de 233 cm et large de 120 cm[3], il possédait des pieds courbes. Les décorations des montants et du cadre, exécutées en argent et en marqueterie de cuivre avec des putti de bronze sur les médaillons des montants, font de ce lit un objet absolument imposant. En lieu et place de putti, on trouve souvent des têtes de cheval, d'âne ou de félin, ou encore des figures dionysiaques. Les plus somptueux des lits de ce type étaient alors fabriqués dans le Sud de l'Italie.

Devant les lits pour *triclinium* se dressaient de petites tables rondes (*mensae*), celles-ci étaient pourvues soit de trois pieds courbes se terminant en patte de félin (ou d'un autre animal), soit d'un pied unique central (*monopodium*). Elles étaient fabriquées en bois, comme celles qui sont conservées à Herculanum[4], ou en bronze, en marbre, voire en argent. Outre celles qui nous sont parvenues, nous en connaissons certaines par des fresques: dans une niche de la maison appelée du Laraire du Sarno (I, 47, 7), on peut contempler l'image d'une personne allongée sur un *lectus convivalis*, devant une petite *mensa* sur laquelle se dresse une coupe. La scène est bordée de fleurs et de guirlandes. Sur les murs du *triclinium* de la maison IX, 12,6-7, on voit des scènes de banquet contenant des représentations particulièrement raffinées de lits pour *triclinium*, de *mensae* et d'autres objets d'ameublement.

On a également trouvé de petites tables semi-circulaires[5], qui étaient appuyées contre les murs. Quant aux plats, brocs, etc., on les posait sur des tables plus grandes, de forme rectangulaire, circulaire ou polygonale. Dans le tombeau de Vestorius Priscus, à Pompéi, on peut voir une peinture représentant une *mensa vinaria*, une table avec tous les accessoires pour les boissons. Des tables encore plus grandes (*cartibula*), en marbre, ornaient les atriums et les jardins (cat. no 234). Avec leurs repose-pieds remarquablement ouvrés, ces tables sont d'authentiques oeuvres d'art; elles étaient fabriquées dans des ateliers hellénistiques.

On a trouvé des chaises (*sellae*), quelquefois pliantes, avec ou sans dossier et pourvues de pieds courbés ou arqués. C'est sur une chaise de ce genre qu'est assis le poète qui donna son

[1] Pour les notes marginales et la bibliographie du présent chapitre, cf. le chapitre correspondant en allemand ou en italien, p. 204, 205.

nom à la maison de Ménandre (I, 10, 4), dans une fresque que l'on peut contempler au Musée National de Naples[6]. La chaise qui y figure est manifestement du type pliant. Des reliefs et des peintures révèlent l'existence de fauteuils (*cathedrae*), en bois ou en treillis, avec un dossier si courbé qu'il enveloppait la personne qui y était assise, rendant les accoudoirs superflus.

Les tabourets (*scamnae, subselliae*)[7], très courants, étaient soit en bois, quelquefois avec des décorations sur l'assise, soit en bronze (cat. no 93-94). Parfois très bas, ils servaient alors de repose-pieds. Très fréquents étaient également les bancs de bois[8], de marbre ou de pierre, simples ou pourvus de pieds arqués se terminant en pattes d'animal.

Comme meubles de rangement, on utilisait des coffres (*cistae*) ou des boîtes à serrure, en bois, à ferrures métalliques. On connaît bien également les bahuts (*arcae*) provenant de la maison d'Obellius Firmus (IX, 10, 1-4) et le superbe exemplaire trouvé dans l'atrium de la maison de L. Caecilius Iucundus (V, 1, 26). On a également retrouvé des armoires (*armaria*) en bois, avec portes et étagères, comme celles découvertes dans la maison de Iulius Polybius (IX, 13, 1-3) ou celles représentées dans la frise des amours peinte dans la maison des Vettii (VI, 15, 1). Les petites armoires et les buffets bas à tiroirs et doubles portes ne sont pas rares non plus[9]. Souvent, ferrures, poignées et décorations sont en bronze.

Parfois, le *lararium*, la niche destinée aux lares et aux autres divinités familiales et domestiques, était lui aussi en bois. A Herculanum, on peut en contempler un exemplaire bien conservé où les chapiteaux des colonnettes sont en marbre[10]. Plus fréquemment cependant, le *lararium* est un ouvrage de maçonnerie, du type chapelle en forme de petit temple, niche ou simple peinture murale. Il était installé dans l'atrium ou le péristyle, ou tout près de celui-ci, ou encore dans le jardin, voire dans la cuisine, comme c'est le cas de la villa des Mystères.

Autre partie de l'ameublement, les lustres, constitués de nombreuses petites lampes à huile suspendues à des chaînes. On a aussi trouvé des candélabres en bronze (cat. no 101-105), des trépieds pour cuvettes à encens, de grands vases, des lampes, des grands et des petits braseros en bronze (cat. no 96), et des réchauds portatifs (cat. no 95). Les coussins, couvertures, tapis et rideaux jouaient un rôle très important; lits, bancs, chaises et fauteuils disparaissaient sous les draperies: il suffit pour s'en convaincre de contempler la fresque représentant "Les amours de Mars et de Vénus" dans la salle à manger de la maison de M. Lucretius Fronto (V, 4, 11). Des indices que des nattes servaient de tapisseries murales sont donnés dans les peintures murales du troisième style. Des reliefs[11], des fresques[12] et des trous pratiqués dans les chambranles de porte (afin de retenir les cordons auxquels étaient suspendues les draperies) témoignent que les rideaux étaient d'un usage courant.

Mais ce sont surtout les peintures murales qui décoraient les pièces, qui donnaient souvent l'impression d'être plus grandes par des jeux de perspective. Outre les peintures, on trouve des pavements de mosaïque et des éléments incrustés en marbres polychromes[13].

Les riches décoraient en outre leurs résidences d'œuvres d'art: des statues, par exemple des éphèbes de bronze faisant office de porte-lampes (*lychnophoroi*) (cat. no 241), des bustes et des statues anthropomorphes (cat. no 242-243), des statuettes de bronze et de marbre tout le long de l'impluvium, dans la salle à manger d'été, dans les jardins, le tout accompagné d'hermès, de vases et de récipients à eau en marbre, de fontaines, de masques et de jeux d'eau (cat. no 118-126, 233-239). Les "collections d'art" étaient déjà connues à l'époque, dans la maison de Ménandre, fut découverte une collection de 118 pièces d'argenterie et, dans la villa des Papyrus, à Herculanum, tout un ensemble de statues et de bustes[14].

Les maisons des citoyens moins bien lotis, par contre, étaient loin d'être aussi bien pourvues. Voici la description d'un pauvre homme qui déménage après avoir été expulsé pour non-paiement du loyer: "Un petit lit à trois pieds et une table à deux pieds passèrent, accompagnés d'une lampe à huile et d'un seau en bois de cornouiller, tandis qu'un pot de chambre ébréché urinait par son bec; le col d'une amphore suivait un réchaud"[15].

L.F.D.O.

LES METS ET LES BOISSONS

La cuisine antique nous est connue à travers un recueil de recettes (*De re coquinaria*), attribué à Caelius Apicius, célèbre gourmet de l'époque de Tibère. Le texte a en fait été modifié un certain nombre de fois entre le Ier et le IVe siècles de notre ère. Dans ses neuf chapitres, ce livre de cuisine traite des sauces, des farces, des légumes verts, des autres légumes, des volailles (par-

mi lesquelles l'autruche, la grue, le paon, le flamant et le perroquet), des quadrupèdes, des poissons et d'un certain nombre de mets précieux dont beaucoup étaient interdits par les lois somptuaires. D'autres recettes nous sont connues grâce au *De agri cultura* de Caton, au *De re rustica* de Varron et Columelle et à la *Naturalis Historia* de Pline, ainsi que quelquefois grâce aux poètes (Horace, Martial, Juvénal, etc.).

A part l'emploi copieux d'herbes et d'épices fortes, un ingrédient était omniprésent, le *liquamen*. Il s'agissait d'un substitut du sel, dont l'une des variantes, appelée *garum*, était constituée de poisson en saumure qu'on laissait fermenter au soleil: "Déposer des entrailles de poisson dans un plat et saler; ajouter des anchois, de petits rougets, un jeune brochet, un poisson-chat et laisser le tout mariner au soleil en remuant souvent. Dès que le poisson est putréfié... le déposer dans un tamis... la sauce au poisson (*garum*) ainsi tamisée s'appelle *liquamen*. La matière solide qui reste... devient de la saumure, que l'on appelle *alec*[1]".

Quoi qu'en dise Pline ("On est même arrivé à donner au *garum* la teinte du vieux vin de miel, et à le rendre si plaisamment doux qu'on peut le boire"), l'odeur des variétés les plus usuelles de *garum* ne peut avoir été particulièrement agréable. Martial[2], par exemple, la compare avec l'haleine malodorante d'un certain Papylus. "On a trouvé un onguent dans un bocal d'albâtre. Papylus l'a flairé et, voyez donc, c'était devenu du *garum*". Dans la fabrique de *garum* que possédait la famille d'Umbricius à Pompéi (I, 12, 8), on en préparait de nombreuses variantes fort appréciées: dans la cour, on peut contempler les grandes jarres dans lesquelles le *garum* était conservé; dans le jardin, on voit encore les amphores que l'on utilisait pour le transport et les entonnoirs qui servaient à les remplir. Il s'agissait d'une marchandise très coûteuse[3], que l'on vendait en petites quantités[4].

Les mets tendaient en général à présenter des saveurs épicées, aigres-douces. Le poivre était employé partout, jusque dans les sucreries faites à la maison (*dulcia domestica*). "Prendre quelques dattes vertes ou bien mûres, les remplir de noix ou de pignons et de poivre moulu. Les tremper dans le miel chaud et servir"[5].

Les plats principaux étaient à base de viande: les volailles, le mouton, le porc et les entrailles étaient usuels, tandis que le boeuf était coûteux et plus rarement disponible (à Rome, un boucher spécialisé en boeuf put ouvrir sa boutique sur la Via Sacra, au milieu des bijouteries et des parfumeries![6]). Le gibier (lièvre, chevreuil, chamois, sanglier, grue, cigogne, faisan, perdrix) était lui aussi commun, grâce aux nombreuses forêts de la région et aux vastes espaces incultes et riches en mousses et en mares.

Les méthodes de préparation des viandes étaient fort variées: très simples, comme l'ébullition ou le rôtissage, mais on appréciait aussi beaucoup les plats farcis. Par ailleurs, quelles que fussent les recettes employées, la viande était toujours assaisonnée d'innombrables sortes d'herbes, de poivre et bien évidemment de *liquamen*. Dans certains plats parmi les plus raffinés, on utilisait même le lait et le miel et, pour attendrir les chairs des oiseaux plus coriaces et masquer les fortes odeurs du gibier, on les préparait en croûte: "On rend l'oiseau plus savoureux et tendre, et on en conserve la graisse si on le place dans le four recouvert de farine mélangée d'huile"[7].

Le poisson, de mer ou d'eau douce (ou élevé dans les *vivaria*), était lui aussi très usuel. La gent commune mangeait du poisson bleu et du fretin, tandis que les riches se délectaient de crustacés et d'espèces plus coûteuses. Le poisson était servi bouilli, frit ou grillé, mais jamais sans sauce. Dans le livre de recettes attribué à Apicius, deux chapitres entiers (IX et X) sont consacrés à ces sauces qui, tout comme celles accompagnant la viande, étaient à base d'herbes, de poivre, de *liquamen*, d'huile, de vinaigre, de vin et souvent aussi de miel. Voici la recette d'une sauce pour sardines qui mérite d'être goûtée: "Poivre, livèche, menthe séchée, oignons bouillis, miel, vinaigre et huile. Etendre sur les sardines et saupoudrer celles-ci d'oeufs durs hachés"[8]. Au nombre des gourmandises, on trouve le loir, qu'on engraissait dans des amphores spéciales portant une rainure en spirale à l'intérieur (*gliraria*), les escargots, également d'élevage; les huîtres du Circeo et du lac de Lucrino[9], et les truffes de Libye. La vulve et les mamelles de truie (introuvables actuellement sur les marchés) étaient extrêmement appréciées.

Il existait diverses sortes de pizza: molles (*artolaganum*) ou croustillantes (*tracta*), ainsi que des lasagnes (*patina cotidiana*), constituées de fines nappes de pâte bouillie (*lagana*) en alternance avec des couches d'une farce faite de restes de viande ou de poisson coupé en dés, d'œufs battus, d'huile, de vin et de *liquamen*[10]. Il existait même des glaces à base de farine blanche (*alica*) dissoute dans du vin doux et de la neige.

La neige hivernale, amenée des montagnes et conservée dans des grottes souterraines, était également utilisée pendant le semestre estival pour couper et rafraîchir le vin. La Campanie produi-

[1] Pour les notes marginales et la bibliographie du présent chapitre, cf. le chapitre correspondant en allemand ou en italien, p. 230, 231.

sait des crus remarquables (*Falernum*, *Marsicum*, *Vesuvianum*), ainsi que des variétés plus courantes (*Pompeianum*). Les régions entourant le Vésuve étaient riches en vignobles[11], et un cépage particulièrement fécond fut baptisé du nom de la famille pompéienne des Holconii, qui produisait du vin[12]. Le vin n'était pratiquement jamais bu pur; on le coupait avec de l'eau (bouillante, en hiver). On employait pour cela des ustensiles spéciaux, tels que des mesures et des grandes cuillères (cat. no 145-146) ainsi que des sortes de samovar (réchauds pour boissons, cat. no 144). On aromatisait souvent le vin avec du miel (*mulcum*), ou même du poivre (*conditum*[13]). Il existait un vin doux et fort de raisins secs (*passum*[14]), et aussi une variété résinée (*resinatum*). Les plus pauvres pouvaient boire de la *posca* (de *poto,* boire), une boisson à base de vinaigre et d'eau[15].

Pendant la journée, après le petit déjeuner (*ientaculum*), constitué de pain, fromage, légumes verts et restes de la soirée précédente, on prenait un seul repas au sens propre du mot: le dîner (*cena*). Quant au déjeuner (*pransus*), il s'agissait d'un repas intermédiaire qu'on avalait un peu n'importe où, dans une taverne ou dans la rue, où des vendeurs ambulants offraient leurs marchandises, comme cela continue à se faire en Orient. Tout comme les auberges, les vendeurs de la rue proposaient des saucisses, du poisson frit, des anchois, des olives (cat. no 127), des douceurs, des fruits (cat. no 128, 130) et des gâteaux. Les vendeurs ambulants servaient aussi ceux qui n'avaient pas de place pour faire la cuisine chez eux ou qui, après le tremblement de terre de l'an 62 de notre ère, vivaient à l'hôtel ou dans des logements provisoires.

Ceux qui mangeaient chez eux s'étendaient sur des lits dans le *triclinium* vers trois ou quatre heures de l'après-midi, après s'être délassés aux thermes (établissements balnéaires). Les repas quotidiens pris en compagnie d'amis pouvaient comprendre un hors d'œuvre et un plat de viande[16]. Quant aux authentiques bombances, comme le dîner de Trimalcion, satirisé par Pétrone (et qui se déroula effectivement dans une ville de la côte campanienne), elles pouvaient commencer par des hors-d'œuvre (*gustatio, promulsis*), qui comprenaient toujours des œufs et des olives, et se terminer par des douceurs et des fruits (*secundae mensae*), entre lesquels étaient servis un certain nombre de plats de viande et de poisson (*fercula*), "des œufs jusqu'aux pommes" (*ab ovo usque ad mala*), comme le décrivait Martial[17].

Une étiquette avec ses règles bien précises était en vigueur: sur les murs de la maison du Moraliste (III, 4, 2-3), après le conseil de se laver les pieds avant de se mettre à table et une mise en garde contre les vols de serviettes, on peut lire: "Ne jette pas de regards concupiscents sur l'epouse d'autrui, et n'emploie pas de jurons", et caetera. "Evite, si tu le peux, le vacarme et les disputes haineuses; sinon, tu peux rentrer chez toi"[18].

Les mets arrivaient à table tièdes ou froids, car la cuisine était souvent éloignée du *triclinium*. Quelquefois, ils étaient réchauffés sur des fourneaux mobiles (cat. no 95), mais pas trop, car on mangeait avec les mains. Pour la même raison, la plupart des mets étaient fermes; les potages n'existaient pas, sauf pour les enfants et les malades[19].

Quant aux ustensiles, il s'agissait avant tout d'assiettes, de plateaux et de récipients divers (cat. no 131-133, 145-177). On utilisait peu de couverts (cuillères, cat. no 33; couteaux): la viande était découpée par de diligents esclaves, qui pouvaient être fort nombreux: l'un chantait, l'autre jouait d'un instrument de musique, et parfois les filles "légères" ne manquaient pas. Entre les plats, des jeux étaient organisés (cat. no 68-70), et des refrains chantés. Lorsque tout était terminé, on passait aux boissons (*epidipnis*)[20] dans un *triclinium* remis en ordre et nettoyé.

La cuisine était équipée de fourneaux, de fours et avait quelquefois même l'eau courante. En ce qui concerne les ustensiles, on a retrouvé des moules, des poêles à frire, des marmites, des louches et des tamis (cat. no 134-142). Aujourd'hui, on fabrique les mêmes objets ayant des formes très proches, mais le goût de la décoration s'est en grande partie perdu.

L.F.D.O.

L'ADMINISTRATION DE LA CITÉ

Dans la vie politique et administrative de Pompéi, on trouvait trois organes principaux: 1) l'assemblée du peuple (*populus*), dont la tâche était en premier lieu d'élire les fonctionnaires, et ensuite de ratifier les décisions du conseil; 2) le Conseil (*ordo decurionum*), avec droit de décision et de contrôle sur tous les secteurs de la vie publique; et 3) les fonctionnaires (*duoviri iure dicundo et aediles*), qui représentaient le pouvoir exécutif mais détenaient aussi des pouvoirs juridiques, surtout de caractère civil ou administratif. Comme Pompéi était une colonie romaine dont les ha-

bitants possédaient la citoyenneté romaine, les affaires criminelles qui exigeaient plus que de simples sanctions retombaient dans le domaine de compétence du préteur de Rome.

Le centre de la vie politique de la ville était le Forum, où se dressaient les principaux bâtiments administratifs. La Basilique était le siège des activités des tribunaux. Au *comitium* se réunissaient les fonctionnaires et l'assemblée du peuple, et c'est là aussi qu'avaient lieu les élections, le pivot du système.

Les élections se déroulaient une fois par an, et les Pompéiens avaient alors l'occasion de choisir directement leur organe exécutif, qui était constitué de quatre fonctionnaires. Les deux principaux étaient les *duoviri iure dicundo*, qui réunissaient et présidaient l'assemblée du peuple et le Conseil, faisaient office d'intermédiaires entre ces deux organes, veillaient à la publication et à la mise en application des décisions du Conseil, répondaient de la caisse municipale et des recettes de la ville, rédigeaient les contrats et rendaient la justice. Les deux fonctionnaires de rang inférieur étaient les *aediles* (édiles), qui s'occupaient de l'entretien des rues et des bâtiments publics, de l'approvisionnement en eau et en denrées alimentaires, de la police de la ville et des autres besoins pratiques de la collectivité. Ces deux fonctions étaient exercées collégialement. Chaque fonctionnaire pouvait utiliser son droit de veto contre les décisions d'un collègue, et les *duoviri* avaient à leur tour le droit d'émettre un veto contre les décisions des édiles.

Seuls les citoyens libres ou affranchis de sexe masculin avaient le droit de vote. Les femmes, les esclaves, les criminels et les personnes sans domicile fixe dans la cité (et dépendant de leur lieu d'origine) ne pouvaient pas voter. En conséquence, il y avait une grande différence entre le nombre de citoyens électeurs et la population totale. Les votants étaient répartis en cinq districts au moins, correspondant aux quatre quartiers ou parties de la ville, plus un faubourg. Les *Forenses*[1] étaient les personnes habitant à proximité du Forum (*regiones* VII et VIII); les *Salinienses*[2] vivaient près de la porte de Sale (*regio* VI); les *Campanienses*[3] résidaient aux environs de la porte de Capoue (*regiones* IV et V); les Urbulanenses[4] habitaient près de la porte d'Urbulana (*regiones* III, IX, I et II); enfin, les *Pagani*[5], aussi appelés *Augustiani*[6], étaient les habitants du hameau rural *Pagus Augustus Felix Suburbanus.*

Le vainqueur des élections n'était pas celui qui avait remporté la majorité absolue des voix, mais celui qui avait conquis une majorité de districts électoraux. C'est pourquoi il était dans l'intérêt des candidats (ainsi appelés en raison de la toge blanche – *candida* – qu'ils portaient le jour de leur *professio*, c'est-à-dire de la déclaration publique de leur intention de participer à l'élection) de s'assurer les faveurs d'un électorat bien réparti. Ainsi concluait-on souvent des alliances à deux[7], car deux fonctionnaires étaient élus pour chaque office à pourvoir, afin de profiter d'une base plus large. Il n'était pas rare de voir se former d'authentiques coalitions, ou des listes de candidats constituées de deux aspirants *duumviri* et deux candidats à l'édilité s'aligner conjointement en vue de l'élection[8]. De telles collaborations offraient en outre aux électeurs la garantie que le gouvernement à venir avait un programme administratif cohérent et clair et qu'il serait à même de le mettre à exécution au cours de l'année de son mandat.

Les campagnes électorales étaient passionnées. Les candidats recherchaient des appuis auprès des électeurs importants[9], des corporations[10] et des personnes puissantes et influentes[11], mais aussi auprès du simple citoyen de la rue[12]. Il était également usuel de voir se constituer des alliances qui se maintenaient pendant plusieurs années, afin de permettre aux candidats de s'appuyer tour à tour sur diverses catégories de votants[13]. Sur les affiches électorales, qui couvraient les murs de Pompéi pendant les périodes de campagne, les références aux qualités morales d'un candidat et les rappels de ses actes de bienfaisance étaient chose usuelle[14]. De telles affiches, qui étaient souvent placardées par de simples citoyens ou des organisations, voire parfois des personnes dépourvues du droit de vote[15], montrent à quel point les campagnes électorales intéressaient l'ensemble de la population.

Pour pouvoir participer à l'élection, il fallait satisfaire à certaines exigences qui étaient fixées par le Conseil: être né libre et domicilié dans la cité ou à proximité immédiate de celle-ci, avoir un revenu supérieur à 100.000 sesterces et une conduite irréprochable. Certaines catégories professionnelles étaient exclues: souteneurs, usuriers, etc., mais aussi comédiens, gladiateurs, crieurs publics, entrepreneurs des pompes funèbres et d'autres encore. En ce qui concerne l'âge minimum de vingt-cinq ans, on faisait de fréquentes exceptions[16] à la règle, mais l'exigence imposant à tout candidat à la fonction de *duumvir* d'avoir d'abord rempli celle d'édile avait un caractère impératif.

L'heureux élu était contraint de financer sur ses propres deniers l'un ou l'autre chantier public ou d'organiser des jeux[17], ainsi que de rétribuer le personnel nécessaire au fonctionnement

[1] Pour les notes marginales et la bibliographie du présent chapitre, cf. le chapitre correspondant en allemand ou en italien, p. 270, 271.

de l'appareil administratif: deux *scribae* (secrétaires) et neuf *apparitores* (assistants, ordonnances et auxiliaires revêtant diverses fonctions) pour chaque *duumvir*, un scribe et deux *apparitores* pour chaque édile. A la fin de leur mandat, les fonctionnaires élus devenaient membres à vie de l'*ordo decurionum*, le Conseil, qui était le vrai centre où se prenaient les décisions importantes et qui garantissait en outre la continuité de l'administration. Le Conseil contrôlait également les activités des fonctionnaires et gérait les ressources publiques. Les membres du Conseil, dont le nombre variait entre 80 et 100, détenaient des privilèges spéciaux; ceux-ci pouvaient être de nature formelle et superficielle, comme le droit de porter une toge à bordure de couleur pourpre ou d'occuper les meilleures places lors des cérémonies officielles et des spectacles théâtraux. Mais il pouvait aussi s'agir de privilèges d'un caractère substantiel, économique, tels que l'exemption des peines infamantes en cas de condamnation, le droit à la gratuité de l'habitation et de l'approvisionnement en eau et celui d'être le premier à choisir lors des distributions publiques de denrées alimentaires et d'autres cadeaux, aux banquets, etc.

Les personnages vraiment importants de la collectivité étaient les *duumviri* élus chaque cinq ans. Les *duumviri quinquennales*, comme on les appelait, avaient, outre leurs pouvoirs habituels, celui, énorme, de contrôler les aspects administratifs et fiscaux de la vie de leurs concitoyens; ils pouvaient également décider dans quelle mesure les *decuriones* individuels continuaient à répondre aux exigences imposées (revenu, morale, etc.), et les révoquer le cas échéant. Ils nommaient en outre les nouveaux membres du Conseil en cas de vacance, désignant ainsi les futurs fonctionnaires potentiels. Il n'est guère difficile de comprendre que ces *duumviri* étaient les authentiques éminences grises de la politique pompéienne. Ce n'est nullement un hasard s'ils provenaient toujours d'un cercle limité de familles qui détenaient le pouvoir effectif dans la cité, à travers leur influence directe ou indirecte.

Une place de tout premier ordre était réservée aux *patroni*, personnes choisies par le Conseil et entretenant souvent de très bonnes relations avec le pouvoir central quand elles n'appartenaient pas elles-mêmes à la famille impériale, comme ce fut le cas de Marcellus, cousin germain et successeur désigné d'Auguste, qui mourut cependant prématurément[18]. Ces *patroni* apparaissaient rarement en ville, mais avaient néanmoins la tâche de la représenter et d'en promouvoir les intérêts à Rome.

A.V.

LES JARDINS

Les plus anciennes des maisons romaines possédaient non pas un jardin décoratif, mais un *hortus*, c'est-à-dire un potager où l'on cultivait des légumes verts, des fruits et quelquefois même la vigne et l'olivier. Tel était le cas de la maison du Chirurgien (VI, 1, 10), qui remonte, estime-t-on, au IVe siècle avant notre ère.

Au cours du IIe siècle avant notre ère, on adjoignit à cette surface cultivée quatre portiques donnant accès à des pièces supplémentaires, agrandissant ainsi la surface habitable. Cette structure, appelée péristyle (*peristylium*), est due à l'influence de l'architecture hellénistique. Alors que le péristyle grec était un espace ouvert pavé, son homologue pompéien fut considéré, pendant la période samnite, comme le moyen d'amener un peu de campagne à l'intérieur des fortifications urbaines.

Ce type de maison, à atrium et péristyle, que nous décrit Vitruve[1] (le parfait exemple d'une structure de ce type est l'*Insula Arriana Polliana* (VI, 6, 1), à Pompéi), subit d'amples modifications au cours du dernier siècle de la République. Ceci concerna aussi bien les superbes villas des périphéries urbaines que les grandes maisons urbaines à caractère de villa. Le nombre de leurs pièces augmenta (leurs noms en dévoilent l'origine grecque: *oecus*, *triclinium*, *diaeta*, *exedra*, etc.), et elles entourèrent plusieurs *atria* et péristyles ainsi que de multiples jardins, comme dans la maison du Faune (VI, 12, 2). Varron écrivait d'ailleurs, à la fin de la période républicaine: "Aujourd'hui l'élégance et le faste de la villa urbaine constituent le plus grand casse-tête de l'être humain: les hommes rivalisent avec les villas rurales de Metellus et Lucullus, cette dernière édifiée avec des effets désastreux sur les finances de la cité"[2].

Dans de nombreuses maisons pompéiennes, les espaces ouverts du péristyle demeurèrent longtemps un lieu de culture d'arbres fruitiers, comme dans la maison de Julius Polybius (IX, 13, 1-3). Mais le terme de la période républicaine marqua la naissance de l'aménagement des jardins

[1] Pour les notes marginales et la bibliographie du présent chapitre, cf. le chapitre correspondant en allemand ou en italien, p. 302, 303.

en tant que forme d'art. Pline nous décrit la conception de celui du Romain Gaius Marius[3] alors que Varron avait déjà consacré un bref chapitre de son *De re rustica* à l'art de la floriculture, même si elle était destinée à des fins religieuses et funéraires.

Il existait, dans le monde hellénistique, de célèbres jardins: hors des murs d'Athènes s'élevait un temple dédié à "Aphrodite dans les jardins"[4], et Alexandrie tout comme l'Egypte entière étaient pleines de grands parcs[5]; mais l'idée que les diverses pièces de la maison devaient s'ouvrir sur un espace vert fut, pense-t-on, un phénomène entièrement romain. A Pompéi, la typologie est très variée: selon les accès disponibles, le péristyle pouvait comprendre trois portiques (*xystus*), deux seulement ou un seul ou aucun; alors, il n'existait pas de péristyle ouvert, ce qui réduisait le jardin à une petite surface entourée de murs (*viridarium*). En outre, les tavernes (*cauponae*) et quelquefois les magasins (*tabernae*, cf. p.e. I, 12, 16), voire les établissements de bains ainsi que les *palaestrae* (lieux de culture physique), les théâtres et les temples avaient leurs jardins grands ou petits. Le climat favorisait la vie en plein air et sur ces espaces verts, on retrouve des traces des activités quotidiennes, en l'occurrence religieuses. Souvent, un *lararium* y était aménagé, et on déjeunait et dînait dehors. Parfois on construisait un *triclinium* d'été, en briques ou en bois. On aménageait fréquemment ces salles à manger sous une pergola soutenue par quatre colonnes, comme dans la maison de l'Ephèbe (I, 7, 11) et dans celle de C. Cuspius Pansa (I, 7, 1).

Que Pompéi ait pu vanter tant de jardins regorgeant de fleurs et de plantes d'agrément fut la conséquence de la construction de l'aqueduc d'Auguste. La surabondance d'eau poussa les spécialistes de l'aménagement à utiliser leur imagination et leur inventivité pour concevoir des fontaines. Celles-ci trônaient en général au centre du jardin, dont la surface était partagée symétriquement en longueur et en largeur par des allées. Les sources antiques citent des plantes d'agrément telles que le buis, le myrte, le laurier, l'acanthe, le lierre et les plantes semper virens. Les techniques modernes de fouilles et l'étude des racines, des graines, des pollens, des fruits et des plantes carbonisés que l'on retrouve dans le sol ont permis aux archéologues de reconstituer les haies de buis qui bordaient les allées, les buissons d'oléandres et autres plantes à fleurs, les arbres fruitiers (figuiers, cerisiers, poiriers, pommiers, noyers, amandiers et coudriers) et même les grands arbres (*platanes*) et souvent les vignes. Dans les grands jardins et en particulier les villas rurales, les maîtres jardiniers émondaient les arbres avec une telle habileté qu'ils réussissaient à créer non seulement des formes géométriques, mais aussi les modèles les plus variés: animaux, divinités et même scènes et inscriptions entières, comme par exemple dans la villa de Pline le Jeune en Ombrie (*viridia tonsa*). Pergolas et murs étaient souvent couverts d'un épais tissu de branches d'arbres.

Grands ou petits, ces jardins étaient ornés de sculptures. Elles se dressaient le long des allées, au centre et sur les bords des fontaines: pilastres et colonnettes ornées d'hermès, reliefs où riaient ou grimaçaient les masques, amours, divinités sylvestres, statues de Bacchus, d'Hercule, d'Omphale, d'Aphrodite ainsi que d'animaux, souvent en lutte (cat. no 118-126, 233, 235-238). On retrouve ici tout le répertoire de l'art hellénistique, modifié, altéré, adapté à une clientèle qui se satisfaisait d'un produit de qualité médiocre, souvent rendu vulgaire par des peintures, et pourtant quelquefois agréable. Ces sculptures étaient rarement de haute qualité. Importées des centres de production hellénistiques, elles étaient plus communes à Herculanum qu'à Pompéi.

L'abondance d'eau engendra le désir de multiplier les fontaines. De sculptures grandes ou petites, l'eau s'écoulait dans les petits bassins et les grandes vasques de marbre. Dans le péristyle de la maison des Vettii (VI, 15, 1), où l'antique système d'alimentation en eau et ses vannes fonctionnent toujours, on a trouvé quatorze fontaines. On creusa aussi des canaux bordés de statues, qui évoquaient symboliquement le Nil (*euripi*). On a bien entendu trouvé des sphinx, notamment dans la maison d'Octavius Quartio (II, 2, 2). De petits ponts et des niches animaient ces canaux, par exemple dans les *Praedia* de Julia Felix (II, 4, 2). Dans ces jardins ne manquaient pas non plus les nymphées: grottes creusées par la main de l'homme, aux chutes d'eau artificielles, niches en forme d'*aedicula* (édicule), et parfois jusqu'à trois niches juxtaposées sur une plate-forme décorée de mosaïques d'où les cascades dégringolaient de marche en marche jusque dans un bassin tripartite, à l'image de la maison du Taureau (V, 1, 7). Un exemple de nymphée à une seule niche est donné par la maison de Marcus Lucretius (IX, 3, 5), où l'eau jaillissait d'une statue de Silène abritée dans un édicule avant de descendre le long d'un escalier de marbre pour atteindre ensuite, via un petit canal, une fontaine circulaire à jets d'eau, dressée au milieu d'un jardin suspendu orné de sculptures d'animaux (photo p. 91).

Ces niches en forme d'édicule étaient fréquemment décorées de mosaïques de verre polychrome et de coquilles (cat. no 239); elles étaient ornées de statuettes et de masques de marbre

d'où l'eau jaillissait puis descendait en suivant des marches. Souvent aménagées contre le mur arrière (dépourvu de portique) dans les petits péristyles, elles faisaient office de décor scénique pour l'atrium, comme c'était le cas de la maison de la Grande Fontaine (VI, 8, 22), de la maison de la Petite Fontaine (VI, 8, 23) et de la maison de l'Ours (VII, 2, 45).

L'amour de la verdure était si intense que, dans les maisons dépourvues d'un jardin digne de ce nom, on en simulait un en peignant les murs derrière les fontaines. Ces peintures murales illustraient d'épaisses forêts d'arbres et de taillis, grouillant d'oiseaux et d'animaux, délimitées parfois par une clôture pour donner l'illusion de la profondeur. Les jardins peints représentaient surtout des plantes, des fleurs et des animaux typiques de la région du Vésuve; on allait quelquefois jusqu'à y inclure les sculptures et les fontaines qui ornaient les péristyles des maisons. En même temps, ils représentaient une sorte de végétation touffue, chaotique et parfois sauvage qui évoque l'idée d'un autre type de jardin, en l'occurrence le "paradis" (*paradeisos*) des grands parcs orientaux et plus tard hellénistiques, ce que seul put s'accorder un empereur comme Néron, dans les *horti* de sa villa, la *Domus Aurea* (Maison d'Or): "Il édifia un palais qui s'étendait du Palatin à l'Esquilin... il était si grand qu'il comportait une triple colonnade d'un mille de longueur... puis un lac aussi grand qu'une mer, entouré de bâtiments destinés à ressembler à une ville; puis un vaste domaine campagnard avec des champs, des vignobles, des pâturages et des forêts peuplées d'animaux apprivoisés et sauvages..."[6].

L.F.D.O.

NOTE SUR LA RESTAURATION DES PEINTURES

La restauration des peintures murales de la maison VI, 17 (Ins. Occid.), 42, qui représentent des jardins, s'est basée sur une méthodologie mise au point il y a un certain nombre d'années. La technique fut utilisée pour la première fois lors de la restauration de la Crucifixion de Cimabue, dans l'église Santa Croce de Florence, œuvre qui avait été gravement endommagée lors des inondations de 1966. La méthode a également été employée récemment pour remettre en état les fresques de la chapelle Brancaccio à Florence.

Après sa restauration, la Crucifixion fut présentée en 1982 au Metropolitan Museum of Art de New York. Le catalogue édité à cette occasion expliquait la méthode utilisée. En voici les points les plus importants.

La couleur, qui constitue une partie essentielle de notre perception d'une peinture, d'une sculpture ou de tout type d'œuvre d'art, non nécessairement polychrome, nous apparaît sous un grand nombre d'aspects divers qui ont trait d'une part au caractère même de la peinture et d'autre part à ses modalités d'application. Ce sont ces deux éléments (l'un naturel, l'autre artificiel) qui déterminent la condition physique de l'œuvre d'art et qui, conjointement avec les modifications causées à celle-ci au fil du temps par l'être humain ou par le milieu ambiant, en dictent l'aspect et l'état.

Chaque défaut affectant le support à la suite de dommages entraîne une modification de cet état.

L'objectif de la restauration est de venir à bout de ces altérations sans utiliser, de quelque manière que ce soit, des agents susceptibles, au niveau du résultat final, de s'amalgamer avec l'œuvre originale. Les spécialistes de la conservation visent à influencer le moins possible l'expression artistique insaisissable qui est inhérente à l'œuvre.

Conséquence d'une telle définition d'objectifs, les spécialistes de la conservation recourent à un processus comportant tantôt une "abstraction chromatique", tantôt une "sélection chromatique". L'"abstraction chromatique" est à mettre en rapport avec l'aptitude de l'œil humain à distinguer, dans une polychromie, les couleurs individuelles, à en isoler certaines et à en combiner d'autres. Par "sélection chromatique", nous entendons le choix des couleurs dans une situation de restauration où l'œuvre est incomplètement conservée. Dans les deux cas, les spécialistes de la conservation effectuent une "lecture" personnelle de l'œuvre, en y insérant ce qu'ils ressentent, action que l'on peut comparer avec l'interprétation d'une partition musicale. Sans vouloir formuler des règles en la matière, on peut seulement affirmer qu'une "sélection" n'est applicable que si le sentiment éprouvé peut être inséré ou reconstitué sans doutes ni incertitudes. Quant à l'"abstraction", on y recourt dans le cas où l'on ne peut choisir avec conviction une solution appropriée. Dans de tels cas, il convient d'utiliser des teintes "neutres".

Dans chaque cas, quelle que soit la méthode utilisée pour la reconstitution des parties manquantes, l'intervention doit se distinguer de l'original. Cela est cependant rien moins que simple; on peut distinguer l'original des interventions plus tardives, par exemple d'après les traits de pinceau, les coups de ciseau, la qualité de la surface, etc., mais on vise néanmoins à obtenir une certaine harmonie entre les effets de clarté. Pour atteindre ce but, les spécialistes de la conservation doivent travailler sur la base d'une différenciation dans le cadre des valeurs et des caractères chromatiques de l'œuvre.

Le résultat de cette méthode peut se vérifier scientifiquement à l'aide d'un ordinateur. La conversion de l'image en fichiers de données permet une évaluation quantitative précise des divers niveaux de gris dans une image en noir et blanc (par exemple une photographie). L'emploi de filtres optiques permettant de mesurer des fréquences spectrales extrêmement rapprochées autorise, à partir d'une image polychrome, à séparer les composantes chromatiques individuelles (jaune, rouge, vert, bleu) et à effectuer à partir de celles-ci une mesure exacte de leurs intensités (évaluation quantitative des contrastes entre les composantes chromatiques).

De telles données pouvant être utilisées non seulement pour les vérifications, mais également dans le processus de différenciation des composantes chromatiques de l'œuvre d'art, elles seront fort utiles aux spécialistes dans leur œuvre de reconstitution. Ce type d'exploration des peintures peut, grâce à l'emploi de filtres optiques sophistiqués aptes à isoler les diverses composantes chromatiques, nous donner la possibilité d'obtenir les "valeurs moyennes" de ces couleurs dans l'œuvre d'art.

Ces "valeurs moyennes" nous aident à combler les lacunes d'une œuvre d'art endommagée afin que celle-ci reprenne toute sa valeur expressive sans nécessiter pour autant des modifications ou des additions gênantes.

U.B.

Finito di stampare
nel mese di Marzo 1994 per conto de
«L'ERMA» di BRETSCHNEIDER
da EBS - Editoriale Bortolazzi-Stei
S. Giovanni Lupatoto (Verona)